열녀의 탄생

열녀의 탄생
— 가부장제와 조선 여성의 잔혹한 역사

강명관 지음

2009년 5월 11일 초판 1쇄 발행
2022년 5월 20일 초판 4쇄 발행

펴낸이 한철희 | 펴낸곳 돌베개 | 등록 1979년 8월 25일 제406-2003-000018호
주소 (10881) 경기도 파주시 회동길 77-20 (문발동)
전화 (031) 955-5020 | 팩스 (031) 955-5050
홈페이지 www.dolbegae.co.kr | 전자우편 book@dolbegae.co.kr

책임편집 이경아·박수민 | 편집 조성웅·김희진·고경원·신귀영·오경철
표지디자인 민진기 | 본문디자인 이은정·박정영 | 마케팅 심찬식·고운성
제작·관리 윤국중·이수민 | 인쇄·제본 한영문화사·경일제책사

ⓒ 강명관, 2009

ISBN 978-89-7199-337-8(94810)
책값은 뒤표지에 있습니다.

이 도서의 국립중앙도서관 출판시도서목록(CIP)은 e-CIP 홈페이지
(http://www.nl.go.kr/cip.php)에서 이용하실 수 있습니다.(CIP제어번호: CIP2009001255)

 돌베개 한국학총서 11

가부장제와 조선 여성의 잔혹한 역사

열녀의 탄생

강명관 지음

돌베개

머리말

 오누이가 있다. 누이는 대학 입학시험을 치고, 남동생은 중학교 입학시험을 쳤다. 둘 다 합격했지만, 아버지는 누이에게 진학을 포기하라고 한다. 재능 있는 딸의 앞날은 고등학교 졸업으로 마감된다. 세상은 남동생을 위해 희생하는 누이의 고운 마음과 태도를 미담으로 기억한다. 하지만 아름다운 희생으로 여겨지는 이 이야기는 남녀의 차별, 곧 인간의 성적 불평등에 근거한 것이다.

 이 차별의 관념은 어디서 유래한 것인가. 기원을 더듬어 올라가면 신유학, 곧 성리학과 만나게 된다. 거칠게 말하자면, 1300년경 성리학의 도입이 20세기의 누이와 남동생의 진학 여부를 결정했던 것이다. 하지만 또 다른 의문이 일어난다. 관념 자체의 존재만으로 인간이 의식화되는 법은 없다. 관념을 주입하는 주체가 있어야 하고, 그 주입을 실현할 강제적 수단이 있어야 한다. 남녀를 차별하는 정교한 관념이 성리학에서 유래한 것이라면, 조선조의 남성-양반은 그 관념을 여성의 대뇌에 설치하려고 한 주체였으며, 국가권력은 바로 그 강제적 수단이었다.

 좀 더 구체적으로 말하면, 조선 사회의 지배자인 남성-양반은 가부장제 사회를 건설하기 위해, 그 근원적인 토대로 '남성=여성'의 관계를 '남성〉여성'의 위계적 관계로 바꾸고자 하였다. 남성-양반은, 여성이 남성에게 성적性的으로 종속되는 존재라는 것, 그리고 그 종속성을 실현하기 위해서는 여성이 자신의 생명까지 바쳐야 한다고 주장하고, 이 생각을 여성의 대뇌에 설치하고자 하였다. 그 생각을 담고 있는 텍스트가 이 책에서 언급하는 『소학』과 『삼강행실도』 열녀편 등이다. 남성-양반은 국가권력이 장악한 인쇄·출판 기구를 동원해서 일방적으로 남녀의 차별과 여성의 성적 종속성을 담고 있는 텍스트를 생산한 다음 여성의 대뇌에 강제적으로 심고자 하였으니, 그 노력은 1392년 조선 건국 때부터 조선조가 종언을 고하는 시기까지 5백 년 동안 한 순간도 멈추지 않고 진행되었다. 장구한 의식화 작업의 결과 임진왜란 이후 수많은 여성은 남성보다 열등한 존재로 자신을 정의했으며, 성적 종속성의 실천을 위해 자기 생명을 버리는 것을 여성 고유의 윤리의 실천이라 믿게 되었다. 남성-양반은 그 여성을, 절부節婦 혹은 열녀烈女라 부르며 찬미하는 것을 잊지 않았다. 하지만 그 죽음은 윤리의 이름으로 인간의 생명을 빼앗은 것에 지나지 않는다.

나는 이 책에서 조선 시대 남성-양반이 국가권력을 동원해 가부장적 욕망을 실현하는 텍스트를 여성의 대뇌에 설치하는 과정을 추적하고자 한다. 이 문제는 오늘날의 문제와 통한다. 내가 일상에서 내뱉는 언어, 어떤 사태에 대해 갖는 태도, 나아가 나의 가치관, 미의식 등은 과연 나의 것인가? 국가와 자본은 교육과 미디어라는 권력 기구를 통해 개인을 끊임없이 제작하고 간섭한다. 그 목적은 겉으로 내건 '인간 평등'의 원리에 반하는 인간의 차별을 합리화하기 위해서이다. 이런 과정을 통해, 국가와 자본의 권력이 지향하는 바대로 한 개인의 주체성이 만들어진다. 그 개인은 국가와 자본의 욕망을 자기 대뇌에 설치하고는, 그 욕망에 따라 인간의 차별을 당연시하게 된다. 이탁오李卓吾의 말을 빌리자면 "도리와 견문이 동심童心

을 대체"한 것이다.

　이렇듯 '나'는 권력적 타자에 의해 제작된 존재다. 하지만 이제 조선 시대 가부장제의 허구성에 대해 비판적으로 사고할 수 있듯이, 국가와 자본에 대해서도 우리는 비판적으로 사고할 수 있다. 이 사고하는 주체는 참된 주체인가, 아닌가? 참으로 궁금한 일이다. 나는 이 책에서 그 해답으로 가는 실마리를 찾고자 한다.

차례

머리말　5

1장 | 문제의 제기　11

2장 | 유교의 '이상적 여성' 발명과 구체화의 시작　25
　1절　이상적 여성― 절부와 열녀　27
　2절　이상적 여성의 구체화― 법과 제도　48
　　　1. 개가의 금지 48　2. 격리와 유폐 65　3. 수절의 장려 76

3장 | 여성 의식화 텍스트의 도입, 제작과 보급　89
　1절　『소학』·『삼강행실도』 열녀편·『내훈』의 도입과 제작　91
　　　1. 유교적 여성관의 원천 『소학』 91
　　　2. 여성의 성적 종속성의 실천― 신체 희생과 『삼강행실도』 열녀편 119
　　　3. 여성 일상의 지배― 『내훈』 181
　2절　『소학』·『삼강행실도』 열녀편·『내훈』의 인쇄와 보급　193
　　　1. 『소학』의 보급과 사림 193
　　　2. 『삼강행실도』의 국역·축약본과 보급 213　3. 『내훈』 및 기타 텍스트의 보급 229
　　　4. 임진왜란 이전 각 텍스트의 지방 출판 상황 231

4장 | 열녀의 발생과 그 성격의 변화　239
　1절　고려 말부터 임진왜란 이전까지의 열녀　241
　　　1. 『조선왕조실록』 등 자료의 종류와 성격 241　2. 조선 전기 '절부'와 '열녀'의 성격 252
　2절　임진왜란에서의 열녀의 발생　292
　　　1. 『동국신속삼강행실도』 열녀편의 내용과 성격 292　2. 임진왜란의 열녀― 죽음의 보편화 316
　3절　병자호란과 열녀　332
　　　1. 병자호란의 성격과 열녀 332　2. 피로被虜 여성― 오염된 여성에 대한 억압 339

5장 │ 임병양란 이후의 여성 의식화 텍스트　　　351

1절　국가 주도의 여성 의식화 텍스트 제작　353
　　1. 임병양란 이후 『삼강행실도』의 재간행 354　2. 여성 일상을 의식화하는 텍스트들 361

2절　민간에서의 새로운 텍스트들의 등장　371
　　1. 민간의 여성 의식화 텍스트의 전통 371　2. 새로운 텍스트의 다양함과 풍부함 380
　　3. 텍스트의 목적─여성의 일상에 대한 통제 390

3절　문학 텍스트의 활용　420
　　1. 의식화 수단으로서의 문학─규방가사 420　2. 계녀가와 「복선화음가」 425
　　3. 규방가사의 유통과 재생산 453

4절　열녀전 등 전기傳記 텍스트의 대량 창작과 유통　460

6장 │ 열녀의 탄생　　　471

1절　열행과 죽음의 단일화와 그 급격한 증가　473
2절　열행과 잔혹성의 강화　496
3절　여성 윤리에서 열 윤리의 최우위성　502
4절　열행과 죽음, 잔혹성과 텍스트와의 관계　513

7장 │ 열녀담론에 대한 비판과 한계　　　521

8장 │ 끝맺음　　　537

후기　551

주석　555
　1장 556　2장 559　3장 571　4장 595　5장 611　6장 632　7장 645

부록　649

찾아보기　837

부록 차례

【부록 1】	한漢 유향劉向, 『고열녀전』古列女傳(사고전서본) 목록	650
【부록 2】	명明 해진解縉 등 찬撰, 『고금열녀전』古今列女傳(사고전서본) 목록	653
【부록 3】	이십오사二十五史 소재 열녀전 목록	657
【부록 4】	『삼강행실도』三綱行實圖 열녀편 목록	663
【부록 5】	『속삼강행실도』 열녀편 목록	667
【부록 6】	『고려사』 권121, 열전 제34, 열녀 목록	668
【부록 7】	『신증동국여지승람』 열녀 자료	670
【부록 8】	『동국신속삼강행실도』東國新續三綱行實圖 열녀 자료	696
【부록 9】	『조선왕조실록』 열녀 자료	715
【부록 10】	『한국문집총간』韓國文集總刊 여성 관계 자료 목록	779
【부록 11】	열녀전 목록	813
【부록 12】	『한국문집총간』 소재 열녀정려기烈女旌閭記 등 기타	827

1장

문제의 제기

우리가 알고 있는 종법제宗法制에 입각한 가부장적 친족 제도가 완벽한 형태로 정립된 것은 대개 18세기 이후다. 그것은 17세기를 지나면서 비로소 제 형태를 드러냈던 것이다. 이는 17세기 이전 사회의 친족 제도는 단계적單系的 부계친족제父系親族制가 아니었음을 의미한다. 고려와 16세기 이전의 조선 사회의 친족 제도의 성격을 쌍계적雙系的인 것이라 명명하든지 양측적兩側的(bilateral)인 것이라 명명하든지, 아니면 공계적共系的(cognatic)이라고 명명하든지간에 비부계적非父系的인 것만은 분명한 사실이다.[1] 이것은 곧 친족 제도가 비가부장제적인 것이었음을 의미한다. 물론 반론도 있다. 최홍기 교수는 16세기 이전 사회, 특히 고려 사회의 현실적인 친족 제도는 비부계적非父系的이거나 비가부장제적非家父長制的인 제도는 아니었다고 주장한다.[2] 그에 의하면, "신라 시대에 이미 부계 제도로서 기틀을 잡은 친족 제도가 고려조에는 가부장제를 바탕으로 한 제도로서 출발하였고, 유교적 친족 제도를 모형으로 채택한 후에는 가부장제를 점차 강화하는 방향으로 발전하게 되었다"[3]는 것이다. 이 논쟁은 세부적인 사항에서는 서로 각립하지만, 강조하는 부분에 따라 달리 보일 뿐 사실상 그 내용은 같은 것으로 생각된다. 즉 신라 이후 친족 제도에서 부계적 원리는 일반적으로 관통하고 있었지만, 그것이 어떤 형태로, 또 어떤 강도의 권력으로 관철되었는가 하는 것만 다를 뿐이다. 따라서 고려와 16세기 이전 조선 사회의 부계적 원리를 강조하는가, 아니면 양측적·공계적 원리에 주목하는가에 따라 각각 그 친족 제도의 모습이 달라질 것이다.

이러한 학설의 각립은 이 책에서는 중요하지 않다. 어느 쪽을 택한다 하더라도 16세기 이전 고려와 조선 전기의 친족 제도에 양측적 또는 공계적 성격이 있었던 것은 부정될 수 없으며, 현재 한국인이 조선 사회의 친족 제도에 대해 갖는 상식, 즉 단계적 부계친족제는 16세기 이전 사회의 양측적·공계적 성격을 배제한 결과라는 것 역시 부정될 수 없다. 달리 말해 17세기를 통과하면서, 그 배제의 결과가 종법제에 입각한 유교적 가부장제의 완벽한 정립으로 나타났던 것은 주지의 사실이다.

유교적 가부장제의 성립은 곧 친족 제도 내에서 어머니에 대한 아버지 권력의 일방적 강화, 아내에 대한 남편 권력의 강화, 딸에 대한 아들의 권력적 우위를 의미하는 것이었다. 곧 남성 중심적 친족 제도의 성립을 말하는 것이며, 이것은 여성의 사회적 지위의 저락을 의미하였다. 유교적 가부장제는 남성이 여성을 권력적으로 지배하는 시스템의 정립을 의미하는 것이었다. 16세기 이전 사회에서도 여성의 지위가 남성보다 우월한 것은 아니었지만, 18세기 이후 사회와 비교해 볼 때 상대적으로 높았던 것은 확실하다. 예컨대 상식화된 것이지만, 고려와 16세기 이전 조선 사회의 여성은 자기만의 재산을 상속받을 수 있었다. 상속 제도는 아들과 딸을 차별하지 않는 균분상속이 원칙이었다. 여성이 남성보다 경제적으로 우월하다고 말할 수는 없지만, 여성은 자신만의 재산을 소유할 수 있었던 것이니, 여성의 경제적 능력은 여성의 사회적 지위를 보장하는 기초가 되었다. 뿐만 아니라 고려와 17세기 중반까지의 조선 사회에서 혼인 이후의 거주 형태는 대개 남편이 아내의 집에서 거주하는 부처제婦處制가 일반적이었다. 친정에서 남편을 맞아들여 자녀를 낳고 기르는 생활 형태를 취하는 이상, 친족 내부에서 여성의 지위는 남성보다 낮을 수가 없었다.

　이외에도 유교적 가부장제가 성립하기 이전 조선 사회에서 여성의 사회적 지위가 남성에 비해 낮지 않았다는 증거는 허다하다. 물론 이런 증거들에 근거해 여성과 남성이 평등했다고 단정할 수는 없다. 예컨대 정치권력이 남성에게 집중된 것을 상기한다면, 17세기 이전의 한국 사회는 당연히 남성 중심적 사회라고 말할 수 있다. 여성의 사회적 지위가 높았다고 하는 것은 조선 사회의 부계 체계가 강고하게 성립한 이후와 비교해서 말하는 것일 뿐이다. 상대적인 것이지만, 우월했던 여성의 사회적 지위는 17세기라는 점이지대를 거치면서 재산상속 제도가 남녀 균분상속에서 장자 우대 불균등상속으로 바뀌고, 결혼 후 거주 형태가 부처제夫處制로 바뀌면서 확연히 낮아지기 시작하였다.[4] 여성은 상속 제도의 변화로 말미암아 경제권을 상실했고, 거주 형태의 변화로 말미암아 낯설고 적대적인 환경(곧 시집) 속에서 생의 대부분을 보내야 했다. 아울러 여성은, 총부家婦로서의 권리와 봉사권奉祀權을 잃었고, 족보에서도 이름이 사라졌다. 상례를 비롯한 의례에서도 모변母邊에 대한 대우는 확실히 낮아졌다. 곧 가부장적 유교 사회로의 전환은 사회의 각 영역에서 여성의 지위를 하향 조정하는 것이었다.

　이러한 일련의 변화가 여성에게 미친 영향에 대해 여러 논저가 있다. 마르티나 도이힐러Martina Deuchler의 『한국 사회의 유교적 전환』은 사실상 유교적 가부장제의 성립이 여성의 지위를 하향 조정하는 것이었음을 상세히 논증하고 있다. 『한국 사회의 유교적 전환』은 '유교에 기초를 둔 입법화와 여성에게 일어난 결과'라는 장(6장)을 특설하고, '처첩의 제도화', '혼인 규정과 전략', '유교식 혼례식', '여성에 대한 훈육과 교화', '시집살이', '과부와 재혼', '변하지 않는 유교적 여성의 이미지' 등 모두 12개의 소절[5]을 특설하고 유교적 사회로의 변환과 여성과의 관계를 서술하고 있는 바, 그 내용은 사실상 여성의 사회적 지위의 조락을 여러 갈래로 분류한 것이다. 물론 이러한 일련의 변화가 반드시 여성에게 불리한 것은 아니었다는 평가도 있다.[6] 하지만 유교적 가부장제의 구축을 위한 변화가 전반적으로 여성의 사회적 지위의 조락을 전제하고 있었음은 굳이 부정할 수 없을 것이다.

도이힐러의 저작을 위시한 다수의 논고가 고려와 17세기 조선의 여성들이 향유했던 자유와 권리가 소멸하는 과정을 현상적으로 다양하게 재구성하고 있어, 더 이상의 언급이 필요치 않을 정도다. 다만 이것은 법적·제도적·관습적 차원에서 포착되는 현상일 뿐 여성의 내면, 즉 여성의 의식의 차원에서 일어난 변화에 대해서는 소상한 언급이 없다. 사실 단계적 부계친족제의 성립, 곧 종법제에 입각한 유교적 가부장제의 성립은, 여성의 사회적 지위 조락이라는 변화만을 초래한 것이 아니라, 여성 개인의 의식과 행위에도 심각한 변화를 가져왔다. 여성의 의식과 그 의식이 지배하는 행위에서의 변화가 현재 우리가 상상하는 조선 시대의 전형적인 여성상에 반영되어 있다.

이런 의식과 그 의식이 지배하는 행위는 어떤 과정을 통해서, 어떤 수준으로 변화되었는가. 예컨대 고려조에는 없었던 열녀가 조선 시대에 와서 출현한다. 열녀는 '열행烈行을 실천한 여성'이다. 열행은 행위 주체의 강고한 의지에 의해 일어난 모종의 인상 깊은 행위를 의미한다. 열녀의 사례에서 열행의 성격을 정의하자면, 여성이 사회적으로 유일하게 공인된(혹은 공인될) 성적 상대자(대부분은 남편)에게 자신의 '성적性的 종속성'을 천명하기 위해 자신의 신체를 학대하거나, 신체의 일부 또는 신체 전부를 희생하는 것(從死)이 될 것이다. 이러한 일방적이고 잔혹성을 띤 열행의 강제는 고려 시대에는 물론 존재하지 않았으며, 그런 어휘도 없었다.

열녀라는 어휘와 이 어휘가 지시하는 여성의 행위는 조선 사회가 유교적 가부장제를 지향하는 과정에서 발명된 것이다.

여성이 사회나 국가로부터 어떤 보상을 바라고 열행을 실천한 것은 아니었다. 열행에 대해서는 정문旌門, 복호復戶, 음식물 하사와 같은 국가의 보상이 있었으나 그것은 여성이 바친 생명에 견준다면 사실 초라하기 짝이 없는, 보상이랄 수도 없는 것이었다. 또한 그 보상이 모든 열행에 대해 일률적으로 주어진 것도 아니었고, 열녀로 공인받는 과정도 매우 복잡하고 까다로웠다. 따라서 보상이 없음에도 불구하고 17세기 이후 열녀가 폭발적으로 발생했던 원인은 자발적 행위라는 것 외에는 달리 설명할 길이 없다. 그 자발성은, 열행이 그 자체로서 인간이 실천해야 할 정당한 행위, 가치 있는 행위라는 관념에서 나온 것이었다.[7] 그 관념은 바로 윤리다. 이 지점에서 우리는 즉각 충·효·열의 삼강三綱을 떠올릴 수 있을 것이다. 삼강은 중국 한대漢代에 생긴 관념이다.[8] 다만 삼강은, 왕과 신하, 아버지와 자식, 남편과 아내의 관계에서 전자가 우선하거나 중심이 되어야 한다는 선언일 뿐이고[9] 달리 어떤 행위의 구체성을 갖지는 않았다. 삼강은 고려에서도 별반 중요한 의미를 갖지 않았다.[10] 삼강이 충·효·열과 결합한 것은 조선조에 와서이며, '부위부강'夫爲婦綱의 실천을 열행으로 규정한 기원은 세종 14년에 편찬된 『삼강행실도』 열녀편이었다. 요컨대 이 텍스트는 '부위부강'의 구체적 실천 매뉴얼을 만들고, 그것을 윤리의 이름으로 유포했던 것이니, 17세기 이후 족출한 열녀는 모두 이 텍스트가 만들어냈던 것이다.

17세기를 통과하면서 형성된 단계적 부계친족 제도, 곧 유교적 가부장제는 극도의 남성 중심주의로서, 남성의 욕망을 여성에게 일방적으로 관철시킴으로써 작동하는 시스템이었다. 예컨대 열녀담론은, 남성이 복수의 여성과 성관계를 맺을 수 있는 데 반해 여성은 사회적으로 인정된 단한 사람의 남성과 성관계를 맺어야만 한다는 남성 중심의 성적 욕망을 윤리화한 것이었다. 그 욕망은 만약 공인된 유일한 남성이 부재하거나 부재의 위기에 처하면, 여성은 자신의 성적 종속성이 불변함을 천명하기 위해 자신의 신체를 학대하거나 신체 일부 혹은 신체 전체를 희생할 것을 요구하였다. 곧 가부장제는 여성의 목숨까지 요구했던 것이다. 하지만 역으로 남성의 경우 그것은 윤리가 아니었다. 따라서 열행의 실천이란 사실 남성만의 이기적 욕망을 윤리의 이름으로 여성이 실천하는 것이었다.

법과 제도, 사회 관습의 변화에 주목한 기존의 연구는 이 부분을 결여하고 있다. 즉 유교적 가부장제의 성립과 함께 여성의 의식 속에 윤리 혹은 규범으로 정립되어 여성의 행위를 지시했던, 남성의 욕망에 근거한 담론들을 적극 해명하고 있지 않은 것이다. 가부장제는 여성의 생명까지 윤리의 이름으로 요구하는 한편, 일상에서 여성이 남성의 권력에 의해 일관되게 지배되어 행동할 것을 요구했다. 17세기 이후 『내범』內範, 『규범』閨範 등 '내'內 자와 '규'閨 자를 필수적으로 포함하는 여성 교육서가 무수히 출현한 것은, 바로 일상에서 여성을 남성의 욕망에 따라서 작동하는 기계로 만들고자 하는 것이었다.

이 모든 것은 윤리와 규범의 이름으로 여성이 자발적으로 수행할 것을 요구하였다. 이를 위한 유일한 길은 그 윤리와 규범을 여성의 대뇌에 설치하는 것이었다. 그 규범은 고려조에는 존재하지 않는 것이었고 조선의 건국과 함께 발명되기 시작했다. 위에서 간단히 예로 든 『삼강행실도』 열녀편이 그 적실한 예이거니와 여타의 윤리와 규범이 고안되었다. 여기서 필연적으로 텍스트의 문제가 제기된다. 윤리와 규범은 텍스트의 형식으로 만들어져, 흔히 교화라는 이름으로 여성의 대뇌에 주입되었다. 텍스트의 담론에 의해 의식화된 여성은, 텍스트의 윤리와 규범의 지시에 의해 행동하게 되었다. 그 여성은 아마도 한국 사람이라면 쉽게 떠올릴 수 있는 조선의 여성상일 것이다.

그렇다면 어떤 텍스트가 어떤 의도에서 어떻게 만들어지고 유통되고 주입되었으며, 그 결과 여성의 의식과 행위는 어떻게 변했던가. 이 책은 바로 이 문제, 곧 텍스트의 생산과 유통, 주입, 그리고 그 결과로서 여성의 의식, 행위의 변화를 검토한다. 그 텍스트들의 최종 목적은 모든 여성이 열녀가 되기를 희망하는 것이었다. 이 책의 제목을 '열녀의 탄생'이라고 한 것은 바로 이런 이유에서이다.

텍스트는 여러 종류다. 각각의 텍스트는 독립적으로 존재하는 것처럼 보이지만, 사실 서로 긴밀하게 연관되어 있다. 예컨대 동일하게 여성의 의식화를 겨냥하는 텍스트라 하더라도 각각 의식화하고자 하는 내용의 성격은 다를 수 있다. 『삼강행실도』 열녀편이 성적 대상자의 부재로 말미암아 여성의 성적 종속성이 위협받는 상황에서 여성이 취해야 할 행위를 규정한 것이라면, 성종 때 만들어진 『내훈』內訓은 여성의 일상에서의 행위를 지시하는 규범을 제시한 것이다. 텍스트는 시간의 흐름에 따라 달리 선택되었다. 『내훈』은 조선 전기에 거의 읽히지 않았다. 『내훈』 유의 텍스트가 폭발적으로 증가하고 유통되어 읽힌 것은 17세기를 전환점으로 하여 단계적 부계친족 제도가 성립하면서부터였다. 즉 결혼 후 주거 형태가 부처제婦處制에서 부처제夫處制로 바뀌어 여성을 '시집' 속에 가두게 되자, 비로소 여성의 일상을 지배할 수 있었기 때문이다.

이런 텍스트에 대한 연구는 적지 않다.[11] 『소학』은 조선의 유교적 가부장제가 원리로 채택한 여성담론의 원천적 텍스트였다. 『소학』의 수용과 보급에 대해서는 이미 충분한 연구가 있다.[12] 다만 『소학』에 관한 연구는 주로 조선 시대 교육의 전반적 문제와 관련되어 이루어졌을 뿐, 『소학』이 여성을 유교적 가부장제로 의식화하는 텍스트의 원천으로 작용했다는 사실은 보다 명확하게 지적되지 않았다. 여성의 일상적 행위와 의식을 지배하려 했던 『내훈』 유의 텍스트는 17세기부터 폭발적으로 생산되고 보급되었던 바, 이에 대한 연구는 여성 교육사의 차원에서 이루어졌으며, 내셔널리즘의 자장 속에서 민족 교육의 우수성 내지는 조선 시대 여성 교육의 우수성을 밝히고자 하거나, 이 텍스트로 인해 만들어진 여성성을 한국의 전통적인 '여성상'으로 규정하고자 하였다.[13] 이것은 기본적으로 성리학에 근거한 텍스트로 제작된 여성, 곧 남성에게 종속된 여성을 민족과 전통의 이름으로 긍정하고자 하는 것이었다. 하지만 이것은 조선의 유교 사회로의 전환이, 여성의 입장에서는 억압으로 작용했던 사실 자체를 몰각한다는 점에서 오류가 아닐 수 없다.

　『삼강행실도』 열녀편은 조선 시대 열녀를 탄생시킨, 여성의 생명까지 가부장적 권력으로 장악하고자 했던 텍스트라는 점에서 그 어느 것보다 중요한 텍스트임에도 불구하고, 이 점은 크게 부각된 적이 없는 것 같다. 요컨대 현대의 연구자들조차 이 텍스트의 '잔혹성'에 대해 주목하지 않는 것이다. 이 점을 보다 명확하게 드러내야 할 것이다. 또 지적해야 할 것은 『삼강행실도』 열녀편은 편집된 텍스트라는 사실이다. 즉 이 텍스트는 방대한 중국 문헌에서 특정한 내용을 갖는 자료를 선별하여 편집한 것이다. 한국의 내셔널리즘은 텍스트의 원천이 중국이라는 것을 꺼림칙하게 생각하였다. 다행하게도 열녀편의 텍스트적 원천을 밝힌 연구는 있으나, 이 역시 열행의 매뉴얼 성격과 그 매뉴얼이 열녀의 제작과 유관함을 밝히는 것이 아니라, 열녀편이 조선조의 소설사에 미친 영향을 논하는 데 동원되었을 뿐이다.[14] 열녀편은 무엇보다 텍스트의 편집에서 드러나는 편집자의 의도가 대단히 중요하다. 즉 기존의 어떤 텍스트를 취사선택하여 새로운 텍스트를 만든 의도가 곧 이 텍스트의 주제가 될 것이다. 이 책은 바로 이 점을 밝히고자 한다.

　『소학』, 『삼강행실도』, 『내훈』은 모두 조선 전기에 국가에서 발행한 텍스트다. 다만 『소학』과 『삼강행실도』는 조선 전기에 엄청난 양이 인쇄 보급되었고 조선 후기에도 사정은 동일하였으나, 『내훈』은 조선 전기에 거의 보급되지 않았다. 대신 『내훈』과 동일한 성격을 갖는 텍스트가 17세기 이후 폭발적으로 쏟아져 나와 유통되었다. 이러한 텍스트 역시 다수의 연구물이 축적되어 있다. 다만 이 연구물 역시 조선조 여성 교육의 성격을 밝히고자 하여, 그것이 갖는 교육적 계몽성을 도출하고 긍정적 의의를 모색하려 한 것이었다. 이것은 17세기 이후 단계적 부계친족 제도가 성립하면서 여성성을 규정하고 통제하고자 하는 유교적 가부장제의 욕망을 윤리의 이름으로 여성의 대뇌에 설치하려 했던 텍스트의 기본 속성을 정확하게 지적하지 못하고 있다.

여성의 일상적 행위와 의식을 통제하려는 텍스트는 여러 형식으로 존재했다. 국문학에서 '내방가사' '규방가사' 혹은 '여성가사'라고 불리는 가사 작품군에 속하는 일련의 문학작품이 대표적인 것이다. 내방가사 중 가장 많은 작품수와 이본을 가지고 널리 읽혔던 계녀가誡女歌와 「복선화음가」福善禍淫歌는 문학적 형식으로 쓰인 것이지만 사실상 『내훈』의 변형물이다. 이 텍스트에 대한 최근의 연구는 분명, 이 텍스트가 '이념적 세뇌 기능'을 수행했다는 데 혐의를 두고 있다.[15] '이념적 세뇌'야말로 이 텍스트의 제작 의도이자 수행 결과일 것이다. 하지만 연구는 '세뇌'를 전면화하지 않고, 이 텍스트가 여성의 '품위 있는 교양의 함양에 기여했다는 긍정적 성격을 도출해 나란히 배치한다. 하지만 그 '여성 교양'의 존재가 이념적 세뇌와 대척적인 형태의 것으로 존재하는 것은 아니다. 즉 세뇌는 '품위 있는 교양의 함양이라는 우아한 방식으로 이루어지기 때문이다. 그것이 문학이라는 형식을 쓰고 있는 것도 이 때문이다.

이런 유의 텍스트에 나타나는 여성의 경제활동 또는 부의 축적에 주목하여, 거기서 '윤리적 건전성으로 무장하고 치산治産을 통해 고난의 현실을 헤쳐 나갔던 여성상'을 읽어내고, 또 '근대전환기 여성의 내면에서 꿈틀거리는 근대적 욕망의 단초'를 찾기도 한다.[16] 이런 텍스트에 보이는 여성의 재산 축적은 연구자의 입장에서는 매우 흥미로울 것이다. 여성이 경제적 주체가 된다는 것은, 곧 남성으로부터의 여성의 독립을 연상시키기 때문이다. 하지만 여성의 재산 축적은, 여성의 주체적 선택의 결과가 아닌, 유가적 가부장제의 강요에 의한 것이다. 무엇보다 17세기를 통과하면서 유가적 가부장제가 확립되자 남녀균분상속제가 장자 우대 불균등상속제로 바뀌어 여성은 자신의 재산을 확보할 수 없었던 것이다. 즉 여성은 17세기 이후 유가적 가부장제의 성립 이후 경제적 주체가 될 수 없었다. 여성이 축적한 부는 여성의 것이 아니라 부계친족의 것이었으니, 여성의 치부를 두고 여성의 가부장제로부터의 독립을 운위할 수는 없을 것이다. 아울러 5장에서 살피겠지만, 「복선화음가」에서 여성이 이룩한 부는 현실성이 전혀 없는 낭만적 상상의 소산일 뿐이었다. 「복선화음가」유에서 보이는 여성의 치부는, 여성에게 노동을 강요하여 가문의 경제까지 책임지우는 남성적 욕망의 표현일 뿐이다.

  본론에서 소상히 언급하겠지만, 내방가사의 압도적 다수를 차지하는 계녀가와 「복선화음가」는 조선 전기의 부처제婦處制에서 부처제夫處制로 결혼의 형태가 바뀌어 여성이 본격적으로 시집살이를 하게 되자, 거주 환경이 바뀐 여성을 훈육하기 위해 만든 텍스트일 뿐이다. 요컨대 치산 과정에 주목하여 경제적 주체로서의 여성을 부각시키는 것은, 여성을 경제적 주체로 내세움으로써 가부장제의 붕괴 내지 해체와 여성의 가부장제로부터의 독립이라는 근대적 서사를 이끌어내려는 연구자의 욕망이 투사된 결과일 뿐이다. 요컨대 이 일련의 가사 작품의 경우, '이념적 세녀'가 갖는 문제를 보다 엄밀한 방식으로 다룰 필요가 있을 것이다.

  마지막으로 개별 문인이 쓴 열녀의 전기, 곧 열녀전烈女傳이 있다. 고려 말에 창작된 열녀전은 조선 전기에는 다시 창작되지 않다가 조선 후기에 와서야 다시 활발히 창작되었다. 열녀전은 열녀의 탄생을 알리는 직접적인 증거이기도 하고, 또 그것이 남성 사이에 유포되고 구어화口語化 하여 여성에게 다시 유포된다는 점에서 열녀의 재생산에 중요한 역할을 맡았던 텍스트다. 열녀전은 최근 활발히 연구되었다. 조선 시대 열녀전을 선별, 번역한 책이 출판되었고[17] 열녀전 자체를 연구한 논고도 풍부하다.[18] 이 논고들은 대개 열녀전에서 열녀담론이 강요한 여성의 희생과 가부장제의 잔혹성을 지적하고는 있지만 그것을 전면화하지 않고, 오히려 열행이 가정 내부에서 여성의 위상을 고양시켰다고 해석하기도 한다.[19] 이처럼 열행이 갖는 잔혹성에도 불구하고 여기에 집중하는 것이 아니라, 열녀전에 나타나는 여성의 언어와 행동에서 남성과 구별되는, 여성만의 주체적 의식, 곧 궁극적으로 가부장제에 대한 비판 혹은 가부장제에 대한 여성의 전략적 적응 방식을 찾으려는 의도는, 열녀전 연구를 주도한 연구자들의 연구 방법의 딜레마에서 유래할 것이다. 페미니즘의 영향력 안에서 여성을 연구의 대상으로 삼을 경우, 연구는 필연적으로 가부장제를 비판하거나 가부장제를 이탈하고자 하는 여성 주체를 모색할 것이다. 예컨대 열녀 전승에서 "남성 중심적 시각에서 규정해낸 '열'이라는 이념에 헌신했던 열녀의 내면에 자리잡고 있던 사회적 자아 성취 욕구를 발견할 수 있다"[20]는 주장은 열행의 실천을 여성의 '사회적 자아 성취'로 보고자 한다. 여성의 자아 성취는, 곧 여성이라는 독립적 주체를 의미하며, 그것은 궁극적으로 가부장적 질서에 대한 비판을 함축한다. 하지만 열행은 남성에 대한 여성의 성적 종속성을 천명하는 행위이므로, 그것이 여성의 자아 성취가 될 수 없음은 물론이다. 요컨대 열녀전에서 가부장제에 반하는 여성 주체를 찾고자 하는 것은 근원적으로 모순이다.[21]

열녀전 연구를 주도한 것은 한문학 연구자였다. 이것은 텍스트 연구에 있어서 문학주의라 할 만한 편향을 드러냈다. 열녀의 열행을 서술하는 텍스트는 열녀전만 있는 것이 아니다. 열녀정려기烈女旌閭記, 열녀행록烈女行錄 등 수많은 장르가 열녀의 열행을 서술한다. 이러한 장르들의 서술 방법은 약간의 편차를 지니지만, 내용상 아무런 차이를 발견할 수 없다. 그럼에도 불구하고 이런 장르가 무시되고 오로지 열녀전에 집중한 것은 '전'傳이 문학이라는 관념에 사로잡혀 있기 때문이다.[22] 나의 연구는 문학 연구가 아니다. 따라서 열녀전뿐 아니라, 정려기와 행록 등을 아울러 자료의 범위를 넓히고자 한다.

이상에서 언급한 텍스트들은 여성을 가부장제로 의식화하려 한다는 점에서도 모두 동일한 목적을 갖는다. 다만 그것들은 가부장제의 하위 속성을 담당할 뿐이다. 예컨대 『내훈』 유의 텍스트가 남성에 대한 여성의 일상적 복종을 지시한다면, 『삼강행실도』 열녀편은 유일한 성적 대상자의 부재 혹은 부재의 위기에 여성이 실천해야 할 바를 제시한다. 즉 그것은 일상과 위기라는 두 가지 국면을 각각 담당하고 있는 것이다. 이처럼 가부장제의 의식화를 목적으로 삼되, 그것은 각각 그 가부장제의 영역을 분할하는 것이다. 따라서 위에서 언급한 여러 종류의 텍스트는 서로 긴밀하게 연관되어 있으며, 시간에 따라 그 역할을 각각 달리 맡게 된다. 본서는 바로 그 텍스트들의 상관성을 밝히는 데 주력할 것이다.

이상에서 언급한 바와 같이 본서는, 조선 건국 이후의 양측적 또는 공계적 친족 제도가 17세기를 지나면서 단계적 부계친족 제도로 바뀌고 이를 통해 성립한, 종법제에 입각한 가부장제가 가부장제적 욕망을 어떤 형태로 어떤 텍스트로 어떤 과정을 통해서 여성의 대뇌에 장착하는지, 곧 의식화되는지를 다루고자 한다.

2장

유고의 '이상적 여성', 발명과 구체화의 시작

1절
이상적 여성— 절부와 열녀

앞에서 언급한 바와 같이 1392년 조선 건국 이후, 성리학에 입각한 사회로의 전환과 유교 사회의 건설이란, 양측적 또는 공계적 친족 제도를 단계적 부계친족 제도로 바꾸는 것이었다. 17세기를 점이지대로 하여 그 의도에 따른 변화가 완벽하게 구현되었던 것, 곧 유교적 가부장제가 성립하였음은 주지의 사실이다.

유교적 가부장제란, 부권父權 또는 부권夫權의 일방적 행사, 곧 남성과 여성의 관계를 두고 말하면, 남성의 권력이 여성에게 일방적으로 행사되는 것을 의미한다. 이 일방적 권력 관계는 법적·제도적·사회 관습적 변화가 야기한 것이었음도 이미 상식화된 것이다. 하지만 가부장제의 완벽한 성립이 이러한 법적·제도적·사회 관습적 변화만으로 가능한 것은 아니었다. 그것은 남성의 일방적 권력 행사에 대한 여성의 순응, 즉 자발적 복종을 필수적으로 요구하고 있었다. 따라서 그 순응을 이끌어내기 위해, 여성의 대뇌에 가부장적 담론을 설치하는 작업이 오랜 시간에 걸쳐 광범위하게 이루어진다. 이러한 작업의 최초 형태는 여성이라는 존재를 유교의 여성관에 따라 다시 정의하는 것이었고, 이 작업은 조선 건국 직전부터 사대부들에 의해 시작되었다. 그 최초의 작업을 검토해 보자.

조선 건국 세력, 곧 사대부들이 여성이라는 존재를 새롭게 규정하려 했던 의도를 찾아볼 수 있는 자료가 있다. 이곡李穀(1298~1351), 정이오鄭以吾(1347~1434), 이숭인李崇仁(1349~1392)이 쓴 세 편의 여성전을 실마리로 삼아 보자.

ⓐ 이곡, 「절부조씨전」節婦曹氏傳[1]
ⓑ 정이오, 「열부최씨전」烈婦崔氏傳[2]
ⓒ 이숭인, 「배열부전」裵烈婦傳[3]

이상은 모두 여성의 도덕적 행위를 찬미하기 위해 쓴 것이다. 여성의 도덕적 행위를 찬미하는 전기傳記, 곧 '열녀전' 列女傳은 『후한서』後漢書까지 소급된다. 이후 『명사』明史에 이르기까지 중국 기전체紀傳體 역사 서술에서 '반드시'는 아니지만 대개의 경우 열녀전은 따로 설정되어 실리는 바, 이것은 인물전의 중요한 범주가 되었다. 물론 이것은 정사正史의 경우이고, 개인적 차원에서도 열녀에 대한 전기를 얼마든지 쓸 수 있었다. 그러나 한국의 역사 전통에서 열녀가 따로 설정되는 경우는 없었고, 개인적 차원에서도 열녀전은 위의 세 편의 열녀전이 나오기 이전에는 존재하지 않았다.[4]

도덕적 여성을 입전 대상으로 하는 전傳이 14세기 말에 쓰인 것은 전에 없던 주목할 만한 현상이다. 이것은 이 시기 사대부들의 여성관을 드러내고 있기 때문이다. 먼저 이곡의 ⓐ「절부조씨전」을 간단히 검토해 보자. 「절부조씨전」은 역사의 횡포에 희생당한 여성의 일생을 그린 것이다. 조씨의 아버지 자비子조는 1270년 삼별초의 난에 협박을 받아 따라갔다가 탈출하고, 1271년 제주도의 삼별초 토벌에 참여하여 전사한다. 조씨는 13

세에 대위隊尉인 한보韓甫에게 출가하여 딸 하나를 낳지만, 이어 불행이 닥친다. 그의 시아버지 수녕궁壽寧宮 녹사錄事 광수光秀는 일본에 갔다가 1281년 군중에서 사망하고, 남편 한보는 1291년 합단哈丹과의 전투에서 사망한다. 이곡이 「절부조씨전」을 쓸 때 조씨가 77세이고 50년을 살았다고 했으니, 27세라는 젊은 나이에 홀몸이 되었던 것이다. 과부 조씨는 딸과 함께 언니 집에 얹혀살다가 딸이 시집을 가자 다시 딸의 집으로 가서 산다. 불행은 여기서 그치지 않고 다시 딸이 아들 딸 하나씩을 낳고 죽자 외손녀에게 의지해 살아간다.

조씨는 13세기 말 복잡한 국제 정세로 발발한 전쟁에 아버지, 시아버지, 남편을 모두 잃고 급기야 딸까지 먼저 저승으로 보낸다. 비극적인 일생이다. 이 비극적 일생을 이곡은 어떻게 표현하고 있는가.

> 조씨는 나이 서른이 안 되어 남편과 아버지, 시아버지가 연달아 전쟁터에서 죽고, 과부가 되어 50년을 살았다. 밤낮 여공女工을 부지런히 하여 딸과 손자를 먹이고 입혀 의지할 곳을 잃지 않게 하였고, 손님 접대와 결혼, 장례와 제사에 드는 경비도 충분히 마련하였다. 이제 나이 77세인데도 여전히 병 없이 건강하게 지낸다. 성품이 또 총명하여 도적들에게 잡혀 있을 당시와, 근래의 정치의 잘잘못과 양반 가문에서 일어난 일들을 하나도 남김없이 찬찬히 이야기해 주곤 한다.[5]

이곡은 조씨가 가사 노동(女工)에 몰두하여 딸과 손자를 길러낸 것과, 손님 접대, 혼례, 장례, 제사 등의 의식에 드는 경비를 마련한 것이 높이 평가받아야 할 일이라고 말한다. 한 인간의 일생을 형상화하는 방법은 무한하다. 예컨대 이 여성의 삶에서 남편과 아버지, 시아버지 그리고 딸이 죽었을 때 겪었을 심리적 충격과 슬픔, 고통 혹은 그 뒤의 홀로 살아남기 위한 일상의 고투와 이력이 당연히 세인의 관심사가 될 수도 있지만 이곡은 이런 방면에 관심이 없다. 전쟁이 개인에게 가한 폭력도 관심 밖이다.

 이곡은 어떤 특정한 세계관에 입각하여 조씨의 일생을 요약하고 있을 뿐이다. 즉 여성의 역할을 여공女工, 즉 가정 내에서 여성에게 부과된 여성 노동의 근면한 이행과 봉제사奉祭祀, 접빈객接賓客의 물자를 마련하는 것으로 제한하고 있는 것이다. 후술하겠지만, 이것은 유가儒家에서 규정한 여성의 역할이다. 요컨대 이곡은 오로지 유가의 여성관에 입각하여 조씨의 일생을 평가하고 있을 뿐이다. 이 점을 좀 더 상세히 살펴보자. 이곡은 이 작품의 말미에서 이렇게 말한다.

> 내가 예전에 중국 땅 이곳저곳을 돌아다닐 때의 일이다. 정절貞節이 있는 사람이라 하여, 문려門閭에 정표旌表를 한 것이 서로 이어져 있을 정도이기에 처음에는 그렇게나 많은 것을 괴이하게 여겼다. 조정에서는 정절은 없지만 재물이 있어 남의 이름을 빌어 정역征役을 면하고자 하는 경우가 있다 하여, 늘 감찰관과 헌사憲司를 시켜 관리들에게 책임을 묻고 있으니, 곧 인륜과 풍속을 돈독하게 하는 아름다운 뜻에서 나온 일이다. 조씨의 경우 조정에 알려진다면, 특별히 대서大書하여 역사책에 그 이름이 넘쳐 날 것이고, 향리에 빛이 날 터이다. 어찌 끝내 인멸되고 말 것이겠는가.[6]

이곡은 1333년(36세) 원元의 과거에 합격하여, 한림국사원翰林國史院 검열관檢閱官이 된 것을 시작으로 하여, 원에서 오랜 시간을 보냈다. 1341년(44세)부터 1346년까지 6년을 체류하기도 하였다. 그는 중국에서 세금과 부역을 피하기 위해 가짜가 생길 정도로 많은 정려의 사례를 보았던 바, 사실 이것은 원元 정부의 적극적인 정려旌閭 정책의 산물이었다.

 이어 이곡은 사신史臣의 입을 통해 이렇게 말한다.

사씨史氏는 말한다. 부인이 '삼종지의' 三從之義를 지킨다면 부인의 도리를 다하는 것이다. 조씨는 아버지와 남편이 모두 사직社稷을 지키는 일에 죽고 아들조차 없다. 젊은 나이에 과부가 되어 절개를 지키고 늙었는데, 관官에서도 돌봐주지 않고 남들이 알아주지도 않는다. 슬프다! 오직 천도天道만이 잘못되지 않았으니, 그가 건강하고 장수하는 것은 마땅한 일이다.[7]

드디어 '삼종지의' 三從之義가 나왔다. 뒤에 소상히 언급하겠지만, 아버지, 남편, 자식(아들)에 종속될 것을 요구하여, 여성에게서 사유와 행동의 주체를 박탈하는 담론인 삼종지의는 유가의 여성 인식의 기저를 이루는 담론이다. 이곡은 삼종지의에 비추어 조씨를 동정한다. 조씨는 아버지와 남편이 죽고, 아들조차 없다. 하지만 그는 개가하지 않았다. 따라서 국가에서 '정려'로 표창해 주어야 하지 않겠는가. 이곡은 이것을 말하고 싶었다. 「절부조씨전」은 삼종지의와 같은 유가의 여성담론이 여성에게 실현될 것, 그것도 국가의 권력으로 실현될 것을 염원한다. 곧 유가 이데올로기의 여성 지배를 염원하는 것이다.

이제 정이오의 ⓑ「열부최씨전」과 이숭인의 ⓒ「배열부전」을 보자. 먼저 지적해야 할 것은 「절부조씨전」은 '절부'라는 어휘를 선택하고 있는 데 반해, 「열부최씨전」과 「배열부전」은 '열부'라는 어휘를 선택하고 있다는 것이다. '절'과 '열'의 차이는 무엇인가. 이 점에 유의해 이 두 작품을 검토해 보자. 「열부최씨전」과 「배열부전」은 각각 1379년과 1380년의 왜구의 침입을 배경으로 삼은 작품이다. 고려 말 왜구의 침입은 상습적으로 일어났고, 거의 전쟁 상태를 방불케 하는 대규모의 것도 있었다. 전쟁 상황에서는 약탈과 강간이 수반되는 바, 두 작품의 주인공인 최씨와 배씨는 왜구의 강간에 저항하다가 살해된다.

왜적이 최씨가 사는 마을에 쳐들어왔다. 열부는 나이 서른셋에 또 자식이 있었다. 아이를 안고 업고 손을 끌고 산속으로 피해 달아났다. 다음 날 왜적들이 사방으로 나가 노략질을 하다가 열부를 보고 칼날을 번뜩이며 잡아가려 하였다. 열부가 나무를 끌어안고 저항하며 왜적들을 꾸짖었다. "죽기만 기다릴 뿐이다. 너희 왜놈에게 더럽혀지고 살기보다는 차라리 의義를 지켜 죽겠다." 절부의 입에서 꾸짖는 말이 끊이지 않았다. 왜적이 칼을 찔러 몸을 꿰뚫으니 마침내 나무 아래서 죽고 말았다. 왜적은 10세의 딸과 8세의 아들을 사로잡아서 물러갔다. 남은 아이 습慴은 겨우 6세였고, 엄마의 시신 곁에서 여전히 젖을 빨았는데, 피가 입에 흘러들어가 역시 죽고 말았다.[8]「열부최씨전」

왜적이 열부가 사는 마을로 돌입하자 열부는 젖먹이를 안고 달아났다. 왜적은 강까지 쫓아왔다. 강물이 한창 불어 있는 터라 열부가 왜적에게서 벗어나지 못할 것을 알고 젖먹이를 강둑에 두고 강으로 뛰어들었다. 왜적들이 활에 화살을 메워 쏘려고 하면서 "나오너라. 나오면 살 것이야" 하였다. 열부는 왜적을 돌아보며 꾸짖었다. "왜 빨리 나를 죽이지 않는게냐. 내가 어찌 도적놈들에게 더럽혀지랴." 왜적이 어깨를 겨냥해 두 번 활을 쏘았는데, 두 발이 모두 명중되자 강물에 떨어져 죽고 말았다. 왜적이 물러간 뒤 집안사람들이 시신을 찾아 장사지냈다.[9]「배열부전」

두 작품은 서술량이 아주 짧은데,[10] 가장 많은 분량을 차지하는 것은 바로 위의 인용문, 즉 강간에 저항하여 죽음을 선택하는 부분이고, 그중에서도 여성이 장렬한 언사言辭를 내뱉으며 맹렬하게 저항하는 장면이 가장 극명하게 그려진다. 이런 서술은 당연히 작가의 의도에 따라 만들어진 것이다.

근대, 전근대를 막론하고 전쟁에서 여성의 납치, 강간은 일반적인 것이기 때문에 역사는 여성에게 가해진 잔혹한 폭력을 특별히 부각하여 기술하지 않는다. 비슷한 시기에 있었던 외적의 침입으로는 홍건적의 침입도 있었으며, 더 거슬러 올라가면 몽고의 침입도 있었다. 이런 전쟁에서도 부녀자의 강간은 물론 수없이 있었을 것이지만, 역사는 특별히 그것을 기억하거나 기록하지 않았다. 그런데 유독 고려조의 끝에 와서 여성을 전쟁과 관련시키되, 강간에 저항한 여성을 형상화하여 기념하려는 것은 전에 없던 의식이다. 왜 강간에 저항하다가 죽은 여성을 이렇게 거룩하게 표창하는가. 「열부최씨전」과 「배열부전」을 보면, 두 여성은 이렇게 말한다.

> "죽기만 기다릴 뿐이다. 너희 왜놈에게 더럽혀지고 살기보다는 차라리 의義를 지켜 죽겠다."(等死爾, 汚賊以生, 無寧死義. 「열부최씨전」)
> "내가 어찌 도적놈들에게 더럽혀지랴."(我豈汚賊者耶? 「배열부전」)

최 열부와 배 열부는 모두 '오염된다'고 생각한다. 오염되지 않기 위해 두 사람은 죽음을 택한다. 이것은 자연스러운 것인가. 강간은 폭력이며, 폭력에 대한 저항은 자연스럽게 보인다. 하지만 저항이 반드시 '오염'과 결합될 필요는 없다. 저항과 오염을 연결시키는 관념이야말로 낯선 것이다. 최 열부와 배 열부의 경험이 각각 다른 공간에서 발생한 사건임에도 불구하고, 동일한 구조로 서술되고 동일한 언어를 사용하고 있는 것은, 「열부최씨전」과 「배열부전」의 사건을 형상화하는 작가의 의식이 동일한 데 기인한다. 실제로 두 여성이 '오염'이라는 언어를 동일하게 사용했는가 하는 것은 증명할 수 없다. 우리가 확인할 수 있는 것은, '오염'이라는 표현이 실제 발생한 성폭력을 언어화했던 정이오와 이숭인의 여성 의식에 의해 선택되었다는 것뿐이다. 오염이라는 어휘는 사회적으로 공인된 성적 대상자, 곧 남편 이외의 남성과의 성관계를 부정한 것으로 보는 관념의 소산이다. 다시 말해 그것은 유일한 성적 대상자 외의 남성과 성적 관계를 맺지 않을 것을 바라는, (여성이 아닌) 남성의 원망願望이 강렬하게 투영된 것이다. 전쟁과 같은 비일상적 상황에서 여성에게 폭력으로 강요된 성적 관계는 여성의 생명과의 교환을 의미하는 것이기에, 평상시의 도덕으로 단죄할 수 없다. 따라서 두 여성의 행위를 형상화하는 작가는, 여성의 생명을 위협하는 상황 속에서도 사회적으로 공인된 남성 이외의 남성과 여성이 성적 관계를 맺지 않을 것을 바라는 일방적 욕망을 두 작품에서 관철시키고 있다. 그 욕망은, 자신의 성적 대상자가 다른 남성과 성관계를 갖느니 차라리 죽음으로 소멸되기를 바라는 남성의 강력한 이기적 욕망이다.

위의 「열부최씨전」과 「배열부전」에서는 본질적으로 남성의 두 가지 성적 욕망이 교차하고 있다. 작품 내부에서의 남성(왜구)은 자기의 성적 대상자가 아닌 여성과의 성관계를 폭력을 동원하여 갖고자 하지만, 열녀전을 서술하는 남성은 자신의 성적 대상자가 다른 남성과 성관계를 갖는 것을 강력하게 금지하고자 한다. 두 가지 욕망은 모두 남성의 성적 욕망이다. 즉 두 작품에서 남성은 여성이 유일한 성적 대상자에게 배타적으로 종속될 것을 바라고 있는 것이다. 물론 그것은 배타적 성적 지배를 윤리의 이름으로 이루고자 한다는 점에서 강간의 욕망과 구분될 뿐이다.

그렇다면 절부와 열부는 동일한 것인가. 절부는 남편의 사망 이후 개가改嫁하지 않은 여성, 곧 새로운 성적 대상자를 찾지 않은 여성이다. 곧 공인된 성적 대상자의 소멸 이후에도 그 남성에게 성적으로 종속되어 있음, 곧 성적 종속성을 실천하는 여성이다. 열부는 여성의 생명을 위협하는 시공간에서도, 생명을 희생하면서까지 공인된 유일한 성적 대상자에게 성적 종속성을 실천하는 여성이다. 따라서 절부와 열부는 모두 여성에 대한 남성의 배타적 성적 지배를 가능하게 한, 곧 남성에 대한 여성의 성적 종속성의 실천자인 것이다. 양자는 동일한 것이되, 열부는 여성의 자기 희생, 곧 신체를 훼손하거나 생명까지 희생하는 보다 강렬한 행위로써 성적 종속성을 실천한 여성인 것이다.

최 열부는 1389년에, 배 열부는 1382년에 정려되었다.[11] 남성에 대한 여성의 성적 종속성을 행동으로 보였을 경우, 국가는 정려로 그 여성을 기념한다. 여성에 대한 정려는, 남성의 욕망이 국가 권력을 통해서 집행되고 관리된다는 것을 의미한다. 열부의 탄생은, 남성-양반의 욕망이 국가권력을 통해 이루어진 사건인 것이다. 최 열부와 배 열부의 정려는 모두 조선이 성립하기 전에 일어났다. 이곡이 「절부조씨전」을 쓸 때까지 고려조가 정려 정책을 적극적으로 추진하지 않고 있었음을 고려한다면, 이 두 사람의 정려는 14세기 후반에 일어난 모종의 사회적 변화를 반영하는 것으로 보인다. 곧 유교적 가부장제가 여성을 남성에게 성적으로 종속시키고자 하는 욕망을 14세기 말에 와서 드러낸 것은, 가부장제의 이데올로기인 성리학이 이 시기에 도입되었기 때문이다. 성리학의 이념을 진리로 파악하고 그것에 의해 자신을 의식화하기 시작한 일군의 새로운 사회 세력을 신흥사대부라고 부르는 바, 이곡과 정이오와 이숭인은 그 대표적 인물들이었던 것이다. 우여곡절을 거치면서 이들이 권력을 잡고 국가를 세웠을 때 여성에 대한 남성의 지배가 본격화되었다. 이제 그 과정을 따라가 보자.

이곡, 정이오, 이숭인 등은 절부와 열부라는 말을 동시에 쓰고 있지만, 『고려사』에는 사실 열부라는 말이 등장하지 않는다. 『고려사』 열전 '열녀'의 서문에 열부라는 명사가 1회 등장하기는 하지만, 그것이 구체적으로 어떤 특정 여성을 지시하는 것은 아니다. 다만 열녀를 정의하기 위한 수단으로 들었던 것일 뿐이다. 『고려사』의 자료가 고려를 완벽하게 반영하는 것은 아니지만, 현재 『고려사』 외의 사료가 없으므로 일단 『고려사』를 불가피하게 준신한다면, 고려 시대에는 열부라는 명사가 사용되지 않았던 것으로 보아도 무방할 것이다. 대신 '절부'만이 사용되었다. 다음은 절부가 사용된 용례다. 성종 때의 예를 보자.

> 성종 8년 9월 갑오. 혜성이 나타났으므로 사면령을 내리고 임금이 자신을 책망하고 반성하였으며, 노약자를 도와주고, 외로운 신세의 사람을 구휼하였다. 국가에 공훈이 있는 노신老臣을 벼슬에 쓰고, 효자·절부節婦를 포상하였으며, ……[12]
> 성종 9년 9월 병자. "효자·순손·의부·절부를 찾아 보고하라."[13]
> 성종 16년 8월 을미. "의부·절부·효자·순손에게 정려하고 물품을 내렸다."[14]

모두 효자·순손順孫·의부義夫·절부라는 묶음으로 표현되고 있다. 이후 현종 2건, 문종 3건, 숙종 1건, 예종 3건, 인종 2건, 의종 1건, 고종 1건, 원종 1건, 충선왕 1건, 충숙왕 1건, 공민왕 2건, 우왕 1건 등 모두 19건의 기사에서 효자·순손·의부·절부를 하나로 묶어 표창하는 사례가 발견된다.[15] 이런 표창은 거의 관행이었던 바, 효자·순손·의부·절부에게 잔치를 베푸는 예까지 마련되어 있었다. 곧 『고려사』 지志의 노인사설의老人賜設儀에 보이는 바와 같다.[16]

이 자료는 매우 흥미로운데, 무엇보다 절부가 의부와 한 묶음으로 인식되었고, 의부·절부는 다시 효자·순손과 한 묶음으로 사용되고 있다. 다만 하나의 예외가 있는데, 충선왕 복위년 11월 신미조의 "효자·순손·절부·열녀는 문려를 정표하라"(孝子·順孫·節婦·烈女, 旌表門閭)라는 기사다. '절부·의부'가 아니라, '절부·열녀'가 되어 있다는 것이다. 『고려사』에는 유일하게 여기서 단 한 번 '열녀'라는 명사가 사용되었다. 위의 자료를 보면 알겠지만, 이후의 기사에서는 '절부와 의부'는 여전히 짝을 이루어 사용되고 있다는 점을 고려한다면, 이 기사의 '열녀'는 『고려사』의 편자에 의해 잘못 사용된 것으로 보인다. 따라서 고려 시대에는 열부 혹은 열녀라는 명사가 사용되는 경우는 거의 존재하지 않았다고 보아도 무방할 것이다.

그런데 정작 중요한 것은, 효자·순손·의부·절부의 묶음에 포함되어 있는 '의부'義夫의 존재다. 『중문대사전』에 인용된 『육부성어』六部成語라는 책은 '의부절부'義夫節婦라는 어휘에 대해 다음과 같은 주해를 붙여 놓았다.

> 다시 아내를 얻지 않으면 의부義夫라 부르고, 다시 시집가지 않으면 절부節婦라 부른다.[17]

즉 아내가 사망한 뒤에도 다시 결혼하지 않는 남성을 의부라 불렀던 것이다. 절부와 의부가 한 묶음으로 사용되었다면, 여성만이 남성에 대한 수절의 의무를 지는 것이 아니라, 남성 역시 여성에 대한 수절의 의무를 지고 있었던 것이고, 그것은 드문 일로서 동등하게 사회적 평가의 대상이 되었던 것이다. 즉 고려 시대에는 배우자의 죽음 후 다시 결혼하지 않는 것을 희귀하게 여겨 높이 평가하되, 그것을 여성의 의무만으로 못박지 않았던 것이다.[18]

의부·절부가 한 묶음으로 사용되는 사례는 조선조에 들어와서도 상당 기간 지속되었다. 태조에서 세종에 이르는 기간의 사례를 살펴보자.

> 태조 1년(1392) 7월 28일. "1. 충신·효자·의부·절부는 풍속에 관계되니 권장해야 할 것이다. 소재 관사官司로 하여금 찾아 위에 아뢰어, 우대해 발탁 등용하고, 문려門閭에 정표旌表해야 할 것이다."[19]

> 태종 5년(1405) 3월 20일. "효자·순손·의부·절부 등을 포상하도록 하교하고,

또 나이 80세의 노인과 환과고독을 모두 구휼하도록 명하였다. 강원도 관찰사의 청을 따른 것이었다."[20]

세종 즉위년(1418) 11월 3일. "······ 의부·절부·효자·순손은 의리상 표창해야 될 것이니, 널리 찾아 사실을 자세히 적어 아뢰어 표창토록 할 것이다."[21]

이후 의부의 용례는 문종조에 1건, 단종조에 1건이 보이고, 뚝 떨어져 중종조에 2건이 보인다.[22] 문종조와 단종조의 것은 위의 기사와 마찬가지로 효자·순손·의부·절부를 찾아내어 보고하라는 것인데,[23] 중종조의 것은, 고려조처럼 효자·순손·의부·절부에게 궁정에서 잔치를 베풀어 주자는 의견에 대한 토론이다. 그러나 부정적인 의견이 많아 고려조의 행사는 복구되지 않았다. 따라서 의부에 대한 표창은 단종 2년의 것이 마지막인 셈이다.

이후의 기사에 매우 의미 있는 변화가 보인다. 『세조실록』 4년 4월 23일조에 다음과 같은 기사가 있다.

의정부에 전지하였다.
"나라를 다스리는 도리는 윤리를 도탑게 하고 풍속을 이루는 것일 뿐이다. 교화를 일으키고 풍속을 장려하는 방도를 의논하여 아뢰라."
의정부에서 의논하여 아뢰었다.
"1. 효자·순손·절부 등을 포상하는 법이 이미 마련되어 있습니다. 다만 관찰사·수령이 게을러 뜻을 두지 않아 좋은 법의 아름다운 뜻이 한갓 문구가 되게 만들고 있습니다. 이제 다시 중외에 포고하여 양인과 천인을 따지지 말고 찾아내어, 행실이 빼어난 사람을 계문啓聞해 포상함으로써 나머지 사람들을 격려하게 하소서. ······"[24]

밑줄 친 부분을 보라. 효자·순손·절부만 있고, '의부'가 사라졌다. 이후 '의부'는 다시 기록에 등장하지 않는다. 이것은 의도적으로 '의부'를 삭제했다는 것을 의미한다. 그리고 나아가 "효자·순손·절부 등을 포상하는 법전이 법령에 이미 존재한다"는 발언에 주목할 필요가 있다. 고려의 법전에는 어떻게 되어 있었는지 알 수 없지만, 조선 건국 이후 한동안 고려의 법전을 계속 사용했던 것은 물론이고, 아마도 이 법전에는 앞서 『고려사』의 자료에서 확인했듯, 효자·순손·의부·절부를 모두 표창하게 되어 있었을 것이다. 그런데 이제 '의부'가 사라진 법령이 제정되었다.

> 효도·우애·절의節義 등의 선행을 한 자는(효자·순손·절부·나라를 위하여 죽은 자의 자손·목족·구환과 같은 등속이다.) 해마다 연말에 본조本曹(예조)가 정기적으로 기록하여 왕에게 아뢰어 장권獎勸한다(상직賞職을 주거나 혹은 상물賞物을 주며 더욱 특이한 자는 정문旌門을 세워 주고 복호復戶를 해 준다).[25]

『경국대전』의 예전禮典 장권조獎勸條다. 『세조실록』 4년의 법전이란 결국 『경국대전』을 가리키고 있었던 것이다. 물론 이 조항이 언제 만들어졌는지는 명백히 밝혀져 있지 않다. 『경국대전』이 통합 법전의 형태를 갖춘 것은 세조대인데, 세조 6년(1460)에 호전, 7년(1461)에 형전, 12년(1466)에 이·예·병·공전이 편찬되었다. 이것을 최초의 『경국대전』인 '병술대전'이라 한다. 따라서 위의 조문은 아마도 1466년 이전에 만들어졌을 것이 확실하고, 또 세조 4년(1458) 이전에 이미 완성되었을 것이다. 물론 그 상한선은 확정할 수 없으나, 대체로 단종 2년(1454)까지 효자·순손·의부·절부를 표창하라는 명령이 있는 것으로 보아, 1454년과 1458년 사이에 '의부'를 누락시키는 법이 만들어졌음을 알 수가 있다. 이로 인해, 배우자가 사망하거나 부재할 경우 다시 배우자를 구하지 않는 것은 여성만의 의무가 되었다. 그것은 곧 남성의 성욕만이 관철되는 사회의 도래를 의미하는 것이었다. 하지만 아직 끝이 아니다. 남성의 욕망이 관철되어야 할 부분은 여전히 남아 있었다.

열부라는 말은 일단 절부와 구분되는 것이다. 열부라는 말은 앞에서 검토한 바와 같이 정이오의 「열부최씨전」과 이숭인의 「배열부전」에서 최초로 사용되었다. 그렇다면 열부는 절부와 어떻게 다른가. 절부는 원래 남편의 부재, 예컨대 사망에도 불구하고 다시 결혼하지 않은 여성을 지칭한다. 다시 말해 사회적으로 공인된 유일한 성적 대상자 외의 남성과 성관계를 갖지 않는 것을 의미한다.

그렇다면 열부는 무엇인가. 『중문대사전』은 열부를 "秉性貞潔之婦人也"라 정의하고 있다. '성품이 정결한 부인'이라는 의미인데, '정결한 성품'이란 것이 지시하는 바가 불투명하기에 보다 구체적인 설명이 필요하다. 여기에는 두 문헌이 인용되어 있는데, 그중 『육부성어』六部成語 예부禮部의 '열부'烈婦에 관한 주해가 참고가 된다. 곧 "남편을 위해 죽거나 혹은 폭력을 당하여도 굴하지 않고 죽은 사람을 '열부'라 한다"(殉夫或遇暴, 不屈而死曰烈婦)는 것이다. 이것은 곧 유일한 성적 대상자인 한 남성에 대한 성적 종속성을 실천하기 위해 생명을 포기하거나, 성적 종속성을 위협하는 폭력에도 굴하지 않고 죽음을 택하는 경우를 말한다. 곧 '열부'는 성적 종속성의 실천을 위해 여성 자신의 생명까지 희생하는 경우를 지칭하는 것이다. 이것은 앞서 「절부조씨전」, 「열부최씨전」, 「배열부전」에 대한 검토에서, 열부와 절부의 차이를 논할 때 이미 언급한 바 있다.

이 세 전傳 작품 외에 '열부'라는 용어가 쓰인 경우는 『고려사』 열전이다. 『고려사』 121권, 열전 제34권은 '양리'良吏, '충의'忠義, '효우'孝友,

'열녀'烈女로 이루어져 있고, '열녀' 앞에 짤막한 서문이 붙어 있다. 여기서 '열녀'라는 말이 쓰이고 있음은 물론이고, 서문의 내용 중에 '열부'라는 어휘가 구사되고 있다.

> 옛날에는 여자가 태어나면 부모傅姆의 가르침이 있었고, 성장하면 동사彤史의 가르침이 있었다. 따라서 집에서는 현숙한 여자가 되었고, 남에게 시집가서는 현숙한 아내가 되었으며, 변고變故를 만나면 '열부'烈婦가 되었다. 후세에는 부훈婦訓이 규방에 미치지 못하여, 우뚝 스스로 서서 난을 당했을 경우 흰 칼날을 앞에 두고 죽고 사는 것 때문에 자신의 지조를 바꾸지 않는 사람은 아아, 어렵다고 하겠기에 열녀전烈女傳을 짓는다.[26]

"변고를 만나면 열부烈婦가 되었다"는 말은 곧 여성의 생명을 위협하는 순간에도 남성에 대한 여성의 성적 종속성이 관철되었던 경우를 말한다. 여성은 성적 종속성을 위협하는 모종의 위기적 시공간에서도 성적 종속성을 관철시켜야 하며, 그 관철의 방법은 자신의 신체나 생명까지 희생하는 것이어야만 했다. 앞서 검토했던 열부의 정의와 완전히 일치한다.

위 서문을 검토하면 열부는 열녀와 의미가 동일한 어휘다. 사실 후대의 문헌에서는 열부와 열녀를 혼용하고 있다. 하지만 그 차이를 굳이 밝히지 못할 것도 없다. 먼저 열녀라는 용어의 역사를 간단히 검토해 보자. 앞에서 검토했듯 충선왕 복위년 11월 신미조의 "효자·순손·절부·열녀는 문려를 정표하라"(孝子·順孫·節婦·烈女, 旌表門閭)와 같은 돌출적 사례를 제외한다면 이전까지 열녀라는 명사는 사용되지 않았고, 오직 절부만이 보편적 명사로 사용되고 있었다. 열녀라는 명사는 『고려사』 열녀전의 것이 최초일 것이다. 사실 '열녀'라는 말은 그 용례가 드물다. 중국의 고전에서도 그 용례가 풍부하지 않다. 중국의 경우, 사마천의 『사기』 「자객열전」刺

客列傳의 "진晉·초楚·제齊·위魏나라에서 그것을 듣고 모두 말하기를, '섭정攝政만이 유능한 것이 아니라 그의 누이 역시 열녀烈女다'라고 하였다"라는 문장에 '열녀'烈女가 최초로 쓰이고 있다.[27] 이때의 '열녀'는 후대의 성적 종속성을 모종의 비상한 행위로 실천했다는 의미는 아니고, 비범한 행위를 한 여성 정도의 의미가 된다. 유사한 사례로 역시 『사기』「전단열전」田單列傳의 "왕촉王蠋이 '충신은 두 임금을 섬기지 않고 정녀貞女는 두 남편에게 시집가지 않는다'하였다"[28]라는 부분이 있다. 여기서의 '정녀'貞女는 유일한 성적 대상자의 부재에도 다시 결혼하지 않는 여성이라는 윤리적인 의미를 갖는다. 하지만 이 역시 '정녀'일 뿐 '열녀'가 아니다. 그런데 어떤 이유에서인지 주희朱熹의 『자치통감강목』資治通鑑綱目에서는 이 '정녀'貞女를 '열녀'烈女로 바꾸고 있다.[29]

『자치통감강목』이 언제 한반도에 전래되었는지는 알 길이 없다. 다만 이 책은 조선 세종 18년(1436)에 『사정전훈의자치통감강목』思政殿訓義資治通鑑綱目이라는 책명으로 간행된 적이 있는데, 59권 76책의 거질巨帙이라서 일반에 널리 보급되기는 어려웠을 것이다. 그런데 조선조에 들어와서 맹렬히 보급된 『소학』에 이 구절이 실려 있다. 『소학』 내편 '명륜'明倫의 '명군신지의'明君臣之義 제59장에 "왕촉이 '충신은 두 임금을 섬기지 않고 열녀는 두 남편을 섬기지 않는다'하였다"[30]라는 문장을 인용하고 그 끝에 『사기』「전단열전」이라고 출처를 명기해 놓았던 것이다. 『소학』은 주자의 편집물이니, 주자는 사실 『자치통감강목』에서 위 문장을 인용하고, 뒤에 『사기』를 원출전으로 밝혔을 것이다. 아마도 '열녀'라는 명사가 보편화된 것은 『소학』에 실린 이 구절에서 연유할 것이다.

조선왕조실록에서 열녀라는 명사가 최초로 쓰인 것은, 『정종실록』 2년 7월 2일조다. 길재吉再가 사직하고 돌아간 것을 알리는 이 기사에 붙은 사신 홍여강洪汝剛의 사평에 인용된 "충신은 두 임금을 섬기지 아니하고, 열녀烈女는 두 남편을 섬기지 아니한다"는 구절에 최초로 나오는 것이다.³¹ 다음은 『태종실록』 4년 3월 27일조의 사은사 이빈李彬 등이 중국에서 귀국할 때 『고금열녀전』古今烈女傳 110부를 받아왔다는 기사에서, 즉 책이름에 등장하는 열녀다. 이것들은 조선의 현재형 열녀와는 전혀 상관이 없다. 즉 조선의 여성과 관련하여 열녀라고 부르는 관습은 전혀 존재하지 않았던 것이다. 실체적 존재로서 열녀가 등장하는 최초의 사례는 『세종실록』 2년 5월 7일조의 다음 기사다.

> 예조에서 아뢰었다.
> "진주晉州 아전 정습鄭慴은 열녀의 아들이온데, 비록 장정 삼형제 중에 한 사람이 아니오나, 잡과雜科에 응시하는 것을 허락하여 절의를 장려하고 풍속을 권면하게 하소서."
> 그대로 따랐다.³²

정습의 어머니로 소개된 열녀는 앞서 다룬 바 있는 정이오의 「열부최씨전」의 주인공 최씨 그 사람이다. 조선 시대에 향리의 자손은 장정 세 명 중에 한 명만 잡과에 응시할 수 있는 자격을 주었다. 이것이 『실록』에서 확인할 수 있는 실체적 존재로서의 최초의 '열녀'烈女라는 명사의 사용례다.

열녀라는 명사가 본격적으로 사용된 것은 『삼강행실도』 열녀편이 편찬 보급되면서부터다. 세종 14년 6월 9일 집현전에서 『삼강행실도』를 편찬하여 서序와 전문箋文을 함께 올렸다. 이후 『세종실록』에는 8회에 걸쳐 '열녀'라는 명사가 쓰이고 있는데, 구체적으로 열녀 개인을 지칭한 경우는 없고, 거개 『삼강행실도』의 열녀편과 관계된 것이다. 따라서 열녀라는 명사와 그 개념은 세종조에도 널리 인식되지 않았다. 『실록』을 검색해 보건대, 단종 1회, 성종 3회에 걸쳐 '열녀'가 사용되었지만, 모두 '열녀불경이부'烈女不更二夫라는 관용구를 인용한 것이고, 조선의 특정한 여인을 지적하여 열녀라고 지칭한 사례는 보이지 않는다.

조선 사회의 맥락에서 특정한 여성이나 열녀가 사용된 것은, 연산군 때에 와서다. 연산군 3년 12월 12일 단성丹城 훈도訓導 송헌동宋獻仝이 올린 상소 17조목의 첫째 조목은 과부의 개가 문제를 다루고 있었다. 송헌동은 이 상소에서 성종조에 결정된 과부의 개가 금지 조치를 완화할 것을 요청하였다. 20세 이하로 자녀가 없이 과부가 된 경우는 개가를 허락할 것을 요청했던 것이다. 물론 이 요청은 거부되었다. 논란 과정에서 생겨난 홍귀달洪貴達과 조익정趙益貞의 발언이 매우 흥미롭다. "열녀와 절부는 세상에서 많이 얻을 수 없고 간혹 있는 것이다."[33] 이 발언은 열녀와 절부를 구분하는 의식이 있었다는 것이다.

『연산군일기』 11년(1505) 1월 4일 조에도 다음과 같은 언급이 나온다.

전교하였다.
"요즈음 효자·열녀라고 이름하는 사람들 중에 단지斷指나 할육割肉은 사람마다 할 수 있는 바가 아니지만, 3년상을 치른 사람들까지 정표旌表하고 있으니, 비록 권장하는 방도이기는 하겠지만, 자식은 어버이에 대해서, 아내는 지아비에 대해서 각각 상도常道가 있으니 3년 상복을 입어 그 예禮를 다해야 하는 것은 특별한 일이 아닌 것이다. 근자에 송영宋瑛의 아내가 다만 3년상에 예를 다한 것으로 정표의 열列에 들었으니, 이것이 어찌 옳다 하겠는가." 유순柳洵 등이 아뢰었다. "상의 분부가 윤당하십니다."[34]

여기에 등장하는 열녀는 현재성을 갖는 용례다. 연산군에 이어서 중종조에 오면 구체성을 갖는 열녀의 용례가 다수 나온다. 중종 10년 윤4월

28일 주강에서 설경說經 임권任權의 "효자, 열녀로서 삼강에 관계된 사람은 이미 정표하라고 하셨다"는 언급[35]을 필두로 하여, 고려와 조선의 충신·효자·효녀·순손·절부·열녀를 표창한 정문旌門·장승·비석으로서 훼손된 것의 복구를 청하는 중종 37년 7월 27일 어득강魚得江의 상소문[36]까지 다양한 용례[37]가 보인다. 이 자료는 대부분 절부와 열녀를 구분해서 사용하고 있으니, 중종조에 와서 절부와 구분되는 열녀의 개념은 확실히 인지되고 있었던 것으로 보인다.

다만 '열녀'는 조선 전기에는 널리 쓰이는 명사가 아니었다. 대신 절부라는 명사가 널리 사용되었으며, 열녀 대신 열부가 널리 쓰였다.

열부의 사용례

태종(1건), 예종(4건), 성종(8건), 중종(9건), 선조(1건), 인조(2건), 현종(4건), 현종개수(2건), 숙종(6건), 영조(3건), 정조(5건), 순조(2건), 순종(1건)

열녀의 사용례

정종(1건), 태종(1건), 세종(10건), 문종(1건), 단종(1건), 세조(1건), 성종(3건), 연산군(2건), 중종(12건), 명종(6건), 선조(13건), 광해군일기(정족산본)(14건), 인조(3건), 효종(3건), 현종(2건), 숙종(7건), 영조(5건), 정조(17건), 순조(30건), 고종(3건), 순종(2건)

'열녀'의 사용례는 앞에서 언급한 바와 같이 연산군 이전에는 '열녀불경이부' 烈女不更二夫라는 관용구와 『삼강행실도』의 편찬과 보급에 따른 용례가 대부분이다. 이에 반해 '열부'는 구체적인 맥락에서 사용된다. 한편 '열부'의 사용례는 조선 후기에 많지 않은 데 반해 '열녀'의 사용례는 숙종, 영조, 정조, 순조조에 폭발적으로 늘어난다. 조선 전기가 '열부'의 시대라면 조선 후기는 '열녀'의 시대인 것이다. 이런 현상은 무엇을 의미하는가.

절부가 원래 남편 있는 여성이 수절하는 경우를 의미했듯, 열부 역시 남편 있는 여성의 열행을 의미했던 것이다. 그러나 여성의 성적 종속성을 관철시키는 경우는 이보다 훨씬 폭이 넓다. 예컨대 결혼하지 않은 여성까지 성적 종속성을 관철시킬 수 있는 것이다. 왜냐하면 결혼하지 않은 처녀가 강간에 저항하다가 죽거나 신체를 훼손했을 경우, 이 역시 열행으로 인정된다. 이 경우 결혼하지 않은 여성이기 때문에 열부라 칭할 수 없다. 물론 이 여성의 성적 종속성의 관철은 남편의 현재적 부재이기 때문에, 미래의 남편을 위한 관철이 된다. 따라서 여성의 성적 종속성의 관철은 여성의 결혼 여부와 상관없고, 이 경우를 포괄하기 위해 '열부'보다 더 포괄적인 개념이 필요한 바, 이것이 곧 '열녀'인 것이다. 『고려사』가 '열부전'이 아닌 '열녀전'이라는 명칭을 편명으로 택한 것은 이 때문이다.

열부, 열녀는 고려조까지 존재하지 않았다. 고려 시대에 존재했던 것은 '절부'였다. 절부는 유일한 성적 대상자인 남편의 부재(주로 사망)시에 다시 결혼하지 않는 여성을 지칭하는 것이었고, 그것은 아내의 부재(주로 사망)시에 결혼하지 않는 남성인 '의부'義夫와 짝을 이루고 있었다. '수절'은 여성에게만 강요된 윤리가 아니었던 것이다. 아울러 처가살이가 보편적이었고, 여성의 재가, 삼가가 얼마든지 허락되는 상황에서의 절부는 여성 자신의 선택이었지, 도덕적·법적 강제 사항이 아니었던 것이다.

여말선초 사대부들은 조선 건국 이후 한동안 효자·순손·절부·의부를 한 묶음으로 하는 표창을 계속하다가 『경국대전』에 와서 '의부'를 삭제함으로써 배우자에 대한 성적 종속성을 오로지 여성의 윤리로 강제하였다. 가부장제는 남성에 대한 성적 종속성을, 여성이 자신의 신체 일부 혹은 전체를 스스로 희생하게 하면서까지 요구하고 있었다. 그것을 실천한 여성이 곧 열녀였다. 열녀는 고려 말까지 존재하지 않았고, 여말선초의 사대부들이 발명한 것이었다. 다만 열녀는 곧 탄생하지 않았고, 2세기를 지나 17세기를 통과하면서 비로소 발생하기 시작했다. 건국 후 2백 년은 열녀를 만들기 위한 시간이었다.

2절
이상적 여성의 구체화 — 법과 제도

1. 개가의 금지

앞에서 언급했듯 열행烈行은 남성에 대한 여성의 성적 종속성의 '윤리화'다. 열행은 폭력이나 물질적 보상을 수단으로 강요된 것이 아니라, 윤리의 이름으로 강요된 것이다. 현대에서 열녀의식은 거의 해체되었지만, 우리가 상상하는 조선 시대 여성에게 수절, 열녀의식은 거의 초험적 수준의 담론으로 존재했다. 마치 여성의 선천적인 본성처럼 인식된 열녀의식은 두말할 것도 없이 조선 건국 이후 국가-남성의 다양한 전략을 통해서 여성에게 내면화된 결과다.

내면화의 방법은 다양했다. 국가-남성은 윤리로서의 열행을 여성에게 내면화시켜, 종국에는 그 의식을 여성이 자발적으로 행동에 옮길 것을 요구하였다. 이 과정은 조선조 5백 년을 거쳐 진행되었던 바, 그 내면화의 방법이 시기마다 동일한 것은 아니었다. 조선 초기에는 법과 제도로 여성이 남성에게 성적으로 종속되는 존재임을 먼저 천명하고, 성적 종속성의 실천을 유도할 필요가 있었다.

먼저 법과 제도에 의한 열녀의식의 강요에 대해 검토한다.

열녀담론의 주입, 즉 성적 종속성을 강요한 최초의 공작은 앞서 검토한 바와 같이 14세기 후반의 사대부들에 의해 주도된다. 고려가 망하기 불과 2년 전인 1390년 사대부 정권은 왕에게 이런 정책을 건의한다.

> 공양왕 원년 9월에 도당에서 아뢰었다. "①산기散騎 이상 관리의 처로서 명부命婦인 경우는 재가再嫁를 허락하지 말 것입니다. 판사判事 이하 6품관의 처까지는 남편이 사망한 뒤 3년까지는 재가를 허락하지 않되, 이것을 어기는 자는 실절失節한 것과 같이 여겨야 할 것입니다. ②산기 이상 관리의 첩과 6품 이상 관원의 처와 첩으로서 수절을 자원하는 경우는 문려門閭를 정표旌表하고 상을 내려주도록 할 것입니다."[38]

①은 '개가 금지' 법령이고, ②는 정려 정책 법령이다. 공양왕 원년은 1390년이다. 조선은 이로부터 2년 뒤인 1392년에 건국되었으니, 공양왕 2년은 사실상 조선 건국의 주체였던 사대부들이 정권을 완벽하게 장악하고 있을 때이다. 이들이 권력을 잡고 내건 개혁 조치에 여성의 개가를 금지하는 조항이 있다는 것은 대단히 주목을 요한다. 따라가면서 읽어 보자.

①은 산기 이상의 고급 관원의 처는 재가를 원천적으로 금지하고, 판사 이하 6품 관원의 처는 남편이 죽은 지 3년 내에 재가하지 못한다는 것이다. 이 자료에서 주목할 것은 산기 이상의 처가 개가했을 경우, 그것을 '절개를 잃은 것'(失節)과 동일하게 본다는 것이다. 즉 개가를 죽은 남편 이외의 남성과의 성적 교섭으로 보고 논죄한다는 것은, 여성의 성적 종속성을 요구하는 남성의 욕망을 국가권력과 제도를 통해 관철한 것이다. 약 1백 년 뒤인 1485년 『경국대전』에서 성문화되는, 조선 시대 여성의 재혼을 막는 가혹한 법은 바로 여기에 모태를 두고 있다.

그런데 이 법은 사대부 개혁의 시초에 만들어진 것이라 치밀하지가 않았다. 즉 산기 이상 관리의 처가 개가했을 경우 논죄한다고 했지만, 실제 구체적인 처벌 규정은 마련되지 않았다. 뿐만 아니라 절대적 개가 금지의 대상은 산기 이상의 관원이었을 뿐, 나머지는 3년 기간을 지나면 자유였다. 더욱이 산기 이상 관리의 첩과 6품 이하의 처첩에게 수절은 권장 사항일 뿐이었다. 이것을 약간 보완하는 것이 ②의 정려법旌閭法이었다. 정려는 해당인이 사는 마을 앞에 정문旌門을 세우는 것으로 명예 차원에서의 권장책이었다. 이 두 가지 방법은 순식간에 효과를 거두기 어려웠지만, 처벌과 장려라는 조선의 대여성對女性 정책의 골간을 이루는 것이었다.

초기에는 당연히 처벌보다는 장려책이 선행했다. 개가 금지령과 아울러 추진되었던 수절 과부에 대한 경제적 지원이 바로 그것이었다. 개가 금지령이 내려진 1389년, 조준 등은 전제 개혁을 추진해 1390년 과거의 토지 전적田籍을 소각하고 과전법科田法을 제정하였던 바, 여성의 수절을 장려하기 위한 배려가 있었다. 해당 법조문을 인용하면 이렇다. "무릇 토지를 받은 사람이 죽은 뒤 그 자식이 있는 그의 처妻가 수신守信(수절)을 할 경우 남편의 과전科田 전부를 전해 받으며, 자식 없이 수신하는 경우는 반을 감하여 전해 받는다. 본디 수신하지 아니하는 경우는 이 조항에 해당되지 않는다."[39] 수절하는 과부가 자식이 있을 경우 남편의 과전을 그대로 받으며, 자식이 없을 경우 절반을 받는다는 것이다. '수신전'이라 불리는 이 전지는 남편 사망 이후 홀로 된 여성이 살아갈 수 있도록 경제적 기반을 제공한 것이었다. 수신전은 조선 세조 12년(1466)에 과전법을 폐지하고 직전법職田法을 시행하면서 없어지지만, 수신전의 설립 자체는 여성의 수절을 유도, 장려하는 당근이었던 것임은 두말할 필요가 없다.

1390년 개가 금지 조치가 있고 그로부터 불과 2년 뒤인 1392년에 조선이 건국되었으니, 이 정책은 3년 뒤 조선을 건국하는 혁명 세력이 추진한 것이었다. 당연히 1392년 조선이 건국되자 개가 금지 정책의 추진은 고스란히 조선으로 이관되었다. 1392년 7월 28일에 발표된 태조의 즉위 교서는 모두 16조인데, 그중 6번째 조목이 정려 정책이었고 그중에는 당연히 절부에 대한 표창이 포함되어 있었다.⁴⁰ 조선은 출발부터 윤리적 통치의 구현을 중요한 정책으로 내걸고 있었던 것이다.

이후 국가는 여성의 개가 금지에 관한 발언과 정책을 쏟아냈다. 예컨대 태조 5년 5월 20일 이조는 봉작封爵을 받은 여성이 남편 사망 후 개가한다면, 봉작을 박탈할 것을 요청한다.⁴¹ 앞에서 검토한 공양왕 원년의 조치는 "산기 이상 관리의 처로서 명부인 경우는 재가를 허락하지 않는다"는 것이었던 바, 태조 5년의 조치는 사실상 이 금령이 준행되지 않았던 것을 의미한다. 여성은 재혼을 전혀 꺼리지 않았던 것이다. 유교적 가부장제를 지향했던 국가−남성은 계속 여성의 개가 문제를 매우 중대한 문제로 인식하였다.

그리하여 여성의 개가를 금지할 보다 강력한 방법이 동원되기 시작하였다. 여성의 개가는 건국 초기 사대부의 심각한 고민거리였다. 태종 6년 6월 9일 대사헌 허응許應은 개가와 가묘家廟 문제 등에 관한 시무 7조를 올린다. 그중 개가 문제를 다룬 둘째조를 인용한다.

> 부부는 인륜의 근본입니다. 그러므로 부인은 삼종지의三從之義가 있고, 다시 개가하는 이치는 없습니다.
> 지금 사대부의 정처正妻 중 남편이 죽거나 남편에게 버림을 받은 자는, 혹 부모가 뜻을 빼앗기도 하고, 혹 몸단장을 하여 스스로 시집을 가기도 하여, 남편을 두 번 세 번 바꾸기까지 하면서 절개를 잃고도 부끄러움이 없으니, 풍속에 누가 됩니다.
> 바라옵건대 대소 양반의 정처로서 세 번 남편을 얻은 경우는, 전조前朝의 법

에 의거해 자녀안恣女案에 기록하여 부도婦道를 바로잡도록 하소서.⁴²

수절의 윤리적 근거로 인용된 '삼종지의'는 최초로 『예기』禮記에 보인다. 『예기』와 삼종지의는 뒤에 다시 상론하기로 하자. 다만 삼종지의는 『삼국사기』 「김유신열전」에 인용되고 있고,⁴³ 또 신라가 682년(신문왕 2)에 설치한 국학國學의 여러 과목⁴⁴과 788년(원성왕 4)의 독서삼품과讀書三品科에 『예기』가 포함되어 있는 것을 보면 이미 삼국시대에 알려져 있었던 것이다. 하지만 유교적 가부장제가 정립되어 있지 아니한 상황에서 삼종지의는 현실적으로 실현되기 어려웠다. 또 삼종지의는 조선 이전에는 개가 금지와 관련하여 언급되지는 않았다. 삼종지의가 개가 금지와 연관되고, 국가권력의 강제와 관련하여 언급된 것은 아마도 허응의 발언이 최초일 것이다.

허응의 요구는 개가 금지령을 강력하게 실현하기 위해 세 번 결혼한 여자를 '자녀안' 恣女案에 올리자는 것이다. '자녀'는 고전의 내력을 갖는 말은 아니다. '자' 恣는 곧 방종하다는 뜻을 가진 말로, 자녀는 성적으로 방종한 여성을 말한다. 자녀안은 그런 여성의 명단을 말한다. 자녀안에 관한 법의 역사적 근거는 허응의 말처럼 고려에 있다.

자녀안에 대한 언급은 예종 3년(1108)에 나온다. "남편이 있는 여자가 간음을 할 경우 자녀안에 등록하고 침공針工에 소속시킨다."⁴⁵ "남편이 있는 여자가 간음을 할 경우"는 "有夫女淫"의 번역인데, 남편이 있음을 전제하고 있는 것을 고려한다면 이때의 '淫'은 곧 간통한 경우가 분명하다. 그런데 『고려사』는 이 기사가 나오게 된 맥락을 전혀 밝히고 있지 않다. 추측컨대 어떤 유부녀의 간통 사건과 관련하여 이 명령이 나온 것으로 여겨진다. 하지만 이 기록만으로는 자녀안이 이때 처음 고안된 것인지 그 이전부터 있었던 것인지는 분명하지 않다.⁴⁶ 다만 간통죄를 범하되 특히 죄질이 나쁜 경우는 창녀로 만들었던 기록이 남아 있는 것으로 보아, 자녀안에 올린다는 것은 창녀로 만드는 것이 아닌가 한다.[47] 의종毅宗 6년(1152)의 기록에 자녀恣女가 낳은 자식에 대해 관직을 제한하는 것을 논하고 있는 것을 보면, 자녀안은 한동안 분명 일정한 법적 구속력을 갖고 있었던 것으로 보인다.[48] 다만 이 경우는 여전히 간통죄를 범한 경우에 한정되는 것이다.

허응의 자녀안의 인용 맥락은 간통죄와 상관이 없다. 허응은 개가 금지령을 강력하게 추진하기 위해 자녀안을 인용하고 있다. 하지만 허응의 제안이 특이한 것은 결혼의 횟수를 문제 삼는다는 것이다. 자녀안의 여성은 간통일 경우 '음란'이라는 판단이 내려졌지만, 허응은 여성의 3회의 결혼을 간통과 동일시한다. 3회의 결혼을 성적 방종 내지 부도덕으로 볼 근거는 없다. 전근대 사회에서 간통, 특히 여성의 간통은 거의 모든 문화권에서 부도덕으로 간주되었지만, 세 번의 결혼이 부도덕인 것은 아니다. 달리 생각한다면, 세 번의 결혼은 여성의 불행일 수 있다. 그러나 허응은 여성의 개가를 간통과 동일한 부도덕한 행위로 규정한다. 즉 그것은 최초의 남편 이외의 남성과의 성관계를 모두 부도덕한 것으로 보는 남성의 욕망의 표현이다.

허응의 요청은 매우 비합리적인 것이지만 태종은 그의 요청을 수락한다. 하지만 자녀안 등록으로 개가를 막고자 하는 정책은 큰 효력을 내지 못했다. 그 이면을 잠시 검토해 보자. 세종 18년 6월 18일 『실록』에 실린 대사헌 이숙치李叔畤의 상소에 자녀안 문제가 간단히 나온다.

신 등이 삼가 『속육전』續六典을 살펴보니, "사대부의 처로서 세 남편에게 시집간 부녀자는 '자녀안'에 등록해 뒤에 오는 사람을 경계한다"고 하였습니다. 하지만 담당하는 관청이 없어 아직까지 거행하지 못하여, 법령을 한갓 헛

2장 유교의 '이상적 여성' 발명과 구체화의 시작   53

문서가 되게 하였습니다. 원하옵건대 이제부터는 사헌부에서 책을 만들어 이름을 기록하고 풍속을 격려하게 하소서.[49]

태종 6년(1406)의 허응의 요청은 1413년에 발표된 『속육전』에 정식 법령으로 등재되어 있던 것이다.[50] 하지만 이숙치의 말대로 이 법은 법의 집행을 담당하는 전담 관청이 없어 사실상 사문화되어 있었다. 세종은 사헌부의 요청을 의정부에서 논의하게 한다.

의정부에 의견을 물었다.
"이제 헌부에서 상언上言하기를, '…… 장리贓吏와 음녀淫女의 자손은 동반東班에 서용하지 말며, 사대부의 아내로서 세 남편에게 시집간 부녀는 책을 만들어 두고 이름을 기록하여 뒤에 오는 사람을 징계하소서' 하였다. 이 의견이 어떠한가?"
모두가 아뢰었다.
"모두가 진실로 당연한 것이오나, 단지 장리의 자손은 직계의 아들이나 직계의 손자는 서반西班에만 서용하게 하고, 세 남편에게 시집간 부녀의 자손은 대성臺省이나 정조政曹를 제외하면 동반 서반을 따지지 말고 서용할 것입니다. 그리고 음행이 현저하여 치죄한 자의 자손은 동반에 서용하지 마시어 뒤에 오는 사람을 경계토록 하소서." 그대로 따랐다.[51]

사헌부의 요청은 자녀안의 작성을 사헌부의 전담 사항으로 하고, 또 삼가녀三嫁女의 자손에게 관료로서의 진출을 제한하자는 것이었다. 사헌부의 제안은 매우 중요한 의미를 갖는다. 수절하지 않은 여성의 자손에게 관료로서의 진출로를 제한한다는 발상이 바로 여기서 비롯된 것이기 때문이다. 세종은 사헌부의 요청을 의정부에 회부하여 심의한 결과, 삼가녀의 자손은 사헌부·사간원과 같은 언관직言官職, 관리의 인사권을 쥐고 있는 이조·병조의 벼슬을 할 수 없도록 결정하였다. 이 관직들은 관료로 출세하기 위해 반드시 거쳐야 하는 필수 코스였던 바, 이 제한은 대단히 가혹한 처벌에 해당하였다.

그러나 무엇보다 중요한 것은 사헌부의 요청이 수용됨으로 인해 최초의 법적 남편을 제외한 남성과의 결합은 합법적 절차를 거쳤다 할지라도 그것이 음란, 곧 성적 방종, 부도덕으로 인식되는 길이 열렸다는 데 있었다. 즉 삼가三嫁＝성적 방종, 부도덕이라는 공식이 성립하였고, 그것이 재가＝성적 방종, 부도덕으로 인식되는 데는 별로 긴 시간이 필요하지 않았다.

세종의 허락 이후, 이 법령은 강제성을 띠고 집행되었다. 『문종실록』 2년 3월 28일 기사에 김한金辭이라는 인물에 대해 언급하면서 "그 어미는 세 남편에게 시집가서 사헌부의 자녀안에 기록되어 있었다"[52]라고 밝히고 있으니, 적어도 문종 2년 전에 이미 사헌부가 자녀안을 작성하도록 결정되었던 것이다. 이전의 삼가녀의 자녀안 등록은 본인에게 가해지는 명예형일 뿐이었다. 하지만 세종 18년 이후 이 법령은 자녀의 관계 진출에 장애를 주는 강력한 처벌이 되었다. 이것은 자식에게 피해를 준다는 점에서 여성에게는 더할 수 없는 압박이 되었다.

원칙론자들은 끊임없이 이 법의 현실적 구속력을 높이기 위해 부단히 노력했다. 다음 두 가지 예를 보자. 세종 29년 8월 2일 사헌부 대사헌 이계린李季璘 등은 조유례趙由禮의 조모 김씨가 자녀안에 오른 사람임에도 불구하고 조유례가 판통례判通禮에 임명되었다면서 면직 처분할 것을 요구했다.[53] 문종 즉위년 4월 13일 사간원은 김한의 어머니가 삼가녀로 자녀안에 오른 사람이므로 김한의 겸판통례원사兼判通禮院事 벼슬을 면직할 것을 요청했다. 문종은 "장차 의정부에 상의하겠다"고 답하고 요청을 회피

했다.[54]

문종 즉위년 7월 17일 사간원에서는 자녀恣女에 대한 보다 강력한 조치를 요구했다. 즉 자녀의 자손은 아무리 재능이 있다 하더라도 동반東班에 서용하지 말 것을 요청했던 것이다. 그러나 의정부에서는 "사람이 참으로 재주와 조행操行이 있으면, 조상의 허물로 내버릴 수는 없습니다. 하물며 전례에 따라 서용하는 것을 이미 수교受敎하였으니, 경솔히 입법할 수 없습니다"[55]라고 답했다. 대개 사헌부와 같은 언사에서는 강경한 원칙론이, 의정부처럼 원로들이 모인 곳에서는 현실을 고려한 온건론이 주류를 이루었다. 그럼에도 불구하고 개가 금지에 대한 법적 강제력은 계속 높아지고 있었다.

중추원 부사 조화趙禾의 아내 김씨는 결혼 뒤 '음행'으로 소문이 났고, 또 종실이자[56] 영돈녕부사를 지낸 이지李枝와 재혼한 뒤에도 역시 성적 방종으로 추문이 많았던 바, 그의 후손은 관로에서 승진할 때마다 김씨의 '음행'과 '재가'로 곤란을 겪었다.[57] 이 중 조유신趙由信, 조유례趙由禮만은 현관顯官에 올랐지만 나머지는 모두 벼슬길이 막혔고, 그 영향은 외손과 사위에까지 이르렀다.[58] 이 외에도 자녀안에 이름이 오른 사례는 두루 발견된다.[59]

물론 극소수 예외는 있었다. 세조 때 김개金漑의 경우, 그의 어머니 왕씨가 조기생趙杞生, 장철張哲, 김정경金定卿의 순으로 재혼을 하여 자녀안에 이름이 올랐다. 김개는 김정경의 아들로 의정부 참찬參贊에 임명되자 사헌부에서 임명을 취소할 것을 요청하였으나, 세조는 허락하지 않았다. 세조의 신임을 받았기 때문이다. 사헌부 대사헌 양성지梁誠之는 이런 말을 남긴다. "이전에는 자녀의 자손으로 대성臺省과 정조政曹와 정부의 관직을 얻은 자가 없었습니다. 어미가 자녀안에 있는데 아들이 참찬의 자리에 있으니, 이러한 문호가 한번 열리면 뒤에는 장차 막기가 어려울 것입니다."⁶⁰ 김개는 강고한 세조 왕권의 비호를 받았지만 그것은 어디까지나 예외였을 뿐이고, 자녀의 자손은 쉽게 법망을 벗어날 수 없었다.⁶¹

개가에 관한 기록과 처벌은 이후 실록에 숱하게 나타난다. 여기서 그 기록을 다 검토할 수는 없다. 다만 재가·삼가를 비윤리적 행위로 비판하는 의식이 점차 확산되고 있었음은 명백한 사실이다. 다음『세종실록』기사를 증거로 들어 본다. 내금위 김효함金孝誠은 세종 14년 5월 8일 정원에 우스꽝스런 고변을 한다. 그에 의하면 고 서승署丞 조여평趙汝平의 아내 소비小比가 시동생 호군護軍 조길통趙吉通과 노비 문제 때문에 다투면서 서로 비난하였던 바, 그 대화 중에 역모가 있다는 것이다.

> 조길통: 너의 어머니가 재가하였으니 그러고도 사람이냐.
> 조여평의 아내: 어머니가 실행한 것이 아니니 재가한 것이 무엇이 나쁘냐. 더군다나 어머니의 뒷남편은 바로 1품관인 김남수金南秀이다.
> 조길통: 남수는 용렬한 놈이다. 1품의 관직이 무어 귀한 것이란 말이냐. 나는 어찌 특히 1품관뿐이겠느냐. 장차 임금이 될 것이다.⁶²

조길통이 고발된 것은 '장차 임금이 될 것'이라는 말 때문이었다. 조길통과 소비는 뒤에 장 80대의 형을 받는다.⁶³ 여기서 중요한 것은 임금이 될 것이라는 황당한 이야기가 아니라, "너의 어머니가 재가하였으니, 그러고도 사람이냐"는 조길통의 비난이다. 재가를 비하하는 관념이 사람들 사이에 스며들고 있었던 것이다.

이제까지 언급한 바를 요약한다면, 여성이 세 번 결혼했을 경우에 한해 그 여성의 이름을 자녀안에 올리고 자손들의 관직 임명에 제한을 가한다는 것이었다. 이것은『성종실록』기사에 의하면, 세조 때 와서『경국대전』에 법률로 제정되었던 것으로 보인다. 뒤에 언급할『성종실록』8년 7

월 17일조 기사를 미리 참고하면, 세조 12년(1466)에 완성된 최초의 『경국대전』인 '병술대전' 丙戌大典 예전禮典에 다음과 같은 조문이 실렸다.

> 재가한 자는 봉작封爵하지 말고, 세 남편에게 시집간 경우는 실행失行한 것과 동일하게 여겨, 자손은 현관顯官의 제수를 허락하지 않고, 또한 부거赴擧를 허락하지 않는다.[64]

세 번 개가한 여성은 실행과 동일하게 취급하며, 자손을 현관에 임명하지 않고 또 과거 응시조차 허락하지 않는다는 것이다. 이것은 『속육전』과 『세종실록』 18년 6월 29일의 법령보다 훨씬 구체적이고 강화된 법령이었다. 남성에 대한 여성의 성적 종속성을 강화하고자 하는 의도가 점점 치밀하게 구체화되고 있었던 것이다.

하지만 '병술대전' 역시 재가녀가 아닌 삼가녀에 대한 금제였다. 실제 조선조의 여성에게 가해진 최대의 악법, 곧 재가한 여성이 낳은 자손에게 관료로의 진출에 제한을 가한 악법은 성종 8년에 제정되었다. 『성종』 8년 7월 17일, 왕은 일찍이 정승을 지낸 사람과 의정부·육조·사헌부·사간원·한성부·돈녕부 2품 이상과 충훈부의 1품 이상을 불렀다. 관제官制 개혁을 비롯한 여러 가지 사항을 결정하기 위해서였다. 여기서 부녀의 개가 금지가 주요한 의제로 떠올랐다. 의견을 제출한 신하들은 41명인데, 대개 재가를 금지하는 법의 제정에 반대하는 입장이었다. 상식을 벗어난 너무 가혹한 일이라는 것이었다.

맨 처음 소견을 올린 영의정 정창손鄭昌孫, 상당부원군 한명회韓明澮, 좌의정 심회沈澮, 우의정 윤자운尹子雲, 파천부원군 윤사흔尹士昕의 말을 들어 보자.

양가良家의 여자가 젊은 나이에 남편을 잃고 죽기를 맹세하고 수절을 한다면 좋은 일이지만, 그것이 불가능할 경우 기한飢寒에 몰려 부득이 자신의 뜻을 지키지 못하는 경우도 간혹 있을 것입니다. 만약 법을 세워 금지하여 범한 자를 치죄治罪하여 그 누가 자손에 미칠 경우, 도리어 풍교風敎를 더럽힐 것이니 작은 손실이 아닐 것입니다. 전처럼 남편 셋을 겪은 경우 외에는 논하지 않는 것이 어떠하겠습니까?[65]

일부종사가 아름답기는 하지만 개가가 불가피한 상황도 있다는 것이다. 남성에게 경제권이 있는 사회에서 남편의 부재는 곧 여성의 고난을 뜻한다. 기한, 곧 생존을 위협하는 위기에 몰릴 경우 재가를 하지 않을 수 없다는 것이다. 이들은 여기에 또 다른 상식적 이유를 덧붙인다. 만약 딸만 있고 아들이 없을 경우, 또는 아들이 없을 경우는 삼종지의의 원리에 의하면 의지할 곳이 없게 되므로 개가가 불가피하다는 것이었다. 또 여성의 의지에 반하여 부모나 친지가 순수한 동정심에서 개가를 강요하는 경우 역시 불가피한 경우가 아닌가. 따라서 현행 『대전』(병술대전)의 "재가再嫁는 단지 봉작封爵만 하지 말 것이나, 삼가三嫁하여 실행失行한 자는 자손을 녹안錄案하여 현관顯官의 제수와 과거에 응시하는 것을 허락하지 않는다"는 조항의 기본 정신을 그대로 살리고 약간의 문구만을 손질하자는 의견이 주류를 이루었다. 쉽게 말해 "국가에서 부득이 재가하는 것을 금하지 않았은즉 그전대로 하는 것이 편하겠다"[66]는 것이었다. 이제까지 『대전』은 재가는 금하지 않았던 것이다.

한성부 우윤 심한沈瀚, 예조참판 이극돈李克墩, 예조참의 김자정金自貞 등은 "국가에서 사람 사람마다 절의節義와 절행節行을 권하는 것은 떳떳한 일이지만, 일일이 논죄한다면 또한 어려울 것이니, 한결같이 『대전』에 의거하여 시행할 것"[67]을 주장하였다. 즉 재가는 윤리의 문제이지 법의 문제는 아니다. 그것은 법적으로 강제할 사항이 아니기에 현행의 『대전』을 그대로 쓰자는 것이었다. 이런 의견들은 대개 상식에 근거한 것이었고, 당시의 친족 제도에 기반한 것이기도 하였다. 결혼하여 자녀를 둔 남성들은, 자신의 딸이 결혼할 경우 시집을 보내는 것이 아니라, 사위를 맞이하여 한 집안에서 살고 있었다. 만약 사위가 죽을 경우, 자신의 딸의 운명을 걱정해야 했다. 따라서 자신의 딸의 개가를 막을 수가 없었던 것이다.

이런 이유로 재가를 금지해서는 안 된다는 것이 대다수 관료들의 의견이었다. 재가 금지는 분명히 소수 의견이었다. 좌참찬 임원준任元濬, 예조판서 허종許琮, 무령군武靈君 유자광柳子光, 문성군文城君 유수柳洙만이 재가를 금지하자는 의견을 제출했다. 그들은 "두 지아비를 고쳐 산다면 금수와 다를 것이 없다"[68]는 논리를 들어, 다음과 같이 주장했다.

> 금후로는 재가한 자를 한결같이 모두 금단禁斷하고, 만일 금령을 무릅쓰고 재가한 자가 있으면 아울러 실행한 것으로 치죄하며, 그 자손도 벼슬길에 들어서는 것을 불허하여 절의節義를 권장하는 것이 좋겠습니다.[69]

조정 내에서 어떤 사안이 결정되는 통상의 과정이라면, 다수 노성老成한 관료들의 온건한 의견이 채택되었을 것이다. 그런데 이상하게도 성종은 관료들로부터 의견을 청취한 뒤 임원준 등의 소수 의견을 채택했다. 그는 예조에 이렇게 전지했다.

> 전傳에 이르기를, "신信은 부녀자의 덕이다. 한 남자와 결혼했으면, 종신토록 바꾸지 않는다" 하였다. 이런 까닭에 삼종지의가 있고, 한 번도 어기는 예가 없었다. 하지만 세도世道가 날로 비속해지면서 여자의 덕이 곧지 못하여, 사족士族의 여자가 예의를 돌아보지 않고, 혹은 부모가 뜻을 빼앗기도 하고, 혹

은 스스로 중매하여 딴 사람을 따르니, 스스로 가풍家風을 무너뜨릴 뿐만 아니라 진실로 명교名敎를 더럽히는 것이다. 만약 금방禁防을 엄히 세우지 않으면 음벽淫僻한 행실을 그치게 하기 어렵다. 이제부터는 재가한 여자의 자손은 사판士版에 끼우지 말게 하여 풍속을 바르게 하라.⁷⁰

"개가한 여성의 자손을 사판에 올리지 마라"는 명령은 개가한 여성의 자손이 관로에 들어서는 것을 봉쇄하는 결정적인 조치였다. 개가하는 순간 그 여성이 낳은 아들은 사회적 장애자가 된다. 이것은 여성의 재혼을 거의 불가능하게 하는 장애가 되었다. 성종의 이 전지가 떨어지는 순간이 조선조 여성의 운명을 결정짓는 바로 그 순간이었다.

성종의 발언은 명백한 편견에서 출발한다. 그의 발언에서 재가를 금지하는 법을 세우지 않으면 음벽淫僻한 행실을 그치게 하기 어렵다는 부분에 주목해 보자. 성종에 의하면, 개가는 음란한 행위다. 그는 개가를 여성이 성적 욕망을 해결하기 위한 수단으로 보고, 여성의 성적 욕망의 해결을 음란한 행위로 판단한 것이다. 여성의 성적 욕망이 재혼의 동기가 될 수는 있다. 하지만 그것은 부분적이다. 나아가 여성의 성적 욕망의 실현이 음란한 행위, 즉 부도덕한 행위와 등식 관계에 있는 것도 아니다. 남성의 재혼이 음란이라는 관념과 결합하지 않는 것에 견주어 볼 때 이것은 편견일 뿐이다.

여성에 대한 성종의 편견의 기원은 어디에 있는가. 위의 결정이 있고 난 이틀 뒤 상참常參에서 이경동은 "재가한 자의 자손을 사판仕版에 함께 하지 마라"는 전지에 문제가 있다는 요지의 발언을 한다. 성종의 냉정한 답이 돌아왔는데, 여기에 그의 여성 인식의 기원이 있다. "굶주려 죽는 일은 작은 것이고, 실절失節하는 일은 큰 것이다. 국가가 법을 세운 것은 마땅히 이와 같아야만 한다."⁷¹ "굶주려 죽는 일은 작은 것이고, 실절하는 일은 큰 것"이라는 생각은 성종의 것이 아니고, 『소학』에 실린 정자程子의 말이다. 바로 개가에 대한 정자의 이 부정적 발언이 여성의 개가를 봉쇄하는 결정적인 근거로 작용했던 것이다. 7월 28일 개가 금지에 찬성 의견을 올린 임원준 등도 정자의 말을 인용하고 있기 때문이다. 임원준 등의 말을 인용하면 다음과 같다.

> 예전에 정자程子가 "재가는 단지 후세에 추위에 떨고 굶어 죽을까 싶어서 하는 것이다. 하지만 절개를 잃는 일은 지극히 큰 문제이고, 굶어 죽는 것은 지극히 작은 문제다" 하였고, 장횡거張橫渠는 "절개를 잃은 사람을 취해 자기 짝으로 삼으면 역시 절개를 잃은 사람이다" 하였습니다. 대개 한 번 결혼을 했으면 종신토록 개가하지 않는 것이 부인의 도리입니다.[72]

정자와 장횡거는 주자학의 기원이다. 곧 성종과 강경파들은 성리학의 여성관을 수용한 것이다. 그 기원은 『예기』까지 거슬러 올라가지만, 성종을 위시한 강경파들이 취한 직접적인 인용 근거는 『소학』이었다. 지중추부사 구수영具壽永 등은 재가를 금지하지 말자는 의견을 제출했지만, "자녀를 두었고, 집안이 심히 가난하지 않은데도 스스로 재가를 허락한 자"는 정욕을 이기지 못한 경우라고 비난했다.[73] 여성의 성적 욕망은 존재하지 않거나 금지되어야 할 것이라고 판단했던 것이다.

비교적 융통성이 있는 군주로 알려진 성종이 왜 다수의 의견을 물리치고 재가를 금지하는 경색된 입장을 취했는지는 의문이 아닐 수 없다. 그는 다른 관점이라면 몰라도 개가 문제에 대해서만은 철저한 원칙주의자의 입장을 취했다. 성종 11년 5월 19일 경연에서 장령 구치곤丘致崑은 세조 때 폐지되었던 수신전守信田의 복구를 요청했다.

입고 먹을 것이 넉넉한 뒤에야 예의를 실천할 수 있는 법입니다. 국초에는 수신전을 두어 절의를 기르게 하였는데, 지금은 폐지하여 직전職田으로 삼았습니다. 이 때문에 남편이 죽었을 경우 의지할 데가 없어 간혹 재가를 하면 실행했다 하여 자손을 벼슬에 쓰지 않으니, 이것이 어찌 절의를 기르는 방도이겠습니까? 청컨대 사사전寺社田을 혁파하고 직전을 줄여 수신전을 다시 설치하소서.[74]

이 요청에 대해 성종은 "열녀는 두 남편을 섬기지 않는다. 어찌 입을 것 먹을 것이 넉넉한 뒤라야 절개를 지킨단 말인가?"[75]라고 답한다. 성자의 냉혹한 주장 그대로다. 동지사 이극기李克基가 거들었다. 그는 "굶어 죽는 것은 작은 일이고, 절개를 잃는 것은 큰 일입니다. 정녀貞女가 어찌 입고 먹는 일로 자신이 지키는 바를 잃을 수 있겠습니까?"라고 맞장구를 치고 나서, "하지만 국가에서 절의의 도道를 중요하게 여기니, 수신전이 없을 수 없습니다"[76]라고 하면서 수신전의 복구에 동조했지만, 성종은 "조종조에서 이미 혁파한 것이니 가볍게 다시 설립할 수는 없다"고 거부했다.[77]

경화된 윤리주의자 성종의 결정은 성종 16년 1월 1일부터 발효된 이른바 을사년 『경국대전』에 법으로 수록되었다.

> 사족士族의 부녀로서 행실이 좋지 못한 자는(세 남편을 바꾸어 맞은 자도 같다.) 문안에 기록하고, 이조·병조·사헌부·사간원에 공문을 보낸다.[78]

이것은 실행한 부녀와 삼가녀에 대한 원래의 법을 그대로 존치시킨 것이다. 즉 실행 부녀와 삼가녀의 경우 문안(자녀안)에 기록했던 것이다. 이조·병조·사헌부에 공문을 보낸다는 것은 이조와 병조가 인사를 담당하는 관서이고, 사헌부는 인사 과정에서의 신원 조회라고 할 서경署經을 담당하는 곳이었기 때문이다. 이 구법의 존치는 국가가 여성의 성적 행위를 관리하겠다는 의지를 명백하게 표시한 것이었다.

> 죄를 범하여 영구히 임용할 수 없게 된 자(罪犯永不敍用者), 장리贓吏의 아들, 재가하거나 실행한 부녀의 아들 및 손자(再嫁失行婦女之子及孫), 서얼 자손은 문과, 생원·진사시에 응시하지 못한다.[79]

개가한 부녀자의 아들과 손자는, 문과는 물론이고 생원시·진사시에도 응시할 수가 없게 되었다.[80]

이전吏典 경관조京官條의 조항 역시 재가 여성의 자손에게 관료로의 진출을 제한하는 조처였다.

> 장리의 아들 및 손자에게는 의정부·육조·한성부·사헌부·개성부·승정원·장예원掌隸院·사간원·경연經筵·세자시강원·춘추관·지제교知製敎·종부시宗簿寺·관찰사·도사都事·수령의 직직을 주지 못하고, 실행 부녀 및 재가한 부녀의 소생은 동반직東班職과 서반직에 서용하지 못하되, 증손대에 이르러서는 위에서 든 각 관사官司 이외의 관직에 서용하는 것을 허한다.[81]

실행 부녀의 자식과 재가한 여성의 자식은 동반직과 서반직에 서용될 수 없었다. 이 말은 양반으로서 진출할 수 있는 모든 문반직·무반직에 나아갈 수 없다는 것, 곧 그들에게 주어지는 관직은 동반직·서반직을 제외한 '잡직'雜職에 불과했던 것이다.[82] 개가 여성의 자식이 동반직과 서반직을 맡을 수 있는 것은 증손대가 되어서야 가능한 것인데, 이 때에도 의정부·육조·한성부·사헌부·개성부·승정원·장예원·사간원·경연·세자시강원·춘추관·지제교·종부시·관찰사·도사·수령 벼슬은 할 수 없었다. 그야말로 명예와 권력이 집중된 자리는 재가 여성의 후손의 몫이 아니었던 것이다.

조선은 양반 관료 사회다. 양반이 사회의 지배층이며, 관료로 진출하는 것을 최고의 가치로 여겼던 사회다. 이런 사회에서 관료로의 진출을 봉쇄한다는 것은 더할 수 없이 가혹한 조처였다. 여성이 자신의 의지로 재가한다면, 그 여성의 자손은 대대손손 관료로 진출할 수 없었다. 연좌형인 셈이다. 이 결과를 안다면 여성이 과연 재가를 자유롭게 선택할 수 있을까? 성의 문제를 국가가 관리함으로써 남성은 여성의 행동을 제한할 수 있었던 것이다.

조선을 건국한 남성들은 남성에 대한 여성의 성적 종속을 요구했다. 이 요구는 『속육전』부터 법이라는 강제적 장치로 구체화되었고, 점점 강화되어 성종 연간 을사년의 『경국대전』에서 완성을 보게 되었다. 개가 금지 조항을 두고 약간의 논란이 있었던 것은 사실이지만, 이미 종법에 입각한 가부장제를 진리로 수용하고 있는 이상, 명분상 『소학』에 실린 개가 금지를 거부할 수는 없었다. 남성은 국가의 권력을 동원하여 여성을 압박했던 것이다. 그것은 국가의 권력을 통한 것이었기에 남성은 홀로 남성이 아니라 이제 국가-남성이 되었다.

2. 격리와 유폐

개가를 금지하는 법은 건국 이후 성종 을사년의 『경국대전』까지 약 1백 년을 거치면서 서서히 완성되어 갔다. 하지만 그 법만으로 여성을 완벽하게 통제할 수 있는 것은 아니었다. 개가 금지법과 함께 다른 법적 장치도 필요했다. 그것은 곧 여성의 활동 공간을 제한하여 특정한 인물 이외의 인물로부터 격리하며, 여성을 가정 내부로 유폐시키는 것이었다.

태조 1년 9월 21일 대사헌 남재南在 등이 12개조의 상언을 올리는데, 그중 하나를 들어 보자.

> 옛날에는 시집을 간 여자는 친정 부모가 죽었을 경우 근친覲親하는 의리가 없었으니, 그 근엄함이 이러했습니다. 전조의 말엽에 풍속이 타락한 나머지 <u>사대부의 처가 권세가의 집을 찾아다니면서도 태연히 여기고 부끄러운 줄을 몰라</u>, 식자들이 수치스럽게 생각했습니다. 원컨대, 지금부터 문무 양반의 부녀자들은 부모·친형제·친자매·친백부·친숙부·친외숙·친이모를 제외하고는 왕래를 허락하지 않도록 하여, 풍속을 바로잡으소서.[83]

남재의 요구는, 여성은 부모, 남자·여자 형제, 아버지의 형제, 어머니의 남자·여자 형제를 제외한 사람은 접촉하지 말라는 것이었다. 이 법을 문자 그대로 해석한다면, 여성은 남편 이외의 일반 남성은커녕, 자신의 친형제, 부·모의 친형제 외에는 6촌도 8촌도 친구도 만날 수 없다. 이 조치는 사실상 여성의 활동 공간을 가정 내부로 봉쇄하는 것과 같다. 하지만 남재의 황당한 제안은 『경제육전』經濟六典 예전禮典에 정식 법령으로 등재되었다.[84] 접촉 대상의 제한과 함께 이어서 여성의 가정 외적 활동을 금지하는 조치가 추가되기 시작했다.

가장 큰 이슈가 되었던 것은 집 바깥으로의 여성의 출입을 봉쇄하는 것이었다. 즉 여성의 일체의 활동을 가정 안으로 제한하고자 하는 것이었던 바, 논의의 핵심은 여성의 사찰 출입을 막고, 비구승과의 접촉을 금지하는 것이었다. 정종 1년 3월 9일 승려가 민호民戶에 들어가지 못하도록 하는 금령이 발동되는데, 그 이유는 승려들이 권선勸善을 핑계로 민호에 들어가서 부녀자와 간통한다는 것이다.

이어 태종 4년 12월 8일 사간원에서 시무 몇 조목을 올리는데, 여기에 부녀자의 사찰 출입을 금지하는 조항이 들어 있다.

> 불씨의 도는 세상을 떠나 속세와 인연을 끊는 것을 으뜸으로 여깁니다. 부녀자의 도리는 정숙함을 지키는 것을 위주로 삼습니다. <u>이런 까닭에 나라에서 법령을 엄히 세워, 무릇 부녀자들이 절에 올라가는 것을 엄격하게 금지하여 풍속과 교화를 밝혔습니다.</u> 그런데 요사이 법령이 해이해진 나머지, 절에 올라가는 부녀자들이 길에 끊이지 않습니다. 음란한 짓을 마음대로 하고 절개를 잃는 것이 모두 여기서 비롯되고 있으니, 밝은 세상의 아름다운 법이 아닙니다. 원하옵건대 담당 관리에게 절에 올라가는 부녀자들은 부모를 추모하는 법회를 가리지 말고 모조리 금하여 풍속을 바로잡으소서.[85]

태종 4년이면 1404년이다. 건국 후 불과 12년 뒤인데, 밑줄 친 부분을 보건대 이미 여성의 사찰 출입 금지령이 내려져 있었다. 그 금지령은 일시 효과가 있었지만, 사간원의 이 요청이 있을 때엔 거의 사문화의 상태에 있었던 것으로 보인다. 또 이후로 여성의 사찰 출입을 막자는 요청이 있었지만, 근절은 쉽게 이루어지지 않았다.

여기서 정작 따져야 할 것은 여성의 사찰 출입 금지를 요구하는 명분이다. 사간원은 사찰 출입 여성과 승려와의 성적 일탈을 중요한 근거로 삼고 있다. 이것은 상당히 미묘한 문제다. 여성과 승려가 사찰에서 성관계를 가졌던 것은 사실일 것이다. 이 점은 뒤에 다시 상론한다.

세종 13년 6월 25일에 대사헌 신개申槩 등은 사찰 출입과 약간 다른 종류의 여성 외출에 대해 논하고 있다.

①예禮에 의하면, 부인은 낮에 뜰에서 놀지 아니하고, 일 없이 중문 밖으로 나오지 아니하니, 부도婦道를 삼가 실천하는 방법입니다.

②본조의『경제육전』예전에, "양반의 부녀자는 부모, 친형제, 친자매, 친백부, 친숙부와 고모, 친외삼촌과 이모 외에는 가서 뵙기를 허락하지 않고, 어기는 자는 실행失行으로 논한다"고 하였습니다.

③그런데 지금 사대부의 아내가 귀신에게 빠지고 홀려 산과 들의 음혼淫昏한 귀신에게 제사를 지내지 않음이 없습니다. 그중에도 송악산과 감악산紺嶽山 귀신을 더욱 지극히 섬겨, 봄가을이면 직접 가서 제사를 지내되 술과 안주를 풍성하게 차리고 귀신을 즐겁게 해 준다는 구실로 풍악을 잡히고 즐거움을 더할 수 없이 누립니다. 밤을 지새고 돌아올 때면, 길거리에서 요란스럽게 굴어 광대와 무당들이 앞뒤에서 분잡스럽고, 말 위에서 풍악을 잡혀 하고 싶은 대로 마음껏 놉니다. 그 남편은 금하지 않는 것은 물론이요 아무렇지도 않게 여기고 함께 놀아나면서 괴이하게 여기지 아니하는 자가 숱하게 있습니다. 부녀자의 실덕失德이 이보다 큰 것이 없을 뿐만 아니라, 삿된 것에 미혹된 오랜 풍습과 무당의 노래하고 춤추는 음란한 풍속을 장차 금할 수 없을 것이옵니다. 청컨대, 지금부터 중외의 명산과 신사에 부녀자가 왕래하는 것을 엄단하시고, 만약 어기는 자가 있을 경우『육전』에 의거해 실행으로 논하되, 그 남편까지 처벌하게 하소서. 그리고 그 신사가 소재한 곳의 관리가 마음을 써서 금지하지 않을 경우도 율律에 따라 논죄하소서.

④또 산붕山棚·나례儺禮 등 무릇 큰 구경거리에 대소의 부녀자가 길가에 장막을 치기도 하고, 행랑의 다락 위에서 얼굴을 내밀고 내키는 대로 구경하고 조금도 부끄러워하지 않습니다. 부녀자의 도리에 아주 어긋나니 더욱 마땅히 엄금해야 할 것입니다. 어기는 경우 역시 위의 예에 의해 논죄하소서.[86]

신개 등이 금지해야 할 대상으로 꼽은 것은 굿과 산붕·나례 등의 오락적 관람이다. 귀신에게 아첨한다거나, 산야의 음혼한 귀신에게 제사를 지낸다거나 하는 것은 모두 굿을 지칭하는 것이다. 굿의 대상이 되는 신을 즐겁게 하기 위한 목적의 오신성娛神性은, 사실 사람을 즐겁게 하기 위해 마련된 것이었다. 오락의 종류가 상대적으로 적었던 이 시기에 굿이야말로 최대의 오락거리였다. 더욱이 굿의 주관자는 다름 아닌 여성이었다. 여성이 주관한 굿의 오락성을 "귀신을 즐겁게 해 준다는 구실로 풍악을 잡히고 즐거움을 더할 수 없이 누립니다. 밤을 지새고 돌아올 때면, 길거리에서 요란스럽게 굴어 광대와 무당들이 앞뒤에서 분잡스럽고, 말 위에서 풍악을 잡혀 하고 싶은 대로 마음껏 놉니다"라고 표현하고 있는 것이다. 그런데 이것은 남성들에게도 공인된 오락이었다. 즉 "그 남편은 금하지 않는 것은 물론이요 아무렇지도 않게 여기고 함께 놀아나"고 있었던 것이니, 그것은 남성과 여성에게 공히 즐거운 오락이었던 것이다. 굿은 중외(중앙과 지방의 명산과 신사, 성황당 같은 곳)에서 주로 벌어졌고, 그중에서도 개성의 송악산, 파주의 감악산이 굿의 최대의 설행처였다.

산붕과 나례는 국가나 관에서 주관하는 오락이었다. 산붕과 나례는 연극과 음악, 춤 등을 공연하는 것이기에 퍽 볼만한 야외 관람물이었다. 부녀자들은 길가에 장막을 치거나, 행랑의 다락에 관람하는 공간을 가설했다. 세종 31년 1월 22일 사간원은 시무를 상소하면서 부녀자의 오락을 위한 출입을 금지할 것을 청하는데, 동일한 내용이다. 즉 '부인은 바깥 일이 없는데' 양반 부녀가 향도香徒, 신사神祀를 핑계로 술과 고기를 마련해 모여 '마음대로 오락을 방자히 하여' 풍속을 더럽힌다는 것이다. 여기에 임금의 행행行幸 및 중국 사신의 행차 등 볼만한 거리가 있으면, 행랑行廊 및 길가 각처에 부계浮階를 만들고 막을 치거나 담에 올라 혹은 나무에 올라 발을 내리고 구경한다는 것이다.[87]

다시 신개의 주장으로 돌아가자. 신개는 굿에 참여하거나 산붕과 나례를 관람한 여성을 '실행'으로 논죄할 것을 청한다. 그가 내세운 금지의 논리는 무엇인가. 위 인용문에서 왜 남성은 가능하지만, 여성은 굿과 산붕, 나례를 구경할 수 없는가에 대해 합당한 이유는 밝히지 않고 있다. 단지 이렇게 말한다. "얼굴을 내밀고 내키는 대로 구경하고 조금도 부끄러워하지 않아 부녀자의 도리에 아주 어긋난다." 이것은 납득할 수 있는 이유가 아니다. 그러나 이 언술에는 남성과 여성의 접촉을 막고자 하는, 즉 여성을 격리하고자 하는 의식이 내포되어 있다.

이 의식의 근거는 어디에 있는가? ①이다. ①의 "婦人晝不遊庭"의 원출전은 『공자가어』孔子家語이다.[88] 『예기』와 『공자가어』 등의 책이 조선조 여성에 대한 모든 금제禁制의 원천이었다.[89] 다만 이것들은 『예기』나 『공자가어』에서 직접 인용된 것이 아니었다. 뒤에 상론하겠지만, 사대부들이 금과옥조로 내세우는 예서禮書의 구절들은, 그 예서를 인용하여 편집한 『소학』에 뿌리를 두고 있었다.

성리학을 이데올로기로 받아들인 이상, 주자가 편집한 『소학』의 내용은 합리성 또는 진리 여부에 대한 논의가 불필요하였다. 그것은 이미 부동의 진리였고, 그것이 바로 여성을 통제하는 기준이었던 것이다. 따라서 태종 4년 12월 8일 사간원의 요청 역시 동일한 논리에서 배태된 것이었다. 여성과 승려와의 성적 접촉이 있다면 그것 역시 남성의 입장에서는 우려할 만한 일이고 따라서 금지되어야 할 것이지만, 보다 근본적으로는 여성은 원래 가정 바깥의 공간으로 나갈 수 없는 존재이기에 사찰의 출입도 금지되어야 하는 것이었다.

신개의 요청은 수용되었다. 세종은 "사대부의 아내가 중외의 신소神所에 가서 기도하는 것은 예속禮俗과 어긋난다" 하고, 만약 가는 자가 있을 경우 가장을 함께 처벌하겠다고 말했다.[90] 그러나 이 조치가 현실적 효력을 갖는 것은 아니었다. 불과 1년 뒤인 14년 3월 5일 집현전 부제학 설순循 등은 "부녀자들이 절에 올라가는 등 점차로 옛 풍속으로 되돌아가고 있음"[91]과 2월 15일 한강가에서 벌인 수륙재水陸齋에 서울의 남녀가 귀천을 가릴 것 없이 참여했음을 말하고 있다.

여성의 가정 외부로의 이탈은 이후 끊임없이 논란의 대상이 되었다. 여성을 가정 내부로 유폐하고자 하는 남성의 시도와 이를 넘어서려는 여성의 행동은, 단속이 강화되면 주춤해졌다가 느슨해지면 다시 이루어지는 식으로 반복을 거듭했다. 『실록』에 의하면, 세종 16년 5월 8일, 27년 4월 22일에도 금지령에도 불구하고 부녀자의 사찰 출입이 여전함을 말하고 있고, 27년 7월 15일에는 승려가 도리어 증가하고 있으며 부녀자의 사찰 출입이 여전함을 말하고 있다.

실제 15세기에는 여성들의 사찰 출입을 막을 수가 없었다. 여성이 참여하는 불교 의식은 삼국시대 불교 수용 이후 생활화한 의식이었기에 그것을 단절하는 것은 간단한 문제가 아니었다. 뿐만 아니라, 그것은 오락적 기능을 갖고 있었기에 더더욱 금지시킬 수가 없었다. 또 조선 초기의 왕실, 그리고 왕실의 여성들(왕비나 대비)이 사찰의 후원자로 존재했고, 불교에 대해 호의적인 왕들, 예컨대 경복궁 안에 내불당內佛堂을 세운 세종이나 불교를 적극 옹호했던 세조 등의 존재는 여성의 사찰 출입을 근본적으로 봉쇄하지 못하는 이유가 되기도 했다. 실제 여성의 사찰 출입 금지령은 『경국대전』에서 완전한 법령으로 수용되었지만, 조선조 5백 년 동안 일상적으로 강력한 강제력을 행사한 것은 아니었다.

가정 이외의 공간으로의 여성의 일탈을 봉쇄하려는 것이, 굿이나 사찰 출입을 금지하려는 것으로 나타난 현실적인 이유는 무엇이었을까. 문종 1년 4월 12일 사헌부는 불사를 금단할 것, 부녀의 사찰 출입을 금지할 것을 요청했다. 다음 날인 13일 예조판서 허후許詡의 말을 들어 보자. "또 부녀자가 절에 올라가는 것을 엄금한 이래 아주 왕래하지 않고 있으며, 몰래 가는 자가 있다 해도 사람들이 모두 비난하기 때문에 마침내 아름다운 풍속을 이루었습니다. 하지만 요사이는 절에 올라가는 부녀자가 점점 많아지고 있습니다. 대저 <u>욕망은 남녀 관계보다 더 큰 것이 없습니다. 궁궐 안이라 해도 금하기 어려운 법인데, 하물며 거칠고 거센 중이 지킬 수 있겠습니까?</u>"[92] 허후의 이 발언에 여성의 사찰 출입을 막으려는 근원적 의도가 노출되어 있다. 남녀 관계, 곧 성욕보다 더 강한 욕망은 없다. 여성이 사찰에 출입하면, '거칠고 거센 중'은 성욕을 참을 수가 없게 된다. 다분히 여성의 성적 일탈이 거칠고 거센 중의 강제에 의한 수동적 형태로 이루어짐을 말하고 있지만, 이것이 수사적 표현임은 두말할 필요가 없다. 허후의 말은 노골적으로 말하면 이렇다. "여자가 절에 올라가면 중과 성관계를 맺는다." 곧 여성의 성관계를 금지시키기 위해 사찰 출입을 막는다는 것이며, 이것은 여성에게 성적 종속성을 요구하는 남성의 욕망을 그 근저에 깔고 있는 것이다.

여성 사찰 출입 금지 배경은 철저히 성적인 것이다. 다른 예를 보자. 성종 4년 7월 20일 집의 현석규玄碩圭는 부녀자가 절에 올라가는 것을 금지하는 배경을 이렇게 설명한다.

> 전조前朝의 말엽에 부녀자가 절에 올라가는 것을 금하지 않았기 때문에 중과 여승과 부녀자들이 서로 왕래하며 음욕淫慾을 마음대로 풀었습니다. 그때 절에 올라가서 글을 읽던 어린 선비들이 눈으로 그 일을 목격하고 뒷날 높은 벼슬을 하게 되자, 건의해 금령을 만들었고, 우리 조정에서도 그대로 따라서 또한 『원육전』, 『속육전』에 싣고 지금껏 준수하고 있습니다. 또 이지李枝[93]라는 사람이 있었는데 국족國族으로서 높은 벼슬을 지냈습니다. 한번은 반승飯僧하는 일로 가족을 데리고 절에 올라갔는데 그 처가 중과 간통하였고 그는 처에게 살해되었습니다. 이 일은 역사에 실려 있습니다.[94]

여성의 사찰 출입의 이유는 복합적이다. 그리고 고려 말 여성의 성적 문란의 실상이 어느 정도였는지는 알 길이 없다. 그 경우의 수가 결코 적지는 않았을 것이지만, 그것은 일부의 부작용이었을 것이고, 여성의 사찰 출입이 성적 일탈을 위한 것으로만 볼 수는 없다. 그럼에도 국가-남성은 여성의 사찰 출입을 오로지 여성의 성적 일탈이라는 단 하나의 주제로 국한해서 접근한다. 이것은 객관적 사실이라기보다 남성의 요구를 충족하기 위한 일방적 표출이다. 사헌부 대사헌 서거정徐居正은 이렇게 말한다.

①근년 이래로 기습氣習이 날이 갈수록 바뀌어 여승의 무리가 점점 많아지고 있습니다. 으슥하고 은밀한 땅이라면 곳곳마다 모두 사당社堂이 있어 무리들을 불러 모으고 널리 꼬드기므로, 실행한 처녀들과 지아비를 저버린 사나운 처들의 소굴이 되었습니다. 행실이 없는 과부로서 남편의 시신이 식기도 전에 천도薦導를 하느니 명복을 비느니 하면서 머리를 깎고 절에 몰래 투신하는 자가 얼마나 되는지 알 수 없을 정도입니다. 그들의 행동을 찬찬히 살펴보면, 진실한 마음으로 불도를 닦는 사람은 백에 한둘도 안 되고, 예禮가 금지하는 바를 뛰어넘어 음행淫行을 마음대로 하고자 하는 마음만 간절할 뿐입니다.
②왜냐하면 부인들이 집에 있을 때는, 동리의 이웃이 좌우에 있고 노비들이 전후로 있고, 승僧과 속俗이 옷을 달리하고, 출입에 금법이 있어, 정욕을 마음대로 풀어 보고자 해도 눈과 귀가 너무 넓은지라 그럴 형편이 되지 않습니다. 하지만 집 밖을 나서면, 중과 여승과 일체가 되고 옷차림이 뒤섞여, 노복을 물리치고 친척들이 아주 관계를 끊어 출입에 지장이 없으니, 전과 비교해 보건대 그 형편이 만만배나 쉽지 않겠습니까? 부녀자 중 덜떨어지고 더러운 행실을 하는 자들이 복심腹心으로 결탁해, 혹은 점등點燈을 핑계대고 혹은 천도재를 핑계대고 혹은 번경飜經을 핑계대면서 사찰을 두루 돌아다니며 여

러 날 유숙하며 놀다가 집으로 돌아가는 것을 잊으니, 음욕을 마음대로 채운다는 더러운 소리가 사방에서 들려옵니다.

③요사이 길거리에서 이러쿵저러쿵 하는 말인즉 "여승 아무개는 아무 중과 어울려 다니는데, 이름이야 '정니淨尼'라 하지만 사실은 탕녀이며, 이름이야 '고승'이라 하지만 사실은 음부淫夫다"라는 것입니다. 여자가 중의 절에 가고 중이 여자의 집에 가면서도 그 종적을 숨기고 비밀스럽게 하니, 듣는 사람들이 누군들 이를 갈지 않겠습니까? 하지만 간통하는 현장에서 잡은 것도 아니고, 자기 집 일도 아니니, 누가 썩 나서서 고소하고 그들과 대면해 따져 원망을 부르고 화를 사겠습니까? 이것이 중과 여승들이 남의 말을 귓등으로 흘려버리고 음란한 짓거리를 거리낌 없이 하는 까닭입니다. 세상 도리를 생각하건대, 어찌 한심하지 않겠습니까? 지금 비록 절에 올라가는 것을 거듭 엄금한다 해도 날마다 죄를 범하는 자가 그치지 아니할 것이 오히려 두려운데, 여승들은 금지하는 예에 들어 있지 않다 하여 그냥 놓아두고 다스리지 않는다면, 말류의 폐단이 장차 어떠하겠습니까?[95]

①에서 서거정은 여성들이 절에 가는 목적이 사실상 성적 일탈을 즐기기 위한 것이라고 못박고 있다. ②의 밑줄 친 부분을 보라. 서거정은 여성의 사찰 출입이 집단적으로 이루어지고 있으며, 절에서의 불교 의식이 모두 성적 일탈을 위한 핑계라고 말한다. 나아가 ③에서는 승려와 여승이 모두 그런 성적 일탈의 중심에 있는 것처럼 말한다.

여성과 사찰의 관계를 오로지 성적 일탈로 연결시키는 서거정의 규정이 과연 객관적 사실에 근거한 것인가. 그가 증거로 드는 여성의 사찰 출입에서 성적 일탈이 전혀 없지는 않았을 것이다. 하지만 그것으로 인해 사찰 출입을 봉쇄한다는 것은 지나친 비약이다. 앞서 지적했듯이 사찰 출입을 봉쇄하고자 하는 의도에는, 여성을 남성에게 성적으로 종속시키고, 사회적으로 공인된 남성 이외의 남성과의 성관계를 막으려는 욕망이 내재하고 있었다. 이 욕망은, 여성의 신체는 남편(경우에 따라서는 부모와 피붙이)을 제외하고는 누구와도 노출하거나 접촉하게 할 수 없다는 생각으로 연장된다. 즉 유옥교有屋轎를 탈 것을 요구한 것도 바로 여성의 성적 종속성을 바라는 남성의 욕망의 변형이며, 여성의 굿과 나례 등 오락적 행위를 금지하는 것도 이 욕망의 또 다른 변형인 것이다.

여성의 성적 일탈을 막기 위해 여성의 활동 공간을 제한하려는 의도는 세조 때 앞서 헌석규가 말한 바와 같이 『원육전』, 『속육전』에 실렸고, 세조대의 『경국대전』을 거쳐 성종 을사년에 완성된 을사본 『경국내진』의 형전 금제조禁制條에 실려 영원히 조선의 법이 되었다. 이 부분을 인용해보자.

> 유생儒生, 부녀婦女로서 절에 올라가는 자(여승도 같다), …… 도성都城 안에서 야제野祭를 행한 자, 사족士族의 부녀로서 산간이나 물가(水曲)에서 놀이나 잔치(遊宴)를 하거나, 야제, 산천·성황의 사묘제祠廟祭를 직접 지낸 자는 …… 모두 장 1백에 처한다.[96]

국가의 기본 법전에 이런 조항을 넣었다는 것이야말로 여성의 출입을 통제하려는 국가―남성의 욕망이 얼마나 강렬했는지를 짐작케 한다. 이 법으로 인해 여성을 가정의 영역에 유폐시킬 수 있었다. 공간적으로 말하자면, 여성은 내실內室, 내당內堂이라는 가장 은밀한 공간에 유폐되었다. 이제 여성은 남성의 훈육을 기다리는 신세가 되었다.

물론 이 법이 빈틈없이 작동한 것은 아니었다. 하지만 여성의 가정 밖 출입을 성적 방종으로 보는 담론이 성립했다는 것은 의미 있는 현상이다. 남성은 이 담론을 성립시킴으로써, 여성이 자신의 성적 종속성을 벗어날 경우 그것을 비법적非法的이고 비윤리적인 행위로 규정할 수 있는 권력을 갖게 되었던 것이다.

3. 수절의 장려

자손의 벼슬길에 제약을 가함으로써 여성의 개가를 금지하는 것은, 남성에 대한 여성의 성적 종속성을 관철시키기 위한 최소한의 장치였다. 금제禁制와 아울러 검토해야 할 것은 장려책이다. 앞에서 수절하는 여성을 위해 설치한 수신전守信田이 그 대표적인 것이지만, 이것은 세조 때 폐지되고 다시 부활하지 않았다. 그렇다고 해서 장려책이 완전히 없어진 것은 아니었다. 즉 국가―남성은 개가 금지, 여성의 유폐와 아울러, 수절을 실천한 여성을 표창, 장려하여 여성의 성적 종속성의 실천을 적극 유도했다. 가장 가까운 그 기원은 앞에서 검토했던 공양왕 원년(1390) 9월에 도당에서 올린 제안에 재가의 금지와 아울러 "산기 이상 관원의 첩과 6품 이상 관원의 처첩으로서 수절하기를 자원하는 자는 마을 거리에 정문을 세워 그를 표창하는 동시에 상을 주도록 하자"는 건의에서 시작된다.

열행에 대한 장려책은 열녀에 대해서만 이루어진 것이 아니라, 유가 윤리의 실천에 대한 장려책의 하나였다. 유가 윤리의 실천이란 다름 아닌 충·효·열이 중심이 되는 바, 충신·효자·열녀가 역시 중심이고, 여기에 순손, 효부 그리고 형제 간의 우애 등도 포함되었다. 여말선초 사대부들의 유가 윤리의 실천에 대한 장려책은 정려旌閭만이 아니라, 관직을 주는 상직賞職,[97] 요역徭役을 면제해 주는 복호復戶, 음식물을 내려주는 식물食物 하사를 포함하여 모두 네 종류가 있었으며, 이 중에서 정려가 가장 높은 단계의 표창이었다.[98]

유가 윤리의 실천에 대한 이러한 국가의 표창은 멀리 삼국시대까지 소급될 수 있다. 경덕왕景德王 14년(715) 웅천주熊川州(公州)의 향덕向德이 가난한 나머지 부모를 부양할 수 없어 할고割股하여 아버지를 먹이자, 왕은 그 사연을 듣고 후한 하사품을 내리고 아울러 정려한다.[99] 정강왕定康王 (886~887) 때는 효녀 지은知恩에게 부역을 면제하고, 그 마을에 정표했다는 기록이 있다.[100] 이런 기록에서 보듯 정려, 물품 하사, 부역 면제는 삼국시대에 이미 존재했던 것이 확인되지만, 이것이 국가 정책으로 강력하게 추진되었는지는 확언할 수 없다. 대개 일회적인 사건에 그친 것으로 보는 것이 타당하다.

고려조 역시 다르지 않았던 것으로 보인다. 성종 9년(990)에 효행 6건 8명과 열녀(수절 여성) 1명에게 정문, 복호, 물품 하사 등으로 표창한 것[101]이 고려의 유가 윤리에 대한 최초의 표창 사례가 될 것이다. 이런 유의 표창 기록은 드문드문 나타난다. 의종 17년(1163) 3월, 동면東面 도감都監 판관判官 손응시孫應時의 3년 여묘살이에,[102] 명종 12년(1182) 3월에 군기주부軍器注簿 장광부張光富의 3년 여묘살이에,[103] 명종 15년(1185) 12월에 아버지의 병에 할고한 위초尉貂에게 정려한 것[104]은 동일한 사례이다.

이런 사례는 유가 윤리의 실천을 표창하는 정책의 산물이다. 조선처럼 국가의 법전에 명시되어 있지는 않았지만, 고려 역시 유가 윤리의 실천에 대한 표창을 의식적으로 강조하였다. 예컨대 신종 즉위년(1197) 11월 신종이 내린 조서에 "의부義夫·절부節婦·효자·순손順孫에게 정문을 세워 표창하고 분직分職을 더 주게 할 것"[105]이 포함된 것이나, 원종 원년(1260)에 효자·순손·의부·절부에게 정문을 세워 주게 한 것,[106] 충숙왕 12년(1325) 10월 교서로 효자·절부에게 정문을 세워 표창할 것을 명한 것[107]은 모두 정책적으로 유가 윤리의 실천을 권장한 사례이다.

고려조의 유가 윤리의 실천에 대한 표창은 일정한 정책적 배려에서 출발한 것이지만, 유가 자체가 국가 이념은 아니었다. 고려의 유가 윤리의 실천에 대한 표창은 조선처럼 치밀하지 않았으며, 정치 행위 전체에 있어서 조선처럼 큰 비중을 차지하는 것은 아니었다. 신라에서처럼 유가 윤리의 실천에 대한 표창은, 그 시대에 유가 윤리가 차지하는 비중만큼 존재했을 뿐이다.

고려 말 사대부가 정권을 잡자 사정이 달라졌다. 정이오와 이숭인이 쓴 「열부최씨전」과 「배열부전」은 이미 검토한 바와 같이 여성에 대한 관념의 변화를 반영하는 것이다. 특히 이미 사대부의 역성혁명이 거의 예고되어 있던 공양왕 때에 와서 이루어진 정책은, 말할 것도 없이 성리학의 논리 속에서 나온 것이었다. 공양왕(1389) 원년 9월에 도당에서 제의한 여성의 개가 금지는 물론이고, 같은 왕 2년에 효자·순손을 뽑아 관리로 임명하고, 의부·절부에게 정문을 세워 표창한 것,[108] 같은 왕 3년 8월에 도평의사사에서 절개를 지킨 과부에게 정문을 세워 주고 복호할 것을 요청하여 허락을 받는 것[109] 등 공양왕 때 유가 윤리의 실천자에 대한 표창을 집중적으로 건의하는 주체는 다름 아닌 사대부들이다.

공양왕 3년은 1391년이고 그 이듬해 1392년 7월에 조선이 건국되었다. 유가 윤리의 실천에 대한 표창, 그리고 좁게는 이 책의 주제인 '열행'을 장려하는 정책이 본격적으로 추진되었다. 1392년 7월 28일 태조는 16조의 즉위 교서를 발표하는데, 그중 6번째 조목이 윤리 정책이었다.

> 충신·효자·의부·절부는 풍속에 관계되니 권장해야 할 것이다. 소재 관사官司로 하여금 찾고 물어 보고하도록 하여, 우대해 발탁·등용하고, 문려門閭를 세워 정표하게 할 것이다.[110]

절부는 충신·효자와 함께 표창의 대상이 되었다. 태조의 즉위 교서에는 조선을 경영할 기본 방침이 실렸던 바, 유가적 윤리의 실천과 표창을 정책으로 꼽은 것은 주목할 일이 아닐 수 없다.

이제 구체적인 사례를 살펴보자. 태조 4년 4월 27일 왜구의 성폭행에 저항하다가 팔과 다리를 절단 당하고 죽은 완산의 절부 임씨林氏에게 정문을 내리는 것을 시작으로,¹¹¹ 절부의 발굴과 표창에 대한 정책을 적극적으로 추진한다. 이 자료로부터 약 5개월 뒤인 9월 16일에 태조는 좌우 정승에게 분부한다.

> 지금 각 도에서 보고한 효자·순손·의부·절부 등은 모두 사실 그대로이니, 더 포상하고 문려에 정표하되, 신역이 있는 자는 복호하게 하고, 가난한 자는 구휼하여 풍속을 격려하라.¹¹²

각 도에서 보고한 효자·절부를 정려와 복호로 표창하라는 것이다. 절부를 보고하는 것은 대개 각 도 관찰사의 소관이었다. 이후 효자·절부에 관한 자료를 정리하면, 대개 열녀는 각 도 관찰사가 군현에 명하여 자료를 받은 뒤 예조에 보고하였다. 예조는 이것을 다시 의정부에 보고하고, 의정부에서 다시 왕에게 품의하는 방식을 취하였다.

태조 7년에는 좌정승 조준趙浚 등이 면대해 아뢴 시무 3조목 중 하나가 충·효·열의 윤리를 실천한 사람에 대한 우대책이었다. 즉 절부와 효자·순손·의부로서 가난하고 질병이 있어 생활이 불가능한 자에게 지위 고하를 막론하고 잡역을 면제해 주고, 우대하고 긍휼矜恤할 것을 건의하여 허락을 받았던 것이다.¹¹³

유가적 윤리의 실천자를 표창하고 권장하는 일은 조선이라는 국가의 중요한 정책이었고, 그것은 조선이라는 국가의 존립과도 유관한 것이었으므로, 건국 초기의 왕들은 이 정책의 실천에 열성을 보였다. 『실록』을 검색해 보면, 태종 5년 3월 20일에 역시 효자·순손·의부·절부를 포상하도록 하교하였고, 6년 윤7월 6일에는 대사헌 한상경韓尙敬 등이 올린 시무십사時務十事에도 효자·순손·의부·절부의 표창이 들어 있었다. 특히 왕이 새로 즉위하게 되면 시정 방침을 반포하는 바, 여기에도 윤리적 실천자의 표창은 필수적인 것이었고, 열행의 표창은 그 속에 포함되었다. 예컨대 세종 즉위년(1418) 11월 3일 세종은 중앙과 지방의 신료들에게 관리들의 실천 사항을 교서로 반포하는데, 여기에도 의부·절부·효자·순손을 널리 찾아서 보고할 것을 명하고 있다.

    효자·절부에 대한 왕의 관심은 왕에 따라 그 정도가 다르고, 조선 후기, 특히 19세기가 되면 거의 상투적인 행정사行政事가 되지만, 조선 전기 지배층의 관심은 남다른 바가 있었다. 왕 스스로가 절부의 발굴과 표창에 적극적이었고, 도에서 예조를 거쳐 올라오는 보고의 진위 여부에도 민감하였다. 『세종실록』 2년 1월 21일의 자료를 보자.

> 임금이 즉위하자 중외에 교서를 내려 효자·절부·의부·순손이 있는 곳을 찾아 사실을 보고하라고 했더니, 무릇 수백 명이었다. 임금이 지시하였다.
> "그중에 특별한 행실이 있는 자를 추리라."
> 정초鄭招에게 예조에 올린 행장 기록을 가지고 좌·우 의정과 의논하라고 명했는데, 모두 41명이었다.[114]

    이런 기사들, 즉 신하가 임금에게 유가적 윤리의 실천자를 찾아내어 표창하기를 건의하거나, 아니면 왕이 신하들에게 그것을 명령하는 기사는 조선 초기의 실록에서 무수히 찾을 수 있다.

    여러 도의 관찰사에게 절부를 발굴하라는 명령을 내리고, 그 보고에 따라 절부를 정문과 복호로 표창하는 것은 의외로 일찍 법제화되지 않았다.『실록』에 실린 기사는 똑같은 형식을 반복하고 있으나, 그것이 실제 법전에 근거한다는 자료는『세조실록』5년 7월 30일조에 최초로 나온다. 이 날 함경도 관찰사가 자신의 손가락을 잘라 남편의 병에 약으로 사용한 경원慶源의 양녀良女 잉화이仍火伊를 '나라의 법전에 의해' 정문을 세우고 복호할 것을 청한 것이 그것이다.

세조 5년의 이 법전은 물론 세조 12년(1466)에 만들어진『경국대전』(병술대전)은 아닐 터이고, 그 이전의『경제육전』계통의『속전』일 것이나, 정확한 것은 알 수 없다. 이후 열녀의 표창에 대한 정식 법은 성종조의『을사대전』의 예전 장권조獎勸條이다.

> 효도, 우애, 절의 등의 선행을 한 자는(효자·순손·절부·나라를 위하여 죽은 자의 자손·목족睦族·구환救患과 같은 등속이다.) 해마다 연말에 본조本曹(예조)가 정기적으로 기록하여 왕에게 아뢰어 장권獎勸한다(상직을 주거나 혹은 상물을 주며 더욱 특이한 자는 정문을 세워 주고 복호를 해 준다. 수신守信한 처에게도 또한 복호를 해 준다).[115]

절부는 효자·순손·충신의 자손 등과 아울러 연말에 예조에서 정기적으로 기록해 임금에게 보고하고 장려하도록 했던 것이다. 그 원래의 절차는 서울은 오부五部에서 한성부에 보고하고, 지방은 말단 행정 조직(동, 면)이 주州·부府·군郡·현縣으로 보고하면, 주·부·군·현에서는 관찰사 영으로 보고하고, 관찰사 영에서는 다시 예조로 보고하는 형식을 갖추었다. 초계抄啓하라는 왕명이 있으면, 예조판서는 문서를 갖고 의정부의 대신을 찾아가 그 고하를 논하여 결정한다.

앞에서 지적한 바와 같이 절부는 고려 때에는 효자·순손·의부義夫와 한 묶음을 이루었지만,『경국대전』에서는 '의부'가 누락된다. 의부를 누락시킨 것은 남편의 사망, 아내의 사망 모두에 배우자를 다시 얻지 않는 것을 동등하게 표창하던 관습에서, 오로지 여성에게만 배우자 얻는 것을 금지하고자 하는 가부장제의 욕망 때문이다.

효자 등에 대한 표창은 『경국대전』에서 네 가지로 정리되었다. 상직은 관직에 임명하는 것인데, 이것은 여성인 열녀에게는 해당되지 않았다. 상물은 쌀이나 콩과 같은 식물을 하사하는 것인데, 표창 중에서 정도가 가장 낮은 것이었다. 대개 열녀는 정문과 복호로 표창하는 것이 일반적이었다. 복호는 원래 가호家戶에 부과된 요역徭役을 면제해 주는 것이었으나, 이 시기 복호는 전세田稅와 공부貢賦까지 면제해 주었으니, 복호를 받을 경우 경제적 이익이 매우 큰 편이었다.[116]

가장 큰 표창은 정려였다. 정려는 충신·효자·열녀가 사는 마을에 붉은 홍살문인 정문을 세워 그 인물의 존재를 알리고 해당자의 명예를 높이는 방법이었다. 정문과 복호는 따로따로 시행되기도 하나, 정문을 받을 경우 동시에 복호를 받기도 하였던 것이니, 정문이야말로 가장 큰 표창이었던 것이다.

『경국대전』의 규정대로 1년에 한 번 정기적으로 관찰사가 열녀를 조사해서 중앙정부에 보고하는 것은 민중을 학습시키는 효과가 있었다. 관찰사 영에서 군과 현으로 조사와 보고를 요구하고, 군과 현이 그 하위 단위인 마을과 자연호自然戶에 대해 조사를 하고 보고한다. 이러한 과정은, 효행과 절행節行의 실천 사례와 그것에 대한 국가와 사회의 평가가 어떤 것인지 민중에게 깊이 각인되는 순간이었다. 그것이 정려와 같은 상징물로 구체화되어 가시적으로 존재하게 되면, 이는 "보는 사람으로 하여금 감격해서 흥기興起하게"[117] 만들고, 끊임없이 효와 열과 같은 윤리를 상기하고 실천토록 유도했던 것이다.

정문이야말로 유가적 윤리의 실천을 촉구하는 장치였던 바, 국가는 이 상징물에 대해 세심한 주의를 기울였다. 성종 8년 4월 22일 예조에서는 정문의 관리에 대해 건의한다. 이 건의는 성종이 윤대관輪對官에게 정문의 관리가 허술하다는 말을 듣고 대책을 지시함으로써 이루어진 것이었다. 먼저 윤대관의 말을 들어보자.

> 절의는 사람의 큰 윤리입니다. 그러므로 나라에서 『삼강행실』三綱行實을 주·군에 반포하였는데 수령들이 묶어 두고 간행하지 않습니다. 또 효자·절부가 있으면 문려門閭에 정표旌表하는 것은 참으로 거룩한 법인데, 또한 마음을 쓰지 않고 다만 길 왼편에 나무를 가로질러 두니, 포상하는 뜻에 심히 어긋납니다.
> 영해寧海에 가난하고 늙은 절부가 있는데, 그 정문 기둥이 썩었으므로 본관本官이 절부에게 수리하라 하니 독촉을 견디지 못해 이웃을 찾아와 구걸하여 수리하려 했다 합니다. 이른바 정표라는 것이 모두 이 모양입니다. 바라옵건대 여러 고을에서 중국의 예를 따라 시렁 한 칸을 만들고 편액을 달아 포양襃揚하는 뜻을 보이게 하소서.[118]

국가에서 반포한 『삼강행실』을 찍어 그 실천을 유도하는 것을 지방 수령들이 등한시한다는 것이며, 정문을 제대로 관리하지 않는다는 것이다. 성종의 명령에 예조는 우리나라의 전례에 의해[119] 허문虛門을 지어 편액을 쓰고, 그 아래에 돌을 세워 성과 이름을 쓰고, 행실을 대강 서술할 것을 요청하여 허락을 받는다.[120]

손상된 정문을 수리·복구하는 것은 법으로 규정된 일이었던 것으로 보인다. 연산군 8년 12월 9일 대사간 민휘閔暉가 법에 따라 팔도에 공문을 보내 손상된 정문을 수리하게 할 것을 청하자, 연산군은 "원래 그 법은 있는데, 거행하지 않았을 뿐"이라고 답한다.[121] 중종 원년 9월 22일에 '새로운 정치'의 시작을 기념하여 전국의 관찰사에게 무너진 정문을 소재처 고을에서 개수하게 하는가 하면, 3년 1월 21일에는 연산군 때 없앤 정문을 복구하자는 요청을 받아들인다. 중종 21년 3월 28일에는 예조에 퇴락한 정문을 조사하여 수리할 것을 명령하고, 26년 4월 11일에는 중종 자신이 효경전孝敬殿 행행行幸 길가 정문이 썩어 부서졌는데도 수리를 하지 않은 경우를 보았다면서, 경외에 정문이 손상될 때 즉시 고칠 것을 명령한다. 중종 37년 7월 27일 어득강魚得江은, 효자·열녀·충신에 대한 정문과 장승의 글씨가 조잡하다면서, 장승에 이름을 새기고 집을 지은 후 단청을 올려 보호하게 할 것을 요청하여 허락을 받는다.

열녀를 표창하는 법과 정책은 곧 남성에 대한 여성의 성적 종속성을 강화시키는 것이었다. 이것은 여성과 남성의 관계가 절대적으로 불평등하게 전개될 것을 예고하는 것이었다. 이 점을 다음 자료로 보충해 보자.

앞에서 언급한 바와 같이 고려사에서 절부에 대한 표창은 '효자·순손·의부·절부'라는 하나의 묶음으로 다뤄지고 있었다. 이 묶음은 태조 4회, 태종 2회, 세종 4회, 문종 1회, 단종 1회까지 1392년에서 1454년까지 나타나고, 중종 7년에 2회 나타날 뿐이다. 더욱이 중종조의 2회는 고려 성종 때 효자·순손·의부·절부를 공궤供饋한 의식을 다시 거행하자는 제안에 대한 토론이고, 토론의 결과 제안이 거부되었으니, 정책의 실행에 '의부'가 거론된 것은 아니었다. 따라서 사실상 '의부'를 표창 대상으로 올린 것은 단종 2년이 끝이다.[122]

앞서 검토한 바와 같이 의부는 아내가 사망한 뒤 재혼하지 않는 남성을 가리키는 것이었다. 하지만 이것이 조선 건국 50~60년을 경과하는 동안 사라지기 시작한다. 특히 앞서 간단히 언급한 바와 같이 『경국대전』(『을사대전』)의 예전 장권조는 효도·우애·절의 등의 선행을 한 자의 예로 '효자·순손·절부'를 들고 '의부'를 삭제했다. 이것은 이제 의부와 절부의 균형이 무너지는 것, 곧 남성과 여성은 상호간 윤리적 의무의 실천자가 아니라, 오로지 여성만이 남성에 대한 윤리적 의무의 실천자가 된다는 것을 의미했다. 국가—남성의 여성 지배는 이런 식으로도 구체화되었다.

정리해 보자. 남편 사후 여성의 재혼 여부는 여성 개인의 판단에 달린 것이었다. 그것은 애당초 윤리적으로 강제할 사항이 아니었고, 법적 제재의 대상이 될 수는 더더욱 없었다. 고려 말, 아니 조선 초기까지 여성의 재혼, 삼혼이 사대부 가에서 이루어졌음을 상기한다면, 개가 여부는 윤리적 판단의 대상이 아니었던 것이다. 유가의 경전, 최대한 넓게 보면 13경에 실린 고대의 제도가 모두 실천된 것이 아니었음을 상기한다면, 다시 말해 『주례』周禮에 실린 고대의 건축이 완벽하게 재현되지 않은 것처럼, 그것은 다만 『예기』라는 유가의 고전에 실린 한 구절일 뿐이었다. 그럼에도 불구하고 조선을 건국한 사대부들은 여성의 재가를 윤리적 판단의 대상으로 삼기 시작했고, 급기야 『경국대전』이라는 조선조의 법전을 통해 재가 여성 자손의 출세에 가혹한 제재를 가함으로써 재가를 사실상 금지하였다. 이것은 남성의 재혼이 무제한 허용되고 장려되고 있다는 사실에 비추어 본다면, 극히 편파적인 것이 아닐 수 없었다.

고려 말 열녀전의 출현에서 이미 지적했듯, 열녀에 대한 찬미, 재가의 금지는 남성의 보편적 생물학적 욕망, 즉 남성에 대한 여성의 성적 종속성에 기초하고 있었다. 한 여성의 성적 욕망을 남성의 욕망 속에 가두려는 욕망이 '열'이라는 윤리의 기초를 이루는 것이었다. 그런데 그 욕망의 표현인 '일부종사'一夫從事 '혹은 '종신불개' 終身不改는 조선조 이전에는 오로지 문헌에 갇힌 언어일 뿐이었다. 그것은 고대 문헌의 더미 속에 파편적 상태로 군데군데 박혀 있었다. 삼국시대 이후 이 언어가 박혀 있는 문헌들이 지배층에게 고전으로 읽히고 있었던 것은 사실이다. 또 그 사회가 가부장제의 속성을 갖고 있기는 했지만, 그 가부장제는 유교의 종법제에 입각한 엄격한 가부장제는 아니었다. 따라서 여성의 성적 종속성도 완벽하게 실천되지 않았던 것이다. 그렇다면 왜 여성을 성적으로 종속시키려 했던가.

성리학은 국가를 가족의 확대된 형태로 파악한다. 즉 지배/피지배층의 관계를 가족 관계로 본다. 성리학은 가족 관계를 윤리로 결속된 상태로 규정하고, 그 확대 형태인 국가 역시 윤리적 관계의 집합으로 파악한다. 가족은 국가의 축소 형태이고, 국가는 가족의 확대 형태였다. 국가는 아버지와 자식이라는 가부장적 질서가 왕과 신하라는 동일한 구조로 확대된 것이었다. 가부장적 질서 속에서 아버지와 동등한 어머니, 남편과 동등한 아내의 지위는 참으로 곤란한 것이었다. 가부장제의 정립을 위해 어머니를 아버지의 아래에, 아내를 남편의 아래에 위치 지우는 일이 절대적으로 필요했다.

인간의 생물학적 재생산을 위한 성적 관계는 남녀(혹은 부부)의 원초적 결합 형태다. 이때의 관계는 여성과 남성이 대등한 성적 존재로 만나게 된다. 곧 부부는 암컷과 수컷이라는 수평적인 성적 결합이다. 유가는 이 수평적 성적 결합을 수직적·위계적 관계로 전환할 것을 요구한다. 즉 국가의 가부장제적 지배·피지배의 구조를 합리화하기 위해서는, 가족 내부에서 남성·여성의 수평적 결합을 상·하의 수직적·위계적 관계로 바꾸어야 했다. 남성이 여성에게 성적 종속성을 강요하는 것이 '일부종사'이며, 일부종사의 강렬한 실천이 바로 '열 의식'이다. '열'은 윤리의 외피를 쓰고 있지만, 사실상 권력의 관계를 윤리로 포장한 것에 지나지 않는다. '열'은 국가―남성의 완전한 성립을 위해 절대적으로 필요한 윤리였다.

그러나 법과 제도만으로 여성을 통제·관리하기란 불가능했다. 예컨대 재가 금지는 사실상 사대부가의 여성에게만 해당하는 것이었다. 그러나 실제 조선 전기에 이미 그런 사례가 나오거니와, 조선 후기에 가면 사대부가는 물론이고 일반 상민 혹은 천민까지도 재가를 비윤리적 행위로 알았다. 이것은 법을 넘어선 윤리적 금압이 존재함을 의미한다. 그것은 바로 여성의 성적 종속성을 강요하는 윤리가 개인에게 내면화되었다는 것을 의미한다. 윤리의 내면화는 곧 법과 제도의 설치와 병행하면서 진행되었다. 이제 그 과정을 따지지 않을 수 없다.

3장

여성의식화 텍스트의 도입, 제작과 보급

1절
『소학』· 『삼강행실도』 열녀편 · 『내훈』의 도입과 제작

1. 유교적 여성관의 원천 『소학』

『소학』에 나타난 여성관

앞에서 조선의 건국부터 성종 16년(1485) 『경국대전』이 성립할 때까지 여성에 대한 국가 정책과 법의 성립 과정을 검토했다. 굳이 『경국대전』까지 한정한 것은, 이 법전이 조선조의 기본 법전이기도 하고 또 건국 이래 약 1세기 동안 있었던 여러 종류의 여성 정책이 이 법전에 모두 수렴되었기 때문이다.

그렇다면 『경국대전』에 나타난, 남성에 대한 여성의 성적 종속성을 관철시키려는 여러 법적 장치의 기원을 이루는 관념이란 구체적으로 무엇인가. 아울러 또 다른 문제가 제기된다. 『경국대전』의 여성 관계 법령의 특징은 그것이 법으로 강제할 것이 아닌, 윤리적 문제였다는 데 있다. 유가에서 법과 예의 대립은 유명하거니와, 유가에서 법은 정치 행위에 있어서 차선의 선택이며, 그 이전에 윤리를 피지배자에게 내면화하는 과정을 요구하였다. 유가에서 말하는 교화는 이데올로기의 내면화다. 다만 그것은 윤리의 이름으로 내면화하는 것이다.

또한 여성에 대한 조선 지배층의 근본적인 요구, 즉 수절은 『경국대전』의 법만으로는 강제할 수 없었다. 재가를 한다 해서 재가녀再嫁女 자신의 인신이 구속되는 것은 아니었기 때문이다. 재가한 여성의 자손은 관로에 나아갈 수 없는 불이익을 받았지만, 재가녀 자신은 불이익을 받지 않았다. 또 사족의 여성이 아닌 경우는, 자손의 관로 진출 가능성이 원래 낮았기 때문에 이 법은 적용되지도 않았다. 그럼에도 불구하고 수절은 조선 후기에 양반층을 넘어 민간에까지 풍습으로 번져 갔다. 그 이유는 무엇인가. 법 이외에 다른 장치가 있었다.

『경국대전』의 여성 관계 법령은 애당초 법이 아닌 윤리의 이름을 띠고 있었다. 물론 그 윤리라는 이름 자체도 수상한 것이지만, 어쨌든 그것이 윤리의 이름을 갖는다면, 법으로 강제될 것이 아니라 윤리적 실천 주체들에게 내면화되어야만 했다. 또 법과 처벌만으로는 여성을 통제하기가 충분하지 않았다. 남성에 대한 여성의 종속은 강제가 아니라, 여성의 자발성을 필요로 했다. 따라서 그것은 여성의 의식 속에 거의 무반성적으로 작동하는 프로그램으로 내장되어야 했다. 즉 이데올로기를 내면화할 필요가 있었던 것이다. 열녀 이데올로기의 내면화는 윤리의 이름으로 이루어지는 바, 이것은 권력 시스템을 강화시킬 필요가 없다는 것이다.

국가─남성은 이 내면화 공작에 적극 나서게 된다. 이것은 조선조 5백년 동안 간단없이 지속적으로 진행되었다. 이제 그 내면화의 과정을 추적해 보자.

앞에서 검토했던 이곡의 「절부조씨전」에서 이곡은 사씨史氏의 입을 빌려 이렇게 말한다. "부인은 삼종三從의 의義를 지켜야 부인의 도리를 다하는 것이다." '삼종지의'의 뜻을 여기서 새삼 다시 말할 필요는 없을 것이다. 문제는 출처. 이 말은 원래 『의례』儀禮 「상복전」喪服傳, 『대대례』大戴

禮「본명」本命, 『백호통』白虎通「작편」爵篇, 『열녀전』列女傳「추맹가모」鄒孟軻母 등의 문헌에 실린 것이다. 이곡은 『의례』 등의 텍스트에서 이 말을 인용하고 있는 셈이다. 그런데 사실 이 말은 워낙 유명한 말이니, 굳이 『의례』라는 텍스트를 의식하지 않고 발언되었을 수도 있다. 꼭 고전의 근거를 알고 난 뒤 고사성어를 쓰라는 법은 없지 않은가. 따라서 태종 6년 6월 9일 대사헌 허응許應이 개가와 가묘家廟 문제 등에 관한 시무 7조를 올렸을 때 삼종지의를 운운한 것이나, 성종 8년 7월 17일 재가 금지 여부를 결정할 때 성종이 삼종지의를 말한 것 역시 동일한 차원의 발언이라 할 수 있다. 하지만 성종이 개가 금지를 결정하고 난 이틀 뒤 이 법의 문제점을 지적하는 이경동李瓊仝에게 한 말이라면 사정이 다르다. 앞에서 이미 인용했듯 성종은 다음과 같은 문제의 발언을 한다. "굶주려 죽는 일은 작은 것이고, 실절失節하는 일은 큰 것이다. 국가가 법을 세운 것은 마땅히 이와 같아야만 한다."[1] 이미 지적한 바와 같이 애초 7월 17일 개가 금지에 찬성 의견을 올린 임원준任元濬도 동일한 말을 인용하고 있다. 거듭 인용하면 이렇다.

①예전에 정자程子가 "재가는 단지 후세에 추위에 떨고 굶어 죽을까 싶어서 하는 것이다. 하지만 절개를 잃는 일은 지극히 큰 문제이고, 굶어 죽는 것은 지극히 작은 문제다" 하였고, ②장횡거張橫渠는 "절개를 잃은 사람을 취해 자기 짝으로 삼으면 역시 절개를 잃은 사람이다" 하였습니다. ③대개 한 번 결혼을 했으면 종신토록 개가하지 않는 것이 부인의 도리입니다.[2]

위 인용문을 셋으로 갈라 볼 수 있다. ③의 출처는 『열녀전』이다.[3] 개가를 금지하는 이 말이 기원이고, ①과 ②는 ③이라는 정전의 과격한 해석이다. 문제는 성종과 임원준에게 인용된 ①과 ②의 근거다. ①과 ②는 원래『이정유서』二程遺書지만,[4] 성종 연간에『이정유서』는 흔한 책이 아니었다.[5] 위의 발언은 모두『소학』小學 외편「가언」嘉言에서 인용된 것이다. 해당 부분을 적기하면 다음과 같다.

> 어떤 이가 물었다. "과부는 도리상 취할 수 없을 듯하니, 어떠한지요?"
> 이천선생伊川先生이 말씀하셨다. "그렇다. 무릇 아내를 취하는 것은 자신의 짝으로 삼는 것이니, (a) 만약 절개를 잃은 사람을 취해 자신의 짝으로 삼는다면, 이것은 자신이 절개를 잃는 것이다."
> 또 물었다. "혹 외로운 과부가 빈궁하여 의탁할 데가 없는 경우 재가를 해도 되는지요?" 이 말에 이렇게 대답하였다.
> "(b) 단지 후세에 추위와 굶주림으로 죽을까 두려워하였기에 이런 말이 있는 것이다. 그러나 굶어 죽는 것은 지극히 사소한 일이고, 절개를 잃는 것은 큰 일이다."[6]

(a)는 ②에, (b)는 ①에 대응한다.[7] 곧 성종과 임원준은 모두『소학』에서 개가 금지의 근거를 끌어오고 있는 것이다.

이 예에서 보듯, 여성에 대한 조선 초기 사대부의 인식을 규정한 것은 다름 아닌『소학』이었다.『경국대전』으로 수렴되는 여성에 대한 모든 법과 제도는『소학』에 근거를 둔 것이었다. 조선조 5백 년 동안『소학』은 워낙 익숙한 책이 되어 버렸고 그래서 지금 아무도 주목하지 않지만,『소학』이야말로 조선 시대 여성의 의식과 행동을 규정하고 지배했던 엄청난 무게를 갖는 책이었다.

『소학』은 원래 아동을 가르치는 책이었다. 그렇다면, 아동 교육서인『소학』이 어떻게 여성을 규정하게 되었는가. 먼저『소학』이라는 책 자체에 대해 간단히 살펴보자.『소학』의 '소학' 은 원래 교육기관이라는 뜻이다. 『예기』禮記 「왕제」王制에 교육기관으로서의 '소학'에 관한 간단한 언급이 있다.

> 천자가 가르칠 것을 명한 뒤에 학교를 세운다. 소학은 공궁公宮의 남쪽 왼편에 있고, 대학大學은 근교에 있다. 천자의 나라에서는 대학을 벽옹辟雍이라 하고, 제후의 나라에서는 반궁頖宮이라 한다.[8]

대학에 상응하는 교육기관이 소학이었던 것이다. 대학의 교육 내용은 사서四書에 포함된 『대학』이라고 하지만, 소학이 어떤 교육 과정과 내용을 가졌는지는 알 수 없다.

『소학』은 성리학의 완성자 주자朱子가 편집한 책이다. 주자는 제자 유청지劉淸之와 함께 경전經典과 사서史書에서 주대周代 소학의 교육에 상응하는 내용이라고 생각되는 것들을 뽑아서 이 책을 엮었다. 물론 그 선별 대상이 되었던 서적은 송대宋代까지의 것이다. 따라서 이 책은 주대의 소학이라는 학교에서 아이디어를 얻었지만, 그 내용은 주대의 소학과 아무런 관련이 없다. 『소학』은 주자의 상상력으로 엮어진, 성리학이라는 철학의 교육적 연장일 뿐이다.

『소학』은 주자가 구성한 장대한 성리학의 체계 속에서 반드시 필요한 책이었다. 성리학이 이론의 여지가 없는 진리라면, 그 진리는 과연 어떻게 실천되어야 할 것인가? 여기서 실천으로서의 성리학이 모색된다. 성리학은 관념의 체계일 뿐만 아니라, 그 관념에 정확하게 대응하는 정치·경제·사회는 물론 개인의 극미한 일상적 영역에 이르기까지 실천의 방법을 제시하고 있는 실천학이었던 것이다. 그렇다면 이런 문제가 제기된다. 예컨대 개인의 일상에서 성리학적 진리는 과연 어떻게 실천되어야 할 것인가? 인간은 하루를, 혹은 1년을 어떤 행위로 구성해야 할 것인가? 그 행위는 구체적으로 어떤 것이란 말인가?

이런 물음은 하찮은 것이지만, 동시에 절실한 것이다. 여성은 남성과는 달리 일상을 어떻게 지낼 것이며, 또 일생을 어떻게 구성해야 할 것인가? 남성과 여성의 정체성은 기본적으로 어떻게 구분해야 할 것인가? 나아가 '나'와 가족과 형제, 부모는 어떤 윤리적 태도와 행위로 관계를 맺어야 할 것인가? 리理와 기氣 등의 추상적 관념어로 구성되는 철학적 사유는 이런 문제에 답하지 않는다. 이에 대한 답은 바로 『소학』의 몫이다.

이런 의미에서 『소학』은 어린아이를 가르치기 위한 책이 아니다. 이 책은 성인을 위한 책이며, 성인을 성리학으로 의식화하되 그 의식화 작업이 어린 시절부터 시작되어야 함을 강조하고 있는 책이다. 실제로 이 책은 어린아이들이 읽을 수 없는 난해한 책이다. 『소학』이 어린아이와 관련된다는 것은, 인간의 두뇌가 백지에 가까울 때 즉 어린아이 때부터 성리학적 행동의 실천 원리가 주입되고 의식화되어야 한다는 의미에서이다. 달리 말해 그것은 성리학적 규율에 지배받는 인간의 탄생을 유도하기 위한 책인 것이다.

『소학』의 본문 구성은 다음과 같다.

1. 입교立教
2. 명륜明倫 ─ 명부자지친明父子之親, 명군신지의明君臣之義, 명부부지별明夫婦之別, 명장유지서明長幼之序, 명붕우지교明朋友之交, 통론通論
3. 경신敬身 ─ 명심술지요明心術之要, 명위의지칙明威儀之則, 명의복지제明衣服之制, 명음식지절明飲食之節
4. 계고稽古 ─ 입교立教, 명륜明倫, 경신敬身, 통론通論
5. 가언嘉言 ─ 광입교廣立教, 광명륜廣明倫, 광경신廣敬身
6. 선행善行 ─ 실입교實立教, 실명륜實明倫, 실경신實敬身

모두 6개의 편이다. 전반부 1·2·3편은 입교·명륜·경신인 바, 이것은 4·5·6편의 계고·가언·선행에서 다시 반복된다. 예컨대 '계고'는 입교·명륜·경신(+통론)으로 구성되어 있는 것이다. 1·2·3편과 4·5·6편이 명확하게 구분되는 것이다. 다만 4·5·6편은 입교·명륜·경신을 반복하는 방식이 다르다. 「계고편」 앞에 붙어 있는 '집설' 集說을 보자.

> 진씨陳氏가 말하였다. "계稽는 살피는 것이다. 이 편은 우虞·하夏·상商·주周의 성현들이 실천한 행적을 살펴 전편의 입교·명륜·경신의 말을 증명한 것이다. 모두 47장이다."⁹

즉 「계고편」은 입교·명륜·경신과 관련된 성현들의 실천을 문헌을 통해 증언하되, 그 문헌의 시대적 범위를 춘추시대 이전으로 제한한 것이다. 「가언편」도 사실상 그 내용은 동일하다. 하지만 문헌의 시대적 범위는 한나라 이후다.¹⁰ 물론 하한선은 『소학』의 편집이 송대에 이루어졌으니, 송대까지다. 「선행편」은 약간 구분이 된다. '집설'을 들어 보자.

> 이 편은 한漢나라 이래 현자賢者들이 실천한 선행을 기록하여, 입교·명륜·경신을 실증한 것이다. 모두 81장이다.¹¹

요컨대 「계고편」은 춘추전국 이전 성현들의 말씀과 실천을, 「가언편」은 주로 한대 이후 현자들의 말씀을, 「선행편」은 한대 이후 현자들의 실천을 기록한 것이다.

『소학』의 여성 정의와 성 역할
이렇게 『소학』에 대해 구차스러울 정도로 자세히 말한 까닭은 이미 지적한 바와 같이 『소학』이 유가의 기본적인 여성관을 담고 있기 때문이다. 물론 『소학』은 남성 독자를 상정하고 엮은 책이다. 아니 굳이 독자가 남성임을 의식하고 있지 않다고도 말할 수 있다. 왜냐하면 적어도 주자의 관념에, 아니 유가들의 관념에서는 인간＝남성이었고, 여성은 이 관계에서 제외된 타자였다. 그런데 어찌하여 『소학』은 여성에 대해 다루고 있는가. 그것은 가부장적 질서의 실현을 위해서 남성이라는 주체가 여성을 통제할 필요가 있기 때문이었다. 『소학』의 여성 관념을 정리해 보자. 『소학』은 어디서 여성에 대해 다루고 있는가. 번거롭지만 앞에서 제시했던 『소학』의 목차를 다시 상세하게 제시한다.

1. 立敎, 總13章
2. 明倫
   明父子之親(1~39장), 明君臣之義(40~59장), <u>明夫婦之別</u>(60~68장),
   明長幼之序(69~88장), 明朋友之交(89~99장), 通論(100~108장)
3. 敬身
   明心術之要, 明威儀之則, 明衣服之制, 明飮食之節
4. 稽古
   立敎──母敎(1~2장), 父敎(3~4장)
   明倫──明父子之親(5~21장), 明君臣之義(22~26장), <u>明夫婦之別</u>(27
   ~30장), 明長幼有序(31~33장), 明朋友之交(34~35장)
   敬身──9장
   通論──3장
5. 嘉言
   廣立敎(1~14장)
   廣明倫──廣父子之親(15~28장), 廣君臣之義(29~38장), <u>廣夫婦之別</u>

(39~47장), 廣長幼有序(48~50장), 廣朋友之交(51~53장), 通論(54~55장), 廣敬身(56~91장)

6. 善行

實立敎(1~8장)

實明倫──實父子之親(9~18장), 實君臣之義(19~26장), <u>實夫婦之別</u>(27~31장), 實長幼有序(32~41장), 實朋友之交(42장), 通論(43~53장), 實敬身(54~81장)

이상에서 여성에 대한 언설은 명륜·계고·가언·선행의 밑줄 친 '부부지별' 夫婦之別을 다룬 부분에서 집중적으로 나온다. 물론 부부지별 외에도 여성에 대한 중요한 언설이 없는 것은 아니다. 「입교편」의 1장과 2장은 남녀의 교육과 성 역할 및 태교를 다루고 있다는 점에서 매우 중요하며, 「명륜편」의 '명부자지친' 明父子之親의 일부는 여성/며느리와 시부모의 관계를 다루고 있으므로 빼놓을 수 없는 것이다. 또 「명륜편」의 '명군신지의' 明君臣之義의 맨 마지막 장의 "충신은 두 임금을 섬기지 않고, 열녀는 두 남편을 바꾸지 않는다"(忠臣不事二君, 烈女不更二夫)라는 짧은 인용문[12]은 원래 충신의 덕목이었고, 또 이 때문에 '명군신지의'에 실렸던 것이다. 하지만 이 문구는 충신이 아니라, 뒷날 여성의 개가를 불허하는 고전적 근거가 되었다.

이런 언술을 제외하면 대개 앞서 지적한 바와 같이 여성에 대한 언술은 모두 부부지별을 논하는 항목에 들어 있다. 이제 「입교편」의 2장을 언급함으로써 『소학』의 여성관에 대해 검토하겠다. 『소학』은 남성과 여성의 정체성, 성 역할을 규정함으로써 시작한다. 매우 짧은 「입교편」은 13개의 장으로 구성된다. 최초의 인용은 『열녀전』에서 시작된다.

『열녀전』에서 말하였다. "옛날에 부인이 아이를 배었을 적에 잠잘 때에는 옆으로 기울게 하지 않으며, 앉을 때에는 모로 앉지 않으며, 설 때에는 한쪽 발로 서지 않았다. 눈으로는 부정한 색을 보지 않으며, 귀로는 부정한 소리를 듣지 않으며, 밤이면 악사樂師인 봉사로 하여금 시를 외우며 바른 일을 말하게 하였다. 이렇게 하면 아이를 낳음에 용모가 단정하며, 재주가 보통 사람보다 뛰어날 것이다."[13]

『소학』의 본문 첫머리다. 이 부분은 태교의 원리로 널리 인용되는 부분인데, 여성의 성 역할에 대한 최초의 언급이다. 여성을 어머니로 규정하는 것, 즉 여성성을 모성으로 규정한 것이다. 물론 『열녀전』의 인용은 임신에서 출산, 죽음에 이르는 인간의 일생을 시간의 순서로 나열하기 위해 불가피하게 인용된 것이지만, 여성성을 모성으로 규정하는 데 이루 말할 수 없이 중대한 영향을 미쳤다.

이어지는 『예기』禮記 「내칙」內則에서의 인용은 남성과 여성의 성 역할을 규정한다. 조금 긴 인용이지만, 읽어 보자.

「내칙」에 말하였다. "무릇 아이를 낳았을 때에는 여러 어머니와 가합한 사람을 가려 뽑되, 반드시 너그럽고 여유 있으며, 인자하고 은혜로우며, 온화하고 어질며, 공손하고 조심하며, 삼가고 말이 적은 사람을 찾아 자식의 스승으로 삼아야 한다. 자식이 제 스스로 밥을 먹거든 오른손을 쓰도록 가르치며, ①말을 하거든 남자는 빨리 대답하고 여자는 느리게 대답하게 하며 남자는 가죽으로 띠를 하고 여자는 실로 띠를 한다.
여섯 살이 되면 숫자와 방위의 명칭을 가르친다.
②일곱 살이 되면 남자와 여자가 자리를 함께 하지 않으며 음식을 함께 먹지 않는다.

여덟 살이 되면 문호門戶의 출입함과 자리에 나아가고 음식을 먹을 때 반드시 장자長者보다 뒤에 하도록 하여, 비로소 겸양謙讓을 가르친다.

아홉 살이 되면 날짜 세는 것을 가르친다.

열 살이 되면 바깥 스승에게 나아가 바깥에 거처하고 잠자며, 육서六書와 계산을 배우며, 옷의 저고리와 바지를 비단으로 하지 않으며, 예절은 기초적인 것을 따르며, 아침저녁에 어린이의 예를 배우되 간략하고 진실한 것을 청하여 익힌다.

열세 살이 되거든 음악을 배우고 시를 외우며, 작시勺詩에 맞춰 춤을 춘다.

열다섯 살이 되거든 상시象詩에 맞춰 춤을 추며, 활쏘기와 말타기를 배운다.

스무 살이 되거든 관례冠禮를 하여 비로소 예禮를 배우며, 갓옷과 비단옷을 입으며, 우禹의 음악인 대하大夏에 따라 춤을 추며, 효도와 공경을 돈독히 행하며, 배우기를 널리 하고 가르치지 않으며, 안에 아름다움을 쌓아 두고 표현하지 않는다.

서른 살이 되거든 아내를 두어 비로소 남자의 일을 다스리며, 널리 배워 일정한 곳이 없으며, 친구에게 공손히 하되 그 뜻을 살핀다.

마흔 살에 비로소 벼슬하여, 사물에 대하여 계책을 내고 생각을 발하여 도道가 할 만하면 일하여 따르고, 불가하면 떠난다.

쉰 살에 명하여 대부大夫가 되어 관청의 정무를 맡아 일하고, 일흔 살에는 일을 되돌려 준다.

③여자는 열 살이 되거든 밖에 나가지 않는다. 여스승(姆)이 여아에게 말을 상냥하게 하고 용모를 부드럽게 하여 명령을 듣고 따르며, 삼과 숫삼을 잡고 생사生絲와 누에고치를 다루며, 비단을 짜고 둥근 끈을 짜 여자의 일(女事)을 배워 의복을 장만하도록 가르치며, 또 제사를 살펴 술과 초, 변籩(대그릇), 김치와 젓갈 등을 올려 어른을 도와 제수 올리는 것을 가르친다.

열다섯 살이면 비녀를 꽂고, 스무 살이면 시집가나니, 연고가 있으면 스물세 살에 시집간다.

육례六禮를 갖추어 맞이하면 처가 되고, 그냥 따라가면 첩이 된다.[14]

「내칙」에서 인용된 위 문장은 주대周代 인간의 일생의 전형을 제시하고 있다. 출생 직후부터 6세, 7세, 8세, 9세, 10세, 13세, 20세, 30세, 40세, 50세, 70세까지의 일생의 과정을 열거하는데, 6세에는 숫자와 방위를 가르치고, 8세에는 식사를 할 때 어른 뒤에 하도록 하여 겸양을 가르치고, 20세에 관례를 하고, 30세에 장가를 들고, 40세에 관직에 나아가며, 50세에 대부가 되고, 70세에 벼슬을 그만두고 은퇴한다는 것이다.

이것은 남성 지배계급의 일생이다. 인간의 일생은 남성 지배계급의 일생이며, 여성의 일생은 아니다. 여성의 일생은 남성의 일생이 끝난 뒤 ③에 부기되어 있다. 남성의 생애가 나이에 따라 세분화되어 있다면 여성의 일생은 7세에 남성과 분리된 뒤, 10세에 규방에 유폐되고, 15세에 성인식(계례), 20세(또는 23세)에 혼례를 치른다. 남성은 20세 이후 학문 연마와 벼슬 등의 지적·사회적 활동이 있으나, 여성의 일생은 결혼으로 끝이다. 남성의 일생이 다채로운 반면, 여성의 일생은 단순하기 짝이 없다. 이 단순성은, 여성이 가정 내에 유폐되어 있으며, 여성의 일이 가사노동에 국한되기 때문이다. 그것은 직물의 직조織造, 음식의 조리(특히 제사음식) 두 가지를 벗어나지 않는다. 『소학』의 여성 노동에 대한 규정은 조선 시대 여성의 성 역할을 규정하는 결정적 근거가 되었다. 직조와 조리가 여성의 일이라는 담론은, 여성의 의식을 완벽하게 규정했던 것이니, 이 관념은 현재도 계속되고 있다. 물론 『소학』이 규정하는 여성의 일생은 유가의 상상력 속에 존재하는 관념일 뿐이었고, 그것이 실천된 적은 없었다.

위의 인용은 또한 중요한 여성성을 규정한다. ①의 '느린 어투'와 ③의 '상냥한 말씨', '부드러운 용모', '명령에 대한 복종'의 대상은 남성이다. 곧

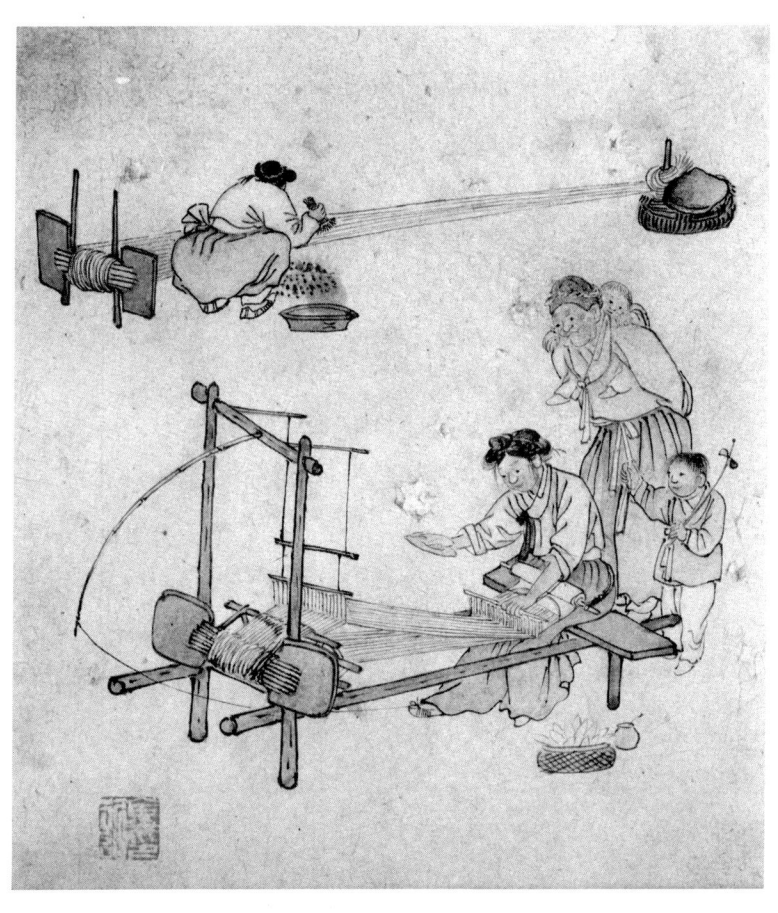

김홍도, 길쌈(『풍속화첩』, 국립중앙박물관 소장 중박 200904-167)

'부드러움'을 통해, 남성에 순종하는 여성을 규정한다. 여성은 일상의 언어와 신체적 언어가 부드러워야 한다는 관념, 곧 순종적이어야 한다는 관념은 바로 이 언술에 뿌리를 두고 있다. 요컨대 『소학』은 여성을 남성에게 순종해야 하는 존재로 규정하고 있다.

이제 본격적으로 '부부지별'을 다룬 언술들을 검토하자. 「명륜편」의 60~68장의 '명부부지별'明夫婦之別은 조선 사회에서 여성성을 규정하는 가장 중요한 논리적 근거를 제공한다. 먼저 여성의 존재 규정이다. 『소학』은 여성을 어떤 존재로 규정하는가.

> 공자가 말씀하셨다. "부인은 남에게 복종하는 자이다. 따라서 독단으로 판단하는 의義가 없고, 세 가지 따르는 도道가 있으니(無專制之義, 有三從之道), 집(친정)에 있을 때에는 아버지를 따르고, 남에게 시집가서는 남편을 따르고, 남편이 죽으면 아들을 따라, 감히 스스로 하는 일이 없다. 가르침과 명령이 규문閨門을 나가지 않으며 부인의 일은 음식을 마련하는 등의 일이 있을 뿐이다.[15]

여성은 남성인 아버지, 남편, 아들에 의해 행동이 결정되는 존재, 즉 남성에 의해 규정된 피동적 존재이다. 따라서 여성의 독자적인 사유와 행위는 없다. "감히 스스로 하는 일이 없다"는 것은 바로 주체적인 사유와 행위가 존재할 수 없음을 말하는 것이다. 여성의 행동 범위는 오로지 여성에게 제한적으로 강요된 가족의 생활공간인 규문 안으로 한정되며, 그 가족 생활공간에서 여성의 소업은 '음식을 마련하는 일'로 제한된다.

여성은 독립적으로 사유하고 행동할 수 없는 존재다. 공자의 이 말은 여성에게서 사유와 행동의 주체성을 박탈하는 것이었다. 여성은 남성의 가르침과 명령에 따라 사유하고 행동할 수 있다. '삼종지의'三從之義는 여성에게서 주체성을 박탈하고 남성이라는 주체에 종속시키는 근거가 되었다. 이렇게 주어진 여성의 자리에 남성이 주체의 역할을 하도록 만드는 이데올로기, 즉 주체성 없는 주체로서의 여성을 만드는 것이 『소학』의 목적이다.

여성에게서 주체성을 박탈하기 위한 방법이 바로 성적 종속성을 관철시키는 것이었다. 『소학』은 이렇게 말한다.

> 혼례昏禮는 만대의 시초다. 이성異姓을 짝으로 취하는 것은, 멂을 가깝게 하고 분별을 후하게 하는 것이요, 폐백을 반드시 정성스럽게 올리며 말을 후하게 않음이 없게 함은 곧음과 '신'信으로 고함이니, '신'이 사람을 섬기며, '신'이 부덕婦德이다. ① 한번 남편과 혼례를 올리면 종신토록 바꾸지 않는다. 그러므로 남편이 죽어도 시집가지 않는다(一與之齊, 終身不改, 故夫死不嫁).¹⁶

여성은 남성과 결혼하면 종신토록 개가하지 않으며, 남편이 죽었을 경우에도 개가하지 않는다는 말, 바로 이 말이 여성의 개가를 금지하는 근거로 후대에 수없이 인용되었다. 개가 금지는 생물학적 차원의 성적 욕망에 근거하여 여성에게 남성에 대한 성적 종속을 강요하는 행위다. 이 금지가 관철될 경우, 남성은 여성에 대한 권력을 확보하게 된다.

여성에 대한 남성의 권력 집행을 구체적으로 확인할 수 있는 것이 「명륜편」 67장에 명기된 이른바 '칠거지악' 七去之惡이다.

> 부인은 일곱 가지 경우 내쫓기니, 시부모에게 순종하지 않으면 내쫓기며, 자식이 없으면 내쫓기며, 음란하면 내쫓기며, 질투하면 내쫓기며, 나쁜 질병이 있으면 내쫓기며, 말이 많으면 내쫓기며, 도둑질하면 내쫓긴다.

세 가지 내쫓지 않는 경우가 있으니, 맞이해 온 곳은 있고 돌아갈 곳이 없으면 내쫓지 않고, 함께 3년상을 치렀으면 내쫓지 않고, 전에는 빈천하다가 뒤에 부귀해졌으면 내쫓지 않는다.[17]

조선조 여성에게 가해졌던 가혹한 폭력이었던 '칠거지악'의 기원은 바로 여기에 있다(하지만 남성이 쫓겨나는 일곱 가지 경우란 없다). 칠거지악은 여성에 대한 남편의 권력이 일방적이고 폭력적으로 작동한다는 것을 의미한다. 이 칠거지악은 너무나 폭력적이고 비이성적인 것이었기에 남성조차 쉽게 납득할 수 없을 정도였다. 해설을 보자. '집해' 集解는 이렇게 말한다. "시부모에게 순종하지 않음은 덕德을 거스르기 때문이요, 자식이 없음은 대가 끊기기 때문이요, 음란함은 종족을 어지럽히기 때문이요, 질투함은 집안을 어지럽히기 때문이요, 나쁜 질병이 있음은 함께 자성粢盛(祭需)을 마련할 수 없기 때문이요, 말이 많음은 친족을 이간시키기 때문이요, 도둑질함은 의리에 반대되기 때문이다."[18] "A는 B의 결과를 낳기 때문이다"로 요약할 수 있는 '집해'의 해석이 오류임은, A가 필연적으로 B를 초래하지 않는다는 것이며, 아울러 A라는 행위가 발생한 이유에 대한 성찰을 결여하고 있기 때문이다.

여성의 몰주체성을 강변하고 있는 이 67장은 여성에 대한 차별의 기원을 이룬다는 점에서 매우 중요하다. 67장의 이어지는 부분을 더 읽어 보자.

여자를 취하지 않는 다섯 가지 경우가 있으니, ①반역한 집안의 자식을 취하지 않으며, ②음란한 집안의 자식을 취하지 않으며, ③대대로 형벌을 받은 사람이 있을 경우 취하지 않으며, ④대대로 나쁜 질병이 있으면 취하지 않으며, ⑤아버지를 잃은 장자長子(맏딸)를 취하지 않는다.[19]

"취하지 않는다는 것"은 며느리 또는 배우자로 맞이하지 않는다는 뜻이다. 여성의 가문의 배경과 내력에서 사회적·도덕적 오류를 발견하고, 그 오류로 인해 여성(딸)을 며느리 또는 배우자로 받아들이지 않는다는 것은, 상식에 비추어 납득하지 못할 것도 아니다. 대체로 ①, ②, ③의 준거는 완벽한 것은 아니나, 상황 논리로 수긍할 수도 있는 것들이다. ①, ②, ③의 경우라면 자유연애에 의한 결혼이 보편적인 현대에서도 결혼을 재고할 사유가 되는 것이 사실이기 때문이다. 하지만 이 점을 고려한다 해도, 여성 비하적인 요소는 여전히 남는다. 무엇보다 이 세한이 오로지 여성만을 향한 것이라는 점을 생각해 볼 필요가 있다. 그러나 결정적인 것은 ④, ⑤이다. 대대로 나쁜 질병이 있는 경우란 유전적인 질환을 말할 게다. 유전적 질환이 있는 경우 혼인을 꺼리는 것이 일반적이다. 하지만 이 시대 사람들의 이유는 전혀 달랐다. 「명륜편」 67장에 대한 주석에 의하면, 대대로 나쁜 질병이 있는 집안은 하늘로부터 버림을 받았기 때문이며, 아버지를 잃은 맏딸은 그 가르침을 받은 바가 없기 때문이라고 한다.[20] 질병을 하늘의 버림을 받은 것이라고 생각하거나, 아버지를 잃은 맏딸을 동정하기는커녕 가르침이 없는 부도덕한 존재로 미리 규정하는 것은 모두 비이성적인 것이다.

문제는 원출전인 『대대례』大戴禮 「본명해」本命解의 의미를 정확하게 파악할 수 없다는 것이다. 권위를 의심할 수 없는 고전에서 인용한 이상, 납득할 수 없는 도덕적 견강부회가 이루어졌다. ③에 대해서는 이렇게 강변한다.

> 혹자가 "대대로 형벌을 받은 사람이 있으면 취하지 않는다고 하니, 만일 윗대에 어질지 않았으나 자손이 어질면 어찌합니까?"라고 묻자, 주자가 말씀하였다. "취하지 않는다고 말한 것은 대대로 악행을 하여 고칠 수 없는 자이지, 한

대를 가리켜 말한 것은 아니다."²¹

주자의 이 해석이 너무 지나쳤던지 진씨眞氏의 다음과 같은 변명이 붙어 있다. "아버지를 잃은 맏딸을 취하지 않음을 선유先儒들이 의심하였다. 만약 아버지가 비록 죽었더라도 어머니가 어질면 그 딸을 가르침에 반드시 법도가 있을 것이니, 또한 구애할 바가 아니다."²²

『소학』의 여성에 관한 언술은 여성에 대한 남성의 권력을 관철시키기 위한 의도로 가득 차 있다. 여성과 남성을 분리시키는 것도 바로 이 차원에서 발생한다. 앞서「입교편」에서 인용한 『예기』「내칙」에 여성의 분리를 말한 부분, 즉 '남녀칠세부동석' 男女七歲不同席이 있었다. 풀어서 다시 인용하면 이렇다. "일곱 살이 되거든 남자와 여자가 자리를 함께 하지 않으며 음식을 함께 먹지 않는다." 여성과 남성을 분리시키는 것인데, 이 남녀 분리는 여성을 가정 내에 격리, 유폐시키고자 하는 의도에서 나온 것이었다. 과연「명륜편」부부지별은 여성의 분리와 유폐를 노골적으로 말한다.

「내칙」에 말하였다. "①예는 부부를 삼가는 데서 시작되니, 집을 짓되 안과 밖을 구분한다. 남자는 밖에 거처하고 여자는 안에 거처하여, 집을 깊숙하게 하고 문을 굳게 닫고 문지기가 지켜 남자는 안에 들어가지 않고 여자는 밖을 나오지 않는다. ②남자와 여자는 옷 거는 횃대와 시렁을 함께 사용하지 않는 법이니, 감히 남편의 옷걸이와 횃대에 옷을 걸지 않으며, 감히 남편의 상자에 물건을 보관하지 않으며, 감히 같은 욕실에서 목욕하지 않는다. 남편이 집안에 있지 않으면 베개를 거두어 상자에 넣고, 대자리와 돗자리를 보로 싸서 소중히 보관할 것이니, 젊은이가 어른을 섬기며 천한 이가 귀한 이를 섬길 적에도 모두 이와 같이 한다."²³

남성과 여성의 생활 공간을 달리하되, 여성의 주거 공간을 집안의 가장 깊은 내부에 마련함으로써 여성을 외부에 노출시키지 않으며, 동일한 주거 공간에서도 남성과 여성의 기물을 분리한다. 그런데 이 분리는 남성을 외부로, 여성을 내부로 향하게 함으로써 여성을 끊임없이 유폐시키는 효과를 가짐은 물론이다.

『소학』은 끊임없이 여성과 남성의 분리와, 여성의 격리·유폐를 말한다. 「명륜편」 66장을 보자.

> ① 남자는 안의 일을 말하지 않고 여자는 밖의 일을 말하지 않으며, 제사나 상사喪事가 아니면 서로 그릇을 주고받지 않는다. 서로 그릇을 주어야만 할 경우, 여자는 광주리로써 받고, 광주리가 없으면 남녀가 모두 앉아서 남자가 그릇을 땅에 놓은 뒤에 여자가 가져간다.
> ② 안과 밖이 우물을 함께 사용하지 않으며, 같은 욕실에서 목욕하지 않으며, 한 잠자리를 사용해서 자지 않고, 빌리거나 빌려주거나 하지 않으며, 남자와 여자가 같은 옷을 입지 않는다.
> ③ 남자는 안에 들어가서 휘파람 불지 않고 손가락질 하지 않으며 밤에 다닐 적에는 횃불을 사용하니, 횃불이 없으면 그만둔다. 여자는 문을 나갈 적에 반드시 그 얼굴을 가리며, 밤에 다닐 적에는 횃불을 사용하니, 횃불이 없으면 그만둔다.
> ④ 도로에서 남자는 오른쪽으로, 여자는 왼쪽으로 다닌다.[24]

『소학』은 일상에서 남성과 여성의 분리를 요구한다. ①은 손이 닿을 수도 있는 기회를 완전히 박탈하고, ②에서는 우물, 욕실, 침구, 옷 등을 공유하지 못하게 한다. 도로에서도 남녀는 같은 길을 걸을 수 없다. 무엇보다 중요한 것은 ①과 ③의 밑줄 친 부분이다. ①은 남녀가 각각 안과 바

같의 일을 서로 말하지 않지만, 이것은 여성에게 가사 노동 외에는 완전히 침묵할 것을 요구하는 것이다(이 부분은 조선 시대에 거의 원칙으로 통용되었다). 이 분리는 동등한 분리가 아니라 여성을 유폐함으로써 발생하는 불평등한 분리다. ③을 보라. ③은 여성이 외출시 얼굴을 차폐遮蔽할 것을 요구한다. 조선 시대 양반가의 여성이 탔던 유옥교有屋轎 그리고 장옷, 쓰개치마 등은 모두 이 구절에 근거하여 고안된 것이다.

이상에서 『소학』 「명륜편」의 '명부부지별'을 중심으로 하여, 여성에 대한 차별 의식의 고전적 근거를 검토했다. 「명륜편」은 조선조 여성에 대한 모든 차별의 근원적 사고를 제공했다.

『소학』에서 다시 여성에 관한 언급이 등장하는 것은 「계고편」, 「가언편」, 「선행편」의 '부부지별' 부분이다. 「계고편」은 앞에서 언급한 바와 같이 입교立敎, 명륜明倫, 경신敬身의 실천적 사례를 춘추시대 이전의 문헌에서 찾아 편집한 것이다. 그 실천 주체는 물론 성현이다. 이 중 '입교'에서 여성을 언급하고 있는 부분은 1장, 2장인데, 모두 『열녀전』에서 인용된 것으로 1장은 주周나라 문왕文王의 어머니 태임太妊의 태교胎敎를, 2장은 맹모孟母의 맹자 교육을 싣고 있다. 『소학』의 제1장인 「입교편」 서두의 태교에 관한 교설의 사례를 수록한 것이다. 이것은 큰 의미를 부여하기 어렵다.

「계고편」의 '명륜'은 거의 대부분이 효에 관련된 것이고, 충忠에 관한 사례가 약간 있으며, 끝으로 여성의 윤리적 실천에 관련된 언급이 나온다. 27·28·29·30장이 그것이다. 『국어』國語와 『열녀전』에서 인용된 28·29·30장을 보자.

> 공보문백公父文伯의 어머니는 계강자季康子의 종조숙모從祖叔母였는데, 계강자가 찾아가자 문門(寢門)을 열고서 함께 말하며, 모두 문지방을 넘지 않

았다. 중니仲尼(孔子)는 이 말씀을 들으시고 "남녀의 예禮를 구별했다"고 하셨다. _28장.[25]

위衛나라 공강共康은 위나라 세자 공백共伯의 아내이다. 공백이 일찍 죽자 공강은 절의를 지켰는데, 부모가 그의 뜻을 빼앗아 개가시키려 하였다. 공강이 이를 허락하지 않고 백주시柏舟詩를 지어 죽음으로써 스스로 맹세하였다. _29장.[26]

채蔡나라 사람의 아내는 송宋나라 사람의 딸이었다. 이미 시집갔는데 남편은 나쁜 병이 있었으므로 그의 어머니가 장차 개가시키려고 하자, 딸은 말하기를, "남편의 불행은 바로 저의 불행이니, 어찌 떠나겠습니까? 남에게 시집가는 도리는 한 번 더불어 혼례하면 종신토록 고쳐지지 않습니다. 불행히 나쁜 병을 만났으나, 저(남편)가 큰 연고가 없고 또한 첩을 보내지도 않으니, 제가 어찌 떠날 수 있겠습니까?" 하고 끝내 듣지 않았다. _30장.[27]

이것은 남녀의 분별, 여성의 일부종사의 관념을 실제로 실천한 사례를 모은 것이다.

이하 「가언편」과 「선행편」 역시 동일한 방식으로 구성된다. 의미 있다고 생각되는 몇 가지를 제외하고는 줄인다. 과부의 개가를 금지한 것이 가장 큰 문제였던 바, 여기에 관한 언설이 또 있다. 앞에서 제5장 「가언편」 44장에 앞에서 언급한 바 있는 과부의 개가는 실절失節이므로 굶어 죽더라도 개가할 수 없다는 정자의 발언이 실려 있다. 윤리가 인간의 생명에 선행한다는 정자의 잔인한 말은, 인간의 정리情理에 합하지 않는다. 남성 중심의 사회에서 피동적 존재였던 여성은 남편이 없을 경우 생존이 어려워진다. 거기에 빈궁하고 의탁할 곳이 없다는 조건이 부가되면, 그 생존은 더더욱 어려워진다. 개가는 하나의 돌파구가 되지만, 정자의 발언을 밀고 나가면 빈궁하고 의탁할 곳이 없는 과부는 굶어 죽어야 한다는 결론이 나온다.

정자의 이 난처한 발언은 과연 어떻게 해석되고 수용되었는가? 집해 集解는 이렇게 말하고 있다.

> 아내를 맞이함은 함께 종묘를 받들어 사속嗣續(후사)을 잇기 위한 것이니, 만약 절개를 잃은 자를 맞이하여 짝을 삼는다면 자기가 절개를 잃은 것과 똑같다.
> 굶어 죽음이 지극히 작다는 것은 "사람이 누구인들 죽지 않겠는가마는 절개를 지키고자 하는 것이 삶을 구하는 것보다 더 강하다"는 것을 말한 것이다. 절개를 잃음이 지극히 크다는 것은 "절개를 잃어 개가하면 마음속에 부끄러움이 있어 스스로 천지 사이에 설 수가 없을 것이니, 비록 살더라도 무슨 이익이 있겠는가" 하는 말이다.[28]

'집해'의 해석이 결정적으로 오류임은 개가 자체를 수치로 여긴다는 데 있다. 즉 여성의 개가를 수치로 판단하는 것에 대한 납득할 만한 해명이 없다면, '집해'의 해석은 오류로 귀착된다. 하지만 개가가 수치라는 것은 선언적인 것일 뿐 그 자체로서 합리성을 갖지 않는다. 요컨대 '집해'는 정자의 발언을 둔사로 합리화한다. 정자의 이 발언은 현실과 인간의 정리를 무시한 것이었음에도 불구하고, 정자의 발언이라는 사실 때문에 후대의 유학자들은 정면으로 비판하지 못하고 수용할 수밖에 없었다. 정자의 발언은 돌발적인 것이 아니었다. 『소학』은 정자와 동일한 의도에서 편집되고 있기 때문이다. 예컨대 「명륜편」의 68장은 "과부의 아들은 드러남이 없으면 친구로 삼지 않는다"[29]라고 하여 과부에 대해 노골적인 차별을 드러낸다. 정자의 이 발언은 실로 잔인한 것이었음에도 불구하고, 과부의 개가를 금지하는 근거가 된다. 조선조의 가혹한 개가 금지령을 『경국대전』에 법제화했던 성종 역시 바로 이 구절에서 자신의 정당성을 찾았다.

「가언편」에 여성의 성 역할을 규정한 대표적인 문구가 있다. 45장이다.

> 『안씨가훈』顔氏家訓에 말하였다. "부인은 규중에서 음식을 올리는 일을 주장하므로 오직 술과 밥과 의복의 예禮를 일삼을 뿐이니, 나라에서는 정치에 참여하지 않게 하고, 집에서는 일을 주관하지 않게 하여야 한다. 만약 총명하여 재능이 있고 지혜로워 고금을 통달한다 하더라도 마땅히 남편을 보좌하여 남편의 부족함을 권면해야 하니, 반드시 암탉이 울어 화를 부르는 일이 없어야 할 것이다.[30]

여성을 가정 내에 유폐하고, 여성의 노동을 직조와 조리에 제한하는 것의 연장선상에서 내린 규율이다. 특히 여성은 정치에 관여하지 말 것, 탁월한 지적 능력을 갖춘 여성 역시 남편의 보좌 역(이른바 '내조'는 여기서 비롯된 관념이다)으로 그칠 것을 요구한 것이다. 직조와 조리라는 가사 노동을 벗어나 여성이 발언할 때 "암탉이 울면 집안이 망한다"고 하는 것 역시 여기에 근거를 둔 것이다.

이상에서 살핀 바와 같이 『소학』은 남녀의 분별을 말하면서 여성의 격리·유폐를 정당화했고, 개가 불가를 말하여 남성에 대한 여성의 성적 종속성을 규정했으며, 삼종지도로 여성이 독립적인 존재가 아닌 의존적 존재, 곧 남성에 의해서만 주체성을 갖는 존재임을 규정했다. 여성은 관료로서, 학자로서, 농부로서 존재하는 것이 아니라 오로지 딸과 아내와 어머니로서 존재할 뿐이었다. 여성의 일을 직조와 조리(그리고 청소)에 묶어둔 것이나 정치에서 여성을 배제시킨 것 모두 『소학』에서 유래한다. 요컨대 『소학』은 조선 시대 여성성女性性 전체를 규정했던 것이다.

위에서 언급한 『소학』의 여성관은 『소학』 특유의 것인가 하면 한편으로는 아니다. 지적한 바와 같이 『소학』은 오로지 인용만으로 구성된 책이었다. 『소학』은 무수한 인용처를 가지나, 위 『소학』의 인용문 끝에 밝혀 둔 것처럼 여성에 대한 근본적 관념들의 출처는 일정하였다. 그것은 대부분 『예기』에서 인용된 것이었다. 예컨대 가장 중요한 「명륜편」 60~68장의 원래 인용처를 살펴보자.[31]

60. 「곡례」曲禮에 이르기를, "남자와 여자가 중매는 왕래하지 않았으면……" (『禮記』「曲禮」)

61. 「사혼례」에 이르기를, "아버지가 아들에게 초례할 때……" (『儀禮』「士婚禮」)

62. 『예기』에 이르기를, "대저 혼례라는 것은 만세의 시초이다. ……" (『禮記』「郊特牲」)

63. 아내를 맞이한 집에서……" (『禮記』「曾子問」)

64. 혼례에 축하하지 않음은……" (『禮記』「郊特牲」)

65. 「내칙」에 이르기를, "예는 부부를 삼가는 데서 시작되니, ……" (『禮記』「內則」)

66. 남자는 안의 일을 말하지 않고, …… (『禮記』「內則」)

67. 공자가 말하기를, "부인은 사람에게 복종한다. ……." (『大戴禮』「本命解」, 『家語』)

68. 과부의 아들은 드러남이 없거든…… (『禮記』「曲禮」)

『의례』儀禮와 『대대례』大戴禮가 각각 1개의 장씩 인용되고, 나머지 7개의 장은 모두 『예기』에서 인용된 것이다. 『예기』의 인용이 압도적이다.

이외에 태교를 말한 「입교편」의 1장은 『열녀전』 그리고 인간의 일생을 순차적으로 그린 2장은 『예기』 「내칙」에서 인용되고 있고, 역시 부부관계는 아니지만, 여성—며느리 관계에서 발생하는 의무와 기타 제반 사항을 소상하게 규정한 「명륜편」의 '명부자지친' 明父子之親 39장 중 1·3·4·11·12·17·19·20장은 예외 없이 『예기』 「내칙」을 출전으로 삼고 있다. 또 「계고편」의 '입교' 立敎 2장은 『열녀전』을 출처로 삼는다.[32]

이상에서 살핀 바와 같이 여성에 관한 기본적인 관념을 제공한 『소학』의 여성 관계 기록은 거의 『예기』에서 인용된 것이다. 물론 일부종사, 삼종지도, 칠거지악, 여성과 남성의 분리, 여성의 가정 내로의 유폐, 직조와 조리로 제한되는 여성의 노동 등 조선 시대 여성을 기본적으로 규정했던 관념들은 거의 모두 『예기』에 근거를 두고 있었던 것이다. 물론 삼종지도, 칠거지악, 삼불거, 오불취 등 위의 「명륜편」 67장이 『예기』에서 인용되지 않고 『대대례』에서 인용되고 있음을 지적할 수도 있을 것이다. 하지만 『대대례』는 원래 『예기』(=『小戴禮』)와 동일한 문헌적 근거[33]에서 나온 것이니, 『예기』와 동일하게 보아도 무방할 것이다.[34]

『예기』는 한대漢代의 유가에 의해 편집된 책이다. 이 책은 한대 이전 즉 주대周代까지 거슬러 올라가는 고대 유가의, 여성에 대한 가장 기본적인 관념들을 거두고 있다. 그러나 『예기』라는 텍스트는 원래 수미일관한 정합적 텍스트가 아니었고, 유가의 여성에 대한 관념도 『예기』의 이곳저곳에 흩어져 있었다. 앞서 인용한 『소학』의 『예기』 인용이 「내칙」內則, 「교특생」郊特牲, 「사혼례」士婚禮 등 다양하게 나타나는 것은 이 때문이다. 그러기에 『예기』의 여러 편에 흩어져 있던 여성에 관한 기본 관념들을 『소학』에 집중적으로 배치한 것은, 여성에 대한 매우 강력한 관념을 형성한다는 점에서 대단히 의미가 있는 일이었다. 즉 『소학』의 출현은 한대 이전 모든 유가의 가부장제가 고안한 여성성을 일관되게 수집, 정리한 텍스트의 출현을 의미하는 것이었다. 한국사의 맥락에서 볼 때 남성들은 『소학』
으로 인해 『예기』의 여성 관념들을 보다 손쉽게 인지할 수 있었던 것이다.
뒤에 따로 자세히 살피겠지만, 『소학』은 조선 시대 국가―남성에 의해 적
극적으로 보급된 책이었다. 그 결과 이 책은 조선 시대에 가장 널리 보급
되고 가장 많이 읽혔다.

다만 『예기』가 수용된 것은 아주 오래전의 일이고, 또 『예기』의 담론
이 곧 『소학』의 근거이므로, 『예기』가 직접 영향을 미쳤을 것이라고 말할
수도 있다. 하지만 텍스트의 보급·유통이라는 문제를 생각한다면 이는 사
실에 가깝지 않다. 무엇보다 『예기』는 쉽게 접근할 수 있는 책이 아니었다.

잠시 『예기』 수용의 역사를 보자. 『예기』는 삼국시대에 이미 수용되어
중요한 서적으로 인식되었다.[35] 통일신라 시대에 『예기』는 국학과 독서삼
품과의 텍스트로 채택되었으며,[36] 고려 시대에는 국자감·대학·사문학四門
學에서 반드시 배워야 하는 텍스트였다.[37] 『예기』는 일찍이 삼국시대 이래
지식인들에게 두말할 나위 없이 중요한 서적이었던 것이다. 하지만 누구
나가 이 책을 소유할 수 있는 것은 아니었다. 신라 시대는 말할 것도 없고,
고려 시대조차 인쇄술은 보편화되지 않았다. 통일신라 때까지 『예기』는
주로 필사의 형태로 읽혔기에, 극소수의 지배층만 인지하는 텍스트였다.
『예기』의 인쇄는, 고려 정종靖宗 11년(1045)에 비서성에서 『예기정의』禮記
正義 70질과 『모시정의』毛詩正義 40질을 인쇄하여 왕에게 바친 것이 최초
이다.[38] 이 인쇄본의 부수는 소량이었다. 이로부터 11년 뒤인 문종 10년 8
월에 서경西京 유수留守가 평양의 과거시험을 준비하는 거자擧子들의 책
이 거개 사본으로 되어 있기에 오자가 많다면서 비서각秘書閣에 수장된
구경九經 등의 서적을 모든 학원에 비치해 줄 것을 요청하고, 또 이 요청
에 따라 한 벌씩 인쇄하여 보내기로 하는 것을 보면,[39] 서적은 필사본으로
유통되었던 것이다. 필사본은 개인에 의해 만들어지며, 그 과정은 워낙 고

된 노동이라 이것이 텍스트의 광범위한 전파를 제한했을 것임은 분명하다. 요컨대 삼국시대, 통일신라, 고려에서 『예기』의 전파·유통은 매우 제한적이었을 것이다.

『예기』가 지식인의 지적 관심의 영역에 본격적으로 포착된 것은 고려 말이었다. 조선이 건국되기 1년 전인 1391년 경상도 상주목尙州牧에서 진호陳澔의 『예기집설』禮記集說이 간행되고, 권근權近이 스승 이색李穡의 『예기』 연구를 이어 1405년 『예기천견록』禮記淺見錄을 저술, 간행한 것[40]은 고려 말 조선 초에 와서 사대부들이 본격적으로 『예기』에 착목했다는 것을 의미한다. 『예기』는 그만큼 지식인들에게 주목을 덜 받다가 여말선초에야 비로소 관심의 대상이 되었다.

『예기』는 조선 초 국가 건국 시기에 매우 중요한 텍스트로 부상했다. 이 텍스트는 고려에서 유교 국가인 조선으로의 전환에 있어서, 국가의 문물제도를 유교적으로 다시 제정하는 근거가 되었다. 상례·제례를 비롯한 국가의 전례는 모두 『예기』에 근거해서 결정되었다. 또한 기타 전례상의 미묘하고 복잡한 문제를 해결하는 데도 『예기』는 그 준거의 역할을 했다. 『예기』는 이제 국가의 탄생에 결정적인 근거가 되는 동시에, 지식 텍스트가 아니라 실천 텍스트로 그 성격을 바꾸고 있었던 것이다. 『예기』의 인쇄도 늘어났다. 세종 3년·5년·7년에 『예기』를 포함한 사서오경이 인쇄되었고,[41] 사서오경대전四書五經大全도 세종 7년부터 10년 사이에 번각·인쇄되었다.[42] 『예기대문언독』禮記大文諺讀 여섯 권은 세종의 명으로 편집되어 세종 연간에 갑인자로 인쇄되었다.[43] 대개 임진왜란 이전까지의 인쇄 상황을 정리하면, 전라도 전주에 『예기』, 순천順天에 『예기대문』禮記大文, 장흥長興에 『예기천견록』, 경상도 밀양에 『예기』의 책판이 있었다.[44]

『예기』의 중요성은 높아졌고, 또 『예기』의 인쇄·보급은 고려와 비교할 수 없을 정도로 확대되었다. 하지만 『소학』과 비교해 본다면 『예기』가 개인에게 미친 영향은 훨씬 적었다. 조선 전기의 몇몇 사례를 보면 『예기』
는 여전히 지식인들이 적극적으로 접근하지 않는 텍스트였다. 세조는 『예
기』를 읽지 않는 풍조에 대해 이렇게 말하고 있다.

> 『예기』는 일상에서 늘 행해야 할 일들을 싣고 있으니, 힘써 배우지 않을 수
> 없다. 그럼에도 세상의 많은 선비들이 즐겨 읽지 않는다. 『중용』을 다 읽고
> 난 후에는 또한 『예기』를 읽게 하라.[45]

『예기』는 여전히 읽히지 않고 있었다.[46] 무엇보다 『예기』 텍스트 자체
의 분량이 아주 많고 복잡 난해했던 것이 아마도 그 이유가 될 것이다. 이
와 아울러 또 다른 이유가 있었다. 세조는 "『예기』는 일상에서 늘 행해야
할 일들을 싣고 있으니, 힘써 배우지 않을 수 없는 것"이라고 인식하였다.
즉 『예기』를 사대부의 일상을 지배하는 텍스트로 본 것이다. 하지만 사대
부의 일상을 지배하는 책으로는 이미 보다 간명하고 확실한 『소학』이 있
었기에 이 방면으로는 이미 경쟁이 되지 않았다.

『성종실록』 9년 8월 21일조를 참고하자. 이날 주강晝講의 강의 내용
은 『예기』 「내칙」이었다. "자식이 부모를 섬길 때에는 첫닭이 울면 모두
세수하고 양치질한다"는 부분에 이르러, 성종이 "무릇 사람의 자식으로서
부모 섬기기를 마땅히 이와 같이 해야 할 것인데, 어떻게 하면 세상 사람
들로 하여금 모두 이와 같게 할 수 있겠는가?" 하자, 동지사同知事 이승소
李承召가 이렇게 답했다. "이것은 모두 『소학』에 실려 있으니, 사람마다 익
히게 하면 그들도 이와 같은 마음을 가진 자들인데, 어찌 감흥을 일으킴이
없겠습니까?" 성종은 "사람들이 모두 『소학』의 도리를 행한다면 어찌 옳
지 못한 사람이 있겠는가?" 하였고, 우승지 홍귀달洪貴達은 "이전에 중외
의 유생들로 하여금 모두 『소학』을 읽게 하였으므로, 『소학』 책은 집집마

다 모두 있습니다"라고 답하였다.⁴⁷ 요컨대 『예기』보다는 『소학』이 유교적 인간을 만드는 텍스트로 인식되고 있었던 것이고, 이 때문에 지배층은 '집집마다 모두 있을 정도로' 『소학』의 보급에 골몰했던 것이다. 『소학』이야말로 유가적 실천을 위해 『예기』에서 뽑아낸 에센스였다.⁴⁸

여성과 관련짓자면, 『소학』은 사대부들에게 여성에 대한 원천적 관념을 제공했다. 양반 사대부들의 여성관, 나아가 조선 시대 남성들의 여성관은 『소학』에 근거한 것이었다. 『소학』 보급 이전까지의 가부장제와 남성 중심주의는 이제 성현의 말씀이라는 권위를 입어 자신의 권위를 구축하였다. 그것은 다른 모든 텍스트에 선행하는 것이었고, 이후 여성을 훈육하는 모든 텍스트는 다시 『소학』으로부터 흘러나왔다.

2. 여성의 성적 종속성의 실천—신체 희생과 『삼강행실도』 열녀편

『삼강행실도』 열녀편의 제작 동기와 과정⁴⁹

『소학』이 여성성을 기본적으로 규정한 것은 사실이지만, 그것은 남성을 향한 언설이었다. 그러나 여성은 『소학』을 읽을 수 없었다. 여성들이 『소학』을 읽으려면 언해가 되어 있어야 할 것이나, 『소학』의 언해는 훨씬 뒤에 이루어졌다. 그러나 이런 이유보다 중요한 것은 『소학』이 남성을 위한 텍스트이고, 남성 스스로가 『소학』에 의식화될 기간이 필요했던 바, 그 의식화는 중종 때 와서 비로소 가능하였다. 하지만 『소학』의 여성관은 이미 조선의 건국 초기부터 국가의 정책으로 적극 반영되기 시작하여, 위에서 검토한 바와 같이 『경국대전』의 여러 조문으로 수렴되었다.

『소학』 그리고 『경국대전』의 조항들은 남성에 대한 여성의 성적 종속성으로부터 출발하고 있었다. 이제 이 종속성의 실천이라는 문제가 남았다. 예컨대 여성의 개가 여부는 여성의 판단과 실천 여부에 달린 것이었다. 만약 어떤 여성이 굳이 개가를 한다면, 국가—남성은 사실 이를 저지할 방법이 없었다. 따라서 여성의 성적 종속성이 실천되는 수준을 구체적으로 제시할 필요가 있었다. 말하자면, 종속성의 실천이 어느 차원까지 관철되어야 할 것인가라는 것이 중요했고 이것이 새로운 문제로 부상하였다. 따라서 실천의 수위를 결정하는 새로운 담론과 텍스트의 창출이 필요했다. 그것은 세종 때 엮은 『삼강행실도』 열녀편의 편찬으로 이루어졌다. 먼저 『삼강행실도』에 대해 검토해 보자.

이 텍스트는 세종 10년 9월 27일 진주의 백성 김화金禾가 아버지를 살해한 사건을 계기로 만들어졌다. 사건을 보고 받자 세종은, "아내가 남편을 죽이거나 종이 주인을 죽이는 일은 그래도 간혹 있지만, 이제 아비를 죽이는 자가 생겨났으니, 이것은 반드시 내가 부덕한 소치다"[50] 하고, 살부殺父 사건의 대책 마련을 위해 회의를 소집했다. 이 회의에서 판부사 변계량卞季良이 『효행록』孝行錄 등의 윤리서를 널리 반포해 백성이 '항상 읽고 외워' 점차 '효제와 예의의 마당'으로 들어오게 할 것[51]을 건의했다. 전형적인 교화론이다. 세종은 전에 편찬한 24인의 효행에다 또 20여 인의 효행을 더 넣고 고려와 삼국시대의 효자까지 포함해 책을 편찬하되, 그것을 집현전에서 주관할 것을 명하였다. 그러나 정작 이때 의도한 『효행록』은 출간되지 않았다.[52] 계획이 수정되었던 것이 틀림없다. 세종 14년 6월 9일 『세종실록』에 실린 『삼강행실도』의 서문에 의하면, 세종은 선덕宣德 신해년, 곧 세종 13년에 '삼강행실'이라고 명칭을 확정한 것은 아니지만, 집현전 부제학 설순偰循 등에게 삼강의 윤리서를 편찬하라고 명한다. 서문의 해당 부분, 곧 세종의 말을 끌어와 읽어 보자.

삼대의 지치至治는 모두 인륜을 밝혔기에 가능한 것이었다. 후세에는 교화가 점점 쇠퇴한 나머지 백성이 군신·부자·부부 등의 큰 인륜에 익숙하지 않고, 거개 타고난 천성에 어두워 늘 각박하게 하는 잘못을 범하였다. 간혹 뛰어난 행실과 높은 절개가 있어도 습속을 변화시키고 사람들의 보고 듣는 마음을 불러일으키지 못하는 경우가 대부분이었다. 그래서 나는 그중 특이한 사람들을 뽑도록 하여 그림과 찬讚을 붙이고 온 나라에 반포하여 저 어리석은 남자·여자들로 하여금 모두 쉬 보고 느껴 흥기하게 만들고자 한다. 그러면 백성을 교화하여 풍속을 이루는 한 가지 방도가 될 터이다.[53]

역시 교화론이다. 『삼강행실도』의 편집은 교화론을 구체화하는 작업이었다. 『삼강행실도』에 부가된 그림은 문맹인 백성을 교화하기 위한 수단이었고, 이 기획이 바로 세종의 아이디어에서 비롯된 것이었다.

세종의 의도를 구체화시키는 데는 약간의 시간이 걸렸다. 원고가 완성된 것은 그 다음 해인 세종 14년 6월이었다. 6월 9일 집현전에서 『삼강행실도』를 편찬해 서문·전문과 함께 올렸다. 권채權採의 서문에 의하면, 『삼강행실도』는 중국과 우리나라 고금의 문헌을 광범위하게 섭렵하여 자료를 취하여 편집한 것이었다. 하지만 뒤에 상세히 언급하겠지만, 중심적인 문헌이 있었다. 효자편의 경우, 명나라 태종이 편찬한 『효순사실』孝順事實[54]에서 많은 부분을 인용하되, 거기서 특히 시를 채록하고, 겸하여 권보權溥의 『효행록』에 실린 이제현李齊賢의 찬을 옮겨 왔다. 이 책에 실리지 않는 것들은 모두 창작이었다. 열녀편과 충신편에 실린 시 역시 당시 문신들이 지은 것이었다.

열녀편은 명나라에서 수입한 『고금열녀전』古今列女傳에서 책의 편집 방식을 따온 것이다(내용도 일부 취했다). 『고금열녀전』은 태종 4년경에 수입된 것으로 보인다. 『태종실록』 4년 4월 9일조에 참지의정부사 여칭呂稱을 북경에 파견하는데, 그 임무는 종계宗系를 개정하는 것과 『고금열녀전』을 하사한 데 대한 사례를 하기 위한 것이었다. 또한 같은 해 11월 1일 진하사 이지李至, 조희민趙希閔도 황제가 하사한 『고금열녀전』을 가지고 돌아왔다. 원래 사신단의 목적은 약재를 구입하려는 것이었다. 사신을 파견하면서 태종은 "먼저 『열녀전』을 반사 받았지만 나누어 주자 두루 돌아가지 아니하였다"는 말을 했던 바, 이에 황제가 5백 부의 『열녀전』을 더 하사한 것이었다.[55]

이때 집현전에서 올린 『삼강행실도』는 세종의 기획대로 각 사실마다 그림을 첨가했다. 조잡하기 짝이 없는 그림이었지만, 그림의 첨가는 당시로서는 획기적인 일이었다. 권채의 말을 들어 보자.

> 민간에 널리 반포해, 현명한 사람, 우매한 사람, 귀한 사람, 천한 사람, 어린아이, 부녀자 할 것 없이 모두 즐겨 보고 익히 들으며, 그 그림을 펼쳐 보고 그 모습을 상상하고, 그 시를 읊조리며 그 사람들의 감정과 성품을 본받게 한다면, 부러워하고 감탄하고 사모하지 않는 사람이 없을 것입니다. 힘쓰라 권하고 격려해 모두가 꼭 같이 갖고 있는 선한 마음을 감발感發케 한다면 자신의 직분상 마땅히 해야 할 바를 다하게 될 것입니다.[56]

그림을 덧붙인 백성 교화용 서적의 출판과 보급이란 것은 그야말로 전에 없던 일이었다. 이 윤리서는 『소학』과는 달리 명백하게 어린이, 부녀자까지 독자층으로 상정하고 있었던 것이다. 권채가 "대체로 고대의 제왕들이 오전五典·오교五敎를 돈독하게 한 것과 의의는 같은 것이지만, 조목과 사리는 그것보다 더 세밀한 것이 있다"[57]고 자랑한 것은 결코 빈말이 아니었던 것이다.

『삼강행실도』는 이렇게 만들어졌지만, 그것이 이내 보급된 것은 아니었다. 권채의 서문에 의하면, 책의 편찬을 마치자 세종은 『삼강행실도』라는 이름을 내리고 주자소에서 인쇄하여 길이 전하게 하라 하고, 자신에게 서문을 쓰게 하였다고 하지만, 과연 주자소에서 인쇄했던가는 의문이다. 『삼강행실도』 한문본의 말미에 실려 있는 정초鄭招의 발문은 '선덕 7년 가을 9월'(세종 14년)에 쓴 것인데, 이 발문은 『세종실록』 15년 2월 24일조에도 실려 있다. 그사이에 어떤 일이 있었는지 알 수는 없지만, 『삼강행실도』가 적어도 세종 15년 2월까지는 주자소에서 인쇄되지 않았던 것은 분명하다.

『삼강행실도』가 실제 보급된 것은 세종 16년의 일이다. 16년 4월 27일 세종은 『삼강행실도』를 인쇄해 서울과 외방에 보급하고, 학식 있는 사람을 골라 가르치게 한 뒤, 중추원사 윤회尹淮에게 교서를 지을 것을 명하였다. 같은 날 『세종실록』에 예조에게 내리는 명령의 형태로 작성된 교서가 바로 그것이다.[58]

이 교서는 『삼강행실도』를 편찬한 의도를 명료하게 드러내고 있기에 읽어 볼 필요가 있다.

> 내가 생각건대, 하늘이 내린 윤리의 마음은 백성이 꼭 같이 갖고 있는 바이고, 윤리를 두터이 하고 풍속을 이루는 것은 나라를 다스리는 사람이 가장 먼저 해야 할 의무이다. 세상 도리의 수준이 낮아지자 순후한 풍속이 예전 같지 않고, 천경天經과 인기人紀가 점점 참다움을 상실하여 신하는 신하의 도리를 다하지 못하고, 자식은 자식의 직분을 다하지 못하며, 아내는 부덕을 온전히 실천하지 못한 나머지 그런 사람은 간혹 있을 뿐이니, 정말 한탄할 만한 일이로다.
> 옛날의 성제聖帝·명왕明王이 직접 실천하고 몸소 가르치며, 윤리를 드러내고 윤리로 인도하여 집집마다 봉封함을 받을 만하도록 만들었던 것을 생각하건대, 나의 부족한 덕으로는 만에 하나도 바랄 수야 없겠지만, 그래도 여기

에 뜻을 두고 있노라.[59]

　교서의 의도야말로 조선이라는 국가의 통치 방식의 특징을 명료하게 드러내고 있는 것이다. 조선은 1392년 건국 이후 거의 한 세기에 가까운 1485년(성종 16)에 가서야 비로소 국가의 기본 법전인 『경국대전』을 완성하였다. 『경국대전』 역시 완비된 것이 아니라, 훗날 끊임없이 새로운 법령을 추가하였다. 민법이나 상법 등의 법률이라든가, 행정 절차의 정교한 시스템은 부재했던 것이다. 결국 통치 체제는 매우 불확실한 근거에서 작동하고 있었다.

　이 통치 시스템의 부족한 부분을 보완한 것, 아니 보완하려고 한 것이 유가의 윤리였다. 세종은 개인에게 윤리적 삶을 권유한다는 차원에서 『삼강행실도』를 편찬한 것이 아니었다. 이 윤리서는 유가 정치의 산물이다. 세종이 "윤리를 두터이 하고 풍속을 이루는 것은 나라를 다스리는 사람이 가장 먼저 해야 할 의무"라고 말한 것은 바로 이런 의미다. 유가 정치는 윤리적 사회를 추구하되, 개인과 개인 혹은 집단과 집단 혹은 개인과 사회의 관계를 합리적인 방법으로 설정하는 것이 아니라, 오로지 개인의 윤리적 의식화에 의해서 윤리적 사회의 완성을 추구했던 것이니, 개인의 윤리적 완성을 위한 윤리 의식의 확장과 보급은 필연적인 것이었다.

　유가의 교화는 피지배층을 유가의 윤리로 의식화하는 것으로 그 윤리는 앞서 인용한 세종의 발언에서 볼 수 있듯이 인간에게 초험적으로 내재하고 있는 것으로 인식되었다. 그리하여 교화란 바로 초험적인 윤리를 교육을 통해 자각하게 하는 것이었다. 이것이 이론적 근거라면 근거다. 하지만 개인이 교화를 통해 자각해야 할 윤리라는 것은 임금·신하, 아버지·자식, 남편·아내의 관계에 있어서 약자인 후자에게 의무를 강제하는 것이었다.

윤리의 의식화, 곧 교화가 유가 정치의 핵심이었다면, 윤리를 어떻게 의식화시킬 것인가? "오직 오전五典에 힘쓰고 오교五敎를 펼치는 방도에 밤낮 마음을 다 기울였다"고 하지만 "어리석은 백성은 갈 곳을 몰라 본받는 바가 없었다."⁶⁰ 방법을 모색하지 않을 수 없었고, 그리하여 탄생한 것이 『삼강행실』이다. 그러나 『삼강행실도』는 한문으로 쓴 것이었다. 한글은 이 교서가 쓰인 세종 16년으로부터 9년 뒤에 창제되었으니, 한문 이외에는 달리 표현할 수단이 없는 상황이었다. 앞에서 언급한 바와 같이 그림이 부가된 것은 궁여지책이었다. 세종의 말을 들어 보자.

> 이에 유신儒臣에게 명하여 고금의 충신·효자·열녀 중 뛰어나게 본받을 만한 행실이 있는 사람을 가려 사실을 기록해 싣고, 아울러 시찬詩贊까지 모아 엮었다. 하지만 그래도 어리석은 남녀가 쉽게 이해하지 못할까 염려한 나머지 그림을 붙이고 이름하여 『삼강행실도』라 하고는 인쇄·광포하나니, 길거리의 아이들과 여염의 부녀자들까지 모두 쉽게 알아들어 책을 펼쳐 보고 입으로 외는 가운데 감발感發하는 바가 있다면, 이끌어 가르치는 방법에 작은 보탬이나마 없지 않을 것이다.⁶¹

그림을 그린 것은 문맹을 향한 계몽의 이유에서이다. 하지만 한문을 해독하지 못하는 사람이 그림을 본들 과연 이해가 될 것인가? 현재 전하는 초간본의 복각본들은 그림 자체가 워낙 조잡하고 중국풍으로 그린 것이라 이해가 쉽지 않다. 그런가 하면 이것은 여러 장면이 서사적으로 구성된 것이 아니라, 단 한 장면을 제시한 데 불과하여 그림만으로는 이해가 불가능하다.

세종은 "길거리의 아이들과 여염의 부녀자들까지 모두 쉽게 알기"를 바랐지만, 그것은 다시 '이끌어 가르치는 방법'을 요구하고 있었다. 백성을 향한 이 책은 애당초 백성의 읽을거리로 탄생한 것이 아니라, 지식분자들이 백성을 교육할 목적으로 만든 것이었고, 그림은 이해를 돕기 위한 극히 보조적인 수단에 지나지 않았다. 세종은 이렇게 말하고 있지 않은가. "다만 백성이 문자(한자)를 모르니, 책을 내려 주어도 남이 가르쳐 주지 않으면 또 어떻게 그 뜻을 알아 흥기興起할 수 있겠는가?"[62]

다시 이 책을 해설하여 백성을 가르칠 필요가 있었다. 세종은 그 근거를 『주례』周禮의 "외사外史는 책 이름을 사방에 알리는 일을 맡아 사방의 사람들이 책의 글자를 알아 책을 읽을 줄 알게 한다"는 구절을 인용하고,[63] 이 고전의 근거에 입각해 서울과 지방에 교육의 방법을 모색할 것을 지시했다. 구체적으로 서울의 한성부와 오부, 외방의 감사·수령이 학식 있는 사람을 널리 찾아 귀천을 막론하고 가르치고, 부녀자들도 친족에게 정성을 다해 가르칠 것을 지시했다.[64]

세종은 윤리서를 보급하고, 그것을 조선의 지식인들이 가르칠 것을 바랐던 바, 그의 의도는 과연 어떻게 실천되었던가? 『삼강행실도』를 인쇄·보급하라고 지시한 교서가 내려지고 일곱 달 뒤인 11월 24일, 종친과 신하 그리고 여러 도에 책이 반사되었다. 이것이 『삼강행실도』의 최초의 인쇄본이다. 이때 과연 어디서 몇 부를 인쇄했는가는 분명하지 않다. 이후 세종 21년 3월 9일 예조에서 함길도 관찰사의 요구에 의해 부거현富居縣에 『삼강행실도』를 『육전율문』, 『농잠서』 등과 함께 보낼 것을 요청하여 허락을 받았고, 25년 2월 15일에는 함길도의 경원·경흥·회령·온성·종성·부거 등에 『계주서』戒酒書와 함께 보냈다. 함길도는 조선의 영토가 된 지 오래되지 않았기에 보낸 것으로 보인다.

세종의 의도는 과연 그의 당대에 어느 정도 관철되었던가? 의문이 아닐 수 없다. 그러나 이후 세종 연간에 『삼강행실도』를 더 인쇄하여 보급했다는 기록은 없고, 『삼강행실도』의 보급 효과를 유추할 수 있는 관련 자료가 전혀 남아 있지 않다. 다만 세종 26년 2월 20일 집현전 부제학 최만리崔萬理가 세종에게 한글 창제를 반대하는 상소를 올려 세종과 논쟁을 벌였을 때 『삼강행실도』가 화제에 오른 적이 있는데, 여기서 정확하지는 않지만 어느 정도 엿볼 수 있는 가능성이 있다. 『삼강행실도』 부분만 인용하자. 세종은 이렇게 말하고 있다.

> 정창손鄭昌孫이 "『삼강행실도』를 반포한 뒤 충신·효자·열녀가 배출됨을 볼 수가 없으니, 사람이 실천하고 실천하지 않고는 사람의 자질이 어떠한가에 달려 있기 때문입니다. 어찌 꼭 언문으로 번역한 뒤에야 사람들이 본받겠습니까?" 하였다. 이런 말이 어찌 선비로서 이치를 아는 말이랴? 아주 쓸데없는 속된 선비로다.[65]

정창손이 이 말을 한 것은 물론 배경이 있다. 즉 세종이 앞서 정창손에게 "내가 만약 언문으로 『삼강행실도』를 번역해 민간에 반포한다면, 어리석은 남자 여자가 쉽게 깨달아 충신·효자·열녀가 반드시 배출될 것"[66]이라고 하였던 바, 이 말을 정창손이 비판한 것이었다. 정창손의 말을 따르자면, 『삼강행실도』의 보급은 기대만큼 효과를 거두지 못한 것으로 보인다. 효과가 기대에 미치지 못했던 이유는 무엇인가? 여러 가능성이 있다. 보급된 책의 부수가 적었기 때문일 수도 있다. 하지만 결정적인 것은 그 책이 한문본이라는 것이다. 민중이 직접 읽을 수 없고 다른 사람의 강해講解를 필요로 했다. 하지만 보수도 없는 일에 누가 열심을 낼 것인가? 서울과 지방의 지식인에게 강해를 맡게 하라는 세종의 명령은 말로 끝나고 말았을 것이다. 세종이 언문 번역 운운한 것은 바로 이 점을 고려해서였다. 직접 읽는 것 외에 다른 방도는 없었다. 물론 정창손의 말이 논리적으로 성립하지 않는 것은 아니다. 예컨대 성서를 읽는 사람이 모두 기독교도가 되지는 않는다. 그러나 다른 텍스트가 부재한 상황에서 특정 텍스트가 권력에 의해 강요된다면, 그 텍스트에 의해 의식화될 가능성은 훨씬 높아진다. 세종은 바로 이 점을 말하는 것이다. 세종의 판단은 옳았다.

세종은 『삼강행실도』의 언문 번역이 가지고 올 효과를 예언했지만, 실제 이 책은 세종대에는 번역되지 않았다. 한글 창제 이후 세종은 여러 서적을 언해하고 또 한글 사용을 정책적으로 추진했지만, 정작 자신이 한글 창제 과정에서 번역의 필요성을 가장 강조했던 이 책은 번역되지 않았다. 그 이유를 밝힐 근거는 지금 어디에도 남아 있지 않다. 『삼강행실도』는 세종이 죽은 뒤 세종의 주요 업적의 하나로 꼽혀, "궁벽한 촌 동리의 아동, 부녀에 이르기까지 보고 살피지 않는 이가 없게 하였다"[67]고 평가했지만, 사실 이것은 수사일 가능성이 농후하다. 실제 『삼강행실도』가 위력을 발휘한 것은 훨씬 뒤의 일이었다.

열녀편의 원텍스트와 편집된 텍스트의 새로운 의미

『삼강행실도』 열녀편은 한국인의 창작이 아니다. 신라와 고려, 조선 초기의 열녀들이 포함되어 있지만, 절대 다수의 작품은 중국의 책에서 인용되었다. 이것이 『삼강행실도』라는 텍스트가 정치하게 분석될 수 없었던 이유다. 만약 이 책 전체가 한국인의 창작이었다면, 과거 연구자들은 이 책을 훨씬 더 철저하게 검토했을 것이다.

이 책은 편집물이다. 이미 검토한 바와 같이 『소학』은 과거의 수많은 텍스트에서 발췌된 짧은 구절들을 재배치한 것이었다. 텍스트의 재편집 역시 글쓰기의 한 방법이다. 원텍스트에서의 발췌, 발췌된 텍스트의 재배치, 그 과정에서의 축약과 확장이 이루어진 후에 탄생하는 텍스트는 원텍스트와 구별되는 새로운 의미를 갖게 된다.

『삼강행실도』 열녀편 역시 편집 과정을 통해 새로운 의미를 갖게 되었다. 이제 열녀편의 편집 방식에 따른 새로운 의미의 생성 과정을 탐구해보자.

『삼강행실도』 열녀편은 전기傳記의 형식을 취하고 있다. 이 형식은 기존의 여러 텍스트로부터 왔다. 원텍스트는 유향劉向의 『고열녀전』古列女傳, 명나라 해진解縉의 『고금열녀전』古今列女傳, 『한서』漢書를 위시한 중국 단대사斷代史이다. 이 원텍스트는 어떻게 인용되고 편집되었는가.

열녀편은 모두 110편이다. 1편에서 10편까지는 하夏나라 순임금의 비妃인 아황娥皇과 여영女英부터 명나라 태조의 비인 효자황후孝慈皇后까지 모두 10명의 천자 혹은 황제의 비이고, 11편에서 15편까지는 주대周代 제후의 비妃이다. 말하자면 1편에서 15편까지는 제왕의 아내를 다룬 것이다. 이후 16편부터 110편까지는 제왕가를 제외한 신분의 인물들이다. 순서는 시대순으로 춘추전국시대(16~18편), 한대漢代 이후 명대明代까지(19~95편), 한국의 경우(96~110편) 등 크게 세 부분으로 구성된다. 각 편들의 원텍스트를 찾아보자(이 책 663면 부록 4 참조). (1)에서 (10)까지는 예외 없이 『고금열녀전』에서 인용되었다.[68] (11)부터 (18)까지는 주대 제후의 비와 춘추시대 인물인데, (11)의 「공강수의」共姜守義만 『시경』詩經 용풍鄘風 「백주」柏舟의 서序에서 인용되었을 뿐,[69] (12)에서 (18)까지도 역시 『고금열녀전』에서 인용되었다.

(19) 이하는 한대 이후의 제왕가의 비妃가 아닌 여성들이 주인공이다. 먼저 한漢과 삼국三國의 여성에 해당하는 (19)에서 (26)까지를 보자. (19)·(20)은 출처가 『고금열녀전』이고,[70] 이하는 약간 복잡하다. (21)부터 (26)까지의 출처를 밝히면 다음과 같다.

(21) 목강무자穆姜撫子(漢) 『고금열녀전』, 『후한서』
(22) 예종매탁禮宗罵卓(漢) 『고금열녀전』, 『후한서』

(23) 정의문사 貞義刎死(漢) 『고금열녀전』, 『후한서』

(24) 원강해곡 嫄姜解梏(漢) 『후한서』

(25) 영녀절이 슈女截耳(魏) 『삼국지』, 『위지』 조상전 주

(26) 여영보구 呂榮報仇(吳) 『고금열녀전』, 『후한서』

　　(21)·(22)·(23)·(26)의 출처는 『고금열녀전』이지만, (24)·(25)는 『후한서』와 『삼국지』의 『위지』다. 따라서 후한의 여성을 다룬 이 부분은 『고금열녀전』에서 인용된 것이 아니다. 물론 (21)·(22)·(23)은 『고금열녀전』과 『후한서』 두 책이 인용 근거가 되어 있기 때문에 쉽게 판단할 수는 없으나, 『후한서』 쪽이라고 추정할 수는 있다. 왜냐하면 (22)의 경우 두 책의 표현 내용이 한 부분을 빼고는 완전히 동일한데, 『삼강행실도』 열녀편은 『후한서』 쪽을 따르고 있기 때문이다.[71] 이를 통해 (21)에서 (26)까지가 『후한서』 그리고 『삼국지』를 인용서로 삼고 있음이 명백하다. 요컨대 (1)에서 (20)까지는 (11)만 제외하고, 모두 명나라 해진解縉의 『고금열녀전』을 인용하고 있고, 나머지 한대와 삼국시대는 『후한서』와 『삼국지』를 인용하고 있다.

　　이하에서 그 다음 시대 부분을 정리한다.

진晉, (27)~(34)──『진서』晉書

위魏, (35)·(36)──『위서』魏書

수隋, (37)~(40)──『수서』隋書[72]

당唐, (41)~(51)──『신당서』新唐書[73]

오대五代, (52)──『오대사』[74]

송宋, (53)~(60)──『고금열녀전』[75]

요遼, (61)──『요사』遼史

금金, (62)~(67)──『금사』金史

원元, (68)~(91)──『원사』元史[76]

명明, (92)~(95)──『고금열녀전』

각 왕조별 단대사를 인용하고 있다. 송대의 역사 중 『송사』宋史는 『삼강행실도』를 편집할 시기에 수입되지 않았으므로 어쩔 수 없이 『고금열녀전』에서 인용할 수밖에 없었을 것이고,[77] 명대에는 『명사』라는 책 자체가 존재할 수가 없기에 『고금열녀전』을 인용했을 것이다.

한국의 경우 「미처담초」彌妻啖草(96)는 『삼국사기』를, (97)에서 (105)까지의 고려 시대 열녀는 당연히 『고려사』를, 그리고 이하 (106)에서 (110)까지의 조선은 조선 건국 이후 수집된 열녀담을 인용 근거로 삼았을 것이다.

백제, (96)──『삼국사기』

고려, (97)~(105)──『고려사』

「송씨서사」宋氏誓死(105)만 제외하고는[78] 이상은 『삼국사기』와 『고려사』에서 인용된 것이다.[79] (106)부터 (110)까지는 조선의 열녀인데, 이것은 당시까지 조정에 보고된 자료에서 취한 것일 수밖에 없다.

요컨대 『삼강행실도』 열녀편은 『고금열녀전』과 『후한서』를 위시한 중국 단대사의 열전 중 '열녀편'을 인용 대상으로 삼고 있다. 그런데 열녀편의 편집 방침은 『고금열녀전』의 것을 차용하고 있지만, 인용 양상을 보면 『고금열녀전』은 단대사에서 자료를 취할 수 없을 경우에만 인용했던 것으로 보인다. 즉 『고금열녀전』보다는 대체로 단대사의 자료를 신용했던 것이 아닌가 한다.[80]

이제 『고금열녀전』과 단대사라는 인용서에서 자료가 인용되는 과정을 살펴보자. 두 가지 차원에서 이 문제를 다루어야 할 것이다. 『고금열녀전』과 단대사의 광범위한 자료에서 어떤 자료가 선택되고 버려지는가? 또 선택될 경우 본문의 변개—대부분 축약이지만—는 없는가? 또 이 변개의 의미는 무엇인가? 마지막으로 취사선택, 변개 또는 축약으로 『삼강행실도』 열녀편에서 이루어진 새로운 배치가 갖는 의미는 무엇인가?

앞에서 간단히 살폈듯 (1)에서 (20)까지는 (11)의 「공강수의」만 『시경』(또는 『소학』)에서 인용되었을 뿐 나머지는 모두 『고금열녀전』에서 인용되고 있다. 또 『고금열녀전』의 초기(전한前漢까지) 부분은 유향의 『고열녀전』을 인용하고 있다. 따라서 먼저 두 텍스트의 관계를 따질 필요가 있다. 다음에서 『고금열녀전』의 후한後漢 부분까지의 목차를 정리한다. 보다 상세한 목차는 부록 1과 2에 있다(이 책 650면, 653면). 여기서는 작품의 일련번호만 제시한다.

『고금열녀전』 1권

1. 우虞, (1)

2. 하夏, **(1)**

3. 상商, (1)·(2)

4. 주周 (1)·(2)·**(3)**·(4)·**(5)**

5. 전한前漢, **(1)**·**(2)**·**(3)**

6. 후한後漢, (1)·**(2)**·(3)

『고금열녀전』 2권

1. 주열국周列國 (1)·(2)·(3)·(4)·(5)·**(6)**·**(7)**·(8)·(9)·(10)·(11)·(12)·(13)·(14)·(15)·**(16)**·(17)·(18)·(19)·(20)·(21)·(21)·(22)·**(23)**·

(24)·(25)·(26)·(27)·(28)·(29)·(30)·(31)

2. 전한前漢, (1)·(2)·(3)·(4)·(5)

3. 후한後漢, (1)·**(2)**

『고금열녀전』 3권

1. 주열국周列國, (1)·(2)·(3)·(4)·(5)·**(6)**·(7)·**(8)**·(9)·(10)·(11)·(12)

2. 전한前漢, (1)·(2)·**(3)**·(4)

3. 후한後漢, (1)·(2)·**(3)**·(4)·**(5)**·(6)·(7)

※ 굵은 서체는『삼강행실도』 열녀편에 실린 것이다.

밑줄 친 인물은『고열녀전』에는 없다. 유향의『고열녀전』에 수록된 인물이 전한에 그치고 있기 때문이다.[81] 곧『고금열녀전』에서 전한까지의 인물들은 모두『고열녀전』을 그대로 전재하고 있다는 것이다.

물론 이것은『고열녀전』의 모든 작품을 그대로 옮긴 것은 아니고, 발췌한 것이다. 다음에서『고열녀전』의 어떤 작품이 선택되고 배제되었는지 살펴보자. 밑줄 친 것은『고금열녀전』에 인용되지 않고 배제된 것이다.

1권 모의전母儀傳 12/14

유우이비有虞二妃, 기모강원棄母姜嫄, 설모간적契母簡狄, 계모도산啓母塗山, <u>탕비유신湯妃有㜪</u>, 주실삼모周室三母, 위고정강衛姑定姜, <u>제녀부모齊女傅母</u>, 노계경강魯季敬姜, 초자발모楚子發母, 추맹가모鄒孟軻母, 노지모사魯之母師, 위망자모魏芒慈母, 제전직모齊田稷母

2권 현명전賢明傳 9/15

주선강후周宣姜后, <u>제환위희齊桓衛姬</u>, <u>진문제강晉文齊姜</u>, <u>진목공희秦穆公姬</u>,

초장번희楚莊樊姬, 주남지처周南之妻, 송포녀종宋鮑女宗, 진조쇠처晉趙衰妻,
도답자처陶答子妻, 유하혜처柳下惠妻, 노검루처魯黔婁妻, 제상어처齊相御妻,
초접여처楚接輿妻, 초노래처楚老萊妻, 초오릉처楚於陵妻

3권 인지전仁智傳 8/15
밀강공모密康公母, 초무등만楚武鄧曼, 허목부인許穆夫人, 조희씨처曹僖氏妻,
손숙오모孫叔敖母, 진백종처晉伯宗妻, 위령부인衛靈夫人, 제영중자齊靈仲子,
노장손모魯臧孫母, 진양숙희晉羊叔姬, 진범씨모晉范氏母, 노공승사魯公乘姒,
노칠실녀魯漆室女, 위곡옥부魏曲沃婦, 조장괄모趙將括母

4권 정순전貞順傳 13/15
소남신녀召南申女, 송공백희宋恭伯姬, 위선부인衛宣夫人, 채인지처蔡人之妻,
여장부인黎莊夫人, 제효맹희齊孝孟姬, 식군부인息君夫人, 제기량처齊杞梁妻,
초평백영楚平伯嬴, 초소정강楚昭貞姜, 초백정희楚白貞姬, 위종이순衛宗二順,
노과도영魯寡陶嬰, 양과고행梁寡高行, 진과효부陳寡孝婦

5권 절의전節義傳 7/15
노효의보魯孝義保, 초성정무楚成鄭瞀, 진어회영晉圉懷嬴, 초소월희楚昭越姬,
합장지처蓋將之妻, 노의고자魯義姑姊, 대조부인代趙夫人, 제의계모齊義繼母,
노추결부魯秋潔婦, 주주충첩周主忠妾, 위절유모魏節乳母, 양절고자梁節姑姊,
주애이의珠崖二義, 합양우제郃陽友娣, 경사절녀京師節女

6권 변통전辯通傳 8/15
제관첩천齊管妾倩, 초강을모楚江乙母, 진궁공녀晉弓工女, 제상괴녀齊傷槐女,
초야변녀楚野辯女, 아곡처녀阿谷處女, 조진녀연趙津女娟, 조불힐모趙佛肸母,

제종리춘齊鍾離春, 제위우희齊威虞姬, 제숙류녀齊宿瘤女, 제고축녀齊孤逐女, 초처장질楚處莊姪, 제녀서오齊女徐吾, 제태창녀齊太倉女

7권 얼폐전孼嬖傳 0/15

하걸말희夏桀末姬, 은주달기殷紂妲己, 주유포사周幽褒姒, 위선공강衛宣公姜, 노환문강魯桓文姜, 노장애강魯莊哀姜, 진헌여희晉獻驪姬, 노선목강魯宣穆姜, 진녀하희陳女夏姬, 제령성희齊靈聲姬, 제동곽희齊東郭姬, 위이난녀衛二亂女, 조령오녀趙靈吳女, 초고이후楚考李后, 조도창녀趙悼倡女

8권 속열녀전續列女傳 9/20

주교부인周郊婦人, 진국변녀陳國辯女, 섭정지자聶政之姊, 왕손씨모王孫氏母, 진영지모陳嬰之母, 왕릉지모王陵之母, 장탕지모張湯之母, 준불의모雋不疑母, 한양부인漢楊夫人, 한곽부인漢霍夫人, 엄연년모嚴延年母, 한풍소의漢馮昭儀, 왕장처녀王章妻女, 반녀첩여班女倢伃, 한조비연漢趙飛燕, 효평왕후孝平王后, 갱시부인更始夫人, 양홍지처梁鴻之妻, 명덕마후明德馬后, 양부인익梁夫人嫕

『고금열녀전』은 전한까지의 자료를 모두 『고열녀전』에서만 취하되, 그 일부를 발췌 인용하고 있다. 그렇다면, 과연 어느 정도 발췌하고 있는가?

1권 모의전—12/14, 2권 현명전—9/15, 3권 인지전—8/15,
4권 정순전—13/15, 5권 절의전—7/15, 6권 변통전—8/15,
7권 얼폐전—0/15, 8권 속열녀전—9/20

『고열녀전』의 전체 124개 편 중에서 66편을 취하고 있으니, 어림잡아 절반을 인용하고 있다. 『고금열녀전』의 전한까지의 자료는 『고열녀전』의 절반 정도의 축약본인 셈이다. 이 절반의 축약은 무작위로 이루어진 것이 아니라 어떤 의도가 있었던 것으로 보인다. 즉 7권 얼폐전은 악녀와 음녀 淫女 등 부정적 여성상이기 때문에 전혀 채택되지 않았다. 2, 3, 5, 6, 8권은 대체로 50퍼센트 내외로 채택하고 있는데, 유독 1권 모의전과 4권 정순전은 85.7퍼센트와 86.7퍼센트라는 높은 인용치를 보인다.

왜 모의전과 정순전의 인용 비율이 이처럼 높은가. 또 이 현상의 의미는 무엇인가. 이 점을 해명하기 위해 『고열녀전』의 내용의 성격을 잠시 검토해 보자. 『고열녀전』 여덟 권 중 후대에 편찬되어, 수록 인물의 성격이 잡다한 『속열녀전』과 부정적 여성을 실은 7권 얼폐전을 제외하면, 나머지 여섯 권은 각기 특정한 의도 속에 편집된 것이다. 1권 모의전은 어머니와 아들(딸은 아님)의 관계를, 2권 현명전과 4권 정순전은 아내와 남편의 관계를 축으로 서술된 것이다. 3권 인지전, 5권 절의전, 6권 변통전은 여성의 사회적 제관계를 의식하지 않고 남성이 희망한 여성의 긍정적 속성만을 핵으로 하여 묶은 것이다.

1권 모의전의 어머니와 자식의 관계는 예외 없이 어머니와 아들의 관계이며, 그 관계의 성질은 훈육이다. 다만 아들에 대한 어머니로서의 훈육이지, 딸에 대한 것은 아니라는 점에서 1권 모의전 역시 남성 중심주의가 예외 없이 관철된다. 모의전은 훈육하는 모성이거나 정치적 조언자로서의 모성이다. 즉 정치하는 남성, 지배하는 남성으로 훈육하기 위한 모성이다. 이 모성은 매우 폭이 좁은 것이다.[82]

2권 현명전은 아내와 남편의 관계에 집중한다. 현명전은 판단력이 뛰어나고 현숙한 여성의 이미지를 그려낸다. 남편은 보통이거나 모자란 인간으로 그려짐에 반해 아내는 현명함을 기본 속성으로 갖는다. 현명전에서 여성은 남편에 대한 현명한 이해자이자 조언자로서의 역할을 갖는다.

예컨대 탁월한 판단력으로 남편의 부족한 부분을 일깨우기도 하고 설득하기도 하며, 남편의 가망 없음을 지적하기도 한다.

4권 정순전 역시 아내와 남편의 관계에 집중하지만, 그 의미는 현명전과는 대척적이다. 현명전의 아내는 남편에 대한 합리적 이해자이자 조언자였다. 정순전은 아내와 남편의 관계에서 예와 윤리에 강박적으로 집착하는 여성상을 그려낸다. 예컨대 정순전의 첫 작품인 「소남신녀」召南申女(1)〔괄호 안의 숫자는 작품의 일련번호〕에서 신申나라 사람의 딸은 예를 갖추지 않고 맞이하려는 신랑집의 무례에 대해 중매인을 통해 거절의 뜻을 밝힌다. 신랑 쪽이 예에 대한 과도한 집착이 도리에 어긋난다 하여 관가에 고소하지만, 신녀는 끝내 절의를 지키고 의를 지녀 죽기로써(守節持義) 법정 출두를 거부한다. 정순전은 현실 상황의 어떤 변화에도 불구하고, 윤리와 윤리의 형식으로서의 표현인 예禮에 대해 병적으로 집착하는 여성상을 창출한다. 『삼강행실도』열녀편의 「백희체화」伯姬逮火(13)와 「정강유대」貞姜劉臺(15)도 정순전에 실린 것이다.

5권 절의전은 '의'義 즉 윤리적 정당성의 실현을 위해 자신을 희생하는 여성의 이미지를 구축한다. 예컨대 「노의고자」魯義姑姊(6)에서 여성은 자신의 자식을 버리고 오라비의 아들을 살리고자 한다.[83] 그 이유를 이렇게 말한다. "내 아이가 귀엽고 사랑스러운 것은 사사로운 정리요, 오라버니의 아이는 공적인 의리입니다."[84] 이때의 의리란, 타인과 자신의 관계에 있어 타인의 이익이다. 절의전의 여성은 자신의 이익과 타인의 이익이라는 모순적 선택의 상황에 놓여 있다가, 결국 타인의 이익을 관철시키는 바, 그것은 대체로 여성의 희생·죽음이나 자녀 유기遺棄와 같은 극단적인 자기희생으로 귀결된다.

3권 인지전과 6권 변통전은 오로지 여성의 탁월한 개인적 능력을 중심으로 서술된다. 인지전은 추리력이 뛰어난 여성에 관한 것이다. 어떤 사건을 관찰하고 거기서 새로운 사실을 유추해내며, 그 결과로 미래를 예측한다. 이 예측으로 불운을 피하거나 혹은 행운을 가져온다. 이 뛰어난 여성의 상대역은 언제나 남성(아버지·남편·아들)인데, 그들은 이 추리·예측을 수용하거나 무시함으로써 위기를 피하거나, 혹은 다행한 미래를 가져오거나 아니면 위기가 현실화되어 불운하게 된다. 변통전의 여성들은 문제의 이면까지 파악하는 치밀한 분석력과 논리를 갖춘 언변으로, 힘 있는 남성을 설득하는 능력을 갖추고 있다. 그 결과 남성의 부족처를 보완하거나 개인 혹은 국가의 위기를 극복하게 한다. 기본적으로 윤리성을 깔고 있지만, 윤리성 그 자체가 목적은 아니다. 흔히 효녀로 알려져 있는 제영緹縈 역시 이 변통전에 들어 있다(「제태창녀」齊太倉女).

『고금열녀전』은 이 여섯 권 중에서 모의전과 정순전을 집중적으로 선택했다. 이것은 여러 성격의 여성상을 존중하지만, 그중에서도 여성-어머니의 관계와 여성-아내의 관계를 선택하고, 그중에서도 윤리와 예에 병적으로 집착하는 여성에 더 집중하겠다는 의미로 이해된다.

그렇다면 『삼강행실도』 열녀편은 이런 선택과 집중을 어떻게 처리하고 있는가. 이제 『삼강행실도』 열녀편과 『고열녀전』·『고금열녀전』의 관계를 검토해 보자. 『삼강행실도』 열녀편의 전한까지의 자료를 들면 대개 (1)에서 (20)까지이다.

(1) 황영상사皇英湘死(虞), 『고열녀전』 1권 모의전

(2) 태임태교太任胎敎(周), 『고열녀전』 1권 모의전

(3) 강후탈잠姜后脫簪(周), 『고열녀전』 2권 현명전

(4) 소의당웅昭儀當熊(漢), 『고열녀전』 8권 속열녀전

(5) 첩여사연婕妤辭輦(漢), 『고열녀전』 8권 속열녀전

(6) 왕후투화王后投火(漢), 『고열녀전』 8권 속열녀전

(7) 마후의련馬后衣練(漢),『고열녀전』8권 속열녀전

(12) 맹희서유孟姬舒帷(齊),『고열녀전』4권 정순전

(13) 백희체화白姬逮火(宋),『고열녀전』4권 정순전

(14) 백영지도伯嬴持刀(楚),『고열녀전』4권 정순전

(15) 정강류대貞姜留臺(楚),『고열녀전』4권 정순전

(16) 여종지례女宗知禮(宋),『고열녀전』2권 현명전

(17) 식처곡부殖妻哭夫(齊),『고열녀전』4권 정순전

(18) 송녀불개宋女不改(蔡),『고열녀전』4권 정순전

(19) 절녀대사絶女代死(漢),『고열녀전』5권 절의전

(20) 고행할비高行割鼻(梁),『고열녀전』4권 정순전

(8) 문덕체하文德逮下(唐)

(9) 조후친잠曹后親蠶(宋)

(10) 효자봉선孝子奉先(明)

(11) 공강수의共姜守義(衛)『소학』,『시경』용풍「백주」서序

(8)·(9)·(10)·(11)을 제외하면 모두 『고금열녀전』에서 인용되었고, 이것의 원출전은 예외 없이 『고열녀전』이다. (8)·(9)·(10)은 당·송·명의 여성을 취하고 있기 때문에 애당초 전한까지의 인물만을 수록한 『고금열녀전』과는 상관이 없다. 또 (11)은 앞에서 언급한 바와 같이 원출전이 『시경』이다. 위에서 검토한 바와 같이 『삼강행실도』 열녀편은 『고금열녀전』을 인용하고 있되, 『고금열녀전』 자체가 『고열녀전』의 인용이기 때문에 사실상 『고열녀전』을 인용하고 있다고 보아도 무방할 것이다. 그런데 인지전과 변통전은 전혀 택하지 않았고, 모의전 두 편, 현명전 두 편, 절의전 한 편을 선택하고 있다. 이에 비해 정순전은 일곱 편으로 압도적 다수를

차지한다.『고열녀전』의 편성 방식은『고금열녀전』이 연대기적 편집을 따르면서 완전히 무너지고 말았다. 따라서『삼강행실도』의 편집자들이『고금열녀전』을 인용 대상으로 삼았다면, 그들은 자신도 모르게『고열녀전』의 정순전을 선택한 셈이다.

인지전과 변통전이 완전히 삭제된 것과 정순전이 일곱 편이나 선택된 이유는 명백하다. 인지전과 변통전의 주인공들은 모두 남성보다 탁월한 지적 능력을 소유하고 있기 때문이다. 이것은 현명전에도 그대로 적용되는 바, 현명전 15편은 아내와 남편의 관계에 있어서 여성의 지적·도덕적 우위를 나타낸 것이 절대다수를 점한다. 이처럼 남성보다 우수한 여성의 이미지를 지우기 위해 그중에서 가장 열등한 작품들, 예컨대「강후탈잠」姜后脫簪(곧『고열녀전』의「주선강후」周宣姜后)과 같은 복종적인 여성과,「여종지례」女宗知禮와 같은 일초불개一醮不改, 칠거지악七去之惡 등의 가부장제의 이데올로기에 완전히 의식화된 여성을 선택했던 것이다.

모의전에서 선택된 두 편도 다분히 의심스럽다.「황영상사」皇英湘死(1)가 선택된 것은 '최초의 여성'이라는 의미가 있고, 태임·태사 역시 성인을 기른 최초의 어머니, 태교의 기원이라는 점에서 선택되었을 수 있다. 하지만 실제 훈육하는 어머니의 상을 다룬「추맹가모」鄒孟軻母(11) 이후는 완전히 배제되었다.「추맹가모」에서 맹자의 어머니는, 아내와의 관계에서 어리석은 사고와 행동을 하는 맹자를 훈계하거나 정계 은퇴 뒤의 맹자를 훈계하기도 한다. 이것은 자식의 어리석음이 아니라 남성의 어리석음으로 보인다. 또 실제『열녀전』의 여성은 정치에 관여하고 있었다. 모의전 후반부의 여성의 훈육은 곧 '정치하는 남성'을 훈육하는 것이었다. 사실『열녀전』은 여성의 역할을 제한하려 했지만, 실제『열녀전』의 여성들은 끊임없이 정치적 행위를 하고 있었다. 심지어 인지전의「노칠실녀」魯漆室女(13)는 평범한 여성까지 국가 정치의 변화에 예리한 감각을 갖고 있음을 보여준다.⁸⁵ 남성보다 우월한 정치 감각을 지닌 여성의 존재는 남성이 여성에 비해 우월할 것이 없다는 사실을 드러낸다. 이것이 「노칠실녀」 배제의 이유다.

유향은 가부장제, 남성 중심주의를 관철시키기 위한 목적으로 『고열녀전』을 엮었다. 따라서 이 책에는 『예기』에서 확인했던 일부종사, 삼종지의, 칠거지악 등의 가부장적 이데올로기가 넘치고 있었다.⁸⁶ 그러나 유향이 실제 『고열녀전』의 여성상에서 이것을 완벽하게 관철시킬 수는 없었다.⁸⁷ 한대漢代 유학은 송대의 성리학처럼 완벽하고 정합적인 논리를 갖춘 것은 아니었다. 이 때문에 남성보다 지적·도덕적으로 우수한 여성의 존재가 의도하지 않게 부각된 것이었다. 『고금열녀전』은 탁월한 여성의 존재를 다 지울 수 없었다. 『고금열녀전』은 모의전과 정순전에서 거의 다 인용함으로써 여성을 여성—어머니와 여성—아내에 보다 주목했으나, 그렇다고 해서 현명전·절의전·인지전·변통전을 일방적으로 삭제하지는 않았다. 그러나 『삼강행실도』 열녀편은 수록 분량을 더 축소하면서 편집자의 의도에 부합하는 것만을 선택했다. 정순전으로 이 논리를 입증해 보자.

『고열녀전』의 정순전은 모두 15개 편인데, 『고금열녀전』은 그중 「여장부인」黎莊夫人(5)과 「노과도앵」魯寡陶嬰(13)을 빼고 모두 실었다. (5)와 (13)을 제외한 나머지에서 『삼강행실도』 열녀편이 선택한 것과 배제한 것을 나열해 본다.

선택—송공백희宋恭伯姬(2), 채인지처蔡人之妻(4), 제효맹희齊孝孟姬(6), 제기량처齊杞梁妻(8), 초평백영楚平伯嬴(9), 초소정강楚昭貞姜(10), 양과고행梁寡高行(14)

배제—소남신녀召南申女(1), 위선부인衛宣夫人(3), 식군부인息君夫人(7), 초백정희楚白貞姬(11), 위종이순衛宗二順(12), 진과효부陳寡孝婦(15)

이 둘을 구분하는 가장 큰 기준은 무엇인가. '배제'에서 (7)은 여성은 자살하고 남편은 따라 죽는다. 나머지 5명의 여성은 죽지 않는다. 이에 반해 '선택' 쪽의 7명은 (2)·(6)·(8)·(10)의 여성이 죽는다. (14)는 코를 베는 신체 훼손을 행한 여성이고, (4)와 (9)는 철저한 남성 중심주의에 의식화된 여성이다. 『삼강행실도』 열녀편은 신체를 훼손하거나 생명을 바치거나 철저한 성적 종속성이 관철된 경우를 선택했던 것이다. 『삼강행실도』 열녀편의 전한 이전 스무 편은 모두 『고금열녀전』이 출처이며, 또 그것은 『고열녀전』을 근간으로 삼고 있지만, 편집자가 작품을 선택하고 배제하는 과정을 통하여 전혀 이질적인 텍스트로 변화하였던 것이다.

　선택된 텍스트를 재편집하는 것 역시 텍스트의 의미를 변개하였다. 첫째로 실린 「황영사상」皇英死湘(1)으로 그것을 입증해 보자. 「황영사상」, 즉 『열녀전』의 「유우이비」有虞二妃의 내용은, 순의 아버지 고수瞽瞍, 어머니, 이복동생 상象과 순의 대립과 갈등이 서술량의 거의 절반을 차지한다. 또 이 갈등은 작품 내에서 해결되지 않고 있다. 그런데 『삼강행실도』 열녀편은 『고열녀전』의 「유우이비」의 이 부분을 모두 삭제해 버렸다.[88] 또 이 작품이 원래 『고열녀전』의 모의전에서 인용된 것이니 여성—어머니의 관계를 부각시켜야 할 것인데, 여성—아내로서의 성격을 부각시킨다. 『삼강행실도』 열녀편의 「황영사상」(1)을 그대로 인용해 보자.

(a) 우순虞舜의 두 비妃는 요堯임금의 두 딸인데, 맏이는 아황娥皇이고 다음은 여영女英이다. 순임금의 아버지는 우둔하고 어머니는 수다스러우며 아우 상象은 오만하였으나, 효성스레 받들어 섬기었으므로, 사악四嶽이 요임금에게 천거하니, 요임금이 두 딸을 아내로 주어 내정內政을 관찰하였다.

(b) 두 딸은 농사지으며 순임금을 받들어 섬기되, 천자의 딸이라 하여 교만하거나 게으르지 않고 오히려 겸허한 자세로 공손하고 검소하며 오직 부도婦

道를 다하기만을 생각하였다.

(c) 순임금이 천자가 되자 아황은 후后가 되고 여영은 비妃가 되었는데, 세상에서 두 비의 총명하고 정숙하고 인자함을 일컬었다. 순임금이 순수巡狩하다가 창오蒼梧에서 죽었는데, 두 비가 강상江湘 사이에서 죽으니, 세속에서 상군湘君이라 일컫는다.[89]

『고열녀전』은 389자이고 『고금열녀전』은 391자이나, 두 텍스트 사이에는 거의 아무런 차이가 없다고 해도 무방할 것이다. 하지만 『삼강행실도』의 「황영사상」(1)은 125자다. 『고열녀전』의 32퍼센트에 불과하다. 3분의 2를 줄인 것이다. 이 축약은 (b)와 (c) 사이에서 일어났다. (a)와 (b)는 원 작품의 도입부에 해당하고, (c)는 말미에 해당한다. 정작 중요한 본론 부분은 모조리 삭제하였다. 그 결과 아황과 여영은 오로지 남편 순에게 순종하여, 마침내 어떤 이유도 밝히지 않은 채 남편 순이 죽자 따라 죽는 순종적인 여성의 모델로 제시되고 있는 것이다. 이것은 여성-어머니가 아니라 여성-아내의 관계다.

유향의 『고열녀전』은 그 바탕에 가부장제를 전제하고 있음에도 불구하고 여성의 다양한 이미지를 창출하였다. 그러나 그는 『고열녀전』의 각 편에서 다양한 여성 형상을 만들면서 도리어 남성 중심주의를 허물기도 하고, 여성의 지적·도덕적 우위를 드러내기도 하였다. 이것은 『삼강행실도』 열녀편의 편자들에게 문제가 아닐 수 없었다. 그들은 이런 인물들과 해당 부분을 삭제함으로써 새로운 텍스트를 만들어냈다.

『삼강행실도』 열녀편의 편자들은 『고열녀전』 또는 『고금열녀전』을 선택·배제하고, 또 각 작품의 특정 부분을 생략하는 방법으로 새로운 텍스트를 제작하였다. 그렇다면, 이 편집 의도는 단대사에도 그대로 관철될 것인가. 이 점을 검토해 보자.

『고열녀전』 이후 『삼강행실도』가 최초로 선택하는 단대사는 『후한서』이다. 『후한서』에는 17편의 열녀전이 실려 있다. 이 중에서 『삼강행실도』 열녀편은 모두 다섯 편을 선택한다. 다음과 같다.

「악양자처」樂羊子妻(6)——(a) 남편이 금덩이를 주워오니, 횡재는 사람을 더럽힌다고 버리게 한다. (b) 악양자가 스승을 찾아 공부하다가 중도에 포기하고 돌아오자 짜고 있던 베를 잘라 보이면서 남편을 격려하여 학문을 이루게 한다. (c) 시어머니를 효성으로 봉양한다. (d) 도둑이 들어와 시어머니를 겁탈하려고 위협하면서, 자기를 따르면 시어머니를 놓아주고 그렇지 않으면 겁탈하겠다 하니, 스스로 목을 찔러 자살한다.

「진문구처」陳文矩妻(7)——정문구程文矩의 아내 목강穆姜은 전실 자식을 잘 키운다.

「허승처」許升妻(9)——허승의 아내는 도박에 빠진 남편을 감동시켜 공부하게 한다. 뒤에 도둑의 강간에 저항하다 살해된다.

「황보규처」皇甫規妻(13)——황보규가 죽은 뒤 미모에 반한 동탁이 겁탈하려 하자, 욕을 퍼붓고 살해된다.

「성도처」盛道妻(15)——남편과 함께 반란을 일으켰다가 체포되자, 남편을 도망치게 하고 자신은 남아서 대신 죽음을 당한다(이 책 653면 부록 3 참조).

위의 다섯 편은 『삼강행실도』 열녀편의 「정의문사」貞義刎死(23), 「목강무자」穆姜撫子(21), 「여영보구」呂榮報仇(26), 「예종매탁」禮宗罵卓(22), 「원강해곡」媛姜解梏(24)에 각각 대응한다. 다섯 편 중 「진문구처」(7)의 목강은 전실 자식을 잘 키웠다는 이유로 입전立傳된 경우다. 이것은 앞서 『고열녀전』의 「위망자모」魏芒慈母와 같다.[90] 전처의 자식을 후처, 곧 계모가 잘 키워 칭송을 받았다는 이야기는, 계모와 전처 자식 간의 갈등 그리고 이에 근거한 가족 내부의 불화로 인해, 남성의 재취와 축첩을 가능하게 했던 가부장제가 위기에 빠지는 것을 방지하고자 하는 남성의 책략의 산물일 것이다.

나머지 네 편은 모두 여성-아내의 관계이며, 모든 여성은 정절의 실천을 위해 생명을 포기한다. (6)·(9)·(13)이 그렇거니와, 특히 (13)의 경우는 고문에도 불구하고 정절을 위해 적극적으로 항거한다는 점에서 채택된 것으로 보인다. 이것은 개가 요구를 거절하고 자살한다거나,[91] 수절을 위해 귀를 자르는 것[92]보다 상대적으로 채택될 가능성이 높았다. 자살하는 아내는 「주욱처」周郁妻(4)도 마찬가지이지만, 이것은 남편의 잘못을 드러낸다는 점에서 채택될 수 없었을 것이다.[93] (15)는 정절을 주제로 한 것은 아니지만, 여성이 남편을 탈출시키면서 "몰래 문호를 세울 것"을 주문한다. 이것은 곧 가부장제의 재생산을 적극 지지하는 논리이기에 채택되었을 것이다.

결국 『삼강행실도』 열녀편은 『후한서』에서 여성-아내만의 관계를 선택하고, 그 관계의 내용을 정절로 채우거나 아니면 가부장적 가문을 위한 여성의 희생(죽음)을 선택하고 있는 것이다. 그외의 『후한서』 열녀전이 다루고 있는 다양한 여성상은 모두 폐기하였다.[94] 유향의 『고열녀전』의 현명전·인지전·변통전에 해당하는, 지혜롭거나 사려 깊거나 지적으로 남성에 우월하거나, 통찰력이 있는 여성 또한 채택하지 않았다.[95]

『후한서』 열녀전은 유향이 『고열녀전』을 편찬했던 의식과 동일한 의식으로 편찬되었다. 여성을 여성-아내의 관계뿐만 아니라, 여성-자식(딸), 여성-어머니 등 다양한 관계로 보고 있으며, 여성의 윤리적·지적 우월성까지 동시에 담보하고 있기 때문이다. 또 여성의 수절을 찬미하면서도 동시에 개가를 부정적인 것으로 보지도 않았다.[96] 『삼강행실도』 열녀편의 편집자들은 이런 요소를 제거하여, 여성-아내의 관계에 집중하고 있으며, 대개 남편을 위한 여성의 윤리적 희생, 곧 죽음을 통한 정절의 수호에 초점을 맞추었다.

『후한서』 다음으로 열녀전을 싣고 있는 단대사는 『진서』晉書다. 『삼강행실도』 열녀편은 『진서』 열녀전 34개 편 중에서 다음 6개 편을 택한다. 특징은 모두 아내와 남편의 관계이고, 모두 죽음으로 끝난다. 그 죽음은 정절을 지키려다가 살해된다는 것이다.

「민회태자비 왕씨」愍懷太子妃王氏(5)―절개를 지키려다가 살해됨.
「가혼 처 종씨」賈渾妻宗氏(8)―남편이 죽은 뒤 절개를 지키려다가 살해됨.
「양위 처 신씨」梁緯妻辛氏(9)―남편이 죽은 뒤 절개를 지키려다가 살해됨.
「허연 처 두씨」許延妻杜氏(10)―남편이 죽은 뒤 절개를 지키려다가 살해됨.
「장천석 첩 염씨와 설씨」張天錫二妾(閻氏薛氏)(26)―남편이 병 들었을 때 자신이 죽고 나면 시집갈 것을 의심하자, 두 첩은 자살함.
「부등 처 모씨」苻登妻毛氏(29)―적장에게 잡혀 겁탈하려 하자 저항하다가 살해됨.
「여소 처 장씨」呂紹妻張氏(33)―남편이 죽은 뒤 여융이 겁탈하려 하자, 자살함.

오로지 아내와 남편의 관계만 채택되고 있으며, 그것도 남성에 대한 정절을 지키려다가 여성이 살해되거나 자살한다. 여성―어머니, 여성―딸의 관계는 모두 제외된다.[97] 예컨대 『진서』 열녀전은 활동적인 어머니와 딸을 입전하고 있는데 『삼강행실도』 열녀편에서는 모두 제외시킨다. 『진서』 열녀전의 다음 작품들을 보자.

「장무 처 육씨」張茂妻陸氏(13)―장무가 오군吳郡 태수太守로 있으면서 심충沈充에게 살해되자, 육씨는 재산을 기울여 장무의 부하들을 이끌고 심충을 공격하여 패배시킨다. 육씨는 대궐로 가서 글을 올려 장무가 심충을 이기지 못했던 일에 대해서 사죄하니, 황제가 조서를 내려 장무의 처의 충성과 온 집안의 의열을 높이 사서 장무를 태복에 추증한다.

「순숭 소녀 관」荀崧小女灌(15)──순숭은 양성襄城 태수太守로 두증杜曾에게 포위된다. 중과부적으로 고립된 나머지 고이평남장군故吏平南將軍 석람石覽에게 구원을 청하려 하였으나 방법이 없었다. 딸 관灌이 약간의 용사를 데리고 싸우면서 탈출하여 군사를 청하는 데 성공한다. 두증의 군대는 구원병이 온다는 소리를 듣고 달아난다.

「하무기 모 유씨」何無忌母劉氏(20)──유씨는 정로장군征虜將軍 유건劉建의 딸이다. 아우 뇌지牢之가 환현桓玄에게 살해되자 복수를 다짐했고, 뒤에 치밀한 계획을 세워 복수에 성공한다.

육씨와 순관, 유씨는 모두 행동하는 적극적인 여성이다. 남성을 능가하는 행동력을 보이지만 선택되지 않았다. 남성에 대한 여성의 종속을 원하는 『삼강행실도』의 편자들은, 이런 적극적이고 활동적인 여성상은 채택할 이유가 없었을 것이다.

『진서』열녀전 34개 편 중에서 가장 많은 작품수를 보이는 것은 유향의 『고열녀전』의 현명전이나, 인지전·변통전과 상통하는 여성들이다. 대개 학문과 식견, 문학적 능력이 있거나, 판단력과 명감明鑑 등을 갖춘 여성─아내들인데, 한 편도 채택하지 않았다.[98] 여성─아내일 경우, 그 여성의 학문적 역량, 문학적 능력, 판단력, 명감 등은 남성의 입장에서는 바람직한 능력이 아니었던 것이다.

『진서』열녀전은 매우 다양한 여성상을 만들어내고 있었다. 그것은 유향의 『고열녀전』과 같이 가부장적 남성 중심주의를 전제하기는 했지만, 거기서 창조된 여성상은 매우 다양했다. 특히 문학적 능력과 학문을 갖추고 기개 있게 행동하는 여성을 높이 평가했다. 또 개가를 꼭 부도덕한 것으로 보지는 않았다.[99] 이에 반해 『삼강행실도』 열녀편은 오로지 여성—아내, 즉 아내와 남편의 관계에서 여성을 파악하고, 오로지 정절을 위해 살해되거나 자살한 여성만을 평가하고 있다.

『진서』 이후 열녀전을 싣고 있는 단대사는 다음과 같다. 괄호의 숫자는 단대사 열녀전의 일련번호로서 『삼강행실도』 열녀편에 선택된 것이다.

『위서』魏書 열전 제80 17편——(2)

『수서』隋書 열전 제45 15편——(14)·(15)〔『북사』(33)·(34)에 해당함.〕

『북사』北史 열전 제79 34편——(22)·(23)·(33)·(34)

『구당서』舊唐書 열전 제143 25편——(1)·(5)·(10)·(14)·(18)

『신당서』新唐書 열전 제130 46편——(20)·(21)·(30)·(41)·(42)·(45)

『송사』宋史 열전 제219 38편——(7)·(11)·(28)·(29)·(31)·(36)·(37)

『요사』遼史 열전 제37 5편——(5)

『금사』金史 열전 제68 21편——(5)·(7)·(8)·(10)·(12)·(13)

『원사』元史 열전 제87 30편——(5)·(15)·(17)·(22)·(24-1)·(26)·(27)·(28)

『원사』元史 열전 제88 45편——(5)·(6)·(7)·(8)·(9)·(10)·(14)·(15)·(22)·(26)·(28)·(31)·(39)·(40)

『위서』, 『수서』, 『북사』, 『구당서』, 『신당서』까지 약간의 편차는 있지만, 대체로 유향의 『고열녀전』, 『후한서』, 『진서』의 편찬 의식과 크게 다르지 않다. 『삼강행실도』 열녀편 역시 절대다수의 여성을 여성—아내의 관계에서 선택하고 있으며, 그 관계의 성격은 정절의 수호이고 그 방법은 죽음이거나 신체 훼손이 압도적이다.

좀 더 언급하지 않을 수 없는 것은 『원사』다. 위의 자료를 보면 알겠지만, 『원사』는 열녀전을 두 권으로 나누고, 1권에 30편, 2권에 45편, 합하여 75편을 싣고 있다. 그런데 사실은 이것보다 훨씬 더 많은 양의 열녀를 싣고 있으니, 어떤 경우 한 편 아래 동일한 행적의 여성을 엄청나게 열거하고 있기 때문이다. 『원사』 열녀전 1권의 「이군진李君進 처」(18)를 보자.

> 이군진의 처 왕씨는 요양遼陽 사람이다. 대덕大德 8년, 이군진이 병들어 죽었다. 장지葬地를 정하고 발인할 즈음에 친척과 이웃이 모두 모였다. 왕씨가 사람들에게 말했다. "부부는 죽어 같은 곳에 묻히는 것이 의리다. 내가 남편을 따라 가는 것이 또한 옳지 않겠는가?" 왕씨는 관을 어루만지며 통곡하고, 피를 한 되쯤 토하더니, 땅에 고꾸라져 죽었다.[100]

이 이야기에 이어 두 사람의 열행이 소개된다.

> 이자씨移剌氏는 동지호주로사同知湖州路事 야율홀도불화耶律忽都不花의 처다. 남편이 죽자 귀를 베어 스스로 맹세하였고, 장사를 치른 뒤에는 무덤 옆에 여묘살이를 하면서 슬픔에 잠긴 채 음식을 먹지 않다가 죽었다.
> 조씨趙氏는 이름이 왜아咥兒이고, 대녕大寧 사람이다. 나이 20세에 남편 소씨蕭氏가 중병에 걸렸다. 왜아에게 "내가 죽고 나면 젊은 너는 어찌할 거냐?"라고 하자, 왜아는 "당신은 나을 것입니다. 만약 당신이 세상을 떠나면 저는 홀로 살지 않고 당신을 따라 저승으로 가겠어요"라 하고 목수에게 큰 관을 짜게 한다. 남편이 죽자, 왜아는 목을 매어 자살한다.[101]

이렇게 한 사람의 열녀 아래 두 사람의 행적을 구체적으로 소개하고 난 뒤, 이어 뇌주雷州의 주극빈朱克彬의 처 주씨周氏부터 상오손桑烏遜 처 탁극탁신托克托沁까지 27명의 이름을 열거하고 있다. "모두 일찍 과부가

되어 차마 홀로 살지 못하고, 죽음으로 남편을 따른 사람들"이라는 것이다.[102]

이 자료를 보건대, 원대에 와서 모종의 변화가 일어난 것으로 보인다. 『원사』에서 보듯 열녀의 수가 급격히 증가하고 있다는 것, 또 그것을 읽어 보건대 여성-아내에 대한 중요도가 대단히 높아지고, 입전된 거의 모든 여성이 죽음을 택하고 있다는 것이다. 더욱 중요한 것은 「이군진 처」(18)처럼 남편의 죽음 이후 남편을 따라 죽는 경우가 늘고 있다는 것이다. 사실 이전의 여성-아내의 정절 수호는 남편이 죽을 경우 재가를 거부하는 것이었고, 죽음의 경우 강간을 피하기 위해 자살하거나 혹은 강간을 피하려다가 살해되는 경우가 일반적이었다. 「이군진 처」(18)는 정절 수호의 방식이 달라지고 있음을 보여준다. 그것은 타자에 의한 성적 폭력의 집행, 즉 강간이라는 정황이 아니라 해도 남편의 죽음에 따라 죽는 방식이 갑자기 유행하고 있음을 보여준다. 이 점을 『원사』 열녀전의 서문은 이렇게 지적하고 있다.

> 원元이 천명天命을 받은 지 1백여 년 동안 시집간 여자로서 다행히 조정에 알려진 사람이 많으나 다 기록할 수가 없고, 그중에서도 더욱 탁이卓異한 사람을 열녀편에 갖추어 싣는다. 그 사람들 중에는 남편이 죽는 것을 차마 보지 못해 감개하여 스스로 목숨을 끊어 따라 죽는 경우가 있으니, 비록 너무 지나친 행동이라는 잘못은 있겠지만, 구차하게 살면서 욕을 듣고 다른 남자에게 시집가면서 부끄러움을 모르는 자와는 다름이 있을 것이기에 특별히 드러내어 권장하는 뜻을 보인다.[103]

남편을 따라 죽는 것이 인간의 상정을 벗어나는 것이라는 점은 분명히 인지하고 있었던 것이다. 그럼에도 불구하고 이것은 권장되었다. 여성이 남편의 죽음을 따라 죽는 경우가 폭발적으로 증가한 것은 원대에 새로 나타난 현상으로 보이는데, 그 이유를 대개 두 가지로 생각해 볼 수 있다. 첫째 성리학의 영향이다. 물론 남송南宋에서 발달한 성리학은 남송 사회 자체에서는 이데올로기화하지 못했다. 따라서 그것이 송대의 여성 윤리에 미치는 영향은 미미했을 것이다. 하지만 원元이 천하를 통일하자, 원은 성리학을 국가 이데올로기로 선택했다. 성리학은 국가 기구를 수단으로 하여 민간에까지 스며들었다. 이것이 열녀를 쏟아낸 이유가 될 터이다. 또 하나는 명대明代의 성격이다. 『원사』를 편찬한 것은 명대였고, 명明은 건국 초기부터 성리학에 의한 윤리적 통치를 강화했으니, 위의 열녀전 서문은 명의 윤리적 통치 이데올로기를 그대로 반영한 것이다. 그들은 『원사』를 편찬하면서 열녀를 광범위하게 발굴해 넣었고, 이것으로 여성의 윤리적 통제를 정당화하려 했다.

『삼강행실도』 열녀편 역시 『원사』에서 23개 편을 채록했다. 이것은 전체 110개 편의 20퍼센트에 해당한다. 열녀편의 편찬자들이야말로 『원사』 열녀전에서 자신들이 원했던 이상적인 여성을 찾았는지도 모른다.

이상에서 살핀 바와 같이 『삼강행실도』 열녀편은 『고금열녀전』과 『후한서』, 『진서』를 비롯한 중국 단대사의 열녀전을 인용 자료로 삼았다. 특히 『고금열녀전』을 통해 유향의 『고열녀전』까지 섭취했다. 편집자들은 선택과 배제, 생략이라는 방법을 통해 오로지 여성—어머니, 여성—딸(자식)의 관계와 여성과 지성, 학문 등과의 관계, 여성의 활동성, 적극성을 모두 제거했다. 인용된 텍스트들은 새로 편집되어 배치됨으로써 의미가 집중·강화되었고, 전혀 다른 의미를 갖게 되었다. 오로지 남편에 대한 여성의 관계만이 성립했던 바, 그것은 남성에 대한 여성의 성적 종속이라는 단일한 성격으로 집중되었다. 편집자들은, 남편에 대한 여성의 관계와 성적 종속성을, 저 전설적인 고대 하夏·은殷·주周로부터 수천 년을 넘어 당대

까지, 즉 명명과 조선까지 계속된다는 것을 보여줌으로써 그것이 초시간
적 진리라는 것을 입증하고자 했던 것이다.

열녀편의 기본 성격—여성의 성적 종속성과 그 실천

여성의 성적 종속성은 어떤 수준까지 관철되어야 하는가. 『삼강행실도』
열녀편은 바로 이 문제에 답하기 위해 만들어진 텍스트였다. 이 텍스트는
과연 어떤 이야기들을 담고 있는가.

열녀편은 매우 간단한 여성의 전기傳記다. 다만 이 전기는 그 서사 분
량이 극히 적어, 아주 길다 해도 2백 자 원고지 한 장을 넘지 않는다. 이
짧은 서사물은 과연 어떤 여성을 형상화하고 있는가.

열녀편은 모두 110편인데, 이것들의 배열은 두 가지 원칙을 따른다.
첫째, 신분이다. 「황영사상」皇英死湘(1)부터 「효자봉선」孝慈奉先(10)까지는
천자(황제) 비妃의 열행을 다룬 것이다.[104] 이것은 왕조에 따라 다음과 같
이 분류된다.

우虞, 황영사상皇英死湘(1)

주周, 태임태교太任胎敎(2), 강후탈잠姜后脫簪(3)

한漢, 소의당웅昭議當熊(4), 첩여사연婕妤辭輦(5), 왕후투화王后投火(6),
　　　마후의련馬后衣練(7)

당唐, 문덕체하文德逮下(8)

송宋, 조후친잠曹后親蠶(9)

명明, 효자봉선孝慈奉先(10)

그 다음은 주대周代 제후의 비妃다.

위衛, 공강수의共姜守義(11)

제齊, 맹희서유孟姬舒帷(12)

송宋, 백희체화伯姬逮火(13)

초楚, 백영지도伯嬴持刀(14), 정강유대貞姜劉臺(15)

「여종지례」女宗知禮(16)부터는 천자나 제후의 비가 아닌 여성의 전기가 왕조별로 실려 있다. 번거롭지만, 앞으로의 논의를 위해 정리해 두자.

춘추전국
여종지례女宗知禮(宋)(16), 식처곡부殖妻哭夫(齊)(17), 송녀불개宋女不改(蔡)(18)

한漢
절녀대사節女代死(19), 고행할비高行割鼻(梁)(20), 목강무자穆姜撫子(21),
예종매탁禮宗罵卓(22), 정의문사貞義刎死(23), 원강해곡嫄姜解梏(24)

삼국三國
영녀절이令女截耳(魏)(25), 여영보구呂榮執仇(吳)(26)

진晉
왕비거호王妃距胡(27), 신씨취사辛氏就死(28), 종씨매희宗氏罵晞(29),
두씨수시杜氏守尸(30), 염설효사閻薛效死(31), 모씨만궁毛氏彎弓(32),
양씨의열楊氏義烈(33), 장씨타루張氏墮樓(34)

송宋·위魏
이씨감연李氏感燕(35), 유씨분사劉氏憤死(元魏)(36)

수隋

유씨동혈柳氏同穴(37), 원씨훼면元氏毁面(38), 유씨투정柳氏投井(39), 최씨견사崔氏見射(40)

당唐

숙영단발淑英斷髮(41), 상자둔거象子遁去(42), 상관완절上官完節(43), 위씨참지魏氏斬指(44), 옥영침해玉英沈海(45), 진씨명목秦氏瞑目(46), 이두투애二寶投崖(47), 동씨봉발董氏封髮(48), 경문수정景文守正(49), 열부중도烈婦中刀(50), 주처견매周妻見賣(51)

오대五代

이씨부해李氏負骸(52)

송宋

조씨액여趙氏縊轝(53), 서씨매사徐氏罵死(54), 희맹부수希孟赴水(55), 이씨액옥李氏縊獄(56), 조씨우해趙氏遇害(57), 옹씨동사雍氏同死(58), 정부청풍貞婦清風(59), 양씨피살梁氏被殺(60)

요遼

뇌란약마挼蘭躍馬(61)

금金

주주사애住住死崖(62), 장결돈좌莊潔頓坐(63), 난씨촉적欒氏觸賊(64), 독길액사獨吉縊死(65), 묘진부정妙眞赴井(66), 명수구관明秀具棺(67)

원元

정렬분사貞烈焚死(68), 유모자서兪母自誓(69), 숙안조면淑安爪面(70),

의부와빙義婦臥冰(71), 동아자액冬兒自縊(72), 금가정사錦哥井死(73),

귀가액구貴哥縊廐(74), 유씨악수劉氏握手(75), 장씨자도張氏自刀(76),

동씨피면童氏皮面(77), 장녀투수張女投水(78), 왕씨경사王氏經死(79),

채란심청彩鸞心淸(80), 모씨고장毛氏刳腸(81), 숙정투하淑靖投河(82),

주씨구욕朱氏懼辱(83), 왕씨사묘王氏死墓(84), 허씨부지許氏仆地(85),

취가취팽翠哥就烹(86), 묘안쉬도妙安淬刀(87), 절부투강節婦投江(88),

화류쌍절華劉雙節(89), 유씨단설劉氏斷舌(90), 고부병명姑婦幷命(91)

명明

영녀정절甯女貞節(92), 왕씨호통王氏號慟(93), 반씨운명潘氏隕命(94),

부처구사傅妻俱死(95)

중국에 이어 한국의 백제, 고려, 조선이 이어진다.

백제

미처담초彌妻啖草(96)

고려

현처사수玄妻死水(97), 정처해침鄭妻偕沈(98), 안처구사安妻俱死(99),

최씨분매崔氏奮罵(100), 삼녀투연三女投淵(101), 열부입강烈婦入江(102),

김씨사적金氏死賊(103), 경처수절慶妻守節(104), 송씨서사宋氏誓死(105)

조선

임씨단족林氏斷足(106), 김씨박호金氏撲虎(107), 한씨절립韓氏絶粒(108), 여귀액엽黎貴緤葉(109), 김씨동폄金氏同窆(110)

중국이 95편이고, 한국이 15편이다. 중국의 전설적인 고대 왕조인 하夏부터 시작하여, 이 책의 편찬 시기의 왕조인 명대明代까지 포괄하고, 한국의 경우도 삼국시대부터 고려·조선까지 걸쳐 전全 역사 시기를 포괄하고 있다. 또한 왕후로부터 천민에게 이르기까지 선택한 여성의 범위도 다양하다.

이 광범위한 시기와 다양한 신분의 여성들에게서 이 책의 편집자들은 무엇을 전달하려 했던 것인가. 「여종지례」女宗知禮(16)를 실마리로 삼아보자. 여종女宗은 포소鮑蘇의 아내다. 포소가 위衛나라에서 벼슬하면서 외처外妻, 곧 첩을 얻자, 여종은 질투하지 않고 도리어 외처에게 후한 선물을 보낸다. 여종의 동서가 남편을 떠나서 다른 길을 찾는 것이 옳다고 하자, 여종은 이렇게 말한다.

부인은 한 번 결혼을 한 뒤로는 지조를 바꾸지 않고 지아비가 죽으면 다시 시집가지 않습니다. 삼을 손에 쥐고 명주실과 누에고치를 매만져 비단을 짜고 끈을 엮어 의복을 지어 올리고, 술과 단술을 맑게 거르고 음식을 장만하여 시부모를 섬기되, 한결같은 뜻으로 섬기는 것을 곧은 절개로 삼고, 잘 따르는 것을 순종하는 덕으로 삼아야 하는 법이니, 어찌 부부 간의 사랑에만 오로지 뜻을 기울이는 것을 좋은 일이라 하겠습니까.
예에, 천자는 아내가 12명, 제후는 9명, 경卿과 대부는 3명, 사士는 2명이라 하였는데, 나의 지아비는 사士이니 두 아내가 있는 것이 또한 마땅하지 않습니까. 또 부인은 일곱 가지 버림받는 경우가 있지만, 지아비는 한 가지 버림받는 경우가 없습니다. 일곱 가지 버림받는 경우는, 질투하는 것이 첫 번째이고, 음란한 것, 도둑질하는 것, 말이 많은 것, 교만한 것, 자식이 없는 것, 나쁜 병이 있는 것은 모두 그 뒤에 있습니다. 동서가 거실居室하는 예로 가르치지 않고, 도리어 나로 하여금 버림받을 행동을 하게 하려고 하니, 장차 어디에 쓰겠습니까?[105]

여종은 '일초불개'一醮不改와 직조와 조리 등 '여성적' 가사 노동, 칠거지악 등을 근거로 하여, 자신의 행동에 정당성을 부여한다. 여종의 이 발언들은 앞서 검토했던 『소학』에 인용되었던 『예기』의 여성관을 그대로 복제하고 있다. 여종이 열녀편에 채록된 것은 바로 이 때문이다. 여종은 여성이지만 남성의 여성관에 의해 완벽하게 의식화되어 오로지 남성의 가치관만을 말하고 있다. 특히 여종은 남편의 첩에게 질투는커녕 선물까지 보낸다. 앞에서 남성에 대한 여성의 성적 종속성은 동시에 성적 불평등을 그 내용으로 갖는다고 했는데, 바로 여종의 질투심의 부재가 그 경우다. 다시 말해 여성은 복수의 남성과 성관계가 불가능하고, 남성은 복수의 여성과 성관계가 가능하다는 성적 불평등이 칠거지악에 투기 금지로 수용된 것인데, 여종은 투기 금지라는 성적 불평등을 자기 윤리로 수용한다.[106]

여종의 예에서 확인할 수 있는 남성에 대한 여성의 성적 종속성이라는 주제는 『삼강행실도』 열녀편 전체를 관통한다. 각 편의 이야기가 어떤 형태로 변주되어도 열녀편은 당연히 이 주제를 이탈하지 않는다. 이 점을 좀 더 상세히 살펴보자. 「송녀불개」宋女不改(18)의 주인공[107]은 남편이 악질 惡疾에 걸리자, 친정어머니가 개가시키려 한다. 여인은 거부하면서 이렇게 말한다.

남편의 불행은 곧 저의 불행이니, 어찌 떠날 수 있겠습니까? 남과 결혼하는 도리는, 한 번 혼례를 치르면 죽을 때까지 절개를 바꾸지 않는 것입니다(適人之道, 一與之醮, 終身不改). 남편이 불행하게도 악질에 걸렸지만, 남편 자신은 큰 탈이 없고 저를 버리지 않으니, 어떻게 떠날 수 있겠습니까?[108]

역시 '일초불개'의 논리다. 남편은 불치병을 앓고 있다. 불치병에 걸린 배우자를 떠나 다른 남성과 결혼하는 것이 타당한가라는 질문에 쉽게 답할 수는 없다. 하지만 여성이 떠나지 못하는 이유가 남녀 상호 간의 동등한 신의에 입각한 것이 아니라, '일초불개'에서 유래했다면 의미가 달라진다. 즉 송녀의 행위를 결정한 것은 남성이 여성에게 일방적으로 부과한 불평등한 윤리였던 것이다. 여기서 「여종지례」(16)에서 여종이 말했던 칠거지악을 떠올릴 필요가 있다. 칠거지악에 의하면, 불치병에 걸린 아내는 축출하게 되어 있었다. 심각한 불평등이다. 요컨대 송녀의 행위는 남성의 윤리관에 의해 이루어지고 있는 것이다.

다시 몇몇 사례를 더 확인해 보자.

「숙영단발」淑英斷髮(41)——남편 이덕무李德武가 귀양을 가면서 이혼을 요구하니, 아내 숙영은 이렇게 답한다. "남편은 하늘입니다. 어떻게 배반할 수 있겠습니까? 죽어도 다른 마음은 없습니다."(夫, 天也. 豈背乎? 願死無他.)
숙영은 평소에 단장을 하지 않았고, 『열녀전』을 읽다가 개가하지 않는 사람을 말하는 것을 보면 남들에게 이르기를, "두 번 시집가지 않는 것은 부인으로서 당연한 일이다. 무슨 특이한 일이라고 책에 싣는단 말인가?" 하였다.(不踐二庭, 婦人之常, 何異而載之書?)[109]

「상관완절」上官完節(43)——초왕楚王 영귀靈龜의 비妃 상관씨上官氏는 남편의 상기가 끝난 뒤에 형제들이 비妃에게 젊고 자식도 없다 하여 개가할 것을 권유하자, "장부는 의리로 살고 부인은 절개로 사는 법이다. 내가 구덩이에 들어가 따라 죽지 못하였거늘, 단장을 하고 다른 집 제사를 지낼 수 있겠는가?" 하였다.(丈夫以義, 婦人以節. 我未能殉溝壑, 尙可御粧澤, 祭他胙乎?)[110]

「유모자서」兪母自誓(69)──유신지兪新之의 아내 문씨聞氏는 유신지가 죽은 뒤 부모가 개가시키려 하자 울면서, "한 몸으로 두 남편을 섬기는 것은 열부烈婦가 부끄럽게 여기는 바입니다. 제가 살지 않을 수는 있으나, 부끄러움을 모를 수야 있겠습니까? 또 시어머니께서 연로하시고 자식이 어린데, 내가 떠나면 누구더러 보살피라 하겠습니까?" 하였다.(一身二夫, 烈婦所恥. 妾可無生, 可無恥乎?)[111]

모두 '일부종사'를 말하고 있다. 요컨대 남성에 대한 여성의 종속성은 열녀편 전체의 주제다. 그 성적 종속성이 '개가 거부'로 나타났던 것이다.[112]

『삼강행실도』 열녀편이 남성에 대한 여성의 성적 종속성이라는 주제를 일관되게 주장하고 있음은 위의 언설로 확인된다. 열녀편 전체를 관류하는 남성에 대한 여성의 성적 종속성은, 성적 대상자의 유일성을 주장하면서 다른 성적 대상자와의 성관계를 금지한다. 따라서 남편이 아닌 남성과의 성관계를 부정적인 것으로 인식시킬 필요가 있었다. 이것을 열녀편이 어떻게 다루고 있는지 살펴보자. 다음과 같은 언어 표현에 주목해 보자.

(a) 여소呂紹의 처 장씨張氏는 조행操行이 있었다. 나이 14세에 여소가 죽으니, 여융呂隆이 보고 좋아하여 <u>그 행실을 더럽히려고 하였다.</u>(呂紹妻張氏, 有操行, 年十四, 紹死, 呂隆見而悅之, 欲穢其行.)──「장씨타루」張氏墮樓(34)

(b) 뇌란按蘭은 도둑에게 잡히자 몰래 칼을 신발 속에 감추고, "나를 더럽히고자 하는 자가 있으면 곧 죽겠다"(人欲汚我者, 卽死之)고 하였다.─「뇌란약마」按蘭躍馬(61)

(c) 상기相琪의 처 난씨欒氏는 홍오적紅襖賊에게 잡히자, "내가 어찌 개 돼지에게 더럽혀질 수 있겠는가?"(我豈爲犬彘所汚者哉?) 하였다.─「난씨촉적」欒氏觸賊(64)

(d) 숙정淑靖이 일찍이 남편 오수정에게 말했다. "지금 도둑이 벌떼처럼 일어나고 있습니다. 만약 뜻밖의 일이 일어난다면 첩은 오직 죽을 뿐입니다. 남에게 내 몸을 더럽히지 않겠습니다."(淑靖嘗從容謂守井曰: "方今群盜蜂起, 萬一不測, 妾惟有死而已, 不使人汚此身也.")─「숙정투하」淑靖投河(82)

(e) 이씨는 죽은 남편의 유해를 지고 개봉의 여관에 투숙하지만, 주인이 여자 혼자 아들 하나를 데리고 있는 것을 보고 숙박시키려 하지 않는다. 이씨가 날이 저물어 떠나지 않으니, 주인이 팔을 잡고 끌어냈다. 이씨는 통곡하면서 "내가 부인으로서 절개를 지키지 못하여 이 손이 남에게 잡혔단 말인가? 이 한 손 때문에 내 몸까지 더럽힐 수는 없다" 하고, 도끼를 가져다가 그 팔을 끊었다.(我爲婦人, 不能守節, 而此手爲人執邪. 不可以一手倂汚吾身.)─「이씨부해」李氏負骸(52)

남편 이외의 남성과의 성관계는 모두 '더러움'(穢), '더럽혀지는 것'(汚), 곧 오염으로 규정된다. 이 경우 모두 폭력에 의한 일방적 성관계인 강간이라고 생각하기 쉬우나 반드시 그것도 아니다. (b), (c), (d)는 강간을 당한 것이 아니고, 강간을 염려한 것이며[113] (a)의 경우는 강간이라기보다는 재혼 요청일 가능성이 크다. 강간이든 합법적 재혼이든 최초의 남편과의 성관계 이외의 성관계와 신체 접촉을 모두 '더러움'으로 표현하는 언어 관습은 여성이 만들어낸 것이 아니라 남성의 창작물이다. 뒷날 이 더럽혀진다는 표현은 조선 시대 열녀에 관한 서술에서는 관습적으로 사용된다. 그러나 남성이 아내 아닌 여성과 성관계를 맺었을 경우, 그것을 '오염시킨다'고 표현하는 언어 관습과 관념은 존재하지 않는다는 점에서, 이는 분명 불평등한 관념의 산물이다.

남편 외 남성과의 성관계가 '오염'이라는 관념에 여성들이 깊이 의식화되었음은 (e)에서 찾을 수 있다. 여관 주인이 성적인 의도 없이 잡은 팔을 '절개'와 관련지으며, '오염되었다'고 판단해 도끼로 잘라 버린다. 남편 이외의 남성과의 성관계를 금지하는 성적 종속성은, 어떤 남성과의 신체적 접촉도 오염으로 판단하는 경지까지 진행되었던 것이다.

『삼강행실도』 열녀편의 주제는 명백하다. 남성은 원래 자신의 성적 대상자, 곧 아내를 제외한 여성에 대해서는 재취再娶 또는 축첩蓄妾의 주체, 또 강간의 주체(심리적인 것까지 포함해서)이지만, 자신의 공인된 성적 대상자(주로 아내)에 대해서는 그 여성이 자신에 대한 성적 종속성을 지킬 것을 강력하게 희망한다. 따라서 여성에게 최초의 사회적 공인을 얻은 성적 대상자인 남편 이외의 성적 관계는 모두 오염이라는 관념을 심어줄 필요가 있었다. 따라서 합법적인 개가와 불가항력적인 폭력에 의한 성적 희생, 곧 강간을 모두 오염으로 규정했던 것이다. 요컨대 『삼강행실도』의 편자는 '오염'이라는 관념의 주입을 통해 여성의 생명과도 바꿀 수 있는 강렬한 수치심을 여성의 의식 속에 심으려고 했던 것이다.

이상에서 『삼강행실도』 열녀편이 남성에 대한 여성의 성적 종속성의 관철이라는 주제를 갖고 있음이 확인되었다. 『삼강행실도』 열녀편은 『예기』와 『소학』의 원칙이 현실 속에서 실현된 사례를 제시하고 있는 것이다. 그렇다면, 국가―남성은 이 종속성이 어떤 수준까지 관철되고 실천될 것을 요구했는가. 이 점을 확인하기 위해 열녀편의 여성이 어떤 상황에 놓여 있는지를 확인해 보자.

전술했다시피 적어도 고려조까지 열녀는 존재하지 않았다. 열녀는 절부節婦라는 이름으로 불렸으며, 그것은 의부義夫와 짝을 이루었다. 곧 그것은 아내의 부재(보통은 사망)에도 불구하고 다시 결혼하지 않은 남편 곧 의부와 짝을 이루고 있는 것이었다. 의부를 다른 짝으로 가지는 이 경우에 대한 표창은, 조선조의 열녀에 대한 표창과 확연히 다르다. 곧 열녀는 자연적으로 존재하는 것이 아니라, 조선을 건국한 남성―양반에 의해 제작된 것이다. 그리고 『삼강행실도』 열녀편은 바로 그 열녀를 제작하기 위해 도구로 편집된 텍스트였다. 이런 까닭에 『삼강행실도』 열녀편은 조선조 열녀의 기원을 이루는 텍스트이며, 이 텍스트에 바탕을 두어 19세기 말, 아니 심지어는 20세기까지 열녀가 쏟아져 나왔던 것이다. 따라서 열녀편을 분석하면 열녀의 원형을 짐작할 수 있을 것이다.

열녀는 열녀임을 의미하는 특별한 행위, 곧 열행을 실천한 여성이다. 열행이 남성에게 열행으로 인지되기 위해서 그 행위는 남성이 공히 인정하는 어떤 규칙, 곧 열행의 문법을 갖는다. 『삼강행실도』 열녀편은 바로 이 문법을 제시했다. 이제 이 문법을 검출해 보자.

열행은 일상 속에서는 관찰되지 않는다. 그것은 성적 종속성의 확인이므로, 대개의 경우 성적 종속성의 실천을 위협하는 위기의 국면에서 확인된다. 여기서 성적 종속성이란 한 여성이, 사회적 공인을 획득한 유일한 남성으로 한정하여 성적 관계를 갖는 것이다. 즉 성적 대상자의 유일성을 바탕에 깔고 있는 것이다.[114] 유일한 성적 대상자에 대한 성적 종속성을 위협하는 계기는 대단히 다양하다. 따라서 일반적인 열녀서사는 이 유일성과 종속성을 위협하는 위기와, 이에 대응하는 의지를 표출하는 행위로 구성된다. 따라서 열녀서사의 분석은 위기와 대응 행위에 대한 분석이 된다. 이제『삼강행실도』열녀편에 나타난 여러 위기를 분석, 고찰해 보자.

열녀편 110편 중에서 앞의 10편은 모두 제왕의 처인 왕비를 다룬 것이므로 위기적 국면이 전혀 노출되어 있지 않기에 이것을 제외하면, 11편부터 110편까지 모두 100편이 고찰의 대상이 된다. 여기서 가장 많은 수를 차지하는 경우는, 전쟁이나 전쟁에 준하는 반란이다. 전쟁을 상황으로 한 열녀담은 53편으로 다음과 같다.

(14)·(27)·(28)·(29)·(30)·(38)·(39)·(40)·(44)·(45)·(46)·(47)·(53)·(54)·(55)·(56)·(57)·(58)·(59)·(60)·(61)·(63)·(64)·(65)·(66)·(67)·(68)·(73)·(76)·(77)·(78)·(80)·(81)·(82)·(83)·(84)·(85)·(86)·(87)·(88)·(89)·(90)·(91)·(94)·(97)·(98)·(100)·(101)·(102)·(103)·(104)·(105)·(106)

모두 53명이다. 이것은 전체 110명의 48퍼센트로 거의 절반에 해당한다. 전쟁이라는 상황을 압도적 다수로 제시한 것은, 이 비일상적인 상황에서 남성에 대한 여성의 성적 종속성이 어떻게 관철될 것인가라는 문제 설정과 관련이 있다. 위의 53편의 경우, 예외 없이 전쟁이나 변란이라는 상황에서 여성은 성폭력, 곧 강간의 위기에 처한다. 물론「예종매탁」禮宗罵卓(22)처럼 권력자가 자신과 결혼할 것을 요구하는 경우도 있으나, 그것은 부당한 권력의 강제라는 점에서 강간과 동일한 성격을 갖는다.

전쟁은 비일상적 상황이다. 열녀편은 광범위한 텍스트에서 선별하여 편집한 텍스트였다. 그런데 전쟁과 같은 비일상적인 극단의 상황을 가장 많이 설정한 것은, 극한의 상황에서조차 여성의 성적 종속성이 필연적으로 관철되어야 한다는 것을 의미한다. 즉 위에서 제시한 53가지에서 (14)를 제외한 52가지 경우에서 여성은 모두 자살하거나 살해된다. 자살을 택하는 경우가 29편, 타살(살해)이 23편이지만, 사실 이 구분은 별 의미가 없다. 타살이라 해도 굳이 자신을 살해하도록 유도한 경우가 압도적이기 때문이다.

전쟁 외에 가장 많은 상황은 남편의 죽음으로 27명이다.

(11)·(17)·(20)·(22)·(25)·(26)·(32)·(33)·(34)·(35)·(36)·(37)·(42)·(43)·(52)·(62)·(69)·(70)·(71)·(72)·(79)·(92)·(93)·(95)·(108)·(109)·(110)

전쟁이라는 상황은 모두 53가지였다. 남편의 죽음과 합하면 80명이 된다. 110명의 73퍼센트가 된다.[115] 즉 열녀편이 설정한 절대 다수의 상황은 전쟁과 남편의 죽음이었던 것이다. 그런데 이것은 상황의 성격을 엄격하게 제한한 것이었다. 남편의 죽음이라는 상황을 설정한 것은, 유일한 성적 대상자가 부재할 경우, 여성은 어떻게 성적 종속성을 관철시킬 것인가를 묻고 있는 것이다. 이런 관점을 취하면 전쟁 역시 아내에 대한 남편의 성적 지배가 관철되지 않는 상황이 된다.

이러한 유일한 성적 대상자의 부재는 다양한 형태로 변주된다. 즉 그것은, 성적 대상자의 부재 자체를 지칭하기도 하지만, 동시에 유일한 성적 대상자의 부재를 예고하는 위기의 국면까지 포괄하는 것이다. 열녀편은 이런 변주로 이루어져 있다. 남편이 귀양을 가거나(「숙영단발」(41), 「동씨봉발」(48)), 병에 걸리거나(「송녀불개」(18), 「염설효사」(31)), 화재가 난 집안에서 죽음의 위기에 처하기도 하고(「유씨악수」(75), 「안처구사」(99)), 원수나 도둑 혹은 범에게 살해당할 위기에 처하기도 하며(「절녀대사」(19), 「열부중도」(50), 「김씨박호」

(107)〕, 옥에 갇혀 죽기도 한다〔『원강해곡』(24)〕.

남편이 다른 여성을 외처로 얻는 경우〔『여종지례』(16)〕 역시 아내의 입장에서는 유일한 성적 대상자의 부재가 된다. 이상에서 든 변주적 형태 11가지 경우를 포함한다면, 91명이다. 이것은 110명의 83퍼센트가 된다. 여기에 권력적 관계에 의해 강간, 개가를 요구하는 경우인 「예종매탁」(22) 등의 경우를 포함한다면 비율은 좀 더 늘어날 것이다. 열녀편의 (1)에서 (10)까지는 황제의 비妃이기 때문에 사실상 열행에 포함시킬 수 없으니, 남편의 부재를 의미하는 경우는 거의 90퍼센트 이상이 된다고 보아야 할 것이다. 실로 『삼강행실도』 열녀편이 설정하고 있는 상황이란 전쟁, 남편의 사망 그리고 남편 부재의 위기 등 모두 유일한 성적 대상자의 부재라는 단 하나의 경우로 수렴된다.

이것을 좀 더 구체적으로 분류하면 다음과 같다.

(a) 개가 강요와 강간의 위협

남편이 죽자 부모 친지가 개가를 권유, 강요함 — (11)·(25)·(35)·(42)·(43)·(62)·(69)·(70)·(72)

권력자가 결혼(개가)을 강요함 — (14)·(20)·(22)·(27)·(28)·(29)·(30)·(32)·(33)·(34)·(38)·(53)·(63)·(96)

반란, 전쟁 등으로 인해 강간의 위기에 처함 — (23)·(26)·(39)·(40)·(44)·(45)·(47)·(48)·(50)·(54)·(55)·(56)·(57)·(58)·(59)·(60)·(61)·(64)·(65)·(66)·(68)·(73)·(76)·(77)·(78)·(80)·(81)·(82)·(83)·(84)·(85)·(87)·(88)·(89)·(90)·(91)·(94)·(97)·(98)·(100)·(101)·(102)·(103)·(104)·(105)·(106)

(b) 기타

남편이 첩을 얻음——(16)[116]

남편의 부재 혹은 부재의 위기 이하에서 열녀편의 편집자는 남편의 죽음, 권력자와 전란으로 인한 재혼·강간의 위협, 개가의 강요를 압도적 다수 상황으로 설정하고 있다. 이와 같은 유일한 성적 대상자의 부재는 일상적 상황 속에서 발생할 가능성이 희박하다. 이 비일상적 상황의 조성이 갖는 의미는 무엇인가. 일상적 상황에서 성적 종속성의 관철(실현)은 예견할 수 있는 일이다. 물론 간통과 같은 사건이 없는 것은 아니지만, 이 상황이 발생할 확률은 낮다. 그렇다면 열녀편의 편집자들이 말하고 싶은 것은 무엇인가. 곧 성적 종속성이 어떤 수준까지 관철되어야 할 것인가를 말하고 있는 것이다. 이런 비일상적 상황은 여성의 의지와는 전혀 상관없이 발생한다. 하지만 성적 종속성은 자신의 의지와는 상관없는 이런 비일상적 상황 속에서도 관철되어야 한다는 것이다. 비일상적 상황 속에서 남성에 대한 여성의 성적 종속성이 관철, 실천된다면, 일상적 상황에서의 성적 종속성의 관철은 보다 쉽게 이루어진다. 열녀편은 실로 국가—남성의 잔혹한 의도를 담고 있는 것이다.

성적 종속성의 실천 방법——죽음과 자기가학적 신체 훼손
「주처견매」(51)와 「취가취팽」(86)에서 주적의 아내와 취가는 남편의 여비를 마련하기 위해, 혹은 남편을 살리기 위해 자신의 신체를 인육으로 제공함으로써 스스로 목숨을 잃는다. 즉 성적 종속성의 관철이 여성의 신체를 요구할 때 그 최종적 단계는 신체 전부다. 이것은 곧 여성의 죽음을 의미한다. 앞서 간단히 고찰한 바와 같이 열녀편 여성의 열행 중 압도적 다수를 차지하는 것은 죽음이다.

이제 죽음의 경우를 상론해 보자. 열녀편에서 여성의 죽음은 과연 어느 정도로 일반적인가. 열녀편 110가지 중에서 죽음으로 열녀가 된 경우는 83명, 곧 75.45퍼센트다.[117] 쉽게 말해 4명 중 3명이 죽음의 선택, 강요로 인해 열녀가 되었던 것이다. 이 부분을 좀 더 면밀히 검토해 보자. 앞에서 제시한 바 있는 열녀편의 구성을 상기해 보자. 「황영사상」(1)부터 「효자봉선」(10)까지 열 편 중에서 「황영사상」(1) 외에는 죽음과 관련이 없다. 전설 속의 인물인 순임금의 비 아황 여영을 제외하면, 천자나 황제의 비는 죽음으로 열녀가 되지 않았다. 여기서 열녀 이데올로기가 어떤 계급을 겨냥하고 있는지 짐작할 수 있을 것이다. 그런데 후대로 가면 죽음의 수가 증가한다. 춘추전국 시대의 열녀 8명은 「공강수의」(11)부터 「송녀불개」(18)까지 여덟 편인데, 이 중에서 죽음을 선택한 경우는 (12)·(13)·(15)·(17)이다.[118] 죽음의 수가 증가하고 있음을 알 수 있는데, 이것은 춘추전국 시대의 특수성이 아니라, 실제 (1)에서 (10)까지 천자(황제)의 비를 제외하면 거의 동일하다.

한대漢代에는 모두 8명의 열녀가 채록되어 있다(위魏·오吳가 각각 1명인데, 한말漢末이기 때문에 한대에 넣었다). (19)에서 (26)까지 모두 8명인데, 이 중에서 죽음으로 열녀에 오른 사람은 (19)·(22)·(23)·(24)·(26)의 5명이다. 전체의 반을 넘는다. 이후 진에서 명에 이르기까지 열녀의 죽음을 정리하면 다음과 같다.

진晉 8/8 — (27)·(28)·(29)·(30)·(31)·(32)·(33)·(34)

송宋·위魏 1/2 — (36)

수隋 4/4 — (37)·(38)·(39)·(40)

당唐 7/11 — (42)·(44)·(45)·(46)·(47)·(49)·(51)

송宋 8/8 — (53)·(54)·(55)·(56)·(57)·(58)·(59)·(60)

요遼 1/1 — (61)

금金 6/6 — (62)·(63)·(64)·(65)·(66)·(67)

원元 21/24 — (68)·(72)·(73)·(74)·(75)·(76)·(77)·(78)·(79)·(80)·(81)·(82)·(83)·(84)·(85)·(86)·(87)·(88)·(89)·(90)·(91)

명明 3/4 — (93)·(94)·(95)

전체 69명 중 59명이 죽음으로 열녀가 되었다. 85.5퍼센트가 죽음으로 열녀가 된 것이다. 유가 이데올로기가 통치 도구로 차용되고, 유가 윤리를 담고 있는 경전이 확립된 것은 한대漢代이니, 한대 이후를 다시 통계해 보자. 69명에 한대의 8명을 합하면 77명이고, 죽은 열녀의 수는 63명이다. 이것은 모두 82퍼센트에 해당한다.

한국의 경우, 다음과 같은 통계를 얻을 수 있다.

백제 0/1

고려 9/9 — (97)·(98)·(99)·(100)·(101)·(102)·(103)·(104)·(105)

조선 4/5 — (106)·(108)·(109)·(110)

백제 0명, 고려 9명, 조선 4명이다. 전체 15명 중 13명이 죽음으로 열녀가 되었으니, 87퍼센트다. 한대 이후 중국의 82퍼센트와 대동소이한 것이다. 결국 『삼강행실도』 열녀편은 제왕의 비를 제외한다면, 죽음으로써 열녀가 된 경우가 전체의 82.3퍼센트를 차지하는 것이다. 10명 중 8명 이상이 죽음으로 열녀의 칭호를 얻었다.[119]

이 통계는 『삼강행실도』 열녀편을 기준으로 한 것이므로, 이 통계가 역사적 사실과 부합하는지의 여부는 애매하다. 완벽하게 정확하다고 확언할 수는 없지만, 이 통계는 역사적 리얼리티를 반영하면서 동시에 이 책의 편집자의 의식을 반영하기도 할 것이다. 예컨대 위의 표에서 원대元代에 와서 열녀의 수가 급격히 늘어나는 현상을 볼 수 있는데, 이것은 열녀편 원대 열녀의 원래 자료인 『원사』元史 열녀전을 그대로 반영한 것이고, 또 이것은 원元의 사회상을 반영한 것이기도 하다.[120] 아울러 이것은 그 죽음으로 열녀가 된 경우만을 집중적으로 부각시키고자 하는 편집 의식의 산물이기도 하다. 중간 결론을 내리자면, 열녀와 죽음의 결합이 드러내는 열녀편의 메시지는 곧 죽음의 권유였다. 열녀편을 통독하여 그 주제에 감염된다면 즉 의식화된다면, 스스로 죽음을 복제될 것은 필연적인 귀결이다.

그렇다면 모든 죽음은 동일한가. 죽음은 몇 가지 하위 유형을 갖는다. 가장 많은 수를 차지하는 유형은, 전쟁과 도적 등 비일상적인 상황이 조성되어 강간(혹은 예상되는 강간)의 위협, 권력자의 강압적인 개가 요구(부모에 의한 것이 아님)에 저항하다가 타살되거나 또는 자살하는 경우를 말한다. 전쟁에서 외적이 쳐들어오기 전에 미리 강간을 피하기 위해 자살하는 것도 이 타입의 변형이다. 이 타입은 모두 55명으로 죽음으로 열녀가 된 83명의 66퍼센트다.

이 타입은 전형적인 서술 방식을 갖는다. 즉 거의 모든 이야기는 "전쟁, 군도 등 비상 상황의 발생→강간 시도→저항→죽음"이라는 동일한 서사적 전개를 갖는다. 이 중에서 가장 집중적으로 서술되는 부분은 부녀자의 강렬한 저항 부분이다. 전쟁 등 불가항력적인 상황에서 여성의 죽음은, 죽음 그 자체만으로 열행이 될 수는 없다. 즉 강간을 당한 뒤 살아남는 것은 물론이고 강간 당한 뒤 살해될 경우 그것은 열행이 될 수 없다. 강간의 여부와 관계없이 여성의 격렬한 저항, 즉 강간에 대한 강렬한 거부의 의지와 행동이 수반되지 않는다면, 열행으로 인정받을 수 없는 것이다. 그 의지와 행동이 바로 열행의 핵심이다. 이 의지와 행동의 표현이 죽음의 문법인 것이다.

「예종매탁」(22)을 예로 들어본다. 황보규皇甫規가 죽고, 남은 아내는 여전히 젊고 아름다웠다. 동탁董卓은 상국相國이 된 후 황보규의 아내에게 수레 1백 승, 말 20필에 보물을 실어서 맞이하려 하였다. 여자가 비통한 말로 거절의 이유를 말하자, 동탁이 폭언을 한다.

나의 위엄과 명령이 사해를 바람결에 쓰러지게 하는 판이다. 어찌 한 여자에게 이루어지지 못한단 말이냐?[21]

여자는 모면하지 못할 줄 알고 저항한다.

너는 오랑캐의 종자로 천하에 해독을 끼치고도 오히려 부족하냐? 나의 선인先人은 밝은 덕이 세상에 빛났고 황보씨皇甫氏는 문무의 높은 재주로 한漢나라의 충신이 되었다. 너의 아버지는 심부름하던 하관下官이 아니었더냐? 감히 예 아닌 일을 네 상전의 부인에게 행하려 하느냐?[22]

예종은 이런 말로 격렬하게 저항하고, 분노한 동탁은 부인을 채찍과 회초리로 쳐서 죽인다. 이것이 「예종매탁」(22)의 핵심이다. 이 부분이 가장 강렬하게 형상화되고 서술량도 가장 많다.

동탁은 예물을 갖추어 예종을 맞이하려 하지만 핵심은 예종과 성관계를 맺으려는 것이다. 동탁이 갖는 거대한 권력이 일방적으로 성관계를 요구하는 힘이다. 「예종매탁」에서 동탁의 권력은, 전쟁 상황에서 일반적으로 일어나는 강간에서의 폭력과 동일하다. 『삼강행실도』 열녀편 중 강간에 의한 여성의 죽음을 다룬 작품은 욕설과 저주 등 강렬한 언사로 이루어지는 여성의 저항 의지와 행위를 수반하고 있다. 결코 예외가 없다. 이런 경우가 열행의 죽음에서 가장 일반적이다.

이 저항 의지와 행위가 발생한 그 시점에서 구체성을 확인하는 것은 불가능하다. 하지만 그것들은 모두 유가적 윤리로 착색된다. 「신씨취사」(28)의 신씨辛氏는 양위梁緯의 아내다. 양위는 유요劉曜에게 살해된다. 유요가 신씨의 자색을 보고 아내로 삼고자 하니, 신씨가 이렇게 말한다.

> 첩이 들으니, 남자는 의열義烈로 살고, 여자는 두 번 초례를 치르지 않는다 하였습니다(妾聞男以義烈, 女不再醮). 첩의 남편이 이미 죽었으니 혼자 목숨을 보존할 수 없습니다. 또 부인이 두 번 욕을 당한 뒤라면, 명공이 또한 어디에 쓰겠습니까? 바라옵건대 곧 죽어 지하에서 시부모님을 섬기고자 합니다.[123]

신씨는 이어 목을 매어 자살한다. 여기서 "여자는 두 번 초례(결혼)하지 않는다"는 발언은 앞에서 검토한 『소학』에 인용된 『예기』「교특생」郊特牲의 "一與之齊, 終身不改. 故夫死不嫁"에서 유래한 것임은 두말할 필요가 없을 것이다. 이런 의식은 「이씨액옥」(56)에서 사방득謝枋得의 아내 이씨가 원군元軍에게 잡히자, "내가 어찌 두 지아비를 섬기랴?"[124] 하고, 자살하는 경우에서도 찾을 수 있다.

'부사불가'夫死不嫁를 명언하지 않았다 해도, 죽음을 선택했던 여성들은 모두 이 이데올로기에 감염되어 있었던 것으로 보인다. 「이두투애」(47)에 나오는 두씨竇氏의 두 딸은 군도群盜가 봉기했을 때 "차라리 죽을지언정, 의리로 보아 욕을 당할 수는 없다"[125] 하고 언덕 아래로 투신자살하는데 이 경우의 '의리'가 바로 그것이며, 「유씨투정」(39)에서 배륜裵倫의 아내가 설거薛擧의 난에 딸과 며느리들에게 집단 자살을 권유하면서 "우리 집은 전해 오는 가풍이 있다. 의리로 보아 뭇 도적에게 욕을 당할 수는 없다"[126]고 했을 때의 가풍과 의리는 모두 동일한 것으로 보인다.[127]

요컨대 이런 상황에서의 저항 의식은 자연적인 것이라기보다는 유가적 윤리, 즉 열녀의식에 바탕을 두고 있는 것으로 보인다. 이 점을 다른 경우의 죽음을 예로 보완해 보자. 위의 경우는 결국 남편이 아닌 남성과의 성행위를 거부하고 죽음의 길을 선택한다는 동일한 이야기인데, 이것은 개가를 거부하고 죽음을 선택하는 경우와 사실상 동일한 것이다. 개가 거부→죽음은 「왕후투화」(6), 「이씨감연」(35), 「상자둔거」(42), 「주주사애」(62), 「동아자액」(72) 모두 다섯 편이다. 이 이야기들은 남편이 죽고, 친정 부모의 강력한 개가 요구를 거절하고 결국 죽음(자살 혹은 자연사)으로 생을 마친다는 동일한 서사 구조를 갖는다.

가장 전형적인 「동아자액」(72)의 전문을 인용한다.

> 이동아李冬兒는 견성甄城 사람 정종신丁從信의 아내다. 23세에 정종신이 죽었다. 상복을 벗자 부모가 불러서 물었다.
> "네가 젊어 청상과부가 되었고 자식도 없으니, 어떻게 홀로 살겠느냐? 너를 위해 사위를 다시 고르는 것이 어떻겠니?"
> 이동아는 따르지 않고 정종신의 무덤에 가서 곡을 하고는 무덤 곁 나무에 목을 매려 하였으나 집안사람이 막아서 죽지 못했다. 날이 저물어 정종신의 집으로 돌아가 밤 이경에 방에 들어가 새 옷을 갈아입고 목을 매고 죽었다.[128]

「동아자액」(72)의 경우에서 보듯, 개가 거부→죽음에서 남편 이외의 남성과의 성관계(곧 개가)를 요구하는 것은, 친정 부모다. 개가 거부→죽음에서 여성은 일반적으로 젊은 여성이므로, 친정 부모가 남편 없는 딸을 다시 결혼시키고자 하는 것은 인정에 합하며 자연스러운 것으로 여겨진다. 앞에서 검토한 「예종매탁」(22)이나 「동씨피면」(77)의 경우, 성적 요구가 전쟁이나 반란 등으로 인한 폭력에서 기인한 것이어서 불가피성이 인정된다고 할 수 있으나, 친부모의 말을 거역하면서까지 개가를 거부하고 거부의 수단으로 죽음을 선택한다는 것은, 이미 '일부종사'一夫從事의 이데올로기에 감염된 것으로 볼 수밖에 없다. 죽음으로 끝난 것은 아니지만, 친정부모의 개가 권유를 거부한 경우로, 「유모자서」(69)의 유신지兪新之의 아내 문씨聞氏를 들 수 있다. 유신지가 죽은 뒤 부모가 문씨를 개가시키려고 하자 문씨는 울면서 이렇게 말한다. "한 몸으로 두 남편을 섬기는 것은 열부烈婦가 부끄럽게 여기는 바입니다. 제가 살지 않을 수는 있으나, 부끄러움을 모를 수야 있겠습니까?"[129] 즉 모든 저항은 유가의 윤리에서 출발하고 있는 것이다.

앞의 전쟁, 반란 등의 상황에서의 죽음 외에 가장 많은 경우는 남편이 사망하여 남편을 따라 죽는 경우다. 전쟁에서의 강간의 경우 성행위를 강요하는 남자가 존재하지만, 남편의 사망은 단순히 성적 대상자의 소멸일 뿐이다. 이 경우 죽음을 선택하는 것 역시 성적 종속성을 실천하는 한 방식이다. 그것은 죽은 남편이 유일한 성적 대상자라는 것을 확인하고 죽음으로써 다른 상대와의 성적 행위를 적극적으로 포기한다는 의미를 갖는다. 「황영사상」(1)에서 순舜임금이 죽자, 아황娥皇과 여영女英이 상강湘江에 투신자살한 것을 시작으로 하여, 남편이 병으로 죽자 뽕나무에 목을 매어 죽은 조선의 「여귀액엽」(109)까지 열두 편에 달한다.[130] 이 죽음들 역시 일부종사 이데올로기의 산물이다. 예컨대 「유씨동혈」(37)에서 양성왕襄成王 양각楊恪의 비妃 유씨柳氏는 수양제의 명령으로 부부가 헤어질 때 "왕이 죽으면 홀로 살지 않겠습니다"[131]라고 말하고, 양각이 죽자 목을 매어 자살한다. 「부처구사」(95)의 부모傅某의 아내 악씨岳氏는 18세에 남편이 죽을 때 "당신은 젊으니 다음 남편을 잘 섬기시오"라고 하자 "어찌 차마 다른 사람을 섬길 수 있겠습니까? 차라리 같이 죽을지언정 홀로 살지는 않으렵니다"[132] 하고 남편이 죽자 목을 매어 자살한다. 죽음을 택하고 홀로 살지 않겠다는 것은 일부종사 이데올로기이다. 남편 따라 죽기의 원형은 아마도 「식처곡부」(17)에서 찾아야 할 것이다. 제장공齊莊公이 거莒를 공격했을 때 기량식杞梁殖이 전사하자 그의 아내는 장례를 치르고 죽는다. 죽기 전에 이런 말을 한다.

> 내 어디에 의탁하랴? 대저 부인이란 반드시 의지하는 사람이 있어야 하는 법이다. 아버지가 있으면 아버지에게, 남편이 있으면 남편에게, 아들이 있으면 아들에게 의지하는 법이거늘, 지금 나는 위로는 아버지가 없고 중간으로는 남편이 없으며 아래로는 자식이 없어, 안으로는 의지해 내 정성을 보일 곳이 없고, 밖으로는 의지해 내 절개를 보일 곳이 없구나. 내 어찌 두 남편을 섬길 수 있으랴? 또한 죽을 뿐이다.[133]

기량식의 아내는 자신이 '삼종'의 어느 경우에도 속하지 않는다고 하지만, 그녀가 죽음을 선택하게 된 것은 남편의 부재 때문이다. 남편의 부재로 인한 죽음이 일부종사와 동일한 것임은 두말할 필요가 없다.

이상에서 살핀 바와 같이 열녀의 죽음은, 여성은 오로지 한 사람의 성적 상대만을 가져야 한다는 관념에서 비롯된 것이다. '일부종사'이건 '삼종지의'건 표현의 편차는 있지만, 열녀의 의식 저변에는 남성에 대한 여성의 성적 종속성이 설정되어 있는 것이다.

또 한 가지 여성의 죽음 형태는, 남편 대신 죽음을 선택하는 것이다. 앞서 검토한 열녀편의 모든 열녀담이 기본적으로 남편의 부재, 곧 유일한 성적 대상자의 부재와 관련되어 있듯, 이 경우도 마찬가지다. 이런 점에서 열녀편에서 위기의 국면에서 남편을 대신하여 (남편은 살리고) 죽음을 택하는 경우, 곧 대사代死의 경우를 상정할 수 있다. 「절녀대사」(19)는 남편의 원수가 남편을 죽이려고 하자, 남편 대신 침상에 누워 있다가 죽음을 당한다. 「원강해곡」(24)에서 원강媛姜은 남편 성도盛道가 반란을 일으켰다가 잡히자, 남편과 아들을 탈옥시키고 자신은 남아 있으며 그 사실을 은폐하다가 죽음을 당한다.

이 경우는 상당히 확장될 수 있다. 「주처견매」(51)와 「취가취팽」(86)에서 주적의 아내는 남편이 고향으로 돌아가는 여비를 마련하기 위해 자신의 신체를 인육으로 팔고, 취가는 남편의 목숨을 살리기 위해 자신의 몸을 반란군에게 인육으로 제공하고 솥에서 삶아진다. 호환虎患을 당한 남편을 살리기 위해 자신의 목숨을 생각하지 않고 범에게 덤벼든 경우(「김씨박호」(107))나 도둑이 남편을 죽이려 할 때 여성이 가로막아 스스로 칼을 맞는 경우(「열부중도」(50)) 역시 모두 남편의 죽음 혹은 죽음의 위기에서 여성이 대신 죽음을 선택하는 경우다.

대사代死의 경우는 여성이 스스로 죽음을 선택함으로써 유일한 성적 대상자를 존속시키고 자신의 성적 종속성을 관철시키려는 의지의 산물이기에 역시 열행이 된다. 삼종지의에서 보듯, 여성은 주체를 박탈당한 존재이며, 오로지 성적 대상자인 남성에 기생하는 존재이므로, 남편의 부재는 자신의 부재가 된다. 따라서 남편의 가치는 자신의 가치보다 선행하며, 남편을 살리기 위해 자신의 생명을 버린다는 논리가 성립한다. 요컨대 이 이야기들은 성적 대상자가 위기에 빠졌을 때, 여성의 생명을 요구하는 것이다.

『삼강행실도』 열녀편에서 '열행'의 주류는 여성의 죽음이었다. 여성에 대한 남성의 성적 지배욕이 발명한 '열'이라는 윤리는, 이제 여성의 신체 자체 즉 생명의 포기를 요구하는 데까지 나아갔다. 남성이 여성을 위해, 남편이 아내를 위해 자신의 신체를 훼손하는 경우는 존재하지 않는다는 점에서 이루 말할 수 없는 불평등이었다. 『예기』는 불평등을 말했지만 여성의 생명을 노골적으로 요구하지는 않았다. 사대부들은 『삼강행실도』

를 만들면서 죽음을 찬미하고 있다.

『삼강행실도』열녀편은 성적 종속성의 관철을 위해 여성의 생명까지 요구했다. 즉 열녀편은 여성의 생명의 처분권을 윤리의 형식으로 남성이 소유하겠다는 책략의 소산이었다. 그 방법은 죽음이 압도적이었고, 그 죽음의 방식 역시 다양하게 제시하고 있었다. 즉 여성에게 열행을 실천해야 한다고 요구할 경우, 그 실천 방략이 제시되지 않는다면 그 요구는 무의미하다. 다시 말해 그것은 죽음을 가장 고귀한 최종적 단계로 설정하면서, 그 단계에 이르는 세부 방법을 고안했던 것이다.

이 세부 방법을 다시 검토해 보자. 먼저「주처견매」(51)와「취가취팽」(86)을 실마리로 삼아 보자. 두 작품의 전문을 인용한다.

주적周迪이 장사를 잘하여 광릉 지방을 오가며 장사를 하였다. 때마침 필사탁畢師鐸의 난이 일어나 사람들이 서로를 잡아 팔아서 먹을 것을 해결하였다. 주적은 굶주린 나머지 곧 죽을 지경이 되었다. 아내 모씨某氏가 말했다. "지금 돌아가려면 둘 다 무사하지는 못할 것입니다. 당신은 부모님이 계시니 함께 죽을 수가 없습니다. 내가 팔려서 당신이 가도록 돕겠습니다."
주적은 차마 그렇게 할 수가 없었다. 아내는 억지로 가게에 가서 자신을 팔아 수천 전錢을 얻어 주었다. 주적이 성문에 도착하니, 성문을 지키는 자가 신원을 묻고는 속이는가 의심하여 주적을 데리고 가게에 가서 사실을 물었는데, 아내의 머리가 이미 쪼구미에 있는 것이 보였다. 주적이 남은 지체支體를 싸 가지고 와서 돌아와 장사를 지냈다.[134]「주처견매」

이중의李仲義의 아내 유씨劉氏는 이름이 취가翠哥이고 방산房山 사람이다. 지정至正 20년(1360)에 고을에 큰 흉년이 들었다. 평장平章 유합랄불화劉哈剌不花의 군사가 식량이 바닥나자, 이중의를 잡아 삶아 먹으려 하였다. 중의

의 아우 마아馬兒가 달려가 유씨에게 알리자, 유씨는 남편을 구하려고 달려갔다. 울며 땅에 엎어져 군사에게 부탁했다.

"잡혀 있는 사람은 제 남편입니다. 부디 불쌍히 여겨 살려 주세요. 우리 집에 독 하나와 쌀 한 말 닷 되를 묻어 두었으니, 파내어 가져 가시고, 대신 제 남편을 살려 주세요."

군사들은 듣지 않았다. 유씨는 이렇게 말했다.

"제 남편은 몸이 마르고 작아서 먹을 것이 없습니다. 살지고 검은 여자는 맛이 좋다 하는데, 제가 살지고 검습니다. 제가 삶겨져 남편 대신 죽겠습니다."

군사들은 남편을 놓아주고 유씨를 삶아 먹었다.[135]_「취가취팽」

반란과 흉년이 든 위기의 상황이다. 주적의 아내는 인육이 거래되는 상황 속에서 자신의 신체를 '인육'으로 팔아 남편이 고향으로 돌아갈 여비를 마련한다. 이상하게 여긴 성문지기 때문에 남편이 다시 돌아와 보니 아내의 머리가 인육을 파는 가게의 들보 위 기둥에 걸려 있다. 취가는 남편이 삶겨 죽을 위기에 처하자 자원해서 삶겨 죽고 남편을 구한다.

주적의 아내는 남편의 여비를 마련하기 위해 자신의 신체를 팔고, 그 신체는 '고기'로 해체되어 가게에 진열된다. 취가는 남편을 대신하여 삶겨서 죽기를 자원하면서 자신의 '인육'이 남편의 것보다 더 맛이 있을 것이라고 말한다. 남편을 살리기 위하여 아내가 스스로 생명을 포기하는 이 잔혹한 이야기의 의미는 무엇인가. 성적 대상자인 남편을 살리기 위한 여성의 죽음이 성적 종속성의 변주임은 이미 언급한 바 있다. 요컨대 '열'이라는 윤리의 실천을 위해, 남성은 여성의 신체(생명)까지 요구하고 있는 것이다.

성적 종속성의 관철(실천)의 유력한 방법으로 여성에게 요구한 신체 희생은 『삼강행실도』 열녀편에 즐비하다. 「고행할비」(20)에서 양梁나라의 과부 고행高行은 남편이 죽고 과부가 되자 양나라 왕이 결혼을 청한다. 고행은 이렇게 말한다.

> 첩은 듣건대, 부인의 도리는 한 번 결혼을 하면 다시 결혼하지 말고(一往而不改) 정신貞信의 절개를 지켜야 한다 했습니다. 죽음을 버리고 살고자 한다면 이것은 불신不信이요, 귀하게 되어 천했을 때를 잊는다면 이것은 부정不貞입니다. 도리를 버리고 이익을 따른다면 사람 노릇을 할 수가 없습니다.[136]

"한 번 결혼하면 다시 결혼하지 않는다"(一往而不改)는 성적 종속성을 실현하기 위해, 고행은 자신의 코를 베어 버린다. 그리고 이렇게 말한다. "첩은 이미 저 자신에게 형벌을 내렸습니다. 첩이 죽지 못하는 것은, 차마 어린 자식을 두 번이나 고아로 만들 수 없기 때문입니다. 왕께서 첩에게 바라는 바는 미색美色인데, 이제 형을 받은 사람이 되었으니, 놓아주실 수도 있을 것입니다."[137]

이렇듯 개가 거부의 의사를 관철하기 위해 신체의 일부를 훼손하는 것은 열녀편에서 가장 유력한 방법으로 등장한다. 가장 간단한 것은, 「숙영단발」(41), 「유모자서」(69)처럼 머리털을 자르는 것이지만, 귀를 자르는 방법도 있었다. 「영녀절이」(25)에서 영녀令女는 남편 사후 친정의 개가 강요가 두려워 머리털을 잘랐다가, 친정에서 실제 개가를 요구하자 양쪽 귀를 자르고, 다시 권고하자 코를 베어 버린다. 「이씨감연」(35)에서도 이씨李氏는 남편 사망 후 친정에서 개가를 권유하자 양쪽 귀를 잘라 버린다.

얼굴과 손가락, 팔을 훼손하는 경우도 있다. 「원씨훼면」(38)에서 수隋나라 화양왕華陽王 양해楊楷의 비妃 원씨元氏는 원무달元武達이 성관계를 요구하자 자신의 얼굴에 스스로 상처를 낸다. 「숙안조면」(70)에서 숙안淑安은 친정 부모의 개가 권유에 자신의 얼굴을 할퀴고 피를 흘리면서 거부한다.「위씨참지」(44)에서 위씨魏氏는 음악에 조예가 있었던 바, 서경업徐敬業의 군사가 연주를 요구하자 손가락을 잘라 버린다.「이씨부해」(52)에서 이씨李氏는 남편의 시신을 지고 돌아오다가 여관 주인이 투숙을 거부하고 이씨의 팔을 끌어 문 밖으로 내치자, 팔이 더러워졌다면서 자신의 팔을 도끼로 잘라 버린다.

신체 훼손의 묘사 역시 극히 잔혹하다.「동씨피면」(77)의 경우, 관군이 성폭행을 하려 하자 극력 저항한다. 이 부분의 묘사를 보자.

> 한 병졸이 칼로 왼팔을 쳤지만 그래도 굴복하지 않았다. 또 다른 병졸이 그의 오른팔을 쳤지만 그래도 욕을 계속 퍼부었다. 병졸들이 이에 동씨의 얼굴 가죽을 벗기고 떠났다. 동씨는 이튿날 죽었다.

칼로 왼팔을 자르고 이어 오른팔을 자르고, 그 뒤 얼굴의 가죽을 벗기는 장면을 여과 없이 그대로 나열하고 있다.「동씨피면」은 전체가 98자인데, 이 장면은 32자다. 3분의 1 이상을 여성의 신체를 잔혹하게 훼손하는 장면을 묘사하는 데 소비한다.

「모씨고장」(81)에서 모씨毛氏는 남편을 따라 피난하다가 도적에게 잡힌다.

> 도둑이 모씨를 위협했다. "나를 따라가면 너에게 금을 많이 주겠다. 아니면 죽이겠다." 모씨가 "차라리 내 심장을 쪼개라. 네 놈의 금은 원치 않는다" 하자 도둑이 칼로 모씨의 몸을 저몄다. 모씨가 큰 소리로 욕을 퍼부었다. "이 바수어 죽일 도둑놈아! 네놈이 바수어지면 구린내가 날 것이고, 내가 바수어지면 향기가 날 것이다." 도둑이 노하여 모씨의 창자를 갈라 놓고 떠났다.[138]

이런 예에서 보듯, 열녀편은 성적 종속성의 관철(실천)을 위하여 여성의 신체 전체, 혹은 신체의 일부를 바칠 것을 요구했다. 그리고 신체를 포기하고, 일부를 훼손하는 장면을 지극히 잔혹한 언어로 재현하는 데 열중한다.

자신의 신체를 학대하며 훼손하는 방법은 뒷날 여러 형태로 모방, 변형되었다. 남편이 병들자 상분嘗糞까지 하면서 간호하고, 남편이 사망하자 묘 옆에서 살며 머리를 빗지 않고 얼굴을 씻지 않으며 상을 치를 때 애훼哀毀가 예禮를 넘는다든가〔「왕씨경사」(79)〕, 남편 사망 이후 개가를 강요당하자 머리털을 자르고 발을 벗어 개가하지 않을 것을 맹세한다든지〔「이씨감연」(35)〕 여러 방식으로 변주된다. 음식을 거부하거나 거친 음식만을 먹거나, 거친 잠자리에서 자거나, 몸을 씻지 않거나, 거친 옷을 입거나 하는 것은 모두 자기 가학加虐의 연장인 것이다.

『삼강행실도』 열녀편에 나타난 여성의 신체에 대한 남성의 요구는 대단히 잔혹했다. 그것은 모두 여성의 자발적 선택이라는 외피를 쓰고 있다. 주적의 아내와 취가는 스스로 자신의 신체를 인육으로 팔았으며, 자신의 코를 스스로 베었다. 이런 점에서 열녀편은 '자기 가학적 신체의 훼손'이라는 방법으로 열의 실천을 유도한다. 예컨대 국가-남성은 세부적 장치들이 한없이 복제되고 변형될 것을 바랐던 것이니, 조선이 『삼강행실도』의 보급에 그렇게 몰두했던 이유가 바로 여기에 있는 것이다.

열녀편에서 '열'은 비일상적 상황에서조차도 남성에 대한 여성의 성적 종속성을 강요하면서, 그것을 여성의 신체를 훼손하거나 또는 신체 훼손의 극점인 죽음으로 실천할 것을 요구하였다. 그리고 이 잔혹한 행위로서의 실천을 여성의 자발성에 의해 이루어지는 것처럼 묘사하였다. 신체 훼손과 죽음, 그리고 자기 가학적 잔혹성은 열녀의 탄생을 유도하기 위해 열녀편의 편자인 국가-남성이 만든 세부 장치였다. 여성이 스스로 자기

의식 속에 이를 복제할 것을 요구하였다.

3. 여성 일상의 지배 —『내훈』

『소학』은 남성이 읽기 위한 책이었다. 그것은 한문으로 쓰였다. 여성이 『소학』을 읽으려면 언해가 필요했다. 최초의『소학』의 언해는 1523년 중종의 명으로 이루어졌으나 지나친 의역으로 선조 때에 와서 다시 이루어진다. 중종이『소학』의 언해를 명한 것은 여항의 부녀자와 어린아이까지 『소학』을 알게 하려는 것이었지만,[139] 이 책이 부녀자와 어린아이의 손에 쥐어진 것은 물론 아니었다. 또 이 언해본 역시 여성의 독서를 위해 만들어진 것은 아니었다.『소학』은 원래부터 남성의 책이었지 여성이 읽을 책은 아니었던 것이다.『삼강행실도』열녀편이야말로 여성이 읽을 책이었다.『삼강행실도』는 위기의 상황 속에서도 신체 훼손, 죽음과 같은 잔혹한 방법을 통해서라도 성적 종속성이 관철되어야 한다는 것을 말했다. 즉 종속성의 극한치를 요구한 것이다. 이 극한치는 당연히 일상에서의 남성에 대한 종속성, 즉 복종을 포함한다. 그렇다면 그 일상에서의 복종은 어떻게 실천되어야 하는가. 어떤 실천 세목을 가져야 할 것인가. 어떤 프로그램으로 여성의 대뇌를 포맷하여 여성을 일상에서 가부장적 지배에 복종하는 기계로 만들 것인가. 예컨대 중종 12년(1517) 6월 27일 홍문관은 이렇게 말하고 있다.

> 그러나『삼강행실도』에 실려 있는 것은, 거의가 다 변고와 위급한 순간을 당했을 때 몇몇 소수의 특별한 사람이 할 수 있는 격월激越한 행실이지 일상생활에서 늘 실천하는 도리는 아니니, 누구에게나 요구할 수 있는 바가 아닙니

다. 하지만 『소학』이라는 책은 일상생활에 절실한 책임에도 불구하고, 여항의 서민과 글을 모르는 부인들은 읽고 익히기 어렵습니다. 바라옵건대 여러 책 가운데에서 일상생활의 쓰임에 가장 절실한, 예컨대 『소학』이라든가 『열녀전』, 『여계』女誡, 『여칙』女則 등의 책을 언문으로 번역하고 인쇄해서 중외에 두루 반포하게 하소서.[140]

『삼강행실도』의 성격을 정확하게 파악하고 여성의 일상을 지배하는 책을 만들 것을 희망한 것이다. 일상의 책으로는 『소학』이 있지만 그것은 한문으로 쓰인 것이다. 이제 『소학』과 새로운 『열녀전』, 『여계』女誡, 『여칙』女則의 번역이 필요하게 되었다.

여성의 일상을 훈육하는 텍스트의 필요는 일찍부터 제기되었다. 세조는 5년(1459) 8월 21일 우승지 이극감李克堪과 세자 필선 홍응洪應에게 명하여 전대의 '여훈'女訓을 찬술撰述하여 바치라고 명한다.[141] 여러 문헌에서 '여훈'을 뽑아서 책으로 엮으라는 명령이다. 왕명이었으니 책은 만들어졌을 것이지만, 인쇄 여부는 알 길이 없고 책의 내용도 짐작할 길이 없다. 하지만 '여훈'은 뒷날 책 이름으로 그대로 쓰이고, 그 내용이 여성의 일상을 지배하는 내용으로 구성되어 있으니, 세조조의 '여훈' 역시 같은 성격의 책이었을 것이다.

세조의 '여훈'은 여성의 일상을 지배하려는 의도에서 나온 것이 분명하다. 이것은 이어지는 여러 증거들로 입증할 수 있다. 성종 1년(1470) 2월 7일 왕은 왕궁 내에 있던 『여계』女誡 한 질을 예문관에 내리며 구결을 달아 오라고 명한다.[142] 왜 구결을 달아 오라고 명했는지 그 이유는 분명하지 않다. 성종이 읽을 책이라면 굳이 구결을 달 필요가 없었을 것이다. 아마도 궁중의 여성을 교육하기 위한 것으로 보인다. 그런데 여기서 정작 중요한 것은 『여계』라는 책 자체다.

『여계』는 후한後漢 반소班昭의 저작이다. 반소는 『전한서』前漢書의 작자 반고班固와 서역을 정벌했던 장군 반초班超의 동생이다.[143] 화제和帝의 희등태후熹鄧太后가 궁중으로 불러 여사女師로 삼자 황후와 귀인들이 스승으로 삼았다. 반소의 『여계』는 여성사에서 대단히 중요한 책이다. 이 책은 뒷날 다양한 형태로 가공되어 여성의 일상을 지배하는 담론의 줄기를 이루었다. 즉 같은 한대에 만들어진 『열녀전』, 『예기』와 함께 이 책은 동아시아 사회에서 유교적 여성관을 '제작'하는 데 결정적인 기여를 했다. 대단히 중요한 저술이니, 먼저 『여계』에 내해 간단히 살펴보자.

『여계』는 「비약」卑弱·「부부」夫婦·「경순」敬順·「부행」婦行·「전심」專心·「곡종」曲從·「화숙매」和叔妹 등 모두 7개의 장으로 구성되어 있다. 그중 1장 「비약」은 여성이라는 존재에 대한 정의, 「부부」·「경순」·「부행」·「전심」은 남편과의 관계에서의 여성의 의식과 실천, 「곡종」은 시부모에 대한 복종, 「화숙매」는 남편의 남동생, 여동생과 화목하는 방법을 말하고 있다. 즉 이 책은 여성에 대한 정의 → 남편 → 시부모 → 남편의 형제와의 관계로 나아가고 있다. 이 관계는 곧 남편을 중심으로 하여 전개되는 부계적父系的 출계 조직 속에서 여성이 가져야 할 의식과 실천을 말하는 것이다. 즉 여성은 오로지 남편과 시집 속에서 규정되는 존재로, 여성의 도덕적 윤리적 실천은 오로지 가부장적 구조 속에서만 가능하다는 것을 말하고 있는 것이다.

먼저 1장 「비약」의 서두를 인용해 본다.

옛날에는 딸이 태어난 지 3일이 되면 침상 아래 누이고 실패를 쥐어 주며, 잘 씻겨서 조상의 사당에 데리고 가 태어났음을 보고하였다.
①여아를 땅에 눕히는 까닭은 여자는 낮고 유약한 존재로서 다른 사람의 아래에 처해야 함을 밝힌 것이다.

②여아에게 실패를 쥐어 주는 것은 커서 근로의 정신으로 삼가 노력하는 것에 힘써야 함을 밝히고자 한 것이다.

③아이를 깨끗이 씻겨 조상의 사당에 데리고 가서 보고하는 것은 조상의 제사를 지내는 것을 중요한 일로 삼아야 함을 밝히기 위함이다.

이 세 가지는 여자가 해야 할 마땅한 도리이며, 예법의 확고한 가르침이다.[144]

①이 『여계』의 이념적 기초다. 여성은 낮고 유약한 존재라는 것, 따라서 다른 사람의 아래, 실제로는 남성의 하위에 처해야 한다는 정의는 가장 긴요한 지식이었다. 이에 근거해 『여계』는 여성이 위계상 남성의 하위자라는 것을 끊임없이 되풀이하기 때문이다.

이 위계질서 속에서 반소는 여성이 남성의 아래에 처하는 방법, 즉 복종의 방법을 역설한다. 가장 기본적인 방법의 원리는 여성의 일방적인 정신적, 육체적 희생이다. "여자는 겸양 공경의 정신으로 다른 사람을 먼저 하고 나를 뒤로해야 한다. 좋은 일이 생겼다고 나서지 말 것이며, 궂은 일이라고 마다하지 말 것이다. 욕된 일은 참아내고 수치를 삭히어, 항상 조심하고 두려운 듯해야 한다. 이것이 낮고 약한 존재로서 다른 사람의 아래에 처하는 방법이다."[145] 정신적 희생이다. 육체적 희생은 무엇인가. "늦게 자고 일찍 일어나, 밤낮을 가리지 않고 자잘한 모든 일을 해내야 하며, 한 번 시작한 일은 힘들고 쉬운 것을 가리지 않고 끝을 보아야 한다. 한 번 손 댄 것은 마무리해야 하니, 이것을 '일을 한다'고 하는 것이다."[146] 인고의 세월 운운하는 여성의 정신적·육체적 희생은 바로 여기서 배태된 것이다.

이것으로 끝이 아니다. "낯빛과 몸가짐을 단정하게 하여 남편을 섬기고, 스스로를 맑고 깨끗하게 가다듬어 웃고 노는 일을 멀리하며, 술과 음식을 정결하게 마련하여 조상을 받들어야 하니, 이것을 '제사를 잇는다'고 하는 것이다."[147] 『여계』는 남성의 하위자로서의 여성이 가부장적 조직 내부에 유폐된 채, 부계적 구조를 재생산하는 의례 행위, 곧 제사에 관련된 노동을 희생적으로 맡아야 함을 주장한다.

『여계』는 이런 가부장적 가족 구조 속에서 가부장제에 복종하고 가부장제를 재생산하는 여성의 위상과 역할을 관철시키기 위한 담론이다. 2장 「부부」에서 반소는 남성-남편은 여성을 통솔하는 존재, 여성-아내는 남성을 섬기는 존재로 규정한다.[148] 3장 「경순」은 남성에 대한 공경과 순종을 부인의 가장 큰 예로 말한다. 5장의 「전심」은 남편을 섬기는 데 집중할 것을 명령한다. 여기에 일부종사가 되풀이된다. "예에는 남편이 다시 장가갈 수 있는 근거가 있지만, 부인이 두 번 시집갈 수 있다는 글귀는 없다. 그래서 '남편은 하늘이다. 하늘을 근본적으로 어길 수 없듯이, 남편을 절대로 떠날 수 없다'고 하는 것이다."[149] 이 발언은 매우 중요하다. 일부종사는 앞에서 이미 검토했듯, 남성에 대한 여성의 성적 종속성이었다. 반소는 그 종속성을 확대하여 남성-남편을 하늘이라 말한다. 하늘은 곧 천리天理인 바, 남편은 여성에게 있어 진리로서 행위의 준거가 된다. 그리하여 이런 결론이 나온다. "남편 한 사람의 뜻을 얻으면 종신토록 함께 살 수 있고, 남편 한 사람의 뜻을 얻지 못하면 영원히 헤어질 수밖에 없다."[150] 여성이라는 존재는 오로지 남성-남편의 존재로 인하여 그 의미를 갖는 완전히 종속적 존재가 되었다. 6장 「곡종」에서는 남편의 마음을 얻기 위해 시부모를 곡진히 따르되, 시어미의 명령이 옳건 그르건 무조건 순종하며 시비곡직을 따지지 말 것을 말하고 있으며, 7장 「화숙매」에서는 겸손으로 시집의 형제자매와 화합할 것을 말하고 있다.

『여계』는 부계적 가족 구조 속에서 오로지 남편과 시집에 대해 복종하는 태도로만 윤리적 정당성을 실천할 수 있다고 끊임없이 설파한다. 남편과 시집의 절대적 권위에 복종해야 하기 때문에 저항할 경우 폭력도 용인된다.

남편을 무시하는 것이 정도를 넘어서면 꾸지람을 듣고, 화내는 것이 그치지 않으면 회초리를 맞는다. 부부란 의리로서 화친하고 사랑의 마음으로 화합하는 것인데, 매질이 있게 되면 어떻게 의리를 유지할 수 있으며, 비난이 난무하는데 어떻게 사랑하는 감정이 있을 수 있겠는가? 사랑이나 의리가 없어지면 부부는 서로 헤어질 수밖에 없다.[151]

남편에 대한 무시, 분노를 전제하고 있지만, 이것이 남성의 가정 내 폭력을 정당화한 기원이다. 요컨대『여계』는 여성에 대한 가정 내의 폭력까지 용인하면서 일상에서의 가부장제에 대한 철저한 복종을 말하고 있는 것이다.

그렇다면 구결을 단『여계』는 과연 어떻게 되었던가. 이후 행방을 알 수는 없다. 하지만 여성의 일상 행동을 의식화시키기 위해『여계』라는 텍스트가 의식되고 있다는 것은 주목할 만한 현상이다. 왜냐하면 이것은 여성의 훈육 과정에 대한 일련의 책이 계속 출현했다는 의미이기 때문이다. 성종은『여계』에 구결을 달아 오라고 명하고 나서 2년 뒤에(1472. 성종 3년) "역대歷代의 제왕帝王과 후비后妃의 착하고 악한 것으로 본받을 만하고 경계할 만한 것을 채택"하여『제왕명감』帝王明鑑,『후비명감』后妃明鑑을 저술한다.[152]『후비명감』은 후비를 위한 것이라고 표방하지만, 역시 여성의 교육을 위한 저작임은 두말할 필요가 없다.[153] 다만 이 책이 전해지지 않기에 그 내용을 확인할 수는 없다.

여성의 일상을 지배하기 위한 저작으로 가장 의미 있는 것은, 성종의 모후인 소혜왕후昭惠王后 한씨韓氏가 엮은『내훈』內訓이다.『내훈』의 편찬 연대는 1475년(성종 6)이니,『여계』의 현토(1470),『후비명감』의 편집(1472)의 연장선상에 있다.『내훈』은 여성을 의식화하고자 제작되었던 책의 역사에서 중대한 의미를 갖는다. 이 책은 조선 시대를 관통하면서 여러 차례 인쇄·반포되었으니, 그만큼 영향력이 있었던 것이다.

『내훈』의 편찬 동기를 보자. 소혜왕후는 서문에서 이렇게 묻는다. "사람은 천지의 영靈을 품부 받고, 오상五常의 덕을 갖고 태어난다는 점에서 균질한 존재다. 하지만 개별적 인간이 난초와 풀처럼 차이가 있는 이유는 무엇인가." 소혜왕후는 수신修身 여부에 따라 차이가 결정된다고 답한다.[154] 즉 도덕의 보편적 초험성을 강조하되, 동시에 후천적 교육, 즉 의식화가 인간의 차이를 결정한다는 것이다. 그렇다면 여성은 어떤 상태에 있는 존재인가.

> 대저 남자는 호연한 일에 마음을 두고 놀며, 미묘한 여러 이치를 음미하여 스스로 시비를 구별해 내어 자신을 지킨다. 어찌 나의 가르침을 기다린 뒤에 실천하는 일이 있겠는가?
> 하지만 여자는 그렇지 않다. 단지 짜는 베의 굵고 가는 것만을 알 뿐이고, 덕행이 구름처럼 높은 줄을 알지 못한다. 이것이 내가 날마다 유감으로 여기는 바다.[155]

남성과 여성의 성 역할은 날카롭게 나뉜다. 남성은 '호연'한 곳, 즉 무언가 크고 넓은 것에 마음을 기울이면서 온갖 미묘한 이치를 캐고 음미하여 사리의 옳고 그름을 판단하고, 그 판단에 근거해 자신의 행동을 스스로 제어할 수 있는 존재다. 남성은 세계에 대해 스스로 사유할 수 있는 지적 능력을 갖추고 있으며, 실천적 정당성의 준거를 찾을 수 있는 주체적 인간이다. 이에 반해 여성은 직조와 같은 가내노동에만 골몰하는, 따라서 도덕적 원리와 실천인 덕행을 알지 못하는, 비주체적 인간이다. 이 불합리한 성 역할의 구분에 근거해 소혜왕후는 『내훈』에서 여성의 교육을 말하려 했던 것이다.

『내훈』은 『소학』, 『삼강행실도』 열녀편과 같이 소혜왕후의 저작이 아니라 편집서이다. 소혜왕후는 『내훈』이 『소학』, 『열녀전』(『고금열녀전』) 『여교』女教, 『명감』明鑑 등에서 인용·편집되었음을 스스로 밝히고 있다. 이 원전들은 어떤 방식으로 인용되고 편집되었던가.

『내훈』은 3권 7장으로 구성되어 있다. 다만 4장인 '부부' 장은 양이 워낙 많아 상하로 나뉘었다. 이 7개 장의 절대 다수의 인용처는 『소학』과 『고금열녀전』이다. 다음에 그 인용처를 밝힌다. 밑줄을 친 것은 『소학』에서, 굵은 서체로 쓴 것은 『고금열녀전』에서 인용된 것이다. 괄호 속의 숫자는 이 두 책이 아닌 다른 책에서 인용된 것들이다.

제1권

1. 언행장(34조목) 2, 4~16, 18~27, 30~34 (1, 3, 17, 28, 29)

2. 효친장(23조목) 1~7, 9~11, 13~23 (8, 12)

3. 혼례장(10조목) 3~10 (1, 2)

제2권

4-상. 부부장 상(12조목) 7, **10~12** (1, 2, 3, 4, 5, 6, 8, 9)

4-하. 부부장 하(4조목) **1~4**

제3권

5. 모의장(14조목) 1, **5~7**, 8, **10**, **11**, 12, **14** (2, 3, 4, 13)[156]

6. 돈목장(9조목), 2~8, **9** (1)

7. 염검장(10조목) 1~9, **10**

『내훈』은 모두 116조목이다. 이 중 『소학』에서 인용된 것이 79조목,

『고금열녀전』에서 인용된 것이 15조목으로 모두 94조목이다. 이것은 전체 116조목의 81퍼센트에 달한다. 『소학』만 가지고 말한다면 68퍼센트다. 소혜왕후는 『소학』, 『고금열녀전』, 『여교』, 『명감』에서 자료를 취한다고 했는데, 『여교』와 『명감』에서 인용된 자료는 5분의 1에 지나지 않는다. 즉 『내훈』은 『소학』을 중심으로 엮은, 사실상 『소학』을 여성용으로 가공한 것에 지나지 않았다. 남성의 독서물로 존재했던 『소학』을 여성이 읽도록 몇 종의 다른 텍스트를 양념으로 첨가하여 변조한 것이 『내훈』이다. 그렇다면 『여교』와 『명감』은 어떻게 인용되고 있는가. 『여교』를 포함하여 여성 교육서라고 짐작되는 책을 인용한 부분을 모두 들어 본다. 논의의 편의를 위해 일련번호를 붙인다.

1. 『李氏女戒』曰: 藏心爲情, 出口爲言.(언행장)
2. 『女敎』云: 女有四德. 一曰婦德, 二曰婦言, 三曰婦容, 四曰婦工.(언행장)
3. 『李氏女戒』曰: 貧者安其貧, 富者戒其富.(언행장)
4. 『女敎』云: 舅姑娶婦, 在能孝之.……(효친장)
5. 『女敎』云: "妻雖云齊, 夫乃婦天. 禮當敬事, 如其父焉.(부부장 상)
6. 夫婦之道, 參配陰陽, 通達神明……(부부장 상)
7. 陰陽殊性, 男女異行. 陽以强爲德, 陰以柔爲用.(부부장 상)
8. 夫有再娶之義, 婦無二適之文. 故曰: "夫者, 天也. 天固不可逃, 夫固不可離也.(부부장 상)
9. 夫得意一人, 是謂永畢. 失意一人, 是謂永訖. 欲人定志專心之言也. ……故『女憲』曰: "婦如影響, 焉不可賞."(부부장 상)
10. 『方氏女敎』云: "百事之生, 多自婦人. 旣悍而妬, 復毒而嗔.(부부장 상)

11. 『方氏女敎』云: "育子辛謹, 欲望其成, 嗣先續門, 送死養生.(모의장)
12. 『女敎』云: "唯姒與娣, 如弟共昆, 情義之篤, 難侔他人(돈목장)

　　소혜왕후는 원래 『여교』를 인용 서목으로 들고 있지만, 보다시피 『이씨여계』李氏女戒, 『여교』女敎, 『방씨여교』方氏女敎 등 3종의 책이 인용되고 있다. 하지만 『여교』와 『방씨여교』는 동일한 책이다.[157] 그런데 『여교』는 임진왜란 직전까지 홍문관에 소장되어 있었던 것이 분명하지만 임진왜란 때 홍문관 장서가 불에 타면서 소실된 것으로 보인다.[158] 남는 것은 자연 『방씨여교』와 『이씨여계』다. 그런데 인용처가 없는 6·7·8·9는 무엇인가. 이것은 앞에서 검토했던 반소의 『여계』를 전재한 것이다. 즉 6번은 『여계』의 2장 「부부」夫婦 전문을, 7번은 3장 「경순」敬順 전문을, 8번은 5장 「전심」專心의 전문을, 9번은 6장 「곡종」曲從 전문을 인용한 것이다. 그렇다면 왜 소혜왕후는 『여계』를 인용 출처로 밝히지 않았을까? 그 해답은 2번에 있다. 2번은 "『女敎』云"으로 시작되어 이하의 내용이 『女敎』에서 인용된 것임을 밝히고 있는데, 이어지는 인용문 "女有四德. 一曰婦德, 二曰婦言, 三曰婦容, 四曰婦工.…… 古人有言：'仁遠乎哉. 牙欲仁, 斯仁至矣.' 此之謂也."는 반소의 『여계』 4장 「부행」婦行의 전문이다. 즉 『여교』는 내부에 반소의 『여계』를 인용하고 있었으며[159] 소혜왕후는 그것이 원래 반소의 『여계』에서 인용된 줄 모르고 인용했을 것이다. 따라서 6·7·8·9번 역시 5번의 『방씨여교』의 인용에 이어 그대로 인용된 것이 틀림없을 것이다. 남은 한 권의 책, 즉 1번과 3번의 인용 근거인 『이씨여계』李氏女戒도 아마 『방씨여계』에서 인용된 것이 아닌가 한다.
　　이제 인용처가 밝혀지지 않은 나머지 부분을 검토해 보자. 정리하면 다음과 같다.

1. 男女不雜坐 ……(언행장)(『禮記』,「曲禮上」) ※ 이 앞에 "離坐離立, 毋往參焉.離立者不出中閒"이라는 부분이 더 붙어 있다.
2. 伊川先生母侯夫人七八歲時, 誦古詩日……(언행장)
3. 司馬溫公曰: "父母舅姑有疾, 子婦無故不離側, ……(효행장)
4. 昏義曰: "昏禮者, 將合二姓之好, 上以事宗廟……(혼례장)
5. 敬愼重正而后親之, 禮之大體. 而所以成男女之別……(혼례장)(『禮記』,「昏儀」)
6. 程太中夫人侯氏, 事舅姑, 以孝謹稱.……(부부장 상)
7. 呂榮公夫人仙源嘗言, 與侍講爲夫婦……(부부장 상)
8. 司馬溫公曰: "女子六歲, 始習女工之小者……(모의장)
9. 凡子婦未敬未孝, 不可遽有憎疾. 始敎之……(모의장)
10. 伊川先生母侯夫人, 仁恕寬厚. 撫愛諸庶, 不異己出.……(모의장)

1번과 5번은 『예기』에서 인용된 것인데, 아마도 바로 앞의 조목이 『소학』이므로 원출전이 『예기』 「곡례」이기 때문에 관련되는 부분을 『예기』에서 더 뽑아 넣은 것으로 보인다. 5번 역시 바로 앞 조목의 인용처인 『소학』의 원출처가 『예기』 「혼의」昏義이기 때문에 관련된 부분을 『예기』에서 더 발췌한 것이 분명하다.

그 나머지 8조목은 모두 특정한 인물의 말과 일화를 인용했는데, 이것은 어떤 특정한 책에서 인용되었을 것이다. 이것들은 아마도 『명감』에서 인용된 것으로 보인다. 물론 『명감』을 보기 전에는 단정할 수 없을 것이다.

『내훈』은 『소학』과 『고금열녀전』, 『여교』, 『명감』을 인용했지만, 가장 중요한 것은 『소학』과 『열녀전』이었다. 『내훈』은 사실상 『소학』을 중심으로 한 텍스트였고, 동시에 『소학』의 원출처인 『예기』를 거듭 인용하고 있었다. 또 『여교』의 인용을 통해 반소의 『여계』의 대부분을 수용하고, 『고금열녀전』을 통해 『고열녀전』을 수용하고 있었으니, 한대에 완성되었던 『예기』와 『열녀전』, 『여계』의 여성관을 그대로 수용했던 것이다. 이 세 책의 위력을 더욱더 절감하게 된다.

『내훈』의 내용은 여기서 거듭 되풀이할 필요가 없을 것이다. 『내훈』이라는 책의 성격을 이미 검토했기 때문이다. 예컨대 『내훈』은 『예기』를 인용한 『소학』을 거듭 인용하면서, 여성의 사고와 행동의 주체로서의 가능성을 박탈한 삼종지의, 칠거지악 등의 내용을 포함하는 공자의 언설을 실었고,[160] 『여교』를 통해 『여계』를 인용하면서 여성이 남성에게 복종해야 한다는 관념을 그대로 받아들이고 있었던 것이다. 물론 중복이라 해서 『내훈』의 의미가 떨어지는 것은 아니다.

다만 『내훈』은 여성의 일상에 보다 가까운, 구체적인 내용으로 편집되었다는 특징이 있다. 시부모에 대해 효도의 구체적인 실천 방법을 말하고 있는 '효친장'이라든가, 결혼에 있어서의 자세를 다룬 '혼례장', 여성—어머니를 다룬 '모의장', 가정 경제의 검박함을 요구한 '염검장' 등은 비록 『소학』에서 내용의 대부분을 차용하고 있으나, 여성을 독자로 상정하고 있다는 점에서 여성의 일상적 실천에 보다 절실한 것이라고 평가할 수 있다. 요컨대 애당초 국문 번역본과 함께 출발했던 『내훈』은 『소학』과 짝을 이루는 오로지 여성의 의식화를 겨냥한 여성용 『소학』이었던 셈이다.

2절
『소학』·『삼강행실도』 열녀편·『내훈』의 인쇄와 보급

1. 『소학』의 보급과 사림

『소학』의 강제적 보급

『소학』은 여성이 아닌 남성 자신을 먼저 규율하는 책이었다.[161] 여성은 『소학』의 독자로 상정되지 않았다. 여성이 『소학』을 읽자면 언해가 필요한 바, 언해는 훈민정음이 만들어지고도 이루어지지 않았고, 선조대宣祖代에 가서야 비로소 언해가 나왔다. 그렇다면 남성이 『소학』을 읽는다는 것은 무엇을 의미하는가. 『소학』을 읽음으로써 사대부들은 다른 피지배자와 자신을 분리시키고 구분하는 에토스를 획득하였다. 그리고 그 과정 속에서 다시 여성과 자신을 구분하는 지식의 근거를 얻었다. 이제 남성―사대부는 성리학과 중국의 고전을 통해 여성이라는 존재에 대한 철학적 해명을 얻는 동시에 현실에서 여성과 남성과의 관계를 어떻게 정립할 것인가, 여성의 성 역할은 무엇인가, 여성의 일생은 어떻게 구성되어야 할 것인가에 대한 지식을 얻었다. 즉 유교적 가부장제를 관철시키기 위해 여성을 어떻게 인지하고 다루어야 할 것인가 하는 방법적 원리를 깨닫게 되었던 것이다. 삼국시대·통일신라·고려조의 지배층과는 달리, 그들은 『소학』을 통해 여성에 대한 근원적 시각을 얻었고, 여성을 지배·통제할 장치를 획득했다.

그러기 위해서는 남성—사대부가 먼저 『소학』에 의해 의식화될 필요가 있었다. 『소학』의 유통과 의식화는 곧 『소학』의 출판, 유통사流通史와 통한다.

『소학』이 처음 수입된 기원은 미상이다. 다만 『소학』이라는 책 이름이 『실록』에 최초로 언급된 것은 태종 4년(1404) 8월 20일이다. 이날 사간원에서는 이렇게 건의하고 있다.

> 오부五部 교수관教授官은 경전에 능통하고 순후하고 성실한 선비를 골라 가르치게 하고, 생도 가운데 『효경』·『소학』·사서·『문공가례』에 능통한 자는 소학小學으로 올리고, 성균관成均館 정록소正錄所가 더 마음을 써서 가르치게 해야 할 것입니다. 삼경 이상에 능통하고 효성스럽고 성실한 이는 감시監試 응시를 허락하고 성균관으로 올릴 것입니다. 오경과 『통감』에 능통하고 덕행이 드러난 사람을 골라 과거 응시를 허락하고, 경박하고 불성실한 무리는 재주와 학식이 출중해도 모두 물리치고 받아들이지 말아야 할 것입니다.[162]

오부 교수관이란 아마도 서울의 다섯 구역, 즉 동부·서부·남부·북부·중부의 다섯 행정 구역에 설치된 오부학당五部學堂[163]의 교수진을 말하는 것일 터이다. 여기에서 배우는 생도들이 『소학』 등의 기초 서적에 익숙해지면 성균관의 예비 입학생 자격을 부여한다는 것이었다. 이것이 공식적인 교육에 『소학』이 처음 포함된 예이다.

태종 7년 3월 24일 권근權近은 과거제도에 관해 몇 조목을 상언하는데, 여기에 『소학』에 관련된 부분이 있다. 권근은 "『소학』의 글은 인륜·세도에 대단히 절실한 것이온데, 지금 배우는 사람들이 모두 익히지 않으니 심히 불가합니다"라고 말하고 있다. 『소학』은 교과서로서 별로 인기가 없었던 것이다. 권근은 서울과 지방의 교수관教授官에게, 생도들에게 『소학』을 먼저 강講하게 한 뒤에 다른 글을 배울 것을 허락하게 하고, 생원시에 응시하여 성균관에 들어가고자 하는 자는 성균정록소에서 먼저 『소학』에 능통한가의 여부를 조사하여 응시하도록 할 것을 건의하였다.[164]

세종 1년 2월 17일에 경연에서 동지경연 탁신卓愼은 『소학』은 사람마다 마땅히 읽어야 할 것이기 때문에 과거 보는 해에는 성균관의 정록正錄으로 하여금 먼저 『소학』의 강講을 받은 후에야 바야흐로 이름을 기록에 올리게 하였다고 하는 바,[165] 권근의 건의가 법적 효력이 있었음을 짐작할 수 있다. 그러나 이것의 실제 효과는 의심스러웠다. 탁신은 위의 인용에 이어 "『소학』에 통한 자가 있었다는 말을 듣지 못하였다"고 지적하고 있다. 즉 이 도덕 교과서는 "과거 보는 날을 당해서 비로소 학생을 모아 놓고 고강考講하는 형편"이었다고 하니,[166] 그다지 인기가 없었던 것이다. 탁신은 조선초기의 명신인 탁광무卓光茂의 아들이고, 워낙 효행이 있어서 아버지로부터 '우리 집안의 증삼曾參'이라는 말을 들었다고 한다. 이 사람은 자신에게 배우러 오는 사람에게 먼저 『소학』을 가르치고 나서 다른 책을 가르쳤다고 하니,[167] 『소학』에 의식화된 사람이었던 것이다.

탁신은 이렇게 건의한다.

지금 만약 지방의 향교나 서울의 성균관과 5부에서 『소학』에 능통한 자를 선택하여 스승으로 삼아서 먼저 『소학』을 가르친 뒤 경전을 가르치되, 날마다 강론하여 그 능하고 능하지 못한 것을 고찰한다면, 선비를 얻는 방법이 될 것입니다.[168]

탁신의 건의는 임금으로부터 '옳다'는 긍정적인 대답을 끌어냈다. 하지만 4년 뒤인 세종 5년 5월 28일에 탁신이 다시 과거에 『소학』을 고강하는 법을 엄격히 적용할 것을 건의하는 것을 보면 이 법령은 실제 큰 구속력이 없었던 것으로 보인다. 즉 탁신의 말에 따르면, "국가의 시험에서 이름을 기록할 때 먼저 소학에 능통한가 여부를 조사하는 것은 이미 분명한 법령이 있는데, 시험에 나오는 사람들이 이 법을 염두에 두지 않아 『소학』을 알지도 못하고 이름을 기록하는 경우가 많으며, 이름을 기록하지 못한 자가 혹 소송을 하는 일도 있다"는 것이다. 탁신은 "문신 한 사람이 『소학』의 고강을 감독하게 하여 법대로 하지 않으면 엄정하게 법으로 다스릴 것"을 건의하는데, 이것은 수용되었다.[169]

시험 때 『소학』을 의무화한 것은 『세종실록』에 따르면 세종 8년 1월 27일이다. 즉 생원시에 응시하는 자에 대해서 비로소 문신으로 하여금 감찰을 실시하게 하기 위하여, 성균관 정록소에 대관臺官을 나누어 배치하고, 『소학』과 『가례』를 시험 과목으로 정했다.[170] 성균관에 입학하기 위해서는 진사시와 생원시를 통과해야 하는 바, 생원시의 응시 자격으로 먼저 『소학』과 『가례』 시험을 통과하는 자에게만 생원시의 응시 자격을 부여했던 것이다.

그러나 구체적인 사항은 미상인데, 세종 18년 윤6월 25일조를 보면 보다 구체적인 사항이 나와 있다. 즉 이때 이미 사부학당四部學堂의 권과勸課의 법에 "8세 이상은 모두 학당에 나아가게 하고 『소학』을 가르친다. 15세 이상으로 공부가 성취되면, 경서 중 세 부분을 고강하여, 통한 자는 서류에 기록해 두었다가 성균관으로 올려 준다"는 법령이 『속육전』에 실려 있었던 것이다.[171]

이 규정들은 뒤에 약간의 수정을 거쳐 『경국대전』에 수록된다. 조선의 과거는 문과, 무과, 잡과가 있었는데, 가장 중요한 것은 문과였다. 문과는 소과와 대과로 구분되는데, 소과는 생원과 진사를 뽑는 시험이었다. 생원시와 진사시에 합격한 사람에게는 성균관에 입학할 자격을 부여했다. 생원시와 진사시는 『경국대전』에 의하면 각각 초시初試와 복시覆試의 두 단계 시험을 거치는데, 2차 시험인 복시에서 『소학』과 『가례』를 강화하여 이를 통과한 사람에게 응시할 자격을 부여했던 것이다. 권근의 아이디어가 이때에 와서 완전히 법제화되었던 것이다. 그 해당 조목을 들어 보면 다음과 같다.

> 생원 복시—1백 명. 성균관의 박사 이하의 관원이 예문관·승문원·교서관의 7품 이하의 관원 및 감찰監察과 함께 『소학』, 『가례』를 강하게 하여(임문臨文으로 한다. 향리는 그 외에 또 사서와 1경을 배강한다), 녹명錄名하고, 본조에서 시취試取한다.
> 진사 복시—생원시의 복시와 같다.[172]

물론 그 중간에 다소의 우여곡절은 있었으나, 『경국대전』이 완성된 이후 이 법은 바뀌지 않았다. 그럼에도 불구하고 『소학』은 여전히 인기 있는 텍스트가 아니었다.

예비시험 과목으로서의 『소학』은 별로 인기가 없었지만 『소학』을 보급하고자 하는 노력은 끊임없이 강화되고 있었다. 앞에서 인용했던 세종 18년 윤6월 25일조 『실록』의 예조의 건의는 바로 그런 상황을 지적하고 있다. 즉 예조에 의하면 사부학당의 생도들은 『소학』은 어린아이들이나 배우는 것이라 하여 평소 강독하지 않다가, 성균관으로 승보陞補할 때가 되면 임시로 대충 익힐 뿐이라서 『소학』을 충분히 아는 자가 적다는 것이다.[173] 원래 서울의 사부학당은 "오로지 『소학』의 가르침만을 맡고 있어, 거기에 입학한 생도에게는 먼저 『소학』을 가르치고 나서 다른 서적을 가르치게 되어 있었다."[174] 그럼에도 『소학』은 학생들이 몰두하는 책이 아니었던 것이다. 이렇게 된 데에는 여러 이유가 있겠지만, 유음有蔭 자손으로 입학하는 자는 『소학』을 강독하지 않고 바로 성균관에 들어가는 길이 열려 있었던 것도 한 가지 이유가 되었다. 예조에서는 이런 상황을 타개하기 위해 여러 차례 건의하고 있지만, 핵심은 원래의 법령을 엄격히 적용하자는 것에 지나지 않는다.

문제는 다른 데도 있었다. 『소학』은 위에서 언급한 바와 같이 경·사·자·집 등의 고전적 저작에서 발췌하여 편집한 책이었다. 따라서 시간의 편차가 심하고, 또 원문의 맥락을 떠난 발췌문은 이해하기 곤란했다. 세종 7년 12월 23일조의 『실록』은 이 점을 지적하고 있는 바, 요컨대 당시 조선에서 출판된 『소학』은 음훈音訓과 주해가 미비하다는 것이었다. 실제로 당시 조선에서 출판된 『소학』이 어떤 것인지 그리고 그것이 어떤 경로를 통해 출판되었는지는 알 길이 없다. 그러나 『소학』을 읽어 보면 과연 이것이 청소년기의 학생들에게 적합한 교재인가 의심이 들 정도로 난해한 구절이 많은 것은 틀림없는 사실이다.

『소학』의 보급을 위해서는 텍스트의 문제가 해결되어야만 했다. 위 세종 7년 12월 23일의 기사에서 예조는 제용감의 저마포苧麻布를 자금으로 삼아 중국에 들어가는 사신이 『집성소학』集成小學 1백 권을 사오게 할 것을 건의하여 허락을 받고 있다. 『집성소학』이라는 책에 대해서는 알 길이 없지만, 음훈과 주소註疏와 명물도상名物圖象이 지극히 분명하게 갖추어져서, 아이들이 쉽게 알 수 있을 정도라는 것이었다.[175] 예조의 요청에 따라 『집성소학』이 수입되었다. 세종 10년 9월 8일 판부사 허조許稠는 지금 판각되어 있는 『소학』은 이지러지게 인쇄된 글자를 알아볼 수 없어서 배우는 사람들에게 불편하다면서, 자신이 일찍이 올린 『집성소학』을 주자소鑄字所에 내려 보내서 인쇄할 것을 청하여 허락을 받고 있다.[176]

그래도 『소학』의 인기는 여전히 없었다. 『집성소학』의 출간을 건의했던 허조는 세종 11년 3월 22일 『효경』을 널리 보급할 것을 청하여 250부를 인쇄하라는 명을 받아내는데, 여기에 과거시험을 볼 때 『소학』을 강화하였기 때문에 선비들이 모두 마지못하여 읽으나, 『효경』은 초학자들이 전혀 읽지 않는다는 기록이 있다. 그런데 『소학』을 보급하려는 의도는 있었으나, 실제 책이 부족했던 것으로 보인다. 역시 허조는 세종 17년 4월 8일 주자의 『근사록』이 사서 및 『소학』과 표리가 된다면서 큰 글자로 번각하여 임금이 보고 신하들에게 나누어 줄 것을 청하면서, 다시 『집성소학』의 보급을 건의하고 있다. 허조의 말을 들어 보자.

> 『집성소학』은 일용에 절실한 책인데, 배우는 사람들이 구입하기 어려워 애를 먹고 있습니다. 원컨대 혜민국에서 약을 파는 예에 의거해 종이나 쌀·콩을 적당하게 주어 밑천을 삼고, 관원 한 사람과 장인 한 사람에게 그 일을 맡겨 1만여 권을 인쇄해서 팔고 본전은 관官에 도로 바치게 하소서. 이렇게 하면 그 이익이 무궁하고 배우는 사람들에게도 도움이 있을 것입니다.[177]

요컨대 『집성소학』의 보급을 위해 대량으로 인쇄해 판매하자는 것이었다. 물론 세종은 역사책에 "나누어 주는 것은 대단히 좋은 일이지만, 파는 것은 잘못"이라는 말이 있다면서, 책의 판매는 거부하지만, 주자소에 있는 책판을 모두 찍어내도록 하교함으로써 실제 이 의견에 찬동했다.[178]

이후 『소학』은 지방 향교에 사서삼경과 성리대전, 『통감절요』 등의 역사서와 함께 자주 하사되는 품목이었다. 특히 『직해소학』直解小學[179]이라는 책은 세종 23년(10월 18일)에 2백 부가 인쇄되어 각 향교와 문신들에게 보급되었고, 26년(8월 14일)에는 청주 향교에 보급되었다. 27년 1월 29일에는 평안도의 무창茂昌·우예虞芮·위원謂源 등의 고을 향교 생도들에게 사서와 『소학』이 하사되었다. 문종 즉위년 12월 17일에는 정음청正音廳에서 금속활자로 『소학』을 인쇄하였다. 세조 4년 2월 3일에는 함길도 관찰사의 요청으로 사서와 『소학』 세 벌을 함길도에 보냈고, 14년 8월 8일에는 최항 등에게 명하여 먼저 『소학』과 『주역』, 『예기』의 구결을 정하라 명하기도 하였다. 『소학』은 국가의 열성적인 보급을 통해 전국적으로 퍼져 나갔다.

사림士林과 『소학』의 자기 의식화

『소학』은 성리학의 이념에 따라 인간의 신체를 규율하는 텍스트다. 신체의 통제를 요구하는 텍스트가 쉽게 수용될 리 만무했다. 따라서 이 책은 여러 번 언급한 바와 같이 별로 인기가 없었다. 국가권력을 동원하여 과거 응시 과정에 집어넣었던 것은 바로 이 때문이었다.

『소학』의 보급에 있어서 하나의 계기가 되는 시기는 성종 때이다. 이제까지 『소학』은 과거제도 속에 편입되어 있어서 강제적으로 읽어야 하는 것이었다. 그런데 체제가 안정기에 접어들자, 제도적 차원을 넘어 『소학』이 보급되기 시작했다. 성종 2년 6월 8일 대사헌 한치형韓致亨은 17조목의 시무를 올리는데, 여기에 『소학』의 보급이 포함되어 있다. 한치형은 "각도 관찰사에게 하교하여, 『소학』과 『삼강행실도』를 널리 간행하게 하여, 어른과 어린이 모두 배우게 할 것"을 강력히 요청한다.[180] 이에 화답하여 성종은 열흘(6월 18일) 뒤에 예조에 다음과 같은 교지를 내린다.

> 백성의 풍습과 선비의 습속은 위에 있는 사람이 장려하고 격려해야 할 바이다. 서울과 지방에서 충신·열부烈婦·효자·순손順孫을 찾아 보고해 정려旌閭하게 하고, 또 제도 관찰사로 하여금 『소학』과 『삼강행실도』 등을 널리 간행하여 백성이 익히게 하라.[181]

요컨대 『소학』을 널리 간행하여 일반 백성을 의식화하겠다는 의도를 노골적으로 드러내고 있는 것이다. 별 효과가 없었던지 이듬해 성종은 다시 『소학』과 『삼강행실도』의 보급을 강력하게 지시한다.

나는 나라를 다스리는 방법은 교화를 먼저 하는 것이라 생각한다. 일찍이 제도에 유시하여 유생들이 『소학』과 『삼강행실도』를 익히게 한 적이 있다. 예조는 …… 나의 뜻을 잘 알아서 서울의 사학四學 유생들도 향교의 사례에 의거하여 모두 『소학』을 익히도록 하여 제 분수를 뛰어넘거나 절도를 무시하는 폐단이 없도록 할 것이다.[182]

『소학』의 이러한 강제적 보급은 일정한 성과를 거둔 것으로 보인다. 성종 9년 8월 21일 홍귀달은 『삼강행실도』를 간직한 사람이 적다면서 대량으로 인쇄 보급할 것을 요청하면서 "이전에 중외의 유생들로 하여금 모두 『소학』을 읽게 하였으므로, 『소학』 책은 집집마다 모두 있다"[183]고 증언하고 있다. 그리고 성종 스스로가 경연에서 『소학』을 텍스트로 선택하여, 신하들의 만류[184]에도 불구하고 거듭 강의를 하는 등 『소학』에 골몰하고 있었다. 성종대에 와서 『소학』은 부족함 없이 전국적, 대대적으로 보급된 것으로 보인다.[185] 물론 책의 보급이 그 텍스트를 읽는 인간의 대뇌와 신체를 지배한다는 것은 일정한 상관관계가 있으나, 그것이 필연적이지는 않다. 그럼에도 강제적 보급은 효과를 내기 시작했다. 곧 성종 때부터 『소학』의 신체의 구속을 자발적으로 받아들이는 인간들이 나타났던 것이다.

성종 9년 4월 15일 유학幼學 남효온南孝溫은 장문의 상소를 성종에게 올린다. 이 상소는 단종을 복위하여 예장禮葬하자고 요청하는 민감한 내용이었다. 단종의 복권은 세조, 예종 그리고 성종에 이르는 왕위의 정통성을 부정하는 예민한 문제로 감히 말할 수 없는 사안이었다. 따라서 남효온의 요청은 당연히 거부된다. 다만 그 문제는 마땅히 제기될 수 있는 것이었고, 또 '충'과 관련된 문제였기 때문에 처벌은 받지 않았다. 여기서 중요한 것은 남효온과 그의 일파들이다. 남효온은 주지하다시피 사육신死六臣의 전기, 곧 『육신전』六臣傳을 쓴 사람이고, 자신 역시 김시습 등과 함께 생육신에 들어가는 사람이다. 이 상소에 대해 성종이 임사홍任士洪에게 의견을 묻자 임사홍은 이렇게 답한다.

> 이 상소는 심원深源의 상소와 같은 것입니다. 심원은 경연慶延과 강응정姜應貞을 천거했고, 남효온 또한 경연을 추천하였습니다. 신이 삼가 듣건대, 남효온의 무리에 강응정·정여창鄭汝昌·박연朴演 등이 있는데, 따로 한 무리를 만들어 강응정을 떠받들어 부자夫子라 하고 박연을 가리켜 안연顏淵이라고 하며, 늘 『소학』의 도를 행한다는 것을 명분으로 삼아 이론異論을 숭상하니, 이는 진실로 폐풍弊風입니다. 한漢나라에는 당고黨錮가 있었고, 송宋나라에는 낙당洛黨·촉당蜀黨이 있었습니다. 이 무리들은 예전의 일에 미치지는 못하지만, 치세治世에 누가 되기 충분하니, 조금씩 자라나도록 할 수는 없습니다. 또 포의로서 나라의 정사를 논의하는 것은 더욱 불가합니다.[186]

남효온과 그의 동아리가 『소학』의 실천을 모토로 하는 그룹을 만들고 있다는 사실은 비상하게 중요하다. 9일 뒤인 성종 9년 4월 24일 주강에서 기사관 안윤손安潤孫은 남효온·강응정·박연 등 약간 명이 "소학의 도를 행한다"는 명분을 내걸고 '소학계'를 만들어 공자와 그 제자들의 흉내를 내므로 유생들의 비웃음거리가 되고 있다고 말하고 있다.[187] 여기서 중요한 사실은, 임사홍 등이 『소학』의 실천을 표방하는 이 그룹을 매우 부정적으로 판단하고 있다는 것이다. 즉 이것은 이 시기까지 『소학』의 실천이 이상하게 보일 정도로 『소학』은 사대부들에게 내면화되지 않았던 사정을 말해 준다. 그러나 동시에 『소학』의 실천을 표방하는 그룹이 발생하고 있다는 사실 역시 주목을 요하는 현상이다.

남효온은 김종직金宗直에게서 배운 사람이다. 남효온 그룹은 이른바 사림파이며, 대개 김종직의 문도들이었다. 사림파는 성종 때부터 중앙 정계로 진출했다. 당시 성종 때까지 정계의 주축은 이른바 훈구파로, 이들은 누차의 정변에 참여한 공신 그룹이었다. 이들은 이미 권귀화權貴化되어 있었던 반면에 사림파는 지방 출신으로 성종 때에 와서야 비로소 중앙 정계로 진출했던 것이다. 훈구파가 권력과 토지를 장악한 세력이었던 반면에 사림파는 성리학이라는 이데올로기를 정치에 철저히 실현할 것을 주장한 원리주의자들이었다.

사림파의 원조가 김종직이었다. 김종직은 교육자로도 유명하다. 그의 문하에서 김굉필·정여창·김일손·유호인·조위·남효온·홍유손 등 쟁쟁한 인물들이 쏟아져 나왔다. 이들은 대개 도학을 실천으로 옮기고자 하는 운동에 앞장섰던 사람들이었다. 『소학』이 큰 비중을 차지한 것은 당연한 일이었다. 김굉필金宏弼을 예로 들어 보자. 김굉필은 젊어서 거리를 쏘다니며 폭력을 일삼는 인간이었다.[188] 김굉필을 교정한 것은 『소학』이었다. 김굉필이 김종직의 문하에 나아가자 김종직은 먼저 『소학』을 가르치면서, "만약 학문에 뜻을 둔다면 이 책에서 시작해야 할 것이다. 광풍제월 같은 인격 또한 이 책을 벗어나지 않을 것이다"[189] 하였다. 이 말이 김굉필을 지배했다. 김굉필은 『소학』을 따라 자신의 신체를 통제했다. 그는 평소 관을 쓰고 띠를 매고 있었으며, 인경 종이 울린 뒤 잠자리에 들고 닭이 울면 일어났다. 그리고 자기 아내 외에는 여색을 거들떠보지 않았으니, 『소학』이 지시하는 철저한 금욕주의자로 다시 태어났던 것이다. 그의 별명은 '소학동자'였다. 누가 나라의 일에 대해 물으면 "소학을 읽는 동자가 무엇을 안단 말인가?"라고 할 정도였다.[190] 김굉필은 나이 서른이 되어서야 비로소

『소학』 외의 다른 책을 읽었다고 할 정도로 『소학』에 몰입하였다. 그는 『소학』을 읽은 감격을 이렇게 시로 표현했다. "글을 공부했지만 천기天機를 알지 못했는데, 『소학』을 읽고서 예전의 잘못을 깨달았노라." 이 시를 보고 스승 김종직은 "이 말은 성인이 되는 근본이다. 허노재許魯齋 이후 어찌 그런 사람이 없겠는가?"라고 높이 평가했다.[191] 허노재는 원나라 허형許衡이다. 허형은 평생 『소학』을 존숭한 사람이었다.

『소학』은 이제 단순히 과거를 보기 위해 암송하는 책이 아니라, 성종 연간 '소학계'의 출현에서 보듯 남성-양반에게 내면화되어 실천되기 시작했던 것이다. 『소학』의 실천은 상민과 구별되고, 여성과 구별되는 남성-양반을 만들어내기 시작했던 것이다.

중종조 사림의 『소학』 보급 정책과 실천

성종 때부터 중앙 정계에 진출한 사림들은 훈구 세력의 기득권을 문제 삼았다. 다만 성종대에 진출한 사림들과 훈구파와의 갈등은 표면화되지 않았다. 성종이 죽고 연산군의 시대가 도래했다. 연산군의 치세에 『소학』은 들어설 자리가 없었다. 『연산군일기』에 『소학』에 관한 언급이 꼭 한 번 나온다. 연산군 5년 8월 21일 좌참찬 홍귀달이 『소학』 한 질을 올리면서 간행하여 널리 전파할 것을 청하니, 아뢴 대로 시행하라고 대답했다.[192] 이것이 전부다. 연산군은 그의 행적이 말해주듯 『소학』에는 관심이 있을 수 없는 인물이었다. 성종의 비호로 정계에 왕성하게 진출했던 사림들은 연산군 때 두 차례에 걸쳐 정치적 좌절을 경험한다. 김일손金馹孫의 「조의제문」弔義帝文이 포함된 사초史草로 인해 일어난 무오사화戊午士禍에서 김종직의 제자 그룹은 남김없이 죽음을 당했으며, 폐비 윤씨 사사賜死 사건에 관련된 사람을 치죄했던 갑자사화甲子士禍에서도 사림들은 심각한 타격을 입었다. 『소학』 역시 동일한 운명에 처했다. 중종 12년 8월 27일 기묘사림

己卯士林의 일원이었던 기준奇遵은 자신도 젊었을 때 『소학』이 어떤 책인지 몰랐다고 회고한다. 그 이유는 무오년 이후 김일손 등 사림들이 잇달아 죽음을 당해 그 화가 지극히 참혹했기에, 부형들이 이록利祿을 꾀하는 것으로만 자제를 가르치고 학문하는 근본을 가르치지 않았기 때문이라는 것이다. 기준은 이어 『소학』, 『대학』을 끼고 다니는 자가 있으면 사람들이 다 손가락질하면서, "이 사람은 공맹孔孟의 학문을 배우고 정주程朱의 행실을 행하는 사람"이라고 비웃는 풍조가 있었다고 증언하고 있다.[193]

반정反正으로 연산군이 쫓겨나자 사림들은 다시 정계로 돌아왔다. 사림 정치가 시작되었던 바, 그 중요한 계기는 중종 10년 조광조趙光祖의 등장이었다. 반정을 주도한 세력은 연산군의 악정惡政을 숙청하고 무언가 새로운 정치를 원했다. 이에 부응한 인물이 조광조였다. 그는 『소학』의 실천에 골몰했던 '소학동자' 김굉필의 제자였다. 그는 김굉필보다 더 철저한 『소학』의 실천주의자였다.[194] 조광조의 신체는 이성과 율법, 곧 『소학』으로 완벽하게 제어된 것이었다. 홍인우洪仁祐는 이렇게 말하고 있다.

> 조 부자趙夫子(조광조)가 집안에서 자신을 법도로 다스리는 것이 옛사람에게 부끄럽지 않았다. 학문을 독실히 하여, 단정히 꿇어앉는 것이 습관이 되었으며, 의관을 반드시 단정하게 차려 입고 아침부터 저녁 때까지, 초저녁부터 삼경까지 꼿꼿이 앉아 움직이지 않았다. 새벽이면 일찍 일어나 세수하고 머리를 빗어 아무리 더운 여름 짧은 밤이라도 조금도 변함이 없었으니, 생각건대 그의 학문은 정자·주자의 경지에 그리 멀지 않을 것이다.[195]

앞서 언급한 바와 같이 조광조는 중종 10년에 정계에 진출한다. 하지만 그는 과거 출신이 아니고, 성균관 유생 2백 명의 연명 천거와 이조판서 안당安瑭의 추천으로 특별히 6품직에 올랐다. 그의 관료로서의 출세는 그야말로 쾌속 항진이었다. 기묘사화가 일어나 죽음을 당하는 중종 14년까지 5년 동안 그는 승진을 거듭해 대사헌의 자리까지 올랐다. 조정에는 조광조의 우익들이 있었고, 중종 13년에는 현량과賢良科라는 새로운 고시제도를 신설하여 그는 다시 자신의 우익을 대량 확보했다.

조광조의 정치적 역정을 여기서 새삼 말할 것은 없다. 다만 『소학』과 관련하여 조광조와 사림들의 정책을 검토할 필요가 있다. 사림들은 '지치'至治의 구현을 표방했다. 곧 유가의 정치적 이상이었던 삼대의 왕도 정치의 재현이 그들의 정치적 목적이었다. 지치의 목표는 모든 인간이 군자가 되는 것, 모든 인간이 성현이 되는 것이었다. 그 원리는 성인들의 말씀, 곧 윤리적 교설敎說에 있었고, 따라서 구체적으로 윤리서의 보급이 강구되었다. 그중에서 『소학』이 가장 중요했음은 물론이다. 사림들이 정계에 진출한 중종 11년(1월 15일), 우참찬 남곤南袞은 이렇게 말하고 있다.

> 주자가 "삼대 이후로 소학小學이 밝지 않다" 하고 『소학』을 지어 후세를 가르쳤습니다. 우리나라는 과거科擧에 단지 사서삼경만 강하고 『소학』은 강하지 않습니다. 생원시·진사시의 회시會試에서 강하기는 하지만 형식일 뿐입니다. 근래에는 유생들이 『소학』을 배우지 않아 아버지를 섬기고 어른을 공경하는 뜻에 어두우니, 이것이 어찌 유자儒者의 도리이겠습니까? 신의 말이 오활한 것 같지만, 마음에 품은 것이라 아뢰지 않을 수 없습니다.[196]

요지는 『소학』을 널리 보급하자는 것이다. 남곤은 뒤에 조광조를 위시한 기묘사림을 죽음에 몰아넣은 인물이다. 그는 심정과 함께 '소인'의 대명사로 불리지만, 원래 '명절지사'로 자처하고, 사림들과의 교류를 원했다. 남곤의 『소학』 보급에 대해 윤순尹珣, 신용개申用漑, 이점李岾 등은 찬동의 뜻을 표하며 유생들에게 『소학』을 강하게 할 것을 요청하고 있다.

그러나 중종은 답하지 않았다.

중종 11년 11월 4일 기묘사림의 핵심 인물인 김안국金安國이 조강에서 중앙과 지방 그리고 민간과 학교에 『소학』을 널리 보급할 것을 요청한다. 여기에 장순손張順孫, 기준, 김당金璫 등 사림 출신들이 강력히 요구하자, 중종은 이틀 뒤(11월 6일) 마침내 예조에 『소학』의 보급을 지시한다. 요점을 인용하면 다음과 같다.

> 『소학』은 세상에서 높이 치지 않는 책이어서 공사公私 간에 가지고 있는 것도 또한 필시 적을 것이다. 속히 광범위하게 인출, 배포하여 경외의 학교와 시골 촌락에 이르기까지 학습하지 않는 사람이 없도록 하라. 스승이 후진들을 가르치고 부형이 자제들을 교훈할 때나 조정에서 과거 보일 때에 이 책을 먼저 가르치라. 가르치면 배우고, 배우면 실천하여 버릇이 천성대로 되고 가르침에 따라 교화가 일어난다면, 어찌 풍속이 바르지 못하고 인재가 아름답지 못한 근심이 있겠는가?
> 나의 지극한 이 뜻을 체득하고 중외에 효유하여 『소학』이 공사 간에 널리 퍼지도록 하고, 학습을 권장하는 절목 및 생원·진사 복시 때에 엄격하게 강하게 하는 절목을 거듭 밝혀 모두 철저하게 마련해 시행할 것이다.[197]

기묘사림의 『소학』 보급에 부응한 중종의 이 조치는 『소학』 보급사에서 대단히 중요한 것이다. 왜냐하면 이전까지 『소학』은 생원시와 진사시의 예비시험이었다. 그러나 누차 지적한 바와 같이 이것은 별로 효과를 보지 못했다. 마지못해 『소학』을 익히기는 했으나, 이것은 어디까지나 단순한 예비시험에 불과했으므로 그것이 신체를 지배하지는 못했던 것이다. 그러나 기묘사림이 『소학』의 실천자로 자임하고 난 이상, 그리고 이들이 강력한 권력을 쥐고 있는 이상, 이 문제는 단순히 책의 부수를 늘리는 것이상의 의미를 갖고 있었다. 그리고 그것은 단지 양반 계급에만 해당되는 사항이 아니었다. 그것은 일반 백성의 차원으로까지 확대되고 있었다.

중종 12년 6월 27일 홍문관에서 『소학』을 『열녀전』, 『여계』女誡, 『여칙』女則과 함께 국문으로 번역·보급하기로 건의하여 허락을 얻은 것은 일반 백성에게까지 보급하려는 의도였다. "『소학』은 곧 일상생활에 절실한 것인데도 일반 서민과 글 모르는 부녀들은 읽고 익히기가 어렵다"는 것이었다. 국문 번역은 "위로는 궁중에서 조정 경사卿士의 집과 아래로는 여염의 백성까지 모르는 사람 없이 다 공부하고 익혀" "온 나라의 집이 모두 바르게 되는 것"이 그 목적이었다. 왜 『소학』 보급에 이토록 골몰했던가? "사람마다 윗사람을 피붙이처럼 여기고 관장을 위해 죽는 효용이 있게 되는 것"을 노리고 있었던 것이다.[198] 즉 상하 간의 위계 질서의 성립, 지배층에 대한 복종으로 이루어지는 사회 구성이 성리학이 노리는 것이었으며, 『소학』은 그것의 실현을 위한 도구였던 것이다.

중종 11년부터 기묘사화가 일어난 중종 14년까지 사림들은 『소학』의 보급에 엄청난 에너지를 쏟았다. 중종 스스로가 『소학』을 경연의 텍스트로 삼았다. 그 결과 『소학』을 읽는 분위기가 조성되었다.[199] 그럼에도 불구하고 사림들은 완벽을 원했다. 조광조 등은 그래도 미진하다면서 경연에서 줄기차게 『소학』의 중요성을 역설하였다. 이 시기 실록에서의 경연은 오로지 『소학』을 문제시하고 있다 해도 과언이 아니다. 마침내 철저한 근본주의자 조광조의 입에서 『소학』 보급이 실효를 거두고 있다는 말이 나왔다. 그는 이렇게 말했다. "우리나라는 예전에는 『소학』을 괴탄怪誕한 학문이라 하여 읽지 않았습니다. 근래 신이 성균관에 가서 보니, 입학하는 사람들 중 많은 사람들이 『소학』을 끼고 읽고 있었습니다. 전에 '괴탄하다'고 하던 책을 이제는 예사로 여기며, 읽지 않는 사람은 부형들이 나무랍니다. 대개 그 근본 원인은, 위에서 좋아하고 싫어하는 것을 바르게 보

이셨으므로 이와 같은 것입니다."²⁰⁰

『소학』의 보급이 얼마나 강력하게 추진되었는가 하면, 중종 13년 7월 2일 일시에 『소학』 1천3백 부를 찍어 조관과 종친에게 나누어 준 것을 보아도 알 만하다. 『소학』은 중앙에서 지방까지, 그리고 변방의 무사들에게까지 광범위하게 보급되었다. 『소학』이 번역된 것도 이때였다. 번역본 『소학』은 중종 13년에 이루어졌다. 번역은 곧 여항의 부녀자와 어린아이까지 독자로 확보하기 위해 이루어진 것이었다.²⁰¹

기묘사림의 『소학』 보급은 상상 이상으로 과격했다. 그 보급의 강도에 대해 『중종실록』의 사신은 이렇게 말하고 있다.

> 이때 조광조의 이름이 가장 무거웠으므로, 그를 사모하고 본받는 사람이 더욱 많아졌다. 젊은 사람들은 『소학』의 도리를 말했고, 행동거지도 법도에 맞게 하려고 힘썼으며 실없는 말이나 농담도 하지 않았다. 성리학에 관한 책을 끼고 다니는 사람은 유명무실하다 할지라도 도학하는 사람이라 지목하였으므로, 문관과 선비들이 읽는 것이라고는 『근사록』, 『소학』, 『대학』, 『논어』 등의 책뿐이었고, 문예의 학문은 일삼지 않아서 문장과 학술이 성종조에 견주어 크게 쇠퇴하였다.²⁰²

요컨대 기묘사림들이 추진한 정책은, 모든 학문과 문예에 선행하여 오로지 『소학』과 성리학만의 실천으로 이루어지는 사회와 인간이었던 것이다.

기묘사림 이후 『소학』의 진리화

중종 14년 훈구 세력의 반발로 조광조를 위시한 사림들이 제거되자 『소학』은 일시 금서가 되었다. 20년을 넘겨 중종 36년 11월 12일, 중종은 『소학』을 진강進講하라 명한다. 실로 기묘사화 후 22년 만이었다. 이 기사에 사신의 평이 둘 달려 있는데 인용하면 다음과 같다.

①기묘년 사람들이『소학』의 도를 숭상했지만, 그 효과가 나타나기 전에 뭇 소인들이 모함하였다. 그들이 좌절한 뒤 그 책까지 탓하여 폐기했는데, 이제 다시 진강하라는 하교가 있으니, 임금이 내심 뉘우쳤음을 알겠다. 하지만 임금의 뜻이 단단할 수 없어, 도道를 향하는 생각이 잠깐 열렸다가 다시 가려져 군자를 나오게 하고 물러나게 하는 것이 무상하니 한탄을 금할 수 없다.
②기묘년 이후『소학』은 세상의 큰 금기가 되었다. 사람들이 가지고 다니지 못한 것이 20여 년이다. 정유년 이후 김안국金安國 등이 다시 조정에 돌아와 비웃음과 욕설을 무릅쓰고 외치니, 사림의 후학들 중 따르며 좋아하는 자가 있었다.[203]

『소학』은 '화를 부르는 책'이 되어 부형이 금지하고 사우師友들이 경계하는 일종의 금서가 되었다. 머리의 자세나 발의 자세가 혹시 비슷한 자만 있어도 '소학의 도道'라 지적하고 떠들썩하게 모두 비난했다고 하니,[204] 『소학』의 추락을 알 만하다.『소학』이 다시 생명을 찾게 된 것은 중종 말년 즉 정유년(중종 32, 1537) 이후 김안국이 조정에 복귀하고부터였다. 이후 기묘사림의 인물들은 차차 다시 조정으로 들어오기 시작했다. 그리고 이듬해인 중종 33년에는 기묘년의 인물들을 현직에 서용할 것을 명하였다. 중종은 역시 "기묘년에『소학』,『향약』에 대해 역설한 사람들은 그 문구만을 높이 받들고 알맹이에는 힘쓰지 않았다. 때문에 그 폐단이 아랫사람이 윗사람을 깔보고, 천한 자가 귀한 자를 업신여겨 볼만한 도리가 없어지기에 이르렀던 것이다. 그 뒤로 그 폐단을 바로잡으려고 쓰지 않은 것이지,『소학』을 그르게 여겨서 폐기한 것이 아니다"라고 변명했다.[205] 중종 35년 6

월 22일에는 살부殺父 사건의 대책으로『효경』,『소학』,『삼강행실도』 등의 책으로 백성을 교화시킬 것이 의논되는가 하면,[206] 36년 11월 22일에 중종은 경연에서『소학』을 진강할 것을 명령했다.[207]

이후『소학』에 대한 정책은 끊임없이 기묘사화가 결정적인 오류였음을 지적하고 다시『소학』을 보급하자는 것이었다. 명종대에는 문정왕후의 외척인 윤원형尹元衡이 정권을 장악하여 을사사화를 일으켜 사림을 제거했으나,『소학』의 보급은 여러 차례 주창되었다. 명종 즉위년 7월 22일에는 윤인경尹仁鏡이 조강에서는『소학』을, 석강과 야대에서는『효경』강독을 요청하여 허락을 받았다. 이듬해인 원년 6월 9일에 윤인경이『번역소학』飜譯小學과『삼강행실도』를 중외에 반사頒賜하여 오륜의 도를 알게 한 조종의 법을 거듭 밝혀 거행할 것을 요청하자[208] 학교뿐만 아니라 시골의 천서賤庶들에게까지 가르친다는 절목을 예조에 마련하라고 지시했다.[209] 이후『소학』의 중요성을 역설하고 이 책을 보급하고 교육할 것을 지시하는 조치는 명종의 치세가 끝나는 시기까지 계속되었다.[210]

선조가 즉위하고 사림은 마침내 정치권력을 장악하게 되었다. 이제『소학』의 정당성은 의심할 여지가 없어졌고,『소학』은 일체의 방해 없이 보급될 수 있었다. 1567년 6월 선조가 즉위했다. 그해 11월 4일 이황李滉은 경연에서『대학』을 강하면서『소학』의 문제를 제기한다.

> 옛날 사람들은 먼저『소학』을 읽어 본바탕을 함양했으므로『대학』에 먼저 격물치지를 말했습니다. 후세 사람들은『소학』을 읽지 않기 때문에 학문에 근본이 없어 격물치지의 보람을 알 수 없는 것입니다.『소학』은 비단 연소한 사람만이 아니라 장성한 사람도 또한 읽어야 할 책입니다.『소학』이 동방에 유포된 지 오래였으나 그 대의를 아는 사람이 아무도 없었는데, 김굉필이 학도를 모아 강명講明하고부터 그 책이 세상에 크게 퍼졌습니다.

기묘년이 되자 사람들이 모두 『소학』을 근본으로 여겼는데 불행히도 현인 군자들이 죄의 그물에 빠져 지금도 세간에 『소학』을 읽는 사람이 없습니다. 이것은 교화가 밝지 못한 소치입니다. 성상께서 지금 『대학』을 진강하고 계시지만 『소학』 또한 유념해서 보셔야 할 것입니다.[211]

『소학』은 이제 거침없이 떠올랐다. 이황은 조광조와 기묘사림의 복권을 말한다. "조광조는 온 나라 사람들이 우러러 존경했기에 더욱 참혹한 죄를 받았습니다. 하지만 중종과 명종도 그가 죄가 없음을 아셨습니다. 그때 선비들은 모두 『소학』을 읽었습니다. 지금도 조정이나 세간에 그나마 흥기興起하는 생각이 있는 것은, 그때의 교화가 남아 있기 때문입니다. 지난날 소인배가 어진 선비들을 해치려 할 때 붙일 죄목이 없자, '이들은 『소학』의 무리'라고 했습니다."[212] 『소학』은 사림의 권력을 타고 다시 화려하게 부활했다. 선조 원년 1월 12일 기대승奇大升은 주강에서 자신은 시골에서 자라나 책을 읽을 줄 몰랐고, 또 중종 말년에 조정에서 한 일은 미처 모르겠으나, 그때 송인수宋麟壽가 관찰사가 되어 『소학』을 읽게 하였으므로 그 책을 얻어 읽은 뒤에야 성현의 일을 알았다면서 외방 향교의 유생은 다 『소학』, 『삼강행실도』, 『이륜행실도』二倫行實圖 등의 책을 읽도록 감사에게 하유下諭하여 궁벽한 시골에서도 다 이런 책을 읽도록 요청했다.[213] 선조 6년 11월 4일에는 심의겸沈義謙이 『번역소학』을 인출할 것을 요청했다.[214] 선조 14년 12월 26일에는 종친 2품 이상, 정부 및 육조 당상·낭청 등에게 『소학』을 반사하였다.[215] 그리고 선조 18년(1585)에는 교정청의 번역판이 나와 보급되었다.[216]

『소학』의 보급·유통의 역사는 우여곡절을 겪지만 결국 『소학』의 정당성을 끊임없이 확인해 나가는 과정이었다. 선조대가 되면 아무도 『소학』의 정당성을 의심할 수가 없었다. 이것은 이미 예견된 것이었다. 사대부라월 22일에는 살부殺父 사건의 대책으로 『효경』, 『소학』, 『삼강행실도』 등의 책으로 백성을 교화시킬 것이 의논되는가 하면,[206] 36년 11월 22일에 중종은 경연에서 『소학』을 진강할 것을 명령했다.[207]

이후 『소학』에 대한 정책은 끊임없이 기묘사화가 결정적인 오류였음을 지적하고 다시 『소학』을 보급하자는 것이었다. 명종대에는 문정왕후의 외척인 윤원형尹元衡이 정권을 장악하여 을사사화를 일으켜 사림을 제거했으나, 『소학』의 보급은 여러 차례 주창되었다. 명종 즉위년 7월 22일에는 윤인경尹仁鏡이 조강에서는 『소학』을, 석강과 야대에서는 『효경』 강독을 요청하여 허락을 받았다. 이듬해인 원년 6월 9일에 윤인경이 『번역소학』飜譯小學과 『삼강행실도』를 중외에 반사頒賜하여 오륜의 도를 알게 한 조종의 법을 거듭 밝혀 거행할 것을 요청하자[208] 학교뿐만 아니라 시골의 천서賤庶들에게까지 가르친다는 절목을 예조에 마련하라고 지시했다.[209] 이후 『소학』의 중요성을 역설하고 이 책을 보급하고 교육할 것을 지시하는 조치는 명종의 치세가 끝나는 시기까지 계속되었다.[210]

선조가 즉위하고 사림은 마침내 정치권력을 장악하게 되었다. 이제 『소학』의 정당성은 의심할 여지가 없어졌고, 『소학』은 일체의 방해 없이 보급될 수 있었다. 1567년 6월 선조가 즉위했다. 그해 11월 4일 이황李滉은 경연에서 『대학』을 강하면서 『소학』의 문제를 제기한다.

> 옛날 사람들은 먼저 『소학』을 읽어 본바탕을 함양했으므로 『대학』에 먼저 격물치지를 말했습니다. 후세 사람들은 『소학』을 읽지 않기 때문에 학문에 근본이 없어 격물치지의 보람을 알 수 없는 것입니다. 『소학』은 비단 연소한 사람만이 아니라 장성한 사람도 또한 읽어야 할 책입니다. 『소학』이 동방에 유포된 지 오래였으나 그 대의를 아는 사람이 아무도 없었는데, 김굉필이 학도를 모아 강명講明하고부터 그 책이 세상에 크게 퍼졌습니다.

기묘년이 되자 사람들이 모두 『소학』을 근본으로 여겼는데 불행히도 현인 군자들이 죄의 그물에 빠져 지금도 세간에 『소학』을 읽는 사람이 없습니다. 이것은 교화가 밝지 못한 소치입니다. 성상께서 지금 『대학』을 진강하고 계시지만 『소학』 또한 유념해서 보셔야 할 것입니다.[211]

『소학』은 이제 거침없이 떠올랐다. 이황은 조광조와 기묘사림의 복권을 말한다. "조광조는 온 나라 사람들이 우러러 존경했기에 더욱 참혹한 죄를 받았습니다. 하지만 중종과 명종도 그가 죄가 없음을 아셨습니다. 그때 선비들은 모두 『소학』을 읽었습니다. 지금도 조정이나 세간에 그나마 흥기興起하는 생각이 있는 것은, 그때의 교화가 남아 있기 때문입니다. 지난날 소인배가 어진 선비들을 해치려 할 때 붙일 죄목이 없자, '이들은 『소학』의 무리'라고 했습니다."[212] 『소학』은 사림의 권력을 타고 다시 화려하게 부활했다. 선조 원년 1월 12일 기대승奇大升은 주강에서 자신은 시골에서 자라나 책을 읽을 줄 몰랐고, 또 중종 말년에 조정에서 한 일은 미처 모르겠으나, 그때 송인수宋麟壽가 관찰사가 되어 『소학』을 읽게 하였으므로 그 책을 얻어 읽은 뒤에야 성현의 일을 알았다면서 외방 향교의 유생은 다 『소학』, 『삼강행실도』, 『이륜행실도』二倫行實圖 등의 책을 읽도록 감사에게 하유下諭하여 궁벽한 시골에서도 다 이런 책을 읽도록 요청했다.[213] 선조 6년 11월 4일에는 심의겸沈義謙이 『번역소학』을 인출할 것을 요청했다.[214] 선조 14년 12월 26일에는 종친 2품 이상, 정부 및 육조 당상·낭청 등에게 『소학』을 반사하였다.[215] 그리고 선조 18년(1585)에는 교정청의 번역판이 나와 보급되었다.[216]

『소학』의 보급·유통의 역사는 우여곡절을 겪지만 결국 『소학』의 정당성을 끊임없이 확인해 나가는 과정이었다. 선조대가 되면 아무도 『소학』의 정당성을 의심할 수가 없었다. 이것은 이미 예견된 것이었다. 사대부라는 지배계급은 자신의 지배를 정당화하기 위해 자신과 다른 신분/계급과의 차별적 에토스를 확보할 필요가 있었던 바,『소학』이 바로 그것을 제공하고 있었던 것이다.

『소학』은 곡절을 거치면서 사대부들에게 내면화되었다. 그 내면화는 곧 사대부의 신체언어 곧 양반다움을 만들었고, 그것으로 남성-양반들은 여성과 구분되고, 비사대부층과 결정적으로 구분되었던 것이다.『소학』의 내면화는 시간이 갈수록 강화되어 신체언어 속에 녹아 들어갔으며,『소학』의 정당성을 도저히 의심할 수 없는 지경에 이르렀다.

이에 따라 남성에 대한 여성의 종속성은 대기大氣처럼 아무도 빠져 나갈 수 없는 것이 되었다. 남성은『소학』에 의해 먼저 의식화되었다. 자기의식화는 대단히 중요한 의미를 갖는 것이었다. 즉 남성은『소학』의 외화를 생각하고 그 외화에 의해 내부의 모순을 비판적으로 인식한 뒤, 자기 이익 즉 남성의 이익을 관철하기 위해 그 모순을 의도적으로 은폐하고 여성의 의식화에 나서는 것이 아니라, 남성/여성의 구별이 아닌 차별이 세계의 본모습이라는 것, 그것이 진리라는 것, 동시에 그것이 차별이 아닌 단지 분별일 뿐이라는 사고에 스스로 의식화될 필요가 있었던 것이다. 이로 인해 그들은 스스로 중세의 족쇄에서 빠져나올 수 없게 되었다.

2.『삼강행실도』의 국역·축약본과 보급

국역·축약본의 제작

『소학』은 정치 세력과 관련되어 그 보급에 곡절이 있었지만,『삼강행실도』는『소학』에 비해 저항이 적었다. 세조[217]는 고명사은사誥命謝恩使로 북경에 가는 도중 요동에서 강맹경姜盟卿에게 편지를 보냈다.

내 비록 먼 곳에 있지만, 『병요』兵要, 병서, 『삼강행실도』 등은 선조先朝로부터 맡은 일이기에 차마 잊을 수 없다. 내가 서울을 떠날 때 이미 상세히 아뢰었다. 또 『병요』는 속히 반사頒賜하여 선왕께서 여러 장수를 가르치고자 하던 뜻을 이루고, 병서는 먼저 『손자』를 인쇄하고, 그 나머지는 내가 돌아갈 때까지 기다려라. 『삼강행실도』는 먼저 「효자도」를 반포하는 것이 옳겠다.²¹⁸

선조로부터 맡은 일이란 세종 때부터 맡은 일일 터이고, 선왕은 문종일 것이다. 3년 뒤 세조가 왕위를 찬탈하여 스스로 왕이 되었기에 『단종실록』에 세조를 마치 왕인 것처럼 기사를 작성한 것이야 그럴 만한 이유가 있다지만, 하필이면 이런 서적의 간행에 대한 기사가 실렸는지 알 길이 없다. 전후의 맥락을 알 수 없기 때문에 과연 이때 책이 인쇄되었는지도 미상이다.

세조는 이렇게 『삼강행실도』에 관심을 보였지만, 정작 조카와 형제를 살해하고 왕위에 오른 뒤 이 윤리성에 대해 침묵한다. 즉위한 직후 정종鄭悰에게 『삼강행실도』 한 질을 하사했다는 간단한 기사²¹⁹ 이후 『삼강행실도』는 언급되지 않는다. 10년이 지난 11년 7월 25일 "사람의 사람됨은 충과 효에 지나지 않는다" 하고, 충효의 도리는 『논어』나 『소학』에 갖추어져 있지만, 이런 책들은 너무 지루하다고 비판하고, 양성지에게 충과 효에 대한 에센스를 뽑아 새로운 책을 만들 것을 지시한다. 그런 용도의 책으로 『효행록』과 『삼강행실도』가 있다. 하지만 『삼강행실도』를 비판한다.

『효행록』 같은 책은 보기에 조금 편하지만, 『삼강행실도』는 이미 사적을 기술하고 또 시찬詩讚을 지었음에도 구차한 예를 면치 못하고 또 번거롭기까지 하다. 경은 『삼강행실도』와 여러 역사를 조사하여, 오륜에 관계되는 것 수십 조목을 찬술해 올리라. 내가 보고 간추려 만세토록 사람을 가르치는 법으로

삼겠다.[220]

구차하고 번거롭다는 것은 『삼강행실도』의 충신편으로 짐작된다. 아마도 충신편은 자신의 왕권 찬탈에 반기를 들었던 신하들의 존재를 연상시켰을 것이다. 양성지가 명대로 책을 엮어 올리자 노사신盧思愼과 같이 교정하게 한 뒤 『오륜록』五倫錄이라는 이름을 붙였다. 하지만 이 책이 인쇄·보급되었다는 근거는 전혀 남아 있지 않다. 이 책은 아마도 홍문관 도서관에 소장되었다가 뒷날 임진왜란의 병화에 불타고 말았을 것이다.

세종 13년(1431)에 간행된 『삼강행실도』는 그 후 상당 기간 동안 다시 간행된 흔적이 보이지 않는다. 물론 그렇다 해서 여성에 대한 의식화의 강도가 감쇄한 것은 아닐 것이다. 여전히 법과 제도, 그리고 정려 정책으로 여성을 남성에게 종속화하는 작업은 진행되었던 것을 염두에 두자. 『삼강행실도』가 다시 인쇄되기 시작한 것은, 성종이 즉위한 직후였다. 성종은 2년 3월 28일 예조에 명령을 내린다. "『삼강행실도』를 여러 고을의 향교 교생으로 하여금 강습하게 하되, 제때에 강講하게 하여 풍속을 권장하도록 하라."[221] 교생은 지방 향교의 학생이다. 향교는 지방 각 군현에 설립한 관립 학교였으니, 이 발상은 제도적 시스템을 통해 『삼강행실도』를 강제로 보급하려는 것이었다.

성종의 발상은 세종조의 정책보다 진일보한 것이었다. 같은 해 6월 8일 사헌부 대사헌 한치형韓致亨은 성종의 의도를 간파하고 시정을 논한 17조에 달하는 장문의 상소를 올리는데, 그중 하나가 민간(백성)에 대한 윤리 교육의 강화였다. 이유야 앞서 세종조 16년의 교서에 밝힌 바와 다를 것이 없다. 그는 "절의를 숭상하고 효제를 돈독히 하며, 충신과 열부의 묘를 봉封하고, 효자와 순손을 정려할 것"을 요청하고, 아울러 각도 관찰사가 『소학』과 『삼강행실도』를 간행해 윤리의 의식화를 도모할 것을 요청

했다.²²²

성종은 이 상소를 수용한다. 열흘 뒤 전국적으로 충신·열부·효자를 발굴하여 정표旌表할 것, 제도 관찰사가 『소학』과 『삼강행실도』를 간행하여 백성에게 강습하게 할 것을 지시한다.²²³ 그런데 지시가 쉽게 실천되지는 않았다. 5년 뒤인 7년 7월 23일 성종은 다시 제도 관찰사에게 "식견이 없는 관리들이 게을리 봉행하지 않아 실효가 있음을 듣지 못했다"고 지적하고, 『소학』과 『삼강행실도』의 학습을 강화할 것을 지시했다. 이후 모든 유생은 『소학』에 통달하여 완전히 푹 젖을 정도로 익힌 뒤 사서를 배우도록 지시했다.²²⁴ 『소학』은 필수 서적이 된 것이다. 다만 이 기사에는 『삼강행실도』의 학습에 대한 언급은 없다. 하지만 7월 25일 예조에 내린 전교에 "제도에 유시하여 유생들로 하여금 『소학』과 『삼강행실도』를 강명講明하게 하였다"²²⁵라고 하고 있으니, 아마도 동일한 강제가 이루어졌을 것이다.

그러나 기대했던 것처럼 순식간에 효과가 발생하지는 않았다. 이듬해인 8년 4월 22일 예조가 인용한 성종의 전교를 보면, 성종이 윤대輪對했던 어떤 관리의 말을 다시 인용하면서 정책이 기대만큼 효과를 거두지 않고 있음을 지적하고 있다.

> 절의는 사람의 큰 윤리이기에 국가에서 『삼강행실도』를 주군州郡에 반포했음에도 불구하고 수령들이 내버려두고 행하지 않고, 효자·절부가 나올 경우 문려門閭에 정표旌表하는 것이 법인데도 마음을 쓰지 않고 단지 길 왼편에 나무를 가로질러 둘 뿐이니, 포상하는 뜻에 심히 어긋난다.²²⁶

『삼강행실도』는 왕과 중앙 조정의 거듭된 지시에도 불구하고 지방관들의 무관심으로 지방에 먹혀들지 않았다. 이 윤대관은 정표 정책을 개량

하여 강력하게 추진할 것을 청했던 바, 성종은 수령을 조사하는 조문을 만들어 올릴 것을 명령했다.

예조에서는 『삼강행실도』를 반포했음에도 불구하고 수령이 여사로 여겨 거행하지 않음을 확인하고, 관찰사에게 『삼강행실도』의 실제 보급과 교육에 관한 것을 인사 고과에 반영하는, 즉 수령의 출척黜陟에 반영하는 아이디어를 올린다. 물론 이것은 그대로 수용되었다.

이런 식의 보급과 교육의 강제는 계속되었으나, 기대만큼 효과를 거두지 못한 것은 민중들이 한문본 『삼강행실도』를 읽을 수 없기 때문이었다. 언해의 필요성은 계속 높아지고 있었다. 백성이 직접 텍스트를 읽고, 입에서 입으로 백성끼리 전파하는 것이야말로 가장 효율적인 방법이 아니겠는가? 그런 점에서 성종 12년이야말로 『삼강행실도』 보급에 획기적인 전환점이 되는 시기다.

이 시기에 양반 사회 내부에서 성종 자신이 "근래에 사족士族의 부녀자들 가운데 실행하는 경우가 더러 있다"[227]고 할 정도로 성적 스캔들이 빈번하게 발생하고 있었다. 성종 11년의 어우동 사건이 그 대표적인 예이다. 하지만 어우동 사건은 빙산의 일각이었다. 어떻게 할 것인가? 남성에 대한 여성의 성적 종속성을 강화하는 것이 유일한 방법이었다. 『삼강행실도』 언해는 이런 맥락에서 이루어진다.

12년 3월 24일 성종은 이렇게 말한다.

> 예전에 동방은 정신貞信하여 음란하지 않다고 소문이 났는데, 근자에는 사족의 부녀 중에도 혹 실행하는 자가 있으니 내 심히 걱정스럽다. 언문으로 된 『삼강행실도』의 열녀도烈女圖 약간 질을 인쇄하여 서울의 오부와 제도에 반사하고, 시골 마을의 부녀자가 다 강습할 수 있게 하라. 그러면 아마도 풍속을 바꿀 수 있을 것이다.[228]

여성을 윤리적으로 의식화하는 방법으로 『삼강행실도』를 떠올린 것은 평범한 발상이지만, 그것을 번역하여 부녀자들이 직접 읽도록 만들겠다는 것은 세종 이후의 오랜 숙제를 푸는 것이었다. 왕명은 실행되었다. 이제 여성들은 직접 열녀편을 읽을 수 있게 되었다. 하지만 과거의 방법이 즉각 폐기된 것은 아니었다. 성종은 열녀편을 서울과 지방의 부녀자들에게 두루 강습시킬 절목을 마련할 것을 지시했다. 예조가 보고한 대책은 이렇다. 서울은 종친·재추宰樞, 벌열의 집안은 물론 한미한 가족이라도 모든 가족이 모여 거주하므로 가장이 열녀편을 직접 가르칠 것, 지방은 흩어져 있을 가능성이 크니 명망 있는 촌로가 교육을 담당할 것이 결정되었다. 물론 가장이나 여자 노비로 하여금 전하고 깨우쳐 가르치게 하는 것도 포함되었다. 만약 이 교육으로 인해 절행節行이 뛰어난 부녀자가 있으면 정문의 은전을 내리고, 교육을 담당했던 사람도 포상하게 하였다.[229]

성종의 정책은 『경국대전』에 법으로 실렸다. 앞서 지적한 바와 같이 성종 16년 『경국대전』이 완성되었던 바 「예전」禮典 '권장조' 勸獎條에 『삼강행실도』의 보급과 포상에 관한 규정이 마련되었던 것이다.

> 『삼강행실도』를 언문으로 번역하여 서울과 지방 사족의 가장家長·부로父老 혹은 교수敎授·훈도訓導로 하여금 부녀자·어린이들을 가르쳐 이해하게 하고, 만약 대의에 능통하고 몸가짐과 행실이 뛰어난 사람이 있으면 서울은 한성부가, 지방은 관찰사가 왕에게 보고하여 상을 준다.[230]

언문 번역본의 출현만큼 중요한 변화가 성종 20년에 또 일어났다. 20년 6월 1일 경기관찰사 박숭질朴崇質은 하직 인사를 올리는 자리에서 참으로 희한한 제안을 하였다.

신이 근년에 상을 당해 시골에 있을 때 어리석은 백성 중 부모와 대거리하는 자도 있었고, 형제와 화목치 못한 자도 있었습니다. 지금과 같은 성대에는 이런 풍속이 있어서는 안 될 것입니다. 세종조에 『삼강행실도』를 중외에 반포하여 사람들이 착한 마음을 일으키게 했습니다. 한데, 관부官府에도 이 책이 없거늘 하물며 민간에 있겠습니까? 신의 생각으로는 『삼강행실도』는 앞에는 그림이 있고, 뒤에는 사실을 기록하였으니, 만약 이 책으로 가르친다면 풍속도 바꿀 수 있고, 인심도 고칠 수 있을 것입니다. 다만 이 책은 너무 한만閑漫하여 어리석은 백성이 다 보기가 쉽지 않습니다. 그 중에서 절행節行이 특이한 것만 골라 뽑아내 간행하고, 시골에 반포하여 여염의 소민小民이 모르는 사람이 없게 한다면, 풍속의 교화에 아마도 도움이 될 것입니다.[231]

관부에서도 찾기 힘들 정도로 『삼강행실도』는 드문 책이었다. 『삼강행실도』뿐만 아니라 이 시기에 서적은 희귀한 것이었다. 돈을 주면 서점에서 언제나 책을 구입할 수 있는 지금과는 판이하다. 『삼강행실도』 한문본(110명 본)은 현대 인쇄물의 수준에서 보면 초라하기 짝이 없지만, 당대의 기준으로 본다면 결코 보잘것없는 책자가 아니었다. 『삼강행실도』가 관부에도 없다는 말 역시 유의해야 할 부분이다. 『삼강행실도』는 세종 16년의 초판본 이래 단종 즉위년과 성종 2년에 간행되고, 다시 성종 12년에 언해본 열녀편이 출판된 것이 전부다. 1430년(세종 12)부터 1481년(성종 12)까지 51년 동안 3회 발행되었을 뿐이다. 구체적인 발행 부수를 알 수는 없지만, 대개 이 시기 출판물이 많아야 2, 3백 부를 인쇄하는 데 그쳤던 것을 생각한다면, 민간에 책이 없다는 말은 과장이 아닐 것이다.

당연히 책의 부수를 늘려야 하는데, 이 방법으로 박숭질은 책의 내용을 축약할 것을 제안한다. 그가 『삼강행실도』를 한만하다 한 것은 정곡을 찌른 것이다. 열녀편 110개 편은 동일한 구조와 내용이 심하게 중복되고 있었다. 간명한 축약본은 독자에게 보다 강력한 인상을 줄 것이다. 박숭질은 경기도에서는 인쇄가 어렵다는 것을 이유로, 활자로 인쇄·반포할 것을 요청하여 성종의 허락을 받아냈다.

축약 언해본의 원고는 같은 달(6월) 18일에 마련되었다. 이 임무를 맡은 사람은 세자 시강원 보덕輔德 허침許琛과 이조 정랑 정석견鄭錫堅이었다. 이들은 330명에서 각각 35편을 골라 105인 본을 만들었다(효자편 110편 중에서 35가지를 선택하는 방식). 하지만 각각 선택된 이야기를 축소하지는 않았다. 앞서 검토했듯 "기록한 사실은 모두 간략하여 줄일 만한 말이 없었던 것"이다.[232] 마침내 8개월 뒤 축약 언해본이 완성되었다. 성종 21년 4월 1일 성종은 『삼강행실도』를 서울의 오부와 팔도의 군현郡縣에 반사하라고 명했다. 세종 16년(1434)에 만들어진 이 윤리서는 반세기가 지난 성종 21년(1490)에야 비로소 민중이 읽을 수 있는 독서물로 다시 태어났다. 이후 『삼강행실도』는 오로지 이 축약 언해본『삼강행실도』를 의미하게 되었다

이 축약본은 105인 본에서 「황영사상」(1)부터 「정강유대」(15)까지 천자나, 주대周代 제후의 비妃 15명 중 「백희체화」(13)만 남기고 모두 삭제해 버렸다. 즉 교화의 대상이 일반 여성임을 의식하여, 군더더기처럼 붙어 있던 앞 부분을 제거했던 것이다. 선발된 35명[233] 중 죽음으로 열녀가 된 사람은 24명이다. 68.5퍼센트이니, 10명 중 7명이 죽음으로 열녀가 되었던 것이다. 이것은 제왕의 비를 제외하면 죽음으로 열녀가 된 경우가 전체의 82.3퍼센트를 차지했던 것과 견주어 볼 때 비율이 14퍼센트 감소한 것이다. 하지만 죽음의 감소율이 유의미한 것은 아니었다. 그 비율이 감소한 대신 다른 쪽의 비율이 높아졌다. 다음은 죽음이 아닌 경우다.

「여종지례」女宗知禮(16), 「송녀불개」宋女不改(18), 「고행할비」高行割鼻(20), 「목강무자」穆姜撫子(21), 「영녀절이」令女截耳(25), 「이씨감연」李氏感燕(35),

「숙영단발」淑英斷髮(41), 「이씨부해」李氏負骸(52), 「의부와빙」義婦臥冰(71), 「미처담초」彌妻啖草(96), 「김씨박호」金氏撲虎(107)

「고행할비」(20), 「영녀절이」(25), 「숙영단발」(41), 「이씨부해」(52), 「의부와빙」(71)과 같은 자기 가학적 신체 훼손이라는 열행의 문법을 5건 채택했다.[234] 그 외에는 여러 유형을 대표할 만한 사례를 하나씩 고른 것으로 보인다. 요컨대 『삼강행실도』 열녀편은 3분의 1로 축약되었지만, 죽음과 자기가학적 신체 훼손을 통해 남성에 대한 여성의 성적 종속성을 주입함으로써 가부장제를 완성하려는 의도가 전혀 훼손되지 않았음은 두말할 필요가 없을 것이다.

사림과 『삼강행실도』 열녀편의 보급 확대

성종이 죽자 연산군의 시대가 시작되었다. 『소학』과 마찬가지로 연산군의 시대에 『삼강행실도』와 같은 윤리서의 보급은 기대하기 어려웠다. 도리어 그 반대였다. 연산군은 『동국여지승람』을 보다가 은산殷山 사람 이자화李自華의 효행을 보았다.[235] 연산군이 말하는 이자화의 효행은 이렇다.

어릴 때부터 혼정신성昏定晨省에 조금도 게으르지 않았고, 아침 저녁 밥을 꼭 손수 지었으며, 계절의 음식을 얻으면 반드시 어버이께 올렸다. 어버이가 돌아가시자 가슴을 치고 발을 구르며 울었고, 죽은 사람을 산 사람처럼 섬겼으며, 부부가 남녀관계를 맺지 않았고, 3년 동안 죽만 먹었다. 성종이 돌아가시자, 어버이의 상처럼 3년 동안 문을 닫고 출입을 하거나 술을 마시지 않고 나물만 먹었다.[236]

조선조의 전형적인 효자상이다. 당연히 표창의 대상이었고, 그래서

『동국여지승람』에까지 올랐다. 그런데 국상을 부모상과 같이 입은 것은 상식을 벗어난다. 연산군이 "국상에 복을 입은 것이 법을 넘었다"고 말한 것은 상식적 판단이다. 하지만 그를 체포해 국문하라는 연산의 명령은 상정을 벗어난다. 연산군은 특히 3년의 상기 동안 부부가 성관계를 맺지 않는다는 것에 주목했다.

> 옛 성인이 예를 제정할 때 사람들의 교만 방종을 염려했기에 절문節文을 만든 것이다. 어찌 꼭 부부가 함께 있지 않아야 한다는 것이겠는가. 그러나 지금 상중에 있으면서 부부가 함께 있지 않는 경우가 몇이나 되겠는가?[237]

승정원에서는 있기야 같이 있지만, 친압(성관계)을 갖지 않을 뿐이라고 답했다. 연산의 물음은 나름대로 타당하다. 그러나 조선조의 제왕이 제기해야 할 문제는 아니다. 연산이 이 문제를 제기한 것은, 자신의 비윤리적 행적을 정당화하기 위한 책략으로 보이기 때문이다. 어쨌거나 효자의 행위를 의심하여 국문을 명하고, 성종의 상에 이자화와 같은 '괴이한' 행동을 한 자를 조사해서 보고하라는 발상을 하는 연산군이 윤리서의 간행을 염두에 둘 리가 만무하다. 다만 그는 『삼강행실도』의 충신편에 실린 고려의 서견徐甄이나 진晉나라 혜소嵇紹에 대해서는 비상한 관심을 보였으니, 그것은 신하의 무제한적·맹목적 복종을 원하는 폭군의 심리에서 나온 것으로 보인다.[238]

『삼강행실도』가 대량으로 보급된 것은 역시 중종대였다. 『소학』과 함께 『삼강행실도』는 사림 정권이 보급에 골몰한 책이었다. 중종 원년 11월 2일 연산군 때 폐지되었던 윤대輪對가 열리자 각 관아의 실무진이 의견을 개진했다. 그중 사온서 주부 우행언禹行言은 『삼강행실도』를 반포하여 백성들이 강송講誦토록 할 것을 개진했다. 홍춘경洪春卿이 지은 중종의 지문

誌文에 의하면 정묘년(중종 2년) 8월에 『삼강행실도』를 인쇄하여 펴냈다고 했으니, 우행언의 요청으로 인한 것일 것이다.[239] 이로부터 3년 뒤인 5년 1월 4일 『삼강행실도』를 팔도에 반사한다. 그리고 다시 1년 반 뒤인 6년 8월 28일 중종은 근래의 풍속이 불미하다며, 『삼강행실도』를 많이 찍어 중외에 반포하라고 지시한다. 아울러 중종은 『삼강행실도』에 포함되지 않은, 조선에 들어와 출현한 효자와 열녀에 대해서도 같은 방식으로 편집해 간행할 것을 지시한다. 이 지시는 『속삼강행실도』續三綱行實圖로 구체화된다. 이것은 따로 언급하기로 하자.

중종의 지시로 그해 10월 20일 교서관에서 찍은 『삼강행실도』 2,940질을 중앙과 지방에 반포한다.[240] 2,940질은 엄청난 숫자였다. 『삼강행실도』는 효자편, 충신편, 열녀편이 각각 독립된 1책을 이룬다. 즉 3책이 1질이다. 모두 8,820책, 거의 9천 책을 인쇄해서 뿌렸던 것이다. 조선 시대 교서관에서 인쇄하는 서적의 부수는 2, 3백 부를 넘어가는 경우가 거의 없다. 9천 부를 찍은 것은 아마도 조선 시대 최고의 발행 부수일 것이다. 축약 언해본의 대량 인쇄·보급으로 이제 이 윤리서는 민중의 손에 들어가기 시작했다.

『속삼강행실도』의 편찬

앞서 언급한 바와 같이 중종은 5년 1월 4일 『삼강행실도』의 인쇄·반포를 지시하면서 속편의 편집을 지시했다. 한데 속편의 제작이 그때 이루어진 것은 아니었다. 아마도 9천 책에 달하는 『삼강행실도』의 제작 때문에 일의 순서가 밀린 것이 아닌가 한다. 2년 뒤인 7년 5월 9일 『실록』에 속편의 제작과 관련된 기사가 있다.

이에 앞서 임금이 중외에 교유하였다.

"본조의 충신·효자·열부의 사적으로 그림으로 그리지 못한 자를 남김없이 찾아내 속간하여 책으로 만들라."
예조가 각도에 공문을 보내 절의로 정표할 만한 사람의 성명·직함을 남김없이 문서로 보고하게 하였다.[241]

"이에 앞서 중외에 교유하였다"는 것은 아마도 5년 1월 4일의 지시를 말하는 것으로 보인다. 위에서 직접 인용한 기사 뒤에는 전라도 관찰사 남곤南袞이 작성한 전라도 각 군현의 효자·열녀의 행적에 관한 긴 보고문이 붙어 있다. 사실 이 보고를 실록에 실으면서, 싣는 이유를 적시한 것이 바로 위 기사다. 즉 5년 1월 4일의 지시를 받들어 2년 뒤에야 비로소 정식 보고가 되었던 것이다. 이렇게 자료가 올라오자, 7년 10월 8일 중종은 속편의 제작을 다시 지시한다. 그의 말을 들어 보자.

근래 삼강이 땅에 떨어지고 풍속이 문란하며, 백성은 본성을 잃고 아무도 순후한 데로 돌아가지 않는다. 조종조에서 강상을 부지하는 데 힘을 써서 충신·효자·열녀의 그림을 그리고 사적을 기록해 책 한 권을 만들어 『삼강행실도』라는 이름을 붙여 중외에 반사하자 여항의 소민小民들이 보고서 감동하였으니, 어찌 다스림에 일조가 되지 않았으랴.
내 이를 생각하고 전처럼 그림을 그리고 속편을 엮고자 하니, 빨리 그 일을 맡을 곳을 만들도록 하라.[242]

사림 정치의 도덕적 개혁 드라이브에 걸려 있던 중종은 처음 발상했던 만큼 『삼강행실도』 속편의 편찬에 열의를 보였다. 그는 8년 2월 28일 중종반정 때의 충신을 찾아 수록할 것을 지시하였고, 9년 4월 2일에는 다시 조종조 및 반정 이후의 일도 모두 찾아 수록할 것을 지시한다. 아울러 과거 『삼강행실도』의 인쇄본이 '여항의 우민愚民'의 쉬운 이해를 돕기 위해 언해한 것인데, 자체字體가 작다면서 큰 글씨로 인쇄하여 보기 편하게 할 것을 지시했다. 교화론적 의도는 글씨 크기까지 고려하고 있었다.

『속삼강행실도』의 편찬 과정은 전혀 알 수 없으나, 그 간행 일시는 거의 정확하게 알 수 있다. 현재 남아 있는 원간본의 서문과 전문箋文이 정덕正德 9년(1514) 10월 10일에 쓰였으니,[243] 중종 9년 10월 이후 가까운 시일 내에 인쇄되었을 것이다.

이 책의 내용은 달리 언급할 곳이 없기 때문에 여기서 이 책의 고찰 대상인 열녀편만 간단히 정리해 두자. 이 책에 실린 열녀는 모두 28명이다.

명明——백씨화고白氏畫姑(1), 장씨부시張氏負屍(2), 진씨전발陳氏剪髮(3), 허매익수許梅溺水(4), 유씨투지劉氏投地(5), 유씨종사俞氏從死(6), 마씨투정馬氏投井(7), 원씨심시袁氏尋屍(8)

조선——약가정신藥哥貞信(9), 송씨서사宋氏誓死(10), 최씨수절崔氏守節(11), 서씨포죽徐氏抱竹(12), 석금연생石今捐生(13), 구씨사진仇氏寫眞(14), 김씨자경金氏自經(15), 구음방도야仇音方逃野(16), 손씨수지孫氏守志(17), 양씨포관梁氏抱棺(18), 권씨부토權氏負土(19), 김씨익백金氏衣白(20), 성이패도性伊佩刀(21), 우씨부고禹氏負姑(22), 강씨포시姜氏抱屍(23), 소사자서召史自誓(24), 옥금불오玉今不汚(25), 옥금자액玉今自縊(26), 정씨불식鄭氏不食(27), 이씨수신李氏守信(28)

명나라 사람이 8명, 조선 사람은 20명이다. 조선 여성 20명은 『실록』에서 찾을 수 있지만, 명나라 쪽은 그 근거를 확인할 길이 없다.

28명 여성의 열행을 관류하는 문법은 '죽음'이다. 명나라 여성 8명 중

5명, 곧 (4)·(5)·(6)·(7)·(8)은 모두 자살한다. 개가를 강요하자 물에 투신하거나(4), 절에 있는 탑의 꼭대기에서 투신하거나(5), 중병에 걸린 남편이 개가하라고 권유하자 남편의 사망 후 즉시 목을 매거나(6), 친정 부모가 무능한 남편을 버리고 다른 곳에 개가하라고 권유하자 우물에 투신하거나(7), 남편이 익사하자 시신을 찾다가 찾지 못하자 강물에 투신하거나(8) 하는 등 다양한 방법으로 자살한다.

조선 여성 20명 역시 '죽음'으로 열녀가 된다. 남편이 죽자 자신이 더 럽혀질 것이라면서 목을 매거나(13), 부모가 개가시키려 하자 목을 매거나(15, 24, 26), 남편 사후 물에 투신하였으나 구출되자 다시 목을 매거나(18), 남편이 죽자 절식絶食을 하거나(23), 남편 사후 마을 사람의 강간에 저항하다가 목을 매거나(25), 남편 사후 시신을 수습하여 장례를 치른 뒤 기진하여 죽는다(27). 20명 중 8명이다. 하지만 여기에 자살을 시도하거나, 자살을 예비하는 경우 4명을 추가한다면(17, 20, 21, 28),[244] 실로 죽음과 관련되어 있는 사람은 모두 12명이 된다. 명나라의 여성 5명과 합하면, 28명 중 17명이 죽음을 통해 열녀가 되었다. 이 비율은 『삼강행실도』 열녀편과 다를 바가 없다. 『속삼강행실도』가 편집될 무렵 이미 수많은 열녀의 사례가 있었지만, 편집자들은 원래 『삼강행실도』 열녀편의 편자와 똑같이 죽음을 열행의 가장 높은 단계로 설정하고 그것을 요구했던 것이다.

중종은 한동안 『삼강행실도』의 보급에 거의 미쳐 있었다. 속편까지 만든 그는 계속해서 이 책을 인쇄·보급했다. 중종의 말을 들어 보자.

(a) 『삼강행실도』는 다른 책의 예와 다르니 여항의 백성도 모두 알게 하고자 한다. 정부·육조·한성부의 당상과 낭청 중에서 하사할 만한 자는 마감하여 아뢰어라. 또 오부에 나눠 주어 여항의 백성을 가르치게 하라.[245]

(b) 개성부의 인민이 전조前朝의 풍속을 따라 불교를 숭상하고 윤리를 알지 못하니, 정말 염려스럽다. 『삼강행실도』를 예조에서 더 많이 인쇄하여 내려보내게 하라.[246]

(a)의 밑줄 친 부분을 보면 중종이 『삼강행실도』로 백성을 완전히 의식화하고자 했음을 짐작할 수 있을 것이다. 특히 (b)를 보면, 중종은 전대의 임금과는 달리 유가적 윤리의 보급을 보다 철저하게 의식했음을 알 만하다.

『삼강행실도』를 보급함과 동시에 이 책의 모방적 실천을 유도하는 정책이 마련되었다. 예컨대 중종은 우스꽝스럽게도 "삼강의 실천에 독실한 사람으로서 거지가 된 사람은 진휼賑恤하라"는 지시를 내린 적도 있었다.[247] 자료 (b)의 일시인 6월 9일 바로 그날 중종의 지시가 내려지자, 대사간 윤은보尹殷輔 등은 차자를 올려 중종의 의도에 영합하면서 『삼강행실도』의 실천을 유도할 정책을 올린다. 요는 삼강에 전조(고려)의 전례에 따라 효자·순손順孫에게 관직을 주자는 것이었다. 관료가 되는 것이 최고의 가치였던 사회에서 유가적 윤리의 실천자를 관직에 등용하자는 것은 윤리의 확대·보급을 위한 파격적인 정책이 아닐 수 없었다. 이것은 신중해야 할 문제였고, 중종은 조선조에서는 전례가 없다면서 해당 관청에 문의하는 것이 좋겠다고 답했다. 뒤에 실행되지는 않았다.

기묘사림 이후의 『삼강행실도』 열녀편

『소학』과 마찬가지로 기묘사화 이후 『삼강행실도』의 보급은 주춤하였다. 『소학』의 복권은 앞서 지적한 바와 같이 중종 36년 11월 12일 중종이 『소학』을 진강하라 명하고부터이다. 다만 『삼강행실도』는 이보다 약간 빨랐다. 『소학』이 기묘사림을 직접 연상시키는 데 반해 『삼강행실도』는 기묘사림과 거리가 멀었기 때문일 것이다. 중종 31년 5월 10일 대제학은 "근래 인심이 모질어 풍속이 나빠졌다"면서 『삼강행실도』를 다시 간행하여 광포할 것을 요청했다. "고서 가운데 본받을 만한 것으로 『삼강행실도』보다 더 나은 것이 없다"는 것이 그 이유였다.[248] 아울러 중국에서 수입되었던 『위선음즐』爲善陰騭과 주자의 『명신언행록』을 간행해서 반포할 것을 요청했다. 『삼강행실도』의 간행에는 문제가 없었으나, 『위선음즐』과 『명신언행록』의 간행에는 논란이 따랐다. 이런 논의 과정에서 『삼강행실도』의 문제가 제기되었다. 즉 "『삼강행실도』는 중외의 사람이 모르는 자가 없으니 심상히 여길 것"이라든가,[249] "중외의 사민士民들이 보통으로 여기고 염두에도 두지 않는 책"[250]이 되었던 것이다. 이미 심상한 텍스트가 되어 보통으로 여기고 염두에도 두지 않는다는 말은 음미할 필요가 있다. 『삼강행실도』는 상식이 되어 버린 것이지만, 동시에 이것은 이미 다 아는 이야기, 이미 어떤 새로운 충격도 불러일으키지 못하는 일반화된 이야기가 되었다는 것이다. 이미 『삼강행실도』는 언어처럼 되어 버렸던 것이다. 참으로 놀라운 것은 이 언어화된 『삼강행실도』를 넘어 새로운 충격을 줄 수 있는 텍스트를 개발하기로 결정했다는 사실이다. 중종과 신하들은 문헌 중에서 본으로 삼을 만한 것들을 선택하여 책으로 엮고 언문으로 번역할 것을 지시했다. 당연히 그것을 전담할 전담 관청인 찬집청撰集廳의 설치도 명령했다. 그러나 새로운 윤리서가 편찬·인쇄되었다는 증거는 없다.

앞서 언급한 바와 같이 중종 사후 사림들은 부침을 거듭했지만, 결국 선조대에 와서 정권을 잡는다. 『소학』이 부활했고 여타의 윤리서도 다시 간행되기 시작했다. 중종 33년 예조판서 김안국은 『이륜행실도』二倫行實圖의 간행을 요청하여 허락을 받았고,[251] 살부殺父 사건 등 강상에 관계된 사건이 일어나면 반드시 『삼강행실도』와 『효경』, 『소학』을 통한 교화정책을 강화하고자 하였다.[252] 기묘사림의 도덕주의를 정당한 것으로 평가하면서 그들이 주창했던 『소학』, 『향약』, 『삼강행실도』 등의 서적, 특히 기묘사림의 상징물이었던 『소학』의 가치와 교육을 다시 역설하는 사림 출신의 관료(김인후金麟厚가 바로 그 사람이다)[253]까지 나타났다. 어득강은 충신·효자·열녀 등을 표창하는 문려門閭·장승·비석의 글씨를 정중하게 쓸 것, 비각을 세워 존중하는 의사를 보일 것 등 정려 정책을 강화할 것을 상소로 주장했다.[254]

명종 9년에도 『삼강행실도』가 인쇄되어 중앙과 지방에 반포되었고,[255] 명종 15년에는 10년(을묘년)에서 14년(기미년)까지의 효자와 열녀의 사례를 모아 책으로 엮어 올리라는 명에 따라 책이 완성되어 보고되었다.[256] 선조가 즉위하고 사림이 정권을 잡자, 이제 윤리서에 대한 금압은 없어졌다. 사림은 더 이상 싸울 필요가 없었다.[257]

3. 『내훈』 및 기타 텍스트의 보급

『소학』과 『삼강행실도』가 국가의 명령으로 활발하게 인쇄·보급된 것에 비해 『내훈』은 거의 보급되지 않았다. 『내훈』은 1475년 간행 이후 약 1백 년을 경과하여 선조 초기에 다시 간행되었을 뿐이다. 이 책은 따라서 많은 독자를 갖지는 않았던 것으로 보인다. 『내훈』의 보급이 거의 이루어지지 않았던 것은, 조선 전기의 경우 여전히 남성이 결혼 이후 여성의 집에서 사는 부처제婦處制가 주류를 이루었기 때문이라 생각된다. 『내훈』은 여성의 시집살이 곧 부처제夫處制를 전제하고 있었으나, 여성은 여전히 친정에서 살고 있었고, 일상에서 모셔야 할 시부모를 위시한 시집 가족이 없었다. 따라서 『내훈』은 하나의 원리적 표본으로 제시되었을 뿐 현실적 구속력이 전혀 없었다.[258] 『내훈』이 다시 간행된 것은 선조 6년이다. 『선조실록』 6년 2월 25일 『내훈』의 인쇄가 흐릿한 것을 이유로 교서관 관원과 인쇄를 맡았던 아랫사람을 처벌하라는 왕명이 내려진 것을 보면, 이때에 와서 『내훈』이 다시 인쇄되었던 것으로 보인다.[259]

『소학』, 『삼강행실도』, 『내훈』은 원래의 텍스트를 개조한 것이었다. 이와 아울러 중종대에 원래의 여성 교육서를 그대로 인쇄하여 보급하려는 시도가 있었다. 이 점에 대해 간단히 언급해 둔다. 앞서 인용했던 『중종실록』 12년 6월 27일, 홍문관의 요청을 다시 떠올려 보자. 홍문관의 발언 요지는 이미 정리한 바 있다. 중종은 이 요청을 받아들이지만 중종의 명이 과연 수행되었는가는 의문이다. 왜냐하면 12년 12월 28일 중종은 '자식이 아비를 죽인 변고'는 교화가 행해지지 않는 데서 연유한 것이라면서 『소학』을 빨리 인쇄·반포하고, 『여계』와 『여칙』 등의 책도 '우선적'으로 찬집撰集하라고 명을 거듭 내리고 있는 것을 보면, 같은 해 6월 27일 홍문관의 요청에서 언급되었던 『여계』, 『여칙』은 여전히 간행되지 않았던 것으로 보이기 때문이다. 또 『여계』는 반소의 저작으로 짐작되지만 『여칙』은 어떤 책인지 알 길이 없다. 이 책들의 간행 여부는 미상이다. 지금 간본이 전혀 남아 있지 않을 뿐만 아니라 간행에 대한 기록도 찾아보기 어렵기 때문이다. 다만 명종 21년에 왕이 반소의 『여계』, 『여칙』, 『여헌』女憲을 대내로 들이라고 명했다는 기록이 있는데,[260] 이것이 과연 중종 12년 이후 이루어진 인쇄본인지는 분명하지 않다. 또 『여헌』은 반소의 『여계』에 인용된 책이었던 바 이것이 과연 명종 때에 책자의 형태로 존재했는가도 의문이다.

막대한 양의 『소학』과 『삼강행실도』를 인쇄·보급하고, 『열녀전』, 『여칙』 등의 여성 교육서의 출판 보급을 추진했던 사림 세력은 중종 14년 기묘사화로 철저히 몰락했다. 『소학』이 입에 올릴 수 없는 금서가 되었으니, 여성교육서의 인쇄·보급이 무산되었던 것은 불문가지다. 여성 교육서가 다시 인쇄된 것은 13년 후인 중종 27년이었다. 이 해에 『여훈』女訓을 번역해 올리자, 중종은 교서관에서 인쇄할 것을 명한다. 현재 전하지 않는 이 책은 세조 5년 8월 21일 이극감과 홍응에게 편찬하게 했던 『여훈』으로 짐작할 뿐이다.[261]

『여훈』을 번역한 최세진은 『중종』 36년 6월 17일, 『경성도지』京城圖志와 『여효경』女孝經 각 1책을 중종에게 진상한다. 『여효경』은 『실록』에 의하면 조산랑朝散郎 진막陳邈의 아내 정씨鄭氏가 『효경』의 장수章數를 모방하여 찬집撰集한 책으로 『삼강행실도』와 같은 책이라고 한다. 중국에서 구입한 것을 진상한 것인데, 『여효경』이 국내에서 다시 인출된 자취는 없다. 다만 이 책을 바칠 수 있는 분위기가 중요한데, 이때는 김안국 등이 조정에 다시 돌아온 시기였다. 중종 38년 『열녀전』의 간행이 이루어진 것도 같은 분위기에서일 것이다. 『중종』 38년 11월 6일, 대제학 성세창이 『농서』를 현재 인쇄 중인 『열녀전』의 공역이 끝난 뒤 인쇄하자고 의견을 제시하는 것을 보아, 이때에 와서 비로소 『열녀전』이 인쇄되고 있었음을 짐작할 수 있다.[262] 하지만 이 책들이 『삼강행실도』처럼 보급되었던 흔적은 없다.

4. 임진왜란 이전 각 텍스트의 지방 출판 상황

앞서 지적한 바와 같이 『삼강행실도』는 조선 정부가 민간에 보급하기 위하여 최대의 힘을 기울인 책이었다. 임진왜란 이전까지 『삼강행실도』를 위시한 윤리서의 간행을 이제까지 주로 『실록』을 통해 검토했는데, 이 책들이 지방에까지 어떻게 파급되었는가 하는 것을 살펴볼 필요가 있다.

명종 9년에 어숙권魚叔權이 편찬한 『고사촬요』故事撮要의 「팔도책판목록」은 전국에 산재한 책판, 즉 책 목판의 소장처를 밝히고 있어 조선 전기

서적 연구의 중요한 자료다. 물론 어숙권이 편찬한 원본은 전하지 않지만, 이후 선조 원년(1568), 선조 9년(1576)에 2, 3차의 증보 속찬본이 나왔고, 선조 18년(1585)에는 허봉許篈의 4차 속찬본이 나왔다. 이 책은 임진왜란 이후에도 수정판이 나왔는데, 이 수정판에는 팔도의 책판이 임진왜란 때 소실되었다는 이유로 싣지 않고 있다. 따라서 2, 3, 4차에 실린 「팔도책판목록」은 조선 전기 인쇄·출판 문화의 중요한 자료가 된다.

먼저 「팔도책판목록」을 정리하여 『소학』의 목판이 있었던 곳을 소개하면 다음과 같다. 아무 표시가 없는 곳은 그냥 『소학』의 소재처이고, 따로 밝힌 것은 그 책명의 책판이 있었던 곳이다.

〈경기도〉

수원—『소전소학』小全小學

〈충청도〉

청주—『소학대전』小學大全

〈황해도〉

해주, 곡산, 봉산—『언토소학』諺吐小學

〈강원도〉

춘천

〈전라도〉

금산, 전주, 남원, 함평, 광주, 창평, 능성—『집주소학』集註小學.

〈경상도〉

대구, 안동—『현토소학』懸吐小學·『소학후록』小學後錄,

곤양—『대전소학』大全小學·『소전소학』小全小學.

〈평안도〉

평양

이상에서 보듯 전국에 걸쳐 각 지방에서 『소학』을 인쇄했다.

이외에 「팔도책판목록」에 실린 『삼강행실도』 등 윤리 서적 책판의 소재처는 다음과 같다.

〈황해도〉

해주—『삼강행실도』*『속삼강행실도』*『이륜행실도』*

〈강원도〉

삼척—『삼강행실도』

정선—『정속』正俗

〈전라도〉

금산—『정속』

전주—『정속』

남원—『삼강행실도』*『속삼강행실도』*『이륜행실도』*

남평—『삼강행실도』, 『속삼강행실도』

보성—『이륜행실도』, 『정속』

〈경상도〉

안동—『정속』

선산—『삼강행실도』『번역정속』飜譯正俗

금산—『이륜행실도』

성주—『삼강행실도』*

영덕—『정속』

진주—『정속』

〈함경도〉

회령—『정속』*

위의 책판들은 임진왜란 전에 지방에 존재했던 책판들이다. * 표한 것은 허봉 속찬본에 추가된 것이다. 표시가 없는 것은, 2, 3본에 실린 것이다. 물론 이것들이 전체는 아니라고 생각된다. 허봉 속찬본에서 새로운 책판이 추가된 것처럼 「팔도책판목록」 자체가 완벽한 것이 아니기 때문이다.

불완전한 것임을 전제한다 해도 모두 26개 지방에서 윤리서를 찍었으며, 그중 『삼강행실도』는 여섯 곳, 『정속』은 아홉 곳에서 인쇄되었다. 『정속』의 경우는 중종 때 처음 인쇄되었으니, 선조 때까지 여러 곳에서 인쇄된 셈이다. 『열녀전』은 전라도 광주에 책판이 있었으니, 간행이 드물었던 셈이다.

이것들은 지방에서 인쇄된 것들이고, 최대의 인쇄처는 서울의 교서관이었다. 중앙에서 윤리서를 인쇄한 역사에 대해서는 이미 고찰한 바 있다. 또 『고사촬요』의 「서책시준」書冊市准에 의하면, 『삼강행실도』는 종이 17첩貼 12장이 들었으며, 값은 면포綿布 반 필匹, 쌀 2두斗 5승升의 값으로 팔리고 있었다. [263]

텍스트의 존재 자체가 이념의 감염은 아니다. 『예기』와 『소학』의 관계가 말해 주듯, 조선조 이전 『예기』라는 텍스트와 『예기』에 실린 가부장제 담론은 알려진 지 오래였으나, 그것이 직접 사회 구성원들을 이념적으로 장악한 것은 아니었다. 『예기』의 내용이 『소학』으로 재편집되자, 가부장제의 남성 중심주의는 힘을 갖는 언어가 되었던 것이고, 『소학』의 맹렬한 보급과 유통 속에서 비로소 인간의 신체를 지배하는 언어가 되었던 것이다. 그것은 원천적으로 사대부의 신체 언어가 되어 사대부와 비사대부를 구별짓는 기호가 되었다. 『소학』에서 다루는 여성관을 남성에게 여성에 대한 기본적인 인식으로 형성시켰던 것이다.

『소학』은 건국 이후 약 2백 년에 걸쳐 차츰 영향력을 확장했다. 물론

곡절은 있었으니, 기묘사림의 『소학』 보급 운동이 기묘사화로 일시 좌절되었던 것이다. 그러나 이미 사림이 도덕적 명분의 우위를 갖고 있었던 것처럼 『소학』의 정당성은 도리어 이 사화로 인해 강화될 수 있었다. 마침내 선조대에 와서 사림이 정권을 잡자, 이제 『소학』의 정당성, 『소학』의 실천성은 누구도 부인할 수 없는 진리가 되었다. 여성에 대한 『소학』의 인식도 아울러 진리가 되었음은 두말할 나위가 없다.

　『소학』의 보급이 기존의 기득권층과 충돌하여 사화를 불러일으켰다면, 여성을 의식화하려 했던 『삼강행실도』 열녀편의 보급·유통은 거의 저항이 없었다. 그것은 사림이건 기득권층이건 모두 남성이었기 때문이다. 다만 『내훈』의 경우에는 그다지 활발히 보급되지 않았다. 앞에서 말한 바와 같이 그것은 결혼 후 주거 형태가 부처제婦處制였기에 시집살이, 곧 부처제夫處制를 전제로 하는 『내훈』이 스며들 공간이 없었기 때문이다. 또한 국가—남성이 아직 『소학』의 가부장적 여성담론에 의식화되지 않았기 때문이기도 하다. 이미 널리 알려진 바와 같이 조선 초기 『실록』, 즉 연산군 때까지 『실록』은 여성과 남성의 복잡한 성적 스캔들을 허다하게 전하고 있다. 건국 이후 약 1백 년까지 남성은 여성을 성적으로 완벽하게 통제할 수 없었다. 우선 이 문제, 즉 여성에게 남성에 대한 성적 종속성을 인식시키는 것이 급선무였다. 일상에서 여성을 도덕적·윤리적으로 의식화한다는 것은 여전히 요원한 상태에 있었다. 『내훈』은 아직 보급될 단계가 아니었던 것이다.

　책의 보급은 매우 중요한 것이었다. 책은 거의 유일한 의식화의 수단이었다. 현대 국가는 국가 이념의 전파와 의식화를 위해 공식적인 의식화의 기구들, 즉 학교와 매스컴을 갖는다. 이것은 결정적이고 광범위하게 작용한다. 조선은 유가적 이념을 근거로 수립된 유교 국가였다. 유교 국가는 국가의 체제와 전례만이 아니라 궁극적으로 전국민의 유가에 의한 의식화를 겨냥한다. 피지배층에 대한 통치는, 폭력이 아니라 유가적 윤리의 '교화'라는 평화적 수단에 의해 이루어졌다. 그것은 말하자면 유가의 이데올로기를 윤리의 이름으로 피지배층에 내면화함으로써 자발적인 그리고 항구적인 복종을 유지하려는 것이었다.

가장 강력한 교화의 수단은 출판이었다. 조선 건립 직후인 태종 때 금속활자인 계미자가 만들어지고, 이어 이것의 계량형인 갑인자가 세종 때 만들어진 것은 인쇄·출판에 대한 사대부들의 깊은 관심을 반영한 것이다. 조선 전기의 인쇄·출판을 정부가 장악하고, 특히 금속활자를 오로지 조선 정부만이 갖고 있었던 것은, 지배층의 필요에 의해 이들이 원하는 서적을 선택적으로 발간함을 의미했다. 건국 이후 약 1백 년 동안 국가가 주도한 출판 정책으로 쏟아져 나온 책들은 좁게는 지식계급, 곧 사대부 계급을 탄생시켰고, 거시적으로는 조선이라는 유교 국가를 탄생시켰던 것이다. 유교 국가의 탄생은 출판과 출판물의 유통으로 가능했다.

『삼강행실도』와 그것의 언해본은 이런 차원에서 중요한 것이다. 이 책은 조선이라는 유교 국가가 피지배층을 의식화, 교화하기 위한 수단으로 만들어진 것이다. 또 한편으로 보자면, 이것은 한국 역사 이래 국가가 민중에게 쥐어 준 최초의 책이었다. 이전까지 책은 오로지 지배층의 것이었다. 물론 국가 지배층의 이익을 위해서였지만, 민중은 최초로 책을 갖게 된 것이었다. 이미 살핀 바와 같이 지배층은 『소학』과 『삼강행실도』 등을 보급하는 데 전력을 투구하였다. 국가의 교화론적 의도가 얼마나 강하게 작용했는가 하면 중종 때는 여성 독자를 의식하여 『소학』까지 번역할 정도였다.

그러나 피지배층, 특히 여성에 한정하자면, 이 서적의 발간과 유통은 사실상 일방적으로 국가―남성에 의해 의식화되는 길이었다. 여성을 위한 공식적인 교육 기관은 물론 존재하지 않았고 사적인 교육의 기회도 없었으니, 여성은 오로지 국가—남성의 주도하에 일방적인 의식화의 대상이 될 뿐이었다. 모든 서적은 말할 것도 없이 양반 남성들을 위한 것이었고, 여성을 위한 서적이 따로 존재할 리 없었다. 오로지 앞서 검토했던 『삼강행실도』 열녀편과 같은 불과 몇 종의 서적만이 여성에게 일방적으로 공급되었다.

『삼강행실도』 열녀편의 메시지—남성에게 성적으로 종속될 것이며, 생명을 희생해서라도 그 종속성을 지켜야 된다는 것—의 전달 역시 일방적이었다. 그것이 타당한 것인가 아닌가 하는 것은 '여성'의 이름으로 토론될 수 없었다. 진리는 국가—남성에 의해 만들어졌고, 여성은 그것을 받아들이는 길만 있을 뿐이었다. 정보의 흐름은 일방적이었고, 역의 과정은 불가능했다. 여성 혹은 민중이 반론적 지식을 계발하고 그것을 인쇄하여 전달할 방법은 아무 것도 없었다. 구비적 전승이 있겠지만, 저항적 지식이 구비 전승되는 것만큼 지배 이데올로기도 구비 전승되었다.

4장

열녀의 발생과 그 성격의 변화

1절
고려 말부터 임진왜란 이전까지의 열녀

1. 『조선왕조실록』 등 자료의 종류와 성격

조선 건국과 함께 본격적으로 시작된 국가-남성에 의한 '여성의 제작'은 과연 어떻게 실현되었는가. 국가-남성이 기획했던 남성에 대한 여성의 성적 종속성은 여성에게 의식화되어 어떤 결과를 낳았던가. 이제 조선 건국 이후부터 국가가 표창한 열녀의 성격을 역사적으로 파악할 것이다. 다만 이에 앞서 고려조의 열녀에 대해 간단히 언급하고 넘어간다. 먼저 언급해 두어야 할 것은 용어의 문제다. 앞서 언급한 바와 같이 엄밀한 개념을 적용하면, 절부와 열녀, 열부는 구분된다. 하지만 조선조 문헌에서 절부와 열녀를 혼용하고 있고, 남성에 대한 성적 종속성을 실천한 여성이라는 가장 기본적인 정의에서는 동일하기 때문에 이후의 서술에서는 '열녀'로 통일한다.

앞에서 이미 검토한 바와 같이 열녀에 관한 고려 시대 기록은 고려 말 사대부가 남긴 '열녀전' 세 편을 제외하고는 현재 전하지 않는다. 의미 있는 자료는 모두 조선 시대에 와서 제작된 것이다. '열녀'에 관한 임진왜란 때까지의 자료는 대개 다음과 같다.

『고려사』

『조선왕조실록』

『동국여지승람』

『동국신속삼강행실도』

이들 자료의 성격에 대해 먼저 간단히 살펴보겠다.『고려사』는 열전에 따로 열녀편을 두었다. 그 내용을 간략히 소개하면 다음과 같다.

(1)「호수胡壽의 처 유씨兪氏」. 가계 미상. 고종 44년(1257) 몽고의 침입 때 호수가 죽자, 강간을 우려해 물에 투신자살.

(2)「현문혁玄文奕의 처」. 원종 11년(1270) 삼별초의 난 때 현문혁이 전투 중 사망하자 강간을 우려해 두 딸과 물에 투신자살.

(3)「홍의洪義의 처」. 공민왕 때 조일신趙日新이 난을 일으켜(1352) 홍의를 죽이려 하자, 대신 몸으로 막아 죽을 뻔함.

(4)「안천검安天儉의 처」. 공민왕 때 낭장郎將 안천검이 술에 취해 자던 중 집에 불이 나자, 부축해 나가려 했으나 힘이 부쳐 같이 타 죽음.

(5)「강화江華 아전의 세 딸」. 우왕 3년(1377) 왜구의 침입 때 강간을 우려하여 강에 투신자살함.

(6)「정만鄭滿의 처 최씨崔氏」. 사인士人 최인우崔仁祐의 딸, 진주晋州 호장戶長 정만의 처. 우왕 5년(1379) 왜구가 침입하여 강간하려 하자, 격렬하게 저항하다 살해됨. 10년 후 도관찰사 장하張夏의 보고로, 정표旌表하고, 아들 정습鄭習의 이역吏役을 면제함.

(7)「이동교李東郊의 처 배씨裵氏」. 우왕 6년(1378) 왜구가 침입했을 때 저항

하다가 죽음을 당함. 체복사 조준趙浚의 보고로 정표함.

(8) 「강호문康好文의 처 문씨文氏」. 우왕 14년(1388) 왜구의 침입 때 강간을 모면하기 위해 절벽에 투신하였으나 죽지 않고 겨우 살아남.

(9) 「서운 정書雲正 김언경金彦卿의 처 김씨」. 서운 정 김언경의 처는 우왕 13년(1387)에 왜구가 침입하여 강간하려 하니, 격렬하게 저항하다가 살해됨.

(10) 「전의 정典醫正 경덕의景德宜의 처 안씨安氏」. 판사判事 안방혁安邦奕의 딸, 전의 정 경덕의의 처. 우왕 13년(1387) 왜구의 침입 때 강간에 격렬히 저항하다가 살해됨.

(11) 「낭장郎將 이득인李得仁의 처 이씨」. 고부군 아전 이석李碩의 딸, 낭장 이득인의 처. 우왕 13년(1387) 왜구의 침입 때 강간에 저항하다가 살해됨.

(12) 「권금權金의 처」. 백성. 남편이 범에 물리자 남편의 허리를 안고 소리를 질러, 범이 암소를 대신 물고 감. 공양왕 2년(1390)에 교주도 관찰사가 도당都堂에 보고, 정표함.

모두 열두 편이다. (1) 「호수의 처 유씨」와 (2) 「현문혁의 처」를 제외하고는 모두 공민왕 이후의 인물이다. 특히 (5) 「강화 아전의 세 딸」부터 (11) 「낭장 이득인의 처 이씨」까지 일곱 편은 우왕 3년(1377)부터 우왕 13년(1387)까지 10년 동안 있었던 왜구의 침입을 배경으로 하고 있다.

우왕 이전의 진란, 홍건적의 침입, 몽고의 침입, 그리고 장구한 몽고 지배기 등 다수의 전란에서 정조 유린에 저항한 여성이 적지 않았을 것인데, 거의 관련 자료가 남지 않은 것을 보면, 열녀는 자발적으로 탄생한 것이 아니라, 열녀에 대한 의식적 주목에서 탄생하는 것임을 짐작할 수 있다.

『고려사』는 주지하다시피 편년체로 출발했다. 1395년 최초의 고려 역사인 『고려국사』高麗國史와 이를 개정한 1442년 『고려사전문』高麗史全文이 모두 편년체였다. 『고려사전문』을 개찬하여, 1451년(문종 1) 8월에 완성한 『고려사』는 기전체紀傳體다. 따라서 1451년에 비로소 처음 배치된 것이다. 고려 시대의 광범위한 국가 자료 또는 사적 기록을 볼 수 있었고, 또 편년체에서 기전체로 옮기는 과정에서 보다 많은 자료가 수습되었을 것인데도 불구하고, 열녀편에 실린 열녀의 수가 겨우 이 정도에 그치고, 또 대부분 우왕 이후 주로 왜구의 침입에 관련되어 있다는 것은, 고려조에는 사대부들이 상상하는 열녀가 존재하지 않았음을 의미한다. 따라서 『고려사』 열녀전의 존재는, 사대부들에 의해 열녀가 애써 발굴되었음을 의미하는 것이고, 고려 시대 열녀의 객관적인 존재에 대한 증거로 사용될 수 없다는 것을 뜻한다.

이제 조선 전기 『조선왕조실록』(이하 『실록』으로 표기)의 열녀 자료에 대해 간단히 살펴보겠다. 조선 전기라 함은 임진왜란이 발발하기 직전인 선조 24년(1591)까지를 말한다. 임진왜란과 이어 발발한 병자호란의 열녀는 따로 다룬다. 왜냐하면 임병양란이라는 미증유의 전란은 이 책의 주제인 열녀와 관련하여 매우 중대한 사건이기 때문이다. 다만 임진왜란으로 인해 선조조의 사초史草가 망실되어 『선조실록』의 열녀 기사가 대단히 빈약하고(임진왜란 이전이 1건, 이후가 6건), 또 이것을 보완할 가능성이 있는 자료인 『동국신속삼강행실도』의 선조조 열녀 자료 역시 임진왜란 이전은 불과 12가지 사례에 불과하므로 임진왜란 이전 선조조의 열녀 자료는 자료로서의 가치가 희박하다(이 책 696면, 부록 8 참조). 따라서 조선 전기라 함은 임진왜란 이전이지만, 선조조는 다루지 않고 명종조까지로 한정한다.

『실록』에서 열녀에 관한 자료를 취하기 위해, 『실록 CD롬』을 사용하되, '열녀', '열부'烈婦, '절부'節婦, '정려'旌閭, '정문'旌門, '정표'旌表, '복호'復戶를 검색어로 삼아 열녀를 검색하고, 중복된 것을 제외하여 '부록 9'와 같은 결과를 얻었다(정려·정문·정표·복호는 열녀에 대한 포상을 포함하고 있기 때문에 검색어로 넣었다). 이것을 기본 자료로 삼는다. 다만 『실록』의 자료는 가장 광범위한 것이지만, 문제가 없는 것은 아니다.

첫째 『실록』의 자료는 열녀에 대한 표창의 기록이기 때문에 오로지 지방관청에서 중앙관청으로 이관되어 국가에서 공식적으로 열녀로 인정한 사례만을 수록하고 있다. 곧 관청에 보고되지 않은 사례는 당연히 수록되지 않는다. 중앙관청에서 공식적으로 인정한 열녀라 하더라도 모두 『실록』에 실리지는 않는다. 실제로 『실록』의 자료는 『동국여지승람』이나 『동국신속삼강행실도』에 대부분 실려 있지만, 누락된 것도 일부 있다. 따라서 『실록』은 가장 많은 열녀 자료를 갖고 있지만 완벽한 것은 아니다. 그럼에도 『실록』이 가장 광범위한 사례를 수록하고 있음은 물론이다.

둘째 『실록』의 열녀 자료는 정부에서 표창을 결정한 시기에 기록된 것이므로, 열행이 존재했던 시기와 표창 시기 사이에 시간적 상거가 있을 수 있다. 예컨대 고려의 열녀가 조선조에 열녀로 정려를 받은 경우가 있다. 『세종실록』의 열녀 표창이 반드시 세종조의 열행인 것은 아니라는 것이다. 물론 조선 건국 후 일정 기간이 지나면, 시간적 상거가 좁혀지지만 여전히 완전히 일치하지 않는 경우도 있다. 그러나 부분적 시간의 상거는 있을지라도 전체적으로 열녀의 성격 변화를 탐구하는 것은 가능하다. 다만 『실록』을 기초 자료로 삼은 통계는 대체적인 경향을 반영하는 것이지, 객관적 사실의 완벽한 반영은 아니다.

이 점을 염두에 두고 먼저 『실록』 자료를 개괄해 보자. 조선 전기 『실록』에 실린 열녀의 사례는 다음과 같다.

『태조실록』   7건의 기사/9가지 사례/9명의 열녀
『정종실록』   1건의 기사/1가지 사례/1명의 열녀
『태종실록』   10건의 기사/20가지 사례/22명의 열녀

※ ⑹-㈑ '정만의 처'(최인우의 딸)는 『고려사』 열전에 이미 나왔다. 이것을 제외

하면 21명이다.

『세종실록』 21건의 기사/70가지 사례/70명의 열녀

※ (1)—(l) 의령 학생 심치沈致의 처 석씨는 『태종』 15·01·16에 나왔음. 이것을 제외하면 69명.

『문종실록』 해당 자료가 없다.

『단종실록』 7건의 기사/22가지 사례/22명의 열녀

『세조실록』 2건의 기사/2가지 사례/2명의 열녀

『예종실록』 1건의 기사/1가지 사례/1명의 열녀

『성종실록』 22건의 기사/31가지 사례/31명의 열녀

『연산군일기』 6건의 기사/9가지 사례/9명의 열녀

『중종실록』 45건의 기사/84가지 사례/85명의 열녀

※ (39) (a) 『중종』 23·08·21,(c) 나주 양녀良女 능금能今, (d) 고부 양녀 금이今伊, (e) 김제 양녀 마비馬非, (f) 만경萬頃 양녀 금이, (l) 전주 유학 박형문朴衡文의 아내 김씨는 전출, 중복. 이것을 제외하면 79명의 열녀.

『명종실록』 15건의 기사/25가지 사례/25명의 열녀

『선조실록』 7건의 기사/11가지 사례/12명의 열녀

※ (1)은 임진왜란 이전. (2)에서 (7)까지는 임진왜란 이후의 기사.

※ (1)— 기사의 일련 번호, (a)— 기사 속의 사례, ①— 사례 속의 열녀. 『태종실록』 (1)로만 표기되면 『태종실록』의 첫 번째 열녀 기사의 유일한 사례의 해당 열녀라는 뜻이다. 하지만 『중종실록』 (39) (a) ②는 『중종실록』의 39번째 열녀 기사의 첫째 사례의 두 번째 열녀라는 뜻이다.

'사례'라고 한 것은, 『실록』에 실린 기사에서 열녀에 관해 기술한 사례의 숫자다. 이 사례는 열녀의 수와 꼭 일치하지는 않는다. 즉 자매가 열

녀였을 경우, 한 가지 사례이지만 2명으로 계산된다. 전쟁에서 한 가족 중 며느리와 시어머니, 시누이가 열녀로 죽었을 경우, 한 가지 사례이지만 3명으로 계산되는 것과 같다. 하지만 한 가지 사례가 1명의 열녀를 의미하는 경우가 대부분이다.

계산하면, 『태조실록』부터 『선조실록』까지 모두 144건의 열녀 기사가 실려 있다. 그런데 앞에서 이미 언급한 바와 같이 『선조실록』의 열녀 기사는 다루지 않는다. 따라서 『명종실록』까지 기사의 수는 137건이다. 총 사례의 수는 274건이고, 열녀의 숫자는 중복되는 경우(중복의 이유는 앞에서 밝혔음)를 제외하면 269명이 된다. 이것이 『태조실록』부터 『명종실록』까지, 즉 1392년 건국부터 명종의 사망년인 1567년까지 176년 동안 『실록』에 실린 열녀의 총 숫자다.

『정종실록』, 『세조실록』, 『예종실록』은 한두 가지 사례에 불과한데, 정종과 예종은 워낙 재위 기간이 짧아서일 터이고, 『세조실록』은 그 자신이 유가적 윤리에 문제를 일으킨 사람이기에 의식적으로 윤리 정책을 회피했기 때문으로 생각된다. 세종조, 성종조, 중종조가 각각 69명, 31명, 79명으로 모두 179명인데, 이것은 전체 269명의 67퍼센트에 해당한다. 이것은 이들 왕의 재위 기간이 길었기 때문이기도 하지만, 의식적으로 유가 윤리의 보급에 적극적이었기에 많은 사례가 발굴될 수 있었다. 세종은 『삼강행실노』를 처음 구성하여 편찬했고, 성종은 언해 축약본 『삼강행실도』를 인쇄·보급했으며, 중종은 『속삼강행실도』를 편찬·발행하는가 하면, 또 『삼강행실도』의 보급에 가장 큰 노력을 기울인 왕이었음은 이미 상술한 바 있다.

『실록』 외에 다수의 열녀 자료를 포함하고 있는 자료는 『신증동국여지승람』이다. 『동국여지승람』은 원래 1481년(성종 12) 50권으로 편찬되고, 1차 수교가 1485년 김종직金宗直에 의해 이루어지고, 1499년 임사홍任士

洪, 성현成俔 등에 의해 부분적인 교정과 보충이 이루어졌으나 내용의 큰 변화는 없었다. 1528년(중종 23)에 증보를 위한 수정본이 만들어졌는데, 이것이 『신증동국여지승람』이다. 원래 『동국여지승람』은 각 지방의 효자와 열녀를 수록하고 있는데, 『신증동국여지승람』은 '신증'이라는 표기 아래 1, 2차본에서 거두어지지 못한 효자와 열녀를 수록하고 있다. 따라서 '신증'은 중종 23년에 새로 추가 발굴된 열녀를 말한다(이 책 670면 부록 7 참조). 『실록』과 대비하면, 일치하지 않은 부분이 많다. 이 점에서 중종 23년 이전까지의 『실록』 자료를 보완할 수 있다. 다만 『신증동국여지승람』은 다음과 같은 이유로 인해 자료로 취하기 어렵다.

『신증동국여지승람』의 열녀 자료를 모두 취합하면 156개의 자료가 된다. 그런데 (16)의 강화부 아전의 세 딸, (37)의 박충간朴忠幹의 아내 곽씨, 곽씨의 아우 구세충具世忠의 아내, (101)의 호장戶長 나종羅宗의 두 딸은 모두 형제를 함께 거론하고 있으니, 4명을 추가해야 한다. 하지만 여기서 다시 중복은 빼야 한다. (49)초계草溪 사람 안근安近의 아내 손씨는 (65)와, (96)전의 정典醫正 경덕의景德儀의 아내 안씨安氏는 (140)과, (89)낭장郞將 이득인李得仁의 처 이씨는 (97)과, (63)진주 호장戶長 정만鄭滿의 아내는 (106)과, (117)지리산녀智異山女는 (125)와, (121)왕정王淨의 처 임씨林氏는 (126)과, (127)의 고진석高震碩의 아내 계수桂樹는 (156)과 중복이므로 7명을 빼면, 모두 153명이 된다. 이것이 『신증동국여지승람』에서 1528년까지 새로 거둔 열녀의 숫자다.

이 자료를 좀 더 세분해서 살펴보자. 먼저 『고려사』와 『조선왕조실록』에 등장하지 않았던 사람이 모두 59명이다. 여기서 중복된 사람인 '지리산녀'와 '왕정의 처', '안근의 아내 손씨' 각각 1명씩을 빼면 56명이 새로 나온 사람이다. 여기서 다시 '지리산녀'는 백제 사람으로, '설씨'(가실의 남편)를 백제와 신라 사람으로 쳐서 빼면 54명이 된다. 이 중에서 고려조에 해당하는 사람은 7명, 조선조에 해당하는 사람은 47명이다. 그 번호는 다음과 같다.

고려조에 해당하는 사람—(51)·(52)·(68)·(107)·(116)·(118)·(142)
조선조에 해당하는 사람—(2)·(3)·(4)·(5)·(6)·(8)·(9)·(10)·(17)·(21)·(22)·(23)·(25)·(26)·(31)·(35)·(46)·(49)·(54)·(58)·(62)·(65)·(74)·(76)·(77)·(78)·(79)·(80)·(85)·(95)·(98)·(100)·(109)·(114)·(115)·(120)·(122)·(123)·(124)·(133)·(134)·(139)·(144)·(147)·(148)·(154)·(155)

중종 23년까지 『실록』이 거두지 못한 열녀 47명을 『신증동국여지승람』에서 찾아 거두고 있는 것이다. 조선 전기의 열녀는 사실 『실록』의 269명에 47명을 추가하면 모두 315명이 된다. 다만 이들이 조선 전기의 어느 왕 때 정려되었는지 모두 확정할 수는 없다. 확정된 경우는 다음과 같다.

연산군조에 정려—(17)
중종조에 정려—(2)·(3)·(4)·(5)·(6)·(8)·(10)·(22)·(25)·(31)·(35)·(115)

연산군조 1명과 중종조 12명을 47명에서 빼면, 『실록』에 나오지 않는 사람 중 연대가 확정되지 않은 사람은 34명이다. 이들은 어느 왕 때에 열녀로 표창을 받았는지 알 수 없다.

이상에서 논한 바를 근거로 하건대 『동국여지승람』의 열녀 자료에 근거해 중종 23년까지 『실록』이 거두지 못한 열녀 47명을 더 확인할 수 있다. 하지만 이 숫자 중 자료로 이용이 가능한 숫자는 정려 연대가 확정되는 13명뿐이다. 이 중 대다수를 차지하는 12명은 또 중종조에 정려되었으니, 이것은 『실록』의 중종조에 정려된 열녀의 숫자 79명에 첨가할 수 있을 것이다. 하지만 중종조의 숫자가 조선 전기 왕 중에서 가장 많은 숫자라 12명을 첨가한다 해서 열녀의 분석에서 큰 의미를 갖는 것은 아닐 터이다.

『동국신속삼강행실도』는 1617년(광해군 3)에 간행된 것이다. 1615년에 편찬이 완료되었으나, 간행의 어려움 때문에 1617년에 간행되었다. 제목에서 알 수 있듯, 이것은 『삼강행실도』와 『속삼강행실도』를 계승하는 책이다. 다만 이 책은 순수하게 조선의 열녀만으로 구성된 것이다. 이 책은 임진왜란 이후 민심을 수습하려는 동기로 편찬되었다. 따라서 임진왜란 때의 충신·효자·열녀에 대한 광범위한 자료를 수록하고 있다. 즉 임진왜란 이전의 충신·효자·열녀 자료보다 임진왜란 발발 이후의 자료가 압도적으로 많다. 따라서 『선조실록』이 거두지 못한, 임진왜란을 배경으로 출현한 열녀는 이 책이 가장 적절한 자료가 된다. 이제 『동국신속삼강행실도』에 나오는 임진왜란 이전의 열녀 자료에 대해 간단히 언급한다.

여기서 다룰 대상은 『동국신속삼강행실도』 1권과 2권이다. 1권은 신라 4건, 고려 22건(이 책 696면 부록 8 참조), 조선이 66건이다(조선은 (1-1)부터 (1-66)까지 번호를 부여했다. (1-1)은 1권의 첫 번째라는 뜻). 이어서 2권으로 넘어가는 것이 아니고, '정문旌門, 무사적인無事迹人'이라 하여, 정문을 내린 것은 분명하지만 구체적인 열행을 확인할 수 없는 경우로, 조선 9건을 수록하고 있다.[1]

2권은 (2-1)부터 (2-89-2)(2권의 89번째 자료의 두 번째 열녀라는 뜻)까지 모두 89건의 자료를 싣고 있다. 선조조宣祖朝의 열녀는 (2-75)부터 시작하는데, (2-86)까지는 임진왜란 이전이고, (2-87)부터 (2-89-2)까지가 임진왜란을 경험한 열녀다. 그리고 이후 3·4·5·6·7·8권은 선조와 광해군 때 정려한 열녀들인데, 임진왜란을 경험한 열녀가 압도적이다. 이에 대해서는 뒤에 따로 분석하겠다. 요컨대 (2-86)까지를 분석하면 임진왜란 이전까지 열녀 탄생의 성격을 추측할 수 있는 것이다.

먼저『실록』과 비교해 보면,『실록』이『태종실록』에서『명종실록』까지 모두 269명의 열녀를 싣고 있는데,『동국신속삼강행실도』는 1권과 2권에서 신라와 고려를 제외하고, 또 '정문, 무사적인'을 제외하면 명종조까지 1권에서 66명, 2권에서 74명, 모두 합하여 140명이라는 숫자를 얻을 수 있다. 이것은『실록』의 264명의 절반을 약간 상회한다. 자료의 규모가 작은 것이다.

『동국신속삼강행실도』는 일단 전체 규모가 작기도 하거니와 자료 자체가 심하게 교란되어 있다. 교란된 부분은 (1-1)부터 (2-9)까지, 즉 75건의 자료가 교란되었다. (2-10)부터는 각 인물 끝에 "恭僖大王朝 旌門" 또는 "恭僖大王朝 旌閭"라고, (2-65)부터는 "恭憲大王朝 旌門(旌閭)" (2-75)부터는 "昭敬大王朝 旌門(旌閭)"라고 밝혀져 있어 각각 중종조, 명종조, 선조조에 정문 또는 정려가 내려졌다는 것을 뚜렷이 밝히고 있다.[2] 하지만 그 이전의 (1-1)에서 (2-10)까지는 대체로 인물들이 시간순으로 배열된 것으로 보이지만, 워낙 뒤죽박죽 섞여 있고, 또 극히 몇몇 소수의 예를 제외하면 자료 끝에 어떤 표기도 없어 언제 정문이나 정려를 내렸는지 확인하기 어렵다.[3] 따라서『동국신속삼강행실도』의 중종조 이전의 자료는 전체의 규모를 확인하는 데 쓰일 뿐 달리 활용할 방도가 없다. 다만 이 경우 역시 자료의 양이『실록』보다 적어서 별 쓰임새가 없다.

이상에서 논한 바를 근거로 하건대,『실록』이 가장 풍부한 자료를 제공하고 있으며,『동국여지승람』과『동국신속삼강행실도』는 조선 전기 열녀를 고찰함에 있어 보조적인 역할을 할 뿐 기본 자료로 사용되기 어렵다는 것이다. 그래서『실록』의 열녀 기사를 자료로 삼아 조선 전기 열녀에 대해 고찰해 보자.

2. 조선 전기 '절부'와 '열녀'의 성격

앞에서 살핀 바와 같이 조선 건국 이후 사대부 체제가 제작한 법과 제도는 가부장적 사회의 구축을 위해, 먼저 여성에게 남성에 대한 성적 종속성의 실천을 요구했다. 그러나 그 실천의 구체적인 방략까지 법과 제도로써 마련되었던 것은 아니었다. 따라서 또 다른 전략이 필요했으니, 텍스트를 통한 의식화의 과정이 마련되었다. 여성에 한정해서 말한다면, 『삼강행실도』 열녀편이라는 텍스트가 곧 그 실천의 내용을 지시했던 것이다. 그렇다면, 법과 제도, 그리고 『삼강행실도』라는 텍스트의 보급은 여성의 의식과 행동에 어떤 구체적인 변화를 가져왔던가. 『실록』의 자료를 근거로 하여, 그 변화의 양상을 추적해 보자.

『태조실록』부터 살펴본다(이하 숫자 표기는 이 책 715면 부록 9 참조). 『태조실록』에는 열녀에 관한 자료가 7건에 9명의 열녀를 싣고 있다. 태조는 재위 기간이 7년(1392~1398)에 불과하기 때문에 『태조실록』의 열녀는 모두 고려 말기의 열행으로 표창을 받았을 것이다. 9명 중 4명이 왜구의 강간에 저항하다가 살해되었고, 이것을 열행으로 인지하여 표창한 것이다. 흥미로운 것은, 조선 초기 열녀의 열행은 전쟁과 같은 특수한 경우가 아니면, 그 열행의 실천 강도가 낮았다는 것이다. (5-a)의 춘주春州의 낭천 감무狼川監務 조안평趙安平의 어머니 이씨는, 남편이 사망하자 과부로 수절하며 아들을 키워 벼슬을 하게 한다. 이것이 정려와 복호의 이유였다. 오직 남편 사후 개가하지 않았다는 사실 이외에 다른 어떤 행위도 없다. 이런 사례는 (4), (6), (7)의 경우도 동일하다. 『삼강행실도』 열녀편이나 조선 후기 열녀담에서 흔히 발견되는 전형적인 열행의 문법인 종사從死나 잔혹한 신체 훼손 등은 발견되지 않는다. 『태조실록』은 1409년(태종 9) 8월에 편찬이 시작되어 1413년 3월에 완성된다. 아직 열행의 문법이 마련되지 않았던 시기이다. 여러 차례 지적한 바와 같이 친족 조직의 성격이 양변적兩邊 的이고, 또 남녀 균분상속제로 여성의 경제적 자립도가 높았던 조선 전기 사회에서, 여성의 개가는 저항감 없이 이루어지고 있었다. 이런 상황에서 남편의 죽음에도 불구하고 여성이 다시 결혼하지 않는다는 것은 매우 희 귀한 일이었을 터이고, 그것이 절부로 인식된 이유였다. 이후『삼강행실 도』가 편찬될 무렵이면 구체적인 열행의 문법이 마련되고, 이에 입각해 열녀가 발견되고 생산된다는 것을 염두에 두자.

『정종실록』의 경우 단 1명의 절부에 관한 기록만 남기고 있으니 별 의 미가 없다.

『태종실록』의 경우 10건의 자료, 20가지 사례에 모두 22명의 열녀를 수록하고 있다. 이 중 (6-e) '정만鄭滿의 처'는『고려사』열전에 이미 나왔 으므로 제외하면 태종 시기에 모두 21명의 열녀가 보고되어『실록』에 실 렸던 것이다.

이 21명의 열녀는 어떤 열행으로 열녀로 인정되었는가. 먼저 죽음의 경우를 보자. 21명 중에서 전쟁을 배경으로 하여 남편이 사망한 사례는 (1)오지계吳之界의 처 한씨韓氏, (3-b) 장윤張倫의 처 유씨兪氏, (6-f) 정 인鄭寅의 처 송씨宋氏의 세 경우다. 세 경우는 각각 다르다. (1)은 야인과 의 전투에서 남편이 사망하자 절식하고 사망한 경우, (3-b)는 어떤 전쟁 인지 미상이다. (6-f)는 왜구의 침입이다.

이 전쟁은 앞에서 여러 차례 보았던 전쟁과는 상황이 다르다. 전쟁 상 황 속에 직접 처할 경우 여성은 강간의 위협에 놓이게 되고, 성적 종속성 을 유지하기 위해 자살하거나 혹은 타살된다. 하지만 위의 세 경우 중 이 경우에 해당하는 것은 (6-f)뿐이다. 나머지는 모두 전쟁에 나간 남편이 사망한 경우에 해당한다. 이것은 일상적 상황에서 남편이 사망한 경우와 다를 바 없다. 따라서 이 3건의 죽음에서 강간의 상황에 처한 경우는 (6-

f)뿐이니, 이것을 제외한 나머지 20명의 경우에서 열행의 문법을 고찰해 보자. 20명 중 19명이 남편이 사망한 경우이고, 1명은 범이 남편을 물고 가자 손으로 쳐서 구한 경우다. 유천계의 아내인데, 범이 남편을 물고 간 다는 것은 곧 남편의 죽음, 유일한 성적 대상자의 부재를 의미하는 것이기 때문에 동일한 성격의 것으로 볼 수 있다.

남편의 부재에 여성은 어떻게 대응했던가. 먼저 자살하는 경우가 있다. (1)의 오지계의 처 한씨는 절식 끝에 사망, (5)의 노귀택盧貴澤의 아내 장귀庄貴는 목을 매어 자살, (6-d)의 이강李橿의 처 김씨金氏는 절식 끝에 사망, (10)의 주안도朱安道의 아내 김여귀金黎貴는 목을 매어 자살한다. 이 네 경우는 모두 스스로 죽음을 선택하여 다른 성적 대상자와의 성적 교섭의 기회를 포기함으로써 성적 종속성을 관철시킨 경우다.

나머지 16가지 경우에서 열행의 문법을 정리해 보자. 성적 종속성의 관철을 방해하는 의지의 압력이 외부로부터 온다. 이 방해의 의지를 극복하는 것이 열행의 문법 중 하나가 된다. 성적 종속성의 유지, 실천에 대한 강력한 의지는 가부장제 이데올로기가 요구하는, 긍정적 행위이되 비범한 혹은 비일상적 행위로 나타나는데, 이것은 어떤 반복되는 타입을 갖는다. 대개 성적 종속성의 관철을 방해하는 것은, 친정 부모와 형제, 친족들의 개가 강요 혹은 권유다. 일부 다른 남성의 재혼 요청도 있다.

『태종실록』 자료에서 이런 방해의 압력이 언급되지 않고 단지 수절했다는 행위 자체만으로 정려된 경우는 다음과 같다.

(3-a-2), (3-a-3), (6-a), (8)

4건에 불과하다. 이에 반해 부모 등의 개가 권유 혹은 강요를 거절하고 수절한 경우는 다음과 같다.

(2-a), (2-b), (3-a-1), (7), (9-b), (9-c)

(3-c) 대가에서 재혼을 요청했으나 거부.

수절을 방해하는 외부의 압력이 의식된 경우가 약간 더 많지만 이것으로 통계적 의미를 해석해내는 것은 곤란하다. 다만 『세종실록』 이후로는 개가의 압력을 거의 일반적으로 표시한다. 개가의 압력을 극복하고 성적 종속성을 관철시키는 방법을 갖는다. 즉 개가 거부의 방법이 문법을 갖는다. (3-c)는 남편이 사망한 뒤 대갓집의 혼인 요구를 거부하는데, 그 방법은 자신의 머리카락을 잘라 보이는 것이다. 신체 훼손이라는 방법을 택한다.

여성 스스로 가부장적 이데올로기의 실천을 주장한 경우도 있다.

(3-b) 『태종』 5년 12월 29일. 산원散員 장윤張倫의 처 유씨兪氏, 33세에 남편이 전사하자, 친정아버지가 개가를 권유하였으나 '부녀자의 도리'를 들어 거절하고 수절함.

(7) 『태종』 13년 6월 11일. 정씨鄭氏는 20세에 남편 사망. 친척들이 개가를 시키려 하였으나, '부도婦道'를 들어 거부하고 수절함.

(9-b) 『태종』 15년 1월 16일. 의령 사람 학생 심치沈致의 처는 전 부령副令 석사진石斯珍의 딸. 20세에 남편이 사망하자 3년상을 치르고, 병든 시어머니를 봉양하면서 수절함. 친정아버지가 개가를 강요하자 '부녀자의 도리'를 들어 거부함. 정려旌閭.

이런 사례들은 별반 개가의 강요, 권유를 거부한다는 의지만 있을 뿐 특정한 하위 문법은 아직 발견할 수 없다. 하지만 집중되는 부분은 있다. 즉 당연히 성적 종속성을 실천하되, 그것이 개가 거부의 하위 문법으로 나타나지 않고 정려의 대상이 되는 많은 경우가 존재한다는 것이다.

다음 사례들을 보자. 남편의 죽음에 따른 장의葬儀를 유가적儒家的 장의로 선택하고, 그 절차에서 여성의 실천이 과도하게 나타나는 경우를 말한다. 예컨대 (4)『태종실록』 9년 1월 24일, 부여현 부사정副司正 강안수康安壽의 처 조씨曺氏는 남편이 사망하자 여막을 짓고 3년상을 마친다. 흥미로운 것은 이 기사에는 포상했다는 기록이 없다는 것이다.[4] 그럼에도 이 기사가 단독으로 실린 것은 이미 이 여성에 대한 포상이 이루어졌다는 것을 의미한다. 하지만 조선 후기라면 별 사건이 되지 못하는 이 일을 『실록』에까지 특서한 것은, 남편의 사망에 3년 동안 상복을 입는 것과 여묘살이를 하는 것이 대단히 희귀한 경우였음을 의미하는 것이다. 이런 맥락에서 다음에 나올 열행의 문법들은 비로소 의미를 획득한다.

(3-a-1) 『태종』 5년 12월 29일. 고성언高成彦의 처 최씨崔氏는 28세에 남편이 사망하자 3년상을 치르고 수절함.

(3-c) 『태종』 5년 12월 29일. 이태경李台慶의 처 강씨姜氏는 남편이 사망하자 3년상을 치른다.

(4) 『태종』 9년 1월 24일. 부여현의 강안수康安壽의 처 조씨曺氏는 남편이 사망하자, 여막을 짓고 3년상을 마침.

(6-b) 『태종』 13년 2월 7일. 이극수李克壽의 처 오씨吳氏는 남편이 죽자 빈소를 1년이나 모시고, 장사 뒤에는 분묘를 지키며 상제를 마침.

(9-a) 『태종』 15년 1월 16일. 유혜지柳惠至의 처 정씨鄭氏는 임진년(1412) 겨울 남편이 사망하자, 집에 빈소를 설치하고 아침 저녁으로 전奠과 제祭를 올림. 이듬해 11월에 장사지내자 여묘살이를 함.

(9-b) 『태종』 15년 1월 16일. 심치沈致의 처는 전 부령副令 석사진石斯珍의 딸. 20세에 남편이 사망하자, 3년상을 치르고 병든 시어머니를 봉양하면서

수절.

(9-c)『태종』15년 1월 16일. 임영수林永守의 처 막장莫莊은 학생 이만송李萬松의 딸로서, 29세에 남편이 사망하자 3년상을 치름.

　남편이 사망했을 때 여성이 유가적 장의葬儀와 제의祭儀를 실천하는 것은 조선 초기에는 분명 드문 현상이었을 것이다. 불교적 장의와 제의는 여전히 성행하고 있었고, 그것은 지배층에서도 마찬가지였다. 성리학을 이데올로기로 삼는 국가는 성립했지만, 사회가 성리학으로 제도화되고, 그 사회의 구성원이 성리학으로 의식화되는 과정은 오랜 시간을 요하는 문제였다. 이런 점에서 이런 장의와 제의는 그 시대의 일반적인 습속을 벗어난 것이었다. 그러므로 남편의 죽음에 대해 유교적 장의와 제의를 실천하는 것은, 유교적 가부장제가 내장하고 있는, 남성에 대한 여성의 성적 종속성의 실천 의지를 천명하는 것으로 해석되었다. 그리고 이것은 때로는 과도한 경우로까지 발전하였다. 즉 무덤 옆에서 여막을 짓고 3년을 보낸다는 것은, 자신의 신체를 학대하는 자기 가학적 행위로, 이것은 열행 문법의 하나다. 하지만 아직 그 정도는 빈발하지 않았고, 다만 3년상과 유가적 장의를 철저히 준수하는 것, 예컨대 조석전朝夕奠을 올린다든가 하는 식으로 집행되고 있었던 것이다.

　이상에서『태조실록』과『태종실록』의 열녀 기사를 검토했다. 대개의 경향과 변화를 짐작할 수 있을 것이다.『태조실록』에서는 과거 전쟁(왜구의 침입)에서 죽은 여성을 열녀로 선정하거나, 오직 수절한 경우만을 열녀로 선정하였다. 하지만『태종실록』에 오면『실록』자체의 서술이 보다 구체화된다. 여기서 열행의 문법을 발견할 수 있다. 비일상적인 위기의 상황, 예컨대 전쟁에서 강간, 곧 성적 종속성의 관철이 불가능할 경우, 저항의 의지를 극력 표출하면서 죽음을 택하는 것이 최초의 방법이었다.『태조실록』은 고려 말 왜구의 침입에서 이런 사례를 다수 발굴하여 실었다. 그 외의 절부는 오직 개가하지 않았다는 사실만으로 절부가 되었다. 태조 시기는 사실상 여성의 재혼이 사회적으로 문제가 되지 않았던 시기였기 때문이다. 『태종실록』의 경우는 약간 다른 양상을 보인다. 무엇보다 『삼강행실도』가 편찬될 때 『태종실록』이 편찬되었기 때문이다. 곧 『삼강행실도』는 세종 10년(1428)에 기획되어 14년(1432)에 완성되었고, 『태종실록』은 세종 6년(1424)에 편찬을 시작하여 13년(1431년)에 완성되었으니, 『삼강행실도』가 기획되고 완성될 무렵 『태종실록』이 완성되고 있었다. 따라서 『태종실록』의 열녀 기사를 채택하여 서술한 사람들의 의식과 『삼강행실도』 편찬자의 의식이 다른 것으로 볼 필요는 없다.

『태종실록』 기사에서 『삼강행실도』 열녀편으로 채택된 경우가 있다.

「최씨분매」崔氏奮罵(100), (6-e) 왜구의 강간에 저항하다가 살해됨.
「송씨서사」宋氏誓死(105), (6-f) 왜구의 강간에 저항하다가 살해됨.
「김씨박호」金氏撲虎(107), (6-c) 남편을 물고 가는 범에게 저항함.
「여귀액엽」黎貴縊葉(108), (10) 남편이 죽자 임신 중에도 과도히 슬퍼했고, 목을 매어 자살함.
「한씨절립」韓氏絶粒(109), (1) 남편이 전사하자 절식絶食하여 사망함.
「김씨동폄」金氏同窆(110), (6-d) 남편이 낙마로 사망하자 시신을 안고 울며 절식 끝에 53일만에 사망함.

모두 과격한 경우다. 위에서 살펴본 바와 같이 이 시기 개가를 거부하고 수절을 하지만, 그 거부의 문법이 적극적 자기 훼손이 아닌 경우가 많고, 대다수는 유가적 장의와 제의를 지킴으로써 성적 종속성에 대한 의지를 천명하였다. 하지만 동시에 편찬한 『삼강행실도』 열녀편에 채택된 여섯 편의 열녀서사는 모두 여성이 강간에 극력 저항하여 살해되거나, 남편이 죽자 따라 죽는 경우, 그리고 남편이 죽을 위기에 처하자 자신의 목숨을 돌보지 않고(사실상 죽음을 택하는 경우다.) 남편을 구하고자 하는 것만 채택되었다. 이것은 이 시기 남성―사대부들이 바라던 열녀 문법의 이상이 여성의 목숨을 노리고 있다는 것으로 해석된다.

결국 이런 의식들은 『삼강행실도』를 만들면서 발생한 것이 아니라, 조선을 건국한 유교 이데올로기 속에 내장되어 있던 것이며, 『삼강행실도』의 편찬은 어떤 특정 계기로 인해 그 의도가 실현된 것일 뿐이었다. 따라서 『삼강행실도』에 구현된 가부장제와 남성 중심주의는 이내 그 의도를 현실화하려 할 것이었다. 이제 세종조 이후의 상황을 살펴보자.

『세종실록』에는 21개의 자료가 실려 있고, 70가지 사례에 70명의 열녀가 실려 있다. 여기서 (1)-(l) 의령 학생 심치의 처 석씨는 『태종실록』 15년 1월 16일에 이미 나왔기에 제외하면 모두 69명이 된다. 『태종실록』은 재위 18년 동안 22명의 열녀를 실었으니, 1년 당 1.2명이다. 이에 반해 『세종실록』은 재위 23년 동안 69명이니, 1년 당 2.23명이다. 거의 두 배에 달한다. 이것이 정확한 수치인지는 알 수 없으나, 조선 체제가 안정되자, 열녀를 찾아내려는 정책, 혹은 열행을 장려하려는 정책이 훨씬 더 활발하고 강력하게 추진되었던 사실을 확인하기에는 족하다. 당연히 이것은 정책의 추진자에 의해 상당한 변화를 겪는 것으로 보인다.

세조의 경우 14년을 재위했으나, 단 2가지 사례에 2명의 열녀만을 『실록』에 남기고 있다. 갑자기 열녀가 줄어든 것은 아닐 터이고, 지방에서의 보고가 없었든지 아니면 적극적인 윤리 정책을 시행하지 않았든지 어떤 이유가 있을 것이다.[5] 다만 문제가 되는 것은 『삼강행실도』의 편찬 시기다. 전술한 바와 같이 『삼강행실도』는 세종 10년(1428)에 기획되었고, 14년(1432)에 완성되었다. 『삼강행실도』 이후 여성에게 일어난 변화를 고찰하는 것은, 세종 10년부터 시작하는 것이 정확하겠지만, 같은 취지의 법과 제도가 벌써 도입되고 있었고, 그것의 연장으로『삼강행실도』가 탄생했으니, 굳이 번거롭게 세종 14년 이전의 자료를 따로 살필 필요는 없다.

세종은 1418년에 즉위했고, 명종은 1567년까지 재위했으니 그 기간은 150년이다. 150년 동안『실록』에서 확인할 수 있는 열녀는 모두 238명이다. 이들은 어떤 열행으로 열녀로 인정되었던가. 이 점을 고찰해 보자. 우선 개가 거부의 유형을 보면 다음과 같다.

세종조(재위 32년)―전체 69명에서 31명이 개가 거부를 표시.

2년 1월 21일	(1-a)·(1-b)·(1-c)·(1-d)·(1-f)·(1-g)·(1-h)·(1-i)·(1-l)
9년 12월 1일	(6)
10년 10월 28일	(7-d)·(7-g)·(7-i)·(7-k)·(7-l)·(7-m)·(7-n)·(7-o)·(7-p)
13년 6월 25일	(10-b)·(10-c)·(10-d)·(10-f)
13년 10월 28일	(12-e)·(12-g)
14년 9월 13일	(13)
16년 3월 22일	(15)
21년 5월 22일	(19)
26년 8월 14일	(21-a)·(21-b)·(21-c)

단종조(재위 3년)―전체 22명 중 10명이 개가 거부를 표시.

즉위년	(1-a)·(1-b)·(1-c)
2년 8월 17일	(3-a)·(3-b)
3년 2월 29일	(4-a)·(4-d)

3년 3월 16일　　(6-a)·(6-c)

3년 5월 14일　　(7-a)

예종조(재위 1년)―전체 1명 중 1명이 개가 거부를 표시.

1년 10월 20일　　(1)

성종조(재위 25년)―전체 31명 중 11명이 개가 거부를 표시.

1년 2월 7일　　(1-b)

3년 2월 18일　　(4)

3년 2월 29일　　(5-b)·(5-c)

5년 11월 21일　　(6-a)·(6-b)

6년 3월 17일　　(8)

20년 11월 1일　　(18)

25년 3월 27일　　(21-a)·(21-b)

25년 5월 19일　　(22)

연산군(재위 12년)―전체 9명 중 3명이 개가 거부를 표시.

8년 3월 15일　　(3)

9년 4월 29일　　(4)

9년 5월 14일　　(5-b)

중종조(재위 39년)―전체 85명 중 7명이 개가 거부를 표시.

2년 3월 7일　　(1)

2년 8월 19일　　(4-b)

7년 5월 9일　　(10-b)

12년 10월 6일 　(20-a)

13년 3월 18일 　(21)

18년 9월 9일 　(32)

39년 3월 12일 　(45-b)

명종조(재위 22년)—전체 25명 중 2명이 개가 거부를 표시.

14년 4월 1일 　(11-d)

16년 윤5월 21일 　(12-b)

　세종조에는 개가 거부가 압도적이지만 후대로 갈수록 점점 줄어든다. 중종조는 열녀가 가장 많이 보고된 시기인데도, 개가 거부는 상대적으로 적은 수를 차지한다. 명종조는 더욱 심하여 재위 22년, 전체 열녀 25명 중에 개가 거부를 표시한 사례는 겨우 2명에 지나지 않는다.

　물론 위의 통계가 완벽한 것은 결코 아니다. 앞에서도 언급했지만, 실제 열행이 행해졌던 시기와 사건이 보고되는 시기, 그리고 『실록』에서 언급되는 시기는 정확하게 일치하지 않기 때문이다. 그럼에도 불구하고 그 변화가 어떤 경향을 보이고 있는 것은 부정할 수 없다. 말하자면, 그것은 개가를 거부하는 행위가 두드러진 행위가 아니라는 것, 즉 『실록』을 작성하는 사관史官의 의식 속에서 그것에 대한 의미 부여가 없어졌다는 것은, 곧 사회 현상의 반영일 것이다. 다시 말해 『실록』의 열녀서사에 '개가 거부'에 대한 언급이 점차 사라지는 것은, 수절의 관념이 점차 확산되어 열행의 문법으로서의 의미가 줄어드는 현상이 반영된 것으로 보인다. 물론 이 현상을 두고 수절이 보편화되었다고 단정할 수는 없다. 무엇보다도 그런 결론을 내릴 정확한 통계를 갖고 있지 않다. 다만, 개가를 권유하는 행위가 점차 사라지고 있거나 아니면 있다 해도 열행의 실천에서 전에 비해 그 의미가 약화되고 있음을 암시할 것이다. 앞의 2장에서 검토했던 『세종실록』 14년 5월 8일의 조길통趙吉通과 조여평趙汝平의 아내 소비小比의 고변 사건에서, 조길통이 소비에게 "너의 어머니가 재가하였으니, 그러고도 사람이냐?"라고 한 말에서 확인되듯, 점차 재가를 부도덕한 것으로 여기는 분위기가 확산되어 갔다. 또 성종조의 『을사대전』에서 개가를 사실상 금지하는 법령도 점차 효력을 발휘한 것으로 보인다.

친정 부모나 형제들이 개가를 권유 혹은 강요하는 행위가 사라지는 것은, 개가를 권유하거나 강요하는 사람들의 의식이 변화했기 때문이라고 말할 수 있다. 즉 개가를 부도덕한 것으로 보는 관념의 근거였던 『소학』이 중종조 일대에 적극 보급되고, 기묘사화와 을사사화를 거친 뒤 사림이 선조조에 와서 정권까지 잡게 되자 『소학』이 이제 부인할 수 없는 진리의 텍스트가 되었고, 남성—양반은 이 텍스트에 의해 완벽하게 의식화되었으니, 『소학』의 여성담론 역시 차츰 진리로 수용되기 시작했던 것이다. 이런 이유로 개가를 권유하거나 강요하는 행위가 점차 사라진 것으로 보인다.

그렇다면 개가 거부를 대체한 열행의 문법은 어떤 것인가. 먼저 유가적 장의를 실행함으로써 열행의 문법을 지킨 경우가 있다. 『세종』 2년 1월 21일의 정자구鄭自丘의 처 고씨의 경우부터 명종조 말까지 균질적으로, 그리고 광범위하게 나타난다. 여기서 굳이 통계를 제시할 필요는 없을 것이다. '부록 9'를 참고하기 바란다. 다음의 전형적인 사례를 통해 자료의 성격을 짐작해 보자.

> 인순부仁順府의 비婢 정월이는 경술년에 남편이 죽자 장사하는 날 널 앞에 서서 상여를 지고 가는 사람들이 움직이지 않게 하면서 광중까지 인도하였고, 장사를 마치자 무덤 옆에 여막을 짓고 평소처럼 늘 무덤 앞에 앉아 바느질과 길쌈을 하였습니다. 대상大祥·소상小祥과 담제禫祭까지 모두 예제禮制

를 따랐고, 3년 상기를 마치고도 차마 떠나지 못해, 무덤을 바라볼 수 있는 장소에 여막을 짓고 몇 달을 지낸 뒤에야 집으로 돌아왔습니다. 지금도 생선과 고기를 먹지 않으니, 정말로 세상에 드문 의부義婦입니다.[6]

정월이는 관비官婢다. 관비가 『주자가례』에 따라 정확하게 남편의 장례를 치렀다. 오로지 이 유가적 장의의 실천으로 절부가 되었다. 관비가 『주자가례』를 준행한다는 것은, 이제 유가적 장의가 하층민에게까지 스며들기 시작했다는 것을 의미한다.

이 유가적 장의의 실천은 조선 전기 열녀서사에 광범위하게 보인다. 유가적 장의는 반복되는 여러 행위로 구성된다. '부록 9'의 실례에서 반복되는 행위를 추출하면 대개 다음과 같다.

1) 남편의 사망 후 3년상을 지낸다.
2) 3년상 기간 동안 혹은 장의葬儀 기간 동안 무덤 옆에 집을 짓고 지낸다(이것은 3년 혹은 그 이상의 기간 동안 여묘살이를 하는 것이기도 하다).
3) 조석의 상식을 올린다(여기에는 상당히 장구한 기간 동안, 즉 20~30년 동안 조석의 상식을 올린다는 것이 추가된다).
4) 상기가 끝난 뒤에도 삭망과 속절에 제사를 지낸다. 상기가 끝난 뒤에도 절일節日과 삭망이면 묘에 제사를 지낸다. 여기에도 보통 장구한 기간이 추가된다.
5) 늘 소복을 입고 몸치장을 하지 않는다.
6) 소식素食을 한다. 즉 술과 고기, 훈채薰菜를 먹지 않는다. 때로는 소금과 장을 먹지 않는다. 더 극단적인 경우는 죽만 약간 먹고 채소나 과일도 먹지 않아 뼈가 드러날 정도가 된다.[7]
7) 철따라 또는 명절마다 옷을 만들어(혹은 버선을 만들어) 무덤 앞에서 태운

다. 혹은 남편의 생시처럼 옷을 만들어 신주 곁에 두기도 한다.
8) 3년상이 끝난 뒤에도 신주를 모시고 조석의 상식을 올린다. 혹은 남편의 옷가지(혹은 남편의 물건들)를 신주로 삼기도 한다.

유가적 장의의 실천 사례는 위의 다양한 행위들을 모두 실천하는 것이 아니라, 몇 가지 사례를 적절하게 조합한 것이다. 즉 그것은 1), 2), 5)의 조합이든지 4), 5), 7)의 조합으로 나타난다.

유가적 장의의 실천은 물론 열녀서사에만 나타나는 것은 아니다. 이 시기 조선 체제는 유가적 의례를 극력 보급하고 있었다. 여성의 유가적 장의의 실천 역시 이런 맥락에서 보아야 한다. 다만 여성의 경우, 남편의 장례에서 유가적 장의를 적극적으로 실천하는 것은 성적 종속성의 관철을 위협하는 외부의 압력에 대응하는, 열행의 문법으로 기능하고 있었다.

3년상은 고려 말에 도입된 『주자가례』에 근거를 둔 것이다. 관·혼·상·제례 중 『주자가례』에서 가장 방대하고 복잡한 내용을 차지하는 것은, 장의의 절차를 논한 상례였던 바, 사대부 가문에서 어버이의 상에 유가적 장의를 실천하는 것은 매우 드문 일이었다. 조정의 중신들도 불교적 장의를 따르고 있었던 것을 상기한다면, 여성이 남편의 죽음에 3년상을 실천한다는 것은 그야말로 희한한 사건이었던 것이다.[8] 그럼에도 여성의 3년상이 빈출하기 시작하는 것은, 남성―양반돌이 『주자가례』의 실천을 정책적으로 추진하였고, 또 거기에 따른 명예와 이익―예컨대 복호復戶―이 있었기 때문이었다. 『주자가례』에 의하면, 남편에 대한 여성의 3년은 오복五服 중 가장 무거운 상복인 '참최斬衰 3년'이었다. 하지만 남성은 아내가 죽었을 경우, '자최齊衰 1년 장기杖期'였다. 상복에서 드러나는 이 불평등은 단계적單系的 부계친족제父系親族制를 전제하는 것이고, 한편으로는 남편을 부모와 동등한 위상으로 대한다는 남성에 대한 종속성을 강하게 천명하는 것이었다.

이제 3년상 외의 유가적 장의의 몇 사례를 검토해 보기로 하자. 원문을 조금 축약한다.

(1) 신녕 감무新寧監務 유혜지柳惠至의 처 정씨鄭氏는 남편이 죽자, 집에 빈소를 차리고 아침 저녁으로 전奠과 제祭를 지냈고, 이듬해 11월에 장사지내자 묘 곁에서 여묘살이를 하는데, 계집종 둘과 세 살 난 어린 딸을 데리고 무덤을 지키면서 복제를 마쳤다.[9]

(2) 공주에 거주하는 현감 정자구鄭自丘의 처 고씨高氏는 나이 33세에 남편이 죽자, 친정아버지가 개가시키려 했지만, 명을 따르지 않고 무덤 곁에 집을 짓고, 시속 명절날이면 반드시 제사를 지냈다.[10]

(3) 충청도 은진현에 사는 이사경李思敬의 딸 이덕李德은 선군船軍 문성기文成奇의 처다. 기해년에 남편이 비인포庇仁浦에서 수자리 살 때 왜구가 침입하자 싸우다가 패하여 죽었다. 이덕이 소문을 듣고 즉시 그곳으로 가서 며칠 동안 울부짖으며 시체를 찾다가 찾지 못하고, 지전紙錢으로 혼을 불러서 집으로 돌아와 위패를 만들어 대청에 배설하고 조석으로 전을 드리고 곡하기를 그치지 않았다.

상기가 끝난 뒤에 부모가 젊어 과부된 것을 불쌍히 여겨 그 뜻을 굽혀 개가시키려 하자 이덕이 통곡하며 말했다. "저기 저 위패는 실로 나의 배필이니, 비록 내가 죽더라도 맹세코 다른 마음이 없을 것입니다." 이덕은 늘 소복을 입고 술과 고기를 먹지 아니하고, 간절하게 서러워하며 아침 저녁으로 상식을 올리기 무려 7년이나 되었다.[11]

(4) 경기도 적성 사람 절제사節制使 홍상직洪尙直의 아내 문씨文氏는 남편이 죽자, 분묘 곁에 여막을 짓고, 조석으로 상식을 올리면서 대상大祥에 이르기까지 잠시도 분묘의 곁을 떠나지 않았고, 상제喪制를 마치고서도 차마 멀리 떠나지 못하여 가까운 동리에 살면서 매양 삭망朔望과 속절俗節에는 반드시 제사를 지냈다.[12]

3년상, 조석전朝夕奠, 상식上食, 삭망의 은전殷奠, 속절俗節의 제사 등은 조선 후기가 되면 거의 일반화되어 언급조차 되지 않지만, 조선 초기의 열녀서사에는 이런 유가적 장의의 세목이 반드시 포함된다. 여성의『주자가례』준행이야말로 남성에 대한 자신의 성적 종속성을 천명하는 방법이었던 것이다.

남편이 사망한 뒤 아내가『주자가례』의 상례에 규정된 유가적 장의 절차를 준행하거나, 그 사례 횟수는 훨씬 떨어지지만 시부모의 죽음에도 준행하는 것은, 조선 전기 열녀를 규정하는 중요한 준거가 되었다. 이것은 적어도 임진왜란이 발발하기 전까지 변함이 없었다. 즉 개가를 거부하고 성적 종속성을 관철하거나, 남편의 죽음에 대해 유가적 장의 절차를 철저히 따름으로써 그 종속성을 천명하는 것은 조선 전기 열녀서사의 가장 일반적인 형태라고 말할 수 있다. 그런데 여기에도 문제가 없는 것은 아니다. 성리학에 근거를 둔 윤리의 실천은 상위자의 권력의 일방적 행사와 하위자의 희생이라는 두 가지 맥락을 갖는 것이었다. 즉 수절 자체가 이미 여성의 희생이듯, '열녀'는 여성의 희생적 행위를 적극적으로 포함하기 시작하였다. 그 사례로 먼저 꼽을 수 있는 것이 여묘살이다.

위의 인용문에서 (1), (2), (4)는 모두 여묘살이를 포함하고 있다. 조선 전기『실록』이 남긴 열녀서사에서 '여묘살이'는 거의 일반적인 것으로 보인다. 하지만 여묘살이 자체는 유가의 예제禮制에 없는 것이었다. 유가의 고전 예서禮書에 없는 것은 물론이고,[13] 상례 절차를 세밀하게 규정한 『주자가례』에도 여묘에 관한 규정은 없다. 남편의 상에 여성이 여묘살이를 한 기록은 『태조실록』 4년 9월 16일 조에 양성陽城의 고 판사判事 김오복金五福의 아내 노씨盧氏가 정묘년(1387)에 남편이 사망하자, 무덤 옆에 여막을 짓고 태조 4년까지 9년 동안 제사를 지냈다는 것이 최초의 것이다.

물론 고려 때에도 여묘가 없지는 않았다. 성종 6년(987) 7월에 노비가 3년 동안 여묘살이할 경우, 주인이 관官에 보고해 천역을 면해 주도록 하였으니,[14] 여묘살이를 높이 평가하는 관행은 이미 고려 초에 마련되었던 것이다. 하지만 『고려사』에 보이는 여묘살이의 사례는 인종조의 염신약廉信若, 의종조의 손응시孫應時·최누백崔婁伯, 명종조의 장광부張光富, 충렬왕 때의 조간趙簡, 공민왕 때의 김광재金光載, 우왕 때의 노준공盧俊恭·정습인鄭習仁·하윤원河允源 등 9명에 불과하다. 『고려사』의 편집자가 조선의 사대부였음을 생각한다면 유가 윤리의 실천에 대한 사례를 보다 광범위하게 수집하려고 했을 것이다. 그럼에도 여묘살이의 사례가 겨우 9명에 그치는 것은, 고려조에는 여묘살이가 매우 드문 행위였음을 의미한다. 따라서 조선조에 들어와서 남편에 대한 여성의 여묘살이가 갑자기 증가하는 것은 대단히 의미 있는 현상으로 여겨진다.

여묘는 경전의 근거를 갖지 않는 것이었으나, 『주자가례』의 편찬자 주자는 시묘侍墓를 실천했다. 하지만 그렇다고 해서 주자가 시묘에 대해 긍정적이었거나 그것을 의도적으로 타인에게 권장했던 것은 아니었다. 시묘는 분명 예제禮制의 과잉 실천이었던 것이고, 특히 여묘는 위의 『고려사』의 아홉 가지 사례나 『삼강행실도』 효자편에서 확인할 수 있듯, 주로 부모의 죽음(특히 아버지의 죽음)에 대하여 자식(주로 아들)이 실천하는 남성의 의례儀禮였다. 그것은 무엇보다도 효의 중요한 실천 항목이었던 것이다.

따라서 여성이 남성의 죽음에 시묘를 실천하는 것은 예와 상식을 넘은 일이었다고 말할 수 있다. 당대인의 인식도 동일했다.

『세종실록』 13년 5월 17일 조를 보자. 예조에서 경상도 관찰사의 공문에 의거해 다음과 같은 사항을 세종에게 보고한다. "경주 자인현慈仁縣에 거주하는 가각고架閣庫 녹사錄事 이애李愛가 서울에서 사망하자, 28세의 장씨張氏는 널을 가지고 고향으로 돌아가 장례를 치른 뒤 묘 옆에서 여묘살이를 한다. 관官에서 금하였으나 듣지 아니하고 묘 곁을 떠나지 않으며 늘 피눈물을 흘리며 울고 있다."[15] 장씨의 시묘를 어떻게 볼 것인가. 세종은 의정부와 육조에서 상의할 것을 명했다. 예조판서 신상申商은 정문과 복호도 하지 말고, 여묘도 금지하지 말게 하라고 건의한다.[16] 여성의 시묘는 표창의 대상이 아니며, 여묘 자체는 개인에게 맡기라는 것이다. 이조판서 권진權軫, 찬성 허조許稠의 말이 결국 수용된다. 들어 보자.

> 근래 여묘하는 부녀자가 퍽 많은데, 금하지 않는다면 앞으로 이런 일이 계속 일어날 것입니다. 남자의 여묘 또한 성인의 제도에 맞지 않거늘, 하물며 부인의 경우야 말해 무엇 하겠습니까? 금하는 것이 마땅합니다. 다만 그 정성만 취해 미두米豆를 요량해 주어야 할 것입니다.[17]

세종은 이 의견에 따라 정문이나 복호는 하시 않고 단지 쌀 10석만 하사한다. 권진과 허조의 말에 의하면, 이 시기에 여성의 시묘가 널리 유행했던 사실이 확인된다. 문제는 여성의 시묘를 보는 시각이다. 즉 남자의 시묘도 성인의 제도에 합하지 않는 것이니만큼 여성의 시묘도 불허해야 한다는 것이다. 따라서 남편에 대한 여성의 시묘는 금지다. 이 자료로 보아 국가—남성도 남편에 대한 아내의 시묘 자체를 '정상'으로 인식하지 않았던 것이다.

세종 13년 5월 17일의 결정은 교지로 내려져서 법률의 성격을 띠게 된다. 약 한 달 뒤 『세종실록』 13년 6월 25일에 보고된, 고 장군 박사덕朴思德의 아내 한씨韓氏가 남편 사망 후 아들 둘에게는 무덤을 지키지 못하게 하고 자신이 종신토록 시묘할 의도로 4년을 지내다가 아들 박강朴剛의 간곡한 요청으로 집으로 돌아온 열행에 대해, 9월 11일 표창의 등급을 결정하면서 "장려할 일은 아니지만, 지극한 정성에서 나왔고, …… 또 금하는 교지가 있기 전에 한 일"[18]이라면서 쌀과 베를 하사하기로 결정한다. "금하는 교지가 있기 전"이라는 말에서 13년 5월 17일 장씨의 시묘에 대해 쌀 10석을 내리면서 왕명으로 여성의 시묘살이를 금했던 것이 확인된다. 표창은 하는 수 없이 하되, 그것을 장려하지는 않겠다는 의도였다.

『세종실록』 16년 4월 14일 조를 보면 이 원칙이 지켜지고 있음이 확인된다. 충청도 면천 사람 구결具潔의 아내가 남편의 죽음에 여묘살이를 하자, 충청도 감사가 예조에 보고하였던 바, 예조에서 왕에게 "무덤 지키는 것은 금하게 하고, 쌀 10석을 내려 줄 것"을 상신하고 있다. 즉 시묘에 대해서는 쌀 10석 정도의 하사로 표창할 뿐, 정문이나 복호 등 보다 상위의 시상은 없었던 것이다. 다시 『단종실록』 1년 7월 16일조를 보면 이 원칙이 여전히 지켜지고 있음을 확인할 수 있다. 북청 사람 만호 조맹미趙孟美의 죽음에 아내 이씨가 직접 흙을 날라 무덤을 만들고, 손을 찔러 피를 내어 비석에 새긴 글자를 메우고 3년 동안 시묘한 일이 있었다. 이에 대해 함길도 관찰사 김문기金文起가 정려와 시상을 요청하자, 예조는 위 세종 13년의 결정을 제시하며 단지 쌀 10석을 하사하는 것으로 결정하였다.

선덕 5년 수교受教한 해당 절목에, "경상도 경주의 녹사 이애가 죽자 그 아내 장씨가 3년 동안 여묘살이를 하였다. 그러나 남자의 여묘 또한 성인의 제도에 맞지 않거늘, 하물며 부녀자가 산골짜기에서 무덤을 지키는 경우야 말해 무엇하겠는가? 금하는 것이 마땅하다. 다만 남편을 위하는 그 마음을 취하여 쌀 10석을 주는 것이 마땅하다" 하였습니다. ……이제 조맹미·김자후金自厚의 아내는 부녀로서 여묘살이를 하였으니 권장할 일은 아니지만, 남편을 위하는 마음이 지성에서 나왔으니, 이애의 아내 장씨의 예에 따라 쌀 10석을 주어야 할 것입니다.[19]

예조의 결정에 대해 의정부에서 다시 5석을 추가했을 뿐이었다. 약간 문제가 있는 것은 세종 13년은 선덕 6년인데, 위의 예조의 수교는 선덕 5년으로 되어 있다는 것이다. 어떤 착오가 있었을 것이다.

분명히 여성의 시묘는 불법은 아니라 해도, 『주자가례』에 존재하지 않는 비례非禮였던 것이고, 조정에서도 공식적으로 인정하지 않는 것이었다. 즉 상식을 넘어선 행위였다. 하지만 시묘가 없어진 것은 결코 아니었고 이내 열녀서사에서 다반사가 되었다.

이렇게 과도한 시묘의 실천은 분명히 성리학이라는 이념에 근거를 둔 것이었고, 가깝게는 조선 초기 집권 세력의 정책에서 배태된 것이었다. 『세종실록』 14년 11월 28일조의 예조판서 신상의 말이다.

전조前朝의 사민은 부모의 상喪을, 하루를 한 달로 바꾸어 3년상을 지내지 않는 자가 많았습니다. 간혹 3년 여묘살이를 하는 사람이 있으면, 세상에서 모두 아름다운 일이라 일컫고 정표旌表하였습니다. 지금은 모두 3년상을 행하고 있으며 여묘살이를 하는 사람도 많이 있습니다. 간혹 손가락을 잘라 병든 어버이에게 약으로 올리기도 하며, 혹은 불사佛事를 하지 않고 한결같이 『주자가례』를 따르기도 합니다.[20]

불교적 장의가 유교적 장의로 급속도로 교체되고 있음이 확인된다.

그런데 이것은 부모의 상을 예로 한 것이며, 따라서 그것은 다름 아닌 아들의 실천이었던 것이다. 여성의 여묘는 상상 외의 것이었던 셈이다. 과잉의 과잉이라 할 만한 남편에 대한 여성의 시묘는 바로 유가적 장의의 급속한 확산에 감염된 것이었다. 그것은 여성들이 남편을 사랑하는 농도가 갑자기 높아져서가 아니라, 국가-남성의 여성 만들기 전략의 결과로서 발생한 것이었다.

위에서 언급한 바와 같이 조선 초기 사대부들은 유가적 장의의 실천과 예제禮制의 과도한 실천을 높이 평가하고 있었다. 그것은 이 시기가, 사람의 일생을 지배하는 의례儀禮를 불교식에서 유교식으로 전환하려는 사대부 정권의 의지가 작동하는 시기였기 때문이다. 하지만 여러 사료가 증거하고 있듯, 이 전환은 만만치 않았다.

> 금산군의 고 주서注書 길재吉再의 딸은 유학 이효성李孝誠에게 시집가서 시부모를 친부모 섬기듯 하였습니다. 26세에 남편이 자식 없이 죽자 상제喪制에 관계되는 모든 일을 한결같이 『주자가례』를 따르고 불교식으로 하지 않았습니다. ……또 시아버지가 병으로 위독하자, 자신이 직접 약 시중을 들었고, 사망하자 울다가 눈이 어두워졌습니다. 여러 아들들이 불사佛事를 행하려고 하자, 길씨가 장자의 아내로서 먼저 삭제朔祭를 행하니, 여러 아들들이 이로 인하여 감탄하고 깨닫고서 오직 삭망전朔望奠만 행했습니다.[21]

길재는 도통의 한 부분을 차지하는 사람이다. 그의 딸이 시집을 간 가문에서조차 조선 건국 60년이 될 때까지 여전히 불교식 장의와 유교식 장의 사이에서 갈등하고 있었던 것이다. 이런 상황을 고려한다면, 여성이 남편의 죽음에 유가적 장의를 실천하는 것이 열행의 문법으로 인정된 상황임을 짐작할 수 있을 것이다.

이처럼 가부장제는 천천히 스며들고 있었다. 그것은 느렸지만, 확실한 변화였다. 앞에서 『삼강행실도』 열녀편이 열행의 문법을 만들었고, 그것이 열녀의 생산에 직접 작용했을 것이라고 추측한 바 있는데, 이 점을 확인해 보자. 먼저 세종 즉위년인 1418년부터 명종 사망년인 1567년까지 150년 동안 생산된 열녀 중에서 죽음으로 인해 열녀가 된 경우는 다음과 같다.

세종조
6년 5월 12일(3), 11년 11월 27일(8)

단종조
2년 8월 17일(3-d), 3년 2월 29일(4-e)

예종조
1년 10월 20일(1)

성종조
3년 2월 29일(5-c), 5년 11월 21일(6-a)·(6-b), 6년 3월 17일(8), 8년 7월 23일(11), 23년 1월 6일(19), 25년 2월 13일(20), 25년 3월 17일(21-a)

연산군
10년 12월 2일(7-a)·(7-b)

중종조
6년 3월 17일(7), 8년 4월 13일(11-b), 10년 12월 30일(14), 11년 1월 27

일(15), 11년 4월 24일(16), 11년 6월 9일(17), 12년 7월 2일(19), 13년 11월 13일(24), 14년 12월 15일(25), 15년 4월 27일(26), 15년 8월 5일(27), 16년 4월 27일(29), 18년 9월 9일(32), 20년 9월 29일(33), 24년 4월 6일(40), 27년 7월 6일(41)

명종조
2년 12월 30일(1), 10년 7월 27일(10), 14년 4월 1일(11-b)·(14-d)·(14-e), 19년 윤2월 2일(14), 20년 1월 14일(15)

세종조 2가지 사례, 단종조 2가지 사례, 예종조 1가지 사례, 성종조 8가지 사례, 연산군 2가지 사례, 중종조 16가지 사례, 명종조 7가지 사례다.[22] 각 왕의 재위 기간이 같지 않기 때문에 일률적으로 논할 수는 없다. 또 단종과 예종은 재위 기간이 워낙 짧기 때문에 어떤 경향을 찾기도 어렵다. 다만 세종과 성종, 중종, 명종은 재위 기간이 상당히 길다. 이 점을 고려한다면, 세종에서 중종·명종으로, 즉 후대로 갈수록 열녀가 죽음과 결합된 경우가 점차 증가하고 있음을 알 수 있을 것이다. 물론 위의 죽음이 모두 『실록』에 보고된 왕대王代에 발생한 것은 아니다. 하지만 여기서 밝히고자 하는 것은 정확한 왕대별王代別 통계치가 아니라, 죽음으로 열녀가 되는 경우가 점점 증가하고 있다는 것이다. 물론 이 죽음의 형태는 동일하지 않다.

세종조
6년 5월 12일(3) 왜구의 강간에 저항하다가 죽음.
11년 11월 27일(8) 남성의 강간에 저항하다 살해됨.

단종조

2년 8월 17일(3-d) 남편의 죽음에 따라 자살함.

3년 2월 29일(4-e) 남편의 죽음에 따라 자살함.

예종조

1년 10월 20일(1) 부모 형제가 수절을 반대하자 자살함.

성종조

3년 2월 29일(5-c) 개가를 강요하자 자살함.

5년 11월 21일(6-a) 남편이 죽자 자살함. (6-b) 앞과 같음.

6년 3월 17일(8) 남편이 죽자 자살함.

8년 7월 23일(11) 남편이 계유정난 때 죽자, 관비가 되어 더럽혀질까 두렵다면서 자살함.

23년 1월 6일(19) 남편에게 버림받은 첩이 수절 중 강간을 당하자 목을 매어 자살함.

23년 2월 13일(20) 수절 중 어떤 자가 강간하려 하자, 자살함.

25년 3월 17일(21-a) 친정 부모가 개가시키려 하자 자살함.

연산군

10년 12월 2일(7-a)·(7-b) 갑자사화 때 죽은 남편을 따라 자살함.

중종조

6년 3월 17일(7) 남편이 사망하자 절식 끝에 사망함.

8년 4월 13일(11-b) 남편이 죽자 목을 찔러 따라 죽음.

10년 12월 30일(14) 병든 남편을 구하려고 불에 뛰어들어 같이 타 죽음.

11년 1월 27일(15) 남편이 죽자 약을 먹고 따라 죽음.

11년 4월 24일(16) 남편이 익사하자 시신을 찾다가 같이 익사함.

11년 6월 9일(17) 남편이 병사하자 따라 자살함.

12년 7월 2일(19) 남편을 죽인 도둑에게 저항하다가 살해됨.

13년 11월 13일(24) 남편이 죽자 따라서 자살함.

14년 12월 15일(25) 강간에 저항하다가 살해됨.

15년 4월 27일(26) 강간당했다고 거짓으로 소문을 퍼트리자 목 매어 자살함.

15년 8월 5일(27) 남편이 전염병으로 사망하자 따라서 자살함.

16년 4월 27일(29) 남편이 익사하자 슬퍼하며 따라 자살함.

18년 9월 9일(32) 부모가 개가를 강요하자 목을 매어 자살함.

20년 9월 29일(33) 남편이 죽자 따라서 자살함.

24년 4월 6일(40) 강간에 저항하다가 살해됨.

27년 7월 6일(41) 남성이 재혼을 요구하자 거절하고 자살함.

명종조

2년 12월 30일(1) 남편이 죽자 따라서 자살함.

10년 7월 27일(10) 남편이 죽자 따라서 자살함.

14년 4월 1일(11-b) 남편이 죽자 따라서 자살함. (14-d), 남편이 죽은 뒤 친정아버지가 개가를 강요하자 자살함. (14-e) 강간하려 하자 바다에 뛰어들어 죽음.

19년 윤2월 2일(14) 남편이 죽자 따라서 자살함.

20년 1월 14일(15) 남편이 죽자 절식하여 죽음.

위의 모든 사례는 죽음으로 끝나지만 그 의미는 같지 않다. 세종조의 두 가지 사례는 과거 왜구의 강간에 저항하다가 살해된 경우와 처녀로서 강간에 저항하다가 살해된 경우다. 이 역시 의미가 없는 바가 아니지만, 불가피하게 살해된 경우다. 하지만 단종조의 두 가지 경우는 의미가 다르다. (3-d)의 양씨梁氏는 남편이 죽자 따라 죽으려 하므로, 친정어머니가 친정으로 데려왔으나 감시가 소홀한 틈을 타서 목을 매어 죽는다. (4-e)의 연금衍金은 남편이 죽자 즉시 따라 죽으려 하였고, 부모의 만류에도 불구하고 남편을 풀섶에다 장사지낸 그날 자살한다. 외적 강제가 없음에도 불구하고 남편의 사망에 순수하게 자발적 의지로 죽는 것을 종사從死라고 하는데, 이 종사형 자살이 점차 증가하고 있음은 주목할 만한 현상이다.

위의 여러 사례 중 외적 강제와 관련된 경우는, 강간에 저항하다가 살해된 경우를 제외하면 모두가 자살이다. 이 중에서 일부 강간당하거나 재혼을 위협받을 경우 자살하는 경우가 있지만, 압도적인 다수는 부모가 개가를 강요할 경우 거부의 수단으로 자살을 선택하거나, 아니면 남편이 사망한 뒤 개가나 강간 혹은 재혼 요구 등의 별 다른 외적 강제가 없었음에도 자살을 선택하는 경우다. 자살의 증가는 별별 불합리한 황당한 경우를 낳았다. 『동국신속삼강행실도』 1권-63의 현금賢수의 경우를 보자. 현금은 율생律生 배문생裵文生의 아내다. 배문생이 다른 여자를 좋아해 현금을 버리지만, 현금은 시부모를 계속 섬긴다. 보다 못한 친정아버지가 개가를 권유하자, 목을 매어 자살한다. 남편이 죽지도 않았고 버림받은 여자임에도 불구하고, 개가를 권유하자 자살한 것이다. 같은 책 2권 37의 충의위忠義衛 조여익趙汝翼의 아내 변씨邊氏는 더욱 황당한 경우다. 남편이 술에 취해 길에서 사망한다. 개죽음을 한 것인데, 변씨는 곡기를 끊고 죽어서 남편을 따를 것을 원한다. 변씨는 결국 기진하여 죽는다. 남편이 죽자 아내가 따라 죽는 것은 원래 비합리적인 사건이지만, 이런 죽음은 더더욱 상식적으로 납득할 수 없는 것이었다. 이처럼 종사형從死型 자살은 세종조까지 별로 나타나지 않다가 성종, 중종, 명종을 거치면서 급증했다. 이것은

『삼강행실도』 열녀편이 급속도로 보급되면서, 그 내용에서 열녀=죽음이라는 등식을 열행의 보편적 문법으로 제시한 것과 관련이 있을 것이다.

물론 체제의 입장에서도 여성의 자살을 내놓고 권장할 수는 없었다. 『성종실록』 5년 11월 21일조의 조씨趙氏 자살 사건을 보고받은 예조는 성종에게 표창을 건의하면서 조씨가 "스스로 목숨을 끊어 절개를 세운 것은 중도中道가 아니"라고 전제하였다. 곧 여성이 남편을 따라 자살하는 것은, 인간의 이성적 판단으로 용납할 수 없는 일이었다. 그럼에도 불구하고 예조는 조씨가 말한 바가 "야박한 풍속을 일으키기에 족하다"는 이유로 표창을 상신한다.[23] 원상院相 정창손鄭昌孫·홍윤성洪允成은 이런 의견을 제시했다.

> 절의는 풍속과 교화에 크게 관계되는데 조씨의 일은 근래에 듣기 드문 일입니다. 계목啓目대로 표창하여 풍속을 장려하소서. 요즘 서울의 김기金錡의 딸의 경우도 남편이 죽은 뒤 역시 조씨의 사절死節과 같았습니다. 이는 비록 모두 중도中道는 아니지만, 남편이 죽자마자 개가하는 야박하고 악한 무리에 견주어 본다면 결코 같은 것이 아닙니다. 예조로 하여금 모두 사실을 조사하여 표창하게 하소서.[24]

정창손과 홍윤성 역시 조씨의 죽음이 중도는 아니라는 점을 명백히 한다. 하지만 조씨는 "남편이 죽자마자 개가하는 야박하고 악한 무리"에 견주어 훨씬 훌륭한 것이라는 것이다. 정·홍 두 사람의 관념은 여성의 재가를 야박과 악행으로 판단한다. 그렇다면 남성의 재혼은? 결국 여성의 자살이 정당한 일은 아니지만, 여성의 재가를 방지하기 위해, 궁극적으로 남성에 대한 여성의 성적 종속성을 강화하기 위해 '적극적으로' 묵인하고 권장할 수밖에 없었던 것이다.

종사형 죽음의 급증은 『삼강행실도』 열녀편이 제시한 자기 학대 현상, 즉 신체 훼손의 급증과도 관련이 있다. 이 신체 훼손에는 앞서 『삼강행실도』 열녀편을 분석할 때 제시한 것처럼 유형화할 수 있는 구체적인 형태가 여럿이다. 예컨대 초기의 기록에는 단발이 흔히 보인다. 친정 부모의 개가 요구에 삭발함으로써[25] 자신의 의지를 표명하는 것이다. 단발은 『삼강행실도』 열녀편에 이미 나타난 바 있고, 초기 『실록』에도 적지 않게 나타난다. 그러나 신체 훼손의 기본적인 성격, 즉 자기 가학적 잔혹성에 비추어 보면 단발은 분명 강도가 낮은 것이었다. 하지만 시간이 흐를수록 이런 낮은 강도의 사례를 넘어 보다 강력한 잔혹성을 갖는 신체 훼손이 증가하고 있었다. 그 대표적인 사례를 들면 다음과 같다. 원 자료를 축약해서 옮긴다.

세조조
(1) 『세조』 5년 7월 30일   양녀良女 잉화이仍火伊는 남편 김인득金仁得이 전질癲疾로 여러 해 동안 고생하자, 같은 고을의 위영필魏永弼의 말을 따라 손가락을 잘라 피를 약에 타 먹여 낫게 하였다.

성종조
(4) 『성종』 3년 2월 18일   선군船軍 박문朴文의 딸 지지芷芷는 17세에 안지의安止義의 첩이 되었는데, 안지의가 나병으로 눈이 멀고 머리가 빠지고 피부가 벗겨지고 사지에 피가 흘러 역한 냄새로 가까이 갈 수가 없었다. 지지는 남편의 눈의 막을 19년 동안 혀로 핥는 등 정성을 다해 섬겼고, 남편이 죽자 조석의 전奠을 올렸다. 3년상이 끝난 뒤 그녀에게 결혼하자 하는 사람이 있었고, 또 고모 역시 개가를 권유했다. 이에 개가를 시킨다면 물에 투신하여 죽겠다고 거절하였다.

(5) 『성종』 3년 2월 29일　(a) 진주의 백성 김계남金戒南의 처 양녀良女 득비得非는 남편의 문둥병이 4년이 넘도록 낫지 않자, 사람의 살로 치료 가능하다는 말을 듣고, 왼손 넷째 손가락을 베어 볕에 말려 가루로 만들어서 음식에 섞어 먹였다. 남편의 병이 나았다.

(10) 『성종』 7년 10월 7일　무안현 사람 양녀良女 자비自非는 남편 박기朴耆의 악질惡疾에 왼쪽 손가락을 잘라 음지에서 말린 뒤 가루를 만들어 국과 술에 타서 먹였다.

(16) 『성종』 20년 7월 11일　과천의 양녀良女 봉금奉今은 남편이 병에 걸리자, 손가락을 잘라 약에 타서 먹였고 이에 병이 나았다.

(17) 『성종』 20년 7월 28일　강령康翎의 향리 강치중康致中의 아내 검덕檢德은 남편이 병에 걸리자 손가락을 잘라 약에 타 먹였고 이에 치료되었다.

중종조

(21) 『중종』 13년 3월 18일　수군 이계상李繼常의 딸인 교동喬桐 사람 말응금末應今은 16세에 남편이 사망하여 3년상을 치렀다. 친정아버지의 개가 권유에 도주하여 시동생 집으로 갔고, 다시 불러 개가시키려 하니 칼로 무명지를 잘라 수절을 맹세하였다.

(22) 『중종』 13년 3월 23일　양녀良女 욱비郁非는 남편의 악질에 손가락을 잘라 피를 먹여 낫게 하였다.

(37) 『중종』 21년 7월 15일　강릉부의 진사進士 신명화申命和의 아내 이씨는 남편이 병이 나자 밤낮 하늘에 기도하고 패도로 왼손 가운데 손가락을 잘랐다. 그날 밤 이씨의 꿈에 하늘에서 대추만 한 크기의 약이 떨어졌고, 다음 날 남편의 병이 치유되었다.

(39) 『중종』 23년 8월 21일　(a) 개천价川의 양녀良女 막시莫時는 남편을 위해 손가락을 끊어 태워 먹였다. 병에 차도가 있었다.

명종조

(2) 『명종』 3년 10월 10일   남양南陽 사람 종실宗室 단천령端川令의 아내 유씨柳氏는 남편의 악질에 다리 살을 베어 병을 치료하였다.

(9) 『명종』 10년 3월 29일   (b) 서울 동부東部의 생원 홍윤洪潤의 아내 이 씨는 남편 병에 의원이 "생사람의 고기를 약으로 먹여야 된다"고 하자, 칼로 발가락을 끊어 갈아서 술에 타 먹였고, 이에 남편의 병이 조금 차도가 있었다.

(11) 『명종』 14년 4월 1일   (c) 의령 허안인許安仁의 아내 하씨河氏는 남편이 중병에 걸려 온갖 약이 효험이 없자, 손가락을 잘라 피를 먹였고 남편의 병이 나았다.

(13) 『명종』 16년 9월 18일   유언겸兪彦謙의 첩은 남편의 병에 손가락을 잘라 약에 타서 올렸다.

문둥병에 걸린 남편의 눈을 혀로 핥는, 성종 3년 2월 18일 선군 박문의 딸 지지의 사례를 제외하고는 모두 신체의 일부를 자른다. 그중에서도 발가락을 자른 사례[26]와 허벅지의 살을 베어낸 사례[27]를 제외하고는 모두 손가락을 자르는 단지斷指다. 단지는 모두 12가지 사례인데, 그 중 개가를 거부하는 의지로 단지한 경우[28]를 제외하면 모두 남편의 병에 약으로 쓰기 위해 손가락을 자른 것이다. 여기에 『동국신속삼강행실도』를 참고하면, 중종조에 3회, 명종조에 4회,[29] 선조조에 4회[30]의 단지 사례를 추가할 수 있다. 즉 남편의 병을 고치기 위해 여성이 손가락을 끊어서 약으로 쓰는 신체 훼손이 점차 증가하고 있었던 것이다. 이런 열녀서사들은 모두 남편의 병이 완치되거나 치유의 효과가 높았다고 말하고 있으니, 이것은 다시 민간으로 퍼져 단지의 풍습을 더욱 조장했을 것이다.

열행의 하나로 신체 훼손이 일어나되, 이것이 왜 단지라는 방법으로 집중되었던가. 이 문제를 다시 거론하지 않을 수 없다. 남편의 병은 죽음과 연결된다. 하지만 남편의 병과 죽음이 반드시 여성의 성적 종속성과 결합해야 할 필연성은 없다. 그것에 필연성을 부여하는 것은, 남성 중심주의 혹은 가부장주의의 의식화이다. 남편의 병에서 유일한 성적 대상자의 부재를 떠올리고, 신체를 훼손함으로써 성적 종속성을 관철시키려는 것은, 이미 유교적 의식화의 결과이다. 따라서 위의 여성들이 남편의 병 때문에 신체를 훼손하는 행위, 그리고 이 동일한 행위가 사회적으로 반복된다는 것은 자연스럽고 우연한 행위가 아니라 학습된 결과임을 의미한다. 21세기에 남편의 병이나 부모의 병에 아내나 자식은 단지나 할고割股를 상상하지 않음을 생각해 보라. 단지나 할고는 어떤 학습 과정을 통해 습득한 행위다. 즉 특정하게 제시된 행위의 모방인 것이다.

이 모방은 당연히 모델이 있다. 앞에서 누차 언급한 바와 같이 『삼강행실도』의 열녀편은 열행의 문법을 제시하고 있었다. 남편의 위기, 즉 유일한 성적 대상자의 부재라는 위기에 빠졌을 경우, 여성은 성적 종속성을 관철시키기 위해 자신의 신체를 훼손하거나, 나아가 자신의 신체 전부를 바칠 것을 이 텍스트는 윤리의 이름으로 거듭 가르치고 있었다. 즉 남편의 위기에 자신의 신체를 훼손해야 한다는 원칙은 『삼강행실도』 열녀편에서 온 것이었다. 그러나 단지가 신체 훼손의 주류적 방법이 된 것은 어떤 이유에서인가. 『삼강행실도』 열녀편은 신체 훼손의 다양한 방법을 제시하고 있지만, 단지의 사례는 「위씨참지」魏氏斬指(44) 단 한 가지 경우뿐이었다. 이 경우는 자신을 잡았던 적군이 위씨가 쟁箏을 잘 탄다는 말을 듣고 쟁을 연주하라 하자, 거부의 표시로 손가락을 자른다. 이것은 남편의 병 때문이 아니다. 뿐만 아니라 『삼강행실도』 열녀편에는 「염설효사」聞薛效死(31)를 제외하고는 남편이 병이 들었다는 설정이 아예 없다. 또 「염설효사」에서 염씨와 설씨 두 여성은 남편의 병에 어떤 행동도 하지 않는다. 이런 이유로 남편의 병이라는 비전란시非戰亂時의 설정에 대해 『삼강행실도』 열녀편은 실로 제시하는 방법이 아무 것도 없었던 것이다.

『삼강행실도』 열녀편은 남편 부재의 위기에 여성이 신체를 훼손하거나 혹은 신체 전부를 바쳐야 함을 원칙으로 제시했지만, 일상적으로 발생할 수 있는 남편의 병에 대해서는 이렇다 할 방법을 제시하지 않았다. 그렇다면 단지는 어디서 유래했는가.

단지는 중국에는 사례가 없는 것이었다. 단지는 『태종실록』 8년 3월 7일조의 효녀 충개忠介가 어머니의 병에 산 사람의 뼈를 먹이면 치료가 가능하다는 말을 듣고 자신의 오른손 무명지를 잘라 가루로 만들어 약으로 먹인 것이 최초의 사례다. 이후 세종 2년 10월 18일 전라도 고산현高山縣의 아전 석진石珍이 중의 말을 듣고 아버지의 병에 무명지를 잘라 피를 바치고, 백정白丁 양귀진梁貴珍은 9세에 아비의 병에 손가락을 잘라 구워 올렸고,[31] 수군 은광우恩光右의 딸 은시恩時는 아비의 급질急疾에 손가락을 잘랐고,[32] 곽산 군민郭山郡民 김마언金麽彦의 딸 사월은 어머니의 전광병顚狂病, 곧 정신이상에 산 사람의 뼈가 즉효라는 말을 듣고 왼손 무명지를 잘라서 빻아 국에 넣었다.[33]

위의 5명은 모두 『삼강행실도』 효자편에 수록되었다. 손가락이 인간의 모든 난치병에 효과가 있다는 것은 그야말로 근거 없는 것이고, 또 위의 5명은 모두 의학에 접근할 수 없는 하층민이었다. "미천한 집에서 태어나 아무 교양의 바탕도 없는"[34] 경우였던 것이다. 그림에도 불구하고, 효자편에 단지 이야기가 실린 이후, 효자임을 입증하는 수단으로 단지 행위는 폭발적으로 늘어났고, 거의 모든 효자는 단지를 실행했다.

이쯤에서 위에서 제시한 열녀의 단지가 어디서 유래했을지 짐작할 수 있을 것이다. 그것은 『삼강행실도』 효자편에서 옮겨온 것이었다. 열녀편이 적절한 열행의 문법을 제시하지 못하자, 이내 효자편에서 그 방법을 찾았던 것이었다. 물론 단지는 효와 열의 실천 행위로 널리 유행했지만, 초기에는 비상식적 행위로 여겨졌다. 『세종실록』 2년 10월 18일조를 보면, 석진의 단지를 관찰사에 보고한 전라도 고산현의 향교 생도 지활池活 등이 석진의 효행에 감동하여 표창을 상신하면서도, 단지에 대해서는 "대개 그 몸을 상하게 해서 부모를 섬기는 것이 효도의 중도中道라고 할 수는 없다"[35]고 말하고 있었다. '단지'는 분명 비상식적인 행위로 인식되었던 것이다. 실제 지활 등은 단지를 추천 이유로 내세운 것은 아니었다.[36]

그럼에도 단지는 확산 일로에 있었다. 『삼강행실도』가 편찬되기 직전인 세종 15년 1월 18일 상정소에서 효자·순손·절부 등의 정려·서용敍用·복호를 '인도人道의 평상사平常事'로 할 것을 건의했다. 즉 "뼈를 부러뜨려 약에 타는 것과 6년의 시묘살이는, 그 행위가 궤격詭激하여 본받을 수 없는 것으로, 특별하다고 할 수 없다"는 것이었다.[37] "부모 생전에 효성을 다해 봉양하고, 죽은 뒤에는 예禮를 다해 상제喪制를 행하는 자"를 표창할 것을 건의한 합리적 의견이 분명히 존재했음에도 불구하고, 5건의 단지 사례는 『삼강행실도』 효자편에 실렸다. 조선을 건국한 사대부들이 내세운 유가의 윤리는 이제 신체의 일부를 요구하기 시작했다. 윤리 실천의 합리성과 잔혹성의 충돌은 상당 기간 지속되었으니, 세종 23년 10월 22일 의정부는 효자를 포상하는 법을 상소하면서, 단지의 비합리성과 잔혹성을 지적했다. "손가락을 끊는 일은 지나친 일이오니, 반드시 이렇게 한 뒤라야 효가 되는 것이 아닙니다"[38]라고 하였다. 하지만 결과는 잔혹성의 승리였다.

세조 이후 열녀의 단지가 발생한 것은 건국 이후 유가 윤리가 적극적으로 보급되었기 때문이다. 동시에 그 보급의 하나로 『삼강행실도』의 유포에 직접 영향을 받고 있었다. 『삼강행실도』 열녀편은 '단지'라는 신체 훼손을 직접 포함하고 있지는 않았으나 이미 '할고'割股와 같은 잔혹한 신체 훼손의 방법을 갖고 있었기에[39] 효행의 실천에서 얼마든지 모방할 수 있는 것이었다. 『삼강행실도』를 편집했던 남성―사대부들은 단지와 같은 신체 훼손의 사례를 단일한 텍스트, 곧 『삼강행실도』에 집중시키고, 그것을 국가권력을 통해 유포시킴으로써 전국적으로 모방을 확산시켰다. 예컨대 『실록』에서 성종대의 단지가 일어났던 진주晉州·무안현務安縣·과천果川·강령康翎 등은 각각 경상도, 전라도, 경기도, 황해도의 군현들이다. 즉 단지는 전국적으로 광범위하게 발생하고 있었던 것이다. 또 이런 사례들은 『실록』의 열녀 기사에서 확인되듯, 양반과 상민·천민을 가리지 않고 확산되기 시작하였다.[40] 교통수단이 발달하지 않았던 격리된 지방에서 단지가 동시에 다발적으로 발생한 이유는, 기성의 사례를 텍스트의 보급을 통해 적극적으로 선전했기 때문일 것이다. 여기서 『삼강행실도』의 열녀편이 보급된 세종 14년부터 명종조까지 150년 동안 여성들의 의식 속으로 '단지'가 침투하기 시작했음을 짐작할 수 있을 것이다. 앞서 『중종실록』 31년 5월 12일조의 "『삼강행실도』는 중외의 사람이 모르는 자가 없으니 심상히 여길 것"이라든가,[41] "중외의 사민士民들이 보통으로 여기고 염두에도 두지 않는 책"[42]이 되었다는 자료를 인용한 바 있는데, 이것은 곧 『삼강행실도』가 이미 조선 사회 구성원의 의식 속에 깊이 침투하였음을 의미하는 것이다. 이제 그 의식화의 과정을 세종 14년 이후 『실록』의 열녀 기사를 통해 보다 자세히 검토해 보기로 하자. 먼저 『삼강행실도』와의 관련성부터 언급한다. 『중종』 21년 7월 15일조에 실린 강릉부의 진사 신명화申命和의 아내 이씨는 남편이 병이 나서 죽게 되자 밤낮 하늘에 기도하고 패도로 자신의 손가락을 자른다. 그날 밤 하늘에서 대추만 한 약이 떨어지는 꿈을 꾸었고, 남편의 병이 치유된다. 아내 또는 자식의 비범한 행위로 인한 신비 현상과 치유의 기적은 이런 윤리적 서사에서 흔히 등장한다. 그런데 중요한 것은 이씨가 손가락을 자르는 행위다. 『실록』은 이렇게 말하고 있다.

강릉부 진사 신명화의 아내 이씨는 천성이 순수해서 학문을 대강 알았으므로 늘『삼강행실도』를 외웠습니다. 그래서 어버이와 남편을 섬김에 있어 그 도리를 다했으므로 일찍부터 고장에 소문이 났습니다.[43]

이씨는『삼강행실도』에 이미 의식화되어 있었으며, 그가 손가락을 자른 행위가『삼강행실도』의 모방이라는 것은 의심할 나위가 없다. 즉 열녀서사나 효자서사에서 단지는『삼강행실도』의 단지를 모방한 것이다. 다른 예를 보자.

『중종』21년 7월 25일조에 실린 효자 유학 유인석劉仁碩의 경우다. 유인석은 아버지 유계선劉繼先이 광질狂疾에 걸려 온갖 간호와 약에도 불구하고 죽게 되자, 손가락을 끊어 효험을 보았다는『삼강행실도』의 이야기를 보고, 도끼로 자신의 손가락을 끊어 불에 태운 뒤 빻아 물에 타서 약으로 올린다.[44] 병이 치유되었음은 물론이다. 요컨대『삼강행실도』는 빠른 속도로 퍼지고 있었고, 그중에서도 신체를 훼손하라는 윤리의 요구와 그 방법은 모방되고 있었던 것이다.

남편이 사망할 경우 여성이 따라 죽는 종사從死 역시『삼강행실도』를 위시한 윤리 서적의 보급으로 인한 의식화의 결과였다. 이 죽음이 교육과 모방의 결과라는 것은 비록 남성에 의해 기록된 것이기는 하지만, 문헌에 전해지는 열녀의 직접적인 언술을 통해서도 확인된다.『성종실록』5년 11월 21일조의 사례다. 조씨趙氏는 남편인 생원 조중량曹仲良이 사망한 뒤 염을 하자 염을 도로 풀고 시신을 1주야를 안고 밥을 먹지 않았다. 친정으로 돌아온 뒤 아버지가 개가를 추진하자, 조씨는 친한 사람에게 이렇게 말한다.

부부의 의義는 한 번 결혼하면 종신토록 다시 결혼하지 않는 것이다. 이제 남편이 죽었으니, 내 어찌 홀로 살겠는가? 그러나 바로 죽어 같이 묻히지 않는 것은 그럴 이유가 있다. 나의 늙은 아버지가 곧 경흥慶興의 교수敎授로 부임하시게 되어 있고, 백발의 늙으신 어머니가 또한 역시 집에 계신다. 그래서 나는 기어서라도 친정에 와서 하직인사를 하고 싶었을 뿐이다.[45]

밑줄 친 부분에 주목하기 바란다. 이 말의 원문은 "夫婦之義, 一與之齊, 終身不改"로 그 출처는 앞서 검토한 바와 같이 『소학』이다.[46]

조씨의 언어는 이미 『소학』, 곧 남성의 언어에 감염되어 있었던 것이다. 조씨는 친정 부모 때문에 자살을 유예한다. 15일 동안 절식하던 중 친정어머니가 죽을 먹으라고 강권하자, "남편 곁에서 즉시 죽지 아니한 것이 한스럽거늘, 차마 구차스럽게 다시 목숨을 연장하겠는가?"[47]라고 하면서 자살의 의지를 굳힌다.

조씨는 과연 자살을 감행하는데, 치밀하고 계획적이다. 조씨의 친정아버지가 아내에게 국상國喪의 졸곡卒哭날에 대해 이야기하자, 조씨는 그 대화에 끼어들어 졸곡이 무엇인지를 묻고, 그 날이 길일인지를 묻는다. 이 점이 중요하다. 조씨는 아직 『주자가례』의 '상례' 편을 모르고 있다. 조정에서 길일을 선택하게 마련이라고 하자, 조씨는 그날을 자살을 결행하는 날로 삼는다. 6월 16일 부모에게 "저는 따라 죽지 못했을 뿐인데, 다시 섬길 사람이 없습니다. 이제 아무 천으로 아버지 옷을 만들고 아무 베로 어머니의 옷을 만들었습니다" 하고 통곡을 한다. 어머니는 여종을 시켜 밤에 특별히 엄중하게 감시하게 하였으나, 조씨는 목을 매어 자살한다.

조씨의 어머니가 조씨에게 건넨 "부부로서 누가 사별하는 자가 없겠느냐? 어찌하여 자신을 이처럼 괴롭히느냐?"[48]라는 말은 당시 사람들의 일반적인 사고였을 것이다. 조씨는 죽음을 선택해야 할 필연적 이유가 없었다. 그러나 조씨는 주도면밀하게 죽음을 택한다. 그것은 조씨의 말에서 확인할 수 있듯, 바로 유가적 이데올로기에 감염된 결과였다.

이런 사례는 여러 곳에서 확인된다. 『중종실록』 11년 1월 27일조의 생원 김세업金世業의 아내 심씨의 경우도 참고할 만하다. 심씨는 남편이 병이 나자 병수발을 하였고, 남편이 사망하자 남편이 지은 「차여생부」嗟予生賦 끝에 "집은 반드시 지아비를 따라야 하니 지아비가 죽으면 오래 살 수 없다"⁴⁹라고 쓰고는 독약을 먹고 자살한다. 심씨 역시 '여필종부'라는 열녀 이데올로기에 감염되어, 이 말을 남편을 따라 죽는 것으로 이해하고 있었던 것이다.

이런 사례가 과연 우연한 것인가. 결코 아니다. 유사한 사례가 너무도 다양하게 발견되고 있기 때문이다. 『세종실록』 21년 5월 22일조의 송씨는 남편 사망 뒤 친정 부모가 개가시키려 하자, "죽은 남편의 시어머니가 있고 다른 자손이 없는데, 내가 만약 다른 사람에게 다시 시집가면, 누가 시어머니를 봉양할 것이며, 또 <u>부녀가 한 남편을 섬기는 의리</u>에 허물어짐이 있습니다"⁵⁰고 하며 거절한다. '여성이 한 남편을 섬기는 의리'(婦人從一之義)가 이미 그의 의식을 지배하고 있다. 『단종실록』 즉위년 윤9월 24일조의 유학 송직宋直의 아내 진씨秦氏는 남편 사후 친정 부모가 개가시키려 하자, "남편이 죽는데 따라 죽지 못한 것은 나의 불행인데 하물며 감히 두 가지 마음(二心)을 갖겠습니까?"⁵¹ 하고 거절한다. 두 마음(二心)이라는 말에 벌써 성적 종속성이 확인된다. 『성종실록』 25년 3월 27일조의 사직司直 이승창李承昌의 딸은 남편인 유학 정계형鄭季亨이 사망하자 부모가 개가시키고자 하니, 연못에 투신한다. 가족이 건져내자, "본래 한 남편을 따르다가 죽는 것을 원했는데 부모가 그 뜻을 빼앗고자 하니, 죽지 않고 어떻게 하겠는가?"⁵² 하고, 식사를 거부한다.

『중종실록』 38년 12월 22일조의 이순평李舜枰의 아내 안씨安氏는 이순평이 사망하자 장례가 끝난 뒤에도 상복을 입고 여전히 제사를 지낸다.

가족과 친척들이 그만둘 것을 요구하자 이렇게 말한다.

> 내가 11세 때 아버지가 돌아가셨다. 그때는 인사를 몰랐지만 그래도 몸소 제사를 갖추어 올렸다. 하물며 지금은 나이를 먹어 인사를 조금이나마 아는데 어떻게 차마 상복을 벗고 길복을 입고서 아침 저녁에 제사를 올리지 않을 수 있으랴. 또 지아비가 죽었을 때에 따라 죽을 수가 없었으니, 종신토록 상복을 입는 것을 내 어찌 꺼리랴?[53]

'남편이 죽었을 때 따라 죽는 것'은 전에 없던 관념으로 조선조에 들어서 비로소 여성의 대뇌에 설치된 것이었다. 같은 방식으로 『명종실록』 8년 8월 7일조의 이지중李之中의 처 오씨 역시 남편이 죽자 "하늘로 여기는 사람(남편)이 없고, 아래로 자식도 없으니 죽지 않고 무엇을 하리오?"[54]라고 말한다. 남편의 죽음에 즉각 따라서 죽는 것을 마땅한 윤리적 실천으로 보는 관념이 이제 작동하기 시작했던 것이다. 남편이 위중할 때 남편에게, 그가 사망할 경우 따라서 죽겠다는 약속을 하는 경우도 있었다. 『명종실록』 10년 7월 27일조의 윤전의 처 이씨는 남편의 병에 상분嘗糞하는 등 정성을 다했으나 남편의 병이 위중해지자, "당신이 죽으면 나도 반드시 따르겠다"[55]고 하였고, 과연 따라 죽는다.

이런 사례는 양반에게 많았을 것으로 생각되지만 하천下賤에서도 그런 사례는 충분하다. 『명종실록』 14년 4월 1일조의 사비私婢 광덕光德은 남편의 사후 개가하라는 권유를 거절하면서 이렇게 말한다.

> "옛 사람은 한 번 결혼식을 하고 부부가 되면 죽을 때까지 다시 결혼하지 않았다. 그러므로 남편이 죽어도 개가하지 않았다."
> "열녀는 두 남편을 섬기지 않는다. 옛사람이 이미 이렇게 하였다. 나는 어떤

사람인가."[56]

'열녀불사이부'烈女不事二夫라는 관념이, 『삼강행실도』 열녀편과 『소학』 등의 텍스트에서 주입된 관념이라는 것은 두말할 필요도 없다.

여성의 성적 종속성에 대한 관념이 스며든 것은 비단 종사從死와 단지斷指 등에서만 확인할 수 있는 것은 아니었다. 유일한 성적 대상자 외의 모든 남성과의 성적 접촉을 오염으로 파악하는 관념 역시 앞에서 검토한 바와 같이 『삼강행실도』 열녀편에서 비롯된 것이었던 바, 그 모방의 사례를 확인할 수 있다. 다음은 『중종실록』 15년 4월 27일조의 기사다. 해남현海南縣의 생원 민중건閔仲騫의 딸 민씨는 일찍 부모를 잃고, 외숙에게서 부양된다. 혼기가 닥치자, 사촌언니가 자기 시동생 윤상尹翔에게 시집보내려 하였으나 민씨는 거절한다. 이에 윤상이 사촌언니와 동모하고 한밤중 민씨의 침실로 돌입하여 핍박한다. 민씨는 항거했고 윤상은 달아났다. 윤상은 자신이 민씨와 성관계를 맺었다는 소문을 낸다. 민씨는 통곡하고, 30일 절식한 끝에 "여자가 천지간에 나서 헛되게 더러운 말을 들으며 사느니 차라리 몸을 깨끗이 하여 죽는 것이 낫다"[57]는 말을 남기고 목을 매어 자살한다. 민씨는 자신이 오염되었다는 관념에 사로잡혀 있었다. 사회적으로 공인된 유일한 남성과의 성관계 이외의 모든 관계를 '오염'으로 판단하는 관념은 『삼강행실도』 열녀편 전체를 관류하는 것이었다. 민씨는 다른 방법으로 누명을 벗을 수도 있었다. 하지만 그는 소문만으로도 오염되었다고 판단하고 자살을 선택한다. 정절에 대한 강박관념이다. 그런가 하면 『성종실록』 23년 1월 6일조의 오한상吳漢相이 버린 첩은 수절하며 살던 중 강간을 당하자 "정절을 지키지 못하고 강포한 자에게 욕을 당했다"[58] 하고 자살한다. 역시 오염에 대한 강박관념이다.

자살과 신체 훼손이 점차 증가하는 것은, 『삼강행실도』, 『소학』과 같은 윤리서 보급의 결과임이 분명하다. 이런 현상들은 조선 사회가 점차 가부장적 남성 중심주의 사회로 변화해 가고 있음을 의미하였다. 이 증거로 『실록』의 열녀 자료에서 기묘한 서술을 발견할 수 있다. 열녀 자료들은 흔히 "남편이 죽은 뒤 개가를 거부하고 수절하면서 시부모를 봉양했다"[59]거나 "남편이 죽은 뒤 시부모 상복을 3년 동안 입었다",[60] "남편이 죽은 뒤 여성은 친정 부모의 개가 요구를 거부하는 수단으로 남편(시부모)의 집으로 달아났다"는 표현을 흔히 쓰는데, 조선 후기라면 이런 식의 표현은 사용되지 않는다. 이 표현이 열녀 자료에서 등장하는 것은, 결혼 이후 남편이 아내의 집에서 사는 부처제婦處制가 보편적이었기 때문이었다. 즉 조선 전기의 여성은 결혼 후 남편과 자신의 집에 살았기 때문에 친정 부모의 개가 권유를 쉽사리 물리칠 수 없었으니, 남편 사후 시부모를 봉양한다든가, 굳이 시부모의 상복을 입는다든가, 또는 시부모의 집으로 달아났다든가 하는 것은 유난히 두드러지는 행동이었을 것이다. 물론 그 정도는 미약했으며, 또 그 미약한 형태 때문에 특별히 주목의 대상이 되었을 것이다. 그래서 이것이 열행의 문법 중 하나가 된 것이었다. 하지만 이런 행동이 점차 눈에 띄게 증가하는 것은, 처가살이에서 시집살이, 즉 가부장적 결혼 형태(가족 형태)가 앞으로 점차 확대될 것을 예고하는 표징인 것이다.

2절
임진왜란에서의 열녀의 발생

1. 『동국신속삼강행실도』 열녀편의 내용과 성격

임병양란이라고 통칭하는 임진왜란과 병자호란 두 전란은 조선을 전기와 후기로 나누는 분수령이다. 이 분수령을 기점으로 조선 후기 사회는 성리학에 대한 비판이 시작되고, 근대로 향하는 내재적 길을 열었다고 하는 것이 한국사의 일반적 서사다. 마치 교회와 신학神學을 부정하고 비판함으로써 서양에서 근대가 시작된 것처럼, 임병양란을 기점으로 하여 독점 이데올로기인 성리학에 대한 비판이 시작되고, '리'理에 대한 회의가 일어났다고 하는 것이 한국사의 일반적인 구도다. 조선 후기를 근대와 관련시키려는 논법은 바로 여기에 근거한다. 임병양란 이후 열녀담론에 대한 회의와 비판도 시작되었다는 것이 재래의 학설인데, 과연 이 학설이 사실에 부합하는지를 이 장에서 검토해 보자.

앞에서 이미 지적한 바와 같이 『선조실록』은 열녀와 열행에 대한 구체적인 정보가 극히 희박하다. 전란으로 인한 사료의 망실이 결정적인 이유다. 따라서 『선조실록』의 기사로는 임진왜란 이전은 물론 임진왜란 이후의 열녀에 관한 적절한 양의 정보를 얻을 수 없다. 매우 실망스런 일이다. 하지만 『선조실록』을 대신할 자료가 없는 것은 아니다. 앞서 지적했듯이 광해군 때 편찬된『동국신속삼강행실도』가 임진왜란과 관련하여 대단히 풍부한 열녀의 사례를 제공하고 있다. 이 장에서 이 책의 편찬 과정을 먼저 검토하고, 이어 열녀의 사례를 분석하기로 한다. 원래 『동국신속삼강행실도』는 『삼강행실도』의 편찬을 거론하면서 같이 다루어야 할 것이었으나, 이 책 자체가 전쟁 이후 윤리 정책과 밀접한 관련이 있기 때문에 여기서 다루기로 한다.

선조는 1592년(선조 25) 4월 30일 서울을 떠나 이듬해 10월 1일 서울로 다시 돌아왔다. 입성 하루 전 비변사는 왕이 도성에 들어가는 것을 사방에 알리기를 청하면서, 충신·효자·열녀의 포상을 건의한다.

> 성상께서 구도舊都로 돌아가시는 날을 사방의 백성들이 반드시 제때에 알지 못할 것입니다. 이 일은 사방에서 쳐다보는 일이니, 교서敎書를 지어 사방에 알리는 것이 좋을 듯합니다. 공물과 진상을 헤아려 줄이게 한 것과 같은 덕음德音도 알려야 할 것입니다. 난리를 만난 이후의 충신·효자·열녀 등을 포상하고 공적을 기록하는 일도 아울러 교서에 넣어 외방에 알리는 것도 무방할 듯합니다.[61]

충신·효자·열녀를 발굴, 표창하는 일이 최우선이 된 것은, 전쟁으로 흩어진 민심을 수습한다는 차원 이상의 행위였다. 선조는 10월 2일 자신이 서울에 입성하였으니, 서울에서 절개를 지키다 죽은 사람들을 포상하는 일을 조금도 늦출 수 없다면서, 예조에서 오부에 알려 충신·효자·열녀의 사례를 찾아내 보고하고, 정표하게 하라고 조급하다 싶을 정도로 급히 명령을 내린다. 예조에 내린 명령은 이렇다. "난리를 겪은 후 죽은 서울 백성이 어찌 한정이 있겠는가. 남은 백성의 절반이 소복을 입었을 것이라 여겼는데, 도성에 들어오는 날 서울 백성이 길을 가득 메웠건만 상복을 입은 사람이 없으니, 이것은 필시 난리 후에 윤리가 무너져 그런 것이다. 오부에서 규찰하게 하라."[62]

이것은 윤리의 회복 자체로 그치는 것이 아니라, 남성-양반의 지배 체제의 공고화, 곧 가부장적 질서를 세우기 위한 필수적인 과업이었다. 『선조실록』 28년 7월 2일, 사헌부는 나라의 기반을 회복하기 위한 시무 차자를 올리는데, 역시 골자는 윤리의 회복이었다.

> 대저 사람이 사람일 수 있는 것은 윤리가 있기 때문입니다. 윤리를 밝히지 않으면 인간의 기강이 무너지고 끊겨 마침내 금수가 될 것입니다. 순임금이 인륜을 밝히고 우임금이 인간의 기강을 닦은 것은 모두 사람의 마음을 착하게 만들고 정치의 도리를 일으키고자 한 것입니다.
>
> 우리나라는 여러 대 태평을 누리는 동안 문물은 융성하고 교화의 도구는 남김없이 모두 갖추어졌습니다. 선비들은 예법으로 자신을 단속했고, 백성들은 충과 효에 스스로 힘썼습니다. 관혼상제의 법도는 옛날보다 못하지 않았고, 임금을 버리고 어버이를 무시하는 말은 세상에 용납되지 않았습니다. 그러므로 효도로 다스리는 세상에서 윤리에 죄를 얻는 사람이 거의 없었습니다.
>
> 난리를 겪은 뒤로는 금방禁防이 크게 무너져 불온한 마음을 품는가 하면, 법도에 벗어나는 말을 외치기도 합니다. 오직 제 몸의 우환만 알고, 부모의 기른 은혜를 까맣게 잊은 나머지 저 들판과 진펄에 매장되지 못한 시신이 버려져 있는가 하면, 상복을 입은 자가 고깃국을 먹는 것을 가리지 않습니다. 식견이 있는 사람도 오히려 이렇게 하거늘, 무지한 백성들이야 어떠하겠습니까? 효자의 집안에서 충신을 찾을 수 있는 법인데, 그 어버이를 이처럼 박대한다면 의리를 따라 나라를 위해 죽는 사람은 눈을 씻고 보아도 찾을 수 없을 것

입니다. 아, 삼대三代의 가르침은 모두 인륜을 밝히는 것이니, 또한 인군이 금지하고 인도하는 데 달려 있을 뿐입니다.[63]

전쟁으로 인한 윤리의 붕괴는 체제에 대한 위협이었다. 충·효·열의 사례를 찾아내어 정표하는 것이 급선무였다. 열흘 뒤 선조는 비변사에 전쟁 이후 사절死節한 사람 중 정표旌表를 할 만한 사람들의 행적을 먼저 인출하여 온 나라에 반포할 것을 명한다.[64] 이어 비변사에서도 해사該司에서 충신·효자·열녀의 사례를 찾아 정려하여 인심을 격려해야 할 것이라고 다시 보고한다.[65]

정책은 사례를 발굴하여 책자의 형태로 간행, 널리 선전하는 쪽으로 결정되었다. 정려 정책은 예조의 소관인 바, 예조는 "전쟁 이후 사절하여 정표할 만한 사람의 사적을 먼저 인쇄하여 온 나라에 반포하면, 보는 자들을 진작시키고 의열義烈을 격려시키는 데에 큰 도움이 있을 것"[66]이라면서 책을 만드는 데 찬동하고 사례를 수집하였으나, 워낙 문적文蹟이 없었다. 7월 19일 예조의 말에 의하면, 명을 받고 전쟁 발발 이후 사절死節로 정려할 만한 사람을 찾아보니 박남朴楠 한 사람뿐이었다는 것이다. 결론은 동일했다. 요는 지방에 이관하여 자료를 널리 모으자는 것이었고, 또 사절한 충신 외에 효자·열녀도 뽑자는 것이었다. 그리고 출판할 것도 계속 강조되었다.

28년 7월 20일 이후 33년 11월 22일까지 5년 남짓 『선조실록』에 충신·효자·열녀의 사례를 발굴하는 정부의 사업 진행 경과에 대한 언급은 일체 없다. 역시 사료의 망실 때문이라고 생각된다. 물론 28년 10월 21일 해주海州 지방에 상을 내리라는 왕명에 해주의 효자·충신·열녀의 포상이 포함되어 있는 것[67]과, 29년 2월 22일 사간원에서 급선무로 취급해야 할 시무를 건의하면서 전쟁 이후 충·효·열의 표창을 장황하게 요청하고 있는 것을 보면, 이 문제가 여전히 관심의 대상이었던 것만은 분명하다. 하지만 책을 만드는 일은 순조롭게 진행되지 않았다. 왜냐하면 선조 34년 2월 10일 이헌국이 "절의를 세운 사람을 정표하는 일은 마땅히 먼저 해야 할 일인데 예조에서 전혀 초출抄出하지 않고 있다"[68]고 비난하는 것을 보면 일은 지지부진하였던 것이다.

이헌국의 주의 환기가 있고 난 뒤 이정귀李廷龜가 임금에게 이 사실을 직접 보고한 것을 계기로 하여 책자를 만드는 움직임이 본격화된다.[69] 두 달 후인 4월 21일조 기사에 저간의 사정이 상세히 나온다. 원래 경연관과 대간이 효자와 열녀·충신을 정표하자고 청하자, 선조는 초출하여 등급을 매기고, 의정부에 빨리 작업을 마무리하라고 이정귀에게 지시했던 바, 이에 의해 예조에서는 그 작업을 시작했고,[70] 작업이 끝나자 다음과 같이 보고했다. 이 보고를 정리, 요약한다.

(1) 임진년 이후 외방 각도의 장계와 서울 각부各部의 첩보牒報를 조사해 보니, 권축을 이룰 정도로 수효가 많다. 지금 이미 실제의 자취를 참고해서 등급을 매겨 초록하여 성책成冊하였는데 선사繕寫가 끝나면 정부에 보고할 것이다. 한데 이것은 지금은 물론 후세에 전하는 중요한 것이므로 사실과의 부합 여부를 조사해야 할 것이나, 시간의 지연으로 방치된 지 이미 10년이라 사실 여부를 확인하기가 불가능하다. 따라서 문서에만 의지하여, 고하高下의 차등을 매겨야 한다. 그 차등은 정문류旌門類·상직류賞職類·복호류復戶類·상물류賞物類다.

(2) 정유년 이전의 장계는 거의가 산실散失되어 난리 초기의 허다한 절행節行이 사라져 전할 수 없게 되었다. 지난 계사년 여름에 비변사에서 당시 낭청인 이수광李睟光에게 각 처의 장계를 가져다 조사하고 보고 들은 것을 참고하여 초출, 성책하도록 하였으나 거행하지 못하고 중지하였다. 정유년 이전

장계 중에 부록附錄된 사람은 모두 그중에 있다. 그 책을 참고해서 등급을 정하고자 한다.[71]

이 자료를 보면, 충신·효자·열녀에 대한 자료 수집 공작과 그것을 책자의 형태로 만드는 것은 곡절이 적지 않았던 것이다. (2)에 의하면 이수광에 의해 계사년(1593)에 일단 일을 시작하여 책을 만드는 작업이 있었으나 완성하지는 못하였고, 이후 정유년(1597) 이전의 장계를 망실하여 정유년 이전의 자료는 이 책자에 의한다는 것이다.

이 작업 과정은 뒤에 그대로 진행되었지만, 이 계사년의 책자와 위 예조가 편찬하고자 했던 책자 외에 홍문관에서 만드는 책자도 있었다. 『선조실록』 34년 7월 9일, 사간원은 예조에서 책자를 만드는 일을 시급하게 진행시킬 것을 청하면서, 앞서 초록한 30인의 행적을 홍문관에 보내 차례대로 책을 만들게 했는데 지금까지 완료하지 않고 있다면서 홍문관에서도 책을 빨리 펴내게 할 것을 요청한다. 또 이 30명 이외의 충효와 의열義烈이 현저한 사람에 대해서도 정밀하게 초록하여 같은 방식으로 처리할 것을 요청했다.[72] 그런가 하면, 선조 34년 12월 26일 경상도 등 여러 도의 체찰사體察使를 겸임하고 있던 이덕형李德馨은 열읍에 공문을 보내 효자·열녀의 사례를 보고받고 그것을 책으로 만들어 임금에게 올리며 예조에서 표창할 것을 건의하고 있다. 요컨대 충신·효자·열녀의 사례를 발굴하고 표창하기 위한 국가적·개인적 노력이 계속되고 있었던 것이다.

예조의 책자 편찬은 과연 어떻게 진행되었던가. 약 2년 뒤인 『선조실록』 36년 6월 9일조에 의하면, 시간만 질질 끌고 있다는 경상감사 이시발李時發의 비판에 대해 예조는 고의적으로 끄는 것이 아니라 실상의 확인 때문에 늦춰진 것이며, 선조 34년에 임금의 분부로 남아 있는 문서만으로 작업을 추진했으나, 선사繕寫하는 일이 어렵고 거창하여 35년 가을에야 정부에 보고했고, 지금까지 입계하지 못하고 있는 상황이라고 답했다.

이 책은 결국 선조대에는 간행되지 않았고, 뒷날 광해군 때에 와서야 비로소 거창한 분량의 『동국신속삼강행실도』東國新續三綱行實圖라는 이름으로 간행되었다. 선조 당대에는 전쟁의 후유증으로 거질의 책을 인쇄할 만한 여력이 없었던 것이다. 다만 이 책 대신에 과거의 고전적 윤리서인 『삼강행실도』와 『이륜행실도』는 재간행된다. 선조 39년 5월 21일, 사헌부는 중요한 발언을 한다. 즉 교화를 밝히고 인심을 맑게 하는 것은 나라의 급선무이지만, 근래 풍속이 나빠져 세도世道의 수준이 날이 갈수록 떨어지고 있으며, 이것은 모두 전쟁 이후 서적이 없어져 인도하는 방도가 미진해 그런 것이라는 것이다. 여기서 조선 시대 책과 이데올로기 감염의 관계를 엿볼 수 있다.

사헌부는 『삼강행실도』와 『이륜행실도』를 번역하여 '넉넉한 수량'을 보급할 것을 요청한다.[73] 이에 예조는 5월 24일 호조가 자금을 대고 종이 등은 교서관에서 마련하여 인출하되, 많은 양의 출판은 이 두 관청의 물력으로 모자랄 것 같으니, 충청·전라·경상도 감사에게 종이 등의 물품을 편의에 따라 돕도록 할 것을 요청했다. 선조는 윤허했다.

충신·효자·열녀에 대한 책을 발간하려 했던 선조조의 의도가 이루어지지 못했던 것은, 방대한 책의 출판을 감당할 수 없는 것이 중요한 이유였지만 또 하나 다른 이유가 있었다. 즉 원천 자료의 수습이 쉽게 마감될 수 없었던 것이다. 『광해군일기』 1년 10월 17일조에 의하면, 임진왜란 이후 충신·효자·열녀에 대한 각 도의 계본啓本이 계속 들어오고 있다는 것이다. 광해군은 정표하는 일에 대해 논의하여 복계할 것을 명하고, 이어 임진년 이후 충신·효자·열녀의 초상화도 구할 것을 지시했다. 이런 맥락에서 책의 출판이 다시 언급되었다. 『광해군일기』 1년 10월 20일[74] 예조의 보고에 의하면, (1) 임진년 이후 각 도에서 보고한 사람 수백 명 중, 갑진년(1607, 선조 37) 이전에 보고한 것은 예조에서 3, 4년 전에 이미 의정부에 보고하였다고 한다. (2) 다만 늦어진 것은 사실 관계를 확인하기 위해서였다. 도화圖畵는 아직 있는 곳을 알 수 없다. (3) 또 선조 때 절행節行이 있는 사람들의 사적을 홍문관에 이송하여 편집하게 했는데, 편집이 끝나면 화상도 마련해야 할 것이나, 아직 편집을 끝내지 못하였다. 홍문관의 편집이라는 것은 『선조실록』 34년 7월 9일 사간원에서 아뢴 것을 말할 것이다.[75]

예조에서 기록을 검토하여 등급을 나누어 의정부에 보고한 책자는 분량이 많다 하여 정부에서 2백 명을 삭제했는데, 이것은 거의 반이 넘는 숫자였다고 한다. 예조는 이것을 과다한 삭제라 판단하고, "남김없이 초록하라"는 선조의 전교와 광해군의 "어찌 인원이 많다 하여 선행을 폐할 수 있겠는가"라는 말[76]을 구실로 삼아 복구할 것을 청하여 승인을 받았다. 방대한 양이 편집될 길이 열린 것이다.

광해군은 이어 이 책의 출판과 임진년 이후 충신·효자·열녀의 표창을 거듭 지시한다.[77] 또 전쟁과는 직접 관련이 없는 효자·충신을 발굴, 표창하라고 지시한다.[78] 하지만 책은 여전히 인쇄되지 않았다. 광해군은 4년 5월 28일, 6월 1일 거듭 책의 신속한 출판을 명령한다. 예조의 보고에 의하면 임진년 이후 충신·효자·열녀에 대한 표창은 계속 진행해 왔다. 또 그들의 실행에 도찬圖贊을 붙이고 감정하여 반포하는 일은 홍문관의 소관이다. 다만 이 책은 만들어지면 『속삼강행실도』續三綱行實圖가 되어 만세에 전해질 것이므로 극히 중요한 것이다. 그런데 난리 후 보고된 자료가 워낙 방대하고, 난리 전의 정문된 자료도 적지 않다. 따라서 이 방대한 양 때문에 찬시撰詩·도화·서사書寫 등의 일을 신속히 진행하기가 어렵다는 것이 보고의 골자였다.

홍문관은 4년 6월 4일 예조의 논조를 되풀이하면서 작업의 어려움(주로 기초 자료의 부실함, 사실 관계 확인의 어려움 등)을 털어놓고, 엉성하게 책을 만들어 후회를 끼칠 수 없다면서 별도의 기구를 만들어 편찬함으로써 누락됨이 없도록 하는 것이 어떠냐고 건의하여, 대신과 의논하라는 허락을 얻었다. 그러나 예조에서는 4년 7월 15일 다시 새로운 기구의 창설에 대해서, 대신들과 의논한 결과 홍문관이 아니고는 이 일을 맡아 할 곳은 없다고 아뢴다. 다만 책의 완성일을 미리 정해 놓고 구차하게 완성하려 하지 말고, 분명하지 못한 자료는 다시 본도에 이문移文하여 공문으로 물어 확인하는 방식으로 일을 처리할 것을 요구했다. 광해군은 그 의견을 따른다.

광해군의 두어 차례에 걸친 독촉[79] 끝에 5년 12월 12일에 홍문관이 중간 성과를 보고한 기사에 의하면, 별도의 국局의 설치 요구를 거절당한 홍문관에서 작업을 진행하여 편집 끝에 상·중·하 세 편을 베껴 입계하였다. 홍문관의 견해에 의하면, 상편의 효자·충신·열녀는 이미 정문을 내렸으나, 중편은 상편과 동일한데도 불구하고 정문을 하지 못했고, 하편에도 그런 사례가 발견된다면서 예조에서 다시 사실을 조사해 정문을 세워 줄 것을 요청한다. 홍문관은 과거 『삼강행실도』와 『속삼강행실도』가 시찬詩贊·도화圖畫·언해諺解를 갖추고 있음을 들어 따로 1국局을 설치하여 두 책의 전례를 따를 것을 요청하였던 바, 광해군의 승낙을 얻었다.

과연 6년(1614, 갑인년) 7월에 찬집청이 설치되었다.[80] 찬집청에서 모은 자료의 양은 효자·충신·열녀, 도합 1,123명이라는 엄청난 숫자였다. 이 거질의 책은 전후戰後의 물력으로는 출판하기 곤란했다. 찬집청에서 축약본을 간행하고 정본은 뒤에 간행할 것을 건의하였으나,[81] 거부되고 일은 그대로 추진되었다. 이 작업은 약 5개월 후 일단 인쇄만 남겨 놓은 최종 원고의 형태로 완성되었다.[82] 원고의 완성 시기가 정확하게 언제인지는 모르지만, 광해군 7년 11월 4일 『실록』에 광해군이 장정은 하지 못했지만, 본 뒤에 돌려주겠다면서 한 벌을 가지고 오라고 명하는 것을 보면, 이때에 와서 본문의 인쇄가 완성되었음을 알 수 있다. 유몽인柳夢寅이 쓴 발문에도 갑인년(1614, 광해 6) 7월에 시작해서 을묘년 10월에 끝을 맺었다고 하니, 대체로 1615년 10월에 간행의 역사가 끝났던 것이다.[83] 이 책은 워낙 거질이어서, 각 도에서 나누어 인쇄하였다. 광해 9년 3월 19일 판본을 서울에서 모아 인출과 유포를 편리하게 하자는 서적교인도감書籍校印都監의 청을 받아들이고 있다.[84] 이런 우여곡절을 거쳐 출판되었던 것이다.

이상에서 『동국신속삼강행실도』의 간행 과정을 지루할 정도로 상세하게 밝힌 것은, 당시 지배 체제가 이 책의 간행에 엄청난 관심과 노력을 기울였음을 드러내기 위해서다. 임진왜란으로 인해 경제와 문화가 처참하게 붕괴되었으니, 수많은 서적이 소실되었던 것은 두말할 필요도 없다. 이런 상황 속에서 『동국신속삼강행실도』라는 거질의 윤리서를 국가적 에너지를 동원하여 편찬했던 것은, 윤리와 체제가 불가분의 긴밀한 관계에 있었기 때문이다. 전쟁을 초래한 체제의 무능과 위기를 피지배층에 대한 윤리적 의식화를 강화함으로써 돌파하려고 했던 것이다. 그리고 이것은 결과적으로 기대 이상의 효과를 낳았다.

이제 『동국신속삼강행실도』의 열녀편의 내용과 성격을 분석할 차례다. 먼저 이 책의 편차를 보자. 『동국신속삼강행실도』는 세종 때 만들어진 『삼강행실도』와 중종 때 만들어진 『속삼강행실도』를 각각 『동국삼강행실도』·『속동국삼강행실도』라고 하여, '동국'이라는 이름을 추가하여 먼저 배치하고, 다시 『동국신속삼강행실도』를 배치하였다. 그 규모를 살피면 다음과 같다.

『동국삼강행실도』 효자도 4명
『동국삼강행실도』 충신도 6명
『동국삼강행실도』 열녀도 6명

『속동국삼강행실도』 효자도 33명
『속동국삼강행실도』 충신도 3명
『속동국삼강행실도』 열녀도 20명

　『동국신속삼강행실도』의 앞머리에 과거의 책을 축약해 둔 것은 전체 책의 구성을 맞추기 위한 것에 불과하다. 중요한 것은 정식으로『동국신속삼강행실도』라고 이름을 붙인 다음의 새 자료에 입각해 만든 것들이다. 그 구성은 다음과 같다.

『동국신속삼강행실도』 효자도 1~8권
『동국신속삼강행실도』 충신도 1권
『동국신속삼강행실도』 열녀도 1~8권

　효자·충신·열녀를 각각 8권, 1권, 8권으로 하는, 총 17권의 거대한 분량이다. 여기에『동국삼강행실도』와『속동국삼강행실도』를 합친 것이 1권이니, 전체는 18권이 된다.
　이 방대한 책의 편찬 과정이 순탄하지 않았던 것은 이미 언급했거니와, 완성된 책 자체도 문제가 있었던 것으로 보인다.『광해군일기』5년 12월 12일조는 이 책의 편찬을 논의하는 기사의 끝에서 사신의 입을 빌어 이 책의 문제를 지적하고 있다. 즉『동국신속삼강행실도』가 모두에 싣고 있는『삼강행실도』와『속삼강행실도』의 서문, 발문을 없애 마치 한때(즉 광해군 때) 지은 것처럼 보이게 만든 것은 기자헌奇自獻과 이이첨李爾瞻의 주장이 작용한 결과라는 것이다. 즉 이 책의 편찬에는 기자헌과 이이첨의 입김이 강력하게 작용했다는 것이다. 그 증거로 기자헌의 아버지 기응세奇應世가 음란하고 패악한 무뢰한인데도 효자편에 편입되고, 이이첨이 상중喪

中에 낳은 아들 이익엽李益燁 역시 효자편에 편입되었으며, 이이첨은 자신이 유영경柳永慶의 모함을 받아 귀양간 것을 이유로 자신을 충신편에 편입시켰다는 것이다.

『광해군일기』가 서인西人 정권에 의해 편찬되었기 때문에 당론적 색채를 띠는 이 기사를 액면 그대로 수용할 수는 없다 하더라도, 실제로 책을 읽어 보면 워낙 졸속으로 만들었다는 느낌을 지우기 어렵다. 비판자는 이렇게 말한다.

> 난리 중 무기에 죽은 부인이 비록 많기는 했지만, 본디 왜놈들이 사람 죽이기를 즐겨 일 없이 칼에 죽은 사람들은 기록할 만한 절의가 없었다. 그런데도 그 일족들이 일을 떠벌리고자 하여 장황하게 거짓말로 보고를 하였고, 심지어는 포로로 잡혀가 절의를 잃었는데도 부형이 그 더러움을 은폐하기 위해 거짓말을 꾸며 보고하는 경우까지 있었다. 지금 일체 그 허실과 경중을 살피지 않고 뒤섞어 이 책을 만들었으므로, 책이 간행되자 사람들이 무리를 지어 비웃고 혹은 벽을 바르고 장독을 덮는 데 쓰기도 하였다.[85]

이 기사의 주장처럼 『동국신속삼강행실도』는 진실이 아닌 경우가 포함되어 있을 것이다. 하지만 지금 그것을 가려내기란 불가능하며, 이 자료 외에 달리 임진왜란과 열녀의 관계를 고찰할 만한 자료는 없다. 따라서 그 일부의 오류를 감안하고라도 이 책을 주 자료로 택하지 않을 수 없다.

또 이 기사는 어떤 특정 열행의 사실 여부를 떠나 중요한 국면을 노출하고 있다. 즉 이 기사는 충·효·열 중에서 '열'에 집중하고 있으며, 여성이 전쟁 중 왜병에게 강간당한 불가항력적인 상황을 '절의의 상실'과 '추행'으로 몰아붙이는 폭력적 시각이 지배적이었음을 시사한다. 열녀 이데올로기의 폭력성이 강화되었음을 확인할 수 있는 대목이다.

이제 『동국신속삼강행실도』의 열녀를 본격적으로 검토하기에 앞서 열녀편 전체의 수와 임진왜란을 반영하고 있는 열녀의 수를 먼저 검토해 보자(1편에 1명으로 계산했다. 물론 1편에 여러 사람이 수록된 경우도 있으나 논의의 편의를 위해 1건으로 처리한다).

1권(92명), 2권(89명), 3권(95명), 4권(88명), 5권(87명), 6권(88명), 7권(90명), 8권(90명). 합 719명.

모두 719명이다. 비교를 위해 효자편의 권 수와 수록된 효자 수를 밝힌다.

1권(90명), 2권(89명), 3권(89명), 4권(90명), 5권(90명), 6권(88명), 7권(89명), 8권(80명). 합 705명.

효자편과 열녀편의 권수는 동일한 8권이며, 수록된 사람(건)은 각각 705명과 719명이다. 이것은 원래 모집단 자료에서 책의 분량을 고려하여 효자와 열녀의 수를 의식적으로 비슷하게 선택했기 때문이다. 충신편의 경우는 1권에 실린 사람이 90명에 불과한데,[86] 이것은 원래 모집단이 되는 자료가 적었기 때문으로 생각된다.

효자 705명과 열녀 719명은 『삼강행실도』와 『속삼강행실도』의 72명을 제외한 삼국시대와 고려, 조선조의 임진·정유 양란까지의 효자·열녀의 숫자인데, 기실 대부분을 차지하는 것은 조선조다. 이 700명이라는 숫자는 어떤 의미를 담고 있는가. 특히 선조조의 임진왜란·병자호란과는 어떤 관계가 있는가.

선조대 열녀의 수와 효자의 수를 가늠해 보자. 선조대에 열녀로 정려를 받은 최초의 인물은 2권 75번의 이복李宓의 아내 신씨申氏다. 효자의 경우는 5권의 38번째, 좌찬성 홍담洪曇이다. 선조조의 열녀는 553명이고, 효자는 310명이다. 열녀는 효자의 1.8배 정도다. 효자·열녀를 선발했던 홍문관에서 의식적으로 열녀를 더 선발하지는 않았을 것이다. 열녀가 효자에 비해 1.8배라는 것은 당시의 객관적인 사실을 반영한다고 보아도 무방할 것이다.

임진왜란은 1592년(선조 25)에 발발했으니, 임진왜란 이후의 열행을 검토하기 위해 임진왜란 이후의 열녀·효자의 수를 검토해 보자. 임진왜란을 반영하고 있는 최초의 열행은 열녀편 2권 87번의 성박成博의 처 권씨가 왜적에게 살해되는 이야기부터 시작된다. 따라서 연대순으로 이야기가 배열되어 있다면, 2권 87번부터 이하 8권의 90번까지를 임진왜란을 반영하는 열행으로 볼 수 있다. 모두 541명이다. 효자편은 6권의 5번째, 만호 박인朴忍이 아비를 살리려다가 왜적에게 두 사람 다 살해되는 것이 시작이다. 이후로 임진왜란을 반영하는 이야기가 15번까지 연속된다. 효자편은 8권의 80번이 마지막인데, 이것은 조방장 홍계남이 임진왜란 때 왜적에게 살해당한 아버지의 시신을 적진에 돌입하여 되찾아 오는 이야기다. 6권의 5번부터 8권의 80번까지가 임진왜란을 반영한다고 볼 수 있다. 모두 253명이다.[87]

임진왜란 이후의 열녀는 541명, 효자는 253명이다. 열녀가 효자의 약 2배 분량이다. 이 수치는 의미 있는 것이지만, 이 수치가 1592년 이후 임진왜란·정유재란을 계기로 발생된 열행과 효행의 숫자는 아니다. 여기에는 전쟁이라는 특수한 상황을 반영하지 않은 열행과 효행이 있기 때문이다. 따라서 이 541명, 253명 중에서 임진왜란을 반영하는 열녀와 효자의 수를 다시 파악할 필요가 있다.

임진왜란을 반영하지 않는 열행의 수는 다음과 같다.

2권(12명), 3권(25명), 4권(16명), 5권(19명), 6권(9명), 7권(30명), 8권(1명). 도합 112명.

즉 선조 이후의 열녀 553명 중에서 임진왜란을 직접적인 배경으로 하지 않는 사람이 112명이니, 441명은 임진왜란이 직접적인 원인이 되어 열녀가 된 경우다. 이상에서 논한 바를 정리해 보자.

선조조의 열녀—553명
임진왜란 이후에 정려된 열녀—541명
임진왜란을 직접 반영하고 있는 열녀—441명

일단 이 통계의 의미를 파악하기 위해 효자편과 비교 검토해 보자. 다음은 임진왜란을 반영하는 효행이다.

5권(0명), 6권(40명), 7권(20명), 8권(30명). 합 90명.

효자에 관한 통계를 다시 정리해 보자.

선조조의 효자—310명
임진왜란 이후에 정려된 효자—253명
임진왜란을 직접 반영하고 있는 효자—90명

선조조의 열녀 중에서 임진왜란을 반영하고 있는 열녀는 80퍼센트이고, 효자의 경우는 29퍼센트에 불과하다. 효자는 열녀의 36퍼센트이니, 열녀 3명이 임진왜란을 반영할 때 효자는 1명이 임진왜란을 반영한다. 이것은 '열'이라는 윤리의 실천이 효에 비해 전쟁이라는 위급 상황과 훨씬 더 심각하게 관련되어 있음을 의미한다.

이제『동국신속삼강행실도』의 열녀편의 내용을 참작하면서 좀 더 정치하게 분석해 보자. 먼저 임진왜란을 반영하지 않는 선조조의 열행의 성격을 검토해 보자. 선조조의 열행에서 임진왜란을 반영하지 않는 경우는 112명이었다. 112명의 일부는 선조조에 발생한 열녀가 아니라, 명종조의 인물로 선조조에 와서 정려를 받은 사람일 것이다. 그러나 그것을 지금 구분할 수 없고, 또 구분해서 별 의미도 없을 것이다. 즉 이하의 분석은 선조를 중심으로 하는 시기의 특징을 안다는 것이지, 굳이 선조만으로 옹색하게 한정시킬 필요가 없기 때문이다.

이 자료 역시 과거 자료와 연속되어 있음은 물론이다. 즉 절대다수의 열녀서사는 남편의 죽음을 직접적인 계기로 한다는 점에서 이전의 자료와 동일한 것이다. 물론 남편의 죽음 이전에 남편의 병과 아내의 치료 행위에 초점을 맞추는 경우도 있으나, 이것은 죽음 이후의 열행을 강화시키기 위한 장치다. 즉 이 자료군은 절대다수가 수절을 전제하며, 여성이 유가적 장의를 충실히 혹은 과잉으로 준행했음을 언급하고, 그것을 근거로 하여 열녀임을 입증한다. 그러나 3년상과 여묘살이에 대한 언급은 현저히 줄어든다. 이것은 역으로 이런 사항들이 거의 일반화되었음을 의미할 것이다.

개가 권유는 이진 열녀서사에 빈출하는 것이었다 그러나 이 자료에서 개가를 권유하는 부모의 경우는 거의 없다.『실록』과는 사뭇 다른 양상이다. 물론『동국신속삼강행실도』의 각 편의 자료가 매우 짧기 때문이라고 말할 수도 있으나, 그렇다고 해서 개가를 권유하는 경우가 전혀 없지 않음을 생각한다면, 열녀서사에서 개가 권유가 사라진 것은 남성들이 이미『소학』에 거의 완벽하게 의식화되었고, 그 결과 수절에 대한 부정적 견해가 거의 사라졌다는 것을 입증하는 것이라 하겠다.

이 112명 중 먼저 주목해야 할 것은 '죽음'의 수다. 112명 중 33명의 열녀는 죽음과 관련되어 있다. 말하자면 죽음은 열녀로 표창됨에 있어서 가장 중요한 계기였다. 또 죽음을 시도했으나 죽지 못한 2명을 합한다면, 죽음은 31퍼센트에 달한다. 10명 중 3명이 '죽음'으로 열녀가 된 것이었다. 그리고 이 죽음은 타인에 의한 것이 아니라, 거의 대부분 자살이거나 자신의 선택에 의해 죽음을 맞이하게 된 것이었다.[88]

이 수치는 과연 어떤 의미를 갖는가. 앞서 『실록』의 죽음으로 열녀가 된 사례를 검토했던 바, 그 결과는 다음과 같았다(이 책 273면 참조).

세종조 2건, 단종조 2건, 예종조 1건, 성종조 8건, 연산군 2건, 중종조 16건, 명종조 7건.

죽음의 수는 세종 단종 때부터 미미하게 발생하다가 성종조와 중종조, 명종조로 갈수록 증가하고 있음을 알 수 있다. 따라서 『동국신속삼강행실도』에서 뽑아낸 33명의 죽음으로 인한 열녀는 열녀와 죽음의 관계가 점점 증폭, 강화되고 있다는 것을 의미한다.

또 고려해야 할 것은 『동국신속삼강행실도』 열녀편 자료의 연대에 관련된 것이다. 앞에서 언급했다시피 열녀편 여덟 권에서 선조 이후에 정려된 열녀는 2권 75번의 이복의 아내 신씨부터이고, 임진왜란을 반영하고 있는 최초의 열행은 열녀편 2권 87번의 성박의 처 권씨가 왜적에게 살해되는 이야기부터 시작한다. 이후 3·4·5·6·7권은 임진왜란을 반영하는 열녀가 압도적이면서 중간 중간에 임진왜란과는 상관없는 열녀가 끼어 있다. 특별히 언급하고 싶은 것은 8권이다. 8권은 모두 90편인데, 이 중 전쟁과는 전혀 관련이 없는 사비私婢 춘덕春德의 열행(8-2, 『동국신속삼강행실도』 8권의 2번째 작품이란 뜻이다. 이하도 같다)을 제외하고는 처음부터 마지막까지 89

편이 모두 정유재란을 배경으로 한다. 이에 의하여 열녀편의 자료 배열이 시간 순서로 이루어져 있으며,[89] 자료의 선택 한계는 정유재란 때까지로 한정된다는 것을 알 수 있다. 즉 열녀편 (2-75) 이후의 자료는 선조의 재위 기간(41년) 전체의 자료를 수합한 것이 아니라, 선조 즉위부터 정유년(1597, 선조 30)까지, 좁게는 임진년(1592, 선조 25)부터 정유년까지의 자료라고 말할 수 있다. 따라서 112명이라는 열녀의 수와 33명의 죽음으로 인해 열녀가 된 수는 열녀의 급격한 팽창이라는 현상을 반영한다고 말할 수 있을 것이다.

죽음의 방식은 대개 남편이 사망한 뒤 목을 매거나 음식을 끊거나, 혹은 과도한 집상執喪으로 체력이 고갈되어 죽는 시진澌盡이 대부분이었다. 죽음으로 열녀가 되는 사례가 급증하고 또 자살자가 대부분을 차지한다는 것은, 여성이 열녀 이데올로기에 감염되는 정도가 선조조에 와서 매우 심화되었음을 의미한다. 실제 자살을 선택한 여성들은 남편을 따라 자살하는 것을 의심할 바 없는 윤리로 수용하고 있었다. 훈련봉사 이덕지李德智의 처 조씨趙氏(5-42)는 남편이 임지인 종성鍾城에서 사망하자, 장사를 지낼 때 자녀들에게 "영폄永窆하는 날을 너희들은 속이지 말고 말하거라. 나는 같은 무덤에 들 것이다"라고 한다. 자식들은 사실대로 말한다. 만가가 울리자 조씨는 "망부가 가는구나!" 하고, 기절하여 그대로 죽는다.[90] 사인士人 박흡朴洽의 처 노씨盧氏(5-51) 역시 남편이 죽자 목을 매어 죽으려고 결심한다. 다만 집안사람들의 감시로 실행하지 못하였을 뿐이다.[91] 조씨와 노씨의 경우에서 보듯, 남편의 죽음에 아내가 즉각 자살을 떠올리는 것은 특별한 일이 아니라 매우 자연스러운 일이 되었다.

죽지 않는다고 죽음을 의식하지 않은 것도 아니다. 직장直長 이안도의 처 권씨(5-65)는 남편이 사망하자, 광적이라 할 정도의 자학적인 장례를 치른다.[92] 그리고 자신이 죽지 않았던 이유를 이렇게 말한다. "내가 죽지 못하는 것은 후사 때문이다. 지금 만약 후사를 세우지 못한다면 죽어서 망인을 볼 수가 없다."[93] 권씨는 자살을 정당한 것으로 믿는다. 다만 남편의 후사를 잇기 위해 죽지 않고, 시동생의 아들로 후사를 잇는다. 남편의 죽음에 즉각 자살을 연상하는 것은, 이 시기에 와서 자연스러운 일이 되고 있었다. 권씨가 죽는 것도 가부장제에 의한 희생이지만, 죽지 않는 이유도 가부장제에 기인한 것이다. 하지만 자식이 없는 것이 종사從死하지 않을 결정적인 이유는 아니다. 자식이 있음에도 죽는 경우가 있기 때문이다. 원주 김언룡金彦龍의 처 양인 천대天代(7-3)는 남편이 죽자 3년을 읍혈泣血하고, "자식은 있으나, 어디에 의탁할 것인가? 죽어서 지아비를 따르기를 원한다" 하고 죽음을 택한다.[94] 요컨대 자식의 유무는 생사의 선택에서 결정적인 이유는 아니었다. 죽음이 최선의 선택이었고, 자식이 있을 경우 죽음에 대한 강박증이 좀 덜할 뿐이었다.

열녀의 죽음은 깊은 죄의식에서 나온 것이었다. 판서 임국로의 처 정부인 한씨(4-55)는 남편이 죽자 10년 동안 소복을 입고 소식을 한다. 아들 임취정이 광주 목사가 되자 임지로 따라가지 않으며 '죄인'을 자처한다. 그리고 처마와 기둥 밖으로 한 걸음도 나가지 않았다.[95] 죄인으로 자신을 유폐한 것이다. 이 죄의식이 개인의 의식 속에서 강렬해지면, 자살을 결행한다. 박사博士 강설姜雪의 아내 황씨(4-74)는 강설이 병들어 죽기 전에 자신이 죽은 뒤 아이를 잘 기르라고 부탁하자 이렇게 말한다.

> 남자는 임금을 위해 죽고, 여자는 지아비를 위해 죽는 법입니다. 나는 죽어 같이 가렵니다.[96]

황씨는 충과 열의 윤리에 완전히 의식화되어 있다. 황씨는 남편이 죽은 뒤 통곡하고 기절했다가 여러 번 소생한다. 열녀서사의 전형적인 서술이

황씨절립黃氏絶粒(『동국신속삼강행실도』, 규장각 소장본)

다. 부형父兄이 위로하고 죽을 먹으라 권하자 황씨는 다시 이렇게 말한다.

> 나는 천지간의 한 죄인일 뿐입니다. 한 사람에게 죽음을 허락했으니, 살아 무엇 하겠습니까?[97]

황씨는 절식한 지 30일 만에 사망한다. 병으로 인한 남편의 사망에 다른 사람이 아닌 아내가 죄인이 된다는 이 기묘한 의식은 과연 자연스러운 것인가. 먹을 것을 권하는 부형은 여성의 죽음을 타당한 것으로 보지 않는다. 여성의 부자연스러운 죄의식과 종사는, 조선 건국 이래 체제가 확산시켜 왔던 열녀 이데올로기가 이제 여성의 의식 속에까지 깊숙하게 침투했다는 것을 의미한다. 남성에 대한 여성의 성적 종속성의 요구는 윤리의 이름을 빌려 여성의 생명을 본격적으로 요구하기 시작했던 것이다. 그 증거로 다음과 같은 것들을 들 수 있다.

북청의 유학 김순金醇의 처 전씨全氏(4-67)는 19세에 과부가 된다. 애통해 하는 것이 지나치다는 평가를 얻었고, 3년상이 끝난 뒤에는 10년의 심상心喪 기간을 갖는다. 전씨는 친정아버지의 병에 칼로 왼손을 찔러 그 피로 병을 치료한 적이 있고, 시아버지의 중병에는 도끼로 손가락을 잘라 피를 내어 치료한다. 이런 놀라운 열행과 효행으로 정문을 받는다. 이 행동의 근거는 무엇인가. 전씨가 여성으로서는 '경서經書와 『사기』史記'를 섭렵한 유가적 인간이라는 것 외에는 없을 것이다.[98] 또 다른 예로 현감 이유경의 처 허씨(5-17)가 있다. 허씨 역시 11세에 아비가 중풍에 걸리자 상분嘗糞을 한 적이 있고, 남편이 중병에 걸리자 눈밭에서 기도한 적이 있으며, 남편이 사망하자 왼손의 손가락 셋을 잘라 '반드시 죽겠다는 정성'(必死之誠)을 보였다. 손가락 셋을 자른 허씨의 의식은 어디서 유래한 것인가. 허씨는 "젊어서부터 『내훈』, 『삼강행실도』, 『열녀전』 등을 읽어 그 뜻을 통한" 사람이었던 것이다.[99] 유학 유성귀柳成龜의 처 김씨(4-10)는 남편이 사망하자 호곡하면서 물 한 방울 입에 넣지 않는다. 남편의 관을 실은 배에 물이 들어 관이 물에 빠지려 하자, 김씨는 물에 몸을 던져 같이 빠지려 했으나 시비侍婢가 건져서 살 수가 있었다. 관을 무사히 옮기고 장례를 치르자, 김씨는 『주자가례』의 '상례' 편을 언문으로 써서 벽에 걸어 두고 상례·제례를 실행한다.[100] 김씨는 평소『주자가례』를 알고 있었으며, 그것을 언문으로 번역하여 실천했던 것이다.

유성귀의 처 김씨의 예에서 보듯 여성의 열행은 『가례』와 같은 교화용 서적에 근거하고 있었다. 이런 예들이 양반층의 것만은 아니었다. 내노內奴 막춘莫春의 처 사비私婢 막금莫今(7-87)의 예를 보면 천민층까지 교화용 텍스트에 의해 의식화되고 있음을 알 수 있다. 막춘은 병으로 죽을 때 "나는 이제 그만이다. 만약 서로 저버리지 않으려면 굳게 수절하라"[101]고 말한다. 막금은 이 말을 따른다. 노비에 이르기까지 수절을 말하고, 남성이 여성에게 그것을 강요하고 있었던 것이다. 이 외에도『동국신속삼강행실도』에는 사비私婢의 열행이 광범위하게 채록되고 있다.

다시 처음으로 돌아가자. 죽음으로 인한 열녀가 확산되었다는 것은 여성의 죽음을 특별한 사건으로 보지 않는다는 것을 의미한다. 죽음으로 인한 열녀는 여성에게 가해진 도덕을 위장한 폭력이며, 가장 잔혹한 방법으로서의 도덕의 실천이었다. 여성의 죽음이 확산되는 것은 바로 도덕의 실천에 있어서의 잔혹성의 심화를 의미하는 것이었다. 이런 시각에서 앞서『삼강행실도』열녀편에서 열행의 중요한 문법으로 적출했던 자기 가학적 신체 훼손에 대해 검토해 보자.

자기 가학은 죄의식에서 발생하는 바, 다음 사례를 보자. 생원 한천뢰韓天賚의 아내 변씨邊氏(6-12)는 남편이 죽자 미음만 먹을 뿐 채소나 곡식도 먹지 않는다. 머리를 빗지 않고 봉두난발로 지내면서 사시에 입는 옷을 지어 무덤에서 태운다. 열녀서사의 전형적인 서술이다. 그런데 비바람이 몰아치거나 눈이 쏟아지면 마당에 앉아 "망인을 공산에 두고, 내 어이 편안히 거처하리오"라고 하면서 밤낮 호곡한다. 변씨는 건강을 해쳐 상기를 마치기 전에 죽는다.[102] 비바람과 눈을 맞으며 마당에서 통곡하는 것은 따라 죽지 못한 데 대한 죄의식의 발로이다.

자기 학대의 보편적 방법이 앞서 지적한 바 있는 신체 훼손이다. 신체 훼손으로 단지斷指가 가장 널리 유행했던 바, 선조대의 112건의 열녀서사에도 단지는 16명으로 가장 높은 수치를 기록한다. 앞에서 검토했듯 단지는 성종 4회, 중종 5회,[103] 명종 5회[104]였다. 이에 비해 선조조의 16회는 매우 급격한 증가세라고 할 수 있다.

여성이 잘라낸 손가락과 손가락의 피는 여전히 남편(가끔은 부모와 시부모)의 병을 치료하는 데 사용되고 있었다. 이것은 당연히 앞에서 언급한 바『삼강행실도』에서 유래한 것이고, 또 단지에 대한 표창으로 인해, 단지가 중요한 열행의 문법으로 사회적으로 인식되었기 때문이었다. 일단 단지가 유행하자, 단지는 다양한 형태로 변이하기 시작했다. 무엇보다 잔혹성이 증가하고 있었다. 손가락은 대개 칼이나 도끼 등으로 찔리거나 절단되었지만, 이 자료군에서는 돌로 손가락을 쳐 짓이겨 피를 취하는 경우가 있었다. 역관 이장李檣의 처 방씨方氏(5-80)는 남편의 목숨이 끊어지려 할 즈음에 왼손의 손가락 셋을 돌로 바수어 피를 내어 남편의 입에 부어넣었던 것이다.[105] 칼이나 도끼가 아닌 돌로 자신의 손가락을 찧어 이긴 것은 잔혹성이 대단히 높은 행위다. 단지의 의미가 달라지는 경우도 있었다. 예컨대 단지는 병을 치료하기 위한 수단이 아니라, 수절의 의지를 표명하기 위한 수단이기도 하였다. 앞에서 검토한 현감 이유경의 처 허씨(5-17)의 경우, 남편이 사망하자 왼손의 손가락 셋을 잘라 반드시 죽겠다는 정성(必死之誠)을 보인다. 학생 나덕용羅德用의 처 송씨(4-82)는 남편이 죽자 손가

락을 잘라 관에 넣는다.[106]

수절의 의지를 표명하기 위해 다른 신체 부위를 훼손하는 경우도 있었다. 예컨대 선전관宣傳官 이신언李愼言의 첩 옥정玉貞(3-34)은 남편이 사망하자, 귀를 잘라 무덤가에 묻음으로써 개가하지 않겠다는 의지를 표명했다.[107] 머리카락을 자르는 경우는 더 많다. 부사府使 유상령柳尙齡의 첩 관비 명금鳴수(3-48)은 유상령이 죽자 머리카락을 잘라 무덤가에 묻고 개가하지 않겠다고 맹세한다.[108] 김란계金蘭季의 처 김씨(4-28)는 남편이 사망하자 단발하여 수절을 맹세한다.[109] 정병正兵 김묵매金墨梅의 처 논덕論德(7-84)은 남편 사망 후 재혼을 추진하는 사람이 있자 머리카락을 베어 수절을 맹세한다.[110]

자기 가학적 신체 훼손으로써 가장 널리 유행한 것은 단지斷指, 단이斷耳, 단발斷髮이었지만, 이것을 넘어선 더욱 잔혹한 방법도 등장하기 시작했다. 부장部將 문형수文亨秀의 처 김씨(4-49)는 남편이 악질惡疾에 걸리자 사람의 피로 고칠 수 있다는 말을 듣고 칼로 배꼽 아래를 찔러 피를 취해 남편에게 먹인다. 남편의 병은 '즉시' 완치되지만, 김씨는 이 상처로 사망한다.[111] 신체 훼손은 점차 그 범위를 넓혀 가고 있었던 것이다.

요컨대 선조조의 임진왜란을 반영하지 않는 열행은 과잉의 상태로 돌입하고 있었다고 생각된다. 예컨대 사인 오익吳益의 처 신씨愼氏(5-22)를 보자. 신씨는 시집을 갔지만 시어머니를 보기 전에 남편이 신씨외 집에서 병사한다. 남편의 시신은 고향으로 돌아갔고 신씨는 상여를 따라가서 시어미를 뵌 뒤에 여묘살이를 하려 한다. 친정 부모가 허락하지 않자 신씨는 목을 매어 자살한다.[112]

이상에서 『동국신속삼강행실도』의 임진왜란 이전, 선조조의 열녀 사례를 검토한 결과 여성의 열행은 잔혹성을 동반한 자기 가학적 신체 훼손과 종사가 급증하고 있음을 확인할 수 있다. 이것은 곧 『삼강행실도』열녀편의 열녀 문법이 16세기 후반으로 갈수록 본격적으로 작동하기 시작했음을 의미하는 것이라 하겠다.

2. 임진왜란의 열녀——죽음의 보편화

『동국신속삼강행실도』열녀편에서 임진왜란을 배경으로 한 열녀는 모두 441명으로 전체 열녀 553명의 80퍼센트에 해당한다. 먼저 지적해야 할 것은 이 441명 중에서 죽음으로 인한 열녀가 아닌 경우는 4가지 경우에 불과하다. 1퍼센트도 되지 않는다. 즉 임진왜란을 배경으로 갖는 열녀는 모두 '죽음'이라는 가장 잔혹한 방법으로 열녀가 되었다고 단언할 수 있다. 이 수많은 열녀담, 곧 열녀서사는 도대체 어떤 의미를 갖는가. 이 열녀서사를 검토하여 임진왜란이 조선 시대 열녀 이데올로기의 확산과 어떤 관계가 있는지 추적해 보자.

『동국신속삼강행실도』는 이전의 한문본『삼강행실도』또는 언해『삼강행실도』, 그리고 중종조의『속삼강행실도』와는 비교할 수 없을 정도의 거질이다.『삼강행실도』는 조선 후기에도 끊임없이 간행되지만,『동국신속삼강행실도』는 단 한 차례 간행되고 말았다. 이 책은 워낙 거질이었기 때문에 다시 출판할 여력이 없었던 것이다. 이 책은 엄청난 수의 효자·열녀·충신을 수록하고 있기 때문에 수록 인물에 대한 각각의 서사량敍事量은 매우 적다. 이 책의 한 면은 16행이고 1행은 26자니, 한 면의 글자 수는 416자다. 조선 시대의 서적이 일반적으로 10행, 20자임을 생각한다면『동국신속삼강행실도』의 면당 글자 수는 거의 2배에 해당한다. 이것은 출판의 비용을 줄이려는 의도에서 나온 것으로 생각된다. 하지만 1면을 다 채우는 경우는 거의 없고, 3행이 보통이다. 곧 한자 78자다. 따라서 약 80

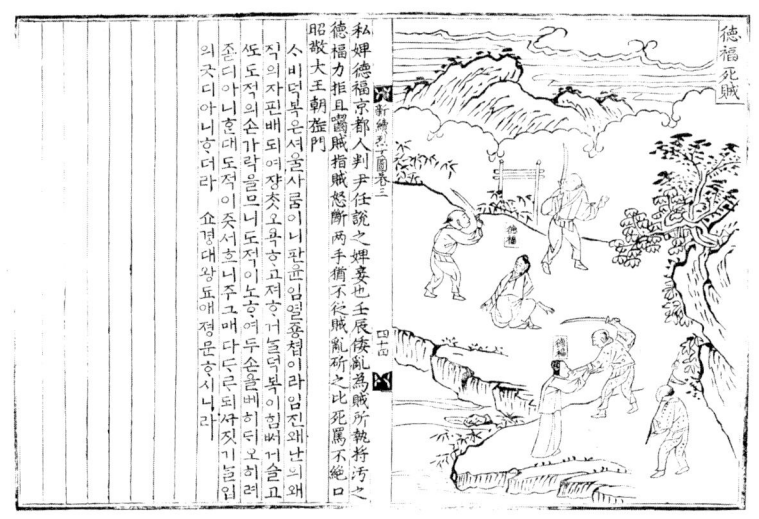

덕복사적德福死賊(『동국신속삼강행실도』, 규장각 소장본)

자 정도를 표준 분량으로 보면 된다. 이 짧은 원문이 실리고 이어 언해諺解가 실린다. 원문과 언해를 합쳐도 1면을 넘는 경우는 없다.

이토록 적은 서사량을 가지고 과연 무엇을 말할 수 있는가. 열녀서사의 언어는 여성이 열녀가 된 이유, 곧 열행을 밝히는 데 집중한다. 열행은 남성에 대한 여성의 성적 종속성에 대한 의지를 천명하는 비일상적 행위다. 따라서 임진왜란을 배경으로 하는 열행이란 너무나도 자명하다. 전쟁과 강간은 늘 붙어 다니는 것이다. 너무나 당연하게 임진왜란에서도 왜적의 부녀자 강간이 광범위하게 자행되었다. 이 전쟁과 강간을 열녀서사는 어떻게 처리하고 있는지 확인해 보자.

441명이라는 거창한 분량에도 불구하고 열녀서사의 내용은 너무나 간단하다. 몇몇 예를 보자.

(1) 사비私婢 덕복德福은 서울 사람이고 판윤 임열任說의 비첩婢妾이다. 임

진왜란 때 왜적에게 잡혔다. 왜적이 강간하려고 하자, 덕복이 힘껏 항거하며 왜적의 손가락을 깨무니, 왜적이 노하여 두 손을 잘랐다. 그래도 따르지 않으니 왜적이 마구 찍어 죽였다. 죽을 때까지 꾸짖는 소리가 입에서 끊이지 않았다. 소경대왕조昭敬大王朝(선조)에 정문하였다.(3-44)¹¹³

(2) 심씨沈氏는 고양군 사람이고 충의위忠義衛 이유영李惟英의 아내다. 임진왜란 때 왜적에게 잡히자, "차라리 죽을지언정 오욕汚辱을 당하지는 않겠다" 하고, 스스로 목을 매어 죽었다. 소경대왕조에 정문하였다.(3-5)¹¹⁴

(3) 김씨는 서울 사람으로 판서 김찬金瓚의 딸이자 진사 심적沈績의 아내다. 임진왜란 때 삭녕朔寧 땅에서 왜적을 피했는데, 이때 왜적의 기세가 대치大熾하자, 김씨는 죽을 것을 스스로 헤아리고, 편지 한 통을 써서 계집종에게 주어 그 조모에게 영결한다는 말을 전하게 하였다. 죽기 하루 전날 여러 아주머니와 형과 함께 집 뒤를 걷다가 우연히 가노家奴가 관 하나를 놓고 있는 것을 보고 "이 관을 양반의 상사喪事에 쓸 수 있겠느냐?" 하고 물었다. 저녁에 김씨는 머리를 빗는가 하면 낯을 씻기도 하고 말도 여느 때와 다름없이 조용하였다. 그리고 여러 사람들과 함께 잠자리에 들었다. 밤이 깊어지자 몰래 나와 집에 있는 작은 나무에 목을 매어 죽었다. 금상조今上朝(광해군)에 정문하였다.(4-41)¹¹⁵

위와 같은 것이 대표적인 경우다. 위의 세 열녀서사의 구조는 다음과 같다.

①여성의 이름(이름 앞에 신분, 벼슬이 올 때도 있다.)¹¹⁶ 과 거주지, 남편의 직함 또는 신분을 밝힘.¹¹⁷

②성적 종속성을 위협하는 구체적인 계기
③성적 종속성의 관철 의지를 표명하는 언사와 그 실천 방법
④어떤 임금 때에 정문旌門하였다.

모든 열녀서사는 위와 동일한 구조를 취한다. 위의 자료는 임진왜란을 배경으로 한 것이기 때문에 ②의 구체적인 계기는 왜적의 강간이거나 예상되는 강간이다. ③의 성적 종속성의 관철 의지와 실천 방법은 격렬한 저항과 죽음이 일반적이다. 이것을 기본으로 하되, 다소간의 수식과 변형이 더해진다. 이제 이 구조에 더해지는 수식과 변형에 대해 언급해 보자.

열녀서사에서 가장 일반적인 형태는 당연히 (1)이다. 대개의 경우 여성은 왜적과 조우하고, 강간과 납치의 위협에 격렬히 저항하다가 잔인한 방식으로 살해된다. (1)의 변형이 (2)다. 이 경우는 왜적과 조우하는 것은 동일하지만, 기지를 써서 달아나거나 혹은 멀리서 왜적을 인지하고 칼로 목을 찌르거나, 나무에 목을 매거나, 바다, 강물, 연못, 우물, 절벽에 투신하여 자살하는 경우를 말한다. 이것은 자살의 형태를 띠지만 사실은 타살이다. 완벽한 자살의 경우도 있다. (3)의 경우가 그렇다. 왜적과 조우하기 전에 왜적이 들이닥칠 것이고, 혹은 언젠가 왜적과 조우할지도 모르며 그 조우는 강간으로 이어질 것이라고 미리 예견하고 자살을 택한다. 집단 자살의 경우도 있다.

『동국신속삼강행실도』 열녀편에서 임진왜란을 반영하는 441건의 열녀서사는 위의 동일한 구조를 반복한다. 이 지겹도록 단순한 구조의 반복, 그리고 너무나 짧은 서사량의 의미는 무엇인가. 이 단순하고 짧은 서사가 궁극적으로 의도하는 바는 무엇인가. 단순하고 짧은 서술량에도 빠지지 않는 것은 두 가지다.

첫째 여성의 저항이 두드러지게 강조된다. 저항의 기술은 필연적이

다. 예를 들어 판관 김응복의 아내 변씨는 왜적이 핍박하자 나무를 잡고 저항한다. 왜적이 칼을 뽑아 끌어내어 강간하려 하자, 변씨는 세 살 난 아이를 업고 나무에 엎드려 따르지 않고 욕설을 퍼붓는다. "개돼지야, 어찌 속히 나를 죽이지 않느냐? 여기서 죽지 너를 따라 살겠느냐?"[118] 당연히 잔혹하게 살해된다(6-11). 대개 저항은 '매적부절구' 罵賊不絕口 즉 "욕설이 입에서 끊이지 않았다"는 방식의 서술로 표현된다. 거의 모든 저항은 이와 동일한 표현으로 이루어지고 있다.

둘째 잔혹성의 강화다. 열녀서사는 가능한 한 죽음의 과정을 잔혹하게 드러내고자 한다. 예를 보자.

(1) 이씨는 선산부善山府 사람이고 충순위忠順衛 송진성宋軫星의 아내다. 왜란을 만나 시어머니를 업고 산중으로 피해 숨었다. 하루는 왜적들이 이르렀다. 이씨가 베布를 잘라 머리를 싸고 있으니, 왜적들이 그 얼굴을 보려 하였다. 이씨가 더욱 굳게 항거하니, 왜적이 칼로 두 눈을 꿰뚫었으나, 그래도 욕을 퍼부으며 굴하지 않았다. 왜적들이 난작亂斫하고 떠났다. 금상조에 정문하였다.(3-64)[119]

(2) 이씨는 수원부水原府 사람이고, 유학幼學 최광진崔光軫의 아내다. 왜적을 만나자 왜적들이 더럽히고자 하였다. 이씨가 힘껏 항거하며 왜적에게 욕을 하니, 적들이 창으로 마구 찌르고 얼굴의 가죽을 벗겼다. 이씨는 굴하지 않다가 죽었다. 금상조에 정문하였다.(3-89)[120]

잔혹한 살인 장면을 그대로 드러낸다. 산 사람의 두 눈을 찔러 관통시키고 얼굴의 가죽을 벗긴다. 이러한 잔혹성은 『동국신속삼강행실도』에 넘쳐난다. 두 손가락을 끊고 두 발까지 끊은 뒤 토막토막 칼로 치는가 하면

이씨단지李氏斷肢(『동국신속삼강행실도』, 규장각 소장본)

(3-16),[121] 허리를 베기도 하고(3-20),[122] 팔을 잘라도 굴복하지 않자 토막토막 칼로 쳐서 살해하기도 한다(3-60).[123] 그런가 하면 납치에 저항하자 머리와 다리를 잘라 버리기도 하고(3-70),[124] 강간에 저항하면서 욕을 퍼붓자 머리를 쳐서 박살내고 타오르는 불 속에 던져 넣기도 하고(3-92),[125] 강간에 저항하자 유방을 베고 발을 자르고 배를 갈라 살해하기도 하며(4-1),[126] 강간에 주먹질을 하며 저항하자 사지를 찢어 살해하기도 한다(5-23).[127] 이것들은 대표적인 몇몇 사례에 불과하다. 실제 신체에 가해지는 극한적으로 잔혹한 폭력은 『동국신속삼강행실도』 전체에 편만하고 있다. 왜군의 잔혹성은 객관적으로 존재했던 것이었다. 총포와 도검으로 이루어지는 전쟁 자체가 이미 잔혹하기 짝이 없는데다 왜군의 잔학성은 전쟁의 잔혹성을 배가했던 것으로 보인다(예컨대 이총耳塚을 상기해 보라). 왜군의 잔혹성은 이미 췌언을 요하지 않는다. 하지만 여기서 주목하고자 하는 바는 잔혹성을 다루는 시각과 언어가 갖는 문제다. 곧 『동국신속삼강행실도』에 편만한 잔혹성은, 전쟁의 참혹함을 증언·고발하여 평화를 도모하자는 식의 의도를 갖지 않는다. 뿐만 아니라 여과 없는 이러한 잔혹성의 제시는 전쟁 피해자의 입장에서, 전쟁의 촉발자였던 왜군의 잔혹성을 고발하기 위한 것도 아니었다. 적어도 민족주의적 시각이나 국가주의적 시각에서 적대국의 잔혹성을 고발하기 위한 것이 아니라는 말이다.

    이 잔혹성은 전혀 다른 맥락에서 읽혀야 한다. 『동국신속삼강행실도』의 효자편 역시 임진왜란을 반영하고 있지만, 그 반영은 이처럼 잔혹성을 띠지 않는다. 이 잔혹성은 오로지 여성의 열행을 효과적으로 표현하기 위해 동원된 언어이다. 즉 그것은 인간에게 가해진 잔혹성을 고발하려는 목적을 갖는 것이 아니라, 남성에 대한 여성의 성적 종속성을 실천하려는 의지의 표현을 보다 강화하는 기능을 갖는다는 것이다. 이 열녀서사의 장치와 의도는 앞서 분석했던 바의 『삼강행실도』 열녀편이 제시하는 자기 가학적 신체 훼손의 잔혹성과 동일하다. 요컨대 1431년에 『삼강행실도』 열녀편이 제작되어 1592년 임진왜란이 일어날 때까지 1세기 반이 넘는 기간 동안 여성의 대뇌에 주입된 열행의 문법들이, 전쟁이라는 계기를 통해 본격적으로 작동하기 시작했던 것이다. 이로써 『삼강행실도』 열녀편을 제작했던 국가—남성의 의도는 성공을 거두었다. 이것을 다른 각도에서 다시 검토해 보자.

『동국신속삼강행실도』의 열녀서사는 극도로 단순화되어 있다. 그것은 전쟁이라는 상황 속에서의 인간, 여성의 이야기를 폭넓게 다루지 않는다. 미묘한 차이가 있으나, 오로지 남성에 대한 여성의 성적 종속성이라는 유일한 관점만 채택한다. 여성은 여성의 성적 주체인 남편과의 관계 속에서만 언어화되는 것이다. 다른 인적 관계, 즉 친정의 부모 혹은 자식과의 관계는 전혀 존재하지 않는다. 남편과 아내의 관계 속에서만 여성을 기술하며, 간혹 남편의 부모와의 관계에서만 여성은 존재한다. 아내는 남편을 극도로 의식하고 그것으로 자신의 존재를 인정받지만, 남편은 아내를 의식하거나 아내로 인해 자신의 존재를 인정받는 일은 없다. 다음 사례를 살펴보자.

(1) 홍소사洪召史는 개령현開寧縣 사람이고, 충순위忠順衛 임우춘林遇春의 아내다. 임진왜란 때 그 남편이 왜적에게 잡혀 살해당하려 하자, 소사가 자신의 몸으로 남편을 가리며 "네가 나의 남편을 죽이고자 한다면 먼저 나를 죽여라" 하고, 칼날을 무릅쓰고 남편을 붙들고 부르짖으면서 욕설이 입에서 끊이지 않으니, 왜적이 대로하여 모두 도륙하였다. 효자 「임우춘전」을 보라. 금상조에 정문하였다.(7-46)[128]

(2) 관비官婢 춘덕春德은 보은현 사람이고, 사노私奴 청손青孫의 아내다. 남

편을 따라 삽령揷嶺에서 왜적을 피했는데, 왜적이 남편을 잡아 죽이고자 하니, 춘덕이 크게 부르짖었다. "남편을 죽이고 나 홀로 사는 것은 차마 못할 일이다" 하고 몸으로 남편의 등을 가리니, 왜적이 둘 다 죽였다. 금상조에 정문하였다.(7-67)[129]

(3) 천월千月은 초계군 사람이고 서원書員 신주원辛周元의 아내다. 남편을 따라 왜적을 피하였다가 왜적에게 잡혀 왜적이 남편을 죽이고자 하니, 천월이 칼날을 무릅쓰고 앞으로 나아가 자신을 죽일 것을 청했다. 왜적이 그 허리를 베고 갔다. 금상조에 정문하였다.(7-81)[130]

여성들은 자발적으로 남편을 대신해서 죽기를 원하고 있다. 일상적 상황에서 남성은 폭력의 우위를 점하고 있다. 따라서 남편을 위한 아내의 자발적인 죽음은 일상적 상황의 역전이다. 이 역전이야말로 이상하지 않은가? 이것은 임진왜란 이전까지 여성들에게 주입된 가부장제, 곧 남성중심주의의 결과로 생각된다. 그것은 모든 것에서 여성보다 남성이 우위에 있기 때문에 남성의 생명의 존속이 훨씬 더 중요한 것으로 여성에게 의식화된 결과다.

이와 관련하여 여성―아내는 오로지 남성―남편과의 관계에서만 의미를 갖는 것으로 설정된다. 다음 예를 보자.

나는 남편이 있는데, 다시 왜놈을 따를까 보냐? → 살해됨.(3-22)[131]
내 지아비 여기 있으니 내 차마 너를 좇으랴? → 살해됨.(6-9)[132]
내 남편과 죽을 따름이다. 어찌 네 놈을 따를 리가 있겠느냐? → 살해됨.(8-8)[133]
남편이 왜적에게 잡혀가자 "남편이 잡혀갔으니, 내 살아 무엇 하리오?" →

학적 신체 훼손의 잔혹성과 동일하다. 요컨대 1431년에 『삼강행실도』 열녀편이 제작되어 1592년 임진왜란이 일어날 때까지 1세기 반이 넘는 기간 동안 여성의 대뇌에 주입된 열행의 문법들이, 전쟁이라는 계기를 통해 본격적으로 작동하기 시작했던 것이다. 이로써 『삼강행실도』 열녀편을 제작했던 국가―남성의 의도는 성공을 거두었다. 이것을 다른 각도에서 다시 검토해 보자.

『동국신속삼강행실도』의 열녀서사는 극도로 단순화되어 있다. 그것은 전쟁이라는 상황 속에서의 인간, 여성의 이야기를 폭넓게 다루지 않는다. 미묘한 차이가 있으나, 오로지 남성에 대한 여성의 성적 종속성이라는 유일한 관점만 채택한다. 여성은 여성의 성적 주체인 남편과의 관계 속에서만 언어화되는 것이다. 다른 인적 관계, 즉 친정의 부모 혹은 자식과의 관계는 전혀 존재하지 않는다. 남편과 아내의 관계 속에서만 여성을 기술하며, 간혹 남편의 부모와의 관계에서만 여성은 존재한다. 아내는 남편을 극도로 의식하고 그것으로 자신의 존재를 인정받지만, 남편은 아내를 의식하거나 아내로 인해 자신의 존재를 인정받는 일은 없다. 다음 사례를 살펴보자.

(1) 홍소사洪召史는 개령현開寧縣 사람이고, 충순위忠順衛 임우춘林遇春의 아내다. 임진왜란 때 그 남편이 왜적에게 잡혀 살해당하려 하자, 소사가 자신의 몸으로 남편을 가리며 "네가 나의 남편을 죽이고자 한다면 먼저 나를 죽여라" 하고, 칼날을 무릅쓰고 남편을 붙들고 부르짖으면서 욕설이 입에서 끊이지 않으니, 왜적이 대로하여 모두 도륙하였다. 효자 「임우춘전」을 보라. 금상조에 정문하였다. (7-46)[128]

(2) 관비官婢 춘덕春德은 보은현 사람이고, 사노私奴 청손靑孫의 아내다. 남

편을 따라 삽령挿嶺에서 왜적을 피했는데, 왜적이 남편을 잡아 죽이고자 하니, 춘덕이 크게 부르짖었다. "남편을 죽이고 나 홀로 사는 것은 차마 못할 일이다" 하고 몸으로 남편의 등을 가리니, 왜적이 둘 다 죽였다. 금상조에 정문하였다.(7-67)¹²⁹

(3) 천월千月은 초계군 사람이고 서원書員 신주원辛周元의 아내다. 남편을 따라 왜적을 피하였다가 왜적에게 잡혀 왜적이 남편을 죽이고자 하니, 천월이 칼날을 무릅쓰고 앞으로 나아가 자신을 죽일 것을 청했다. 왜적이 그 허리를 베고 갔다. 금상조에 정문하였다.(7-81)¹³⁰

여성들은 자발적으로 남편을 대신해서 죽기를 원하고 있다. 일상적 상황에서 남성은 폭력의 우위를 점하고 있다. 따라서 남편을 위한 아내의 자발적인 죽음은 일상적 상황의 역전이다. 이 역전이야말로 이상하지 않은가? 이것은 임진왜란 이전까지 여성들에게 주입된 가부장제, 곧 남성중심주의의 결과로 생각된다. 그것은 모든 것에서 여성보다 남성이 우위에 있기 때문에 남성의 생명의 존속이 훨씬 더 중요한 것으로 여성에게 의식화된 결과다.

이와 관련하여 여성-아내는 오로지 남성-남편과의 관계에서만 의미를 갖는 것으로 설정된다. 다음 예를 보자.

나는 남편이 있는데, 다시 왜놈을 따를까 보냐? → 살해됨.(3-22)¹³¹
내 지아비 여기 있으니 내 차마 너를 좇으랴? → 살해됨.(6-9)¹³²
내 남편과 죽을 따름이다. 어찌 네 놈을 따를 리가 있겠느냐? → 살해됨.(8-8)¹³³
남편이 왜적에게 잡혀가자 "남편이 잡혀갔으니, 내 살아 무엇 하리오?" →

투신자살.(8-56)[134]

남편이 이미 죽었으니, 어찌 네 놈을 따르랴? → 살해됨.(8-63)[135]

여성―아내의 남편과의 유일한 관계 설정은, 다름 아닌 여성―아내의 남성―남편에 관한 종속성에서 오는 것이다. 따라서 여성의 유일한 존재 이유는 남성―남편이다. 남성―남편의 소멸은 여성의 존재 의의를 박탈하는 것이다. 남성―남편의 존재는 다름 아닌 여성의 존재 근거다. 남성―남편과의 관계 속에서 자신의 의의를 정초한 여성의 의식은 남성에 대한 성적 종속성에 기인한 것이다. 따라서 전쟁을 경험했을 때의 여성의 의식 역시 거기에 상응하는 방식으로 형성되어 있었던 것으로 보인다.

전쟁으로 인한 열녀의 대량 발생은 과연 어떤 메커니즘에 의해서 이루어졌던가. 특히 수많은 자살자의 발생은 전쟁의 공포에서 나온 것인가. 전쟁은 공포를 유발한다. 특히 남성 중심주의 사회에서 사회적 약자로 여겨지는, 노약자와 부녀자들에게 강력한 공포를 유발한다. 임진왜란이라는 전쟁으로부터의 공포는 누구에게나 동일한 체험인가. 비일상적 위험에 직면했을 때 남성과 여성이 느끼는 공포감은 동일한 것일 수도 있겠지만, 동시에 다른 성격의 어떤 공포에도 기초하고 있다고 생각한다.

전쟁이 발발하자, 여성들은 강간을 예상하고 공포에 시달린다.

(1) 박씨는 대구부大邱府 사람이고 현감 박충후朴忠後의 딸, 사인士人 이종택李宗澤의 아내다. 왜적이 졸지에 이르자 박씨가 얼자孽姊 휘양輝陽과 함께 낙동강에 몸을 던져 죽었다. 박씨는 이때 나이 19세, 휘양은 15세로 시집을 가지 않았다. 박씨는 처음 왜적의 변을 듣고 휘양과 서로 약속하기를, "만약 왜적을 만나면 너와 함께 죽어 더럽혀지지 않도록 하자" 하였는데, 끝내 그 말과 같았다. 금상조에 정문하였다.(5-20)[136]

(2) 처녀 우씨禹氏 자매는 고부군古阜郡 사람인데, 첫째는 '영녀' 穎女 둘째는 '효녀' 孝女니, 주응천周應天의 아내인 열녀 우애녀禹愛女의 동생이었다. 아버지를 따라 같은 군의 부안곶富安串에서 왜적을 피했는데, 왜적이 장차 들이닥친다는 말을 듣고 자매가 같이 맹세하기를, "일이 이미 임박했으니, 우리들이 어떻게 욕을 면할 것인가. 차라리 자결하여 절개를 온전히 하는 것이 낫겠다. 다만 늙으신 아버지가 계시니 어찌 차마 버리리오" 하였다. 이내 왜적이 닥치니, 자신들의 힘으로는 아비를 구할 수 없는 것을 알고, 수건을 나무에 걸고 양쪽 끝에 목을 매어 같이 죽었다. 금상조에 정문하였다.(6-30)[137]

(3) 정씨丁氏는 첨정僉正 권백시權伯時의 아내다. 정유왜란 때 그 남편에게 "왜적을 만나면 첩이 당당히 죽을 것입니다. 원하옵건대 당신은 잘 피하세요" 하였다. 왜적이 과연 졸지에 이르자 정씨는 못에 몸을 던져 죽었다. 금상조에 정문하였다.(8-70)[138]

위의 여성들은 전쟁을 성폭력이라는 시각에서 파악한다. 성폭력 즉 강간은 실제 발생하지만, 전쟁이 야기하는 공포는 강간만이 유일한 것은 아닐 터이다. 전쟁이라는 거대한 폭력이 야기하는 여러 비극들, 즉 일상과 극히 이질적인 새로운 상황으로의 돌입, 죽음, 가족과의 헤어짐, 기아 등 공포의 종류는 다양하다. 그러나 열녀들의 공포는 예외 없이 성폭력을 떠올린다. 그리고 성폭력에 대한 대책으로 즉각적으로 자살을 생각한다. 나아가 그 공포의 이면에는 또 다른 공포, 즉 강간에 대한 여성의 대처가 죽음이 아닐 경우, 즉 강간에도 불구하고 죽지 않았을 경우에 대한 공포가 자리잡고 있다.[139] 그 공포는 전쟁의 폭력에 대한 공포라는 외피를 쓰고 있지만, 그 이면 깊숙한 곳에는 윤리 도덕의 폭력에 대한 공포가 자리잡고 있다. 이것이 왜적이 출현하기도 전에 죽음을 선택하는 이유다. 다음 예를 보자.

(1) 양녀 막덕莫德은 사노私奴 대인大仁의 아내고, 양녀 삼덕三德은 사노 검충檢忠의 아내인데 평산부 사람이다. 임진왜란 때 왜적이 산곡山谷을 뒤지는 것을 듣고는 "차라리 일찍 자결할지언정 모욕을 받을 수는 없다" 하고, 강물에 투신자살하였다. 금상조에 정문하였다.(6-58)[140]

(2) 양녀 덕심德心은…… 충찬위忠贊衛 이두성李斗星의 아내다. 임진왜란 때 사녀士女들이 더럽힘을 당하는 경우가 많았으므로, 덕심은 마음속으로 늘 맹세하기를, "구차하게 사느니 차라리 한번 죽는 것이 낫다"고 하였다. 그 뒤 왜적이 크게 몰려오자 즉시 풀섶 사이로 달려가 중의中衣의 길 올을 풀어 목을 매어 죽었다. 금상조에 정문하였다.(7-11)[141]

(3) 사비私婢 난향蘭香은 진안현 사람이다. 16세에 왜란을 만나 늘 말하기를, "만약 왜적을 만나면 자살하겠다"고 하였다. 왜적을 만나자 시종일관 굴하지 않다가 죽었다. 금상조에 정문하였다.(8-10)[142]

왜적과 조우하기 전에 여성이 자살하거나 자살을 결심하는 사례는 결코 적지 않다. 이들을 사로잡았던 것은 "살아서 더럽혀지는 것보다 죽어서 몸을 깨끗이 하는 것이 낫다"[143]라는 말에서처럼 강간에 대한 공포였다. 누차 언급했지만, 이런 여성들의 죽음 선택은 자연적이거나 자발적인 것이 아니라, 가부장제에 의해 강요된 의식화의 결과였다. 『동국신속삼강행실도』는 그 의식화 과정을 드러낸다. 유학 박동적朴東績의 처 홍씨洪氏(4-81)는 상부喪夫한 지 7년인데 임진왜란을 만나 왜적에게 잡히자 강물에 몸을 던진다. 홍씨가 이럴 수 있었던 것은 그가 『소학』과 『삼강행실도』, 그리

고 『열녀전』의 대의에 통했던 사람이었기 때문이다.[144]

장춘張春의 처 박씨는 왜적에게 저항하다가 살해되는데 그는 "한 남편을 따르고 두 남편을 따르지 않는 것이 여자의 도리"(從一不二, 婦人之道)라고 말한다.[145] 향리 유충백의 아내인 양녀 은례恩禮 역시 왜적에게 살해당하는데, 같은 발언을 한다. "하나를 따르고 둘을 따르지 않는 것이 여자의 도리다."(從一不二, 女子之道)[146] '종일불이' 從一不二는 남성에 대한 여성의 성적 종속성, 곧 열녀의식의 핵심이고, 그것은 앞서 검토한 바와 같이 『소학』과 『삼강행실도』, 『열녀전』 등이 제공한 것이었다. 여성은 이런 텍스트가 주장하는 가부장제 담론에 철저히 의식화되어 있었다.

여성의 열녀의식을 만들어낸 텍스트와 더불어 남성이 의식화에 직접 간여한 과정도 보인다. 유학 이남李湳의 처 민씨閔氏(5-33)는 임진왜란 때 파주坡州로 피난한다. 그런데 그의 시아버지 이정암李廷馣은 이렇게 말한다. "이런 때에 부인은 정절로 자신을 지켜야 한다." 시아버지의 말을 들은 민씨는 칼을 가지고 다니면서 자결할 결심을 한다. 왜적이 이르러 남편을 살해하고 민씨를 강간하려 하자, 민씨는 칼로 목을 찔러 자결한다.[147] 이정암의 정절 운운은 결국 죽음을 의미했던 셈이다. 사인士人 박홍朴泓의 딸(8-45)은 정유재란 때 박홍이 "불행히 왜적을 만날 경우, 왜적에게 더럽혀져서는 안 된다"라고 미리 경계해 두었는데, 실제 왜적에게 잡히자 격렬히 저항하다가 살해된다.[148] 그 죽음은 아버지에 의한 의식화의 결과인 것이다.

임진왜란 때에 와서 열녀의식은 광범위하게 확산된 것으로 보인다. 그리고 극단적인 경우까지 있었다. 사인 송희의宋希義의 아내 조씨趙氏(5-46)는 임진왜란이 일어나자 늘 작은 칼을 차고 다니며 맹세를 하였다. "부인이 왜적에게 핍박을 받을 경우 죽는 것이야 말할 가치조차 없고, 잠시라도 적의 얼굴을 대한다 해도 살 수 있으랴?"[149] 조씨의 말은 극단적인 무엇이 있다. 즉 왜적의 강간에 저항하다 죽는 것은 당연한 것이고, 왜적의 얼굴을 잠시라도 보게 되면 더 이상 살 수가 없다는 것이다. 남편 이외의 남성과의 접촉을 금지하는 것은 『예기』 이래 남성의 여성담론이 추구한 여성의 격리와 유폐에서 비롯된 것이다. 그러나 그것은 성적 접촉을 차단하고자 하는 예방의 차원이었다. 그러나 조씨는 그 격리와 유폐를 극단적으로 수용하고 있다. 남편 송희의는 아내의 자살을 염려해 칼을 빼앗지만, 왜적이 이르자 조씨는 숲으로 달려 들어가 목을 매어 자살한다.

여성이 남편 이외의 남성과의 접촉을 스스로 차단하고 격리·유폐를 극단적인 방식으로 실현하는 경우는 결코 적지 않다. 목사牧使 한명윤韓明胤의 처 박씨(6-27)는 왜적이 몰려오자 아노衙奴가 등에 업고 달아나려 하니, "차라리 한번 죽을지언정, 내 몸을 너의 등에 대지 못하겠다" 하고, 목을 찔러 자살한다.[150] 전쟁이라는 비일상적인 상황에서 노비의 등에 업혀 도망하기 싫다는 것을 이유로 자살한다. 남편을 제외한 모든 남성과의 접촉을 오염으로 생각했던 것이다.

이처럼 여성 스스로가 이제 자신을 격리·유폐하는 극단적인 행동은 곳곳에서 확인된다. 유학 윤덕수尹德秀의 아내 진씨陳氏(6-31)는 임진왜란 때 왜적이 의복을 모두 빼앗자, 애걸하여 받아내어 시어머니에게 주었다. 시어머니가 진씨에게 입히자 진씨는 입지 않고 이렇게 말한다. "이미 왜적의 손을 거친 것이니, 어찌 차마 몸에 걸칠 수가 있겠습니까?" 이렇게 말하고 진씨가 "맹세코 네 놈을 따를 수 없다. 빨리 나를 죽여라"라고 소리를 지르면서 저항하자, 왜적은 오른손과 머리, 두 발을 차례로 잘라 살해한다.[151] 마의馬醫 김응운金應雲의 딸 김소사金召史(6-71)는 왜적에게 잡히자 저항한다. 왜적이 김소사의 아름다움 때문에 죽이지 못하자, 남편이 무명 30필로 구출購出한다. 이때 김소사는 임신중이었다. 아이를 낳고 나서 김씨는 시어머니에게 "비록 실절하지는 않았으나, 왜적의 손이 여러 차례 몸에 닿았습니다. 그럼에도 죽지 않았던 것은 뱃속의 아이 때문이었습니다. 지금 아이가 태어났으니, 죽지 않고 무엇을 기다리겠습니까?" 하고 우물에 빠져 자살한다.[152] 진씨와 김소사는 남편 이외의 남성과의 무의미한 접촉, 그것도 전쟁이라는 상황 속에서 불가항력적으로 발생했던 그런 접촉에 대해서조차 죄의식을 느낀다. 병적인 현상이다. 이것은 곧 열녀의식이 광범위하고도 철저하게 산포되고 있음을 보여주는 증거이다.

임진왜란은 조선의 건국과 함께 국가—남성이 법과 제도, 그리고 윤리 서적의 발행·배포를 통해 강력하게 추진해 왔던 여성의 의식화 사업이 어느 정도 진행되었는가를 확인할 수 있는 절호의 기회였다. 그것은 성공이었다. 남성에 대한 여성의 성적 종속성은 거의 완벽하게 진행되었던 것으로 여겨진다. 이제 열녀의식은 여성의 대뇌 속에 깊이 각인되어 내면화되었고 여성의 정체성을 이루게 되었다.

『동국신속삼강행실도』에서 확인할 수 있듯, 임진왜란은 정절, 곧 남성에 대한 여성의 성적 종속성을 수호하기 위해 격렬하게 저항하는 여성의 이미지를 창출해냈다. 잔혹성을 스스로 실천한 강렬한 여성의 이미지, '열'에 부합하는 이미지를 창출했던 것이다. 이제 열녀는 '列女'가 아니라 '烈女'가 된 것이다. 그리고 국가—남성은 『동국신속삼강행실도』의 발행으로 죽음의 잔혹성, 열녀서사의 잔혹성의 당위를 선전했다. 이 책이야말로 죽음에 대한 책이며, 잔혹한 죽음의 선택에 대한 찬미의 책이다. 이 책에 실린 여성들에게는 예외 없이 정문旌門이 내려졌다. 전쟁 후 나라 곳곳에 우후죽순처럼 정문이 생겼고, 그 정문은 남성에 대한 성적 종속성을 실천하기 위해 신체 전체를 바친 여성들의 이야기를 유포하고 있었다. 그 이야기는 간단한 구조의 동일한 이야기였으며, 정문의 존재를 인지한다는 것은 곧 그 이야기를 수용한다는 것을 의미했다. 이렇게 해서 열녀 이데올로기는 전쟁을 계기로 하여 사회 전체에 퍼졌고, 궁극적으로 여성들의 대뇌에 설치되었던 것이다.

한편 열녀에 대한 찬미는 역으로 열녀 이데올로기의 모순을 은폐하였다. 강간을 당한 여성은 채택되는 일도 없거니와, 강간을 당하고 수치심에 자결하는 여성은 어떤 언어에도 포착되지 않았다. 실제 자살 혹은 살해로 삶을 마감한 여성들은 열녀의 칭호를 받았지만, 강간을 당하거나 강간 이후 자결한 여성은 완전히 잊힌 여성이 되었던 것이다. 사실 어느 쪽이 동정과 연민의 대상이 되어야 하는가. 열녀서사는 이런 점에서 전쟁으로 인한 여성의 비극을 은폐하고, 국가―남성의 모순과 무능을 은폐하는 역할을 하였던 것이다.

3절
병자호란과 열녀

1. 병자호란의 성격과 열녀

임진왜란은 열녀의식을 시험하는 시금석이었다. 여성들은 전쟁이라는 위기를 정절의 위기, 곧 성적 위기로 판단하고 죽음으로써 정확하게 성적 종속성을 지켰다. 여성의 임진왜란 체험은 뒷날 열녀의식을 강화하는 중요한 계기로 작용했다. 임진왜란으로 발생한 열행은 곳곳에서 정문旌門으로 빛났으며, 열녀에 대한 찬미 분위기는 여성 스스로 열녀 이데올로기에서 이탈할 수 없게 하였다. 따라서 임진왜란을 계기로 성리학에 대한 비판 의식이 싹트고, 열녀 이데올로기에 대한 의심이 시작되었다고 보는 것은 사태를 도착적으로 인식하는 것이다. 임진왜란을 계기로 하여 열녀 이데올로기는 보다 더 강화될 수 있었던 것으로 생각된다. 그것을 입증할 사건이 곧 일어났다. 병자호란이 그것이다.

1636년(인조 14) 이른바 병자호란이 일어났다. 일본과의 전쟁에서 조선은 참혹한 과정과 엄청난 희생을 치르면서 적을 격퇴할 수 있었으나, 청淸의 침공에는 일방적인 공격을 받은 끝에 왕이 무릎을 꿇고 항복하는 치욕적인 사태가 일어났다. 이 전쟁의 발생과 경과, 결과에 대해서는 여기서 말할 계제가 아니다. 다만 짧지만 치욕적인 항복으로 끝난 이 전쟁은 여성에 대한 국가-남성의 인식이 강화되고 있었음을 보여주는 한 징표가 되기에 이 전쟁을 다룰 필요가 있다.

병자호란이 끝난 뒤 임진왜란 때처럼 열녀를 대대적으로 발굴하여 『동국신속삼강행실도』를 만드는 일은 없었다. 실제 『인조실록』에는 열녀에 관한 기사가 몇 되지 않는다. 『인조실록』은 모두 8회에 걸쳐 열녀 표창에 관한 기사를 싣고 있지만, 그중에서 병자호란을 배경으로 한 열녀 표창 기사는 전혀 없으며, 1627년(인조 5)의 정묘호란에 관한 기록은 3건이 실려 있다. 이 기사들을 먼저 검토하기로 하자.[153]

정묘호란을 배경으로 하는 최초의 열녀 기사는 『인조실록』 5년 4월 22일의 것이다. 안주성安州城이 함락되던 날 김준金浚의 첩인 양녀良女 김씨 성을 가진 여인이 청군淸軍에게 잡히자 굴복하지 않고 "남편은 충신이 되었으니 나는 열녀가 되겠다" 하며 청군에게 욕을 퍼붓다가 죽었다고 보고하자, 인조는 다른 전사자와 함께 치제致祭하라는 명을 내린다.[154] 『인조실록』 10년 3월 11일조에도 정묘호란 때 절조를 지키다 살해되거나 자살한 두 여성의 사례가 보고되고 있다.[155] 이 외의 구체적 사례는 찾아볼 수 없다. 그렇다면 이 전쟁은 여성의 희생을 거의 낳지 않았던 것인가. 결코 아니다.

『인조실록』 5년 7월 29일조에는 황해 감사가 청군의 침입 때 절개를 지켜 사망한 여성 126명을 보고하고, 그중에서 절의가 '가장 잘 드러난' 10가지 경우 12명의 구체적인 행적을 따로 보고하고 있다.[156] 죽음의 유형은 임진왜란 때와 다르지 않다. 절대다수는 청병과 조우하자 바다나 강물, 절벽에 투신하여 자살한다. 그 외에 목을 매어 자살한 경우가 1명, 살해된 경우가 1명이다. 정묘호란을 배경으로 하는 열녀 관계 기사로서 이 기사는 매우 의미 있는 것으로 생각된다.

정묘호란은 1627년 1월 중순부터 3월 초까지 약 2개월에 걸친 짧은 전쟁이었고, 임진왜란과 달리 청군은 국토 전체를 유린한 것이 아니라, 평안도를 거쳐 황해도 평산군平山郡까지 진출하고 철군하였다. 황해 감사만이 열녀를 보고했던 것은 바로 이 때문이었다. 하지만 이 짧은 시기에 황해도에서만 '절개를 지켜' 사망한 여성이 126명이라는 대단히 높은 수치를 기록했다. 만약 이 전쟁이 임진왜란처럼 오랜 시간을 끌었다면, 막대한 수의 여성 희생자를 낳았을 것이다.

이 외에 『인조실록』 9년 윤11월 18일조에 흥미로운 기사가 보이는데, 이 역시 대량의 충신·효자·열녀에 대한 표창에 관한 것이다. 이 기사는 인조의 명령으로 경외京外에서 찾아낸 효자·충신·열녀의 표창 결과를 싣고 있다. 표창 내역은 다음과 같다.

효자—정문 69명, 증직贈職 61명, 상물賞物 19명, 복호復戶 106명
충신—정문 5명, 증직 8명, 복호 12명
절부節婦—정문 176명, 복호 11명, 상물 6명
효우孝友—정문+복호+상물 19명

모두 492명인데, 열녀(절부)는 193명으로 효자에 이어 두 번째다. 다만 효자는 가장 높은 표창인 정문이 69명에 불과하지만, 절부는 정문이 176명으로 2배가 넘는다.

문제는 이 자료의 성격인데, 이 자료의 표창 대상이 과연 어떤 시기를 반영하느냐는 것이다. 이 기사 끝에는 다음과 같은 사신의 평이 붙어 있다.

폐조廢朝 때에 국국國局을 설치하여 『삼강행실도』 20여 권을 간행했으나 진짜와

가짜가 뒤섞여 있었고, 사람들은 너무 많은 것을 병통으로 여겼다. 금상이 즉위한 뒤 곧 바로잡으려 했지만 일이 많아 시간을 낼 수 없었다. 이때에 와서 서울과 지방의 절행節行이 있는 사람을 찾아낸 것인데 그중에는 잘못 실린 경우도 있고, 지극한 절행이 있었지만 또한 없어진 경우도 있었다.[157]

폐조란 광해군이고, 『삼강행실도』는 『동국신속삼강행실도』를 말한다. 오류가 많은 이 책의 내용을 바로잡으려고 했으나 겨를을 내지 못하다가 인조 9년에 와서야 비로소 그 일을 실행하게 되었다는 것이다. 그런데 위 자료의 492명이란 『동국신속삼강행실도』의 오류를 바로잡으려 한 것인지, 또 그 때문에 『동국신속삼강행실도』에 포함되는 것인지를 알 수가 없다. 가장 가능성이 높은 유추는 겹치는 부분과, 새로 발굴된 부분, 즉 광해군·인조대의 충신·효자·열녀가 있을 것이라는 것이다.

정말 이상한 일이지만, 정묘호란은 황해 감사의 보고로 정묘호란이 많은 수의 열녀를 낳았음을 확인할 수 있지만, 병자호란에 대해서는 『실록』에서 열녀와 관계된 자료를 전혀 찾을 수가 없다. 병자호란과 관련된 열녀는 효종 이후의 기사에서 드문드문 보이는 정도다. 지금 병자호란 관련 열녀를 확인할 수 있는 자료는 『연려실기술』 인조조 고사본말故事本末에 실린 「순절부인」殉節婦人이다. 이 자료에는 강화도에서 순절한 윤선거尹宣擧의 아내 이씨를 시작으로 하여, 모두 24건의 기사가 실려 있다. 이 중에서 7번째 기사를 읽어 보자. 이 기사에는 이정귀李廷龜의 아내 권씨, 여이징呂爾徵의 아내 한씨, 서평군西平君 한준겸의 딸 김반金槃의 아내 서씨, 이소한李昭漢의 아내 모씨某氏, 한홍일의 아내 모씨, 한준겸韓浚謙의 첩 모씨 모자, 이호민李好閔의 첩 모씨가 모두 자결했다고 기록하고, 이어 다음과 같이 말하고 있다.

이 외에 사절死絶한 부인들은 다 기록할 수 없을 정도다. 천인賤人의 처와 첩 중에서도 자결한 사람이 또한 허다했다. 사로잡혀 적진에 가서 죽은 사람도 있었다. 죽어도 욕을 당하지 않으려고 바위 틈이나 숲 속으로 숨었다가 적에게 내몰려 물에 떨어져 죽은 사람이 부지기수였다. 사람들이 "머리를 싸맸던 수건이 물에 떠 있는 것이 흡사 연못에 뜬 낙엽이 바람결에 둥둥 떠다니는 것 같았다" 하였다.[158]

이 기사에 따르면 대단히 많은 수의 여성이 '자결' 했던 것을 알 수 있다. 다시 16번째 기사를 참고하자. 이 기사는 목을 매어 자살한 여성 22명, 절벽에 투신하여 자살한 여성 1명, 칼로 목을 찔러 죽은 여성 1명을 열거하고 있다.[159] 이 자살은 위의 인용문이 말해 주듯, '욕'을 보지 않기 위해, 즉 성적 오염을 의식한 것임은 두말할 나위가 없다.

이 지점에서 주목해야 할 것은 『연려실기술』 기사의 출처다. 원래 『열녀실기술』이 여러 자료의 편집물이듯, 이 자료 역시 다른 자료를 편집한 것이다. 그런데 흥미로운 것은 24건의 기사 중 14번째 기사는 『통문관지』通文館志에서, 24번째 기사는 『조야첨재』朝野僉載에서 인용된 것을 제외하면, 모두 『강화지』江華志에서 인용된 것이다. 즉 강화의 읍지에 실린 열녀들을 다시 옮기고 있는 것이다. 14, 24번째의 여성들 역시 모두 강화도로 피난을 가는 도중에 발생한 것이니, 『연려실기술』의 기사는 모두 강화도에서 발생한 열녀만을 기록하고 있는 것이다. 『인조실록』은 강화도가 함락되었을 때의 상황을 이렇게 말하고 있다.

충의忠義 민성閔垶은 여양군驪陽君 민인백閔仁伯의 아들이다. 강화도가 함락되던 날, 먼저 아들 셋과 며느리 셋을 칼로 죽인 뒤 자살하였다. 그 외 유사儒士와 부녀婦女로서 변란을 듣고 자결한 사람과 적을 만나 굴하지 않고 죽은

사람은 이루 다 기록할 수 없을 정도다.[160]

　어떤 이유로 강화도에 한정하여 열녀가 대량으로 발생했던가. 이 역시 병자호란이라는 전쟁의 특수성에 기인한 것이다. 병자년(1636) 12월 1일 청군은 심양을 출발하여 9일에 압록강을 건넜고, 12월 16일에 선봉이 남한산성에 이르렀다. 청의 태종이 거느린 본대는 1월 1일 남한산성을 포위했고 인조는 같은 달 30일 남한산성에서 내려와 항복했다. 전쟁은 아무리 길어도 두 달이 되지 않았던 것이다. 청의 본대는 가장 빠른 속도로 남하했고, 또 남한산성을 포위하는 데 전력을 기울였기 때문에 임진왜란과는 여러모로 달랐다. 장기전이 아니었으며 전선이 전국적으로 확대되지 않았다. 또 본격적인 전투조차 없었다. 청군이 한 일이란 남한산성을 한 달간 포위한 것일 뿐이었다.

　청군이 직접 공략한 곳은 강화도였다. 1월 22일 강화도가 함락되었다. 실제 공격과 전투를 거쳐 함락된 곳은 강화도가 유일했던 것이다. 그러나 이것 역시 제대로 된 전쟁이 아니었다. 하지만 일단 무력에 굴복하게 되자, 위의 인용 기사가 "유사儒士와 부녀婦女로서 변란을 듣고 자결한 사람과, 적을 만나 굴하지 않고 죽은 사람은 이루 다 기록할 수 없을 정도다"고 한 것처럼 적의 침입, 함락에 대한 공포로 인해 자살이 쏟아져 나왔던 것이다. 강화도에만 자살자가 집중적으로 나왔던 것도, 임진왜란과는 달리 청병과 조우하여 강간에 저항하다가 살해당한 경우가 거의 보이지 않는 것도 이 때문이다.

　또 하나 청군의 전략에도 원인이 있었다. 청군은 강간보다는 부녀자 납치를 선호했다. 그들은 납치한 사람을 모두 전리품으로 보았고, 돈을 받고 포로로 교환하고자 했다. 이것이 대량의 열녀가 발생하지 않은 이유다. 하지만 납치는 또 다른 난처한 문제를 야기했다.

인조 15년 1월 30일, 왕은 남한산성에서 나와 삼전도三田渡에서 청 태종에게 세 번 절하고 아홉 번 머리를 조아리는 치욕적인 예, 곧 삼배구고두례三拜九叩頭禮를 행하고 청군에게 포위되어 서울로 들어갔다. 이때의 광경을 『인조실록』은 이렇게 묘사하고 있다.

> 사로잡힌 자녀들이 바라보고 모두 울부짖었다.
> "우리 임금이시여, 우리 임금이시여. 우리를 버리고 가십니까."
> 길 양 옆에서 울부짖는 자가 수만 명이었다.[161]

병자호란은 갖가지 문제를 야기했지만 그중에서도 가장 골치 아픈 것이 바로 이 장면에서 나오는, 청으로 잡혀간 피로인被虜人의 귀환 문제였다. 위의 자료에서 "수만 명이었다"고 한 것처럼 막대한 인원이 사로잡혀 갔던 것인데, 전후 이들을 귀환시키는 것이 가장 긴급한 외교 문제가 되었다. 청은 잡아간 조선인을 귀환시키는 조건으로 돈을 요구했다. 가난한 사람들이 은銀을 마련할 수 없어 귀환이 불가능해지자, 조정에서는 국가의 돈으로 귀환 비용을 마련하기 시작했다.[162] 그러나 자신의 혈족을 귀환시키고자 하는 사람들이 청의 요구대로 돈을 지불하자 귀환 비용이 폭발적으로 올라가기 시작했다. 이 때문에 조정에서는 청에 지불하는 1인당 금액의 상한선을 1백 냥으로 정하는 등 대책에 골몰했다.[163] 우여곡절을 거치며 속환은 추진되어 조정에서 속환사贖還使를 파견하여 관향은管餉銀으로 일부 피로인을 데려오기도 하고,[164] 사은사의 행차에 데려오기도 하였다.[165] 속환 문제는 이것으로 그치지 않고 뒷날 계속해서 문제가 되었다.

2. 피로被虜 여성 — 오염된 여성에 대한 억압

대규모의 피로자는 희한한 문제를 제기했다. 즉 부녀자가 속환되었을 경우 어떻게 처리해야 할 것인가 하는 것이었다. 이 문제는 전쟁 발발 약 1년 뒤인 인조 16년 3월 11일, 장유張維가 자신의 아들 장선징張善澂과 며느리를 이혼시켜 달라고 요청함으로써 시작되었다. 즉 며느리가 강화도에서 포로로 잡혀갔다가 귀국해 친정에 있는데, 아들의 짝으로 인정하여 선조의 제사를 받들 수가 없으니, 이혼을 허락하여 아들이 다시 결혼하게 해 달라는 것이었다.[166] 『인조실록』의 이 기사는 장유의 요청에 덧붙여 전 승지 한이겸韓履謙의 사례를 소개하고 있다. 한이겸의 딸 역시 피로되었다가 돌아왔는데, 사위는 이혼하고 다시 결혼하고자 하였으므로 한이겸이 노복을 시켜 격쟁擊錚하여 원통함을 호소했던 것이다.[167] 여러 의견이 개진되었겠지만 좌의정 최명길崔鳴吉의 의견이 채택되었다.

최명길은 과거 임진왜란 이후의 상황을 들었다. 자신이 고로古老들에게 들은 바에 의하면, 임진왜란 이후 선조의 전교典敎가 지난해 성상의 전교, 즉 인조의 전교와 같았다는 것이다. 물론 선조의 전교도, 인조의 전교도 『실록』에 공식적인 문자로 전하지 않는다. 여항에 전해지는 선조의 전교에 의하면 선조는 전쟁 후 어떤 종실의 이혼 요청을 허락하지 않았고, 어떤 무관이 다시 장가를 들었다가 아내가 쇄환되자 후취 부인을 첩으로 삼으라 명했다고 한다. 뿐만 아니라 재상이나 조관朝官들 역시 피로되었다가 돌아온 처와 그대로 살면서 자식을 낳아 명문거족이 된 경우도 있다는 것이다. 최명길은 상식적인 결론을 내린다. "예는 정情에서 나오는 것이므로 때에 따라 마땅함을 달리 하는 것으로서 한 가지 예에 구애되어서는 안 되기 때문이 아니겠는가?"[168] 최명길의 또 다른 이유는 이렇다. 이혼해도 된다는 명을 내리게 되면, 피로된 아내의 속환을 원하는 사람은 없게 될 것이다. 이것은 허다한 여성을 이역의 귀신이 되게 해서 결국 그 원망이 화기를 해치게 될 것이다. 최명길은 이혼을 허락하지 않아야 한다는 것으로 결론을 내리고, 인조는 최명길의 의견에 손을 들어 주었다.

하지만 최명길의 의견에 당대 양반들은 동의할 수 없었다. 『연려실기술』에 장유의 이혼 신청과 최명길의 반대를 소개한 기사가 있다. 『실록』과 내용은 동일하다. 한데 『연려실기술』의 서두에는 이런 부분이 있다. "사대부의 아내와 첩으로서 속환된 사람들은 전처럼 함께 살지 않음이 없었다."[169] 즉 아내와 첩이 속환되었을 경우 남편은 그들의 '절개'에 대해서는 의문을 제기하지 않았는데, 장유가 처음으로 문제를 제기했던 것이다. 최명길이 반대의 명분으로 내세웠던 선조宣祖의 결정도 이어지는 기사에서 간단히 언급하고 있다. "이것은 음란한 행동으로 절개를 잃은 경우와 비교할 것이 아니다. 버려서는 안 된다."[170] 선조와 최명길의 견해는 전쟁으로 인한 불가항력적 상황을 고려한 상식에 가장 가까운 것이었다. 그러나 선조와 최명길의 견해가 현실적으로 관철된 것은 아니었다. 이 기사의 맨 끝에 다음과 같은 말이 붙어 있다.

> 그러나 이 뒤로 사대부집 자제들은 모두 다시 장가를 들었고, 다시 합쳐 사는 경우는 없었다.[171]

장유의 요청은 사대부들이 내심 찜찜하게 생각했던 바로 그 부분을 일깨운 것이었다. 장유의 발언이 알려지자 오염되었을지도 모를 아내와 며느리를 그대로 두고 있을 수 없었던 것이다. 이 사건을 기록한 사신의 견해를 들어 보자. 같은 기사에 부기된 것이다.

> 사신은 논한다. 충신은 두 임금을 섬기지 않고 열녀는 두 남편을 섬기지 않는

다. 이것은 절의가 국가에 관계되고 우주의 동량이 되기 때문이다. 사로잡혀 갔던 부녀들은 비록 그들의 본심은 아니었다고 하지만, 변고에 임해 죽을 수 없었으니, 또한 절의를 잃지 않았다 할 수 있겠는가. 절개를 잃은 뒤라면, 남편의 집과는 의리가 이미 끊어진 것이다. 결코 억지로 다시 합쳐서 사대부의 가풍을 더럽힐 수는 없다.

최명길은 고집스런 견해를 갖고 망령되게도 선조先朝 때 일을 인용해 헌의獻議하는 말에 갖추어 아뢰었으니, 심하도다! 최명길의 그릇됨이여. 당시의 전교가 나라 역사에 기록되지 않아 이미 근거가 없다. 설령 그런 전교가 있었다 해도 본받을 만한 원칙은 아니니, 선조 때 시행했다는 핑계로 오늘 다시 시행할 수가 있겠는가?

선정先正이 말씀하시기를, "절개를 잃은 사람을 취해 자기 짝으로 삼으면 역시 절개를 잃은 사람이다" 하였다. 절개를 잃은 부인을 다시 취해 부모를 섬기고 종사宗祀를 받들며 자손을 낳고 가세家世를 잇는다니, 어찌 이런 이치가 있을 수 있으랴? 아, 백년의 나라 풍속을 무너뜨리고, 삼한三韓을 모조리 오랑캐로 만든 자는 명길이다. 통분을 견딜 수 있으랴?[172]

충신은 두 임금을 섬기지 않고 열녀는 두 남편을 섬기지 않는 절의는 국가와 어떻게 관계되는가. 특히 여성의 절의는 국가와 어떻게 관계되는가. 앞서 지적한 바와 같이 가족 내에서의 남성에 대한 여성의 복종을 통해 차별적 위계의 자연성을 만들어내고, 그것을 국가에 적용했던 것이다.

사신은 최명길의 견해와 대척적인 지점에 서 있는데, 사신의 논리가 타당한 것인가. 최명길은 피로된 여성이 모두 오염된 것은 아니며 오염되었다 하더라도 불가항력적인 상황을 고려하여 이혼을 허락할 수 없다는 결론을 내렸으나, 사신은 여성이 피로된 것을 오염과 동일시한다. 또 최명길이 중요한 논거로 인용했던 선조의 결정을 '사책'史冊에 기록되지 않았다는 이유로 인용할 논거가 아니며, 실제 사실이라 하더라도 이것을 본보기로 삼을 수 없다는 결론에 도달한다. 그는 인용문의 밑줄 친 부분에서 보듯, 여성에게 자살을 요구한다.

사신은 피로된 여성과는 결혼 관계를 유지할 수 없다는 결론을 미리 전제하고 있다. 그가 결정적으로 기대고 있는 선정先正의 "절의를 잃은 사람과 짝이 되면 이는 자신도 절의를 잃는 것이다"라는 판단은 다름 아닌 정자程子의 발언이고, 또 『소학』에 실린 것이었다.

국가권력을 남성이 쥐고 있는 사회에서 전쟁에서의 패배는, 책임의 소재를 따지자면 남성에게 있다. 남성이 보호하지 못한 여성들이 피로되었으니, 피로는 여성의 책임이 아니며, 성적 '오염' 역시 여성의 책임이 아니다. 그럼에도 불구하고 오염의 가능성을 들어 이혼으로 여성을 축출한다는 것은 실로 잔인한 일이며 거기에 어떤 정당성도 부여할 수 없다. 장유의 이혼 요청이 있기 전에 대다수의 사대부들이 속환된 아내와 결혼을 유지했던 것도 바로 이런 이유에서일 터이다.

최명길의 견해를 수용한 인조의 결정에도 불구하고 논란은 계속되었다. 『인조실록』 16년 5월 1일조를 보면 부제학 이경여李敬輿 등은 차자를 올려 이혼 여부를 당사자에게 일임할 것을 요청한다.

①포로로 잡혀갔던 부녀자들은 본심이 아니었고, 목숨을 버리고 지조를 바꾸지 않은 것을 이 사람들에게 요구할 수는 없습니다만, ②남편 집안의 입장에서는 대의大義가 이미 끊어진 것입니다. 어찌 억지로 다시 합쳐서 사대부의 가풍을 더럽힐 수 있겠습니까? ③국가의 이번 조처는 비록 그들이 의지할 데가 없는 것을 딱히 여겨 살길을 찾게 한 것이지만, ④보고 듣는 사람들이 의아하게 생각하여 원근이 떠들썩하고 풍속을 손상시키고 있으니 관계되는 바가 적지 않습니다. ⑤비록 일제히 이혼하게는 못할지라도 재취再娶나 그

대로 살거나 하는 것을 마음대로 하도록 허락하는 것이 아마도 타당할 듯합니다.[173]

①은 최명길의 견해이고 ③은 최명길의 견해를 수용한 인조의 정책이다. ②는 앞서 검토했던 사신이 가지고 있던 윤리관의 입장이다. 이경여는 두 견해를 받아들여 이혼 여부를 당사자에게 일임하자는 절충론을 택한다. 하지만 명백히 말해 이것은 전혀 절충이 아니다. 일단 이혼이 가능하다고 한다면, 이혼은 급속도로 확산되어 사실상 이혼에 정당성을 부여하게 될 것이었다. 이것의 근거를 ④에서 찾을 수 있는 바, 피로된 여성이 귀환하자 성적 오염을 의심하는 시각이 편만했던 것으로 보인다.

이혼 여부를 당사자에게 일임하면서 사실상 이혼의 정당성을 보장해달라는 견해는 이경여뿐만이 아니었다. 5월 21일에는 특진관 조문수曺文秀가, 피로되었다가 속환된 여성은 남편의 집안과 대의가 끊어졌다고 하여 이혼의 허락을 요구했고, 6월 13일에는 사헌부에서 같은 이유를 들어 사실상 이혼의 허락을 요구했다. 다시 회의가 열렸다. 이성구李聖求, 최명길, 신경진 등이 의견을 제출했던 바, 역시 최명길의 의견이 수용되었다. 논리는 전과 동일했다. 특히 그는 선조가 환도한 뒤 사대부의 처로서 피로되었다가 돌아온 경우 남성들의 개가를 허락하지 않았고, 유성룡, 이원익, 이덕형, 이항복, 성혼과 같은 '명경석유'名卿碩儒들이 이론을 제시하지 않았다는 것을 이유로 들었다. 인조는 최명길의 의견을 따랐다.[174] 2년 뒤(『인조실록』 18년 9월 22일) 장유의 아내 김씨가 시부모에게 순종하지 않는다는 표면적인 이유를 들어 아들 장선징의 이혼을 요구했던 바, 인조는 훈신勳臣의 독자를 생각하지 않을 수 없다면서 허락했으나, 이것을 관례로 삼지는 말라고 명했다.

인조의 결정으로 모든 사태가 진정된 것은 결코 아니었다. 효종 즉위년 11월 21일, 사헌부는 "풍속을 손상시킨 것으로 이보다 심한 것은 없다"면서 최명길을 비난하고, 다시 "절개를 잃은 자를 자기 짝으로 삼는 것도 절개를 잃는 것"이라는 정자의 말을 인용하면서, 이혼을 허락하지 않은 조정의 결정은 정자의 가르침과 괴리되고 예를 심히 그르친 것이라고 주장했다. 사헌부는 사대부의 가풍家風이 날로 무너져 규문閨門에 부끄러운 일이 많으며, 가끔 차마 말로 할 수 없는 일도 있게 된 것은 바로 이 법, 인조가 이혼을 허락하지 않은 법 때문에 야기된 일이라고 주장했다. 사헌부는 속환된 아내와 결혼을 유지하라는 법을 시행하지 말고 남편의 재혼을 허락할 것을 요청했다. 효종은 아버지 인조의 결정을 뒤집어 사헌부의 요청을 따랐다.[175] 국가-남성의 욕망이 여성을 짓밟은 장면이다.

효종이 인조의 결정을 뒤집고 이혼에 찬성한 이유는 밝혀져 있지 않다. 하지만 효종의 번복으로 인해 실제 이혼 사례가 급증했다. 현종 8년 7월 15일 승지 민유중閔維重은 이 사례에 대해 이렇게 말하고 있다. "난리 초기에는 상신 최명길의 말 때문에 이혼하지 말라는 하교가 있었습니다만, 선왕께서 즉위하시자 대신臺臣이 잡혀갔던 처와 이혼하고 개가하게 해달라고 청하여 윤허를 받았습니다. 이 때문에 개가하는 사람이 많았습니다."[176]

문제는 이것으로 끝나지 않았다. 속환된 여성의 자식들에게 불이익을 주기 시작했던 것이다. 이것은 『경국대전』에서 법으로 제정했던 재가한 여성에게 가하는 형벌의 하나였다. 현종 8년 7월 6일, 정언 이선李選은 돈령 참봉 장훤張楦을 탄핵했다. 이선은, 장훤이 '중한 허물' 때문에 '의관衣冠의 반열'에 끼워 줄 수 없는 경우라는 것을 모든 사람이 인지하고 있음에도 불구하고, 그를 추천한 이조의 해당 당상관을 추고할 것을 요청했다. '중한 허물'이란 무엇인가. 장훤의 가족 내력이 흥미롭다. 그는 장선징의 아들이었고, 장선징은 또 장유의 아들이다. 장유는 장선징의 아내, 곧 자신의 며느리가 피로되었다가 돌아온 뒤 인조에게 이혼을 요청한 일이 있었고, 수용되지 않자 장유 사후 장유의 아내 김씨가 이혼을 요청하여 특례로 허락을 받은 일이 있었다. 장선징과 이혼한 아내 사이에서 난 아들이 장훤이다. 이선은 바로 장훤의 어머니가 '오염된 여자'라고 주장하여 장훤의 벼슬길을 막았던 것이다. 이선이 적용한 법은 『경국대전』이전吏典 경관직조의 "실행 부녀 및 재가한 부녀의 소생은 동반직東班職과 서반직에 서용하지 못한다"는 조항일 것이다. 그런데 이 경우는 실행 부녀라고 단정할 수 없지 않은가.

이선이 장훤의 관직 임용을 막으면서 이조의 관원을 추고하게 한 것은 즉각 문제를 야기했다. 현종은 7월 15일, 장훤의 일로 이조의 관원이 모두 추고를 당한 것을 상기시키며, 이 일에 대해 원칙을 확정할 것을 지시했다. 먼저 상황을 보자. 우의정 정치화鄭致和의 말이다.

> 우리나라는 예절을 가장 중요하게 여겨, 실행失行한 사람의 자손은 사람 축에 끼지 못하는 것이 이미 풍속이 되었습니다. 그러므로 병자호란 때 잡혀갔던 사람의 자손은 벼슬길을 허락하지 않고 있습니다.[177]

정치화가 전하는 사회 분위기의 핵심은 이렇다. 실행한 여자의 자손은 사람 축에 넣지 않으므로 벼슬을 주지 않는다. 병자호란 때 피로되었던 여성은 실행한 여자다. 따라서 그 자손에게는 벼슬길을 허락하지 않는다. 실행한 여성의 자손에 대한 불이익은 위의 『경국대전』에 근거한 것이다. 현종조에 와서 조선 사회는 피로 여인들을 실행한 여자, 곧 성적으로 오염된 여성으로 판단하고 차별하고 있었던 것이다. 현종은 이 차별을 이해하지 못한다. 즉시 "인조조의 정식定式은 이혼을 허락하지 않았다. 그런즉 그 자손에게 어떻게 벼슬길을 허락하지 않을 수 있는가?"[178]라고 반론을 제기한다. 인조는 분명히 이혼을 허락하지 않았고, 그것은 피로 여인들을 실행한 여인으로 볼 수 없다는 판단을 전제한 것이었다.

　이것은 승지 민유중의 말처럼(위에서 이미 언급했다) 효종 즉위년에 사헌부의 요청을 허락했기 때문이었다. 논점은 분명히 속환된 여성을 실행 여성으로 볼 것인가 아닌가에 있다. 여기에 기묘한 논리가 끼어들었다. 즉 장훤의 경우는 어머니가 개가한 경우와는 차이가 있다는 것이다. 생모가 이혼한 뒤 장훤은 계모의 자식이 되고, 또 계모의 아버지를 외할아버지로써 넣었으니, 생모의 허물이 장훤에게는 미치지 않는다는 것이다. 계모 운운은 너무나 잔혹한 일이 아닌가. 잘못이 없는 생모를 강제로 이혼시키고, 자식을 계모의 자식으로 삼는 것을 근거로 장훤에게 아무 잘못이 없다는 판단은 참으로 납득하기 어렵다. 장훤의 경우는 실제로 많은 사대부가에서 그대로 따랐으리라 생각된다.

　현종이 내린 결론은 이렇다. 장훤의 경우는 개가한 여성의 자손과도 구분되고, 또 사람을 쓰는 도리에도 관계된다. 현종은 일단 개가한 여성(실행한 여성)과 차이를 분명히 인지했다. 하지만 현종이 어떠한 차별도 두지 않은 것은 아니었다. 그는 청현직淸顯職에 허통시키는 것은 허락하지 말고, 일반 관직에는 허통시킬 수 있도록 법의 제정을 명했다.[179]

　결론이 난 것은 8년 8월 7일이었다. 이날 승정원은 다음과 같은 내용을 골자로 제출하여 결론을 낼 것을 요청했다. ①개가한 여성의 자손을 동서반 정직에 서용하지 않는 것은 예의로 풍속을 교화한다는 뜻이다. ②여성들이 포로로 잡혀간 것은 개가한 경우와 동일한 커다란 허물이다. ③따라서 피로 여성들의 경우 자손들의 벼슬길을 열어주고, 개가한 경우 열어주지 않는 것은 모순이다. ④남성의 이혼과 재혼은 효종의 허락이라는 전례가 있으나, 사로의 허통 여부는 근거로 삼을 만한 법이 없다. ⑤따라서 지금 청현직을 제외하고 허통하라고 한다면, 사람들이 의아해 할 것이다.[180]

승정원은 임금의 판단을 바라고 있지만, 실제 허통을 바라지 않고 있음이 확연하다. 이것이 대다수의 의견이었을 것이다. 현종이 임진왜란 이후 선조조宣祖朝의 원칙과 실례가 있을 것이므로 판단하기 어려운 일이 아닌데도 비판적 의견을 제출한다면서 다시 대신에게 의견을 물었다. 답변한 사람은 영중추부사 이경석, 판중추부사 정태화, 영의정 홍명하였다. 결론부터 말하자면 현종은 이경석의 의견을 원칙으로 세웠다. 이경석은 포로로 잡혀간 것은 개가와 차이가 있고, 임진왜란과 병자호란 뒤 따로 법을 세워 금고禁錮시킨 일이 없으므로 대간이 논의한 바가 과격하다면서 벼슬길을 막지 말 것을 요청했다.[181]

사태는 이렇게 마무리 되었지만, 모든 문제가 종식된 것은 아니었다. 이혼을 불허한다는 인조의 명령에도 불구하고, 피로 여성들을 집에서 쫓아내려는 의도가 효종 즉위년에 관철되었듯, 피로 여성을 '성적으로 오염된' 여성으로 보는 시각은 지배적인 것으로 남아 있었다. 이날 대신들의 견해를 보자.

"포로로 잡혀간 부녀는 그 실정을 따져 보면, 개가한 경우와는 차이가 있습니다만, 절개를 잃은 것으로 말하자면 마찬가지입니다."[182] (판중추부사 정태화)
"포로로 잡혀간 것은 개가한 것과 차이가 있는 듯합니다. 하지만 오십보백보에 불과합니다. 그 자손이 허물을 지고 있음을 이로 미루어 알 수 있습니다."[183] (영의정 홍명하)

피로 여성＝오염된 여성으로 보는 시각이 일반적이었던 것이다.[184]
병자호란 이후 속환된 여성을 성적으로 오염된 여성으로 간주하고 여성을 가문에서 축출했다는 것은, 중요한 의미를 갖는다. 이것은 곧 여성의 사회적 지위가 조락하고, 여성이 남성 권력에 의해 완전히 지배된다는 것을 의미하는 것이었다. 즉 여성이 가부장제의 완벽한 지배하에 놓이게 된 것을 의미한다. 이 현상은 17세기를 지나면서 발생한 사회적 변화와 일치한다.

    17세기는 이 책의 서두에서 언급한 바와 같이 양변적兩邊的 또는 공계적公系的 친족 제도가 단계적單系的 부계친족父系親族 제도로 이행하는 시기였다. 그것은 종법제에 입각한 보다 완벽한 유교적 가부장제로 이행하는 시기였던 것이다. 이 이행은 광범위한 차원에서 여성의 권리와 자유를 박탈하는 것이었다. 가장 중요한 것이 여성의 경제력의 상실이다. 무엇보다 17세기를 지나면서 상속제가 남녀 균분상속제에서 장자우대 불균등상속제로 바뀌고 있었다. 여러 선행 연구가 지적하고 있듯이, 임진왜란과 병자호란은 상속제에 중대한 변화를 초래했다. 즉 조선 전기에 토지보다 더 중요한 상속 대상이었던 노비가 전쟁으로 인해 사망하거나 도망하여 그 수가 줄어들자, 사족의 노비 소유 체제가 근본적으로 동요되고, 노비 수의 절대 감소는 곧 재산의 영세화를 초래했던 것이다. 여기에 두 차례의 대규모 전란 이후 국가 전체의 생산력의 수준이 하락하여 사족들은 국가의 지원을 받을 수 없었고, 가문과 신분을 유지하기 위해서는 오직 자신들의 경제력에 의존할 수밖에 없었다. 따라서 재산을 균분할 경우 재산이 영세화할 수밖에 없고, 그것은 곧 신분의 하락을 의미하는 것이었다.[185]

    이런 이유로 노비보다 중요하게 된 토지의 분산을 막으려고 하는 경향이 나타났다. 이것은 딸을 상속에서 배제하고 토지를 장자에게 집중시켜 상속시키는 장자우대 상속제로 귀결되었는데, 그 변화의 정당성을 지지하는 것이 제사였다. 즉 봉사용奉祀用 재산을 안정적으로 마련한다는 것이 장자우대 상속제의 이유였다. 이것은 곧 이 시기 여러 분재기分財記가 지적하고 있듯, 딸이 출가외인이라는 것 따라서 제사에 참여할 수 없다는 것을 근거로 삼고 있었다. 알려졌듯이 조선 전기에 딸은 봉사의 주체가 될 수 있었지만 17세기에 와서 윤회 봉사가 서서히 중지되면서 자연스럽게 딸은 봉사권을 박탈당했던 것이다.[186]

또한 이것은 17세기에 와서 결혼 후 부부의 거주 형태가 부처제婦處制에서 부처제夫處制로 점차 바뀐 것과 관련이 있을 것이다.[187] 물론 조선 전기의 혼인 후 거주 형태가 일률적으로 부처제婦處制였던 것도 아니고, 17세기 이후 18세기에 와서 예외 없이 부처제夫處制로 전환한 것도 아니지만, 대체적으로 거주 형태가 17세기를 통과하면서 부처제婦處制 위주의 형태에서 부처제夫處制로 바뀐 것은 부정할 수 없는 사실이다. 결혼 후 거주 형태의 이러한 변화 역시 여성을 상속에서 제외시키는 데 결정적인 역할을 했다.

결혼 후 여성의 거주지가 남편의 집으로 바뀌고, 여성이 봉사권을 잃고, 나아가 재산 상속에서 여성이 배제되었던 것은, 17세기를 통과하면서 기정사실이 되어 갔다. 임진왜란 이후 발생한 여성 지위의 조락 현상은, 병자호란 이후 남성이 속환된 여성을 자기 가문에서 축출한 것과 동시에 일어났다. 이런 일련의 변화는 여성이 17세기를 통과하면서 사회 경제적으로 그 지위가 조락하는 한편, 가부장적 이데올로기에 그 의식까지 완벽하게 통제되기 시작했다는 것을 의미한다 하겠다.

5장

임병양란 이후의 여성 의식화 텍스트

1절
국가 주도의 여성 의식화 텍스트 제작

조선 체제는 임진왜란과 병자호란이라는 외적의 침입에 의해 위기를 맞았으나, 사대부의 주도에 민중이 호응하여 일단 위기를 극복하였다. 두 차례 전쟁을 통해 사대부 체제의 무능함도 노출되었으나, 그렇다고 해서 사대부 체제와 유교를 대체할 다른 효율적인 이념이 있었던 것도 아니었다.

여성의 성적 종속성은 두 차례 전쟁을 통해 더욱 강화되었다. 즉 건국 이래 2백 년에 걸쳐 진행된 여성에 대한 통제와 의식화가 성공적이었음은 두 차례 전쟁에서 입증되었다. 이제 국가-남성은 여성의 목숨을 공공연히 요구할 수 있게 되었다. 여성에 대한 의식화의 공작도 한층 더 강화되었으며, 그 공작의 성격에도 변화가 일어났다. 그것은 무엇보다 텍스트의 성격에서 일어났다. 먼저 과거에 간행되었던 텍스트가 다시 간행되는 문제를 다루고 나서 이 문제를 집중적으로 검토해 보자.

1. 임병양란 이후 『삼강행실도』의 재간행

임진왜란 종결 후 『동국신속삼강행실도』를 출간한 목적과 그 내력, 내용에 대해서는 이미 고찰한 바 있다. 이 책은 서두에 『삼강행실도』와 『속삼강행실도』를 압축해서 『동국삼강행실도』와 『동국속삼강행실도』라는 제목으로 싣고 있었다. 그렇다면 『동국신속삼강행실도』가 간행·유포됨으로써 원래의 『삼강행실도』와 『속삼강행실도』는 사라진 것인가? 그렇지 않다. 사라진 것은 『동국신속삼강행실도』였다. 앞에서 언급했다시피 이 책은 18권 18책이라는 거질이었다. 지금의 면수로 따지면, 3380면이라는 엄청난 분량이었다. 이 책은 초판을 찍고 이후 인쇄된 적이 없다. 현재도 규장각에 단 한 질이 남아 있을 정도로 희귀본에 속한다. 아마도 이 책은 인조반정 이후 서인西人들이 지적했던 것처럼, 내용상의 오류 때문이 아니라 사실상 그 거창한 분량 때문에 다시는 인쇄되지 못한 것으로 보인다.

이에 반해 몸집이 가벼운 『삼강행실도』와 『이륜행실도』는 여전히 유효했다. 임진왜란이 끝난 뒤 선조 39년(1606) 사헌부에서는 두 책의 인쇄·보급을 건의한다. 전문을 보자.

> 교화를 밝히고 인심을 맑게 하는 것이 나라를 다스리는 사람의 급선무인데, 근래 풍속이 어두워져 세상 도리가 날로 수준이 떨어지고 있습니다. 이것은 모두 전쟁 이후 서적이 아주 모자라 인도해 이끄는 방법이 미진하여 그런 것입니다. 『삼강행실도』와 『이륜행실도』는 곧 인륜을 밝히는 책이니, 방언으로 번역하고 그 형상을 그려서 여항의 부인이나 아이들이 한번 보자마자 흠복하고 감탄하여 양심이 절로 생겨나게 만든다면, 풍속 교화에 보탬이 되는 것이 어찌 적겠습니까? 병난兵難 이래로 여염에 이 책이 드뭅니다. 지금 널리 찍어 반포하지 않는다면, 아주 없어져 전해지지 않을 뿐만 아니라, 후세 사람들

역시 이런 책이 있는 줄 까마득히 몰라 감발感發하고 흥기興起될 길이 없을 것입니다. 청컨대 담당 조曹에서 넉넉한 부수를 인쇄해 서울과 지방에 반포하게 하소서.[1]

전후의 인심 수습책의 하나로 사헌부는 『삼강행실도』와 『이륜행실도』를 재간행할 것을 요청했던 것이다. 오륜은 실천하지 않아도 그만인 개인의 윤리가 아니었다. 사대부 체제의 안정과 영속이 바로 이 윤리 도덕으로 보장되고 있었으니, 전후의 지배 계급이 이 책의 재간행을 요구한 것은 너무나도 당연하다. 선조는 이 요청을 받아들인다.

사흘 뒤에 예조는 전쟁 이후 자식이 아버지에게 효도할 줄 모르고 아우는 형을 공경할 줄 모르는, 윤리와 풍교風敎가 무너진 상황을 개탄하면서 사헌부의 요구를 구체화시킬 방법을 아뢴다. 즉 호조에서 주선해서 인출하되, 종이 등 필요한 물자는 교서관에서 전적으로 맡고, 많은 부수를 찍으려면 호조와 교서관의 힘으로는 부족할 것이니, 충청·경상·전라도 감사들이 종이를 비롯한 물자를 편의에 따라 돕도록 공문을 보내자는 것이었다. 선조는 당연히 허락했다.[2] 선조 39년은 전쟁이 끝난 지 10년째 되는 해다. 모든 것이 피폐한 상황에서 세 곳의 물력을 동원하여 두 책을 찍는다는 것은 체제가 윤리의 정치화에 목을 매고 있다는 것과 다름이 아니었다.

이후 정조 때 『이륜행실도』와 합쳐서 『오륜행실도』로 재편집하여 간행하기 전까지 『삼강행실도』는 효종, 숙종, 영조 등 거의 모든 왕들이 간행했던 가장 중요한 책이었다. 예컨대 인조의 「행장」에서 사관은 인조의 치적으로, 문교가 쇠퇴한 양계兩界(동계東界인 함경도와 서계西界인 평안도 지역)에 삼경三經 및 그 언해와 『심경』心經, 『근사록』近思錄 등을 문관 수령과 함께 보낸 것과 아울러, 「오륜가」五倫歌의 번역·인쇄·유포와 『삼강행실도』

의 간행, 그리고 '인재를 기르고 풍속을 변화시키는 데 가장 나은 도구'인 『소학』의 간행과 보급 등 성리학 서적과 윤리 서적의 보급을 꼽았다.[3] 이 윤리 서적의 보급으로 노리는 효과는 자명한 것이다. 예컨대 이러하다.

> 또 나라가 유지되는 방도는 명분에 있으니, 아무리 캐물을 일이 있다 해도 아버지에 대해 자식의 말을, 남편에 대해 아내의 말을, 형에 대해 동생의 말을 증거로 삼을 수 없다 하여, 이것을 서울과 외방에 널리 알리고, 캐묻지 말라 하였다.[4]

"나라가 유지되는 방도가 명분에 있다"고 했을 때 그것은 다름 아닌 윤리 도덕을 가리킨다. 인조는 그의 선조들과 마찬가지로 윤리로 백성을 의식화하고 통제하는 것이야말로 가장 효과적인 통치술임을 깨달았고, 그런 생각에서 윤리 서적을 보급한 것이었다. 효종 역시 인조의 길을 그대로 따라 『삼강행실도』와 『경민편』警民編을 간행했다.[5]

이후 숙종·영조 시기의 『삼강행실도』의 간행·보급의 실례를 지적해 보면 다음과 같다.

(1) 『삼강행실도』 20질을 김석주金錫胄의 건의에 따라 『소학』 20질과 함께 교화를 목적으로 북도에 인쇄해 보냄.(『숙종실록』 6년 6월 16일)

(2) 해서海西의 인심이 사납다 하여 송정명宋正明의 건의로 『삼강행실도』, 『경민편』, 『효경』 등의 책을 간행하여 해서의 여러 고을에 반포하게 함.(『숙종실록』 33년 11월 23일)

(3) 교서관에서 『삼강행실도』를 인쇄하여 제도諸道에 나누어 보내고, 감영監營에서 목판에 새겨 널리 배포하게 함.(『영조실록』 5년 8월 27일)

(4) 『삼강행실도』와 『이륜행실도』를 승정원·홍문관·예문관에 내려주도록 명

함.(『영조실록』 6년 8월 6일)

(5) 해주海州 유학 안민安敏의 처 강씨姜氏의 정려를 명하는 기사에 영조가 "막 『삼강행실도』를 반포했다"고 말하고 있음.(『영조실록』 7년 1월 6일)

　『삼강행실도』의 인쇄와 관계있는 기사를 모은 것이다. 숙종조의 기사는 문제가 없지만, 영조조의 기사 중 (4)의 경우 추가해야 할 설명이 있다. 『영조실록』 부록의 「영조대왕 행장」에 의하면, 『삼강행실도』를 인쇄하도록 명한 것은 영조 6년 3월 경이다.[6] 자료는 다음과 같다. "『삼강행실도』, 『이륜행실도』 등 서적을 팔도에 반포하고, 인쇄해서 널리 보급해 백성이 보고 감동하도록 만들라 하였다."[7] 즉 전국적인 인쇄·반포를 명했던 것이다. 이것은 상당한 시간을 요하였을 것이니, (4)의 기사는 이 인쇄·반포 중 먼저 인쇄된 것을 신하들에게 나누어 준 것으로 여겨진다. 그리고 1년 뒤의 (5)가 아마도 전국적인 반포가 끝난 상황을 말하고 있는 것으로 여겨진다. 이것은 아마도 상당한 규모로 이루어졌을 것이다.

　이와 아울러 주목해야 할 것은 『영조실록』 11년 1월 21일조의, 영조가 홍문관과 교서관에 『삼강행실속록』三綱行實續錄을 반포한 이후 "행실이 남보다 뛰어난 자"를 엄정하게 선발하여 이 책에 첨가하여 간행하라고 명한 기사다. 『삼강행실속록』은 중종조에 만들어진 『속삼강행실도』를 말하는 것으로 여겨지는데, 이 책의 인쇄를 명하면서 이 책 이후의 인물을 선발해 넣을 것을 명했던 것이다. 하지만 홍문관과 교서관에서 영조의 명을 받들어 책을 인쇄했다는 기록은 전혀 보이지 않는다.[8]

　『삼강행실도』의 인쇄·보급의 역사는 그야말로 원본을 거듭 찍어내는 것이었다. 그런데 조선 후기 정조 때에 이르러 『삼강행실도』와 늘 같이 인쇄되었던 『이륜행실도』를 『삼강행실도』와 합본하여 인쇄한 『오륜행실도』가 비로소 출현했다. '오륜'의 이름 아래 두 책이 한 책으로 묶이는 것은 전혀 이상할 것이 없지만, 이 두 책은 발생의 계통이 달랐기 때문에 늘 따로 간행되었다. 정조는 21년 1월 1일 중외에 유시를 내리는데, 내용은 책의 간행과 관련된 것이었다. 정조는 이 유시의 서두에서 정치와 윤리의 관계를 말하고, 으레 그렇듯 윤리의 타락상을 지적한 뒤 해결할 방책을 이렇게 제시한다.

『소학』은 학교에서 처음 가르치기 시작할 때의 차례와 조목에 관한 책이다. 나처럼 보잘것없는 사람도 선대왕께서 이끌어 주시는 은혜에 의지해 어릴 적에 거칠게나마 날마다 익히는 효험을 볼 수 있었다. 세상의 자제들도 육경六經에는 두루 통하지 못한다 하더라도 사람 구실을 하는 방도는 늘 노력하면서 잊지 않고 따라서 실천할 수가 있을 것이다. 하지만 근래에 와서 배우고 가르치는 것이 날이 갈수록 변하고 느슨해져 이 책도 따라서 묶어 시렁 위에 얹어 두고 있으니, 내 이것이 걱정스럽다. 그래서 내각의 신하에게 명하여 뜻을 고증하였다. 또 『삼강행실도』와 『이륜행실도』 같은 책도 정치에 도움이 되고 세상을 격려하는 도구가 되니, 『소학』과 아울러 어느 쪽도 버릴 수가 없다. 그래서 하나로 정리해 묶어 『오륜행실도』라고 이름을 붙였다.[9]

정조는 『오륜행실도』를 『소학』, 『향약』과 같은 시리즈로 엮어 교화를 다시 강화하고자 하였다. 『삼강행실도』와 『이륜행실도』를 조합하여 『오륜행실도』로 만들고, 이 책들과 한 묶음인 『소학』의 뜻을 다시 고정考正한다 하였으니, 남은 것은 『향약』이다. 정조는 백성을 교화하고 풍속을 바로잡는 데 쉽게 도움이 되는 책으로 『향약』鄉約을 들고, 자신이 정무를 보고 난 여가에 향음의식鄕飮儀式과 향약조례鄕約條例를 편찬했다고 말한다.[10]

실제 『오륜행실도』가 인쇄된 것은 21년 7월 20일이었다. 이날 주자소에서 『오륜행실도』를 인쇄해 올렸다. 이 책의 의의를 『정조실록』의 사신

김홍도, 석진단지石珍斷指(『오륜행실도』)

은 이렇게 말한다.

> 상이 『향례합편』鄕禮合編을 반포한 뒤 또 각신閣臣 심상규沈象奎 등에게 명하여 『삼강행실도』와 『이륜행실도』 두 서적을 합쳐서 바로잡고 증정證訂, 언해하게 하고는 『오륜행실도』라 하였다. 그리고 주자소에 명하여 활자로 인쇄해서 널리 반포하여, 『향례합편』의 우익이 되게 하였다.[11]

정조 21년(1797)의 『오륜행실도』는 정리자整理字로 인쇄하고 판형도 과거의 것과 달리하였다. 그림은 김홍도가 새로 그렸다.[12]

『삼강행실도』에 관한 『실록』의 기록은 여기서 끝이 난다. 뒷날 『철종실록』 10년(1859) 9월 11일조에 『오륜행실도』를 개간開刊하라고 명했다는 기사와 11년 윤3월 14일조에 이 책의 중간重刊을 감독했던 각신 등에게 상을 내렸다는 기사가 있다. 이것은 위의 정조 21년 정리자본을 목판으로 복각한 것이었다.

김두종金斗鍾이 서유구徐有榘의 「누판고」鏤板考를 정리한 결과에 의하면,[13] 중앙 관서에는 주자소 장판에 『삼강행실도』가 소장되어 있었으며, 지방에는 호남좌절도영의 능주목菱州牧과 영남관찰사영·관서관찰사영·해서관찰사영·관북관찰사영 등에 소장되어 있었으니, 중앙과 지방의 여러 곳에 목판이 있었던 것이다.

국가의 『삼강행실도』 인쇄·출판은 철종을 마지막으로 끝난다.[14] 양반 사대부들의 필수 서적인 유가의 경전을 제외하고, 민중을 대상으로 하여 이처럼 자주 많은 양의 서적이 인쇄된 경우는 없었다. 이것이야말로 국민의 이데올로기화를 통해서 체제의 존속을 도모하려는 교화론의 전형적인 속성이었던 것이다. 하지만 『삼강행실도』가 조선 전기에 맡았던 비중만큼 중요한 것은 아니었다. 왜냐하면 이제 『삼강행실도』가 의도했던 남성에 대한 여성의 종속성은 이미 여지없이 관철되고 있었기 때문이다. 실제 여성을 의식화하고자 하는 텍스트의 중심은 이미 바뀌고 있었다.

2. 여성 일상을 의식화하는 텍스트들

『내훈』內訓

여성을 의식화하고자 하는 텍스트의 중심은 이미 『삼강행실도』열녀편과 같은 성적 종속성을 강요하는 텍스트를 벗어나기 시작했다. 왜냐하면 열녀편의 내용은 두 차례 전쟁을 거치며 성공적으로 여성의 대뇌에 이미 설치되었기 때문이다. 그 대신 여성의 일상을 본격적으로 지배하는 텍스트가 필요했다. 17세기를 지나면서 종법에 의한 부계출계 집단, 즉 종족이 성립하고, 결혼 후 여성의 거주 형태가 시집살이로 바뀌게 되었던 것이니, 남성은 가부장적 권력 속에서 여성을 완벽하게 장악하게 된 것이었다. 여성이 새로운 생활공간 즉 시집으로 들어오게 되자, 시집에서 여성을 다시 훈육할 필요가 있었다. 당연히 이런 용도의 텍스트에 주목하지 않을 수 없었다. 조선 전기 소혜왕후 한씨의 『내훈』內訓에 다시 주목하게 된 것도 이 때문이었다.

『내훈』은 임진왜란 전 선조 6년에 간행되었고,[15] 전쟁 이후 광해군 2년에 다시 간행되었다. 광해군은 우리나라의 서적은 전질을 제대로 갖춘 것이 전혀 없다면서 『용비어천가』, 『내훈』, 『서전언해』書傳諺解, 『시전언해』詩傳諺解, 『유선록』儒先錄 등의 책을 『좌전』左傳의 인쇄가 끝나는 즉시 계속 인쇄하라고 명한다.[16] 이것으로 보아 아마도 『내훈』은 전후 일실된 한국 서적의 복구 작업의 일환으로 다시 인쇄되었던 것으로 보인다. 인쇄가 언제 끝이 났는지는 모르지만, 4년 1월 17일에 『시경언해』와 『내훈』을 교정

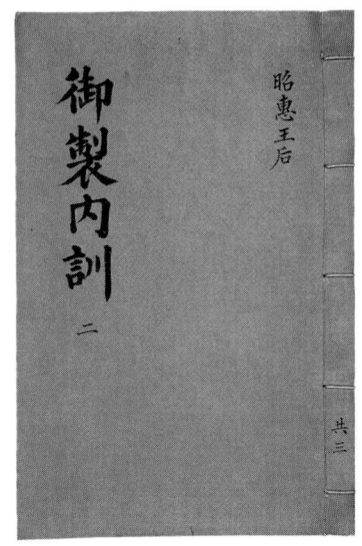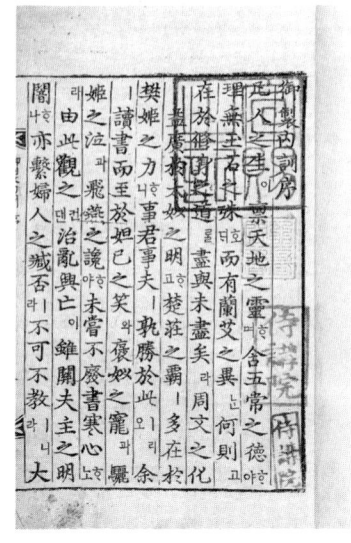

소혜왕후, 『어제내훈』御製內訓 (한국학중앙연구원 장서각 소장)

한 홍문관의 관원에게 상을 내린는 것을 보면, 거의 2년 뒤에 책의 교정이 끝난 것으로 보인다. 이 책은 훈련도감자로 인쇄된 것이 전한다.

『내훈』은 한참동안 말이 없다가 효종 7년에 다시 간행되었다. 그 사정은 『효종실록』 7년 7월 28일조를 통해 알 수 있다. 지경연 이후원李厚源이 『내훈』은 여러 번 변란을 겪으면서 거의 없어지고 조금 남아 있다면서 삼남三南 지방의 감사에게 간행하여 반포할 것을 건의하자, 효종은 "이 책은 전에 듣지도 보지도 못한 책"이라면서 삼남 지방에서 간행할 것을 명한다.[17] 효종의 발언으로 보건대, 『내훈』은 여전히 희귀한 책이었고, 민간에 널리 전파되지는 않았던 것이다. 이후 『현종개수실록』 1년 9월 5일조에 홍문관에서 『내훈』의 언해본을 교정하고 있는 중이라는 기사[18]가 보이는데, 이 책이 과연 간행되었는지는 미상이다(현전하는 『내훈』 판본에는 현종 1년에 간행된 판본이 없기 때문이다). 『내훈』은 이처럼 광해군부터 현종에 이르기까지 두세 차례 간행되었다. 즉 17세기에 『내훈』은 조금씩 관심을 끌기 시작했던 것이다. 『내훈』은 영조 13년(1737)에 다시 간행되었다.[19] 다만 영조가 책 앞에 붙인 「소지」小識에 의하면, 전하는 책이 적어 명나라 문황후文皇后의 『내훈』과 함께 간행하고자 한다고 밝히고 있다. 아마도 이때 문황후의 『내훈』도 간행되었을 것으로 보인다.

『내훈』은 이후 간행되지 않았다. 물론 이 책이 지금 희귀한 것은 아니지만, 그것이 『삼강행실도』처럼 널리 유행했던 것도 아닌 듯하다. 권영철 교수의 연구에 의하면, "실제로 영남 지방 사대부 집안에서 이 『내훈』을 갖고 있는 집은 거의 없으며, 이것을 부녀자 교육에 직접 교재로 사용했다는 기록은 아직 못 보았다"고 한다.[20] 권영철 교수가 1974년에 발견한 『니측』(일명 『규문대훅』) 중에 『닉훈』이 있었다고 하지만, 이것은 언해된 『내훈』과 동일한 것이 아니고, 작자도 "소헌왕후昭憲王后 심씨沈氏의 찬撰"으로 되어 있었다고 한다. 권영철 교수는 규방가사 수집 차 영남 지방 일대를 20년 동안 돌아다녔지만 『내훈』을 얻어 보기는 처음이었다고 하니, 『내훈』이 민간에서 흔한 책이 아니었음을 짐작할 수 있을 것이다.

『여훈언해』女訓諺解

조선 후기에 와서 국가에서 여성의 일상을 지배하기 위한 교화서를 본격적으로 발행하기 시작한다는 것은 매우 흥미로운 현상이다. 『내훈』의 재간행이 그렇거니와, 『내훈』 외에도 여러 서적들이 간행되기 시작했다. 물론 이 현상은 중종 때의 각종 여성 교화서의 간행과 비견될 수 있는데 중종조의 시도가 거의 성과를 낳지 못했던 것을 상기한다면, 조선 후기는 그와는 달리 구체적인 서적들이 출판되었다는 점에서 주목할 만한 것이다. 『여훈언해』도 조선 후기 『내훈』을 제외하고는 이른 시기에 간행된 여성 교화서이다.

『여훈언해』의 저본이 되는 『여훈』은 명나라 무종武宗 때 무종의 비妃인 장성자인황태후章聖慈仁皇太后의 저작이다. 『여훈』은 원래 1508년에 초간初刊되는데, 이 『여훈언해』의 대본은 1530년의 중간본이다.[21] 『여훈언해』는 2권 2책의 목판본으로 대개 1620~1640년 사이에 간행된 것으로 추정된다.[22] 『여훈』이라는 책은 중종 27년(1532)에 최세진崔世珍의 번역본으로 교서관에서 간행한 것[23]으로 알려져 있지만, 여기서 언급하는 『여훈언해』는 최세진 번역본이 아니다.[24]

『여훈』의 성격을 파악하기 위해 먼저 서문을 약간 검토한다. 저자 장성자인황태후는 이렇게 말하고 있다.

> 사람의 자식으로 어버이를 섬기는 데는 『효경』이 있어 가르침으로 삼고, 남의 신하로서 인군을 섬기는 데는 『충경』忠經이 있어 가르침으로 삼는다. 충효는 인간 도리의 당연한 것이니 각각 가르침이 있다. 그렇다면 아내가 남편을 섬기는 데 가르침이 없어야 되겠는가.[25]

효와 충을 설교하는 『효경』과 『충경』은 있지만, 동일하게 삼강 중의 하나인 열을 설파하는 경전이 없다는 것이 『여훈』을 짓게 된 동기다.

또 하나의 동기는 여성의 일상에서의 유가적 삶의 실천에 대한 텍스트가 없다는 것이다. 그는 『소학』이라는 남성적 텍스트에 대응하는 여성 텍스트의 결여에 대해 언급한다.

> 『소학』의 책이 전해지지 않아 회암晦菴 주자朱子가 편집하여 책을 만들자 소학小學의 가르침이 비로소 깃들 데가 있게 되었으나, 유독 여자의 교육은 전서全書가 없다.[26]

『소학』에 대응하는 여성용 텍스트의 필요를 말하고 있는 바, 그런 텍스트가 없는 것은 물론 아니다. 그가 지적하고 있듯, 세상에서 『열녀전』과 반소班昭의 『여계』를 사용하고 있기는 하지만, 지나치게 간략하다.[27] 그는 『여헌』女憲, 『여칙』女則의 존재를 알고 있지만 한갓 이름만 존재하는 것이라 단정한다.[28] 그리고 『예기』의 「곡례」, 「내칙」의 말과 『시경』의 주남周南·소남召南의 주제를 발췌한 여성 교육서가 비로소 나타나기는 했지만, 글 자체가 어려워 실천하기가 불가능하다고 판단한다.[29] 따라서 보다 쉬운 새로운 텍스트가 필요하다. 『여훈』은 결국 효·『효경』과 충·『충경』의 관계처럼 '열'烈과 짝할 수 있는 텍스트의 필요에 의해, 『소학』에 상응하는, 지나치게 간략하지도 않고 보다 문장이 평이하여 실천을 유도할 수 있는 텍스트로 출현하게 되었던 것이다. 아마도 이 편찬 의식은 소혜황후의 『내훈』의 편찬 의식과 동일할 것이다.

말은 이렇게 했지만, 『여훈』의 내용은 전대의 텍스트와 큰 차이가 없었다. '제1 규훈'을 예로 들자면 여전히 그것은 반소의 『여계』와 『예기』에서 발췌된 내용으로 구성되고 있다. 『여훈』의 내용은 소혜왕후의 『내훈』과 별 차이가 없다. 서로 대비해 보면 다음과 같다. 앞의 것은 『여훈』, 뒤의 것은 『내훈』이다.

	『여훈』	『내훈』
제1	규훈閨訓	언행장
제2	수덕修德	언행장
제3	수명受命	언행장
제4	부부夫婦	부부장
제5	효구고孝舅姑	효친장
제6	경부敬夫	부부장

제7	애첩愛妾	
제8	자유慈幼	모의장
제9	임자姙子	모의장
제10	교자敎子	모의장
제11	신정愼靜	언행장
제12	절검節儉	염검장

'애첩'이 새로 등장하고 있을 뿐 사실 내용의 차원에서 다른 것은 없는 셈이다.

『여훈언해』가 조선의 어떤 기관에서 어떤 과정을 거쳐 간행되었는지는 전혀 알 수 없다.[30] 다만 이 책이 상권에 한문 원문을 싣되 한자의 음과 한글 토를 병기하고 있고, 하권에서 순수한 번역문을 싣고 있는 점은, 이 책이 여성에게 직접 읽힐 것을 겨냥하고 있음을 알 수 있다. 거시적으로 보아, 조정에서 임진왜란 이후 여성의 교화를 목적으로 간행한 것으로 보인다.

『여사서』女四書

여성 교육을 위한 새로운 책이 왕명에 의해 영조 10년에 간행되었다. 책의 편집을 지시했던 영조는 이렇게 말한다.

> 당본唐本인 『여사서』女四書는 『내훈』과 다름이 없다. 옛날 성왕聖王의 다스림은 반드시 집안을 바로잡는 것을 근본으로 삼았으니, 규문閨門의 법은 곧 왕화王化의 근원이다. 만약 이 책을 간행·배포한다면, 반드시 규범閨範에 도움이 있을 것이다. 다만 언문으로 풀이한 뒤라야 쉽게 이해할 것이다.[31]

『내훈』과 다름없다는 『여사서』란 무엇인가. 주희가 주해를 가한 이후 유가의 기본 경전으로 격상되었던 『사서집주』를 의방한 『여사서』 역시 여성을 훈육하는 책이었음은 두말할 나위가 없다. 영조는 교서관에서 이 책을 간행하게 하고, 또 이덕수李德壽에게 번역할 것을 명한다. 그리고 7일 뒤 영조는 『여사서』의 서문을 지어 내리고, 홍문 제학 이덕수에게 언문으로 번역해 간행할 것을 재차 명한다.[32] 책은 2년 뒤인 1736년에 4권 3책으로 개주갑인자改鑄甲寅字로 간행되었다.

이 책의 대본이 된 『여사서』는 청나라의 왕상王相(1662~1722)이 후한 반소의 『여계』, 당나라 송약소宋若昭의 『여논어』女論語, 명나라 인효문황후仁孝文皇后의 『내훈』內訓, 명나라 왕절부王節婦의 『여범첩록』女範捷錄 네 종의 여성 교육서를 묶어 주석을 가한 데서 비롯된 것이다. 왕상에 앞서 명나라 신종神宗이 『여계』와 『내훈』을 한 책으로 묶어 서문을 썼는데, 왕상은 여기에 다시 『여논어』와 『여범』을 더하여 주석을 붙였던 것이다. 이 책이 언제 조선에 유입되었는지는 분명하지 않으나, 영조 10년(1734)에 언급이 되고 있는 것을 보면 비교적 빨리 수입된 것으로 보인다. 물론 청판淸版 『여사서』와 영조 14년 판 『여사서』는 동일한 책은 아니다. 조선판은 청판의 순서, 즉 『여계』, 『내훈』, 『여논어』, 『여범첩록』의 순서를 따르지 않고, 『여계』, 『여논어』, 『내훈』, 『여범첩록』의 순서대로 간행했다(『여계』와 『여논어』가 상책, 『내훈』이 중책, 『예범첩록』이 하책이다).

이 중에서 『여계』와 『내훈』에 대해서는 이미 언급한 바 있기에 여기서는 『내훈』과 『여논어』, 『여범첩록』에 대해서 간단히 언급한다.

『내훈』(문황후) 간행에 관한 기사가 『실록』에 보인다.

> 임금이 말했다. "해진解縉 등이 칙명을 받들어 『고금열녀전』을 엮었는데, 책이 완성되자 태종이 직접 서문을 지었다. 우리나라에도 『내훈』이 있는데, 곧 명나라 태조의 고황후高皇后가 지은 것이다. 내가 간행하려 한다."[33]

판중추부사 민진원閔鎭遠이 경상 감영에서 간행토록 할 것을 청하자, 임금이 "옥당에 내려주겠다" 하였다.[34]

민진원이 경상도 감영에서 간행할 것을 청하자, 영조는 옥당, 곧 홍문관에 내려주겠다고 말하고 있는 바, 이것은 아마도 홍문관의 교정을 거쳐서 교서관에서 간행하고자 한 것으로 짐작된다. 이 책이 이 시기에 인쇄되었는지는 미상이다. 왜냐하면 앞에서 간단히 언급한 바와 같이 영조는 소혜왕후의 『내훈』에 짧은 서문을 써서 그 이듬해인 1737년에 간행하는데, 바로 그 서문에 "운각芸閣으로 하여금 황명皇命의 문황후文皇后의 『내훈』과 함께 간행하게 한다"[35]는 말이 있기 때문이다. 다만 이때 간행된 『내훈』(문황후)은 현전現傳하지 않는다. 따라서 『여사서』에 실린 『내훈』으로 짐작할 수밖에 없다.

『내훈』의 목차는 다음과 같다.

1장 덕성德性, 2장 수신修身, 3장 신언愼言, 4장 근행勤行, 5장 근려勤勵, 6장 절검節儉, 7장 경계警戒, 8장 적선積善, 9장 천선遷善, 10장 숭성훈崇聖訓, 11장 경현범景賢範, 12장 사부모事父母, 13장 사군事君, 14장 사구고事舅姑, 15장 봉제사奉祭祀, 16장 모의母儀, 17장 목친睦親, 18장 자유慈幼, 19장 체하逮下, 20장 대외척對外戚

『여논어』의 목차는 다음과 같다.

1 입신立身, 2 학작學作, 3 학례學禮, 4 조기早起, 5 사부모事父母, 6 사구고事舅姑, 7 사부事夫, 8 훈남녀訓男女, 9 영가營家, 10 대객待客, 11 화유和柔, 12 수절守節

『여범첩록』女範捷錄의 목차는 다음과 같다.

1 통론편通論篇, 2 후덕편后德篇, 3 모의편母儀篇, 4 효행편孝行篇, 5 정렬편貞烈篇, 6 충의편忠義篇, 7 자애편慈愛篇, 8 병례편秉禮篇, 10 지혜편智慧篇, 11 근검편勤儉篇, 12 재덕편才德篇

이런 텍스트들은 본질적으로 동일한 메시지를 담고 있었다. 가부장제에 대한 복종을 여성의 도덕성으로 파악하고, 가부장적 가정 내부에서 시집 가족에 대한 충성, 그리고 노동과 가정 경제의 운용에 유의할 것 등을 동일한 메시지로 전하고 있었던 것이다.[36]

앞에서 언급한 『내훈』, 『여훈언해』, 『여사서』 등은 조선 후기 국가에서 발행한 여성 교육서다. 하지만 이들 서적은 『삼강행실도』처럼 적극적으로 보급되지 않았다. 예컨대 『여사서』는 1907년에 다시 언해되는데, 이 책의 출간은 애초 전우田愚의 발의에 의해 이루어진 것이었다. 전우는 『여사서』를 1질 구입했고, 그 내용에 감동하여 광포하려 하였다. 그는 자신의 의도를 박만환朴晩煥에게 알렸던 바, 박만환이 출간 자금을 대고 번역까지 해서 목판본으로 출판하게 되었던 것이다.[37] 그런데 이 책은 영조조의 책과는 아주 다르다. 원래 중국본 『여사서』의 편집을 그대로 따르고 있으며, 번역 역시 영조조의 판본을 전혀 참고하지 않고 있다. 전우와 박만환은 영조조 출간본의 존재를 모르고 번역을 했던 것이다. 만약 영조조 판본의 『여사서』가 광범위하게 보급되어 있었더라면 이런 이중의 번역이 있을 수 없다. 물론 『내훈』, 『여훈언해』, 『여사서언해』 등은 국가에서 간행한 것으로 사대부들의 손에 들어가 모종의 영향력을 행사했을 것이다. 하지만 이들 서적이 지방에서 다시 인쇄되거나 필사된 흔적을 거의 찾을 수 없으니,

이 책이 『삼강행실도』 열녀편처럼 여성에게 직접적인 영향력을 행사하지는 않았을 것으로 보인다.

다만 남성에 대한 여성의 성적 종속성의 실천이 위기에 봉착했을 때 여성에게 그것을 관철할 의지와 행위를 요구하는 것이 『삼강행실도』 열녀편이라면, 『내훈』을 위시한 위의 텍스트들은 일상 속에서 남성에 대한 여성의 성적 종속성의 실천을 요구하고 있었던 것이다. 즉 이 서적들은 여성의 일상을 규제하려 하였고, 국가—남성은 이제 여성의 일상에 가부장제를 완강하게 관철시키는 데 관심을 보이기 시작했다는 점을 확인할 수 있다는 데 일정한 의의가 있다.

2절
민간에서의 새로운 텍스트들의 등장

1. 민간의 여성 의식화 텍스트의 전통

『내훈』, 『여사서』, 『여훈언해』는 국가에서 간행한 대표적인 서적이었다. 이것이 충분한 효과를 거두었던가. 전래되는 책을 살펴보면, 앞서 언급한 바와 같이 『내훈』은 조선 후기에 와서 4회에 걸쳐 간행되었다. 동일한 텍스트를 4회에 걸쳐 국가에서 간행한다는 것은 이 텍스트에 대한 관심이 높았음을 의미한다. 하지만 조선 전기와 조선 후기의 『삼강행실도』 간행에 비추어 본다면, 『내훈』의 발행 횟수는 현저히 적은 것이다. 실제 『내훈』이 민간에서 많이 읽혔다고는 볼 수 없을 것이다. 그리고 『여훈언해』가 1회, 『여사서』 역시 1회 발행에 그치고 있음을 상기한다면, 국가 발행 여성 교육서들의 영향력은 낮게 평가될 수밖에 없다.

조선 후기 여성을 의식화시키는 데 결정적인 영향력을 행사한 책은 국가 발행의 서적이 아니었다. 민간에서는 매우 다양한 형태의 서적들이 편집되고 유통되었다. 대개 필사본의 형태로 전해지는 『규범』閨範, 『내범』內範 등과 같은 이름을 단 서적들이 그것이다. 이런 책들은 조선 후기에 와서 비로소 출현했다. 물론 국가가 발행한 『내훈』, 『여사서』, 『여훈』 등의 서적이 이런 책들의 출현과 무관하지는 않을 것이다. 하지만 그 과정을 구체적으로 밝혀 묘사하기란 실로 어렵다.

또 『규범』, 『내범』과 같은 여성 교육서의 대량 출현은 조선 전기의 『내훈』 그리고 중국에서 수입된 『여훈』, 『여사서』 유의 중국 서적의 영향과는 다른 맥락, 즉 조선 내부의 독자적인 근거들을 갖는다(물론 이 근거들은 중국과 유사성을 가질 것이다). 이 책들의 역사를 거슬러 올라가면, 사대부가의 '가훈' 家訓에 그 뿌리가 닿는다.[38] 여성 교육서를 본격적으로 다루기 전에 먼저 그 전사前史라고 할 수 있는 이 문제를 잠시 검토해 보자.

양반적 에토스라고 말할 만한 것은 언어화되건 되지 않았건 조선 건국 이후에 형성된 것이고, 문자화된 최초의 증거물로 신숙주申叔舟(1417~1475)의 『가훈』家訓[39]을 들 수 있다.[40] 이 책은 조심操心·근신謹身·근학勤學·거가居家·거관居官·교녀敎女 6조로 구성된 것인데, 남성—양반의 일생과 일상의 지켜야 할 수칙을 나열한 것이다. 이 중 교녀가 여성의 교육을 다룬 것이다.

(1) 부인婦人은 군자君子(남편)를 짝하여 가정 안을 다스리니, 가도家道의 흥폐는 부인에게서 비롯된다. 세상 사람들이 남자를 가르치는 것만 알고 여자를 가르치는 것을 모르니, 이상한 일이다.

(2) 부인은 정정貞靜함을 스스로 지키고 유순하게 사람을 섬기며, 가정 안의 일에 전심해야 하고 바깥일에 간여해서는 안 된다.

(3) 위로는 시부모를 섬기되 성실과 공경이 아니면 그 효성을 다할 수 없고, 아래로 계집종과 사내종을 접하되 자애로움과 은혜가 아니면 그 마음을 얻을 수 없다. 성실과 공경으로 윗사람을 섬기고 자애와 은혜로 아랫사람을 접한 연후에야 부부 사이의 정의情義에 틈이 없을 것이다.

(4) 무릇 여공女工에는 또한 마땅히 정성을 다해야 할 것이다. 만약 성실하지 아니하다면 아랫사람을 거느릴 수 없다.

(5) 남편은 종신토록 우러러 화복을 같이 해야 할 사람이다. 만약 마땅히 못한 일이 있거든 일에 따라 조심스럽게 말을 꺼내 서로 경계하게 함으로써 허물이 없도록 기약해야 할 것이다. 그러나 억지로 강요해서는 안 된다. 강요하면 은혜를 잃게 된다.

(6) 규문閨門 안에서는 은혜가 늘 의리를 덮게 되어 쉽게 무람없이 굴게 된다. 무람없이 구는 마음이 한번 생기면 공경하고 조심하는 뜻이 반드시 느슨해진다. 이에 교만하고 투기하는 마음이 이르지 못할 데가 없게 된다. 부부가 서로 어긋나는 것은, 바로 여기에서 연유한다. 조심하지 않을 수 있으랴.

(7) 여자는 남을 따르는 사람으로서, 함께 사는 사람이 골육의 은혜가 있는 관계가 아니다. 말이 오가는 사이에 의심이 많이 생겨 마침내 미움과 틈이 생기게 되므로 옛날의 현부賢婦는 겸손하고 공손하며 유순하여 허물을 감추고 정성을 미루어 서로 어울려 상하의 사람들이 서로 편안하게 하여, 자신은 여러 복을 누리며 종신토록 명예롭게 지낼 수 있었던 것이다.[41]

여성에 대한 교육의 필요(1), 여성의 성품과 가정 내부로의 유폐(2), 시부모를 섬길 것(3), 직조와 조리 등 여성 노동에 전념할 것(4), 남편을 섬기는 존재로서의 여성(5), 부부 사이의 예의를 지킬 것(6), 언어와 행동을 삼갈 것(7)이다. 이미 짐작했겠지만, 교녀의 내용은 아마도 『예기』, 『여계』, 『소학』 등을 출처로 가질 것이다. 그러나 이것은 아직 대개의 원칙만 확정하고 있을 뿐 일상에서의 구체적인 세목을 갖고 있지 않다.

이상한 일이지만, 신숙주의 『가훈』과 유사한 예는 조선 전기에 거의 발견되지 않는다. 조선 전기의 문헌, 특히 문집이 조선 후기에 비해 상대적으로 소수이기에 그럴 수도 있다. 하지만 망실된 것을 고려한다 하더라도 이렇게 희소한 것은, 원래 『가훈』유의 교훈적 저작물이 적었던 데 기인할 것이다. 신숙주 이후 최초로 발견되는 사례는 선조 연간의 학자였던 유희춘柳希春(1513~1577)의 문집에 실린 「정훈」庭訓이다.[42] 「정훈」은 유희춘 자신이 아버지 유계린柳桂麟의 일상에서의 실천을 보고 그것을 10가지 조목으로 만들어 '십훈'十訓이라 이름을 붙인 뒤 이어 자신이 만든 '정훈내편'庭訓內篇, '정훈외편'庭訓外篇 상·하와 함께 실었다. 내용은 매우 방대하고 구체적인 실천 세목들을 자세히 열거하고 있는데,[43] 여성을 다룬 부분이 집안 내부의 통제를 언급하고 있는 '정훈내편'에 약간 언급되어 있다.

(1) 무릇 집에는 안과 밖이 있다. 남자는 바깥에서 지내고 여자는 안에서 지내는데, 일이 있을 경우 남자가 안으로 들어간다. 천한 계집종을 만날 경우 또한 농담을 하거나 웃지 말아야 할 것이다. 비록 심상한 언어라 하더라도 남녀 사이에서 시시덕대는 말은 하지 말아야 할 것이다. 집에서는 여악女樂을 듣지 않아야 하고, 만약 남이 베푼 것으로 자신이 한 것이 아니라면 이 금지조항에 속하지 않는다.
(2) 모든 부녀婦女는 경이원지敬而遠之해야 할 것이다. 비록 어린 여동생이나 며느리라 할지라도 또한 아주 엄격하고 공경하는 태도를 취해야 할 것이고, 부득이한 일이 아니라면 언문 편지를 보내서는 안 된다.
(3) 주인의 인당姻黨(사돈)이 주인의 며느리를 만나고자 한다면, 명함을 안에 전하고 계집종이나 자제가 답하기를 기다린 연후에 배알할 것이다. 만약 존장尊長이 주인의 모씨母氏에게 통명通名하면 주인은 마땅히 자신이 전하고 답배答拜해야 한다.[44]

『소학』의 남녀의 분리, 여성의 격리를 거듭 강조하고 있다. 여성의 행동에 대한 세부적인 지시 사항은 없다.

유희춘과 같은 시기에 활동했던 송인宋寅(1516~1584)의 「가령」家令 역시 가족 구성원의 반찬의 가짓수까지 꼼꼼하게 제한하면서도 정작 여성에 관한 언급은 없다.[45] 아마도 이 시기의 여성에 대한 발언을 보여주는 대표적 사례는 권호문權好文(1532~1587)의 「가잠」家箴[46]을 꼽아야 할 것이다. 「가잠」은 6장으로 구성되어 있다. (1) 부부지도夫婦之道, (2) 부자지도父子之道, (3) 형제지도兄弟之道, (4) 사노비使奴婢, (5) 봉제사奉祭祀, (6) 목족린睦族隣. 이것은 사대부 가문을 유지하는 데 있어 가장 절실한 문제였을 것이다.

'부부'를 첫머리에 둔 것은 매우 흥미로운 일이다. 아마도 생물학적 원칙을 의식했을 것이다. 부부에 대해 그는 "부부는 항려伉儷다. 짝을 말하는 것이다. 『시경』의 첫머리가 관저關雎[47]로 시작하고 『주역』이 건곤乾坤에 바탕을 두는 것은, 그것이 인류의 근본이고 음양의 시작이기 때문"[48]이라 하고, 또 "천지가 있고 난 뒤에 부부가 있고, 부부가 있고 난 뒤에 부자父子가 있고, 부자가 있고 난 뒤에 군신君臣이 있고, 군신이 있고 난 뒤에 붕우가 있다"[49] 하여 부부를 천지 다음에 놓아 부부의 중요성을 말한다. 또 "건乾은 남자고 곤坤은 여자다. 그러므로 남자와 여자가 한 집에서 같이 사는 것이 인간의 가장 큰 윤리다"[50]라고 하여 부부의 중요성을 말한다. 하지만 이 부부는 평등한 관계가 아니다.

> 남편은 아버지이고 하늘이고 임금이고 양陽이다. 아내는 자식이고 땅이고 신하이고 음陰이다. 음과 양이 조화를 이루어야 만물이 살아난다. 남편과 아내가 화목해야 집안의 법도가 이루어진다.[51]

처妻는 함께하는 존재다. 한 번 결혼하여 남편과 같이하면 종신토록 남편을 바꾸지 못한다. 그러므로 남편이 죽으면 시집가지 않고 자식을 따른다. 남편은 아내의 하늘이다. 아내는 작위가 없고 남편의 작위를 따르며, 남편의 나이와 관계된다.『주역』의「가인괘」家人卦에 이르기를, "아버지는 아버지답게, 자식은 자식답게, 형은 형답게, 아우는 아우답게, 남편은 남편답게, 아내는 아내답게 행동해야 집안의 법도가 바르게 된다" 하였다.[52]

권호문은 부부의 중요성을 말하지만, 부부의 평등을 말한 것은 아니다. 남자는 왕이고 하늘이지만, 여자는 신하이며 땅이다. 따라서 신하가 임금을 따르듯 여성은 두 남편을 섬길 수 없다. 재가 금지, 삼종지도는 여성에게 여전히 강요된다.

이상에서 살핀 바와 같이 조선 전기에는 사대부 가문의 내규인 가훈이 풍부하게 발견되지 않는다. 그것은 말하자면, 부계출계父系出系 집단, 곧 부계 친족으로 구성되는 친족 제도가 완벽하게 성립하지 않았기 때문이다. 따라서 가훈 내에서의 여성에 대한 규정 역시 포괄적일 수밖에 없었다. 그것은 대체로 여성은 남성에게 복종해야 한다는 가부장적 원칙을 선언하는 수준에서 그치고 있었다.

이 외에 약간의 자료를 들면 다음과 같다. 임병양란을 경험했던 황종해黃宗海(1579~1642)의「예시」禮詩[53]는 사친事親, 자녀교훈지방子女敎訓之方, 군신君臣, 부부, 형제, 사사師事, 장유長幼, 붕우, 총론으로 이루어진 장편 시인데, 일종의 가훈이다. 그 중 '부부'에서의 언설 역시 삼종지도, 개가 금지, 오불취五不取, 칠거지악, 삼불거三不去 등『소학』을 반복하고 있을 뿐이다. 같은 시기를 살았던 이식李植(1584~1647)의「가계」家誡[54]가 있지만, 여성에 대한 특별한 언급은 없다.[55] 이 외의 다른 자료도 많이 있으나 대체로 병자호란 뒤에 출현한 것이다.[56]

다만 16세기 이후로 점차 가훈에서 여성에 대한 언급이 증가하는 현상은 눈여겨볼 만하다. 이식은 17세기 전반을 산 사람인데, 그는 여성과 관련하여 흥미로운 글을 남겼다.

> 묻노라. 군자의 도는 부부 관계에서 그 단서가 만들어지니, 아내에게 모범이 되고 집안을 바로잡아야 한다는 올바른 도리가 성현들이 남기신 경전에 갖추어 실려 있다. 그런데 세상 군자들이 늘 윤기倫紀를 완전히 실천하지 못하는 것을 근심하고 있으니, 무엇 때문인가.
> ①우리나라의 경우 사족士族의 부녀가 개가할 수 없고, 사부士夫 역시 정처正妻를 소박해 버리는 것을 명교名敎에서 용납하지 않는다. 비록 배우자가 불량하더라도 이혼하는 경우는 아주 적으니, 과연 옛사람의 중도에 합하는 것인가?
> ②근래 세상 도리가 침체되고 곤도閫道(규방의 도리)가 뒤집혀서 남녀가 조혼하면서 사치를 경쟁하여 젊은 나이에 윤리를 손상시키는 풍조를 이루 다 말할 수가 없을 정도이다.
> 만약 온 세상 사람들이 가도家道를 바로잡고 사람의 윤리를 실천하고, 복록이 성대하고, 오래 살 수 있도록 하려면, 그 방도는 어떠한 것이어야 하겠는가?[57]

①에서 사족 여성에게 개가 금지가 이미 완성되었음을 확인할 수 있을 것이다. ②는 이 원칙의 확립 위에서 진행되는 이야기다. 이식은 가정 내부에서 부녀자의 도리가 전도되었다고 말하고 있는데, 그 전도란 가정 내부에서 가부장적 권력의 집행이 완벽하지 않다는 것을 의미한다. 이식은 「가계」에서 혼례가 가장 잘못되어 있으며, 『주자가례』대로 실천되고 있지 않음을 지적하고 있다.[58] 이것은 결혼에 있어서 유가적 가부장제가 완벽하게 작동하고 있지 않음을 의미하는 것으로 보인다. 그리고 같은 글에서 결혼의 경우 남자 쪽이 여자 쪽에게 지불하는 예물이 너무 사치스러

위 빈가貧家에서 즉시 신부를 맞이하지 못하는 경우가 있으며, 남자가 아내를 맞이하는 것이 단지 처가의 생색을 낼 뿐이고, 남자 쪽의 부모는 오랫동안 며느리의 얼굴조차 보지 못하는 경우가 있다면서 '친영'親迎의 뜻이 어디에 있는가라고 되묻고 있다.[59] 이제신李濟臣(1536~1583)의 『후청쇄어』鯸鯖瑣語에 의하면, 친영은 중종 무인년(1518)에 조광조趙光祖 등 기묘사림들이 시행하기 시작했으나, 그 이듬해인 기묘년의 사화로 사림들이 제거되자 폐지되었고, 이제신의 시대에 차츰 다시 시행되기 시작한 것으로 보인다. 하지만 풍족한 예물을 갖추지 않을 경우, 시부모가 신부의 얼굴을 보지 못한다는 전언을 두고 볼 때 가부장제가 아직도 완전히 작동하고 있지 않았던 것으로 보인다.[60] 즉 이식의 시대(1584~1647)에도 가부장제는 완전히 작동하지 않았던 것이다. 이런 점에서 이식의 발언은 매우 중요히다. 이식의 발언은 「책문」策問이다. 곧 과거 시험의 문제로 출제된 것이다. 이식은 결혼 제도에서 가부장제의 집행을 요구하고 있는 것이다. 친영제親迎制의 확산 속에서 보다 완벽한 유가적 결혼 제도를 요구한다는 것은, 곧 가정 내부에서의 완벽한 가부장제의 작동을 요구하기 시작한 것으로 생각할 수 있는 것이다. 이런 점에서 이항복李恒福(1556~1618)이 남긴 「선부인 규범」先夫人閨範이라는 글은 음미할 만하다.

우리 집안은 가법家法이 매우 엄격하였다. 선부인께서는 천성이 온화하고 인자하였으나, 규범閨範에 대해서라면 엄하기 짝이 없어 범할 수가 없었다. …… 중형仲兄이 언젠가 피곤하여 관을 벗고 비스듬히 앉아 있었다. 선부인과 제법 먼 거리였으나 멀리서 바라볼 수 있는 곳이었다. 선부인께서는 정색을 하시며, "네가 이미 장성했거늘 아직도 부모 앞에서 무례해서는 안 되는 것을 모르느냐? 우리 집안에 전해져 내려오는 가르침은 본디 이렇지 않았다" 하셨다. 이어 여러 딸들을 돌아보고, "우리 집안은 자녀가 매우 많고 또 나이가 이미 들 만큼 들었으니 예법을 충분히 알 것이다. 남매 사이라도 결코 실없는 말로 웃고 장난을 쳐 법도를 그르쳐서는 안 될 것이다. 앉거나 눕거나 말을 하거나 모두 분별이 있어야 마땅하다" 하셨다.⁶¹

이항복은 이어서, 자신의 외숙이 어머니와 동기간으로 가장 친하게 자랐음에도 뒷날 방문하면 혼자서 만나지 않고 시비侍婢를 불러 같이 있게 하며, "내 이미 늙었고 오라버니 또한 늙었으니, 피붙이끼리 친하게 지내는 도리로 보아 마땅히 이렇게 해서는 안 될 것이나, 습성에 얽매인 나머지 그렇게 하지 않을 수가 없다. 또 부녀자가 지켜야 할 도리로 보아, 친압하는 데로 흐르는 것보다는 차라리 지나치게 보일 정도로 무거운 태도를 갖는 것이 낫다"고 한 일화를 전하고 있다.⁶² 이항복의 어머니는 자신이 지키는 법도가 곧 성인이 제정한 예에 근거한 것이라고 말하고 있는데, 그 예란 다름 아닌 『소학』에 실린 남녀부동석 등의 예다.⁶³

『소학』의 규범을 지키는 이항복의 어머니와 같은 여성의 출현은, 남성의 이데올로기에 따라 스스로를 규율하는 여성이 차츰 출현하는 것이라고 보아도 무방할 것이다. 다만 이것이 전면적인 것은 아니었을 것이다. 이항복이 어머니의 이야기를 매우 드문 현상으로 전하고 있음에 유의할 필요가 있다. 곧 이식과 이항복의 자료로 보건대 가부장제는 서서히 정착되어 가고 있었던 것이다. 빠른 속도는 아니지만, 여성이 일상 속에서 『소학』이나 『내훈』 등의 가부장적 질서에 의식화되어 간다는 것을 의미한다.

2. 새로운 텍스트의 다양함과 풍부함

민간에서 여성 교육이 '가훈'으로부터 벗어나는 것은 지금 현전하는 자료로 한정한다면 17세기를 상한선으로 한다. 17세기 이후의 여성 교육서는 완벽하게 정리된 적이 없다. 대개 두 가지 방식으로 텍스트들의 존재를 확인할 수 있는데, 첫째는 17세기 이후 양반들의 문집에 전하는 관련 자료가 있고, 둘째는 지금까지 전해지는 『규범』閨範 유의 독립된 책자들이다. 이 두 가지 경우를 통해 다수의 자료를 수습할 수 있지만, 그것이 17세기 이후 존재한 여성 교육서의 총량이 아님은 물론이다. 또 이 책들을 모두 조사하거나 모두 검토하는 것은 불가능할 뿐만 아니라 불필요한 일이다. 먼저 『한국문집총간』을 근거로 하여 자료를 검토해 보자.

문집에 실린 자료로 가장 단순한 형태의 것은 아버지가 출가하는 딸에게 편지의 형식을 통해 시집에서의 마음과 몸가짐을 당부하는 것이다. 정경세鄭經世(1563~1633)의 「계녀서」戒女書를 예로 들 수 있다.[64] 이어 비슷한 시기의 신익전申翊全(1605~1660)의 「차녀영풍군부인훈사」次女永豊郡夫人訓辭[65]를 들 수 있는데, 내용은 다음과 같다.

> 여자의 도리는 남을 따르는 것이니 순종하고 어기지 않을 뿐이다. 이제 네가 남편을 받들며 궁중에 출입하게 되었으니, 마땅히 밤낮으로 공경하고 두려운 마음을 갖고 말 한마디라도 가볍게 입에 내지 말 것이며, 한 걸음이라도 경솔한 마음으로 내딛지 말 것이다. 하루 또 하루를 오로지 효도하고 오로지 충성하고 오로지 공손하고 오로지 검소하게 사는 것이 오직 네가 힘쓸 일이다. 만약 혹시라도 남편의 광영光榮을 믿고서 남편의 기쁨과 노여움을 어긋나게 하여 소생所生(낳아준 친정 부모)에게 부끄러움을 끼친다면, 소생의 마음이 어떠하겠느냐. 모름지기 나의 지극한 뜻을 체념體念하여 혹 조금이라도 게으르

지 말 것이다. 이것이 나의 소원이니, 네가 생각하지 않을 수 있으며 힘쓰지 않을 수 있겠느냐?[66]

신익전의 딸은 왕자 가家 아니면 종친에게 시집을 갔기 때문에 군부인君夫人이라는 칭호를 얻었을 것이다. 신익전이 당부하는 내용은 순종하는 마음으로 남편을 섬길 것, 말조심할 것, 행동을 삼갈 것 등이다. 물론 여기서 가장 중요한 것은 여성은 남성을 따르는 존재라는 대전제다. 시집가는 딸에게 아내가 남편에게 종속된 하위 존재라는 것을 주지시키는 것이 계녀담의 가장 원천적인 형태다. 이와 유사한 사례는 퍽 많았을 것으로 생각된다. 지금 남아 있는 것으로 최석정崔錫鼎(1646~1715)의 「계녀잠」戒女箴,[67] 임헌회任憲晦(1811~1878)의 「계녀맹순」戒女孟順[68] 등을 들 수 있고, 시집온 며느리에게 당부하는 형식을 취한 경우도 있다.[69] 이것들은 대개 한문으로 쓰인 글발이지만, 병풍의 형식도 널리 유행한 것으로 보인다. 대개 신부가 시집갈 때 다남多男을 기원하는 〈백자도〉百子圖나 감상용으로 〈화조도〉花鳥圖를 혼수로 가지고 갔던 바, 이 혼수용 병풍에 교훈적인 언설이나[70] 과거의 모범이 될 만한 현부賢婦의 행적을 쓰기도 하고,[71] 때로는 반소의 『여계』를 쓰기도 하였다.[72,73]

아버지가 딸에게 주는 '계녀서'가 17세기에 들어서면서 빈번하게 나타나는 것은 앞서 언급한 바와 같이 결혼 후 거주 형태가 바뀐 것과 관계된다. 결혼 후 남성이 여성의 집에 가서 사는 부처제婦處制가 그대로 유지되었더라면, 결혼하는 딸에게 친정아버지가 굳이 당부하는 말을 써서 보낼 필요가 없었을 것이다. 하지만 혼인 형태가 여성이 시집으로 가는 것으로 바뀐 것은, 여성이 이질적인 공간으로 들어감을 의미했다. 17세기를 통과하면서 부처제夫處制가 확산되자, 이질적인 공간으로 딸을 보내는 부모의 우려가 '계녀서'의 형태로 나타나기 시작했던 것이다.

반소의 『여계』, 『소학』, 『열녀전』 등 과거의 원형적 텍스트를 번역하여 사용하는 경우도 광범위하게 눈에 띈다. 표본으로서 『여계』와 『소학』의 경우를 보자.

『여계』가 본격적인 조명을 받은 것도 임병양란 이후다. 물론 조선 전기에 『여계』는 이미 존재했고, 성종 때 소혜왕후 한씨의 『내훈』에 포함되고, 중종 12년에 국문으로 번역하여 보급할 것을 추진했지만 실패로 돌아가고 말았다. 『여계』가 관官에서 정식으로 언해·출판된 것은 영조의 명으로 1736년 언해·출판된 『여사서』에 포함된 것이 최초의 일이다. 이와 아울러 민간에서도 『여계』는 주목을 받았다. 위에서 언급한 바와 같이 『여계』는 "그 말은 간략하면서도 상세하고, 그 뜻은 명백하면서도 간절하니, 참으로 규문閨門의 전칙典則이다"[74]라고 하여 병풍으로 만들어졌다. 1729년에는 또 여성들이 쉽게 알고 쉽게 실천할 수 있는 현실에 가장 절실한 텍스트로 인정되어 남유용南有容(1698~1772)이 번역하였고,[75] 이만부李萬敷의 아내는 남편의 『규훈』에 『여계』를 써서 덧붙였다. 박윤원朴胤源(1734~1799)의 『가훈』의 「종자부從子婦 이씨의 침병寢屛에 쓴 8조목의 여계女誡」(條女誡書從子婦李氏寢屛)에도 『여계』가 인용되었다. 조선 후기의 문인들은 『여계』를 매우 치밀하게 읽었으니, 성해응成海應(1760~1839)은 『여계』의 내용을 다시 시로 쓰면서 『여계』를 적극 찬미하였고,[76] 김원행金元行(1702~1772)은 『여계』의 6장 「곡종의」, 7장 「화숙매」의 일부를 비판하기도 하였던 바,[77] 이것들은 모두 『여계』에 대한 치밀한 독서의 산물이었던 것이다. 자연히 『여계』는 조선 후기 여성 교육서의 모본으로 작용했다.

『소학』의 경우는 굳이 밝힐 필요조차 없을 정도로 여성 교육서의 근간을 이루었다. 한원진韓元震(1682~1751)의 『한씨부훈』韓氏婦訓의 서문 일부를 읽어 보자.

하루는 여동생 이씨부李氏婦가 작은 책자를 나에게 주며 "성현의 격언을 써서 가르쳐 주세요" 하였다. 나는 "성현의 격언은 모두 책에 실려 있고, 부인의 몸과 가정의 일상에 더욱 절실한 것은 주문공朱文公의 『소학』과 율곡선생의 『격몽편』擊蒙篇보다 상세한 것은 없으니, 누이가 만약 두루 배우고 죄다 왼다면, 식견을 넓히고 요체를 알게 될 것이오. 어찌 내가 다시 가려 뽑아 분수를 돌아보지 아니하는 죄를 범하고, 쓸데없이 반복한다는 비난을 사게 만드는 게요. 허나 나는 오래 전부터 이 일에 뜻이 있었으니, 누이에게 한번 알게 하지 않을 수 없네"라고 하였다.[78]

부인의 몸과 일상에 가장 절실한 것은 『소학』과 『격몽편』에 근거를 두고 있었던 것이다. 율곡의 『격몽편』은 아마도 『격몽요결』일 것이다. 박윤원의 『가훈』에 포함된 여성 교육과 관련된 「종자부 이씨의 침병에 쓴 8조목의 여계」 역시 『소학』에서 대부분의 조목을 선택하고 있었다.[79] 그런가 하면, 성근묵成近默(1784~1825)의 「가훈」[80] 역시 "부인들의 행실로 『소학』에 있는 것을 번역해 읽고 반성할 것"을 요구하고 있었다.[81] 이런 증거들은 직접적으로 『소학』을 언급하고 있는 것이고, 실제 여성교육에 관련된 텍스트가 『소학』, 그리고 그 기원으로서 『예기』를 근원적 텍스트로 삼고 있음은 굳이 말할 필요가 없을 정도다.

『소학』은 임진왜란 이전 선조 20년(1587)에 중종조의 『번역소학』을 비판하면서 새로 번역되었고, 이 번역본이 표준 번역이 되어 판을 거듭하면서, 거듭 인쇄·보급되었다. 이후 영조 20년(1744)에 이 책을 부분적으로 수정하여 『어제소학언해』御製小學諺解라는 이름으로 인쇄·보급하였다. 『번역소학』은 보다 많은 독자, 즉 한문을 모르는 독자를 상정한 것이었던 바, 위의 『소학』에 근거한 여성 교육 텍스트 역시 당연히 언해본이 주류를 이루었다. 남유용이 『여계』를 언해한 것이 그 대표적인 사례가 되겠거니와, 거의 모든 텍스트는 언해본이었음은 두말할 필요가 없다. 송명흠宋明欽이 엮은 『규감』閨鑑이라는 책의 자서와 유봉지柳鳳之의 『규감』에 붙인 정범조丁範朝의 서문을 참고로 읽어 보자.

> 책이 완성되자, 어떤 이가, "우리나라는 세종께서 반절을 만드신 이래 부녀자들이 언문을 편리하게 여기니, 부녀자들이 고훈古訓을 듣거나 부례婦禮를 익히지 못하는 것은 대개 이 때문이다. 그대는 어찌하여 『효경』, 『논어』를 버리고 도리어 이것(언해본 서적)을 일삼는가?" 하였다. 내가 응답하기를, "…… 지금 나의 이 책 또한 설화의 가르침이다. 세상의 나이가 어리고 바탕이 아름다운 사람이 즉시 『효경』, 『논어』를 외우며 이 책을 같이 공부한다 해도 또한 가하지 않겠는가?" 하였다.[82]

> 나의 벗 유 간의柳諫議 봉지鳳之가 저술한 『규감』 4권으로 말하자면, 그 일은 경전자사經傳子史에서 채집하고, 그 사람은 정숙하고 사특한 사람까지 아울렀다. 그리고 언자諺字를 써서 그 뜻을 번역했는데, 자신의 가정은 물론 온 세상에 널리 은혜를 끼치고자 한 것이다.[83]

이런 서문에서 볼 수 있거니와 여성을 대상으로 한 서적은 모두 언해를 한 것이었다. 가장 유력한 것은 역시 책자의 형태로 만든 것이었다. 『한국문집총간』에서 다음과 같은 책자의 형태를 찾을 수 있다.

이만부李萬敷(1664~1732), 『규훈』閨訓[84] 1704년에 서문이 쓰여짐.
한원진韓元震(1682~1751), 『한씨부훈』韓氏婦訓[85] 11개의 장章. 1712년 저작.
송명흠宋明欽(1705~1768), 『규범』閨範[86] 6개 편.
안정복安鼎福(1712~1791), 『내범』內範[87]

오재소吳載紹(1729~1811), 『여교』女教[88] 내편 11개의 장, 외편 12개의 장.

유봉지柳鳳之, 『규감』閨鑑[89] 네 권.

저자 미상, 『여계총서』女誡總敍[90] 두 권. 성해응 집안의 책이다.

이런 책들은 극히 일부가 남은 것일 터이다. 현재 내용이 남아 있는 것은 몇 되지 않는다. 한원진의 『한씨부훈』이 거의 유일하게 내용을 확인할 수 있는 정도다.

책자의 형태 말고도 문집에 그 내용이 남아 있는 경우도 있다. 이덕무李德懋(1741~1793)가 누이들을 위해서 쓴 「매훈」妹訓[91]이라든가 박윤묵朴允默(1771~1849)이 아내를 위해 쓴 「규계」閨誡[92]가 있다. 또 박윤원(1734~1799)이 주로 아내와 조카며느리, 그리고 일반 여성 등 주로 여성에 대한 훈계로 쓴 「가훈」家訓도 여기에 포함될 것이다.[93]

이제 현재까지 책자의 형태로 전하고 있는 실물 텍스트를 간단히 살펴보자. 국립중앙도서관과 한국학중앙연구원 도서관의 목록을 조사했다.

1) 국립중앙도서관

『규문명감』閨門明鑑, 필사본(77개 장)

『규범』閨範, 필사본(63개 장)

『규범』閨範, 필사본(58개 장)

『규범선영』閨範選英, 필사본(23개 장)

『규중요람』閨中要覽, 한글 필사본(25개 장)

『규문궤범』閨門軌範, 왕성순王性淳, 해동인쇄소, 1915.

『규범』閨範, 김형원金炯元, 세문사世文社, 1962.

『규범요감』閨範要鑑 상·하, 유영선柳永善 편, 현곡정사玄谷精舍, 1965.

『녀ᄌ수지』, 필사본(84개 장)

『여사수지』女士須知, 노상직盧相稷 편, 자암서당紫巖書堂, 1918.

2) 한국학중앙연구원

『규감셔』閨鑑書 필사본(104개 장)

『규법』閨法 필사본(50개 장)

『규의』閨義 필사본(49개 장)

『규듕요람』閨中要覽 필사본 1첩(11개 절)

『내범』內範 필사본(29개 장)

『내훈』內訓 필사본(18개 장)

『규문궤범』閨門軌範, 왕성순王性淳, 해동인쇄소, 1915.

『여사수지』女士須知, 노상직盧相稷 편, 자암서당紫巖書堂, 1918.

『부인언행록』婦人言行錄, 2권 1책, 권순구權純九 집輯, 강두병姜斗秉 열閱, 광학서포廣學書舖 1916. * 덕흥서림德興書林에서 1926년에 발행된 것도 있음.

『부인치가법』, 조남희趙南熙 저, 동양서원東洋書院, 1925.

두 곳의 도서관은 표본으로 조사했을 뿐이다. 실제 규장각, 장서각, 그리고 각 대학도서관, 공립도서관에는 방대한 종수의 여성 교육서가 존재한다. 또한 위의 두 곳의 예에서 보듯, 여성 교육서는 20세기 초반까지 여전히 인쇄되고 있었다.

성해응(1760~1839)은 조선 후기 자신이 살았던 18세기 말 19세기 초반을 증언하면서 "법도 있는 집안에서는 모두 '규범'이 있다" 하였으니, 이 자료의 '규범'이란 아마도 책자 형태의 여성 교육서였을 것이다.[94] 요컨대 적어도 18세기 말에 오면 양반가에는 여성 교육서가 특수한 서책이 아니라 거의 일반적인 서적으로 인지되었음을 알 수 있다.

이런 전문적인 여성 교육서는 현재 전하는 자료로는 그 상한선이 『우암선생계녀사』를 넘어서는 것이 없다. 송시열宋時烈(1607~1689)이 맏딸을 권시權諰(1607~1689)의 둘째 아들 권유權惟에게 시집보낼 때 지은 이 텍스트의 정확한 저작 연대는 확정할 수 없지만, 여러 정황으로 볼 때, 대개 1650년 경으로 추정한다.[95] 물론 국립중앙도서관의『규중요람』(필사본)은 퇴계 이황의 저작으로 전해지고 있으나, 사실이 아니라고 보아야 할 것이다.[96]

흥미로운 것은 송시열의『계녀사』이후 여성 교육서가 대량 출현하기 시작한다는 것이다.『규범선영』(국립중앙도서관)은 이형상李衡祥(1653~1733)이 숙종 20년(1694)에 저작한 것으로 추정되며,[97] 이어 이만부(1664~1732)가 1704년에『규훈』閨訓[98]을 저술한다. 한원진(1682~1751)의『한씨부훈』韓氏婦訓[99]은 1712년에 저작되고, 송시열의『계녀사』에 직접 영향을 받은 병곡屛谷 권구權榘(1627~1749)의『병곡선조내정편』屛谷先祖內政篇이 숙종 42년에서 경종 3년(1716~1723) 사이에 엮어진다.[100]

이 여성 교육서들은 대개 앞서 나온 국가 간행본과는 달리 거의 필사의 과정을 통해 전파되었다. 즉 단일한 서적의 대량 공급이라는 국가 간행본과는 유통 방식이 대척적인 위치에 있는 것이다. 대개 사본은 필사자의 적극적인 욕구에 의해 제작된다.『우암선생계녀사』의 경우, 현재 수종의 필사본이 전한다.[101]『우암선생계녀사』는 송시열이 자신의 딸을 훈계하기 위한 것이지만, 그 특정한 목적을 넘어 여러 사람들에게 읽혔다.

문중을 중심으로 해서 필사되고 읽히는 경우도 있다. 예컨대 권구의『병곡선조내정편』이 그런 경우인데, 20세기에도 영남 지방에 상당수가 전파되어 있었고 대전 등 기호 지방까지 퍼져 있다고 한다.[102] 물론 이런 경우가 권씨 가문만이 아닐 것이고, 도리어 보편적인 경우로 보아야 할 것이다.

위에서 든 여성 교육서의 집합적 특징은, 우점종이라 할 만한 텍스트는 없고 다양한 단일종이 다수 존재하는 것이라 말할 수 있다. 이것은 각 가정이나 가문에서 자신들의 편의에 따라 여성 교육서를 스스로 만들어내었음을 의미한다. 그러나 모든 텍스트들은 세부 목차와 서술 양의 많고 적음과, 서술 순서의 편차만 있을 뿐 그 구성과 내용은 거의 동일하다. 왜냐하면 이것들은 『예기』, 『소학』, 『열녀전』 등에서 인용된 것이기 때문이다.

여성 교육서의 절대다수는 당연히 남성이 엮은 것이었다. 남성들의 욕망을 여성들에게 입히는 것이 여성 교육서가 의도하는 바이니, 당연한 현상이다. 그러나 여성의 의식화는 급기야 여성이 스스로 자신을 의식화하는 텍스트를 만들어내도록 했다. 예컨대 국립중앙도서관의 『규범』(63장본)이 그것이다. 이것이 이른바 해평 윤씨의 『규범』인데, 여성이 편집한 것이다.[103] 선희궁宣禧宮 영빈映嬪 이씨李氏의 『여범』女範[104] 역시 여성의 산물이다. 이런 경우는 앞으로 조사에 따라 꽤 많이 발견되리라 생각한다.

황덕길黃德吉(1750~1827)의 「서종자부허씨유묵후」書從子婦許氏遺墨後의 주인공인 황덕길의 종자부從子婦 허씨는 권선勸善·여행女行·찬부讚婦 등을 직접 써서 딸을 가르치고,[105] 집안의 장서를 모두 정리하는 등 꽤나 문식이 있었다. 양반 가문 내부의 여성들은 꽤나 문식을 갖추기도 하였다. 그러나 이들의 지식은 오로지 가부장제의 틀 안에서 움직였다. 여성은 이제 가부장제에 의식화되어 스스로 가부장제를 재생산하기 시작했다.

여성 교육서들은 거기에 설파된 가부장제에 의해 여성들이 의식화될 것을 강력히 희망하였다. 이만부는 「서규훈후증신부설」書閨訓後贈新婦說에서 이렇게 말하고 있다.

> 이 훈사訓辭를 아침저녁으로 보고 읽어 눈과 귀에 젖으면 자연히 조심하고 두려워하는 기운이 있어 덕성德性이 훈도될 것이니, 아마도 큰 허물이 없을 것이다. 노인의 바람이 여기에 있을 뿐이다.[106]

이 바람은 실제로 구현되었다. 채제공蔡濟恭(1720~1799)은 자신의 첫 아내를 회상하면서 당시 여성들이 소설을 빌려 읽느라 술과 음식을 마련하고, 직조織造하는 책임이 있는 줄을 모르지만, 자신의 아내는 '여서'女書 중에서 모범이 될 만한 것을 노동의 여가에 읽고 외었다는 것이다.[107] 성해응은 집안에 전하던 『여계총서』女誡總敍라는 책의 서문에서 이 책이 읽히던 분위기를 이렇게 전하고 있다.

> 『여계총서』 두 권은 증왕모曾王母 때부터 있던 것인데, 책을 찬한 사람의 성명이 없다. 대개 규방의 훈사訓辭로서 조대가曹大家의 『여계』女誡를 본떠 만든 책이다. 나는 어렸을 때 선비先妣와 선고先考 그리고 집안의 여러 부인네들이 짬이 나는 날 외고 읽는 것을 보았는데, 나는 곁에서 들어 대략을 기억하고는 기뻐하면서 그것을 즐겼다.[108]

이런 서적들은 가정 내의 부녀자들이 실제 읽고 외는 것이었다. 이런 유의 서적에서 의식화된 사례를 광범위하게 발견할 수 있다. 이용휴李用休(1708~1783)의 「제신부인소서열녀전발」題申夫人所書列女傳跋에 의하면, 15세에 '태재太宰 진산晉山 유공柳公'과 결혼한 신유申濡(1610~1665)의 누이는 스스로 『열녀전』을 써서 읽었다고 한다.[109] 한원진의 『한씨부훈』도 한원진 누이의 요청이 계기가 되어 저술되었던 것이다.

이런 사례는 광범위하게 발견된다.

> (1) 화리貨利와 복완服玩 등에는 마음을 두지 않았고, 항상 방 하나를 깨끗이 소재하여 연궤硯几를 늘어놓고, 국풍國風, 『효경』孝經, 『소학』小學과 '여훈'女訓에 관계된 여러 책을 읽었는데, 소리가 마치 옥을 굴리는 것 같았다. 그리고 한문공韓文公·구양영숙歐陽永叔·소동파蘇東坡의 상像을 벽에 걸고 그 사람됨을 상상하고 사모하였다.[110]

(2) 예전에 박씨가 시집가기 전에 옛사람의 가르침과 '여계'女戒에 관한 책을 보기 좋아하여 그것을 외울 수 있을 정도였다.[111]

(3) 유인孺人 오씨吳氏는…… 부인婦人들의 가언嘉言, 선행善行을 언문으로 번역하여 외고 익혔다.[112]

(4) (임씨任氏는) 8, 9세에 『내칙』, 『여계』, 『곤범』閫範 등을 섭렵하여 대의를 대략 깨쳤다.[113]

이런 예들을 통해 여성이 가부장적 텍스트에 의해 일방적으로 의식화되어 갔던 사정을 충분히 짐작할 수 있을 것이다.

3. 텍스트의 목적—여성의 일상에 대한 통제

여성 교육서들은 여성의 의식과 언어와 행동을 '제작'하고자 했다. 이들 서적 혹은 텍스트들은 여성의 본성을 정의하고, 여성의 무지함 등을 비판한 뒤 남성적 욕망이 투사된 여성상을 만들어내고자 한 것이다.

여성에 대한 부정적 정의

여성 교육서의 필자, 편자, 혹은 비평가들은 예외 없이 남성과 여성의 성역할의 차이를 밝히면서 여성을 정의한다. 이익李瀷(1681~1763)과 이만부(1664~1732)는 이렇게 말한다.

하늘은 건도乾道이고, 부도夫道다. 곤坤은 건乾이 아니면 반드시 빠지게 되듯, 부인은 남편이 아니면 어지러워진다. 『소학』에서 내·외의 가르침을 구비한 것은, 그 까닭이 무엇인가. 글을 읽고 도를 말하는 것은 필경 바깥의 일이요, 부인은 1년 내내 부지런히 움직이면서 직무가 또한 많으니, 어느 겨를에 경전의 말씀을 읽으며 누에치고 베를 짜는 일을 그만둘 수 있으리오?"114

대저 여자는 장부(남자)와 같지 않다. 장부는 천지만물을 나와 일체로 여기기 때문에, 궁하면 홀로 그 몸을 선하게 하고, 달하면 천하를 겸하여 다스리는 것이 모두 나 자신의 원래 타고난 일이다. 하지만 여자에게 어찌 경천동지할 그런 일을 책임지우겠는가. 공자께서 말씀하시기를, "여자는 규문閨門 안에서 날을 마치고, 하는 일은 음식 마련에 있을 뿐이고, 행동은 독단적으로 하지 못하고, 일을 자기 마음대로 하지 않는다" 하였으니, 여자의 행실을 대개 알 수 있는 것이다.115

이것은 앞서 검토한 바와 같이 『소학』에서 유래하는 언설이며, 또 그 원래의 기원은 『예기』 등으로 소급할 것이다. 남성은 하늘이고 건도이며, 여성은 땅이고 곤도라는, 『주역』에서 유래한 이익의 언설은 남성과 여성의 역할을 사회적·지적 노동과 가정 내부의 육체노동이라는 점으로 이분화하면서 여성을 정의한다. 남성은 지적 존재, 여성은 노동하는 존재라는 이 이분화는 분명 불평등하다.

이만부의 언설에서도 남성은 천하를 경영하는 존재로 그려지는가 하면, 여성은 오직 가내노동을 떠맡는 기능적 존재일 뿐이다. 이만부가 인용하고 있는 공자의 말은 『소학』 「명륜」 2에서 인용된 것으로,116 원래 공자의 말은, 의식, 언어, 행동의 차원에서 여성은 주체가 될 수 없다는 것을 의미하고 있었다. 이만부는 여성을 독자적으로 행동할 수 없는 존재로 인식하고 있었다. 주체성의 부재는 곧 여성의 열등성을 의미한다.

여성에 대한 부정적 정의는 여성의 속성을 '편협함'으로 정의하는 데서 다시 명백해진다.

(1) 부인은, 편협한 성품을 가장 큰 마음의 병통으로 여긴다.[117]
(2) 말세에 인심이 이미 야박해진데다가 부인의 성품은 또 편협하고 막힌 데가 많다.[118]
(3) 부인의 성품은 편협하면서 바탕은 유약하다. 성품이 편협하기에 옳은 것을 깨우치기 어렵고, 바탕이 유약하기에 선을 강요하기 어려우니, 반드시 감발感發로 고동鼓動시켜야 하는데, 그 방법은 고훈古訓을 배워 문견과 지식을 넓히는 데 있다. 이것이 「곡례」와 「내칙」이 지어진 이유이다.[119]

여성의 성격은 편협하다. 특히 (3)에서 보듯 여성의 속성은 그 편협성 때문에 남성의 교육 대상이 된다.

주체성이 부재하는 여성, 열등한 여성, 편협한 성격적 결함을 갖는 여성은, 그 주체를 남성에게서 찾아야 한다. 이익이 "곤坤은 건乾이 아니면 반드시 빠지게 되듯, 부인은 남편이 아니면 어지러워진다"라고 말한다. 또 송시열은 이것을 "여자의 백 년 앙망이 오직 지아비"[120]라고 말한다. 여성은 남성에 의해 비로소 존재의 의미를 부여받는다. 이때 남성의 구체적 지시 대상은 아버지나 아들이 아니라, 성적 대상자인 남편이며, 넓게는 남편의 가문을 말한다. 여성은 남편의 아내, 그리고 남편 가문의 일원으로서 존재할 뿐이다. 동시에 여성의 존재 양식은 오로지 남편의 가문 즉 시집 속에서만 유의미한 것이다. 송시열은 여성의 현실적 존재 양태를 이렇게 말한다. "부인은 시가媤家가 으뜸이오, 친가親家는 시가만 못하다."[121]

한원진은 이 문제를 좀 더 구체화한다.

> 부인의 평생 영욕榮辱 휴척休戚은 오로지 그 남편의 현賢·불초不肖에 달려 있다. 그 남편이 현명하다면 종족宗族이 칭송하고, 향당鄕黨이 추천하고 한 나라와 천하가 그를 사모하여 자신이 그 높은 영예를 누릴 것이니, 그 아내 된 사람이 어찌 그 영예에 참여하지 않을 수 있겠는가. 만약 그 남편이 불초 하다면, 종족이 미워하고 향당이 천하게 여기며 한 나라와 천하가 그를 버려 자신이 오욕에 빠질 것이니, 그 아내 된 사람이 어찌 또한 그 오욕을 같이하 지 않겠는가.[122]

부부의 운명이 연동한다는 것은 필연에 가깝다. 그러나 한원진의 발언은 이 연동의 관계가 상호 대등하게 작용하는 것이 아니라, 남성에 의해 여성의 운명이 결정된다는 것, 여성은 독립적인 성취와 평가가 불가능하고, 오로지 남성에 의해서 그것이 결정된다는 점에서 편파적이다.

이 편파적인 판단에도 불구하고 한원진의 언설에는 여성에 대한 불안감이 엿보인다. 여성의 운명은 남성에 의해 결정되므로, 여성이 남성을 긍정적 방향으로 유도할 수 있도록 보좌해야 한다는 것은, 여성이 현실적으로 가부장적 질서에 영향력을 행사할 수 있다는 것을 암시하고 있다. 그것을 조현명은 구체적으로 이렇게 말한다.

> 여자로서 남의 집안의 며느리가 되는 사람은 그 직임이 몹시 중요하다. 제사를 받들고 시부모를 섬기고 남편을 보좌하고, 집안의 크고 작은 온갖 일들을 모두 총괄해 알지 않으면 안 된다. 며느리의 현명함과 불초함에 한 가문의 일어남과 쇠망이 달렸다. 대저 나의 딸 때문에 남의 집안을 멸족시키기까지 하니, 그 어질지 못한 책임을 누가 감당해야 하겠는가?[123]

여성은 가문의 가부장적 질서를 붕괴시킬 수도 있다. 고부간의 갈등,

처첩 간의 갈등은 현실에서 작동하는 가부장적 질서를 위협하는 것이었다.

한원진의 『한씨부훈』의 「사가장장」事家長章 제3은 가부장적 질서를 위협하는 여성의 존재를 일반화하고 있어서 대단히 흥미롭다. 한원진은 이렇게 말한다. "남자로서 중등 이하의 인물들은 부인이 움직이는 대로 움직이지 않는 자가 없다."[124] 중등 이하의 보통 남성들은 가부장제로 여성을 장악하고 있는 것이 아니라, 실제로는 가부장제라는 명분 속에서 여성에 의해서 조종당하고 있었던 것이다. 즉 여성에 대한 남성의 권력 장악은 여전히 제대로 작동하지 않고 있었다.

> 근세의 부녀들은 교육이 전혀 없어 혹 어린아이 적에는 아첨을 떨고 간교하게 구는 것을 익히고, 비단옷을 입고 금옥으로 치장하여 남의 집 연회에 드나들며 성예聲譽를 노린다. 아들이 있는 집에서 보내는 매파가 끊이질 않아 오로지 며느리로 얻기를 바라고, 며느리로 얻고 나면 며느리의 마음을 상하게 할까 애지중지하여 이르지 못할 데가 없다. 그리하여 교만하고 나태한 버릇을 길러 그 남편에게 오만하게 굴고, 시부모를 업신여겨 부도婦道를 손상시킨다. 혹은 몸단장을 전혀 하지 않고 조심하는 마음 없이 제멋대로 굴어 예법을 무시하는가 하면, 혹은 음란하고 사납고 질투심이 많아 그 남편을 선하지 않은 데로 이끈다. 그 자질이 높고 기상이 빼어난 사람은 자신의 능력과 지혜를 드날려 바깥일에 간섭하여 새벽에 우는 암탉이 되기도 한다.[125]

이른바 '부도'婦道에 의해 통제되지 않은 여성의 존재를 말하고 있다. 적어도 이 글이 쓰인 1704년 즈음의 어떤 순간, 어떤 국면에서 여성은 남성에 의해 순치되지 않고, 급기야 남성의 고유한 영역까지 침범하는 '새벽에 우는 암탉'이 되기까지 했던 것이다. 가부장제로 여성을 훈육하고자 하는 남성 권력에 대응하여, 여성은 현실에서 여전히 '저항'하고 있었음을 여기서 확인할 수 있다.

조현명처럼 송명흠 역시 가부장제에 의해 길들여지지 않는 여성의 존재가 초래하는 위험을 경고한다.

> 무릇 이 몇 가지는 모두 실덕失德하는 것이니, 진실로 고훈古訓을 듣지 않고 부례婦禮를 익히지 않았기 때문이다. 그래서 남편은 아내의 보좌를 받을 수 없고, 자식은 어머니의 가르침을 기다릴 수 없고, 시부모는 그 은혜를 차지할 수 없고, 귀신은 제수를 흠향할 수 없고, 형제와 종들은 흩어지고 향당과 종족은 헐뜯고, 친정 부모는 그 모욕을 받고, 가도家道는 날로 허물어지고, 인재는 날로 사라지고 교화敎化는 날로 쇠퇴하여 어느 틈에 마침내 강상은 무너지고 법은 망가질 것이다.
> 나는 때문에 이렇게 말한다. "부녀를 가르치는 것의 성쇠는 국가 치란의 근본이다. 전傳에 이르기를, '집안이 다스려진 후에 나라가 다스려진다' 하였으니, 또한 그렇지 아니한가."[126]

여성의 훈육 여부는 국가의 존속과도 긴밀한 관계가 있다는 발언은 결코 과언이 아니었다. 예컨대 왕가의 경우, 숙종이 거느렸던 처첩의 복잡한 투쟁은 정치 구조를 변화시키지 않았던가.

"가문의 일어남과 쇠망이 부인의 행실에 달려 있다"[127]는 말은 여성 교육서에 흔히 나오는 말로 그것은 『소학』「가언」 5(42장)의 사마광司馬光의 말에 근거한 것이지만[128] 그것은 실로 가부장적 사대부 사회라는 동일한 사회 구조에서 배태되는 동일한 문제에 대한 고민이었던 것이다. 이것이 당시 사대부 사회의 문제로 부상했다.

여성을 열등하고 편협한 존재로 정의하는 것은, 이미 지적한 바와 같이 『예기』까지 소급하는 것이지만, 이 시기에 와서 이 점을 여성 교육서들이 재삼 강조하고 나선 것은, 남성적 욕망, 곧 가부장적 질서에 의해 여성의 일상을 강력하게 의식화하고자 하는 목적을 갖고 있었기 때문이었다. 이제 여성은 의식과 언어와 행동에 있어서 다시 훈육되어야 할 대상이었다.

한원진은 집안의 흥망이 부인의 행실에 달려 있고, 부인 행실의 사邪·정正은 교육의 부재에서 유래한다[129]고 말한다. 이어 그는 이렇게 말한다.

> 그렇다면 부인을 올바르게 교육하여 사악한 데로 들어가지 않게 하는 일이 급한 일이 아니랴. 하지만 세상에 멀리까지 생각하는 사람이 없어, 은혜에 익숙하고 소홀한 사람이 많아 다시는 부녀자를 교육하는 것이 급선무인 줄을 알지 못하니, 말세의 제가齊家의 어려움이 여기에 관계되지 아니함이 없다.[130]

여성의 교육은 이제 전면에 떠오른다. "인도人道는 처음부터 곤법壼法에 근본을 두지 않음이 없다." 그러나 곤법의 실천은 매우 어렵다.[131] 하지만 늘 그렇듯 현재 여성에 대한 교육은 중국 고대의 여성 교육의 완성에 비해 늘 열등하다. 여성 교육서의 필자 또는 편자들은 여성 교육의 역사를 언급하면서 주대의 여성 교육을 길게 언급하고, 조선의 현재 여성 교육의 부재를 비판한다.[132] 따라서 늘 그렇듯 그들은 중국 고대의 여성 교육 즉 고훈古訓을 현재화시키려고 한다. 고훈은 이미 검토한 바 있는 『예기』, 『소학』, 『열녀전』 등이다. 조선 후기의 무수한 여성 교육서의 출현은 이 고전적 텍스트의 변용이다.

가부장제에 의한 여성의 자기 통제

이제 한 걸음 더 들어가서 여성 교육서의 내용과 성격을 본격적으로 검토해 보자. 지금 모든 텍스트를 다 수집할 수도 없고, 또 수집된 텍스트를 모두 분석의 대상으로 삼을 필요도 없다. 사실 이 다양한 텍스트들의 내용은 형식상의 약간의 차이를 제외하고는 거의 반복적이다. 우선 살펴볼 텍스트는 송시열의 『우암선생계녀사』이다. 이 텍스트가 언제 만들어졌는지는 알 수 없지만, 송시열이 맏딸을 권시의 둘째아들 권유에게 시집보낼 때 지은 것이니, 17세기 후반 경으로 짐작된다. 송시열은, 19세기 말까지 정권을 잡았던 노론의 영수이자 정신적 지주였기에 이 텍스트는 필사본으로 전승되었던 것이다. 물론 한편으로는 이 텍스트가 송시열이라는 권위 외에도 그럴 만한 내용을 갖추고 있었기 때문에 널리 전승되었음은 두말할 필요가 없다. 이 텍스트는 일제시대까지 필사되면서 오랫동안 읽혔다.[133] 『우암선생계녀사』는 원래부터 한글본으로 모두 20개의 장으로 이루어졌다.

1) 부모 섬기는 도리라
2) 지아비 섬기는 도리라
3) 시부모 섬기는 도리라
4) 형제 화목하는 도리라
5) 친척을 화목하는 도리라
6) 자식 가르치는 도리라
7) 제사 받드는 도리라
8) 손 대접하는 도리라
9) 투기하지 마라는 도리라
10) 말씀을 조심하는 도리라
11) 재물 존절히 쓰는 도리라
12) 일 부지런히 하는 도리라
13) 병환 모시는 도리라
14) 의복 음식 하는 도리라

15) 노비 부리는 도리라

16) 꾸이며 받는 도리라

17) 팔고 사는 도리라

18) 비수원 하는 도리라

19) 종요로운 경계라

20) 옛사람 착한 행실 말이라

이 20개 장은 두 가지로 분류된다. 첫째, 여성 교육서들은 어떤 책을 막론하고 여성을 남편에게 종속된 존재, 곧 시집의 일원으로 훈육한다. 여성은 결혼과 동시에 생활공간이 시집으로 바뀌면서 남편 → 시부모 → 시형제 → 친척, 자식으로 확장되는 새로운 인적 관계를 갖는다. 전에 경험하지 못했던 전혀 이질적인 가부장제 가족 구성 속에서 여성은 자신의 사고와 행위를 어떻게 통제할 것인가 하는 문제를 갖게 된다. 둘째는, 여성 노동, 즉 가정 내에서의 노동과 관련된 것이다.

이 분류에 의하면 『우암선생계녀사』는 다음과 같이 나뉠 수 있다.

(가)

1) 부모 섬기는 도리, 2) 지아비 섬기는 도리, 3) 시부모 섬기는 도리,

4) 형제 화목하는 도리, 5) 친척 화목하는 도리, 6) 자식 가르치는 도리,

9) 투기하지 마라는 도리, 10) 말씀 조심하는 도리

(나)

7) 제사 받드는 도리, 8) 손 대접하는 도리, 14) 의복 음식 하는 도리,

11) 재물 존절히 쓰는 도리, 12) 일 부지런히 하는 도리,

13) 병환 모시는 도리, 15) 노복 부리는 도리, 16) 꾸이며 받는 도리,

17) 팔고 사는 도리

그리고 여기에 들지 않는 18) 비수원 하는 도리, 19) 종요로운 경계, 20) 옛사람 착한 행실 말 등을 기타로 남길 수 있다.
『우암선생계녀사』의 20개 항목은 뒷날 거의 모든 여성 교육서의 내용을 포괄한다. 다음에서 몇 가지 예를 보자.

* 이만부의 『규훈』
1) 시부모를 효로써 봉양함(養舅姑以孝), 2) 남편을 공경으로 섬김(事丈夫以敬), 3) 정성으로 제사를 받듦(奉祭祀以誠), 4) 종족宗族과 예禮로써 화목하게 지냄(穆宗族以禮), 5) 집안의 대중을 은혜로 다스림(御家衆以惠)

* 한원진의 『한씨부훈』
1) 통설장統說章, 2) 사부모구고장事父母舅姑章, 3) 사가장장事家長章, 4) 접형제제사장接兄弟娣姒章, 5) 교자부장敎子婦章, 6) 대첩잉장待妾媵章, 7) 어비복장御婢僕章, 8) 간가무장幹家務章, 9) 접빈객장接賓客章, 10) 봉제사장奉祭祀章, 11) 근부덕장謹婦德章

* 박윤묵의 「규계」閨誡
1) 상유순尙柔順, 2) 근동지謹動止, 3) 근여공勤女工, 4) 절재용節財用, 5) 원무고遠巫瞽

* 과거 텍스트와의 비교
『여계』 1)비약, 2)부부, 3)경순, 4)부행, 5)전심, 6)곡종, 7)화숙매
『내훈』 1)언행, 2)효친, 3)혼례, 4)부부, 5)모의, 6)돈목, 7)염검

이만부의 『규훈』과 박윤묵의 「규계」는 완전히 포괄된다. 한원진의 『한씨부훈』은 5)교자부장敎子婦章 정도가 포함되지 않을 뿐 거의 다 포괄된다. 사실 『우암선생계녀사』 이후의 여러 여성 교육서들은 이 저작의 범위를 벗어나지 않는다 해도 과언이 아니다.

(가)의 각론을 통어하는 윤리는 '순종'이다. 곧 남편 → 시부모 → 시형제 → 친척으로 이어지는 시집의 인적 관계에 대한 순종, 곧 가부장적 질서를 비판없이 수용할 것을 주문한다. 한원진의 경우를 보면, 일목요연하게 그 주문을 정리하고 있다.

> 부인의 집안에서의 행실에 대해서는 위에 상세히 말해 놓았다. 하지만 먼저 자신을 다스리는 일이 없으면, 또 근본으로 삼을 것이 없게 된다. 이것이 바로 부덕婦德이 일생의 일이 되며 뭇 일들이 한데 모이는 꼭짓점이 되는 까닭이다. 대개 부인의 덕은 정정貞靜하고 화순和順한 것보다 귀한 것이 없다.
> '정'貞이란 남편을 두 번 바꾸지 아니하고, 장경莊敬함을 스스로 지켜 음란함을 가르치지 아니하는 유이다.
> '정'靜이란 언어가 간중簡重하고 행동거지가 편안하고 여유가 있으며, 웃어도 너털웃음을 웃지 않으며, 노하여도 욕을 하는 데 이르지 않는 유이다.
> '화'和는 사람을 접할 때 화락한 것을 말한다.
> '순'順은 남에게 복종하는 데 있어 순종하는 것을 말한다.
> 이 네 가지가 구비되면 모든 선善을 차지할 수 있다. 하지만 만약 한 가지라도 성실하지 못하면 부덕婦德이 이지러지는 것이니, 조심하지 않을 수 있겠는가.[134]

한원진은 여성이 남성에게 성적으로 종속될 것(貞), 언어와 행동을 스스로 통제할 것(靜), 남성의 권력에 복종할 것(和·順)을 요구하고 있는 바,

이것은 모든 여성 교육서의 일관된 요구로 사실상 여성을 남성의 의도대로 완전히 통제하겠다는 것이었다. 모든 여성 교육서는 여성의 가부장제에 대한 복종을 '순종'이라는 언어에 의해 의식화할 것을 끊임없이 요구한다.[135] 그리고 이 순종의 방법으로 언어에 대해 스스로 통제할 것, 즉 자기의 견해를 밝히지 말 것, 말을 많이 하지 말 것을 요구했다. 송시열은 딸에게 이렇게 주문한다.

> 상담常談에 이르되 신부가 시가에 가서 눈 멀어 삼 년이오, 귀 먹어 삼 년이오, 말 못하여 삼 년이라 하니, 눈 멀단 말은 보고도 말하지 말란 말이요, 귀 먹단 말은 듣고도 들은 체하지 말란 말이요, 말 못한단 말은 불길한 말을 하지 말란 말이니, 말을 삼감이 으뜸 행실이라, 삼가지 아니하면 옳은 말이라도 시비와 싸움이 그칠 때 없을 것이거늘, 하물며 그른 말을 할까 싶으냐.
> 남의 흉을 말하면 자연 원망도 나고 욕도 나며 부모 친척이 짐승으로 보고, 노비와 이웃 사람이 다 업수이 여기나니, 내 혀를 가지고 도로 내 몸을 해롭게 하니, 그런 애닯고 한심한 일이 어데 있으리오. 일백 행실 중 말을 삼감이 제일 공부니, 부디부디 삼가 뉘우침이 없게 하라.[136]

여성의 언어를 통제하는 것, 곧 여성으로 하여금 스스로 사유하는 기회를 박탈하는 것, 곧 여성이라는 주체를 없애는 것이다. 모든 여성 교육서는 여성의 언어를 통제한다. 이덕무는 이렇게 말한다.

> 착한 말, 악한 말은 모두 입에서 나오는 것이다. 한번 악한 말을 뱉으면 후회해도 누구를 원망하랴? 한 몸의 선과 악은 마치 손바닥을 뒤집는 것처럼 쉬운 법이다.
> 말 많은 아낙은 행동이 한결같지 않다. 말이 많으면 허망함이 많아지고, 허망

하면 알맹이가 없다. 조심하고 조심해야 할 것이다.

말과 웃음을 절제하지 못하면 광대에 가깝게 되고, 표정이 사납고 따스함이 적으면 근심이 있는 것처럼 보인다. 무엇을 중도라 이르는가? 유순함에서 중도를 찾아야 할 것이다. ……

규방 안은 조용해야 하고 떠드는 소리가 없어야 한다. 소리를 크게 내지 말고 온화함을 기르고, 말소리를 집 밖으로 내지 말아야 집안을 편안히 만들 수 있다.[137]

여성 교육서가 특히 여성의 언어에 주목한 것은, 남성 가족 내부에 이질적인 존재가 들어왔을 때 발생하는 갈등을 여성을 침묵시킴으로써 봉쇄하고자 하기 때문이다. 즉 결혼을 통해 부계출계 집단으로 들어오는 이질적 존재가 불러일으킬 갈등을 순치시키고자 한 것이었다.

결혼으로 인해 형성된 아내와 남편, 며느리와 시부모(특히 시어머니)라는 새로운 관계는 한 남성을 두고 두 여성이 경쟁하는 갈등을 조성했다. 이것은 심각한 문제였다. 송시열은 이렇게 말한다.

세상 부인이 지아비 몸을 제 몸보다 중히 여겨 의복을 저는 입을 줄 모르고, 지아비 입을 제 입도곤 더 중히 여겨 음식을 저는 먹을 줄 모르고, 백사에 제 몸도곤 더하게 여기되 지아비 부모는 제 부모에서 더 중한 줄 모르고, 제 부모 사사 편지를 시부모 알까 하니, 그러할작시면, 예문에 어찌 제 부모 상복은 기년이오, 시부모 상복은 삼 년을 하라 하였으리오. 시부모 섬기기를 제 부모에서 중히 할지니, 일동일정과 일언일사를 부디 무심히 말고 극진히 섬기라.

내 부모같이 섬기지 못하면 시부모도 며느리를 딸만치 못 사랑하나니 제 모르고 시부모 딸만치 여기지 못하면 그런 일만 섧게 여겨, 우악한 부인은 싸울 제도 많고, 가도 불평하여 참혹히 하다가, 늙은 후에 며느리 얻으면 또 며느리 흉을 못내 하니, 시부모 박대하고, 제 며느리 흉 또 보는 일, 인생 세상에 많으니, 어찌 경계치 않으리오.

시부모 꾸중하셔도 내 일이 그른 때 꾸중하신다 하고, 사랑하셔도 기뻐하여 더욱 조심하고, 내 부모 집에서 보내는 것 있거든 봉한 대로 시부모 앞에 풀어 드리고, 덜어 주시거든 사양 말고 받아 간수하였다가 다시 드리고, 내 쓸 데 있거든 시부모께 다시 아뢰고 쓰라. 이 밖의 말은 부모 섬기는 장에 다 하였으니 그대로 할 것이니라.[138]

결혼으로 인한 아내와 남편의 관계는, 시부모(곧 시어머니)와 아들과의 관계와 갈등을 일으킨다. 이 갈등은 결혼 후 거주 형태가 부처제夫處制로 바뀌면서 발생한 근원적인 갈등이었다. 여성의 친정 부모에 대한 관계는 혈연적 관계이고, 긴 양육 과정을 통해 농밀한 정서적 유대감이 형성되지만, 시부모에 대한 관계는 그와 대척적인 인공적이며 부자연스러운 관계다. 이 부자연스러운 관계를 여성의 일방적 복종을 통해 해소하려는 것이 가부장제의 의도였다.

다시 한원진의 경우를 참고하자. 한원진은 그 부자연스러운 관계에 대해 이렇게 말하고 있다. "말세에 인심이 야박하고 부인의 성품이 또 편색偏塞하므로 시부모에게 망극한 은혜가 있는 줄을 모르고 여느 보통 노인에 비기고서 힘을 다하고 정성을 쏟아 그 은혜에 보답할 줄 모르니, 한심한 일이 아니랴."[139] 한원진은 시부모에 대한 며느리의 불효를 한탄하고 그 이유를 말세의 야박한 인심과 여성의 편색한 성품으로 돌리지만, 사실 그것은 부처제夫處制가 시작되면서 여성이 비자연적 관계 속에 노출되었기 때문이다. 이 비자연적 관계가 야기하는 갈등이 이른바 고부갈등이다. 한원진은 그것을 그대로 노출한다.

또 세상의 시어머니와 며느리를 보건대, 자애와 효도하는 마음을 잃은 경우가 많은데, 이것은 모두 며느리 된 사람이 시부모의 자애하는 마음을 모르기 때문이다."[140]

시어머니의 자애와 며느리의 효도가 상실된 상태, 즉 고부갈등을 어떻게 조절할 것인가. 이 갈등은 수평적 인간관계에서 야기된 것이 아니다. 그것은 상위자(시어머니)와 하위자(며느리)라는 가부장제의 권력적 위계 관계에서 조성된 것이다. 시부모에 의해 며느리에게 폭력이 가해질 경우가 당연히 상정된다.

이 불합리한 현상을 한원진은 이렇게 비유를 들어 해명한다. 부모는 자식을 사랑한다. 사랑하기에 자식을 교육하고, 만약 교육을 따르지 않으면 '책벌'責罰한다. 책벌은 인정과 천리天理의 자연스러운 것으로 부득이한 것이다. 만약 책벌이 지나친 경우가 있다 해도 부모의 본심은 자애하는 마음에서 나온 것이고, 다른 의도는 없다. 자식이 부모의 책벌을 원망하고 자신을 사랑하는 그 본래의 의도를 모른다면, 그것은 심하게 미혹迷惑된 경우다. 이 논리를 며느리에게 그대로 옮긴다. 자식을 사랑하는 것이 독실하기에 며느리에게도 독실하다는 것이다. 따라서 며느리에게 베푸는 교훈과 책벌은 자식에게 베푸는 것과 동일하다.

한원진이 말하는 과잉의 책벌이란 다름 아닌 고부갈등에서 벌어지는 시어머니의 며느리에 대한 언어적·육체적 폭력이다. 그는 아들을 사랑하는 것처럼 며느리를 사랑하기 때문에 폭력이 존재하고, 그것은 사랑이라는 의도에서 나왔으므로 용인해야 한다고 하지만, 한원진은 어머니·아들의 관계와 시어머니·며느리의 관계를 등치시키는 오류를 범한다. 시어머니·며느리의 관계는 부모 자식의 관계가 아니다. 그것은 한 남자를 두고 경쟁하는 관계다. 시어머니는 남성화된 여성으로, 가부장적 권력으로 며느리를 통제한다.

그 일에 혹 지나친 경우가 있다 해도 그 마음은 실로 자식을 사랑하는 마음에서 미루어 나간 것일 뿐이다. 며느리가 된 사람이 이미 자기를 낳은 생부모와 시부모를 다르게 보기 때문에 도리어 이 일로 시부모의 마음을 거꾸로 헤아리고, 그 교훈과 책벌이 자애에서 나오지 않고, 허물을 꾸짖는 데서 나온 것이라 의심하여 분노를 품고 원망을 쌓으며 갈수록 더욱 패역悖逆을 일삼아 마침내 그 남편으로 하여금 의혹을 갖게 하여 효성을 잃게 하고, 시부모는 격해짐이 있어 자애하는 마음이 줄어든다. 온 집안이 옥신각신 다투고 윤상과 은혜를 망치고 해치니, 이것은 모두 며느리의 죄이다. 쫓아낸다 한들 용서받을 수 있을 것인가?[41]

고부갈등은 가부장제 가족 제도가 낳은 모순이다. 이 모순에서 유래한 갈등은 한쪽의 일방적 희생 외에는 달리 해결의 방도가 없다. 한원진은 오로지 며느리의 희생만을 말하고 있는 것이다. 노골적으로 말해 시어머니의 불합리한 폭력이 있다 해도 참으라고 말한다.

남성에 대한 여성의 성적 종속성

이제 남편과의 관계에 대한 남성의 주문을 살펴보자. 『우암선생계녀사』는 이렇게 말한다.

①여자의 백 년 앙망이 오직 지아비라. 지아비 섬기기는 뜻을 어기오지 말 밖에 없으니, 지아비가 대단 그른 일 하여 세상 용납치 못할 밖에는 그 뜻을 만분 미진한 일이 없게 하여 하는 대로 하고, 한 말과 한 일을 어기지 마라.
②여자가 지아비 섬기는 중 투기하지 아니함이 으뜸 행실이니 일백 첩을 두

어도 볼 만하고, 첩을 아무리 사랑하여도 노기 두지 말고 더욱 공경하여라. 네 지아비는 단정한 선비라 여색에 침혹함이 없을 것이요, 너도 투기할 인사 아니로되 오히려 경계하노니, 너뿐 아니라, 네 딸 낳아도 제일 인사를 가르치라. 고금 천하에 투기로 망한 집이 많으니 투기하면 백 가지 아름다운 행실이 다 헛것이라. 깊이 경계하라.
③ 부부 사이 극진히 친밀하고 공경함이 극진한 도리니, 말씀하거나 기거하거나 일동일정에 마음을 놓지 말고, 높은 손 대접하듯 하라. 이렇듯 하면 저도 대접이 여일할 것이니 부디 부디 뜻을 어기오지 마라.[142]

"여자의 백 년 앙망이 오직 지아비라"는 것은 여성은 남성에게 종속된 존재이며, 남성이 존재함으로써 유의미한 존재라는 의미다. 『소학』이 말한 바와 같이 여성은 독립적으로 사고하고 행동하는 주체가 아니므로, 남성의 행위에 오로지 따를 것, 곧 복종할 것이 요구된다(①). ③은 아내와 일정한 정서적 거리를 확보함으로써 아내에 대한 권위를 확보하려는 남성의 욕망이다. 왜냐? 성관계를 갖는 부부 관계가 너무 친밀해지면, 남성의 권위가 확립되지 않는다. 문제는 ②다. ②야말로 남성에 대한 여성의 성적 종속성이 일상적 차원에서도 관철되어야 한다는 것을 요구한다. 투기 금지는 이제 『예기』와 같은 고전의 언어에서 튀어나와 남성의 성적 욕망을 윤리의 이름으로 전환하고 있다. 여성에게는 복수의 남성과의 성관계를 금지하면서, 남성은 복수의 여성과의 성관계를 노골적으로 허용하는 이 조항은 남성의 가부장적 욕망이 극명하게 드러나는 장면이다. 모든 여성 교육서는 바로 이 부분을 핵심적으로 다룬다. 송시열은 역시 투기의 문제를 「투기하지 마라는 도리라」에서 거듭 상세히 다루고 있다.

투기하지 마라는 말은 사군자 하는 대문에 말하였으되, 투기란 것은 부인의 제일 악행이매 다시 쓰노라.

투기를 하면 친밀하던 부부 사이라도 서로 미워하고 속이고 질병에 관계치 아니하게 여기고, 분한 마음과 악정을 내이고, 구고 섬기는 마음이 감하고, 자연 사랑하는 마음이 헐우하여 노비도 부질없이 치고 가사 잘 다스리지 못하고, 상해 악정된 말로 하고, 낯빛을 상해 슬피 하여, 남 대하기를 싫어하니, 그런 한심한 일이 어디 있으리오.

투기를 하면 아무라도 그러하기를 면치 못하니, 가도의 성패와 자손의 흥망이 전혀 거기 달렸으니 자고로 망한 집안 말을 들으면 투기로 말미암아 그러한 이 많고, 시전 삼백 편에 문왕 후비 투기하지 아니하신 말씀을 으뜸으로 썼으니 옛 성인 생각하오시고 이렇듯이 하였으니 그 법을 어찌 효측치 아니하리오. 내 몸 버리고 집이 패하고 자손이 다 망하는 것이 투기로 하였으니, 늙은 아비 말을 허수이 여기지 말고 경계하라.[143]

송시열은 축첩제 하에서 남성의 복수의 성관계를 합리화한다. 축첩제는 남성과 여성의 성적 권리라는 차원에서 여성에게 명백히 부당한 것이었다. 하지만 여성 교육서는 축첩제가 결코 남성의 성적 욕망의 산물이라는 것을 말하지 않는다. 침묵하거나 성인의 권위를 빌어 호도할 뿐이다. 가부장제 하에서 남성의 복수의 성관계는 이미 비판의 대상이 아닌 기정사실화한 것이었다. 여기서 발생하는 갈등을 오로지 여성의 무조건적인 동의로 해결하고자 한 것이다.

원래 이 투기의 금지는 『소학』 「명륜편」에 실린 칠거지악의 하나였다. 하지만 이것은 원리였을 뿐이고, 이처럼 텍스트의 형태로 장황하게 여성들에게 요구하지는 않았다. 소혜왕후 한씨의 『내훈』에서도 투기 금지는 증폭되어 나타나지 않았다. 조선 전기 여성에 대한 남성의 성적 종속성의 요구는, 위기의 국면에서 여성이 남성에 대한 성적 종속성을 관철하라는 것이었다. 그러나 조선 후기 여성 교육서의 투기 금지는 일상 속에서의 성적 종속성을 의미한다. 즉 그것은 어떤 시공간에서도 여성은 남성에게 성적으로 종속되어야 한다는 것을 의미하였다.

송시열이 말한 바와 같이 남성의 복수의 성관계로 인한 여성의 소외와 저항은, 부부관계를 붕괴시킨다는 점에서 가부장적 가족 구성에는 치명적으로 작용했다. "투기를 하면 친밀하던 부부 간이라도 서로 미워하고 속이고 ……" 이하의 서술은 부부의 신뢰가 붕괴함으로써 가부장적 가족 자체가 붕괴하는 실례다. "가도의 성패와 자손의 흥망이 전혀 거기 달렸다"는 말은 빈말이 아니다.

송시열은 투기를 부인의 제일 악행으로 단정한다. 그러나 정작 투기를 발생케 한 원인 제공자에 대한 인식은 전혀 없다. 송시열은 자신의 딸에게 "네 지아비는 정한 선비라 여색에 침혹함이 없을 것"이라고 말할 뿐이다. 그는 남성의 성적 욕망에 대해서는 침묵한다. 실로 은폐하고 싶은 당혹스런 문제였을 것이다. 투기의 문제는 여성 교육서가 곤혹스러워하면서도 다루어야 할 문제였다. 한원진의 『한씨부훈』의 6장은 「대첩잉장」待妾媵章으로 여기서 투기의 문제를 정식으로 다루고 있다. 한원진 역시 투기는 부인의 대악大惡으로 성인이 지극히 경계한 것이라 말한다.[144]

여성 교육서가 투기 금지를 내세우기 시작한 것은 축첩제가 본격적으로 작동하고 있다는 말이고, 그것은 가부장제의 남성 권력을 통해 가능한 것이었다. 그러나 투기는 또한 가족을 붕괴시키는 요인이 되었으니, 여성 교육서의 투기 금지는 가부장적 가족제를 유지하면서 가부장적 권력으로 남성의 성적 욕망을 충족시키려는 의도에서 쓰인 것이다. 당연히 복수의 성관계가 가능한 근거를 제시할 필요가 있었다. 한원진은 축첩제, 즉 남성의 복수의 여성과의 성관계를 이렇게 합리화한다.

더욱이 양陽이 하나이고 음陰이 둘인 것은 천도天道의 당연한 바이고, 뭇 여자가 한 사람의 남편을 섬기는 것은 인사人事의 당연한 바이다. 두 딸을 시집 보낸 것은 「우서」虞書에 실려 있고, 작은 별이 뜰 때 일어나는 것이 주시周詩에 있으니, 처와 첩이 동거하는 것은 옛글에서도 찾을 수 있다.[145]

"작은 별이 뜰 때 일어나는 ······"은 『시경』 소남召南의 「소성」小星 시를 말한다. 「소성」의 '소서' 小序에 이 시를 이렇게 해석하고 있다. "「소성」은 은혜가 아래에까지 미침을 노래한 것이다. 부인은 투기하는 행동이 없어서 은혜가 천첩賤妾에까지 미치고 천첩을 임금에게 올려 임금을 모시게 한다. 천첩은 자신의 운명에 귀하고 천함이 있음을 알아 능히 그 마음을 다해 모신다."[146] 요컨대 정실부인은 투기하는 일이 없기 때문에 은혜가 천첩에까지 미쳐 첩들까지도 임금의 잠자리(곧 성관계)를 모시게 하고, 첩도 그들이 타고난 명에 귀천이 있음을 알아 자신의 마음을 다한다는 것이다. 「소성」의 의미가 과연 이런지는 알 수 없으나, 소서는 이렇게 해석하고 있다. 어쨌거나 한원진은 『시경』이라는 고전의 권위를 빌어 자기 논리의 정당성을 입증하려고 한다. 하지만 고전의 권위가 합리성과 동일한 것은 아니다.

『한씨부훈』 역시 투기로 인한 가족의 붕괴를 심각하게 생각한다.[147] 그러나 남성의 성적 욕망을 포기할 수는 없다. 따라서 여성에게 투기를 금지하게 하는 것, 그것을 윤리의 이름으로 내면화키는 것 외에 다른 방법은 없다. 그는 여성(부인)은 남성에게 복종하는 존재로서 천도와 인사의 당연함을 이길 수 없다는 것이다.[148]

비록 가장이 첩에 빠져 정처正妻를 소박해도 정처 된 사람은 마땅히 자기 분수를 헤아려 천명에 맡길 뿐 싸울 것을 생각하지 않을 것이다. 첩을 대우해

평소와 달리하지 않고 가장을 더욱 공경한다면, 첩은 반드시 알고 감격할 것이고 남편도 혹 후회해 뉘우칠 것이다. 오직 싸우기로 하여 이기려고 한다면 이길 수도 없을 뿐만 아니라, 장차 첩에게 원한만 더 쌓게 되고 남편에게는 더욱 막혀, 혹 집에서 쫓겨나는 우환을 면치 못할 것이니, 이것이 무슨 이익이겠는가.[149]

결국은 남편이 첩에 빠질지라도 정처는 참아야 한다는 간단한 말을 하기 위해 한원진은 긴 논리의 우회로를 돌아왔던 것이다.

가문 내에서의 처첩의 분쟁은 가족을 붕괴시킬 정도로 심각하다. 하지만 여성 교육서는 첩에 대한 교육이 없다. 한데 드물게 박윤원의 「가훈」에 첩에 대한 교육적 언사가 다량 포함되어 있다.[150]

부처제夫處制에 대한 무조건적 복종

최후의 요구는 시부모와 남편에 대한 복종 이후, 형제 친척과의 화목을 요구한다. 가부장적 질서 유지를 위한 예정된 코스다. 그런데 이 요구를 유심히 살펴보면, 여성을 남성의 공간을 이질화시키는 외부자로 파악하고 있다. 송시열에 의하면 형제는 원래 만족스런 윤리적 상황을 유지하고 있다. 여기에 결혼으로 여성이 침투하면 이질감이 생긴다는 것이 기본적인 인식이다. 송시열의 『우암선생계녀사』는 이렇게 말한다.

①형제는 한 부모에게 혈기를 나눠서 한 가지 젖 먹고 한 집에서 자라나 옷도 한 가지 입고 밥도 한 가지 먹고 놀기도 일시 서로 떠나지 아니하고, 병들면 근심하고 배고파하거나 추워하면 민망히 여기어, 저 당한 것과 다르지 아니하다가 각각 부부를 차려 세간 난 후에는 자식의 말도 듣고 노비의 말도 듣고 자연 불공지설이 있어 처음의 그 사랑하던 마음 점점 감하여 심한 이는 미

워하고 뜯고자 하는 이 있으니 어찌 참혹치 않으리오.

②노비 전답 다투어 해연한 이 많고 욕심은 갈수록 길고 지정을 잊는 자 많으니 부디 삼가라. 노비 전답은 없다가도 있거니와 형제는 한 번 잃으면 다시 얻지 못하느니 아이 때부터 서로 한 가지 자라던 일을 생각하면 싸우고 불화할 마음이 어찌 나랴.

③여자 집의 오라비 아내와 시집 동생이 다 한가지로되 그 사이 참혹한 이 많으니, 부디 네 집에 있을 때 친동생같이 하고 화복 길흉 대소사에 한가지로 살펴 조심하고 전혀 화목하기를 주장하라.

혈육을 나눈 형제의 불화는, ②에서 송시열이 말한 바와 같이 경제적 원인을 갖는다. 송시열이 말한 바, 형제 간의 불화는 노비와 전답을 둘러싼 재산의 분배로 인해 발생한다. 형제 간의 분쟁은 다름 아닌 17세기 이후 장자우대 불균등상속제가 정착하면서 발생한 문제일 것이다. 즉 그것은 ①에서 송시열이 언급하고 있듯, 형제가 분가하여 경제적으로 독립하면서 발생하는 문제다. 경제적 원인으로 인한 형제의 분열과 불화를 송시열은 도리어 윤리적 접근으로 해결하려고 하는 바, 그 윤리적 접근의 실행을 여성에게 요구할 뿐이다. ③에서 언급하고 있는 것이 바로 그것이다.

송시열이 여성에게 윤리적 실천을 요구한 것은, 경제적 동기로 인한 형제의 불화를 여성이 촉발시키고 있다는 사고가 전제되어 있다. 한원진의 『한씨부훈』의 「접형제제사장」을 읽어 보자.

보통 집안의 형제들은 처음에는 서로 사랑하지 않음이 없지만 끝에 가서는 불의不義한 경우가 많은 것은 모두 며느리가 시집을 오기 때문이다. 다른 성姓들이 모여 살기에 동서들 사이에 정은 성글어지고 형편은 각박해진다. 정이 성글기 때문에 서로 사랑하지 못하게 되고, 형편이 각박하기 때문에 오직 서로 이기기에 힘쓴다. 사랑하지 아니하는 감정이 이기고자 하는 뜻과 어울리니, 서로에게 하는 일에 어찌 다시 돌아보고 믿고 하는 것이 있을 수 있으랴?[151]

한원진은 우애 있던 남자 형제들이 불화하는 것은, 낯선 이성異姓의 여성이 결혼을 통해 가문으로 들어오기 때문이라 생각한다. 조선 전기의 부처제婦處制에서는 이런 식의 사고는 없었다. 즉 남편이 아내의 집으로 장가를 오기 때문에 형제가 분열된다는 사고는 존재하지 않았다. 형제의 분열을 운위하는 것은 곧 부처제夫處制가 본격적으로 작동하면서 발생한 문제다. 따라서 분열의 근본 인자로 여성을 지적하는 것은 정당한 판단이 아니다. 부처제夫處制는 가부장제의 본격적인 성립을 의미한다. 그것은 남성의 욕망을 관철시킨 제도로서 여성의 이익에 반하는 것임에도 불구하고, 한원진은 여성을 갈등의 원천으로 본다. 그는 이어서 이렇게 말한다.

이 때문에 경쟁이 시작되어 착한 사람을 해치고 약한 사람을 모욕하며 없는 말을 지어내고 서로 헐뜯고 비방하여, 처음에는 조그마하던 것이 나중에 크게 드러나 마침내 혐원嫌怨이 되고 만다. 그 혐원하는 사람으로서 형제 간의 은혜를 잘라 버린다. 때문에 형과 아우가 된 사람들은 각각 자신이 사랑하는 사람의 말만 듣고, 각각 자신이 들은 바에 빠져 다시 그 근원을 찬찬히 따져 보지 않고 그 흐름을 막을 줄을 모른다. 부부가 서로 도와가며 형과 아우가 번갈아 악한 짓을 한 결과 문호가 분열되고, 도적과 원수가 된 것처럼 환난이 찾아드니, 이 모든 것은 부인의 소위인 것이다.[152]

한원진은 이처럼 여성을 가부장적 가문을 분열시키는 근본 인자라고 본다. 그러나 남성의 경우는 그와 반대다.

아아! 형제는 본시 한 기운이 나뉜 것이다. 기침을 하고 숨을 들이마시고 내쉬는 것처럼 기맥氣脈이 서로 연결되어 있고, 길흉과 화복, 휴척休戚이 서로 연관되어 있으니, 사람이 형제 간에 어찌 화목하지 않을 수 있겠는가. 형제가 화목하면 가도家道가 융성하고 가도가 융성하면 부인이 또한 그 복을 같이 누리게 된다. 형제 간에 갈등이 생기면, 부인이 어떻게 홀로 그 이利를 입을 것인가. 부인의 영욕은 가도의 융상隆喪에 달려 있고, 가도의 융상은 형제의 화목과 갈등에 매여 있다. 그리고 형제의 화목과 갈등은 또 부인들이 서로 사랑하는가 하지 않는가에 매여 있다. 부인들이 서로 사랑하는 것은, 꼭 남을 사랑하는 것이 아니라 곧 자신을 사랑하는 것이다.[153]

따로 분리해서 생각한다면 한원진의 언설은 모두 윤리적 인간을 지향한다.[154] 하지만 가부장제 내부의 갈등과 분열에 대해 남성의 책임은 없다. 그 갈등과 분열의 책임이 원천적으로 여성에게 있음을 기정사실화하고, 오직 여성이 윤리화·도덕화됨으로써 가부장제가 완전히 유지된다고 말한다. 한원진은 가부장제 자체가 갖는 모순, 즉 가정 내부의 권력과 부를 둘러싼 대립과 갈등이라는 모순을 은폐하고, 그 책임을 여성에게 돌리면서 여성에 대한 통제를 강화하고자 했던 것이다.

가사 노동의 강요

이제 두 번째 사항을 살펴볼 차례다. 이 부분은 가사 노동과 관련된 부분이다. 역시 둘로 나누어 쓸 필요가 있다. 송시열의 『우암선생계녀사』로 말하자면, 「제사 받드는 도리」(7), 「손 대접하는 도리」(8), 「일 부지런히 하는 도리」(12), 「의복 음식 하는 도리」(14)는 육체적 노동과 관계되고, 「재물 존절히 쓰는 도리」(11), 「꾸이고 받는 도리」(16), 「팔고 사는 도리」(17)는 주로 가정 경제와 관련된다.

가정 내부의 노동을 전적으로 여성에게 맡긴 것은 『예기』(그리고 『소학』) 때부터의 원칙이었다. 그 노동은 주로 제사 및 직조織造와 관련된 것이었다. '접빈객'만 새로 추가된 것이다. 송시열은 이렇게 말한다.

> 제사는 정성으로 정결하며 조심함이 으뜸이니, 제수 장만할 제 걱정 말고 종도 꾸짖지 말고 허허 웃지 말고, 제물에 티 들게 말고, 먼저 먹지 말고, 어린아이 보채어도 주지 말고, 많이 장만하면 자연 불결하니 쓸 만치 장만하고, 후제사에 부족할작시면 일 년 제수 소입을 생각하여 후제사에 궐제를 아니하게 하여, 풍박이 너무 현수하게 말게 하고, 정성으로 머리 빗고 목욕하되 겨울이라도 폐치 말고, 기제사에 색옷 입지 말고, 손톱 발톱 베히고 정결히 하면 신명이 흠향하고 자손이 복이 있고 그렇지 아니하면 재화 있나니라.[155]

> 내 집에 오는 손님이 원래 친척이 아니면 지아비 벗이요, 시족의 벗이라. 음식을 잘하여 대접하고 실과나 술이나 있는 대로 대접하되, 손이 잘 먹지 못하여도 박대요, 지아비 나간 때 종을 시켜 만류 안 함도 박대니, 일가를 청하여 주인 노릇하게 하고, 일가 사람이 없으면 마을 집 주인을 잡아 주고, 잘 대접하여 보내라. 한 번 두 번 박대하면 그 손이 아니오며, 다른 손도 아니 오리니, 손이 아니 오면 가문이 자연 무색하고 지아비와 자식이 나가서 주인 할 이 없을 것이니, 부디 손 대접 극진히 하라.[156]

제사는 단순히 죽은 사람에 대한 예찬이 아니라 종법을 의례적으로 실천하여, 산 사람과 죽은 사람을 하나의 부계출계 집단의 성원으로 동등하게 이어 주는 역할을 하는 것이고, 아울러 집안의 공적 영역의 모두에 의미 있는 체계를 규정한다. 제사는 곧 한국 사회에서 부계적 양식을 부과하는 도구로, 조선 전기 사회 변화의 중요한 동인인 것이다.[157] 그 중요성을 한원진은 "제사의 예는 추원보본追遠報本하고 효심을 펼쳐 정성을 깃들이는 것인즉, 인가의 대절大節로서 제사보다 더 큰 것이 없다"[158]라고 규정하고 있다. 조선 전기에 여성은 제사의 주관자이기도 했으나, 이제 여성은 제물만 준비하는 기능적 역할로 떨어진 것이다. 접빈객 역시 송시열이 지적하고 있듯, 남편의 친척과 시족의 벗이며, 남편의 벗, 곧 부계출계 집단의 혈연이거나 교우였으니, 이 역시 가부장제를 재생산하는 인적 관계를 말하는 것이며, 여성은 거기서 기능적인 역할만 맡도록 규정되었다.

봉제사, 접빈객이 여성의 소임이라는 것은 이미 『예기』 혹은 『소학』에서 규정된 여성의 역할이었다. 곧 "제수를 준비하는 책임과 요리하여 차리는 절차는 모두 주부의 책임"[159]이었다. 그런데 이 여성 노동이 조리에만 그치지 않는다는 데 문제가 있다. 한원진은 말한다.

> 가난한 집은 또 순서대로 제물을 마련하기 어려울 것이나, 주부 된 사람이 또한 소홀한 마음으로 받들 수 있겠는가. 새로 난 물건을 보면 감히 먼저 먹지 않고, 천신하는 데 쓸 만한 것이 있으면 함부로 허비하지 않아 단단히 간직해두고 평소에 저축해 두었다가 지극히 정결하게 삶고 익히고, 지극한 정성으로 진설하여 올린다면, 제물은 비록 박하더라도 귀신이 반드시 흠향할 것이다.[160]

제수 준비에 정성을 다하라고 말하고 있지만, 비용의 준비는 사실 주부에게 떠맡긴 것이다. 즉 조리를 말하는 것이 아니라, 제수를 준비하는 것, 제사의 경제적 비용에 대한 주문이다. 이것 역시 여성에게 전적으로 맡겨진 책임이었다. 접빈객의 비용 역시 동일하다. 송시열은 머리카락을 잘라 팔아서 손을 위한 음식의 비용을 마련한 예를 들고 있거니와, 한원진 역시 이 예를 인용하면서 가난한 경우에도 마련하기 어렵다는 뜻을 표시하지 않고 정성을 다해 준비할 것을 요구한다.[161] 이런 요구는 남성이 원래 맡아야 할 책임을 여성에게 전가한 것이다. 제사와 빈객은 모두 남성을 위한 것이었다. 제사는 가부장제의 존속을 위한 의식이고, 빈객은 송시열의 말처럼 친척이거나 남편의 벗이거나 시족의 벗이었다. 여성을 위해 대접할 빈객이 없음에도 불구하고 여성이 그 비용을 떠맡아야 할 것을 요구한 것이다.

봉제사와 접빈객은 조선 후기 양반가의 가장 기본적인 에토스였다. 조상의 향화를 꺼트리지 않고 빈객이 끊임없이 집안에 찾아들게 하는 것, 이것이야말로 양반 가문임을 보증하는 것이었다. 그 양반의 에토스는 여성의 노동과 희생 위에 성립할 수 있었다. 이런 점에서 송시열이 『우암선생계녀사』에서 여성과 가정 경제와의 관계를 상세히 언급하는 것은 결코 우연이 아니다. 예컨대 '일 부지런히 하는 도리'(12)를 보자.

천자 왕후도 놀지 아니하시고 부지런히 하신 말씀을 맹자께서 일러 계시니, 선비 아내 일 부지런히 않고 부모를 어찌 섬기며 자손을 어찌 기르리오.
잠 아니 자고 밥 아니 먹으며 과히 애써 병 나는 부인도 있거니와 그는 구태여 할 것 아니나 심중이 놀지 아니하자 하면 옛 언문 고담을 어느 겨를에 하리오. 구고와 지아비 섬기기와 노비와 자식 거느리기 다 가모家母에게 달렸으니, 재삼 삼갈 일이요, 제사와 방적과 장 담고 조석 양식 출입과 백 가지 일이 다 가모에게 있으니, 어느 적에 게으르고자 할 마음이 있으리오. 이러므로 가모가 부지런해야 그 집을 보존하고, 게으르면 기한에 골몰하여 자손의 혼취도 못 하면 남이 천히 여기고 내 몸이 궁하여 마음이 부끄러운지라, 부디 부지런히 하기를 위주하여라.

일반적인 의미에서 노동과 근면의 중요성을 역설하는 것이 아니라,

오직 여성의 노동과 근면을 말한다. 송시열은 말한다. 시부모와 남편 섬기기, 노비와 자식 거느리기와 제사, 방적, 장 담기, 조석 양식 출입 등의 모든 노동은 여성이 담당할 것이다. 성에 따른 역할의 구분을 기초로 하여, 여성에게 보다 가혹한 노동의 임무를 편향적으로 부과한 것이다. 한원진은 이렇게 말한다.

> 남자는 바깥에서 자리를 바로잡고, 여자는 안에서 자리를 바로잡는다. 남편과 아내가 엄히 구별되는 것은 집안을 바로하는 큰 단초이다. 이런 까닭에 무릇 가사家事로서 바깥에 관계되는 것은 가장이 맡고, 안에 관계되는 것은 가모가 모두 맡아 서로 침범하지 않으며 각자 도리를 다할 것을 생각한 연후에야 사려가 정일精一해지고 거조가 조용해져서, 일을 다스리는 데 법도가 있고 일이 쉽게 실마리를 찾는다. 그런데 가모가 주관하는 바가 여러 부녀와 여러 계집종을 거느리고, 음식과 의복을 맡아 다스리는 일에 불과하다면, 그 일은 아주 간단하고 하기가 쉽다. 또 방법은 많지 않고 오직 부지런히 일하고 아껴 쓰는 데 있을 뿐이다. 만약 부지런히 일하고 아껴 쓴다면, 또한 빈손으로도 집을 일으키는 사람이 있는 것이다.[162]

> 실을 뽑고 베를 짜는 것은 부인의 일이다. 천자의 후비后妃도 직접 그 일을 하는 것을 꺼리지 않았다. 하물며 서인庶人 한사寒士의 아내야 말해 무엇 하랴. 지금 세상의 부인들은 안일을 즐기고 혹은 수고로운 일을 하는 것을 부끄럽게 여긴 나머지, 소매에 손을 넣고 용모를 가다듬으면서 손수 집안일을 보지 않는다. 일을 부지런히 하지도 않고 또 재물을 절약해 쓰지도 않아, 부富를 이어가기 어렵다. 하물며 평소 가난한 집안의 재물은 한번 탕진하면 다시 회복하기 어려운 경우야 말해 무엇 하겠는가. 안으로는 그 몸을 가릴 수가 없고 밖으로는 가장을 봉양할 수가 없으며, 위로는 선인이 남기신 부탁을 추락

시키고, 아래로는 자손의 은혜를 입지 못하게 만든다. 한 사람의 부지런하고 부지런하지 못함에 따라 그에 매인 가도家道의 흥폐가 이와 같으니, 두려워하지 않을 수 있으랴.¹⁶³

한원진은 노동 일반의 중요성을 말하는 것이 아니라, 여성 노동의 중요성, 곧 가부장제를 유지하는 가정 경제에서 여성 노동의 중요성을 말하는 것이다. 그런데 여성 노동을 가정의 흥폐와 관계지을 정도로 강조한 것은 무엇 때문인가. 17세기 중반 이후 가부장제가 본격적으로 작동하자, 여공 즉 여성의 가사 노동의 뜻 역시 달라지고 있었다. 여성 노동은 가정 경제의 중추가 되고 있었다. 특히 양반의 인구가 증가하고, 양반층이 분화하자 가난한 양반가의 경우, 남성이 경제활동에 종사하지 않은 빈틈을 메우기 위해 여성의 노동이 가정의 경제를 유지하는 유일한 수단이 되었던 것이니, 여성 교육서의 여성 노동은 이런 배경에서 나온 것이다.

송시열이 「재물 존절히 쓰는 도리」(11), 「꾸이고 받는 도리」(16), 「팔고 사는 도리」(17)라는 항목을 설정한 것 역시 양반가의 경제 문제 때문이다. 송시열은 가정 경제에 관한 책임 역시 여성에게 떠맡긴다. "쓸 일이 없거든 잘 길거拮据하야 자손을 위해 전답을 장만함이 또 옳은지라, 치가하는 법은 절용밖에 없느니라."¹⁶⁴ 곧 전답을 마련하는 재산의 축적 역시 아내의 임무가 되었다.

이상에서 검토한 여성 교육서들은 그 외적 다양성에도 불구하고 그 내용은 오직 두 가지로 요약된다. 남성에 대한 복종, 구체적으로는 남편과 시집에 대한 무조건적인 복종과 가사 노동에 대한 무한정적인 복무, 모든 텍스트는 여성에게 이 두 가지를 요구하였다. 물론 이 두 가지 요구는 기본적으로 『소학』과 『내훈』 유의 텍스트에 근거한 것이다. 하지만 조선 전기의 『소학』이나 『내훈』이 부처제婦處制로 말미암아 그것이 실천될 시공간을 얻지 못했다면, 17세기 중반 이후 여성 교육서들은 이미 유교적 가부장제, 즉 부계출계 집단의 출현이라는 요건을 갖고 있었다. 『우암선생계녀사』와 같은 텍스트는 유교적 가부장제가 집행되는 시공간 속에서 여성의 성격과 역할을 구체적으로 지시할 수밖에 없었던 것이다. 17세기를 통과하면서 부계출계 집단이 출현하고 부처제夫處制가 점차 확산되면서 성립한 가부장제, 장자우대 불균등상속제 등은 여러 모순을 안고 있었다. 여성 교육서는 이런 모순들을 오로지 여성에게 복종을 강요함으로써 해소하려 한 것이었다.

3절
문학 텍스트의 활용

1. 의식화 수단으로서의 문학── 규방가사

『우암선생계녀사』가 쓰인 것은 17세기 중후반이었다. 전술한 바와 같이 이후로 다양한 교화적 여성 텍스트가 20세기까지 쏟아져 나왔다. 이런 텍스트의 생산자는 남성이었다. 그리고 급기야 여성 스스로가 텍스트를 생산하는 데까지 도달했지만, 아직까지 여성이 여성 교육서 생산의 주체는 아니었다. 여성은 여전히 의식화의 대상으로 존재했다.

의식화의 대상으로서의 여성이 생산의 주체로서 변환하는 결정적인 계기가 19세기에 일어났다. 이른바 '규방가사'라고 하는 것이 바로 그것이다. 이것은 자신의 범위를 확장해 나간 여성 교화 텍스트 중 최후의 단계다. 먼저 규방가사에 대해 간단히 언급해 두자.

소수 양반가의 여성을 제외한다면, 조선조의 여성은 기본적으로 문맹이었다. 조선 후기에 와서 문자, 곧 한문을 해득하는 여성이 증가한 것은 사실이었지만, 절대다수의 여성은 문맹이었다. 따라서 민요와 같은 구비문학을 제외한다면 '문자'로 쓰이는 문학의 창작과 유통에 관여할 수 없었다. 여성은 시조, 가사와 같은 국문 시가 장르의 창작과 유통에 관여했지만, 이 장르의 창작 유통의 주류 역시 남성이었다. 여성의 참여는 남성에 비해 늦고 또 상대적으로 기회가 적었다.

이 글에서 논할 가사의 경우, 여성이 창작과 유통에 참여한 시기는 정확히 추정하기 어렵다. 여성의 가사 창작은 16세기 경 남성 가사의 지배 양식을 모방하고 내면화시키던 단계로부터 출발했으리라 생각되지만 확실한 것은 아니다.[165] 여성과 가사와의 관계에서 부정할 수 없는 가장 확실한 사실은, 19세기에 와서 여성이 가사의 창작과 유통, 감상에 적극적으로 참여했다는 것이다.

일반적으로 19세기에 와서 여성이 창작하거나 감상, 유통시킨 가사를 규방가사라고 한다.[166] 여성이 창작한 가사만을 규방가사로 부르는 것이 아니라, 주된 감상자가 여성인 작품까지 포괄하는 용어다. 따라서 규방가사는 창작이 아니라 수용의 차원에서 정의된 것이다.[167] 이 규방가사는 국문학의 유산 중 대단히 방대한 양으로 현전한다. 주목할 사실은 이 규방가사 중에서 여성의 윤리적 의식화를 목적으로 창작·유통된 작품이 압도적 다수로 존재한다는 것이다. 즉 이것은 『우암선생계녀사』와 같은 여성 교육서의 문학적 전이로 볼 수 있다. 이 문제를 본격적으로 다루기 위해 먼저 문학을 수단으로 한, 윤리적 의식화 문제를 약간 검토할 필요가 있겠다.

조선조의 남성—양반들이 피지배층을 윤리적으로 의식화하기 위해 민중들에게 친숙한 국문 시가를 수단으로 삼은 유래는 상당히 거슬러 올라간다. 시조가 먼저 그 역할을 맡았다. 16세기에 와서 주세붕周世鵬(1495~1554)과 송순宋純(1493~1583), 정철鄭澈(1536~1593) 등과 같이 관료가 오륜가, 훈민가를 짓거나, 이숙량李淑樑(1519~1592), 박선장朴善長(1555~1617), 김상용金尙容(1561~1637), 박인로朴仁老(1561~1642) 등 재지사족在地士族이 오륜을 제재로 하여 지은 오륜가가 그것이다.[168] 교화적 도구로서

가사의 활용은 시조보다 늦어 18세기에 곽시징郭始徵(1644~1713)의 「오륜가」(1708)부터 시작하여 19세기 말까지 상당수가 창작·유통된다.[169] 「오륜가」의 경우, 그 내부에 '부부편'을 갖고 있으나 실제 내용은 여성에 대한 일방적 요구다. 부부에 대한 모든 언설은 실제로는 여성의 의무와 제한을 길게 늘어놓고 있다.

물론 규방가사가 애초부터 이런 교화적 목적에서 시작된 것은 아니었을 것이다. 여성들의 교양적·문학적 요구에 의해 창작·감상되는 상황 속에서, 교화 목적의 규방가사는 자연스럽게 유포되었을 것이다. 국문은 '암클'이라는 명칭이 있을 정도로 여성의 문자였던 바, 이 문자를 사용한 보다 부드럽고 접근성이 높은 문학을 통해 얼마든지 여성에게 이데올로기를 주입할 수 있다는 발상은 그리 놀라운 것이 아니다. 이제 규방가사가 여성의 윤리적 의식화라는 남성의 의도를 어떻게 충족시키고 있으며, 그 결과가 어떤 의미를 갖는지를 간단히 살펴보자.

현재 남아 있는 규방가사의 양은 정확하게 측정된 바 없다. 권영철 교수는 『규방가사연구』에서 1955년부터 1980년까지 영남 일대에서 약 5천 필(두루마리)을 수집했다고 밝히고 있다.[170] 최근에도 규방가사의 작품이 계속 발굴되고 있음을 상기한다면, 규방가사의 작품 수는 아마도 5천 필을 훨씬 상회할 것이다. 이 방대한 작품수가 모두 개별적인 작품은 아니다. 동일한 제목의 작품 이본이 허다하게 존재하기 때문에 작품의 숫자는 줄어들 것이다. 또 여성 가사는 영남 지방 일대에서 집중적으로 생산·향유되었고, 지금 남아 있는 작품의 대부분도 영남 지방의 것이기는 하지만 기호 지방에서도 발견된다. 전국적으로 분포하는 것이다.[171]

이 방대한 작품이 말하고 있는 바는 간단하지 않다. 먼저 지적해야 할 것은 여성이 문학을 수단으로 하여 자기 목소리를 내고 있다는 점이다. 이것은 적어도 18세기까지는 찾기 어려운 현상이었다. 이미 지적한 바와 같이 여성은 언제나 남성의 타자로서 교육의 대상이었을 뿐이다. 물론 숱한 여성 교육서가 지적하고 있는 것처럼 여성은 소설의 독자이기는 했으나, 소설을 직접 쓰지는 않았다. 따라서 가사가 여성의 자기 표현의 수단이 된 것은 당연한 현상이다. 도대체 이 방대한 가사군은 무엇을 말하고 있는가.

규방가사 작품을 유사성에 따라 묶어서 분류하면 규방가사 전체의 성격을 짐작할 수 있다. 선학들의 연구에 의하면 규방가사는 대체로 다음과 같이 분류된다.

1) 교훈류, 2) 송축류, 3) 탄식류, 4) 풍류류[172]

1) 계녀교훈류誡女敎訓類, 2) 신변탄식류身邊歎息類, 3) 사친연모류思親戀慕類, 4) 상사소회류相思所懷類, 5) 풍류소영류風流嘯詠類, 6) 가문세덕류家門世德類, 7) 축원송도류祝願頌禱類, 8) 제전애도류祭典哀悼類, 9) 승지찬미류勝地讚美類, 10) 보은사덕류報恩謝德類, 11) 의인우화류擬人寓話類, 12) 노정기행류路程紀行類, 13) 신앙권선류信仰勸善類, 14) 월령계절류月令季節類, 15) 노동서사류勞動敍事類, 16) 언어유희류言語遊戲類, 17) 소설내간류小說內簡類, 18) 개화계몽류開化啓蒙類, 19) 번안영사류飜案詠史類, 20) 남요완상류男謠玩賞類, 21) 기타[173]

작품의 제재를 중심으로 하여 두 가지 방식으로 분류한 것인데, 각 분류 명칭을 보면 대개 어떤 내용인지 짐작이 된다. 두 분류에서 공통적인 것은 모두 '교훈류'가 있다는 점이다. 이것이 맨 앞머리에 나와 있다는 점이 주목을 요한다. 권영철 교수는 규방가사를 다시 모티브 별로 12가지로 분류했는데,[174] 역시 교훈류가 첫 자리를 차지한다.

방대한 여성 가사 작품군에서 작품수가 가장 많은 것은 바로 계녀교훈류이다. 권영철 교수에 의하면, 이 교훈류 즉 '계녀교훈적인 가사'가 규방가사 중 단연 우세하여 전 규방가사의 총원류이고, 자탄적인 것이 주류, 나머지 각 유형은 지류 또는 아류가 된다고 한다.[175] 규방가사의 총원류를 이루는 계녀교훈류 가사가 다름 아닌 여성을 윤리적으로 의식화하기 위한 텍스트다. 즉 여성 교육서를 넘어서 문학을 수단으로 여성을 의식화하려는 의도가 관철되고 있는 것이다.

이제 계녀교훈류 가사를 직접 검토해 보자.

계녀교훈류 가사는 "부녀자들에게 윤리와 도덕의 실천을 교훈하기 위해 이룩된 규방가사"로서 시집가는 딸을 훈계하는 '계녀가계'와 '교훈가계'로 구성되는데, 후자 '교훈가계'는 '계녀가계'에서 별도로 발전된 것과 변질된 것, 양반 가사를 그대로 계승한 것이라고 한다. 이 중 주류인 '계녀가계'가 수적으로 우세를 점한다. '계녀가계'는 권영철 교수가 수집한 것 중 약 700편 이상을 차지하며, '계녀가계'와 '교훈가계'를 합하면, 3,670편 중 약 3분의 1을 차지한다고 한다.[176] 요컨대 여성을 유가의 윤리 도덕으로 의식화하려는 작품이 여성 가사 전체 작품 중 3분의 1 이상으로 압도적 다수를 차지한다는 것이다. 그리고 그중 시집보내는 딸을 대상으로 하여 설교하는 계녀가계가 압도적이라는 것이다.[177]

계녀가는 앞에서 검토한 여성 교육서와 동일한 목적을 갖는다. 시집가는 딸에게 당부하는 목소리를 이미 송시열의 『우암선생계녀사』에서 들은 바 있다. 이 계녀가의 내용은 사실상 『우암선생계녀사』 등의 여성 교육서와 동일하다. 권영철 교수에 의하면, 3,670편 중 '계녀가계'에 속하는 약 700편의 작품 중 480여 편이 다소의 넘나듦을 제외하면 "서사序詞 → 사구고事舅姑 → 사군자事君子 → 목친척睦親戚 → 봉제사奉祭祀 → 접빈객接賓客 → 태교胎敎 → 육아育兒 → 어노비御奴婢 → 치산治産 → 출입出入 → 항심恒心 → 결사結詞"의 동일한 구조를 갖고 있다고 한다. 내용을 상호 확인해 보면, 양자는 사실 차이가 없다. 그렇다면 양자의 동일성을 확인하면 그만인가. 결코 그렇지 않다. 권영철 교수는 위의 구조를 갖는 작품을 '전형계녀가'라 명명하였다.

'전형계녀가' 외의 계녀가를 '변형계녀가'라고 부르는데, 이 역시 두 가지 스타일이 있다. 전형계녀가의 주제와 구조를 그대로 유지하면서 변형이 이루어지는 경우이고, 또 하나는 계녀의 목적은 동일하지만 전형계녀가와는 작품의 서술 구조와 내용이 완전히 달라진 것이다. 권영철 교수는 전자를 '제1 변형계녀가', '제2 변형계녀가'로 명명한다. 하지만 제1 변형계녀가는 사실상 전형계녀가의 범위에 포괄되는 것이니 따로 설정할 필요가 없다. 제2 변형계녀가는 계녀라는 목적은 동일하지만 작품의 구조와 내용이 다르므로 변형이라고 말할 필요도 없는 것이다. 이 부분에서 다룰 작품은 권영철 교수가 전형계녀가라고 말한 작품과 제2 변형계녀가의 대표적인 작품으로 꼽은 「복선화음가」[178]를 택한다.

2. 계녀가와 「복선화음가」

먼저 전형계녀가를 말머리로 삼는다. 앞서 지적한 바와 같이 전형계녀가는 "서사 → 사구고 → 사군자 → 목친척 → 봉제사 → 접빈객 → 태교 → 육아 → 어노비 → 치산 → 출입 → 항심 → 결사"에 이르는 구조를 갖는다. 이 구조로 전하는 내용은 전술한 여성 교육서와 다를 바가 전혀 없다. 따라서 서사에서 결사에 이르는 이 모든 항목을 다 다룰 필요는 없을 것이다. 이 내용은 단순한 규범적인 서술이며, 이미 여성 교육서에서 확인한 바 있기에 더 이상 언급할 필요가 없다. 다만 이 중에서 핵심이라고 생각되는 '사구고', '사군자' 두 항목만을 다루기로 한다.

이 작품의 서두는 "아해야, 들어 봐라 내일은 신행이라. 친정을 하직하고 시가로 들어가니, 네 마음 어떠하랴? 내 심사 갈발 없다. 백마에 짐을 싣고, 금안을 굳이 매고, 문 밖에 보낼 적에 경계할 말 하고 많다"로 시작한다. 딸을 시집에 보내기 전날 당부의 말을 하는 형식이다. 전형계녀가란 사실상 여성 교육서를 가사의 형식으로 바꾼 것에 불과하다. 그렇다면 이것이 계녀가의 모든 어조인가. 결코 아니다. 사실 이 서두는 권위적 어조이지만, 내부의 동기는 실로 윤리 이전의 인간적 맥락을 갖는다. 여성이 시집을 간다는 것은, 즉 여성—딸로서가 아니라 여성—아내·며느리로서 친정을 떠난다는 것, 즉 익숙하고 친밀한 관계를 떠나 시집이라는 이질적 공간과 낯선 인적 맥락 속으로 들어간다는 것은 큰 충격이 아닐 수 없었다. 더욱이 여성의 시집살이가 여성에게 엄청난 고통이었음은 누구나 다 인지하고 있는 사실이 아닌가. 이런 점에서 전형계녀가는 현실을 은폐하고 여성을 윤리로 의식화하려는 장치가 된다.

실제 전형계녀가를 벗어나는 다른 숱한 계녀가들은 그 현실을 노골적으로 반영한다. 『규방가사』(1)에 있는 「여아 살펴라」라는 계녀가는 딸을 시집 보내는 아버지가 쓴 것인데, 여기에서는 권위적 어조가 사라진다.

> 부지불각 급거 중에 시댁 문전 들어가서
> 십목소시 좌와 중에 응당 실수 많으리라
> 머리 단장 비녀 꼽기 손 설어 어이하며
> 출입기거 몸조심을 작심하기 어려워라
> 깨워야 일어난 잠 날 새는 줄 어이 알며
> 유명이 타난 무섬 날 저물면 어이할고

_『규방가사』(1), 한국정신문화연구원(현 한국학중앙연구원) 고전자료편찬실, 1979, 81면.[179]

이어 '사구고'事舅姑에 해당하는 부분이 나온다. 요약하면 이렇다. 먼저 노동으로 이루어지는 효. 시부모가 사관할 때 일찍 세수를 하고 문 밖에 나가 "방이 더운지 침석이 편안한지"를 아뢰고, 식성을 물어 구미에 맞게 상을 올리고, 더할 일이 있는가를 물은 뒤 물러나올 것, 저녁이 되면 이부자리를 정성껏 준비할 것 등을 주문한다.[180] 이것은 시부모에 대한 철저한 복종을 근거로 한다.

> 부모님 꾸중커든 엎드려 감수하고
> 아무리 옳으나마 발명을 바삐 마라
> 발명을 바삐 하면 도분만 나느니라
> 안색을 보아가며 노기가 풀리거든
> 조용히 나아 앉아 차례로 발명하면
> 부모님네 웃으시고 용서를 하시리라

스스로 옳다고 해도 그것을 시부모에게 말하지 마라. 무조건적인 복종과 순종만이 요구될 뿐이다. 시부모의 노기가 풀릴 때 논리적으로 설득하면 해결될 것이라고 하지만, 그것이 필연적인 것은 아니다.

「여행록」은 시부모와 며느리, 보다 정확하게는 시어머니와 며느리 사이의 갈등과 시어머니의 일방적 폭력의 실상을 여과 없이 드러낸다.

> 시어마니 되는 이는 자기 경력 생각하소
> 어제날의 나의 정상 내가 남의 며느리오
> ……
> 나는 주려 배고프고 남은 주려 배부를가
> 동지섣달 설한풍에 나는 벗어 여름이오

> 동지설상 엄동시에 남은 벗어 양춘인가
> 행위로도 하거니와 말씀으로 더 심하다
> 칼보담도 심한 말로 남의 마음 독히 찔러
> 죽을 마음 나게 하니 짐승이나 다름 있나
> 맹수 독가 같은 것도 제 새끼는 아끼건만
> 부부일신 된 며느리 내 자식이 아닐런가
> 어찌하여 그대도록 몹시 하고 몹시 하나
> _임기중 편, 『역대가사문학전집』歷代歌辭文學全集(8), 동서문화사, 1987, 319~320면.

시어머니는 자신이 며느리로서 받은 학대를 자신의 며느리에게 반복한다. 언어 폭력은 칼보다 심하여 마음을 '독히 찔러' 자살을 충동한다. 며느리에 대한 책망이 자식에 대한 애정이라는 『한씨부훈』의 얘기는 현실의 고부 갈등에 비추어 보면 허구에 불과하다.

「여행록」은 시어머니의 다양한 폭력 행위를 이렇게 나열한다. "밥 주면서 수저 뺏기, 겨울 밥에 냉수 붓기, 침선 후에 뜯어 놓기, 이는 쌀에 모래 붓기, 천신만고 사른 불을 물 퍼부어 꺼놓기, 짜는 베에 사침 뺏기, 빨래한 것 땅에 밟기, 주던 밥 도로 빼앗아 개구녁에 들어붓기."[181] 그런가 하면 조그만 실수를 남편에게 고자질하여 구타하도록 부추기기도 한다.[182]

이런 폭력에도 불구하고 전형계녀가는 오직 복종을 요구하며, 그 요구의 수준 역시 끔찍할 정도로 높다. 「여자행신가」는 효성을 말하면서 『심청전』의 심청이가 몸을 팔아 이룬 효행을 본받을 것을 요구하고, 한 걸음 더 나아가 효를 위해서 자식을 희생으로 바칠 수 있음을 말한다. 「여자행신가」는 곽씨 부인이 시아버지의 병에 자식을 잡아 바친 것을 들고 있는바, 이것은 효라는 윤리가 인간의 생명, 그것도 자식의 생명을 요구하는 잔혹한 경지에까지 나아갔음을 말한다.[183] 요컨대 한원진의 『한씨부훈』이 그렇듯, 전형계녀가는 가부장제의 모순을 은폐하고, 가부장제를 강화하고자 하는 의도에서 쓰인 것이다.

다음 주목할 것은 '사군자'事君子다. 전형계녀가는 남편을 하늘같이 존중할 것과, 언어를 조심하고 일마다 공경할 것을 요구한다.[184] 그리고 남편과 아내의 철저한 분리,[185] 투기의 금지, 시부모와 남편에 대한 철저한 복종을 말한다.

> 투기를 과히 하면 난가가 되느니라
> 밖으로 맡은 일을 안에서 간여 말고
> 구고님 꾸중커든 황송히 감수하고
> 가장이 꾸짖거든 웃으며 대답하라
> 웃으며 대답하면 공경이 부족하나
> 부부 간 인정이야 화순밖에 없느니라

여성 교육서와 동일한 내용이다. 거의 모든 계녀가는 남편과의 관계를 말하면서 남편이 아내와 평등할 수 없는 위계적 우위에 있음을 반복해서 말한다. 모든 계녀가는 가부장제에 대한 복종을 말하고 있으며, 그것은 '사구고'가 앞에 있다 해도 사실은 남편에 대한 복종이 목적이기 때문이다. 「여자행신가」는 "초립 쓴 어린 신랑 어리다고 웃지 마라"고 한다. 왜냐하면 '조만해도 하늘'이기 때문이며, '천장만장 높은 하늘'을 땅이 이길 수가 없기 때문이다.[186] 그런가 하면 예의 여성 교육서처럼 남성과 여성의 성 역할을 구분한다. 「여아 살펴라」에서는 이미 알려진 남편과 아내의 성 역할을 새삼 강조한다. "남자는 동물이라 공부에 작심하고 사업에 주의하여 백행을 닦아내어 사방에 뜻을 두니 시간 사람 하는 것은 부녀의 책임이라."[187]

그러나 여성과 남성의 성 역할, 남편에 대한 복종은 전형계녀가류의 일방적인 진술일 뿐이다. 다른 목소리가 있다. 「화전가」는 "남녀 분명 달라서도 심중소회 일반이라"[188]면서 남성과 여성의 동일성을 말한다. 「화전조롱가」는 "남자의 일생 영화 어찌 다 형언하리/아무리 개귀나마 이런 경은 들어 두소"[189] 하고 시작하여 남자가 7세에 『천자문』, 『사략』을 시작하여, 15, 6세까지 독서, 작문에 전념하여, 20세에 한양에 과거 응시 합격, 정승 판서까지 벼슬길에서 영예를 드날리는 것을 묘사하고, "이만하면 일생 영화 족하고 또 족하다"[190]라고 말한다. 이에 반해 여성은 "원수로다 원수로다 여자유행 예부터 무슨 법고. 가련하다 부모 동생 이별하고 일가친척 멀리하고 구고 때 봉양이고 부부가 화목하며 외면이사 좋거니와 내면조차 조을손가 삼시로 동동촉촉 골몰이 세월이라 밤한경침술 돌아와서 고향산천 생각하니 남 모르는 눈물이요"[191]라고 하여 남녀의 구분이 사실상 위계적이며 차별임을 인식한다.

가장 압권인 작품은 「여자탄식가」다. 이 작품은 "여자된 이내 마음 암암사지 생각하니 남자의 좋은 팔자 애달코도 부럽더라"면서 남성과 여성의 성차별을 분명히 인지한다. 그리고 남자가 과거에 급제하여 내직 외직을 두루 거치는 과정을 진술하고, "호사 사치 극진하니"라고 말하고 있다.[192] 이어 공명을 이루지 못할 경우, 기생 오입과 각처의 승경을 유람하는 것, 이도 아니면 향중 친구 도내 친구들과 바둑, 장기, 화투, 골패 등 도박을 즐기는 것을 말한다. 이어 여자의 일생을 한탄한다.[193] 작품의 일부를 직접 인용한다.

    이목구비 바로 쓰고 오장육부 같이 삼고
    다같이 사람으로 무삼 죄가 지중하와
    고양 앞에 쥐가 되고 매에 쫓긴 꿩이 되어

운빈화용 고운 태로 팔자 이마 숙으리고
사창을 굳이 닫고 수물중질 못차는다
여자 몸이 되어나서 긴들 아니 원통한가
누대 종가 종부로서 봉제사도 조심이오
통지중문 호가사에 접빈객도 어렵더라
모시 낳이 삼베 낳이 명주 짜기 무명 짜기
다담이러 뵈를 보니 직임방적 괴롭더라
용정하여 물려다가 정구지임 귀찮더라
밥 잘 짓고 술 잘 비겨 주사시예 어렵더라
함담을 맞게 하여 반감분기 어렵더라
세목중목 골라내어 푸재따듬 괴롭더라
춘복 짓고 하복 지어 빨래하기 어렵더라
동지장야 하지일에 하고 많은 저 세월에
첩첩히 쌓인 일을 하고 한들 다할손가[194]

　동일한 인간이나 남성과의 관계에서 여성을 고양이 앞의 쥐 신세로 비유한다. 남성의 출세와 쾌락의 다른 극단에 놓여 있는 여성에게 강요된 가사 노동의 고통을 토로한다. 남성에 대한 여성의 종속적 지위, 곧 성차별을 여성이 인식하고 발언한다는 사실은, 가부장제가 여성의 희생을 강요하는 폭력 위에 서 있다는 사실을 여성이 인식하고 있다는 점에서 매우 중요한 것이다. 규방가사의 여성 화자는 남성에 대한 여성의 복종, 즉 남편에 대한 아내의 복종은 윤리적 진리가 아닌 폭력의 논리일 것이라는 가능성을 내비치는 데까지 나아간다. 「여자행신가」는 "죽고 살기 여자 신명 / 한 손에 달렸으니 아무쪼록 뜻을 맞춰 극진극대 공경하라"[195]고 말한다. 곧 '극진극대의 공경'은 그것이 윤리적 정당성을 갖기 때문에 실천되는 것이 아니라, 여성의 죽고 살기가 남자의 한 손에 달렸기 때문이다. 그것은 곧 폭력이다.

당연히 남성의 폭력도 끊임없이 지적된다. 「여행록」은 "집안 중에 무섭기는 남편밖에 또 있는가"라고 말한다. 남성의 폭력에 대한 공포다.

> 남의 장부 되는 이여 어찌 그리 생각 없나
> 자기 처지 가왕 되고 아내 체면 내상 되니
> 가왕 내상 뜻을 풀면 기역 아니 소중하냐
> 가왕이라 칭호함을 깊이 새겨 생각하여
> 내상이라 하는 말을 매우 익히 알아 보소
> ……
> 소위 가왕 내상 대접 해연함도 해연하다
> 빚 내기는 고사하고 있는 의복 아니 주며
> 후록 상급 고사하고 있는 밥도 적게 주네
> 그중에도 골이 나면 입속으로 흉한 말과
> 의향대로 포학하니 호표 시랑 미칠소냐
> 놓고 침이 부족하여 머리채를 휘여 잡고
> 이리저리 끄을면서 무수난타 참혹하다
> 이 정승의 이 모양은 만고사기 또 있던가
> 이대도록 몹시 하니 그 마음이 온공하랴
> 이렇고는 패운일세 이 집안이 무사할가
> 가도 그만 전폐하니 집안 모양 망해서라[196]

옷을 주지 않거나, 밥을 주지 않거나, 흉한 말을 내뱉는가 하면, 구타하고 머리채를 휘어잡고 참혹할 정도로 무수히 난타한다. 가부장적 권력이 언어적·물리적 폭력 위에 기초하고 있음을 명징하게 보여준다.

계녀가는 여성을 남성의 가부장적 욕망에 의해 훈육한다는 점에서 여성 교육서와 동일한 목적을 갖는다. 물론 어떤 작품들은 여성 교육서가 제거하고 은폐했던 가부장제의 폭력성을 날카롭게 드러내기도 한다. 하지만 그 결과는 언제나 '계녀'라는 목적으로 수렴된다. 탈출구가 없다. 가부장제의 폭력을 해체하기보다는 그 폭력에 순종하며 폭력을 회피할 것을 권유하는 것이다. 계녀가는 부분적으로 카타르시스를 포함하지만, 결국은 가부장제에 대한 순종을 설파하는 기능을 맡고 있다.

전형계녀가와 아울러 광범위하게 전파되었던 또 하나의 유형이 있다. 제2 변형계녀가의 대표적 작품인 「복선화음가」가 그것인데, 최근의 연구에 의하면 80종을 상회하는 이본이 있다고 한다.[197] 대단히 널리 유포되었던 것이다. 이 작품은 서사성이 있기 때문에 줄거리를 간단히 요약한다. 이 작품은 화자가 딸을 시집보내면서 자신의 일생을 회고하는 액자 형식을 취하고 있는데, 회고담이 이 여인 화자의 일생이다. 화자는 원래 '이 한림'의 증손녀, '정 학사'의 외손녀다. 매우 부유하게 자란 주인공은, 15세에 결혼을 하여 김 한림의 증손부가 된다. 야단스럽다 할 정도로 거창한 기구를 차리고 신부가 시집에 당도하니, 시집은 가난한 오막살이다. 배행했던 오빠는 도로 돌아가자고 하지만, 신부는 오히려 여자의 도리를 들어 오빠를 설득해 보내고 시집살이를 시작한다. 밥조차 먹지 못하는 가난에 뛰어든 신부는 처음에는 자신이 가지고 온 신행 예물을 팔아서 해결하다가, 급기야 생산 현장에 뛰어든다. 간고한 노동과 고리대금업을 통해 재산을 모아서 부자가 된다. 늘그막에 편안히 앉아 신고했던 옛날을 회상하는데, 남편의 과거 합격 소리가 전해진다. 과거를 축하하는 야단스런 잔치가 벌어진다. 이어 시집가는 딸에게 당부를 늘어놓는데, 먼저 부자로 시집와서 부도를 지키지 못하고 낭비로 일관한 괴똥어미의 몰락을 들려주고, 딸이 괴똥어미를 본받지 말고 자신이 당부한 여자의 도리를 따라 행복하게 살 것을 기원한다.

　이제 이 작품을 본격적으로 분석해 보자. 이 작품은 주인공 여성이 시집가는 장면에서 본격적으로 시작된다.

　　개 좋은 화류중에 삼월 망간望間 우귀于歸하니
　　동명군 십이병十二兵은 군복병치軍服兵幟 찬란하고
　　전배前陪 후배後陪 열두 하님 오색복색 황홀하다
　　각사各舍에 갖은 시비侍婢 좌우로 세의하니
　　거리거리 구경군이 뉘 아니 칭찬하리
　　풍류남자 오라버님 배행기구陪行器具 거룩하다
　　은안백마銀鞍白馬 뒤 세우고 청사행 사인교四人轎에
　　청사도포青紗道袍 학슬안경鶴膝眼鏡 대모장도玳瑁粧刀 비껴 차고
　　오동설합梧桐舌盒 백동연죽白銅煙竹 아해 수종隨從 들리우고
　　옥삼전대玉衫纏帶 요강 타구 수배구종隨陪驅從 차지로다
　　소주 약주 갖은 안주 복마구종卜馬驅從 완득이라[198]

　여성 주인공의 출신 성분보다 집안이 부유함을 이렇게 묘사하는 것은, 이 작품이 부유한 가문의 신부와 가난한 가문의 신랑의 결합이라는 문제를 다루기 때문이다. 다음에 묘사되는 남성 가문의 적빈의 상황을 보자. 여성은 남편 될 이의 집안 상황을 전혀 알지 못하고 출발한다. 하지만 시집은 극도로 궁핍한 집이다.

　　탄탄정로 좋은 길로 하루 이틀 사흘 안에
　　강호에 득달得達하니 시댁이 어디런고

> 주렴 속에 잠간 보니 수간모옥數間茅屋 청계상淸溪上에 동네쇠북 가련하다
> 반벌班閥은 좋건마는 가세家勢가 영체零替하니
> 신행新行의 허다 하인下人 밥인들 먹일소냐

구경하는 사람들은 신부가 속았다고 말한다. "허다한 구경군이 서로 일러 하는 말이 '아까울사 저 신부야. 곱고 고이 기른 낭자 간고艱苦한 저 시집에 그 고생을 어찌 할꼬. 극난한 게 혼인이라 저대도록 속았는고?'" 오빠는 사기 결혼이라며 "가세가 이러하니 할 일 없다. 도로 가자. 차마 혼자 못 가겠다. 어여쁜 우리 누이 이 고생을 어찌 하리. 두말 말고 도로 가자."

이 작품이 여성이 시집으로 가서 결혼식을 치르는 것으로 시작하는 것은, 17세기를 통과하면서 부처제夫處制가 보편화되었던 사정에 근거한다. 그런데 양반가의 사회적 위상에 대한 정보를 소상히 아는 것이 양반의 교양으로 통용되는 세상에서, '속았다'는 결혼은 원천적으로 불가능하다. 그럼에도 불구하고 매우 부유한 여성 가문과 극도의 궁핍한 남성 가문의 결합을 설정한 것은, 이 작품이 현실의 재현을 통해 현실 인식과 타개에 목적을 두고 있는 것이 아니라, 여성 훈육에 목적을 두고 있기 때문이다.

신랑 집의 궁핍을 목도한 오빠는 신부에게 돌아가자고 말한다. 하지만 신부의 답은 이렇다.

> 오라버님 하는 말씀 이 말이 왼 말이요
> 삼종지도 중한 법과 여자유행女子有行 읽었으니, 부모 형제 멀었어라
> 행매行媒 혼례禮婚 하올 적에 재물을 의론함이
> 옛적부터 천賤한 도요, 사군자士君子의 경계로다
> 수간모옥數間茅屋 작은 집은 구고舅姑 계신 내 집이요

안팎 중문中門 번화갑제繁華甲第 친부모 옛집이라
하늘이 정한 팔자 순종하면 복이 되고
시댁이 간구艱苟하나 천생지록天生之祿 있으리니 굶고 벗기 매양이며
가도家道가 심하대도 구고舅姑의 뜻을 받아
효성으로 봉양하면 도리어 감동하사 불쌍 기특 사랑하오
그런 말씀 다시 말고 초체迢遞를 보중하사
평안진중平安珍重 환차還次하여 시댁의 간구한 말 부모님께 부디 마오
자애자정慈愛慈情 우리 부모 이 말씀 들으시면
가뜩이나 늙은 친당親堂 침식寢食이 불안한데
선웃음 좋은 말로 시가사媤家事를 자랑하여 부모 마음 편케 하오

신부는 '삼종지도'三從之道와 '여자유행'女子有行을 근거로 내세우며 오빠에게 돌아가지 않고 간고艱苦한 시집살이를 견뎌낼 것을 다짐한다. 하지만 이것이 『예기』와 『소학』, 『시경』 등의 글에 근거하고 있음은 두말할 나위가 없다.[199] 이것은 곧 외부에서 주어진 사유다. 그 사유들이 외부에서 주입된 과정을 작품은 이렇게 밝히고 있다.

『소학』小學, 『효경』孝經, 『열녀전』烈女傳을 십여 세에 외어 내고
처신 범절 행동거지, 침선방적針線紡績 수 놓기도 십사 세에 통달하니

앞서 검토했던 바와 같이 『소학』, 『열녀전』 등의 텍스트가 여성의 의식 속에 주입되었던 것이다. 즉 신부의 의식은 남성이 제작한 것이며, 따라서 신부의 말은 신부의 말이 아니라 남성의 말이며, 신부의 여성성은 가부장제의 이데올로기에 의해 만들어진 여성성인 것이다.

남성이 만든 욕망을 신념화하여 여성이 남성을 설득할 때 남성은 그

논리를 이길 수 없다. 남성인 오빠는 설득될 수밖에 없다. 오빠는 이렇게 말한다. "아름다운 우리 누이 오히려 놀랐더니 금일에야 다시 보니 백행百行이 구비具備하니 무궁복록無窮福祿 누리리라. 수지부모受之父母 귀한 몸을 안보安保하여 잘 있으라." 요컨대 신부가 오빠를 설득하고 시집살이로 들어가는 것은, 신부의 판단으로 보이지만 사실상 가부장제의 명령을 따른 것이다. 이 작품의 화자는 여성이지만, 그 여성 의식의 주체는 남성이다.

「복선화음가」는 가난을 극복하는 이야기다. 곧 양반들의 경제적 궁핍을 반영한 것으로 보인다. 그 궁핍의 양상을 살펴보자. 신부는 사당에 배알하고 3일을 지낸 뒤에 부엌으로 들어간다. 하지만 적빈赤貧의 상황이 벌어져 있다.

> 소슬한 찬 부엌에 탕관湯罐 하나뿐이로다
> 감지甘旨의 부모 봉양 무엇으로 하잔 말고
> 천황씨 서방님은 아는 것이 글뿐이요
> 세정 모른 늙은 구고舅姑 다만 망령뿐이로다

탕관 하나만 있는 부엌이다. 신부는 하인을 급히 불러 이웃집에 보냈더니 돌아와 하는 말이 "전에 꾼 쌀 아니 갚고 염치없이 또 왔느냐? 두말 말고 바삐 가라"고 한다. 시집은 먹을 것조차 더 꾸어올 수 없을 정도의 적빈이다. 이 적빈은 생산력을 완전히 상실한 양반 가문의 상황을 압축적으로 드러낸다.

신부는 지참한 패물을 팔아 문제의 일단을 해결한다.

> 그렁저렁 하노라니 때가 이미 오시로다
> 자개함롱 열어놓고 약간 전량 대어내어

쌀 팔고 반찬 사니 기장에 감식이라

권속이 좋아한다 무엇을 아끼리오

금의도 한때란다

옆에 찼던 노리개는 김장자집 전당하고

왜포 당포 찬찬의복 시찬가에 전당하고

상개 구개 두루불수 앉은 빚에 길게 하고

공단 대단 핫이불은 이좌랑집 영영방매

혼수가 많다 한들 그로 어찌 당할소냐

신부는 혼수를 모두 팔아치운다. 친정에서도 도움을 받지만 소용이 없다.[200] 궁핍의 원인은 글 속에 나와 있다. 『사략』史略 첫 권을 읽는 어린 남편이 생활 능력이 전혀 없는 것은 물론이고, 시부모는 망령이나 부리는, 세상물정을 전혀 모르는 인간이다. 뒤에 언급하겠지만, 시아버지는 손님이 찾아오자 아무 것도 없는 줄 알면서도 술 사오고 밥을 하라고 호령이 '통통한' 사람이다. 이제 궁핍의 원인을 좀 더 구체적으로 추적해 보자.

양반가의 궁핍은 양반 사회의 가부장제 그 자체에서 유래한 것이었다. 작품은 그 상황을 이렇게 밝히고 있다.

고운 낭자 대단大緞 치마 과거科擧 보기 소용이라

하도 못한 소과小科 대과大科 매방每榜 초시初試 무슨 일고

사시장춘四時長春 고운 의복 그 무엇이 지탱하리

허리띠 열두 죽은 버선 깁기 다 진盡했네

과거에 합격하여 관료가 되는 것은 양반을 유지하는 가장 중요한 장치다. 곧 남성은 관료가 됨으로써 가부장제를 재생산할 수 있다. 이 작품

이 제작된 18, 9세기 조선 사회는 서울의 소수 경화세족에 권력이 집중되어 지방 양반들에게 과거 합격이란 사실상 무망한 것이었고, 설령 합격한다 해도 권력의 중심부로 진입할 가능성은 전무했다. 그럼에도 과거를 보려는 유생의 수는 폭발적으로 증가했다. 과장科場에 출입한다는 것 자체가 양반임을 보증하는 표시였기 때문이다. 정부는 인심을 무마하기 위해 조선 후기에 과거를 남설濫設하였고, 당연히 과거마다 응시하기 위해 거자는 엄청난 비용을 마련해야만 하였다. "고운 낭자 대단大緞 치마 과거科擧 보기 소용이라"는 말은 아름다운 낭자[201]와 좋은 비단으로 만든 치마가 모두 과거를 보기 위한 비용으로 충당되었다는 말이다. 이뿐이랴? 사시사철의 고운 의복도 팔아치우고, 허리띠 열두 죽은 과행科行에 신을 버선으로 충당되었다. 양반임을 입증하기 위한 과거 응시는 역으로 양반가의 몰락을 재촉했다.

과거 응시와 함께 부계출계 집단의 재생산을 위한 기본 장치는 앞서 검토한 바와 같이 '접빈객接賓客, 봉제사奉祭祀'였다. 그러나 이 장치를 작동시킬 경제적 능력이 흔들린다.

여간 쌀에 밥을 진들 부모 남편 진지 하고
수삼數三 노복奴僕 나눠주니 저 먹을 것 전혀 없다
한 때 굶어 두 때 실시失時 치마끈을 둘러맨들 그로 어찌 당할소냐
눈이 캄캄하올 적에 헛두통을 앓노라니 사랑에서 무슨 호기
"손님 두 분 오셨으니, 술 사오고 점심 해라."

접빈객의 장면이다. 시아버지는 통통하게 호령한다. 신부는 곤경에 빠진다. "시행을 아니하면 사랑에 망신이요, 시행을 하자 한들 두 주먹이 붉다." 사랑의 망신은 곧 양반의 체모를 버리는 것이다. 하는 수 없이 인두

와 가위를 전당 잡혀 술을 사오고 양식을 팔아 손님을 접대하고,[202] 자신은 역시 굶는다.[203] 그럼에도 양반가의 체면은 여전히 문제가 된다. "이틀 사흘 유留한 손님 만류하기 무슨 일고?"에서 보듯 사흘을 묵은 손님을 여전히 붙잡는다.

제사를 지내는 것 역시 궁핍으로 인해 불가능의 지경에 빠진다.

> 봉제奉祭 접빈接賓 지성至誠인들 없는 바에 어이하리
> 반갱飯羹 겨우 차려 노니 잔 드리는 이내 마음
> 일년일도一年一度 한 번 제사 이 모양이 한심하다, 불효의 제일죄第一罪라

제사 역시 넉넉하지 않다. 유교적 가부장제를 재생산하는 역할을 하는 것이 제사이지만, 그것으로 인한 경제적 소모는 가부장제를 몰락시키는 모순을 낳는다. 한데 정작 작품 내부에서 남성-양반은 이에 대해 어떤 책임도 의식도 없다. '통통한 호령'이라는 말에서 보듯, 궁핍을 초래한 것은 남성이지만, 가부장제의 권력은 여전히 살아 있다.

이 작품의 가부장제, 곧 남성 중심주의는 교활하게도 책임을 이 가문에 들어온 여성, 곧 신부에게 떠넘긴다. 오직 신부만이 궁핍으로 인한 봉제사, 접빈객의 어려움을 "불효의 제일죄第一罪"라고 생각한다. 가부장제의 권력이 여성에게 죄의식으로 집행됨으로써 여성에게 책임감을 불러일으켰던 것이다. 이것이 여성을 노동으로 내몬다. 신부는 "사사事事이 생각하니 없는 것이 한恨이로다"라고 말한다. 그리고 재산을 모아야겠다는 결심을 한다.

> 곰곰 생각 다시 하니
> 김장자 이부자는 근본적 부자런가

수족이 다 성하고 이목구비 온전하니
내 힘써 내 먹으면 그 무엇을 불위하리

신부의 각성은 현실적이고 건강하다. "수족이 다 성하고 이목구비가 온전한" 사람으로서 "내가 힘을 써서 내가 먹고자 하는 것" 즉 자신의 노동을 통해 생활을 해결하고자 하는 것은 중요한 의식의 전환이다. 즉 여성은 "비단치마 입던 허리, 행주치마 둘러 입고 운혜雲鞋, 당혜唐鞋 신던 발에 석새짚신 졸여 신고" 노동에 나선다. 이 작품은 노동의 소중함과 노동에 대한 의식의 전환을 말하고 있다는 점에서 참으로 중요한 것이지만, 그 각성과 전환이 오로지 여성의 몫으로 떨어진다는 점에서 편향적이다.

여성이 노동에 나섰을 때 그 노동의 내용과 성격은 어떤 것인가.

단장短墻 안에 묵은 채마菜麻 갈고 매고 개간하여
외가지를 굵게 길러 성시城市에 팔아 오고
뽕을 따 누에 쳐서 오색五色 당사唐絲 고운 실을
유황 같은 큰 베틀에 필필이 짜낼 적에
쌍원앙雙鴛鴦 공작孔雀이며 기린麒麟 봉황鳳凰 범나비라
문채文彩도 찬란하고 수법도 기이하다
오희월녀吳姬越女 고운 실은 수繡 놓기로 다 진하고
호상豪商의 돈 천냥은 비단 값이 부족하다
사이사이 틈을 타서 칠십노인 수의壽衣 짓고
청사靑紗 복건幞巾 고운 의복 녹의홍상綠衣紅裳 처녀치장處女治粧
어린아이 색옷이며 대신 입는 조복朝服이라
저녁에 켜는 불로 새벽 조반 얼러 짓네

채마밭의 경작, 비단의 직조, 삯바느질, 이 셋이 노동의 내용이다. 직조와 바느질은 두말할 것도 없이 『소학』 등의 여성 교육서가 규정한 여성 노동의 구체적 내용이다. 하지만 그것은 어디까지나 가정에 필요한 가사 노동일 뿐이었다. 즉 『소학』의 가사 노동이 재산을 축적하기 위한 노동으로 바뀐다는 것은 매우 중요한 전환이다. 그것은 남성이 여성을 가정의 경제 전체를 담당하도록 노동의 강도를 높이고 있다는 것을 의미한다.[204] 곧 남성에 대한 복종 위에서 사대부가 당면했던 경제적 위기를 돌파하기 위해 여성의 노동력을 남김없이 흡취하고자 했던 것으로 보인다.[205] 이것은 「복선화음가」만이 아니라, 거의 모든 규방가사가 말하고 있는 바였다. 밤이 든 후 잠을 자고 아침 일찍 일어나서 가정 내를 청소하고 길쌈과 방적을 시작하는 여성의 근고한 노동[206]과, 여성이 가정 경제의 소비자로서 최하위에 위치해야 한다는 것도 규방가사가 힘주어 말하는 바였다.[207]

한데 「복선화음가」의 이 노동은 현실성을 현저하게 결여한 것이다. 명주 비단을 짜는 것은 대단한 노동력을 요구한다. 여성 한 사람의 노동으로 '호상豪商의 돈 천냥이 비단값으로 부족' 할 정도의 비단을 생산할 수 없음은 두말할 나위도 없다. 거기에 채마밭의 외가지와 삯바느질로 다음에 언급할 거창한 재산을 모은다는 것은, 현실적으로 가능하지 않은, 근거 없는 희망의 투사일 뿐이다.

이제 불가능한 노동의 결과로 역시 불가능한, 오로지 욕망 속에 존재할 뿐인 부富를 축적한 결과를 장황하게 나열한다.

  알알이 헤어 보고 줌줌이 모아 보니
  양兩이 모여 관貫이 되고 관이 되어 백百이로다
  울을 뜯고 담을 치고 집을 짓고 기와 이고
  앞들에 좋은 전답田畓 많을시고

안팎 마구 노새 나귀 때를 찾아 우는 소리
십이중문十二中門 높은 집에 추녀마다 풍경 달아
동남풍이 건듯 불면 잠든 나를 깨웠어라

이렇게 모은 돈으로 추녀마다 풍경을 단 열두 중문의 와가瓦家를 짓는다. 앞들에는 좋은 전답이 널려 있고, 마구에는 노새 나귀도 가득하다. 축적된 부 중에서 전답의 규모를 확인해 보자.

올벼 타작 일천 석石은 적은 고庫에 넣어 두고
늦벼 타작 이천 석은 각처各處마다 용정舂精하고
도지賭地 쌀 칠백 석은 김동지金同知집 봉수捧受하고
세찬歲饌값 팔천 냥은 이낭청李郞廳의 배삭排朔이

벼 3천7백 석과 세찬歲饌값 8천 냥이 이 여성이 이룬 재산이다. 가공의 허수虛數지만 어마어마한 재산이 아닌가. 이것은 비현실적이다. 단지 이 시기 양반가의 세속적 욕망의 규모를 짐작케 한다는 의미가 있을 뿐이다.

이 재산을 근거로 신부는 노비를 둔다. "수종隨從 하님 열둘이요, 반빗 하님 스물둘이라 좌우로 벌였으니 육간대청六間大廳 가득하다." 방대한 토지 재산이 있으면 그것을 관리할 노비가 있어야 마땅하다. 그래서 자신의 수족이 되어 수종하는 노비가 열둘이요, 음식을 하는 노비가 스물둘이다. 모두 신체의 욕망을 충족시키는 도구들이다.

집안의 살림도 풍족하다.

보다대단大緞 요 이불을 반자까지 높이 쌓고

> 용목쾌상 두리상을 자개함롱 겹쳐 놓고
> 오동설합 백통연죽 서초 양초 가득하며
> 왜화기며 당화기와 동래반상 안성유기
> 삼간고에 가득하고

이 모든 것은, 일상의 욕망을 충족시키는 기물들이다. 이것은 당시 사람들이 상상할 수 있는 일상의 사치품이었을 것이다. 이 경제력을 바탕으로 하여 부모를 봉양한다.

> 날마다 소를 잡아 부모봉양 유족하다
> 찬물도 허다하다 아침저녁 갈아 놓고
> 혼정신성 하올 적에 갖은 실과 약주로다
> 앉은 다락 선 다락에 갖은 찬합 열두 설합
> 꿀병 사탕 편강이며 약과 산적 장볶이라
> 주먹 같은 굵은 대추 준시蹲柹 호도 겹쳐 놓고
> 전복쌈 약포육藥脯肉을 생율 쳐서 사이 놓고

음식으로 이루어지는 욕망의 충족이다.
여성의 노동은 채마밭을 가꾸고, 비단을 짜고, 삯바느질을 하는 것에 불과했지만, 그 결과 성취된 욕망의 구체적 내용은 어마어마하다. 어쨌거나 신부는 그 부富 위에서 안식의 기회를 갖는다.

> 재앙이 복이 되고 지성이면 감천이라
> 시집 온 지 십 년 만에 가산이 이러하오
> 아들 형제 고명딸은 형용도 기이하다

내외간에 화락하니 걱정인들 있을소냐

십 년 만에 거창한 부를 축적하고, 아들 형제와 딸 하나를 두고 부부 간의 금슬이 좋아 화락하다. 걱정이 없는 상태가 되었다. 이것이 여성이 이룬 조화로운 세계다. 현실 속에서 꿈꿀 수 있는 세속적 이상이다. 이 작품이 꿈꾸는 세속의 이상은 풍요로운 경제력 위에서, 잘생긴 아들과 딸을 두고 부부 간에 화락한 삶이다.

이 작품은 이것으로 끝나지 않는다. 만약 이 이상적 세계의 구축으로 작품이 끝났더라면, 이 작품은 철저히 여성이 주인공이 될 수밖에 없다. 하지만 그것은 기획부터 잘못된 것이다. 무능하고 궁핍한 남성—양반을 구제하는 것은, 밖에서 들어온 젊은 여성의 근고한 노동이기 때문이다. 따라서 그것은 여성을 소외시키는 가부장적 질서가 도리어 여성에 의해 완성된다는 모순을 낳는다. 즉 그것은 가부장제의 무능을 드러내는 것이다. 이 작품을 여성의 주체적 각성으로 읽고자 한다면, 여기서 끝나야 할 것이다. 하지만 이 작품에 작동하는 것은 여성의 욕망이 아니라 남성의 욕망이다. 여성의 욕망은 남성의 욕망에 의해 재구성된 것이며, 여성은 남성의 욕망을 실현하기 위한 장치에 불과하다. 그래서 이야기는 계속된다.

갑자 구월 초팔일에 국화주를 한 잔 먹고
안석에 의지하여 춘관을 분부하여
다리 치고 드러누어 옥단玉丹어미 책 보이고
담뱃대 가로 물고 고요히 듣노라니
홀연히 잠이 들어 정신이 혼혼昏昏터니
큰 대문이 무슨 일로 저대도록 요란한고
청천백일靑天白日 무슨 일로 천동벽력天動霹靂 고이하다

놀래어 잠을 깨어 완자영창卍字映窓 열뜨리니

똥배 부른 하남년을 저리 급히 여쭙는고

여쭈시오 하는 말이 백번인지

창안백발 우리 존구 청려장을 둘러 짚고

나를 보고 하는 말씀

"이번 과거 즉일창방卽日唱榜 너의 남편 내 아들이

장원급제 하였으니 이런 경사 또 있느냐

지금까지 오래 살아 부귀공명 이런 경사

애닯을손 너의 시모媤母 삼 년만 더 살더면

동희동락同喜同樂 하련마는 혼자 보기 아깝도다 너의 내외 오죽하랴."

여성은 풍요한 재산 위에서 여유를 즐긴다. 대낮에 국화주를 한 잔 마시고 담배를 물고 계집종에게 소설책을 읽게 한 뒤 설핏 잠이 든다. 이것은 얼핏 보아 여유있고 자족적인 완성된 세계다. 하지만 이 정적을 깨는 소리는 이 세계가 아직 미완의 것임을 말한다. 남편이 과거에 합격했다는 요란한 전갈과 소동은, 그리고 시아버지의 발언은, 이제까지 작품에서 배제되었던 남성이 사라진 것이 아니라, 사실상 잠복하고 있었다는 것, 즉 경제력의 완성 위에 보다 강고한 가부장제를 완성하기 위해 귀환하기 시작했음을 의미한다.

여성의 경제력만으로 미완성의 상태로 있던 가문은, 남성의 과거 합격으로 인해 완성되었다. 이것은 사실상 이 작품이 남성의 욕망, 즉 가부장제의 실현이라는 남성의 욕망에 지배되고 있음을 의미한다. 여성이 이루었던 세계는 미완일 뿐이었고, 남성의 과거 합격에 의해 온전히 완성되었다. 여성의 노동은 다만 그것을 예비하는 과정에 지나지 않았다.

앞서 치산을 위한 여성의 노동은 그 서술량이 부족하다고 말한 바 있는데, 이에 반해 과거 합격은 풍부한 언어량으로 치밀하게 그려진다.

> 전후방군前後榜軍 허다 하님 첫째 돈이 백량이라
> 하루 이틀 사흘 만에 두 번 기구 거룩하다
> 재인才人 무동舞童 열두 놈은 오색비단 갖은 치장
> 식천금飾千金 금안백마金鞍白馬 난삼襴衫 복두幞頭 대모각대玳瑁角帶
> 어사화御史花 한 가지가 향풍香風에 나부낀다
> 전후에 갖는 선비 복색도 황홀하다
> 안동방곡安東坊曲 이 한림李翰林은 실래위 하는 소리
> 어여쁜 우리 낭군 분성적粉成赤도 괴괴怪怪하다
> 당분唐粉 왜倭밀 어디 두고 먹을 갈아 성적成赤할 제
> 횟가루 칠을 하니 얼쑹덜쑹 그린 모양 호랑등을 불워할까
> 모자帽子 빠진 헌 망건에 똥지천至賤 무슨 일고
> 가재 잡고 난 후에 팔 벌이고 깨금 줄지 박장대소 뉘 아닐까
> 말 거꾸로 타신 양반 서울길로 가려시나
> 사당祠堂에 고유告諭하고 경사인사慶事人事 채 못하여
> 실래위 하는 소리 김 정승金政丞네 서 판서徐判書라
> 전의방곡全義坊曲 교리육촌校理六寸 실내室內 그만 욕 뵈시오
> 승지댁 사촌 형님 무슨 일로 부르시나
> 괴독스런 사종四從 동서 팔을 어이 이끄시오
> 안팎으로 허다 빈객賓客 다담상茶啖床도 융숭하다

남편이 과거에 합격하자 광대와 무동을 부르고, 과거 합격한 이에게 관행적으로 벌어지는 온갖 희학戲謔을 벌인다. 또한 전에 보이지 않던 남성 친척들이 등장하여 법석을 떨며 합격을 축하한다. 여성이 혼자 힘으로

궁핍을 해결할 때 숨어 있던 남성들은 영광의 자리에 모두 귀환한다. 과거 합격과 남성의 귀환, 그리고 야단스러운 광경의 묘사는 남성이 실제로 세계를 지배하고 있음을 나타낸다.

과거 합격 이후 남편은 출세길을 달린다.

> 초입사初入仕에 주성장령朱城掌令 별군別軍으로 안변부사安邊府使
> 승지당상承旨堂上 동래부사東萊府使 물망物望으로 평안감사平安監司

남편은 승지를 지내고 평안감사까지 지낸다. 여성은 쌍교雙轎, 독교獨轎를 타고 고을마다 남편을 따라다닌다. 작품은 이것을 영광으로 표현하고 있지만, 사실상 여성은 남성의 출세가 시작되자 다시 남성에게 종속된 존재가 된 것이다.[208] 그리고 아들 형제가 진사시에 합격하여 가문이 혁혁해진다.[209] 남성의 과거 합격에 의해 가문이 완성된 것이다. 여기서 「복선화음가」가 '여성'에 초점을 둔 것이 아니라, 가부장제의 완성에 목적을 둔 작품임이 재차 명백해진다.

남성 중심주의, 가부장제의 작동은 여기서 끝나지 않는다. 다시 김 한림의 증손부와 같은 여성이 영원히 재생산되어야 하는 것이 가부장제의 요구이기 때문이다. 이 작품에 괴똥어미전이 부기되어 있는 것은, 췌언이 아니라 가부장제의 필연적인 요구다. 그 요구의 내용을 확인해 보자.

여성의 고명딸은 시집갈 때 여유 있는 재산을 가지고 간다.

> 춘하추동 사철 의복 너의 생전 유족하다
> 바느질에 침선針線채며 대마구종大馬驅從 춘득이요 전갈傳喝하님 영매로다
> 남녀노비 갖았으니 전답인들 아니주랴
> 대한불갈大旱不渴 좋은 전답 3백 석 받는 추수

동도지東賭地 5천 냥은 요용소치要用所致 유여有餘하다

여유 있는 재산을 지참한 딸의 모습은, 처음 어머니가 결혼했을 때와 동일한 조건이다. 어머니는 "나의 신행 올 때가 도리어 생각난다"고 말하지 않는가. 동일한 조건에서 출발하기에 어머니는 딸에게 동일하게 자신이 가졌던 가부장적 의식을 가져줄 것을 당부한다. 다만 이 당부는 반면교사로서의 괴똥어미의 행적을 서술하면서 이루어진다.[210] 괴똥어미는 어떤 인물인가.

> 제일 처음 시집올 제 가산家産이 만금萬金이라
>
> 마당에 노적露積이요 너른 광에 금은金銀이라
>
> 신행新行하여 오는 날에 가마문을 나서면서
>
> 눈을 들어 사방 살펴 기침을 크게 하니 신부행실新婦行實 바이 없다
>
> 다담상의 허다 음식 생율 먹기 고이하다
>
> 무슨 배가 그리 고파 국 마시고 떡을 먹고
>
> 좌중부녀座中婦女 어이 알아 떡 조각을 집어 들고
>
> 이도 주고 저도 주고 새댁 행실 전혀 없다
>
> 입구녁에 침이 흘러 연지분臙脂粉도 간데 없고
>
> 아까울사 대단大緞치마 얼룽덜룽 흉악하다
>
> 신부행동 그러하니 뉘 아니 외면하리

괴똥어미는 이 작품의 화자와는 달리 부유한 집안에 시집을 온다. 하지만 괴똥어미의 행동거지는 전혀 딴판이다. 본문에 나와 있듯, 상식에 어긋나는 행동으로 일관한다. 하지만 이런 신부가 현실 속에 존재할 수 있는가. 가부장제가 완강하게 작동하는 사회에서 '괴똥어미'는 존재할 수 없

는 인간형이다. 적빈의 양반가에 시집와서 간단한 노동으로 거대한 재산을 축적한 「복선화음가」의 주인공 여성이 현실 속에서 존재하지 않는 것처럼 괴똥어미 역시 존재하지 않는다. 괴똥어미는 만들어진 인물이다. 즉 남성 중심주의는 『소학』의 여성관과 철저히 대척적인 위치에 있는, 즉 가부장제에 훈육되지 않은 인간을 구성해냈던 것이다. 따라서 괴똥어미의 행동을 지시하는 것은, 훈육되기 전의 욕망이다. 그 구체적인 행동은 다음과 같다.

> 삼일을 지낸 후에 형용도 기괴하다
> 백주에 낮잠 자기 혼자 앉아 군소리며
> 둘이 앉아 흉보기와 문틈으로 손 보기며 담에 올라 시비 구경
> 어른 말씀 토 달기와 금강산 어찌 알고 구경한 이 둘째로다
> 기역 니은 모르거든 어찌 책을 들고 앉노
> 앉음 앉음 용열하고 걸음 걸음 망측하다
> 달음박질 하는 때에 너털웃음 무슨 일고
> 치마꼬리 헤어지고 비녀 빠져 개가 문다
> 허리띠 엇다 두고 붉은 허리 드러내노

낮잠을 자고 싶으면 자고, 혼자 불평을 늘어놓고 싶으면 늘어놓고, 남의 흉을 보고 싶으면 흉을 보고, 누가 왔는지 궁금하면 문틈으로도 엿본다. 어른 말씀에도 할 말이 있으면 거침없이 한다.

> 어른 걱정 하올 적에 쪽박 함박 드던지며
> 성내어 솥 때 닭이 독살 부려 그릇 깨기
> 등잔 뒤에 넘보기며 가만가만 말뜻 세워

아니 한 말 지어내어 일가간에 이간질과
좋은 물건 잠간 보면 도적盜賊하기 예사로다
그중에 행실 보소 악한 사람 부동符同하여 착한 사람 흉보기와
제 처신 그러하니 남편인들 귀할소냐
금슬 좋자 살풀이며 무병無病하라 푸닥거리
의복 주고 금전 주어 아들 낳고 부귀하기
정성껏 빌어보소 산에 올라 산제山祭하고 절에 가서 공양供養한들
제 인심이 그러하니 귀신인들 도울소냐
우환이 연접하니 사망인들 없을소냐

괴똥어미는 오로지 내면의 욕망에 따라 행동하는 인간이다. 그야말로 교양머리 없는 인간이다. 과거와 현재 그 누구도 괴똥어미가 벌이는 행각을 옹호할 수 없을 것이다. 하지만 괴똥어미가 현실 속에 존재하는 인간이 아니라, 다만 가부장제에 의해 구성된 인물임을 분명히 해 두자. 또한 괴똥어미의 교양 없는 행동을 가능하게 하는 그 욕망은 여성만의 욕망이 아니라, 곧 남성의 욕망이기도 한 것이다. 즉 그것은 인간의 욕망이다. 가부장제는 인간 내면의 욕망을 부정적인 것으로 판단하고, 그 부정적 욕망을 오로지 여성에게 집중적으로 투사하여, 그것이 마치 여성의 욕망인 것처럼 말한다. 그리고 그 부정적 욕망의 피투사체를 괴똥어미라는 인물로 제작해낸 것이다. 괴똥어미의 형상에는 여성을 길들이기 위한 가부장제의 의도가 내장되어 있다.

「복선화음가」는 괴똥어미와 이 작품의 화자의 행위를 병치하면서 선택을 요구한다.

딸아 딸아 아기딸아, 복선화음福善禍淫 하는 법이 이를 보니 분명하다

저 건너 괴똥어미 너도 흠연欽然 안 보았나
허다 세간 폭진천물暴殄天物 남용남식濫用濫食 하고 나서 그 모양이 되었구나

이 두 인물은 부정적 인물과 긍정적 인물의 양극단이기 때문에 사실상 선택의 가능성은 없다. 화자가 제시한 긍정적 인간을 선택하기 마련이다. 작품은 다음과 같이 끝나면서 이 작품이 가부장제의 재생산에 목적이 있음을 드러낸다.

딸아 딸아 울지 말고 부디부디 잘 가거라
효봉구고孝奉舅姑 순승군자順承君子 동기우애同氣友愛 지친화목至親和睦
기쁜 소식 들기오면 명년 삼월 활지시에 모녀상봉 하느니라

시부모를 효로 섬기고(孝奉舅姑) 남편에게 순종하며(順承君子), 동기간에 우애 있게 지내고(同氣友愛) 친척들과 화목할 것(至親和睦), 남성이 만든 가부장적 질서에 순종할 것을 요구하고 있다. 이렇게 하여 가부장제는 반복하여 재생산된다. 이 작품은 경제적 궁핍이 초래한 가부장제의 위기를 돌파하기 위해 여성에게 가부장제를 보다 강화하려는 목적으로 창작된 것이다.

「복선화음가」의 화자는 여성이다. 그렇지만 이 작품의 화자가 욕망하는 것은 여성의 욕망이 아니라 가부장제의 번영을 원하는 남성의 욕망이다. 다만 그것은 교묘하게 남성의 욕망을 여성의 목소리를 빌어 말하고 있을 뿐이다. 이 지점에서 규방가사의 성격을 짚어볼 수 있다. 규방가사는 여성이 작품의 창작자이자 수용자가 된다는 점에서 매우 중요하다. 즉 여성의 세계관이 여성의 목소리를 통해서 표현된다는 것은 전에 없던 현상이다. 하지만 압도적인 다수를 차지하는 전형계녀가의 경우에서 보듯,

그것은 여성 화자의 목소리를 가졌을 뿐 남성적 세계관의 동어반복일 뿐이다.

요컨대 19세기 이후 유행한 규방가사의 의미는 극히 제한적이다. 규방가사를 통해 여성들은 성 역할에 의한 남성과 여성의 차별, 가부장제의 폭력 등을 비판하고, 유가적 도덕을 일탈하는 여성의 욕망을 표현했으나, 그 비판과 욕망조차 가부장제의 무화가 아니라 가부장제의 언어를 차용한 것이었다. 즉 규방가사는 전형계녀가에서 보듯 가부장제를 강화하고 있었던 것이다.

규방가사는 여성의 신체를 미세하게 통제하고, 이것을 언어화하고 있었다. 예컨대 「여자훈계」女子訓戒는 집안에서 다닐 때에도 행동거지를 조심하여, 문턱에 드나들 때 치마 뒤를 검쳐 잡아 속의 옷 깊은 살을 드러나게 하지 마라 하고, 낮잠을 자지 마라, 목소리를 높이지 마라, 얼굴을 자랑하지 마라, 화장을 방탕히 하지 마라 등등 언어와 의복과 잠과 음식 등을 모두 통제하였다.[211] 심지어는 명절에 노름을 할 때의 행동까지 지시하고 있다.[212] 이른바 전통적인 여성상은 바로 이런 언어로 만들어진 것이었다. 이에 더하여 남성—아들에 의해 회고되는 어머니의 근면과 희생, 참을성 등도 바로 여기에 근거를 둔 것이었다. 요컨대 규방가사 역시 가부장제의 확산에 크게 기여한 여성 훈육서였던 것이다.

3. 규방가사의 유통과 재생산

규방가사는 전술한 바와 같이 수천 편의 방대한 양이 현전한다. 물론 이것은 개별 작품의 총합이 아니라, 이본을 포함한 수이다. 이본을 체계적으로 정리한다면 규방가사 전체 작품수는 훨씬 줄어들 것이다. 바로 이 지점이

고찰의 대상이다. 동일한 작품의 다양한 이본이 존재한다는 것은, 가사 외의 다른 장르에서는 보기 어려운 현상이다. 국문소설이 널리 유행했지만, 국문소설의 이본 수는 가사에 비하면 훨씬 적다. 다수의 다양한 이본이 존재한다는 것은 작품의 독자층이 넓었다는 의미가 된다. 이 이본군은 오로지 필사에 의해 쓰였던 바, 이 필사 행위는 규방가사의 성격 해명에 매우 중요한 역할을 맡는다.

필사로 인한 이본의 규모는 어느 정도였을까. 규방가사 중 가장 많은 이본을 거느리는 작품은 다름 아닌 '계녀가계'의 작품들이다. 앞서 언급했듯, '계녀가계'는 권영철 교수가 수집한 것 중 약 700편 이상을 차지하며, '계녀가계'와 '교훈류계'를 합하면, 3,670편 중 약 3분의 1을 차지한다고 한다. 뿐만 아니라, 「복선화음가」의 경우 역시 현재 80종이 넘는 이본이 있다. 이것은 아마도 현재 남아 있는 작품들 중 수습이 가능한 것이고, 이보다 훨씬 더 많은 이본이 존재했을 것임은 불문가지다.

이본의 집적은 다음과 같은 방법에 의한다. 이원주 교수의 견해는 다음과 같다.

"가전본家傳本이 많아 친지에게서 빌려 보거나 친구들끼리 돌려가며 보기도 하고 결혼 후에는 친가에서 많은 가사를 베껴 보내기도 했다."[213]

"신행갈 때 가져간 작품이 있었느냐는 데 대해선 전체를 다 조사하지 못했으나 평균 10편 내외가 될 듯하다."[214] 그 외에는 근친 때.

"어쨌든 가사가 일반화되어 있었으므로 왕래가 있을 때마다 유통되고 있었다는 것이 옳을 것이다."[215]

"글씨체를 받기 위해 임사臨寫함, 그러다 가사에 대한 애호가 깊어져서 임사함.[216]

권영철 교수의 주장은 부정되고 있지만, 다음과 같은 부분은 동의해도 좋을 것이다.

> 영남 지방에서는 지금도 고래풍습古來風習으로 양반집 부녀자들이 정월보름을 전후해서 동리마다 모여 '가사놀이' 가회歌會를 개최하여, 여기서 읊고, 쓰고, 노래 부르고 평설하고 감상하곤 하며, 봄철에는 길일을 받아 추렴하여 야외에 화전놀이를 하루 동안 가진다. 여기서도 '가사'를 창하고, 공동 제작하는 유풍이 오래도록 계속하고 있었다. 이 밖에도 영남 지방 부녀자들이 모여 노는 곳에는 으레 이 '가사'가 큰 비중으로 매개적 구실을 하고 있었다. 이렇게 되고 보면 영남 지방의 양가집 부녀자들 치고 '가사'의 창작자 아님이 없고, 높은 수준의 시가 평론가 아님이 없고, 또한 감상자 아님이 없었다.[217]

이 공간에서 가사의 감상과 필사가 이루어진다. 가사의 감상은 가사 가락으로 영송詠誦된다.[218] 그리고 동시에 가사의 필사가 이루어지는데(물론 필사가 이루어지는 경우는 이뿐이 아니다.), 임사臨寫가 그 주류라고 한다. 그러나 임사만이 필사의 유일한 방법은 아니다. 임사의 방법으로는, 표기법의 부분적 차이는 모르겠으나, 작품의 구조와 상당한 크기의 단락이 들고나는 현상을 설명할 수 없다. 이것은 원본과의 정확한 일치를 의식하고 원문을 직접 임사하는 것이 아니라(물론 임사의 경우도 있지만), 대개의 경우 원본의 암송에 의한 필사, 즉 기억에 의한 필사였다. 이본이 동일한 제재와 주제, 구조를 가지면서도 부분적으로 무수한 편차를 보이는 것은 이 때문이다. 기억에 의한 필사는 창작에 가까운 효과를 갖는 것이다.[219]

인쇄가 아니라 필사라는 것은 또 다른 의미를 갖는다. 동일한 텍스트를 수동적으로 수용하는 것이 아니라 적극적으로 수용하게 된다는 것이다. 특히 기억에 의한, 때로는 재창작을 탄생시키는 텍스트의 필사는, 필사가가 작품의 의도에 깊이 공감하고 있으며 또 깊이 의식화되었다는 것을 의미한다. 즉 필사의 자발성은 바로 의식화의 깊이와 비례하는 것이다. 이런 작품들이 인쇄술에 의지하지 않고, 다량의 이본을 갖는 것, 또 넓은 지역에 분포한다는 것은, 바로 여성들이 남성들이 제공한 윤리에 깊이 침윤되었음을 의미했다.

특히 계녀가류의 작품이 대단한 규모의 이본을 갖는다는 것은 이들 작품에 대한 수요가 많았다는 것을 의미한다. 인쇄와 달리 필사는 작품에 대한 공감으로 일어나는 행위다. 그런데 앞에서 검토한 바와 같이 「복선화음가」와 계녀가는 가부장제를 노골적으로 선전하거나 남성과 남성의 가문에 닥친 위기를 여성 노동력을 흡취하여 해결하고자 하였다. 즉 이 두 작품은 가부장제로 여성을 의식화하고자 했던 여성 교육서의 문학적 전이다. 물론 계녀가계의 작품들은 전형계녀가가 보이는 교훈적·규범적 언설을 넘어서서 훨씬 더 생활에 밀착된 모습을 보인다. 그럼에도 불구하고 작품의 전체 메시지가 가부장제의 관철이며, 그 넓은 유포가 이것을 적극적으로 수용하고 있음은 두말할 필요가 없다.

물론 이런 계녀가계의 작품이 가장 선호되는 작품이 아니었다는 이원주 교수의 지적을 경청할 필요가 있다. 하지만 이원주 교수의 조사는 20세기 후반(정확하게는 1970년대 말)의 조사다. 안동에 조선조의 문화가 강하게 남아 있는 것은 사실이지만, 그것이 조선조와 상당히 다른 양상임은 두말할 필요가 없다. 이원주 교수도 "계녀가계가 가사의 중심이 아니었거나 적어도 지금은 아니라는 사실을 입증한다"[220]고 조심스럽게 추정한다.

> 또한 후기에 와서 설사 상당수의 계녀가류가 창작되었다 하더라도 생활양식과 가치관이 변모된 지금은 그런 유에 대해서 무관심해졌다고 볼 수 있다.[221]

최대한 양보한다 하더라도 계녀가가 규방가사 전체 작품에서 우점종의 지위에 있었음은 췌언을 요하지 않는다. 이 현상은 여성이 가부장제에 완벽하게 포섭되어 있을 뿐 아니라, 여성이 주체가 되어 가부장제를 재생산하고 있음을 말한다. 규방가사에서 가부장제에 대한 여성의 대항 의식을 찾아내려는 의도는 여기서 좌절된다. 물론 이미 살핀 바와 같이 규방가사는 성 역할로 위장한 남녀 차별과 남성 중심주의의 모순을 비판하고 있었다. 그러나 그 비판조차 가부장적 언어로 이루어지고 있었던 것이다. 요컨대 가부장제를 비판하지만, 그 비판 역시 가부장제 속에 머물러 있다는 역설이 탄생한다. 그 증거로 이원주 교수의 다음 언급에 주목할 필요가 있다.

> 가사의 작가를 남녀로 구분했을 때 각각 반 정도로 나타나나 이전에는 남자 작가가 대부분이었을 것이다. 남자가 여자의 대작을 한 경우가 많으며 가사의 현학성, 골계성은 대부분 대작이기 때문에 쉽게 나타날 수 있었으리라 생각된다. 따라서 이런 작품을 두고 여인의 의식, 윤리관 따위를 따져 보는 것은 오류를 범할 가능성이 크다. 실제로 사가여인士家女人이 여자가 된 것을 한탄하는 것은 일종의 관용 문구에 불과할 수도 있으며 그들이 여자였기 때문에 조선조에선 불행했으리란 추정도 그대로 사실일 수는 없다.[222]

　　끝부분의 '사가여인士家女人이 불행했으리라는 추정도 사실일 수 없다'는 것은 아마도 필자의 경험에서 나온 말로 여겨진다. 이 부분이 문제가 없지 않지만, 모든 규방가사가 여성이 지은 것이며, 여성의 의식을 그대로 반영하는 것이 아니라는 주장은 경청할 필요가 있다. 사실 중요한 것은 작가의 성별이 아니라 작품이 의도하는 담론의 전략이다. 곧 남성 중심주의와 가부장제를 '여성 독자'에게 선전하고 있다는 사실인 것이다. 남성

작자의 가사를 여성들이 즐기기도 했다는 사실 역시 이를 방증한다.

사실 규방가사는 오로지 규방가사만으로 독립적으로 존재하는 것이 아니라, 안팎의 여러 텍스트와 관계를 맺고 있었다.

> 「내칙편」, 『열녀전』을 규방에 끼쳐스니(「신행가」)[223]
> 어와 우리 동류 규중의 깊이 앉아 「내칙편」이 공정이오, 『열녀전』이 사업이라 (「규방정훈」)[224]
> 「내칙」에 일렀으되 예시어자부부라(「규방정훈」)[225]
> 가련한 여자들은 규중에 생장하여 이십세 거이도록 선경현전 모라근이 삼강오류 밝은 줄과 사단칠정 있는 줄을 뉘게 들어 알았으며 어디 보아 들었으리. 『열녀전』과 「내칙편」, 「가언편」과 「선행편」의 들은 대로 보온 대로 대강만 기록하니(「회인가」)[226]

『예기』의 「내칙편」, 『열녀전』, 그리고 『소학』의 「가언편」과 「선행편」이다. 작품 스스로 이런 텍스트를 선전하고 있음을 말한다. 규방가사의 독자는 동시에 여성 교육서의 독자였다. 이원주 교수의 연구에 의하면, 가사의 독자 중 어떤 독자는 "『등왕각서』, 『여자초학』, 『여자소학』, 『옥루몽』, 『소현성록』, 『유씨삼대록』 등을 들기도 했다"[227]고 하니, 가사와 함께 『여자초학』, 『여자소학』과 같은 여성 교육서가 읽힌 것은 두말할 필요가 없다. 이미 지적한 바와 같이 규방가사는 여성 교육서의 연장이다. 달리 말하자면 가사라는 텍스트를 새로운 수단으로 이용하여 가부장제를 다시 선전한 것으로 볼 수 있다.

규방가사의 창작, 전사가 이루어지는 여성의 공간, 곧 규방 혹은 내방이라는 곳은 여성의 의도에 따라 독립적으로 창출해낸 공간이 아니라, 남성의 윤리 즉 남녀 분리라는 원칙에 의해서 만들어진 공간이었다. 이 규방의 탄생 자체가 가부장제의 관철인 것이다. 따라서 여성 내부의 위계를 갖는 친족으로 구성된 이 필사·영송의 공간에서 가부장제를 벗어나는 이질적인 사고가 끼어들 틈은 없다. 필사·영송의 재생산, 감상의 공간이야말로 가부장제를 재생산하는 현장이었다. 그 공간 속에서 텍스트의 언어들은 책을 벗어나서 자유롭게 부유하고, 새롭게 엉키면서 새로운 텍스트를 만들어낸다. 텍스트의 언어는 이제 물리적 텍스트를 벗어나서 여성의 언어와 의식 속으로 들어갔다. 여성의 대뇌를 지배하면서 다시 언어가 되고 다시 텍스트가 되고 다시 물리적 텍스트가 될 완벽한 준비가 된 것이다.

여성이 가사문학의 창작자가 되었다는 사실 그리고 계녀가의 생산자가 되었다는 사실은, 여성 스스로가 가부장제 담론의 복제자, 생산자가 되었음을 의미하는 것이었다. 가부장제 남성 중심주의는 원래 여성을 대상화 하여, 가부장제를 여성에게 의식화(내면화)하기 위해 다양한 텍스트를 동원하여 오랜 시간 동안 기도하였던 바, 드디어 여성 스스로가 가부장제의 재생산자가 되었다는 것은, 남성 중심주의, 가부장제의 내면화의 결과가 가져온 마지막 단계였다.

4절
열녀전 등 전기傳記 텍스트의 대량 창작과 유통

국가—남성이 열녀 이데올로기를 끊임없이 유포한 것은 국가의 존립을 위해서 필수적인 일이었다. 그것이 『삼강행실도』 열녀편으로 나타났다는 것은 이미 언급한 바 있다. 그런데 국가에서 『삼강행실도』의 열녀편과 같은 텍스트를 제작하는 열의는 조선 후기에 와서 현저히 줄어들었다. 물론 임진왜란 이후 거창한 분량의 『동국신속삼강행실도』가 간행되었으나, 이 책은 이후 다시는 간행되지 않았다. 책의 분량이 워낙 거창한 것이 문제였다. 원래의 『삼강행실도』는 민중에게 읽히기 위해 축약되었던 것을 생각한다면, 이 책은 애당초 민중에게 읽힐 것이 아니었던 셈이다. 계속 간행된 것은 앞에서 밝힌 바와 같이 『삼강행실도』였고, 또 축약·정리된 『오륜행실도』였다. 그런데 조선 후기 『삼강행실도』의 재간행에서 조선 전기, 특히 중종조의 열정은 찾아보기 어렵다. 이것은 아마도 효와 열이라는 윤리가 이미 대중들에게 깊이 각인되어 더 이상 주입할 필요가 없었기 때문이 아닌가 한다. 뒤에 보겠지만 이제 더 이상 텍스트를 적극 보급하지 않아도 열녀는 발생하고 있었다. 특히 임진왜란, 병자호란을 겪으면서 희생된 여성을 열로 표창하고 선전하는 과정에서, 열녀의 존재를 사회적으로 깊이 각인시킨 결과 훈육 텍스트가 더 이상 필요하지 않았던 것이다. 물론 국가-남성이 열녀 만들기를 포기했던 것은 결코 아니었다. 국가가 주체가 된 텍스트의 생산과 보급은 주춤했지만, 국가가 열녀의 발굴과 선전을 등한시한 것은 결코 아니었다. 다만 열녀 이데올로기가 전체 사회 구성원에게 남김없이 각인되자, 텍스트의 재생산에 적극적으로 관여할 필요가 없었던 것이다.

국가가 열녀전 곧 『삼강행실도』 열녀편을 보급하는 데 소극적이 되어 간 반면, 양반 사회 내부에서 양반들은 열녀전을 적극적으로 생산하여 공급하기 시작했다. 이것은 대단히 유의미한 일로 생각된다.[228] 개인 창작물로서의 열녀전의 전통은, 이 책의 모두에서 언급한 고려 말 조선 초 지식인의 세 편의 열녀전이다. 앞에서 검토한 14세기 말 이곡李穀의 「절부조씨전」節婦曹氏傳, 정이오鄭以吾의 「열부최씨전」烈婦崔氏傳, 이숭인李崇仁의 「배열부전」裵烈婦傳이 그것이다. 14세기 말 신흥 사대부들이 열녀전을 쓰기 시작했다면, 이후 열녀전의 활발한 창작을 기대할 만하다. 하지만 희한하게도 14세기 말에 출현했던 열녀전은 조선 전기 즉 1392년 건국에서 1592년 임진왜란까지 약 2백 년 동안 그다지 문인들의 관심을 끌지 못했다. 현재 조선 전기 2백 년 동안 쓰인 열녀전으로 확인할 수 있는 것은 다음과 같다.

(1) 강희맹姜希孟(1424~1483), 「홍절부전」洪節婦傳[229]

(2) 송익필宋翼弼(1534~1599), 「은아전」銀娥傳(1)[230]

(3) 성혼成渾(1535~1598), 「은아전」銀娥傳(2)[231]

(4) 이시발李時發(1569~1626), 「나열부전」羅烈女傳[232]

(5) 김덕겸金德謙(1552~1633), 「고오수재굉처윤씨전」故吳秀才竑妻尹氏傳[233]

(6) 이준李埈(1560~1635), 「양열부전」楊烈婦傳[234]

모두 여섯 편인데, 이 중 (2)와 (3)은 동일 인물에 대해 쓴 것이다. (5)와 (6)은 남편을 따라 죽은 여성이다. 이 작품들의 내용은 여기서 논할 사항이 아니다. 다만 거의 2백 년 동안 열녀전이 여섯 편에 불과한 것은 매우 이상한 현상이다. 여기에 창작 시기에 이견이 있을 수 있는 유몽인의 작품까지 포함한다 해도 여덟 편이다. 물론 조선 전기 문집이 더 발견된다면 열녀전 역시 증가할 수 있겠지만, 그 가능성은 여전히 낮을 것이다.

조선 전기 열녀전의 창작 전통이 이토록 박약한 것은 아마도 굳이 열녀전을 창작할 필요가 없었던 데 이유가 있을 것이다. 『삼강행실도』 열녀 편이 제작되어 활발히 보급되는 상황에서 굳이 열녀전을 창작할 필요가 없었기 때문이라고 추측할 수도 있을 것이다. 하지만 보다 정확한 이유는, 절부나 열녀의 존재 자체가 희박했고, 또 사람들의 관심을 끌지 못했다는 데 있을 것이다.

이에 반해 조선 후기로 오면 개인──물론 양반 개인이지만──의 열녀전 창작은 폭발적인 증가세를 보인다. 현재 필자가 확인할 수 있는 열녀전을 통해서 열녀전의 증가에 대한 통계 자료를 아래 제시한다. 통계에 이용된 열녀전의 수집 범위는 이혜순·김경미가 편역한 『한국의 열녀전』[235]과, 김균태가 엮은 『문집소재전자료집』文集所載傳資料集 1~10권, 그리고 민족문화추진회에서 엮은 『한국문집총간』 1~320권에서 뽑은 171편이다. 아마도 이것은 현재 남아 있는 열녀전 전체를 포괄하는 것은 당연히 아닐 것이나, 전체적인 양적 변화를 짐작하는 데는 도움이 될 것이다.

전체 목록은 이 책 813면 부록 11을 보도록 하고, 이 중에서 임진왜란(1592년) 이후에 태어난 사람인 허목許穆(1595~1682)의 작품부터, 1699년까지 태어난 문인이 남긴 작품, 1700년에서 1799년까지 태어난 문인이 남긴 작품, 그리고 1800년에서 1899년에 태어난 문인이 남긴 작품을 각각 계산해 보기로 하자.

17세기 1595~1699 19편
18세기 1700~1799 73편
19세기 1800~1899 67편

　이 통계를 통해 세기별로 열녀전의 창작 숫자를 따지고, 그것의 의미를 논하고자 하는 것은 아니다. 세기별 편수의 증감에는 여러 요인이 복합적으로 작용하기 때문이다. 다만 단순한 계산만으로도 임진왜란 이후 열녀전의 수가 거의 폭발적으로 증가하고 있음을 알 수 있을 것이다.

　열녀전 이외의 열녀를 제재로 삼은 산문 역시 폭발적으로 증가했다. 열녀전은 전傳이라는 형식 때문에 문학 연구자들의 관심을 끌었을 뿐이다. 전傳에 주목한 것은, 이것이 소설을 연상시키는 장르였기 때문인데, 사실 열녀담론을 검토하면서 군이 전傳만 주목할 필요는 전혀 없다. 예컨대 '정려기'旌閭記는 정려 대상자를 기념하는 기문이지만, 전傳과 내용상·형식상 별반 다를 것이 없다. 정려기 역시 조선 전기 문집에서는 찾을 수 없고, 역시 허목(1595~1682)의 「금구유절부정문기」金溝柳節婦旌門記[236]부터 시작된다. 보통 '열녀모씨정려기'烈女某氏旌閭記라는 타이틀로 열녀의 출신과 구체적인 열행, 그리고 정려를 받은 일시를 기록하는 것이 가장 보편적인 형식이다.

　'열녀모씨정려기'가 가장 일반적이고 또 다수를 차지하지만, 「선조비유씨정문비기」先祖妣柳氏旌門碑記(송준길), 「열녀연옥정려비」烈女鍊玉旌閭碑(송시열)와 같은 정문에 딸린 비석에 쓰는 문자도 있고, 「유인이씨(권상근 처)정려명」孺人李氏(權尙謹妻)旌閭銘(권두인)과 같은 명문, 혹은 명문에 붙인 「열녀이씨정려비명서」烈女李氏旌閭碑銘序(위백규) 같은 서문, 혹은 「열부유씨정문중수판기」烈婦柳氏旌門重修板記(황윤석)와 같은 정문을 중수한 기념으로 쓰인 글도 있다. 이 모든 것을 일단 '정려기념문'으로 정리하면, 허목으로

부터 장복추(1815~1900)의 「열녀최씨정려기」烈婦崔氏旌閭記까지 모두 48편에 달한다.

이것으로 끝이 아니다. 「우곡효열록발」愚谷孝烈錄跋(윤광소), 「제정열부행록후」題鄭烈婦行錄後(안정복)의 예에서 볼 수 있는 바와 같이, '효열록'이니 '행록'이니 하는 이름의 효자·열녀 일대기 역시 널리 창작되었다.[237] 이와 유사한 것으로 효자·열녀의 '사적기'事蹟記도 있으며[238] '書……事' '記……事'의 이름으로 열녀의 열행을 기록한 산문도 있다. 묘지 문자도 약간 남아 있다. 이 외에 시詩, 필기류 산문, 또 장르의 이름을 붙일 수 없는 상당한 양의 열녀담론에 관한 문자들이 남아 있다.[239]

열녀에 대한 여러 종류의 산문이 대량 출현한다는 것은, 열녀가 출현하는 빈도가 대단히 높아졌다는 것을 의미한다. 그렇다면 이런 산문들은 어떤 과정을 통해서 생산되고 유통되는가. 안정복(1712~1791)의 「제정열부행록후」[240]를 실마리로 삼아 보자. 이 글은 제목에서 확인되는 바와 같이 『정열부행록』에 발문으로 붙은 글이다. 당연히 안정복이 이 책을 보고 감동한 나머지 발문을 썼을 것이다. 그런데 사정은 이렇게 간단하지 않다. 이 발문의 일부분을 읽어 보자.

> 임오년 겨울의 일이다. 어떤 손이 나를 찾아와 이상한 이야기라며 하는 것이었다. "지난번에 여강驪江을 지나는데, 시골 할미 서넛이 소복을 입고 울면서 '세상에 이런 사람이 또 있을까? 세상에 이런 사람이 또 있을까?' 하며 감탄하는 것도 모자라 목이 메어 말을 하지 못하는 것이었다. 괴이하여 물어 보니……."[241]

위 인용에서 '나'는 안정복이다. 즉 안정복이 정 열부의 열행[242]을 들은 것은 임오년 겨울에 자신을 찾아온 어떤 객으로부터이다. 그리고 이 객은 여강을 지나다가 소복을 입고 울고 가는 노파로부터 정 열부의 죽음을 들었던 것이다. 한 여성의 죽음은 이렇게 하여 노파들에게, 객에게, 그리고 다시 안정복에게 전해졌다. 즉 실제 열녀가 발생하면 이런 식의 전파 과정을 겪었던 것으로 생각된다.

안정복은 이 열행에 퍽 감동했다. 그렇다면 안정복은 왜 가장 일반적인 열녀담론의 형식인 전傳을 짓지 않았던가. 안정복은 객으로부터 정씨의 열행을 모두 전해 듣고 감동해 마지 않았으나, 정씨의 가문 내력을 알 수가 없었다.[243] 그는 전을 지을 수가 없었던 것이다. 그런데 얼마 안 있어 자신의 친구 신성연申聖淵이 지은 「열부정씨전」烈婦鄭氏傳과 정씨의 오빠인 정창신鄭昌新이 찬한 『정열부행록』을 전해 주는 사람이 있었다. 안정복은 전을 보고 정씨의 가문 내력과 열행의 실상을 다시 확인하고 『정열부행록』에 발문을 쓰게 된 것이었다. 요컨대 여성의 죽음으로 인한 열행의 발생은, 소문에 의해 퍼져나가는 한편, 사대부들에 의해 전傳으로, 행록行錄으로 지어지고 다시 전파되어 발문과 서문이 달리게 되었던 것이다.

여기서 더 흥미로운 것은 전을 쓴 신성연과 열부의 오빠인 정창신이다. 신성연이 어떤 연고로 전을 지었는지는 알 수 없지만, 정창신의 『정열부행록』은 일단 고찰의 대상이 된다. 행록의 경우를 한번 들어 보자.

효행과 열행이 일단 발생하게 되면, 혈연이든 지연이든 당사자와 일단 관계된 사람은 그것을 인정받고 전파하고자 하였다. 효행과 열행은 개인의 도덕적 실천이지만, 한편으로는 조선 체제의 주요한 정책 대상이었으므로 그 자체로서 '전파성'을 갖는 것이었다. 예컨대 정려는 도덕의 선전 도구였다. 그래서 일단 열행이 발생하면, 그것과 관련된 사람들은 널리 전파하고자 하였다. 가장 먼저 작성하는 것이 가족이나 친척이 만드는 행록이다. 이것은 매우 널리 유행하였다. 김조순金祖淳(1765~1832)은 「서선씨삼강록후」書宣氏三綱錄後[244]에서 자신을 추종했던 선씨의 『삼강록』에 대

해 이런 발문을 쓰고 있다.[245]

선씨는 오랫동안 나를 따라 놀았다. 하루는 그가 선세先世의 충효 행적을 담은 책 한 권을 가지고 와서 나에게 보여주며 말했다. "제가 십 년을 서울에 머문 것은 녹을 구하고자 한 것도, 명예를 얻고자 한 것도 아니고, 선조의 덕德을 널리 드러내고 싶어서였습니다. 지금 세상의 대인 군자大人君子로 공처럼 성대한 분이 없고, 나를 깊이 알아주고 나를 깊이 사랑하는 분으로 공만 한 분이 없습니다. 원하옵건대 공의 한마디 말을 얻어 이 책의 앞을 아름답게 꾸미고 싶습니다. 공의 불후가 될 말씀은 바로 나의 선조의 불후를 이루어 주실 것입니다. 감히 청하옵니다." 나는 책을 받아 다 읽고 난 뒤에 그에게 말했다. "요즈음 글을 써 달라고 청하여 그 선조의 덕을 드날리고자 하는 시골 사람으로 말할 것 같으면, 이루 손으로 다 꼽지 못할 정도다. 하지만 책을 간행한 지 얼마 되지 않아 비웃음이 사방에서 일어나는 것은 어찌해서인가. 아마도 믿을 만한 사실이 부족한데도 세상에 드날리고자 하기 때문이 아니겠는가?"[246]

대개 혈연 관계가 있는 자식이 부모 또는 조상의, 더 드물게는 자매의 효행이나 열행을 널리 선전하기 위해 행록을 만들고, 서문이나 발문을 유명인에게 구하는 풍조가 유행했던 것이다. 이 풍조의 기원은 상당히 소급할 것인바, 적어도 17세기의 사례를 찾을 수 있다.[247] 이런 효행과 열행에 대한 선전은 곧 양반 사회 내부에서의 사회적 지위를 확보하는 데 큰 도움이 되었기 때문에 김조순의 말처럼 근거 없는 효행과 열행까지도 선전하려고 하는 의지가 충만했던 것이다.

이런 증거를 통해서 열행에 관련된 문자들이 사대부 사회에서 널리 유통되고 있었음을 알 수 있다. 즉 인쇄가 되기 전부터 유통이 되었던 것이다. 예컨대 이런 예는 상당수 발견된다. 신유한申維翰(1681~1753)의 「서

「열부한씨전후」書烈婦韓氏傳後[248]는 이용휴李用休(1708~1782)의 「열부유인한씨전」烈婦孺人韓氏傳[249]을 보고 감동한 나머지 쓴 것이다.[250]

이용휴의 전을 읽은 것은 1743년인데, 이때 신유한의 나이는 63세, 이용휴는 36세였다. 신유한은 생존 작가의 작품을 보고 감동한 나머지 그 전에 발문을 붙였던 것이다. 열녀전이 실제 문집 속에만 존재하는 것이 아니라, 인적 맥락이 전혀 닿지 않는 사람에게까지 전파되어 읽히고 있었던 것이다.

이상정李象靖(1710~1752)의 「서임열부전후」書林烈婦傳後[251]는 작자 미상의 「임열부전」에 쓴 발문인데, 그는 이 발문을 짓게 된 것이 '지한志閒'이라는 승려가 가져온 전과 시를 보고 쓴 것이라 한다. 그런데 묘하게 그는 끝에 "제공諸公의 작품에 이미 다 말했으니, 췌언할 것이 없다"[252]고 말하고 있다. 전은 이미 여러 사람에게 읽혔고, 여러 편의 시를 달고 있었던 것이다.

유사한 자료를 몰아서 인용해 본다.

(1) 정종로鄭宗魯(1738~1816), 「서열부경주이씨전후」書烈婦慶州李氏傳後[253]

(2) 정종로鄭宗魯(1738~1816), 「신씨효열록발」申氏孝烈錄跋[254]

(3) 유치명柳致明(1777~1861), 「서박열부행적후」書朴烈婦行蹟後[255]

(4) 조병덕趙秉悳(1800~1870), 「제신열부강효자사적기후」題申烈婦姜孝子事蹟記後[256]

(5) 송달수宋達洙(1808~1858), 「제유인김씨효열사적후」題孺人金氏孝烈事蹟後[257]

(1)은 필자의 친구인 조사위趙士威의 「열부경주이씨전」에 대한 평문이고,[258] (3)은 조카를 통해서 얻은 정보로 쓴 것이고, (4)는 친구 강인흠姜

仁欽이 보여준 『선세효열사적』先世孝烈事蹟에 대한 평문이다. (5)는 길주吉州의 사인士人 임상열林商說이 자신의 어머니인 『김해김씨효열사실』金海金氏孝烈事實을 보여주어서 쓴 평문이다. 즉 열녀의 사적은 여러 형태의 글쓰기로 변형되면서, 사대부 사회 내부에서 적극 유통되고 있었다.

이 열녀담의 유통을 잘 이해할 수 있는 것이 「향랑전」과 「열녀함양박씨전」이다. 향랑은 경상도 선산의 민간 여성이다. 같은 마을의 임칠봉과 결혼했으나 버림받고 쫓겨난다. 친정으로 돌아왔지만 친정에서도 개가를 시키려 하여, 결국 집을 나와 못에 투신하여 자살한다. 향랑의 죽음은 열행으로 미화되어 1704년에 정려가 이루어진다.

향랑은 가부장제에 희생된 버림받은 여성이다. 남편으로부터 버림받고 친정에 돌아오지만 친정은 가난하여 용납할 수가 없다. 향랑의 죽음은 가부장제의 강요에 의한 것이며, 그녀의 자살은 내몰린 약자의 불가피한 선택이었지 열행의 실천과는 사실 거리가 멀었다. 그런데 이상하게도 조선 시대에 향랑보다 널리 알려진 열녀는 없다. 향랑에 대한 무수히 많은 기록들이 존재하는 것이다.

향랑의 죽음에 대한 최초의 보고는 향랑의 고장인 선산의 부사로 부임했던, 조귀상趙龜祥(1645~1712)이 부사직에 있을 때인 1701년에 쓴 「열녀향랑도기」烈女香娘圖記를 필두로 하여 이광정李光庭의 「임열부향랑전」林烈婦薌娘傳, 이하곤李夏坤의 「서정녀상랑사」書貞女尙娘事, 김민택金民澤의 「열부상랑전」烈婦尙娘傳, 윤광소尹光紹의 「열녀상랑전」烈女尙娘傳, 이안중李安中의 「향랑전」薌娘傳, 이옥李鈺의 「상랑전」尙娘傳에 이르기까지 일곱 편의 서사물이 있고, 20세기에 들어서도 장지연張志淵의 「향랑」이 있을 정도다.[259] 그리고 향랑의 일생을 서사적 수법으로 그린 이광정의 「향랑요」 등 장편 한시도 다섯 편이나 전한다. 이뿐 아니라 향랑이 죽기 직전에 불렀다는 민요인 「산유화」山有花 역시, 조귀상의 「산유화곡」에서 최영년崔永年의

「산유화」에 이르기까지 열여섯 편이 전한다. 이 외에 민간의 전승과 『실록』을 위시한 기타 필기류 산문에도 상당한 양의 향랑 관계 자료가 전하고 있다.[260] 사대부들은, 민간의 여성이라 그들이 흔히 말하는 것처럼 의식적인 윤리 교육을 받지 않았음에도 불구하고 개가를 거부하고 자살을 택한 향랑의 행동에서, 남성에 대한 여성의 성적 종속성의 선험성을 확인하는 한편, 또 선산이 원래 조선 시대 충절의 상징적 인물인 길재의 고장이라 길재와 같은 인물의 교화로 인해 이런 열행의 실천이 가능했다고 생각했던 것이다.

정문呈文은, 쓰는 주체가 능문자能文者이면 문제가 없지만, 만약 능문자가 없을 경우 문사의 손을 빌리기도 하였다. 예컨대 박지원朴趾源(1737~1805)의 「박열부사장」朴烈婦事狀,[261] 「이열부사장」李烈婦事狀[262]이 그런 경우다. 두 편 모두 열행을 실천한 여성의 이웃 사람들, 즉 서울 남부의 주민들을 대신해 써서 예조에 올린 것이다. 이와 같은 경우, 열행의 표창을 바라는 여론이 조성되는 과정에서, 그리고 대필을 부탁하는 과정에서 열행은 널리 선전되게 마련이었다.

이상에서 살핀 바와 같이 17세기 이후, 열녀전을 비롯한 다양한 형태의 열녀에 대한 글쓰기가 폭발적으로 늘어난다. 열녀담은 단지 작품으로 그치는 것이 아니라, 그것이 쓰이고 유통되는 과정을 통해 열행을 널리 선전하는 구실을 맡았던 것으로 평가된다.

6장

열녀의 탄생

1절
열행과 죽음의 단일화와 그 급격한 증가

임병양란은 여성에게 참혹한 경험이었다. 하지만 남성-양반에게는 두 차례 전쟁이야말로 자신들이 만든 유가 이데올로기가 제대로 작동하고 있음을 확인하는 중요한 계기였다. 국가-남성과 여성과의 관계 역시 만족스러운 것임이 입증되었다. 여성들은 이 두 전쟁에서 『삼강행실도』 열녀편의 가르침대로 남성에 대한 성적 종속성을 죽음으로 확실하게 입증해 주었다. 여성의 성적 종속성은 여성들의 대뇌 속에 깊이 각인되었던 것이다. 그리고 병자호란 후에 타인과의 성행위로 오염되거나 오염될 가능성에 처했던 여성을 가문에서 축출할 수 있었다.

두 차례의 전쟁이 끝나자 국가-남성은 한 걸음 더 나아가 여성의 일상을 지배하려 하였다. 국가에서 일련의 『내훈』을 다시 발행하고, 민간에서 송시열의 『우암선생계녀사』를 위시한 다양한 여성 교육서가 출현하였다. 이것은 이제 여성의 성적 종속성을 확인한 국가-남성이 여성의 일상까지 완전히 지배하고자 한 것이었다.

그 결과 여성의 의식과 행동은 어떻게 변화했던가. 열녀를 중심으로 다시 이 문제에 접근해 보자. 6장에서 임진왜란, 병자호란까지의 열녀의 성격을 『조선왕조실록』과 『동국신속삼강행실도』의 자료로 분석했으니, 이제 효종 이후의 열녀를 분석해 보자. 다만 효종 이후는 오로지 왕조실록만이 분석의 대상이 된다. 그 어떤 자료도 왕조실록보다 규모가 크지 않기 때문이다. 다만 왕조실록은 『헌종실록』 이후로는 기사 자체가 매우 불완전하기 때문에 열녀에 관한 기사도 극히 소략하다. 따라서 순조조, 즉 1834년까지 다룬다 하더라도 조선 후기의 변화상은 충분히 짐작할 수 있다고 생각된다.

먼저 효종조를 살피자. 『효종실록』은 6건의 열녀 관계 기사를 싣고 있다. 효종은 1649년 5월에 등위하고 1659년 5월에 죽었으니 꼭 10년을 재위한 것인데, 재위 기간에 비해 열녀 기사가 너무 적어 표본으로서의 가치를 지니지 못한다. 어떤 이유에서 이런 현상이 빚어졌는지는 알 길이 없다. 『실록』을 편집하는 과정에서 삭제·누락되었을 가능성도 있지만 추측에 불과하다. 아니면 전후의 후유증 때문인가, 아니면 북벌 때문인가. 대체로 서인이 집권한 이 시기에 북벌론이 효종의 국시였으니, 명분론을 조장하기 위해 유가 윤리의 대대적인 선전이 있었을 만도 하지만 열녀에 대한 기사가 적다.

효종 재위 기간 중 6건의 기사에서 3건의 기사는 자살로 열녀가 되어 정려된 경우다. 나머지 3건의 기사 중 1건은 평양 감사가 보고한 4명의 수절 과부에 대한 표창이고,[1] 1건은 예조에서 서울과 지방의 효자·열녀 60여 명에 대한 표창을 상신하여 허락을 받았다는 내용으로 되어 있다.[2] 후자의 기사는 원래 효행·열행을 밝히게 마련이지만, 『실록』 자료에서 생략한 것으로 보인다. 또 분명 이런 효행·열행에 대한 표창이 있었으나, 『실록』의 편찬 과정에서 누락되었을 가능성도 있다.

나머지 1건이 약간 주목할 만한 가치가 있다. 단천의 관기官妓 일선一仙이 기만헌奇晩獻의 아들 기인奇憚에게 사랑을 받고 수절하다가[3] 기인이 죽었다는 소식을 듣고 장례식에 달려가 곡하고 종신토록 상복을 입었던 바, 이것으로 정표된 것이다.[4] 지방의 기생은 원래 부임하는 지방관의 성적 욕망을 충족시키기 위한 대상이었기에, 기생에게 수절이란 원래 존재하지 않는 것이다. 물론 기생과 남성 사이에 애정이 생길 수 있고, 그 애정으로 인해 다른 남성과의 성관계를 거부할 경우도 있다. 하지만 일선의 경우는 마치 기인의 '아내'(혹은 첩)처럼 행동하여 종신토록 상복을 입는다. 이것은 기생에게 일반적으로 기대되는 행동이 아니다. 일선의 열행에서 열녀의식이 기녀들에게까지 파급되었던 사정을 엿볼 수 있다.

현종조에는 풍부한 기사가 보인다. 다만 『현종실록』은 개수실록改修實錄이 있어서 한 기사가 중복해서 나오는 경우가 있다. 중복된 것을 제외하면 모두 19건의 기사가 열녀의 표창을 싣고 있다. 이 중에서 몇 경우는 현종대가 아닌 그 이전의 열녀다. 그중 5년 11월 25일조의 단천 관비 일선은 효종조에서 나온 인물이고, 10년 4월 12일조의 회덕懷德의 선비 정선鄭瑄의 처는 정유재란을, 12년 6월 24일조의 역관 정신남鄭信男의 딸은 병자호란(실제로는 정축년)을 배경으로 하고 있다. 따라서 현종조로 귀속되는 경우는 모두 16건이다. 이 16건 중 열행의 내력이 불분명한 경우가 2건인데, 6년 5월 5일조에 온양 생원 이문영李文榮 등이 상소하여 추천한 이지환李之驩의 처 및 그의 동생 이황李璜의 처인 정씨의 절행은 구체적인 내용을 밝히지 않고 있으며,[5] 15년 7월 4일조의 정문을 받은 유학 이광진李光進의 아내 이씨 등 5명의 열녀와 복호를 받은 학사 강태현姜太賢의 아내 권씨 등 3명의 절부節婦의 열행·절행의 내용도 밝혀져 있지 않다.

나머지 14건의 내용을 살펴보면 이렇다.

(1) 남편이 사망하자 따라서 자살한 경우——2년 6월 1일(1명), 6년 10월 5일(3명), 7년 8월 11일(1명), 9년 5월 1일(1명)

(2) 남편의 죽음을 보고 동반하여 죽음—4년 10월 8일(1명), 7년 3월 15일(1명), 11년 12월 27일(1명)

(3) 남편을 보호하며 대신 죽음—9년 12월 13일(1명), 15년 1월 29일(1명), 15년 7월 4일(1명)

(4) 남편을 죽인 자를 죽이고 복수—5년 1월 20일(1명), 10년 7월 27일(1명)

(5) 범을 물리치고 남편의 시신을 온전히 함—15년 7월 4일(1명)

(6) 단지—10년 4월 4일(1명)

※ ( ) 안의 숫자는 열녀의 수

모두 16명이다. 이 중 13명이 죽음으로 열녀가 되었으니, 죽음으로 인한 열녀가 압도적이다. 남편이 죽자 자살하는 경우가 가장 많고(6명), 화적에 의해 살해된 남편과 같이 죽거나, 남편이 물에 빠져 죽을 때 같이 죽은 경우(3명), 명화적 등으로부터 남편을 보호하고 대신 죽은 경우(3명)가 그것이다.

여기서 명백한 변화 하나를 지적할 수 있다. 『현종실록』의 열녀서사는 유가적儒家的 장의葬儀의 실천에 대한 언급이 없다는 것이다. 적어도 선조 때까지, 즉 『선조실록』은 물론이거니와 『동국신속삼강행실도』에서까지 열녀서사에서 수절과 유가적 장의의 실천은 주요한 서술 내용이었고, 또 열녀로 표창될 수 있는 근거였다. 즉 위의 자료에서는 개가의 권유(혹은 강요)에 대한 저항, 또는 수절의 징표로서의 고행, 3년상, 장의의 훌륭한 수행, 여묘살이, 신체에 대한 자기 가학성은 거의 언급되지 않는다. 예전에 중요하게 언급되던 열행이 사라지고, 죽음이 거의 유일한 열행이 되고 있는 것이다. 아니면 복수와 살인 같은, 역시 동일한 죽음[6]으로 열녀가 된다.

이 현상의 의미는 무엇인가. 사실 이 현상은 효종조부터 나타났다. 다만 효종조는 표본의 크기가 너무 작아서 단언하기 어려웠을 뿐이다. 즉 임진왜란과 병자호란을 거치면서 죽음으로 인한 열녀를 대량생산한 뒤 죽음은 여성들에게 깊이 각인되었다. 임진왜란과 병자호란을 거치면서 유가적 가치관, 의례는 급속도로 파급되었던 것으로 보인다. 이제 3년상이나 유가적 장의는 거의 보편화되었고, 그리 신기한 일이 아니었기 때문에 더 이상 열행에 포함될 수 없었던 것이다. 이 점을 이후 실록으로 입증해 보자. 먼저 『숙종실록』을 검토하고, 이어 영조·정조·순조 3대에 걸쳐 112년의 『실록』 자료를 검토하여 18세기를 포함한 1세기 남짓한 기간 동안의 추이를 확인해 보자.

『숙종실록』의 열녀 기사는 모두 36건이다. 이 중에서 9건은 임진왜란, 정유재란, 정묘호란, 병자호란을 배경으로 한다. 즉 과거에 표창이 누락된 사람을 숙종 때 추가로 발굴하여 표창한 것이다.[7] 이 경우를 제외하면 모두 25건이 된다.

25건의 기사 중에서 4건의 기사는 정려의 구체적인 이유가 밝혀져 있지 않다. 예컨대 10년 12월 8일의 기사가 그렇다. 황해도 해주海州의 사노私奴 한남의韓南義와 배천白川의 사노 검송檢松 및 그 '아내'는 효우孝友와 절행節行으로 정표되는데, 아내의 내력과 정려의 구체적 내용은 없다. 42년 12월 12일조의 김봉선金奉先의 아내 김씨 역시 '행의'行誼가 뛰어난 것으로 표창을 받지만, 행의의 구체적 내용과 포상이 정려인지 복호인지 물품 하사인지가 밝혀져 있지 않다. 이런 현상은 대개 수십 명에 달하는 사람을 동시에 표창할 때 나타나는 현상이다. 45년 11월 10일조에는 119명을 효행과 절의로 정려, 면역, 증직, 복호, 물품 하사로 표창하는데, 이 중 22명의 인명이 기록되어 있고, 또 여성의 이름도 있지만 그 구체적인 행적은 알 길이 없다. 39년 11월 21일조에는 서울과 지방의 충신·열녀·효자에게 정려·증직·제직除職·복호·면천으로 시상하지만, 4백여 명이라는 표창 숫자만 밝혀져 있을 뿐 그 외의 어떤 정보도 없다. 다만 이런 기사를 통해 숙종조에 와서 효행·열행에 대한 권장과 발굴, 표창이 대규모로 이루어지고 있었던 것을 확인할 수는 있다.

이 4건의 기사를 제외하면 21건의 기사가 남는다. 이 21건의 기사 내용을 검토하여 분류하면 다음과 같다.

* 자살
강간에 저항하다가 강간은 면했으나 수치심으로 인해 자살—1명[8]
남편의 사망 위기에 아내가 자살—4명[9]
남편이 사망하자 따라서 자살—5명[10]
남편(시집)에게 버림받자 자살—1명[11]

* 타살
강간에 저항하다가 살해됨—3명[12]
남편을 호랑이에게서 구하려다가 대신 죽음—2명[13]

* 복수—살인 3명[14]
* 남편 대신 도둑의 칼에 맞음. 죽지는 않음—1명[15]
* 강간에 저항했는데 죽지는 않음—1명[16]
* 수절—2명[17]

23명 중에서 16명, 곧 70퍼센트가 죽음으로 열녀가 되었다.[18] 이 중에서 11명이 자살자다. 그런데 남편 대신 도둑의 칼을 맞거나, 강간에 저항하였으나 죽지 않은 경우 역시 목숨을 담보로 한 행동이라는 점에서는 죽음과 닿아 있으며, 복수와 살인 역시 앞에서 지적한 바와 같이 살인이라는 점에서 죽음과 관련된다. 결국 23명 중에서 21명이 죽거나 혹은 죽음과 관련하여 열녀가 된 것이다. 수절이 열녀의 구실이 된 경우는 2건뿐이다. 이 2건 중에서 7년 11월 2일조의 공주公州의 열부 매덕梅德은 수절보다는 수절하면서 시어머니에게 바친 효성으로 인해 표창을 받은 것으로 보인다. 나머지 1건의 수절도 평범한 수절이 아니다.

30년 6월 5일조의 내비內婢 옥랑玉娘은 종성鍾城 사람의 서녀庶女다. 어머니가 종성부의 사인士人 주수강朱壽康의 첩으로 보내기로 했는데 결혼 날짜가 닥치기 전에 주수강이 전염병으로 사망하자, 옥랑이 찾아가 곡하려 한다. 그의 언니가 "부부의 의義가 없다"고 반대하자, 옥랑은 "어머니가 시집가는 것을 허락해 날까지 잡았으니, 나는 이미 주씨의 첩이다. 어찌 사람이 살고 죽고에 따라 이 마음을 바꾸랴?"[19]라고 한 뒤, 주수강의 어미에게 편지를 하여 자기 심정을 하소연한 뒤 찾아가 극진히 애훼哀毁한다. 옥랑은 자신의 패물을 팔아 관을 바꾸고 염을 한 뒤 그 집에 머물러 살며 시어머니를 효로 섬기고, 주수강의 자녀들을 보살핀다. 옥랑은 면천되고 복호까지 받는다. 이 경우는 정실부인도 아니고 게다가 첩이 되는 절차를 정식으로 밟은 것도 아니다. 남편 될 사람이 혼인 전에 사망하자, 여성이 자발적으로 찾아가서 장례에 참여하고 그 집의 며느리가 되는 것은 상식을 벗어나는 것이다. 옥랑의 언니가 말했듯 이것은 '부부의 의'가 존재하지 않았으니 유가의 예제禮制에도 없는 경우다. 그럼에도 옥랑 스스로가 장의에 참여하고 결혼한 것처럼 행동했으니, '일부종사'의 관념은 이제 결혼을 약속하기만 해도 실천해야 하는, 극단적인 형태로 여성의 대뇌 속에 파고들었던 것이다.

요컨대『숙종실록』의 열녀 기사는 절대다수가 여성의 죽음과 관련되어 있으며, 적어도 선조대까지 보이던 일반적인 형태의 수절과, 개가 권유의 거절, 유가적 장의 등은 전혀 보이지 않는다. 죽음이 열녀의 일반적인 형태로 받아들여지고 있으며, 수절 역시 보다 과격한 형태의 것만이 열녀로 입증 받을 수 있었던 것으로 여겨진다.

자살 역시 매우 과격한 형태를 띤다. 죽음에 대한 강한 집착이 이 시기 여성들 사이에 형성되고 있었던 것으로 보인다. 예컨대 16년 2월 13일조의 감사 이명익李溟翼의 아들 이단표李端標의 아내 박씨는 19세에 자살한다. 남편이 객지에서 죽자, 박씨는 즉시 칼로 목을 찔러 자살을 시도했으나 집안사람의 도움으로 살아난다. 그 다음 독초를 먹었으나 죽지 않았고 우물에 빠진 것이 두 차례, 빈차殯次에서 목을 맨 것이 한 차례, 높은 곳에서 투신한 것이 한 차례였다. 부모의 감시로 죽지 못하자 음식을 거절하여 굶어 죽는다. 이때 19세였다.

죽음을 향한 집착이 국가─남성의 열녀 이데올로기의 주입에서 유래하였음은 물론이다. 이것을 입증할 만한 사건이 30년 6월 5일조에 실린 향랑 서사다. 향랑은 민가의 여자로 성행이 괴팍한 남편에게 미움과 욕설, 구타를 당하고 쫓겨난다. 친정으로 돌아왔으나 아버지는 이미 후처를 맞이한 상태였고, 후처는 향랑을 박대하여 내쫓는다. 향랑은 숙부 집으로 가지만 숙부는 향랑을 개가시키려 한다. 향랑은 다시 시집으로 갔지만, 시아버지는 아들의 뜻을 돌릴 수 없으니, 개가를 허락하는 문서를 만들어 주겠다고 하였다. 개가가 용납되지 않는 사회에서 개가를 받아들일 수 없었던 향랑은 낙동강에 투신자살한다. 자살 직전 나무하는 한 여자 아이를 만나 자신의 궁액窮厄을 낱낱이 털어놓은 뒤 이렇게 말했다고 『실록』은 전한다.

> 내가 시집은 갔지만 부부의 도리가 없었다. 하지만 이미 몸을 허락했으니 어찌 개가할 수 있겠는가. 만약 내가 아무런 신표信標도 없이 죽는다면, 친정 부모님과 시부모님이 반드시 몰래 남을 따라 도망한 것으로 여기실 터이니, 어찌 지극히 원통하지 않으랴?[20]

여자 아이를 만났다는 것과 위의 향랑의 말이란 것 또한 가공의 말일 것이다. 천지에 오갈 데 없는 여인이 죽기 직전에 어떻게 이런 유가 윤리에 철저한 말을 할 수 있겠는가. 열녀의식에 사로잡힌 여성이라 할지라도 그 말에는 "친정 부모와 시부모가 몰래 남을 따라 도망한 것으로 여길 것"이라는 공포가 배어 있다. 즉 향랑의 열녀의식은 사회로부터 가해지는 비난에서 배태된 것이다. 향랑은 소속될 곳이 없는 존재다. 향랑이 시집과 친정, 그리고 개가를 금지하는 사회에서 축출되었을 때 선택은 죽음뿐이다. 그 이상도 이하도 아니다. 그런데 향랑의 죽음은 '일부종사'를 의미하는 것으로 수용되었다. 좌의정 이여李畬는 이렇게 말한다.

> 향랑은 무식한 시골 여자로서 두 남편을 섬기지 않는다는 의리를 알아 죽음으로 스스로를 지켰습니다. 또 죽음에 대처하는 것이 명백했으니, 『삼강행실도』에 실린 열녀라도 이보다 뛰어날 수는 없습니다. 정표를 더하여 풍화風化를 격려해야 마땅하겠습니다.[21]

오갈 데 없이 죽은 여인을 일부종사를 위해 죽은 여성으로 해석하는 이 인식틀이야말로 향랑을 죽음으로 몰아넣은 것이었다.

임병양란 이후가 되면 이제 여성은 죽음이 아니면 열녀가 되기 어려웠다. 이 현상을 숙종대에서 확인할 수 있었던 바, 그것은 적어도 현종대부터 시작된 것이었다. 이후로 죽음=열녀는 일종의 공식이 되어 갔다. 이제 영조조(1724. 8~1776. 3)와 정조조(1776. 3~1800. 7)까지 76년간을 합쳐 검토하여 18세기의 양상을 정리하고자 한다.[22] 순조조(1800. 7~1834. 7)는 『실록』기사의 성격이 조금 달라지기 때문에 한데 합쳐 검토할 수가 없다. 이것은 따로 검토하여 19세기의 양상을 추측하는 자료로 삼고자 한다.

『영조실록』과 『정조실록』에서 각각 29건, 30건의 열녀 관계 기사를 추출할 수 있다. 이 중에서 3건은 임병양란을 배경으로 하는 것으로, 영조·정조대에 와서 표창이 상신된 경우다. 2건은 임진왜란과 정유재란 때의 열녀를 추가로 표창하는 기사이고, 1건은 병자호란 때 순절한 열녀를 표창할 것을 건의하는 기사다.[23] 이것은 확실한 연기가 밝혀져 있어 제외시킬 수 있다.

이것 외에 특정한 열행을 적시하지 않고 정표나 복호로 표창하는 경우가 상당수 있다. 예컨대 다음 기사의 경우를 보자.

> 효자인 중부中部의 고 자헌 대부 정진교鄭震僑, 김제의 고 만호 이영립李英立과 열녀인 서부西部의 고 진사 김옥金鈺의 아내 이씨, 사인士人 이의집李義緝의 아내 구씨具氏, 군위의 공생貢生 서영득徐英得의 아내 권녀權女 등을 정려하였다.[24]

대개 이런 식인데, 특정한 열행이 구체적으로 제시되지 않는다. 이런 식의 기사가 영조 2건, 정조 8건이다. 10건의 기사에 보이는 열녀의 수는 모두 86명이다.[25] 특히 『정조』 7년 1월 23일에서 열녀는 60명으로 거의 대부분을 차지한다. 이때 충신 2명, 효자 3명, 효부 3명, 효녀 1명이 같이 표창을 받았는데, 열녀의 수와 비교해 보면 현저히 적다. 나머지는 열행의 구체적인 제시가 있다. 정리하면 다음과 같다.

* 자살 32건, 40명.
남편이 병 등으로 죽자 집안에서 따라 죽은 경우――25명[26]
남편이 익사하자 투신자살하거나, 목을 매어 죽은 경우――3명[27]
강간에 저항한 뒤 수치심과 정조를 입증하기 위해, 혹은 개가 권유에 대한 저항으로 자살한 경우――8명[28]

남편의 원수를 갚지 못한 억울함에, 혹은 원수를 갚고 자살—3명[29]

기타—1명[30]

* 타살 8건, 8명

강간에 저항하다가 살해됨—6명[31]

남편을 위해 불에 타 죽거나, 남편을 구하고 호랑이에게 죽음—2명[32]

* 기타 6건, 7명[34]

총 기사의 수는 46건이고, 열녀의 숫자는 55명이다. 이 열녀의 숫자를 통계로 처리해 보면 다음과 같다. 첫째 자살과 타살을 포함하여 죽음으로 열녀가 된 숫자는 48명이고, 이것은 전체 열녀 중 87퍼센트에 달한다. 이것은 영조·정조 연간에 오면 '죽음' 이외에는 열녀가 될 방법이 거의 없었다는 것을 의미한다. 자살자는 40명인데, 이것은 전체 열녀의 73퍼센트다. 즉 대다수의 열녀는 자살로 열녀가 되었던 것이다. 이것은 선조 이전의 열녀와는 사뭇 다른 현상이다. 선조 이전에 죽음으로 열녀가 된 경우는 점차 늘어나는 양상을 보였지만, 여전히 낮은 수치로 머물러 있었다. 그러나 영조·정조 연간에는 죽음이 거의 절대적인 비율을 차지한다.

자살이야말로 이 시기 열녀가 되는 가장 보편적인 방법이었던 바, 그 내용도 다양해지고 있었다. 가장 일반적인 것은 남편의 사망 이후 음식을 먹지 않고 죽는 것이었다. 또는 이와 함께 '시진'澌盡이라고 해서 지나치게 슬퍼하다가 사망하는 경우도 적지 않았다. 목을 매거나 독약을 먹거나 간수를 마시는 경우도 흔히 사용되는 방법이었다.

새로 등장한 자살의 방법은 남편이 죽은 뒤 병에 걸려도 약을 먹지 않음으로써 목숨을 끊거나,[35] 나무를 쌓아 놓고 분사焚死하는 잔혹한 경우도 있었다. 또는 남편이 병이 들어 위급해지자, 아내가 미리 독약을 마시고 자살하는 경우도 있었다.[36] 남편이 병들자, 대신 죽으면 남편이 살아날 것이라는 점쟁이의 말을 듣고 목을 매어 자살한 경우도 있었다.[37]

이런 자살자의 증가는 자살에 대한 강박적인 태도를 낳았다. 나이가 60세, 혹은 70세를 넘은 여인이 남편이 죽자 따라 죽는 경우[38]는 죽음에 대한 집착증을 보여준다. 물에 빠진 남편을 따라 죽는 경우를 보자. 남편이 물에 빠져 죽자 아내가 물에 투신하여 자살을 시도한다. 이에 사람들이 건져 살려 주지만 기어코 자기 목을 졸라 자살한다.[39] 아니면 남편이 바닷물에 빠져 익사하자 처음부터 돌을 안고 물에 뛰어들어 죽음을 기필한 경우도 있다.[40]

자살 중 눈에 띄는 것은 과부가 강간에 저항한 뒤 수치심과 모욕감을 견디지 못해, 혹은 정조를 입증하기 위해, 혹은 개가 권유에 대한 저항으로 자살한 경우다. 절대다수의 자살이 이 유형에 속한다. 그중 강간범인 남성이 관권官權과 결탁하여 억울함을 풀 길이 없자 자살하는 경우도 있다.[41] 혹은 도둑이 물건을 훔친 뒤 자신과 통정한 여성으로부터 받은 것이라는 헛소문으로 절도의 흔적을 은폐하려 하자 배를 갈라 자살하는 극단적인 경우[42]도 있다.

자살의 대량 증가는 다른 유형의 열녀의 수를 줄였다. 죽음이 아닌 다른 유형의 열녀는 5건 6명에 불과하다. 또 여기서도 조선 전기의 열녀의 성격을 규정했던 중요한 요소인 유가적 장의의 준수라는 것은 찾아보기 어렵다. 다만 지적할 것은 자기 가학적 신체 훼손의 잔혹성이 증가하는 현상을 볼 수 있다. 강간에 저항하여 면하자, 손도끼로 오른쪽 팔을 자르고 목을 베려 했는데 이웃사람이 말려 겨우 목숨을 건졌다든가, 남편의 병에 허벅지 살을 베어내 삶아서 바치자 남편이 나았다는 사례는 신체 훼손의 잔혹성이 절정을 이루는 장면이다.[43]

이제 순조조를 다룰 차례다. 『순조실록』은 모두 51건의 열녀 관련 기사를 싣고 있다. 영조·정조의 76년 치세 동안 46건의 기사를 실은 데 비해 순조 35년 동안 51건이다. 영조·정조 시기는 1년당 0.6건이라면, 순조 시기는 1.46건이다. 순조 시기는 영조·정조 시기에 비해 약 2.43배의 기사를 싣고 있는 것이다. 이 엄청난 차이의 원인은 어디에 있는가. 첫째 영조·정조 시기의 실록 기사가 객관적으로 존재했던, 즉 정부에서 표창했던 열녀의 수를 모두 반영하지 않았고, 『순조실록』은 제대로 반영했다고 볼 수도 있다. 하지만 다른 시각에서 볼 필요도 있다. 즉 19세기에 들면서 열녀의 수가 계속 팽창했던 사실을 반영할 수도 있다는 것이다. 그러나 어느 쪽이건 확정할 것은 아니다. 이 점은 잠시 덮어 두고 객관적으로 열녀 기사가 증가하고 있다는 사실만을 먼저 지적해 둔다.

이 51건의 열녀 기사에서 기묘사화, 임진왜란, 병자호란을 반영하고 있는 기사는 4건이다. 따라서 일단 제외해 둔다.[44] 나머지 47건의 기사 중에서 열행이 구체적으로 밝혀져 있는 기사는 모두 6건이고, 41건은 열행이 구체적으로 밝혀져 있지 않다. 이상한 현상이지만, 뒤에 언급하기로 하고 먼저 6건의 내용을 정리한다.

(1) 8년 3월 19일. 남편이 죽자 따라 죽음.
(2) 12년 8월 20일. 통제사 허항許沆은 홍경래의 난에서 홍총각에게 살해되었는데, 뒤에 아들 허집許楫이 잡혀온 홍총각의 간을 가지고 오자, 아내 김씨가 허항의 무덤에 고하고 8일 만에 굶어 자살함.
(3) 22년 10월 21일. 재혼하라고 핍박받은 과부가 자결함.
(4) 24년 6월 9일. 남편을 대신하여 호랑이에게 물려감.
(5) 32년 6월 7일. 집에 불이 나자 임부인데도 남편을 찾아 집에 뛰어들어 같이 불에 타 죽음.

(6) 32년 8월 9일. 수절 중의 과부가 상천常賤이 퍼뜨리는 더러운 말을 듣고 수치심과 자기 정절을 입증하기 위해 자살. 노상에서 악당의 강간에 저항하다가 살해된 여인 2명.

6건의 기사는 모두 8명의 죽음을 전하고 있다. 자살이 4명, 타살이 4명이다. 표본의 수는 적지만 모두 죽음으로 열녀가 되었으니, 영조·정조 시대에 압도적으로 높았던 죽음·열녀의 비율이 여전히 지속되고 있는 것으로 생각된다.

문제는 전체 47건 기사 중 41건으로 87퍼센트에 달하는 열행이 구체적으로 밝혀져 있지 않은 기사들이다. 이 기사는 내용을 전혀 확인할 수 없기에 어떻게 접근할 도리가 없다(뒤에 열녀전을 다루면서 이 문제를 같이 다루겠다). 하지만 이 기사가 포함하고 있는 열녀의 수는 유의미한 것으로 생각된다. 먼저 전체 기사가 포함하고 있는 열녀의 수를 파악해 보자. 41건의 기사가 포함하는 열녀의 수는 모두 338명이다. 여기에 앞서 열행의 구체적 내용이 밝혀진 6건 8명을 더한다면, 346명이다.

영조·정조 시기에 비해 『순조실록』이 약 2배 반 정도의 기사를 더 싣고 있다는 것은 위에서 이미 언급한 바 있다. 영조·정조 76년 동안 『실록』 기사에서 검출한 열녀의 숫자는 55명이었다. 순조의 346명은 6.2배에 달하는 엄청난 숫자다. 영조·정조 시기는 1년당 약 0.72명의 열녀를 생산했다면, 순조 시기는 1년에 9.89명, 거의 10명의 열녀를 생산하고 있었던 것이다. 이것은 영조·정조 시기의 약 14배에 달하는 수치다. 『실록』 기사만 가지고 판단한다면, 순조 연간에 와서 열녀의 수는 폭발적으로 증가했던 것이 분명하다. 왜 이런 현상이 생겨났을까.

41건이 포함하는 열녀의 숫자 338명을 음미해 보자. 이 41건 중에는 이전의 『실록』에는 보이지 않는 특이한 기사가 4건 있다. 『순조실록』 12

년 3월 13일에 "예조에서 '각 식년式年의 경외京外의 충·효·열의 문서'를 정부에 보고했는데, 등급을 나누어 초계抄啓하였다"는 말에 이어 충신정려질忠臣旌閭秩, 효자정려질, 열녀정려질, 효부정려질, 충신증직질忠臣贈職秩, 효자증직질, 충비정려질로 이름하고, 그 아래에 해당인의 이름(여성의 경우에는 남편의 이름과 여성의 성씨)을 열기列記하고 있다. 다음에서 이 4건의 기사를 간단히 정리한다.

	12년 3월 13일	14년 9월 5일	22년 3월 11일	32년 4월 13일
충신정려질	2명	1명	1명	
효자정려질	26명	16명	17명	26명
열녀정려질	76명	51명	42명	80명
절부정려질				1명
효부정려질	2명	2명	2명	2명
효녀정려질		2명	2명	1명
충신증직질	11명	5명		4명
효자증직질	39명	31명	19명	40명
충비정려질				1명

앞의 338명이란 여기서의 열녀정려질의 숫자 249명을(76+51+42+80)을 포함한 것이다. 만약 이것을 뺀다면 89명이다. 이 숫자를 어떻게 처리해야 할 것인가. 물론 열녀정려질의 숫자를 뺀다고 해도 35년 동안 97명(89명+열행이 구체적으로 밝혀진 8명)이라는 숫자는 영조·정조 시기에 비해 단순 비교만 해도 거의 2배에 달한다. 1년 평균치를 따지면 순조는 1년당 2.77명(97÷35)으로, 영조·정조 시기의 0.72명의 3.8배, 약 4배에 달한다. 따라서 순조 연간에 열녀의 수가 급격히 증가했음이 부정되지 않는다.

그렇다면 이 숫자는 무엇인가.『순조실록』12년 3월 13일의 예조가 '각 식년式年의 경외京外의 충·효·열의 문서'를 정부에 보고했다는 것은 무엇을 의미하는가? 원래『경국대전』예전 장권조奬勸條에 의하면, 효자·열녀의 포상은 해마다 연말에 예조가 정기적으로 기록하여 왕에게 아뢰어 상직·상물·정문·복호로 표창하게 되어 있었다.[45] 식년에 경외의 충·효·열의 문서를 정부에 보고하는 일은 없었던 것이다. 이것은 정조대에 새로 만들어진 법령이다.

정조 6년 1월 5일 예조판서 김노진金魯鎭은 효자·열녀의 정려와 포상을 해마다 초계抄啓하는 것은 나라에서 베푸는 은전을 구차스럽게 만든다고 비판하고, 앞으로 식년式年의 세수歲首, 즉 3년마다 한 해가 시작될 즈음에 예조의 세 당상관이 모여 뛰어난 사람을 선발하고, 정려·복호할 명단을 작성해 올리도록 하자고 건의하였다.[46] 이 요청은 수용되는 바,『정조실록』7년 1월 21일조에서 이 요청이 법령화하여 시행되고 있음을 확인할 수 있다.[47] 정조 9년(1785)에 만들어진『대전통편』예전 장권조에는 위의 장권조를 그대로 수록하고 다음과 같은 내용을 추가하였다.

> 대개 정려·증직·급복 등에 관계된 일은 승정원에서 승전承傳을 받들어 중외中外에 등포謄布한다.
> 효·열이 정문·복호에 합당한 사람은 제도諸道에서 뽑아 계품啓稟하고 매 식년 연초에 본조의 세 당상관이 모여 자세히 심사하고 의정부에 이송한 뒤 별단別單으로 계품한다.[48]

즉 팔도에서 효자나 열녀를 뽑아 보고하면 식년의 연초에 예조의 세 당상관이 엄밀한 심사를 거친 뒤 의정부에 이송하고, 별단을 만들어 임금에게 아뢰는 것으로 바뀐 것이다. 물론 이것은 정기적인 보고를 처리하는 방식이고, 그 외에 수시 보고가 있었음은 물론이다.

정조 9년에 이 제도가 만들어지고 난 뒤 식년, 즉 자子·묘卯·오午·유酉가 든 간지는 병오년(정조 10, 1786), 기유년(정조 13, 1789), 임자년(정조 16, 1792), 을묘년(정조 19, 1795), 무오년(정조 22, 1798) 모두 다섯 번의 식년이 있었다. 그러나 『정조실록』에서 다섯 번의 식년에 이 법령을 실천한 흔적은 발견되지 않는다.[49] 이처럼 식년에 효자·열녀를 모아서 한꺼번에 표창하는 법은 시행되기도 하고[50] 시행되지 않기도 하는 등의 곡절을 겪었던 것으로 보인다.

『실록』이 효자·열녀의 표창 사례를 완벽하게 싣고 있는 것은 아닐 터이므로 단언할 수는 없다. 하지만 그것은 아무래도 법령대로 잘 실천되었던 것은 아닌 듯하다. 이 법령의 적용 사례인 위에 제시했던 순조대의 4건의 사례를 보자.

순조 12년 3월 13일, 임신년(1812)
순조 14년 9월 5일, 갑술년(1814)
순조 22년 3월 11일, 임오년(1822)
순조 32년 4월 13일, 임진년(1832)

보다시피 임오년을 제외하면 나머지 3건의 기사는 모두 식년이 아니다. 각 기사는 연대의 차이가 너무나 크다. 순조 22년과 순조 32년 사이는 10년이라는 거리가 있다. 『실록』 기사가 모든 것을 다 기록하는 것은 아니겠지만, 이 엉성한 자료는 이 법령의 실천이 적극적으로 이루어지지 않았음을 반영하기도 한다.

철저하게 준행되지 않았던 법령으로 인해 불완전하게 남은 자료지만, 자료 자체의 의미는 매우 크다. 이 자료는 의정부에 제출된 것이기 때문에 거기서 일단 다시 정리될 것이고, 최종적으로 왕의 판단이 남아 있다. 즉 이 자료에 열기된 모든 열녀가 완벽하게 다 정려를 받았던 것인가는 일단 의심할 수 있다. 하지만 정확한 비율은 모른다 하더라도 이 중의 상당수가 정려를 받았던 것은 분명한 일이다. 또 이것은 이미 정려를 대상으로 한 열녀이기 때문에 그에 상당하는 어떤 열행의 존재를 전제하고 있는 것이다. 사실 이 수는 모두 순조조 열녀의 수에 포함해도 별 상관이 없을 것이다.

요컨대 조선 후기의 열녀는 『실록』을 근거로 할 때 지속적으로 증가하고 있었다. 그것은 죽음으로 열녀가 되는 경우가 거의 보편화되어 갔으며, 죽음 곧 자살의 수도 계속 증가 추세에 있었다. 19세기의 경우, 『순조실록』을 검토하건대 죽음은 보다 급격히 증가하고 있었다. 다만 『순조실록』의 경우 열녀 표창의 이유를 생략하고 있기 때문에 죽음의 비율을 정확하게 알 수 없으나, 그것은 18세기와 다른 양상은 아니라고 여겨진다.

이상에서 『조선왕조실록』의 열녀 기사를 자료로 임병양란 이후 열녀의 성격이 어떻게 변화했는지를 추적하였다. 그 결과 조선 후기에 와서 죽음으로 열녀가 된 사례가 급격히 팽창했으며, 18세기에 와서는 죽음이 아니면 열녀로 정려를 받을 수 없을 정도로 죽음의 수가 증가한 것을 확인할 수 있었다.

열녀와 죽음의 자동적 결합은 조선 전기와는 분명 구분되는 현상이다. 조선 전기에도 죽음으로 열녀가 된 경우는 증가 추세에 있었지만, 임진왜란 이전까지 죽음으로 열녀가 된 경우는 전체 열녀의 사례 중에서 우세를 차지하는 것은 아니었다. 거듭 말한 바와 같이 열녀의 죽음이 폭발적으로 늘어난 것은, 임진왜란과 병자호란 때 엄청난 수의 여성이 '정절' 상실에 대한 공포로 살해당하거나 스스로 죽음을 택했기 때문이다. 이 대량의 죽음은 다른 모든 열행의 수단을 의미 없는 것으로 만들었고, 오로지 죽음만이 열녀가 되는 유일한 수단임을 전파했던 것이었다.

열녀의 죽음이 확산된 현상은 오로지 양반 사회 내부에만 국한되지 않았다. 성해응成海應(1760~1839)은 「박열부전」[51]에서 남편을 따라 죽는 것이야말로 열烈 중에서 가장 뛰어난 것이라고 평가하면서, 박 열부가 양반 가문 출신이 아님에도 불구하고 남편을 따라 죽었음을 높이 기리고 있다. 이 경우가 「박열부전」에만 국한되는 것은 물론 아니다. 허다한 사례를 문헌에서 찾을 수 있다. 이 현상에 대해 서형수徐瀅修(1749~1824)는 이렇게 말한다.

> 자고로 절행과 열행의 실천은 대개 궁벽한 오막살이에서 나온 경우가 많았고, 벌열閥閱 가문에서는 거의 들을 수 없었다. 그 또한 거친 음식을 먹고 사는 가난한 사람은 의리의 실천을 가볍게 여기고, 고기를 먹는 귀인들은 사는 것을 무겁게 여겨서인가. 궁벽한 오막살이의 사람이기 때문에 정려旌閭의 은전을 받는 경우는 백에 한둘도 되지 않는다. 그런즉 보고 느끼며 격려하고 권하는 조처에 힘을 얻은 바 없지만, 그 절행은 나오면 나올수록 더욱 열렬하여 왕왕 조용히 의리를 실천하는 경우가 있다.[52]

서형수는 열녀가 사회의 상층이 아니라 하층에서 주로 출현하고 있음을 증언하고 있다. 사회 하층 열녀의 죽음의 실천은 서형수의 지적처럼 "정려의 은전을 받는 경우가 백에 한둘도 되지 않음"에도 불구하고 계속 확산되고 있었던 것이다.

이와 아울러 여러 대에 걸쳐 열녀가 생산되는 현상도 조선 후기의 현상이다. 종고모와 종고모가 기른 조카가 연속해서 열녀가 된 이덕무李德懋(1741~1793)의 「양열녀전」兩烈女傳,[53] 시누이와 올케 사이로 연달아 남편이 사망하자 목숨을 끊음으로써 열녀가 된 김씨와 박씨를 다룬 서유구徐有榘

(1764~1845)의 「김박이열부전」金朴二烈婦傳[54] 등을 예시할 수 있다. 하지만 가장 압권은 정재규鄭載圭(1890년 이후)의 「칠열부전」七烈婦傳[55]일 것이다. 주부 허겸許謙의 처 한씨韓氏는 허겸이 병사하자 따라 죽으려 했다. 집안사람들의 감시로 뜻을 이루지 못하자, 절식節食 7일 만에 틈을 엿보아 자신의 목을 칼로 찔러 자살한다. 한씨가 자살한 것은 1786년이다. 이후 이 집안에서는 6명의 열녀가 더 나온다. 한씨의 딸은 어머니가 자살했을 때 역시 따라서 자살을 시도한다. 자살에 실패하자, 이후 목을 매기도 하고 독약을 먹기도 하면서 다시 자살을 시도한다. 하지만 결국 자살에 실패하고 김재돈과 결혼한다. 김재돈이 병사하자 역시 따라 죽으려 했으나, 집안사람들의 감시와 두 아들의 존재 때문에 죽지 못한다. 그러나 1815년 두 아들이 요절하자 한밤중에 물에 투신자살한다. 허겸의 동생인 허근許謹의 처 정씨鄭氏도 남편이 병사하자, 독약을 먹고 자살한다. 허겸의 둘째 아들인 허엄許儼은 허설許說의 양자가 되는데, 허엄의 아들 허찬許鑽의 아내 하씨河氏는 남편이 병에 걸리자 손가락을 찧어 남편의 입에 흘려 부어 남편을 소생시킨다. 3년 뒤 남편이 죽자 하종下從하려 했으나 아들 때문에 단념한다. 허찬의 동생인 허영許鑅의 처 김씨 역시 남편의 병에 손가락을 잘라 피를 흘려 부어 남편의 생명을 5년 연장한다. 허횡의 아들 허남許湳의 처 김씨 역시 남편이 죽자 따라 죽는다. 허찬의 아들인 허형許瀅의 처 임씨林氏는 남편이 중병에 걸리자 할고割股를 하고 쏟아지는 피를 약에 타서 먹였던 바, 남편이 마침내 되살아난다. 한씨는 이서구가 직지사直指使로 있을 때 계문하여 정려를 받고, 하씨와 임씨도 자손들이 상언하여 정려를 받았다.

허씨 집안은 4대에 걸쳐 열녀 7명이 나왔던 바, 그중 4명이 죽음으로 열녀의 칭호를 얻었다. 죽지 않은 3명 역시 단지斷指, 할고와 같은 극단적인 신체 훼손으로 열녀로 인정받았다. 한 가문에 열녀가 족출하는 것은 드문 현상이 아니었다. 대를 이어 열녀가 출현하는 것은 열녀 이데올로기가 더 나아갈 수 없을 정도로 사회 전반에 깊이 뿌리를 내리고 있었다는 것을 의미한다.

조선 후기 열녀의 죽음이 일반화된 것은 여러 문헌이 증언하는 바이다. 이옥李鈺(1760~1812)의 말을 들어 보자.

> 외사씨는 말한다. 여자가 두 남편을 섬길 수 있는데도 섬기지 않는 경우에 열녀가 되는 것이다. 왕촉王蠋은 "열녀는 두 남편을 섬기지 않는다"고 하였다. 우리나라의 여자는 정절을 중히 여기고 음란하지 않아서, 사족士族의 딸이 초례만 치르고도 과부가 되어 다른 곳으로 시집가지 못하였다. 이 법이 풍속을 이루어 일반 서민 중에 조금이라도 부끄러움을 아는 자들은 역시 그렇게 하였다. 그러므로 온 나라 안의 젊은 아낙네로 소복을 입은 자들은 모두 옛날의 열녀이다. 여기에 남편을 따라 죽은 뒤라야 정려를 하게 되므로, 우리나라 열녀는 모두 죽은 사람들이고 살아서 정려문을 빛나게 세운 경우는 없었다.[56]

이옥은 18세기 후반을 산 사람이다. 그의 말은 18세기 후반기를 증언한다. 이옥의 말에 의하면, 남편이 죽었을 경우 재가하지 않고 수절하는 것은 양반 사회에는 거의 일반화된 상황이었고, 급기야 양반 사회를 넘어 확산되고 있었다. 18세기 문헌에서는, 수절이 보편화되어 할고나 단지와 같은 과격한 신체 훼손[57]이나 죽음이 아니면 열녀가 될 수 없는[58] 상황이 이미 조성되었음을 증언한다.

열녀의 죽음이 확산되는 것은 당연히 이 현상을 찬미하는 분위기 속에서 배태된 것이었다.

(1) 안정복安鼎福(1712~1791)——정열貞烈에도 몇 가지 단계가 있다. ① 황급한 상황을 당해 오로지 몸을 온전히 하는 것만을 귀하게 여길 뿐 다른 것은

돌아볼 겨를이 없는 경우가 있는가 하면, ②남편은 죽고 자식은 없어 홀몸이 되어 살면서 사는 것이 즐겁지 않다 생각하는 경우도 있고, ③아들과 딸이 있어 의지하고 살 수 있는데도 도리어 부부의 의리를 무겁게 여겨 홀로 살며 뒤의 즐거움을 차마 누리지 못하는 경우가 있다. 이 세 경우를 두고 견주어 본다면, 말단의 일이 더욱 어려운 것이다.[59]

(2) 성해응成海應(1760~1839)──옛 경전에 보이는 부인, 예컨대 위衛의 공강共姜, 노魯의 공보문백公父文伯의 어머니와 같은 경우는 모두 수절을 의義로 여겼다. 공자는 부인의 삼종지의三從之義를 논하여, "남편이 죽으면 아들을 좇는다"라 하였고, 또 『역』易의 전傳을 지어 "부인은 한 사람을 따르다 죽는다"(婦人從一而終)라고 한 것은 역시 수절을 아름다움으로 여긴 것이고, 일찍이 하종下從의 열녀됨을 말한 적은 없다. 그런데 점차 근세로 와서 풍절風節이 더욱 빛나고 우리나라의 풍속은 부인의 열행이 더욱 정신貞信하여 하종을 제일로 치니, 대개 옛 정부貞婦에게는 있지 아니하던 바이고, 성인께서도 논하지 않았던 바이다. 절행은 하종에 이르면 더 할 것이 없다. 하종하는 사람들은 대개 의리와 마음에 편안했던 것이니, 어찌 후세의 이름을 바라서이겠는가.[60]

(3) 허전許傳(1797~1886)──우리나라는 성조聖朝 이래 예의로 백성을 교화하고, 풍속을 이루어 시골구석의 어리석은 아낙네나 여염의 천한 짝이라 할지라도 모두 정신貞信을 스스로 지켜, 비록 청상靑孀의 의탁할 데 없는 부류라 할지라도 죽음을 향할 뿐 다른 곳으로 가지 않는다. 그러므로 사람들이 과부 보기를 보통사람으로 여긴다. 오로지 남편이 죽을 때 따라 죽어 하종하는 사람만 특별히 열녀라 부르고, 그 문려門閭에 정표를 하고 집집마다 봉하였으니, 어찌 그리도 성대한가.[61]

(4) 장복추張福樞(1815~1900)──대개 부인은 남편에 대해, 남편이 물이나 불, 도적에 죽을 경우 한때 남편을 따라 배명拜命하는 경우가 있으니, 이것은 죽음에 몰린 것이다. 이 죽음은 어렵고도 쉽다. 남편이 정명正命에 죽었음에도 능히 조용히 한 번 죽음을 결정하는 것은 죽음에 몰린 경우가 아니니, 그 죽음은 어렵고도 더욱 어려운 것이다.[62]

18세기와 19세기 전체 약 2백 년간의 자료다. 양반 지식인은 어떤 형태의 죽음이건 남성을 위한 여성의 희생, 그것이 할고든 자살이든, 또 자식을 남기고 죽든 아니든, 늙어서 죽든 젊어서 죽든, 그 죽음의 이유가 아무리 비이성적인 것이라 해도 모든 죽음을 찬미하였다. 이것이야말로 죽음을 확산시킨 주요인이었다.

열녀의 죽음의 확산을 멈추기 위해서는 국가가 개입하는 수밖에 없었다. 그러나 조선이라는 유교 국가는 가부장제를 존립 근거로 삼고 있기에 결코 열녀의 생산을 멈출 수 없었다. 조선조가 종언을 고할 때까지 국가─남성은 정려의 확대를 통해서 자살을 조장했다. 열녀에 관한 남성의 모든 글쓰기는 오로지 여성의 자살을 찬미하는 데 골몰했다. 분명 단기적·미시적 국면에서 이것은 가족 구성원들에게 충격이었고 또 손실이었다. 하지만 장기적·거시적 국면에서 이것은 여성에 대한 남성의 지배를 강화한다는 것, 동시에 남성 가부장제의 체제 유지를 용이하게 만든다는, 보다 큰 이익이 있었다.

이상에서 살핀 바와 같이 조선 후기의 열녀는 극소수의 예외를 제외한다면, 거의 모두 죽음을 통해 열녀의 칭호를 획득했다. 죽지 않고 열녀가 된 경우는 죽음에 값하는 다른 고통을 선택했어야만 했다. 이제 열녀는 곧 죽음을 의미하게 되었다. 『삼강행실도』 열녀편의 편자들의 희망이 완성된 것이다.

2절
열행과 잔혹성의 강화

열녀의 죽음의 증가와 확산은 '열'이라는 윤리의 강화가 이제 남성에 대한 여성의 성적 종속성을 관철하기 위해 여성의 신체를 지배하는 권리를 남성에게 넘길 것을 요구하는 데까지 나아갔다는 것을 의미했다. 동어반복이 되겠지만, 신체에 대한 요구는 두 가지 의미를 지닌다. 첫째 신체 희생 즉 신체 훼손이고, 둘째는 신체 그 자체의 희생 곧 죽음이다. 이 두 가지는 조선 후기에 와서 모두 급격히 증가하였다. 이 중에서 먼저 신체 훼손에 대해 언급한다.

신체 훼손의 본질은 자기 가학적 잔혹성이다. 조선 후기 열녀의 증가는 곧 이 잔혹성이 급격히 증가한다는 것이다. 조선 전기 신체 훼손의 실천 방법은 굶는다든지 머리카락을 자른다든지 매우 다양했다. 이것들은 육체적 고통의 정도에 따라 단계적으로 배치할 수 있으며, 그 정점에 단지斷指와 할고割股가 있었다. 그러나 조선 후기에 와서 단지와 할고를 제외한 거의 모든 행위들은 열녀烈女性을 입증하는 증거의 목록에서 사라지고 말았다. 수많은 열녀전은 단지와 할고가 아니면 신체 훼손으로 기록하지 않았던 것이다. 보다 강력한 신체 훼손만이 오로지 열녀의 표징으로 인식되기 시작했다.

단지와 할고 중에서 단지는 보다 보편적인 것이 되었다. 손가락을 끊거나 혹은 손가락을 베어서 피를 내어 병든 남편의 회생을 바라는 방법이 이제 보편화되었다. 거의 모든 열녀전과 정려기는 거의 필수적으로 '단지'를 포함하고 있는 바, 단지는 열녀의 표징으로 널리 일반화되었던 것이다. 따라서 여기서는 잔혹성의 정도가 큰 할고만을 언급하기로 한다.

이옥(1760~1812)의 「생열녀전」生烈女傳[63]을 보자. 열녀 신씨申氏는 남편인 유학 정모鄭某의 종기가 몸 전체에 퍼져 죽게 되자, "사람고기면 낫게 할 수 있다"는 말을 듣고, 남몰래 자신의 다리 살을 베어내 구워서 먹인다. 종기는 즉시 아물었고, 다리의 상처도 그리 심하지 않았다고 한다.[64] 앞서 언급한 바와 같이 여성이 칼로 자신의 허벅지 살을 베어내는 것은 끔찍한 고통을 일으켰다. 그럼에도 할고는 결코 드문 일이 아니었다. 홍양호洪良浩(1724~1802)의 「열부이씨정려기」烈婦李氏旌閭記에 나타난 할고의 장면을 보자. 이씨의 남편 정익주鄭翊周가 1770년 불치병에 걸렸고, 의원도 맥이 끊어졌다고 하여 죽음만을 기다리는 형편이었다. 그 순간 이씨는 희망적인 이야기를 듣는다.

이웃의 아낙이 "언젠가 들은 이야긴데, 산 사람의 피와 살이 죽은 사람을 살린다 하데요. 하지만 어디서 산 사람의 피와 살을 구한단 말이야" 하였다. 이씨는 이웃 아낙에게 고맙다는 말로 떠나 보내고, 얼음을 쪼개어 몸을 깨끗이 씻고, 마당에 자리를 편 뒤 북두칠성을 우러러 기도한 뒤 즉시 방으로 들어가 칼로 허벅지를 찔렀다. 피가 콸콸 흘러나왔다. 병자의 이불을 들치고 입에 피를 부어 넣고, 이어 허벅지의 살은 사방 4촌쯤 베어내어 조각을 잘라 불에 구워 입에 밀어 넣었다. 밤이 되어서야 그만두었다. 새벽이 되자 목구멍에 골골하고 물을 찾는 소리가 났다. 급히 육즙을 물에 섞어 먹였다. 이렇게 며칠을 하여 다리의 살이 바닥이 나자 병이 완전히 나았다.

이씨는 이때 임신중이었는데, 상처가 심하여 태아가 거의 떨어질 지경이었다. 하지만 고통을 애써 참고 오로지 남편이 알까 두려워할 뿐이었다. 그리고 여종에게 말하지 마라고 다질러 오랫동안 일이 새어나가지 않았다. 정익주가 깜짝 놀라, 상처를 쓰다듬으면서 울먹였다. "죽고 사는 것은 명인데, 어찌 자신을 이리도 해치시오?" 이씨는 어조를 누그리면서 "당신은 형제가 드물고 아직 아들조차 없으니, 돌아가시면 집안이 망합니다. 내가 어찌 내 몸을 아껴 경각에 달린 목숨을 구하지 않을 수 있겠어요. 지금 하늘의 신령하심에 힘입어 당신의 병이 낫고 저도 또한 별일이 없으니, 다시 무슨 근심거리가 있겠어요?" 원근의 이 이야기를 들은 사람들이 몰려들어 위로하고 감탄하지 않음이 없었다.[65]

이씨는 임신중이어서 유산의 가능성이 있는데도, 자신의 허벅지를 발라내어 구워서 남편을 먹이고 피를 남편에게 마시게 한다. 그것도 한 번이 아니라, 다리살이 바닥이 날 때까지 여러 날을 계속한다. 잔혹함의 극치다.

남편이 완쾌된 후 사대부들이 조정에 알리려 하자, 이씨는 사양한다. "여자는 남편을 위해서라면 비록 몸을 죽인다 해도 기이할 것이 없습니다. 하물며 규방 안의 일을 위로 조정에 알려 은혜를 구할 수 있겠습니까? 저는 차라리 죽을지언정 차마 듣지 못하겠습니다."[66] 이 말에 일시 정려의 추진이 중지되지만, 19년 뒤인 무신년(1788, 정조 12)에 이씨는 정려를 받는다.

할고는 여성에게 더할 수 없는 고통이었고 목숨까지 잃을 수 있는 잔혹한 행위였지만, 널리 유행하고 있었다. 임헌회任憲晦(1811~1876)의 「열부유인이씨전」烈婦孺人李氏傳의 이씨는 남편의 고름을 빨고 머리카락을 잘라서 태워 발라 주고, 넓적다리를 베어내어 구워 올렸고,[67] 전병순田秉淳

(1816~1890)의 「열부상산박씨전」烈婦商山朴氏傳의 박씨는 허벅지 살을 베어 남편에게 먹이자 남편의 고질병이 완치되고 박씨의 상처도 이상 없이 낫는다.[68] 할고와 동시에 자살을 선택한 경우도 있었다. 성해응(1760~1839)의 「절부변부인전」節婦邊夫人傳의 수군절도사 이유수李儒秀의 아내 변씨는 남편의 병이 돌이킬 수 없을 지경이 되자, 왼쪽 다리의 정강이부터 무릎까지를 칼로 찢어 한 되 가량의 피를 대접에 받아 남편에게 먹인다. 여종에게 주면서 "내 다리 살을 베어 공의 병을 낫게 하고 싶지만, 병세가 이토록 급하니, 너는 이 피라도 올려 내가 한이 없게 해다오"라고 말한다.[69] 주위 사람들이 변씨의 상처를 싸맬 것을 권했지만, 변씨는 거부한다. 이때 변씨는 이미 독약을 먹은 상태였고 이내 사망한다.

단지와 달리 할고는 오로지 살을 떼내는 것이기에 더욱 고통스럽고 감염의 위험도 높았다. 또 이미 언급한 바와 같이 할고가 병의 치료에 유리하다는 어떤 합당한 근거도 있을 수 없었다. 할고를 했음에도 아무런 탈이 없었던 것처럼 기술함으로써 윤리의 폭력성은 위험을 은폐하고 이 비합리적 행위를 찬미했다.

이상은 열녀전에 보이는 대표적인 사례로 정려를 받은 경우다. 실제 할고와 단지는 보다 광범위하게 발생했을 것으로 보인다.[70] 예컨대 정재필鄭在弼은 「열부유인정씨전」烈婦孺人鄭氏傳에서 수절은 이미 선비 집안에서 예사로 있는 일이기에 열烈로 치지도 않고, 열로 볼 수 있는 것은 손가락을 자르거나 넓적다리를 베는 것이라 하였다.[71]

이종휘李種徽(1731~1797)는 한 열녀를 표창하기를 바라는 정문呈文에서 이렇게 말한다.

> 열의烈義를 포상하고 충과 효를 권장한 것이 4백 년이 하루와 같아 교화가 이루어지고 풍속이 아름다워져 집집마다 표창할 만하게 되었다. 안으로는 서

울과 양도兩都(강화도와 개성), 밖으로는 팔도와 3백의 군과 현에서 한 해가 끝날 즈음이면 올리는 효행과 열행에 대한 문서가 무더기를 이루어 사람들이 다 볼 겨를이 없을 정도이다. 손가락을 잘라서 피를 내거나 허벅지 살을 베거나 한 일을 쓴 먹물이 줄줄 흐르고, 비녀를 갈아 자신을 찌르거나 공후를 내던진 일을 쓴 문서는 더미를 이루며 쌓일 정도다. 한데 한쪽으로 치우치는 풍토가 있고, 또 서로 보고 따르는 습관이 있어, 명의名義를 성취한 사람들은 왕왕 격한 나머지 과하게 행동하는 경우도 있다. 하물며 여자의 천성은 원래 좁으니 말해 무엇 하랴. 혹은 포대기에 어린애가 있고 젖이 불어 흐르는데도 남편이 죽었다 하여 눈을 감은 채 거들떠보지도 않고 즐겨 남편을 따라 죽는 경우가 있는가 하면, 혹 친정 부모와 시부모가 늙고 병들어 부디 살아서 자신들을 돌보아달라고 간절히 원하는데도 남편이 죽은 데 대한 애통한 마음을 누를 수 없어, 슬하에서 뒹굴다가 소매로 얼굴을 가리고 하직 인사를 고하는 사람도 있다. 저들의 정심貞心 고절苦節이 어질고 높지 않은 것은 아니나, 사람의 본성에 가깝고 힘으로 능히 할 수 있는 것은 모두가 할 수 있는 것이다.[72]

단지와 할고가 열녀를 표창하는 근거로 서류에 무수히 올랐음을 증언하고 있다. 실제 경우의 수는 알려진 사례를 훨씬 상회할 것이다.

할고는 윤리적 행위로 여겨졌지만, 한편 더욱 중대한 윤리적 문제를 제기하였다. 그것은 의도적으로 부모로부터 받은 신체를 훼손하는 것이었기에 중대한 문제가 아닐 수 없었다. 할고를 했던 상산 박씨는 할고와 단지가 "옛날 성인들이 경계하신 바요, 전례典禮에서도 금하는 것임"을 알고 있었다. 할고의 당사자인 여성이 이런 말을 하고 있으니, 남성들의 경우에는 당연히 신체의 훼손이 효와 충돌한다는 것을 알고 있었다. 그러나 남편의 죽음과 같은 극한의 경우, 그런 평상시의 예에 얽매일 수 없다는 것이었다.[73]

비일상적 상황 속에서 신체 훼손이 다른 윤리적 문제를 제기할 수도 있다는 사실 자체를 망각하는 것이야말로 진정한 윤리심의 발로라는 것이 사대부들이 할고와 단지를 합리화하는 논리였다.[74] 이 논리가 착오적이라는 것은 두말할 나위가 없다. 신체 훼손은 남성을 위해 여성이 하는 것이었지, 여성을 위해 남성이 하는 것이 아니기 때문이다. 유인석柳麟錫(1842~1915)은 남편을 위해 손가락을 잘라 남편에게 그 피를 흘려 넣은 여성의 행위에 대해 이렇게 말한다.

> 고흥의 유인석은 말한다. 손가락에 피를 내는 일은 군자가 인정하는 일이 아니다. 이런 일을 남자가 한다면 도리에 맞지 않고, 명예를 노리는 짓이라고 나무랄 것이다. 하지만 여자의 경우 어린 나이에 막 결혼한 상황이니, 도리를 따진 것도 아니고 명예를 바라서도 아니다. 지극한 정성에서 나온 것이라, 하늘과 귀신을 감동시킨 것이다.[75]

남성의 경우 손가락을 잘라서 피를 내는 것이 윤리에도 맞지 않는, 그리고 명예를 바라는 얄팍한 수단으로 보아 폄하하지만, 여성의 단지는 원래 여성 내부에 내장되어 있는 천부의 윤리에서 비롯된 것이라는 찬미다. 하지만 여성의 단지는 5백 년에 걸친 열녀 이데올로기의 주입의 결과다. 그것은 이제 마치 천성으로 여겨질 정도로 여성들에게 내면화되었던 것이다. 중요한 것은, 여성의 신체 훼손이 갖는 역사성을 망각하고 그것을 천부적 윤리로 인지하게 되었다는 사실 그 자체다. 남성조차 그 이데올로기를 완전히 내면화했던 것이다.

3절
여성 윤리에서 열 윤리의 최우위성

열녀의 죽음의 증가는 위에서 언급한 바와 같이 여성의 신체를 잔혹한 방법으로 요구했다. 이와 아울러 열녀의 죽음의 증가가 불러온 거대한 효과가 있었으며, 이것은 궁극적으로 국가-남성이 열녀담론을 무제한적으로 퍼뜨리면서 내심 요구해 온 바였다.

앞에서 검토한 바와 같이 남성이 삼강三綱에 있어서 부모와 자식에서 맺어지는 효에 집중하고 있었다면[76] 여성은 효와 열을 동시에 충족시킬 것을 요구받고 있었다. 더욱이 남성의 효는 오로지 친부모와의 관계에 한정되는 것이었으나, 여성에게는 친정 부모와 시부모라는 복수의 윤리적 실천 대상이 주어졌다. 이것은 남성과 장인·장모의 관계에서 효가 윤리적으로 강제되지 않는 것에 비한다면 여성에게는 분명 불리한 것이었다. 여기에 여성은 어머니로서의 의무가 추가되었다.[77] 여성은 친정 부모에 대한 효, 시부모에 대한 효, 남편에 대한 열, 자식에 대한 모성의 실천이라는 네 가지 윤리적 의무를 지게 된 것이었다.

이 네 가지 의무의 위상은 동등하지 않았다. 친부모와 딸, 시부모와 며느리, 남편과 아내, 자식과 어머니의 관계에 상당한 변화가 일어났던 것이다. 이하 이 문제를 고찰해 보자.

이용휴李用休(1708~1782)의 「열부유인한씨전」烈婦孺人韓氏傳의 한씨는 17세에 채팽윤의 아들 채응전과 결혼한다. 18세에 채응전이 병사하자 죽을 결심을 한다. 제대로 먹지도 않고 종기가 나도 치료하지 않으니, 시어머니는 친정아버지에게 알린다. 친정아버지는 이렇게 설득한다.

> 내가 자식 열을 낳았으나, 너만 남았다. 네가 죽는다면, 우리는 따라 죽겠다. 아무리 네가 그렇게 하고 싶다 한들, 너는 네 아비가 너를 키울 때 고생했던 것을 돌아보지 않는단 말이냐? 부디 죽지 말고, 나를 따라 돌아가 의원을 찾아서 병을 낫게 하는 것이 어떻겠니?[78]

이 말에 딸은 이렇게 답한다.

> 아아, 백 년이 길다고 생각하시는지요? 백 년을 사는 것이나 빨리 죽는 것이나 꼭 같습니다. 더욱이 방에 궤연几筵이 있어 남편이 살아 있는 것과 같으니, 이 여식이 어찌 떠날 수가 있겠습니까? 이곳이 이 여식이 죽을 곳입니다. 아버님은 부디 다시 그런 말씀일랑 하지 마세요.[79]

결국 한씨는 자살을 택한다. 부모와 남편에 대한 윤리적 권력의 차이를 선명하게 보여준다.

역시 이용휴의 「열부이유인전」烈婦李孺人傳은 약혼한 상태에서 벌어진 비극이다. 이 유인李孺人은 19세에 이재정과 결혼할 예정이었다. 이재정은 전에 질병이 있었는데, 결혼할 즈음에 병이 덧난다. 이 여성은 이 말을 듣고 병이 든다. 이재정의 병이 차도가 있다는 소식이 들리자 병이 조금 낫는다. 이어 이재정의 사망 소식이 전해지자, 무릎으로 기어서라도 이

재정의 관에 곡을 하고 시부모를 만나 뵐 것을 부모에게 청한다. 부모가 제지하자, 통곡을 하면서 거의 살 의지가 없는 것 같았다. 그리고 급기야 20일을 절식한 끝에 사망한다. 사망할 때 부모에게 이렇게 말한다.

"저는 이제 죽습니다. 아버지 어머니께서는 이 불효한 여식을 생각하지 마세요." 그 부모가 흐느꼈다. "너는 부디 죽지 말거라. 네가 죽으면 내 얼마나 슬프겠니." "제가 어찌 두 분의 마음을 슬프게 만들고 싶겠어요. 어쩔 수 없는 일입니다." 그리고 말했다. "제 마음도 너무나 슬픕니다."[80]

이 여성은 이재정과 혼례를 치르지 않았고 당연히 얼굴을 본 적도 없다. 남편과 아내 사이의 어떤 인간적 접촉도 애정도 발생하기 전이다. 혼인 전 약혼자의 죽음은 당혹스런 일이지만, 약혼자가 병에 걸리자 자신도 병에 걸리고 약혼자의 병세에 따라 자신의 병세가 연동하는 것은 참으로 납득하기 어렵다. 이 여성은 얼굴을 본 적이 없는 남편, 실제 혼인 관계가 성립하지도 않은 남편을 따라 죽는다. 친정 부모는 딸을 말리지만, 죽음의 의지를 꺾을 수 없다. 여기서 여성이 자신을 불효녀라고 부른 데 주목할 필요가 있다. 분명 이 여성이 목숨을 스스로 끊는 것은 친정 부모에 대한 불효다. 반면 혼인 관계도 성립하지 않고 죽은 남성을 따라 죽는 것은 열이다. '열'은 '효'를 이차적인 것으로 만들고 있었던 것이다. 만약 이 여성이 이미 결혼을 한 상태라면 그런 관습이 있으니 애써 납득할 수도 있다. 하지만 이 경우는 정식으로 결혼이 이루어진 상태가 아니라는 점을 염두에 둘 필요가 있다. 이 여성은 미혼이기에 당연히 친정 부모의 명에 복종해야 할 것이다. 그러나 열녀 이데올로기는 이제 살아있는 부모에 대한 불복종, 즉 효를 압도해 버린다.

유인석의 「열녀유인이씨전」烈女孺人李氏傳 역시 동일한 형태의 죽음을 전한다. 이씨는 원하상의 아내다. 17세에 원하상과 정혼했으나 어머니 병 때문에 결혼식을 올리지 못했고, 어머니의 사후에는 두 집안이 모두 너무 가난해 이씨는 4년 동안 시집으로 가지 못한다. 그러다 원하상이 죽자 이 씨는 기절하고 곡을 하였다. 가족들이 장례를 위해 시집으로 가게 했으나, 원하상이 병들었을 때 병간호를 한 적이 없으니, 이제 와서 시신 옆에서 곡을 해 봐야 소용이 없을 것이라면서 거절한다. 이어 자신이 가진 옷을 주위에 나누어 주고 몰래 독약을 먹고 "시댁에 알려 남편의 장례를 늦추어 같은 날 장례를 치루어 달라"는 말을 유언으로 남긴다.[81]

　이것은 굳이 특수한 사례도 아니다. 박지원의「열녀함양박씨전」이 그렇거니와, 결혼을 약속하고 배우자 될 사람이 죽어 결혼식을 올리지 못할 경우, 친정 부모의 만류를 물리치고 시집으로 가서 남편 없는 시집살이를 하거나 아니면 위의 예처럼 죽음을 택하는 열녀담이 있다. 이 이야기들이 말하고자 하는 바는 어떤 조건에서라도, 즉 그것이 정식으로 결혼을 했든 하지 않았든 일단 결혼이 약속된 이후라면, 남편의 생존 여부에 관계없이 열이라는 윤리가 부모에 대한 윤리 즉 효보다 선행한다는 것을 말하고 있는 것이다. 이용휴는 「열부이유인전」에서 그 관계의 역전을 이렇게 말했다. "오늘날 열녀라 하지만 효녀라 하지 않는 것은 삼종지도 가운데 남편을 따르는 것을 더욱 중요하다고 여기기 때문이다."[82]

　시부모에 대한 효 역시 여성의 종사를 금지할 수 없었다. 남성의 경우, 효는 다른 어떤 윤리보다 선행하는 것이었다. 남편이 사망할 경우, 아내가 시부모의 만류에도 불구하고 하종한다면, 그것은 시부모에 대한 불효에 해당하는 것이었다. 그러나 효는 열에 선행할 수 없었다. 황윤석의 「열부이씨전」烈婦李氏傳의 이씨는 남편이 영조 49년에 죽자 하종을 결심하고 음식을 끊는다. 시부모가 울면서 만류하자, 멀건 죽을 먹으며 열심히 일한다. 그러나 남편의 장례가 끝나자 자살한다. 이씨는 시부모에게 남긴 편지에 이렇게 말하고 있다. "삼종三從이 이미 무너졌기에 죽는 것이 의리에 맞습니다."[83] 시부모에 대한 효를 넘는 것은 삼종이었다. 삼종에 시부모는 포함되지 않았던 것이다.

시부모의 간곡한 만류에도 불구하고, 여성이 하종하는 경우는 광범위하게 발견된다. 허목許穆(1595~1682)의 「금구유절부정문기」金溝柳節婦旌門記[84]의 유씨柳氏는 시집가던 해에 남편이 사망하자 죽기로 결심한다. 시부모가 흐느끼며, "내 아들이 불행히도 요절하고 자식조차 남기지 않았으니, 귀신이 의탁할 데가 없다. 죽는 것을 참고 살아 그 제사가 끊어지지 않게 한다면, 죽은 사람도 유감이 없을 것이다"라고 설득한다. 그러나 유씨는 제사 또한 세월이 지나면 끝이 나게 마련이니, 차라리 죽어서 같은 무덤 속에 들어가는 것이 낫다고 여기고 감시가 소홀한 틈을 타서 자살한다.[85] 김간金榦(1646~1732)의 「열녀송씨전」烈女宋氏傳에서 송씨는 자살을 만류하는 사람에게 "젊은 나이니 죽어야 마땅하고, 자식이 없으니 죽어야 마땅하고, 시부모를 모실 다른 아들이 있으니 죽어야 마땅합니다"[86]라고 말한다.

하종하는 여성들은 이것이 불효에 관계된다는 것을 의식하고 있었다. 이광사李匡師(1705~1777)의 「최열부찬」崔烈婦贊의 최씨는 자신과 남편이 전염병에 걸려 남편이 먼저 사망하자, 중자仲子의 아들 덕소德邵를 후사로 삼으라고 부모에게 말하고 하종을 결심한다. 죽기 전에 시아버지에게 "하늘이 제 남편을 빼앗아 천부賤婦가 아버님을 모시지 못하게 만들었으니, 죄가 너무 큽니다. 오직 바라옵건대 수를 누리시며 강녕하소서"[87]라고 말하고 자살한다. 곽종석郭鍾錫(1846~1919)의 「홍열부전」洪烈婦傳의 홍씨도 남편 사망 후 하종을 결심하고 밥을 먹지 않자 시부모가 애원하면서 달랜다. 이에 홍씨는 "아내가 남편을 따르는 것은 의입니다. 남편이 죽고 또 따를 만한 자식도 없는데 죽지 않고 무엇 하겠습니까? 바라건대 시부모님께서는 불효로 여기지 말아 주십시오" 하고 옷을 갈아입은 뒤 방으로 들어가 독약을 먹고 죽는다.[88] 불효로 여기지 말라는 말은 그것이 불효에 관계됨을 예민하게 의식한 것이다.

시부모는 며느리의 자살을 당연히 막았다. 대개 열녀전을 위시한 열녀담론은 시부모와 가족의 자살 저지를 말하고 있지만, '열녀'는 제지를 뚫고 죽음을 택한다.[89] 임헌회의 「열녀문성유씨전」烈女文城柳氏傳에서 시부모가 눈물을 흘리고 사리를 들어 설득하자 며느리 유씨는 잠시 자살을 늦추었다가 가족의 감시가 소홀해진 틈을 타서 남편의 입관을 본 후 계집종에게 "이제 나는 죽는다" 하고 22세의 젊은 나이에 음독 자살한다.[90]

시부모의 하소연 혹은 명령에도 불구하고 며느리가 자살한다는 것은 무엇을 의미하는가. 그것은 시부모에 대한 며느리로서의 윤리적 관계인 효와, 남편에 대한 아내로서의 윤리적 관계인 열 사이에서 여성이 열을 선택한다는 것, 곧 열이 효에 선행하는 윤리의 위상을 확보했음을 의미하는 것이었다.

물론 시부모를 의식하여 죽음을 결심하고도 실행에 옮기지 않는 경우가 있었다. 조호연趙虎然(1736~1807)의 「효열부이유인전」孝烈婦李孺人傳이 그런 경우인데, 이씨는 남편이 죽자 하종을 결심했다가 늙은 시어머니와 어린아이를 생각하고 자신의 죽음이 효도와 자애에 관계되는 것이라 판단하고 멈춘다. 아들이 15세에 요절하자 다시 죽으려 하지만 죽지 못한다. 팔순을 바라보는 시어머니와, 홀몸인 시아주버니와 조카, 그리고 집안의 가난함이 여전히 문젯거리로 남았기 때문이다. 이씨는 자살을 실행하지 못한다. 자살은 정작 3년 뒤에 실행된다. 3년 뒤 시조카가 결혼을 하여 며느리가 들어오자, 이씨는 "신부가 이와 같으니 어머님을 모실 수 있겠구나" 하고 밤에 침실로 들어가 목을 매고 자살한다.[91]

이씨와 같은 사례는 열녀전의 전통에서 몇몇 발견된다.[92] 남아 있는 시부모의 봉양이 절대적인 문제인 경우이다. 정약용의 「열부론」烈婦論이 열녀의 죽음의 확산에서 가장 크게 비판했던 것도 바로 이 부분이었다. 그러나 절대다수의 열녀는 시부모의 만류와 시부모에 대한 봉양, 즉 효를 의식하지 않았다. 시부모를 위해 죽지 않음으로 열녀의 영광을 취하는 경우는 드물었다. 심지어 위의 「효열부이유인전」에서도 이씨가 최종적으로 자살하지 않은 것은 아니었다. 그것은 다만 유보되었을 뿐이었다. 열녀의 죽음은 최후의 순간까지 여성의 목숨을 요구하고 있었던 것이다. 이제 열은 효를 넘어서서 오로지 남편과 아내의 위계적 관계에만 종속할 것을 여성에게 요구하고 있었던 것이다.

마지막으로 여성과 자식, 즉 모성과의 관계를 살펴보자. 남편에 대한 열과 시부모에 대한 효가 후천적으로 의식화된 윤리라면, 모성은 자연적이다. 즉 여성과 자식의 관계는, 여성의 신체에서 자식이 태어나고, 자식이 성인이 될 때까지 절대적인 보호와 양육을 요구하는 생물학적 약자라는 점에서 볼 때 자연적 관계라는 것이다. 여성과 자식 사이에는 자연적 애착관계가 성립한다. 그렇다면 열녀와 자녀의 관계는 과연 어떠한가.

안정복의 「제열녀여흥이씨행록후」題烈女驪興李氏行錄後의 이씨는 영양永陽 안사문安斯文 경시씨景時氏의 아들인 서중瑞重의 처다. 안정복은 이씨를 명문가 출신으로 소개하고 있다.[93] 이씨는 남편이 죽자 하종을 결심하고, 염습이 끝나자 자살한다.[94] 이씨에게는 9세의 아들, 14세의 딸이 있었다. 아이들이 매달리자, 이씨는 뿌리치고 돌아보지도 않고 "내 마음이 이미 정해졌다. 달리 할 말이 없다" 하고 죽는다.[95] 죽은 뒤 옷에서 아이들에게 주는 유서가 나왔는데, 죽어서 황천에서 만나자는 내용이었다.[96]

아직 양육을 필요로 하는 어린 자녀를 두고 남편을 따라 하종하는 경우는 결코 적지 않다. 신경준申景濬(1712~1781)의 「열녀김씨행록서」烈女金氏行錄序에서 김씨는 품을 떠나지 못하는 어린 자식이 있었지만 자살을 택한다.⁹⁷ 이야순李野淳(1755~1831)의 「신열부이씨전」申烈婦李氏傳에서 이씨는 태어난 지 겨우 몇 달밖에 안 된 딸이 있었으나 한마디 언급도 없이 자살한다. 성해응의 「위포천사인거조사겸처유씨열행서」爲抱川士人擧趙思廉妻柳氏烈行書의 유씨는 남편이 병사하자 네 번의 자살을 시도했다가 모두 실패하고, 3년상을 마치자 일곱 살 된 아들에게 "너의 나이 이제 일곱 살이라 글을 배울 수 있으니 내 근심이 조금은 풀린다"⁹⁸ 하고 간수를 마시고 28세의 나이로 자살한다. 역시 성해응의 「삼열부전」三烈婦傳의 세 번째 열녀인 박씨는 남편이 익사하자 어린 자식에게 "개울가에 나가 보아야겠다" 하고 나가서 물에 투신자살한다.⁹⁹

이런 사례들은 모두 남편을 위한 하종下從이 자연적 모성보다 선행함을 의미한다. 이제 아내로서의 여성은 어머니로서의 여성에 선행하게 되었다. 이옥의 「열녀이씨전」烈女李氏傳에서 이씨의 하종은 모성을 선행하는 열녀의식의 비정함을 남김없이 드러낸다. 이씨는 남편이 죽자 장례를 치른 뒤 죽겠다고 남편의 관에 대고 말한다. 이어 곧 자신이 임신한 것을 알게 되자, 아이를 낳은 뒤 죽겠다고 한다. 소상小祥이 되자 이씨는 다시 아이가 대를 이었으니, 3년상을 마치고 죽겠다고 말한다.¹⁰⁰ 과연 대상大祥 때가 되자, 드디어 가족들에게 죽음을 고한다. 시부모가 "어미가 자식이 있으니, 여자로서 따를 곳이 있다. 어찌 이러느냐? 죽지 말거라"¹⁰¹ 하자, 이렇게 답한다.

> 신부가 복이 없어 남편이 일찍 죽었으니, 직분은 마땅히 따라 죽어야 하는 것입니다. 이제 만약 저 어린 자식으로 핑계를 삼는다면 남편이 이 신부를 뭐라 여기겠습니까? 감히 삼가 약속을 지키지 않을 수 없습니다.¹⁰²

어린아이를 핑계대어 죽지 않을 수는 없다는 것이다. 이씨는 애초 자기의 자식을 자식으로 여기지 않았고, 젖도 계집종에게 먹이게 했다.[103] 열녀의식은 모성까지 압도하기 시작했던 것이다.

물론 시부모의 봉양을 위해서 죽음을 유보한 경우처럼 자식의 양육을 위해 죽음을 유보하는 사례도 있다. 하지만 이것 역시 모성이 열녀의식에 선행한다는 것은 결코 아니다. 이만부李萬敷(1644~1732)의 「열부전」烈婦傳의 이씨의 남편은 평소 "나와 당신은 같이 죽읍시다"라고 말한다. 아이가 세 살 되던 해 남편이 병사하기 직전 "당신은 필연코 종사從死할 것이니, 아이가 10세가 될 때까지 기다렸다가 죽으라"고 말한다.[104] 과연 아이가 10세가 되자 이씨는 절식한 지 12일 만에 죽는다. 유의건柳宜健(1687~1760)의 「열부유인하씨전」烈婦孺人河氏傳은 유복자를 낳아 남편의 제사를 이으라는 시어머니의 설득에 아들을 낳는다. 하지만 서너 달이 지나 아이가 미음을 받아먹을 만큼 자라자, 간수를 먹고 자살한다.[105] 결국 자살은 유예될 뿐이다. 또 하나의 사례는 아들을 키우다가 아들이 죽을 경우 자살하는 경우다. 신익황申益愰(1672~1722)의 「절부정씨정려기」節婦鄭氏旌閭記의 정씨는 남편이 병사하자 하종하려 했으나, 두 아들을 키워 남편의 제사를 이으라는 시아버지의 만류에 자살을 단념한다. 하지만 두 아들이 전염병에 걸려 죽자 독약을 먹고 자살한다.[106] 하종을 결심했으나 아들의 양육으로 인해 자살을 일단 접었다가, 아들의 죽음(또는 유산)으로 다시 자살하는 경우는 적지 않다.[107]

결국 유복자이든 아니든, 자녀가 죽든 죽지 않든 열녀는 모두 자살한다. 그런데 죽음을 유예하고 자식을 키우는 경우 역시 자녀에 대한 자연적 애정과 연민, 즉 모성에 기인한 것은 아니다. 그것은 역시 가부장제의 명령이다. 자식은 오로지 남편의 제사를 받들 사손嗣孫의 관점에서 파악된다. 아들 없이 딸만 하나 있을 경우 삼종이 끊어졌다면서 자살하는 경우[108]는 자식은 사손의 관점에서만 파악된다는 것을 의미한다. 과격하게 말하자면 어머니와 자식은 어머니와 아들만의 관계인 것이다.

열녀전을 비롯한 열녀담론의 열녀들은 대를 이어야 한다는 강박관념에 사로잡혀 있었다. 하종을 실행하면서도 양자를 세울 것을 말하는 것은 이 때문이다. 김덕겸金德謙(1552~1633)의 「고오수재굉처윤씨전」故吳秀才竑妻尹氏傳에서 윤씨는 자살하기 전에 시부모에게 편지를 남기는데, 가장 걱정하는 것은 남편의 후사가 끊어진다는 것이다. 윤씨는 남편의 둘째 형의 둘째 아들을 후사로 삼아 남편의 제사를 끊어지지 않게 해 준다면 자신도 죽어서 눈을 감을 수 있을 것이라고 말한다.[109] 이종휘李種徽(1731~1797)의 「이절부김씨전」李節婦金氏傳에서 김씨는 남편이 죽은 뒤 자살하려 했으나 시어머니의 만류로 죽지 않는다. 뒷날 시동생의 처가 남자 쌍둥이를 낳자 하나를 양자로 삼으며 이렇게 말한다. "제가 이 세상에서 도무지 살고 싶은 마음이 없었던 것은 남편과 아이가 없었기 때문인데, 이제 없던 자식이 있게 되었으니, 제가 이제 누구를 위해 죽는단 말입니까?"[110] 이렇게 가족을 안심시킨 뒤 김씨는 물에 몸을 던져 자살한다.

요컨대 자식을 양육하기 위해 죽음을 유예하는 경우, 그것은 자연스러운 모성의 발로로 어린 자식에 대한 연민과 애정이 아니다. 그것은 오로지 남아에 해당하는 경우이며, 남편의 제사를 받들 사람 혹은 대를 이을 사람을 양육한다는 의미였다. 이는 열이 자연적 모성에 선행한다는 것이다.

여성의 하종은 대개 충격적인 것이었지만, 남성들은 그 죽음을 윤리적으로 당연한 것으로 여겼다. 「하씨여전」何氏女傳의 하씨는 남편이 재산을 노려 처남(하씨의 친정 동생)을 살해했다는 것을 알고, 소복을 입고 관청에 가서 자신의 목을 찔러 자살한다. 이것이 계기가 되어 남편의 살인도 발각되어 죽는다. 이 일에 대해 이 전의 작자 임경주任敬周(1718~1745)는 이렇게 말한다.

논한다. 하씨가 죽음에 임해 비록 한마디도 남편에 대해 언급한 것은 없지만, 그가 꼭 관정官庭에 나아가 죽으려 했던 것은 복수를 하려고 했기 때문이다. 대저 옹희雍姬가 아버지를 위해 남편을 죽인 것을 두고 군자들이 잘못이라고 하였다. 하물며 동생의 복수로 남편에게 원수를 갚을 수가 있겠는가. 그때 하씨가 만약 남편에게 "돌아가신 아버지가 동생을 나에게 부탁했는데, 당신이 이제 동생을 죽였으니, 나는 당신을 영원히 섬길 수 없겠소" 하고 남편 앞에서 죽었다면, 죽은 동생의 원수도 갚고 부부의 윤리에 대처함 역시 좋지 않았겠는가. 그러기에 나는 "하씨의 죽음은 열烈이지만, 그 도리를 다하지 못한 것이 아깝다"고 하는 것이다."[1]

남편과 아내의 위계적 관계는 모든 것에 선행한다. 남편은 자신의 혈육을 살해한 살인자임에도 불구하고, 여전히 아내가 단죄할 수 없는 절대적 대상이다. 임경주의 논리가 요구하는 것은, 이 여성이 관정에 나아가 남편의 죄악을 드러내지 않고 조용히 처리하는 것이다. 즉 임경주에게는 살인이라는 사건 자체보다, 또 아내의 죽음보다 더 중요한 절대적 가치는 여성이 남성에게 종속되어야 한다는 가부장제였다.

자식을 생각하건 혹은 시부모를 생각하건 죽음은 유예될 뿐이고, 죽음 자체가 단념되는 경우는 거의 없다. 만약 죽음이 단념된다면, 그것은 열녀의 칭호를 얻을 수 없다. 남편과 아내 사이에 위계적인 윤리인 열은 조선 후기에 와서 친부모와 시부모에 대한 효성에 선행하며, 동시에 모성에 선행하는 것으로 바뀌었다. 열은 여성의 윤리에서 가장 높은 위상을 차지하게 된 것이다.

4절
열행과 죽음, 잔혹성과 텍스트의 관계

앞에서 살핀 바와 같이 『삼강행실도』 열녀편과 『예기』, 『소학』에 근거를 둔 여성 교육서, 그리고 규방가사는 여성의 의식과 삶을 지배했다. 이 텍스트들은 여성의 삶 속에 어떤 방식으로 관철되고 있는가? 이 문제를 검토해 보자.

열녀의 죽음이 증가하는 것은 임병양란 때 경험한 여성의 죽음과 관계가 있지만, 궁극적으로는 남성이 제작하고 보급한 텍스트에 감염된 결과였다. 남편이 죽었을 때 아내가 따라 죽는다는 발상, 즉 남편의 죽음에 즉각적으로 자살을 연상하는 것은, 자연적인 것이 아니라 학습 즉 의식화의 결과다. 열녀의 죽음의 경우를 조사하면, 텍스트와 죽음의 유관성을 광범위하게 발견할 수 있다.

송익필宋翼弼(1534~1599)의 「은아전」銀娥傳의 은아는 종실 수성수秀城守의 첩이 되었다가 수성수가 죽자 개가하지 않고 산다. 피를 토하다 병을 얻은 지 8년 만에 37세로 사망한다. 이 여성은 하층 여인임에도 불구하고 열행을 보였다는 것인데, "문자에 민첩하여 일찍이 『열녀전』을 읽어 마음과 행동의 법으로 삼았다"고 하며, 수성수가 죽은 뒤에도 "매일 『여훈』을 읽으며 인간 세사에는 조금도 개의치 않았다"[112]고 한다. 성혼成渾(1535~1598) 역시 「은아전」銀娥傳에서 "은아는 천성이 명민하여 문리를 능히 통하였고, 늘 『열녀전』을 읽어 법으로 삼았다."[113]고 하였다. 여성은 광범위하게 텍스트에 감염되기 시작했다. 텍스트의 내용은 여성의 내면을 이루는 것이었다. 유몽인柳夢寅(1559~1623)의 「절부안씨전」節婦安氏傳을 보자.

> 언니가 『방씨여교』方氏女敎를 읽을 때 안씨는 듣고 기뻐하면서 배울 것을 청했다. 이때부터 예의禮義를 알게 되어 『열녀전』과 『소학』을 죄다 읽었고, 이어 경사經史를 대략 섭렵하여 그 아름다움을 내면화하였다.[114]

보다시피 『방씨여교』, 『열녀전』, 『소학』 등의 여성 훈육서가 주된 텍스트였다. 이것은 대개 임진왜란 전후의 사정을 말하는 것으로 보인다. 서종태徐宗泰(1652~1719)의 언급을 보면, 17세기경까지는 대개 양반가에서 『여계』女誡, 『내칙』內則 등을 주텍스트로 삼아 가르쳤던 것으로 보인다.[115]

이후 열녀의 죽음의 경우에서 텍스트의 감염을 짐작케 하는 광범위한 증거를 발견할 수 있다.

> 근래 부인들이 서사書史를 읽기를 꺼리며 행실에 무익하다고 한다. 그러나 서사에 실린 바 지난 시대 사람의 말이나 행실은 나의 생각을 열어 주는 것이니, 미리 따지고 연마하며 깊이 생각해서 뜻을 일정한 곳에 두고 식견을 늘 밝게 가지지 않는다면, 변고가 났을 때 어떻게 대처할 수 있겠는가. 이런 까닭에 법도를 지키는 가문에서 모두 규범閨範을 마련해 두어 부인들이 어렸을 때부터 반드시 익숙하게 익히고 보고 듣기 때문에 그 변고에 대처하는 바가 침착하게 절도에 맞아, <u>여염의 부녀자들이 자기 감정에 따라 성급하게 실천하는 열행과는 차이가 있는 것이다.</u>[116]

성해응의「서유인이씨전」書孺人李氏傳에서 인용한 것으로, 이에 의하면 이미 양반가에서는 19세기에 오면 그 집안 특유의 여성 교육서가 있어 여성을 의식화했음을 짐작할 수 있다. 이 인용문에서 특히 흥미로운 부분은 밑줄 친 부분이다. 즉 여성의 변고에 대처하는 양상은 양반가 여성과 여항 여성의 차이가 있다는 것이다. 이 변고라는 것은 다름 아닌 남편의 죽음이고 대처는 여성의 자살이다. 요컨대 하종下從도 양반가의 여성은 조용하고 절도에 맞게, 여항의 여성은 직정적으로 실천한다는 것이다.

물론 성해응이 말하는 차이를 여기서 따지려는 것은 아니다. 요는 여성 교육서가 여성을 죽음으로 몰아넣는 의식화의 도구가 되어 있다는 것이다.「서유인이씨전」의 주인공 이씨는 법가法家로 일컬어지는 집안 내력을 갖고 있는 인물이다.[117] 그의 독서력을 보자.

> 유인孺人은 어려서부터 서사書史를 보기 좋아하여, 이남二南과『소학』,『열녀전』등의 책을 물레 곁에 두고 읽었다. 또 손수 고인의 아름다운 행실과 뛰어난 절행으로서 감발感發하게 할 만한 것을 써 둔 것이 몇 권이었다. 늘 스스로 이야기하면서 사모하였다.[118]

이씨의 일상 행동을 지배한 것은 다름 아닌 이런 서적들이었다. 이씨는 스스로 이런 서적들을 보고 자신을 의식화하고 텍스트의 내용을 실천하고자 했던 것이다. 이씨는 이렇게 말했다고 한다. "아무개의 효행이 이러하니, 내가 어찌 본받지 않을 수 있으랴. 아무개의 열행烈行이 이와 같으니, 내가 어찌 본받지 않을 수 있으랴?"[119] 성해응은 이씨의 아름다운 일상의 행동을 늘어놓고, "타고난 재주와 성품이 아름다울 뿐만 아니라 문사文史에서 얻은 것이 많았다"[120]고 텍스트에 의한 의식화를 지적했다.

이런 사례는 결코 드문 것이 아니다. 열녀의 죽음은 국가―남성이『삼강행실도』를 위시한 여성 교육서를 통해 만들어낸 관념이었기 때문에 여성 교육서에 의한 의식화와 죽음의 실천은 너무나 자명한 것이다. 이제 그 광범위한 흔적들을 찾아 보자. 다음에 드는 예는 모두 남편을 따라 자살한 경우다.

(1) 김간金榦(1646~1732)의 「열녀송씨전」烈女宋氏傳[121]의 송씨. 송씨는 자살을 결심하고는 때때로 『열녀전』을 보면서 자신의 속마음을 의탁했다고 한다.

(2) 안정복安鼎福(1712~1791)의 「제열녀여흥이씨행록후」題烈女驪興李氏行錄後의 이씨. 이씨는 언문으로 쓴 작은 책을 가지고 있었는데, 모두 선행과 효도, 의리에 관한 말이었으니, 평일에 마음에 둔 바를 알 수가 있었다고 한다.[122]

(3) 신경준申景濬(1712~1781)의 「열녀김씨행록서」烈女金氏行錄序의 김씨. 김씨는 "평소에 항상 주자의 『소학』과 유향의 『열녀전』을 익혀 짐작해서 실천하며 그 뜻을 잃지 않았다." 그리고 "일찍이 일기日記 한 권을 지어 자녀를 가르쳤다"고 한다.[123]

(4) 김욱金煜(1723~1790)의 「유인연안이씨정려정문」孺人延安李氏旌閭呈文의 이씨. 이씨는 "성품이 남의 선행을 듣기 좋아하고, 경사經史에 있는 옛 부인들의 가언嘉言·의칙懿則을 들으면 암기하여 본받고자 했다"[124]고 한다.

(5) 박윤원朴胤源(1734~1799)의 「유열부전」劉烈婦傳의 유씨. 평소 옛날 부녀자들의 절의와 열행에 대해 들으면 무릎을 치고 탄식하며, "여자란 마땅히 이와 같아야 할 것이다" 하고, 혹 자기 목을 찔러 죽은 경우를 들으면 꼭 그릇되게 여기면서 "죽는 데 어찌 다른 방도가 없어 부모께서 물려주신 신체를 훼

손한단 말인가?'라고 하였다.¹²⁵

(6) 조호연趙虎然(1736~1807)의「열부손유인전」烈婦孫孺人傳의 손씨. 손씨는 "언문 책을 읽다가 옛날 부녀자들의 숙덕淑德 열행에 관한 글을 보게 되면, 세 번 반복해 읽으며 사모했고, 무릎을 치며 감탄해 마지않았다"¹²⁶고 한다.

(7) 이덕무李德懋(1741~1793)의「양열녀전」兩烈女傳의 이씨. 조카딸 이씨도 열녀다. 어려서 부모를 잃고 종고모 이씨에게서 자랐는데,『소학』,『사기』에 통달하였다¹²⁷고 한다.

(8) 이야순李野淳(1755~1831)의「신열부이씨전」申烈婦李氏傳의 이씨. 이씨는 "옛날 일찍이 열녀들의 자취를 읽으면서 '이는 본분일 뿐이니, 어찌 절의로 일컬을 수 있으랴?'라고 하였다"¹²⁸고 한다.

(9) 성해응成海應(1760~1839)의「서유인송씨사」書孺人宋氏事의 송씨. 송씨는 "어려서 이남二南의 시와,「소학제사」小學題辭,「출사표」出師表 등을 배워 늘 애송하였다"고 한다.¹²⁹

(10) 기정진奇正鎭(1798~1879)의「열녀유씨정려기」烈女柳氏旌閭記의 유씨. 유씨는 "친정아버지의 집에 있을 때『규범』閨範을 저술했다"고 한다.¹³⁰

(11) 전병순田秉淳(1816~1890)의「열부상산박씨전」烈婦商山朴氏傳의 박씨. 박씨는 "자라면서 경전과 역사의 대의에 통했다"¹³¹고 한다.

(12) 송호언宋鎬彦(20세기 초반)의「열부김씨전」¹³²의 최씨. 최씨는 자살하기

직전 "침실로 들어가 촛불을 환히 켜고 『고열녀전』古烈女傳을 한 번 읽고 오열하며 눈물을 흘렸다"고 한다.

이런 사례들은 매우 광범위하게 발견된다. 두말할 것도 없이 이런 텍스트들, 특히 열녀에 관한 텍스트 '열녀전'은 여성의 죽음을 인도하고, 또 자살을 합리화하는 구실이 되었던 것으로 보인다.

이상의 여성들은 거개 사족士族들이다. 양반가의 여성들은 성해응의 지적처럼 가문에서 만든 텍스트에 의해 의식화되었지만, 여항의 상민·농민의 여성들은 어떻게 의식화되었는가? 조선 후기에 이르면 이미 열녀의 죽음은 널리 알려진 관념이었다. 굳이 문자적 텍스트에서 다시 학습할 것도 없는 것이었다. 성해응이 말한 바, 여항의 여성들이 직정적으로 자살을 결행한다는 것은 그 방법의 차이만을 이야기한 것일 뿐, 열녀의 죽음 자체를 여항의 여성이 몰랐다는 것은 아니었다.

이미 앞에서 검토한 바 있지만, 비문자적 텍스트에 여성이 의식화될 가능성을 여기서 따져 보자. 열녀의 죽음이라는 사건이 발생했을 때의 상황을 보자. 안정복의 「제정열부행록후」題鄭烈婦行錄後는 열부 정씨의 오빠인 정창신鄭昌新이 찬한 열부의 행록에 붙인 발문이다. 그런데 안정복은 행록을 먼저 본 것이 아니었다. 행록을 보기 전에 어떤 사람이 정씨의 자살을 전해 주었던 것이다. 앞에서 인용한 바 있지만, 그 장면을 다시 인용해 보자.

임오년 겨울의 일이다. 어떤 손이 나를 찾아와 이상한 이야기라면서 하는 것이었다. "지난번에 여강驪江을 지나는데, 시골 할미 서넛이 소복을 입고 울면서 '세상에 이런 사람이 또 있을까? 세상에 이런 사람이 또 있을까?' 하며 감탄하는 것도 모자라 목이 메어 말을 하지 못하는 것이었다. 괴이하여 물어

보니……."¹³³

　시골 할미들이 전하는 소식은 「제정열부행록후」의 골간을 이루는 열녀담이다. 그런데 여기서 중요한 것은 열녀담 자체가 아니라, 이처럼 열녀의 출현에 감동해서 열녀의 이야기가 퍼지는 바로 그 국면이다. 열녀의 죽음을 늙은 여성들이 목격하고, 어떤 객에게 전하고, 그 객은 다시 안정복에게 전한다. 이런 방식의 말(口語)에 의한 전파와 감화는 양반이 아닌 하층의 여성들에게도 광범위한 영향을 주었을 것이다.

　이 외에 정려 정책의 시행 과정도 열녀담의 전파에 기여했다. 앞에서 검토했듯 정려를 청하는 과정에서 반드시 여론을 수렴하게 하였던 바, 이 여론 수렴 과정에서 소문이 퍼지고, 정려를 받게 되면 다시 널리 알려지게 된다. 이 법적 규정은 열녀에 대한 대우와 명예를 널리 선전하는 기능을 했다.

　그리고 최종적으로 정려라는 물질적 형태가 다시 열녀의 죽음을 전파했다. 성해응의 「유분」有分을 검토해 보자. 유분은 파주坡州 역노驛奴 김돌몽金乭夢의 처로 천인賤人이다. 유분은 어느 날 친정에 돌아와서 혼자 들에서 추수를 하고 있었는데, 같은 동리의 악한 남자가 강간하려고 하였다. 유분은 남자의 얼굴을 쳐서 이를 부러뜨리며 극력 저항한다. 이성을 잃은 남자는 낫으로 유분의 배를 가르고 풀로 덮어 은폐한다. 하지만 유분은 죽지 않고 손으로 창자를 밀어 넣고 기어서 집으로 돌아온다.

　그 어미는 깜짝 놀라 어찌된 일인지 묻고는 울면서 말했다.
　"너는 죽는 게 두렵지 않으냐? 어찌 조금 굽혀 살기를 구하지 않았느냐?"
　유분은 크게 화를 내었다.
　"어머니는 어찌 저를 욕보이십니까? 제가 어찌 죽음을 두려워하는 사람이겠어요?"

유분이 움켜쥔 손을 놓으니, 창자가 쏟아져 나와 죽고 말았다. 현에서 이 사실을 듣고 남자를 죽이고, 정문을 내렸다.[134]

유분의 어머니에게는 정조보다는 생명이 소중하다. 이것이 상식이다. 그러나 유분은 생명보다 정조가 소중하다. 유분은 이 점에서 어머니와 갈라진다. 무엇이 유분을 이렇게 만들었는가.

어려서 이웃 할미를 따라 고을에 들어가 정문 아래에서 쉬다가 할미에게 물었다.
"이것이 무슨 문인가요?"
"정문이란다."
"정문은 어떤 것인가요?"
"효자·충신·열녀에게 관에서 내리는 것이란다."
"어떻게 하면 열녀가 되나요?"
"두 남편을 섬기지 않은 것이 열녀란다."
유분은 무언가 한참 두려워하는 것 같았다.
뒷날 유분이 시집을 가자 남편을 공경하는 마음으로 섬기고, 시아버지를 효성으로 섬기니, 온 고을이 유분을 칭송했다.[135]

유분의 이웃에 사는 할미는 정문이 당연히 무엇인지 알고 있다. 정문과 정문의 내력은 이미 널리 선전되어 양반이나 상민, 천민을 막론하고 그 내력과 의미를 아는 사회적 기호였던 것이다. 그리고 그것은 위의 일화에서 보는 것처럼 구전으로 다음 세대에 전파되고 있었다.

7장

열녀 담론에 대한 비판과 한계

열녀의 폭발적인 증가에 과연 조선 후기 국가-남성은 어떤 영향력을 행사했던가. 국가-남성은 열녀의 증가, 구체적으로는 열녀의 죽음이 확산될 것을 기도했다. 그러나 조선 후기 열녀의 죽음이 증가하고, 특히 열녀의 죽음이 젊은 여성의 자살로 굳어지자, 이것은 문제가 되지 않을 수 없었다. 정조 21년 2월 10일 효자·열녀의 표창 후보자의 보고에 관한 문제가 정식으로 조정에서 논의되었다. 예조판서 민종현閔鍾顯에 의하면, 효자·열녀를 선발하고 보고하는 것은 원래 정원이 없어 예조의 정밀한 선발에도 불구하고 숫자가 증가한다는 것이다. 따라서 한성부와 각 도에서 보고 인원을 제한할 것을 청하였다. 요는 정려·복호의 남발을 막자는 것이었다. 결론은 『대전통편』의 법대로 식년에 예조에서 임금에게 대상자를 보고하는 식으로 결정되었다.[1]

이 논의 과정에서 윤시동尹蓍東은 열녀의 표창에 대해 이렇게 말한다.

열행烈行은 남편의 3년상 안에 죽은 사람에 대해 으레 정문을 세워 포상하는 일이 많으니, 이 역시 신중히 해야 할 것입니다. 대저 이런 일들의 남잡濫雜

함이 요즘과 같은 적이 없었습니다.[2]

남편의 3년상 기간 이내에 죽은 여성에게 으레 정문을 내리는 것은 18세기 후반 관행으로 굳어져 있었다. 여기서 각별히 유의할 점은 윤시동의 어조다. 그는 '이런 일들이 요즘처럼 남잡한 적이 없다'고 말한다. 효자·열녀의 표창이 정상의 궤에서 벗어난 상태를 말하고 있는 것이다.

18세기에 와서 효자·열녀에 대한 표창 상신은 폭발적으로 증가했지만, 표창 여부를 결정하는 판단의 엄밀성과 도덕성은 상실되어 있었다. 이종휘李種徽(1731~1797)는 이렇게 말한다.

> 안으로는 서울과 양도兩都, 밖으로는 팔도의 3백 군현郡縣에 이르기까지, 한 해가 끝날 무렵이면 효자와 열녀에 대한 첩장牒狀은 권축卷軸이 책상에 쌓여 사람들이 볼 겨를이 없을 정도다.[3]

한 해 말미에 한성부와 팔도의 군현은 효자·열녀의 표창 상신을 바라는 문서가 안상에 쌓여 볼 겨를이 없을 정도였다니, 그 증가 추세를 알 만하다. 그 난감한 사정을 서형수徐瀅修(1749~1824)의 증언을 통해 좀 더 구체적으로 확인해 볼 수 있다. 1796년에 서형수는 광주 목사光州牧使로 부임한다. 그 해 말 그는 전례에 따라 조정에 정려 대상자를 보고하기로 한다. 이때의 정황이 「열녀김씨정려기」烈女金氏旌閭記에 나와 있으니 참고한다.

> 한 해가 바뀔 무렵 장차 한 고을의 충신·효자·정부貞婦·순손順孫을 관찰사에게 보고하여 조정에 전문轉聞하려고 하매, 아전이 집채만 한 서류뭉치를 안고 와서 끄트머리에 서명을 해 달라고 청한다.
> "그렇지 않다. 행실이 특별하지 않으면 말이 감동을 시킬 수 없고, 말이 감동

을 시킬 수 없으면 정려의 은전이 미치지 않는다. 왜 그중 특별한 사람을 뽑지 않는가?"

"예입니다. 전례를 따라 책임을 면할 뿐입니다. 정려의 은전을 감히 바랄 수 있겠습니까? 옛날에는 정려의 은전이 있었으나, 지금은 없어진 지 오랩니다."

"어찌 그런 일이 있으랴!"

이에 마침내 서류를 취해 두루 살펴보았다. 그중에서 특별한 사람 5, 6인을 뽑고 나머지는 모두 물리쳤으며, 뽑은 사람만 보고하였다.[4]

서류가 '집채만 하다'(牘如屋)고 했으니, 광주목 관할 지역 내에서 표창을 상신한 효자·열녀의 수는 엄청난 숫자였을 것이다. 담당 아전은 서형수에게 서류를 보라고 청하지도 않고 무조건 서명해 줄 것을 청한다. 원칙대로라면 이 서류는 목사가 열람하여 가합한 자를 선발한 뒤 조정에 보고해야 할 것이었다. 그러나 이 과정은 이미 생략되고 무조건 서명하는 것이 관행이 되었던 것이다. 서형수는 이 관례를 거부하고, 적임자를 5, 6명 선발해 보고한다.

앞에서 지적한 바와 같이 서형수는 1796년에 광주 목사가 되어 이 일을 겪었다. 그런데 앞서 윤시동이 열녀의 정려를 두고 이처럼 남잡한 일이 없다고 한 것은 1797년의 일이다. 즉 서형수의 보고는 1797년 2월 10일 조정에서 판정 대상이 되고 있었던 것이다. 요컨대 1796~1797년에 한정하자면, 지방에서의 보고와 중앙에서의 판단은 열녀·효자의 선발과 표창에 관한 시스템을 볼 때 거의 허위적인 것이었다고 말할 수 있다.

18세기 말에 이미 열녀·효자에 대한 표창 시스템이 정상적으로 작동하지 않았으니, 열녀·효자의 표창은 공정한 것이 결코 아니었다. 성해응은 이렇게 말한다.

근세 이래, 판단해 가리는 과정이 공정하지 못하고 또 그 명예를 탐하여 실상은 없는데도 크게 떠벌려서 정작 정문이 세워지고 나라에서 문서가 내려오면 도리어 비웃음을 사는 경우까지 있다. 이 때문에 유사有司가 판단해 가리는 과정을 어려워하여 효자라면 반드시 작지斫指·상분嘗糞을 취하고, 열녀라면 반드시 연생捐生·하종下從을 취하게 되었고, 이런 것이 아니라면 곧 제쳐두는 것이었다.⁵

효자·열녀를 선발하여 표창하는 것이 공정하지 않아 도리어 비웃음의 대상이 되는 경우까지 있었으니, 효자는 단지 상분을 취하고, 열녀는 반드시 남편을 따라 죽는 경우만을 택하여 말썽의 소지를 없앴던 것이다. 이것이 열녀의 죽음을 확산시킨 원인이 되었음은 물론이다.

효자와 열녀의 포상 과정의 타락은 상상할 수 없을 정도로 극심했다. 그 증거로 1865년(고종 2)에 편찬된 『대전회통』예전 장권조獎勸條에 추가된 법령을 들 수 있다.

충·효·열에 대한 포상을 청할 때 도계道啓를 거치지 않고 상언上言하거나 참람하게 격금擊金하는 경우는 들어 주지 않고 율률에 따라 논단論斷한다.⁶

지방 행정 단위에서 도道에 보고하고, 도에서 연초에 예조에 보고하는 정식 과정을 밟지 않고, 직접 상언하거나 혹은 임금이 거둥하는 길에 꽹과리를 쳐서 이목을 끈 뒤 효자·열녀의 포상을 청하는 행위를 엄단하겠다는 것이다. 이 조문이 1865년 정식 법령으로 등록된 이유는 너무나 명백하다. 이런 행위가 지나칠 정도로 빈발했기 때문이다. 즉 원래의 도를 통한 방식이 이미 신뢰성을 상실했기에 직접 상언하거나 임금의 거둥에 꽹과리를 치는 일이 생겼던 것이고, 이것조차 남잡濫雜한 단계에 도달하여 법으로 막고자 했으니, 효자·열녀 포상 제도의 타락을 알 만하다.

급기야 19세기 말 20세기 초에 오면 열녀에게 정문을 내리는 데도 돈을 받았다. 곽종석郭鍾錫(1846~1919)의 「송열부전」宋烈婦傳의 송 열부는 1895년 남편이 죽자 시동생에게 후사를 세워달라고 부탁하고 간수를 마시고 자살한다. 고을 사람들이 관찰사에게 포상을 여러 번 청했으나, 관찰사는 예조에 보고하지 않았다. 그 뒤 여러 여성이 열녀로 정려를 받았으나 송 열부는 정려에서 제외된다. 곽종석이 밝히는 이유는 이렇다. "근래에 예원禮院에서는 무릇 포상하는 법에 관계되는 일이 있으면 반드시 예목예비禮目例費라고 하면서 8만 전을 요구한다. 송씨 집안은 가난해서 응할 수 없었고, 또 그렇게 하려고도 하지 않았다."[7] 즉 19세기 말에 와서 열행의 포상을 신청하는 데도 엄청난 뇌물이 들어갔던 것이다. 이런 유의 뇌물에 관해서는 유인석이 쓴 동일한 내용의 자료가 있는 것으로 보아[8] 예조에서 돈을 받고 정려를 내려준 것은 19세기 말 20세기 초의 일반적인 현상으로 보아야 할 것이다. 또 이 현상이 이 시기에 갑자기 생겨난 것은 아닐 터이니, 적어도 19세기 후반이면 정부는 정려를 내리는 데 돈을 받고 있었다고 보아도 무방할 것이다.

이런 자료로 보아 효자와 열녀를 포상하는 제도가 시간이 갈수록 타락하여, 급기야 19세기 말에 이르면 돈을 받고서 정려를 내릴 정도로 타락했던 것이 확실하다. 이런 현상에 대한 우려가 없을 수 없었다. 특히 여성 자살자의 증가는 아무리 윤리의 이름을 덧씌운다 한들 그것이 갖는 본래적 모순은 가릴 수가 없었다. 다시 말해 임병양란 이후 열녀의 죽음이 증가한 것은 근본적으로 국가—남성이 유도한 것이었지만, 부모와 자식을 남겨둔 상황에서조차 죽음을 택하는 경우가 확산되고, 또 자살이 사족층을 넘어 사회 전체로 퍼져나갔던 바, 국가—남성도 당황하지 않을 수 없었다.

여성과 남성과의 관계를 규정하고 여성의 성적 종속성을 강조한 유가의 경전에도, 여성의 하종을 정당화할 만한 문구가 존재하지 않았다. 이것은 국가-남성을 당혹케 했다. 곽종석이 "아내가 한 남편을 섬기다가 생을 마치는 것은 인간의 큰 윤리"라고 일부종사一夫從事를 전제하면서도, "남편이 병으로 죽었을 경우 반드시 따라 죽어야 한다는 제도는 성인이 만드신 것이 아니다"[9]고 하는 것은, 바로 그 당혹감의 표현이다. 그는 "간혹 때와 장소에 따라 정말 부득이하여 사는 것이 구차하게 목숨만 잇는 것이 될 경우가 있다. 이럴 때 죽는 것이 차라리 마음에 편하다면, 군자도 또한 그것을 깊이 인정했던 것이다"[10]라고 하면서 이 모순을 돌파하려 하지만, 그것이 명쾌한 설명이 되지 못함은 두말할 나위가 없다.

박지원은 「열녀함양박씨전」의 모두에서 열녀의 죽음을 비판적으로 언급한다. 그는 『경국대전』의 개가 금지가 서민 백성에게까지 적용하기 위해 만든 법이 아니라는 점을 지적하고, 건국 이래 4백 년의 '교화'가 양반이든 아니든 수절을 풍습이 되게 했다고 말하고 있다.

> 옛날의 이른바 열녀는 지금의 과부다. 시골의 젊은 부녀들과 여항의 청상과부들까지 부모가 개가하라고 강요하지도 않고, 자손의 벼슬길이 막히는 수치도 없는데도, 과부로 사는 것조차도 절개가 될 수 없다고 생각해, 왕왕 환한 대낮을 싫어하고 남편을 따라 어두운 무덤에 들어가기를 바라서, 물과 불로 뛰어들거나 독약을 마시고 목을 매어 죽는 것을 마치 낙지樂地를 밟듯 한다. 열행이라면 열행이라 하겠지만, 어찌 지나친 일이 아니겠는가?[11]

피지배층 여성들은 부모가 개가를 강요하지도 않고, 또 자신들의 개가가 자식들의 관로에 어떤 영향력을 행사하는 것이 아님에도 불구하고, 수절에 만족하지 못하고 자살을 선택한다는 것이다. 여성이 남편의 죽음에 따라 자살하는 행위에 대한 박지원의 비판은 이 당시의 맥락에서는 매우 드문 것이다.

그는 이어서 어린 아들 둘을 키우는 과부가 밤새도록 동전을 매만지고 굴리면서 성적 욕망을 억누른 회상담을 덧붙이고 있다. 박지원은 기존의 열녀담에서 찾을 수 없는 과부의 성적 욕망에 대해 언급하고 있는 것이다. 이것이 「열녀함양박씨전」이 주목받는 이유다. 여기서 그가 말하자고 했던 것은 과부의 성적 욕망을 해결하기 위해 개가를 허락해야 한다는 것이 아니다. 그는 성적 욕망에도 불구하고 그것을 견뎌낸 것을 찬양하고 있을 뿐이다. 개가한 여성의 자손이 관로에 진출하는 것을 막지 마라 한 것도 수절의 어려움을 생각하여 관대하게 처분하라는 것이었지, 수절 자체를 비판한 것은 아니었던 것이다. 위의 인용에서 확인되듯 그는 하종 전체를 비판한 것도 물론 아니었다. 하종의 전면적인 확산을 비판하고 있을 뿐이다.[12] 사실 열녀에 대한 그의 태도는 애매하기 짝이 없다.

박지원의 비판은 아마도 정범조丁範朝의 우려와 같은 성격의 것으로 보인다.

> 대저 죽고 사는 것은 천명이다. 남편이 비록 죽었다 해도, 부인이 어찌 모두 따라 죽을 수가 있으랴. 예에 이르기를, "여자는 집에서는 아버지를 따르고, 시집가서는 남편을 따르고, 남편이 죽으면 아들을 따른다"고 하였다. 만약 삼종三從이 모두 끊어진 경우라면, 또한 죽을 수가 있다. 간혹 부모와 자녀가 모두 무양한데도 급작스레 자결하여 남편을 따르면서 과부로 살지 않으리라 맹세하니, 잘못이 아니겠는가.[13]

정범조는 여성의 하종 자체를 부정하지는 않는다. 이른바 삼종이 끊어진 경우 그는 자살의 정당성을 부여한다. 다만 그는 부모와 자식이 있음에도 불구하고 자살하는 현상 자체에 대해 비판적일 뿐이다. 물론 비판의 기준은 가부장제다. 왜냐하면, 부모와 자식에 대해 여성은 여전히 봉양과 양육의 의무가 있기 때문이다. 즉 여성의 자살은 가부장제에 기초한 가정을 붕괴시킬 가능성이 있었던 것이다. 그러나 박지원과 정범조의 비판은 여기서 멈춘다. 박지원은 당혹감에도 불구하고 박씨의 황당한 죽음을 찬미해야 했고,[14] 정범조 역시 정씨의 죽음을 찬미해야만 했다. 죽음을 멈추기 위해서는 열녀를 만들어내는 담론 자체를 비판해야 하는 바, 이것은 가부장제를 스스로 부정하는 꼴이 되었다. 박지원과 정범조 수준의 비판도 찾기 어려운 것은 바로 이 때문이다.

박지원과 정범조에게서 확인할 수 있듯, 18세기에 와서 이런 유의 비판은 일부 지식인들 사이에 조금씩 제기되었던 것으로 보인다. 비판 논리의 가장 완비된 형태가 정약용의 「열부론」이다. 정약용은 이 글에서 열烈의 실천적 행위를 비판적으로 검토한다. 글의 서두를 인용한다.

"아버지가 병을 앓다 죽자 그 아들이 따라 죽었다면, 효자인 것인가?"
"효자가 아니다. 아버지가 불행히도 범이나 도적에게 몰렸을 때 그 아들이 아버지를 지키다가 죽었다면 효자인 것이다."
"임금이 죽자 신하가 따라 죽었다면, 충신인 것인가?"
"충신이 아니다. 임금이 불행히도 역신逆臣에게 시해되었을 때 신하가 임금을 지키다가 죽거나 또는 오랑캐에게 잡혀가 오랑캐의 조정에서 절을 하라는 강요에도 굴복하지 않고 죽는다면 충신인 것이다."
"그렇다면 남편이 죽고 아내가 따라 죽을 경우 열부라고 부르며, 붉은 정문旌門을 내리고 복호復戶를 해 주어, 그 자손들까지 요역을 면제시켜 주는 것은 무엇 때문인가?"
"열부가 아니다. 옹졸한 여자일 뿐이다. 다만 관원이 살피지 못했을 뿐이다."

"그렇다면 명예를 노리는 마음이 있기 때문인가?"
"아니다. 그런 마음은 없다. 이는 성품이 편협하여 트이지 않았기 때문이거나 혹 따로 속에 맺힌 한이 있어서이다. 그런데 꼭 열부가 아니라고 하는 것은 무엇 때문인가? 천하에 죽음보다 어려운 것은 없다. 저 보잘것없는 여자의 신세로서 자신의 몸을 죽여 스스로 죽은 것인데도 꼭 열부가 아니라고 하는 것은 무엇 때문인가?"[15]

아버지의 죽음에 따른 자식의 모든 죽음과, 임금의 죽음에 따른 신하의 모든 죽음이 예외 없이 효와 충일 수는 없다. 효자·충신으로 인정될 수 있는 것은 그중의 특수한 일부이다. 동일한 논리로 남편의 죽음에 따른 아내의 모든 죽음은 열일 수 없다. 그 죽음은 단순한 생물학적 죽음이 아니라, 특정한 맥락에서 특정한 의미를 갖는 죽음이기 때문이다. 따라서 그 맥락에 따라 그 의미는 무수히 달리 해석될 수 있다. 정약용은 아내가 남편의 죽음에 따라 선택하는 죽음을 동일한 것으로 판단하지 않고, 구체적 맥락을 살펴 의미를 달리 파악한다.

정약용은 스스로 자신의 목숨을 끊는 것이 천하의 일 중에서 가장 흉한 것이라고 말한다. 자살에서 취할 의의는 없는 것이다. 다만 자살을 한다면 그것이 '의'에 합당한 경우여야 한다고 말한다. 정약용이 말하는 '의'義란 무엇인가. 옳음, 정당함으로 번역될 수 있지만, 그것은 대체로 이성적 판단으로 용납되는 경우를 말한다. 달리 번역하자면, 자살의 불가피성을 말하는 것으로 생각된다. 그는 그 경우를 이렇게 열거한다.

1) 남편이 맹수나 도적에 몰려 죽자, 아내도 남편을 지키다가 죽었을 경우
2) 도적이나 치한의 강간에 굴하지 않고 저항하다가 죽었을 경우
3) 부모, 형제가 개가를 강요하여 역부족일 경우 죽음으로써 수절의 의지를

밝히는 경우

4) 남편이 원통하게 죽자 아내가 그 억울함을 밝히려 하지만 밝힐 수단이 없어 같이 형벌을 받고 죽었을 경우[16]

정약용이 들고 있는 경우는 불가피성이 있는 경우로 생각된다. 물론 이 경우 역시 전근대사회의 도덕 관념을 배경에 깔고 있다. 2), 3)의 경우 정조가 과연 생명보다 우선하는가 하는 문제는 여전히 논란이 될 수 있다. 요컨대 정약용은 조선 시대 사람들이 상식적으로 판단했을 경우의 불가피성을 열을 판단하는 근거로 삼고 있는 것이다. 정약용이 비판하는 여성의 죽음은 이런 불가피성이 존재하지 않는 경우다.

지금은 이런 경우에 들지 않는다. 남편이 편안히 천수를 다 누리고 안방에 누워 생을 마쳤는데도 아내가 따라 죽는다. 이는 제 몸을 죽인 것일 뿐이다. 제 몸을 죽인 것일 뿐이라고 하는 것은 의義에 맞지 않기 때문이다. 나는 정말 제 몸을 죽이는 것은 천하의 가장 흉측한 일이라고 생각한다. 이미 의에 맞게 제 몸을 죽일 수가 없다면, 이것은 단지 천하의 흉측한 일이 될 뿐이다. 그런데도 위에서 백성을 다스리는 사람은, 붉은 정문을 내리고 복호를 해 주어 그 자손들까지 요역을 면제시켜 준다. 이것은 백성에게 천하에서 가장 흉측한 일을 사모하고 본받으라고 권하는 것이니, 어찌 옳은 일이겠는가.[17]

정약용이 겨냥하는 것은 불가피성이 없는 죽음, 예컨대 남편이 천수를 누리고 죽었는데도 아내가 따라 죽는 경우를 말한다. 이것은 "제 몸을 죽인 것일 뿐이다." 그는 정당성 없는 죽음을 국가에서 표창함으로써, 정당성 없는 죽음을 부추긴다고 말한다. 이 점은 아무도 말하지 않았던 것이다. 조선 후기 죽음으로 열녀가 되는 사례의 증가와 확산은 궁극적으로 국가권력의 조장에서 비롯된 것임을 자각했던 것이다.

남편의 죽음이 가족의 불행이기는 하지만[18] 여성이 따라 죽을 수 없는 것은, 그 여성에게 수행해야 할 의무가 있기 때문이다. 시부모 봉양과 어린 자녀들의 양육이라는 책임이 있을 경우 여성은 죽을 수가 없다. 그럼에도 열을 위해 죽음을 택하는 경우는 도리어 비윤리적이다. 정약용의 비판은 앞서 확인한 바 여성이 남편과 아내의 관계에 있어서 열의 실천을 위해 친정 부모, 시부모, 자녀에 대한 윤리적 의무를 방기하는 것, 역으로 말해 열이 모든 윤리적 관계에 절대적으로 선행하는 현상 자체를 비윤리적인 것이라 비판한다. 정약용은 이렇게 말한다. "하루아침에 '남편이 죽었으니, 내가 시부모를 위해 살아야 할 이유도 없고, 남편이 죽었으니 자식들을 위해 살아야 할 이유도 없'며 사나운 마음을 다져 먹고는 이내 횃대에 목을 매어 죽으며 아무 것도 돌아보지 않는다. 이런 사람이야말로 어찌 삐뚤어지고 잔인하고 크게 불효하고 자애롭지 못한 사람이 아니겠는가."[19] 열의 무조건적 실천으로서의 자살이 도리어 효와 자애라는 윤리를 파괴하는 비윤리적 행위임을 지적하고 있다.

정약용의 「열부론」은 이른바 열행이라는 신체 훼손을 재검토한다. 그는 할고를 비롯한 신체 훼손을 통한 극단적인 윤리의 실천을 그 지식의 계보를 거슬러 올라가는 방법을 통해 비판한다. 그는 인육을 먹고 병을 고친다는 설의 근거를 밝히기 위해 이시진李時珍의 말을 인용한다.

> 장고張杲의 『의설』醫說에 이런 말이 있다. "당나라 개원開元 연간에 명명明 땅 사람인 진장기陳藏器가 『본초습유』本草拾遺를 지었는데, 인육이 폐결핵을 고친다고 하였으므로, 여항의 이 병에 걸린 사람들 중에 넓적다리를 베어(割股) 먹는 사람이 많이 있었다."[20]

이시진의 저서 『본초강목』에 인용된 장고의 『의설』은 할고의 가장 오래된 근거를 제시한다. 당 현종 연간 진장기의 『본초습유』가 인육 치병설의 근거다. 하지만 정약용은 더 거슬러 올라간다. 진장기 이전에도 넓적다리를 베거나 간을 벤 사람이 존재했다. 그러나 신체 훼손의 원천적 근거로 진장기가 지적되는 것은 그가 『본초습유』라는 책에 그 내용을 최초로 문자화했기 때문이었다. 진장기는 의학 지식으로 인육의 식용을 정당화했던 것이다.²¹

정약용은 이덕무의 『앙엽기』盎葉記가 인용하고 있는, 간을 베어 부모의 병을 치료한 사례를 재차 인용한 뒤 이렇게 비판한다.

> 살펴보건대, 간을 베어도 죽지 않는 것은 환술幻術이다. 요술쟁이가 이런 모습을 거짓으로 만들어 사람의 눈을 속이는 것인데도, 모르는 사람들은 효자라고 여긴다. 왕법王法으로 반드시 죽이고 용서하지 말아야 할 것이다. 어찌 의심을 둘 필요가 있으랴?²²

효와 열의 실천으로서의 신체 훼손에 대한 비판은 정약용이 최초였다. 그는 합리주의에 입각해 신체 훼손이 근거가 없음을 밝히고, 도리어 처벌해야 할 것을 주장하고 있는 것이다. 그는 신체 훼손이 효와 기본적으로 충돌하고 있다고 말한다. "아아, 신체와 터럭, 살갗은 부모에게서 받은 것이기에 감히 훼손할 수 없다. 부모가 비록 중병에 걸렸다 하더라도 자식의 신체를 손상시키면서 그 뼈와 살을 먹고 싶어 하겠는가? 이것은 어리석은 백성들의 견해일 뿐이다."²³

이미 언급한 바와 같이 신체 훼손은 조선의 국가 이데올로기와 긴밀한 관계가 있었다. 조선은 유교에 입각한 윤리적 통치를 추구했던 바, 그 윤리의 내면화를 위해 윤리의 실천을 표창하였고, 거기서 신체 훼손과 같은 과격한 실천이 도출되었다. 유교 이데올로기의 강화가 유교와 배치되는 결과를 낳고 있다는 것을 인지하면서도 양반들은 그것을 조장했던 바, 정약용은 이 국면에도 비판을 가하고 있다. 정약용이 인용하고 있는 강백아江伯兒의 경우를 보자.

강백아는 어머니가 병이 나자 자신의 겨드랑이 살을 베어 올린다. 그래도 병이 낫지 않자, 어머니의 병이 낫기만 한다면, 자식을 죽여 사례하겠다고 신에게 기도한다. 어머니 병이 낫자 강백아는 세 살 난 자식을 죽인다. 이 사실을 들은 명明 태조는 강백아가 인륜을 끊고 천리를 어긴 것이라고 격노하고 강백아에게 장형을 집행한 뒤 유배를 보내라고 명한다. 태조의 말을 직접 인용해 보자.[24]

> 자식이 어버이를 섬김에 있어 어버이가 병이 나면 좋은 의원을 찾아 부탁하고, 하늘에 울부짖거나 신에게 기도하기도 한다. 이것은 간절한 마음에서 나온 어쩔 수 없는 것이다. 하지만 얼음 위에 드러누워 잉어를 찾고, 넓적다리 살을 베어내는 것은 후세에 나온 일이다. 곧 우매한 무리들이 한때 북받치는 감정에 따라 별스런 짓을 하여 세상 이목을 놀라게 함으로써, 정려를 받고 요역徭役을 피하고자 한 것이다. 그래서 넓적다리를 베는 것도 부족하여 간까지 베어내고, 간을 베어내는 것으로 부족하여 자식까지 죽이게 된 것이다. 도리에 어긋나고 삶을 해치는 것으로 이보다 심한 것이 없다. 이제부터는 이런 사람이 나오면 정표하지 말도록 하라.[25]

정약용이 명 태조를 끌어들인 이유는 명백하다. 중국 황제의 권위를 빌어 윤리의 실천이 갖는 잔혹성과 살인의 정당성을 해체하려 했던 것이다.

정약용의 비판은 조선이라는 국가의 윤리적 통치가 분비한 모순을 지적한 것이었다. 정약용은 과격하고 비합리적인 윤리의 실천을 자제하고,

국가의 조장을 멈춤으로써 이전의 지식인들이 고민했던 유가적 윤리 내부의 모순적 충돌을 해결할 수 있다는 것이다.[26] 정약용이 멈춘 지점은 바로 여기였다. 열과 관련지어 말하자면, 정약용은 여성을 죽음으로 치닫게 한 남성에 대한 종속성 자체에 대해서는 언급하지 않았다. 아마도 정약용의 머릿속에는 그것을 떠올릴 기제 자체가 없었을 것이다. 요컨대 가부장제에 대한 회의와 비판은 있을 수도 없고 상상할 수도 없었던 것이다.

박지원과 정약용 등의 비판은 조선이라는 역사적 공간 속에서 합리적인 사유가 가능했던 지식인들의 최대치의 비판이라고 말할 수 있다. 그들의 비판은 조선 후기라는 역사적 공간에서는 유효한 것이었다. 하지만 그들 역시 여성을 억압했던 유가의 고전 자체, 유가의 논리 자체에 대한 비판은 불가능했다. 또 그들의 언어는 권력화할 수 없었으니, 그나마의 합리적인 비판 역시 종이 속에만 존재하는 것일 뿐이었다.

8장

끝맺음

조선을 건국한 남성-양반의 목표는, 가부장제 사회를 완성하고 그 사회가 국가와 일치하게 만드는 것이었다. 유가는 국가를 가족의 확대 형태로 보기 때문에 우선 가족 내부에서 가부장제를 확립할 필요가 있었다. 가족 내부의 가부장제는, 남성 권력의 절대화가 가족 내부에서 관철되는 것이다. 즉 남성과 여성의 수평적 관계를 수직적 관계로 재정립하는 작업이 필요한 것이었다.

고려 사회 역시 가부장제 사회였음은 두말할 필요가 없다. 정치권력을 남성이 쥐고 있다는 사실만 보더라도 그것은 명백하다. 하지만 머리말에서 이미 언급했듯 가부장제의 관철의 정도와 양상은 매우 다양했다. 적어도 고려 시대까지 남성의 가부장적 권력은 철저하지 않았다. 결혼 제도에서 남성이 여성에게 장가를 가는 처가살이가 보편적이었다. 처가에서 낳은 자녀들은, 어머니의 혈족 즉 외조부모와 외삼촌, 이모 등에게 더욱 친근감을 느끼고 있었다. 이런 가족 제도에서는 가족 내부에서의 남성 권력이 절대화될 수 없었다.

남성과 여성의 이런 수평에 가까운 권력의 분점은 유가적 가부장제를 가족 내부에 관철시켜 사회를 가부장적 사회로 변화시키고, 최후로 유교 국가를 건설하겠다는 남성-양반의 의도에 반하는 것이었다. 따라서 남성과 여성의 관계를 남성이 우위에 있는 수직적 종속 관계로 변화시킬 필요가 있었다.

남성과 여성의 관계는 성적性的 관계이며 혈족적血族的 관계가 아니다. 혈연으로 맺어진 혈족적 가족 관계는 오랜 기간 동안 양육과 동거를 통해 친밀감이 형성되고, 이 친밀감 위에 윤리적 관계가 형성되는 것이지만, 남성과 여성의 관계는 순수한 성적 관계일 뿐이다. 즉 남성과 여성이 사회적으로 합법적인 관계를 맺을 경우, 그 관계의 기초는 성적 관계이며, 성적 관계인 이상 그것은 수평적 관계이다. 유가는 이 수평적인 성적 관계를 수직적 종속적 관계로 변화시키고자 했다.

성적 관계가 수직적·종속적 관계로 변화한다는 것은, 여성이 관계 맺는 성적 대상을 오로지 한 남성으로 제한하여, 그 남성에게 성적으로 종속시킨다는 것을 의미하였다. 남성에 대한 여성의 성적 종속성은, 남성은 여성에게 성적으로 종속되어 있지 아니한 것을 전제로 하여 의미를 획득했다. 즉 여성이 일생을 통하여 단 한 사람의 남성과 성관계를 갖는 것이 윤리적이라고 한다면, 남성의 경우 그 역은 성립하지 않았다. 여성의 성적 대상자가 유일하다면, 남성은 복수적이었다. 남성은, 합법적으로는 축첩 제도를 통해, 비공식적으로는 사치 노예인 기녀, 성 판매자인 창녀를 통해, 공식적으로 비공식적으로 복수의 여성과 성관계를 맺을 가능성을 열어 놓았다. 이뿐만 아니라 조선 시대의 경우, 양반 남성은 권력을 이용하여 비녀婢女의 성을 수탈할 수 있었다. 이것은 범죄도 비윤리적 행위도 아니었다. 이처럼 남성의 성적 관계가 복수성을 갖는다는 점에서 여성의 단일한 성적 관계가 불평등한 것임은 두말할 나위가 없었다. 따라서 이 불평등을 여성에게 강제할 필요가 있었고, 이것이 조선 초기 국가-남성이 가장 먼저 착수한 작업이었다.

불평등의 강요는 먼저 법과 제도의 영역에서 시작되었다. 고려에서는 남편이 사망할 경우 여성의 재혼에는 아무런 사회적 장애가 없었다. 『고려도경』에 의하면, 여성과 남성은 자유롭게 만나 자유롭게 헤어진다고 하였다. 조선 건국 이후에도 여성의 재가再嫁, 삼가三嫁는 부자연스러운 일이 아니었으며, 또 부도덕한 일도 아니었다. 그러나 국가―남성은 재가와 삼가를 부도덕한 행위로 몰아갔으며, 그 결과는 성종조의 『경국대전』(『을사대전』)에 사족의 부녀자가 개가할 경우, 자녀의 관직 임명에 제한을 가하는 방식으로 제도화되었다. 한편 이와 아울러 개가를 하지 않고 수절할 경우, 수신전守信田을 지급하는 등 여성을 경제적으로 지원하였다. 수신전은 곧 폐지되지만, 수절한 여성에게는 향리에 정문旌門을 내려 사회적 명예를 보장하는가 하면, 신역을 감면시켜 약간의 경제적 이익을 주기도 했다. 이 역시 『경국대전』에 실어 제도화되었다.

제도적 강제와 지원이라는 두 가지 정책의 시행을 통해 국가―남성은 남성에 대한 여성의 성적 종속성의 실천을 유도했다. 하지만 여성의 재가를 법적으로 제한한다 하더라도 해당자에 대한 법적 처벌이 있는 것이 아니기에 그것만으로 여성의 성적 종속성의 실천, 곧 수절을 끌어내기는 어려웠다. 또 원칙적으로 국가―남성의 의도는 수절이라는 행위를 통해 여성이 남성에게 성적으로 종속되는 하위의 존재라는 것을 의식화하고 싶었기 때문에 다른 책략이 필요했다. 즉 그것은 여성이 가정 내부의 일상에서 남성의 하위자로서 복종하는 것을 요구하고 있었으므로, 이것을 관철시킬 새로운 방법이 필요했던 것이다.

그것은 여성의 대뇌에 '성적 종속성'이라는 관념을 설치하는 것이었다. 하지만 성적 종속은 자발성에 기초해야 했기 때문에 그 자발성을 끌어내기 위해서는 성적 종속성이 인간 본래적 윤리라는 것, 따라서 윤리의 자발적 실천이, 완성된 인간 혹은 인간의 궁극적 목표임을 설득할 필요가 있었던 것이다. 이것은 새로운 정체성을 여성의 의식 속에 만드는 것을 의미했다. 즉 이제까지 여성에게 어떤 주체성이 있었다면, 그것을 제거하고 새로운 정체성을 심어야 했던 것이다. 이것은, 이런 의도와 내용을 담은 텍스트를 여성의 대뇌에 설치하여 여성의 새로운 정체성을 만드는 것으로 나타났다.

텍스트는 모두 셋이었다.『소학』과『삼강행실도』와『내훈』이었다.『소학』은 사대부의 에토스를 구축하는 여러 관념과 행위들을 조합한 텍스트로서, 여기에 여성에 대한 남성의 지배적 태도와 바람, 곧 남성에 대한 여성의 성적 종속성의 주장을 싣고 있었다. 그리고 그 주장들은『예기』를 위시한 여러 고전적 텍스트에서 인용한 것이었다. 하지만『소학』은 여성들에게 직접 읽히기 위한 텍스트는 아니었다. 고려 말에 수용된 이 텍스트에 사대부들 자신이 의식화되는 데도 오랜 시간이 걸렸다. 중종조에 와서야 사대부들은 진리적 행동의 준거로서『소학』에 의식화되었다. 일부종사―夫從事, 일초불개―醮不改 등의 관념을 통해, 남성에 대한 여성의 성적 종속성이라는 관념 역시 이 시기에 와서야 남성들이 진리로 받아들이게 되었다. 하지만 가족 내부에서 여성의 성적 종속성이 관철되는 것은 여전히 느린 속도로 진행되었다.

가장 중요한 것은『소학』이 원칙적으로 제시한 성적 종속성이 실현되어야 한다면, 그리고 그것이 여성을 의식화해야 한다면, 어떤 방법을 택할 것인가 하는 문제였다. 여기에 새로운 텍스트가 필요했다.『삼강행실도』열녀편이 바로 그 문제에 대한 답이었다.『소학』이 편집된 텍스트인 것처럼,『삼강행실도』열녀편 역시『열녀전』,『고금열녀전』등의 중국 단대사斷代史를 기본으로 하여 편집된 텍스트였다. 이 편집 과정에서 독특한 유형의 인간이 나타났다. 원래『열녀전』과 단대사는 '열녀'烈女가 아닌 '열녀'

列女를 싣고 있었고, 거기에는 대단히 다양한 경우의 여성들이 수록되어 있었다. 하지만 『삼강행실도』 열녀편은 오직 단 하나의 여성, 곧 남성에 대한 성적 종속성을 실천하기 위해 생명과 신체를 희생한 여성을 선택했던 것이니, 여기서 조선 시대 여성들이 본받아야 할 열녀상烈女像이 창출되었다. 『열녀전』과 이십사사二十四史에 나오는, 남성보다 우월한 지적·도덕적·정치적 능력을 발휘하는 여성은 모두 제거되고, 오직 성적 종속성을 실천한 여성만이 채택된 것이었다.

『삼강행실도』 열녀편은 여성의 성적 종속성이 어떤 방법에 의해 관철되어야 하는가를 제시했다. 성적 종속성이 위기에 처할 경우, 자기 가학적 방법을 통해 죽거나, 아니면 여성의 신체 일부를 희생할 것을 제시했다. 이 잔혹한 방법은 생명의 의지를 거스르는 것이었기에 상식을 벗어난 것이었고, 보통 사람이 실천하기 어려운 것이었다. 따라서 이것은 열렬한 행위, 곧 열행烈行으로 인식되었다. 일반적으로 절부節婦는 남편의 부재(대부분 사망)에도 불구하고 다시 결혼하지 않는 여성을 가리키고, 그것은 아내의 부재에도 불구하고 다시 결혼하지 않는 의부義夫와 짝을 이루는 것이었다. 하지만 『삼강행실도』 열녀편은 절부만으로 만족하지 않고, 성적 종속성이 위기에 빠질 경우 비범한 행위를 통해 그 의지를 천명할 것을 요구했다. 『삼강행실도』 열녀편이 이처럼 생명의 의지에 반하는 행위를 열녀의 상으로 제시한 것은, 여성이 남성에게 성적으로 완전히 종속되는 존재라는 사실을 주장하기 위해서였다. 이 원칙의 실천은 필연적으로 일상에서도 남성에 대한 복종을 관철할 것이기 때문이다.

일상에서 여성을 가부장제에 묶고, 그 행위를 지시할 또 다른 텍스트가 필요했다. 소혜왕후 한씨는 『내훈』을 편집한다. 이 텍스트는 이미 분석한 바와 같이 대부분 『소학』에서 인용된 것이고, 그 외 『이씨여계』李氏女戒, 『방씨여교』方氏女敎와 같은 텍스트를 인용하고 있다. 이 텍스트가 취하고 있는 결혼 형태는 시집살이였고, 시집 속에서의 인간 관계에서 순종적인 삶을 살 것을 요구하고 있었다.

『소학』, 『삼강행실도』, 『내훈』이 각각 여성의 의식화를 위한 텍스트로 수용되거나 제작되었지만, 그것이 즉각 효과를 발휘한 것은 아니었다. 『소학』은 여전히 남성의 텍스트로 읽혔고, 『내훈』은 재차 간행되지 않았다. 조선 전기에 결혼 후 거주 형태는 남성이 여성의 집으로 장가를 가서 사는 부처제婦處制가 일반적이었기 때문에 시집살이는 별로 많지 않았다. 따라서 이 텍스트는 현실적으로 효용 가치가 없었다.

국가-남성에 의해 가장 강력하게 보급된 텍스트는 『삼강행실도』 열녀편이었다. 세종 14년에 편집된 열녀편은 한문이었고, 이것은 이후 약 50년 동안 인쇄되지 않았다. 아마도 단종, 세조, 예종을 거치는 동안 일어났던 정변이 그것을 불가능하게 했을 것이다. 하지만 성종이 즉위하자 열녀편의 언문 축약편이 나왔고, 중종조에는 속편이 나왔다. 언문 축약편은 성종과 중종조에 대량으로 보급되었다. 특히 중종조의 사림 정권은 이 텍스트의 보급에 거의 광적인 행태를 보였다.

법과 제도, 그리고 텍스트의 광범위한 보급은 1592년 임진왜란 이전까지 천천히 여성들을 의식화했다. 결혼 제도는 느리지만 친영제를 도입했고, 부처제夫處制는 조금씩 확대되어 갔다. 이런 변화와 함께 여성의 수절도 증가했다. 남편의 사망에 개가를 권유하거나 강요하는 친정 부모와 친척들의 의사에 반하여, 수절을 실천하는 사례들이 점차 늘어나고 있었으며, 국가-남성은 정려 정책을 적극 추진하여 그런 행위를 장려했다. 아울러 『삼강행실도』 열녀편이 여성들의 대뇌에 복제되기 시작했다. 남편의 부재에 죽음으로 성적 종속성을 관철하거나, 아니면 자신의 신체를 훼손하는 자기 가학적 신체 훼손의 사례가 증가하고 있었던 것이다. 또한 가부장적 의례의 근거 텍스트인 『주자가례』의 장의葬儀를 실천하거나 그 장의를 과잉으로 실천하는 사례가 풍부하게 발견된다.

조선 건국 이후 2백 년 동안 국가—남성에 의한 여성의 의식화, 즉 남성에 대한 여성의 성적 종속성이 거의 완벽하게 진행되었음을 확인할 수 있는 사건이 일어났다. 1592년 임진왜란이 발발하자, 여성들은 왜적의 강간, 납치의 위협에 놓이게 되었다. 『동국신속삼강행실도』는 이 전쟁에서 여성의 성적 종속성이 어느 정도까지 관철되었는지를 측정할 수 있는 텍스트다. 이 전쟁에서 열녀가 된 441명의 사례를 싣고 있어, 광범위한 여성의 희생이 있었음이 확인된다. 달리 말해, 여성들은 『삼강행실도』 열녀편의 지시에 따라 정확하게 행동했던 것이다. 『동국신속삼강행실도』에서 열녀들은 모두 왜적의 강간, 납치에 맹렬히 저항하고, 자신의 목숨을 너무나도 쉽게 버린다. 이것이 사건을 사실 그대로 반영한 것이라고는 볼 수 없다. 왜냐하면 모든 죽음이 직접 목격되고 기록된 것은 아니기 때문이다. 441명의 사례가 거의 동일한 서사를 갖는 것은, 그것들이 사실이라기보다는 그것들을 어떤 동일한 형식으로 표현하고자 하는 욕망의 산물이라는 증거이다(물론 그렇다고 해서 전혀 사실이 아니라는 말은 아니다. 그 죽음은 거개 사실이었을 것이다. 다만 그 사실들을 언어화 하는 방식이 일정하게 구조화되어 있다는 것을 지적하는 것이다). 그 욕망은 곧 여성의 죽음을 열녀로 기억하고, 또 열녀를 대량으로 생산하고자 하는 욕망이다. 바로 이 욕망이 존재하는 지점에 이 텍스트를 만든 국가—남성의 의도가 있다. 국가—남성은 전쟁이라는 위기를 가부장제를 강화하는 기회로 삼으려 했던 것이다.

그 의도가 성공적이었음은 병자호란을 통해서 확인된다. 병자호란은 짧은 기간의 국부적 전쟁이었기에 여성 희생자가 임진왜란처럼 엄청나게 발생하지는 않았지만, 그 대신 청병에 의한 여성의 납치가 대규모로 일어났다. 여성들은 뒤에 돈을 지불하고 속환贖還되었지만, 이들 속환된 여성은 모두 '성적 오염'의 가능성 때문에 가문에서 축출되었다. 그 과정에서 여성의 목소리와 저항의 몸짓은 전혀 찾을 수 없다. 전쟁을 기화로 하여 국가-남성은 여성을 완벽하게 통제하게 되었던 것이다. 이제 여성이 빠져나갈 길은 없어졌다. 국가-남성은 자신의 목적을 달성한 것이다.

이와 아울러 17세기 중반에 와서 결혼의 형태가, 부처제婦處制에서 부처제夫處制로 바뀐다는 점이 매우 흥미롭다. 이 주거 형태의 변화와 함께 여성의 일상을 통제하기 위한 새로운 형태의 텍스트가 출현한다는 것도 주목할 사항이다. 조선 후기에도 여성을 의식화하기 위한 텍스트는 여전히 존재했다. 예컨대 『삼강행실도』는 몇 차례 계속 발행되었으며, 이것은 정조조에 와서 『이륜행실도』와 합쳐져서 『오륜행실도』로 간행되었다. 하지만 이런 유의 서적은 조선 전기의 열정적인 『삼강행실도』 보급에 견주어 본다면, 그 적극성이 사뭇 떨어졌다. 대신 『내훈』, 『여훈언해』, 『여사서』 등이 발간되었다. 이들 텍스트는 모두 『소학』과 『열녀전』 등에 기반을 둔 것이었던 바, 『삼강행실도』 열녀편과는 그 역할이 달랐다. 『삼강행실도』 열녀편이 남성에 대한 여성의 성적 종속성을 관철하기 위하여 여성 신체의 희생, 곧 생명과 신체의 일부를 바칠 것을 요구하고, 그것을 바탕으로 다시 여성이 남성에게 성적으로 종속되는 존재임을 가르치려 들었다면, 『소학』과 『내훈』 등은 일상에서의 성적 종속성이 어떻게 실천되어야 할 것인가를 가르치고 있었다. 하지만 조선 전기에는 여성의 일상을 규정하는 텍스트가 발행은 되었지만 여성들에게 활발하게 보급되지는 않았다. 한데 국가는 17세기 후반 이후 이런 텍스트를 다시 발행하였다. 하지만 국가에서 발행한 텍스트는 광범위하게 보급되지 않았다. 그것을 대신한 것은 가문마다 개별적으로 갖고 있는 텍스트였다. 실제 거의 모든 양반 가문에서는 며느리와 딸을 교육하기 위해 텍스트를 만들기 시작했다. 이 텍스트들은 기본적으로 『소학』에 근거를 둔 것으로 그 내용이 대동소이했다.

이 텍스트들은 한원진의 『부훈』婦訓처럼 정연한 질서를 갖춘 것도 있었고, 송시열이 시집가는 딸에게 주는 당부조의 계녀서도 있었다. 또 이것들은 문학의 형식을 띠기도 했다. 즉 계녀가사의 형식을 띠고 시집에서의 결혼 생활을 어떻게 해야 하는가에 대해 가르치기도 했다. 그런가 하면 남성 가문의 경제적 위기를 돌파하기 위해 직접 여성의 노동을 요구하는 「복선화음가」 유의 가사가 대대적으로 유행하기도 했다.

가문마다 이런 텍스트가 여러 종으로 대량 생산된 것은, 곧 일상에서 여성을 통제하기 위한 수단이 필요했다는 것이다. 이것은 딸과 며느리를 겨냥한 것이었다. 딸은 곧 시집가는 여성이었고, 며느리는 곧 남성의 집안으로 결혼을 통해 들어온 여성이었다. 이들을 이질적인 '시집'이라는 공간 속에서 훈육하기 위해 새로운 텍스트가 필요했던 것이다. 그리고 이 텍스트가 약간씩 달랐던 것은, 가문마다 사회적 위상과 문화가 조금씩 달랐기 때문이었다. 이것은 궁극적으로 여성이 남성에게 성적으로 종속되는 존재라는 것이 두 전쟁을 거치면서 확인되었고, 전쟁이 끝난 17세기 중반부터 본격적으로 혼인 제도가 처가살이에서 시집살이로 바뀌었기 때문이라고 생각된다. 즉 17세기 중반부터 국가―남성의 여성에 대한 통제, 곧 가부장제는 거의 완벽하게 작동하기 시작했다. 이것은 과거 임병양란을 기점으로 하여 성리학에 대한 회의가 시작되고, 유교 국가가 동요하며 봉건제가 해체된다고 하는 통설과는 정면으로 충돌한다.

국가―남성의 여성에 대한 완벽한 지배를 확인할 수 있는 것이 바로 조선 후기의 열녀다. 임진왜란과 병자호란을 경험한 선조, 광해군, 인조의 『실록』을 제외하고 『효종실록』부터 열녀의 존재를 검토하면 흥미로운 현상을 발견할 수 있다. 즉 과거 『실록』의 열녀서사에서의 열행에서 죽음으로 열녀가 되는 것은 분명한 증가 추세에 있었지만, 그 대부분은 개가를 거부하고 수절하는 것만으로도 열녀가 되었다. 그리고 그 방법으로는 유가적 장의를 과잉으로 실천한다든지 하는 것이 일반적이었다. 이에 반해 효종 이후의 열녀는 자발적 죽음, 곧 종사從死가 아니고는 열녀로 인정받을 수 없었다. 만약 죽음이 아니라면, 죽음에 필적할 만한 과도한 행위가 있어야만 했다. 양반가에서 여성의 수절이 보편적인 현상이 되었고, 또 비양반층에게도 수절이 도덕적 표준으로 확산되어 가는 상황에서 수절은 더 이상 열행의 표지가 아니었다. 수절하지 않는 경우도 있기는 했지만, 그 경우는 그 여성의 내면에 죄의식을 깊이 각인시켰다. 뿐만 아니라, 열녀=죽음의 등식이 성립하고 죽음으로 열녀가 되는 경우가 보편화되자, 재혼의 길은 봉쇄되었다. 재혼을 하는 사람은 물론 있었지만, 그들은 비윤리적 행위를 했다는 죄의식을 갖고 살아야만 했다(이것이 가부장제가 노리는 바였다. 재혼하라, 하지만 죄의식을 가져라! 이 죄의식으로 남성은 여성을 통제하고 압박할 수 있었다). 여러 열녀전의 열녀들이 주위의 만류에도 불구하고 죽음을 거의 강박적으로 택했던 것은 이미 열녀의식이 내면화되었다는 것을 의미했다. 여성이 성적 종속성을 관철시키기 위해 오로지 자기의 신체 전체를 바쳐야만 비로소 열행으로 인정을 받았던 것이다.

이와 동시에 여성에 대한 글쓰기에도 변화가 일어났다. 열행을 기념하는 산문은 고려 말 조선 초에 세 편의 열녀전이 있었을 뿐이었으나, 조선 후기에 와서 열녀를 기념하는 전傳과 정려기旌閭記, 행록行錄 등이 쏟아져 나왔다. 사대부들 사이에 열녀전을 짓는 것이 유행하기도 하였다. 그리고 이런 산문에서는 여성의 자살과 신체 훼손의 잔혹성을 미덕으로 높이 평가하고 있었다.

1392년 조선의 건국과 함께 '여성성'은 제작되기 시작하였다. 신유학, 곧 성리학을 국가 이데올로기로 받아들인 남성은, 가부장적 사회를 완성하기 위해 남성에 대한 여성의 종속을 요구했던 바, 이들은 국가의 권력을 통해 그것을 실현하고자 하였다. 따라서 이제 남성은 단순한 남성이 아닌 국가-남성이 되었다. 국가-남성은 국가의 권력을 동원했던 바, 법과 제도를 만들고 아울러 여성을 의식화하기 위해 텍스트를 생산하고 유통시켰다. 이는 국가의 인쇄 출판 기관을 통해 텍스트를 선정하고, 편집하고, 인쇄하고, 유통시켰던 것이다. 바로 이 지점, 국가의 인쇄·출판 독점에 대해 주목할 필요가 있다. 조선 시대의 인쇄는 거의 국가가 독점하고 있었다. 국가 기관을 제외한 영역에서 인쇄와 출판은 거의 불가능했고, 사실상 불가능했다. 불경을 인쇄하고 출판하는 사찰이 있었으나, 그 규모는 국가가 독점한 인쇄에 비하면 예외적인 존재에 지나지 않았던 것이다. 민간의 인쇄·출판은 거의 18세기 후반이 되어서야 가능했고, 생산된 것 역시 국가의 인쇄·출판물과 다르지 않았다. 더욱이 지식인들이 모두 양반 사대부였기에 국가의 이데올로기를 이탈하거나 비판하는 텍스트의 생산은 거의 불가능한 것이었다. 이런 국가 시스템이 만들어낸 텍스트들은 여성에 대한 성적 종속성을 거의 초험적 수준으로 내면화하려는 의도를 갖고 있었다. 조선 후기 열녀전에서 여성이 죽음으로 열행을 실천했을 경우, 그것을 병이秉彛의 성품, 곧 타고난 천성이라고 말하는 것은, 남성의 의도에 의한 여성의 성적 종속성을 초험적인 윤리 의식으로 규정함으로써 남성의 의도를 은폐하려는 것이었다.

이 지점에서 "인간은 어떻게 만들어지는가"라고 묻지 않을 수 없다. 남편을 위해 죽음을 선택한 여성은 여성 자신이 스스로의 판단에서 죽음이라는 장렬한 행위를 선택한다고 믿었다. 그것이 강간과 같은 폭력에 맞서 인간으로서 자신의 주체성을 살리는 길이라고 믿었다. 폭력에 굴복하지 않는 것은 주체적일 수 있다. 순수한 형태의 한 인간이 주체의 의지에 반하는 폭력에 맞선다면 그것은 정당한 것이다. 하지만 유일한 남성에게 성적으로 종속되어야 한다는 사고에서 성적 종속성을 실천한다면 문제는 달라진다. 곧 그 저항의 의미가 달라지는 것이다. 동일한 행위라 할지라도 그것을 관통하는 맥락에 따라 그 행위의 의미는 달라지는 것이다. 조선 시대 열녀의 이런 저런 열행을 관통하는 맥락은 이 책에서 말한 성적 종속성이다. 그리고 그것은 국가-남성의 이익을 위해 고안되고, 여성에게 일방적으로 주입된 것이었다. 즉 여성의 주체는 바로 국가-남성에 의해 제작된 주체였던 것이다.

이것은 여성의 행위가 여성 주체가 아닌 남성에 의해 만들어진 존재라는 것을 의미한다. 여성은 여성이 아니라, 남성이라는 타자의 사유에 의해 행동하고 있었던 것이다. 여성은 가부장제 속에서 드디어 남성이 되었다. 스스로 가부장제를 실천했던 바, 그 명확한 실례가 바로 시어머니와 며느리의 관계다. 시어머니는 가부장화한 여성이다. 여성이 완벽하게 가부장화하였을 때 더 이상의 가부장제는 필요하지 않았다. 흔히 중세 사회에서의 주체적 여성이라고 해석되는 경우, 그것은 남성과 대립하는 여성이 아니며, 가부장제의 모순을 꿰뚫어본 여성 주체도 아니다. 그저 가부장제화한 여성, 곧 그 의식의 주체가 여성의 독자적인 것이 아니라 가부장제적인 여성을 말한다. 그 주체는 타자에 의해 왜곡된 주체, 곧 타자에 의해 오염된 주체인 것이다. 19세기 말, 여성은 국가-남성에 의해 완벽하게 오염되어 있었다. 이 오염이 조선의 가부장제가 가장 완벽하게 작동할 수 있는 원리였다.

후기

 서문이 있는데 후기를 쓴다는 것은, 약간 구차한 일이다. 그 구차스러움에도 불구하고 후기를 쓰는 것은, 내가 쓴 다른 책보다 이 책에 더 애착이 가기 때문이다. 이것은 나의 개인사와도 관련이 있다.
 이 책은 보다시피 여성에 관한 이야기다. 여성으로서 나와 가장 가까운 사람은 당연히 나의 어머니, 나의 두 누나, 그리고 아내, 딸이다. 책 서두에 꺼낸 누이와 남동생의 이야기는 나의 집안에서 실제 일어난 일이다. 이 이야기는 한국의 20세기를 산 사람이라면 누구나 공감하는 이야기일 것이다. 십수 년 전에 「아들과 딸」(1992년)이라는 텔레비전 드라마가 있었는데, 대우받는 아들과 차별받는 딸의 이야기였다. 이야기는 여자 주인공이 차별에도 불구하고 성공한다는 해피엔딩이었지만, 그것은 드라마일 뿐이고 현실은 그와 정반대였음을 우리는 익히 알고 있다.
 내가 막 철이 들 무렵 학교에서는 모든 사람은 평등하다고 가르치고 있었다. 하지만 집안에서는, 그리고 사회에서는 정반대였다. 온갖 차별이 있었고, 특히 남자와 여자는 근원적으로 차별을 받고 있었다. 나의 어머니와 누이가 더할 수 없이 적실한 사례였다. 어머니는 일본에서 초등학교를 마치고 광복이 되자 귀국했고, 외조부의 명에 따라 이내 아버지와 결혼을 하였다. 어머니가 귀국하기 직전, 어머니를 가르쳤던 소학교 교사는 어머니의 일본식 이름을 부르며, 조선에 나가면 나라가 두 토막이 나고 전쟁이 날 것이니, 조선에 나가지 말고 일본에 있으면 자기가 공부를 시켜 주겠다고 했지만, 어린 소녀였던 어머니가 외조부의 명을 거스를 수는 없었다. 스무 살이 안 되어 결혼을 한 어머니는 어느 날 공부가 하고 싶어 일본으로 가는 밀항선을 타려고 집을 나섰지만, 어린 딸(곧 나의 큰누나) 때문에 발길을 돌리고 말았다. 어머니는 총명하고 의지가 굳고 부지런한 분이었지만 일생 자신의 재능을 꽃피울 수 없었고, 오직 집안에서 가사 노동으로 나날을 보내며 20세기 한국의 어머니들이 겪었던 온갖 간고艱苦와 신산辛酸을 다 겪었다. 그 이유는 여럿이겠지만, 가장 큰 이유는 어머니가 여성이라는 데 있었다. 아마도 어머니가 남자였다면 어머니의 일생은 완전히 달라졌을 것이다.

어머니에 대한 생각은 자연스레 큰누나에게로 번진다. 한데, 왜 공부 잘하는, 선량한 큰누나는 대학을 갈 수가 없었던가. 큰누나는 왜 대학 진학을 불허하는 아버지의 명령을 눈물로 수용하고, 자신의 운명을 숙명처럼 받아들였을까? 어머니는 남성 중심주의의 피해자이면서 딸의 운명을 수긍할 수밖에 없었던 것인가? 아버지는 왜 아들이 더 중요하다고 생각했던 것인가? 초등학교를 다니던 어린 나이에도 나의 머릿속은 이런 생각으로 복잡하기 짝이 없었다.

자라면서 어머니와 누이가 겪었던 일들이 명백한 차별이고 부당한 것이라는 점을 깨닫게 되었다. 무서운 일이었다. 하지만 더욱 무서운 것은, 나의 머릿속에도 차별 의식이 스며들어 있었다는 것이다. 공부하는 길로 접어들면서 나는 왜 내가 명백하게 배운 적도 없는 가부장적 차별 의식을 갖게 되었는가 하는 점이 적지 않게 궁금했다. 유교 때문에 그렇다는 말은 들었지만, 유교의 어떤 부분이 관련이 되고, 또 어떤 과정을 거쳐서 그렇게 되었는지는 알 길이 없었다. 언젠가 시간이 닿으면 이 문제를 천착해 보리라고 마음을 먹었지만, 이런 저런 공부에 쫓겨 시간을 내기 어려웠다. 10년 전부터 이 문제에 관한 문헌들을 읽기 시작했다. 나의 전공이 한문학이다 보니, 한문 자료를 다루는 과정에서 조선 시대 여성에 관한 문헌 자료들을 종종 보게 되었던 바, 그것이 계기가 되었다. 그로부터 10년에 걸쳐 조금씩 써 나간 것이 이런 책자의 형태가 되었다. 책은 지루할 정도로 길지만 결론은 단순하다. 모든 것은 조선을 지배했던 남성−양반의 의도의 산물이었다. 그들은 여성의 머릿속에 주입할 텍스트를 편집과 조작의 과정을 통해 만들어내고 국가 기구를 통해 인쇄하여 의도적으로 또 강제적으로 5백 년에 걸쳐 유포했다. 그 결과 그 텍스트들은 여성의 대뇌를 차지하고, 여성의 행동과 의식을 통제하게 되었던 것이다. 아버지의 명령에 대학을 포기했던 누이와, 자신의 재능을 한 번도 꽃피워 볼 기회를 갖지 못했던 어머니는 바로 그렇게 해서 만들어진 여성이었던 것이다.

나는 이 책에서 주로 남성−양반이 국가의 권력을 통해서 열녀를 탄생시키는 과정을 밝혔다. 하지만 아직도 더 해야 할 이야기가 남아 있다. 여성은 열녀의 탄생 과정에서 어떤 식으로 반응했을까? 오로지 수동적이기만 한 존재였을까? 만약 여성이 주어가 된다면, 그 술어는 어떻게 될 것인가. 이 문제 역시 앞으로 풀어야 할 것이다. 이처럼 조선 시대 여성에 관련된 이야기는 산처럼 남아 있다. 남성−양반은 열녀를 탄생시키면서 한편으로 그들이 오염된 여성이라고 규정했던 기녀妓女를 존속시켰다. 열녀와 기녀는 여성에 대한 남성의 이중적 욕망의 표현이다. 앞으로 기녀에 대한 공부를 따로 진척시키고 싶다. 또 하나 여성은 자식에 대해 어머니로, 남편에 대해 아내로, 부모에 대해 딸로 존재한다. 일상에서의 어머니와 아내와 딸은 어떻게 규정되고 만들어지는가. 이 점 역시 앞으로 탐구의 대상이다. 생각해 보면, 할 공부는 많고 시간은 너무 빨리 지나간다!

나는 이 책이 출간되면 어머니께 보여드리고 싶었다. 하지만 지난 해 7월 말 어머니는 돌아가셨다. "樹欲靜而風不止, 子欲養而親不待"란 옛글이 가슴에 사무친다.

1장

1. 고려와 16세기 이전 조선 사회의 가족—친족제의 양측적·공계적 혹은 쌍계적 성격에 대해서는 많은 논문과 저작이 있다. 李光奎, 『韓國家族의 史的 硏究』, 一志社, 1977; 盧明鎬, 「高麗社會의 兩側的 親屬組織 硏究」, 서울대 박사논문, 1988; 崔在錫, 『韓國家族制度史硏究』, 一志社, 1983; 李樹健, 「朝鮮前期 社會變動과 相續制度」, 歷史學會 編, 『韓國親族制度硏究』, 一潮閣, 1992; 마르티나 도이힐러 지음, 이훈상 옮김, 『한국사회의 유교적 변환』, 아카넷, 2003; 마크 피터슨 지음, 金惠貞 옮김, 『儒敎社會의 創出』(조선 중기 입양제와 상속제의 변화), 一潮閣, 2001.
2. 최홍기, 『한국가족 및 친족 제도의 이해』, 서울대출판부, 2006, 58~59면.
3. 같은 책, 59면.
4. 남녀 균분상속에서 장자 우대 불균등상속으로의 변화에 대해서는 李光奎, 『韓國家族의 史的 硏究』; 崔在錫, 『韓國家族制度史硏究』; 마크 피터슨, 『儒敎社會의 創出』, 일조각, 2000 등에 소상히 지적되었다. 이 외에 중요한 논문도 허다한데, 마크 피터슨의 연구에서 거의 수렴하고 있다. 고려 시대의 혼인 제도와 결혼 이후 거주지(부처제婦處制)에 대한 논의는 풍부하지만, 權純馨, 「고려시대 혼인제도 연구」, 1997, 이화여자대학교 박사논문에서 총괄적으로 정리되었다. 조선 시대의 부처제夫處制에 대한 고찰은 朴惠仁, 「婿留婦家婚俗의 變遷과 그 性格」, 『民族文化硏究』 14, 고려대학교 민족문화연구소, 1979를 볼 것.
5. 12개 소절을 모두 들면 다음과 같다. '처첩의 제도화', '혼인 규정과 전략', '유교식 혼례식', '왕실의 혼례식', '한국의 혼례식', '여성에 대한 훈육과 교화', '시집살이', '기혼 여성의 법적·의례적 기능', '첩과 서얼', '혼인관계의 해소', '과부와 재혼', '변하지 않는 유교적 여성의 이미지'.
6. 장병인은 『조선 전기 혼인제와 성차별』(일지사, 1997)의 결론 부분에서, 국가에서 요구한 조선 전기 여성에 대한 일련의 변화를 굳이 부정적으로 볼 필요가 없다고 말한다. 예컨대 다음 부분을 보라. "여성에 대한 도덕적 주체의 강조가 반드시 여성의 억압으로만 기능한다고 볼 수는 없는 것이다. ……다시 말하면 여성에 대한 도덕적 주체의 강조는 여성이 자신의 지위를 한 단계 높일 수 있는 여건을 제공하는 의미를 지닌 것으로도 볼 수 있다는 것이다." 같은 책, 417~418면. 성리학의 도입과 가부장제 사회 건설의 과정에서 여성에게 남성의 도덕을 강요한 것을 굳이 부정적으로 볼 수 없다

는 견해다.

7. 이런 텍스트의 보급이 조선 사회의 윤리화와 관련이 있음은 이미 여러 논고가 지적하고 있다. 朴珠,『朝鮮時代의 旌表政策』, 一潮閣, 1990은 조선 시대의 정표 정책이 충·효·열이라는 윤리를 확산하는 데 결정적이었음을 실증적으로 논증하고 있는데, 여기서도『三綱行實圖』와『新增東國輿地勝覽』의 효자·열녀조의 설정 등이 정표 정책에 영향을 끼쳤음을 밝히고 있다. 다만 이 저작은, 텍스트의 내용이 사회 구성원을 의식화하는 과정을 치밀하게 논증하고 있지는 않다.
8. 班固의『白虎通』「三綱六紀」에 최초로 보인다. "三綱者, 何謂也? 君臣, 父子, 夫婦也."
9. "君爲臣綱, 父爲子綱, 夫爲婦綱."
10. 『고려사』전체에서 '삼강' 三綱이라는 어휘는 열전에서 5회 등장할 뿐이다. 그것도 대부분 고려 말에 쓰인 용례다. '삼강'은 대화 중 단순한 의미로 등장하고 있을 뿐이다.
11. 이 책 역시 기존의 연구에서 큰 도움을 받았다. 일일이 제시하지 못한 연구는 고의가 아닌 필자의 능력 부족 때문이니 해량을 바란다.
12. 『소학』에 대한 연구는 매거하기 어려울 정도로 풍부하다. 다음 논문들은 예외 없이 『소학』의 수용과 그것의 교육사적 의의에 대해 거론하고 있다. 박연호,「朱子學의 根本培養說과 朝鮮前期의 小學 敎育」,『淸溪史學』2, 淸溪史學會, 1985; 韓寬一,「朝鮮前期의 小學 敎育 硏究」, 중앙대학교 박사학위논문, 1992.
13. 『내훈』텍스트에 대한 연구는 국어학적 연구가 주류를 이루었다. 그 밖에는 교육사의 차원에서 접근한 연구가 대다수이다. 고은강,「내훈 연구」,『태동고전연구』18, 태동고전연구소, 2002.
14. 『삼강행실도』열녀편에 대한 평가에도 내셔널리즘은 작용하였다. 鄭炳昱·李御寧 공저,『고전의 바다』, 현암사, 1978에서는『삼강행실도』를 민족의 고전적 저작으로 소개하고 있다. 이런 판단을 내린 필자가 열녀편을 정독하였을 것 같지는 않다.
15. 성무경,「'복선화음가' 유 가사의 이본현황과 텍스트 유통」,『민족문학사연구』22, 민족문학사연구소, 2003, 108면. 성무경은 이렇게 말하고 있다. "'계녀가' 유 가사는 흔히 이념적 세뇌 기능을 수행했다는 혐의를 받기 쉽다. 그러나 작품 소통의 실질을 살펴보면 거기에는 고난을 헤쳐 나온 여성의 자긍이나 올바른 행실에 관한 품위 있는 교양 의식이 잔잔하게 배어 있다."
16. 성무경, 같은 글, 92면.
17. 이혜순·김경미,『한국의 열녀전』, 월인, 2002.
18. 한국고전여성문학회,『조선 시대의 열녀담론』, 월인, 2002는 열녀전을 연구 대상으로 삼은 이혜순의「열녀전의 입전의식과 그 사상적 의의」, 강진옥의「열녀전승의 역사

적 전개를 통해 본 여성적 대응양상과 그 의미」, 정출헌의「향랑전을 통해 본 열녀 탄생의 메카니즘」, 홍인숙의「봉건 가부장제의 여성 재현──조선 후기 열녀전」, 임유경의「이옥의 열녀전 서술방식과 열 관념」 등의 논문을 수록하고 있다.
19. 열녀전을 깊이 연구한 이혜순 교수는 『열녀전의 입전의식과 그 사상적 의의』의 결론에서 이렇게 주장하고 있다. "그러나 역설적으로 열녀는 가정을 부부 중심으로 부각시키는 효과를 가져왔고 이것은 가정에서 가장 왜소한 존재였을 여성을 남편과 아내라는 중심인물로 고양시켰다."(『조선 시대의 열녀담론』, 34~35면) 하지만 절대다수의 열녀전이 17세기 이후, 부계친적父系親的 친족 제도의 성립 이후에 쓰였다는 것, 즉 여성의 시집살이 이후 여성이 가부장적 가족 체계 속에 완전히 들어간 뒤에 열녀전이 생산되었다는 것은 여성의 가정 내부에서의 지위 하락을 의미하며, 동시에 여성이 남성의 권력 아래에 존재하게 되었다는 것을 의미한다. 따라서 열녀는 왜소한 여성을 중심인물로 만든 것이 아니라, 사실상 더욱 왜소하게 만들었던 것이다.
20. 강진옥,「열녀전승의 역사적 전개를 통해 본 여성적 대응양상과 그 의미」, 『조선 시대의 열녀담론』, 116면.
21. 열녀전의 작자는 모두 양반 남성인데, 그들은 이미 가부장제에 의해 의식화된 존재로서 여성의 죽음을 찬미하고, 남성에 대한 여성의 성적 종속성을 보다 확산시키기 위해 열녀전을 지었던 것이다. 열녀전 내부의 여성의 언어와 행동은 여성의 육성이 아니라, 이미 남성의 가부장적 가치 규범에 의해 오염된 것이기 때문에 거기에 반가부장제反家父長制 혹은 탈가부장제脫家父長制를 지향하는 여성의 주체적 의식과 행동은 존재할 수 없다. 요컨대 열녀전에서 가부장제에 반反하는 여성 주체란 존재하지 않는다. 물론 열녀전에 여성의 참혹한 죽음 자체에 대한 동정적인 시선이 없지는 않았지만, 그 시선 자체가 열녀의 죽음을 초래하는 가부장제 자체에 대한 비판이 아님은 물론이다. 예컨대 박지원의「열녀함양박씨전」이 여성의 수절과 죽음에 대해 비판하고 있다 할지라도, 박지원의 의식이 가부장제를 부정하거나 비판하는 것을 지향하지는 않는다는 말이다. 따라서 열녀전에서 가부장제에 반하는 여성의 의식을 도출하는 것은 무의미하다.
22. 나의 이 연구는 문학적 연구가 아니다. 열녀전의 문학적 형식과 내용 혹은 가치에 주목하지 않는다. 오로지 여성을 열녀로 만들기 위한 언어적 장치로 열녀전을 볼 뿐이다.

2장

1. 『稼亭集』: 『韓國文集叢刊』3, 104~105면.
2. 『東文選』(4), 協成文化社, 1985, 51~52면.
3. 『陶隱集』: 『韓國文集叢刊』6, 606면. 앞으로「절부조씨전」「열부최씨전」「배열부전」의 출처는 여기에 의하고, 따로 표시하지 않는다.
4. 『삼국사기』에도 열녀전은 따로 설정되지 않았다.
5. "曺未三十, 夫·父·舅連歿戰陣間, 寡居五十年, 日夜勤女工, 衣食女若孫, 使不失所, 而賓婚喪祭之用是給. 年已七十七, 猶康强無恙. 性又聰慧, 說在賊中時及近世治亂衣冠族姓事, 歷歷無遺失."
6. 위의 책, 같은 면. "余嘗游中國, 見以貞節旌表門閭相望, 初怪其多也. 伏惟朝廷以無其節有其財, 或冒名規避征役, 每令察官憲司責問有司, 乃如厚人倫敦風俗之美意也. 使如曺氏得聞于朝, 將大書特書溢於簡冊, 光於州閭, 豈終湮沒者哉?"
7. 위의 책, 같은 면. "史氏曰: '婦人守三從之義, 斯盡其道矣.' 曺父與夫皆死社稷之役而無其子, 妙年而寡, 抱節至老, 官不爲恤, 人不見知, 悲夫! 惟天道不僭, 宜其康强壽考也."
8. 鄭以吾, 앞의 글, 같은 책, 같은 면. "賊攔入崔氏居里, 烈婦年方三十三, 且有姿色, 抱負携持其子女, 走避山中, 明日賊四出驅掠, 見烈婦露刃以驅, 烈婦抱木而拒之, 罵賊曰: '等死爾, 汚賊以生, 無寧死義.' 罵不絶口, 賊推刃洞貫, 遂斃於木下, 賊虜十歲女八歲子以退, 獨習年方六歲, 在死側, 小兒猶飮乳, 血淋漓入口, 亦斃焉."
9. 李崇仁, 앞의 글, 앞의 책, 606면. "賊騎突入烈婦所居里, 烈婦抱乳兒走, 賊追之及江. 江水方漲, 烈婦度不能脫, 置乳兒岸上, 走入江, 賊持滿注矢擬之曰: '而來, 兌而死.' 烈婦顧見賊罵曰: '何不速殺我? 我豈汚賊者耶?' 賊發矢中肩, 再發再中, 遂歿於江中. 賊退, 家人求得其屍葬之."
10. 「열부최씨전」은 303자, 「배열부전」은 331자다.
11. 배씨는 조준이 체복사일 때 보고하여 정려했다고 하는데, 조준이 체복사가 된 것은 1382년이다.
12. 『高麗史』47, 志 1/天文/星變/成宗 "八年 九月 甲午. 彗星, 見, 赦, 王, 責己修行, 養老弱, 恤孤寒, 進用勳舊, 褒賞孝子·節婦……."
13. 『高麗史』3 世家 3 成宗 庚寅 9년9월 갑오. "求訪孝子·順孫·義夫·節婦."

14. 『高麗史』3 世家 3, 成宗 丁酉 16년 8월 을미. "義夫·節婦·孝子·順孫, 旌門賜物."
15. 『高麗史』4 世家 4, 顯宗 甲寅 5년 12월, 丁巳. "孝子·順孫·義夫·節婦, 量賜分物."

『高麗史』5 世家 5, 顯宗 辛未 22년 정월 을해. "孝子·順孫·義夫·節婦·耆老·篤疾者, 賜物有差."

『高麗史』7 世家 7, 文宗 丙戌 즉위년 9월 기해. "親饗年八十以上官員, 及百姓男女孝子·順孫·義夫·節婦·鰥寡孤獨·廢疾於毬庭, 賜物有差."

『高麗史』7 世家 7, 文宗 己丑 3년 3월 경자. "翼日, 饗庶老男女及義夫·節婦·孝子·順孫·鰥寡孤獨·廢疾于毬庭, 賜物有差."

『高麗史』7 世家 7, 文宗 辛未 5년 8월 신축. "親饗年八十以上僧俗男女一千三百四十三人, 篤廢疾僧俗男女六百五十三人·孝子·順孫·節婦十四人于毬庭, 賜物有差."

『高麗史』11 世家 11, 肅宗 乙亥 즉위년 11월 계묘. "民年八十以上, 及篤疾者·義夫·節婦·孝子·順孫·鰥寡·孤獨, 賜設, 分物有差."

『高麗史』12 世家 12, 睿宗 丙戌 원년 9월 경자. "親饗年八十以上男女·義夫·節婦·孝子·順孫·鰥寡·孤獨·篤疾者于闕庭, 賜物有差."

『高麗史』12 世家 12, 睿宗 戊子 3년 2월 신묘. "民年八十以上, 及孝子·順孫·義夫·節婦·鰥寡孤獨·篤疾者, 賜設分物."

『高麗史』14 世家 14, 睿宗 丙申 11년 4월 신묘. "王, 還京都, 赦, 制曰, …… 沿路州府郡縣, 年八十以上者, 及孝子·順孫·義夫·節婦·鰥寡·孤獨·篤廢疾者, 准西京例, 賜物."

『高麗史』15 世家 15, 仁宗 壬寅 즉위년 11월 병자. "親饗年八十以上男女, 及義夫·節婦·篤疾于闕庭, 賜物有差."

『高麗史』15 世家 15, 仁宗 甲辰 2년 8월 경오. "御神鳳樓, 大赦, 教曰: '…… 饗老人及篤疾·鰥寡孤獨·義夫·節婦, 賜物有差, 凡有職者, 各以次陞職.'"

『高麗史』19 世家 19, 毅宗 己丑 23년 4월 계묘. "還京都, 赦二罪以下. 詔: '加所歷名山大川神祇號, 鰥寡孤獨·篤疾及義夫·節婦·孝子·順孫, 賜物, 屬從文武員吏, 加次第同正職, 其餘雜類, 賜物有差.'"

『高麗史』22 世家 22, 高宗 甲申 11년 10월 기해. "饗國老·庶老·孝子·順孫·義夫·節婦."

『高麗史』25 世家 25, 元宗 庚申 원년 6월 정유. "丁酉朔, 下制, 肆赦, 丁巳年以上公私逋租, 年八十以上, 及鰥寡孤獨·篤疾疾者, 各給奉養一人, 孝子·順孫·義夫·節婦, 旌表其門."

『高麗史』33, 世家 33, 忠宣王 戊申 복위년 11월 신미. "王在金文衍家, 百官會梨峴

新宮, 王下敎曰: '······ 一, 孝子·順孫·節婦·烈女, 旌表門閭, 許加分職.'"
『高麗史』 35 世家 35, 忠肅王 乙丑 12년 10월 을미. "敎曰: '······ 一, 孝子·節婦, 旌表門閭, 勸勵風俗.'"
『高麗史』 38 世家 38, 恭愍王 壬辰 元年 2월 임인. "承事景靈宮, 踐位康安殿, ······ 孝子·順孫·義夫·節婦, 依例旌表, 以美風化."
『高麗史』 43 世家 43, 恭愍王 辛亥 20년 12월 기해. "敎曰: '······ 義夫·節婦·孝子·順孫, 風俗所係, 行旌表.'"
『高麗史』 135 列傳 48, 辛禑 11년 9월. "倬, 加以忠臣·烈士·孝子·順孫·義夫·節婦, 使幷祭之."

16. 『高麗史』 68 志 22, 禮 嘉禮 老人賜設儀. "熙宗 四年 十月 乙亥, 饗國老·庶老·孝順·節義, 王, 親侑之. 丙子, 又大鰥寡孤獨·篤廢疾, 賜物有差, 州府郡縣, 亦倣此例."

17. "六部成語, 禮, 義夫節婦, 註解, 不再娶曰義夫, 不再嫁曰節婦."

18. 의부와 절부를 동시에 표창하는 것은, 고려만의 특유한 것도 아니었다. 효자·순손·의부·절부를 한 묶음으로 표창하는 것은 중국 쪽에 풍부한 전례가 있다. 예컨대 위진 남북조 시대 송宋 효건제孝建帝의 효건 원년(454)에 효자·순손·의부·절부에게 곡식과 비단을 차등을 두어 하사한 기사(『宋書』 6권. "孝建元年, 春正月, 丙寅. 立皇子子業爲皇太子, 賜天下爲父後者爵一級, 孝子·順孫·義夫·節婦粟帛各有差.") 이래 25사에서 이와 동일한 기사는 흔하게 발견된다.

19. 『太祖實錄』 1년(1392) 7월 28일. 태조의 즉위교서. "一, 忠臣·孝子·義夫·節婦關係風俗, 在所獎勸. 令所在官司詢訪申聞, 優加擢用, 旌表門閭." 이 외에 『태조실록』 4년(1395) 7월 26일 기사에 "上命都評議使司, 令各道擧孝子·順孫·義夫有實行者, 具名啓聞, 以憑擢用."이라 하였고, 4년 9월 16일 조에는 "上命左右政丞曰: '今各道所報孝子順孫義夫節婦, 各有實跡, 宜加褒賞, 旌表門閭. 其有役者則復之, 貧乏者則周之, 以勵風俗.'"이라 하여 보고된 사람을 표창하게 하였다. 7년 12월 6일 기사에 도 좌정승 조준趙浚 등이 시무 3조목의 하나로 80세 이상이 된 사람과, 효자·순손·의부·절부, 가난하고 폐질廢疾이 있는 자는 잡역을 면제하고 살려줄 방도를 마련해 줄 것과, 효자·순손·의부로서 실적이 있어 쓸 만한 사람을 발탁하여 등용하자고 건의하고 있다. "一, 諸道男女年八十已上者及孝子·順孫·義夫·節婦, 貧乏廢疾不能自存者, 無問尊卑, 蠲免雜役, 優加矜恤. 一, 孝子·順孫·義夫有實効可用者, 別具以聞, 以憑擢用."

20. 『태종실록』 5년(1405) 3월 20일. "下敎褒賞孝子·順孫·義夫·節婦, 又命八十老人鰥寡孤獨, 皆加存恤. 從江原道都觀察使之請也." 이 외에도 『태종실록』 6년 윤7월 6

일 조에는 대사헌 한상경韓尙敬 등이 올린 시무 10조 안에 서울과 외방의 효자·순손·의부·절부를 찾아내 표창할 것을 건의하는 조목이 포함되어 있다. "願京外孝子順孫義夫節婦, 考問褒賞, 以勵風俗."

21. 『세종실록』 즉위년(1418) 11월 3일. "義夫·節婦·孝子·順孫, 義所表異, 廣加訪問, 開具實迹, 啓聞旌賞." 2년 1월 21일 조에는 즉위년의 교서로 수백 명의 효자·절부·의부·순손을 찾아내어 보고하고 있는데, 그중 특별히 뛰어난 행실이 있는 사람이 41명이었다고 한다. "上初卽位, 下敎中外, 求孝子·節婦·義夫·順孫所在, 以實迹聞, 凡數百人. 上以爲宜簡特行, 命鄭招, 以禮曹所上記行實狀, 議於左右議政, 凡得四十一人以聞." 10년 1월 21일에도 예조에 각 도의 효자·순손·의부·절부를 찾아내어 보고하라고 명하고 있다. "命禮曹, 訪問各道孝子·順孫·義夫·節婦."

22. 인조조에 보이는 것은, 청淸이 강요한 것이어서 의미가 없다.

23. 『문종실록』, 즉위년(1450) 12월 28일. "一, 草莽之間, 懷藏道德, 側陋遺逸, 恐或有之, 孝子順孫, 義夫節婦, 操行卓異, 而未蒙旌賞者, 亦或有之, 監司廣行, 搜訪以聞." 『단종실록』 2년(1454) 8월 5일. "甲申, 諭諸道監司曰：'行己者, 以孝悌節義爲重；居官者, 以恬靜慬愊爲重. 國家自祖宗來, 敎化涵育, 風俗歸厚, 官吏稱職, 求而用之, 蓋多有人焉, 第在上者, 不能甄別而旌異之. 爾卿旣專一方黜陟之權, 宜擇孝子·順孫·義夫·節婦之特異者, 守令之公廉正直, 顯有功績者, 具錄以聞. 予當擢用而獎勵焉."

24. "傳旨議政府曰：'爲國之道, 厚倫成俗而已, 其議興化勵俗之方以啓.' 議政府議啓：'一, 孝子·順孫·節婦等褒賞之典, 已有著令, 觀察使·守令慢不致意, 使良法美意, 徒爲文具, 今更布告中外, 悉令搜訪, 勿論良賤, 其所行卓異者啓聞褒賞, 以勸其餘."

25. 『經國大典』(飜譯篇), 禮典, 獎勵, 韓國精神文化硏究院, 1995, 248면. "孝友節義者(如孝子·順孫·節婦, 爲國亡身者子孫, 睦族·救患之類), 每歲抄, 本曹錄啓·勸(賞職或賜物, 尤異者旌門·復戶. 其妻守信者亦復戶)."

26. 『高麗史』 121 列傳 34/「烈女」. "古者, 女子, 生而有傅姆之敎, 長有彤史之訓, 故在家爲賢女, 適人爲賢婦, 遭變故而爲烈婦, 後世婦訓, 不及於閨房, 其卓然自立, 至臨亂冒白, 不以死生易其操者, 嗚呼, 可謂難矣, 作烈女傳."

27. 『史記』 권86, 「刺客列傳」 제26. "晉楚齊衛聞之, 皆曰非獨政能也, 乃其姊亦烈女也."

28. 『史記』 권82, 「田單列傳」 제22. "王蠋曰：'忠臣不事二君, 貞女不更二夫.'"

29. 『資治通鑑』 4권. "蠋曰：'忠臣不事二君, 烈女不更二夫.'"

30. "王蠋曰：'忠臣不事二君；烈女二夫.'"

31. "史臣洪汝剛曰：'或以爲辛氏旣非正統, 注書亦非達官, 再宜仕於盛朝, 不須拘於小節. 愚謂忠臣不事二君, 烈女不更二夫.'"

32. "禮曹啓: 晉州吏鄭習, 烈女之子. 雖非三丁一子, 許赴雜科試, 以獎節義, 勉勵風俗.' 從之."

33. "烈女·節婦世不多得, 間或有之."

34. "傳曰: '比者名爲孝子烈女者, 如斷指割肉, 則人人所不及也, 至於行三年之喪者亦旌之. 是雖勸獎之道, 然子之於親, 妻之於夫, 皆有常道. 服三年喪, 當盡其禮, 非異常之事也. 近者宋瑛妻但以盡禮於三年之喪, 得在旌表之列, 此豈可乎?' 柳洵等啓: '上敎允當.'"

35. "御晝講. 說經任權曰: '孝子·烈女係三綱者, 已令旌表矣.'"

36. "行副司果魚得江上疏. …… 又曰: '前朝·本朝·忠臣·孝子·孝女·順孫·節婦·烈女, 旌表門閭, 或立杜書名, (式)〔或〕立石刻名, 守令例不躬親, 吏胥以拙手書之, 埋沒至不知見. ……'"

37. 이외의 용례는 다음과 같다. 21년 3월 26일. "黃海道觀察使尹止衡, 以孝子瓮津正兵胡繼·文化私奴時種·前錄事李權·殷栗幼學朴薰·烈女松禾甲士李叔文妻金氏等馳啓曰: '海隅窮鄕, 節義可嘉. 依大典勸獎何如?'" 23년 9월 21일. "下禮曹公事于政院曰: '男老人供饋時, 則孝子·順孫一時供饋, 女老人供饋時, 則節婦·烈女幷爲供饋事, 付標以啓.'" 29년 8월 1일. "御朝講. 特進官許洽曰: '齊陵行幸所經各官, 孝子·順孫·烈女·節婦饋享事, 已敎矣.'"

38. 『高麗史』(下), 853~854면. 志38, 刑法1, 戶婚. "恭讓王, 元年, 九月, 都堂啓: '散騎以上妻爲命婦者, 毋使再嫁. 判事以下至六品妻, 夫亡三年, 不許再嫁. 違者, 坐以失節. 散騎以上妾及六品以上妻妾妾, 自願守節者, 旌表門閭, 仍加賞賜.'"

39. 『高麗史』(中), 724면. 志32, 食貨, 田制, 祿科田. "凡受田者, 身死後, 其妻有子息守信者, 全科傳受, 無子息守信者, 減半傳受. 本非守信者, 不在此限."

40. 『太祖實錄』, 1년 7월 28일. "一, 忠臣·孝子·義夫·節婦, 關係風俗, 在所獎勸. 令所在官司詢訪申聞, 優加擢用, 旌表門閭."

41. 『太祖實錄』, 5년 5월 20일. "一, 凡婦人受封者, 須是室女爲人正妻者, 得封. 雖係正妻, 原非室女者, 不許封爵, 止許稱某官某妻某氏. 其世係有咎明白者, 雖正妻不許封爵. 無封爵明文而擅稱者, 痛行理罪. 夫亡改嫁者, 追奪封爵."

42. 『太宗實錄』, 6년 6월 9일. "其二, 夫婦, 人倫之本. 故婦人有三從之義, 無更適之理. 今士大夫正妻, 夫歿而見棄者, 或父母奪情, 或粧束自媒, 至二三其夫, 失節無恥, 有累風俗. 乞大小兩班正妻適三夫者, 依前朝之法, 錄于恣女案, 以正婦道."

43. 『三國史記』卷43, 列傳3, 金庾信(下). "大王聞之, 問庾信曰: '軍敗如此, 奈何?' 對曰: '唐人之謀, 不可測也. 宜使將卒各守要害, 但元述不惟辱王命而亦負家訓, 可斬也.' 大王曰: '元述, 裨將. 不可獨施重刑.' 乃赦之. 元述慙懼, 不敢見父, 隱遁於田園. 至父薨後, 求見母氏. 母氏曰: '婦人有三從之義. 今旣寡矣, 宜從於子. 若元述者, 旣不得爲子於先君, 吾焉得爲其母乎?' 遂不見之. 元述慟哭擗踊而不能去. 夫人終不見焉. 元述嘆曰: '爲淡凌所誤, 至於此極.' 乃入太伯山."

44. 그외의 과목은 다음과 같다. 『논어』, 『효경』, 『예기』, 『주역』, 『좌전』, 『모시』, 『상서』, 『문선』을 제외하고는 모두 유가의 경전이다.

45. 『高麗史』(中), 853면, 志38, 刑法, 戶婚. "睿宗三年, 判: '有夫女淫, 錄恣女案, 針工定屬.'"

46. 다만 여성의 간통과 관련된 처벌은 유사 이래 남성 중심적 사회에서는 예외 없이 존재했기 때문에 자녀안의 존재를 특별하게 볼 것도 없다.

47. 『高麗史節要』에 1349년 익흥군益興君 거琚의 아내 박씨가 간통한 죄를 물어 투옥했는데, 옥에서 다시 중과 간통하여 신창관新倉館의 자녀姿女로 만들었다는 기록이 있다. 『高麗史節要』 권26, 충정왕 원년. "春正月, 監察司復治益興君琚妻朴氏, 私高信之罪, 收鞫俱服. 朴在獄, 又與僧通, 沒爲新倉館恣女. 諸國商客來往之處也." 신창관은 여러 나라의 상인이 내왕하는 곳이라 하였으니, 곧 국제 무역이 이루어지는 시장의 창녀로 삼았던 것이다. 즉 자녀안에 올린다는 것은, 간통한 여성을 창녀로 만드는 것을 의미하는 것으로 보인다.

48. 『高麗史』(中), 642면, 志29, 選擧, 銓注, 限職. "毅宗. 六年二月, 判, 京市案付恣女, 失行前所産, 限六品職, 失行後所産, 禁錮."

49. 『世宗實錄』 18년 6월 18일. "臣等謹按續六典內: '士大夫之妻, 更適三夫者, 錄于恣女案, 以戒後來.' 無有掌司, 尙未擧行, 遂使令典, 徒爲虛文. 願自今本府成案錄名, 以勵風俗."

50. 『續大典』은 없어졌지만, 이숙치가 인용하고 있는 조문은 『續大典』 그대로일 것이다. 왜냐하면 『文宗實錄』 즉위년 4월 13일조에도 "士大夫之妻, 更適三夫者, 錄于恣女案, 以戒後來."라는 조문이 똑같이 인용되고 있기 때문이다.

51. 『世宗實錄』 18년 6월 29일. "議于政府曰: '今憲府上言: 「…… 贓吏淫女子孫, 不許東班敍用; 士大夫妻更適三夫者, 憲府成案錄名, 以戒後來」是議如何?' 僉曰: '皆爲允當. 但贓吏子孫, 則親子親孫, 西班敍用. 更適三夫者子孫, 臺省·政曹外, 勿論東西班敍用. 淫行見著治罪者子孫, 勿令東班敍用, 以戒後來.' 從之." 원래의 번역본에 오류가 있어 필자가 고쳤다.

52. 『文宗實錄』 2년 3월 28일. "今趙由禮祖母金氏淫穢之行, 實非曖昧難明之類, 所可道也, 言之醜也. 其昭然可見者, 豈特再黜于外哉? 首載姿女之案, 擧國之人所共醜者也."

53. 『世宗實錄』29년 8월 2일 참조. 하지만 세종은 허락하지 않았다.
54. 『文宗實錄』즉위년 4월 13일 참조.
55. 『文宗實錄』즉위년 7월 17일. "旌別淑慝, 樹之風聲, 三代之制也. 若善不勸, 而惡不
懲, 則雖堯·舜, 不能以爲治也. 今所謂贓吏·恣女, 惡之極也. 其子孫布列顯職, 與良
善無別, 甚非勸懲之道也. 自今如此之人, 雖有才能, 不敍東班, 以礪士風." "人苟有
才行, 不可以世累廢棄. 況隨例敍用, 已有受敎, 不可輕易立法."
56. 태조太祖의 종제從弟다.
57. 『世宗實錄』11년 6월 1일에는 그의 손자 조유신趙由信, 13년 6월 30일에는 사위 박
곤朴坤, 17년 3월 4일에는 외손자 이사평李士平, 『文宗實錄』2년 2월 13일에는 손자
조유례趙由禮, 문종 2년 4월 24일에는 외증손 김효맹金效孟의 승진이 문제되었다.
58. 『文宗實錄』2년 4월 24일. 이해에 김씨는 자녀안에 이름이 오른다.
59. 『端宗實錄』2년 9월 6일. 전선색典船色 별좌別坐 김자균金子鈞은 자식이 있는 처
최씨를 버리고 변씨를 다시 처로 맞는데, 변씨는 파평군坡平君의 손자 윤장손尹長孫
과 부정副正 김자견金自堅에 이어 김자균과 또 결혼하여 자녀안에 오른다.
60. 『世祖實錄』13년 8월 5일. "前此恣女子孫, 未有得臺省·政曹·政府者矣. 母在恣女
之案, 而子在參贊之位, 此門一開, 後將難防."
61. 『成宗實錄』15년 11월 25일. 김개의 졸기에 의하면, 김개는 어머니 때문에 원래 법
사法司·육조六曹의 벼슬을 할 수가 없었는데, 세조의 비호로 의정부 좌참찬이 될 수
있었다고 한다.
62. 『世宗實錄』14년 5월 8일. "吉通曰: '汝母再嫁, 亦人乎?' 汝平妻曰: '母非失行, 再
嫁何害? 況後夫乃一品金南秀也?' 吉通曰: '南秀, 庸漢也. 一品官職, 何足貴乎? 我
豈特一品? 將爲王耳.'"
63. 『世宗實錄』14년 5월 17일.
64. 『成宗實錄』8년 7월 17일. "『大典』: '再嫁者勿封爵, 更適三夫者, 同其失行, 子孫不許
授顯官, 亦不許赴擧.'" 예조 참판 이극돈李克墩, 한성부 우윤 심한沈瀚, 예조 참의
김자정金自貞의 견해에 인용된 것이다.
65. 『成宗實錄』8년 7월 17일. "良家女子年少喪夫, 誓死守節則善矣, 不能則或迫於飢
寒 不得已奪志者, 容或有之. 若立法禁絶, 犯者治罪, 累及子孫, 則反爲玷累風敎,
非少失也, 依前更歷三夫外, 勿論何如?" 이하 같은 날의 기사는 출처를 제시하지 않
는다.
66. 광산부원군光山府院君 김국광金國光·영산부원군永山府院君 김수온金守溫·영돈
녕領敦寧 노사신盧思愼·판중추判中樞 김개金漑의 의견. "國家不得已勿禁再嫁, 仍
舊爲便."

67. "國家責人人以節義節行則固也, 而又從而一一論罪, 則亦難也, 一依大典施行何如?"
68. "若更二夫, 則是與禽獸奚擇哉?"
69. "今後再嫁者, 一皆禁斷, 如有冒禁再嫁者, 竝以失行治罪, 其子孫亦不許入仕, 以勵節義爲便."
70. 『成宗實錄』8년 7월 18일. "傳云:'信, 婦德也. 一與之齊, 終身不改.' 是以有三從之義, 而無一違之禮. 自世道日卑, 女德不貞, 士族之女, 不顧禮義, 或爲父母奪情, 或自媒從人, 非徒自壞家風, 實是有玷名敎. 若不嚴立禁防, 難以止淫僻之行. 自今再嫁女子孫, 不齒士版, 以正風俗."
71. 『成宗實錄』8년 7월 20일. "瓊仝曰:'傳旨:「再嫁者子孫, 勿齒仕版」恐有防礙.' 上曰:'餓死事小, 失節事大. 國家立法, 但當如是.'"
72. "昔程子曰:'再嫁只爲後世怕寒餓死. 然失節事極大, 餓死事極小.' 張橫渠曰:'人取失節者以配己, 是亦失節也.' 蓋一與之醮, 終身不改, 婦人之道也."
73. 『成宗實錄』8년 7월 17일. "但旣有子女, 家不甚貧, 而自許再嫁者亦有之, 是不勝情欲者也."
74. "衣食足而後, 可以治禮義. 國初有守信田, 以養節義, 今廢爲職田, 夫死無依, 或至再嫁, 以謂失行, 而勿敍子孫, 是豈養節義之道乎? 請革寺社田, 減職田, 以復守信田."
75. "烈女不更二夫, 豈待衣食足而後, 守其節?"
76. "餓死事小, 失節事大. 貞女豈以衣食之故, 失其所守乎? 然國家重節義之道, 不可無守信田也."
77. "'祖宗朝旣革之, 不可輕易復立也.'"
78. 『經國大典』(飜譯篇), 刑典, 禁制, 韓國精神文化硏究院, 1995, 442면. "士族婦女失行者(更適三夫者同), 錄案移文吏兵曹·司憲府·司諫院."
79. 위의 책, 예전禮典, 제과諸科, 171면. "罪犯永不敍用者. 贓吏之子, 再嫁失行婦女之子及孫及庶孼子孫, 勿許赴文科生員·進士試."
80. 서얼의 경우와는 약간 다르다. 서얼의 경우, 자손을 자자손손으로 해석하여 자자손손 문과, 생원시·진사시에 응시할 수 없었고, 관직에도 나아갈 수 없었다.
81. 『經國大典』(飜譯篇), 吏典, 京官條, 8~9면. "贓吏子及孫勿授·議政府·六曹·漢城府·司憲府·開城府·承政院·掌隸院·司諫院·經筵·世子侍講院·春秋館·知製敎·宗簿寺·觀察使·都事·守令職. 失行婦女及再嫁女之所生, 勿敍東西班職, 至曾孫方許以上各司外用之."
82. 잡직은 대개 기술직이다. 기술직은 대체로 중인의 몫이었다.

83. 『太祖實錄』1년 9월 21일. "古者, 女子已嫁者, 父母歿則無歸寧之義, 其謹嚴如此. 前朝之季, 風俗頹敗, 士大夫之妻, 趨謁權門, 恬不爲愧, 識者恥之. 願自今文武兩班 之婦女, 除父母·親兄弟·姊妹·親伯叔·舅姨外, 不許相往, 以正風俗."
84. 『世宗實錄』13년 6월 25일. "本朝經濟禮典內: '兩班婦女, 除父母·親兄弟·姊妹· 親伯叔·姑·親舅·姨外, 不許往見, 違者以失行論.'"
85. 『太宗實錄』4년 12월 8일. "佛氏之道, 以離世絶俗爲宗; 婦女之義, 以正靜自守爲 主. 以故國家嚴立法令, 凡婦女上寺者, 痛行禁斷, 以明風敎. 近來法令廢弛, 婦女上 寺, 絡繹於道. 宣淫失節, 職此之由, 甚非明時之令典也. 願令攸司, 婦女上寺者, 勿 論父母追會, 一皆禁斷, 以正風俗." 태종은 이 건의를 허락한다.
86. 『世宗實錄』13년 6월 25일. "禮, 婦人晝不遊庭, 無故不出中門, 所以謹婦道也. 本朝 經濟禮典內: '兩班婦女, 除父母·親兄弟·姊妹·親伯叔·姑·親舅·姨外, 不許往見, 違者以失行論.' 今士大夫之妻, 謟惑鬼神, 山野淫昏之鬼, 靡不祀之. 其中松嶽·紺 嶽, 尤極崇事, 每當春秋, 躬親往祭, 盛設酒饌, 托以娛神, 作樂極歡, 經宿而還, 誇耀 道路, 徘優巫覡, 前後雜沓, 張樂馬上, 恣行嬉遊. 其夫非惟不禁, 恬然偕行, 不以爲 怪者, 比比有之. 非惟婦女失德莫此爲甚, 昏惑邪媚之積習, 巫覡歌舞之淫風, 將不 可禁. 請自今中外名山神祠, 婦女來往, 悉行痛禁, 如有違者, 依六典以失行論, 竝罪 其夫. 其神祠所在官吏, 不用心禁制者, 依律論. 又有山棚儺禮凡諸盛觀之事, 大小婦 女或張幕路傍, 或於行廊樓上, 覘面縱觀, 略無羞愧, 甚乖婦道, 尤宜痛禁, 違者亦依 上項例論罪."
87. 『世宗實錄』31년 1월 22일. "且婦人無外事, 今京外兩班婦女, 或稱香徒, 或稱神祀, 各齎酒肉, 公然聚會, 恣意娛樂, 有累風敎. 又於行幸及中朝使臣來往之時, 行廊與 緣路各處, 浮階結幕, 或升墉, 或攀樹下箔以觀, 男女雜遝, 覘面無恥, 非唯取笑於上 國, 抑亦有乖於婦道."
88. 물론『孔子家語』역시『大戴禮』의「本命解」를 인용한 것이다.『孔子家語』,「本命解」 26, "晝不遊庭, 夜行以火, 所以劤正婦之德也."
89. 뒤에 상론하겠지만, 이들 예서는 다시『소학』에 인용됨으로써 사대부의 교양이 되었 다. 신개 역시 사실상『소학』을 인용하고 있다.
90. "士大夫妻, 親往中外神祇祈禱, 有乖禮俗. 自今如有親往者, 竝家長論罪, 神祠所在 官司, 不用心禁止者, 竝罪之."
91. 『世宗實錄』14년 3월 5일. "婦女上寺, 漸復舊俗."
92. 『文宗實錄』1년 4월 13일. "且婦女自痛禁上寺以來, 絶不往來, 如有潛往者, 人共非 之, 遂成美風. 今則上寺之婦漸多. 大抵欲莫大於男女, 雖宮闕間, 尙或難禁, 況齷豪 之髡, 其可保乎?"

93. 이지李枝는 조화趙禾의 아내였던 김씨와 결혼한 사람이다. 김씨에 대해서는 전술한 바 있다. 절에서 며칠 밤 동안 김씨가 중과 간통하자, 이지는 현장에서 적발해 꾸짖고 구타하였다. 그러자 김씨가 이지의 음낭을 잡아당겨 죽였다고 한다. 『世宗實錄』 9년 1월 3일.

94. 『成宗實錄』 4년 7월 20일. "前朝末, 婦女上寺無禁, 故僧尼婦女, 交相往來, 恣行淫欲. 其時上寺讀書蒙士輩, 目覩其事, 後爲達官, 遂建白設禁. 我朝因之, 亦載在元·續六典, 迄今遵守. 又有李枝者, 國族達官, 嘗因飯僧, 挈家上寺, 其妻與僧通, 遂爲其妻所殺, 事在史策."

95. 『成宗實錄』 4년 7월 18일. "近年以來, 氣習日變, 尼徒漸多, 窮閭密地, 處處皆有社堂, 聚集徒侶, 廣行招誘, 爲失行處女·背夫悍妻之淵藪. 無行寡婦, 夫屍未冷, 托薦冥福, 而剃髮暗投者, 不知其幾. 夷考其行, 誠心向道者, 百無一二, 跳出禮防, 切切焉肆意於宣淫耳. 何者, 婦人之處家, 閭閻在左右, 奴婢居前後, 僧俗異服, 出入有禁, 雖欲縱情恣欲, 耳目旣廣, 勢亦難行, 出家則僧尼一體, 服色相混, 攘斥婢僕, 頓絶親戚, 出入無防, 其勢視前日, 豈不萬萬易哉? 婦女之無狀醜行者, 結爲腹心, 或稱點燈, 或稱薦導, 或稱飜經, 遊遍寺刹, 旬日留宿, 蕩而忘返, 縱淫醜穢之聲, 騰聞滔滔. 今之街談巷論者曰: '某尼某氏與某僧相從, 名曰淨尼, 而實則蕩女; 名曰高僧, 而實則淫夫.' 女往僧寺, 僧往女第, 蹤迹詭秘, 聞者孰不切齒乎? 然旣非奸所捕獲, 又非自家之事, 孰肯發揚告訴, 與之對辨, 招怨賈禍哉? 此僧尼所以不恤人言, 恣行無忌者也, 豈不爲世道寒心哉? 今雖申嚴上寺之禁, 日罪其犯者, 猶懼不止, 況以尼僧不在禁例, 縱之不治, 則末流之弊, 將如之何?"

96. 『經國大典』(飜譯篇), 刑典, 禁制, 439면. "儒生婦女上寺者(尼同), …… 都城內行野祭者, 士族婦女遊宴山間水曲及親行野祭山川城隍祠廟祭者, ……並杖一百."

97. 이때 주는 관직은 주로 한산직閑散職이었다.

98. 조선 시대 정려旌閭 정책에 대해서는 朴珠, 『朝鮮時代의 旌表政策』(一潮閣, 1990)에 실증적으로 자세히 밝혀져 있다.

99. 『三國史記』 권9, 新羅本紀, 景德王 14년 4월. "春, 穀貴, 民饑. 熊川州向德貧無以爲養, 割股肉飼其父. 王聞, 賜賚頗厚, 仍使旌表門閭."

100. 『三國史記』 권48, 列傳 제8 孝女 知恩. 『三國史記』에는 "標榜其里曰孝養坊"로 되어 있지만, 『三國遺事』의 권9 孝善의 「貧女養母」에는 "旌其坊爲孝養之里"라 되어 있어 정표를 했음을 알 수 있다.

101. 『高麗史』(上), 74면, 世家, 成宗 9년 6월 庚寅.

102. 『高麗史』(上), 374면, 世家, 毅宗 17년 3월 庚子.

103. 『高麗史』(上), 407면, 世家, 明宗 12년 3월 庚辰.

104. 『高麗史』(上), 411면, 世家, 明宗 15년 12월 甲子.
105. 『高麗史』(上), 423면, 世家, 神宗 卽位年 11월 庚子. "義·節·孝·順旌表其門, 許加分職."
106. 『高麗史』(上), 509면, 世家, 元宗 元年 6월 丁酉. "孝子·順孫·義夫·節婦, 旌表其門."
107. 『高麗史』(上), 714면, 世家, 忠肅王 12년 10월 乙未. "孝子·節婦, 旌表門閭."
108. 『高麗史』(中), 667면, 志30, 百官1, 開城府. "二年 …… 且擢用孝子·順孫, 旌表義夫·節婦, 點考大小學校, 以養人才, 禁惡逆奸僞, 以正風俗."
109. 『高麗史』(中), 649면, 志29, 選擧3, 銓注, 封贈. 구체적으로는 다음과 같다. "已上命婦, 夫亡改嫁者, 追奪封爵, 三十歲前守寡, 至六十歲, 不失節者, 勿論存沒, 旌門復戶." 명부命婦(내명부와 외명부)로서 남편이 죽은 뒤 개가한 경우는 작위를 박탈하고, 30세 이전에 과부가 되어 60세까지 절개를 지킨 사람에게는 살았거나 죽었거나 예외없이 정문을 세우고 복호할 것을 말하고 있다.
110. 『太祖實錄』원년 7월 28일. "忠臣·孝子·義夫·節婦, 關係風俗, 在所獎勸. 令所在官司, 詢訪申聞, 優加擢用, 旌表門閭."
111. 『太祖實錄』4년 4월 27일. "旌表完山節婦林氏閭. 林氏, 完山人崔克孚妻, 待聘齋生柜之女也. 陷於倭寇, 欲汚之, 不從. 寇斷一臂, 又刖一足, 猶不從, 寇刺殺之."
112. 『太祖實錄』4년 9월 16일. "今各道所報孝子順孫義夫節婦, 各有實跡, 宜加褒賞, 旌表門閭. 其有役者則復之, 貧乏者則周之, 以勵風俗."
113. 『太祖實錄』7년 12월 6일.
114. 『世宗實錄』2년 1월 21일. "上初卽位, 下敎中外, 求孝子·節婦·義夫·順孫所在, 以實迹聞, 凡數百人. 上以爲宜簡特行, 命鄭招以禮曹所上記行實狀, 議於左右議政, 凡得四十一人以聞."
115. 『經國大典』(飜譯篇), 248면, 禮典, 奬勵. "孝友節義者(如孝子·順孫·節婦, 爲國亡身者子孫, 睦族·救患之類), 每歲抄, 本曹錄啓獎勸(賞職或賜物, 尤異者旌門·復戶. 其妻守信者亦復戶)."
116. 『成宗實錄』20년 9월 21일조에 의하면, 호조에서 수령들이 법을 알지 못해 전세田稅와 공부貢賦까지 면제하는 폐단을 지적하고, 단지 요역徭役만 감면해 줄 것을 건의하여 허락을 요청하고 있다. 하지만 별다른 효과는 없었다. 왜냐하면 『光海君日記』1년 3월 10일조에도 똑같은 문제가 논의되고 있기 때문이다. 대체로 복호는 요역·전세·공부까지 모두 면제하는 것이었다.
117. 『燕山君日記』8년 12월 9일. "忠臣孝子之閭, 必立旌表, 使觀者感激興起."
118. 『成宗實錄』8년 4월 22일. "節義, 人之大倫也. 故國家頒三綱行實於州郡, 而守令

廢閣不行. 且有孝子·節婦, 旌表門閭, 固爲盛典, 而亦不用意, 但橫木於路左, 甚違襃賞之意. 寧海有節婦, 甚貧且老, 其旌門柱腐敗, 本官乃令節婦修造, 不勝侵督, 來乞於隣欲修之, 凡所謂旌表者, 類皆如此. 乞令諸邑依中朝 作一間架懸扁額, 以示襃揚."

119. 그 전례가 어떤 것인지는 미상이다.

120. 『成宗實錄』8년 4월 22일. "旌表門閭, 所以襃揚獎勸, 非爲觀美. 請依我國舊例, 作虛門書額, 其下立石, 寫其姓名, 略敍行實." 이 기사를 보면 이때까지 정문에는 편액과 성명, 정문의 내력 등이 기록되어 있지 않았던 것으로 여겨진다.

121. 『燕山君日記』8년 12월 9일. "大司諫閔暉進曰: '忠臣·孝子之閭, 必立旌表, 使觀者感激興起. 今歲久不修, 唯存舊基, 請行移八道, 申明舊典.' 王曰: '本有其法, 但不擧行耳.'" 이하 중종조의 사실들은 모두 해당 연월일의 『中宗實錄』에 의거한 것이다. 따로 원문을 제시하지 않는다.

122. 『端宗實錄』2년 8월 5일. 각 도 감사에게 효자·순손·의부·절부를 보고하라고 명하고 있다.

3장

1. 『成宗實錄』8년 7월 20일. "瓊소曰: '傳旨: 「再嫁者子孫, 勿齒仕版」恐有防礙.' 上曰: '餓死事小, 失節事大. 國家立法, 但當如是.'"
2. 『成宗實錄』8년 7월 17일. "昔程子曰: '再嫁只爲後世怕寒餓死. 然失節事極大, 餓死事極小.' 張橫渠曰: '人取失節者以配己, 是亦失節也.' 蓋一與之醮, 終身不改, 婦人之道也."
3. 劉向, 「蔡人之妻」, 『列女傳』권4, , "壹與之醮 終身不改."
4. 『二程遺書』(四庫全書本) 권22 하, 「附雜錄後」에 실려 있다.
5. 『二程遺書』는커녕 『二程全書』조차 중종 때에도 흔하지 않았다. 『중종실록』10년 11월 2일 김근사金謹思는 『이정전서』는 개인적으로 소유하고 있을 뿐 홍문관에도 없다고 하고 있다. 이때까지 이정의 저작은 국내에서 인쇄된 적이 없었던 것이다. 성종 때라면 『이정전서』가 아주 드물었을 것이고, 『이정유서』라면 더더욱 드물었을 것이다.
6. 成百曉 譯, 『懸吐完譯 小學集註』, 傳統文化硏究會, 1993, 315~316면. "或問: '孀婦於理似不可取, 如何?' 伊川先生曰: '然. 凡取以配身也. 若取失節者以配身, 是己失節也.' 又問: '或有孤孀貧窮無託者, 可再嫁否?' 曰: '只是後世, 怕寒餓死, 故有是說. 然餓死事極小, 失節事極大.'" 번역은 약간 고쳤다.
7. ②를 임원준은 장횡거의 말로 인용하고 있지만 사실은 정자의 말이다.
8. "天子命之敎, 然後爲學. 小學在公宮南之左, 大學在郊. 天子曰辟雍, 諸侯曰頖宮."
9. "集說. 陳氏曰: '稽, 考也. 此篇考虞夏商周聖賢已行之跡, 以證前篇立敎·明倫·敬身之言也. 凡四十七章.'"
10. "集說. 吳氏曰: '嘉言, 善言也. 此篇述漢以來賢者所言之善言, 以廣立敎·明倫·敬身也. 凡九十一章.'"
11. "集說. 此篇紀漢以來賢者所行之善行, 以實立敎·明倫·敬身也. 凡八十一章."
12. 원래는 『史記』「田單列傳」에 실린 왕촉王蠋의 말이다.
13. 『小學』, 立敎-1, 44~45면. 「입교편」은 13장으로 이루어져 있다. '立敎-1'은 첫째 장章이란 뜻이다. 면수는 성백효, 『懸吐完譯 小學集註』에 따른 것이다. 앞으로 『소학』의 인용은 모두 이 책에 의하고, 다음과 같은 방식으로 인용한다. 『소학』, 명륜-66, 135~137면. 이것은 『현토완역 소학집주』의 「명륜편」의 66째 글이며, 그 면수가 135면에서 137면임을 나타낸다. 번역은 일부 고친 것도 있다.

14. 『小學』, 立敎-2, 46~55면. "內則曰: '凡生子, 擇於諸母與可者, 必求其寬裕慈惠溫良恭敬愼而寡言者, 使爲子師. 子能食食, 敎以右手; 能言, 男唯女兪. 男鞶革, 女鞶絲. 六年, 敎之數與方名. 七年, 男女不同席, 不共食. 八年, 出入門戶及卽席飮食, 必後長者, 始敎之讓. 九年, 敎之數日. 十年, 出就外傅, 居宿於外, 學書計, 衣不帛襦袴, 禮帥初, 朝夕學幼儀, 請肄簡諒. 十有三年, 學樂誦詩, 舞勺; 成童, 舞象, 學射御. 二十而冠, 始學禮, 可以衣裘帛, 舞大夏, 惇行孝悌, 博學不敎, 內而不出. 三十而有室, 始理男事, 博學無方, 孫(遜)友視志. 四十, 始仕, 方物出謀發慮, 道合則服從, 不可則去. 五十, 命爲大夫, 服官政. 七十, 致事, 女子十年, 不出, 姆敎婉娩聽從, 執麻枲, 治絲繭, 織紝組紃, 學女事, 以共(供)衣服. 觀於祭祀, 納酒漿籩豆菹醢, 禮相助奠. 十有五年而笄, 二十而嫁, 有故, 二十三年而嫁. 聘則爲妻, 奔則爲妾.'"

15. 『小學』, 明倫-67, 137면. "孔子曰: '婦人, 伏於人也. 是故無專制之義, 有三從之道. 在家從父, 適人從夫, 夫死從子, 無所敢自遂也. 敎令不出閨門, 事在饋食之間而已矣.'" 「大戴禮」「本命解」『家語』.

16. 『小學』, 明倫-62, 130면. "禮記曰: '夫昏禮, 萬世之始也. 取(娶)於異姓, 所以附遠厚別也. 幣必誠, 辭無不腆, 告之以直信. 信, 事人也. 信, 婦德也. 一與之齊, 終身不改, 故夫死不嫁.'" 「禮記」「郊特牲」.

17. 『小學』, 明倫-67, 130~140면. "婦有七去. 不順父母去, 無子去, 淫去, 妬去, 有惡疾去, 多言去, 竊盜去. 有三不去, 有所取, 無所歸, 不去; 與更三年喪, 不去; 前貧賤後富貴, 不去."

18. 『小學』, 明倫-67, 集解 139면. "不順父母, 爲其逆德也; 無子, 爲其絶世也; 淫, 爲其亂族也; 妬, 爲其亂家也; 有惡疾, 爲其不可與共(供)粢盛也; 多言, 爲其離親也; 竊盜, 爲其反義也."

19. 『小學』, 明倫-67, 138면. "女有五不取. 逆家子, 不取; 亂家子, 不取; 世有刑人, 不取; 世有惡疾, 不取; 喪父長子, 不取."

20. 『小學』, 明倫-67, 138~139면. "逆家, 爲其逆德也; 亂家, 爲其亂人倫也; 世有刑人, 爲其棄於人也; 世有惡疾, 爲其棄於天也; 喪父長子, 爲其無所受命也."

21. 『小學』, 明倫-67, 138~139면. "或問: '世有刑人不取, 如上世不賢而子孫賢, 則如之何?' 朱子曰: '所謂不取者, 是世世爲惡, 不能改者, 非指一世而言也.'"

22. 『小學』, 明倫-67, 같은 곳. "眞氏曰: '喪父長子不取, 先儒以爲疑, 若父雖喪而母賢, 則其敎女必有法, 又非所拘也.'"

23. 『小學』, 明倫-65, 133~134면. "內則曰: '禮始於謹夫婦, 爲宮室, 辨內外. 男子居外, 女子居內, 深宮固門, 閽寺守之, 男不入女不出. 男女不同椸枷, 不敢縣(懸)於夫之楎椸, 不敢藏於夫之篋笥, 不敢共湢浴. 夫不在, 斂枕篋, 簟席襡, 器而藏之, 少事長,

賤事貴, 咸如之."

24. 『小學』, 明倫-66, 135~137면. "男不言內, 不女言外. 非祭非喪, 不相授器. 其相授則女受以篚하고 其無篚則皆坐奠之, 而後取之. 外內不共井, 不共湢浴, 不通寢席, 不通乞假, 男女不通衣裳. 男子入內, 不嘯不指, 夜行以燭, 無燭則止. 女子出門, 必擁蔽其面, 夜行以燭, 無燭則止. 道路, 男子由右, 女子由左."

25. 『小學』, 稽考-28, 237면. "公父(甫)文伯之母, 季康子之從祖叔母也. 康子往焉, 闈門而與之言, 皆不踰閾. 仲尼聞之, 以爲別於男女之禮矣."『國語』「魯語」.

26. 『小學』, 稽考-29, 237~238면. "衛共(恭)姜者, 衛世子共伯之妻也. 共伯蚤死, 共姜守義. 父母欲奪而嫁之, 共姜 不許, 作柏舟之詩, 以死自誓."『毛詩』「鄘風柏舟序」.

27. 『小學』, 稽考-30, 238면. "蔡人妻, 宋人之女也. 旣嫁而夫有惡疾, 其母將改嫁之, 女曰: '夫之不幸乃妾之不幸也, 奈何去之? 適人之道, 一與之醮, 終身不改. 不幸遇惡疾, 彼無大故, 又不遣妾, 何以得去?' 終不聽."『列女傳』.

28. 『小學』嘉言-44, 315~316면. 集解. "娶婦, 共承宗廟以傳嗣續. 若娶失節者爲配, 則與己之失節同矣. 餓死極小, 謂: '人誰不死? 欲求守節有甚於求生也.' 失節極大, 謂: '失身再嫁, 中心羞愧, 無以自立於天地之間, 雖生, 何益哉?'"

29. 『小學』, 明倫-68, 140면. "曲禮曰: '寡婦之子非有見焉, 弗與爲友.'"『禮記』「曲禮」.

30. 『小學』嘉言-45, 316면. "顏氏家訓曰: '婦主中饋. 唯事酒食衣服之禮耳, 國不可使預政, 家不可使幹蠱. 如有聰明才智識達古今, 正當輔佐君子, 勸其不足, 必無牝雞晨鳴以致禍也."『顏氏家訓』.

31. 일부를 인용할 뿐이기에 번거로워 따로 『小學』의 면수와 원문을 제시하지는 않는다.

32. 『열녀전』에 대해서는 뒤에 다시 언급한다.

33. 『大戴禮』의 편자 대덕戴德과 『小戴禮』 곧 『예기』의 편자 대성戴聖은 한漢나라 선제宣帝 때 사람인 후창后倉에게서 예례를 전수받았다.

34. 삼종지의三從之義와 칠거지악七去之惡 등은 다른 출처도 갖지만, 『大戴禮』「本命解」의 자료가 가장 완벽하고, 또한 공자가 말한 것으로 되어 있기에 인용된 것이 틀림없다.

35. 『北史』, 『後周書』, 권49, 列傳 제41, 異域上, 高麗. "高句麗, …… 書籍有五經·三史·前漢書·後漢書."『後周書』는 당나라 태종 정관貞觀 연간에 저작된 것이다. 정관 원년은 고구려 영류왕營留王 10년, 서기 627년이다.

『舊唐書』, 권199, 열전 제149「東夷傳·高麗·百濟」. "俗愛書籍 …… 其書有五經·史記·漢書·范嘩後漢書·三國志·孫盛晉春秋·玉篇·字統·字林, 又有文選, 尤愛重之." 이것은 고구려의 서적을 지적한 것이고, 다음은 백제의 경우다. "其書籍有五經子史,

又表疏並依中華之法."모두 오경五經을 말하고 있으니,『禮記』가 중요한 텍스트로 수용되었던 것을 알 수 있다.
36. 신라의 경우, 신문왕神文王 2년(682)에 국학國學의 교과서에 "『周易』,『尙書』,『毛詩』,『禮記』,『春秋左氏傳』,『文選』,『論語』,『孝經』"이 있었고, 원성왕元聖王 4년(788)의 독서삼품과讀書三品科의 고시 과목에 오경五經과 삼사三史(『史記』,『漢書』,『後漢書』),『春秋左氏傳』,『禮記』,『文選』,『論語』,『孝經』및 제자백가서 등이 있었다.
37. 金庠基,『新編 高麗時代史』, 서울대출판부, 1985, 244면.
38.『高麗史』(上), 138면, 世家, 靖宗 11년 4월 己酉. 비서성秘書省에서 새로 간행한『禮記正義』70질과『毛詩正義』40질을 바쳤는데, 왕은 어서각御書閣에 한 질씩만 보관하고 나머지는 문신들에게 나누어 주라고 명했다. 이것은 송宋 태종 단공端拱 원년(고려 성종 7, 988)에 출판된『五經正義』180권의 일부다.『五經正義』는 조선 성종 때까지『禮記正義』의 일부가 망실된 채 목판이 그대로 남아 있었다.『成宗實錄』9년 8월 25일조 참조.
39.『高麗史』(上), 159면. 世家, 文宗 10년 8월. 戊辰. 서경西京 유수留守가 서경에서 진사과進士科, 명경과明經科 등 과거에 응시하는 사람들의 서적이 대부분 사본寫本이라 글자의 오착誤錯이 많다면서 비서각秘書閣에 보관하고 있는 구경九經과『漢書』,『晉書』,『唐書』,『論語』,『孝經』, 제자제주, 역사, 문집, 의서醫書, 복서卜書, 지리地理, 율력律曆, 산수算數 등에 관계된 서적들을 모든 학원學院에 비치하게 할 것을 요청하자, 문종이 해당 관리에게 명령하여 이 서적들을 한 벌씩 인쇄하여 보내도록 하였다.
40.『禮記淺見錄』(26권 13책)은 태종 16년(1416) 계미자癸未字로 인쇄되었다.
41. 이 인쇄는 원래 각 지방에 있던 각판刻版을 이용한 것이다. 金斗鍾,『韓國古印刷技術史』, 探求堂, 1995, 142면.
42. 사서오경대전四書五經大全은 영락永樂 연간(원년은 태종 3년, 1403)에 편찬되었고, 세종 원년 12월에 우리나라에 전해진다. 그러나 즉시 번각飜刻되지 않고 세종 7년부터 10년 사이에 번각, 인쇄된다. 金斗鍾, 위의 책, 142면.
43. 金斗鍾, 위의 책, 146면.
44.『故事撮要』의「八道冊版目錄」에 의한 것이다.
45.『世祖實錄』5년 6월 12일."禮記皆載日用常行之事, 不可不力學, 而世儒多不喜讀·讀了中庸後, 亦令讀之."
46. 세조 8년(2월 26)에도 문신文臣에게『禮記』를 읽도록 한 명령이 수행되었는지의 여부를 확인하는 것을 보면, 세조는『예기』의 보급에 관심이 컸던 것 같다.
47.『成宗實錄』9년 8월 21일."御晝講. 講禮記內則. 至 '子事父母, 雞初鳴, 咸盥漱.' 上

謂左右曰: '凡人子事父母, 當如是也. 何以使世人皆如是乎?' 同知事李承召曰: '此皆載小學, 使人人習之, 彼同有是心者, 豈無興感?' 上曰: '人皆行小學之道, 則豈有不義之人乎?' 右承旨洪貴達啓曰: '日者令中外儒生皆讀小學, 小學之書家家皆有之. 三綱行實藏者鮮少, 請多印廣布中外, 使窮巷小民皆知之, 則豈無興起其善心者乎?'"

48. 『明宗實錄』즉위년 8월 11일. 조강朝講에서 홍언필洪彦弼 등은 『小學』을 강하고 그 중요성을 역설했다. 이 자리에서 지경연사知經筵事 권벌權橃은 "주자朱子가 처음으로 『禮記』에서 뽑아내고 또 옛사람의 가언嘉言과 선행善行을 모아 이 책을 완성했다"고 말했다. 즉『小學』이 『禮記』에 유래한 것임을 밝히고 있는 것이다.

49. 『삼강행실도』의 편찬과 보급에 대해서는 河宇鳳, 「세종조의 儒敎倫理 보급에 대하여—『孝行錄』과 '三綱行實圖'를 중심으로」, 『全北史學』7, 전북대학교 사학회, 1983; 韓寬一, 「'三綱行實圖'의 社會敎育的 意義」, 『敎育科學硏究』9, 청주대학교 교육문제연구소, 1995; 金勳埴, 「'三綱行實圖' 보급의 社會史的 고찰」, 『震檀學報』85, 1998을 볼 것.

50. 『世宗實錄』10년 9월 27일. "婦之殺夫, 奴之殺主, 容或有之, 今乃有殺父者, 此必予否德所致也."

51. 『世宗實錄』10년 10월 3일. "請廣布孝行錄等書, 使閭巷小民尋常讀誦, 使之駸駸然入於孝悌禮義之場."

52. 세종의 원래 의도는 고려 때 권보權溥가 엮은 『孝行錄』을 증보하자는 것이었는데, 이 책은 뒤에 따로 출간되었다는 기록이 없다. 세종 14년 6월 9일 집현전에서 엮어서 서序와 전문箋文과 함께 올린 『효행록』은 충신·효자·열녀 세 편으로 구성된 『三綱行實圖』에 포함된 것으로 보인다.

53. 『世宗實錄』14년 6월 9일. "三代之治, 皆所以明人倫也. 後世敎化陵夷, 百姓不親君臣·父子·夫婦之大. 倫, 率皆昧於所性, 而常失於薄, 間有卓行高節, 不爲習俗所移, 而聳人觀聽者亦多. 予欲使取其特異者, 作爲圖讚, 頒諸中外, 庶幾愚婦愚夫, 皆得易以觀感而興起, 則化民成俗之一道也."

54. 『孝順事實』은 『世宗實錄』16년 7월 2일조 기사에 의하면, 갑인자甲寅字의 자본字本이 되기도 하였다.

55. 『太宗實錄』4년 11월 1일.

56. 『世宗實錄』14년 6월 9일. "廣布民間, 使無賢愚貴賤孩童婦女, 皆有以樂觀而習聞, 披玩其圖, 以想形容, 諷詠其詩, 以體情性, 莫不歆羨嘆慕. 勸勉激勵, 以感發其同然之善心, 而盡其職分之當爲矣."

57. 『世宗實錄』14년 6월 9일. "蓋與帝王敦典敦敎之義同一揆, 而條理有加密焉."

58. 다만 현재 전하는 『三綱行實圖』에는 4월 26일로 되어 있다.
59. 『世宗實錄』16년 4월 27일. "予惟降衷秉彝, 生民之所同; 厚倫成俗, 有國之先務. 世道既降, 淳風不古, 天經人紀, 浸以失眞, 臣不能盡臣道, 子不能供子職, 婦不能全婦德者, 間或有之, 良可嘆已. 思昔聖帝明王, 躬行身敎, 表倡導率, 使比屋可封. 顧予涼德, 雖不能企其萬一, 而竊有志焉."
60. 『世宗實錄』16년 4월 27일. "惟是敦典敷敎之道, 夙夜盡心, 載念愚民懵於趨向, 無所則效."
61. 『世宗實錄』16년 4월 27일. "爰命儒臣, 編輯古今忠臣·孝子·烈女之卓然可法者, 隨事記載, 幷著詩贊, 尙慮愚夫愚婦未易通曉, 付以圖形, 名曰三綱行實, 鋟梓廣布. 庶幾街童巷婦, 皆得易知, 披閱諷誦之間, 有所感發, 則其於誘掖開導之方, 不無小補."
62. 『世宗實錄』16년 4월 27일. "第以民庶不識文字, 書雖頒降, 人不訓示, 則又安能知其義而興起乎?"
63. 『周禮』의 해당 부분 원문은 다음과 같다. 『周禮』권26. "外史掌書外令, 掌四方之志, 掌三皇五帝之書, 掌達書名於四方. 若以書使于四方, 則書其令."
64. 『世宗實錄』16년 4월 27일. "予觀周禮, 外史掌達書名于四方, 使四方知書之文字, 得能讀之. 今可倣此, 令中外務盡誨諭之術, 京中漢城府五部·外方監司守令, 旁求有學識者, 敦加獎勸, 無貴無賤, 常令訓習, 至於婦女, 亦令親屬諄諄敎之, 使曉然共知, 口誦心惟, 朝益暮進, 莫不感發其天性之本然, 爲人子者思盡其孝, 爲人臣者思盡其忠, 爲夫爲婦亦皆盡道, 人知義方, 振起自新之志; 化行俗美, 益臻至治之風."
65. 『世宗實錄』26년 2월 20일. "又鄭昌孫曰: 頒布三綱行實之後, 未見有忠臣孝子烈女輩出. 人之行不行, 只在人之資質如何耳. 何必以諺文譯之, 而後人皆效之?' 此等之言, 豈儒者識理之言乎? 甚無用之俗儒也."
66. 『世宗實錄』26년 2월 20일. "前此, 上敎昌孫曰: '予若以諺文譯三綱行實, 頒諸民間, 則愚夫愚婦, 皆得易曉, 忠臣孝子烈女, 必輩出矣.' 昌孫乃以此啓達, 故今有是敎."
67. 『世宗實錄』32년 2월 22일. "又裒集古今忠臣·孝子·烈女事迹, 圖形紀傳, 係以詩讚, 名曰三綱行實, 頒諸中外, 至於窮村僻巷兒童婦女, 莫不觀省."
68. (1)·(2)·(3)·(4)·(5)는 동시에 『古列女傳』에도 실려 있다.
69. 이것은 『소학』에도 인용되어 있다.
70. 한대이기 때문에 『전한서』나 『후한서』가 그 출처일 수도 있으나, 이 두 책에는 실려 있지 않다. 또 두 편의 원래 출처는 『고열녀전』이다.
71. 예종이 동탁을 욕하는 부분에서 『후한서』는 "그대는 오랑캐 종자"(君, 羌胡之種)라고 하고 있는데, 『고금열녀』은 "그대는 잔혹한 사람"(君, 殘暴之人)이라고 하고 있

는 바,『삼강행실도』는『후한서』쪽을 따르고 있다.
72. (39)·(40)은『고금열녀전』도 인용 근거이기는 하나,『隋書』쪽이 포괄적이므로『隋書』가 확실하다.
73. (41)·(42)·(43)·(44)·(47)은『고금열녀전』과『구당서』가 출처이기도 하다. 그러나 가장 포괄적인 인용서는『신당서』다.
74. 『고금열녀전』에 실린 것 역시『오대사』에 실린 것과 완전히 동일하다.
75. 「雍氏同死」(58)는『고금열녀전』에 실려 있지 않다. 원래 이 이야기의 출처는『宋史』권450, 列傳 제209, 忠義5,「趙卯發傳」이다. 하지만 이 시기『宋史』가 없어 활용할 수 없었으므로, 다른 책에서 인용된 것으로 보는 것이 타당할 것이다. 조묘발趙卯發은 충신이었기에 송대宋代를 다룬 다른 책에도 더러 언급하고 있다.
76. (68)에서 (91)까지의 원대元代 열녀는 일부『古今列女傳』을 인용하나,『元史』쪽이 더 포괄적이다.『元史』에서 인용된 것으로 보는 것이 옳다.
77. 『宋史』는 단종端宗 때 수입된다.『端宗實錄』2년 9월 11일. "百官賀勅賜宋史, 蓋我國書籍欠宋史, 世宗每令赴京者購而未得, 又嘗奏請朝廷, 亦以爲: '翰林院所無, 將刊印而賜.' 至是, 更請, 乃賜." 대체로 단종 이전에『宋史』가 없었고, 여러 번 주청하여 이때에 와서 비로소 받았던 것이다.
78. 「宋氏誓死」(105)는 역승驛丞 정인鄭寅의 아내 송씨가 주인공인데,『고려사』에는 실려 있지 않고,『태종실록』13년 2월 7일조의 효자·절부 표창 기사에 나온다.
79. 『고려사』에서의 인용은「정처해침」鄭妻偕沈(98)만이『고려사』제121권, 열전 제34,「忠義」,'鄭文監 條'에 나오고 그 외의 모든 사람은 열전 제34의「烈女」에 나온다.
80. 참고로 열전에서 '열녀'를 포함하고 있는 단대사는 다음과 같다.『後漢書』권114, 열전 권74. '列女'『晉書』권96, 열전 권66. '列女'『魏書』권92, 열전 권80. '列女'『北史』권91, 열전 권79. '列女'『隋書』권80, 열전 권45. '列女'『舊唐書』권193, 열전 권143. '列女'『新唐書』권205, 열전 권130. '列女'『宋史』권460, 열전 권219. '列女'『遼史』권107, 열전 권37. '列女'『金史』권130, 열전 권68. '列女'『元史』권200·201, 열전 권87·88. '列女'.
81. 물론 1권의 후한後漢 (2)「明德 馬皇后」처럼 예외적으로 후한의 인물이『고열녀전』에 포함된 경우는 있다. 하지만 이것은 후대에 편집된『고열녀전』의 8권에서 인용된 것이다.
82. 「有虞二妃」(1)에서「楚子發母」(10)까지의 여성은 모성성으로 인해 선택된 것이 아니라, 고대 성인의 어머니로서 그 이름이 유향劉向의 당대까지 알려졌기 때문이었다. 다시 말해 이들은 유향이 생각한 어머니의 역사를 온전히 이루기 위해 선택되었던 셈이다.

83. 절의전의「魯孝義保」(1),「魯義姑姊」(6),「齊義繼母」(8),「魏節乳母」(11),「梁節姑姊」(12)는 동일한 내용과 구조를 갖는다. 이들은 거개 극단적인 자기 희생을 하고 있다.「노효의보」(1)는 자기 자식을 대신 죽이고,「제의계모」(8)에서 자기가 낳은 아들을 살인범으로 지목하여 전처의 자식을 살리고,「위절유모」(11)는 자기가 맡아 기르던 위나라의 공자를 위해 목숨을 버린다.「양절고자」(12)는 더욱 극단적인데, 자기 아들과 오빠의 아들이 불길 속에 있을 때 오빠의 아들을 구한다는 것이 자기 아들을 구하고 말아(오빠의 아들은 타 죽는다), 이것을 괴로워하여 남편이 말리는데도 불구하고, 스스로 불길에 몸을 던져 죽는다.

84. "己之子, 私愛也; 兄之子, 公義也."

85. 「노칠실녀」는 노나라 칠실漆室의 늙은 처녀. 그는 노나라 군주가 늙고 태자가 어린 것을 걱정하면서 운다. 이웃 여인이 시집을 못 가 그럴 것이라고 하자, 칠실녀는 노나라 군주가 늙고 태자가 어리니 정변과 전쟁이 백성의 삶을 뒤흔들어 놓을 것을 근심한다 하였다. 과연 예측한 대로 뒤에 전쟁이 일어났고, 여성까지 전쟁에 동원되었다. 시골의 여성이 정치와 개인의 삶의 관계를 정확히 꿰뚫는 정치 감각을 갖고 있었던 것이다.

86. 예컨대 다음 인용문을 보라. 母儀傳,「鄒孟軻母」(9). "夫婦人之禮, 精五飯, 羃酒漿, 養舅姑, 縫衣裳而已矣. 故有閨內之修, 而無境外之志. …… 以言婦人無擅制之義, 而有三從之道也. 故年少則從乎父母, 出嫁則從乎夫, 夫死則從乎子, 禮也."
母儀傳,「魯之母師」(12). "婦人有三從之義, 而無專制之行, 少繫父母, 長繫于夫, 老繫于子."
賢明傳,「宋鮑女宗」(7). "婦人一醮, 不改, 夫死不嫁. …… 且婦人有七見去, 方無一去義. 七去之道, 妒正爲首, 淫僻·竊盜·長舌·驕侮·無子·惡病, 皆在其後."
貞順傳,「齊杞梁妻」(8). "吾何歸矣, 夫婦人必乳所倚者也. 父在則倚父, 夫在再則依父, 子在則依子. 今吾上則無父, 中則無夫, 下則無子."

87. 유향의 의도는 실제 서술에서 상당한 모순을 노출하였다. 그는 여성의 일부종사를 설파했지만, 모의전의「衛姑定姜」(7)에서 위衛나라 정공定公의 부인인 정강定姜은 아들이 결혼 후 일찍 죽자, 청상의 며느리를 친정으로 돌려보낸다. 이것은 수절 관념과 정면으로 충돌하는 것이었다.

88. 『고열녀전』은 389자이고, 『고금열녀전』은 391자이니, 분량은 거의 동일하다.

89. "(a) 有虞二妃, 帝堯之二女也. 長, 娥皇; 次, 女英. 舜, 父頑母嚚, 象敖, 承事以孝. 四嶽薦之於堯, 堯乃妻以二女. 以觀厥內. (b) 二女承事舜於畎之中, 不以天子之女故而驕盈怠慢, 猶謙謙恭儉, 思盡婦道. (c) 舜旣爲天子, 娥皇爲后, 如英爲妃, 天下稱二妃聰明貞仁. 舜陟方死於蒼梧, 二妃死於江湘之間. 俗謂之湘君."

90. 『고열녀전』1권. 망묘芒卯의 후처는 전처의 다섯 아들이 자신을 미워함에도 불구하고 자신의 소생과 다름없이 사랑하고, 전처의 아들 하나가 죄를 지어 죽게 되자 그의 목숨을 구하고자 온갖 노력을 기울인다. 이에 왕이 계모의 자애를 생각하여 아들을 살려 보냈고, 전처의 자식들이 계모를 공경하게 되었다고 한다.
91. 「陰瑜妻」(14), 『後漢書』10, 중화서국, 1995, 2798~2799면. 음유陰瑜의 아내 순채荀采는 남편 사후에 수절을 결심하고 있던 중 아버지의 강요로 곽혁郭奕과 결혼하게 되자, 곽혁에게 수절의 의지를 분명하게 말하고 다음 날 새벽 목을 매어 자살한다.
92. 「劉長卿妻」(12), 『後漢書』10, 2797면. 유장경의 아내는 남편이 죽고 아들마저 죽자 자신의 귀를 베어 수절의 의지를 밝힌다.
93. 『後漢書』10, 2784면. 주욱周郁은 교만하고 음란, 경박한 사람으로 무례한 일을 많이 저질렀다. 그의 아버지가 주욱의 아내 아소阿少에게 남편의 행실을 고치게 하라고 하자, 아소는 물러나와 자신이 충고해도 남편이 듣지 않는다면 그것은 자신의 허물이요, 남편이 자신의 말을 듣는다면 아버지의 말은 듣지 않고 자신의 말을 들은 것이 되니 부자간을 이간질하는 것이라 하고, 고민 끝에 자살한다. 이 이야기는 남편과 시아버지, 곧 남성의 우매함을 드러내는 동시에 또 아소의 판단이 오류임을 드러내고 있기에 채택되지 않았을 것이다.
94. 「孝女曹娥」(8), 「孝女叔先雄」(16)은 모두 강에 빠져 죽은 아버지를 찾다가 투신자살하거나, 아버지의 원수를 갚은 효녀들이다. 즉 원래『후한서』열녀전은 효녀도 포함하고 있었던 것인데, 『삼강행실도』열녀편은 당연하게도 이것을 채택하지 않았다.
95. 「鮑宣妻」(1), 「王覇妻」(2), 「曹世叔妻」(5), 「袁隗妻」(10)가 그런 경우다. 특히 조세숙의 처는 『여계』를 지은 반소班昭인데도 채택되지 않았다.
96. 그 증거로 「董祀妻」(17)를 들 수 있다. 동사董祀의 처妻는 채옹蔡邕의 딸이고 이름은 염琰, 자는 문희文姬다. 박학博學에다 재변才辯을 갖추었고, 음율音律에 묘하다 했으니 음악에도 능통한 인물이다. 문희는 처음에는 하동河東 위중도衛仲道에게 시집갔으나, 남편이 사망하여 친정으로 돌아간다. 홍평興平 연간에 천하가 어지러워지자, 문희는 호기胡騎에게 잡혔고, 남흉노南匈奴 좌현왕左賢王에게 몰수되어 아들 둘을 낳는다. 조조曹操는 평소 채옹과 친해, 그가 후사가 없는 것을 안타까이 여겨 사자를 보내 금벽金璧을 주고 문희를 데려오게 한다. 그리고 다시 동사董祀에게 시집 보낸다. 뒤에 동사가 둔전도위屯田都尉가 되어 법을 범해 죽게 된 것을, 문희가 조조를 찾아가 유창한 말로 설득하자, 조조는 동사의 죄를 용서해 준다. 문희는 "첩은, 남자와 여자는 분별이 있어 직접 주고받지 않는 것이 예라고 들었습니다"(聞男女之別, 禮不親授)라고 말하고 있는 바, 곧 유교적 교양이 있는 인물이다. 그러나 그녀는 남편이 셋이었다. 『후한서』열녀전이 문희를 등장시킨 것은 개가 자체를 불의한 일로 보지 않

왔다는 것이다.

97. 「陶侃母湛氏」(7),「虞潭母孫氏」(11),「周覬母李氏」(12),「韋逞母宋氏」(25)는 모두 여성―어머니다. 이것은 제외된다. 여성―딸로서의 정절을 지킨 경우도 제외된다. 「尹虞二女」(14),「王廣女」(22),「靳康女」(24)가 그것이다.

98. 「羊耽妻辛氏」(1),「杜有道妻嚴氏2),「鄭袤妻曹氏」(4),「王凝之妻謝氏」(16),「劉臻妻陳氏」(17),「孟昶妻周氏」(19),「劉聰妻劉氏」(21),「苻堅妾張氏」(27),「竇滔妻蘇氏」(28),「慕容垂妻段氏」(30),「李玄盛后尹氏」(34)가 그런 경우다.

99. 「李玄盛后尹氏」(34)의 경우는 마원정馬元正에게 시집갔다가, 원정元正이 죽자 이현성李玄盛의 계실繼室이 되었음을 밝히고 있다.

100. 『元史』15, 中華書局, 1974, 4491면. "李君進妻王氏, 遼陽人. 大德八年, 君進病卒. 卜葬, 將發引, 親戚隣里咸會, 王氏謂衆曰: '夫婦死同穴, 義也. 吾得從良人逝, 不亦可乎?' 因撫棺大慟, 嘔血升許, 卽仆於地死."

101. 『元史』15, 4492면. "伊喇氏, 同知湖州路事耶律呼圖克布哈妻也. 夫歿, 割耳自誓. 旣葬, 廬墓側, 悲號不食, 死. 趙氏, 名哇兒, 大寧人. 年二十, 夫蕭氏病劇, 謂哇兒曰: '我死, 汝年少, 若之何?' 哇兒曰: '君幸自寬, 脫有不可諱, 妾不獨生, 必從君地下.' 遂命匠制巨棺. 夫歿, 卽自經死."

102. 『元史』, 4492면. "又有雷州朱克彬妻周氏·大都費嚴妻王氏·邁格妻耶律氏·曹州鄭臘兒妻康氏·陝州陳某妻別娥娥·大同宋堅童妻班氏·李安童妻胡氏·晉州劉恕妻趙氏·冀寧王思忠妻張氏·饒州劉楫妻趙氏·東平徐順妻彭氏·大寧趙鼠兒妻安氏·陳恭妻張氏·武壽妻劉氏·宋敬先妻謝氏·薩里妻蕭氏·古城魏貴妻周氏·任城郭灰兒妻趙氏·棗陽朱某妻丁氏·葉縣王保子妻趙氏·興州某氏妻魏氏·灤州裵某妻董貴哥·成都張保童妻郝氏·利州高塔必也妻白氏·河南楊某妻盧氏·蒙古氏太朮妻阿不察·相兀孫妻脫脫眞, 竝早寡不忍獨生, 以死從夫者. 事聞, 悉命褒表, 或賜錢贈謚云."

103. 『元史』, 4484면. "元受明百餘年, 女歸之能以倖聞於朝者多矣, 不能盡書, 采其尤卓異者, 具載于篇. 其間有不忍夫死, 感慨自殺以從之者, 雖或失於過中, 然較於苟生受辱與更適而不知愧者, 有間矣. 故特著之, 以示勸勵之義云."

104. 『三綱行實圖』는 1982년 세종대왕기념사업회에서 번역하고, 영인한 것을 사용한다. 충신편, 효자편, 열녀편 3책으로 구성되어 있다. 내용에 따라 번역을 고친 부분도 있다. 앞으로『三綱行實圖』열녀편의 인용은 각 편의 제목과 그 일련번호만을 밝히고, 면수를 따로 쓰지 않는다.

105. "婦人, 一醮不改, 夫死不嫁, 執麻枲, 治絲繭, 織紝組紃, 以供衣服, 澈漠酒醴, 羞饋食, 以事舅姑. 以專一爲貞, 以善從爲順, 豈以專夫室之愛爲善哉? 禮, 天子十二, 諸侯九, 卿大夫三, 士二. 吾夫士也, 有二不亦宜乎? 且婦人有七見去, 夫無一去義. 七去之道, 妬正爲首, 淫僻·竊盜·長舌·驕侮·無子·惡病皆在其後. 吾姒不敎以居室之禮, 而反欲使吾爲見棄之行, 將安所用."

106. 여성의 투기하지 아니함은, 자신의 배우자가 복수의 여성과 성관계를 갖더라도 항의하지 말 것, 즉 자신의 성적 배우자의 복수적 성관계에 대한 용인을 여성 스스로 수용하도록 요구하는 남성적 욕망의 관철이다.

107. 채蔡나라 사람의 아내로 송宋나라 사람이다.

108. "夫之不幸, 乃妾之不幸也. 奈何去之. 適人之道, 一與之醮, 終身不改. 不幸遇惡疾, 彼無大故, 于不遺妾, 何以得去."

109. "李德武妻裵氏, 字淑英, 安邑公矩之女, 以孝聞鄕黨. 德武在隋, 坐事徙嶺南, 時嫁方踰歲. 矩表離婚, 德武謂裵曰:'我方貶無還理. 君必儷他族, 于此長決矣.'答曰:'夫, 天也. 可背乎? 顧死無他.' 欲割耳誓, 保姆持不許. 夫姻媾媾, 歲時朔望, 裵致禮惟謹. 居不御薰澤, 讀列女傳, 見述不更嫁者, 謂人曰:'不踐二庭, 婦人之常. 何異而載之書?' 後十年德武不還, 矩決嫁之, 斷髮不食. 矩知不能奪, 聽之. 德武更娶尒朱氏, 遇赦. 中道聞其完節, 乃遣後妻, 爲夫婦如初."

110. "楚王靈龜妃上官氏, 下邳士族. 靈龜出繼哀王後而舅姑在, 妃朝夕侍奉謹甚. 凡珍美非經獻, 不先嘗. 靈龜卒, 將葬, 前妃無近族, 議者欲不擧. 妃曰:'逝者有知, 魂可無託乎?' 乃備禮合葬, 聞者嘉歎. 喪除, 兄弟共諭:'妃少又無子, 可不有行.' 泣曰:'丈夫以義, 婦人以節. 我未能殉溝壑, 尙可御粧澤, 祭他胙乎?' 將自剄刵, 衆遂不敢彊."

111. "聞氏, 紹興兪新之妻也. 大德四年, 新之歿, 聞年尙少, 父母慮其不能守, 欲更嫁之. 聞哭曰:'一身二夫, 烈婦所恥. 妾可無生, 可無恥乎? 且姑老子幼, 妾去, 當令誰視也?' 卽斷髮自誓. 父知其志篤, 乃不忍强."

112. 「高行割鼻」(20),「令女截耳」(25),「淑英斷髮」(41),「董氏封髮」(48),「淑安爪面」(70) 등은 코나 귀를 자르거나 얼굴을 손톱으로 훼손하거나 머리를 자르거나 싸매어 강력히 개가 거부를 표시한다.

113. (b)·(c)·(d)의 경우 강간이지만, 강간을 두려워하는 심리 역시 폭력에 대한 두려움이라기보다는 남편에 대한 성적 종속성을 유지하지 못할까에 대한 두려움으로 나타나 있다는 점은 특기할 사실이다.

114. 이 유일성은 여성에게만 강요된 것이다. 남성의 경우, 사회적으로 복수의 여성과의 성적 관계가 축첩, 개가, 매춘, 기생 제도 등의 방식으로 허용되었다. 따라서 여성의 성적 대상자가 한 사람의 남성으로 한정되어야 한다는 유일성은, 곧 불평등을 내포한다.

115. 이하는 죽음에 이르지 않고 열녀가 된 경우다.「太任胎敎」(2),「姜后脫簪」(3),「昭

儀當熊」(4),「婕妤辭輦」(5),「馬后衣練」(7),「文德逮下」(8),「曹后親蠶」(9),「孝子奉先」(10),「女宗知禮」(16),「宋女不改」(18),「高行割鼻」(20),「穆姜撫子」(21),「令女截耳」(25),「淑英斷髮」(41),「上官完節」(43),「董氏封髮」(48),「烈婦中刀」(50),「李氏負骸」(52),「兪母自誓」(69),「淑安爪面」(70),「義婦臥氷」(71),「甯女貞節」(92),「彌妻啖草」(96),「金氏撲虎」(107). 이 중에서 (2)에서 (10)까지의 천자나 황제의 비는 제외한다. 이들은 예외적인 신분이기 때문이다.

116. 「韓氏絶粒」(108),「黎貴縊葉」(109)은 세종대왕기념사업회에서 번역 간행한 『삼강행실도』에 낙장으로 되어 있어 내용을 알 수 없는데, 『實錄』을 참조해 채워 넣었다.
117. 집단 자살이 있으나 일단 통계의 편의를 위해 제외했다.
118. (12)의 경우는 목을 매어 자살을 시도했으나, 다시 소생한 경우다. 역시 죽음으로 친다.
119. 열과 짝을 이루는 효의 경우는 그 실천자의 절대 다수가 남성인데, 남성이 효라는 윤리를 성취하기 위해, 즉 부모를 위해 죽음을 선택하는 경우란 극히 희귀하다.
120. 『원사』 열녀전은 거의 모두가 죽음으로 열녀가 된 여성을 싣고 있다.
121. "孤之威敎欲令四海風靡. 何有不行於一婦人乎?"
122. "君, 羌胡之種. 毒害天下, 猶未足邪? 妾之先人, 淸德奕世. 皇甫氏, 文武全才, 爲漢忠臣. 君親非其趣使走吏乎? 敢欲行非禮於爾君夫人耶?"
123. "妾聞男以義烈, 女不再醮. 妾夫已死, 無獨全. 且婦人再辱, 明公亦安用哉? 乞卽就死, 下事舅姑."
124. "吾豈可嫁二夫邪?"
125. "吾寧就死, 義不受辱."
126. "我門風有素. 義不受辱於群賊."
127. 이것은 「崔氏見射」(40)에서 조원해趙元楷의 아내 최씨가, 도적에게 잡혀 아내가 되어 달라는 말에 "사대부의 딸이므로 자결해야 할 것이고, 도둑의 아내가 될 수는 없다."(我士大夫女, 爲僕射子妻. 今日破亡, 自可卽死, 終不爲賊婦)고 했을 때 '사대부의 딸'이라는 말과 같다. 또한 「景文守正」(49)에서 은보회殷保晦의 아내 봉씨封氏가 황소의 난에 도적의 성관계 요구에 "나는 공경의 자식이니, 정의를 지키다 죽으면 산 것과 같을 것이다. 역적의 손에 욕보지 않겠다."(我公卿子, 守正而死猶生也. 終不辱逆賊手)고 하고 살해되었을 때 '공경의 자식', '정의' 등과 같은 것이다.
128. 李冬兒, 甄城丁從信妻也. 年二十三, 從信歿, 服闋, 父母呼歸問曰: 汝年少居孀, 又無子, 何以自立? 吾爲汝再擇婿何如?' 冬兒不從. 詣從信家哭, 欲縊墓樹上, 家人防之, 不果. 日暮還從信家, 夜二鼓, 入室更新衣, 自經死.
129. "一身二夫, 烈婦所恥, 妾可無生, 可無恥乎?"

130. 「皇英湘死」(1), 「殖妻哭夫」(17), 「閨薛效死」(31), 「劉氏憤死」(36), 「柳氏同穴」(37), 「按蘭躍馬」(61), 「王氏經死」(79), 「王氏號慟」(93), 「傅妻俱死」(95), 「黎貴縊葉」(108), 「韓氏絶粒」(109), 「金氏同窆」(110). 이 중 「염설효사」(31)에서는 남편이 죽을 병에 걸리자 자살해 버린다. 남편은 뒤에 살아난다.

131. "王若死, 妾不獨生."

132. "吾豈忍事他人, 寧俱死不獨生?"

133. "吾何歸矣? 夫婦人必有所倚者. 父在則倚父, 夫在則倚夫, 子在則倚子. 今吾上則無父, 中則無夫, 下則無子, 內無所依以見吾誠, 外無所依以見吾節, 吾豈能更二哉? 亦死而已."

134. "周迪善賈, 往來廣陵. 會畢師鐸亂, 人相掠賣以食. 迪飢將絶, 妻某氏曰: '今欲歸, 不兩全. 君親在, 不可并死. 願見賣以濟君行.' 迪不忍, 妻固與詣肆, 售得數千錢以奉. 迪至城門, 守者誰何, 疑其紿, 與迪至肆問狀, 見妻首已在枅矣. 迪裹(裏)餘體, 歸葬之."

135. "李仲義妻劉氏, 名翠哥, 房山人. 至正二十年, 縣大饑, 平章劉哈刺不花兵乏食, 執仲義欲烹之. 仲義弟馬兒走報劉氏, 劉遽往救之. 涕泣伏地告於兵曰: '所執者, 是吾夫也. 乞矜憐之, 貸其生. 吾家有醬一甕米一斗五升窨于地中, 可掘取之, 以代吾夫.' 兵不從. 劉曰: '吾夫瘦小, 不可食. 吾聞婦人肥黑者味美, 吾肥且黑. 願就烹以代夫死.' 兵遂釋其夫而烹劉氏."

136. "妾聞婦人之義, 一往而不改, 以全貞信之節. 忘死而趨生, 是不信也; 貴而忘賤, 是不貞也. 棄義而從利, 無以爲人."

137. "妾已刑矣. 所以不死者, 不忍幼弱之重孤也. 王之求妾者, 以其色也. 今刑餘之人, 殆可釋矣."

138. "脅之曰: '從我多與若金, 否則殺汝.' 毛曰: '寧剖我心, 不願汝金.' 賊以刀磨其身, 毛大罵曰: '碎兇賊! 汝碎則臭, 我碎則香.' 賊怒. 剉其腸而去."

139. 『仁宗實錄』원년 정월 24일. "癸未, 命印諺解小學, 宣布中外, 欲使閭巷婦人小子, 皆得以知之."

140. 『中宗實錄』12년 6월 27일. "然三綱行實所載, 率皆遭變故艱危之際, 孤特激越之行, 非日用動靜常行之道, 固不可人人而責之. 小學之書, 迺切於日用, 而閭巷庶民及婦人之目不知書者, 難以讀習矣. 乞於群書內, 最切日用者, 如小學·列女傳·女誡·女則之類, 譯以諺字, 仍令印頒中外."

141. 『世祖實錄』5년 8월 21일. "命右承旨李克堪·世子弼善洪應撰前代女訓以進."

142. 『成宗實錄』1년 2월 7일. "內出曹大家女誡一帙, 令藝文館定口訣."

143. 반고가 『전한서』를 완성하지 못하고 죽자 반소가 이어서 책을 완성했고, 반초가 서

역 정벌을 나가 돌아오지 못하자, 황제에게 글을 올려 귀환을 요청하기도 하였다.
144. 이숙인 역주,『女四書』, 여이연, 2003, 25면. "古者, 女生三日, 臥之床下, 弄之瓦塼, 而齊告焉. 臥之床下, 明其卑弱, 主下人也. 弄之瓦塼, 明其習勞, 主執勤也. 齊告先君, 明當主繼祭祀也. 三者, 盖女人之常道, 禮法之典敎矣." 앞으로 『女誡』의 번역은 모두 이 책에 의하고, 서지 사항은 생략한다.
145. 위의 책, 27면. "謙讓恭敬, 先人後已; 有善莫名, 有惡莫辭; 忍辱含垢, 常若畏懼, 是謂卑弱下人也."
146. 위의 책, 같은 면. "晩寢早作, 勿憚夙夜; 執務私事, 不辭劇易; 所作必成, 手跡整理, 是謂執勤也."
147. 위의 책, 27면. "正色端操, 以事夫主; 淸靜自守, 無好戲笑; 潔齊酒食, 以供祖宗, 是謂繼祭祀也."
148. 위의 책, 30면. "夫不賢, 則無以御婦; 婦不賢, 則無以事夫. 夫不御婦, 則威儀廢缺; 婦不事夫則義理墮闕. 方斯二者, 其用一也."
149. 위의 책, 40면. "禮, 夫有再娶之義, 婦無二適之文. 故曰夫者天也. 天固不可逃, 夫固不可離也."
150. 위의 책, 같은 면. "故女憲曰: '得意一人, 是謂永畢; 失意一人, 是謂永訖.'"
151. 위의 책, 36면. "侮夫不節, 譴呵從之; 忿怒不止, 楚撻從之. 夫爲夫婦者, 義以和親, 恩以好合. 楚撻旣行, 何義之存? 譴呵旣宣, 何恩之有? 恩義俱廢, 夫婦離矣."
152. 「成宗大王墓誌文」,『成宗實錄』권297. 이 책은 인쇄되었지만 현전본이 없어 내용을 짐작하기 어렵다.
153. 최항崔恒·신숙주申叔舟·김계창金季昌·정휘鄭徽가 왕명을 받아 당唐·우虞에서 명명까지 후비들이 본받을 만한 선善을 엮었다. 崔恒,「后妃明鑑序」,『太虛亭集』:『韓國文集叢刊』9, 191면을 볼 것. 이 외에 김종직金宗直의 서문도 남아 있다. 金宗直,「后妃明鑑序」,『佔畢齋文集』:『韓國文集叢刊』12, 404~405면.
154. 「內訓序」,『御製內訓』, 弘文閣 影印, 1990, 5면. "凡人之生, 稟天地之靈, 含五常之德, 理無玉石之殊, 而有蘭艾之異, 何則? 在於修身之道, 盡與未盡矣."
155. 「內訓序」,『御製內訓』, 5~6면. "大抵男子游心於浩然, 玩之乎衆妙, 自別是非, 可以持身, 何待我敎而後行也. 女子不然, 徒甘紡績之粗細, 不知德行之迫雲, 是余之日恨也."
156. 5의 주周나라 태임太姙, 7의 맹가孟軻의 어머니는『소학』에도 실려 있으나,『내훈』에 실린 태임의 이야기가『소학』의 것보다 훨씬 긴 것을 고려한다면,『소학』이 아니라『고금열녀전』에서 옮겨온 것이 분명하다. 따라서 7도『고금열녀전』에서 인용되었다고 보아야 할 것이다.

157. 『宣祖實錄』6년 4월 12일 기사에서 유희춘柳希春은 『內訓』 2권의 『女敎』 인용 부분의 "或歐或詈, 公所宜也"가 "或歐或詈, 分所宜也"의 오류라고 하면서 고칠 것을 청하면서 홍문관의 『方氏女敎』에서 확인했다고 하였다. 『女敎』는 곧 『方氏女敎』다. 이상한 것은 현행본에는 '公所宜也'도 '分所宜也'도 아닌 '乃分之義'로 되어 있다는 것이다. 어디서 잘못되었는지 알 수가 없다.

158. 다만 이 책의 본문이 위에서 보듯 4언의 문체로 쓰여졌던 것은 분명하다. 『方氏女敎』는 유몽인柳夢寅(1559~1623)의 「節婦安氏傳」에 보인다. 「節婦安氏傳」의 주인공 안씨安氏는 어려서 그의 언니가 읽는 『方氏女敎』를 듣고 기뻐하면서 배울 것을 청했다고 한다. "嘗讀方氏女敎, 安氏聞而喜, 請學焉. 自是知禮義, 盡讀列女傳·小學, 仍又略涉經史, 能內其美." 『於于集』 『韓國文集叢刊』69, 574면. 이 자료로 보건대 대개 유몽인의 시대에 『方氏女敎』는 사대부가에서 더러 읽히는 책이었던 것이다.

159. 아마도 『女誡』의 7개의 장 모두를 인용하고 있었을 것이다.

160. "孔子曰: 婦人伏於人也, 是故無專制之義……" 이하가 바로 그것인데, 여기에는 '삼종지의', '칠거지악' 등이 열거되어 있다. 물론 『소학』에서 인용된 것이고(내편, 명륜, 명부부지별, 67장), 원출전은 『大戴禮』 「本命解」, 『家語』다.

161. 『小學』은 위에서 언급한 바와 같이 원래 남성 어린이를 겨냥한 책이었다. 그러나 실제 책의 내용은 남성 성인을 위한 책이었다.

162. 『太宗實錄』 4년 8월 20일. "五部敎授官, 擇除通經醇謹之士以敎養之. 其生徒之能通孝經·小學·四書·文公家禮者, 升之小學, 令成均正錄所, 敦加敎養; 其通三經已上, 孝悌謹厚, 許赴監試, 升于成均; 擇其能通五經·通鑑而德行著聞者, 方許赴試; 其輕薄不謹之輩, 雖才學出衆, 屛斥不納."

163. 뒤에 북부학당北部學堂이 없어져 사부학당四部學堂이 된다.

164. 『太宗實錄』 7년 3월 24일. "小學之書切於人倫世道爲甚大, 今之學者, 皆莫之習, 甚不可也. 自今京外敎授官, 須令生徒先講此書, 然後方許他書. 其赴生員之試, 欲入太學者, 令成均正錄所, 先考此書通否, 乃許赴試, 永爲恒式."

165. 『世宗實錄』 1년 2월 17일. "小學之書, 誠人人之所當講明者也. 故當試年, 令成均正錄, 先講小學, 然後方許錄名, 而未聞有不通者."

166. 『世宗實錄』 1년 2월 17일. "安有人人能明小學乎? 至於四書五經, 亦如是耳. 當開試之日, 始集擧生而考講之, 豈皆平日能通經傳者乎?"

167. 『世宗實錄』 8년 1월 18일. 탁신卓愼의 졸기卒記를 보라.

168. 『世宗實錄』 1년 2월 17일. "今若外而鄕學, 內而成均·五部, 擇通小學者爲師表, 先敎小學而後, 乃訓經傳, 日常講明, 考其能否, 及其試年, 又加考講, 則取士之法得矣."

169. 『世宗實錄』5년 5월 28일. "化成風敎, 無如小學之書. 國試記名, 先考通否, 已有著令. 赴試之徒, 曾不致意, 未有不通小學而不得記名者, 其不得記名者, 或至訴訟. 夫風化之行, 必有文敎, 而儒者之輩至於如此, 廉恥之道, 無由興起. 願今後特命所司, 文臣一員監其考講, 其不如法者, 痛繩以法."

170. 『世宗實錄』8년 1월 27일. "赴生員試者, 始令文臣監察, 分臺于成均正錄所, 考講小學·家禮."

171. 『世宗實錄』18년 윤6월 25일. 肆我本朝部學勸課之法, 八歲以上, 皆赴學堂, 敎以小學, 十五以上, 功已成就, 於經書中, 考講三處, 通者置簿, 升于成均, 載在續典."

172. 『經國大典』(飜譯篇), 禮典, 講書, 177면. "成均館博士以下官同藝文館·承文院·校書館七品以下官及監察, 講小學·家禮(臨文. 鄕吏則又背講四書·日經), 錄名, 本曹試取." 同生員覆試.'

173. 『世宗實錄』18년 윤6월 25일. "今四部學堂生徒, 不此之顧, 以小學爲童稚之學, 曾不講讀, 每當升補, 臨時涉獵, 其於進學之基融貫者蓋寡."

174. 『世宗實錄』7년 12월 23일. "禮曹啓: '四部學堂, 職專小學之敎. 其入學生徒, 先授小學, 乃授他書."

175. 『世宗實錄』7년 12월 23일. "但小學之書, 蒐輯經史子集要語, 多有難解處. 本朝刊本小學, 音訓註解未備, 唯集成小學, 音訓註疏·名物圖象, 極爲明備, 童蒙之輩, 可以易知. 請以濟用監苧麻布, 授入朝使臣, 買來集成小學一百件."

176. 『世宗實錄』9년 7월 1일 강원도 관찰사 정효문鄭孝文이 새로 간행된 『小學』을 바쳤다는 기사가 있는데, 이것이 『集成小學』일지도 모른다. 그러나 확언할 수는 없다.

177. 『世宗實錄』17년 4월 8일. "集成小學切於日用之書, 學者病其難得. 願依惠民局賣藥例, 或紙或米豆, 量給爲本, 令一官一匠掌其事, 印出萬餘本鬻之, 還本於官. 如此則其利無窮, 而於學者有益."

178. 『世宗實錄』17년 4월 8일. "上曰: '予嘗讀史, 有曰:「頒之大矣, 鬻之非矣」然卿言固善, 予將行之.' 卽命都承旨辛引孫曰: '一如稱啓. 非唯小學, 凡諸鑄字所在冊板, 竝宜印之, 其議以啓.'"

179. 이 책에 대해서는 뒤에 다시 언급한다.

180. 『成宗實錄』2년 6월 8일. "又下敎各道觀察使, 廣刊小學·三綱行實, 人無大小, 皆令學之, 使知三德·三行·六德·六行."

181. 『成宗實錄』2년 6월 18일. "民風·士習, 在上之人, 崇獎而激勵之. 其令中外, 搜訪忠臣·烈婦·孝子·順孫, 啓聞旌別, 又令諸道觀察使, 廣刊小學·三綱行實等書, 令民講習."

182. 『成宗實錄』7년 7월 23일. "予惟治國之道, 敎化爲先. 曾諭諸道令儒生講明小學·

三綱行實. 爾禮曹 …… 其體予意, 京中四學儒生, 亦依鄕校例, 皆習小學, 使無躐等 陵節之弊."

183. 『成宗實錄』9년 8월 21일. "日者令中外儒生皆讀小學, 小學之書家家皆有之."

184. 『고려사』를 강하고 나서 『소학』을 강하자는 성종의 말에 신하들이 초학자의 글이라면서 읽을 필요가 없다고 하였으나, 성종은 다시 『소학』을 강하기로 결정한다.

185. 『成宗實錄』12년 2월 16일 영안도永安道 관찰사의 요구로 교서관校書館에 간직된 사서四書 및 『소학』·『효경』을 하사했다. 성종 24년 9월 8일에는 제주도에 사서와 『시경』·『소학』을 보내었다.

186. 『成宗實錄』9년 4월 15일. "此疏與深源上疏相同. 深源薦慶延·姜應貞, 孝溫亦薦 慶延. 臣竊聞之, 孝溫之徒有如姜應眞·鄭汝昌·朴演等, 別爲一群, 推應貞爲夫子, 指朴演爲顔淵, 常以行小學之道爲名, 相尙異論. 此固弊風也. 漢有黨錮, 宋有洛黨·蜀黨. 此輩不及於古, 然足爲治世之累, 漸不可長. 且以布衣而議國家之政, 尤不可."

187. 『成宗實錄』9년 4월 24일. "但孝溫與姜應貞·朴演等若干人作小學契, 名曰行小學之道, 時時群聚講論, 稱應貞爲夫子, 朴演爲顔淵, 或自相標榜, 或譏侮者之所言, 未可知也, 然一時儒生莫不笑之."

188. 李肯翊 編, 『燃藜室記述』(上), 景文社, 1976, 453면, 燕山朝故事本末, 「戊午黨籍」. "公居玄風. 少豪逸不羈, 遊走市街, 鞭笞人物, 人見輒避匿. 旣長, 發憤學問." 원출전은 『名臣錄』과 『師友明行錄』으로 되어 있다.

189. 위의 책, 같은 곳. "初從金宗直請業, 宗直授以小學, 曰:'苟志於學, 宜從此始. 光風霽月亦不外此.'"

190. 위의 책, 같은 곳. "公服膺不怠, 獨行無比. 平居必冠帶, 人定後就寢, 鷄鳴則起. 室家之外, 未嘗近色. 人或問國家之事, 必曰:'小學童子, 何知?'"

191. 위의 책, 같은 곳. "嘗作詩云:'業文猶未識天機, 小學書中悟昨非.'宗直批曰:'此言乃作聖之根基. 許魯齋後豈無其人.'年三十後始讀他書."

192. 『燕山君日記』5년 8월 21일. "因進小學一帙, 請開刊, 以廣其傳, 傳曰:'一依所啓.'"

193. 『中宗實錄』12년 8월 27일. "臣少時, 亦不知小學之爲何物, 此, 無他. 戊午年以後, 金馹孫諸儒相繼就死, 士林之禍至爲慘酷, 故爲父兄者, 敎子弟只以謀利祿, 而不敎爲學之本, 風俗·士習之毁已極矣. 若有挾小學·大學者, 人莫不指笑以爲:'此人學孔·孟之學, 行程·朱之行者也.'"

194. 김굉필과 조광조 사이에는 흥미로운 일화가 전한다. 김굉필이 그의 어머니에게 보내려고 꿩 한 마리를 말리고 있는데, 지키는 자가 소홀한 틈을 타서 고양이가 꿩을 물고 달아났다. 김굉필이 지키던 자에게 흥분하여 큰 소리로 꾸짖자, 제자 조광조는 스

승을 도리어 나무란다. "봉양하는 정성은 간절하오나, 군자는 말과 기색을 잘 살펴 하지 않을 수 없는데, 소자가 적이 의혹되옵기에 말씀드리는 바입니다." 김굉필은 이 말에 "나도 바로 뉘우쳤는데, 네 말이 또한 이와 같으니, 부끄럽다. 네가 내 스승이지 내가 네 스승이 될 수 없다"고 하였다.

195. 洪仁祐,『恥齋日錄』: 李肯翊,『練藜室記述』8권. "趙夫子, 居家律己, 不愧古人. 爲學篤實, 委坐積熟, 衣冠必端正, 自朝而暮, 自初昏至三更, 兀然不動. 淸曉早起盥櫛, 雖夏熱短宵不少變. 想其學問不及程·朱亦不遠."

196.『中宗實錄』11년 1월 15일. "朱子曰:'三代以下, 小學不明.'遂作小學, 以敎於後世. 我國科擧, 只講四書三經而不講小學, 雖於生員·進士會試講之, 然徒爲文具. 近者儒生不學小學, 而昧事親敬長之義, 此豈儒者之道乎? 臣言似迂闊, 然心中所懷, 不可不啓."

197.『中宗實錄』11년 11월 6일. "小學之書, 旣爲時習所不尙, 公私藏儲, 亦必稀少. 其速廣行印頒, 使京外學校以至鄕間村巷, 無不得以學習. 師長之誨後進, 父兄之訓子弟, 朝廷之取選試, 率以是爲急. 敎而學, 學而行, 習與性成, 化隨敎興, 則風俗何患不正, 人材何患不美? 其體予至意, 曉諭中外, 使小學之書公私廣布, 崇勸學習節目及生員·進士覆試, 申明嚴講節目, 皆詳盡磨鍊施行."

198.『中宗實錄』12년 6월 27일. "小學之書, 迺切於日用, 而閭巷庶民及婦人之目不知書者, 難以讀習矣. 乞於群書內, 最切日用者, 如小學·列女傳·女誡·女則之類, 譯以諺字, 仍令印頒中外, 俾上自宮掖, 以及朝廷卿士之家, 下達于委巷小民, 無不周知, 而講習之, 使一國之家皆正, 則乖氣熄天和應, 而人人有親上·死長之用矣."

199. 기준奇遵은 임금이『小學』을 숭상하므로 젊은이들이 다투어『小學』을 끼고 항간을 다닌다고 말하고 있다. "近日以來, 上之所尙至此, 故年少之輩, 爭挾小學, 遍於閭巷."(『中宗實錄』12년 8월 29일)

200.『中宗實錄』13년 7월 27일. "我國向者, 以小學似爲怪誕之學而不讀, 近日臣歸成均館見之, 入學者皆挾小學讀者亦多. 前所謂怪誕者, 今以爲常, 不讀者, 則父兄非之. 蓋其源, 則自上能示好惡之正, 故如是也."

201. 李山海,「諺解小學跋」,『鵝溪集』:『韓國文集叢刊』47, 566~567면. "小學一書最切於人道, 如菽粟水火之不可闕. 第吾東人鮮曉文字, 如不以方言爲之解, 則窮閭僻巷婦人小子雖欲習學而末由. 此, 飜譯之所以作也. 往在中廟戊寅年間, 館閣諸臣奉敎撰解, 其時多以文學自許者爲此解, 頗詳密. 獨舍其字義衍以註語, 故文與釋判爲二, 覽者病之."

202.『中宗實錄』13년 8월 21일. "時, 光祖最名重, 慕效者益衆. 年少之輩談小學之道, 至於動作容止, 務欲中度, 不爲戲謔之事. 挾性理之書者, 雖有名無實, 而指以爲道學

之人, 故文官及儒士所讀近思錄·小學·大學·論語等書而已, 不事文藝之學, 而文章學術則視成宗朝大衰矣."

203. 『中宗實錄』36년 11월 12일. "史臣曰:'己卯之人崇尙小學之道, 而治效未至, 群小陷之. 一敗之後, 幷罪其書而廢之, 至是復有進講之敎, 亦見天意之悔悟也. 然上意不能堅確, 向道之念, 暫開而復蔽, 以致君子進退之無常, 可勝嘆哉!'" "又曰:'自己卯以後, 小學爲世大禁, 人不敢挾持者, 二十餘年矣. 丁酉以後, 金安國等再還于朝, 犯笑罵倡言, 士林後學, 間有從而好之者.'"

204. 『明宗實錄』6년 9월 19일. "史臣曰:'己卯年間, 趙光祖等唱以小學之道, 一時之士靡然慕向之, 繩趨尺步之習, 斐然可觀矣. 及南袞·沈貞, 夜從神武門而入, 以請光祖等之罪, 一時之以淸流稱者, 或死或竄, 一網無餘矣. 自是之後, 世以小學爲取禍之具, 父兄以爲禁, 師友以爲戒, 頭容·足容或有近似者, 則指以爲小學之道, 而譁然衆非之.'"

205. 『中宗實錄』38년 7월 22일. "傳于政院曰: 近來物論及疏章, 皆以小學·鄕約之事爲言. 己卯年爲小學·鄕約者, 徒尙其文, 而不務其實, 故其弊至於以下倨上·以賤陵貴, 而無可觀之道矣. 其後欲矯其弊而不用也, 非以小學之書爲非而棄之也. 然小學明人倫之書也, 常時典講時竝講事, 後日合坐, 議于大臣以啓.'"

206. 『中宗實錄』35년 6월 22일. "領議政尹殷輔等議啓曰: ……如孝經·小學·三綱行實等書, 人所易解者, 令各道觀察使, 每於巡行, 講明此書, 如有留意講習, 務行導率之方, 見有成效者, 別加褒賞, 以爲勸勵, 則庶有觀瞻而感化者矣."

207. 『中宗實錄』36년 11월 22일. "又傳曰:'……小學雖爲兒, 然亦是好書, 宜於進講他日.'"

208. 『明宗實錄』원년 6월 9일. "尹仁鏡以爲:'爲治之道, 敎化爲先. 在中宗朝, 軫念風化, 飜譯小學及三綱行實, 頒降中外, 使知五倫之道, 然傷風敗俗者, 間或有之. 令該曹申明擧行何如?'"

209. 『明宗實錄』원년 6월 10일. "以昨日議得單子, 下于院相鄭順朋曰:'昨日經筵官啓意, 則鄕曲賤庶, 不知五倫之道, 易至犯法, 而繩之以律, 不可云. 今此議得, 只擧其大綱, 監司巡到各邑, 以小學爲獎罰云, 此則言其學校之事, 而不言村巷敎之之方矣. 雖窮村僻巷, 豈無解文者乎? 各於閭里, 擇其解文者, 勿論賤庶, 以爲學長, 而使之開蒙敎誨, 節目令禮曹, 詳細磨鍊可也.'"

210. 『明宗實錄』6년 9월 19일,『明宗實錄』6년 10월 22일 기사를 보라.

211. 『宣祖實錄』즉위년 11월 4일. "古人先讀小學, 涵養本源, 故大學先言格物致知. 後人不讀小學, 故學無根本, 不能知格致之功. 小學非但年少所讀, 長成之人, 亦可讀也. 小學之書, 流布東土已久, 而人無能知其大義. 有金宏弼, 聚徒講明, 其書大行於

世. 至於己卯年, 人皆以小學爲本. 不幸, 賢人君子陷於罪綱, 至今間巷之間, 無讀小學之人, 此敎化不明之致也. 自上雖進講大學, 而小學亦可留覽也."

212. 『宣祖實錄』즉위년 11월 4일. "光祖則以一國之人欽倚仰重, 故被罪尤酷. 厥後中廟·仁廟, 亦知其無罪矣. 其時爲士者, 皆讀小學, 故至今朝廷之上·閭巷之間, 猶有興起之心, 皆其餘化也. 頃日, 小人欲害賢士, 而無可名之罪, 則曰此乃小學之徒. 小學乃聖賢之法言, 其間雖有一二人讀小學, 而心不正者, 豈小學之罪哉?"

213. 『宣祖實錄』원년 1월 12일. "外方鄕校儒生, 皆讀小學·三綱行實·二倫行實等書事, 監司處下諭, 使遐荒僻處, 皆知讀此書, 則自然四方聞, 而興起矣. 小臣生長於鄕, 不知讀書, 而在中宗末年, 朝廷所爲, 則臣未及知, 而其時宋麟壽爲觀察使, 使之讀小學, 故得此冊而讀之, 其後知聖賢所爲. 今若使之讀之, 則豈無興起者乎?"

214. 『宣祖實錄』6년 11월 4일. "經筵官沈義謙啓曰: '鄕約則已將行矣. 家禮亦切於一家, 但文字難解, 議論亦難定. 雖熟文者, 亦患難知. 請令儒臣詳議家禮, 爲先行之. 飜譯小學 亦須隨後印頒, 則庶爲成俗之效矣." 이 번역본은 중종 때의 번역본이다. 『宣祖實錄』6년 12월 10일에 이 번역본에 관한 김우옹의 언급이 있는데, 이에 대해 선조는 기묘년 번역에 오류가 있다고 지적하고 있다. 그러나 이 번역본은 정확하게는 앞에서 언급한 바와 같이 중종 13년 무인년의 번역이다. 기묘년은 그 다음 해이다. 아마도 기묘사림이 주동한 번역이었고, 기묘년에 번역이 시작되었기 때문에 기묘년이라고 말한 것일 것이다.

215. 『宣祖實錄』14년 12월 4일. "小學頒賜宗親二品以上政府·六曹堂上·郞廳·南武官專數, 玉堂政院藝文館專數, 各司文官專數, 在喪河陵君·海豐君·豐山君·洪遏·盧守愼·李山海·洪仁慶·梁應鼎·宋應漑·金誠一·李誠中·許篈, 勿謝."

216. 1585년에 교정청을 설치하고 구본舊本을 수정하게 하되 축자역逐字譯을 위주로 하여, 그 다음 해인 1586년에 번역을 완성하고, 선조의 재가를 받아 인쇄하였다. 李山海, 「諺解小學跋」, 『鵝溪集』: 『韓國文集叢刊』47, 566~567면. "萬曆乙酉春, 設校正廳, 選儒臣若干人, 使之釐正舊本, 刪去繁冗, 逐字作解, 要以不失文義爲重, 皆上旨也. 翌年夏, 事訖, 卽繕寫投進, 上可之, 下芸閣印出累十百件, 仍命臣跋其尾."

217. 『端宗實錄』에도 '世祖'로 표기되어 있다.

218. 『端宗實錄』즉위년 11월 12일. "世祖在遼東, 寄書姜孟卿曰: 我雖在遠, 而兵要·兵書·三綱行實, 受任先朝之事, 故不忍忘也, 吾發京時, 已詳啓焉. 又兵要則速頒賜, 以成先王欲敎諸將之志; 兵書, 則先印孫子, 其餘待我回還; 三綱行實則先頒孝子圖, 甚可.'"

219. 『世祖實錄』1년 10월 18일. "賜倧三綱行實一秩."

220. 『世祖實錄』11년 7월 25일. "如孝行錄, 稍便於觀覽, 三綱行實圖則旣紀事迹, 又著

詩讚, 未免拘例, 且傷於煩. 卿就考三綱行實圖及諸史, 撰關係五倫數十條以進. 予
將觀覽裁定, 以爲萬世敎人之法."

221. 『成宗實錄』2년 3월 28일. "三綱行實, 其令諸邑校生講習, 監司講書時幷講, 以勵
風俗."

222. 『成宗實錄』2년 6월 8일. "伏願殿下, 好問·樂善, 貴德·尊士, 崇節義, 敦孝悌, 封
忠臣·烈婦之墓, 旌孝子·順孫之閭. 又下敎各道觀察使, 廣刊小學·三綱行實, 人無
大小, 皆令學之, 使知三德·三行·六德·六行."

223. 『成宗實錄』2년 6월 18일. "傳旨禮曹曰: '民風·士習, 在上之人, 崇獎而激勵之. 其
令中外, 搜訪忠臣·烈婦·孝子·順孫, 啓聞旌別, 又令諸道觀察使, 廣刊小學·三綱行
實等書, 令民講習."

224. 『成宗實錄』7년 7월 23일. "故嘗下諭諸道, 廣刊小學·三綱行實, 人無大小, 皆令
學習, 以冀成效. 第俗吏慢不奉行, 實效未聞, 誠可嘆也. 卿體予懷, 毋踵前轍. 今諸
邑儒生, 勿論長幼, 皆習小學, 少者誦其文, 長者通其義, 融會貫通, 然後許讀四書,
以爲恒式."

225. 『成宗實錄』7년 7월 25일 "曾論諸道令儒生講明小學·三綱行實."

226. 『成宗實錄』8년 4월 22일. "節義, 人之大倫也. 故國家頒三綱行實於州郡, 而守令
廢閣不行, 且有孝子·節婦, 旌表門閭, 固爲盛典, 而亦不用意, 但橫木於路左, 甚違
褒賞之意."

227. 『成宗實錄』12년 4월 21일. "近者士族婦女, 或有失行者, 予甚慮焉."

228. 『成宗實錄』12년 3월 24일. "古稱東方貞信不淫, 近者士族婦女, 或有失行者, 予甚
慮焉. 其印諺文三綱行實列女圖若干帙, 頒賜京中五部及諸道, 使村婦巷女, 皆得講
習. 庶幾移風易俗."

229. 『成宗實錄』12년 4월 21일. "臣等參商京中, 則非但宗宰閥閱之家, 雖門地寒微者,
皆闔族聚居, 可令家長, 各自敎誨, 外方則散居僻巷, 或無親戚, 難以訓誨, 宜擇村老
有名望者, 遍行閭里. 令家長或女奴, 傳傳開諭, 俾皆通曉, 因此開悟, 節行卓異者,
特加旌異, 其任敎誨者, 幷論賞."

230. 『經國大典』(飜譯篇), 韓國精神文化研究院, 1995, 257면. "三綱行實飜以諺文, 令
京外士族家長父老, 或其敎授訓導等敎誨婦女·小子, 使之曉解, 若能通大義有操行
卓異者, 京漢城府外觀察使啓聞行賞."

231. 『成宗實錄』20년 6월 1일. "臣近年遭喪在鄕, 見愚民與父母相詰者有之, 兄弟不和
者有之, 不宜盛時有此風俗也. 世宗朝以三綱行實頒諸中外, 使人興起善心. 然官府
尙未有此書, 況民間乎? 臣意以爲三綱行實之書, 圖形於前, 記實於後, 若敎之以此,
則風俗可變, 人心可改. 但此書汗漫, 愚民未易編覽. 其中擇節行特異者, 抄略刊印,

頒諸村野, 使閭閻小氓, 無不周知, 庶有補於風化矣."

232. 『成宗實錄』20년 6월 18일. "其所記事, 實皆簡約, 無可刪之辭."

233. 선발된 35명의 이야기는 다음과 같다. 「伯姬逮火」(13), 「殖妻哭夫」(17), 「女宗知禮」(16), 「宋女不改」(18), 「節女代死」(19), 「高行割鼻」(20), 「穆姜撫子」(21), 「禮宗罵卓」(22), 「貞義刎死」(23), 「媛姜解梏」(24), 「令女截耳」(25), 「李氏感燕」(35), 「崔氏見射」(40), 「淑英斷髮」(41), 「魏氏斬指」(44), 「李氏負骸」(52), 「趙氏縊輿」(53), 「徐氏罵死」(54), 「李氏縊獄」(56), 「雍氏同死」(58), 「貞婦淸風」(59), 「梁氏被殺」(60), 「明秀具棺」(67), 「義婦臥冰」(71), 「童氏皮面」(77), 「王氏經死」(79), 「朱氏懼辱」(83), 「翠哥就烹」(86), 「鸞女貞節」(92), 「彌妻啖草」(96), 「崔氏奮罵」(100), 「烈婦入江」(102), 「林氏斷足」(106), 「金氏撲虎」(107), 「金氏同窆」(110)

234. 물론 이 5가지 사례 외에 「翠哥就烹」(86), 「魏氏斬指」(44), 「童氏皮面」(77)도 모두 잔혹한 신체 훼손의 실례이다.

235. 『新增東國輿地勝覽』55권 평안도 은산현조에 있다. 성종의 죽음에 3년상을 입은 것을 두고 연산군燕山君이 위선이라 하여 죽이려 하자, "단지 군부일체君父一體인 줄만 알았지, 나라 법이 그런 줄 몰랐다" 하고 조용히 형을 받았다 한다.

236. 『燕山君日記』10년 9월 6일. "今見輿地勝覽, 殷山居李自華自少定省不少懈, 朝夕必親執爨, 每遇時羞, 必持獻父母. 及沒, 擗踊以泣, 事死如事生, 夫妻不同寢, 啜粥三年. 及聞成宗之喪, 如喪考妣, 三年閉門不出, 不飮酒不食蔬, 服喪過制, 甚詭異, 其拿來鞫之." 밑줄 친 부분의 번역은 "소채蔬菜를 먹지 않았다"인데, 이것은 의미가 통하지 않는다. 의미상 '식소'食蔬가 되어야 마땅하기에 "나물만 먹었다"로 번역해 둔다.

237. 『燕山君日記』10년 9월 6일. "古聖人之制禮也, 恐人有驕縱, 故爲之節文耳. 豈必夫妻不同居乎? 然今人居喪, 夫妻不同居者幾人耶?"

238. 『燕山君日記』6년 8월 29일.

239. 『仁宗實錄』1년 1월 24일.

240. 『中宗實錄』6년 10월 20일.

241. 『中宗實錄』7년 5월 9일. "先是, 上敎諭中外曰: "本朝忠臣·孝子·烈婦事績, 未及圖寫者, 竝無遺搜摭, 續印成冊, 禮曹行移各道, 節義可旌人姓名職銜, 使無遺牒報.""

242. 『中宗實錄』7년 10월 8일. "邇來三綱墜地, 風俗淆訛, 民失本性, 莫知歸厚. 祖宗朝務扶植綱常, 忠臣·孝子·烈女, 圖形記事, 作爲一書, 名之曰三綱行實, 頒諸中外, 閭巷小民, 觸目生感, 豈非爲治之一助? 予爲是念, 欲依前圖形續撰, 其速設局."

243. 『續三綱行實圖』, 弘文閣, 1988, 13면. "正德九年十月初十日."

244. 조부모가 개가시키려 하자 목을 매었으나 죽지 않고 구제된 경우(17), 부모의 개가 강요에 강물에 투신자살을 기도하고, 이에 부모가 두려워 강요를 그친 경우(20), 남편

사후 다른 남성과의 성관계를 의식하여 칼과 끈을 가지고 다니면서 죽을 의지를 표명하는 경우(21), 부모가 개가를 강요하자 강물에 투신하여 자살을 시도하고 건져내 살리자 절식하여 수절의 의지를 보이니 이에 개가를 권유하지 않은 경우(28) 등이 바로 그 예다.

245. 『中宗實錄』10년 5월 21일. "三綱行實, 非如他冊之例, 欲使閭巷小民, 盡知之也. 政府·六曹·漢城府堂上及郎廳中可賜者, 磨鍊以啓. 又分賜五部, 令誨于閭巷."

246. 『中宗實錄』10년 6월 9일. "開城府人民等, 因前朝遺俗, 崇尙佛敎, 不知彝倫, 誠爲可慮. 三綱行實, 令禮曹, 加數印出下送."

247. 『中宗實錄』31년 5월 12일. "大司諫尹殷輔等上箚曰: '國家崇奬節義, 旌門·復戶, 又命撰集三綱行實, 使人觀感, 非爲文具而已. 近觀傳旨, 行敦三綱人, 有丐乞者, 命賑恤之, 此甚美事. 然賑恤丐乞, 自是王政常典, 不待行敦三綱.'"

248. 『中宗實錄』31년 5월 10일. "大提學議啓曰: 近來人心頑蔽, 習尙囂訛, 不孝不悌, 汨亂天常者相踵. 雖擧王法, 亦無所懲. 此誠敎化之不行, 爲國之深憂, 聖慮軫及, 眞探本導源之盛心也. 古書可法者, 莫如三綱行實.'"

249. 『中宗實錄』31년 5월 12일. "然三綱行實, 則中外之人, 無不知之, 必以爲尋常."

250. 『中宗實錄』31년 5월 12일. "如三綱行實等書, 皆是古撰, 中外士庶, 視同尋常, 慢不起念."

251. 『中宗實錄』33년 7월 7일.

252. 『中宗實錄』35년 6월 22일.

253. 『中宗實錄』38년 7월 22일.

254. 『中宗實錄』37년 7월 27일. "忠臣·孝子·孝女·順孫·節婦·烈女, 旌表門閭, 或立柱書名, 立石刻名, 守令例不躬親, 吏胥以拙手書之, 埋沒至不知見. 臣意更令立柱書刻, 作閣蔭之, 加以丹靑. 大抵旌門一事, 觀察使啓聞, 例下該曹, 色吏置諸文書中, 動經歲月. 由此永不擧行, 忠臣·孝子世不多得."

255. 『明宗實錄』9년 3월 16일.

256. 『明宗實錄』15년 8월 10일. "禮曹啓曰: '孝子·烈女, 自乙卯年至己未年, 集成以啓事, 曾有傳敎, 故成冊入啓.' 傳曰: '知道.'" 이 책은 뒤에 전혀 언급이 없으므로 간행된 것 같지는 않다.

257. 선조는 즉위하자 기대승奇大升의 건의로 『近思錄』, 『心經』, 『小學』과 함께 『三綱行實圖』가 치도治道에 관계된다 하여 간행을 명한다. 『宣祖實錄』1년 1월 12일. 그리고 李廷龜, 「昭敬大王行狀」, 『月沙集』: 『韓國文集叢刊』70, 291면. "本朝所撰三綱行實, 可以扶植倫紀, 幷命刊行." 물론 이때 간행된 것은, 105인 본 언해본이다.

258. 『내훈』의 작자가 소혜왕후인 것을 생각하면, 『내훈』은 주로 왕실의 여성을 독자로

삼았던 것이 아닌가 한다.
259. 이어지는 같은 해의 2월 26일, 3월 17일, 4월 12일의 기사는 모두 이 책의 잘못된 인쇄, 추가 인쇄에 관련된 것이다.
260. 『明宗實錄』 21년 윤10월 13일.
261. 洪允杓, 「『女訓諺解』解題」: 『女訓諺解·閨閤叢書』, 弘文閣, 1990.
262. 다만 이것이 번역본인지는 알 길이 없다. 어숙권의 「팔도책판목록」에 의하면 전라도 광주에 『열녀전』의 목판이 있었다.
263. 이상의 「故事撮要」의 팔도 책판 목록에 대해 金斗鍾, 『韓國古印刷技術史』, 探求堂, 1995. 211~228면을 참고한 것이다.

4장

1. 흥미로운 것은, 『동국신속삼강행실도』의 앞부분 목록이 상당한 오류를 포함하고 있다는 것이다. 1권은 신라, 고려, 본국(조선), 정문무사적인旌門無事迹人으로 구성되어 있다. 신라에는 지리산녀智異山女, 가실嘉實의 아내 설씨薛氏, 호수胡壽의 아내 유씨兪氏, 현문혁玄文奕의 아내 등 4건이 속해 있는데, 호수의 아내 유씨와 현문혁의 아내는 『고려사』 열전 열녀편에 수록되어 있고, 또 당연히 고종과 원종 때 사람이니 애당초 신라에 속할 사람들이 아니다. 목록에 어떤 착오가 일어난 것이 아닌가 한다.
   이어 고려에 (1)낭장 최득림崔得霖의 아내 홍씨부터 (22)교동喬桐 사람 조씨曹氏까지 모두 22명이 실려 있는데, 『여지승람』을 출처로 갖는 경우가 19명이고, 『고려사』를 출처로 갖는 경우가 7명이다. 양자에는 중복이 있다. 따라서 두 책에 속하지 않는 경우 (13)승지 기전룡奇田龍 아내 손씨가 유일하다. 즉 고려조의 열녀는 모두 『여지승람』과 『고려사』에서 선택된 것이다.
2. 물론 약간의 이동은 있지만, 달리 의미를 부여할 정도는 아니다.
3. 이것은 아마도 임진왜란 이후 급박한 상황에서 책을 만드느라, 신중을 기하지 못해 발생한 현상일 것이다.
4. "丁卯. 扶餘縣人副司正康安壽妻曹氏廬於安壽之塚, 終三年. 曹氏, 昌寧人元義之女也."
5. 세조가 불교를 숭신崇信한 것과도 관련이 있을지 모르겠다.
6. 『세종실록』16년 1월 28일. "又仁順府婢正月, 歲庚戌, 其夫身死, 方其葬日, 立於柩前, 使擔人不得趨動, 導至壙穴, 葬訖廬於塚傍, 常坐墳前, 針線紡績, 一如平日, 以至大小祥禪, 悉依禮制, 以終三年, 猶不忍去, 結廬于相望之地, 又過數月而還家, 至今不食魚肉, 眞稀世之義婦也."
7. 『중종실록』12년 10월 6일, 강원범의 딸 강씨의 사례.
8. 『실록』의 유명인사 졸기卒記에 『주자가례』를 준행하여 상을 치렀다는 기사가 종종 실리는 것은 이 같은 사실의 반영이다.
9. 『태종실록』13년 7월 21일. "又新寧監務柳惠至妻鄭氏, 壬辰冬, 其夫死, 殯于家, 晨夕奠祭. 翼年仲冬乃葬, 廬于墓側, 率二婢子與三歲幼女, 守墳終制."
10. 『세종실록』2년 1월 21일. "公州住縣監鄭自丘妻高氏, 年三十三夫亡, 父欲改嫁, 不從其命, 造家於墳側, 每俗節日, 必親自設祭."

11. 『세종실록』7년 4월 26일. "忠淸道恩津縣住李思敬女名李德者, 船軍文成奇之妻也. 歲己亥, 成奇戍庇仁浦, 適有倭賊入寇, 成奇與戰敗死. 李德聞之, 卽至其所, 數日號泣, 求屍不得, 乃以紙錢招魂, 還家作位版, 設於廳事, 朝夕設奠, 哭不絶聲. 終制之後, 父母憐其早寡, 將欲奪志, 李德聞而痛哭曰: '繄是位版, 實我之匹. 雖至於死, 誓無他心.' 常服素衣, 不食酒肉, 切切而哀, 朝夕上食者七年. 至是事聞, 命旌門復戶."

12. 『세종실록』10년 10월 28일. "京畿積城人節制使洪尙直妻文氏, 夫歿廬於墓側, 朝夕上食, 至大祥暫不離墓側, 制已終, 不忍遠離, 居近里, 每遇朔望及俗節必祭之."

13. 황경원黃景源(1709~1787)은 여묘는 고제古制가 아니라면서 다음과 같이 말하고 있다. 黃景源,「烈女鄭氏墓記」,『江漢集』1:『韓國文集叢刊』224, 193~194면. "余謂廬墓, 非古也. 儀禮斬衰居倚廬, 寢苫枕塊, 旣虞, 翦屛柱楣. 鄭玄注曰, 倚木爲廬, 在中門外, 東方北戶. 夫中門內爲倚廬, 則孝子不廬於墓也明矣. 至於婦人將斬衰, 去其笄纚, 故經曰, 婦人髽于室, 此之謂也. 非適子者, 自未葬倚於隱者, 爲之廬, 而婦人不爲也, 故其曰婦人不居廬, 此之謂也. 夫髽于室, 不居廬, 則婦人不廬於墓也, 亦明矣. 然則所謂寢苫枕塊, 苫屛柱楣者, 是孝子倚廬之禮也. 豈婦人之謂乎. 所謂中門之內, 東方北戶者, 是孝子倚廬之謂也, 豈婦人之謂乎." 정씨는 허승간許承幹과 19세에 결혼했는데, 남편이 중병에 걸리자 손가락을 베어 피를 내어 올리고, 남편이 죽자 여묘살이를 한다. 황경원은 여묘를 동시에 찬양한다. 하지만 그것은 다음과 같은 단서를 붙여서이다. 정씨는 부인이다, 남편의 상에서 여묘를 한다는 것은 있을 수 없는 일이다, 이 점을 명백히 한다. "今鄭氏居夫之喪, 不在於室而在於墓, 吾不知其合於禮也. 然記曰, 其往送也如慕, 其反也如疑, 求而無所得之也, 入門而弗見也, 上堂又弗見也, 入室又弗見也. 故爲之廬, 居於墓而不忍冤, 鄭氏之心, 誠悲矣. 易之象曰, 婦人貞吉, 從一而終, 鄭氏爲夫, 能致其哀, 盖將從一而終者也. 曾孫從余請爲文, 余嘉其誠而記之."

14. 『高麗史』(中), 877면. 志. 刑法. "或廬墓三年者, 其主告于有司, 考閱其功, 年過四十者方許免賤."

15. 『세종실록』13년 5월 17일. "慶州任內慈仁縣住架閣庫錄事李愛死于京, 妻張氏年二十八, 携柩歸葬其鄕, 廬于墓側, 官禁之, 張不從, 不離墓側, 常自泣血."

16. "除旌門復戶, 亦勿禁廬墓."

17. "近婦女守墳者頗多, 此而不禁, 後將相繼. 男子守墳, 亦非聖人中制, 況是婦人? 固宜禁之, 但取其誠, 量賜米豆."

18. "朴思德妻韓氏爲夫守墳, 雖非獎礪之事, 出於至誠, 亦人所難能, 且在敎禁之前, 宜賞米布."

19. "宣德五年受敎節該: '慶尙道慶州錄事李愛死, 其妻張氏守墳三年. 然男子守墳, 亦非聖人中制, 況以婦女守墳於山谷之中乎? 宜當禁止. 但取爲夫之心, 給米十石爲當.' …… 今孟美·自厚妻則婦女守墳, 不宜獎勸. 然爲夫之心出於至誠, 依李愛妻張氏例, 給米十石."

20. "前朝士民居父母之喪, 以日易月, 不能行三年者多矣, 或有廬墳三年者, 世皆稱美而旌表之. 今則皆行三年之喪, 廬墓者比比有之. 或折指以藥病親, 或不作佛事, 一從家禮." 신상은 이어서 단지와 같은 것은 비록 중도를 넘는 일이기는 하지만 지극한 정성에서 나온 것이니 표창하자고 청한다. "今下褒獎孝子之命, 詳定所不論輕重, 竝令旌門除職, 至爲無等. 乞一等則敍用旌表, 其次錄用. 若割指等事, 雖過中制, 出於至情, 乞依上等施行."

21. 『단종실록』 3년 3월 29일. "錦山郡故注書吉再之女, 適幼學李孝誠, 事舅姑如事父母. 二十六歲, 其夫無子而死, 凡干喪事, 一遵家禮, 不用浮屠. …… 又石精妻死, 心喪三年. 又舅病篤, 身自奉藥, 及死哭之, 眼暗, 諸子欲作佛事, 吉氏以長子之妻, 首行朔祭, 諸子因以感悟, 只行朔望之奠."

22. 성종 1년 2월 7일(1-b), 25년 3월 17일(21-b), 25년 5월 19일(22), 중종 2년 8월 19일(4-c) 등은 개가 거부의 수단으로 자살을 시도한다. 이것을 포함하면 죽음과 관계되는 열녀의 수는 더 증가할 것이다.

23. "趙氏自殘立節, 實非中道, 然死生亦大, 其所言亦足起薄俗, 請令所在官致祭, 旌表門閭."

24. "節義大關風教, 趙氏之事, 近來罕聞, 依啓目褒獎, 以勵風俗. 近日京中金錡之女, 夫死之後, 亦如趙氏死節, 此雖皆非中道, 視彼夫死改嫁薄惡之輩, 不可同年而語. 令禮曹, 竝聚實褒獎."

25. 이 경우에 여승이 되는 경우도 왕왕 있다.

26. 『명종』 10·03·29. 생원 홍윤洪潤의 아내 이씨의 사례.

27. 『명종』 03·10·10. 남양南陽 사람 종실宗室 단천령端川令의 아내 유씨柳氏의 사례.

28. 『중종』 13·03·18. 수군 이계상李繼常의 딸인 교동喬桐 사람 말응금末應今의 사례.

29. '도금'을 명종조에 일단 넣어 둔다.

30. 임진왜란 이전까지다.

31. 『세종실록』 5년 11월 17일.

32. 『세종실록』 6년 3월 18일.

33. 『세종실록』 4년 6월 27일.

34. 『세종실록』 4년 6월 27일. "四月生於微賤, 旣無敎誨之資." 사월의 단지를 보고한 도관찰사 정진鄭津의 말이다.

35. "夫傷其身體, 非孝之中道."

36. 아버지의 병에, 옷끈을 풀지 않고 미식을 먹지 않고, 날마다 의원과 약을 구하는 일에 전념하느라 어떤 모임에도 참여하지 않은 것, 부모에게 순종하여 부모의 뜻을 거스르지 않은 것, 자신의 효행을 드러내려고 하지 않은 것 등이 표창의 직접적인 이유였다.

37. "詳定所啓:'孝子·順孫·節婦, 旌表門閭, 敍用復戶, 所以勸後也, 當以人道平常之事. 雖云平常之事, 實有他人所不及者也. 若救親於賊, 事出非常, 固當襃異, 至於折骨和藥, 六年居墓, 爲行詭激, 不可爲訓者, 恐不可特異其科也. 其父母生前盡孝奉養, 死後盡禮行喪者, 旌表門閭復戶, 若士人則幷敍用何如?'乃下禮曹."

38. "然斷指則過常之事, 不必如是而後以爲孝也."

39. 할고의 실제 사료로『명종실록』3년 10월 10일의 종실宗室 단천령端川令의 아내 유씨柳氏의 사례가 있다. 유씨는 남편의 악질에 다리 살을 베어(割股) 병을 치료했다고 한다.

40. 열녀들의 신분에 대해서는 박주朴珠의『朝鮮時代 旌表政策』, 64면과 135~137면에 밝혀져 있다. 이 책은 태조에서 성종대까지『조선왕조실록』에서 열녀의 신분을 추측할 수 있는 경우 118명을 분석하여, 문무유직자文武有職者의 처妻 51명(43퍼센트), 급제及第·생원生員·유학幼學·학생學生의 처 등 28명(약 24퍼센트), 향리鄕吏·서리胥吏의 처 15명(13퍼센트), 군인의 처 7명(6퍼센트), 양녀 등 10명(8퍼센트), 관비官婢·사비私婢 등 6명(5퍼센트)이라는 통계를 얻었다. 따라서 문무유직자의 처 51명 43퍼센트, 급제·생원·유학·학생의 처 28명 약 24퍼센트를 합하면 사족士族이 도합 67퍼센트로 가장 많은 비중을 차지하고, 군인의 처와 양녀, 천민은 모두 합해 19퍼센트에 불과하다고 밝히고 있다. 여기서 필자는 사족의 높은 비율보다는 19퍼센트라는 비사족층非士族層의 존재가 더 흥미롭다. 사족은 개가를 하면 불이익을 받지만, 비사족층은 그런 불이익이 없음에도 불구하고 열행을 자발적으로 실천한다는 것은, 열烈이라는 윤리가 사회 저층으로 급속하게 침투하는 것을 보여주기 때문이다.『朝鮮時代 旌表政策』은 중종조에서 선조조까지의 열녀의 신분을 분석하여(135~137면), 사족의 처가 45퍼센트를 차지하고, 군인의 처와 양녀·천민 등은 모두 합하여 47퍼센트를 차지한다고 밝히고 있다. 즉 비사족층의 열녀의 수가 중종 이후 빠르게 증가하고 있었던 것이다. 이것은 열녀의식의 사회적 확산을 말하는 것이라 보아도 무방할 것이다. 물론 이 통계가 실제 발생했던 열녀의 수와 정확히 일치하는 것은 아니지만, 비사족층에서 열녀가 증가하고 있는 현상을 반영하고 있다는 점은 부인할 수 없을 것이다.

41.『중종실록』31년 5월 12일. "然三綱行實, 則中外之人, 無不知之, 必以爲尋常."

42.『중종실록』31년 5월 12일. "如三綱行實等書, 皆是古撰, 中外士庶, 視同尋常, 慢不起念."

43. "江陵府進士申命和妻李氏, 天性純淑, 粗識學文, 常誦三綱行實, 事親·事夫, 能盡其道, 夙著鄕譽."

44. "幼學劉仁碩, 性本至孝, 承順父母, 娶妻出居, 日三來見. 其父繼先得狂疾, 日漸加發, 幾至死域. 日夜在側, 百藥無驗. 閱三綱行實, 見斷指得效事, 潛引斧, 自斷手指, 燒磨調水以進, 其疾遂愈."

45. "夫婦之義, 一與之齊, 終身不改, 今夫旣死, 妾豈獨生爲? 然不卽死同穴者, 以妾老父, 將赴慶興敎授, 鶴髮老母亦在高堂, 故匍匐而來, 欲爲永訣耳."

46. 내편 명륜 '明夫婦之別' 제62장에 실려 있다.

47. "妾恨不卽死於夫側, 忍復苟延耶?"

48. "夫婦誰無死別者? 何自苦乃爾?"

49. "女必從夫, 夫死則不可久生."

50. "亡夫有姑, 無他子孫, 我若再從他人, 誰能奉養姑氏? 且虧婦人從一之義."

51. "夫亡不死, 是吾不幸, 況敢二心?"

52. "本願從一而終, 父母欲奪其志, 不死何爲?"

53. "吾生十一歲父沒, 其時不識人事, 尙能躬備奠祀, 矧今年長, 稍解人事, 何忍免凶就吉, 朝夕不祭乎? 且夫死不能隨死, 終身純凶, 吾何嫌乎?"

54. "妾上失所天, 下無子女, 不死何爲?"

55. "君如不諱, 吾必從之."

56. "'古人一與之齊, 終身不改, 故夫死不嫁.' 又曰: '烈女不事二夫. 古人旣如斯, 我何人也?'"

57. "女生天地間, 虛蒙汚辱之言, 生不如潔身而死."

58. "吾不能守節, 爲强暴所辱."

59. (1-g)(『세종』02·01·21), (1-k)(『세종』02·01·21) 등 많은 사례가 발견된다. 열녀 서술에서 흔히 발견되는 것이다.

60. 혹은 그 이상의 기간인 경우도 있다.

61. 『선조실록』26년 9월 29일. "自上還于舊都之日, 四方之人, 必未及時知之. 此擧係四方觀瞻, 若爲敎書, 通諭四方, 似爲便當. 如貢物·進上量減, 使知德音. 遭亂之後, 忠臣·孝子·烈女褒錄事, 竝入於敎書中, 諷諭外方, 亦似無妨."

62. 『선조실록』권221 부록. "秋, 王還京師, 命減內廚日供之米, 分賑飢饉, 收集遺骸, 設壇致祭. 下書八道, 減貢稅·廢供獻, 忠臣·孝子·烈女, 訪問褒錄. 仍敎禮曹曰: '喪亂之後, 都民之死者何限, 意其遺民過半縞素. 及入城之日, 都民塡塞, 而未有服喪者. 此必亂後, 倫紀墜廢而然. 令五部糾檢.'"

63. 『선조실록』28년 7월 2일. "夫人之所以爲人者, 以其有彝倫也. 若彝倫不明, 則人紀

斁絶, 而終爲禽獸之歸矣. 如大舜之明於人倫, 夏后之肇修人紀, 皆所以淑人心而興
治道也. 我國, 累世熙洽, 文物亨泰, 教化之具, 無所不張, 士以禮法自律, 人以忠孝
自勵, 冠婚喪祭之式, 不讓於古, 遺君後親之說, 不容於世, 故孝理之下, 鮮有得罪於
彝倫者, 而亂離以來, 禁防大毁, 懷不逞之心, 倡無法之說, 唯知身上之患, 罔念膝下
之恩, 原隰之裒, 未入於欒桎, 袞麻之食, 不擇於雞臛. 有識尙或如此, 況於蚩蚩之氓
乎? 孝子之門, 可求忠臣, 而薄於其親如此, 則赴義死國之人, 蓋難拭目也. 噫! 三代
之教, 皆所以明人倫, 則亦在人君防禁而導率耳.”

64. 『선조실록』 28년 7월 12일. "且事變後, 死節旌表之人, 宜先印出, 頒諸中外事, 言于
備邊司."

65. 『선조실록』 28년 7월 18일. 예조에서 임진왜란 이후 사절한 사람 중 정표할 만한 사
람을 뽑을 것을 건의하자, 열녀와 효자도 아울러 뽑으라고 명하고 있다.

66. 『선조실록』 28년 7월 19일. "變後死節旌表人, 先爲印出, 頒示中外, 則其於聳動觀
瞻, 激礪義烈, 大有所裨益."

67. "해주의 효자·충신·열녀·순손으로서 전에 정표한 자는 관직을 제수하기도 하고 물
품을 하사하기도 하되(관직 제수는 가지고 간 공명첩空名帖으로 제수한다) 생존한 자
는 궐정闕庭에 초치하여 술을 대접하고 상을 반사頒賜하며, 이미 죽은 자는 자손에게
미곡을 사급한다."

68. 『선조실록』 34년 2월 10일. "至於旌表節義之人, 在所當先, 禮曹專不抄出."

69. 이정귀의 아룀은 『실록』에는 빠져 있다. 『선조실록』 34년 4월 21일조, 『선조실록』 36
년 6월 9일조, 『광해군일기』 2년 1월 17일조는 모두 이정귀의 아룀이 그 계기가 되었
음을 언급하고 있다.

70. 『선조실록』 34년 4월 21일. "孝子烈女忠臣旌表之事, 頃因經筵官及臺諫所啓, 抄出
等第, 報政府磨勘入啓之意, 臣廷龜, 於榻前, 親承傳教."

71. "禮曹啓曰: '孝子烈女忠臣旌表之事, 頃因經筵官及臺諫所啓, 抄出等第, 報政府磨
勘入啓之意, 臣廷龜於榻前親承傳教. 敢考壬辰以後, 外方各道狀啓及京中各部謄
報, 則其數甚多, 積成卷軸. 今方參考實迹, 已爲等第, 抄錄成冊, 待繕寫之畢, 當報
政府矣. 但此事非特聳動一時, 亦以傳示後世. 若或失實, 所關非細. 各處所報, 皆是
一鄕及一里公共之論, 而其間或不無眞贗相雜之弊. 本曹欲爲詳審聞見, 隨後處置
者, 蓋以此也. 然其遠方村巷之人, 一時所爲之事, 歲月旣久, 如飛鳥無迹, 杳難尋
覓, 遷延淹置, 遂至於十餘年之久, 不得擧行. 今則不得已, 一從文報, 就其中等第高
下, 而虛實之間, 不得任意取舍, 故旌門類·賞職類·復戶類·賞物類, 秩秩分錄矣. 且
丁酉以前狀啓, 幾盡散失, 無從憑據, 亂初許多節行, 將盡湮沒無傳, 此是欠典. 往在
癸巳年間, 備邊司令其時郞廳李睟光, 取考各處狀啓, 參以聞見, 抄出成冊, 未及擧行

而止. 丁酉以前狀啓中所付之人, 皆在其中, 是亦一公案. 參考此冊, 幷爲等第何如?' 傳曰: '允.'"

72. 『선조실록』 34년 7월 9일. "此三十人外, 忠孝義烈之表著者, 亦令詳細精抄, 一體施行."

73. 『선조실록』 39년 5월 21일. "明敎化, 淑人心, 有國之先務. 近來習俗貿貿, 世道日卑. 此, 莫非兵火之後, 書籍絶乏, 導率未盡其方而然也."

74. 『광해군일기』 1년 10월 20일. 이 기사에는 효자·충신·열녀들의 표창 과정을 밝히고 있다. (1) 충신·효자·열녀들을 각 도에서 (왕에게) 장계로 아뢰면 예조에 계하한다. (2) 예조에서는 정문·상직·복호·상물 등의 등급을 나누어 그 고하에 따라 뽑아내어 의정부에 보고한다. (3) 의정부에서는 합좌합坐하여 다시 마감하여 입계한다. 그중에 사실이 뚜렷하여 사람들이 모두 알고 있는 자에게는 파격적으로 정표한다.

75. 예조의 책과 홍문관의 책이 어떻게 다른지는 밝혀지지 않고 있다.

76. 『광해군일기』 2년 1월 17일. "臣廷龜旣承先王無遺抄出之敎, 頃者又伏覩我聖上豈可以人多而廢其善行之敎."

77. 『광해군일기』 2년 3월 20일. "傳曰: 培養節義, 天下國家之所不可無者也. 壬辰以後, 忠臣·孝子·烈女·義婦, 褒奬旌表, 圖書印出等事, 尙不擧行, 極爲稽緩, 從速勘定施行(事, 言于該曹)."

78. 『광해군일기』 2년 8월 20일. "以全羅監司孝行啓本, 傳曰: 旌表孝節·忠烈, 有國之先務, 急急詳盡擧行."

79. 『광해군일기』 4년 8월 29일, 5년 2월 24일조를 볼 것.

80. 『광해군일기』 7년 11월 2일조 참조.

81. 『광해군일기』 6년 7월 11일.

82. 尹根壽, 「東國新續三綱行實圖序」, 『東國新續三綱行實圖』 大提閣, 45면. "又於甲寅秋, 殿下更發德音, 仰體列聖之宏撫, 特設續篇撰集廳, 晋原府院君臣柳根以下實承編次之命, 總之, 閱五朔而功訖." 편집청의 연기 요청이 거부되고, 편집청이 설치된 지 5개월이 지나서 원고가 완성되었던 것이다.

83. 柳夢寅, 「東國新續三綱行實圖跋」, 『東國新續三綱行實圖』, 844면. "役始於甲寅七月, 斷手於乙卯十月."

84. 전라도 6책, 경상도 4책, 공홍도公洪道(충청도) 4책, 황해도 3책, 평안도 1책씩 인쇄를 분담하였고, 1617년에 완간되었다.

85. 『광해군일기』 5년 12월 12일. "亂離婦人死兵者雖多, 本仍倭奴嗜殺, 無故被刃者, 無節可錄, 而因其門族, 欲侈大其事, 有張皇瞞報者. 甚則或被俘失節, 而父兄子弟掩其醜, 有謬報而僞成者. 今一切不考虛實輕重, 混爲是書, 書行而人群笑之, 或爲塗

壁覆瓿之資.”

86. 90명 중에는 조선조의 인물이 아닌 경우가 31명이다.
87. 충신편은 모두 90편을 싣고 있는데, 35번 송상현의 순절부터가 왜란 이후다.
88. 순수한 타살은 3명에 지나지 않는다.
89. 이것은 열녀편 (2-57)부터 선조조에 정려한 열녀가 나타나다가, (3-52)부터 금상 (광해조) 정문으로 바뀌는 데서도 확인할 수 있다.
90. 『東國新續三綱行實圖』, 680면. "喪柩旣至, 奠祭一遵禮文. 將葬, 告于子女曰: '永窆之期, 汝其勿欺, 我當同穴.' 子女不以實對. 卽日聞薤歌聲, 曰: '亡夫往矣.' 氣絶仍死, 與夫合葬."
91. 『東國新續三綱行實圖』, 685면. "夫沒, 過哀, 絶而復甦同穴. 家人守之, 不暫離, 不果焉."
92. 『東國新續三綱行實圖』, 685면. "夫沒, 著單衣席藁, 晝夜哭不絶聲者五月. 旣祥, 病益深, 絶而復蘇, 始飮煮粟汁, 不粒食, 不梳頭, 不解帶者二十三年."
93. "嘗曰: '吾所以不死爲後嗣也. 今若不立嗣, 死無以見亡人於泉下.'"
94. 『東國新續三綱行實圖』, 685면. "夫死, 泣血三年, 哀毀過禮. 常曰: '雖有兒, 夫死何依. 願從夫於地下.' 服闋年少, 恐其奪志, 飮藥而死."
95. 『東國新續三綱行實圖』, 640면. "喪夫, 十年白衣素食, 哭泣如初, 年七十三終始如一. 子就正爲廣州牧使, 終不肯赴. 稱: '罪人何以見天.' 襜楹之外, 不一出步. 久而不變, 以死爲期."
96. 『東國新續三綱行實圖』 649면. "男爲君死, 女爲夫死. 吾當偕逝."
97. "我, 天地間一罪人也. 許人以死, 何以生爲."
98. 『東國新續三綱行實圖』 649면. "全氏, 北靑府人, 幼學金醇妻也. 略涉經史, 有孝行. 年十九喪夫, 悲哀過度, 三年之內, 不梳頭髮. 服闋, 心喪十年. 父病, 全氏以刀刺左手, 出血以進, 卽愈. 其舅金鶴壽亦遭重病, 全氏以斧斷其手指, 取血以救之."
99. 『東國新續三綱行實圖』 668면. "許氏, 金浦縣人, 縣監李有慶妻也. 自少讀內訓 · 三綱行實 · 烈女傳等書, 通其義. 年十一父中風, 嘗糞露禱病, 尋愈. 及稼, 事夫能敬, 奉舅姑以誠. 夫疾劇, 許氏跪于氷雪上, 日夜祈天以身代夫. 及沒, 取刀刺其左手三指以著其必死之誠. 流血淋漓, 遍汚衣裳."
100. 『東國新續三綱行實圖』 617면. "事舅姑, 咸得其宜. 夫死, 晝夜號哭, 勺水不入口. 隨夫柩涉洛江, 江水方漲, 柩船將覆, 金氏奮神同溺, 侍婢手援, 會有順風, 僅得泊岸. 及葬, 臨壙投下, 絶而復甦. 諺書朱子家禮喪祭之儀, 掛于壁上, 朝夕奠物, 必衰服而視之."
101. 『東國新續三綱行實圖』 795면. "夫病革, 執手與訣曰: '余今已矣. 若不相負, 以節

自堅.'"

102. 『東國新續三綱行實圖』711면. "夫歿, 惟以糜粥潤其喉, 菓果不入口, 頭髮不櫛. 每於四時製節衣, 墓前焚之. 大風雨雪, 坐於庭曰:'亡人置於空山, 何忍安處.'晝夜號哭. 因以柴毀, 服未闋而終焉."

103. 이 중 3회는 『東國新續三綱行實圖』에서 추가한 것이다.

104. 이 중 4회는 『東國新續三綱行實圖』에서 추가한 것이다.

105. 『東國新續三綱行實圖』699면. "石碎左手三指, 注血夫口."

106. 『東國新續三綱行實圖』653면. "夫死, 斷指納棺. 三年不食荣醬, 服喪十七年."

107. 『東國新續三綱行實圖』579면. "夫歿, 截左耳, 埋于墓側, 誓不適他."

108. 『東國新續三綱行實圖』586면. "夫歿, 將還本土, 斷髮, 埋于墓側, 誓死靡他."

109. 『東國新續三綱行實圖』626면. "夫病革, 斷指. 歿後, 單髮, 終身不露齒."

110. 『東國新續三綱行實圖』793면. "夫疾劇, 禱天不效, 哀毀過制. 鄉人有朴種醇者欲污之, 使媒探其意. 姜卽斷髮, 以死誓之." 박종순이 그 집에 돌입하자 저항하면서 박종순을 쳤고, 박종순이 관에 고발하자 논덕은 목을 매어 자살한다.

111. 『東國新續三綱行實圖』637면. "亨秀有惡疾, 幾不救. 人言:'生人血可醫.'金氏以刀自刺臍下, 取血以服之, 卽愈. 金氏因傷而死."

112. 『東國新續三綱行實圖』670면. "嫁吳, 未見姑母, 夫病死于女家. 將返葬本土, 愼氏欲隨喪擧, 往拜姑母後, 仍居墓側. 父母不許. 愼氏着新衣入閨, 自縊而死. 與夫柩共載一擧而去. 人皆歎服."

113. 『東國新續三綱行實圖』584면. "私婢德福, 京都人, 判尹任說之婢妾也. 壬辰倭亂爲賊所執, 將污之, 德福力拒, 且囓賊指, 賊怒斷兩手, 猶不從. 賊亂斫之, 比死, 罵不絶口. 昭敬大王朝旌門."

114. 『東國新續三綱行實圖』565면. "沈氏, 高陽郡人, 忠義衛李惟英妻也. 壬辰倭亂被虜於賊, 乃曰:'寧死, 不受污辱.'自縊而死. 昭敬大王朝旌門."

115. 『東國新續三綱行實圖』633면. "金氏, 京都人, 判書金瓚之女, 進士沈績之妻也. 壬辰倭亂, 避賊于朔寧地. 時賊勢大熾, 金氏自分必死, 乃緘書一封俾傳于其祖母, 以爲永訣. 將死前一日, 同諸姑娣步出家後, 偶見家奴置一棺. 問曰:'此棺可用於兩班喪乎?'及夕, 梳髮洗面, 言語從容. 與諸人就寢房, 及夜闌潛出, 自縊于家後小樹而死. 今上朝旌門."

116. 사비, 양녀 등 신분을 밝히거나 '정부인' 등으로 여성의 품계를 밝히는 경우가 많다.

117. 이따금 그가 평소에 행했던 효행이나 열행도 간단히 언급된다.

118. 『東國新續三綱行實圖』711면. "倭賊猝至, 邊氏知不免, 依樹而坐, 賊挺劍, 曳出, 勢將逼辱. 邊氏負三歲女孫兒, 抱樹不動, 厲聲大罵曰:'犬豕輩, 何不速殺我乎? 寧

死於此, 不願從汝而生.' 賊大怒, 亂斫之."

119. 『東國新續三綱行實圖』594면. "李氏, 善山府人, 忠順衛宋軫星妻也. 值倭亂, 負姑匿山中. 一日, 賊之, 李氏截布科頭面, 賊欲見其面, 李氏拒之愈堅. 賊以刀穿其兩眼, 猶罵賊不屈, 賊亂斫而去. 今上朝旌門."

120. 『東國新續三綱行實圖』594면. "李氏, 水原府人, 幼學崔光軫妻也. 遇倭賊, 賊欲污之, 李氏力拒, 罵賊. 賊以亂槍刺之, 剝其面皮, 不屈而死. 今上朝旌門."

121. 『東國新續三綱行實圖』570면. "李氏, 京都人, 奉事李鍵之女, 幼學金以益之妻也. ……賊怒先斷兩手指, 不屈, 又斷兩足指, 亦不屈. 賊知不可奪, 寸斬而去."

122. 『東國新續三綱行實圖』572면. "良女金末叱常, 伊川縣人, 爲倭賊所追, 解帶自經, 賊追斬其腰."

123. 『東國新續三綱行實圖』592면. "李氏, 咸安縣人, 士人崔汝麟之妻也. 癸巳倭亂, 被執於賊, 欲牽去, 不從. 賊斷其右臂, 不屈, 賊怒寸斬之."

124. 『東國新續三綱行實圖』597면. "李氏, 安陰縣人, 僉知鄭應辰之妻也. 壬辰倭亂, 爲賊所擄, 以死自誓曰:'我不從汝. 汝速殺我.' 罵不絶口. 賊怒而刃之, 異其頭足."

125. 『東國新續三綱行實圖』608면. "李氏, 原州人, 幼學洪仁元之妻也. ……爲賊所執, 欲污之, 李氏奮罵不從. 賊撞破頭顱, 擧而投諸烈火中."

126. 『東國新續三綱行實圖』613면. "李氏, 京都人, 武人方希閔之妻也. 壬辰倭亂, 遇賊, 將欲污之, 李氏罵賊牢拒. 賊大怒, 斫其乳. 李氏罵益厲, 痛哭, 指天爲誓, 賊斷足, 剖腹而去."

127. 『東國新續三綱行實圖』671면. "朴氏, 竹山府人, 忠義衛林濠之妻也. ……壬辰倭亂, 遇賊, 將污, 朴氏以死自誓, 手搏之. 賊支解殺之."

128. 『東國新續三綱行實圖』774면. "洪召史, 開寧縣人. 忠順衛林遇春妻也. 壬辰倭亂, 爲賊所擄, 將殺之. 召史以身蔽曰:'汝欲殺我夫, 宜先殺我.' 冒刃攀號, 罵不絶口. 賊大怒, 並屠之. 見孝子林遇春傳. 今上朝旌門."

129. 『東國新續三綱行實圖』785면. "官婢春德, 報恩縣人, 私奴靑孫之妻也. 從夫避賊于揷嶺, 倭賊執其夫, 將殺之. 春德大呼曰:'殺夫獨生, 非我所忍.' 以身蔽夫背, 賊並殺之. 今上朝旌門."

130. 『東國新續三綱行實圖』792면. "千月, 草溪郡人, 書員辛周元妻也. 從其夫避倭賊, 爲賊所執. 賊將殺其夫, 千月冒刃直前, 請殺其身, 賊斬其腰而去. 今上朝旌門."

131. 『東國新續三綱行實圖』572면. "良女鶴時, 平壤府人, 照羅赤李莫孫之妻也. 爲倭賊所執, 大呼曰:'我有夫, 更從倭乎?'"

132. 『東國新續三綱行實圖』708면. "成氏, 京都人, 金光烈妻也. 壬辰倭亂, 避賊于楊根地, 賊猝至, 將犯成氏. 成氏指光烈:'吾夫在此, 吾忍從汝?'"

133. 『東國新續三綱行實圖』802면. "私婢業之, 通川郡人, 官奴金環同之妻也. 爲倭賊所執, 將汚之, 業之罵賊曰: '吾與夫同死而已, 豈有從汝之理乎?'"

134. 『東國新續三綱行實圖』826면. "嚴氏, 開寧縣人, 幼學鄭任說妻也. 丁酉秋, 避倭亂于林川地. 其夫爲賊所虜, 嚴氏仰天慟哭曰: '夫已被虜, 吾何生爲.' 投水而死."

135. 『東國新續三綱行實圖』830면. "鄭氏, 光州人, 忠義衛鄭希淵之女, 幼學高居厚妻也. 丁酉倭亂, 賊殺其夫, 逼鄭氏, 鄭氏曰: '夫已死, 寧從汝乎?'"

136. 『東國新續三綱行實圖』669면. "朴氏, 大邱府人, 縣監朴忠後之女, 士人李宗澤妻也. 倭賊猝至, 朴氏與擘姊輝陽投洛東江而死. 朴氏時年十九, 輝陽年十五未嫁. 朴氏初聞賊變, 與輝陽相約曰: '若遇賊, 與汝同死, 不爲所汚.' 卒如其言. 今上朝旌門."

137. 『東國新續三綱行實圖』720면. "處子禹氏兄弟, 古阜郡人. 一曰穎女, 一曰孝女, 烈女周應天之妻, 禹愛女之弟也. 從父避倭賊于郡地富安串. 賊將至, 兄弟相與誓曰: '死已迫矣. 吾等何以免辱, 不如自決而全節. 但老父尙在, 何忍棄之?' 賊至, 知力不能救父, 以巾掛樹兩端, 分繫二頸而同死. 今上朝旌門."

138. 『東國新續三綱行實圖』833면. "丁氏, 淳昌郡人, 僉正權伯時之妻也. 丁酉倭亂, 謂其夫曰: '遇賊, 妾當死, 願君善避之.' 賊果猝至, 丁氏投淵而死. 今上朝旌門."

139. 그 예를 (6-48)의 봉사 이정우李廷友의 아내 정씨鄭氏에게서 찾을 수 있다. 정씨는 남편이 왜적에게 살해되고 정씨 자신도 왜적에게 잡히자, 자신의 어머니에게 이렇게 말한다. "제가 정 아무개의 딸로 왜적에게 욕되게 살기를 구한다면, 남들이 무어라 하겠습니까. 이제 하직하나이다" 한 뒤 왜적을 욕하고 살해된다. 『東國新續三綱行實圖』729면. "鄭氏, 京都人, 掌令鄭希登之女, 奉事李廷友妻也. 夫爲倭賊所害, 鄭氏被執, 謂其母曰: '女以鄭某之女偸生於賊, 人將謂何? 從此死矣.' 乃罵賊曰: '汝輩殺我夫, 我之讐也. 於讐何從之有. 宜速殺我, 伏而不起. 賊斷頭而去. 今上朝旌門."

140. 『東國新續三綱行實圖』734면. "良女莫德, 私奴大仁之妻也. 良女三德, 私奴檢忠之妻也, 平山府人. 壬辰倭亂, 聞賊搜山谷, 自誓曰: '寧早自決, 無受汚辱.' 俱投水而死. 今上朝旌門."

141. 『東國新續三綱行實圖』757면. "良女德心, …… 忠贊衛李斗星之妻也. 壬辰倭亂, 士女多被汚辱, 德心常自誓曰: '與其苟且而生, 莫如一死.' 其後, 賊徒大至, 卽走草間, 解袴紐縊死. 今上朝旌門."

142. 『東國新續三綱行實圖』803면. "私婢蘭香, 鎭安縣人. 年十六値倭亂, 常言: '若遇賊, 當自殺.' 及遇賊, 終始不屈而死."

143. 『東國新續三綱行實圖』803면. "夫已被虜, 妾無所歸. 與其生而被汚, 不若死而潔身." (5-25) 교생校生 박진朴津의 처 문씨文氏가 한 말이다.

144. 『東國新續三綱行實圖』653면. "洪氏, 京都人, 幼學朴東績之妻也. 性聰慧, 曉解

文字, 常覽小學·三綱行實圖·烈女傳, 通其大義. 喪夫七年行素. 壬辰倭亂, 避賊于加平地, 賊猝至, 曳出之. 洪氏投江, 順流浮沈, 賊以爲已死, 棄而去之. 適値嚴石, 幸而得生. 今上朝旌門."

145. 『東國新續三綱行實圖』694면. "倭賊誘脅之, 朴氏曰: '從一不二, 婦人之道.' 罵賊不絶於口, 賊肢解之."

146. 『東國新續三綱行實圖』740면. "倭賊執而誘之, 如曰: '從一不二, 女子之道.' 力拒不從."

147. 『東國新續三綱行實圖』676면. "閔氏, 京都人, 幼學李浦妻也. 壬辰倭亂, 夫避賊于坡州境, 其舅父參議李廷馣臨別戒之曰: '當此之時, 婦人以貞節自守.' 閔氏佩服其言, 常把小刀, 誓以自決. 及賊猝至, 亂斫其夫, 見閔氏年少, 欲犯之, 卽以刀自刎, 賊怒斷頭而去. 今上朝旌門."

148. 『東國新續三綱行實圖』821면. "處女朴氏, 咸陽郡人, 士人朴泓之女. 丁酉倭亂, 其父戒之曰: '不幸遇賊, 不可汚辱.' 未幾, 爲賊所執, 大呼罵賊而死. 今上朝旌門."

149. 『東國新續三綱行實圖』682면. "趙氏 …… 從夫避倭賊. 常佩小刀自誓曰: '婦人逼賊而死, 固不足道也. 雖暫面賊, 其可生乎?'" 이 말을 듣고 남편은 몰래 그 칼을 빼앗는다. 뒤에 왜적이 온다는 소리를 듣자 조씨는 숲으로 들어가 치마를 찢어 목을 매어 죽는다. "夫恐其徑死, 潛奪其刀. 及賊將迫, 趙氏走入林中, 裂其裙幅, 自縊而死. 今上朝旌門."

150. 『東國新續三綱行實圖』719면. "及賊大至, 衙奴欲負而逃, 朴氏不許曰: '寧一死, 不可將身近汝之背.' 遂自刎而死."

151. 『東國新續三綱行實圖』721면. "壬辰倭亂, 姑母年愈八十, 猝遇倭賊, 盡奪衣服. 陳氏哀乞, 卽與之. 姑以其衣衣陳氏, 陳氏不着曰: '已經賊手, 何忍加諸身上.' 及賊逼之, 陳氏罵賊曰: '矢不從汝, 宜速殺我.' 大呼拒之, 賊先斬右手, 罵聲益厲, 遂斬頭足. 今上朝旌門."

152. 『東國新續三綱行實圖』741면. "爲倭賊所執, 力拒不從. 賊慕其義, 不忍殺. 其夫以細紬三十匹購出之. 時方孕, 一日解産, 卽沐浴訖, 謂其姑母曰: '雖不失節, 賊手屢及身, 所以不死者, 爲在腹兒也. 今兒已出, 不死何?' 遂自投井而死."

153. 정묘호란 이전에는 4건의 열녀 표창에 관한 기사가 있는데, 자살로 열녀가 된 경우가 2명이고, 남편 사망 이후 수절한 것으로 열녀가 된 경우가 2명이다.

154. "金起宗馳啓曰: '安州城陷之日, 金浚子有聲, 隨入火中, 而同死; 金浚妾良女金姓人, 爲賊所捕, 不屈曰:「夫爲忠臣, 妾爲烈女」罵賊而死……'上命皆致祭, 金彦秀妻子給料, 凡恤典, 亦照例擧行."

155. "海州士人金寅妻禹氏·吳昌男妻李氏, 丁卯之亂, 猝遇賊兵, 賊拔劍驅之使前, 寅妻卽以所抱乳子, 授其夫, 以頭叩石, 流血滿面, 賊射殺之; 昌男妻, 以所佩指環·畫鏡, 解授姨夫曰: '此物卽吾母所遺. 將此二物, 分與兒輩, 以識吾亡.' 卽自縊死. 監司馳啓以聞."

156. "黃海監司馳啓曰: '胡亂時死節婦女, 凡一百二十六人. 其中節義最著者曰…….'" 이하는 각 인물의 출신 성분과 이름, 죽음의 양상 등을 기록하고 있다.

157. "廢朝時設局刊行三綱行實二十餘卷, 而眞僞混淆, 人病其太多. 及上卽位之後, 卽欲釐正, 而多事未遑. 至是, 搜訪節行於京外, 其中頗有冒錄者, 雖有至行, 而亦有泯滅者云."

158. 『燃藜室記述』(下), 景文社, 1976, 508면. "其他婦人死節, 不可盡記. 賤人妻妾, 亦多自決. 有被擄至陣而死. 死不見辱者, 其逃匿巖藪, 被賊驅逼墜水死, 不知數. 人傳首杷之浮水, 如臨淵霜葉, 遇風漂泛者然."

159. 같은 책, 509면. 무거武擧 최필崔弼의 처妻 정씨鄭氏부터 도사都事 김수金䢞의 처까지이다.

160. 『인조실록』 15년 1월 22일. "忠義閔垶, 驪陽君仁伯之子也. 江都被陷之日, 先刃三子·三婦, 後自殺. 其餘儒士·婦女之聞變自決者, 遇賊不屈而死者, 不可殫記."

161. 『인조실록』 15년 1월 30일. "被擄子女望見, 號哭皆曰: '吾君, 吾君! 捨我而去乎?' 挾路啼號者, 以萬數."

162. 『인조실록』 15년 2월 13일. "都承旨李景奭啓曰: 被擄之人, 貧不能贖還, 而凡民異於貴族, 價亦不多. 今若捐百餘兩銀, 分授通官, 使之贖還, 則所得雖不多, 豈不足以感民心哉?' 答曰: '殊甚矜惻. 令該曹優給價銀, 多數贖還.'" 일반 백성들의 경우도 약간의 공금을 마련하여 속환하려 했던 것이다.

163. 『인조실록』 15년 4월 21일. "右議政崔鳴吉上箚曰: 臣愚以爲, 自朝廷設爲禁制, 每人之價, 隨其老少·貴賤, 雖亦不免多少之有差, 而多者毋過百兩, 彼若索高價, 則寧棄之而歸, 終不得踰越此數, 犯者論以重罪, 則彼亦知其無益, 而自從平價, 人人得遂其所願. 許令分付於使臣之行, 依此周旋幸甚.'"

164. 『인조실록』 15년 윤4월 29일. "贖還使辛啓榮請對, 上召見之. 啓榮進曰: '朝廷以管餉銀二千五百兩, 使之贖還無族屬百姓, 而昨見備局啓辭, 則扈從軍士·妻子被擄者, 爲先贖還云. 其數蓋七百, 而所齎去者甚廉, 是可慮也.' 上曰: '然則量宜添給. 且旣贖之後, 必有繼糧之道然後, 可以濟活. 此一款, 講定於大臣, 而發行可也.'"

165. 『인조실록』 15년 11월 29일. 사은사 최명길은 이때 모두 780명을 데려왔다.

166. 『인조실록』 16년 3월 11일. "新豐府院君張維呈單子於禮曹曰: '有獨子善澂, 而江都之變, 其妻被掠贖還, 方在其父母家, 而不可仍爲伉儷, 同奉先祀, 許令離異改娶.'"

167. "前承旨韓履謙以其女被擄贖還, 而其壻將欲改娶, 使其奴擊錚訟冤, 刑曹請令禮官處置."

168. "豈不以禮出於情, 隨時異宜, 不可拘於一例故也?"

169. 『燃藜室記述』(下), 511면. "士大夫妻妾之贖還者, 無不依久同居. 新豊府院君張維, 獨以爲失節之女, 不可爲配, 以奉先祀. 子婦贖還後, 陳疏請令子改娶. 領相崔命吉回啓曰: '如此則怨女必多, 不可不慮.' 乃爲防啓. 維死後夫人更爲上言, 上命止許此人, 勿以爲例."

170. 같은 책, 같은 곳. "壬辰之亂, 士夫婦女陷虜生還者, 其夫家請離移改娶, 朝議不一. 宣廟下敎曰: '此非淫犇失節之比, 不可棄之.' 命不許. 至是自胡中贖還者, 朝議又有可許更娶, 不可許絶之論. 相敎曰: '依先朝定例施行.'"

171. 『인조실록』16년 3월 11일. "然是後, 士夫家子弟皆改娶, 無復合者."

172. "史臣曰: '忠臣不事二君, 烈女不更二夫, 此節義之所以有關於人國家, 而棟樑乎宇宙者也. 被擄之女, 雖曰非其本心, 臨變而不能死, 則其可謂之不失其節哉? 旣失其節, 則與夫家, 義已絶, 決不可勒令復合, 以汚士大夫之家風也. 崔鳴吉旣以執拗之見, 妄引先朝之事, 其於獻議之辭, 備陳難絶之意, 甚矣, 鳴吉之誤也! 當時傳敎, 不載國乘之中, 已無可據. 設有是敎, 亦非可法之規, 則其可諉以先朝之所行者, 而復行於今日乎? 先正有言曰: '以失節者配, 是已失節也.' 復取失節之婦, 事父母而奉宗祀, 生子孫而繼家世, 寧有是理? 噫! 壞百年之國俗, 擧三韓而夷之者鳴吉也, 可勝痛哉?'"

173. "被擄之女, 非其本心, 舍命不渝, 雖不足並責於此輩, 然其在夫家, 大義已絶, 何可勒令復合, 以汚士大夫之家風乎? 國家此擧, 雖矜憐其無所依歸, 欲使得所, 而觀聽疑惑, 遠近譁然, 傷風敗俗, 所系非細. 雖不可一齊離異, 而再娶仍畜, 許令任意, 似爲得宜也."

174. 『인조실록』16년 5월 21일. "上曰: '被擄之女, 旣非本心, 而求死不得. 大臣之意, 實出於憐其無所依歸也.'" 잡혀갔던 여자들이 본심에서가 아니고 또 죽을 수도 없었으며, 대신의 뜻은 그들을 가엽게 여긴 데서 나왔다는 것이다.

175. 『효종실록』즉위년 11월 21일. "憲府啓曰: '變亂時士族婦女失行者, 其時相臣建議, 令其家長還畜, 勿許改娶, 傷風敗俗, 莫此爲甚. 程子言: 「凡娶以配身也, 娶失節者以配身, 是已失節也」此法大乖於程子之訓, 悖禮悖義之甚者也. 我國雖甚文弱, 禮義名敎粲然無愧於中華, 區區所恃以維持者此也. 今乃毁棄之, 識者之寒心極矣. 自是士夫, 家風日敗, 閨門多慝, 間有不忍說者, 未必非此法爲之崇也. 事關風敎, 請勿施還畜之法, 其家長欲改娶者, 許令改娶.' 上從之."

176. 『현종실록』8년 7월 15일. "承旨閔維重曰: '亂初以相臣崔鳴吉之言, 有勿離異之

敎,先王卽位之初,臺臣請令離異被擄之妻,改娶他妻而蒙允,故多有改娶者.'"

177. 『현종실록』 8년 7월 15일. "右相鄭致和曰:'我國最重禮節,凡失行人子孫,不得與人齒列,已成風俗.故丙子被擄人子孫,不許仕路矣.'"
178. "仁祖朝定式,不許離異,則其子孫,何可不通仕路乎?"
179. 『현종실록』 8년 7월 15일. "上曰:'然.此與改嫁子孫有異,且係用人之道.不許淸顯事也,不許凡職則不可.以此定式,分付該曹,使之稟處.'"
180. 『현종개수실록』 8년 9월 7일. "政院啓:'大典所載改嫁子孫,勿敍東西班正職者,蓋出於以禮導俗之意也.被擄與改嫁,均是大累,則子孫通仕,一許一否,宜無是理.況離異改娶,旣有先朝成命,仕路之通,又無舊典可據.今若直爲分付於該曹,定式擧行,則雖曰不許淸顯,而凡在聽聞,將必致駭.宜以下之意,更詢大臣,定其可否矣.'"
181. "領中樞李景奭以爲:'被擄與改嫁,不無差別,故壬辰·丙子兩亂之後,別無設法禁錮之事.臺諫所論,似涉太激.'" 장훤은 음사蔭仕로 벼슬길에 처음 들어서서 문제가 된 경우다. 영의정 홍명하의 말에 의하면, 피로 여성들의 자손들이 과거에 응시하는 것은 조정의 금령이 없었다고 한다.
182. "披擄婦女,原其情,則雖與改嫁者有異,而其爲失節,則一也."
183. "被擄與改嫁,雖似有差,不過五十步百步之間,子孫之負累推此可知."
184. 석주石洲 권필權韠의 딸 권씨權氏는 최계창崔繼昌의 후처였는데, 친정으로 노모를 보러 갔다가 마침 병자호란이 일어나 강화도로 피난을 간다. 강화도가 함락되자 청병에게 잡혀 개성으로 끌려갔는데, 때마침 개성에 와 있던 소현세자 일행이 보고 불쌍히 여겨 대신 돈을 내어서 속환시켜 준다. 그 뒤 아무 일이 없었는데, 숙종 정사년(1677)에 최선崔宣(후처인 권필의 딸과 최계창 사이에서 낳은 아들)이 징을 쳐서 그의 이복형(전처의 아들)인 최관崔寬이 그의 어머니를 사당에서 축출했다고 호소하였다. 「崔寬家事」, 『燃藜室記述』(續集), 景文社, 1976, 168~173면. 이 사건은 상당히 복잡하나, 골자는 청병에게 잡혀갔다가 금방 돌아온 여성을 오염된 여성으로 간주한다는 데 있다. 즉 누군가 피로된 여성은 모두 오염된 여성이라고 말한다면, 아무도 그것을 부정할 수가 없었던 것이다.
185. 金容晩, 「朝鮮時代 均分相續制에 관한 一硏究」, 『大邱史學』 23, 大邱史學會, 1985.
186. 자녀 균분상속에서 장자우대 상속제로의 변화와, 제사 그리고 여성 지위의 하락 등에 대해서는 『한국사회의 유교적 변환』(마르티나 도이힐러 지음, 이훈상 옮김, 아카넷, 2003), 310~319면을 볼 것. '장자상속제의 정착'에 대해 논의하고 있다. 장자상속제로의 변환에 대해 보다 자세한 사실들은, 『儒敎社會의 創出』(마크 피터슨 지음,

金惠貞 옮김, 一潮閣, 2000)의 제1장을 볼 것. 고문서의 분석을 통해 17세기를 통과하면서 장자우대 상속제로 변화한 과정을 상세히 논하고 있다.
187. 17세기 후반, 딸에 대한 상속량을 삭감한 것이 부처제婦處制에서 부처제夫處制로 바뀐 것과 관련이 있음은 마크 피터슨의 『儒教社會의 創出』, 67면을 볼 것.

5장

1. 『선조실록』 39년 5월 21일. "明敎化, 淑人心, 有國之先務. 近來習俗貿貿, 世道日卑. 此莫非兵火之後, 書籍絶乏, 導率未盡其方而然也. 三綱·二倫行實, 乃是明倫之書, 譯以方言, 圖其形像, 使閭巷婦人小子, 繼經一覽, 莫不欽服感嘆, 良心自生, 其有補於風化, 豈淺淺哉? 兵難以來, 閭閻之間, 罕有此書. 今不廣印頒布, 非但泯滅無傳, 後來之人全不知有此書, 無以感發而興起, 豈不可惜之甚乎? 請令該曹, 優數印出, 頒布中外."
2. 『선조실록』 39년 5월 24일. "經亂之後, 民風習俗, 日以偸薄, 子不知孝其親弟不能敬其兄, 其他戰敗彛倫, 滅絶風敎, 可駭可愕之狀, 難以盡形. 此憲府之啓, 所以發也. 三綱·二倫行實等書, 有足以感發良心, 興起善端, 固亦淑人心之一助. 而亂後閭閻之間, 罕有此書, 令戶曹辦給印冊, 紙地等物, 校書館專掌印出, 俟其畢印後, 啓稟施行宜當. 但許多卷帙, 以二司之力, 未易印完. 下三道監司處, 隨便添助紙地事, 並爲移文何如?"
3. 『인조실록』 권50 부록, 「인조대왕 행장」② "遂以三經及其諺解·心經·近思錄等書, 頒送兩界, 文官守令, 亦多差遣, 以兩界文敎弛也, 兩界由此登文科者接武. 命譯五倫歌印布中外, 三綱行實並令刊行. 又以育材化俗, 莫善於小學, 命校書館印進, 頒賜群臣, 勖禮曹以敎童蒙, 取能誦者俾占生·進初試, 下諭八道監司, 遍加勸課, 窮鄕僻村, 稍稍有讀書之風." 이 인용문 끝에 궁벽한 시골에도 차차 독서하는 분위기가 조성되었다고 했으니, 아마도 이런 윤리서는 실제로 보급의 효과가 있었을 것이다.
4. "又以爲, 國之所以維持者, 在於名分, 凡子之於父, 奴之於主, 妻之於夫, 弟之於兄, 雖有可問之事, 不可爲證, 乃誕告京外, 使之勿問."
5. 효종의 「행장」은 그가 『삼강행실도』과 『경민편』을 간행했던 것을 특기하고 있다. 『효종실록』 권21 부록, 「효종대왕 행장」③
6. 「행장」의 3월조에 이어서 5월조가 나오므로 4월일 수도 있다.
7. "頒三綱·二倫行實等書于八道, 命刊印廣布, 俾民觀感."
8. 『영조실록』 26년 9월 18일에 다시 『속록』을 만들라고 지시하는 기사가 실린 것으로 보아, 11년의 명령이 집행되지 않았음을 알 수 있다. 또 26년의 명령 역시 집행된 흔적을 찾을 수가 없다.
9. 『정조실록』 21년 1월 1일. "小學一書, 卽學校始敎之次弟節目也. 以予寡昧, 尙賴先

주석—5장　　　　　　　　　　　　　　　　　　　　　　　　　　611

大王導迪之恩, 記在童習之年, 粗效日講之力, 世之子弟, 雖不及遍通六經, 或庶幾勉勉持循於做人樣子. 而邇來學日益渝, 教日益弛, 此書隨而束閣, 予嘗是懼. 爰命內閣之臣, 就訓義而考證之. 且三綱·二倫行實等篇, 爲輔治勵世之具, 與小學書, 不可偏廢, 釐爲一編, 命之曰五倫行實."

10. "然鄕約之於化民成俗, 亦易爲力. 朱夫子蓋嘗月朝讀約三代之制如復可見. 予故曰因今之民, 變古之俗, 被之以仁義, 示之以本實, 鄕約之效不差於鄕飮酒. 此規亦不可不講而明之, 機務之暇, 彙成鄕飮儀式·鄕約條例, 欲其委曲周摯, 文質俱備, 偕我同胞之民, 油然起感, 肅然知序."

11. 『정조실록』 21년 7월 20일. "上旣頒鄕禮合編, 又命閣臣沈象奎等, 取三綱·二倫兩書而合釐之, 證訂諺解, 名曰五倫行實. 命鑄字所, 活印廣頒, 俾作鄕禮之羽翼."

12. 柳鐸一, 『韓國文獻學硏究』, 아세아문화사, 1989, 395면.

13. 金斗鍾, 『韓國古印刷技術史』, 372~389면.

14. 이후 1922년 언더우드가 『오륜행실도』에서 33명을 뽑아 교과서로 간행하지만, 이미 조선왕조는 종언을 고한 뒤였다.

15. 『선조실록』 6년 2월 25일. 당시 인쇄된 『내훈』의 글자의 획이 흐릿하고 인쇄가 정교하지 않음을 문책하는 기사다.

16. 『광해군일기』 2년 윤3월 22일.

17. 『효종실록』 7년 7월 28일. "知經筵李厚源曰: '內訓 …… 屢經變亂, 絶無而僅有. …… 請令三南監司, 刊印廣布.' 上曰: '此書前未有聞, 亦不得見. 卿須廣加聞見, 而求得, 送于三南, 使之刊布.'" 목판으로 간행된 것이 남아 있다.

18. 『현종개수실록』 1년 9월 5일. "上謂玉堂官曰: '大學衍義及內訓, 幾許校正乎?' 萬均曰: '衍義則已畢而內訓則未畢矣.' 上曰: '務精爲之. 諺解鄕音, 亦一一釐正可也.'"

19. 『御製內訓』이 그것인데, 이 책의 서두에 붙어 있는 영조의 「御製內訓小識」에 "歲丙辰(1736)菊秋上浣, 拜手謹識"이라고 정확한 연기가 명기되어 있다. 또 서울대 고도서 소장 『어제내훈』의 내사기內賜記에 "乾隆二年(1737)六月二十四日, 內賜兵曹判書閔應洙, 御製內訓一件"이라 하여 1737년이라는 연기가 있는 것으로 보아, 1736년에서 1737년 사이에 인쇄가 이루어졌음을 알 수 있다. 이 책은 개주갑인자改鑄甲寅字로 간행되었다. 언해본이었다. 洪允杓, 「御製內訓解題」, 『御製內訓』, 弘文閣, 1989, 1면.

20. 권영철, 『閨房歌詞硏究』, 형설출판사, 1980, 203면.

21. 『여훈언해』의 맨 뒷장에 "嘉靖 九年 十二月 二十六日"이라고 표기되어 있다.

22. 추정 근거는 언해의 표기법이다. 洪允杓, 「女訓諺解 解題」, 『女訓諺解·閨閤叢書』,

弘文閣, 1989.
23. 『중종실록』 27년 9월 12일. "五衛將崔世珍, 進飜譯女訓. 傳曰: '令校書館印出.'"
24. 洪允杓, 「女訓諺解解題」, 『女訓諺解·閨閣叢書』, 弘文閣, 1989, 1면. 최세진 번역본은 현전하지 않는다.
25. 章聖慈仁皇太后, 「女訓序」, 『女訓諺解·閨閣叢書』, 弘文閣, 1999, 15면. "夫人子事親而有孝經, 以爲訓; 人臣事君而有忠經, 以爲訓. 忠孝, 人道之當然, 而各有訓矣. 然則婦之事夫, 可無訓哉?"
26. 위의 책, 15면. "小學之書無傳, 晦菴朱子編輯成書, 則小學之敎始有所入, 獨女敎未有全書."
27. 위의 책, 15면. "世惟取列女傳·曹大家女戒爲訓, 人常病其簡略."
28. 위의 책, 15~16면. "有所謂女憲·女則, 皆徒有名耳."
29. 위의 책, 16면. "近世始有女敎之書, 大要撮曲禮·內則之言, 周南·召南之旨, 卓越往昔, 足以垂法萬載, 但文理奧妙, 恐婦人女子未能盡知其義而率由是道也."
30. 이 책의 간행 사정을 짐작할 만한 어떤 자료도 현재까지 발견되지 않고 있다.
31. 『영조실록』 10년 12월 20일. "唐本女四書與內訓無異. 古昔聖王之治, 必以正家爲本, 閨梱之法, 乃王化之源. 此書若刊布, 則必有補於閨範, 而第有諺釋, 然後可易曉."
32. 『영조실록』 12년 8월 27일. "上下女四書親製序文, 命弘文提學李德壽諺譯入刊."
33. 영조는 『내훈』의 찬자를 고황후高皇后로 말하고 있으나, 이것은 착각이다. 『내훈』의 저자는 명나라 인효문황후仁孝文皇后로서 성조成祖 문황제文皇帝(永樂帝)의 원비元妃다. 영조의 착각은 문황후가 『내훈』의 서문에서 고황후의 말씀을 받들어 수집해 책을 엮는다고 말했기 때문에 일어난 것이다.
34. 『영조실록』 3년 3월 26일. "上曰: '解縉等奉勅修古今列女傳. 書成, 太宗親製文序之. 我國有內訓, 乃皇明太祖高皇后所作也. 予欲刊行.' 判府事閔鎭遠, 請使嶺營刊行, 上曰: '當頒下於玉堂矣.'"
35. 英祖, 「御製內訓小識」, 『御製內訓』, 弘文閣, 1990, 19면. "玆令芸閣으로 並與皇明文皇后의 內訓호야 刊印廣布케 호고"
36. 『여사서』의 내용에 대한 자세한 해설은, 이숙인 역주 『여사서』(여이연, 2003) 349~378면의 '여사서 읽기의 방법과 사상'을 참고할 것.
37. 田愚, 「敬題女四書後」: 『女四書諺解』, 弘文閣, 1996, 335면. "愚少日購女四書一部, …… 此書之東來者絶少, 意欲印行以廣其傳. 凝川朴公晩換聞之, 喜甚, 捐繡梓而並用國文錫明, 又得心石宋公文以發揮之, 甚盛擧也."
38. 사대부가의 가훈은 '사대부'의 에토스를 형성하려는 의식적인 의도의 산물이다. 사

대부다움의 형성에 『소학』과 『주자가례』가 결정적인 구실을 하였으리라 생각되지만, 그 과정 자체는 아직 소상히 밝혀진 바 없다.

39. 申叔舟, 「家訓」, 『保閑齋集』: 『韓國文集叢刊』10, 102~103면.
40. 민족문화추진회의 『韓國文集叢刊』을 검토하였다.
41. "婦人君子而主內治, 家道之興廢由之. 世人知敎男, 而不知敎女, 惑也. 婦人貞靜自守, 柔順事人, 專心內政, 不與外事. 上事舅姑, 非誠敬, 無以盡其孝; 下接婢使, 非慈惠, 無以得其心. 誠敬以事上, 慈惠以接下, 然後夫婦之際, 情義無間矣. 凡於女工, 亦當致已. 若不勤, 不足以率下. 夫者, 所仰以終身, 禍福共之, 如有非宜, 當因事善規, 徹戒相成, 期於無咎. 然不可强, 强之則失恩. 閨門之內, 恩常掩義, 易至狎曘. 狎曘之心一生, 敬謹之意必弛. 於是驕妬放恣, 無所不至. 夫婦乖張, 實由於斯, 可不愼哉. 女子從人, 所與處者, 非有骨肉之恩. 言語往復, 多生疑貳, 遂成嫌隙, 故古之賢婦謙恭柔順, 含垢匿瑕, 推誠相與, 使上下相安, 身享諸福, 以永終譽."
42. 柳希春, 「庭訓」, 『眉巖集』: 『韓國文集叢刊』34, 205~219면. 1559년작이다.
43. 목차는 다음과 같다.

　　十訓　　　　　氣像·窒慾·事親·齊家·修身·處事·知人·接物·戒仕海遷·文學
　　庭訓內篇　　尊卑長幼·待人禮人·養生治生·讀書解文·大小行事
　　庭訓外篇 上　律身行己·勤職處事·睦僚敬貴·擇交語人·絶謁應請·禮儀·避爭·
　　　　　　　　　求書求益
　　庭訓外篇 下　律身·御吏·牧民聽訟·求言用人·治姦勸善·謁聖興學·待士接賓·
　　　　　　　　　篤親念舊

　　* 정훈내편은 내직에서의, 정훈외편은 지방관이 되어서의 마음가짐과 처사에 대해 말하고 있다.

44. "凡家有內·外, 男子居外, 女子居內. 有事則男子入內, 遇賤隷之女而亦勿諧笑. 雖尋常言語間, 勿及男女間戲慢事. 居家, 勿聽女樂. 若人設而非己所爲, 則不在此限. 一切婦女, 敬而遠之, 雖小妹子婦, 亦甚嚴恭, 非不得已之事, 則勿遣諺簡. 凡主人之媢黨將謁主人婦女, 則納名於內, 而俟婢若子弟還報, 然後拜. 若尊長通名於主人之母氏, 則主人當自傳而答拜."
45. 宋寅, 『頤庵遺稿』: 『韓國文集叢刊』36, 183~185면.
46. 權好文, 『松巖集』: 『韓國文集叢刊』41, 176~184면.
47. 원문은 '開雎'로 되어 있는데, '關雎'의 오자가 아닌가 한다.
48. "夫婦, 伉儷言敵偶也詩首開雎, 易基乾坤, 以其人倫之本, 陰陽之始."
49. "有天地, 然後有夫婦, 有夫婦, 然後有父子. 有父子, 然後有君臣. 有君臣, 然後有朋友."

50. "乾男坤女, 故男女居室, 人之大倫."
51. "夫也父也, 天也君也, 陽也. 婦也子也, 地也臣也, 陰也. 陰陽和而萬物遂. 夫婦和而家道成."
52. "妻, 齊也. 一與之齊, 終身不改. 故夫死不嫁而從子. 夫者, 婦之天也. 婦人無爵, 從夫之爵, 坐以夫齒. 易家人卦曰: '父父, 子子, 兄兄, 弟弟, 夫夫, 婦婦, 而家道正矣.'"
53. 黃宗海, 『朽淺集』: 『韓國文集叢刊』 84, 428~432면.
54. 李植, 『澤堂集』: 『韓國文集叢刊』 88, 536~542면.
55. 이 가계 자체는 조목별로 정리된 것이 아니라, 혼인과 장례 등에 대한 수필식의 언설이다.
56. 일단 임진왜란과 병자호란 이후에는 상당히 많은 수의 가훈이 출현한다. 『韓國文集叢刊』을 근거로 할 때 정제두鄭齊斗(1649~1736), 신익황申益愰(1672~1722), 이종성李宗城(1692~1759), 윤형로尹蘅老(1702~178?), 송명흠宋明欽(1705~1768), 신경준申景濬(1712~1781), 박윤원朴胤源(1734~1799), 장복추張福樞(1815~1900) 등의 것을 확인할 수 있다.

鄭齊斗, 「家法」, 『霞谷集』: 『韓國文集叢刊』 160, 221면.
申益愰, 「家塾雜訓」, 『克齋集』: 『韓國文集叢刊』 185, 399~408면.
申益愰, 「家塾雜訓序」, 『克齋集』: 『韓國文集叢刊』 185, 465~466면.
李宗城, 「家範」, 『梧川集』: 『韓國文集叢刊』 214, 342~356면.
尹蘅老, 「家訓」, 『戒懼菴集』: 『韓國文集叢刊』 219, 330~359면.
宋明欽, 「家儀」, 『櫟泉集』: 『韓國文集叢刊』 221, 257~259면.
申景濬, 「庭訓錄序」, 『旅菴集』: 『韓國文集叢刊』 231, 35면.
朴胤源, 「家訓」, 『近齋集』: 『韓國文集叢刊』 250, 451~456면.
張福樞, 「訓家九箴」, 『四未軒集』: 『韓國文集叢刊』 316, 437~439면.

57. 李植, 「夫婦(策問)」, 『澤堂集』: 『韓國文集叢刊』 88, 503면. "問. 君子之道造端乎夫婦, 刑妻正家之義備載聖賢經傳, 而世之君子常患不能盡倫者. 何歟? 孔氏三世黜妻, 尹吉甫後妻殺子, 聖賢之敎亦不能化導, 何歟? …… 我國士族之女不得改適, 士夫疏棄正妻, 名敎不容. 雖配耦不良, 而離異者絶少, 果合於古人之中道歟 邇來世敎陵夷, 閫則顚倒, 男女早婚, 奢華相競, 天年敗倫之風, 不可盡言. 如欲使一世之人, 家道正而人紀修, 福祿盛而年壽延, 則其道何由?"
58. 李植, 「家誡」, 『澤堂集』: 『韓國文集叢刊』 88, 536면. "婚禮, 國俗最陋. 先正講定亦未及. 本日親迎之禮, 今宮家則當日親迎, 而儀文不古, 侈費又多, 士人家所以難行. 士大夫家婚翌日, 始延見新婦, 厚給禮物, 其費什倍于從禮, 陋且濫矣. 若一從家禮, 則合兩日爲一日, 事簡而易行也. 奈婚家不肯. 而余常時不能以禮自處, 爲世所輕."

因循苟簡, 不能强婚家以必行, 不能無望於後人也. 俗習近於禳法者多, 宜痛禁斷."
59. 같은 글, 같은 책, 537면. "近來國俗又一變, 男婚侈於女婚, 新婦所受禮物, 甚者價費千金. 貪侈之風極於是矣. 貧家慕效, 力不從心, 則不卽迎見新婦, 失禮之中. 失禮尤甚. 男子娶婦, 只爲妻家榮觀, 本家父母, 久不見婦面, 則親迎之意安在?"
60. 李濟臣,『鯸鯖瑣語』,『淸江笑囮』, 全義李氏淸江公派花樹會, 1979, 240면. "我國婚禮於吉夕燭出納新婦, 翌日則新郞之所知者齊訪於妻家, 其家以酒肉行宴, 名曰覽寢. 至於第三日, 夫婦始行同牢宴, 謂之獨坐, 甚爲無理. 覽寢之名謂出於麗季, 而又爲不正之說, 傳會之尤爲可革. 況無賴之徒托爲覽寢, 知不知而逐婚家求饜, 或有每夕登高, 望烽火而尋往者, 或誤迹烽爐於發靷之家者. 大抵男女正始爲重, 而連夜同宿, 始行相見之禮, 不亦褻乎. 頃在中廟戊寅年間, 始行親迎禮, 己卯人亡, 禮從而廢. 近來士族家於吉夕卽依家禮行事者, 謂之眞親迎. 卽夕就女家交拜巹宴, 明日謁舅姑者, 謂之半親迎. 覽寢之弊稍革, 而正始之道殆復古風." 이제신의 시대에 와서 비로소 친영제가 다시 실시되기 시작했지만, 고려 시대의 유풍이 여전히 남아 있었음은 주목할 만한 현상이다.
61. 李恒福,「雜記」(先夫人閨範),『白沙集』:『韓國文集叢刊』62, 412면. "吾家家法甚嚴. 先夫人天性溫柔慈順, 至於閨範, 有斬斬不可犯者. …… 仲兄嘗因倦跛倚脫冠, 與夫人座甚遠, 而可以望見. 夫人正色曰:'汝年已長大, 猶不知父母前不可無禮耶? 吾家相傳之訓, 本不如是.' 因顧謂諸女曰:'吾家子女甚繁, 而年歲已長, 足知禮法. 雖娣妹之間, 切不可嬉笑相謔, 自虧典訓, 坐臥言語皆當有別.'"
62. "外叔崔安陰公, 與夫人少相長, 於兄弟中最親. 及長, 家在一隣, 朝夕來訪, 每相見, 必使侍婢在側, 未嘗於獨處相對, 曰:'吾年已老, 娚亦老矣. 親親之道, 固不當如是. 習性所拘, 自不得不爾. 且婦人之道, 與其流於褻狎, 寧過自莊重.'"
63. "聖人制禮, 年過十歲, 男女不同席, 不同椸架, 夜行以燭, 嫂叔不通問." 여기서 말하는 것들이 모두『소학』에 실린 것들임은 앞에서 검토한 바 있다.
64. 權寧徹,『閨房歌詞硏究』, 螢雪出版社, 1980, 198~200면. 대개 시집가서 시부모를 공경하고 남편을 잘 섬기라는 내용이다.
65. 申翊全,『東江遺集』:『韓國文集叢刊』105, 79면.
66. "今爾奉承君子, 出入禁掖, 惟當夙夜祗懼, 一言不可輕發於口, 一步不可率意而行. 日復一日, 惟孝惟忠惟恭惟儉, 惟爾之懋, 倘或恃其光榮, 恣其喜怒, 以羞乎所生. 所生之心, 爲如何哉? 須體至意, 罔或少懈, 是余之願, 爾可不念哉, 爾可不勖哉?"
67. 崔錫鼎,『明谷集』2:『韓國文集叢刊』154, 49면.
68. 任憲晦,『鼓山集』:『韓國文集叢刊』314, 314면.
69. 趙觀彬(1691~1757),「戒子婦文」,『悔軒集』:『韓國文集叢刊』211, 463~464면.

70. 申璟(1696~1766),「書女子屛訓後」,『直菴集』:『韓國文集叢刊』216, 316~317면.
71. 趙顯命(1691~1751),「列女屛序」,『歸鹿集』2:『韓國文集叢刊』213, 83~84면. 조카며느리가 시집올 때 친정아버지가 직접 만들어 보낸 병풍에 조현명이 쓴 서문이다.
72. 魚有鳳(1672~1744),「題女戒七章屛風書後」,『杞園集』2:『韓國文集叢刊』184, 239면.
73. 尹鳳九(1683~1767),「醮女鋪房八帖屛畵銘(壬午)」,『屛溪集』2:『韓國文集叢刊』204, 393~394면. "之子于歸, 新婦晨省, 升堂乳姑, 擧案齊眉, 闔門示別, 三遷敎子, 見鍋戒女, 溫公家宴." 趙龜命(1693~1737),「烈女屛八幅贊」,『東谿集』:『韓國文集叢刊』215, 116~117면. "新婦作羹, 賢妻進警, 斷機勵夫, 升堂乳姑, 挽車同歸, 儵畝相敬, 分閫示別, 剪髮供饌." 이런 것들도 모두 과거 모범이 될 현부들의 병풍에 붙인 것이다.
74. "其辭約而該, 其義明而切, 誠閨門之典則也."
75. 南有容,「諺解曺大家女誡七篇序」(己酉),『雷淵集』1:『韓國文集叢刊』217, 257면. 교육의 방법. "訓人有方, 强之以所難法則難行, 誘之以所易知則易守. 難法者泥古之言也, 易知者切時之論也. 雖女敎亦然. 余讀范史列傳, 得曹大家女誡七章, 盖所謂切時之論, 易知而易守者也." 獨是篇所稱, 斟酌乎世俗婦女之所可行, 而無絶高難企之事. 故聽之者無厭, 行之者不蹷, 而自養舅姑事夫子, 而至敎子·睦宗族, 其道無不備也."
76. 成海應,「詠曺大家女誡」,『研經齋全集』1:『韓國文集叢刊』273, 7~8면.
77. 金元行,「題曹大家女誡後」,『美湖集』:『韓國文集叢刊』220, 261면. 이 비판은 따로 고찰될 필요가 있을 것이다. 물론 김원행의 비판이『여교』의 여성 교육 자체를 부인하는 것은 아니었다. 김원행의 여성 교육은『여교』의 내용보다 더욱 철두철미하다.
78. 韓元震,「韓氏婦訓」,『南塘集』2:『韓國文集叢刊』202, 66~73면. "一日舍妹李氏婦以小冊子授余曰: '請書聖賢格言而敎之.' 余謂: '聖賢格言, 具載方冊, 而尤切於婦人之身及有家日用之常者, 又莫詳於朱文公小學書·栗谷先生擊蒙篇. 妹若遍學而悉誦之, 可以盡其博而識其要矣, 何待於余之復事抄選而徒犯不韙之罪, 貽疊床之譏哉? 雖然, 余之所有志於宿昔者, 則不可不令妹一知之.'
79. 朴胤源,「家訓」,『近齋集』:『韓國文集叢刊』250, 451~452면. "余取小學立敎明倫等篇, 採其最切於婦道者, 略加節刪, 添任班昭女誡婦行一章, 末乃三引詩而結之."
80. 成近默,『果齋集』:『韓國文集叢刊』299, 520~524면.
81. "婦人之行在小學者, 當諺翻觀省."
82. 宋明欽,「閨鑑序」,『櫟泉集』:『韓國文集叢刊』221, 272~273면. "旣成, 或曰: '吾東自世宗製半切文, 婦女便於諺辭, 終身不識字, 其不能聞古訓習婦禮, 皆是故也.

子何棄孝經·論語而反事是也.' 余應之曰: '昔李初平晩欲讀書, 以告濂溪曰: '公老矣無及. 某請爲公言之. 初平乃日請先生語二季, 果有得.' 今吾是書, 亦說話之敎也. 世之季幼質美者, 卽誦孝經·論語而兼治此, 不亦可乎.'"

83. 丁範朝,「閨鑑序」,『海左集』1:『韓國文集叢刊』239, 415면. "吾友柳諫議鳳之著閨鑑四卷, 其事則採經傳子史, 其人則倂淑慝貞瀆, 用諺字, 飜謄其意, 欲自家而普惠一世也."
84. 李萬敷,「書閨訓後贈新婦說」,『息山集』1:『韓國文集叢刊』178, 257~259면.
85. 韓元震,「韓氏婦訓」,『南塘集』2:『韓國文集叢刊』202, 66~73면.
86. 宋明欽,「閨範序」,『櫟泉集』:『韓國文集叢刊』221, 272~273면.
87. 李瀷,「內範序」,『星湖全集』2:『韓國文集叢刊』199, 407~408면. 안정복安鼎福의 『內範』의 서문이다.
88. 吳熙常,「書女敎後」,『老州集』:『韓國文集叢刊』280, 328~329면. "女敎內篇十一章, 外篇十二章, 摠二十有三章, 卽叔父雲樵府君所著而曾以訓于家者." 책의 저자 운초부군雲樵府君은 오희상吳熙常의 숙부인 오재소吳載紹이다.
89. 丁範朝,「閨鑑序」,『海左集』1:『韓國文集叢刊』239, 415면.
90. 成海應,「記女誡總敍」,『硏經齋全集』1:『韓國文集叢刊』273, 330면.
91. 『靑莊館全書』1:『韓國文集叢刊』257, 105면.
92. 『存齋集』:『韓國文集叢刊』292, 483~485면.
93. 『近齋集』:『韓國文集叢刊』250, 451~452면.「가훈」은 '贈內三章,' '六條戒語書與從子宗輔,' '八條女誡書從子婦李氏寢屛,' '戒側室文,' '女誡,' '童誡,' '誡奴婢文'로 되어 있다.
94. 「書孺人李氏傳」,『硏經齋全集』1:『韓國文集叢刊』273, 430~431면. "法家皆有閨範, 婦人自幼少時必習熟見聞."
95. 권영철,『閨房歌詞硏究』, 208면.
96. 그 근거로 무엇보다 이덕무의『사소절』「부의」와 절반 이상이 일치한다는 점을 들 수 있다. 孫直銖,『朝鮮時代 女性敎育 硏究』, 성균관대학교 출판부, 1982, 32~33면. 『규중요람』이 이황의 저작이라면 이런 현상은 있을 수 없을 것이다.
97. 孫直銖, 위의 책, 13면. 보다 정확한 근거는 권영철의「閨範選英에 대하여」,『여성문제연구』7(曉星女子大學, 1978)이다.
98. 「書閨訓後贈新婦說」,『息山集』1:『韓國文集叢刊』178, 257~259면.
99. 「韓氏婦訓」,『南塘集』2:『韓國文集叢刊』202, 66~73면.
100. 이 책은 권구가 안동에 우거할 때 저술한 것으로, 자신이 부녀자 교육용으로 저술한―『내정편』과『우암선생계녀사』를 발췌하여 자신의 의견을 삽입하고 부연한―『언

행록』을 합본한 필사본이다. 『언행록』은 권구의 저술이 아니라 '반야선싱' 이라는 사람이 지었다는 설도 있다. 『병곡선조내정편』은 후손들이 필사, 전파하는 과정에서 붙은 것이다. 권영철, 앞의 책, 215면.

101. 국립중앙도서관에 사본이 2종 있고, 규장각에도 사본 1종이 있다(가람본). 20세기에 들어와서도 이 책은 재간행되었는데, 이재욱李在郁이 교주校註한 대동인쇄소大東印刷所 발행의『우암계녀사』(1939)와『송우암선생계녀사』(斯文學會 編, 서울, 齊文堂, 1978) 등이 있다. 이재욱 교주본은 1946년 정음사正音社에서 간행되었고, 1986년에 정음사에서 재간행되었다. 『原本, 女範·戒女書·內訓·女四書』(大提閣, 1985)에 영인되어 있다. 戒女書』라고 한 것이 곧『우암선생계녀사』이다. 이 영인본은 1986년 정음사 판에도 수록되어 있다. 아마도 1939년본의 대본일 것이다. 사문학회의 간행본도 같은 것이다.

102. 권영철, 앞의 책, 215면.
103. 목차는 다음과 같다. 正心章, 修身章, 事親章, 謹夫婦章, 奉先章, 敎子章, 友愛章.
104. 『原本, 女範·戒女書·內訓·女四書』(大提閣, 1985)에 영인되어 있다.
105. 『下廬集』:『韓國文集叢刊』260, 448면. 「題從子婦許氏識家藏書目」도 같은 면에 있는데, 가장 서적을 분류하고 정리하여 당본唐本과 향본鄕本으로 나누고, 선세의 유묵과 유고를 갈라 거기에 지은이와 책 제목을 지었다. 책 목록을 만들었다고 했으니, 꽤나 유식한 사람이었던 것이다.
106. 李萬敷,「書閨訓後贈新婦說」,『息山集』1:『韓國文集叢刊』178, 258〜259면. 의식화될 것. "惟將此訓辭, 朝夕觀覽, 耳濡目染, 則自然警惕之氣, 燻陶德性, 庶幾無大過. 老人之願在此而已."
107. 「女四書序」,『樊巖集』2:『韓國文集叢刊』236, 75면. "夫人獨能不屑爲習所移, 女紅之暇, 間以誦讀, 則惟女書之可以爲範於閨壼者耳. 從以費神精鳩紙墨, 傯隙以書, 如副課督, 其有味於聖賢之格言如此, 不賢而能此乎."
108. 「記女誡總敍」,『硏經齋全集』1:『韓國文集叢刊』273, 330면. "女誡總敍二卷, 自曾王母時有之, 不著撰人姓氏, 蓋敍閨壼訓辭, 倣曺大家女誡而成者也. 余於幼少時見先妣先考與家中諸婦, 暇日誦讀, 余從傍聽之, 略記大槩, 輒欣然樂之."
109. 『欻欻集』:『韓國文集叢刊』223, 39면.
110. 金鍾厚(?〜1780),「申氏傳」,『本庵集』:『韓國文集叢刊』237, 557면. "於貨利服玩之屬, 無所經心, 常淨掃一室, 列硯几, 取國風·孝經·小學及女訓諸書而讀之, 響如鳴玉. 掛韓文公·歐陽永叔·蘇東坡像于壁, 想慕其爲人." 신씨申氏는 신정하申靖夏의 손녀다.
111. 李義肅(?〜1807),「節婦朴氏傳」,『頤齋集』권7면. "初, 朴氏未行, 喜觀古訓女戒

書, 能記誦." 박씨의 남편은 경성부鏡城府 사람이다. 박씨는 남편이 죽자, 목을 찔러 자살을 시도하지만 깊게 찌르지 못해 실패한다. 슬픔에 잠겨 10년을 넘기고, 친정아버지가 소식蔬食을 그만두라 하자 마침내 자살한다.

112. 金熙周(1760~1830), 「孺人吳氏傳」, 『葛川先生文集』권9. "孺人吳氏 …… 諺翻婦人之嘉言善行, 誦習之."

113. 梁進永(1788~1860), 「梁孝子傳」附「宜人任氏傳」, 『晩羲集』, 권11. "八九歲涉獵於內則女戒閫範之書, 略曉大義." 임씨는 1860년 사망.

114. 李瀷, 「內範序」, 『星湖全集』2: 『韓國文集叢刊』199, 407~408면. "天者, 乾道也, 夫道也. 坤非乾, 必陷. 婦非夫則亂. 小學所以備內外之治也. 其故何也. 讀書談道, 畢竟是外位事, 婦人終歲勤動, 職務亦衆, 奚暇閱經訓而休其蠶織?"

115. 李萬敷, 「書閨訓後贈新婦說」, 『息山集』1: 『韓國文集叢刊』178, 257~259면. "大抵女子與丈夫不同. 丈夫則以天地萬物爲吾一體, 故窮則獨善其身, 達則兼濟天下, 皆吾分內事也. 至於女子, 何嘗以驚天動地之行責之. 孔子曰: '女及日于閨門之內, 事在饋食之間, 行無獨成, 事無擅爲.' 女子之行, 槩可知矣."

116. "孔子曰: '婦人伏於人也. 是故無專制之義, 有三從之道. 在家從父, 敵人從夫, 夫死從子, 無所敢自遂也. 教令不出閨門, <u>事在饋食之間而已</u>. 是故女及日乎閨門之內, 不百里而奔喪, <u>事無擅爲, 行無獨成</u>, 參而後動, 可驗而後言, 晝不遊庭, 夜行以火, 所以正婦德也.'"(『大戴禮』「本命解」, 『家語』) 밑줄 친 부분이 인용된 부분이다.

117. 成近默, 「家訓」, 『果齋集』: 『韓國文集叢刊』299, 520~524면. "婦人最以偏性爲心之病."

118. 韓元震, 「事父母舅姑章」, 『韓氏婦訓』, 『南塘集』: 『韓國文集叢刊』202, 267면. "末世人心旣薄, 而婦人之性又多偏塞"

119. 丁範朝, 「閨鑑序」, 『海左集』1: 『韓國文集叢刊』239, 415면. "婦人性褊而質柔. 性褊而難於喩義, 質柔則難於彊善, 必以有感發鼓動之也. 而其術在使之學古訓, 廣聞識. 此曲禮內則之所以作也."

120. 「지아비 섬기는 도리라」 『우암선생계녀사』, 『우암선생계녀사』는 『原本, 女範·戒女書·內訓·女四書』(大提閣, 1985) 279~322면에 실려 있다. 앞으로 여기서 인용하고 인용 면수는 밝히지 않는다. '戒女書'라고 표기된 것이 『우암선생계녀사』이다.

121. 「종요로운 경계라」, 『우암선생계녀사』.

122. 韓元震, 「韓氏婦訓」, '事家長章 第三' 『南塘集』2: 『韓國文集叢刊』202, 66~73면. "婦人平生榮辱休戚, 只係於其夫之賢不肖. 其夫苟賢也, 而宗族稱之, 鄕黨推之, 一國天下慕之, 而身亨其尊榮, 則爲其婦者, 豈不與有榮也. 其夫苟不肖也, 而宗族惡之, 鄕黨賤之, 一國天下棄之, 而身陷於汚辱, 則爲其婦者, 亦豈不同其辱哉."

123. 趙顯命,「列女屛序」,『歸鹿集』2:『韓國文集叢刊』213, 83~84면. "女子之爲人婦者, 其職甚重, 奉祭祀·養舅姑·輔佐君子, 閫以內, 細大百瑣, 盖無不摠知, 其賢不肖而一家之興喪係焉. 夫由吾一女子之故, 而至於殄滅人宗, 其不仁之責, 孰當之哉."

124. 『南塘集』2:『韓國文集叢刊』202, 66~73면. "男子中人以下, 莫不爲婦人所移."

125. 宋明欽,「閨鑑序」,『櫟泉集』:『韓國文集叢刊』221, 272~273면. "近世婦女, 專無敎誨, 或爲兒便習妖媚巧黠, 錦繡金珠, 出入人家讌會, 以睹聲譽, 有子者媒妁相望, 唯患不得, 旣得之, 唯患傷其志, 凡親愛寶重, 無所不至, 遂養成驕惰之習, 傲其夫, 慢其舅姑, 以傷婦道. 或廢妝壞容, 放蕩不謹, 汚衊禮法, 或淫虐妒狠, 習不善以導夫, 其資高氣邁者, 便揚能使智, 干涉外事, 爲牝雞之晨."

126. 宋明欽,「閨鑑序」,『櫟泉集』:『韓國文集叢刊』221, 272~273면. "凡此數者, 同歸於失德, 誠由古訓之不聞, 婦禮之不習, 以故夫無以資其輔, 子無以待其敎, 舅姑不專其恩, 鬼神不享其羞, 兄弟僕妾離散, 鄕黨宗族訾毁, 而父母受其辱, 家道日頹, 人才日喪, 敎化日衰, 駸駸然綱淪法斁也. 余故曰: '婦訓之盛衰, 卽國家治亂之本也.' 傳云: '家齊而後國治.' 不其然乎?"

127. 韓元震,「韓氏婦訓」,『南塘集』2:『韓國文集叢刊』202, 66면. "家之興喪繫於婦人之行."

128. "婦者家之所由盛衰也. 苟慕一時之富貴而娶之, 彼挾其富貴, 鮮有不輕其夫而傲其舅姑, 養成嬌妬之性, 異日爲患, 庸有極乎?" 이 말을 이만부는,「書閨訓後贈新婦說」에서 인용하고 있다.『息山集』1:『韓國文集叢刊』178, 257~259면.

129. 韓元震,「韓氏婦訓」,『南塘集』2:『韓國文集叢刊』202, 66~73면. "家之興喪繫於婦人之行, 婦人之行邪正由於敎之有無."

130. 韓元震,「韓氏婦訓」,『南塘集』2:『韓國文集叢刊』202, 66~73면. "然則其敎之正而不使入於邪者, 可不汲汲焉爾乎. 然而世乏長慮人, 多狃恩忽焉, 不夏知以敎婦人者爲急, 則末世齊家之難, 盖莫不坐於此也."

131. 丁範朝,「閨鑑序」,『海左集』1:『韓國文集叢刊』239, 415면. "人道之未始不本於壼法, 壼法之行, 盖甚難."

132. 魚有鳳,「題女戒七章屛風書後」,『杞園集』2:『韓國文集叢刊』184, 239면. "余惟古者男女無異敎, 自其幼稚而便習於文字, 故聞見博而知識明. 又有女師氏, 日陳說禮敎, 薰卷德性, 此所以內治正而風化成焉者也. 降及後代, 日益壞弊, 而東俗尤甚, 所習只俚語誕說, 于古訓則懵若面墻, 豈非可憂哉." 宋明欽,「閨鑑序」,『櫟泉集』:『韓國文集叢刊』221, 272~273면. "古者, 女子八歲, 誦孝經·論語, 略曉大義, 凡日用飮食居處衣服, 莫不有則, 是故習與性成, 化與智長, 內以飭其行, 外以輔其君子, 上以養舅姑奉祀享, 下以御衆敎子, 閨門之內, 法度斬斬, 上行而下效, 一家興而一國化

之, 至於邨嫗野姥, 莫不知三綱大法截然其不可犯, 故人才易以成, 教化易以明." 趙
顯命,「列女屛序」,『歸鹿集』2:『韓國文集叢刊』213, 83면. "自夫風化衰而習俗壞,
世之爲父母者, 徒愛而不能敎, 而於是乎內訓之失爲尤甚, 所以導之者, 不過朱粉塗
飾之巧, 裁縫描刺之工, 而浸以養成其驕妬之性, 以是而施之舅姑之家, 反脣勃磎,
縱恣淫邪, 無所不至, 若以七去之目繩之, 則天下顧無完婦矣. 是爲其父母者, 安得
逃其責也."

133. 국립중앙도서관, 서울대(가람본), 경북대 등에 소장되어 있다.
134. 韓元震,「韓氏婦訓」,『南塘集』2:『韓國文集叢刊』202, 72~73면. "婦人之行於家
者, 其說備於上矣. 然不先有以自治其身, 則又無以爲本也. 此謹婦德, 所以爲一生
事而爲衆事摠會之極也. 盖婦人之德莫貴乎貞靜和順也. 貞者, 不更二夫, 不受汚辱,
莊敬自持, 不誨淫佚之類是也. 靜者, 言語簡重, 動止安徐, 笑不至矧, 怒不至詈之類
是也. 和謂和於接人也. 順謂順於伏人也. 四者備則衆善可有, 而一不謹, 則婦德虧
矣. 可不敬哉."
135. 예컨대 다음 자료들을 보라.
   李瀷,「內範序」,『星湖全集』2:『韓國文集叢刊』199, 407~408면. "夫婦人有寒暑朝
   晝之需, 鬼神賓客之供, 尊卑異等, 絲殺殊節, 而範行乎其間, 古之人爲之訓, 日使之
   誦繹服習, 盈耳而充腹, 俾有持循不荒, 其要又不過以順爲正, 承天而施行."
   趙顯命,「列女屛序」,『歸鹿集』2:『韓國文集叢刊』213, 83~84면. "是以古之聖人設
   爲閨門之敎, 自其六七歲, 已爲立姆氏, 而敎婉娩·織紝·組紃·籩豆·酒醬莫不有當行
   之則, 婉順貞靜之德, 已無所不備, 長而從於人, 直擧此以措之耳."
   李德懋,「妹訓」,『靑莊館全書』1:『韓國文集叢刊』257, 105면. "女子之德, 和順爲則."
   朴胤源(1734~1799),「家訓」,'女誡',『近齋集』:『韓國文集叢刊』250, 451~452면.
   "婦人, 事人者也, 其道主乎順而已."
   朴允默(1771~1849),「閨誡」,『存齋集』:『韓國文集叢刊』292, 483~485면. "一日
   尙柔順, 二日謹動止, 三日勤女工, 四日節財用, 五日遠巫覡. "婦人之道莫尙於柔順
   二字."
136. 「말씀 조심하는 도리라」,『우암선생계녀사』.
137. 李德懋,「妹訓」,『靑莊館全書』1:『韓國文集叢刊』257, 105면. "善言惡言, 皆出于
口. 一出惡言, 悔之誰咎. 一身善惡, 如反覆手. 多言之婦, 行不如一. 多言多妄, 妄則
无實. 戒之戒之, 囂囂無吉. 言笑無節, 近于俳優. 色屬小溫, 亦近于憂. 云何得中, 柔
順以求. …… 閨房之內, 靜而無譁. 不大其聲, 以養其和. 聲不出戶, 乃安一家."
138. 「시부모 섬기는 도리라」,『우암선생계녀사』.
139. 韓元震,「韓氏婦訓」,「事父母舅姑章」第二,『南塘集』2:『韓國文集叢刊』202, 67

면. "末世人心旣薄, 而婦人之性又多偏塞, 故於舅姑全不知有罔極之恩, 比之於尋常老人, 而不思所以竭力盡誠, 以報其恩者, 可勝寒心哉."

140. 韓元震, 「韓氏婦訓」 「事父母舅姑章」 第二, 『南塘集』 2: 『韓國文集叢刊』 202, 67면. "且觀世人姑婦之間, 多失其慈孝之心, 此皆爲婦者不識舅姑慈愛之心故也."

141. 韓元震, 「韓氏婦訓」 「事父母舅姑章」 第二, 『南塘集』 2: 『韓國文集叢刊』 202, 67~68면. "其事或有過者, 其心實自愛子者而推之耳. 爲婦者旣視其舅姑, 不比於生我之父母, 故以此反度舅姑之心, 疑其敎訓責罰, 不出於慈愛而出於督過, 懷忿蓄憝, 愈專悖逆, 遂使其夫有惑而失其孝, 舅姑有激而損其慈, 一室勃磎, 傷倫賊恩, 此皆婦之罪也. 雖其斥黜, 可勝贖哉?"

142. 「지아비 섬기는 도리라」, 『우암선생계녀사』.

143. 「투기하지 마라는 도리라」, 『우암선생계녀사』.

144. 韓元震, 「韓氏婦訓」 「事父母舅姑章」 第二, 『南塘集』 2: 『韓國文集叢刊』 202, 70면. "婦有七去之惡, 妬居其一. 妬者, 婦人之大惡, 而聖人之至戒也. 是不可萌於心, 而有不戒於此者, 不可容於家也."

145. 韓元震, 「韓氏婦訓」 「事父母舅姑章」 第二, 『南塘集』 2: 『韓國文集叢刊』 202, 70~71면. "況陽一而陰二, 天道之常然者也. 衆女而事一夫, 人事之當然者也. 二女釐降, 載於虞書; 小星起興, 詠於周詩, 嫡妾之同居, 可見其古矣."

146. "小星, 惠及下也. 婦人無妬忌之行, 惠及賤妾, 進御於君, 知其命有貴賤, 能盡其心矣."

147. 韓元震, 「韓氏婦訓」, 「待妾媵章」 第六, 『南塘集』 2: 『韓國文集叢刊』 202, 71면. "且觀世間家變之作, 多由於嫡妾之相爭. 小則內外乖隔, 譴罰常行, 子女不獲安, 婢僕無所容, 而氣像愁慘, 家道日索矣. 大則嫡妾之間, 讐怨次骨, 常懷鴆毒, 陰圖除忿, 興妖作孽, 無所不至, 而禍延子孫, 家益礁纇矣. 此皆正嫡之過於妬寵而取怨之深也. 可不戒之哉."

148. 韓元震, 「韓氏婦訓」 「事父母舅姑章」 第二, 『南塘集』 2: 『韓國文集叢刊』 202, 71면. "夫以婦人之伏於人者, 而不勝其一己之私意, 欲爭其天道之常人事之當然者, 則亦見其不知量也."

149. 韓元震, 「韓氏婦訓」 「事父母舅姑章」 第二, 『南塘集』 2: 『韓國文集叢刊』 202, 71면. "雖使家長或溺妾媵, 疎薄正嫡, 爲正嫡者, 但當推分委命, 不思忿爭, 待妾媵不改於常, 事家長益致其敬, 則妾必知感而夫或悔悟矣. 若不出此, 惟以忿爭欲勝之, 則不惟不能勝, 是將增怨於妾, 愈阻於夫, 而或不免於黜辱之患矣. 是何益哉."

150. 朴胤源, 「家訓」, '戒側室文' 近齋集: 『韓國文集叢刊』 250, 451~452면. "聘則爲妻, 奔則爲妾, 貴賤之別也. 妻曰正室, 妾曰側室, 嫡庶之等也, 名分截嚴, 不可亂也."

子曰 以順爲正, 妾婦之道也. 一有不順, 則非所以爲妾矣. ◎妾稱所事者曰君, 是謂如臣之事君也. /君愛之而不敢驕, 君怒之而不敢怨. ◎侍君之側, 和色柔聲, 使令也敏, 應對也恭. ◎君有命, 不待再言. ◎君有責罰, 順受爲罪, 不敢直己, 事無專輒, 必稟而後行. ◎奉巾櫛, 執箕箒, 妾之職也, 勤謹無惰. ◎君有疾, 嘗藥視粥, 晝夜不懈. ◎不與外事, 不貪私財, 勿貽累於君. ◎妾在君之前, 不可道家衆過失, 嫌近讒毁. ◎妾稱君之妻曰女君, 妾之事女君, 當與婦之事姑. ◎女君在, 則事之以忠, 女君歿, 則祭之以誠. ◎孝于君之父母, 敬于君之兄弟, 恭于君之子女. ◎女君不在而君之長子婦主饋, 則佐治內事, 一聽其命令. ◎承上接下, 勿與婢僕爭. ◎身雖賤, 君之所近者也. 持身必飭, 內外之分必嚴. ◎妬忌, 惡行也. 在七去之目, 妻猶去之, 況妾乎! 其愼之哉. ◎勿信巫卜, 勿惑左道, 必亂人家. ◎季文子之妾, 身不衣帛, 可以法歟. ◎石崇之妾綠珠, 以奢侈家覆身亡, 可不懲歟. ◎汝欲爲賢妾乎. 汝欲爲惡妾乎. 汝其思之."

151. "人家兄弟, 其初無不相愛, 其終多有不義者, 皆緣娶婦入門, 異姓相聚, 而娣姒之間, 情疎勢逼, 情疎故不知相愛, 勢逼故專務相勝, 而不愛之情挾務勝之志, 則其所相加者, 豈復有所顧藉哉?"

152. "是以爭長競短, 忮善侮弱, 造言飛語, 胥興讒謗, 從微至著, 遂成嫌隙, 以其嫌隙之人, 裁其兄弟之恩, 故爲兄弟者, 各私所愛, 各溺所聞, 不復究察其源, 不知遏塞其流, 而夫婦相右, 兄弟交惡, 分門割戶, 患若賊讐, 此皆婦人之所爲也."

153. "噫, 兄弟本是一氣所分, 喘息呼吸, 氣脈相連, 吉凶禍福, 休戚相關, 則人於兄弟, 其可不相和乎. 兄弟和則家道隆, 家道隆則婦人亦能同享其福矣. 兄弟乖則家道喪, 家道喪則婦人安得獨蒙其利乎. 婦人之榮辱係於家道之隆喪, 家道之隆喪係於兄弟之和乖, 而兄弟之和乖又繫於婦人之相愛與不愛者, 則婦人之相愛, 非適愛人也, 乃所以自愛也."

154. 韓元震, 「韓氏婦訓」 「事父母舅姑章」 第二, 『南塘集』 2: 『韓國文集叢刊』 202, 69~70면. "人情大抵患在相學. 苟要相學而不知止焉, 則輾轉層加, 節次挨去, 終至於不可說矣. 兄弟娣姒之間, 苟要不相學, 則更何有難事乎. 彼雖有慢於我, 我則不學, 致其敬而已; 彼雖無恩於我, 我則不學, 獨其愛而已; 彼雖不報於我, 我則不學, 不輟施之而已. 積以誠意, 惟務感回, 則雖甚無良者, 終必見化於我矣. 娣姒旣穆, 兄弟相和, 則家道隆而吾身亦有榮矣. 我一屈己爲此, 而所就若是其盛, 則其屈於一時者, 何足恤乎. 而其屈也, 乃天理人事之所當然而至善者, 則又豈眞爲屈哉."

155. 「제사 받드는 도리라」, 『우암선생계녀사』.

156. 「손 대접 하는 도리라」, 『우암선생계녀사』.

157. 마르티나 도이힐러, 『한국사회의 유교적 변환』, 아카넷, 2003, 187~188면.

158. 韓元震,「韓氏婦訓」, 奉祭祀章 第十,『南塘集』2:『韓國文集叢刊』202, 72면. "祭祀之禮, 所以追遠報本, 伸孝而寓誠者, 則人家大節莫過於此."
159. 韓元震,「韓氏婦訓」, 奉祭祀章 第十,『南塘集』2:『韓國文集叢刊』202, 72면. "當辦之責, 熟設之節, 皆在於主婦."
160. 韓元震,「韓氏婦訓」, 奉祭祀章 第十,『南塘集』2:『韓國文集叢刊』202, 72면. "貧寠之家, 又難取次備物, 則爲主婦者, 其可以慢心而奉之哉. 見新物則不敢先食, 有可用於薦者, 不敢妄費, 藏之堅而蓄之素, 熟飪極其潔而陳薦極其誠, 則物雖菲薄, 神必享之矣."
161. 韓元震,「韓氏婦訓」, 接賓客章 第九,『南塘集』2:『韓國文集叢刊』202, 72면. "古之婦人有截髮備食而供賓客者, 蓋爲此也. 貧家酒食雖有難辨者, 亦當稱其有無, 致其精潔, 而又不使難辨之意示於外, 則物雖不豐, 情則可見, 彼賓客之來者, 尤其不感其義乎. 世或有慳辦酒食, 厭薄賓客, 遂使佳賓絶跡, 厚爲家長之羞者, 此亦可戒而不可效也."(接賓客章 第九)
162. 韓元震,「韓氏婦訓」, '幹家務章 第八',『南塘集』2:『韓國文集叢刊』202, 71~72면. "男正位乎外, 女正位乎內. 夫婦之別嚴者, 正家之大端也. 是故凡家事之涉於外者, 家長皆當主之; 涉於內者, 家母皆當主之, 不相侵越, 各思盡道, 然後思慮精一, 擧措從容, 治事有法而事易就緖矣. 若家母之所主, 不過率衆婦女衆女僕, 而治飮食衣服之事而已, 其事甚簡, 其務易擧, 而其術不多, 惟在乎作之勤而用之節耳. 苟作之勤而用之節, 則亦有白手而能成家者矣."
163. 韓元震,「韓氏婦訓」, '幹家務章 第八',『南塘集』2:『韓國文集叢刊』202, 72면. "紡績織紝, 婦人之功. 自天子之后, 親爲之不憚矣. 況於庶人寒士之妻乎. 今世婦人或樂於安佚, 或恥於服勞, 袖手斂容, 不親家務, 作之旣不勤, 而用之又不節, 富而難繼, 況於素貧家資, 一蕩不可夏生, 內無以庇其身, 外無以奉家長, 上以墜先人之遺托, 下以蔑子孫之承藉, 則一人之勤不勤, 而其所繫家道之興喪如此, 可不懼哉?"
164.「재물 존절히 쓰는 도리라」,『우암선생계녀사』.
165. 서영숙,『한국 여성가사 연구』, 국학자료원, 1996, 364면.
166. 규방가사라는 명칭은 원래부터 있던 것이 아니고, 연구자들이 만들어낸 것이다. 과거 가사가 창작·유통되던 시기에는 '가스', '두루말이' 등으로 불렸다. 權寧徹,『閨房歌詞硏究』, 이우출판사, 1980, 9면.
167. 서영숙,『한국 여성가사 연구』, 388면. 또 다음 자료를 보라. 李在秀,『內房歌辭硏究』, 1976, 형설출판사, 10면. "작가가 여성인 경우, 남성의 작품이라도 독자를 여성에 국한하여 창작한 것, 남성의 작품이라도 여성의 손으로 순국문으로 전사傳寫되어 애송된 것. 즉 작가의 성별에 관계없이 독자가 여성에 한정된 것은 내방가사인 것이

다.”

168. 박연호, 「19세기 오륜가사연구」: 고려대학교 고전문학·한문학연구회 편, 『19세기 시가문학의 탐구』 집문당, 1995, 379~380면. 이숙량의 작품은 「분천강호가」이고 나머지는 모두 「오륜가」이다.

169. 박연호, 같은 논문 참조.

170. '필' 이라는 것은 필사된 두루마리를 말한다. 또 책자의 형태로 남아 있는 작품도 물론 허다하다.

171. 李在秀, 『內房歌辭研究』, 형설출판사, 1976, 11면. "영남 지방에 편중되어 있고, 충청도, 경기도에도 약간의 분포를 보이고, 호남 지방에도 흔적을 보인다. 기타 다른 지방에는 전혀 그 존재가 보고된 적이 없다." 영남 편재설과 전국 분포설에 관한 대립적 주장은, 서영숙의 『여성가사 연구』, 392~395면을 볼 것.

172. 李在秀, 『內房歌辭研究』, 형설출판사, 1976, 13~17면.

173. 權寧徹, 『閨房歌詞研究』, 이우출판사, 1980, 31~32면. 2,038편의 자료를 정리한 결과라고 한다.

174. 1) 교훈적, 2) 자탄적, 3) 풍류적, 4) 자과적自誇的, 5) 송경적頌慶的, 6) 애도적哀悼的, 7) 노동적勞動的, 8) 상고적尙古的, 9) 개세적慨世的, 10) 문답적問答的, 11) 풍자적諷刺的, 12) 종교적宗敎的인 모티브로 나누었다. 權寧徹, 『閨房歌詞研究』, 제4장 '규방가사 창작의 제 모티브' 참조.

175. 권영철, 『규방가사 연구』, 167면.

176. 권영철, 같은 책, 같은 곳.

177. 편의상 '계녀가'라고 말하지만, 사실 작품의 이름은 매우 다양하다. 예컨대 작품의 내용이 거의 동일하지만, 작품 이름은 「계녀가」, 「계녀기라」, 「계녀스」, 「계녀시라」 등 '계녀가' 의 동일한 이형도 있으며, 「계아가」, 「신힝시예계녀시라」, 「경계가」, 「여아경기가라」, 「교녀가」, 「교훈가」, 「여주유힝가」, 「규즁가」, 「규즁힝실가」, 「증여사」, 「훈계가」, 「귀녀가」, 「경계초」, 「긔여스」, 「송별이교소」, 「여주힝신법」, 「복선화음록」 등 다양한 이름도 있다. 권영철, 같은 책, 160면.

178. 판본은 崔台鎬 校註, 『內房歌辭』(형설출판사, 1982)를 택한다. 「계녀가」는 7~21면, 「복선화음가」는 45~69면에 실려 있다.

179. 이하 인용은 한국정신문화연구원에서 발간한 『규방가사』(1)에서 인용하고, 면수만 밝힌다.

180. "시부모께 사관할 제 소세를 일쯕 하고/ 문 밖에 나가 절을 하고 가까이 나아 앉아/ 방이나 덥사온가 침석이나 편하신가/ 살뜰이 아뢴 후에 적은 듯 앉았다가/ 단정히 돌아나와 진지를 차릴 적에/ 식성을 물어가며 구미에 맞게 하여/ 극진히 진지하고 식상

을 물린 후에 …… 저녁을 당하거든 새벽과 같이 하되/어디로 누우실고 자세히 살펴 보아/이불을 정케 펴고 자리를 편케 하여"

181. 임기중 편, 같은 책(8), 320~321면.
182. 임기중 편, 같은 책(8), 321면. "조고마한 그른 일로 장부에게 고자하야/며느리를 때리도록 일삼아서 부추하길"
183. 임기중 편, 같은 책(8), 446~448면. 시아버지가 병에 들어 치료할 방법이 없게 되자, 곽씨 부인은 남편에게 "아버님 병환에는 사람고기가 명약"이라고 들었다면서 절에 공부하러 간 아들을 잡아서 바치자고 한다. 남편이 동의한 뒤 아들이 통지 없이 찾아오자, 죽여서 약을 쓴다. 물론 실제로는 약이 아니고 동삼이었다고 한다. 이 장치로 윤리의 살인을 간신히 모면하려고 하고 있다.
184. 林基中 편, 『歷代歌辭文學全集』(22), 아세아문화사, 1999. "가장은 하늘이라 하늘같이 중하여라/언어를 조심하고 사사이 공경하고"
185. "미덥다고 방심 말고 친타고 아당 말고/음식을 먹더라도 한 반에 먹지 말고/의복을 둘지라도 한 홰에 걸지 말라/내외란 구별하여 힐난케 말아서라/저구는 금수로되 가까이 아니하고/연지는 남기로되 낮이면 풀리나니/하물며 사람이야 분별이 없을소냐/학업을 권면하여 현저케 하여서라/내외란 구별하여 음란케 말아서라"
186. 임기중 편, 같은 책(22), 442면. "천장만장 높은 하늘/땅이 어이 이길소냐"
187. 『규방가사』(1), 84면.
188. 『규방가사』(1), 376면.
189. 『규방가사』(1), 350면.
190. 『규방가사』(1), 351면.
191. 『규방가사』(1), 351면.
192. 「여자 탄식가」, 『규방가사』(1), 106면.
193. 이런 남자들의 다양하고 호기 있는 놀음은 「화전가」에도 잘 나타난다. 「권본화전가」, 『규방가사』(1), 259~260면.
194. 『규방가사』(1), 109면.
195. 임기중 편, 같은 책(22), 442면.
196. 임기중 편, 같은 책(8), 310~318면.
197. 성무경, 「'복선화음가' 류 가사의 이본 현황과 텍스트 소통」, 『민족문학사연구』 22, 민족문학사학회, 2003, 88면.
198. 「복선화음가」는 이본이 다양한데, 이 책에서는 최태호 교주, 『內房歌辭』(형설출판사), 1982, 45~69면에 실린 주해본을 대본으로 삼는다. 앞으로의 인용에서 책의 면수를 일일이 밝히지 않는다.

199. '여자유행'은 『詩經』 北風 「泉水」, 衛風 「竹竿」 등의 "여자가 시집을 가면, 친정의 부모 형제와 멀어지기 마련이라네"(女子有行, 遠父母兄弟)에서 인용된 것이다. 곧 여성은 남성의 가문에 종속적인 존재가 되어야 함을 말한 것이다.
200. "친정의 약간 구제, 헌 시루에 물 붓기라."
201. 낭자는 예장禮裝에 쓰던 딴머리, 곧 가발을 말한다. 매우 비싼 장신구였다.
202. "생각다 할 일 없어 인두 가위 전당 주고, 술 사오고 양식 팔아 손님 접대 하였은들"
203. "그 무엇이 넉넉하여 제 요기를 하잔 말가?"
204. 앞서 『우암선생계녀사』에서 이미 이 사실을 확인한 바 있다. 이것을 여성의 주체적 각성으로 보아서는 곤란하다.
205. 이 작품의 이본 중 하나인 「부인치가사」(『역대가사문학전집』(18), 202~203면)는 이렇게 말하고 있다. "나지면 필목이요, 밤이면 침선이라/ 쑹싸서 누여치기 전담 어드 농사짓기/ 씨을 차제 심을 씨니 가업이 쵸셩이라/ 고혼 의복 면져 두고 몽당 치마 둘너 입고/ 가지 이를 잘 각궈어 농사 반찬 ᄒ여 두고"
206. "밤 든 후 잠을 자고 일수애 일어나셔 가정을 휘소ᄒ고 질삼 방ᄒ 작개 격고"(「여아의 훈기셔」, 『역대가사문학전집』(25), 584면)
207. 또 「女子訓戒」(『역대가사문학전집』(18), 301면)는 여성의 희생을 이렇게 말하고 있다. "굴근 무명 골나 입어 검소ᄒ기 위쥬ᄒ고/셔직도량黍稷稻粱 만컨마난 찬밥덩이 거더 먹고/천빅냥이 잇다ᄒ나 ᄒ두 푼을 졀용ᄒ야/존졀ᄒ기 위쥬ᄒ고 남용ᄒ지 부더 마소." 李時發(1569~1626)이 쓴 「羅烈女傳」의 주인공 나열녀의 남편 윤혼尹渾은 생산적 노동을 전혀 하지 아니하는 인물이다. 오직 아내의 노동에 기대어 낚시와 사냥, 시주詩酒를 일삼는 인물이다. 다음을 보라. 「羅烈女傳」, 『碧梧遺稿』 6권: 『韓國文集叢刊』 74, 481~483면. "處士公雖處貧約乎, 負氣豪儻自喜, 故日遊漁獵詩酒, 坐客常滿, 而飣餖具醬醋, 輒咄嗟辦, 閨不聞庖聲. 至姻黨里閈間, 周恤貧乏, 無憚筐簏, 毋論戚執, 皆謂處士公家爲饒, 卽處士公亦忘貧焉, 處士公絶不視産, 而獨烈女儉勤以持室如此."
208. "雙轎 獨轎 홀려 타고 고을마다 다닐 적에 年光이 四十이라 아름답고 고운 얼굴 人間公道 면할소냐?"
209. "아들 兄弟 進士及第 家門도 赫赫하다."
210. "저 건너 괴똥어미 시집살이 하던 말을 너도 들어 알거니와 대강 일러 경계하마."
211. "집안에 나닐 제도 행동거지 조심하여 문턱을 나들 제에 치마 뒤 검쳐 잡아 속의 옷 깊은 살을 드러나게 말지어다. 남자 눈에 드러나면 무안하기 어떠하리. 이 편은 못 보아도 남이 먼저 보느니라. 무단이 낯잠 자며 공연히 성을 내며 목소리를 높이 하여." "얼굴을 자랑 마라 단장을 다스려도 방탕히 하지 마라 장부가 혹하면 좋은 일 아니오니."

212. "명절에 노름할 재 남의 거동 보아서라. 가자오자 야단 말고 조용히 뒤를 따라 참예나 하기가서 수 빠지게 하지 마라. 무엇이라 잘난 체로 존좌 중에 판출마라."
213. 李源周,「歌辭의 讀者」,『中齋李源周敎授遺稿集』(上), 中齋李源周敎授追慕事業會, 1994, 339면.
214. 같은 글,『中齋李源周敎授遺稿集』(上), 339면.
215. 『中齋李源周敎授遺稿集』(上), 340면.
216. 『中齋李源周敎授遺稿集』(上), 340면.
217. 權寧徹,『閨房歌詞硏究』, 19면, 21면.
218. 이원주 교수는 영송詠誦에 대해 이렇게 말한다. "가사는 일반적으로 가사 가락으로 영송된다는 사실이다. 이는 가창歌唱과는 다르고 일반 낭독과도 다른 것이다. 가창이 감정 표출을 효과적으로 하기 위해 일종의 음악적 율조를 지니게 하는 데 대해, 영송은 국어의 특별한 고저 장단이 부가된 것으로 한국인이 본질적으로 가진 언어 감각의 율동적 표출이라 할 것이다."—『中齋李源周敎授遺稿集』(上), 339면.
219. 「계녀가」같은 경우는 동일한 주제와 제재를 두고 얼마든지 자신의 경험에 입각해 재창작할 수 있다.
220. 『中齋李源周敎授遺稿集』(上), 336면.
221. 같은 책, 같은 면.
222. 『中齋李源周敎授遺稿集』(上), 345~346면.
223. 『閨房歌詞』(1), 40면.
224. 『閨房歌詞』(1), 53면.
225. 『閨房歌詞』(1), 54면
226. 『閨房歌詞』(1), 66면.
227. 『中齋李源周敎授遺稿集』(上), 336면.
228. 부록 11의 열녀전 목록을 보라. 양반 남성들은 열녀전을 쓰기 시작하는 한편, 여성에 대한 다양한 글쓰기를 시도했다. 일반적으로 남편과 아들이 작자가 되기도 하지만, 때로는 시아버지, 친정아버지, 숙부 등이 쓰기도 했다. 물론 최대의 작가는 남편과 아들이었다. 이들은 주로 어머니로서, 아내로서 여성을 기념하였다. 그리고 그것을 관통하는 주제는 대상 여성이 얼마나 가부장제에 의식화되어 행동했는가 하는 것이었다. 이 점에 대해서는 따로 정밀한 검토와 분석이 있어야 할 것이다.
229. 『私淑齋集』;『韓國文集叢刊』12, 99~100면.
230. 『龜峰集』;『韓國文集叢刊』42, 426~427면.
231. 『牛溪集』;『韓國文集叢刊』43, 147~148면.
232. 『碧梧遺稿』;『韓國文集叢刊』74, 481~483면.

233. 『淸陸集』:『韓國文集總刊(續)』7, 391~392면.
234. 『蒼石集』:『韓國文集叢刊』64, 463면.
235. 이혜순·김경미,『한국의 열녀전』, 월인, 2002.
236. 『記言』1:『韓國文集叢刊』98, 117~118면.
237. 『한국문집총간』 1권부터 320권까지에서 찾았다. 물론 남아 있는 것은 이들 효열록 孝烈錄 행록에 붙인 서발문이다. 부록 12 '『한국문집총간』 소재 열녀정려기 등 기타'를 보라.
238. 부록 12 '『한국문집총간』 소재 열녀정려기 등 기타'를 보라.
239. 이 외 공문 형식의 자료도 있다. 즉 어떤 사람을 열녀로 표창해 달라고 올리는 정문 呈文이 그것이다. 아마도 조사의 범위를 넓히면 자료의 양은 늘어날 것이다.
240. 『順菴集』2:『韓國文集叢刊』230, 179~180면.
241. "壬午冬, 有客過余而傳異聞, 曰:'昔過驪江, 有村嫗三四, 素服灑泣而行, 相語曰:世復有如此人乎? 世復有如此人乎?' 咨嗟不足, 哽咽不能語, 怪而聞之 ……"
242. 정씨는 정배걸鄭倍傑의 후손이고, 태학사太學士 하계霞溪 권유權愈의 외증손녀 外曾孫女다. 무안務安 박사억朴思億에게 시집간다. 박사억이 죽어 하종하려고 했는데 주위에서 말려 그만두었다가 장례를 치른 뒤 29세의 나이로 음독 자살한다.
243. "惜鄭氏之不知爲誰氏也."
244. 『楓皐集』:『韓國文集叢刊』289, 377~378면.
245. 호남의 명족인 선씨, 선종한은 의원인 듯하다(工醫而有餘).
246. "從余遊旣久, 一日手其先世忠孝行蹟一冊, 示余, 且曰:'某之淹京師十年, 非干祿也, 非求名也, 欲以闡先祖之德也. 歷觀當世之大人君子, 莫如公盛. 其知我而愛我, 亦莫如公深, 願得公一語, 賁斯卷. 公言之不朽, 卽先祖之不朽也. 敢以請' 余受而卒業, 復於生曰:'近日鄕人之丐人文字, 揚扢其先德者, 指不勝僂, 然刊布未竟, 譏笑四起者何如? 豈非紀實之未足徵而揚扢者有求於世乎?'"
247. 金萬基,「題柳母蘇氏行錄後」,『瑞石集』:『韓國文集叢刊』144, 420~421면. "彤管之紀載邈矣, 中壼之傳不作久矣. 而房帷閨闥之懿晻翳不著于世矣. 於是人子之欲爲不朽圖者, 必纂次輯錄其行, 以丐顯刻幽誌於一代能言之士, 斯實人子之情所不容已者也. 今觀柳郞中俑所述其母夫人蘇氏行錄, 雖古之彤管所紀中壼所傳, 奚讓焉. 其美行懿範, 固不勝僂指, 而其論小學書, 有曰:'聖賢, 衆人父母. 此書, 聖賢所以訓萬世子孫.' 余於是尤歎其見之卓其言之切也. 是則古昔賢媛女士之所莫能逮者也." 어머니의 아름다운 행적을 알리기 위해 아들이 만든 행록에 대한 비평이다.
248. 『靑泉集』:『韓國文集叢刊』200, 355~356면.
249. 『惠寰雜著』:『近畿實學淵源諸賢全集』2, 成均館大學校 大東文化研究院, 2002,

141~142면.
250. "癸亥冬, 在都下, 得驪江李處士用休所著烈婦孺人韓氏傳, 讀之, 始蹶然起坐, 歎息言我東三百年禮義之敎, 有此一婦人已矣."
251. 『大山集』:『韓國文集叢刊』227, 369면.
252. "諸公之作已盡矣, 無容贅言"
253. 『立齋集』1:『韓國文集叢刊』253, 518~519면.
254. 『立齋集』2:『韓國文集叢刊』254, 437~438면.
255. 『定齋集』1:『韓國文集叢刊』297, 486면.
256. 『肅齋集』:『韓國韓國文集叢刊』311, 411~412면.
257. 『守宗齋集』:『韓國文集叢刊』313, 132~133면.
258. "右烈婦慶州李氏傳, 吾友豊壤趙君士威之所作也." 내용은 대충 다음과 같다. 「열부경주이씨전」은 풍양 조사위趙士威의 작作이다. 남편이 죽은 뒤 17년 뒤에 아내가 따라 죽는 것은 대단히 어려운 일이다. 열부가 당장 죽지 않은 것은, 어린 아들이 있어 키우지 않으면 후사가 끊기기 때문이었다. 하지만 그 아들이 죽은 뒤에도 즉시 죽지 않았다. 죽음을 생각하지 않은 것은 아니고, 때를 기다린 것이다. 열부는 시동생이 아내를 맞이하여 시어머니를 봉양할 수 있게 되자, 세상에 연연하지 않고 바로 죽었다.
259. 장지연張志淵의 『逸士遺事』에 실린 것인데, 이것은 기존의 자료를 재편집한 것이다. 물론 일부 새로운 내용도 있다.
260. 상세한 것은, 서신혜 편역 『열녀 향랑을 말하다』(보고사, 2004)를 볼 것. 향랑에 관한 현재까지 알려진 모든 자료를 모아서 번역해 놓았다.
261. 『燕巖集』:『韓國文集叢刊』252, 141~142면.
262. 『燕巖集』:『韓國文集叢刊』252, 142~143면.

6장

1. 『효종실록』 2년 6월 4일.
2. 『효종실록』 6년 7월 26일.
3. 기만헌이 단천 부사로 있을 때의 일이다. 아버지 기만헌이 임지를 떠나자 기인도 떠났고, 일선은 수절했다고 한다.
4. 『효종실록』 3년 12월 21일.
5. 실제 뒤에 표창이 되었는지도 알 수 없다.
6. 물론 이 죽음은 자신이 아니라 타인을 죽이는 것이지만, 죽음으로써 열녀가 되기는 마찬가지다.
7. 줄여서 실으면 다음과 같다.

『숙종실록』 7년 1월 7일. 병자호란 때 고故 참의參議 홍명형洪命亨의 아내 성씨成氏, 목을 매어 자살. 정표.

『숙종실록』 7년 3월 3일. 병자호란 때 적병에게 포로가 되자 골짜기에 투신 자결한 성천 기생 금옥수玉을 정려.

『숙종실록』 7년 6월 3일. 정묘호란 때 전前 부사府使 이시빈李時彬의 처 우씨禹氏도 남편과 이별하게 되자 물에 투신, 화살 맞고 사망. 정려.

『숙종실록』 7년 6월 30일. 정유재란 때의 함평咸平 사람 정함일鄭咸一의 처 이씨 등 12명의 절부를 정려. 원래 정려한 것을 다시 정려한 것이다. 『동국신속삼강행실도』에 실었다.

『숙종실록』 7년 7월 21일. 병자호란 때 윤선거尹宣擧의 처 이씨 자살, 정려.

『숙종실록』 9년 1월 28일. 임진왜란 때 순절한 정발鄭撥의 처 애향愛香, 절의를 위해 사망, 정려.

『숙종실록』 9년 3월 1일. 이이남李二男은 정묘호란 때 전투 중 사망, 아내 변소사卞召史 개가 거부, 자살 시도, 수절.

『숙종실록』 9년 4월 23일. 병자호란 때 사절死節한 신하 홍익한洪翼漢의 처자와 자부子婦의 순절. 홍익한 후처 허씨는 적을 만나 불복하고 물에 투신 자살, 전처의 아들 홍수원洪晬元은 허리를 가리다가 칼에 찔려서 사망, 홍수원의 처 혀를 깨물고 자살. 모두 정문.

『숙종실록』 23년 12월 19일. 임경업林慶業의 아내는 남편을 따라 칼로 목을 찔러 자살, 정표.
8. 『숙종실록』 8년 6월 22일. 영동의 이소사李召史의 사례다.
9. 『숙종실록』 15년 11월 16일. 원래 숙종 6년 이원성李元成이 정원로鄭元老가 오정창 吳挺昌과 함께 역모를 꾀했다고 고변告變한 사건에 조성趙䃏과 아들 조정만趙挺晩 과 조정시趙挺時가 연루되어 고문을 받았다. 조성이 죽자 아내 김씨는 목을 찔러 자살하고, 아들 조정만의 아내 정씨丁氏도 목을 졸라 자살한다. 조정시가 죄를 거짓 자복하자 아내 이씨 역시 목을 찔러 자살한다. 숙종 15년의 기사는 이들을 정려한 것이다. 『숙종실록』 15년 11월 18일조에 의하면 오정창이 화를 당했을 때 그 아내 정씨와 그 자부子婦 유씨柳氏가 자살했다 하여 정려한다.
10. 『숙종실록』 16년 2월 13일조의 이단표李端標의 아내 박씨, 23년 5월 17일의 만진晩眞, 36년 11월 20일의 오씨吳氏, 37년 9월 25일의 학생學生 이사장李思章의 처 유씨柳氏, 44년 10월 13일의 유생儒生 윤유尹愈의 처.
11. 『숙종실록』 30년 6월 5일조의 선산善山의 열녀 향랑香娘.
12. 『숙종실록』 38년 9월 20일조의 이천利川의 양녀良女 영례英禮, 43년 8월 8일조의 옥례玉禮, 44년 12월 19일조의 평안도 함종咸從의 소근아지小斤阿只.
13. 『숙종실록』 18년 10월 29일조의 안변安邊의 정군正軍 김귀원金貴元의 아내 춘춘, 36년 10월 20일조의 진산군珍山郡의 사인士人 이국량李國亮의 아내 배씨.
14. 『숙종실록』 13년 5월 29일조의 사비私婢 춘옥春玉, 13년 7월 14일조의 사비私婢 명춘命春, 36년 10월 19일조의 홍방필洪邦弼의 아내 최씨.
15. 『숙종실록』 16년 3월 6일조의 사인士人 신익룡申翼龍의 아내 이씨.
16. 『숙종실록』 32년 11월 16일조의 해남海南 과부 금상今尙.
17. 『숙종실록』 7년 11월 2일조의 공주公州의 열부烈婦 매덕梅德, 30년 6월 5일조의 내비內婢 옥랑玉娘.
18. 한 기사에 열녀가 2명 이상 있는 경우가 있기 때문에, 21명이 아니라 23명이 되었다.
19. 『숙종실록』 30년 6월 5일. "吾母已許嫁卜期, 此身已卜爲朱氏妾婦, 豈可以人之存亡, 而移易此心耶?"
20. "吾雖嫁, 而無夫婦之道, 然旣已許身, 何可改適? 吾若無信而死, 父母·舅姑, 必疑以潛逃從人, 豈不爲至冤乎?"
21. "香娘以無識村女, 能知不更二夫之義, 以死自守, 且其處死明白, 雖三綱行實所載烈女, 無以踰此. 宜加旌表, 以礪風化."
22. 경종조를 포함할 수도 있겠지만, 재위 기간이 극히 짧고(1720.6~1724.8), 열녀 기사 역시 『경종실록』 1년 8월 15일 조의 호랑이에게 남편(품관品官 박창덕朴昌德)이 물려 죽자, 자신의 몸을 호랑이의 입에 맡기고 남편의 시신을 끄집어낸 임씨任氏의

경우뿐이라서 굳이 포함할 필요가 없다고 생각한다.
23. 『영조실록』 17년 7월 1일조는 정발鄭撥의 첩을 정표, 『정조실록』 22년 2월 6일조는 정유재란 때 순절한 조찬한趙纘韓의 처 유씨柳氏를 정려, 『영조실록』 15년 8월 15일조의 홍율洪㮚의 아내 윤씨는 병자호란 때 순절한 것으로 정표가 건의되고 있다.
24. 『정조실록』 3년 1월 28일. "旌孝子中部故資憲鄭震僑·金堤故萬戶李英立·烈女西部故進士金鈺妻李氏·士人李義緝妻具氏·軍威貢生徐英得妻權女閭."
25. 『영조실록』 21년 5월 15일(1명), 38년 7월 27일(1명), 『정조실록』 3년 1월 28일(3명), 3년 3월 27일(1명), 5년 5월 23일(7명), 6년 5월 10일(1명), 7년 1월 23일(60명), 8년 7월 16일(3명), 10년 11월 11일(8명), 11년 5월 4일(1명)을 합한 숫자다. 12년 9월 15일에는 효자와 열부에 대한 증직·정문·급복·식물에 의한 표창이 보이는데, 그 구체적인 내력이 미상일 뿐만 아니라, 열녀가 아닌 열부이기 때문에 계산에서 제외했다.
26. 『영조실록』 12년 11월 5일, 12년 12월 7일, 13년 6월 14일, 16년 12월 20일, 27년 2월 5일, 28년 5월 23일, 34년 1월 17일, 35년 4월 2일, 40년 12월 24일, 48년 10월 23일, 『정조실록』 1년 7월 16일, 3년 6월 14일, 6년 1월 14일, 7년 6월 9일, 8년 3월 27일, 11년 4월 16일, 13년 1월 10일, 13년 7월 14일, 23년 1월 25일, 13년 7월 14일.
27. 『영조실록』 9년 8월 20일, 17년 7월 11일.
28. 『영조실록』 13년 9월 23일, 30년 4월 14일, 34년 11월 11일, 39년 8월 1일, 『정조실록』 21년 5월 11일, 21년 5월 18일, 21년 5월 22일.
29. 『정조실록』 6년 4월 10일, 10년 11월 11일, 17년 2월 21일.
30. 『정조실록』 20년 3월 26일. 남편에게 연좌되어 거제도에서 귀양살이 도중 흉년이 들어 지도智島로 이배하라 하자, 원통한 마음을 품고 부끄러움을 참으면서 다른 고장으로 전전하지 않으려 절식, 자살.
31. 『영조실록』 15년 3월 18일, 20년 12월 13일, 36년 11월 19일, 39년 2월 29일, 45년 12월 19일, 『정조실록』 20년 7월 8일.
32. 『영조실록』 7년 1월 6일, 9년 7월 5일.
33. 『영조실록』 9년 5월 18일. 남편의 신주를 구하기 위해 불 속에 뛰어들어 사망.
34. 『영조실록』 34년 3월 25일. 인장을 위조한 죄로 옥에 갇힌 지 10년이 지나고 남자의 아내가 한 달이 넘도록 궐문 밖에 엎드림, 임금이 보고 정려, 사형을 감해 정배. 『영조실록』 40년 4월 16일. 남편을 위해 호랑이를 물리침. 『정조실록』 8년 2월 28일, 13일 동안 굶주림을 참고 남편의 시신을 찾아 10년 동안 상복을 입고, 자식에게 복수를 가르침. 『정조실록』 11년 4월 2일, 강간에 저항하여 면하자, 손도끼로 오른쪽 팔을 자르고 목을 베려 함. 겨우 목숨을 건짐 1명. 남편의 병에 허벅지 살을 베어내 삶아서 바치

자 남편의 병이 나음. 1명.『정조실록』18년 4월 22일 효자 박계곤의 딸. 젊은 아내로 수절, 불쌍히 여겨 고소락이라는 여종을 줌. 혼기에도 주인의 수절을 보고서 시집 안 감. 효자·열녀·충비忠婢로 표창.

35. 『영조실록』12년 11월 5일.
36. 『영조실록』16년 12월 20일.
37. 『정조실록』13년 7월 14일.
38. 『영조실록』12년 12월 7일,『정조실록』23년 1월 25일.
39. 『영조실록』9년 9월 20일.
40. 『영조실록』17년 7월 11일.
41. 『영조실록』30년 4월 14일,『정조실록』21년 5월 11일.
42. 『영조실록』34년 11월 11일.
43. 『정조실록』11년 4월 2일.
44. 『순조실록』3년 2월 10일, 3년 12월 18일. 24년 3월 19일조가 이 경우에 해당한다. 5년 6월 9일조의 박언배朴堰培의 처 이씨는 의병장으로 안주安州에서 전사하자, 목을 매어 자살했다고 했는데, 어느 전쟁인지 확인되지 않고 있다.
45. 『經國大典』禮典, 獎勸. "孝友·節義者(如孝子·順孫·節婦·爲國亡身者子孫·睦族救患之類), 每歲抄, 本曹錄啓獎勸(賞職或賞物, 尤異者旌門·復戶, 其妻守信者亦復戶)"
46. 『정조실록』6년 1월 5일. "禮曹判書金魯鎭啓言: '孝烈旌褒, 逐歲抄啓, 恩典屑越. 另飭京外, 精抄修啓, 每式年歲首, 本曹三堂, 齊會詳覽, 其尤者, 區別旌復, 別錄一冊, 移送政府, 如署經之例, 始爲別單啓下, 請定式.' 從之."
47. 정조는 이렇게 말하고 있다. "늘 식년式年의 연초에 전해에 받아들인 단자에서 등급을 나누어 뽑아내어 정부에서 서경署經한 뒤 계문啓聞하는 것이 새로 정한 정식定式이다. 그런데 얼마 안 되어 폐기한 채 준수할 의향이 없으니, 기일을 한정하지 않을 수 없다. 차후로는 식년 정월 초순 전에 초계抄啓하되, 만약 당상의 정원이 갖추어지지 않을 경우는 본조本曹에서 사유를 갖추어 초기草記하고, 혹 정원이 찼는데도 이유 없이 기한을 넘겼을 경우 승정원에서 살펴 추고하라."(每式年歲初, 以歲前所捧之狀單, 分等抄出, 署經政府後啓聞, 卽是新定式. 而未久廢却, 無意遵守, 不可無定限. 此後每式年正月初旬前抄啓, 若値堂上不備, 自本曹, 具由草記, 又或備員, 而無端踰限, 政院察推.) 즉 이미 법으로 시행되고 있었으나, 실천이 잘 되지 않았던 것이다.
48. 『大典會通』禮典, 獎勸. "凡係旌閭·贈職·給復等事, 自政院奉承傳, 膽布中外 ○ 孝烈合旌復者, 諸道抄啓, 每式年歲首, 本曹三堂上齊會詳審, 移送政府後別單啓."
49. 앞의 '주 47'의『정조실록』7년 1월 21일조를 볼 것.
50. 『순조실록』8년 5월 3일 예조는 "효자인 고故 교하交河의 통덕랑 이극대李克大와

효녀인 죽산竹山의 유학幼學 박사검朴師儉의 처 김씨는 다시 식년式年을 기다려 특별히 포전褒典을 시행하도록 명하소서"라고 건의하고 있다. 식년에 표창하는 법이 적용되고 있었던 것이다. 하지만 임금은 이극대는 정직, 김씨는 정려하도록 하였다.

51. 『硏經齋全集』1:『韓國文集總刊』273, 422면. "余嘗謂婦人夫死而不改嫁, 固可謂烈, 是國俗所同也. 其下從者, 又其烈之尤者."
52. 「烈女金氏旌閭記」, 『明皐全集』:『韓國文集叢刊』261, 168~169면. "自古節烈之行, 類多出於蓽門圭竇之中, 而閥閱之家罕聞焉. 豈藿食者輕蹈義而肉食者重其生歟. 以其蓽門圭竇也, 故旌殊之典, 亦百不一二, 則宜無資於觀感激勸而其節也愈出愈烈, 往往有從容就義."
53. 「兩烈女傳」, 『靑莊館全書』1:『韓國文集總刊』257, 83~84면.
54. 「金朴二烈婦傳」, 『楓石全集』, 保景文化社, 1983, 42~44면.
55. 「七烈婦傳」, 『老柏軒先生文集』, 景仁文化社, 373~379면.
56. 실시학사 고전문학연구회 역주, 「生烈女傳」, 『이옥전집』2, 소명출판, 2001, 217면. "外史氏曰: '女可更而不更, 是爲烈女.' 王蠋曰: '烈女不更.' 朝鮮貞而不淫, 士族女, 雖醮而孌, 不復適法, 仍成俗. 凡民之稍知恥者, 亦爾. 是遍國中, 紅顔而衣素者, 皆古烈女. 於是, 擇死於夫者而後, 乃旌之. 故朝鮮之烈女, 皆死, 未有生而煥棹楔者."
57. 鄭在弼, 「烈婦孺人鄭氏傳」, 『薇齋集』(釜山大 MF본) 卷下. "我東則禮法大明, 此等事乃士夫家常事, 人不以位烈. 烈之所可見者, 非下從, 則斷指割股也."
58. 宋煥箕, 「烈婦尹氏傳」, 『性潭集』2:『韓國文集叢刊』245, 170~171면. "恩津宋煥箕曰: '我東烈女旌表之典, 有間於古之節婦, 非其自決下從, 則無所與焉.'"
59. 「題烈女驪興李氏行錄後(辛丑)」, 『順菴集』2:『韓國文集叢刊』230, 182~183면. "然而柔順順境也, 貞烈逆境也. 處順境易, 處逆境難. 是以歷代史傳彤管所編婦德非一, 而皆以貞烈爲尤貴也. 貞烈亦有數段, 有事値倉黃, 惟以全身爲貴, 而不暇他圖者. 有夫歿無托, 單子獨存, 而不以生爲樂者. 有有子有女, 可以有賴而獨以仇儷義重, 不忍獨生而享後樂者. 於此三者, 較其差等, 則末段事爲尤難也."
60. 成海應, 「爲麻田士人請褒烈婦金氏狀」, 『硏經齋全集』1:『韓國文集叢刊』273, 371~372면. "婦人之烈見於古經傳者如衛之共姜, 魯之公父文伯之母之倫, 皆以守志爲義. 孔子論婦人三從之義, 夫死從子, 又著易之傳, 曰: '婦人從一而終.' 亦以守志爲懿, 而未嘗及下從之烈. 及夫世級寢降, 風節愈光, 東國之俗, 尤貞信婦人之烈, 以下從爲最, 蓋古昔貞婦之所未有, 而聖人之所未論, 則節止於下從而無以復加之矣. 下從者類皆恬於義安於心, 彼豈徼後世之名哉."
61. 許傳, 「烈女許氏旌閭記」, 『性齋集』1:『韓國文集叢刊』308, 329면. "惟我東國, 粤

自聖朝以來, 以禮義化民俗, 雖鄕曲愚婦, 閭閻賤匹, 咸能貞信自守, 雖靑孀無依之
類, 之死靡他. 故凡人之視寡婦猶等閒人野. 惟以夫死而殉身下從者, 特謂之烈女,
旌表其門閭, 比屋可封, 何其盛也."

62. 張福樞, 「烈婦平山申氏傳」, 『四未軒集』: 『韓國文集叢刊』 316, 539~540면. "盖婦
人之於夫, 夫死於水火盜賊而一時隨夫而拚命, 是迫於死者也. 其死也難而易. 夫死
於正命而能爲之從容決一死, 非迫於死者也. 其死也難斯尤難."

63. 『이옥전집』 2, 217면. "生烈女申氏, 貫平山, 龍仁人也. 字幼學鄭某, 未幾, 夫得惡
瘡, 遍身爛且死. 烈女聞人肉可以瘳, 潛以刃刲其股, 燒進之, 瘡卽已, 股亦不甚創."

64. 170면. "潛以刃刲其股, 燒進之, 瘡卽已, 股亦不甚創."

65. 『耳溪集』 1: 『韓國文集叢刊』 241, 239~240면. "有隣婦言: '嘗聞生人血肉, 能起死
人, 顧安所得之.' 李謝遣隣婦, 乃剖氷而澡體, 設席于庭, 仰禱北斗, 卽入室, 引刀刺
髀, 血滾滾出, 披衾而灌其口, 因割取髀內方四寸許, 片切而熬以火, 納之齒唇間, 徹
夜不止. 及曉, 喉中微有索水聲, 急以肉汁調水飮之. 如是者數日, 肉盡而病良已. 李
方腹子, 瘡甚而胎竟墮, 猶忍痛自力, 惟恐夫之知也. 戒女僕勿言, 久頗泄, 翊周覺之
大驚, 拊瘡而泫然曰: '死生命也, 何自戕乃爾.' 李寬之曰: '子旣鮮兄弟, 且未有子,
死則家亡矣. 吾何忍刑體膚而不救晷刻之命乎? 今幸賴天之靈, 子瘳而吾亦全, 復何
戚焉.' 遠近聞仔, 莫不聚慰而咨嗟焉."

66. "女爲其夫, 雖殺身, 未足奇, 況以閨閤之事, 上徹朝廷而干恩獎乎? 吾寧死, 不忍聞
也."

67. 『鼓山集』: 『韓國文集叢刊』 314, 464면. "李氏自幼貞靜溫順. 歸于燁, 燁不幸有斯人
斯疾, 膿臭觸人, 人無敢嚮邇. 李氏獨自救護, …… **吮汁嘗泄**, 祈天代命, 剪髮燒傳,
刲股灸進, 靡極不至, **斫指進血**, 以延須臾之命."

68. 「烈婦商山朴氏傳」, 『扶溪先生文集』 2, 景仁文化社, 1999, 190면. "乃齊沐祝天, 通
宵不寐, 而潛入室中, 引刀**割右股肉, 而餇夫君**. 不幾日, 貞疾快痊, 瘢痕卽完. 是可
驗精誠所到, 神明所勞野, 詎不休哉?"

69. 『硏經齋全集』 1: 『韓國文集叢刊』 273, 428면. "夫人竭力調治者, 且十許年, 疾地不
可爲. 侍婢見夫人露左股, 刀裂之自脛至膝, 引大楪, 承之血, 可一升. 授侍婢曰: '吾
欲割股肉, 以救公病, 病猝急如此, 汝第以此血進之, 使我無所恨.' 侍婢泣受之, 灌
儒秀口, 可三四匙."

70. 예컨대 앞서 언급한 정재규의 「七烈婦傳」(『老柏軒先生文集』, 景仁文化社) 373~
379면을 추가할 수 있다. 이 작품에서 허형許瀅의 처 임씨林氏는 남편이 중병에 걸리
자 할고하여 약에 피를 타서 먹였는데, 약간의 효험이라도 있으면 계속 할고했던 바,
남편이 마침내 소생하였다고 한다. "至不可爲, 則割股取血, 和糜飮之. 若有微效, 則

又連割以進, 卒得甦完."

71. 「烈婦孺人鄭氏傳」,『薇齋集』(釜山大 MF본) 권4. "古者, 以婦人守義爲烈. 故晦菴夫子於小學, 特爲表出, 以詔後世. 我東則禮法大明, 此等事乃士夫家常事, 人不以爲烈. 烈之所可見者, 非下從, 則斷指割股也."

72. 「徐烈婦李孺人狀」,『修山集』:『韓國文集叢刊』247, 450~452면. "國家褒尙烈義, 奬勸忠孝, 四百年如一日, 而化行俗美, 幾乎比屋可封. 內而京師兩都, 外而八省三百郡縣, 歲終孝烈之牒, 卷軸堆案, 人不暇閱. 指血股肉, 與墨花淋漓, 磨笄投篡, 幷簡草委積. 風壞旣偏, 習氣相仍, 成就於名義者, 亦往往激烈過之. 況女子之偏性乎! 其或孤兒在襁, 乳湩交流, 而所天旣喪, 閉眼不視, 而甘於下殉者有之, 又或父母舅姑年衰病痼, 丐其留養, 而崩城慟深, 情不自抑, 宛轉膝下, 掩袂辭訣者有之, 彼其貞心苦節, 非不賢且高矣. 然而性之近而力能勉者, 皆可爲之."

73. 田秉淳,「烈婦商山朴氏傳」,『扶溪先生文集』2, 景仁文化社, 1999, 191면. "割股斫指, 非不知先聖攸戒典禮所禁, 而人理到此, 自謂疏節之可拘, 而不盡誠意之切迫, 則是豈人倫之至也. 所以犯殘軀之戒."

74. 許傳(1797~1886),「洪氏婦人孝烈記」,『性齋集』(1):『韓國文集叢刊』308, 315~316면. "夫人於其肌膚, 蜂蠆偶螫, 不忍其痛, 芒刺誤觸, 或恐其傷, 是何能自齧自斫而不覺其傷痛也. 一之猶難, 況可再乎. 非只知有姑有夫, 而不知有其身, 不能也. 余嘗聞之, 古有刲股斫指, 非必生之理, 又非常行之道, 而間或有萬一之幸, 何也. 盖人情於其至親, 見病革垂盡, 則哀痛切迫之心宜如何, 而遐鄕僻地, 無兪跗越人對証之劑, 素問靑囊經驗之方, 當此之時, 自身之一點生血, 謂可爲續命之湯返魂之丹, 則此所謂忘其軀而愛其親者也. 天之感應, 不亦然乎." 영산靈山 세족世族 고故 참판參判 신공辛公 휘박諱礴의 후손인 상현相鉉의 처 남양南陽 홍씨洪氏는 22세에 결혼한다. 갑오년 시어머니 이씨의 중병에 손가락을 깨물어 피를 입에 흘려 넣는다. 이로 인해 시어머니가 소생하였고, 뒤에 남편이 전염병으로 사망하기 직전에도 같은 방법으로 회생하게 하였다.

75. 「孝烈婦梁氏傳」,『毅菴集』3:『韓國文集叢刊』339, 345면. "高興柳寅錫曰: 血指事, 君子有不許. 是其於男子, 責不中理與或要名. 女子而早年新昏, 理非所講, 名非可要, 出於至誠焉. 感天感神."

76. 삼강三綱 중에서 효와 열 이외에 충忠은 체제적 위기 국면이 아니면 발휘할 기회가 적었다. 다음 자료에 충신이 왜 적게 발생하는지를 설명해 놓았다. 또 충이 일상적 행위가 아님을 밝히고 있다. 成海應(1760~1839),「永平二烈婦旌閭記」,『硏經齋全集』(1):『韓國文集叢刊』273, 320~321. "國典有忠臣·孝子·烈婦旌之. 余嘗取其簿而閱之, 以忠旌者十之二三, 以孝旌者十之四五, 以烈旌者十之六七. 盖忠臣當國家之

事變, 輒捐軀而行義. 然事變旣不可常有, 而其大者又已馳官賜諡, 不待旌閭而始焜耀耳目之觀, 其小者草莽私乘多不可詳, 故忠而旌者甚少."

77. 이것은 여성이 출산을 한다는 생물학적 조건에서 발생한 것이었다. 남성의 경우 아버지의 역할은 어머니의 역할처럼 강조되지 않았다.

78. 『惠寰雜著』: 『近畿實學淵源諸賢全集』2, 成均館大學校 大東文化硏究院, 2002, 141면. "吾十子, 唯而在. 而則亡, 吾疇依死. 雖汝欲爾, 汝不獨念而父育汝時辛苦邪. 幸勿死, 第從我還以就醫, 醫疾則如何?"

79. 위의 책, 같은 곳. "噫, 百年謂長邪. 等亡耳. 況室有几筵, 猶夫在也. 兒安得輒去. 此兒死所, 願大人勿復言."

80. 『惠寰雜著』: 『近畿實學淵源諸賢全集』2, 成均館大學校 大東文化硏究院, 2002, 150면. "已呼其父母請手焉, 左右捧持之泣曰:'兒今死矣, 願父母無念不孝女.'其父母泣曰:'若謹無死. 若死戚我.'對曰:'兒豈欲戚父母. 不得已也.'又曰:'兒心亦至悲矣.'"

81. 『毅菴集』3: 『韓國文集叢刊』339, 334면. "辛丑十月, 元君遘疾夭逝. 聞訃殞絶, 有頃方蘇. 哭之哀, 見者墮淚. 家人擬令奔喪, 不肯曰:'方疾也, 旣未一親其藥食扶將. 今雖哭尸傍, 寧有知耶?'及成服日, 盡出其所藏華麗衣, 散諸貧族隣人曰:'此於吾無用.'遂潛入密室, 飮藥委頓. 家人久不覺之, 急救無效. 惟作喉間語曰:'須告夫家, 姑緩其葬, 以爲同日祔也.'遂喋不受害毒之劑, 口鼻出血, 八日而歿."

82. 『惠寰雜著』: 『近畿實學淵源諸賢全集』2, 150면. "今曰烈而不曰孝者, 女子三從, 以中爲尤重也."

83. 『頤齋集』: 『韓國文集叢刊』246, 489면. "夫竟以當宁四十九年癸巳五月亡, 遂立決下殉, 不穀垂絶. 舅姑泣曰:'若曷不生見棺槥, 而欲我浟遭逆境耶?'於是太息強稀粥, 僅能無死, 而骨柴立就澌. …… 又作二封書, 分訣舅姑兄弟. 其于舅姑略曰:'…… 三從旣缺, 一死合義.'"

84. 『記言』1: 『韓國文集叢刊』98, 117~118면. "吾兒不幸早夭而無子, 鬼神無所托. 忍死終年, 無絶其祭祀, 爲已化者, 亦無憾也. 其心以爲:'祭有時而盡, 死而同穴無窮'. 陽示之若返而無死意者, 守之少懈, 及葬有日, 晨則盥櫛正衣服而經自殺."

85. "舅姑 …… 常引古譬曉, 又泣謂曰:'吾兒不幸早夭而無子, 鬼神無所托, 忍死終年, 無絶其祭祀, 爲已化者, 亦無憾也.'"其心以爲祭有時而盡, 死而同穴無窮, 陽示之若返而無死意者."

86. 『厚齋集』: 『韓國文集叢刊』156, 212면. "年少宜死, 無子宜死, 舅姑有他侍者宜死."

87. 『櫟泉集』: 『韓國文集叢刊』221, 539~540면. "天奪我良人, 不使賤婦終事舅, 辜已大, 惟祝壽考康寧"

88. 『俛宇集』:『韓國文集叢刊』344, 370면. "洪氏 …… 矢以下從, 舅姑哀諭地, 則對曰: '婦之從夫, 義也. 夫死而又無子可從, 未亡何爲? 願舅姑勿以不孝爲念.' …… 更新衣就室, 呑毒而殊."
89. 많은 열녀전이 그렇다. 예컨대 成海應(1760~1839), 「三烈婦傳」, 『研經齋全集』1: 『韓國文集總刊』273, 259~261면을 보라. 첫 번째 열녀인 이씨는 이덕무의 손녀다. 이씨는 남편이 죽자 시할머니, 종조부, 종조모 등의 시집 어른들이 달래고 위로했음에도 불구하고(大母從祖父父母兄弟皆在, 每聚坐寬慰之) 2남 1녀를 남기고 독약을 마시고 자살한다.
90. 『鼓山集』:『韓國文集總刊』314, 468면. "柳氏 …… 卽欲下從, 舅姑泣諭以事理, 則輒夷然而止, 家人信之, 防守稍緩. 柳氏見其入棺, 遂暗入別室, 召婢而訣曰: '今吾死矣.' 因飮藥而死."
91. 「孝烈婦李孺人傳」, 『舊堂先生文集』2, 景仁文化社, 1997, 94~95면. "翌年, 擧一男, 夫病竟不起. 李氏粒米入口, 號慟欲下從. 一日, 忽幡然曰: '今老姑在堂, 一塊在襁, 吾之死, 大關慈孝, 是可忍耶?' 遂親井臼, 力紡織, 以養姑撫育遺孤. …… 越三年, 而夫之兄子, 始娶婦入門. 李氏撫新婦背曰…… '新婦如此, 足養吾姑.' 因申申語新婦曰: 尊姑老, 惟至誠善養.' 遂乘間, 夜潛入寢房, 引頸而絶."
92. 같은 패턴으로 丁範朝(1723~1801), 「書李氏旌閭事實」, 『海左集』2: 『韓國文集叢刊』240, 193면에 나온 경우가 있다. 재녕재녕 이씨李氏 사인士人 태노台老의 딸은 숙종 병신년(1716) 생으로, 18세에 사인 하응림河應霖과 결혼한다. 남편이 병사하자 아들 없이 늙은 시아버지를 생각하고 죽지 않고 시아버지를 섬긴다. 그러나 양자를 세운 뒤 집안이 안정되자 음독 자살한다. "李氏念夫死無子舅老, 義不敢卽死, 事舅至孝, 養送盡誠禮, 取族子爲子, 敎誨如嚴父, 家旣成, 一日仰藥而死." 宋達洙(1808~1858), 「題孺人金氏孝烈事蹟後」, 『守宗齋集』:『韓國文集叢刊』313, 132~133면의 김씨 역시 21세에 결혼, 31세에 남편이 죽자 그 다음 해에 하종한다. 즉시 죽지 않은 것은 시아버지에 대한 봉양 때문이었다. "夫死之日, 以其舅病濱危, 無他兄弟備養調護, 忍死含哀, 躬執藥餌, 夙夜匪懈, 加於平日, 舅病旣瘳, 割慈愛, 不顧稚女之育, 强笑語, 以弛家人之防, 乘夜飮藥, 從容就盡."
93. 『順菴集』2:『韓國文集叢刊』230, 182~183면. "生于華宗, 入于名閥."
94. 자살의 변은 이렇다. "我卽不死者, 以一室兩喪, 有妨於斂夫也. 今幾就棺, 可以死矣. 且夫之叔季多存, 奉養有托, 我生何爲?'
95. "子年九歲, 女年十四, 攀附哀號, 揮之而不顧曰: '我心已定, 他無可言.' 奄然而逝."
96. "吾不得係戀汝輩, 從若爺去, 好爾成立, 異日泉下來見爺孃."
97. 『旅菴集』:『韓國文集叢刊』231, 37~38면. 김씨는 순창의 사인士人 양정楊塣에게

시집간다. "丁巳春, 埼以疾死于潭陽. 金氏晝夜哭不絶, 淚盡血出. 自誓以死. 有舅姑在堂, 有稚子在抱, 左右以是勉解切至. 金氏曰:'丈夫兄弟多且賢, 我雖死, 舅姑之養, 我庶無憂矣. 我生只以時傷舅姑懷而已.'且顧稚子曰: '我丈夫不宜無後也. 而是在茫茫者, 我何與焉. 夫女子之於夫死也, 生而守夫之家, 以終夫之事仁也; 死而從之義也. 吾且從吾所好耳.'" 음식물을 끊은 지 14일만에 사망한다. 이때 나이 30세였다.

98. 「申烈婦李氏傳」, 『硏經齋全集』1: 『韓國文集叢刊』273, 182면. "汝年今七歲, 能學書, 吾之慮弛矣"

99. 「三烈婦傳」, 『硏經齋全集』1: 『韓國文集總刊』273, 259~261면. "謂家中稺少兒曰 吾少往川邊, 卽出投水."

100. 실시학사 고전문학연구회 역주, 「生烈女傳」, 『이옥전집』2, 소명출판, 2001, 210면. "烈女李氏, …… 年二十有一, 其夫病歿, …… 旣棺, 凭夫曰:'襄而從'. 踰月, 覺有身, 卒哭哭曰:'身不虛, 不敢棄夫子命. 請葬而從'. …… 祥哭曰…… '孤嬰業已後, 請畢三年而從.'"

101. 같은 책, 211면. "舅姑曰:'母有子, 女有從, 胡乃爾, 毋死.'"

102. "新婦不福, 夫子早違, 職當下從. 今若以藐諸孤爲辭, 夫子其謂新婦何? 敢不敬尊約."

103. "娩而擧丈夫子, 已不子, 擇婢使乳之."

104. 「孝子烈女忠奴列傳」, 『息山集』(1): 『韓國文集叢刊』178, 432면. "夫常與語曰: '吾與君同日死.'生一子, 三歲而夫病且死. 曰: '吾與君約同日死, 今吾死, 君必從死. 然兒誰依, 待兒年十歲, 君可死從.'李氏曰: '諾.'" 「열부전」이라 함은, 「孝子烈女忠奴列傳」의 열녀만을 다룬 부분이다.

105. 『花溪先生文集』(釜山大 MF본) 권5. "時, 懷娠已六朔, 姑曺氏泣且諭曰: '今若死, 腹中兒亦死, 若夫死而死矣. 何不折抑爲若夫計.' 及月滿而兒生, 果得男兒. 至四五朔, 孺人作糜飮而飼之, 兒能嚥呑之, 孺人喜曰: '兒不乳不死.' 及夫將葬, 已筮日矣, 孺人俟房中無人, 潛入吸醯漿一椀而仆."

106. 『克齋集』: 『韓國文集叢刊』185, 466면. "甲申, 壽遠病亡, 鄭氏絶而復甦, 仍有自殺下從意. 舅亟警之曰:'爾幸有二子. 爾死則二子, 皆不可保, 而爾夫之祀絶矣而可乎?'鄭氏感悟, 自是强引水飮. …… 丁亥, 父桓卒, 又二子遘疫, 數日皆死, 鄭氏益大慟決死. 戊子正月二十九日之晨, 竊入寢室, 自鳩而絶."

107. 朴胤源, 「劉烈婦傳」, 『近齋集』: 『韓國文集叢刊』259, 440~441면. "不幸兒二歲而死. …… 劉氏卽止哭, 就枕而臥, 婢輩遂入厨炊飯, 有頃忽聞痛腹聲, 驚怪入間之. 劉氏曰:'有何痛也. 吾其好歸矣.' …… 惟呼父母數聲而絶." 趙虎然, 「烈婦孫孺人

傳」,『舊堂先生文集』:『韓國歷代文集叢書』1764, 90~93면.. "一日, 遺孤忽得疾見化, 孺人不甚慽. 於是, 遂決下從矣. …… 遂自引於梁下, 傍人覺而視之, 已無及矣."; 成海應,「爲麻田士人請褒烈婦金氏狀」,『研經齋全集』1:『韓國文集叢刊』273, 372면. "戊寅正月, 其夫得疾不起. 金氏方有娠, 能自制悲哀, 不以戚容見舅姑, 冀得生男子以奉夫祀. 未幾胎動子落, 於是下從之志決矣. 家人知而守之, 其五月二十五日, 潛出而自投于夫墓傍棗潭之水以沒."

108. 奇正鎭,「烈女柳氏旌閭記」,『蘆沙集』:『韓國文集叢刊』310, 476~477면. "夫人惟一女無男, 自以三從義盡." 유씨는 진사 유동환柳東煥의 딸이고 승지 유광천柳匡天의 손녀인데, 16세에 김응휴金膺休와 결혼한다. 남편이 죽자 삼종이 끊어졌다면서 자살한다. 任憲晦의「孝烈婦孺人尹氏傳」,『鼓山集』:『韓國文集總刊』314, 468면. 윤씨의 남편은 죽기 직전 윤씨에게 연로한 부모와 어린 동생을 보살피라고 부탁하고 죽는다. 윤씨는 두 살된 딸이 열 살이 되어 자신의 품을 벗어나고, 시동생이 아들을 낳아 남편의 제사를 받들 수 있으면 자살하겠다고 결심하고, 과연 시동생이 아들 둘을 낳아 양자를 들일 가능성이 생기자, 남편과의 약속을 지키겠다고 하면서 다음과 같이 말하고 자살한다. "新兒生, 尸夫祀, 有人. 女又十歲矣. 前日幽明之誓, 誓不相負." 윤씨는 딸은 있었지만 인간으로 치지도 않는다.

109. 『淸陸集』:『韓國文集總刊(續)』7, 392면. "家翁無子女, 後祀必絶. 吾非不欲割情苟存, 躬執三年之祭, 而慟不自抑, 不忍獨活以至殞絶. 願以家翁次兄之次子爲後, 使家翁香火不絶, 則九泉之下, 吾得瞑目."

110. 『修山集』:『韓國文集總刊』247, 455면. "未亡人不欲息食於此世者, 以無夫與子也. 今無兒而有兒, 未亡人尙誰爲而死哉"

111. 『靑川子稿』. "論曰, 何氏臨死, 雖無一言及夫, 然其必就死於縣庭者, 乃所以求復讐也. 夫雍姬爲父以殺夫, 君子尙非之. 況可以爲弟讐夫哉? 當其時使何氏者, 告其夫曰: '吾有此弟, 父歿而托於我. 今子殺之, 吾終不能事子也'. 遂死其前, 其所以報亡弟而處夫婦之倫者, 豈不善哉. 余故曰: '何氏之死, 烈矣. 然惜其未盡道也.'"

112. 『龜峰集』:『韓國文集叢刊』42, 426면. "敏於文字, 嘗讀烈女傳, 處心行事, 動以爲式. …… 日讀女訓, 人間世事, 一不介懷."

113. 『牛溪集』:『韓國文集叢刊』43, 147면. "娥性明敏, 能通文理, 常讀列女傳, 以爲矜式."

114. 『於于集』:『韓國文集叢刊』69, 574면. "嘗讀方氏女敎, 安氏聞而喜, 請學焉. 自是知禮義, 盡讀列女傳·小學, 仍又略涉經史, 能內其美."

115. 「環姥記事」,『晚靜堂集』:『韓國文集叢刊』163, 280~281면. "外史氏曰: '今夫衿紳家敎其子, 必擇良保姆, 斤斤授女誡·內則, 然長而執婦行, 能貞而潔者幾人哉?'"

116. 成海應,「書孺人李氏傳」,『硏經齋全集』(1):『韓國文集叢刊』273, 430~431면.
"近時婦人諱讀書史, 以爲無益於行. 然書史所載前言往行, 所以發吾志也, 不能豫先講磨究解, 使志常定而識常明, 則何以處變也哉. 故時法家皆有閨範, 婦人自幼少時必習熟見聞, 故其處變也, 從容中節, 與里巷婦女徑情直行之烈有異."

117. "孺人李氏, 光山金公相行之婦, 而三竹堂李公弘淵五世孫也. 相行六世祖沙溪先生, 講禮於連山之鄕, 三竹堂從之學, 以法家稱."

118. "孺人幼而好觀書史, 取二南及小學·烈女傳等書, 置紡車之側而讀之, 且手錄古人懿行卓節可以感發者爲數卷, 常自談說艷慕."

119. "嘗與諸婦具語古時賢婦事曰:'某之孝如此, 吾安得不效; 某之烈如此, 吾安得不效?'"

120. "非惟才性之美, 其得於文史者爲多."

121. 『厚齋集』:『韓國文集總刊』156, 213면. "時看列女傳, 以寓其懷."

122. 『順菴集』2:『韓國文集叢刊』230, 182~183면. "又有諺傳小冊, 皆爲善行孝義命之語也. 其平日所存, 可知已"

123. 『旅菴集』3권:『韓國文集叢刊』231, 37~38면. "居常習文公小學·劉氏烈女傳, 斟酌而行, 不失其旨." "嘗手著日記一卷, 以訓子女."

124. 『竹下集』20권:『韓國文集叢刊』240, 590~592면. "性喜聞人之善行, 古婦人嘉言懿則之在於經史者, 暗自記誦而慕效焉."

125. 『近齋集』:『韓國文集叢刊』250, 440면. "平居, 聞古昔婦女節烈之事, 則輒擊節歎曰:'女子當如是矣.' 或聞自刎者, 則必非之曰:'死豈無他道而忍毁父母遺體爲?'"

126. 『舊堂先生文集』2, 景仁文化社, 1997, 91면. "或看諺書, 至古婦女淑德烈行處, 則輒三復欽慕, 擊節歎尙不已."

127. 『靑莊館全書』1:『韓國文集總刊』257, 83면. "李氏通小學·史記."

128. 『廣瀨文集』(釜山大 MF본) 권14. "烈婦嘗讀古烈女之蹟而曰:'是其本分事爾. 何必以節義稱?'"

129. 『硏經齋全集』1:『韓國文集叢刊』273, 264~265면. "夫人幼受二南詩·小學題辭·出師表, 嘗愛誦之."

130. 『蘆沙集』:『韓國文集叢刊』310, 476~477면. "夫人自在父家, 著閨範."

131. 「烈婦商山朴氏傳」,『扶溪先生文集』2, 景仁文化社, 1999, 189면. "稍長, 略通經史大義."

132. 『柳下聯芳文集(履齋集)』2, 景仁文化社, 1999, 327면. "其夜, 入寢房, 明燭琅然, 讀古烈女傳一遍, 因嗚咽流涕."

133. 『順菴集』2:『韓國文集總刊』230, 179면. "壬午冬, 有客過余而傳異聞, 曰:'昔過

驪江, 有村嫗三四, 素服灑泣而行, 相語曰, 世復有如此人乎? 世復有如此人乎? 咨嗟之不足, 哽咽不能語, 怪而問之 ……."

134. 『研經齋全集』3: 『韓國文集叢刊』275, 177면. "其母大驚, 問其故, 泣曰: '汝不畏死耶? 何不少屈以求生?' 有分大恚曰: '母何辱我, 我豈畏死者也.' 釋其握, 腸出遂死, 縣聞之, 戮男子, 旌其門."

135. "幼從隣嫗入邑, 憩棹楔之下. 問嫗曰: '此, 何門?' 曰: '旌門也.' 又問: '旌門何故?' 曰: '孝子·忠臣·烈女, 官旌之.' 又問: '何如爲烈女也?' 曰: '不事二夫爲烈' 有分竦然久之. 及嫁事其夫敬, 事其舅孝. 一鄕稱之."

7장

1. 『大典通編』의 법이 제대로 준행되지 않았음을 의미한다. 윤시동尹蓍東은 다음과 같이 말하고 있다. "효행과 열행을 초계抄啓하는 일은 본래 식년에 하는 것이었습니다. 그런데 근래에는 수교受敎로 매년 새해 첫머리에 합니다. 그러므로 근자의 것이든 오래된 것이든, 모두 곧 예조에 계하啓下하고, 예조에서는 또 취사를 못하여 정려·증직·복호 셋으로 나누어 시행을 허락합니다."(孝烈抄啓, 本在式年, 而近來則以受敎, 每年歲首爲之. 故無論久近, 輒皆啓下于禮曹, 禮曹又不能取捨, 以旌閭·贈職·復戶分三等許施.) 즉 임금의 수교에 의해 다시 『경국대전』의 법으로 돌아간 것이었다. 여기서 다시 『대전통편』의 법대로 하자고 결정했지만, 이것이 정확하게 준행된 것은 아니었다.
2. "烈行如夫喪三年內身殁者, 例多旌褒, 此亦在所審愼. 大抵此等濫雜, 莫近日若也."
3. 「徐烈婦李孺人狀」, 『修山集』:『韓國文集叢刊』247, 450~452면. "內而京師兩都, 外而八省三百郡縣, 歲終孝烈之牒, 卷軸堆案, 人不暇閱."
4. 『明皐全集』:『韓國文集叢刊』261, 168면. "歲且更, 將以一邑之忠臣孝子貞婦順孫聞于觀察使, 以轉聞于朝, 吏把牘如屋, 來請署其尾. 余曰: '不然. 行不特則詞不感, 詞不感則旌殊不及焉. 盍簡其特者?' 吏曰: '例也. 奉例以免繩責而已. 整殊其敢幾乎? 古盖有之矣. 今亡也久.' 余曰: '奚有.' 於是遂取牘而歷覽之. 於其中得其特者五六人, 餘皆屛焉而所得者聞焉."
5. 成海應,「靑城孝烈傳」(序文),『硏經齋全集』3:『韓國文集叢刊』275, 82면. "近世以來, 裁擇不能公, 又或貪其名也, 無其實而張之. 及棹楔旣豎, 華詰旣降, 反有嗤點者, 是故有司難於裁擇. 取於孝者必斫指嘗糞, 取於烈者必捐生下從, 不如是輒去之."
6. 『大典會通』, 禮典, 「獎勸」. "忠·孝·烈請褒者, 不由道啓與上言, 冒濫擊金者勿聽, 依律論斷."
7. 『俛宇集』5:『韓國文集總刊』344, 370면. "盖近日禮院, 凡有褒典, 必需索禮目例費八萬錢, 宋家貧以無以應, 且不欲也."
8. 『毅菴集』3:『韓國文集總刊』339, 334면. "夫家上京求旌閭, 禮部曰: '納錢.' 足士元容正曰: '止! 今日何日, 可求旌閭? 況納錢乎? 貞烈之靈, 豈肯屑諸?'" 이씨는 1901년 남편이 사망하자 독약을 먹고 자살한다. 시집에서 서울로 올라가 정려를 내려줄 것을 청하자, 예부에서 돈을 내라고 하여 그만둔다.

9. 「洪烈婦傳」,『俛宇集』5:『韓國文集總刊』344, 370면. "婦之從一而終, 人之大倫也. 然夫以疾死, 而必從而殉, 聖人無是制也."
10. 같은 곳. "其或有地與時之甚不得已而生爲苟延, 死寧甘心者, 亦君子之所深與也."
11. 『燕巖集』:『韓國文集總刊』252, 29면. "古之所稱烈女, 今之所在寡婦也. 至若田舍少婦, 委巷靑孀, 非有父母不諒之逼, 非有子孫勿叙之恥, 而守寡不足以爲節, 則往往自滅晝燭, 祈殉夜臺, 水火鴆纓, 如蹈樂地, 烈則烈矣, 豈非過歟?"
12. 연암은 하종한 여성을 위해 정문呈文을 두 편이나 썼다. 그리고 함양의 박씨 역시 열녀로 찬미하고 있다.
13. 「鄭氏傳」,『海左集』:『韓國文集總刊』240, 196면. "夫死生, 命也. 夫雖死, 婦人安得皆從死? 禮曰: '女子在家從父, 適人從夫, 夫死從子.' 若三從俱絶者, 亦可死焉. 或有父母子女皆無恙, 而遽自引以從夫, 誓不欲寡而生者, 非謬歟?"
14. 「열녀함양박씨전」외에도 박지원은 열녀에 관한 글을 네 편 남기고 있다. 「金孺人事狀」,『燕巖集』:『韓國文集總刊』252, 28면; 「烈婦李氏旌閭陰記」, 같은 책, 138면; 「朴烈婦事狀」같은 책, 141~142면; 「李烈婦事狀」, 같은 책, 142~143면. 모두 남편을 따라 죽은 여성을 찬양하거나 국가에 표창을 요구한 글이다.
15. 『與猶堂全書』:『韓國文集總刊』281, 248면. "厥考病且死, 子從而死之孝乎? 曰匪孝也. 唯厥考不幸爲虎狼盜賊所逼迫, 厥子從而衛之死焉則孝子也. 君薨臣從而死之忠乎? 曰匪忠也. 唯厥君不幸爲亂逆所簒弑, 臣從而衛之死; 或已不幸而被虜, 至虜庭強之拜, 不屈而死則忠臣也. 曰然則夫卒妻從而死, 謂之烈, 爲之綽其楔丹其榜復其戶, 蠲其子若孫繇役者何也? 曰匪烈也, 隘也. 是有司者不察耳. 是有徼名之心也乎? 曰否, 無此心也. 是其性褊狹不通. 或別有恨在中也, 則必謂之匪烈也何哉? 天下莫難乎死. 彼眇殺其身以自死, 則必謂之匪烈也何哉?"
16. 같은 책, 같은 곳. "夫爲虎狼盜賊所逼迫, 妻從而衛之死焉, 烈婦也; 或己爲賊人淫人所逼迫強之汚, 不屈而死則烈婦也; 或蚤寡, 其父母兄弟欲奪己之志以予人, 拒之弗能敵以死則烈婦也; 其夫抱冤而死, 妻爲之鳴號暴其狀不白, 立陷刑以死則烈婦也."
17. 같은 곳. "今也不然, 夫安然以天年終于正寢之中, 而妻從而死之. 是殺其身而已. 謂之殺其身, 當於義則未也. 吾固曰殺其身, 天下之凶也. 旣不能殺其身當於義, 則是徒爲天下之凶而已. 是徒爲天下之凶者也, 而爲民上者且爲之綽其楔丹其榜復其戶, 蠲其子若孫繇役. 是勸其民相慕效爲天下之凶也, 惡乎可哉?"
18. 같은 책, 248~249면. "丈夫死, 有家之不幸也."
19. 같은 책, 249면. "一朝悍然自刻于心曰:'一人死, 吾無所爲舅姑矣; 一人死, 吾無所爲子女矣.' 於是, 引吭自經于桁桃之下而弗與顧. 若是者庸詎非狼戾殘忍大不孝不

慈者耶?'"

20. 같은 책, 같은 곳. "李時珍曰: '張杲醫說言, 唐開元中, 明人陳藏器著本草拾遺, 載人肉療羸瘵, 閭閻有病此者多割股.'"
21. 같은 곳. "按陳氏之先, 已有割股割肝者矣, 而歸咎陳氏, 所以罪其筆之於書, 而不立言以破惑也. 本草可輕言哉?'"
22. 같은 곳. "案割肝不死者幻術也. 幻者假作此狀, 以眩人目, 不知者以爲孝子也. 其在王法, 必誅無赦. 豈足疑乎?"
23. 같은 곳. "嗚呼! 身體髮膚, 受之父母, 不敢毀傷. 父母雖病篤, 豈肯欲子孫殘傷其支體, 而自食其骨肉乎? 此愚民之見也."
24. 같은 곳. "按何孟春餘冬錄云: '江伯兒, 母病割脅肉以進不愈. 禱于神, 欲殺子以謝其神. 母愈, 遂殺其三歲子. 事聞太祖皇帝, 怒其絶倫滅理, 杖而配之.'"
25. 같은 곳. "下禮部議曰: '子之事親, 有病則拜托良醫, 至于呼天禱神. 此懇切至情不容已者. 若臥氷割股, 事屬後世, 乃愚昧之徒, 一時激發, 務爲詭異, 以驚世駭俗, 希求旌表, 規避徭役, 割股不已, 至于割肝, 割肝不已, 至于殺子, 違道傷生, 莫此爲甚. 自今遇此, 不在旌表之例.'"
26. 곧 효와 열의 충돌, 그리고 자식에 대한 자애와 열의 충돌을 말한다.

【부록1】
한漢 유향劉向, 『고열녀전』古列女傳(사고전서본) 목록

권1 _ 모의전母儀傳

유우이비有虞二妃(1), 기모강원棄母姜嫄(2), 계모간적契母簡狄(3), 계모도산啓母塗山(4), 탕비유신湯妃有㜪(5), 주실삼모周室三母(6), 위고정강衛姑定姜(7), 제녀부모齊女傅母(8), 노계경강魯季敬姜(9), 초자발모楚子發母(10), 추맹가모鄒孟軻母(11), 노지모사魯之母師(12), 위망자모魏芒慈母(13), 제전직모齊田稷母(14)

권2 _ 현명전賢明傳

주선강후周宣姜后(1), 제환위희齊桓衛姬(2), 진문제강晉文齊姜(3), 진목공희秦穆公姬(4), 초장번희楚莊樊姬(5), 주남지처周南之妻(6), 송포녀종宋鮑女宗(7), 진조쇠처晉趙衰妻(8), 도답자처陶答子妻(9), 유하혜처柳下惠妻(10), 노검루처魯黔婁妻(11), 제상어처齊相御妻(12), 초접여처楚接輿妻(13), 초노래처楚老萊妻(14), 초오릉처楚於陵妻(15)

권3 _ 인지전仁智傳

밀강공모密康公母(1), 초무등만楚武鄧曼(2), 허목부인許穆夫人(3), 조희씨처曹僖氏妻(4), 손숙오모孫叔敖母(5), 진백종처晉伯宗妻(6), 위령부인衛靈夫人(7), 제영중자齊靈仲子(8), 노장손모魯臧孫母(9), 진양숙희晉羊叔姬(10), 진범씨모晉范氏母(11), 노공승사魯公乘姒(12), 노칠실녀魯漆室女(13), 위곡옥부魏曲沃婦(14), 조장괄모趙將括母(15)

650

권4 _ 정순전貞順傳

소남신녀召南申女(1), 송공백희宋恭伯姬(2), 위선부인衛宣夫人(3), 채인지처蔡人之妻(4), 여장부인黎莊夫人(5), 제효맹희齊孝孟姬(6), 식군부인息君夫人(7), 인제량처人齊梁妻(8), 초평백영楚平伯嬴(9), 초소정강楚昭貞姜(10), 초백정희楚白貞姬(11), 위종이순衛宗二順(12), 노과도영魯寡陶嬰(13), 양과고행梁寡高行(14), 진과효부陳寡孝婦(15)

권5 _ 절의전節義傳

노효의보魯孝義保(1), 초성정무楚成鄭瞀(2), 진어회영晉圉懷嬴(3), 조소월희趙昭越姬(4), 개장지처蓋將之妻(5), 노의고자魯義姑姊(6), 대조부인代趙夫人(7), 제의계모齊義繼母(8), 노추결부魯秋潔婦(9), 주주충첩周主忠妾(10), 위절유모魏節乳母(11), 양절고자梁節姑姊(12), 주애이의珠崖二義(13), 합양우제郃陽友娣(14), 경사절녀京師節女(15)

권6 _ 변통전辯通傳

제관첩천齊管妾倩(1), 초강을모楚江乙母(2), 진궁공녀晉弓工女(3), 제상괴녀齊傷槐女(4), 초야변녀楚野辯女(5), 아곡처녀阿谷處女(6), 조진녀연趙津女娟(7), 조불힐모趙佛肹母(8), 제종리춘齊鍾離春(9), 제위우희齊威虞姬(10), 제숙류녀齊宿瘤女(11), 제고축녀齊孤逐女(12), 초처장질楚處莊侄(13), 제녀서오齊女徐吾(14), 제태창녀齊太倉女(15)

권7 _ 얼폐전孼嬖傳

하걸말희夏桀末喜(1), 은주달기殷紂妲己(2), 주유포사周幽襃姒(3), 위선공강衛宣公姜(4), 노환문강魯桓文姜(5), 노장애강魯莊哀姜(6), 진헌려희晉獻驪姬(7), 노선목강魯宣穆姜(8), 진녀하희陳女夏姬(9), 제영성희齊靈聲姬(10), 제동곽희齊東郭姬(11), 위이란녀衛二亂女(12), 조영오녀趙靈吳女(13), 초고리후楚考李后(14), 조도창녀趙悼倡女(15)

권8 _ 속열녀전續列女傳

주교부인周郊婦人(1), 진국변녀陳國辯女(2), 섭정지자聶政之姊(3), 왕손씨모王孫氏母(4), 진영지모陳嬰之母(5), 왕릉지모王陵之母(6), 장탕지모張湯之母(7), 준불의모雋不疑母(8), 한양부인漢楊夫人(9), 한곽부인漢霍夫人(10), 엄연년모嚴延年母(11), 한풍소의漢馮昭儀(12), 왕장처녀王章妻女(13), 반녀첩여班女婕妤(14), 한조비연漢趙飛燕(15), 효평왕후孝平王后(16), 갱시부인更始夫人(17), 양홍지처梁鴻之妻(18), 명덕마후明德馬后(19), 양부인익梁夫人嫕(20)

【부록 2】
명明 해진解縉 등 찬撰, 『고금열녀전』古今列女傳(사고전서본) **목록**

권1

우虞 – 유우이비有虞二妃(1)
하夏 – 계모啓母(1)
상商 – 계모간적契母簡狄(1), 탕비유신湯妃有㜪(2)
주周 – 기모강원棄母姜嫄(1), 태강太姜(2), 태임太任(3), 태사太姒(4), 주선강후周宣姜后(5)
전한前漢 – 풍소의馮昭儀(1), 반첩여班婕妤(2), 한 왕황후漢王皇后(3)
후한後漢 – 광렬 음황후光烈陰皇后(1), 명덕 마황후明德馬皇后(2), 화희 등황후和熹鄧皇后(3)
진晉 – 문명 왕황후文明王皇后(1)
당唐 – 고조 태목 순성황후 두씨高祖太穆順聖皇后竇氏(1), 태종 문덕 순성황후 장손씨太宗文德順聖皇后長孫氏(2), 태종 현비 서혜太宗賢妃徐惠(3), 덕종 현비 위씨德宗賢妃韋氏(4), 순종 장헌황후 왕씨順宗莊憲皇后王氏(5), 헌종 의안황후 곽씨憲宗懿安皇后郭氏(6)
송宋 – 진종 장목 곽황후眞宗章穆郭皇后(1), 인종 자성 광헌 조황후仁宗慈聖光獻曹皇后(2), 풍현비馮賢妃(3), 영종 선인 성렬 고황후英宗宣仁聖烈高皇后(4), 신종 흠성 헌숙 향황후神宗欽聖憲肅向皇后(5), 고종 헌성 자렬 오황후高宗憲聖慈烈吳皇后(6), 효종 사황후孝宗謝皇后(7)
원元 – 세조 소예 순성황후世祖昭睿順聖皇后(1)
국조國朝, 명明 – 태조 효자 소헌 지인 문덕 승천 순성 고황후 마씨太祖孝慈昭憲至仁

文德承天順聖高皇后馬氏(1)

권2

주열국周列國 - 위고정강衛姑定姜(1), 위선부인衛宣夫人(2), 위종이순衛宗二順(3), 제전직자지모齊田稷子之母(4), 제상안자복어지처齊相晏子僕御之妻(5), 제령중자齊靈仲子(6), 맹희孟姬(7), 제기량식지처齊杞梁殖之妻(8), 우희虞姬(9), 종리춘鍾離春(10), 숙류녀宿瘤女(11), 고축녀孤逐女(12), 왕손씨지모王孫氏之母(13), 노계경강魯季敬姜(14), 노대부유하혜지처魯大夫柳下惠之妻(15), 장손모臧孫母(16), 노공승사魯公乘姒(17), 백희伯姬(18), 진조쇠처晉趙衰妻(19), 진대부백종지처晉大夫伯宗之妻(20), 숙희叔姬(21), 진범씨모晉范氏母(22), 초장자발지모楚將子發之母(23), 번희樊姬(24), 초령윤손숙오지모楚令尹孫叔敖之母(25), 백영伯嬴(26), 정강貞姜(27), 초소월희楚昭越姬(28), 식군부인息君夫人(29), 조장마복군조사지처조괄지모趙將馬服君趙奢之妻趙括之母(30), 조진녀연趙津女娟(31), 곡옥부曲沃婦(32), 대조부인代趙夫人(33), 도대부답자처陶大夫答子妻(34), 개지편장구자지처蓋之偏將丘子之妻(35).

전한前漢 - 당읍후진영지모棠邑侯陳嬰之母(1), 승상안국후왕릉지모丞相安國侯王陵之母(2), 제태창녀齊太倉女(3), 경조윤준불의지모京兆尹雋不疑之母(4), 양부인楊夫人(5), 하남태수동해엄연년지모河南太守東海嚴延年之母(6)

후한後漢 - 양부인익梁夫人嬺(1), 한중정문구처漢中程文矩妻(2)

진晉 - 도간모담씨陶侃母湛氏(1)

수隋 - 정선과모최씨鄭善果母崔氏(1), 배륜처裴倫妻(2)

당唐 - 이덕무처배씨李德武妻裴氏(1), 초왕령귀비상관씨楚王靈龜妃上官氏(2), 고예처高叡妻(3), 양열부楊烈婦(4), 동창령모양씨董昌齡母楊氏(5)

오대五代 - 왕응처이씨王凝妻李氏(1)

송宋 - 간의대부진성화취풍씨諫議大夫陳省華娶馮氏(1), 사방득지처이씨謝枋得之妻

654

李氏(2)

원元 – 감문흥처왕씨闞文興妻王氏(1), 풍씨馮氏(2)

국조國朝, 명明 – 한태초처유씨韓太初妻劉氏(1)

권3

주열국周列國 – 제의계모齊義繼母(1), 제상괴녀齊傷槐女(2), 모사母師(3), 노검루선생지처魯黔婁先生之妻(4), 노의고자魯義姑姊(5), 여종女宗(6), 궁공처弓工妻(7), 채인지처蔡人之妻(8), 추맹가지모鄒孟軻之母(9), 정희貞姬(10), 소남신녀召南申女(11), 위망자모魏芒慈母(12)

전한前漢 – 효부孝婦(陳之少寡婦)(1), 우제友娣(任延壽妻)(2), 경사절녀京師節女(長安大昌里人之妻)(3), 고행高行(4)

후한後漢 – 양홍처梁鴻妻(1), 태원왕패처太原王霸妻(2), 하남악양자지처河南樂羊子之妻(3), 포선처환씨鮑宣妻桓氏(4), 오허승처吳許升妻(5), 주천방연모酒泉龐涓母(6), 패유장경처沛劉長卿妻(7)

원위元魏 – 거록위부처방씨鉅鹿魏溥妻房氏(1), 청하방애친처최씨淸河房愛親妻崔氏(2), 경주정녀아씨涇州貞女兒氏(3)

수隋 – 효녀왕순女孝女王舜(1), 효부담씨孝婦覃氏(2), 조원해처최씨趙元楷妻崔氏(3)

당唐 – 번회인모경씨樊會仁母敬氏(1), 번언침처위씨樊彦琛妻魏氏(2), 봉대두씨이녀奉大竇氏二女(3)

송宋 – 주아朱娥(1), 장씨張氏(羅江士人女)(2), 조씨趙氏(冀州人)(3), 서씨徐氏(和州閫中女)(4), 왕정부王貞婦(5), 담씨부譚氏婦(6), 한씨녀韓氏女(7), 진당전陳堂前(8), 왕씨王氏(利州路提擧常平司幹辦公事劉當可之母)(9), 첨씨녀詹氏女(10), 왕씨부王氏婦(11)

원元 – 조효부趙孝婦(1), 문씨聞氏(紹興兪新之妻)(2), 이지정李智貞(3), 이경문처서씨李景文妻徐氏(名 彩鸞)(4), 조빈처주씨趙彬妻朱氏(5), 절부장씨節婦張氏(6),

유사연처동씨兪士淵妻童氏(7), 혜사현처왕씨惠士玄妻王氏(8)

국조國朝, 명明 – 난성이대처견씨欒城李大妻甄氏(1), 영씨녀甯氏女(2), 연안장민도처조씨延安張敏道妻趙氏(3), 상해임사중처유씨上海任仕中妻兪氏(4), 이충처왕씨李忠妻王氏(5), 보선경위진씨步善慶爲陳氏(6), 산음서윤양여처반씨山陰徐允讓與妻潘氏(7), 고씨高氏(安吉李茂妻)(8), 진정고읍허씨이첩진씨우씨眞定高邑許氏二妾陳氏牛氏(9), 진정심주부모처악씨眞定深州傅某妻岳氏(10), 요주악평현서진안처진씨饒州樂平縣徐陳安妻陳氏(11)

[부록 3]

이십오사二十五史 소재 열녀전 목록

『후한서』後漢書 권114, 열전 제74, 열녀列女

포선 처鮑宣妻(1), 왕패 처王覇妻(2), 강시 처姜詩妻(3), 주욱 처周郁妻(4), 조세숙 처曹世叔妻(5), 악양자 처樂羊子妻(6), 진문구 처陳文矩妻(7), 효녀 조아孝女曹娥(8), 허승 처許升妻(9), 원외 처袁隗妻(10), 방육 모龐淯母(11), 유장경 처劉長卿妻(12), 황보규 처皇甫規妻(13), 음유 처陰瑜妻(14), 성도 처盛道妻(15), 효녀 숙선웅孝女叔先雄(16), 동사 처董祀妻(17).

『진서』晋書 권96, 열전 제66, 열녀列女

양탐 처 신씨羊耽妻辛氏(1), 두유도 처 엄씨杜有道妻嚴氏(2), 왕혼 처 종씨王渾妻鍾氏(3), 정무 처 조씨鄭袤妻曹氏(4), 민회태자 비 왕씨愍懷太子妃王氏(5), 정휴 처 석씨鄭休妻石氏(6), 도간 모 담씨陶侃母湛氏(7), 가혼 처 종씨賈渾妻宗氏(8), 양위 처 신씨梁緯妻辛氏(9), 허연 처 두씨許延妻杜氏(10), 우담 모 손씨虞潭母孫氏(11), 주의 모 이씨周顗母李氏(12), 장무 처 육씨張茂妻陸氏(13), 윤우 이녀尹虞二女(14), 순숭 소녀 관荀崧小女灌(15), 왕응지 처 사씨王凝之妻謝氏(16), 유진 처 진씨劉臻妻陳氏(17), 피경 처 용씨皮京妻龍氏(18), 맹창 처 주씨孟昶妻周氏(19), 하무기 모 유씨何無忌母劉氏(20), 유총 처 유씨劉聰妻劉氏(21), 왕광 여王廣女(22), 섬부인陝婦人(23), 근강 여靳康女(24), 위령 모 송씨韋逞母宋氏(25), 장천석 이첩張天錫二妾(閻氏薛氏)(26), 부견 첩 장씨苻堅妾張氏(27), 두도 처 소씨竇滔妻蘇氏(28), 부등 처 모씨苻登妻毛氏(29), 모용수 처 단씨慕容垂妻段氏(30), 단풍 처 모용씨段豊妻慕容氏(31), 여찬 처 양씨呂纂妻楊氏(32), 여소 처 장씨呂紹妻張氏(33), 이현성 후 윤씨李玄盛后尹氏(34).

『위서』魏書 권92, 열전 제80, 열녀列女

최람 처 봉씨崔覽妻封氏(1), 봉탁 처 유씨封卓妻劉氏(2), 위부 처 방씨魏溥妻房氏(3), 호장명 처 장씨胡長命妻張氏(4), 평원여자 손씨平原女子孫氏(5), 방애친 처 최씨房愛親妻崔氏(6), 경주 정녀 시선씨涇州貞女兕先氏(7), 요씨 부양씨姚氏婦楊氏(8), 장홍초 처 유씨張洪初妻劉氏(9), 동경기 처 장씨董景起妻張氏(10), 양니 처 고씨陽尼妻高氏(11), 사영주 처 경씨史映周妻耿氏(12), 임성국태비 맹씨任城國太妃孟氏(13), 구금룡 처 유씨苟金龍妻劉氏(14), 노원례 처 이씨盧元禮妻李氏(15), 하동 효녀 요씨河東孝女姚氏(16), 조사준 처 노씨刁思遵妻魯氏(17)

『수서』隋書 권80, 열전 제45, 열녀列女

난릉공주蘭陵公主(1), 남양공주南陽公主(2), 양성왕각비襄城王恪妃(3), 화양왕 해 비華陽王楷妃(4), 초국부인譙國夫人(5), 정선과 모鄭善果母(6), 효녀 왕순孝女王舜(7), 한기 처韓覬妻(8), 육양 모陸讓母(9), 유창 여劉昶女(10), 종사웅 모鍾士雄母(11), 효부 담씨孝婦覃氏(12), 원무광 모元務光母(13), 배륜 처裴倫妻(14), 조원해 처趙元楷妻(15)

『북사』北史 권91, 열전 제79, 열녀列女

위 최람 처 봉씨魏崔覽妻封氏(1), 봉탁 처 유씨封卓妻劉氏(2), 위부 처 방씨魏溥妻房氏(3), 호 장명 처 장씨胡長命妻張氏(4), 평원여자 손씨平原女子孫氏(5), 방애친 처 최씨房愛親妻崔氏(6), 경주 정녀 아씨涇州貞女兒氏(7), 요씨 부양씨姚氏婦楊氏(8), 장홍기 처 유씨張洪祁妻劉氏(9), 동경기 처 장씨董景起妻張氏(10), 양니 처 고씨陽尼妻高氏(11), 사영주 처 경씨史映周妻耿氏(12), 임성국태비 맹씨任城國太妃孟氏(13), 구금룡 처 유씨苟金龍妻劉氏(14), 정효 여종貞孝女宗(15), 하동 요씨河東姚氏(16), 여조사준 처 노씨女刁思遵妻魯氏(17), 서위 손도온 처 조씨西魏孫道溫妻趙氏(18), 손신 처 진씨孫神妻陳氏(19), 수 난릉공주隋蘭陵公主(20), 남양공주南陽公主(21), 양성왕 각 비襄城王恪妃(22), 화양왕 해 비華陽王楷妃(23), 초국부인 세씨譙國夫人洗氏(24), 정선과 모 최씨鄭善果母崔氏(25), 효녀 왕순孝女王舜(26), 한기

처 우씨韓覬妻于氏(27), 육양 모 풍씨陸讓母馮氏(28), 유창 여劉昶女(29), 종사웅 모 장씨鍾士雄母蔣氏(30), 효부 담씨孝婦覃氏(31), 원무광 모 노씨元務光母盧氏(32), 배륜 처 유씨裴倫妻柳氏(33), 조원해 처 최씨趙元楷妻崔氏(34)

『구당서』舊唐書 권193, 열전 제143, 열녀列女

이덕무 처 배씨李德武妻裴氏(1), 양경 처 왕씨楊慶妻王氏(獨孤師仁乳母王氏 附)(2), 양삼안 처 이씨楊三安妻李氏(3), 위형 처 왕씨魏衡妻王氏(4), 번회인 모 경씨樊會仁母敬氏(5), 강주 효녀 위씨絳州孝女衛氏(6), 복주 효녀 가씨濮州孝女賈氏(7), 정의종 처 노씨鄭義宗妻盧氏(8), 유적 처 하후씨劉寂妻夏侯氏(9), 초왕 영귀 비 상관씨楚王靈龜妃上官氏(10), 양소종 처 왕씨楊紹宗妻王氏(11), 우민직 처 장씨于敏直妻張氏(12), 기주 여자 왕씨冀州女子王氏(13), 번언침 처 위씨樊彦琛妻魏氏(14), 추보영 처 해씨鄒保英妻奚氏(古玄應妻高氏 附)(15), 송정유 처 위씨宋庭瑜妻魏氏(16), 최회 처 노씨崔繪妻盧氏(17), 봉천현 두씨 이녀奉天縣竇氏二女(18), 노보 처 이씨盧甫妻李氏(王泛妻裴氏 附)(19), 추대징 처 박씨鄒待徵妻薄氏(20), 이단 처李湍妻(21), 동창령 모 양씨董昌齡母楊氏(22), 위옹 처 난릉현 군소씨韋雍妻蘭陵縣君蕭氏(23), 형방후 처 무창현 군정씨衡方厚妻武昌縣君程氏(24), 여도사 이현진女道士李玄眞(孝女王和子, 鄭神佐女 附)(25)

『신당서』新唐書 권205, 열전 제130, 열녀列女

이덕무 처 배숙영李德武妻裴淑英(1), 양경 처 왕楊慶妻王(2), 방현령 처 노房玄齡妻盧(3), 독고사인 모 왕난영獨孤師仁姆王蘭英(4), 양삼안 처 이楊三安妻李(5), 번회인 모 경樊會仁母敬(6), 위효녀 무기衛孝女無忌(7), 정의종 처 노鄭義宗妻盧(8), 유적 처 하후쇄금劉寂妻夏侯碎金(9), 우민직 처 장于敏直妻張(10), 초왕 영귀 비 상관楚王靈龜妃上官(11), 양소종 처 왕楊紹宗妻王(12), 가효녀賈孝女(13), 이씨 처 왕아족李氏妻王阿足(14), 번언침 처 위樊彦琛妻魏(15), 이여 모李畬母(16), 변녀 이汴女李(17), 최회 처 노崔繪妻盧(18), 견정 절부 이堅貞節婦李(19), 부봉 처 옥영符鳳妻

玉英(20), 고예 처 진高叡妻秦(21), 왕침 처 위王綝妻韋(22), 노유청 처서盧惟淸妻徐(23), 요아饒娥(24), 두 백녀 중녀竇伯女仲女(25), 노보 처 이盧甫妻李(26), 추대징 처 박鄒待徵妻薄(27), 김절부金節婦(28), 고민녀高愍女(29), 양열부楊烈婦(30), 가직언 처 동賈直言妻董(31), 이효녀 묘법李孝女妙法(32), 이단 처李漍妻(33), 동창령 모 양董昌齡母楊(34), 왕효녀 화자王孝女和子(35), 단거정 처 사段居貞妻謝(36), 양함 처 소楊含妻蕭(37), 위옹 처 소韋雍妻蕭(38), 형방후 처 정衡方厚妻程(39), 정효녀鄭孝女(40), 이정절 처 최李廷節妻崔(41), 은보회 처 봉현殷保晦妻封絢(42), 두렬부竇烈婦(43), 이증 처 노李拯妻盧(44), 산양 여 조山陽女趙(45), 주적 처주迪妻(46), 주연수 처 왕朱延壽妻王(47)

『송사』宋史 권460, 열전 제219, 열녀列女

주아朱娥(1), 장씨張氏(2), 팽렬녀彭列女(3), 학절아郝節娥(4), 주씨朱氏(5), 최씨崔氏(6), 조씨趙氏(7), 정씨丁氏(8), 항씨項氏(9), 왕씨 이부王氏二婦(10), 서씨徐氏(11), 영씨榮氏(12), 하씨何氏(13), 동씨董氏(14), 담씨譚氏(15), 류씨劉氏(16), 장씨張氏(17), 사씨師氏(18), 진당전陳堂前(19), 절부 요씨節婦廖氏(20), 류당가 모劉當可母(21), 증씨 부曾氏婦(22), 왕무 처王袤妻(23), 도단우 처涂端友妻(24), 첨씨 여詹氏女(25), 유생 처劉生妻(26), 사필 처謝泌妻(27), 사방득 처謝枋得妻(28), 왕정부王貞婦(29), 조회 첩趙淮妾(30), 담씨 부譚氏婦(31), 오중부 처吳中孚妻(32), 여중수 여呂仲洙女(33), 임노 여林老女(34), 동씨 여童氏女(35), 한씨 여韓氏女(36), 왕씨 부王氏婦(37), 유동자 처劉仝子妻(毛惜惜 附)(38)

『요사』遼史 권107, 열전 제37, 열녀列女

형간 처邢簡妻(1), 야률씨 상격耶律氏常格(2), 야률노 처耶律努妻(3), 야률주전 처耶律珠展妻(4), 야률중 처耶律中妻(5)

『금사』金史 권130, 열전 제68, 열녀列女

아림 처阿林妻(1), 이보신 처李寶信妻(2), 한경씨 처韓慶氏妻(3), 뇌부 사씨雷婦師

氏(4), 강주주康珠珠(5), 이문 처李文妻(6), 이영 처李英妻(7), 상기 처相琪妻(8), 아이점阿爾占(9), 살합련 처薩哈連妻(10), 허고 처許古妻(11), 풍묘진馮妙眞(12), 부찰씨富察氏(13), 오고리씨烏庫哩氏(14), 소열 처蘇呼妻(15), 망격 처莽格妻(16), 윤씨尹氏(17), 백씨白氏(18), 섭효녀聶孝女(19), 중덕처仲德妻(20), 보부 이씨寶符李氏(張鳳奴 附)(21)

『원사』元史 권200, 열전 제87, 열녀列女 1

최씨崔氏(1), 주씨周氏(2), 양씨楊氏(3), 호열부胡烈婦(4), 감문흥 처闞文興妻(5), 낭씨郞氏(6), 진씨 이녀秦氏二女(7), 초씨焦氏(8), 조효부趙孝婦(9), 곽씨 이부藿氏二婦(10), 왕덕정 처王德政妻(11), 제로극심濟嚕克沁(12), 단씨段氏(13), 주호 처朱虎妻(14), 문씨聞氏(15), 마영馬英(16), 풍씨馮氏(17), 이군진 처李君進妻(18), 주숙신朱淑信(19), 갈묘진葛妙眞(20), 왕씨王氏(21), 장의부張義婦(22), 정씨丁氏(23), 조미 처趙美妻(惠高兒妻李氏附)(24), 탁극탁내托克托鼐(25), 조빈 처趙彬妻(26), 귀격貴格(27), 대숙령 처臺叔齡妻(28), 이지정李智貞(29), 채삼옥蔡三玉(30)

『원사』元史 권201, 열전 제88, 열녀列女 2

무용 처 소씨武用妻蘇氏(1), 강문주 처 범씨江文鑄妻范氏(2), 요씨姚氏(3), 의씨衣氏(4), 탕휘 처 장씨湯輝妻張氏(5), 유사연 처 동씨兪士淵妻童氏(6), 장씨 여張氏女(7), 혜사현 처 왕씨惠士玄妻王氏(8), 이경문 처 서씨李景文妻徐氏(9), 주부 모씨周婦毛氏(10), 정상현 처 이씨丁尙賢妻李氏(11), 이순아李順兒(12), 오수정 처 우씨吳守正妻禹氏(13), 황중기 처 주씨黃仲起妻朱氏(14), 초사염 처 왕씨焦士廉妻王氏(15), 진숙진陳淑眞(16), 진윤부 처 시씨秦閏夫妻柴氏(17), 액삼호도극額森呼圖克(18), 여언능 처 유씨呂彥能妻劉氏(19), 유공익 처 소씨劉公翼妻蕭氏(20), 원씨 고녀袁氏孤女(21), 서윤양 처 반씨徐允讓妻潘氏(22), 조수 처 허씨趙洙妻許氏(23), 장정몽 처 한씨張正蒙妻韓氏(24), 유씨 이녀劉氏二女(25), 우동조 처 조씨于同祖妻曹氏(26), 이중의 처 유씨李仲義妻劉氏(27), 이홍익 처 신씨李弘益妻申氏(28), 정기 처 나씨鄭琪妻羅氏(29), 주여지 여周如砥女(30), 적항 처 서씨狄恒妻徐氏(31),

가절부 진씨柯節婦陳氏(32), 이마아 처 원씨李馬兒妻袁氏(33), 왕사명 처 이씨王士明妻李氏(34), 도종원陶宗媛(35), 고려씨高麗氏(36), 장눌 처 유씨張訥妻劉氏(37), 관음노 처觀音努妻(38), 안지도 처 유씨安志道妻劉氏(39), 송겸 처 조씨宋謙妻趙氏(40), 제궐 처 유씨齊闕妻劉氏(41), 왕시 처 안씨王時妻安氏(42), 서노두 처 악씨徐猱頭妻岳氏(43), 김씨金氏(44), 왕염 처 반씨汪琰妻潘氏(45)

【부록 4】

『삼강행실도』三綱行實圖 열녀편 목록

① 1434년(세종 16) 간행본이다.
② 원래 신분과 시대에 따라 나열된 것이기 때문에 그 신분과 시대를 표시해 둔다.
③ *표는『삼강행실도언해본』(축약본) 35명에 선발된 경우다. 이 언해본은 1471년에 간행된 것으로 추정되지만, 그 초간본은 없어지고 후쇄본만 남아 있다. 여기서는『삼강행실도언해본』고려대학교 소장본을 따른다. 고려대학교 소장본은『삼강행실도』(弘文閣, 1990)에 영인되어 있다.
④ 뒤에 붙인 번호는 일련번호다.

황제의 비妃
우虞 – 황영사상皇英死湘(1)
주周 – 태임태교太任胎教(2), 강후탈잠姜后脫簪(3)
한漢 – 소의당웅昭議當熊(4) 첩여사연婕妤辭輦(5) 왕후투화王后投火(6) 마후의련馬后衣練(7)
당唐 – 문덕체하文德逮下(8)
송宋 – 조후친잠曹后親蠶(9)
명明 – 효자봉선孝慈奉先(10)

주대周代 제후의 비
위衞 – 공강수의共姜守義(11)
제齊 – 맹희서유孟姬舒帷(12)
송宋 – *백희체화伯姬逮火(13)
초楚 – 백영지도伯嬴持刃(14), 정강유대貞姜劉臺(15)

춘추전국

*여종지례女宗知禮(宋)(16), *식처곡부殖妻哭夫(齊)(17), *송녀불개宋女不改(蔡)(18)

한漢

*절녀대사節女代死(19), *고행할비高行割鼻(梁)(20), *목강무자穆姜撫子(21), *예종매탁禮宗罵卓(22), *정의문사貞義刎死(23), *원강해곡媛姜解梏(24)

삼국三國

*영녀절이슈女截耳(魏)(25), 여영보구呂榮報仇(吳)(26)

진晋

왕비거호王妃距胡(27), 신씨취사辛氏就死(28), 종씨매희宗氏罵晞(29), 두씨수시杜氏守尸(30), 염설효사閻薛效死(31), 모씨만궁毛氏彎弓(32), 양씨의열楊氏義烈(33), 장씨타루張氏墮樓(34)

송宋·위魏

*이씨감연李氏感燕(35), 유씨분사劉氏憤死(元魏)(36)

수隋

유씨동혈柳氏同穴(37), 원씨훼면元氏毀面(38), 유씨투정柳氏投井(39), *최씨견사崔氏見射(40)

당唐

*숙영단발淑英斷髮(41), 상자둔거象子遁去(42), 상관완절上官完節(43), *위씨참지魏氏斬指(44), 옥영침해玉英沈海(45), 진씨명목秦氏瞑目(46), 이두투애二竇投崖(47),

동씨봉발董氏封髮(48), 경문수정景文守正(49), 열부중도烈婦中刀(50), 주처견매周妻見賣(51)

오대五代

*이씨부해李氏負骸(52)

송宋

*조씨액여趙氏縊輿(53), *서씨매사徐氏罵死(54), 희맹부수希孟赴水(55), *이씨액옥李氏縊獄(56), 조씨우해趙氏遇害(57), *옹씨동사雍氏同死(58), *정부청풍貞婦淸風(59), *양씨피살梁氏被殺(60)

요遼

뇌란약마挼蘭躍馬(61)

금金

주주사애住住死崖(62), 장결돈좌莊潔頓坐(63), 난씨촉적欒氏觸賊(64), 독길액사獨吉縊死(65), 묘진부정妙眞赴井(66), *명수구관明秀具棺(67)

원元

정렬분사貞烈焚死(68), 유모자서兪母自誓(69), 숙안조면淑安爪面(70), *의부와빙義婦臥冰(71), 동아자액冬兒自縊(72), 금가정사錦哥井死(73), 귀가액구貴哥縊廐(74), 유씨악수劉氏握手(75), 장씨자도張氏自刀(76), *동씨피면童氏皮面(77), 장씨투수張女投水(78), *왕씨경사王氏經死(79), 채란심청彩鸞心淸(80), 모씨고장毛氏剮腸(81), 숙정투하淑靖投河(82), *주씨구욕朱氏懼辱(83), 왕씨사묘王氏死墓(84), 허씨부지許氏仆地(85), *취가취팽翠哥就烹(86), 묘안쉬도妙安淬刀(87), 절부투강節婦投江(88), 화류쌍절華劉雙節(89), 유씨단설劉氏斷舌(90), 고부병명姑婦幷命(91)

명明

*영녀정절寗女貞節(92), 왕씨호통王氏號慟(93), 반씨운명潘氏隕命(94), 부처구사傅妻俱死(95)

백제

*미처담초彌妻啖草(96)

고려

현처사수玄妻死水(97), 정처해침鄭妻偕沈(98), 안처구사安妻俱死(99), *최씨분매崔氏奮罵(100), 삼녀투연三女投淵(101), *열부입강烈婦入江(102), 김씨사적金氏死賊(103), 경처수절慶妻守節(104), 송씨서사宋氏誓死(105)

조선

*임씨단족林氏斷足(106), *김씨박호金氏撲虎(107), 한씨절립韓氏絶粒(108), 여귀액엽黎貴縊葉(109), *김씨동폄金氏同窆(110)

【부록 5】

『속삼강행실도』 열녀편 목록

① 『속삼강행실도』續三綱行實圖(홍문각, 1988)의 원간본을 따른다. 이 책에는 원간본과 중간본이 영인되어 있다. 원간본은 1514년 간행본이다. 중간본은 평양 감영에서 정미년(어느 정미년인지 연대를 확정할 수 없다)에 간행한 것이다. 내용의 차이는 없다.

본조本朝 – 명明

백씨화고白氏畵姑(1), 장씨부시張氏負屍(2), 진씨전발陳氏剪髮(3), 허매익수許梅溺水(4), 유씨투지劉氏投地(5), 유씨종사兪氏從死(6), 마씨투정馬氏投井(7), 원씨심시袁氏尋屍(8)

본국本國 – 조선

약가정신藥哥貞信(9), 송씨서사送氏誓死(10), 최씨수절崔氏守節(11), 서씨포죽徐氏抱竹(12), 석금연생石今捐生(13), 구씨사진仇氏寫眞(14), 김씨자경金氏自經(15), 구음방도야仇音方逃野(16), 손씨수지孫氏守志(17), 양씨포관梁氏抱棺(18), 권씨부토權氏負土(19), 김씨의백金氏衣白(20), 성이패도性伊佩刀(21), 우씨부고禹氏負姑(22), 강씨포시姜氏抱屍(23), 소사자서召史自誓(24), 옥금불오玉今不汚(25), 옥금자액玉今自縊(26), 정씨불식鄭氏不食(27), 이씨수신李氏守信(28)

[부록 6]
『고려사』권121, 열전 제34, 열녀 목록

1. 「호수胡壽의 처 유씨兪氏」. 세계世系 미상. 고종高宗 44년 몽고의 침입 때 남편이 죽자, 적에게 강간당할까 두려워 하여 물에 투신 자살.
2. 「현문혁玄文奕의 처」. 원종元宗 11년 삼별초三別抄의 난 때 현문혁이 전투중 사망하자, 욕을 당하지 않겠고 하면서 두 딸과 물에 투신 자살.
3. 「홍의洪義의 처」. 공양왕 때 조일신趙日新이 난亂을 일으켜 홍의를 죽이려 하자, 홍의의 처가 몸으로 대신 막아 거의 죽을 뻔함.
4. 「안천검安天儉의 처」. 공민왕 때 낭장郎將 안천검이 취하여 자고 있을 때 집에 불이 났다. 아내가 부축해 나가려 하였으나, 힘이 모자라 불길에 같이 죽음.
5. 「강화江華 아전의 세 딸」. 강화부 아전의 딸. 우왕 3년 왜구의 침입 때 강간을 우려하여 강에 투신 자살함.
6. 「정만鄭滿의 처 최씨崔氏」. 사인士人 최인우崔仁祐의 딸, 진주 호장晋州戶長 정만鄭萬의 처. 우왕 5년에 왜구가 진주에 침입하여 강간하려고 하자, 격렬히 저항하다가 살해됨. 10년 후 도관찰사都觀察使 장하張夏의 보고로, 정표旌表하고, 아들 정습鄭習의 이역吏役을 면제함.
7. 「이동교李東郊의 처 배씨裵氏」. 경산부京山府 팔거현八莒縣 사람. 우왕 6년 왜구가 침입했을 때 저항하다가 죽음을 당함. 체복사體覆使 조준趙浚의 보고로 정표旌表함.
8. 「강호문康好文의 처 문씨文氏」. 광주光州 사람. 우왕 14년 왜구의 침입 때 강간을 피하기 위해 절벽에 투신하였으나, 죽지 않고 겨우 살아남.
9. 「서운 정書雲正 김언경金彦卿의 처 김씨」. 광주 사람. 우왕 13년에 왜구가 침입하여 강간하려 하니, 격렬하게 저항하다가 살해됨.

10. 「전의 정전의정典醫正 경덕의景德宜의 처 안씨安氏」. 창평昌平 사람. 판사判事 안방혁安邦奕의 딸. 우왕 13년 왜구의 침입 때 강간에 격렬히 저항하다가 살해됨.
11. 「낭장郎將 이득인李得仁의 처 이씨」. 고부군古阜郡 아전 이석李碩의 딸. 우왕 13년 왜구의 침입 때 강간에 저항하다가 살해됨.
12. 「권금權金의 처」. 백성. 남편이 범에 물리자 남편의 허리를 안고 소리를 지름. 범이 암소를 대신 물고 감. 공민왕 2년에 교주도 관찰사交州道觀察使가 도당都堂에 보고, 정표旌表함.

【부록 7】
『신증동국여지승람』 열녀 자료

① 자료의 끝에 〈신증〉이라고 한 것은, 1481년(성종 12)에 편찬된 『동국여지승람』을 증보하여 1530년(중종 25)에 『신증동국여지승람』으로 간행할 때 새로 추가된 자료를 표시한 것이다.
② 자료의 끝에 〈『중종』 02·06·06 & 『동국신속』 2권-10〉이라는 방식으로 추기追記한 것은 『중종실록』 2년 6월 6일조에도 실려 있으며, 『동국신속삼강행실도』 2권의 10번째의 자료와도 같다는 뜻이다.
③ # 표시를 한 것은 『조선왕조실록』과 『고려사』에 없었던 신출新出 자료이다.

『신증동국여지승람』 3권, 한성부

1. 성종대왕의 딸 공신옹주恭愼翁主는 청녕위淸寧尉 한경침韓景琛에게 출가하였다. 일찍 과부가 되었는데 연산군이 갑자년에 아산牙山으로 귀양 가니 신주를 안고 가서 아침 저녁으로 곡하고 전奠을 올렸다. 중종 25년 정문旌門.〈『중종』 02·06·06 & 『동국신속』 2권-10〉

2. 좌의정 허침許琛의 아내 유씨柳氏는 허침이 사망하자 여묘살이를 하면서 아침 저녁으로 친히 제물을 장만함. 연산조의 상기喪期를 단축하는 법에도 예를 지켜 3년상을 마침. 중종 2년에 정문.〈#『동국신속』 2권-35〉

3. 승지 강경서姜景敍의 아내 박씨는 무오사화에 강경서가 귀양 가니, 걱정하여 제대로 먹지 않고 해를 넘겨 사망. 중종 2년에 정문.〈#『동국신속』 2권-15〉

4. 조성벽趙成璧의 아내 민씨는 남편이 세상을 떠나니 시묘살며 아침 저녁으로 곡하고 전을 올렸다. 중종 2년에 정문을 세워 표창하였다.〈#『동국신속』 2권-25〉

5. 대사간 강형姜詗의 아내 김씨는 연산조 갑자년에 강형이 살해되자 제대로 먹지 않고 울부짖어 곡하다가 한 달이 넘어서 세상을 떠났다. 중종 2년에 정문.〈#『동국신속』 2권-42〉

6. 관청에 매인 천인 범산凡山의 아내 동질비同叱非는 남편이 죽자, 3년상을 치르며 화상을 벽에 걸고, 하루 세 번 상식을 올리며 시어머니를 효성스럽게 섬김. 중종 14년에 정문.〈#『동국신속』2권-51〉

7. 부사府使 최계사崔季思의 아내 남씨는 남편이 죽자 아침 저녁으로 곡하고 전을 올리고, 죽을 먹으며 상기를 마쳤다. 중종 23년에 정문.〈『중종』23·08·21 &『동국신속』2권-22〉

『신증동국여지승람』6권, 경기1, 광주목廣州牧

8. 정랑 성경온成景溫의 아내 이씨는 연산군 때 성경온이 귀양 가서 피살되자 장례에 예를 다하고 여묘살이를 함. 상복을 벗은 뒤에도 술과 고기를 먹지 않음. 중종 2년에 정문.〈#신증〉

『신증동국여지승람』8권, 경기3, 양근군楊根郡

9. 양근군 아전 이순명李順命의 아내 옥금玉수은 순명이 병사한 뒤 친정부모가 개가시키려 하자, 목을 매어 자살.〈#〉

10. 귀화한 동철환童鐵環의 아내 기매其每는 철환이 군관軍官이 되어 종성鍾城에서 병사하자, 남편의 친척을 고용해 장사지내고 목을 매어 자살. 중종 12년에 정려.〈#신증/『동국신속』2권-55〉

『신증동국여지승람』8권, 경기3, 과천현果川縣

11. 일수日守 예명芮命의 아내 봉금奉수은 남편이 악질을 앓자 손가락을 잘라 먹여 병을 낫게 함. 정려. 요역 면제.〈『성종』20·07·11 &『동국신속』1권-50〉

『신증동국여지승람』10권, 경기5, 김포현金浦縣

12. 김기정金奇貞의 아내 덕수德水는 19세로 길에서 악한을 만나 강간당할 뻔하였으나, 당하지 않고 살해됨. 중종 15년에 정려.〈신증/『중종』14·12·15 &『동국신속』2권-56〉

『신증동국여지승람』 11권, 경기6, 양주목楊州牧

13. 고을 아전 식배植倍의 아내 석금石金은 단종 때 남편이 역당逆黨에 연좌되어 사형되자, 6일을 먹지 않고 울부짖으면서 "나는 먼 곳으로 귀양갈 것이며, 또 나를 호송하는 자에게 더럽혀질 것이니, 죽는 것이 낫겠다" 하고 목을 매어 자살함.〈『성종실록』 08·07·23〉

14. 참판 송영宋瑛의 아내 신씨申氏는 남편이 죽자 3년을 여묘살이를 하고, 상복을 벗고도 조석의 전奠을 생시와 똑같이 하였다. 연산군 3년에 정려, 복호.〈『연산』 03·06·17 & 『동국신속』 2권-34〉

『신증동국여지승람』 11권, 경기6, 포천현抱川縣

15. 상낙백上洛伯 김사형金士衡의 손녀이자 사성司成 홍의달洪義達의 아내인 김씨는 남편이 죽자, 상을 훌륭히 차리고 상기가 끝난 뒤에도 조석의 전奠을 생시처럼 올림. 정려, 복호.〈『성종』 07·09·14 & 『동국신속』 1권-37〉

『신증동국여지승람』 12권, 경기7, 강화도호부江華都護府

16. 강화부 아전의 세 딸은 우왕禑王 3년(1377)에 왜구가 침입하자 욕을 당하지 않으려고 끌어안고 강에 투신, 자살함.〈『동국신속』 1권 고려-14〉

『신증동국여지승람』 13권, 경기8, 삭녕군朔寧郡

17. 안석손安碩孫의 아내 효양비孝養非는 범이 남편을 물고 가자 돌을 던지고 소리를 지르고 쫓아가니, 범이 버리고 달아남. 연산군 2년(1496)에 정려.〈#신증/ 『동국신속』 2권-9〉

『신증동국여지승람』 13권, 경기8, 마전군麻田郡

18. 관찰사 이윤인李尹仁의 아내 홍씨는 남편이 죽자 여묘살이 하면서 조석의 상식을 올리고, 상기가 끝난 뒤에도 7년을 똑같이 함. 죽을 때까지 훈채를 먹지 않고 무색 옷을 입지 않았다. 정려.〈『성종』 10·03·11 & 『동국신속』 1권-27〉

『신증동국여지승람』 13권, 경기8, 교동현喬桐縣

19. 왜구가 교동현에 침입했을 때 조씨曺氏가 절개를 지키고 죽었다. 정려.〈『태조』 04·05·15 & 『동국신속』 1권-고려-22〉

20. 오순경吳順卿의 아내 말응금末應今은 젊어서 남편이 죽자, 친정부모가 개가시키고자 함. 손가락을 끊어 수절할 뜻을 보이고 끝내 따르지 않았다. 중종 13년에 정려, 복호.〈신증/ 『중종』 13·03·18 & 『동국신속』 2권-59〉

『신증동국여지승람』 14권, 충청1, 충주목忠州牧

21. 최환崔環의 사촌 누이동생 최씨는 부사副使 한약韓約과 혼인을 약속했는데, 한약이 일본 정벌에 종군했다가 전사하니, 일생을 수절함. 정문.〈#〉

22. 도사都事 윤준尹晙의 아내 경씨慶氏는 남편이 죽자 목을 매어 자살을 시도함. 친척들이 풀어주어 살아남. 장례를 마친 뒤 무덤을 쓰다듬으며 곡하자 무덤이 두어 자나 갈라짐. 복을 마친 뒤에도 조석의 전奠을 폐하지 않고 잘 때에는 옷을 벗지 않음. 중종 14년에 정려.〈#신증/ 『동국신속』 2권-18〉

『신증동국여지승람』 15권, 충청2, 문의현文義縣

23. 손혁孫赫의 아내 박씨는 남편이 죽자 3년을 여묘살이를 한 뒤 다시 1년을 더하고 머리를 깎고 중이 됨. 삭망의 제사를 20년 동안 지냄. 정문.〈#『동국신속』 1권-11〉

24. 이귀화李貴和의 아내 양씨楊氏는 19세에 남편이 사망하자 조석의 전奠을 올렸다. 3년상이 끝나자 친정아버지가 개가시키려 하니 목을 매어 거부의 뜻을 밝힘. 명절 때마다 남편의 무덤에 올라갔고, 늙고 병들었을 때는 목욕재계하고 무덤을 향해 절을 함. 성종 2년에 아뢰어 정문.〈『성종』 01·02·07 & 『동국신속』 2권-8〉

『신증동국여지승람』 16권, 충청3, 진천현鎭川縣

25. 수군 정효창鄭孝昌의 아내 말질비末叱非는 남편 사망 후 6년을 복을 입음. 찬을 갖추어 시어머니께 바친 뒤에 남편의 묘에 제사 지냄. 중종 14년에 정문.〈#신증/ 『동국신속』 2권-47〉

『신증동국여지승람』 16권, 충청3, 영동현永同縣

26. 민보로閔普老의 아내 정씨鄭氏는 남편 사후 여묘살이 3년을 하고도 조석의 전奠을 종신토록 올림. 정문.⟨#『동국신속』 1권-15⟩

『신증동국여지승람』 17권, 충청4, 공주목公州牧

27. 현감 정자구鄭自求의 아내 고씨高氏는 정문.⟨(27) 고려 『세종』 02·01·21 & 『동국신속』 1권, 정려무사적인旌閭無事迹人, 고려-2⟩

28. 양한필梁漢弼의 아내 고씨高氏는 남편이 죄로 죽자 자신은 관비官婢가 됨. 관노官奴가 강간하려 하자 목을 매어 자살. 중종 18년에 정문.⟨신증/ 『중종』 21·01·23 & 『동국신속』 2권-24⟩

29. 장증문張曾文의 아내 김씨는 남편이 없을 때 이웃 사람이 강간하려고 칼로 위협해 온몸을 찔렀으나, 끝까지 저항함. 중종 23년 정문.⟨『중종』 24·04·06 & 『동국신속』 2권-41⟩

『신증동국여지승람』 17권, 충청4, 한산군韓山郡

30. 사성司成 윤기尹耆의 누이 윤씨는 글을 해독하는 여성. 남편 나계문羅繼門이 재상 홍윤성洪允成의 집 종에게 피살됨. 세조가 온양에 거둥했을 때 윤씨가 소장을 지어 억울함을 하소연하니, 세조가 홍윤성의 종을 죽이고, 윤씨에게 해마다 미곡米穀을 내리고 부역을 면제해 줌.⟨『세조』 14·03·05 & 『동국신속』 1권-6⟩

『신증동국여지승람』 18권, 충청5, 정산현定山縣

31. 정병正兵 이윤李允의 아내 옥배玉杯는 범이 남편을 물어가자 몽둥이로 치며 소리 지르니, 범이 버리고 달아남. 중종 14년에 정문.⟨#신증/ 『동국신속』 2권-48⟩

『신증동국여지승람』 18권, 충청5, 은진현恩津縣

32. 문성기文成己의 아내 이씨는 남편이 왜구에게 살해되자, 평생 남편의 형상을 그려놓고 조석으로 전奠을 올림. 정문.⟨『세종』 07·04·26 & 『동국신속』 1권-고려-12⟩

33. 김계전金繼佃의 처 민씨閔氏는 남편이 일찍 사망하자, 궂은 날씨에도 반드시 묘에 제사를 지내고 식사를 하였다. 정려.〈『성종』 01·02·07 & 『동국신속』 1권-고려-20〉

『신증동국여지승람』 18권, 충청5, 연산현連山縣
34. 대사헌 허응許應의 딸 허씨는 사인士人 김문金問의 아내로서 17세에 남편이 사망하자, 친정부모가 개가 시키려 하였다. 허씨는 어린 아이를 업고 시부모의 집으로 달려가 평생을 수절함. 정문.〈『세종』 02·01·21 & 『동국신속』 1권-22〉

『신증동국여지승람』 18권, 충청5, 부여현扶餘縣
35. 박원형朴元亨의 아내 이씨는 남편의 악질惡疾에 손가락을 잘라 약에 타서 먹임. 병이 나음. 중종 14년 정문.〈#신증/ 『동국신속』 2권-32〉

『신증동국여지승람』 19권, 충청6, 면천군沔川郡
36. 안지의安止義의 아내 치자梔子는 남편이 나병을 앓아 10년 만에 죽자, 동산에 빈소를 차려 놓고 주야로 슬퍼하더니 3년 만에 비로소 장사를 지냄. 시어머니가 개가시키려 하자 "강요하신다면 강에 빠져 죽을 것"이라고 함. 치자도 나병에 걸려 14년 수절하던 끝에 죽음. 정문. 복호.〈『성종』 03·02·18 & 『동국신속』 1권-59〉
37. 박충간朴忠幹의 아내 곽씨는 남편이 죽자 몹시 비통해 하였고, 삭망에 무덤에서 제사를 지냈으며 상기를 마친 뒤에도 그만두지 않았음. 곽씨의 아우 구세충具世忠의 아내도 남편의 상기를 마친 뒤에도 소의素衣와 소식素食을 함. 모두 정문.〈신증/ 『중종』 09·01·12 & 『동국신속』 1권-19〉

『신증동국여지승람』 20권, 충청7, 대흥현大興縣
38. 곽씨郭氏는 19세에 박근朴根의 집으로 시집갔는데, 23세에 박근이 사망하자 3년간 여묘살이를 하고, 상이 끝난 뒤에도 친정으로 돌아가지 않고 시부모를 효성으로 섬김. 정문.〈『세종』 13·10·28 & 『동국신속』 1권-고려-18〉

『신증동국여지승람』 20권, 충청7, 예산현禮山縣

39. 호장戶長 장중연張仲淵의 딸 매읍덕每邑德은 23세에 남편이 사망하자, 3년간 여묘살이를 하고 소금·장 등을 먹지 않음. 친정부모가 개가시키려 하자 죽음으로 맹세하고, 삭발하여 중이 됨.〈본조 『연산』 09·04·29 & 『동국신속』 1권-54〉

『신증동국여지승람』 21권, 경상1, 경주부慶州府

40. 율리栗里의 민간 여자 설씨薛氏는 아버지가 군인으로 소집되자, 자신이 못 가는 것을 한탄하였다. 가실嘉實이 대신 가고자 하므로, 설씨가 아버지에게 고하니, 아버지는 가실에게 "나 대신 가니, 딸을 그대에게 시집보내겠다"고 약속함. 설씨와 가실은 거울을 반쪽씩 나누어 신표信標로 삼았다. 가실이 6년이 지나도 돌아오지 않으니, 아버지는 3년 기한이 지났다 하여 다른 집으로 시집가라고 권유함. 설씨는 신의를 저버리는 일이라 하여 따르지 아니함. 이때 가실이 돌아와 거울을 보이니, 설씨가 가실인 줄 알아보고 날을 가려 혼례를 치름.〈#『동국신속』 1권-신라-2〉

『신증동국여지승람』 22권, 경상2, 영천군永川郡

41. 권성필權成弼의 아내 이씨는 연산군 때 남편이 죽음을 당하자 관비官婢가 되어 남편의 억울함을 말하고 자결하려 하였으나 어머니가 말려서 그만둠. 늘 작은 칼을 차고 강간에 대비함. 중종 2년에 정문.〈『신증』/『중종』 02·08·19 & 『동국신속』 2권-30〉

『신증동국여지승람』 23권, 경상3, 언양현彦陽縣

42. 신령현新寧縣의 감무監務 유혜지柳惠至의 아내 정씨鄭氏는 남편이 사망하자 3년 여묘살이를 함. 태종 때 정려.〈『태종』 15·01·16 & 『동국신속』 1권-3〉

『신증동국여지승람』 24권, 경상4, 안동대도호부安東大都護府

43. 유천계兪天桂의 아내 김씨는 홍무 신사년에 범이 남편을 물어갔다. 김씨가 남편을 잡고 또 범을 치면서 한참을 쫓아가니 범이 남편을 버리고 갔고, 남편은 다시 살아났다. 그 날 밤 범이 다시 와서 으르렁거리므로 김씨가 범에게 "너도 또한 영

성靈性을 지니고 있는 동물인데 어찌 이렇게 심하냐" 하니, 범이 집 옆에 있는 배나무를 물어뜯고 가버렸다. 나무가 곧 말라서 죽었다.〈『태종』13·02·07〉

44. 이강李樞의 아내 김씨는 풍산 사람으로 이강이 낙마하여 죽자, 울부짖으며 밤낮 사흘을 시신을 안고 지냈다. 장사를 지낸 뒤에도 음식을 전혀 먹지 않았고 53일만에 죽었다. 한 무덤에 장사지냄. 정려.〈『태종』13·02·07 『실록』〉

『신증동국여지승람』 24권, 경상4, 영해도호부寧海都護府

45. 예빈시禮賓寺의 종 구음방仇音方은 35세에 남편이 병사하자 아버지가 개가시키려 하였다. 구음방이 거부하고 들에 가서 숨은 것이 2,3번 반복되자 강요하지 않았다. 남편이 사망한 뒤 고기와 마늘을 먹지 않은 것이 27년이었고, 속히 죽기를 원하였다. 성종 4년에 정문.〈『단종』00·윤9·24 & 『성종』03·02·29〉

『신증동국여지승람』 24권, 경상4, 예천군醴泉郡

46. 안동 권계생權啓生의 딸 권씨는 20세에 남편 송효종宋孝從이 사망하자, 몸소 흙을 날라 장사지내고, 다섯 살 어린 아들과 함께 아침 저녁으로 무덤 곁을 떠나지 않으며 3년상을 마침. 하루는 범이 아들을 잡아가니, 권씨는 범을 잡고 "하늘이여, 아는 것이 있거든 굽어 살피소서" 하였다. 그러자 범이 아들을 버리고 갔다고 한다.〈본조 #〉

『신증동국여지승람』 25권, 경상5, 군위현軍威縣

47. 고 낭장郎將 서사달徐思達의 딸 서씨는 남편 도운봉都雲峯이 결혼한 지 1년만에 사망하자, 집 뒤 대밭에서 대나무를 안고 늘 울었다. 선덕 계축년 봄 흰 대나무 세 떨기가 나와 3년 만에 7,8떨기가 되었다. 정통 무오년 봄, 세종이 대나무 그림을 그려 올리라 하고, 정문, 복호하였다.〈본조 『세종』 20·07·17〉

『신증동국여지승람』 26권, 경상6, 대구도호부大丘都護府

48. 낭장郎將 김내정金乃鼎의 아내 서씨는 나이 24세에 남편이 사망하자, 절개를 지

켜 수절함. 태종 때에 정려, 복호.(※『세종실록』에는 김내金鼐로 되어 있음)〈『세종』02·01·21 & 『동국신속』1권-2〉

『신증동국여지승람』26권, 경상6, 밀양도호부密陽都護府

49. 초계草溪 사람 안근安近의 아내 손씨는 16세에 혼인을 했는데, 며칠 만에 남편이 사망하자 3년상을 지냄. 상기를 마친 뒤 조부와 어머니가 개가시키려 하자 죽음으로 거부하였다. 조부가 노여워하자 대나무 숲에서 목을 매었고, 그 형이 마침 보고 풀어줌. 손씨는 시댁으로 돌아가 살았는데, 아침 저녁으로 남편에게 먼저 제사 지내고 밥을 먹었다. 32세에 사망.〈#〉

50. 정병正兵 김순강金順江의 아내 난비卵非는 남편에게 버림을 받았다. 부모가 개가시키려 하자, "한 몸으로 두 남편을 섬기는 일은 죽어도 못하겠다" 하고 목을 매어 자살. 중종 18년에 정려.〈신증/『중종』18·09·09 & 『동국신속』2권-54〉

『신증동국여지승람』27권, 경상7, 영산현靈山縣

51. 낭장郎將 김우현金遇賢의 아내 신씨辛氏는 홍무 을미년에 왜구가 쳐들어왔을 때 김우현이 군사를 일으킨 장수로서 도망치고 나오지 않자, 감군監軍이 김우현의 소재처를 물었다. 이에 신씨는 "상을 탈 일이라면 남편 있는 곳을 가르쳐 주겠지만, 죄를 주려는 마당에 어떻게 가르쳐 주어 남편을 죽게 만들겠는가?" 하였다. 아무리 매를 쳐도 말하지 않고 맞아 죽었다. 영락 을미년(1415년, 태종15)에 정문.〈#고려 『동국신속』1권-1〉

『신증동국여지승람』27권, 경상7, 창녕현昌寧縣

52. 진사 양호생梁虎生의 아내 윤씨는 23세에 과부가 됨. 외삼촌 판사 성윤덕成允德이 개가시키려 했으나 거부하고 수절하여 51세에 사망함. 정문.〈#『동국신속』1권-고려-19〉

53. 하호河濩의 아내 강씨姜氏는 남편이 풍질風疾을 앓는 동안 정성껏 간호했다. 남편이 죽자 지극히 슬퍼했고, 초상을 마친 뒤에도 상복을 벗지 않았다. 정문.〈신증/

성령性을 지니고 있는 동물인데 어찌 이렇게 심하냐" 하니, 범이 집 옆에 있는 배나무를 물어뜯고 가버렸다. 나무가 곧 말라서 죽었다.⟨『태종』 13·02·07⟩

44. 이강李橿의 아내 김씨는 풍산 사람으로 이강이 낙마하여 죽자, 울부짖으며 밤낮 사흘을 시신을 안고 지냈다. 장사를 지낸 뒤에도 음식을 전혀 먹지 않았고 53일만에 죽었다. 한 무덤에 장사지냄. 정려.⟨『태종』 13·02·07 & 『실록』⟩

『신증동국여지승람』 24권, 경상4, 영해도호부寧海都護府

45. 예빈시禮賓寺의 종 구음방仇音方은 35세에 남편이 병사하자 아버지가 개가시키려 하였다. 구음방이 거부하고 들에 가서 숨은 것이 2,3번 반복되자 강요하지 않았다. 남편이 사망한 뒤 고기와 마늘을 먹지 않은 것이 27년이었고, 속히 죽기를 원하였다. 성종 4년에 정문.⟨『단종』 00·윤9·24 & 『성종』 03·02·29⟩

『신증동국여지승람』 24권, 경상4, 예천군醴泉郡

46. 안동 권계생權啓生의 딸 권씨는 20세에 남편 송효종宋孝從이 사망하자, 몸소 흙을 날라 장사지내고, 다섯 살 어린 아들과 함께 아침 저녁으로 무덤 곁을 떠나지 않으며 3년상을 마침. 하루는 범이 아들을 잡아가니, 권씨는 범을 잡고 "하늘이여, 아는 것이 있거든 굽어 살피소서" 하였다. 그러자 범이 아들을 버리고 갔다고 한다.⟨본조 #⟩

『신증동국여지승람』 25권, 경상5, 군위현軍威縣

47. 고 낭장郎將 서사달徐思達의 딸 서씨는 남편 도운봉都雲峯이 결혼한 지 1년만에 사망하자, 집 뒤 대밭에서 대나무를 안고 늘 울었다. 선덕 계축년 봄 흰 대나무 세 떨기가 나와 3년 만에 7,8떨기가 되었다. 정통 무오년 봄, 세종이 대나무 그림을 그려 올리라 하고, 정문, 복호하였다.⟨본조 『세종』 20·07·17⟩

『신증동국여지승람』 26권, 경상6, 대구도호부大丘都護府

48. 낭장郎將 김내정金乃鼎의 아내 서씨는 나이 24세에 남편이 사망하자, 절개를 지

켜 수절함. 태종 때에 정려, 복호.(※『세종실록』에는 김내金鼐로 되어 있음)〈『세종』 02·01·21 & 『동국신속』 1권-2〉

『신증동국여지승람』 26권, 경상6, 밀양도호부密陽都護府

49. 초계草溪 사람 안근安近의 아내 손씨는 16세에 혼인을 했는데, 며칠 만에 남편이 사망하자 3년상을 지냄. 상기를 마친 뒤 조부와 어머니가 개가시키려 하자 죽음으로 거부하였다. 조부가 노여워하자 대나무 숲에서 목을 매었고, 그 형이 마침 보고 풀어줌. 손씨는 시댁으로 돌아가 살았는데, 아침 저녁으로 남편에게 먼저 제사 지내고 밥을 먹었다. 32세에 사망.〈#〉

50. 정병正兵 김순강金順江의 아내 난비卵非는 남편에게 버림을 받았다. 부모가 개가시키려 하자, "한 몸으로 두 남편을 섬기는 일은 죽어도 못하겠다" 하고 목을 매어 자살. 중종 18년에 정려.〈신증/『중종』 18·09·09 & 『동국신속』 2권-54〉

『신증동국여지승람』 27권, 경상7, 영산현靈山縣

51. 낭장郎將 김우현金遇賢의 아내 신씨辛氏는 홍무 을미년에 왜구가 쳐들어왔을 때 김우현이 군사를 일으킨 장수로서 도망치고 나오지 않자, 감군監軍이 김우현의 소재처를 물었다. 이에 신씨는 "상을 탈 일이라면 남편 있는 곳을 가르쳐 주겠지만, 죄를 주려는 마당에 어떻게 가르쳐 주어 남편을 죽게 만들겠는가?" 하였다. 아무리 매를 쳐도 말하지 않고 맞아 죽었다. 영락 을미년(1415년, 태종15)에 정문.〈#고려 『동국신속』 1권-1〉

『신증동국여지승람』 27권, 경상7, 창녕현昌寧縣

52. 진사 양호생梁虎生의 아내 윤씨는 23세에 과부가 됨. 외삼촌 판사 성윤덕成允德이 개가시키려 했으나 거부하고 수절하여 51세에 사망함. 정문.〈#『동국신속』 1권-고려-19〉

53. 하호河灝의 아내 강씨姜氏는 남편이 풍질風疾을 앓는 동안 정성껏 간호했다. 남편이 죽자 지극히 슬퍼했고, 초상을 마친 뒤에도 상복을 벗지 않았다. 정문.〈신증/

『중종』 12·10·06 & 『동국신속』 1권-20〉

『신증동국여지승람』 28권, 경상8, 상주목尙州牧

54. 김심金湛의 아내 김씨는 17세에 남편이 죽자 머리를 깎고 종신 수절함.〈#『동국신속』 1권-17〉

55. 교리 권달수權達手의 아내 정씨는 갑자사화 때 권달수가 피살되자, 60일 식음을 전폐하면서 남편의 유해를 가지고 돌아와 장사하기를 기다리다가 사망함. 중종 2년에 정려.〈신증/『연산』 10·12·02〉

『신증동국여지승람』 28권, 경상8, 성주목星州牧

56. 진사 배중선裵中善의 딸 배씨는 15세에 사족 이동교李東郊와 결혼, 홍무 경신년 왜구의 침입 때 왜구에게 쫓겨 강물에 젖먹이 아이와 투신, 왜적이 활을 겨누며 나오라고 하자, 배씨는 "내 어찌 왜적에게 더럽혀지랴?" 하였고, 이내 활에 맞아 사망. 체복사體覆使 조준趙浚이 아뢰어 정려.〈『고려사』 열전 & 이숭인李崇仁의 『배열부전裵烈婦傳』〉

57. 감찰 나상羅尙의 딸, 집현전 직제학 배윤裵閏의 아내 나씨는 남편이 죽자, 3년 동안 머리를 깎고 무덤을 지킴. 상례·장례를 『주자가례』를 따라 치르고 불교의식을 따르지 않음. 정려.〈『세종』 08·08·16 & 『동국신속』 1권-고려-17〉

58. 눌덕訥德은 남편 정수鄭守가 범에게 잡히자, 칼을 가지고 범을 쳐서 남편을 살렸다. 정려.〈#『동국신속』 1권-32〉

59. 서원書員 김계하金戒河의 아내 문덕文德은 남편이 익사하자, 곡읍哭泣을 멈추지 않고 3년상을 마침. 부모가 개가시키려 하자 삭발하고 시부모의 집으로 가서 15년이 넘도록 마늘·파·술·고기를 먹지 않고 사람들과 웃고 이야기하지 않았다. 정려.〈신증/『연산』 08·03·15 & 『동국신속』 1권-49〉

『신증동국여지승람』 29권, 경상9, 선산도호부善山都護府

60. 조을생趙乙生의 아내 약가藥哥는 남편이 왜구에게 잡혀가 생사를 모르게 되자

고기와 마늘을 먹지 않고 옷을 벗지 않고 잤다. 부모가 개가시키려 했으나 맹세코 거부하였다. 8년 뒤 조을생이 생환하여 함께 살았다.〈『세종』 02·01·21〉

61. 김효충金孝忠의 아내 한씨韓氏는 남편이 염병으로 사망하자 관을 어루만지며 밤낮 슬피 울었다. 집안 사람들이 모두 밖으로 피하고, 가까이 가지 않았으나, 손수 염하고 곁을 지켰다. 3년상 이후 아버지가 개가시키려 하였으나, 삭발하고 자결하려 하였으므로 포기함.〈『단종』 02·08·17 & 『동국신속』 1권-13〉

『신증동국여지승람』 29권, 경상9, 문경현聞慶縣

62. 사직司直 안귀손安貴孫의 아내 최씨는 시서詩書를 알았다. 남편이 사망하자 "봉황이 함께 날 때에는 서로 어울려 울면서 즐겼는데, 봉鳳이 날아가고 내려오지 않으니 황凰이 홀로 운다. ……"는 내용의 글을 지어 제사를 지냈다.〈#『동국신속』 1권-66〉

『신증동국여지승람』 30권, 경상10, 진주목晉州牧

63. 영암靈巖 사인士人 최인우崔仁祐의 딸 최씨는 진주 호장戶長 정만鄭滿과 결혼. 홍무 기미년에 왜구가 진주에 침입했을 때 네 아들을 안고 달아남. 왜구가 최씨를 협박하자, "도적에게 더럽힘을 받고 살기보다는 차라리 의롭게 죽겠다" 하고 저항하다가 살해됨. 10년 뒤 기사년에 도관찰사 장하張夏가 조정에 알려 정문을 세우고, 정습에게는 이역吏役을 면제함.〈『고려사』 열전 & 『태종』 13·02·07〉

64. 조지서趙之瑞의 아내 정씨鄭氏는 연산군 을축년에 남편이 죽음을 당하자, 조지서의 무덤 옆에 초막을 짓고 조지서의 옷을 두고 제전祭奠을 드리면서 3년을 마침. 중종 2년 정문.〈『중종』 02·08·19 & 『동국신속』 2권-17〉

『신증동국여지승람』 30권, 경상10, 초계군草溪郡

65. 안근安近의 아내 손씨는 16세에 남편이 사망하자 3년 동안 울며 조석 전奠을 올림. 상기가 끝나자 조부모가 개가시키려 하니 한사코 거부했고, 그래도 강요하니 대숲에서 목을 매었다. 형이 보고 풀어 살렸는데, 곧 시집으로 가서 살다 32세에

사망했다.〈#신증〉

『신증동국여지승람』 31권, 경상11, 함양군咸陽郡

66. 역승驛丞 정인鄭寅의 아내 송씨는 홍무 연간에 왜구가 잡아 겁탈하려 하였으나, 죽기를 맹세하고 저항하다가 살해됨. 정려.〈『태종』 13·02·07 & 『동국신속』 1권-고려-9〉

67. 이양李陽의 아내 김씨는 남편이 자식 없이 죽으니, 사직 여자근呂自勤이 장가들고자 하였다. 김씨는 남편의 무덤에 가서 사흘 밤을 잤다. 그 뒤 박용덕朴龍德이란 자가 또 장가들고자 하였으나, 응하지 않고 목을 매어 자살. 성종 3년에 정문.〈『성종』 03·02·29〉

『신증동국여지승람』 31권, 경상11, 거창군居昌郡

68. 낭장 김순金洵의 아내 최씨는 홍무 경신년 7월에, 왜적이 침입하여 강간하려 하니, 극력 저항하다가 살해됨. 정표.〈#『동국신속』 1권-고려-8〉

『신증동국여지승람』 31권, 경상11, 삼가현三嘉縣

69. 곽숭의郭崇義의 아내 정씨鄭氏는 남편이 20세에 서울에서 병사하자, 고향으로 운구하여 장사 지내고 여묘살이를 하면서 나물밥을 먹고 3년을 마침. 시부모를 정성으로 섬기고, 10년 동안 고기를 먹지 않았다. 정려.〈『성종』 03·02·29 & 『동국신속』 1권-14〉

『신증동국여지승람』 31권, 경상11, 의령현宜寧縣

70. 심치沈致의 아내 석씨石氏는 20세에 남편이 사망하자 시어머니를 봉양하면서 수절. 아버지가 개가시키고자 하니, "남편이 독자로 일찍 죽었는데, 개가한다면 누가 시어머니를 봉양하겠습니까?" 하고 거절함.〈『태종』 15·01·16, 『세종』 02·01·21, 『동국신속』 1권-16〉

『신증동국여지승람』 31권, 경상11, 안음현安陰縣

71. 옥금玉今은 17세에 남편이 죽은 후 시부모와 살았다. 마을 사람이 길에서 강간

하려다 집까지 따라오니 피할 수 없음을 알고는 목을 매어 자살.〈『성종』 25·02·13〉

『신증동국여지승람』 31권, 경상11, 단성현丹城縣

72. 소사召史는 16세에 남편이 나무하다가 범에게 죽음. 소사는 뼈가 드러날 정도로 슬퍼하였고 부모가 개가시킬까 두려워하여 늘 "내가 딴 뜻이 있으면 무슨 얼굴로 시부모를 볼 것이며, 지하의 죽은 사람을 볼 것인가?" 하였음. 하루는 그의 부모가 과연 개가시키려 하니, 소사가 미리 알아채고 목을 매어 자살. 정려.〈『성종』 25·03·27〉

73. 이씨는 결혼 후 아들 하나를 낳고 19세에 남편이 사망하자 3년 동안 매우 슬퍼하였다. 아들이 또 일찍 죽었으나, 시부모를 효양孝養함. 아버지가 개가시키려 하니, 3일을 통곡하다가 집 앞의 못에 투신했는데, 오라비가 건져 살아남. 이후 시부모를 더욱 효양함. 정려, 복호.〈『성종』 25·03·27〉

74. 연이燕伊는 범이 남편을 물어가자, 왼손으로 범 꼬리를 잡고 오른손으로 범을 때렸다. 그리하여 범이 소리를 지르면서 달아나서 남편이 살아났다.〈#『동국신속』 2권-1〉

『신증동국여지승람』 32권, 경상12, 김해도호부金海都護府

75. 김해부의 아전 허후동許厚同의 아내 성이性伊는 20세에 남편이 사망. 아침 저녁 정결한 전奠을 올리고, 삭망이면 그 철의 옷을 짓고 그 철의 물품을 갖추어 제사 지내고 태움. 늘 강간당할까 염려하여 칼과 노끈을 차고 "칼로 자결하지 못하면 끈으로 목매겠다"고 맹세함. 3년상을 지내며 피눈물을 흘렸고 남과 얼굴을 대한 적이 없었다. 정려.〈『성종』 25·05·19〉

76. 백성 김종金宗의 아내 돈지는 남편이 사망한 뒤 남과 말을 한 적이 없었다. 3년상 이후에도 상복을 입자 그 어머니가 빼앗아서 불태우려고 하였으나 듣지 않았다.〈#『동국신속』 1권-62〉

77. 율생律生 배문생裵文生의 아내 현금은 남편에게 소박을 맞았는데도 술과 음식을 갖추어 시부모를 봉양함. 아버지가 개가시키고자 하니, 옷을 갈아입고 방에 들

어가 목을 매어 자살.⟨#『동국신속』1권-63⟩

『신증동국여지승람』 32권, 경상12, 거제현巨濟縣
78. 김씨는 남편이 죽자 매우 슬퍼하였고, 상을 마치고도 고기를 먹지 않았다. 어머니가 개가시키려 하니 한사코 거부하였다. 시아버지를 정성껏 섬기다가 사망하니 정성을 다해 상을 입었다. 정려.⟨#신증/『동국신속』1권-34⟩

『신증동국여지승람』 32권, 경상12, 고성현固城縣
79. 옥지玉只는 젊은 나이에 남편을 여의고 시어머니와 살았다. 어떤 사람이 욕보이고자 하니 목을 매어 자살.⟨#신증/『동국신속』1권-64⟩

『신증동국여지승람』 32권, 경상12, 칠원현漆原縣
80. 연이燕伊는 귀산현의 정경丁敬이라는 자가 욕보이고자 하니, 응하지 않고 절개를 지켜 죽음. 정문.⟨#『동국신속』2권-2⟩

『신증동국여지승람』 33권, 전라1, 전주부全州府
81. 낙안군사樂安郡事 최극부崔克孚의 처 임씨林氏는 왜구가 쳐들어와 욕보이려 하자 극력 저항했다. 왜구가 한 팔을 잘랐으나 따르지 않았고, 다시 다른 팔을 끊어도 끝내 따르지 않고 살해당함. 정문.⟨『태조』04·04·27⟩
82. 최이원崔以源의 처 이씨는 19세에 남편이 사망한 뒤 부모가 개가시키려 하니 시부모의 집으로 가버렸고, 부모가 개가시킬 것을 포기함. 『세종』 24년에 정문.⟨『세종』10·10·28 &『동국신속』1권-7⟩
83. 박형문朴衡文의 아내 김씨는 남편이 죽자 3년간 머리를 빗지 않고 조석으로 직접 상식을 올렸으며, 탈상한 뒤에는 철에 맞는 의복을 지어 신주神主에 바침. 중종 23년에 정문.⟨『중종』21·07·03,『중종』23·08·21 &『동국신속』2권-44⟩

『신증동국여지승람』 33권, 전라1, 익산군益山郡

84. 조민曹敏의 처 구씨仇氏는 나이 15세에 결혼하여 일찍 과부가 되자 삭발하고 중이 되어 개가하지 않을 것을 결심. 남편의 화상을 벽에 걸고 옷가지를 늘어놓고 밤마다 애통해 하고 조석으로 상식을 올림. 출입 때는 반드시 고하였고, 시식時食을 바침. 채소와 국을 먹지 않고 좋은 옷을 입지 않고 소복으로 일생을 마침. 성종 2년에 정문.〈『성종』02·06·23〉

85. 지삼근池三近의 처 오씨는 남편이 죽자 3년간 여묘살이를 함. 조석으로 상식을 올리며 곡을 함.〈#『동국신속』1권-18〉

『신증동국여지승람』 33권, 전라1, 김제군金堤郡

86. 향리 이당李堂의 처 동질금同叱今은 남편이 죽자 종신토록 상복을 벗지 아니하고 조석으로 상식을 올림. 중종 7년에 정문.〈신증/『중종』07·05·09 & 『동국신속』2권-61〉

87. 윤사임尹師任의 처 박씨는 남편이 죽고 상기가 끝난 뒤에도 여전히 소복을 벗지 않고 고기를 먹지 않으며 애통해 함. 중종 22년에 정문.〈『중종』23·08·21 & 『동국신속』2권-16〉

88. 서치명徐致明의 처 마비馬非는 남편이 죽자 20여 년 동안 상을 벗지 않고 조석으로 상식을 폐하지 아니함. 중종 23년에 정문.〈『중종』21·07·03, 『중종』23·08·21 & 『동국신속』2권-53〉

『신증동국여지승람』 33권, 전라1, 고부군古阜郡

89. 낭장郞將 이득인李得仁의 처 이씨는 우왕禑王 때에 왜적의 강간에 저항하다가 살해됨.(※뒤의 정읍의 이득인의 처와 같은 사람)〈『고려사』열전 & 『동국신속』1권-고려-11〉

90. 고부군의 아전 이성호李成浩의 처 금이수伊는 젊어서 소박을 맞아 동생 집에서 기생했는데, 동생 남편이 개가시키려 하자 거부함. 시부모에게로 도망쳤는데, 시아버지가 불쌍히 여겨 아들에게 다시 합치라 하였다. 남편 사망 후 비가 오나 눈이 오나 묘에 상식을 올렸고, 상이 끝난 뒤에도 상복을 벗지 않고 조석의 상식을

올렸다. 정문.〈『신증』/ 『중종』 21·07·03 & 『동국신속』 1권-57〉

『신증동국여지승람』 33권, 전라1, 금산군錦山郡

91. 양적梁逖의 처 삼덕三德은 범이 남편을 물고 가자 낫으로 범을 치니, 범이 남편을 놓고 달아났다. 『주자가례』대로 장사와 제사를 지내고 종신토록 수절했다. 정문, 복호.〈『성종』 02·06·23 & 『동국신속』 1권-58〉

『신증동국여지승람』 34권, 전라2, 여산군礪山郡

92. 송씨는 남편 정희중鄭希重이 조사하자 피눈물로 3년상을 마쳤다. 부모들이 개가시키고자 하니, 죽음으로 맹세하기를, "시어머니께서 김제에 계시고 다른 자식은 없으니 개가하면 시어머니가 누구를 의지하겠는가?" 하고 거부함. 부모들이 거듭 개가를 강요하자, 아기를 업고 시어머니 집으로 도망가 친정으로 돌아오지 않음. 시어머니를 효양孝養하면서 수절. 정문, 복호.〈『세종』 21·05·22〉

『신증동국여지승람』 34권, 전라2, 만경현萬頃縣

93. 갑사甲士 최치강崔致江의 아내 금이今伊는 남편 사망 후 3년상을 마치고도 소복을 입고 고기를 먹지 않았으며, 아침 저녁 상식을 올리고 철마다 의복을 지어 올렸다. 중종 23년에 정문.〈『신증』/ 『중종』 21·07·03〉

『신증동국여지승람』 34권, 전라2, 임피현臨陂縣

94. 석비石非는 남편이 죽자 울부짖고 애통해 하면서 "홀로 살기보다는 차라리 지하로 따라가는 것이 낫다" 하고, 목을 매어 자살. 중종 11년에 정문.〈『신증』/ 『중종』 11·06·09 & 『동국신속』 2권-52〉

『신증동국여지승람』 34권, 전라2, 금구현金溝縣

95. 박씨는 남편 유구연柳九淵이 죽으니, 3년 동안 여묘살이를 하였고, 3년상을 마치자 남편의 화상을 벽에 걸고 사철 의복을 지어 시렁에 달아 두고서는 조석의 전

奠을 올림. 복호.〈#『동국신속』 1권-고려-16〉

『신증동국여지승람』 34권, 전라2, 정읍현井邑縣

96. 고려. 경덕의景德儀의 아내 안씨安氏는 고려말 왜구의 침입 때 왜구에게 잡혔으나 절개를 지키고 죽음. (※강원도 평창군에도 나온다)〈『고려사』 열전 & 『동국신속』 1권-고려-6〉

97. 장군 이득인李得仁의 아내이며, 고부古阜 이석李碩의 딸 이씨는 이득인이 싸움터로 나가 있는 동안 왜구가 쳐들어 와 강간하고자 하니 적을 욕하면서 저항하다가 살해됨.(※앞서 나온 고부군의 이득인의 아내와 동일 인물)〈『동국신속』 1권-고려-11〉

『신증동국여지승람』 34권, 전라2, 부안현扶安縣

98. 본조 김씨는 일찍 남편이 사망하자, 부모들이 개가시키려 하였다. 김씨가 거부하고 강물에 투신하려 하니, 부모들이 그만둠. 평생 소복을 입고 제사를 받들며 고기를 먹지 않음.〈#〉

『신증동국여지승람』 34권, 전라2, 함열현咸悅縣

99. 고려. 낭장 최득림崔得霖의 아내 홍씨는 32세에 왜구를 만나 절개를 지키고 죽었다. 정문.〈『태조실록』 04·09·16 & 『동국신속』 1권-고려-1〉

100. 이씨는 16세에 조맹趙孟에게 시집갔다. 조맹이 미친개에게 물려 죽자 이씨는 여묘살이를 하면서 3년상을 지낸 뒤, 남편의 토상土像을 만들어 사당에 안치하고, 아침 저녁으로 살아 있을 때처럼 섬기며, 사철 의복을 마련해서 입혔다.〈#본조 『동국신속』 1권-31〉

『신증동국여지승람』 35권, 전라3, 나주목羅州牧

101. 호장戶長 나종羅宗의 두 딸. 언니는 한림 조탁趙琢의 아내요, 동생은 견룡牽龍 임윤덕林允德의 아내이다. 자매가 모두 일찍 과부가 되어 3년간 여묘살이를 함.(※『성종』 09·08·24에 의하면, 영락22년(세종6년)에 예조 수교에 의해 조탁

처 나씨와 『여지승람』 & 『동국신속』 1권-5-2의 그 동생 임윤덕林允德의 아내 나씨까지 정문, 복호됨〉〈『세종』 02·01·21 & 『동국신속』 1권-5-1. 『실록』 『동국신속』 1권-5-2〉

102. 정병正兵 최치강崔致江의 아내 능금能今은 남편이 죽자 애통하여 피눈물을 흘리며 울었다. 복을 벗은 지 19년이 되었으나 아직도 고기를 먹지 않는다. 중종 22년에 정문.〈『신증』/ 『중종』 21·07·03 & 『동국신속』 2권-60〉

『신증동국여지승람』 35권, 전라3, 광산현光山縣

103. 판전교사시判典校寺事 강호문康好文의 아내 문씨文氏는 우왕禑王 무진년 왜구의 침입 때 아들 둘을 데리고 피난하다가 왜구에게 붙잡힘. 낭떠러지가 나오자 문씨는 같이 붙잡힌 이웃 여인에게 "왜적에게 더럽혀지고 살기보다는 깨끗하게 죽겠소" 하고 투신하였다. 넝쿨 때문에 죽지 않고 살아나 3일 후에 왜구가 물러나자 돌아왔다.〈『고려사』 열전 & 『동국신속』 1권-고려-7〉

104. 서운정書雲正 김언경金彦卿의 아내 김씨는 우왕 때 왜구가 쳐들어 와 욕보이려 하자 "만 번 죽을지언정 욕을 당하지는 않겠다" 하고 끝까지 저항하다가 살해됨. 태종 때 정문.〈『고려사』 열전 & 『세종』 06·05·12 & 『동국신속』 1권-4〉

105. 예조정랑 권극중權克中의 아내 민씨閔氏는 남편이 죽자 여막에서 3년상을 치르고 애통해 하는 것이 예를 넘었으며, 머리를 깎고 여승이 되어 그대로 묘 곁에서 살다가 일생을 마쳤다. 이 일이 조정에 보고되어 정려하였다.〈『세종』 04·02·28 & 『동국신속』 1권-12〉

『신증동국여지승람』 35권, 전라3, 영암군靈岩郡

106. 진주 호장戶長 정만鄭滿의 아내이다. ※진주목에도 있다. 자세한 것은 '진주 열녀' 편을 보라.〈『태종』 13·02·07〉

107. 중랑장中郎將 조안정趙安鼎의 아내 김씨는 나이 17세에 아버지가 죽고 18세에 남편이 죽고 19세에 어머니가 죽었으나, 모두 여막에서 3년상을 치루었다. 정려.〈#『동국신속』 1권-36〉

『신증동국여지승람』 36권, 전라4, 함평현咸平縣

108. 학생 서중원徐中元의 아내 박씨는 남편이 범에게 잡혀가자 범을 때려 쫓고 남편을 구했으나 자신은 범에게 물려 죽었다. 정려.〈『성종』 13·12·07 & 『동국신속』 1권-10〉

109. 학생 유경종兪敬宗의 아내 장씨張氏는 남편이 사망하자 빈소에서 날마다 세 번 상식을 올리고 상복을 벗고도 조석의 전奠을 올림. 시부모를 효양. 정려.〈#신증/ 『동국신속』 1권-43〉

110. 학생 서윤중徐允仲의 아내 박씨는 남편이 사망하자 상중의 예를 극진히 하고, 복을 마치고도 상복을 벗지 않음. 어머니가 개가시키려 하자, 삭발하고 중이 됨. 어머니가 죽자 머리를 다시 기름. 이때 68세. 정려.〈『연산』 09·05·14 & 『동국신속』 1권-9〉

『신증동국여지승람』 36권, 전라4, 고창현高敞縣

111. 선군船軍 주안도朱安道의 아내 김여귀金黎貴는 남편이 병이 나자 약시중을 열심히 하였고, 달을 넘기고 남편이 죽자 임신중임에도 시신을 안고 통곡하였다. 어머니가 "임신중에 지나친 슬픔은 옳지 않다" 하고 집으로 데려갔는데, 그날 저녁 뽕나무에 목을 매어 자살. 26세였다. 정문.〈본조 『태종』 15·11·01 & 『동국신속』 1권-46〉

『신증동국여지승람』 36권, 전라4, 장성현長城縣

112. 학생 김계창金繼昌의 아내 즉지則只는 남편이 사망하자 3년을 곡하였다. 아버지가 개가시키려 하자 죽음을 맹세코 거부하고, 남편의 화상을 벽에 걸고 종신토록 아침 저녁으로 제사를 올림. 중종 8년에 정려.〈신증/ 『중종』 08·04·13 & 『동국신속』 2권-49〉

『신증동국여지승람』 36권, 전라4, 무안현務安縣

113. 현리縣吏 박기朴耆의 아내 자비自妃는 남편이 악질을 앓자 왼손 무명지를 잘라 가루로 만들어 국에 타서 먹임. 병이 완쾌됨. 성종 8년 정문, 복호.〈본조 『성종』 07·10·07 & 『동국신속』 1권-48〉

『신증동국여지승람』 37권, 전라5, 해남현海南縣

114. 참봉 박성림朴成林의 첩 석을금石乙수은 젊어서 소박을 맞았으나 다른 사람에게 시집가지 않음. 어떤 중이 강간하려 하자 모면하지 못할 것을 알고 목을 매어 자살. 중종 10년 정문.〈#(112) 신증/본조 『동국신속』 2권-50.〉

115. 종이從伊는 젊었을 때 어떤 사람이 밤에 그의 집에 들어가 강간하려 하였다. 종이가 놀라 소리치고 도망쳤으나 그 자는 이미 강간했다 하여 관청에 고소하려 하니, 종이가 울며 "누명을 쓰고 사는 것은 상서롭지 않다" 하고 목을 매어 자살. 중종 15년에 정문.〈#『동국신속』 2권-5〉

『신증동국여지승람』 38권, 전라6, 정의현旌義縣

116. 직원職員 석나리보개石那里甫介의 아내 정씨鄭氏는 합적哈赤의 난에 그의 남편이 사망함. 정씨는 젊고 자식이 없었고 아름다웠다. 안무사 군관이 강제로 장가들려 하니, 칼로 목을 찌르려 하였다. 이에 군관이 그만둠. 늙도록 시집가지 않았다. 정려.〈#『동국신속』 1권-고려-5〉

『신증동국여지승람』 39권, 전라7, 남원도호부南原都護府

117. 구례현의 여자 지리산녀智異山女는 자색이 아름다웠다. 역사서에 이름이 전하지 않는다. 집이 가난했으나 부도婦道를 다함. 백제 왕이 아름다움을 듣고 궁중으로 들이려 하였으나 한사코 따르지 아니했다.(※구례현에도 있다. 중복된 것이다)〈#(115) 백제 『동국신속』 1권-신라-1〉

118. 생원 양중수梁仲粹의 처 이씨는 왜구가 범하려 하자 저항하다가 살해됨. 정문.〈#『동국신속』 1권-고려-10〉

119. 호장戶長 양전梁田의 처 김씨는 20세에 남편이 죽자 피눈물을 3년간이나 흘렸다. 부모가 개가시키고자 했으나 거부하고 소복을 입고 고기를 먹지 않고 친히 삭망의 제사를 행하였다.〈『세종』 10·10·28 & 『동국신속』 1권-61〉

120. 최자강崔自江의 처 강씨姜氏는 남편이 죽자 시신을 안고 7일간 음식을 먹지 않다가 죽었다. 정려.〈#〉

121. 구례현 사람으로 왕정王淨의 처 임씨林氏는 남편이 병이 나자 극진히 치료하고, 여묘살이를 할 것을 다짐한다. 왕정이 죽은 뒤 임씨는 71세에 장례와 제례를 『주자가례』를 따라 지내고 3년 여묘살이를 하였다. 절일節日이면 자손을 데리고 무덤에 올랐다. 90세까지도 그치지 않았다.(※구례현에도 있다. 중복된 것이다)
〈#(119)『동국신속』1권-21〉

『신증동국여지승람』 39권, 전라7, 담양도호부潭陽都護府
122. 김유정金惟貞의 처 우씨禹氏는 20세에 결혼, 4년 뒤 남편이 사망하자 상을 입고 시어머니를 효양孝養함. 집에 불이 나자 병든 시어머니를 불길 속에서 구해냄. 남편의 상이 끝나자 부모가 개가시키고자 하니, 우씨가 "두 자식을 먹여 살려야겠고, 남편이 노모를 부탁하고 죽었다"고 하면서 죽기로 개가를 거부함.〈#〉

『신증동국여지승람』 39권, 전라7, 무주현茂州縣
123. 구길생具吉生의 처 양씨梁氏는 남편이 사망하자 초반 하고 조석으로 상식을 올리며 애통해 함. 하루는 아침 상식 후에 돌아오지 않아 부모가 찾아보니 초빈을 열고 관을 안고 통곡하고 있었다. 부모가 부축하여 돌아오는데 불어난 시냇물에 투신하였다. 오빠가 건져내어 돌아왔으나 몇 달 뒤 침방에서 자살. 남편과 합장함.〈#〉

『신증동국여지승람』 40권, 전라8, 순천도호부順天都護府
124. 정병正兵 오계손吳戒孫의 아내 동질금同叱今은 남편이 죽고 상기가 끝나자 다른 사람이 청혼하니, 목을 매어 자살. 중종 13년에 정문.〈신증/본조『동국신속』2권-62.〉

『신증동국여지승람』 40권, 전라8, 구례현求禮縣
125. 구례현의 여자 지리산녀智異山女는 자색이 아름다웠다. 역사서에 이름이 전하지 않는다. 집이 가난했으나 부도婦道를 다함. 백제 왕이 아름다움을 듣고 궁중으로 들이려 하였으나 한사코 따르지 아니했다.(※남원도호부에도 있다. 중복된 것

이다)〈#『동국신속』1권-신라-1〉

126. 구례현 사람으로 왕정王淨의 처 임씨林氏는 남편이 병이 나자 극진히 치료하고, 여묘살이를 할 것을 다짐한다. 왕정이 죽은 뒤 임씨는 71세에 장례와 제례를 『주자가례』를 따라 하고 3년 여묘살이를 하였다. 절일節日이면 자손을 데리고 무덤에 올랐다. 90세까지도 그치지 않았다.(남원도호부에도 있다. 중복된 것이다)〈#『동국신속』1권-21〉

127. 고진석高震碩의 아내 계수桂樹는 남편이 죄를 짓고 멀리 귀양 가다가 도중에 사망하자, 다니면서 빌어먹었다. 시부모가 불쌍히 여겨 개가시키려 하니 목을 매어 죽으려 하므로 그만두었다. 정문.(※평안도 벽동군에도 있다. 중복이다)〈『중종』02·03·07 & 『동국신속』1권-45〉

『신증동국여지승람』 41권, 황해1, 평산도호부平山都護府

128. 송을생宋乙生의 아내 조씨曹氏는 남편이 일찍 사망하자 3년간 여묘살이를 하면서 종신토록 수절함. 정문.〈『세종』14·09·13 & 『동국신속』1권-24〉

『신증동국여지승람』 42권, 황해2, 곡산군谷山郡

129. 이태경李台慶의 아내 강씨姜氏는 남편이 초계 군사草溪郡事가 되었다가 재임 중에 사망해 경산慶山에 장사 지냈는데, 아들 이규李紏가 아직 어렸다. 강씨가 3년간 여묘살이를 하고 상을 마치자, 세력가에서 다투어 강씨와 결혼하고자 하였다. 강씨는 완강히 거부하였다. 세종조에 정문, 복호.〈『태종』05·12·29 & 『동국신속』1권-8〉

『신증동국여지승람』 42권, 황해2, 우봉현牛峰縣

130. 은율현감 이계간李繼幹의 아내 황씨黃氏는 남편이 사망하자 3년상 중 아침 저녁 상식을 생전처럼 올리고, 복제服制가 끝난 다음에도 초하루 보름전을 올렸다. 정문, 복호.〈『성종』08·12·12〉

『신증동국여지승람』 43권, 황해3, 연안도호부延安都護府

131. 선비 민경현閔景賢의 아내 송씨는 남편이 사망하자 조석으로 무덤에서 곡하고 전奠을 올렸으며, 복이 끝난 뒤에는 신주를 모시고 의복 기구를 진열하여 평생 전을 올렸다. 중종 5년에 정문.〈신증/『중종』 05·03·28 & 『동국신속』 2권-27〉

『신증동국여지승람』 43권, 황해3, 배천군白川郡

132. 송화현감 안근후安謹厚의 아내 원씨元氏는 남편이 사망하자 여묘살이를 3년 하고 그대로 무덤 곁에 살았다. 정문, 복호.〈『성종』 03·02·09 & 『동국신속』 1권-30〉

133. 전 강음 현감 이종운李種耘의 아내 신씨申氏는 남편이 사망한 뒤 30여 년을 아침 저녁으로 친히 제사 드리며 고기를 먹지 않았다. 정문, 복호.〈#『동국신속』 1권-29〉

134. 호장戶長 조생趙生의 아내 세은世隱은 범이 남편을 물고 가자 전판剪板으로 범의 머리를 쳤고 범은 달아났다. 정문, 복호.〈#『동국신속』 1권-55〉

『신증동국여지승람』 43권, 황해3, 강령현康翎縣

135. 고을 이속 강치중康致中의 아내 검덕檢德은 남편이 악질에 걸리자 손가락을 잘라 약에 타서 먹였고, 이에 남편이 치유됨. 정문.〈『성종』 20·07·28 & 『동국신속』 91권-65〉

『신증동국여지승람』 44권, 강원1, 강릉대도호부江陵大都護府

136. 생원 최세창崔世昌의 아내 김씨는 남편이 죽자 곡하고 울부짖으며 지극히 슬퍼하였고, 복을 마치고도 오히려 조석 전奠을 폐하지 않았다. 중종 13년에 정려하였다.〈신증/『중종』 38·08·10 & 『동국신속』 2권-38〉

137. 진사 신명화申命和의 아내 이씨는 남편의 병이 위독해지자 선조의 무덤에 가서 분향, 기도한 뒤 칼로 손가락을 끊고 같이 죽을 것을 맹세. 이씨의 작은 딸이 하늘에서 대추만한 약을 내려 주는 꿈을 꾸었더니, 남편의 병이 완쾌됨. 중종 23년에 정려.〈『중종』 21·07·15 & 『동국신속』 2권-23〉

『신증동국여지승람』 46권, 강원3, 원주목原州牧

138. 생원 조중량曹仲良의 아내 조씨趙氏는 남편이 병사하자 시신을 끌어안고 울며 굶어죽었다. 정려.〈『성종』 05·11·21 & 『동국신속』 1권-고려-21〉

『신증동국여지승람』 46권, 강원3, 영월군寧越郡

139. 일수日守 임막산林莫山의 아내 잉질지芿叱之는 남편이 사망하자, 사람들에게 따라 죽을 것이니 광중壙中을 넓게 파라고 함. 남편을 장사하는 날, 목욕하고 머리 빗고 옷을 갈아입은 뒤 빈소 곁에서 목을 매어 자살. 중종 14년에 정려.〈#신증〉

『신증동국여지승람』 46권, 강원3, 평창군平昌郡

140. 전의정典醫正 경덕의景德宜의 아내 안씨安氏는 우왕禑王 때에 왜적이 난입해 욕보이려 하였으나 저항하다가 살해됨(※전라도 정읍현에도 나온다)〈『고려사』 열전 & 『동국신속』 1권-고려-6〉

『신증동국여지승람』 47권, 강원4, 회양도호부淮陽都護府

141. 권금權金의 아내는 권금이 범에게 잡혀가자 권금의 허리를 안고 큰 소리를 지름. 이에 범이 버리고 감. 권금은 사망하였다. 정려.〈『고려사』 열전 & 『동국신속』 1권-고려-4〉

『신증동국여지승람』 47권, 강원4, 이천현伊川縣

142. 한림승지翰林承旨 기전룡奇田龍의 아내 손씨孫氏는 21세 때에 남편이 중국에 가서 돌아오지 않음. 손씨는 시어머니를 봉양하는 데 부지런하고 다른 마음을 먹지 않음. 정려.〈#〉

『신증동국여지승람』 48권, 함경1, 함흥부咸興府

143. 막장莫莊은 절의節義가 있어 정문.〈본조 『태종』 15·01·16 & 『동국신속』 1권, 정문무사적질인의 조선편〉

『신증동국여지승람』 49권, 함경2, 홍원군洪原郡

144. 내은덕內隱德은 남편이 범에게 잡혀가는 것을 보고 몽둥이로 범을 때려 죽이고 남편을 살림. 정문.⟨#『동국신속』1권-56⟩

『신증동국여지승람』 50권, 함경3, 온성도호부穩城都護府

145. 안덕安德은 절부節婦로서 정문.⟨본조 『단종』03·03·14 & 『동국신속』1권, 정문무사적인의 조선편(조선편에 실린 안덕과 동일인인 듯하다. 그런데 1권에는 경성부 사람으로 되어 있다)⟩

『신증동국여지승람』 52권, 평안2, 안주목安州牧

146. 부정副正 오지계吳之界의 처 한씨韓氏는 홍무 임오년에 남편이 애전艾田의 전투에서 사망하자 애통해 하였다. 친척들이 개가를 권하였으나, 듣지 않고 죽었다. 정문.⟨『태종』03·03·03 & 『동국신속』1권-고려-15⟩

『신증동국여지승람』 52권, 평안2, 가산군嘉山郡

147. 탁운卓蕓의 아내 홍씨洪氏는 남편이 죽자 3년 상을 마치고도 상복을 벗지 않고 따로 제당祭堂을 지어 남편의 화상을 벽에 걸고 날마다 세 번씩 곡하고 전奠을 올림. 정문.⟨#신증/『동국신속』1권-26⟩

148. 홍한종洪漢從의 아내 막종莫從은 남편이 죽자 날마다 세 번 곡하고 전奠을 올림. 7년이 지나도록 상복을 벗지 않음. 정문.⟨#『동국신속』1권-47⟩

『신증동국여지승람』 53권, 평안3, 의주목義州牧

149. 조개동趙開同의 처 벌등이伐等伊는 남편이 범에게 물려가자 소리를 지르고 범을 쳤다. 범이 남편을 버리고 가서 남편이 죽지 않았다. 정려.⟨신증/『중종』06·05·21 & 『동국신속』1권-53⟩

『신증동국여지승람』 54권, 평안4, 성천도호부成川都護府

150. 정두언鄭豆彦의 아내 난공卵公은 남편이 범에게 물려가자 도끼로 범을 죽이고

남편을 구하였다. 정문.《『성종』10·01·29 & 『동국신속』1권-33〉

『신증동국여지승람』 54권, 평안4, 개천군介川郡

151. 군노郡奴 이양경李良京의 아내 막시莫時는 남편의 광질狂疾에 손가락을 잘라 피를 약에 타서 쓰자 병이 나았다. 정문.〈신증/ 『중종』23·08·21 & 『동국신속』1권-52〉

『신증동국여지승람』 55권, 평안5, 상원군祥原郡

152. 교생校生 김자호金自浩의 처 양씨梁氏는 남편이 익사하자 먹지 않고 목매어 자살. 정려.〈신증/ 『중종』13·11·13, 『중종』14·01·10 & 『동국신속』1권-25〉

153. 교생 나규羅奎의 처 조씨曺氏는 남편이 죽자 3일을 통곡하고 스스로 목매어 죽었다. 정려.〈『중종』20·09·29 & 『동국신속』1권-23〉

『신증동국여지승람』 55권, 평안5, 강계도호부江界都護府

154. 갑사甲士 박의창朴義昌의 처 막덕莫德은 남편이 죽자 슬피 울부짖다가 명절이 되면 의복을 만들어 제사 지내고 태웠다. 정문.〈#『동국신속』1권-51〉

『신증동국여지승람』 55권, 평안5, 이산군理山郡

155. 박학손朴鶴孫의 처 김씨는 남편이 죽자 밤낮 시신을 붙들고 통곡하며 물 한 모금 마시지 않다가 사흘만에 사망. 정문.〈#신증/ 『동국신속』1권-35〉

『신증동국여지승람』 55권, 평안5, 벽동군碧潼郡

156. 관노官奴 고진석高震碩의 처 계수桂樹는 남편이 사망하자 시아버지가 개가를 권유했지만 거부하고 수절. 정문.(※구례현에도 있다.)〈신증/ 『중종』02·03·07 & 『동국신속』1권-45〉

【부록 8】

『동국신속삼강행실도』東國新續三綱行實圖 열녀 자료

① 『동국신속삼강행실도』의 열녀편은 모두 여덟 권인데, 그중 1·2권의 목록과 간단한 내용만을 정리한다. 2권의 거의 마지막 부분에서 임진왜란이 시작되고 있기 때문에 1·2권은 임진왜란 이전의 열녀에 대한 자료가 망라된 것이다.
② 편의에 따라 번호를 붙인다. 한 자료에 2명 이상의 열녀가 나올 경우, '1-1', '1-2' 와 같은 방식으로 번호를 붙인다.
③ 자료의 끝에 〈『고려사』 열전〉〈『여지승람』〉〈『태조실록』 04·09·16 & 『여지승람』〉으로 덧붙인 것은 해당 자료가 『고려사』 열전 '열녀전'에, 『신증동국여지승람』, 『태조실록』 4년 9월 16일조에도 나온다는 뜻이다.

『동국신속삼강행실도』 1권

신라

1. 지리산녀智異山女. 백제왕이 아름다운 자색을 알고 궁중에 들어오라는 것을 거절함.〈『여지승람』〉
2. 가실嘉實의 아내 설씨薛氏. 아버지 대신 군대에 간 가실을 기다려 결혼함.〈『여지승람』〉
3. 호수胡壽의 아내 유씨兪氏. 고려 고종 때 사람. 몽고 군사에게 강간을 당할까 물에 투신 자살함.〈『고려사』 열전〉
4. 현문혁玄文奕의 아내. 고려 원종 때 사람. 삼별초의 반란군에게 현문혁이 죽자 두 딸 데리고 투신 자살함.〈『고려사』 열전〉

고려

1. 낭장 최득림崔得霖의 아내 홍씨는 공민왕 때 왜구를 만나 수절하여 죽음. 정려.
   〈『태조실록』 04·09·16 & 『여지승람』〉

2. 공민왕 때 안천검安天儉의 아내는 집에 불이 났을 때 남편을 구출하다가 힘이 모자라자 자기 몸으로 남편을 덮고 같이 죽음.〈『고려사』 열전〉

3. 공민왕 때 홍의洪義의 처는 조일신趙日新의 난에 반란군이 남편을 죽이려 하자 자신의 몸으로 대신 막아 거의 죽을 뻔함.〈『고려사』 열전〉

4. 권금權金의 아내는 범에게 물려가는 남편을 구했으나, 남편은 곧 죽음. 정려.〈『고려사』 열전 & 『여지승람』〉

5. 직원職員 석나리보개石那里甫介 아내 정소사鄭召史. 남편이 합적의 난에 사망함. 자색이 있어 군관이 결혼하려 하자 죽음으로 거부하고 수절. 정려.〈『여지승람』〉

6. 전의감정典醫監正 경덕의景德宜의 아내 안씨. 우왕 때 왜구의 겁탈에 저항하다가 살해됨.〈『고려사』 열전 & 『여지승람』〉

7. 강호문康好文의 아내 문씨. 우왕 무진년에 왜구가 침범하여 문씨를 잡아가자 저항하다가 절벽에 투신, 나무에 걸려 죽지 아니함.〈『고려사』 열전 & 『여지승람』〉

8. 낭장 김순金洵의 아내 최씨. 홍무 경신년에 왜구가 침입하여 겁탈하려 하니 저항하다가 살해됨. 정려.〈『여지승람』〉

9. 역승驛丞 정인鄭寅의 처 송씨. 홍무 연간에 왜구가 침입하여 겁탈하려 하니, 저항하다가 살해됨. 정려.〈『태종』 13·02·07 & 『여지승람』〉

10. 생원 양중수梁仲粹의 아내 이씨. 왜구의 겁탈에 저항하다가 살해됨. 정려.〈『여지승람』〉

11. 정읍 사람 장군 이득인李得仁의 아내는 남편이 종군 중에 왜구가 침입하여 겁탈하려 하자 저항하다가 살해됨.(※『여지승람』에는 고부 사람 낭장 이득인의 처로도 나옴. 중복임)〈『고려사』 열전 & 『여지승람』〉

12. 문성기文成己의 아내는 남편이 왜구에 살해되자 남편의 화상을 그려 죽을 때까지 아침 저녁으로 제사지냄. 정려.〈『세종』 07·04·26 & 『여지승람』〉

13. 승지 기전룡奇田龍의 아내 손씨는 남편이 중국에 들어가 돌아오지 않아도 절개

를 지키며 시어머니를 봉양. 정려.
14. 강화부 아전의 세 딸은 우왕 3년에 왜구에게 겁탈 당할까 하여 투신 자살.《『고려사』 열전 & 『여지승람』》
15. 부정副正 오지계吳之界의 아내 한씨는 홍무 임오년에 남편이 애전艾田의 전투에서 죽자 곡기를 끊고 죽음. 정려.《『태종』 03·03·03 & 『여지승람』》
16. 유구연柳九淵의 처 박씨는 남편이 사망하자 여묘살이 3년을 하고, 탈상 이후에도 남편 화상을 그려 조석朝夕으로 전奠을 올림. 복호.《『여지승람』》
17. 집현전 직제학 배윤裵閏의 아내 나씨는 남편이 사망하자, 단발한 채 3년을 여묘살이를 하고, 상장喪葬 일체를 『주자가례』를 따르고 불교법을 쓰지 않음. 정려.《『세종』 08·08·16 & 『여지승람』》
18. 박근朴根의 아내 곽씨는 19세에 결혼, 23세에 남편이 사망하자 3년 여묘살이를 하고 죽을 때까지 시부모를 효양孝養. 정려.《『세종』 13·10·28 & 『여지승람』》
19. 진사 양호생梁虎生의 처 윤씨는 23세에 과부가 됨. 시아버지가 개가를 권유했으나 거부하고 수절. 비석을 세우고, 정려.《『여지승람』》
20. 김계전金繼田의 아내 민씨는 남편이 사망하자 눈 비에도 불구하고 무덤에 가서 제사 지내고 음식을 먹음. 정려.《『성종』 01·02·07 & 『여지승람』》
21. 생원 조중량曹仲良의 아내 조씨趙氏는 남편이 죽자 시신을 안고 절식하다가 죽음. 정려.《『성종』 05·11·21 & 『여지승람』》
22. 교동喬桐 사람 조씨曹氏는 왜구의 겁탈에 저항하다가 살해됨. 정려.《『태조실록』 04·05·15 & 『여지승람』》

조선

1-1. 김우현金遇賢의 아내 신씨辛氏는 홍무 기해년 왜구 침략 때 남편이 도망감. 감군監軍이 남편의 소재를 물으니, 끝내 대답하지 않고 죽음을 당함. 태종조 정려.《『여지승람』》
1-2. 낭장郞將 김내정金乃鼎의 아내 서씨는 24세에 남편이 사망하자 절을 지어 수절함. 태종조 정려, 복호. (※『세종실록』에는 김내金鼐로 되어 있음)《『세종』 02·01·21 &

『여지승람』〉

1-3. 신녕 감무新寧監務 유혜지柳惠至의 아내 정씨鄭氏는 남편이 죽자 3년을 여묘살이. 태종조 정려.〈『태종』 15·01·16 & 『여지승람』〉

1-4. 지군사知郡事 김언경金彦卿의 처 김씨는 우왕 때 왜구의 겁탈에 저항하다가 살해됨. 태종조 정려.〈『고려사』 열전 & 『세종』 06·05·12 & 『여지승람』〉

1-5-1. 1-5-2. 호장 나종羅宗의 두 딸. 맏이는 한림 조탁趙琢의 아내(1-5-1)이고, 둘째는 견룡牽龍 임윤덕林允德의 아내(1-5-2). 둘 다 남편이 죽자 3년 동안 여묘살이를 하고, 가난함에도 제사를 지냄. 영락 연간에 쌍비를 세움.(『성종』 09·08·24에 의하면, 영락22년(세종6년)에 예조 수교에 의해 조탁 처 나씨와 『여지승람』 & 『동국신속』 1권-5-2의 그 동생 임윤덕林允德의 아내 나씨까지 정문, 복호됨.) 〈『세종』 02·01·21 & 『여지승람』〉

1-6. 나계문羅季文의 아내 윤씨는 문자를 해득함. 남편이 홍윤성의 종에게 죽음을 당함. 세조가 온천에 갔을 때 글을 지어 억울함을 하소연하자, 홍윤성의 종을 치죄함. 쌀을 내리고 복호함.〈『세조』 14·03·05 & 『여지승람』〉

1-7. 최이원崔以源의 아내 이씨는 19세에 과부가 됨. 부모가 개가 권유, 거절, 시부모 섬기며 종신 수절. 세조조 정려.〈『세종』 10·10·28 & 『여지승람』〉

1-8. 이태경李台慶의 아내 강씨는 남편이 사망하자 3년 동안 여묘살이를 하였다. 탈상 후 호족들이 다투어 아내로 맞이하려 했으나, 죽음을 각오하고 수절. 세종조 정려, 복호.〈『태종』 05·12·29 & 『여지승람』〉

1-9. 학생 서윤중徐允仲의 아내 박씨는 남편이 사망하고 탈상하자, 부모가 개가를 강요하니, 단발하고 수절. 정려.〈『연산』 09·05·14〉

1-10. 학생 서중원徐中元의 아내 박씨는 남편이 범에게 물려가니 범을 치고 남편을 구하다가 사망. 정려(정려 시기는 미상).〈『성종』 13·12·07〉

1-11. 손혁孫赫의 아내 박씨는 남편이 사망하자 3년 동안 여묘살이를 하고, 슬픔 때문에 1년을 더 여묘살이를 함. 뒤에 삭발하여 여승이 됨. 삭망에 제사를 지냄. 정려.(정려 시기는 미상)〈『여지승람』〉

1-12. 예조정랑 권극중權克中의 처 민씨는 남편이 사망하자 3년 동안 여묘살이를 하

고, 삭발하여 중이 됨. 무덤가에 살면서 생을 마침. 정려.(정려 시기는 미상)〈『세종』 04·02·28 &『여지승람』〉

1-13. 김효충金孝忠의 아내 한씨는 남편이 전염병으로 사망하자, 슬픔이 예를 넘었음. 부모가 개가를 강요하자, 단발하여 자살하려 함. 부모가 포기함. 정려 여부 미상.〈『단종』02·08·17 &『여지승람』〉

1-14. 곽숭의郭崇儀의 처 정씨鄭氏는 남편이 서울에서 사망하자 관을 가지고 와서 3년 동안 여묘살이를 하면서 거친 밥을 먹고 시어머니를 봉양함. 10년 동안 고기를 먹지 아니함. 정려(정려 시기는 미상).〈『성종』03·02·29 &『여지승람』〉

1-15. 민보로閔普老의 처 정씨鄭氏는 남편이 사망하자 여묘살이를 하고, 죽을 때까지 조석의 전奠을 폐하지 아니 함. 정려(정려 시기 미상).〈『여지승람』〉

1-16. 심치沈致의 처 석씨石氏는 20세에 남편이 사망하자 부모가 개가시키려 하니 "남편은 독자로 세상을 떠났는데, 만약 개가한다면 병든 시어머니를 누가 봉양할까?" 하고 수절함. 정려 여부 미상.〈『태종』15·01·16 &『여지승람』〉

1-17. 김심金湛의 아내 김씨는 17세에 남편이 사망하자, 삭발하고 종신 수절. 정려 여부 미상.〈『여지승람』〉

1-18. 지삼근池三近의 아내 오씨는 남편이 사망하자 3년 동안 여묘살이를 하고 조석으로 통곡. 정려 여부 미상.〈『여지승람』〉

1-19-1. 1-19-2. 곽순郭純의 두 딸. 맏이는 박충간朴忠幹의 아내(1-19-1), 둘째는 구세충具世忠의 아내(1-19-2). 둘 다 남편이 사망하자 삭망에 친히 무덤에 가서 제사를 지냄. 정려(정려 시기는 미상).〈『중종』09·01·12 &『여지승람』〉

1-20. 하호河濩의 아내 강씨姜氏는 남편이 풍병으로 고생하다가 사망하자 애훼哀毁가 예를 넘음. 탈상 후에도 제복祭服을 벗지 아니함. 정려(정려 시기는 미상).〈『중종』12·10·06 &『여지승람』〉

1-21. 왕정王淨의 아내 임씨林氏는 남편 병에 극력 간호하였고 남편이 사망하자 71세의 나이에도 3년 여묘살이를 함. 정려 여부 미상.〈『여지승람』〉

1-22. 대사헌 허응許應의 딸이자, 사인 김문金問의 아내 허씨는 17세에 남편이 사망하자, 부모가 개가시키려고 혼약을 미리 정했으나 거부하고 끝내 종신 수절. 정려

(정려 시기는 미상).〈『세종』 02·01·21 & 『여지승람』〉

1-23. 교생 나규羅奎의 아내 조씨曹氏는 남편이 사망하자 호곡하다가 3일만에 목매어 자살. 정려(정려 시기는 미상).〈『중종』 20·09·29 & 『여지승람』〉

1-24. 송을생宋乙生의 아내 조씨曹氏는 남편이 조사하자 3년 동안 여묘살이를 하고 종신 수절. 정려(정려 시기는 미상).〈『세종』 14·09·13 & 『여지승람』〉

1-25. 교생 김자호金自浩의 아내 양씨梁氏는 남편이 익사하자, 호곡하고 굶다가 목을 매어 자살. 정려(정려 시기는 미상).〈『중종』 13·11·13 & 『여지승람』〉

1-26. 탁운卓蕓의 아내 홍씨는 남편이 사망한 뒤 탈상하고도 복을 벗지 않고, 남편의 화상을 걸고 날마다 세 번 제사. 정려(정려 시기는 미상).〈『여지승람』〉

1-27. 관찰사 이윤인李尹仁의 아내 홍씨는 남편이 사망하자 3년 동안 여묘살이를 하였고, 집에 불이 나자 신주를 모시고 나옴. 정려(정려 시기는 미상)〈『성종』 10·03·11 & 『여지승람』〉

1-28. 이계한李繼韓의 아내 황씨는 남편이 사망하자, 사당에서 조석 삭망제를 종신토록 지냄. 아들, 손자 며느리 역시 효자, 효부로 정문.(정문 시기는 미상)

1-29. 현감 이종운李種耘의 아내 신씨申氏는 남편 사망 후 30여 년 조석으로 직접 제사를 지내고 고기를 먹지 아니함. 정문(정문 시기는 미상), 복호.〈『여지승람』〉

1-30. 직강 안근후安謹厚의 아내 원씨元氏는 남편이 사망하자 여묘살이를 하고 조석의 전奠을 올림. 집에 불이 나자 신주를 가져 나오다 죽음. 정문(정문 시기는 미상).〈『성종』 03·02·09 & 『여지승람』〉

1-31. 조맹趙孟의 후처 이씨는 남편이 개에 물려 사망하자 3년 동안 여묘살이를 하고, 사당을 세운 뒤 조석으로 살아있는 이를 섬기듯이 함. 정려 여부 미상.〈『여지승람』〉

1-32. 정수鄭守의 아내 눌덕訥德은 남편이 범에게 물리자 칼로 범을 쳐서 남편을 살림. 정려(정려 시기는 미상).〈『여지승람』〉

1-33. 정두언鄭豆彦의 아내 난공卵公은 남편이 범에게 잡히자 도끼로 범을 죽여 구해냄. 정려(정려 시기는 미상).〈『성종』 10·01·29 & 『여지승람』〉

1-34. 거제 사람 김씨는 남편이 사망하자 슬퍼하고 고기를 먹지 아니함. 부모가 개

가를 강요했으나 거부하고 시부모를 섬김. 정려(정려 시기는 미상).《『여지승람』》

1-35. 박학손朴鶴孫의 아내 김씨는 남편이 사망하자 물 한 모금 마시지 않고 슬퍼하다가 사망. 정려(정려 시기는 미상).《『여지승람』》

1-36. 중랑장 조안정趙安鼎의 아내 김씨는 17세에 아버지가 사망하고, 18세에 남편이 사망하고, 19세에 어머니가 사망했는데, 모두 3년 동안 여묘살이를 하였다. 정려(정려 시기는 미상).

1-37. 사성司成 홍의달洪義達의 처 김씨는 남편이 자식 없이 죽자, 상사를 잘 치렀고, 탈상 후에는 조석의 전奠을 생전처럼 올림. 정려(정려 시기는 미상), 복호.《『성종』 07·09·14 & 『여지승람』》

1-38. 손씨는 결혼을 약속하고 혼인식을 올리기 전에 남편 될 사람이 죽음. 종신 수절. 정문(정문 시기는 미상).

1-39. 충의위忠義衛 이저李㢳의 아내 정씨鄭氏는 남편이 사망하자 법도를 넘어 슬퍼함. 거의 죽게 된 아버지의 병을 지성으로 간호해 살림. 정문(정문 시기는 미상).

1-40. 충순위忠順衛 이종찬李宗纂의 처 견씨堅氏는 남편이 사망하자 3년 동안 몹시 슬퍼함. 상복을 벗지 않고 머리도 빗지 않고 소금과 장도 먹지 아니함. 정문(정문 시기는 미상).

1-41. 윤림尹霖의 아내 안씨는 남편 사망 후 시어머니를 봉양함. 집에 불이 나자 신주를 안고 시어머니를 업고 나오다 불에 타 사망. 정문(정문 시기는 미상).

1-42. 호장戶長 배임裵袵의 아내 배씨裵氏는 남편 병에 상분嘗糞함. 남편이 사망하자 우물에 투신하여 자살을 기도하였으나 다른 사람이 구해 살아남. 3년상을 지냈고, 삭망의 제사를 지냄. 정문(정문 시기는 미상).

1-43. 학생 유경종兪敬宗의 아내 장씨張氏는 남편이 사망하자 조석의 전奠을 올리고 시부모를 효양孝養함. 정려(정려 시기는 미상).《『여지승람』》

1-44. 유학幼學 홍응해洪應海의 아내 이씨는 남편이 사망하자, 6년을 거상居喪하면서 정성을 다해 제사를 지냄. 마당에 흰 대추나무가 자라남. 정문(정문 시기는 미상).

1-45. 고진석高震碩의 아내 계수桂樹는 남편이 죄를 지어 귀양 가다 중도에서 사망

하자 시부모가 개가를 권유하였다. 목을 졸라 죽고자 하면서 거부하니, 시부모가 포기함. 정려(정려 시기는 미상).〈『중종』 02·03·07 & 『여지승람』〉

1-46. 선군船軍 주안도朱安道의 아내 김여귀金黎貴는 남편이 병을 앓자 성심껏 치료했고, 사망하자 임신중임에도 시신을 안고 호곡하였다. 뽕나무에 올라가 목을 매어 죽음. 26세. 정려(정려 시기는 미상).〈『태종』 15·11·01 & 『여지승람』〉

1-47. 홍한종洪漢從의 아내 막종莫從은 남편이 사망하자 날마다 세 번 곡했고, 7년 동안 상복을 벗지 아니함. 정려(정려 시기는 미상).〈『여지승람』〉

1-48. 박기朴耆의 아내 자비自非는 남편이 악질에 걸리자 왼손 무명지를 잘라 가루를 만들어 국에 섞어 올렸고 이에 병이 나았다. 성종조 정문, 복호.〈『성종』 07·10·07 & 『여지승람』〉

1-49. 서원書員 김계하金戒河의 아내 문덕文德은 남편이 익사하자 울며 3년상 마침. 부모가 개가시키려 하자, 단발하고 거부함. 시부모를 15년 섬김. 훈채, 고기, 술을 먹지 않고 남과 웃거나 이야기를 하지 아니함. 정려(정려 시기 미상).〈『연산』 08·03·15 & 『여지승람』〉

1-50. 일수日守 예명芮命의 아내 봉금奉今은 남편이 악질에 걸리자 손가락을 잘라 쓰니 병이 치료됨. 정문(정문 시기 미상), 복호.〈『성종』 20·07·11 & 『여지승람』〉

1-51. 갑사甲士 박의창朴義昌의 처 막덕莫德은 남편이 사망하자 매우 슬퍼했고, 절일節日이면 의복을 지어 제사 지내고 불사름. 정려(정려 시기 미상).〈『여지승람』〉

1-52. 군노郡奴 이양경李良京의 아내 막시莫時는 남편이 미친 병에 걸리자 손가락을 잘라 약에 타서 먹임. 남편의 병이 치료됨. 정려(정려 시기 미상).〈『중종』 23·08·21 & 『여지승람』〉

1-53. 백성 조개동趙開同의 아내 벌등이伐等伊는 남편이 범에게 잡혔을 때 범을 쳐서 남편을 놓아 주게 함. 정려(정려 시기 미상).〈『중종』 06·05·21 & 『여지승람』〉

1-54. 호장戶長 장중연張仲淵의 딸 매읍덕每邑德은 23세에 남편이 사망하자 3년 동안 여묘살이를 함. 소금과 장을 먹지 않았고, 부모가 개가시키려 하자, 죽기살기로 거부하고 삭발하여 중이 됨. 정려 여부 미상.〈『연산』 09·04·29 & 『여지승람』〉

1-55. 호장戶長 조생趙生의 아내 세은世隱은 범이 남편을 물어가자 전판剪板으로

범의 머리를 쳤고, 범은 남편을 두고 달아남. 정문(정문 시기 미상), 복호.〈『여지승람』〉

1-56. 홍원洪原 사람 내은덕內隱德은 남편이 범에게 물려가자 범을 쳐 죽임. 남편이 살아남. 정려(정려 시기 미상).〈『여지승람』〉

1-57. 고부군 향리 이성호李成浩의 아내 금이수伊는 젊어서 남편에게 소박을 맞고 아우 집에서 기식했는데, 아우의 남편이 개가를 권유하자 시아버지 집으로 달아났고, 시아버지가 아들에게 다시 결합하여 살라고 함. 남편이 사망하자 눈 비를 무릅쓰고 무덤에 제하며, 탈상하고도 상복을 벗지 아니함. 정려(정려 시기 미상).〈『중종』 21·07·03 & 『여지승람』〉

1-58. 양적梁逷의 처 삼덕三德은 남편이 범에게 물리자 낫으로 범을 쳤고, 이에 남편을 버리고 감. 종신 수절함. 정려(정려 시기 미상), 복호.〈『성종』 02·06·23 & 『여지승람』〉

1-59. 안지의安止義의 아내 치자梔子는 남편이 10년 동안 나병을 앓다 사망하자 3년상을 치렀고, 시어머니가 개가할 것을 바라자 강에 빠져 죽겠다 하니, 그만두었다. 그 뒤 나병을 얻어 14년 수절하다 사망. 정문(정문 시기 미상), 복호.〈『성종』 03·02·18 & 『여지승람』〉

1-60. 수군水軍 박춘산朴春山의 아내는 남편이 익사한 뒤 주검을 찾다가 찾지 못하자 투신, 자살. 정려(정려 시기 미상).〈『중종』 11·04·24〉

1-61. 호장戶長 양전梁佃의 처 김소사金召史는 23세에 남편이 사망하자 3년을 혈읍血泣하였다. 부모가 개가시키려 하자 거부하고, 소복을 입고 고기를 먹지 않고 삭망의 제사를 지내며 종신 수절. 정려 여부 미상.〈『세종』 10·10·28 & 『여지승람』〉

1-62. 서인 김종金宗의 아내 돈지頓之는 남편 사망 후 마을 사람과 말을 하지 아니함. 3년상 뒤에도 계속 상복을 입음. 부모가 개가를 강요했으나 거부함. 정려 여부 미상〈『여지승람』〉

1-63. 율생律生 배문생裵文生의 아내 현금賢今은 남편이 다른 여자를 좋아해 소박을 했음에도 시부모를 섬김. 아버지가 개가를 권유하자 목을 매어 자살. 정려 여부 미상.〈『여지승람』〉

1-64. 옥지玉只는 남편 사후 시어머니를 봉양하였다. 어떤 사람이 더럽히고자 하니,

목을 매어 자살. 정려 여부 미상.〈『여지승람』〉

1-65. 강령康翎의 향리 강치중康致中의 아내 검덕檢德은 남편이 악질에 걸리자 손가락을 베어 국에 타서 먹였고, 남편의 병이 치료되었다. 정려(정려 시기 미상).
〈『성종』 20·07·28 & 『여지승람』〉

1-66. 사직司直 안귀손安貴孫의 아내 최씨는 아버지로부터 『서경』을 배움. 남편이 사망하자 한문으로 제문을 지음. 정려 여부 미상.〈『여지승람』〉

정문旌門, 무사적인無事迹人

고려
1. 공주公州 사람 현감 정자구鄭自求의 아내 고씨高氏〈『세종』 02·01·21 & 『여지승람』〉

조선
1. 조전손曹傳孫의 아내 김씨
2. 유학 윤면지尹勔之의 아내 이씨
3. 이천원李天元의 아내 장씨
4. 창원부 사람 황씨
5. 포천현 사람 김씨
6. 함흥부 사람 막장莫莊〈『태종』 15·01·16 & 『여지승람』〉
7. 경성부鏡城府 사람 안덕安德 (※『여지승람』에는 온성도호부穩城都護府 사람으로 되어 있다.)
8. 예산현 사람 학금鶴今
9. 김한주金漢柱의 아내 양녀 묵생默生

『동국신속삼강행실도』 2권

2-1. 연이燕伊는 남편이 범에게 물려가자 왼손으로 범의 꼬리를 잡고 한 손으로 침. 범이 남편을 놓아주어 남편이 살아남. 정려 여부 미상.〈『여지승람』〉

2-2. 창원부 사람 양녀良女 연이燕伊는 강포한 자가 더럽히고자 하나, 듣지 않고 수절하다 죽음. 정문(정문 시기 미상).〈『세종』 11·11·27 & 『여지승람』〉

2-3. 양녀 현금玄今은 20세에 남편이 사망하자 70여 년을 수절. 정문(정문 시기 미상).

2-4. 창비昌非는 남편이 도적에게 피살되자 단식 끝에 사망. 정문(정문 시기 미상).

2-5. 관기官妓 진가히眞加屎는 17세에 남편인 관노官奴가 사망하자 종신 수절. 정문(정문 시기 미상).

2-6. 역녀驛女 순금順今은 남편이 사망하자, 강포한 자에게 더럽혀질까 걱정하여 사람을 만나지 아니함. 역리驛吏가 강간하고자 하니, 물에 투신 자살. 정문(정문 시기 미상).

2-7. 사비私婢 부지夫只는 사노私奴 소띠牛屎의 아내. 남편이 사망하자 사당을 짓고 삼시三時 전奠을 올리고 사철의 의복을 바침. 정문.

2-8. 학생學生 이귀화李貴和의 처 양씨楊氏는 19세에 남편이 사망하자 조석으로 전奠을 친히 올림. 상복을 벗자 아버지가 개가를 권유하니, 목을 매어 자살하려 함. 성종조 정려.〈『성종』 01·02·07 & 『여지승람』〉

2-9. 안석손安碩孫의 아내 효양비孝養非는 남편이 범에게 잡혀가자 돌을 던지고 소리를 지르며 범을 쫓아감. 범이 남편을 버리고 감. 연산 2년 정려.〈『여지승람』〉

2-10. 성종의 딸 공신옹주恭愼翁主는 일찍 과부가 됨. 연산 갑자년 아산으로 귀양 가서 남편의 신주를 안고 조석으로 곡을 함. 중종조 정려.〈『중종』 02·06·06 & 『여지승람』〉

2-11. 전적典籍 윤시호尹時豪의 아내 이씨는 남편이 죽자 수장水漿을 입에 넣지 않고 40일을 지내니 흰 털이 몸에 가득 났고, 누런 참새가 어깨에 날아옴. 흰옷을 입고 30년을 수절하고 조석의 전奠을 늘 올림. 중종조 정려.

2-12. 전부典簿 곽계형郭季亨의 아내 최씨는 남편이 사망하자 단발하고 흰 두건을 뒤집어쓰고 3년상 때처럼 조석과 삭망의 제사를 지냄. 중종조 정문.

2-13. 사비私婢 순이順伊는 남편이 사망하자 3년상을 치렀다. 부모가 개가하라 하자
　　　목을 매어 자살. 중종조 정문.〈『명종』 14·04·01〉
2-14. 생원 김사충金士忠의 아내 전씨全氏는 남편이 사망하자 애훼哀毁가 예를 넘었
　　　다. 집에 불이 나자 남편의 신주를 안고 나오느라 몸이 타 문드러짐. 중종조 정문.
2-15. 승지 강경서姜景敍의 아내 박씨는 연산군 무오년에 남편이 유배되자 음식을
　　　먹지 않고 굶어 죽음. 중종조 정려.〈『여지승람』〉
2-16. 유학 윤사임尹師任의 아내 박씨는 남편 사망 후 복을 마치고도 여전히 소복을
　　　입고 소식蔬食을 함. 중종조 정려.〈『중종』 23·08·21 & 『여지승람』〉
2-17. 조지서趙之瑞의 아내 정씨鄭氏는 연산군 을축년에 남편이 죽고 파가저택破家
　　　瀦宅을 당하자, 그 장소에 집을 짓고 제사를 지내며 3년상을 마침. 중종조 정려.
　　　〈『중종』 02·08·19 & 『여지승람』〉
2-18. 도사都事 윤준尹畯의 아내 경씨慶氏는 남편이 죽자 목을 매어 자살을 기도함.
　　　남의 도움으로 살아나 3년상을 마치고 조석의 전奠을 폐하지 않고 잘 때도 옷의
　　　띠를 풀지 아니함. 중종조 정려.〈『여지승람』〉
2-19. 천안군 충의위 이순평李舜枰의 아내 안씨安氏는 남편이 사망한 뒤 머리를 빗
　　　지 않고 종신토록 소식하고 단발하였으며, 사철 의복을 마련해 가묘에 올렸다. 중
　　　종조 정문.〈『중종』 30·03·24, 『중종』 38·12·22〉
2-20. 부사府使 정세소鄭世紹의 아내 안씨는 남편이 사망하자, 3년간을 혈읍血泣하
　　　고 예법을 철저히 지켜 상기를 보냄. 상이 끝나고도 흰옷을 입고 소식을 함. 남편
　　　의 화상을 그리고 조석으로 상식을 올림. 10년 만에 사망. 중종조 정문.
2-21. 정랑正郎 유공권柳公權의 아내 남씨는 남편이 중국 강남에 사신으로 갔다가
　　　사망하자 3년 동안 피눈물을 흘려 맹인이 됨. 병이 극도에 달하자 약을 먹지 않고
　　　사망. 중종조에 정문.
2-22. 부사府使 최계사崔季思의 아내 남씨南氏는 남편이 사망하자, 조석으로 곡하
　　　며 죽만 먹고 상을 마침. 중종조 정려.〈『중종』 23·08·21 & 『여지승람』〉
2-23. 사인 정호丁虎의 아내 신씨辛氏는 남편 병에 상분嘗糞하고 손가락을 찧어 피
　　　를 내어 약으로 씀. 남편이 사망하자 애훼哀毁가 예를 넘었고, 죽만 먹으며 3년상

을 치름. 상기가 끝나도 조석의 전奠을 올리고 사철마다 옷을 지어 제사가 끝난 뒤 태움. 중종조 정문.

2-24. 양한필梁漢弼의 아내 고씨는 남편이 죄를 입어 사망한 뒤 연좌되어 관비官婢가 됨. 고을 사람이 강간하고자 하니, 목을 매어 자살. 중종조 정려.〈『중종』 21·01·23 & 『여지승람』〉

2-25. 조성벽趙成璧의 아내 민씨는 남편이 사망하자 3년 여묘살이를 하고 조석의 전奠을 올림. 중종조 정려.〈『여지승람』〉

2-26. 학생 이진李蓁의 처 장씨張氏는 남편이 죽을 때 아들 낳아 잘 기르라 하자, 손가락을 찢어 "유복자가 6세가 되면 따라 죽으리라"는 내용의 혈서를 쓴다. 뒤에 과연 그 날이 되자 굶어서 자살. 중종조 정려.

2-27. 사인士人 민경현閔景賢의 처 송씨는 남편이 사망하자 조석으로 무덤에 올라가 울었고, 상기가 끝나자 신주를 세우고 의복 등을 진설하고 일생 동안 전奠을 올림. 중종조에 정려.〈『중종』 05·03·28 & 『여지승람』〉

2-28. 습독習讀 이종필李宗弼의 아내 이씨는 남편이 객사하여 관이 도착하자 곡하지 않고 "반드시 남편을 따르리라. 곡하여 무엇하리오?" 하고 목을 매어 자살함. 중종조에 정려.

2-29. 정지흥鄭祗興의 아내 이씨는 남편이 사망하자 3년 여묘살이를 하고, 종신토록 생전처럼 제사를 지냄. 중종조에 정문.

2-30. 권성필權成弼의 아내 이씨는 연산군 때 남편이 사망하여 재산을 적몰당하고 자신은 관비官婢가 되자 목을 매어 죽고자 하였으나 어머니가 말려 뜻을 이루지 못함. 이웃 사람이 강간하려고 하였으나, 늘 작은 칼을 차고 막음. 중종조에 정문. 〈『중종』 02·08·19 & 『여지승람』〉

2-31. 정랑正郞 성경온成景溫의 아내 이씨는 남편이 귀양 가서 사망하자, 장례를 치르고 여묘살이를 하였다. 상기가 끝나도 술과 고기를 먹지 않았다. 중종조에 정려.

2-32. 갑사甲士 박원형朴元亨의 아내 이씨는 남편이 악질에 걸리자 손가락을 잘라 약에 타서 올렸고 이에 병이 치료되었다. 중종조에 정려.〈『여지승람』〉

2-33. 진사進士 신명화申命和의 아내 이씨는 남편이 병이 들자 선조의 무덤가에 절

하며 빌고, 칼로 손가락을 베어 죽음으로 맹세함. 이씨의 작은 딸이 하늘에서 약을 내려주는 꿈을 꾸었는데, 과연 남편의 병이 나음. 중종조에 정려.〈『중종』21·07·15 & 『여지승람』〉

2-34. 참판 송영宋瑛의 아내 신씨申氏는 남편이 사망하자 3년 여묘살이를 하고, 직접 제사를 지냄. 복을 마치고 조석의 전奠을 생시처럼 올림. 중종조 정문, 복호.(※『중종』02·05·12에 의하면 연산군 때 정문을 없앴다가 다시 세움)〈『연산』03·06·17 & 『여지승람』〉

2-35. 좌의정 허침許琛의 아내 유씨柳氏는 남편이 사망하자, 3년 동안 여묘살이를 하고, 조석의 제물을 손수 장만하였음. 연산군 때 단상법短喪法이 엄하였지만 3년상을 지냄. 중종조 정려.〈『여지승람』〉

2-36. 봉교奉敎 오몽량吳夢樑의 아내 유씨柳氏는 『소학』과 『가례』로 몸을 다스림. 남편이 사망하자 홀로 살지 않겠다고 맹세하고, 다락에 올라가 투신하였으나 죽지는 않음. 혹한의 겨울에도 샘에서 목욕을 함. 늘 풍우를 가리지 못하는 대청에서 지내고 죽만 먹다가 18년만에 죽음. 중종조 정문.

2-37. 충의위忠義衛 조여익趙汝翼의 아내 변씨邊氏는 17세에 남편이 술에 취해 길에서 사망하자, 밥을 먹지 않고 죽어서 남편을 따를 것을 원했고, 결국 기진하여 죽음. 중종조 정려.

2-38. 생원 최세창崔世昌의 아내 김씨는 남편이 사망하자, 몹시 슬퍼하고 상기가 끝나고도 조석의 전奠을 폐하지 아니함. 중종조 정려.〈『중종』38·08·10 & 『여지승람』2권-38〉

2-39. 진사 장진문張振文의 아내 김씨는 남편이 사망하자, 평생 이를 드러내어 웃지 않고 조석의 전奠을 초상처럼 올림. 62세에도 슬퍼함. 중종조 정려.〈『중종』38·08·10〉

2-40. 유학幼學 김시필金時弼의 아내 김씨는 남편이 사망하자 상복을 6년 동안 입고 머리를 빗고 목욕을 하지 아니하였으며 술과 과일을 먹지 않았다. 중종조 정려.

2-41. 장증문張曾文의 아내 김씨는 남편이 없을 때 이웃 남자가 강간하고자 칼로 협박하자 온몸에 자상을 입고서도 따르지 아니함. 중종조 정려.〈『중종』24·04·06 & 『여지승람』〉

2-42. 대사간 강형姜詗의 처 김씨는 갑자사화 때 남편이 피살되자 밥을 먹지 않고

호곡하다가 한 달만에 사망. 중종조 정려.《『연산』10·12·02 & 『여지승람』》

2-43. 사인士人 강운姜沄의 아내 이씨는 남편이 사망하자 법도를 넘게 슬퍼하고, 예를 지켜 상을 치름. 3년 동안 상복을 벗지 않았다. 중종조 정문.

2-44. 유학幼學 박형문朴衡文의 아내 김씨는 남편이 사망하자 3년 동안 머리를 빗지 않고 조석의 제사를 친히 지냄. 복을 벗자 사철의 의복을 지어 신주 앞에 올림. 중종조 정려.《『중종』21·05·25 & 『여지승람』》

2-45. 대사헌 유세침柳世琛의 아내 유씨兪氏는 남편이 충청도 관찰사로 죽음. 부음을 듣고 다락에 올라가서 투신 자살. 중종조 정문.《『중종』06·03·17》

2-46. 사비私婢 검물덕檢勿德은 남편이 사망하자, 예를 넘어 슬퍼함. 50년 동안 삭망이면 무덤에 올라가 통곡함. 중종조 정문.

2-47. 수군 정효창鄭孝昌의 아내 말질비末叱非는 남편이 사망하자 슬픔이 처음과 같았고, 시어머니를 효양孝養함. 중종조 정문.《『여지승람』》

2-48. 정병正兵 이윤李允의 아내 옥배玉杯는 남편이 범에게 물려가자 범을 쳐서 남편을 버리고 가게 함. 중종조 정려.《『여지승람』》

2-49. 학생 김계창金繼昌의 아내 양녀良女 즉지則只는 남편이 사망하자 3년 동안 곡을 하며 전奠을 올림. 아버지가 개가를 시키고자 하였으나, 죽어도 따르지 않고 수절함. 중종조 정려.《『중종』08·04·13 & 『여지승람』》

2-50. 참봉 박성림朴成林의 첩 석을금石乙今은 젊어서 남편에게 소박을 맞았으나 다른 데 시집가지 않으리라 맹세하였다. 중이 강간하고자 하니, 면치 못할 줄 알고 목을 매어 자살. 중종조에 정려.《『여지승람』》

2-51. 관청에 매인 천인 범산凡山의 아내 동질비同叱非는 남편이 사망하자 3년상을 치르고 남편 얼굴을 그려 벽에 걸고 매일 세 번 제사 지내고 시어머니를 섬김. 중종조 정려.《『여지승람』》

2-52. 재인才人 김부응수리金府應水里의 아내 양녀良女 석비石非는 남편이 사망하자, 혼자 살기보다는 남편을 따라가겠다고 하면서 목을 졸라 자살. 중종조에 정려.《『중종』11·06·09 & 『여지승람』》

2-53. 학생學生 서치명徐致明의 양녀良女 아내 마비馬非는 남편이 사망 후 20여 년

을 탈상을 하지 않음. 중종조 정려.〈『중종』 21·05·25 & 『여지승람』〉

2-54. 정병正兵 김순강金順江의 아내인 밀양의 민녀民女 난비卵非는 남편에게 소박을 맞자 부모가 개가시키려 함. 난비는 "한 몸에 두 남편은 죽어도 감히 못할 것"이라 하고, 목을 매어 자살. 중종조 정려.(『중종실록』에는 난을비卵乙非로 나와 있음.)〈『중종』 18·09·09 & 『여지승람』〉

2-55. 귀화한 사람인 동철환童鐵環의 아내 기매其每는 남편이 군관으로 종성에 가서 사망하자 재산을 흩어 사람을 사서 시신을 가지고 돌아온 뒤 목을 매어 자살. 중종조 정려.〈『여지승람』〉

2-56. 김기정金奇貞의 아내 양녀良女 덕수德水는 19세에 길에서 강포한 놈을 만났으나 끝내 몸을 더럽히지 않고 죽음. 중종조 정려.(※『중종실록』에는 수덕水德으로 나와 있음.)〈『중종』 14·12·15 & 『여지승람』〉

2-57. 종이從伊는 밤에 어떤 자가 겁탈하려 하자, 소리를 질러 면함. 그 사람이 마치 간음한 것처럼 관에 송사를 벌이자 종이는 극심한 모욕감을 느끼고 목을 매어 자살. 중종조 정려.〈『여지승람』〉

2-58. 일수日守 임막산林莫山의 아내 잉질지芿叱之는 남편이 죽자, 사람들에게 따라 죽을 것을 말하며 광중을 넓게 파라고 하고, 빈소 곁에서 목을 졸라 자살. 중종조 정려.〈『여지승람』〉

2-59. 수군 이계상李繼常의 딸인 교동喬桐 사람 말응금末應今은 젊어서 남편이 사망하자 부모가 개가시키고자 하니, 손가락을 잘라 신의를 보임. 종신 수절. 중종조 정려, 복호.〈『중종』 13·03·18 & 『여지승람』〉

2-60. 나주 정병正兵 최치강崔致江의 양녀良女 아내 능금能今은 남편이 사망한 뒤 상복을 벗을 때가 되었는데도 흰옷을 입고 고기를 먹지 않고 조석의 상식을 올림. 중종조 정려.〈『중종』 21·05·25 & 『여지승람』〉

2-61. 향리 이당李堂의 아내 동질금同叱金은 남편이 사망하자, 종신토록 상복을 안 벗고 조석의 상식을 올림. 중종조 정려.〈『중종』 07·05·09 & 『여지승람』〉

2-62. 정병正兵 오계손吳戒孫의 아내 동질금同叱今은 남편이 사망하고 상이 끝나자 다른 사람이 아내로 맞이하고자 하니, 목을 매어 자살. 중종조 정려.〈『여지승람』〉

2-63. 효자 유언겸兪彦謙의 첩인 관비官婢 칠비七非는 남편이 병 드니, 손가락을 잘라 약에 타서 올림. 남편이 죽자 머리카락을 자르고 신체를 훼손하여 종신 수절. 중종조 정문.〈『명종』 16·09·18〉

2-64. 목사牧使 진담秦澹의 첩인 이소사李召史는 남편의 오랜 병에 상분嘗糞하고 병을 간호한 것이 7,8년이었다. 남편이 사망하자 단발하고 6년을 상중에 있었고 흰옷을 입고 지냄. 중종조 정문.

2-65. 유학幼學 우예순禹禮舜의 첩 임씨任氏는 화적이 낫을 휘두르며 남편을 해치려 하자, 남편을 보호하기 위해 대신 날을 맞았으나 피하지 않았다. 끝내 죽음을 면함. 명종조 정문.

2-66. 직장直長 김영견金永肩의 딸은 남편이 사망하자 죽을 먹으며 3년상을 마치고 아침 저녁으로 제사를 올림. 명종조 정문.

2-67. 학생 이지중李之中의 처 오씨는 남편이 사망하자 10일을 먹지 않고 기절했다가 흙물을 마시고 다시 살아남. 상복을 벗자 소식을 하고 소복을 입고 40여 년을 지냄. 명종조 정문.〈『명종』 08·08·07〉

2-68. 현감 강희姜僖의 아내 김씨는 남편이 사망하자 예법대로 장사를 지내고 6년을 죽만 먹고 머리를 빗지 않았다. 명종조 정문.〈『중종』 38·08·10〉

2-69. 군수 김응상金應祥의 딸이자 유학幼學 송희인宋希仁의 아내 김씨는 남편이 사망하자 먹지 않고 머리를 빗지 않고 일어나지 못한 채 호곡하면서 같이 묻히기를 기약했고, 10일만에 사망함. 명종조 정문.

2-70. 유학 정휘鄭徽의 아내 이씨는 남편이 사망하자 삭발하고 손가락을 잘랐으며 장례에 슬픔을 다함. 3년상 동안 죽만 먹었으며 상복을 벗고도 종신토록 소복을 입고 웃지 않았음. 사철마다 남편 옷을 마련해 무덤에서 태움. 명종조 정문.

2-71. 도사都事 홍윤洪潤의 아내 이씨는 남편의 병에 손가락을 잘라 피를 입에 부어 넣었다. 이에 남편이 다시 살아났다. 명종조 정문.

2-72. 호장戶長 진팽근陳彭根의 아내 손소사孫召史는 남편이 전장戰場에서 사망하자, 종신토록 흰옷을 입고 사철의 의복을 지어 제사를 지낸 뒤 태움. 명종조 정문.

2-73. 양녀良女 도금道今은 남편의 병에 손가락을 잘라 올리니 병이 즉시 나았다.

명종조 정문.

2-74. 사노私奴 최은손崔銀孫의 처 말을금末乙수은 남편이 사망하자 종신 수절하고 제사를 지냄. 명종조 정문.

2-75. 충순위忠順衛 신종손申宗孫의 딸이자 유학幼學 이복李宓의 아내인 신씨는 남편이 사망하자 예를 넘어 상장을 치름. 한 달 동안 죽도 먹지 않고 직접 제사를 지냄. 제사를 지내면 술이 금방 마르고 새가 신씨의 떨어진 눈물을 찍어먹고 떠나지 않음. 선조조 정문.

2-76. 효자 이공겸李公謙의 처 민씨는 남편의 병에 손가락을 잘랐고, 남편이 죽자 죽만 먹다가 3년이 못 되어 사망. 선조조 정문.

2-77. 박세희朴世熙의 처 방씨方氏는 남편의 병에 상분嘗糞하고 손가락을 잘라 약에 타서 올리니 다시 살아나 3년 뒤에 죽음. 선조조 정문.

2-78. 남씨는 남편이 죽자 예를 다해 장례를 치르고 죽만 먹고 3년을 지냄. 선조조 정문.

2-79. 학생 이혼李渾의 아내 나씨는 남편의 병에 향을 사르고 팔을 태워 기도했고, 또 손가락을 잘라 올림. 남편이 사망하자 애훼哀毁가 법도를 넘음. 집에 화적이 들어오자, 나씨는 사당으로 가서 도적을 피하지 않고 남편의 신주를 보호함. 선조조 정문.

2-80. 교생校生 한기韓琦의 아내 박씨는 남편이 죽자 문을 닫고 슬퍼하다 일곱 달만에 사망. 선조조 정문.

2-81. 유학幼學 김광주金光柱의 아내 한씨는 남편이 죽자 언문으로 슬픈 감정을 써서 베개에 넣고 목을 매어 죽음. 선조조 정문.

2-82. 내금위內禁衛 김섭金攝의 아내 한씨는 남편이 사망하자 목을 매어 자살. 선조조 정문.

2-83. 권씨는 도적이 침입하여 남편을 난타하자 몸으로 남편을 막고, 도적에게 심하게 맞아 피를 흘리면서 물건은 다 가져가도 남편을 살려 달라 함. 도적이 감동하여 남편을 버리니 남편이 죽음을 면할 수 있었음. 선조조 정문.

2-84. 사인士人 황효건黃孝健의 아내 이씨는 남편이 사망하자 주야로 통곡하고 상

을 벗지 않은 채 하루에 기장 죽 2홉만을 먹으며 26년을 지냄. 사철마다 정성을 다해 제사를 지냄. 선조조 정문.

2-85. 부사府使 송율宋瑮의 아내인 숙부인淑夫人 신씨愼氏는 남편이 사망하자 3년상을 치르면서 주야로 통곡하고 죽만 먹음. 시아버지가 병이 나자 손가락에 피를 내어 입에 흘려 넣고 다시 손가락을 잘라 약에 타서 부어 넣었고, 이에 시아버지가 살아남. 선조조 정문.

2-86. 양녀良女 춘월春月은 계미년 호란胡亂에 오랑캐에게 잡혀 가서 오랑캐를 속이고 배를 찔러 자살함. 선조조 정문.

2-87. 효자 성박成博의 아내 권씨는 왜적이 남편을 죽이고 강간하고자 하니, 돌로 왜적을 치고 굴하지 않고 죽음. 선조조 정문. ※ 여기서부터 임진왜란을 반영한 열녀가 나오기 시작함.

2-88. 현감 유희담柳希聃의 딸은 14세에 왜란을 만났는데, 조모 김씨를 따라 피난하다가 강에 빠졌다. 뱃사람이 손으로 건지고자 하니, 유씨는 "구차히 사는 것보다는 몸을 깨끗이 하여 죽는 것이 낫다" 하고 스스로 익사함. 선조조에 정문.

2-89-1. 2-89-2. 부사府使 윤현尹晛의 아내 김씨(2-89-1), 윤기지尹器之의 아내 박씨(2-89-2). 김씨는 윤현이 군대를 거느리고 전투에 나간 뒤 난리를 피하라는 사람들의 말에 "남편이 전장에 있으니 갈 수 없다" 하였다. 윤현이 듣고 "나는 신하이니 이 땅의 귀신이 되려니 당신은 조상님의 신주를 왜적에게 더럽히지 말아야 할 것이다" 하였다. 김씨가 떠나서 강을 건너는데 왜적이 들이닥치니 김씨와 윤기지, 그리고 박씨는 강에 투신하여 자살함. 박씨의 나이는 19세. 선조조 정문.

[부록 9]
『조선왕조실록』 열녀 자료

① 같은 일자의 조목에 여러 명의 열녀가 등장할 경우 a, b, c 등 알파벳 소문자로 다시 구분한다. a, b, c 아래 다시 열녀가 등장할 경우 ①②③으로 구분한다.
② 자료 끝에 〈『여지승람』 & 『동국신속』 1권, 고려-1〉로 추가된 것은, 동일한 자료가 『신증동국여지승람』과 『동국신속삼강행실도』에도 실려 있다는 뜻이다. '『동국신속』 1권, 고려-1'은 『동국신속삼강행실도』 1권의 고려 부분의 첫 번째 자료라는 뜻이다. '『동국신속』 1권-3'처럼 고려 등의 나라 표기가 없으면, 1권의 조선 부분의 세 번째 자료라는 뜻이다.

『태조실록』

1. 『태조』 04·04·27   최극부崔克孚의 아내며, 대빙재대빙재待聘齋의 학생 임거임거林柜의 딸인 완산完山의 절부節婦 임씨林氏, 왜구에게 저항하다가 잔혹하게 살해됨. 정문旌門.〈『여지승람』〉
2. 『태조』 04·05·15   교동喬東 전 별장別將 이제李堤의 아내 백정百丁은 조장수曹長壽의 딸임. 왜구에게 사로잡혀 수절守節하고 죽음. 정표旌表.
3. 『태조』 04·09·16   함열咸悅 사람 전 산원散員 최득림崔得林의 아내 홍씨는 무오년에 왜적에게 잡힘, 강간 거부, 꾸짖고 저항, 살해됨. 복호, 정려.〈『여지승람』 & 『동국신속』 1권, 고려-1〉
4. 『태조』 04·09·16   양성陽城의 고故 판사判事 김오복金五福의 아내 노씨盧氏는 정묘년에 남편이 사망하자, 무덤 옆에 여막, 9년 동안 제사. 복호, 정려.
5. 『태조』 04·09·16   (a) 춘주春州의 낭천 감무狼川監務 조안평趙安平의 모친 이씨는 남편이 사망하자, 과부로 수절, 아들을 잘 길러 벼슬하게 함. 복호, 정려.
    (b) 교동喬桐의 전 별장別將 이제李提의 아내 조씨曹氏, 19세에 왜적에게 몸을

더럽히지 않고 죽음. 복호, 정려.〈『여지승람』 & 『동국신속』 1권, 고려-22〉 ※『태조』 04·05·15의 이제李堤의 아내 백정과 동일한 사람이 아닌가 한다.

6. 『태조』 04·12·12   (a) 함주咸州 백성의 딸 금진今珍은 나이 23세에 상부喪夫, 수절守節 72세, 복호.

(b) 영흥부永興府 백성 김부개金夫介의 조모祖母는 32세에 상부하여, 70세가 되도록 과부로 지냄. 복호.

7. 『태조』 06·05·04   조덕린趙德麟의 어미 김씨金氏, 19세에 남편 사망. 부모가 개가를 강요하자, 머리카락을 자르고 따르지 아니함. 60년 수절. 정표. 조덕린은 군역 면제.

『정종실록』

1. 『정종』 01·12·01   연산連山 사람 허씨許氏는 19세에 상부, 3년상 이후 부모와 친척들이 개가시키려 했으나 따르지 아니하고 시어머니를 봉양함. 정표, 쌀과 콩을 하사.

『태종실록』

1. 『태종』 03·03·03   고 부정副正 오지계吳之界의 처 한씨韓氏, 남편이 전쟁터에서 사망하자, 절식節食하다가 죽음. 부의를 하사하고 정려함.〈『여지승람』 & 『동국신속』 1권, 고려-15〉

2. 『태종』 04·02·27   (a) 권무權務 방신필房臣弼의 처와 (b) 영사슈史 엄용생嚴龍生의 처는 30세 이전에 남편 사망. 친척이 개가를 권유했으나, 수절함. 정역丁役을 영구히 면제함.

3. 『태종』 05·12·29   (a) ①인동현仁同縣의 중랑장 고성언高成彦의 처 최씨崔氏는 28세에 남편이 사망하자 3년상을 치르고 수절함. 가족이 개가를 적극 시도했

으나, 죽음으로 저항하고 수절함. ②첫째 딸은 중랑장 이진우李珍祐와, ③둘째 딸은 남편 군기주부軍器注簿 정후鄭厚와 결혼했으나 모두 조사무死하였고, 두 딸은 모두 수절함.

(b) 산원散員 장윤張倫의 처 유씨兪氏, 33세에 남편이 전사하자 친정아버지가 개가를 권유하였으나 '부녀자의 도리'를 들어 거절하고 수절함.

(c) 초계 군사草溪郡事 이태경李台慶의 처 강씨姜氏는 남편이 사망하자 3년상을 치르고, 서울에 있는 대갓집의 혼인 요구를 자신의 머리카락을 잘라 보임으로써 거절. 모두에게 정문旌門, 복호. 〈『여지승람』 & 『동국신속』 1권-8〉

4. 『태종』 09·01·24　부여현의 부사정副司正 강안수康安壽의 처 조씨曹氏는 남편이 사망하자, 여막을 짓고 3년상을 마침.

5. 『태종』 10·05·12　영녕현永寧縣 사람 노귀택盧貴澤의 처 장귀庄貴는 남편이 죽자 가난한 탓에 품팔이를 하여 매장을 함. 산신재를 지내고 돌아올 때 "죽지 못한 것을 한하여" 독초를 먹었으나, 죽지 않자 목을 매어 자살함. 정려旌閭.

6. 『태종』 13·02·07　(a) 청주 사람 박후朴厚의 처 손씨孫氏는 남편이 사망하자 수절함. 정문旌門.

(b) 온수溫水 사람 호조 의랑戶曹義郎 이극수李克壽의 처 오씨吳氏는 남편이 죽자 빈소를 1년이나 모시고, 장사 뒤에는 분묘를 지키며 상제를 마침. 시어머니를 봉양하다가 사망했을 때 친어버이처럼 상을 치름. 정문旌門.

(c) 안동 사람 전 산원散員 유천계兪天桂의 처 김씨는 신사년(1401)에 남편을 물고 가는 범을 주먹으로 쳐서 남편을 두고 가게 함. 남편은 살아났고, 이튿날 범이 다시 오자 좋은 말로 설득하여 보냄. 정문旌門. 〈『여지승람』〉

(d) 풍산 사람 이강李橿의 처 김씨金氏는 안동의 전 중랑장 김천金洊의 딸로서, 남편이 낙마로 사망하자, 밥을 먹지 않고 시신을 안고 울다가 53일만에 사망함. 정문旌門. 〈『여지승람』〉

(e) 진주 호장戶長 정만鄭滿의 처는 최인우崔仁祐의 딸임. 기미년(1379)에 왜구가 진주에 침입했을 때 왜적의 강간에 저항하다가 살해됨. 정문旌門. 〈『고려사』 & 『여지승람』〉

(f) 함양 사람 전 역승 정인鄭寅의 처 송씨宋氏는 기사년(1389)의 왜구 침입 때 강간에 저항하다가 살해됨. 정문旌門.〈『여지승람』 & 『동국신속』 1권, 고려-9〉

7. 『태종』 13 · 06 · 11   정씨鄭氏는 20세에 남편이 사망하자 수절함. 친척들이 개가를 시키려 하였으나, '부도婦道'를 들어 거부하고 수절함.

8. 『태종』 13 · 07 · 21   철원부 사람 전 감무監務 고중생高仲生의 딸은 수절하며 계모를 공경히 봉양함. 계모가 불에 타 죽자, 예를 갖추어 장례를 치름. 정려旌閭.

9. 『태종』 15 · 01 · 16   (a) 신녕 감무新寧監務 유혜지柳惠至의 아내 정씨鄭氏는 임진년(1412) 겨울에 남편이 사망하자, 집에 빈소를 설치하고, 아침 저녁으로 전奠과 제祭를 올림. 이듬해 11월에 장사지내자 여묘살이를 함. 정려旌閭.〈『여지승람』 & 『동국신속』 1권-3〉

(b) 의령 사람 학생 심치沈致의 처는 전 부령副令 석사진石斯珍의 딸. 20세에 남편이 사망하자 3년상을 치르고 병든 시어머니를 봉양하면서 수절함. 친정아버지가 개가를 강요하자 '부녀자의 도리'를 들어 거부함. 정려旌閭.〈『여지승람』 & 『동국신속』 1권-16〉

(c) 함주咸州 사람 임영수林永守의 아내 막장莫莊은 학생 이만송李萬松의 딸로서, 29세에 남편이 사망하자 3년상을 치름. 형제들이 개가를 강요하자, '부녀자의 도리'를 들어 거부함. 정려旌閭.〈『여지승람』 & 『동국신속』 1권 '정문무사질인旌門無事迹人' 조선의 6번째의 '함흥부 사람 막장'과 동일한 자료임〉

10. 『태종』 15 · 11 · 01   선군船軍 주안도朱安道의 아내 김여귀金黎貴는 남편의 병을 간호하였고, 남편이 사망하자 임신중임에도 시신을 안고 과도하게 슬퍼함. 친정 어머니가 말리고 친정으로 데려가자, 뽕나무에 목을 매어 자살. 정려旌閭하고 장례에 필요한 물자 하사.〈『여지승람』 & 『동국신속』 1권-46〉

『세종실록』

1. 『세종』 02 · 01 · 21   (a) 공주에 거주하는 현감 정자구鄭自丘의 처 고씨는 33세

에 남편이 사망하자, 친정 아버지가 개가를 시키고자 했으나 따르지 않고, 남편 무덤 곁에 집을 짓고, 시속 명절에 친히 제사를 지냄. 정문旌門, 복호.〈『여지승람』& 『동국신속』1권 '정문무사적인旌門無事跡人'의 고려-1 '高氏公州人, 縣監鄭自求之妻'와 동일한 자료임〉

(b) 면천 소감沔川少監 심인부沈仁富의 처 경씨耿氏는 28세에 남편이 사망하자, 온 가족이 개가시키고자 했으나 거절하고 수절함. 정문旌門, 복호.

(c) 서산瑞山의 사노私奴 막금莫金의 처 소사召史는 24세에 남편이 사망하자, 뭇 사람이 아내로 맞이하려 했으나 따르지 않고 수절함. 정문旌門, 복호.

(d) 연산連山의 급제及第 김문金問의 처는, 20세에 남편이 사망하자 여막을 짓고 조석 상식을 올리며 3년상을 마침. 현재까지 곡읍哭泣하고 몸치장을 하지 않음. 정문旌門, 복호.〈『여지승람』& 『동국신속』1권-22〉

(e) 대구의 낭장朗將 김내金鼐의 처 서씨는 24세에 남편이 사망하자, 친정아버지가 개가시키고자 했지만, 따르지 않고 수절함. 정문旌門, 복호.〈『여지승람』& 『동국신속』1권-2에는 김내정金乃鼎으로 되어 있음〉

(f) 선산善山의 선군船軍 조을생趙乙生의 처 약가이藥加伊는 병자년(1396)에 남편이 왜적의 포로가 되어 생사를 모르게 되자, 주육과 훈채를 먹지 않았다. 친정부모가 개가시키고자 했으나, 거절하고 수절함. 8년 뒤에 남편이 생환하였다. 정문旌門, 복호.〈『여지승람』〉

(g) 학생 김구金珣의 처 불비佛非는 20세에 남편이 사망하자 친정아버지가 개가시키고자 했으나 따르지 않고 수절하면서 구고舅姑를 봉양함. 정문旌門, 복호.

(h) 함창咸昌의 전 권무權務 박희준朴希俊의 처 김씨는 23세에 남편이 사망하자, 친정아버지가 개가시키고자 했으나, 따르지 않고 수절함. 정문旌門, 복호.

(i) 영천의 낭장朗將 이선李鮮의 처 정씨는 24세에 남편이 사망하자, 친정부모가 개가시키고자 했으나, 따르지 않고 수절함. 지금까지 고기를 먹지 않음. 정문旌門, 복호.

(j) 영일의 전 제공提控 이등李登의 처 오씨는 27세에 남편이 서울에서 사망하자 시신을 거두어 장사 지내고 초하루 보름이면 묘에서 제사를 올림. 정문旌門, 복호.

(k) 김해의 전 녹사錄事 윤홍도尹弘道의 처 배씨는 19세에 남편이 사망하자, 시

어머니를 봉양하면서 수절. 정문旌門, 복호.

(l) 의령 학생 심치沈致의 처 석씨는 20세에 남편이 사망하자, 시어머니를 봉양하면서 수절함. 친정아버지가 개가시키고자 했으나, '부녀자의 도리'를 들어 거절함. 정문旌門, 복호.〈『태종』15·01·16에 나왔음〉

(m) 합천의 전 장흥고 부사副使 장우량張友良의 처 한씨는 나이 25세에 아들이 없다는 이유로 버림을 당하였음에도 정절을 지킴. 시부모가 사망하자 6년 동안 상을 입었고, 기일이면 제사를 지냄. 정문旌門, 복호.

(n) 전주 기관記官 이경李瓊의 처 소사召史는 26세에 남편이 사망하자 수절하면서 시부모를 봉양함. 시부모가 사망하자 남편 대신 상을 입고, 가산을 기울여 장례를 치름. 정문旌門, 복호.

(o) 정읍의 산원散員 진경陳慶의 처 유씨劉氏는 30세에 남편이 왜구에게 죽자, 수절하면서 시어머니를 봉양함. 정문旌門, 복호.

(p) 금산錦山의 부정副正 임영순林英順의 처 한씨는 26세에 남편이 사망하자 수절함. 정문旌門, 복호.

(q) 전 산원散員 이익李益의 처 소사召史는 25세에 남편이 사망하자 수절함. 정문旌門, 복호.

(r) 광주光州의 별장 홍전洪琠의 처 박씨는 30세에 남편이 사망하자 수절하면서 시어머니를 봉양함. 정문旌門, 복호.

(s) 나주의 한림 조탁趙琢의 처 나씨는 나이 24세에 아들 없이 남편이 사망하자 수절함. 정문旌門, 복호.(『성종』09·08·24에 의하면, 영락22년(세종6년)에 예조 수교에 의해 조탁 처 나씨와 『여지승람』&『동국신속』1권-5-2의 그 동생 임윤덕林允德의 아내 나씨까지 정문, 복호됨.)〈『여지승람』&『동국신속』1권-5-1〉

2. 『세종』04·02·28   예조정랑 권극중權克中의 처 민씨, 남편이 사망하자 남편의 관을 가지고 광주光州로 돌아가 장사지냄. 여묘살이를 하면서 3년상을 마치고도 집으로 돌아가지 아니함. 친형제의 강청에 비로소 돌아감. 정려旌閭, 복호.〈『여지승람』&『동국신속』1권-12〉

3. 『세종』06·05·12   지군사知郡事 김언경金彦卿의 처 김씨는 홍무洪武 정묘년

(1387) 왜구의 침입 때 강간에 극력 저항하다가 살해됨. 정문旌門, 복호復戶.〈『여지승람』 & 『동국신속』 1권-4〉

4. 『세종』 07·04·26 충청도 은진현에 거주하는 이사경李思敬의 딸 이덕李德은 선군船軍 문성기文成奇의 아내로서 기해년(1359? 1419?) 왜구가 비인포에 침입했을 때 문성기가 전사함. 남편의 시신을 찾지 못하자 위패를 만들어 모시고 조석전을 올림. 상기가 끝난 뒤 친정 부모가 개가시키고자 했으나, 위패가 자신의 배필이라면서 거부하고, 늘 소복을 입고, 술과 고기를 먹지 않고 조석전을 7년 동안 올림. 정문旌門, 복호復戶.〈『여지승람』 & 『동국신속』 1권, 고려-12〉

5. 『세종』 08·08·16 직집현전直集賢殿 배윤裵閏의 아내 의인宜人 나씨는 남편이 죽자 여묘살이를 하면서 3년상을 마침. 정문旌門, 복호.〈『여지승람』 & 『동국신속』 1권, 고려-17〉

6. 『세종』 09·12·21 황해도 송화현松禾縣 사람 최번崔番의 아내는 나이 13세에 결혼, 29세에 남편이 사망하자 수절하면서 과부인 시어머니를 봉양함. 시어머니가 개가를 권유했지만 거절함. 시어머니의 사망에 예법대로 장례를 치름. 정문旌門, 복호.

7. 『세종』 10·10·28 (a) 경기 안성 사람 서운정書雲正 정균鄭均의 아내 허씨는 36세에 남편이 사망하자 수절함.
(b) 서울 남부南部 사람 사재감 부정司宰監副正 김윤화金允和의 아내 이씨는 남편이 사망하자, 3년간 무덤을 지킴.
(c) 경기도 적성積城 사람 절제사 홍상직洪尙直의 아내 문씨는 남편이 사망하자, 여묘살이를 하였고, 상기가 끝난 뒤에도 무덤 가까운 동리에 살면서 삭망朔望과 속절俗節에 반드시 제사를 올림.
(d) 충청도 공주 사람 학생 박한생朴漢生의 아내 정씨鄭氏는 20세에 남편이 다른 여자를 얻자, 친정 부모가 개가시키려 하였으나, 따르지 않고 수절함. 30세에 남편이 사망하자 다시 개가시키려 했지만, 따르지 않고 수절함.
(e) 홍주洪州 사람 감무監務 이중빈李仲賓의 아내 임씨林氏는 남편이 사망 후 수절중에 어머니가 사망하자 3년간 여묘살이를 함.

(f) 소감小監 박맹문朴孟文의 아내 조씨趙氏는 39세에 남편이 사망하자 여묘살이를 하면서 3년상을 마침.

(g) 전라도 전주 사람 유학幼學 최이원崔以源의 아내 이씨는 18세에 남편이 사망하자 3년상을 치르고 수절함. 친정 부모가 개가를 시키고자 결혼날을 잡았으나, 시부모 집으로 도망하여 수절함.〈『동국신속』1권-7〉

(h) 급제及弟 김구연金九淵의 아내 이씨는 26세에 남편이 사망하자, 무덤 가까운 곳에 와서 살며 삭망에 제사를 올림. 술과 고기를 입에 대지 않고, 버선을 만들어서 무덤 앞에 사르는 등 마치 살아 있는 남편을 섬기듯 하였음.

(i) 호장戶長 양전梁佃의 처는 28세에 남편이 사망하자 친정 부모가 개가를 권유했으나 거절하고 수절함. 어육魚肉과 훈채를 먹지 않음.〈『여지승람』&『동국신속』1권-61〉

(j) 학생 최유룡崔有龍의 아내는 무진년(1388) 왜구 침입 때 강간에 저항하다가 살해됨.

(k) 중추원 부사副使 이침李沈의 아내 문씨는 19세에 결혼했는데 3년 만에 남편이 서울 가고 홀로 살던 중 남편이 사망한다. 구혼자가 많았으나 수절함.

(l) 직원職員 석아보리개石阿甫里介의 아내 무명無命은 20세에 결혼했는데, 9년 만에 남편이 죽는다. 자식과 부모, 노비도 없었지만, 곤궁을 달게 여기며, 청혼자들을 물리치고 수절함.〈『여지승람』&『동국신속』1권-고려-5『여지승람』과『동국신속』에는 석나리보개石那里甫介로 되어 있음〉

(m) 다방 별감茶房別監 여백훈余伯壎의 아내 윤씨는 19세에 남편이 사망하자 삭망朔望에는 전奠을 올리고 울부짖으며 상기를 마침. 친정어머니가 개가시키려 하자 거절하고 시집으로 도망가서 수절함.

(n) 지군사知郡事 이태경李台慶의 아내 강씨姜氏는 29세에 남편이 사망하자 3년상을 지내고 그 뒤에도 사시사철 제사를 올림. 판사 조윤명曹允明과 상산군象山君의 아들 강진姜鎭이 결혼하고자 하니, 삭발하고 도망가서 수절함.

(o) 유학幼學 윤원상尹元常의 어머니는 32세에 남편이 사망하자, 3년상을 지내고, 삭망의 제사 때면 무덤에서 호곡號哭함. 친정어머니가 개가시키려 하자 거절하고 수절함.

(p) 기관기관記官 을봉乙奉의 어머니는 33세에 남편이 사망하자 3년상을 지냄. 친정 어머니가 개가를 권하자, 거절하고 수절함. 남편 사망 후 20년 동안 기일이면 머리를 풀고 통곡함.

8. 『세종』 11·11·27   선군船軍 안승로安升老의 딸인 처녀 연이燕伊는 칠원漆原 사람 정경丁耕의 강간에 저항하다가 맞아서 사망함. 정문旌門. 정경은 교수형에 처함.〈『여지승람』 & 『동국신속』 2권-2〉

9. 『세종』 13·05·17   경주 자인현慈仁縣에 거주하는 가각고 녹사架閣庫錄事 이애李愛의 아내는 남편이 사망하자 여막을 짓고 여묘살이를 함. 관아에서 금지하였으나, 묘를 떠나지 않음. 조정에서 논란 끝에 쌀 10석을 하사함.

10. 『세종』 13·06·25   (a) 장군 박사덕朴思德의 아내 한씨는 남편이 사망하자, 4년 동안 여묘살이를 하고 있던 중 아들 박강이 말려서 집으로 돌아옴. 조정에서는 권장할 일은 아니지만 그 정성을 높이 평가해 쌀과 베를 하사함.

(b) 고 운산군사雲山郡事 황재黃載의 아내 김씨는 남편이 첩을 둘을 두어도 투기하지 않고 남편을 더욱 공경했고, 남편 사망 이후에는 친정어머니가 개가시키려 하자 머리카락을 자르고 중이 됨. 복호.

(c) 울진군 소장小莊은 남편이 익사한 뒤 친족들이 개가시키려 하자 '부녀자의 도리'를 들어 굳게 거절하고 수절함. 복호.

(d) 원주 김준金俊의 처는 남편이 사망하자 3년상을 지내고 고기와 훈채를 먹지 않음. 친정부모가 개가시키려 하자 시집으로 도망 와서 수절함. 복호.

(e) 정선군旌善郡 김중양金仲陽의 아내는 남편이 사망하자 수절하면서 31년 동안 시부모를 봉양함. 복호.

(f) 기관記官 이봉언李奉彦의 아내는 남편이 사망하자 친정 부모가 개가시키려 했으나, '부녀자의 도리'를 들어 거절하고 37년 동안 수절함. 복호.

(g) 평해군 황귀인黃歸仁의 아내는 남편이 사망하자 수절하면서 시부모를 봉양함. 시어머니가 죽자 3년상을 마칠 때까지 애통해 함. 복호.

11. 『세종』 13·09·11   강원도 감사가 세종 13년 6월 25일에 보고한 복지卜只의 처, 임영철林英哲의 처를 복호함.

12. 『세종』 13·10·28   (a) 급제 이맹준李孟畯의 아내 문씨는 21세에 남편이 사망하자 30년을 수절함. 복호.

(b) 참군參軍 정상주鄭尙周의 아내 김씨는 26세에 남편이 사망하자 수절하면서 시어머니를 80세가 넘도록 봉양. 복호.

(c) 생원 김괄金适의 아내 김씨는 25세에 남편이 사망하자 수절하면서 시어머니를 봉양함. 복호.

(d) 박근의 아내 곽씨는 26세에 남편이 사망하자 3년 동안 참최복斬衰服을 입고, 대상과 담제 뒤에도 친정으로 돌아가지 않고, 시부모를 극진히 봉양함. 복호.〈『여지승람』&『동국신속』1권, 고려-18〉

(e) 보령현保寧縣의 감물이甘勿伊는 39세에 남편이 사망하자, 3년 동안 최복衰服을 입었다. 상복을 벗고 난 뒤 친정어머니와 형제가 개가시키려 하자 거부하고 수절함. 시부모가 사망하자 모두 3년상을 지냄. 복호.

(f) 김삼金參의 아내 박씨는 18세에 남편이 사망하자, 초하루·보름의 제전을 준비하여 3년상을 마침. 수절하면서 시아버지를 43년 동안 봉양함.

(g) 강눌姜訥의 아내는 25세에 남편이 사망하자, 친정어머니가 개가시키고자 하였으나 따르지 않고 수절함. 복호.

(h) 김흡金洽의 아내 약신若信은 33세에 남편이 사망하자 3년상을 치르고 수절하면서 시부모를 봉양함. 복호.

13. 『세종』 14·09·13   사직司直 송을생宋乙生의 아내 조씨曹氏는 25세에 남편이 사망한 뒤 상기喪期를 마치자, 친정어머니가 개가시키고자 했으나 23년 동안 수절하고, 시속 명절과 초하루에 반드시 제사를 올림. 정문旌門, 복호.〈『여지승람』&『동국신속』1권-24〉

14. 『세종』 16·01·28   인순부仁順府의 비婢 정월正月은 경술년에 남편이 사망하자 장사하는 날에 널 앞에 서서 널이 움직이지 않도록 천천히 묘혈墓穴까지 인도하였고, 장사를 지내고는 여묘살이를 하면서 바느질과 길쌈을 평일처럼 하였으며, 대소상大小祥과 담제禫祭까지 모두 예제禮制에 의하여 행하였다. 3년이 지나서도 차마 떠나지 못하여 무덤이 보이는 곳에 여막을 세우고 몇 달이 지난 뒤에

집으로 돌아온다. 정월과 두 아들의 공납을 면제해 줌.

15. 『세종』 16·03·22 대부隊副 장후張厚의 아내 칠월이는 16세에 결혼, 34세에 남편이 군복무 중 병사하자 3년상을 치름. 친정부모가 개가시키려 했지만, 거절하고 수절하면서 시어머니를 봉양함. 정문, 복호.

16. 『세종』 16·04·14 충청도 면천 사람 구결具潔이 영북진寧北鎭으로 부방赴防하러 가는 길에 사망함. 아내 서씨徐氏가 도보로 찾아가려 했으나 주위의 만류로 그만두고, 종을 보내 시신을 맞이하고 장사를 지냄. 여막을 짓고 조석으로 슬피 울었다. 조정에서 여막에서 지내는 것을 금지시키고 쌀 10석을 하사함.

17. 『세종』 16·08·03 여흥驪興 사람 우승경禹承慶의 아내 원씨袁氏는 남편이 병사하자 극도로 슬픔을 표하고, 집 바로 옆에서 장사를 지냄. 추위, 더위, 비에도 불구하고 조석의 상식을 올림. 복호, 쌀 10석 하사.

18. 『세종』 20·07·17 군위 사람 도운봉都雲奉의 아내 서씨는 남편이 즐기던 대나무를 남편이 죽은 뒤 17년 동안 쓸며 애모함. 하루는 흰 대나무가 후원에 돋아남. 정문, 복호.〈『여지승람』〉

19. 『세종』 21·05·22 여산礪山 사람 송씨는 21세에 생원 정희중鄭希重에게 시집가서 아들 하나 낳고, 남편 병사. 상제를 마친 뒤 절개를 지킴. 친정 부모가 개가시키려고 다른 집에 납채納采까지 함. 송씨는 '부녀자의 도리'를 들어 거절하였고 부모가 재차 강요했으나 또 거절하였다. 시어머니를 잘 봉양, 시어미 사망에 3년상을 치름. 정문, 복호.〈『여지승람』〉

20. 『세종』 25·08·13 각도에서 상신한 효자·절부 26명에 대한 사실을 다시 조사해 정문, 복호 등을 하게 함.

21. 『세종』 26·08·14 (a) 담양 사람 우씨禹氏는 남편 사망 후 수절하면서 시어머니를 봉양하던 중 집에 불이 나자 뛰어들어 시어머니를 붙들고 나옴. 친정아버지가 개가시키려 했지만, 따르지 않고 계속 수절함. 정문, 복호.
(b) 전라도 전주 사람 이씨는 14세에 결혼하여 19세에 남편이 사망함. 친정아버지가 개가시키려 하자 시집으로 도망가서 남편을 예에 따라 장사지내고 시어머니를 봉양함. 정문, 복호.

(c) 남원 사람 소사召史는 남편이 사망하자 3년을 울며 애통해 함. 친정아버지가 개가시키려 하자 거절하고 30년 동안 고기를 먹지 않고 수절함. 정문, 복호.

『단종실록』

1. 『단종』 00·윤9·24　(a) 유학幼學 송직宋直의 아내 진씨秦氏는 남편이 사망하자 수절하고, 시부모의 죽음에 마음을 다해 장례를 치름. 고아 둘을 데리고 가난하게 살아 친정부모가 개가시키고자 했으나, '부녀자의 도'를 들어 거절하고 계속 수절함.
(b) 예빈시의 여종 구음방仇音方은 남편이 사망하자 초하루·보름에 정성을 다해 제사를 올리고, 8년 동안 어육魚肉과 훈채葷菜를 먹지 않음. 친정아버지가 개가를 권유하자 도망하고 따르지 않음. ※『성종』 03·02·29에 다시 보고되어 정문, 복호.〈『여지승람』〉
(c) 김해부 사람 허씨는 유학幼學 정종언鄭從彦과 결혼하여, 이듬해 남편이 사망하자, 3년상을 치른 뒤에도 여전히 슬퍼하면서 훈채와 어육을 먹지 않고 수절함. 친정아버지가 자식 없는 청상과부가 된 것을 불쌍히 여겨, 개가시키고자 하였으나, 굳게 거절하고 수절함.

2. 『단종』 01·07·16　(a) 북청 사람 만호 조맹미趙孟美가 사망하자 아내 이씨가 몸소 흙을 날라 무덤을 만들고, 손을 찔러 피를 내어 비석에 새긴 글자를 메우고 3년 동안 무덤을 지킴. 조정에서 무덤을 지킨 것은 장려할 일이 못 되지만, 정성이 갸륵하다 하여 쌀 10석을 하사함.
(b) 학생 김자후金自厚의 아내 소사召史는 남편이 사망하자 흙을 날라 무덤을 만들고, 지극히 가난함에도 조석朝夕의 전奠을 폐하지 않고 3년상을 마침. 조정에서 무덤을 지킨 것은 장려할 일이 못되지만, 정성이 갸륵하다 하여 쌀 10석을 하사함.
(c) 학생 신경례申敬禮가 아내 내은덕內隱德과 길을 가다가 호랑이를 만남. 호랑

이가 신경례를 묻자, 내은덕이 돌로 호랑이 머리를 쳤고, 마을 사람들이 도와 호랑이를 죽임. 정문, 복호.(『동국신속』 1권의 내은덕과 유사함. 『여지승람』의 함경도 홍원군의 내은덕과도 비슷함)

3. 『단종』 02 · 08 · 17　　(a) 강서현江西縣의 고음각씨古音覺氏는 남편이 사망하자, 친정부모가 개가시키고자 했으나, 거부하고 수절함. 쌀 10석 하사.

(b) 김효충金孝忠의 처 한씨는 남편이 역병으로 사망하자 계집종 둘을 데리고 몸소 고장藁葬하고 삭망이면 무덤에서 종일 슬피 울었다. 친정아버지가 개가시키려 하자 머리카락을 자르고 남편 무덤으로 도망가서 12년을 살면서 조석의 전奠을 올림. 뒤에 집으로 돌아와 신주를 봉안하고, 생전처럼 남편을 섬김. 쌀 10석 하사.

〈『여지승람』 & 『동국신속』 1권-13〉

(c) 황해도 서흥부瑞興府의 향리 민강閔强의 처 소사召史는 남편이 사망하자, 지나치게 울며 슬퍼한 나머지 기절했다가 다시 살아남. 남편의 관을 대청에 안치하고 안고 잠을 잠. 장사를 지낸 뒤 무덤 옆에 살면서 조석의 전奠을 올렸고, 상기가 끝나고도 돌아오지 않음. 쌀 10석 하사.

(d) 제주의 고정高征의 처 양씨梁氏는 남편이 사망하자 시신을 안고 통곡하며 죽으려 함. 친정어머니가 집으로 데려 오자 목을 매어 죽으려 하는 것을 구해 줌. 연상練祥 때 어미의 감시가 소홀한 틈을 타, 목을 매어 죽음. 쌀 10석 하사.

4. 『단종』 03 · 02 · 29　　(a) 부안현扶安縣 양녀良女 소사召史는 남편 선군船軍 한을생韓乙生이 사망하자 15년 동안 생선과 육류, 파·마늘을 먹지 않음. 형제가 가난하고 자식이 없는 것을 불쌍히 여겨 개가시키고자 했으나, 따르지 않고 수절함.

(b) 금구현金溝縣 학생學生 유구원柳九源이 사망하자, 아내 잉질덕芿叱德이 무덤을 3년 동안 지킴. 지금까지 8년 동안 고기를 먹지 않음. 남편의 모습을 그려 방에 걸어두고 아침 저녁 곡하고 전奠을 올리고, 관복冠服을 좌우에 두고, 살았을 때처럼 섬김.

(c) 금산군의 고 주서注書 길재吉再의 딸은 유학幼學 이효성李孝誠에게 시집감. 26세에 자식 없이 남편이 사망하자, 『주자가례』를 따라 장례를 치르고 불교식 장례를 거부함. 시부모를 정성을 다해 섬기고, 시아버지가 죽게 되자 울다가 눈이

어두워짐. 여러 아들들이 불사佛事를 행하는 것을 반대하였고, 장자長子의 아내로서 먼저 삭제朔祭를 행하자, 아들들이 감탄하여 깨닫고 다만 삭망전朔望奠만을 행함. 복호.

(d) 창평현昌平縣 학생學生 김하손金河遜이 사망하자 아내 안씨는 22세로 집 북쪽에 장사지내고 조석으로 곡하고 전奠을 올리며 3년 상기를 마침. 친정아버지가 가난한 것을 불쌍히 여겨 개가시키려 하자, 따르지 않고 수절함. 복호.

(e) 남원부南原府 김자강金自江이 병으로 고생하자, 아내 연금衍金은 음식을 끊음. 남편이 사망하자 따라 죽고자 하였다. 부모가 만류하자 남편을 바깥에다 풀섶으로 장사지내고 그날로 죽음. 정문.

5. 『단종』03·03·14 함길도 온성穩城의 양녀良女 안덕安德은 남편이 사망하자 집에서 10리 떨어진 곳에 장사지내고 아침 저녁으로 왕래하며 전奠을 올림. 남편의 상복을 3년 입고, 뒤에 시부모의 상에도 각각 상복을 3년씩 입음. 어육魚肉을 먹지 않고 수절함. 정문旌門, 복호.〈『여지승람』&『동국신속』1권-정문무사적인旌門無事迹人에 경성부인鏡城府人으로 되어 있는데, 동일한 인물로 보임〉

6. 『단종』03·03·16　(a) 가평현 학생 손지孫止의 딸 약비若非는 남편이 사망하자 손수 음식을 끓여 무덤 앞에 전奠을 올리며 3년상을 마침, 친부모가 개가시키고자 했으나 거부하고 수절함. 복호.

(b) 경상도 선산부의 향리 백동량白同良이 사망하자 아내 소사召史는 집 가까운 곳에 장사지내고 아침 저녁 전奠을 올리고 삭망에 제사를 지내며 3년상을 마침. 지금까지 8년 동안 어육魚肉과 파·마늘을 먹지 않음. 정문, 복호.

(c) 진주 우씨禹氏의 딸은 남편 학생 윤지례尹之禮가 악질惡疾이 있어, 친정부모가 개가시키고자 했으나 따르지 않았고, 남편이 사망한 뒤 다시 개가시키고자 했으나 역시 따르지 않고 수절하며 시어머니를 봉양함. 정문, 복호.

7. 『단종』03·05·14　(a) 청양현靑陽縣 학생學生 신원중申元仲이 사망했을 때 그의 아내 소문所文은 13세였다. 부모가 개가시키고자 했으나 따르지 않고 수절함. 복호.

(b) 영동현永同縣 산원散員 민보광閔普光이 사망하자, 아내 정씨鄭氏는 직접 염

빈殯殮하고 관 곁을 떠나지 않으며 죽었다 살아난 것이 두세 번이었음. 남편을 가까운 곳에 장사지내고 29년 동안 수절하면서 조석의 전奠을 올림. 복호.
(c) 한산군韓山郡 사정司正 정수鄭酬가 사망하자 아내 송씨는 애훼哀毀하며 빈소殯所를 지킴. 장례가 끝난 뒤 신주를 만들어 30여 년간 조석으로 배알하였다. 복호.

『세조실록』

1. 『세조』 05 ·07 ·30   경원慶源 거주 양녀良女 잉화이仍火伊는 남편 김인득金仁得이 전질癲疾로 여러 해 동안 고생하자, 같은 고을 사람 위영필魏永弼의 말을 듣고 손가락을 잘라 피를 약에 타 먹여 낫게 함. 정문, 복호.
2. 『세조』 14 ·03 ·05   홍산鴻山 사람 나계문羅季文의 아내 윤씨는 홍윤성의 위세를 믿은 김석을산이 남편 나계문을 죽이자, 세조에게 호소하여 지아비의 원수를 갚음. 쌀 10석 하사, 복호.〈『여지승람』 & 『동국신속』 1권-6〉

『예종실록』

1. 『예종』 01 ·10 ·20   고 학유學諭 윤승안尹承顔의 아내 양씨楊氏는 친정 어머니와 형제들이 수절하지 못하게 하자, 목을 매어 자살함. ※『성종』 1년 3월 11일에도 있음. 표창 내역은 없음.

『성종실록』

1. 『성종』 01 ·02 ·07   (a) 은진 사람 학생學生 김계전金繼田의 처 민씨閔氏는 남편이 일찍 사망하자 3년 여묘살이를 하고, 소금과 채소를 먹지 않는 등 애훼哀毀

가 예를 넘음. 현재까지 11년 동안 소의素衣를 입고 소식素食을 하며 술·과실·파·마늘을 먹지 않고 있음. 묘 옆에 살면서 조석의 전奠을 올리고 곡읍哭泣함. 정문, 복호.〈『여지승람』 & 『동국신속』 1권, 고려-20〉

(b) 문의文義 사람 학생學生 이귀화李貴和의 처 양씨楊氏는 남편이 일찍 사망하자 집 북쪽에 장사지내고, 조석의 전奠을 올림. 상기가 끝나고 친정아버지가 개가시키려 하자 목을 매어 죽으려 하였음. 절일節日이면 묘에 제사를 올림. 정문, 복호.〈『여지승람』 & 『동국신속』 2권-8〉

(c) 같은 고을 사람 박씨는 남편이 사망하자, 3년 여묘살이 뒤 차마 묘를 떠나지 못하고 1년을 더 여묘살이를 함. 뒤에 머리를 깎고 여승이 되었고, 삭망이면 직접 제사를 올린 지 현재까지 20년임. 정문, 복호.

2. 『성종』 02·06·23   (a) 양적梁逷의 처 삼덕三德은 남편이 호랑이에게 잡히자, 낫으로 물리침. 집 동쪽에 장사지내고, 3년 동안 상복입고, 시아버지를 섬기며 따라 삶. 정문, 복호.〈『여지승람』 & 『동국신속』 1권-58〉

(b) 별시위別侍衛 진숭형陳崇亨의 아내 박씨는 남편이 사망하자, 여묘살이를 하며 3년상을 마침. 침방寢房에 반혼返魂하여 조석과 삭망에 전奠을 올림. 쌀과 콩 10석을 하사함.

(c) 학생 조민曹敏의 처 소사召史 구씨仇氏는 남편이 사망하자, 3년상을 마치고, 머리를 깎고 중이 됨. 남편의 형상을 그려 벽에 걸고, 조석으로 분향하고 전奠을 올림. 쌀과 콩 10석을 하사함.〈『여지승람』〉

3. 『성종』 03·02·09   배천白川 사람 송화 현감松禾縣監 안근후安謹厚의 아내 원씨元氏는 남편이 사망하자 여묘살이를 하면서 3년상을 마쳤고, 그 뒤에도 여전히 무덤 옆에서 삶. 정문, 복호. ※『성종』 22·09·24 원씨는 집에 불이 나자 아들과 함께 남편의 신주를 안고 나옴. 과거에 정문, 복호 했으니, 다른 상을 줄 것을 건의함.〈『여지승람』 & 『동국신속』 1권-30〉

4. 『성종』 03·02·18   선군船軍 박문朴文의 딸 지지芷芝는 17세에 안지의安止義의 첩妾(『동국신속삼강행실도』에는 이름이 치자梔子로, 그리고 첩이 아니라 처로 되어 있음.『여지승람』에도 이름이 치자임)이 되었는데, 안의지가 나병으로 몇 년

동안 눈이 멀고 머리가 빠지고 피부가 벗겨지고 사지에 피가 흘러 역한 냄새로 가까이 갈 수가 없었다. 그럼에도 지지는 남편을 성실히 섬기고, 눈의 막을 19년 동안 혀로 핥았다. 남편이 죽자 집안 동산에 빈소를 만들어 조석으로 전奠을 올리고 애도하였다. 3년상이 끝난 뒤 지지에게 장가들려는 사람이 있었고, 고모 역시 개가 시키고자 하였다. 이에 지지는 만약 개가를 강요한다면 물에 빠져 죽겠다고 하여 거절하였고, 수절한 지 14년만에 병으로 사망함. 열녀문烈女門을 세워 정표旌表.〈『여지승람』 & 『동국신속』 1권-59〉

5. 『성종』 03·02·29 (a) 진주의 백성 김계남金戒南의 처 양녀良女 득비得非는 남편의 문둥병이 4년이 넘도록 낫지 않자, 사람의 살로 치료가 가능하다는 말을 듣고, 왼손 넷째 손가락을 베어 볕에 말려 가루로 만들어서 음식에 섞어 먹였고, 남편의 병이 나았음. 정문, 복호.

(b) 영해 계집종 구음방仇音方은 나이 19세에 사노私奴 진언眞言과 결혼하였다. 35세에 남편이 사망한 뒤 친정아버지가 개가시키고자 하니 거부하고 달아난 것이 여러 번이었음. 수절하면서 고기와 마늘을 먹지 않음. 정문, 복호.(※『단종』 즉위년·윤9·24에도 나왔음. 그러나 포상 내용은 없었음)〈『여지승람』〉

(c) 함양 사람 수군水軍 김원金源의 딸 김씨는 16세에 이양李陽과 결혼했는데, 이양이 죽자 초상 뒤에 시아버지 이순의李順義가 젊은 것을 가련하게 여겨 개가를 권유했으나, 죽음으로 맹세하고 거부함. 같은 고을의 두 남자가 강제로 혼인을 요구하자 모두 완강하게 거절하였고, 오빠가 개가시키려 하자, 어머니의 눈을 피해 목을 매어 자살함. 정문.〈『여지승람』〉

(d) 창녕 사람 정씨鄭氏는 남편 사온 직장 곽숭의郭崇儀가 사망하자, 무덤 옆에 집을 짓고 조석의 전奠을 올리고 시부모를 모시며 수절함. 10년 동안 고기를 먹지 않고 삭망의 제사를 올림. 정문, 복호.〈『여지승람』 & 『동국신속』 1권-14〉

6. 『성종』 05·11·21 (a) 원주原州 사람 조태趙泰의 딸 조씨는 남편 생원 조중량曹仲良이 사망한 뒤 염을 하자, 다시 염을 풀고 시신을 1주야를 안고서 밥을 먹지 않았다. 친정에 돌아온 뒤 아버지가 개가시키려 하자, 친한 사람에게 "부부의 의義는 한 번 결혼하면 죽을 때까지 바꾸지 않는 것이다. 이제 남편이 죽었으니 어

찌 홀로 살겠는가?"라 하고, 자신이 지금 죽지 못하는 것은, 늙은 친정 부모에게
하직을 하고 싶기 때문이라며, 15일을 음식을 먹지 않다가 어머니가 죽을 먹으라
고 하자 거절하고, 더욱 죽을 결심을 굳힌다. 집안 사람의 만류와 감시에도 불구
하고, 목을 매어 자살함.〈『여지승람』& 『동국신속』 1권, 고려-21〉

(b) 같은 기사에 서울 김기金錡의 딸도 같은 방식으로 죽음. 이에 대해 예조는 중
도中道는 아니지만, 남편이 죽자 다시 시집가는 야박하고 악한 무리에 비해 우월
한 행위며 야박한 풍속을 격려하기에 족하다고 하면서 정표함.

7. 『성종』 06·02·12   "여산礪山에 사는 사노 무작지無作只가 범에게 물려 가자,
아내 사비私婢 준향准香이 농기구와 돌로 범을 쳐서 남편이 죽음을 면함. 정려旌閭.

8. 성종 06·03·17   호군護軍 박종朴琮의 처 김씨는 남편이 사망하자, 시신을
안고 함께 염장斂葬되려 하므로 시아버지가 떼어 놓자, 밥을 먹지 않다가 박종의
시신이 나간다는 소리를 듣고 장례를 준비한다는 평계로 집으로 돌아가 목을 매
어 자살함. 정문, 복호.

9. 『성종』 07·09·14   사성司成 홍의달洪義達의 처 김씨는 남편 사망 후에도 생시
와 같이 섬김. 여묘살이를 하면서 3년상을 마침. 3년이 지난 뒤에도 깨끗한 방에
신주를 모시고, 조석의 전奠을 올림. 정문, 복호.〈『여지승람』& 『동국신속』 1권-37〉

10. 『성종』 07·10·07   무안현 사람 양녀良女 자비自非는 남편 박기朴耆의 악질惡
疾에 왼쪽 손가락을 잘라 음지에서 말린 뒤 가루를 만들어 국과 술에 타서 먹임.
정문, 복호.〈『여지승람』& 『동국신속』 1권-48〉

11. 『성종』 08·07·23   고양高陽의 향리인 이식배李植培는 계유정난 때 죽음을 당
하자, 아내 석을금石乙쇼은 장사가 끝난 뒤 "남편이 죽었으니, 나는 반드시 관비官
婢가 될 것인데, 남에게 더럽혀질까 두렵다" 하고 목을 매어 자살함. 정문.〈『여지승
람』〉

12. 『성종』 08·12·12   우봉현牛峰縣 사람 고 현감縣監 이계간李繼幹의 처 황씨는
죽은 남편을 위해 상을 치른 지 10년 동안 삭망의 전奠을 올림. 복호.〈『여지승람』〉

13. 『성종』 10·01·29   성천成川 사람 정두언鄭豆彦이 호랑이에게 잡히자, 아내 난
공卵公이 죽음을 두려워하지 않고 힘껏 구하여 화를 면함. 정문, 복호.〈『여지승람』&

『동국신속』1권-33〉

14. 『성종』10·03·11 마전麻田의 전 관찰사 이윤인李尹仁의 아내 정부인貞夫人 홍씨는 남편이 죽자 여묘살이를 했고, 집에 두 차례 불이 났는데, 불길을 무릅쓰고 신주를 안고 나옴. 정문. 자손 녹용.〈『여지승람』 & 『동국신속』1권-27〉

15. 『성종』13·12·07 함평咸平의 백성 서중원徐中元이 우물을 파다가 범에게 물리자, 아내 봉비奉非가 몽둥이로 범과 싸우다 역시 물림. 정문, 복호.〈『여지승람』 & 『동국신속』1권-10〉

16. 『성종』20·07·11 과천의 양녀良女 봉금奉今은 남편이 병에 걸리자, 손가락을 잘라 약에 타서 먹였고 이에 병이 나음. 정문, 복호.〈『여지승람』 & 『동국신속』1권-50〉

17. 『성종』20·07·28 강령康翎의 향리 강치중康致中의 아내 검덕檢德은 남편이 병에 걸리자 손가락을 잘라 약에 타 먹였고 이에 치료됨. 정문, 복호.〈『여지승람』 & 『동국국속』1권-65〉

18. 『성종』20·11·01 여산礪山 사람 박치림朴致林의 아내 양녀良女 막덕莫德은 남편 사망 뒤, 집안에 신주 모시고, 평생 조석의 전奠을 올리고, 삭망이면 묘소에 올라가 20년 제사를 지냄. 김순복이 막덕에게 장가들려 하자, 죽기로 맹세하고 거절하고 관에 송사까지 벌인 뒤 김순복을 처벌함. 표창을 상신함.

19. 『성종』23·01·06 성균관 학록學錄 오한상吳漢相이 버린 첩이 무안務安에 살면서 절개를 지키고 살다 이웃 사람에게 강간을 당하자, "정절을 지키지 못하고, 강포한 자에게 욕을 당했다" 하고 목을 매어 자살.

20. 『성종』25·02·13 안음현安陰縣의 선군船軍 이영미李永未의 처 옥금玉今이 남편 사망 후 시부모와 살다가 사노 돌만이 강간하려 하자, 목을 매어 자살함. 정문. 돌만은 전가사변.〈『여지승람』〉

21. 『성종』25·03·27 (a) 단성현丹城縣의 선군 성계문成季文의 딸 성소사成召史는 남편이 호환을 당하자, 예법대로 3년상을 마쳤다. 친정부모가 개가시키려 하자, 목을 매어 자살. 정문, 복호.〈『여지승람』〉

(b) 사직司直 이승창李承昌의 딸은 남편 유학 정계형鄭季亨이 사망하자 상사喪事를 예법대로 치루었다. 친정 부모가 개가시키고자 하니, 깊은 연못에 몸을 던짐.

오빠가 건져내자 "본래 한 남편을 따르다가 죽는 것을 원했는데 부모가 그 뜻을 빼앗고자 하니, 죽지 않고 어떻게 하겠는가?" 하고, 식사를 거부하고 자신의 뜻을 보임. 시부모를 봉양하면서 수절함. 정문, 복호.

22. 『성종』25·05·19 김해부의 향리 허후동許厚同의 처 배성이裵性伊는 21세에 결혼했는데, 두 달 뒤 남편이 익사하자 3년을 읍혈泣血하며 보냈고, "한 번 죽는 것은 어렵지 않지만 누가 시아비와 시어미를 섬기겠는가?" 하고 남편의 호패로 신주를 만들어 그것에 삭망이면 제사를 올리고, 기일에는 남편의 옷을 지어 제사 지내고 태움. 남편 사망 후 20년 동안 고기와 훈채를 먹지 않았음. 친정부모가 개가시키고자 하니, 칼로 자살하겠다고 하며 거부하고 수절함. 정문, 복호.〈『여지승람』〉

『연산군일기』

1. 『연산』03·06·17 송영宋瑛의 아내 신씨申氏는 남편상에 3년 여묘살이를 함. 정문, 복호. (※『중종』02·05·12에 의하면 연산군 때 정문을 없앴다가 다시 세움.)〈『여지승람』& 『동국신속』2권-34〉

2. 『연산』06·02·17 황해도 곡산谷山 사람 갑사甲士 정지우鄭之友의 처 이씨는 남편상에 3년 여묘살이를 하며 하루 3번 제사를 올렸고, 상기가 끝난 뒤에도 처음처럼 제사를 지냄. 정문, 복호.

3. 『연산』08·03·15 성주星州 사는 양가良家의 여자 문덕文德은 남편이 익사하자, 몸이 상할 정도로 슬퍼함. 머리를 빗지 않은 채 3년상을 마쳤고, 친정어머니가 개가시키고자 하니, 칼로 머리카락을 자르고 시가로 돌아가서 여승의 고깔을 써서 개가하지 않을 마음을 보임. 15년이 지난 뒤에도 고기를 먹지 않고, 남과 웃지 않았음. 정문, 복호.〈『여지승람』& 『동국신속』1권-49〉

4. 『연산』09·04·29 예산현禮山縣 호장戶長 장중연張仲淵의 딸 매읍덕每邑德은 남편이 사망하자, 3년간 여묘살이를 하면서 직접 제사를 지내고, 소금과 장을 먹지 않았음. 상기가 끝나자 친정부모가 개가시키고자 하니, 머리를 깎고 중이

됨. 정문, 복호.⟨『여지승람』 & 『동국신속』⟩

5. 『연산』 09·05·14   (a) 함평咸平 사람 유경손兪敬孫의 아내 장씨는 남편이 사망하자, 집 앞에 빈소를 차리고, 조석의 전奠을 올리고 철따라 옷을 만들어 무덤 앞에 태움. 정문, 복호.
   (b) 서윤중徐允中의 아내 박씨, 남편 사망 후 상을 잘 치름, 상후에 친정부모가 개가를 권유했으나, 머리 깎고 수절. 명절 때마다 제사 옷을 지어 불태움. 정문, 복호.⟨『여지승람』 & 『동국신속』 1권-9⟩

6. 『연산』 10·12·02   (a) 권달수權達手의 형刑이 참형으로 결정되자, 아내 정씨鄭氏도 절조가 있어 장례를 마치자 밥을 먹지 않고 죽음.⟨『여지승람』⟩
   (b) 갑자사회 때 죽은 사람들의 처를 종으로 삼은 경우가 많았다. 이에 절의를 지킨 사람이 드물었는데, 정씨와 대사간 강형姜詗의 처 김씨만 절의를 지키다 죽었음.⟨『여지승람』 & 『동국신속』 2권-42⟩

『중종실록』

1. 『중종』 02·03·07   구례 사람 고진석高震碩의 아내 계수桂壽는 남편이 사망하자, 수절하였음. 시부모가 빈궁함을 불쌍히 여겨 개가를 권유, 거절하고 수절함. 정문, 복호, 물품 하사.⟨『여지승람』 & 『동국신속』 1권-45⟩

2. 『중종』 02·03·18   소의 엄씨의 딸 청녕위옹주淸寧尉翁主는 유사有司가 그 집을 적몰할 때 청녕위의 신주를 안고 적소謫所에 가서 조석으로 제사 지냄. 좌의정 박원경이 경연에서 아뢰자, 정려하게 함.

3. 『중종』 02·06·06   공신옹주恭愼翁主는 성종의 귀인 엄씨의 소생. 연산군이 엄씨를 죽이고 공신옹주를 외방에 위리안치 할 때 남편의 신주를 모시고 가서 아침 저녁으로 제사를 지냄. 정문旌門.⟨『여지승람』 & 『동국신속』 2권-10⟩

4. 『중종』 02·08·19   (a) 조지서趙之瑞의 처妻 정씨鄭氏는 남편 사망 후 여막을 짓고 극히 곤궁하게 수절함. 친정 부모가 같이 살자고 부르자, "남편이 죽었다 해

도 그 정신은 여기에 있는데, 이를 버리고 어디로 가겠습니까?"하고, 남긴 옷가지로 설위設位하고 조석으로 전奠을 올리며 3년상을 마침. 정문, 복호.〈『여지승람』 & 『동국신속』 2권-17〉

(b) 노숭경盧崇卿의 처 김씨는 15세에 시집을 가서 16세에 남편이 사망하자 지나친 슬픔으로 혼절했다가 소생했고, 3년 동안 웃음을 보이지 않음. 친정부모가 개가시키고자 했으나, 시아버지의 집으로 가서 포대기에 싸인 질녀를 데려다가 친히 기름. 정문, 복호.

(c) 권성필權成弼의 처 이씨는 남편이 죄를 지어 죽음을 당하고 자신은 신녕新寧고을의 관비官婢가 되자, 늘 "남편은 죄 없이 죽었기에 목을 매어 같이 묻히고 싶으나 늙은 어머니가 말려 뜻을 이루지 못했다"고 하였음. 머리를 빗지 않고, 자신의 패도佩刀로 방비함. 고을 현감 아들이 범하려 하자 패도로 목을 찔렀고, 이웃이 구해 살려냄. 정문, 복호.〈『여지승람』 & 『동국신속』 2권-30〉

5. 『중종』 05·01·09   나유문羅有文 및 그의 처 이씨를 정려旌閭함.

6. 『중종』 06·05·21   양녀良女 벌등이伐等伊는 남편이 범에게 물리자 자신을 돌아보지 않고 싸워서 남편을 살림. 정문.〈『여지승람』 & 『동국신속』 1권-53〉

7. 『중종』 06·03·17   충청도 관찰사 유세침柳世琛이 사망하자 아내 유씨兪氏는 미음조차 먹지 않은 채 7일만에 사망함. 정문.〈『동국신속』 2권-45〉

8. 『중종』 05·03·28   연안 사람 민경현閔景賢의 처 송씨宋氏는 남편이 사망하자 아침 저녁으로 반드시 무덤에 가서 곡하고 전奠을 올렸고, 상기가 끝난 뒤 신주를 모시고 의복과 기구를 진열해 놓고 평생 전을 올림. 정문旌門.〈『여지승람』 & 『동국신속』 2권-27〉

9. 『중종』 06·09·22   이창원李昌源의 딸 이씨, 남편 신진申振이 악창惡瘡을 앓자 약을 맛본 뒤 주었고, 사망한 뒤에는 늘 묘에 가서 제사를 지냄. 신진의 제삿날 기르던 개가 새끼를 낳을 달이 다가오자 부정을 탈까 타일렀더니 개가 이웃에 가서 새끼를 낳았음. 정표旌表.

10. 『중종』 07·05·09   (a) 김제군 향리 이당李堂의 아내 동질금同叱金은 남편 사후 15년 동안 복을 벗지 않음. 침실 곁 흰 장막 안에 신주를 모시고, 정성껏 조석

의 전奠을 올림. 정문.《『여지승람』 & 『동국신속』 2권-61》

(b) 순창군의 관비官婢 강아지姜阿之는 연소할 때 훈도訓導 유문표柳文豹의 첩이 됨. 유문표가 벼슬이 갈려서 떠난 뒤 수절하고, 유문표가 사망하자 3년복을 입음. 친정부모가 개가시키려 하자, 유문표의 형의 집에 숨어 모면했고, 몸치장도 하지 않았음.(※ 이당과 강아지는 『중종』 12·01·01에 다시 정문, 복호를 청하는데, 사신의 평에 의하면, 행적을 상고할 데가 없고, 강아지는 실제 음행이 많았다고 함.)

11. 『중종』 08·04·13 (a) 장성長城 절부節婦 양녀良女 즉지則只는 남편이 죽은 뒤 수절하고, 조석으로 제사를 지냄. 정문.《『여지승람』 & 『동국신속』 2권-49》

(b) 장성의 절부 양녀 독덕禿德은 남편이 죽은 날 목을 찔러 자살함. 정문.

12. 『중종』 09·01·12 (a) 충청도 면천沔川의 충순위 곽순郭純의 맏딸은 15세에 결혼한 남편 박충간朴忠幹이 죽은 뒤 남편의 무덤이 금표禁標에 들어갔으므로 3번 이장했는데, 상중에 슬픔이 극진했고, 상기가 끝난 뒤에도 소복을 입고 고기를 먹지 않았음. 삭망과 절일에 묘소에 가서 제사를 올리는 것이 10년 동안 꼭 같았음. 정문, 복호.《『여지승람』 & 『동국신속』 1권-19-1》

(b) 곽순의 막내딸은 16세에 구세충具世忠에게 시집갔는데, 남편과 집안 사람이 염병으로 모두 사망함. 곽씨는 병중에도 남편의 상사에 달려갔는데, 성빈成殯한 뒤였으므로 관을 열고 다시 염을 하여, 상을 치름. 상이 끝난 뒤에도 소복을 입고 고기를 먹지 않고, 한결같이 제사를 올림. 정문, 복호.《『여지승람』 & 『동국신속』 1권-19-2》

13. 『중종』 10·07·10 평안도 가산군嘉山郡의 홍씨는 남편 상에 복제를 마친 뒤 상복을 벗지 않고 따로 제당祭堂을 설치하고는 날마다 세 차례 제사를 지냄. 정문, 복호.

14. 『중종』 10·12·20 충청도 태안군의 아전 이축李軸과 아내 똥개(동질개同叱介)는 나이가 모두 여든으로 집에 불이 났는데, 병중에 있던 이축이 일어나지 못하자, 똥개가 집안으로 달려 들어가 나오지 못하고 함께 사망함. 정려.

15. 『중종』 11·01·27 생원 김세업金世業의 아내 심씨는 20세 전에 결혼하였는데, 남편이 병을 앓자 정성껏 간호를 하였고, 남편이 죽자 침방寢房에서 친히 제

사를 지냄. 심씨는 김세업이 지은 「차여생부」嗟予生賦 끝에 "여자는 반드시 남편을 따라야 하는 법, 남편이 죽으면 오래 살 수 없다"(女必從夫, 夫死則不可久生)라 쓰고 약을 먹고 자살함. 정표. (※『중종』 11·02·19에 정식으로 정표하라는 명을 내림.)

16. 『중종』 11·04·24   경상도 합천 수군 박춘산朴春山은 강을 건너다 익사했는데, 아내 소사召史가 시신을 찾다 못 찾고 자신도 익사함. 정문.〈『동국신속』 1권-60〉

17. 『중종』 11·06·09   전라도 임피현臨陂縣의 양녀良女 석비石非는 남편 재인才人 김부응수리金府應水里가 병 들자 약수발을 정성껏 하였고, 남편이 사망하자, "욕되게 살아가느니 차라리 남편을 따라 죽겠다" 하고 목을 매어 자살. 정문, 복호.〈『여지승람』 & 『동국신속』 2권-52〉

18. 『중종』 12·01·01   유학 김응金膺의 아내 진씨陳氏는 남편이 사망하자, 예법에 따라 염습하여 장사를 치렀고, 3년상 동안 울며 제사를 올림. 상기를 마친 뒤에도 삭망의 제사를 지냄. 정문, 복호.

19. 『중종』 12·07·02   평안도 삭주朔州 양녀良女 불상佛尙, 남편이 도둑을 만나 찔려 넘어져 인사불성이 되었으나 도둑에게 굴하지 않고 꾸짖으며 격렬하게 저항하다가 사망함. 정문.

20. 『중종』 12·10·06   (a) 유학 박극원朴克元의 아내 김씨는 남편이 사망하자, 애훼哀毁가 예를 넘을 정도였고, 아침 저녁 생시처럼 제사를 올리며 3년상을 마침. 시부모 집에서 살며 어육과 훈채를 먹지 않고 늘 삭망제를 지냄. 친정어머니가 개가시키려 했으나 거부하고 시부모를 봉양하며 수절함.

(b) 별제別提 강원범姜元範의 딸 강씨는 남편 유학 하호河濩가 15년 동안 풍질風疾을 앓았는데, 약을 몸소 끓여 맛을 보며 간호를 함. 남편이 사망하자 애훼哀毁가 예도를 넘었고, 조석으로 곡을 하고 제전祭奠을 올림. 죽만 조금 먹고 채소나 과일도 먹지 않아 뼈가 드러날 정도였음. 3년상 이후에도 초상 때처럼 조석으로 제전을 올림.〈『여지승람』 & 『동국신속』 1권-20〉

(c) 하양河陽의 양녀良女 동덕同德은 37세에 남편이 사망하자, 품을 팔아 어미를 봉양하며 수절함.

21. 『중종』13·03·18   수군 이계상李繼常의 딸인 교동喬桐 사람 말응금末應今은 16세에 남편이 사망하자, 울면서 3년상을 치름. 친정아버지가 개가시키고자 하니, 담을 넘어 도주하여 시동생의 집으로 감. 아버지가 불러 다시 개가시키려 하니, 칼로 무명지를 잘라 수절을 맹세함. 정려, 복호.〈『여지승람』 & 『동국신속』 2권-59〉

22. 『중종』13·03·23   양녀良女 욱비郁非는 남편의 악질에 손가락을 잘라 피를 먹여 낫게 함. 포물布物을 상으로 내림.

23. 『중종』13·10·18   (a) 김씨는 20세에 양정梁貞과 결혼했는데, 3년 뒤 남편이 사망하자 몸소 전물奠物을 올려 3년상을 마침. 상기가 끝나자 친정아버지가 개가시키려 하니, 김씨는 시집으로 도망쳐 와서 친정으로 돌아가지 않고 시부모를 봉양하면서 수절.
(b) 목비目非는 20세에 순옥順玉과 결혼했는데, 6년만에 남편이 사망하자, 조석으로 제사를 지내며 3년상을 치렀고, 남편의 옷과 띠를 벽에 걸어두고 평소처럼 대했으며 기일이면 시복時服을 지어 제사지내고 태웠음. 시어머니를 효성으로 섬김.

24. 『중종』13·11·13   상원祥原의 유학 김자호金自浩의 아내 양씨는 남편이 익사하자 성복(成服)한 뒤에 시부모에게 "수명이 길고 짧은 것은 천명이 있으니, 지나치게 애통해 할 것은 없습니다" 하고, 의복을 잘 갖추어 입고 목을 매어 자살함. 죽을 때 23세였음.(※『중종』14·01·10에도 있음.)〈『여지승람』 & 『동국신속』 1권-25〉

25. 『중종』14·12·15   경기 김포현의 김기정金奇貞의 아내 양녀良女 수덕水德은 산골짜기에 갔다가 어떤 자가 강간하려 하자 한사코 저항하다가 살해됨. 정문.〈『여지승람』 & 『동국신속』 2권-56〉(※『여지승람』과『동국신속』에는 수덕이 아닌 덕수德水로 되어 있음.)

26. 『중종』15·04·27   해남현 사람 생원 민중건閔仲騫의 딸 민씨는 조실부모 하고 외숙에게서 자람. 사촌언니가 자기 시동생 윤상尹翔에게 시집보내려 하니 민씨는 거절한다. 윤상이 사촌 언니와 동모하여 한밤중에 침방에 돌입하여 간음하려 하니 민씨는 항거했고, 윤상은 달아났다. 민씨가 오라비 민귀閔龜의 집으로 옮긴 뒤 윤상이 간통했다고 소문을 내자 민씨는 30일 동안 음식을 먹지 않고 "여자가 천

지간에 나서 더러운 말을 들으며 사느니 몸을 깨끗이 하여 죽는 것이 낫다" 하고 목을 매어 자살함. 정려.

27. 『중종』 15·08·05   절부節婦 최주崔湊의 아내 경씨慶氏는 남편이 온역瘟疫으로 사망하자, 밥을 먹지 않고 애통해 하다가 부모에게 "남편이 죽었는데 내가 차마 혼자 살 수 없으니 차라리 한 구덩이에 묻어 주십시오" 하고 10여일 만에 목을 매어 자살. 포상함.

28. 『중종』 15·08·08   사인徙人 오형吳衡은 죄로 온 집안이 회령으로 이배되었는데, 한번은 일로 서울에 왔다가 병사한다. 아내 황씨가 남편의 죽음을 듣고 자살하려다가, 서울에 와서 주검을 파내어 돌아가서 조부 무덤 옆에 매장하였고, 그 뒤에는 신주를 만들어 제사 지내는 것을 게을리하지 않았다. 시부모에게 "시댁에서 시부모를 봉양하고 죽은 남편을 제사 지내겠다"고 하였으나 시집이 가난하여 들어주지 않으니, 신주를 안고 오라비 황처곤黃處坤의 집에 가서 살면서 3년상을 마치되, 삭망이면 아무리 궂은 날씨라도 제사를 거르지 않았다. 표창함.

29. 『중종』 16·04·27   여주의 충찬위 남영희南永禧가 강에서 목욕하다가 익사하자, 아내 유씨庾氏가 슬퍼한 나머지 목을 매어 자살.

30. 『중종』 17·08·30   경상도 곤양군의 아전 문종혁文從赫의 아내는 남편이 사망하자 3년상 기간 동안 조석으로 곡하고 음식을 올렸고, 3년상 뒤에도 곡읍을 그치지 않았으며, 삭망에 제사를 폐하지 않았음. 머리를 빗지 않고 고기도 먹지 않고, 흰옷을 입고 웃음을 보이지 않았음. 친척 중 죽은 사람이 있으면, 자기 남편을 위해 의복, 건巾, 버선 등을 태워 남편에게 전하기를 바람.

31. 『중종』 18·03·27   영천의 진사進士 박윤수朴允秀의 처가 절행節行이 있어 정문旌門함.

32. 『중종』 18·09·09   밀양의 민녀民女 난을비(卵乙非, 『여지승람』과 『동국신속』에는 '卵非')는 19세에 김순강金順江과 결혼하여 아들 하나를 낳고 버림을 받았으나, 여러 해 동안 수절함. 친정부모가 개가시키고자 하니, 굳게 거절하였다. 부모가 또 다시 개가시키려 혼처를 정하니, 난을비는 모면할 수 없음을 알고 목을 매어 자살함. 정문, 복호.《『여지승람』 & 『동국신속』 2권-54》

33. 『중종』 20·09·29   상원祥原의 유학幼學 나규羅奎의 아내는 남편이 죽자 따라 죽음. 정려.《『여지승람』 & 『동국신속』 1권-23》

34. 『중종』 21·01·23   공주의 양한필梁漢弼의 아내 고씨는 절개가 특이하여 정문旌門, 복호.《『여지승람』 & 『동국신속』 2권-24》

35. 『중종』 21·03·26   송화松化 갑사甲士 이숙문李叔文의 아내 김씨 등을 열녀로 추천함. 정문.

36. 『중종』 21·05·25   (a) 경상도 영산靈山에 사는 정병正兵 임수은林守銀의 아내 소사召史는 남편이 죽은 지 18년 동안 흰옷을 입고 반찬 없는 식사를 하며 마음을 다해 제사를 지냄. 복호.

(b) 나주 정병正兵 최치강崔致江의 양녀良女 아내 능금能今은 남편이 죽자 몹시 슬퍼하고, 봄 가을로 의복을 만들어 제사지낸 뒤 태운 것이 19년임. 예를 지킴은 물론이고 고기도 먹지 않고 있음. 복호.《『여지승람』 & 『동국신속』 2권-60》

(c) 고부군 향리 이성호李成浩의 아내 금이今伊는 남편에게 쫓겨남. 동생이 개가를 시키려 했지만 따르지 않음. 친정에서 도망하여 시집으로 가자 시아버지가 아들에게 동거를 명령한다. 남편이 사망하자 주야로 통곡하고 3년상을 치름. 상기가 끝난 뒤에도 상복을 입은 채 방에 영좌靈座를 설치하고 아침 저녁으로 제사를 지냄. 남편 생시와 같이 의복을 철따라 만들어 둠.《『여지승람』 & 『동국신속』 1권-57》

(d) 유학幼學 박형문朴衡文의 처 김씨는 남편 3년상 동안 머리를 빗지 않고 아침 저녁 직접 제물을 올리고 밤낮 통곡함. 3년상 끝난 뒤 철마다 옷을 만들어 무덤에 곡하고 제사 지낸 뒤 신주 앞에 놓아둠. 정문.《『여지승람』 & 『동국신속』 2권-44》

(e) 유학 윤사인尹師仁의 아내 박씨는 25세에 남편이 사망하자, 16년 동안 흰옷을 입고 검소한 음식을 먹고 절일節日과 기제忌祭에 무덤에 가서 초상 때처럼 섧게 울었다.

(f) 학생學生 서치명徐致明의 양녀良女 아내 마비馬非, 30세에 남편 사망. 그 뒤 21년 간 상복喪服을 벗지 않고 위판位版을 모시고 흰 장막을 쳐놓았음. 겨울 여름으로 의복을 만들어 영전 앞에 가져다 놓았고, 아침 저녁으로 제사지냄.《『여지승람』 & 『동국신속』 2권-53》

(g) 만경현萬頃縣 최치강崔致江의 양녀 출신 아내인 금이수伊는 37세에 자식 없이 남편이 사망하자, 17년 동안 흰옷을 입고 고기와 양념을 먹지 않았으며, 신주를 모시고 향로와 꽃병을 두고 아침 저녁으로 전奠을 올림. 사철의 음식과 계절마다 지은 옷 영전에 가져다두고 전에 둔 옷을 태움. 삭망과 속절俗節에는 병이 나거나 비바람 부는 날을 제외하고는 무덤에 올라감. 복호.〈『여지승람』 & 『동국신속』 2권-60〉

37. 『중종』 21·07·15 강릉부의 진사 신명화申命和의 아내 이씨는 학문을 대강 알아 늘 『삼강행실도』를 외움. 신명화의 어머니 최씨가 병이 나자 신명화가 서울에 왔다가 병이 나서 죽을 지경이 되었다. 이씨는 밤낮으로 하늘에 기도하고 패도로 왼손 가운데 손가락을 자르니 피가 흘러나옴. 그날 밤 이씨의 꿈에 하늘에서 크기가 대추만 한 약이 떨어졌고, 다음날 남편의 병이 치유됨.〈『여지승람』 & 『동국신속』 2권-23〉

38. 『중종』 22·07·11 (a) 옥천 순양역順陽驛의 역리 양녹梁綠의 아내 막장莫莊은 남편 사후 10년인 지금까지 상복을 벗지 않고 주야로 통곡하고, 조석으로 제사를 지냄. 『중종』 23·08·21, 『중종』 24·06·19에 복호, 물품으로 상을 내림.

(b) 덕산德山 양녀 보덕寶德은 남편이 사망하자 사당을 짓고 신주를 모시고 지금까지 상복을 입고 있음. 『중종』 23·08·21에 상물을 받고, 『중종』 24·06·19에 복호함.

39. 『중종』 23·08·21(*표는 前出) (a) 개천价川 양녀良女 막시莫時가 남편을 위해 손가락을 끊어 태어 먹이자 병에 차도가 있었음. 정문, 복호.〈& 『여지승람』 & 『동국신속』 1권-52〉

(b) * 우봉 충순위 이윤동李潤童의 아내 홍씨洪氏는 전에 절행이 특이했기 때문에 복호하여 권장했는데, 그 뒤에도 20여 년이나 정성과 공경이 나태하지 않았고 지절志節이 더욱 굳음. 정문, 복호.(※ 20여 년 전의 기록이 실록에 보이지 않음.)

(c) * 나주 양녀良女 능금能今은 남편이 죽자 상례喪禮를 극진히 거행하고 오랫동안 그 태도에 달라짐이 없음. 『중종』 21·07·03에 복호, 물품으로 상을 줌.〈『동국신속』 2권-60〉

(d) * 고부 양녀 금이수伊는 남편의 상례喪禮를 정성을 다해 극진히 거행, 오랫동안 그 태도에 달라짐이 없음. 『중종』 21·07·03에 복호, 물품으로 상을 줌.〈『동국신

속』2권-57〉

(e) * 김제 양녀 마비馬非는 남편의 상례喪禮를 정성을 다해 극진히 거행, 오랫동안 그 태도에 달라짐이 없음.『중종』21·07·03에 복호, 물품으로 상을 줌.〈『동국신속』2권-53〉

(f) * 만경萬頃 양녀 금이는 남편 상례喪禮를 극진히 거행, 오랫동안 달라짐이 없음.『중종』21·07·03에 복호, 물품으로 상을 줌.

(g) 가산嘉山 갑사甲士 방권方權의 아내 윤씨尹氏는 남편의 상례喪禮를 정성을 다해 극진히 거행, 오랫동안 그 태도에 달라짐이 없음.(전출이라 하나 앞의 실록에 없음.)

(h) * 옥천 역리 양녹梁祿의 아내 막장莫藏, 남편의 상례喪禮를 정성을 다해 극진히 거행, 오랫동안 그 태도에 달라짐이 없음. 물품으로 상을 내림.『중종』22·07·11 복호,『중종』24·06·19에 복호, 물품으로 상을 내림.

(i) * 덕산德山 양녀 보덕寶德은 남편의 상례喪禮를 정성을 다해 극진히 거행, 오랫동안 그 태도에 달라짐이 없음. 물품으로 상을 내림.『중종』24·06·19에 복호, 물품으로 상을 내림.

(j) 남부南部의 고 부사府使 최계사崔季思의 아내 남씨南氏는 남편의 상례喪禮를 정성을 다해 극진히 거행, 오랫동안 그 태도에 달라짐이 없음. 물품으로 상을 내림.〈『여지승람』& 『동국신속』2권-22〉

(k) 김제 고 유학 윤사임尹師任의 아내 박씨는 남편의 상례喪禮를 정성을 다해 극진히 거행, 오랫동안 그 태도에 달라짐이 없음. 물품으로 상을 내림.〈『여지승람』〉

(l) * 전주 유학 박형문朴衡文의 아내 김씨는 남편의 상례喪禮를 정성을 다해 극진히 거행, 오랫동안 그 태도에 달라짐이 없음.『중종』21·07·03에 물품으로 상을 내림.〈『동국신속』2권-44〉

(m) * 옥천 양녀 석을금石乙수은 남편 상례喪禮를 극진히 거행, 오랫동안 달라짐이 없음. 물품으로 상을 내림.『중종』24·06·19에 복호, 물품으로 상을 내림.(*전출이라 하지만 전에 나온 적 없음.)

(n) 서부西部 고 첨지僉知 정석희鄭錫禧의 첩 양녀 정금貞수은 남편의 상례喪禮를

정성을 다해 극진히 거행, 오랫동안 그 태도에 달라짐이 없음. 물품으로 상을 내림.

(o) 운산雲山 고 유학 유해兪諧의 첩 양녀 중지中之는 남편의 상례喪禮를 정성을 다해 극진히 거행, 오랫동안 그 태도에 달라짐이 없음. 물품으로 상을 내림.

40. 『중종』24·04·06   장증문張曾文의 아내 김씨는 조손曺孫의 강간에 저항하다가 온 몸에 자상刺傷을 입고 살해됨. 복호, 정문(『중종』24·06·19에 결정됨). 〈『여지승람』& 『동국신속』2권-41〉

41. 『중종』27·07·06, 28·04·19   청주 사람 주이注伊는 남편 정병正兵 송귀성宋貴成 사후 얼마 있지 않아 시부모도 사망하자, 유학幼學 한진韓璡이 협박하여 욕을 보이려 하니 거절하고 목을 매어 자살함. 포상함.

42. 『중종』30·03·24   (a) 충주 이국경李國卿의 처 김씨, 복호.

(b) 천안군 충의위 이순평李舜枰의 아내 안씨安氏는 남편이 사망하자, 머리를 깎고 벽용擗踊함. 3년상을 마치고도 계속 제사를 올리자, 족친들이 상복을 벗고 제사를 거두라고 함. 이에 "11세에 아버지의 상에 물정을 몰랐지만 제사를 몸소 갖추었거니와, 지금은 나이 들어 물정을 아는데, 어떻게 길복을 입고 제사를 지내지 않을 수 있겠는가? 남편이 죽었을 때 따라 죽지 못했으니, 종신토록 상복 입는 것을 무엇을 꺼려 못하겠는가"라고 대답함. 조석과 삭망의 제사를 초상 때처럼 지낸지 지금 24년임. 늙은 시어머니에 대한 봉양도 지극함. 정문, 복호.〈『동국신속』& 『중종』38·12·22〉

(c) 대흥大興의 김영수金永壽의 처 신씨申氏는 남편 사망 후, 상장喪葬과 제사祭祀를 지성으로 받듦. 쌀과 포목 하사, 복호.

43. 『중종』37·11·10   광주光州의 고 생원 김사충金士忠의 아내 전씨全氏는 30세에 남편이 사망하자, 널(柩) 곁을 지키며 조석으로 슬프게 곡함. 매장과 제사에 예절과 정성을 다하고 27년이 지나도록 소복을 입고 소찬을 먹으며, 삭망의 곡전哭奠을 게을리하지 않음. 시어머니를 효성으로 섬겼고, 남편의 삼촌 조카로 대종大宗을 이었는데 그를 데리고 기른 적이 없어 서로 만날 때는 문틈으로 보며 말을 하여 혐의를 멀리함.〈『동국신속』2권-14〉

44. 『중종』38·08·10   (a) 괴산 양녀良女 종금終今은 남편 상기喪期 뒤에도 흰옷

을 벗지 않고, 조석朝夕과 삭망朔望 제사를 종신토록 그만두지 않음. 물건을 상으로 내리고 복호復戶.

(b) 부여의 사비寺婢 손덕孫德은 남편 상기 뒤에도 상복을 입고, 제철 음식으로 조석의 전奠을 올림. 물건을 상으로 내리고 복호復戶.

(c) 강화 양녀 대화臺花는 남편 사후, 집안에 영상靈床을 두고 삭망과 조석에 제사를 지내고 흰 관冠을 쓰고 소복을 입고 지내며 종신토록 어육魚肉을 먹지 않음. 물건을 상으로 내리고, 복호.

(d) ①생원 최세창崔世昌의 아내 김씨, ②평산平山의 신수운申守雲의 아내 보동甫소에게 정문, 복호.《『여지승람』 & 『동국신속』 2권-38〉

(e) 서울에 사는 절부 전 현감 강희姜僖의 아내 김씨에게, 정문, 복호.《『동국신속』 2권-68〉

(f) 강릉의 절부 진사 장진문張振文의 아내 김씨에게 물건을 상으로 내리고, 복호. 《『동국신속』 2권-39〉

(g) 춘천春川에 사는 절부인 양녀良女 억금億수과 팔월八月에게 물건을 상으로 내리고, 복호.

(h) 평해平海에 사는 절부인 정칭鄭偁의 첩 자문구子文球에게 복호.

45. 『중종』 39·03·12 (a) 교동喬桐의 충찬위 호익상扈翼商의 어미 윤씨는 25세에 남편 검률檢律 호중태扈重泰가 사망하자 밤낮 울부짖으며 3년상을 치르는 동안 머리도 빗지 않고, 조석의 제사를 지내며 삭망朔望에는 잠자리에도 들지 않았다. 3년상을 마치고도 초상 때처럼 애통해 했고, 76세까지 술과 고기를 먹지 않았으며, 삭망의 제사를 3년상처럼 지냄. 병을 앓아 아들이 술과 고기를 권했지만 먹지 않았다. 상으로 물건을 내리고, 복호.

(b) 양녀良女 원재元才는 지아비 수군水軍 박육적朴陸積이 사망하여 3년상을 마치자, 부모 친척들이 의지할 데 없다면서 개가시키려 하였다. 이에 통곡하고 칼을 빼들며 수절을 맹세하였다. 66세 때까지 술과 고기를 먹지 않고, 명절과 삭망이면 음식을 준비하여 제사를 지냄. 상으로 물건을 내리고 복호.

『명종실록』

1. 『명종』02·12·30 전라도 고산高山 유학幼學 김윤옥金潤屋의 처 국씨鞠氏는 15세에 결혼을 하면서 남편이 먼저 죽을 경우 따라죽겠다고 맹세함. 결혼 4년만에 남편이 병사하자, 시신을 안고 음식을 먹지 않고 밤낮 통곡하다가 기절과 소생을 반복함. 부모가 자살을 염려하여 여종에게 감시하게 했는데, 빈소 차린 날 틈을 타 목을 매어 자살함. 정문, 복호.

2. 『명종』03·10·10 남양南陽 사람 종실宗室 단천령端川令의 아내 유씨柳氏는 남편의 악질에 다리 살을 베어 병을 치료함.

3. 『명종』04·04·30 선산善山의 사비私婢 효덕孝德은 남편이 30세에 사망했는데, 67세까지 상복을 벗지 않고 조석의 전奠을 올림. 부모와 조부모의 상에도 각각 3년상을 치름. 정문, 복호.

4. 『명종』04·10·29 사역원 전직前職 박휴朴烋의 처인 양녀良女 자근가者斤加는 15세에 결혼하여 3년 뒤 남편이 사망하자, 조석으로 곡읍하고 삭망에 묘제를 올림. 맨발로 다니면서 호곡하고, 남편 화상을 족자로 만들어 벽에 걸어두고 한 달 내내 먹지 않고 울기만 함. 시부모를 봉양하면서 수절했고, 시부모가 사망하자 남편 때와 마찬가지로 극진히 장례를 치름. 남편의 제삿날이 다가오면 며칠 전부터 슬퍼하면서, 염장鹽醬을 먹지 않고 20년을 수절함. 복호.

5. 『명종』06·05·07 (a) 고부군에 남편의 상복을 9년 동안이나 입고 있는 여성이 있다고 함.
(b) 명양부정鳴陽副正의 아내는 나이 77세인데 남편 사망 45년이 지나도록 상복을 입고 소식을 먹으며, 제사를 게을리 하지 않음. 『명종』06·05·08에 정려.

6. 『명종』08·08·07 중화中和의 고 이지중李之中의 처 오씨는 남편이 아버지 상에 너무 슬퍼하다가 사망하자, 머리를 기둥에 찧어 피를 흘리며 "위로 하늘 같은 남편을 잃고 아래로 자식도 없으니 죽지 않고 무엇을 하리오" 하면서 물조차 마시지 않고, 조석으로 상식을 올림. 3년상을 마치자 이 상복은 시아버지의 상복이고, 이제 남편의 상복을 입는다면서 머리를 빗지 않고 조석으로 통곡하면서 3년상을

입음. 일찍이 정려한 적이 있다 함.〈『동국신속』 2권-67〉

7. 『명종』09·06·28 (a) 평양부에 사는 내수사의 여종 귀금貴今은 무자년(귀금 34세)에 남편인 내수사의 종 윤석尹石이 사망하자 제청祭廳을 만들고 위판位版을 설치하고 조석의 전奠 올림. 3년상 뒤에도 술과 고기를 먹지 않고, 제청을 떠나지 않았고, 해마다 사철의 의복을 지어 제사를 지내고 불태움. 표창함.

(b) 귀비貴非는 귀금과 형제 간인데, 정해년에 남편인 관노官奴 계손界孫이 사망하자, 몹시 슬퍼하며 정성을 다해 초상을 치렀고, 신주를 배설하고 조석 제사를 올림. 3년상을 마친 뒤에도 고기와 술을 먹지 않고, 머리를 빗지 않고 소복을 입고 지냄. 봄 여름 옷을 지어 제사를 지낸 뒤에 태웠고, 과실이 생기면 신주 앞에 먼저 올림.

(c) 고 교생校生 임기문林起文의 처 김씨는 남편이 사망하자 피눈물을 흘리며 4,5일을 시신을 안고 있어 시신이 부패하므로 간신히 염빈殮殯함. 상기를 마친 뒤 30여 년 동안 삭망의 제사를 올리고, 봄 여름 새 옷을 지어 올리고 헌옷을 태웠다. 늘 소복 차림으로 지냈고 머리를 빗지 않았으며 대문 밖 출입을 하지 않음.

8. 『명종』09·10·06 김희金熙의 아내인 절부 오씨吳氏에게 물건으로 상을 주고 복호.

9. 『명종』10·03·29 (a) 평해平海의 고 선무랑宣務郎 정칭鄭佩의 첩 양녀良女 운서雲瑞는 남편 사후 30년 동안 고기를 먹지 않았고, 강간을 두려워하여 자는 방에 칼을 준비해 둠. 정결하게 제물을 마련하고 몸소 제사를 지냈고, 문 밖 출입을 하지 않음. 정문, 복호.

(b) 동부東部에 사는 생원生員 홍윤洪潤의 아내 이씨는 남편 병에 대해 의원이 "생사람의 고기를 약으로 먹여야 된다"고 하자, 칼로 발가락을 끊어, 자신이 갈아서 술에 타 먹이니, 남편의 병이 조금 차도가 있었음. 정문, 복호.

10. 『명종』10·07·27 경상도 청도의 유학幼學 윤전尹甸의 처 이씨는, 남편의 병에 슬피 울고, 상분嘗糞하며 정성을 다했으나 병이 위중해지자, "당신이 죽으면 나도 반드시 따르겠다"고 함. 남편이 사망하자 염습한 뒤 목을 매어 자살함.

11. 『명종』14·04·01 (a) 서인庶人 김천동金千同의 아내 논내論乃는 남편이 사

망한 뒤 이를 드러내고 웃지 않았고, 남편의 초상을 그려 조석朝夕의 전奠을 올리고, 삭망이면 무덤에 가서 제사를 지냄. 정문, 복호.

(b) 보병步兵 박은석朴銀石의 아내인 청주淸州의 양녀良女 팔금八수은 남편이 병사하자, 시신을 안고 애통하게 울더니, 다음날 목을 매어 자살하여 남편과 같이 묻힘. 정문, 복호.

(c) 의령 허안인許安仁의 아내 하씨河氏는 남편이 중병에 걸려 온갖 약이 효험을 보지 못하자, 손가락을 잘라 피를 먹였고 남편의 병이 나았다. 뒤에 남편이 다른 병으로 죽자, 슬픔으로 몸이 상해 여러 차례 숨이 끊어졌다 소생했다. 아버지가 고기는 권하기 어렵지만, 파·마늘은 채소니 먹어서 기력을 부지하라고 하자, "먹고 소생하라시지만 어떻게 훼절毁節하면서 구차히 살겠습니까" 하고 오열함. 정문, 복호.

(d) 수군 김검동金檢同의 아내 안동安東의 사비私婢 순이順伊는 남편에게 순종했고 남편 사후, 집 북쪽에 장사지낸 뒤 무덤에 왕래하며 통곡하였다. 친정아버지가 개가시키려 하자 남편 무덤 옆에서 목을 매고 자살. 정문, 복호.〈『동국신속』2권-13〉

(e) 백성 문애석文愛石의 아내인 곤양昆陽의 미을이米乙伊는 젊은 악당 박인범朴仁範이 배로 납치하여 강간하려 하자 바다로 뛰어들어 죽음. 정문, 복호.

(f) 효녀인 사천泗川의 사비私婢 광덕光德은 효성이 있었고, 남편이 사망한 뒤 3년간 고기와 채소, 과일을 먹지 않고 죽과 물로 연명하였다. 가난하였으나 하루 3차례 전奠을 올렸고, 대상大祥 날에는 상복으로 바꾸어 입고는 초상 때와 같이 함. 개가 권유를 거절하면서 "옛 사람은 한번 부부가 되면 죽을 때까지 절개를 고치지 않았기에 나 역시 남편이 죽어도 개가하지 않는다" 하고, 또 "열녀는 두 남편을 섬기지 않는다. 옛사람이 이미 이렇게 하였는데, 나는 어떤 사람인가"라고 함. 정문.

12. 『명종』16·윤5·21 (a) 포천 관비 덕금德수은 남의 첩이 되어 일부종사를 결심함. 남편이 죽은 뒤 어떤 자가 강간하려 하자, 칼로 저항하여 범하지 못함. 남편의 적자嫡子를 제 소생처럼 길러 성혼시킴. 삭망이면 남편의 묘에 가서 통곡했고, 38년간 수절하였다. 물건을 상으로 내림.

(b) 사비 막덕은, 시집간 지 열흘 만에 남편이 사망하자, 주야로 통곡하고 제사에 정성을 다함. 집에서 옷을 벗지 않고 늘 행전을 감고 있었고, 칼로 자신을 방어하였음. 문 밖을 나갔다가 남자를 보면 길을 달리하였고, 어머니가 개가시키고자 하니 머리카락을 잘라 수절을 맹세함. 자결하고자 하였으나 늙은 어머니 때문에 실행하지는 못함. 어머니가 80세로 사망하자, 장사를 치르면서 음식도 먹지 않고 너무 슬퍼한 나머지 죽음. 물건을 상으로 내림.

13. 『명종』 16·09·18   또 유언겸兪彦謙의 첩妾은 남편의 병에 손가락을 잘라 약에 타서 올렸고, 남편이 죽자 머리카락을 자르고 신체를 훼손하여 종신 수절함. 정표.〈『동국신속』 2권-63〉

14. 『명종』 19·윤2·02   종성鍾城의 내금위 김섭金聶의 아내 한씨韓氏는 남편이 사망하자 언제나 죽을 것을 작정. 어머니에게 "제가 앞으로 어느 날 죽을 것이니, 꼭 남편이 살았을 때에 입던 옷을 나의 가슴 위에 올려놓아 주십시오. 제가 가져다가 죽은 남편에게 드릴 겁니다" 하더니, 어느 날 목욕을 하고 목을 매어 자살.〈『동국신속』 2권-82〉

15. 『명종』 20·01·14   결성結城의 유학幼學 문구용文九容의 아내 양씨梁氏는 남편 병세가 위독하자 약을 달이고 상분嘗糞하며 간호했지만, 남편이 사망하자 기절했다가 소생함. 남편을 따라 죽기로 작정하여 목을 매었으나 집안 식구가 구해줌. 이후 마음과 기가 허약해져서 말을 못하고 오직 죽기만을 희망함. 밥을 먹지 않고 있다가 소상小祥에 죽어 같이 묻힘. 정문, 복호.

『선조실록』

1. 『선조』 16·08·05   안원安原의 내노內奴인 만년장萬年長의 아내 춘월春月과 온성穩城의 보인保人 김은석金銀石의 아내 금이今伊는 여진족에게 몸을 더럽힐까 두려워 스스로 목을 매 죽음. 정문, 복호.

2. 『선조』 28·02·06   영동永同을 사수한 한명윤韓明胤의 아내는 왜적이 당도했

다는 소식을 듣고 목을 찔러 자살. ※ 이 기사부터 임진왜란이 반영됨.

3. 『선조』 30·11·14   (a) ① 황석 산성黃石山城이 함락될 때 거창 현감居昌縣監 한형韓詗의 아내 이씨(이정암李廷馣의 누이동생)가 ② 딸 한씨韓氏와 함께 목을 찔러 자살. 『광해』 02·01·05에 정문, 복호.

4. 『선조』 31·03·01   충청도 보은현 성족리聲足里의 유학幼學 김덕민金德民의 처 신씨(申氏, 도승지 신식申湜의 딸)는 정유왜란 때 왜적에게 시부모가 살해됨. 왜적이 또 신씨를 납치하려 하자 저항하다가 살해됨. 계집종 연지燕之가 주인의 아기를 업고 숨어 있다가 주인이 죽는 것을 보고 나와 끌어안자 왜적이 같이 살해함. 정문, 복호.

5. 『선조』 34·05·16   유학幼學 김성金惺의 처 나씨羅氏는 임진왜란 때 왜적들이 무기로 핍박하자, 저항하다가 살해됨. 포상을 요구함.

6. 『선조』 34·09·12   (a) 영평현永平縣의 유학幼學 권심權深의 처 양씨楊氏는 왜적이 강간하려 하자, 저항하다가 등에 업은 아이까지 살해됨.

(b) 유학 유윤정兪胤正의 처 유씨柳氏는 왜적이 아비와 남편을 살해하고 자신을 강간하려 하자, 저항하다가 살해됨.

(c) 생원 정양신鄭良臣의 비첩婢妾 연이燕伊는 왜적을 만나자 정양신을 보호하여 몸으로 가리자, 왜적이 정양신의 배를 찔러 죽임. 연이는 종을 불러 선영 근처에 장사지냄. 그 뒤 이생원이라는 자가 첩으로 삼으려 하고, 자매들도 개가시키려 하니, 거부하고 망부 무덤 옆에서 지금까지 수절하고 있음.

(d) 수군 정억동鄭億同의 처인 양녀良女 서작지鋤作只는 왜적이 강간하려고 하자 저항하다가 살해됨.

7. 『선조』 37·01·16   (a) 토산兎山에 사는 교생校生 박희민朴希閔의 아내 전씨全氏는, 임진년 여름에 왜적이 추격하자, 강물에 뛰어들어 자살함.

(b) 갑사甲士 한국련韓國連의 딸은 젊은 나이에 남편이 사망한 뒤 그의 재산을 탐낸 사람과 친정아버지가 불쌍히 여겨 개가를 권유했으나 거부하고 수절함.

『광해군일기』

1. 『광해』 02·01·05   황석산성黃石山城이 함락되었을 때 ①한형韓詗의 아내 이씨와 ②한형의 딸이자 김건金楗의 아내인 한씨韓氏, ③곽준의 딸이자 유문룡柳文龍의 아내인 곽씨郭氏, 조종도趙宗道의 처자식 등이 사절하였기에 정문, 복호. 곽씨는 남편이 왜적에게 사로잡히자 스스로 목을 매어 죽음.

『인조실록』

1. 『인조』 01·07·06   목사 최기崔沂가 흉도의 모함에 빠져 죽음을 당할 때 아들 최유석崔有碩도 연좌되어 죽음. 최유석의 아내는 이덕형李德馨의 손녀인데, 남편이 죽는 날 자결함. 정표.
2. 『인조』 02·05·11   사비私婢 국이國伊는 14세에 결혼하였는데 남편이 사망하자 수절을 맹세하였다. 겁탈하려는 자가 있자, 남편의 형의 집으로 도피하여 절개를 지킴. 정표.
3. 『인조』 02·06·04   ①김천남金天男의 아내 변씨邊氏와 ②정영립鄭永立의 아내 김씨는 남편이 일찍 죽자, 삭발하고 소식을 하면서 예법을 넘어 지나치게 슬퍼하면서 수절. 정표.
4. 『인조』 05·04·22   안주성安州城이 함락되자 김준金浚의 첩인 양녀良女 김씨는 왜적에게 잡혔지만 굴복하지 않고 "남편은 충신이 되었으니 나는 열녀가 되겠다" 하며 왜적에게 욕을 퍼붓다가 살해됨. 치제致祭함.
5. 『인조』 05·07·29   정묘호란 때 절개를 지켜 죽은 부녀자가 모두 126명인데 그 중에 절의가 가장 드러난 자는 다음과 같다.
   (a) 해주海州의 유학 정득주鄭得周의 아내 김씨는 적병(賊, 淸軍)의 핍박을 당하자 먼저 그의 딸을 물 속에 던지고 아들을 업고서 스스로 물에 빠져 죽음.
   (b) 해주의 양인良人 임순립林順立의 아내 대종大從은 적을 만나 쫓기자 "아무의

아내는 이 물에 빠져 죽는다"고 부르짖고 바다에 빠져 죽음.
(c) ①②평산平山의 김광렬金光烈의 아내는 어머니와 함께 피란했는데 적병이 들이닥치자 모면할 수 없음을 알고 모녀가 바다에 투신 자살함.
(d) 안악安岳의 김응협金應俠의 아내 김씨는 적의 핍박을 받자 물에 빠져 자살.
(e) 봉산鳳山의 유학 권준權儁의 아내 최씨는 부모 및 어린 딸과 사촌 시동생 최현崔峴을 이끌고 피란을 가다가 갑자기 적을 만났다. 최현에게 죽을 만한 곳을 물어 "앞에 큰 강이 있다" 하니 즉시 물에 빠져 죽음. 적이 의롭게 여겨 최씨의 딸을 최현에게 돌려주고 감.
(f) 수안遂安의 고 참봉 이공백李恭伯의 아내 이씨는 과부가 되어 13년 동안 소복을 입고 죽을 먹으며 수절하던 중 적이 왔다는 말을 듣자, 남편의 조카에게 모면하지 못할 것 같으니 죽는 것이 낫겠다 하고 강에 투신 자살함.
(g) 재령載寧의 유학 조용趙瑢의 아내 권씨權氏는 17세에 과부가 되어 상사와 장사를 예대로 지내고 복을 마친 뒤에도 조용히 수절하고 있었는데 적이 핍박하자 절벽에 투신 자살함.
(h) 옹진의 교생 박수립朴秀立의 아내 이씨는 피란 중 남편과 두 아들이 포로가 되었다는 말을 듣고 통곡하다가, 적진에서 탈출해 온 사람이 남편이 돌아올 수 없는 상황에 있다고 하자, 목을 매어 자살함.
(i) 송화松禾의 보인保人 강현백姜玄白의 아내 소사召史는 적이 경내에 들어왔다는 말을 듣자 남편에게 "작은 칼을 갖고 있다가 오랑캐를 만나면 즉시 자살하겠다" 하였다. 남편이 칼을 빼앗았으나, 뒷날 오랑캐에게 잡히자 물에 투신 자살함.
(j) 장연長淵의 강취규姜就圭의 아내 강씨姜氏는 적병을 만나자 얼굴을 보이지 않으려고 땅에 엎드렸다. 적이 핍박하여 일으키니, 나무 뿌리를 잡고 저항하였다. 적이 손가락과 귀를 잘라도 일어나지 않으니, 등을 찌르고 돌아감.

6. 『인조』 09·윤11·18 임금이 경외京外의 널리 드러난 충신·효자·열부에게 등급을 나누어 포상하게 함.

효자의 경우 정문旌門이 세워진 자는 69인, 증직贈職된 자는 61인, 상으로 물건을 받은 자는 19인, 복호復戶된 자는 106인.

충신의 경우 정문이 세워진 자는 5인, 증직된 자는 8인, 복호된 자는 12인.

절부節婦의 경우 정문이 세워진 자는 176인, 복호된 자는 11인, 상으로 물건을 받은 자는 6인.

효우孝友의 경우 정문이 세워지거나 복호되거나 상으로 물건을 받은 자가 모두 19인.

7. 『인조』10·03·11   ①해주海州 사인士人 김인金寅의 처 우씨禹氏와 ②오창남吳昌男의 처 이씨는 정묘호란 때 적이 위협해 앞으로 오게 하자, 우씨는 젖먹이를 남편에게 주고 머리를 돌에 부딪혀 피가 얼굴에 가득 흘러내림. 이에 적이 우씨를 사살함. 이씨는 가락지와 화경畫鏡을 며느리에게 주면서, 목을 매어 자살.

『효종실록』

1. 『효종』02·06·04   ①영변 사람 김성락金成洛의 아내 박씨, ②평양의 양녀 막진莫眞, ③김수택金秀澤의 아내 안씨, ④정병正兵 이언력李彦歷의 아내 양녀 삼춘三春 등은 과부로서의 절행이 옛사람에 부끄러움이 없음. 정문, 복호.

2. 『효종』03·12·21   단천의 관기 일선一仙은 기만헌奇晚獻의 아들 기인奇憚에게 사랑을 받음. 기인이 죽자 장례에 달려가 곡하고 종신토록 상복을 입음. 정표.

3. 『효종』05·09·18   평안도 용강현龍岡縣의 백성 옥남玉男이 바다에 익사하자 아내가 젖먹이 아이를 이웃에 맡기고 자살. 정려.

4. 『효종』06·07·26   예조에서 서울과 지방의 효자·열녀 60여 명을 기록, 정려·복호를 청하니, 그대로 따름.

5. 『효종』08·03·06   함경도 북청인北青人 이방준李邦俊의 첩이 과부로 수절하는 중, 홍원洪原 사람이 미모를 듣고 주인에게 사서 협박해 데려 가자, 바다에 투신 자살. 정려.

6. 『효종』10·02·18   성균관의 관비가 남편 사망 후 계속 통곡하더니 마침내 목을 매어 자살. 정표.

『현종실록』

1. 『현종』 02·06·01   이준평李浚平의 처 임씨任氏는 남편이 죽자, 우물에 투신, 자살. 정려.
2. 『현종』 04·10·08   해주海州의 절부節婦 유학幼學 김유金瑜의 처 구씨具氏는 남편이 화적의 칼을 맞아 불길 속에서 죽어가자 뛰어들어 같이 불에 타 죽음. 정표.
3. 『현종』 05·01·20   광주廣州 저자도楮子島의 사노私奴 선先이 세현世玄과 힘 겨루기를 하다가 지자, 분노하여 세현을 찔러 죽임. 세현의 처 임생任生은 즉시 칼로 선을 찔러 죽여 복수함. 처벌하지 아니함.
4. 『현종』 06·05·05   이지환李之瓛의 처 및 그의 동생 이황李璜의 처인 정씨의 절행을 예조로 하여금 품처하도록 청함.
5. 『현종』 06·10·05   (a) 승지 오정원吳挺垣의 양모養母 윤씨는 젊은 나이에 남편이 사망하자, 칼로 목을 찔렀으나 죽지 않음. 다음해 조카 정원挺垣을 양자養子로 정할 것을 유서로 시부모에게 청하고 독약을 먹고 자살. 정표.
(b) 장령 정식鄭植의 자부子婦 이씨는 남편의 병을 성심으로 구호했는데, 남편이 죽자 즉시 자결함. 정표.
(c) 학생學生 이준평李浚平의 아내 임씨는 남편이 친구에게 살해 당하자, 즉시 자결하여 따름. 정표.
6. 『현종』 07·03·15   북청北淸 사람 이득립李得立이 얼음 언 연못을 건너려다 익사하자, 아내 김씨가 뛰어들어 시신을 껴안고 죽음. 아들 딸도 빠져 죽었는데, 이웃이 장대로 끄집어내어 아들과 이득립은 살아남. 정문.
7. 『현종』 07·08·11   경흥인慶興人인 역관 유대영兪大英이 병사하자, 그의 아내가 관 앞에서 목을 매어 자살. 정표.
8. 『현종』 09·05·01   부여扶餘의 양녀良女 윤덕閏德은 남편의 상에 지극히 슬퍼하다가 장례가 끝난 뒤 자살하였다. 그녀를 초빈草殯한 곳에서 흰 기운 한 줄기가 위로 뻗쳐 하늘까지 닿음. 정표.
9. 『현종』 09·12·13   남기木只의 처 일향一香은 그 지아비가 놋쇠에게 피살되려

754

할 적에 몸으로 덮어 보호하다 칼을 맞아 죽음. 남기는 죽음을 면함. 정려.

10. 『현종』10·04·04 고 참판 유계兪棨의 아들 유명윤兪命胤은 상중에서 죽었는데 그의 아내가 손가락을 세 개나 잘라 피를 입에 흘려 넣어 나흘을 더 살게 하였다 함. 정표.

11. 『현종』10·04·12 정유재란 때 순절한 회덕懷德의 선비 정선鄭瑄의 처를 정표.

12. 『현종』10·07·27 중화中和의 교생校生인 김애격金愛格의 아내 봉생奉生의 남편은 살인죄로 사형을 당했는데, 실제 살인하지 않았고 해당자는 살아 있었다. 애격은 14년 동안 헤맨 끝에 그 사람을 찾아 관아에 고발해 처벌(사형)하게 함으로써 복수함. 정문.

13. 『현종』11·12·27 평안도 강계의 토병土兵 최연崔連이 강을 건너다 얼음이 깨져 물에 빠지자, 아내 계생界生이 손을 뻗쳐 구하려고 하다가 함께 익사. 정문.

14. 『현종』12·06·24 정축년 난에 역관 정신남鄭信男의 딸은 배에 오르려 할 때 어떤 사람이 손을 잡아당기려 하자, "내 손이 너에게 잡힌다면 피난할 필요가 없다"면서 물에 빠져 자살. 정문.

15. 『현종』15·01·29 금화金化의 품관品官 진계창秦繼昌의 집에 명화적明火賊이 침입했는데, 아내 권씨가 남편을 가리면서 칼을 대신 맞고, 남편을 도망하게 하여 무사하게 함. 정문.

16. 『현종』15·07·04 (a) 열녀인 유학 이광진李光進의 아내 이씨 등 5명과 효녀인 양녀良女 왕소사王召史 등 3명에 대해서는 정문旌門. (b) 절부節婦인 학사 강태현姜太賢의 아내 권씨 등 3명은 복호.

17. 『현종』15·07·04 (a) 금산金山의 유학 최계완崔繼完의 아내인 허씨許氏는 명화적을 만나자 자신의 몸으로 남편을 가리고 자신은 적의 칼날을 맞음. 정문. (b) 예안禮安의 이막동李莫同의 아내인 건리금件里今은 남편이 범에게 물리자 범을 쳐서 물리침. 남편의 시신이 온전함. 정문.

『숙종실록』

1. 『숙종』07·01·07　고 참의 홍명형洪命亨의 처 성씨成氏는 병자호란 때 마니산에 피해 있던 중 오랑캐 기병이 강을 건넜다는 말을 듣고 아들에게 "너의 아버지는 구차하게 모면하지 않았을 것이다" 하고 목을 매어 자살. 정표.

2. 『숙종』04·윤3·01　효자 김진원金震元의 처 이씨는 80세가 넘어 남편이 죽었는데, 104세가 되도록 소식素食을 함. 식물을 하사.

3. 『숙종』07·03·03　병자호란 때 성천成川 금옥수玉은 난리를 피하여 골짜기에 숨어 있다가 적병에게 잡혀 핍박을 받자, 낭떠러지에 투신 자살. 정려.

4. 『숙종』07·06·03　정축년 호란 때 전 부사府使 이시빈李時彬의 처 우씨禹氏는 청병淸兵에게 잡혀가다가 김포金浦 부근의 굴포掘浦에 이르러 남편과 이별하게 되자, 물에 투신하였고, 오랑캐의 화살을 무수히 맞고 죽음. 정려.

5. 『숙종』07·06·30　정유재란 때 ①함평인咸平人 정함일鄭咸一의 처 이씨, ②정함일의 장자인 정경득鄭慶得의 처 박씨, ③차자인 정희득鄭希得의 처 이씨, ④정함일의 딸 정씨, ⑤정운길鄭雲吉의 처 오씨, ⑥정주일鄭主一의 처 이씨, ⑦정주일의 아들인 정절鄭㦛의 처 김씨, ⑧정절의 아들인 정호인鄭好仁의 처 이씨, ⑨서울 사람 심해沈諧의 처 정씨鄭氏, ⑩권척權陟의 처 정씨鄭氏, ⑪무장인茂長人 오굉吳宏의 처 변씨邊氏, ⑫김한국金翰國의 처 오씨 등 모든 족친族親이 함께 배를 타고 난리를 피해 영광靈光의 바다 가운데 있는데, 적선賊船이 쫓아오자, 열두 명의 절부가 동시에 바다에 뛰어들어 죽음. 애초에 모두 정문旌門하고, 『동국신속삼강행실도』東國新續三綱行實圖에 실었는데, 자손이 몰락하여 거행하지 못하였다. 이때에 이르러 그 후손들이 연명하여 상언하자, 예조에서 다시 아뢰어 시행하게 되었음.

6. 『숙종』07·07·21　윤선거尹宣擧의 처 이씨를 정려.

7. 『숙종』07·11·02　공주의 열부烈婦 매덕梅德은 천인이지만 아름다웠음. 일찍 과부가 되자 재혼을 노리는 사람이 많아, 단발까지 하면서 시어머니를 봉양함. 시어머니가 사망하자 자신이 시신을 지고 가서 장사를 지냄. 효종조에 그의 3대를

천인의 신분에서 면제. 이때에 와서 다시 정려함.

8. 『숙종』 08·06·22   영동永同의 이소사는 교생校生의 아내로서 병을 앓아 혼자 있던 중 이웃의 폭한暴漢이 강간하고자 하니 격렬하게 저항함. 6세 된 아들 박만여朴萬餘가 외조부에게 알려 구제되어 욕을 당하지 않았으나, 사건 자체로 상심하여 목을 매어 25세의 나이로 죽음. 정려. 박만여는 뒷날 범인을 찔러 죽이고 무죄 방면됨.

9. 『숙종』 09·01·28   정발鄭撥의 첩 애향愛香이 절의를 위해 죽고, 계집종 한 사람도 따라 죽었다고 송시열이 말함. 정려.

10. 『숙종』 09·03·01   이의추李義秋 부자와 변소사卞召史에게 정려함. 이의추의 아버지가 오랑캐에게 죽자, 이의추는 활쏘기와 말타기를 익혀 원수를 갚으려 했고, 무오년(1618) 전쟁에 자원하여 싸움에서 죽음. 아들 이이남李二男은 2대가 오랑캐에 죽은 것을 통분하게 여겨 복수를 다짐하여 정묘호란(1627) 때 전사함. 그의 아내 변소사는 20세가 못 되었으나 3년상 동안 울음을 그치지 않았다. 상기가 끝나자 부모가 개가시키려 하므로 목을 매어 죽을 뻔함. 삭발하고 남편의 친척 집에 가서 의지하고 살며, 밤에 칼을 품고 수절 의지를 보임. 정려.

11. 『숙종』 09·04·23   병자호란 때 사절한 홍익한洪翼漢과 처자, 며느리를 정문.

12. 『숙종』 10·12·08   배천白川의 사노 검송檢松 및 그 아내가, 효우孝友와 절행으로 향리에서 칭찬이 자자하므로 도신道臣이 보고하니, 차등 있게 정표.

13. 『숙종』 13·05·28   경상도 사비私婢 춘옥春玉이 남편을 위해 복수함. 석방하고 정려함.

14. 『숙종』 13·07·14   사비私婢 명춘命春은 남편이 이웃 사람에게 맞아 죽자, 그 이웃 사람을 죽이고 관가에 자수함. 석방하고 불문에 붙임. 나이 60세가 넘도록 절의를 지켰으므로, 정려.

15. 『숙종』 15·11·16   (a) 조성趙䃏이 죽자 ① 아내 김씨는 목을 찔러 자살함. 정려. ②아들 조정만趙挺晚의 아내 정씨丁氏는 목 매어 자살함. 정려. ③조정시趙挺時가 그 죄를 거짓 자복하자 아내 이씨가 스스로 목을 매어 자살함. 정려.

16. 『숙종』 15·11·18   오정창吳挺昌이 화를 당하자 정씨鄭氏와 그 자부子婦 유씨

柳氏가 함께 자살. 모두 정려.

17. 『숙종』16·02·13 고 감사 이명익李溟翼의 아들 이단표李端標의 아내 박씨는 15세에 결혼했는데, 남편이 병으로 객사하자 염빈殮殯할 제구를 장만, 상차喪次에 보내고 곧 목을 찔러 자살을 시도함. 집안 사람이 급히 구했으나 다시 여러 차례 자살을 시도함. 독초를 먹기도 하고 우물에 두 차례 몸을 던지기도 하고, 목을 매기도 하고, 높은 곳에서 투신하기도 함. 부모가 감시하자 결국 먹을 것을 거부하고 죽었는데, 죽을 즈음에 종에게 상복을 가져오게 하여 입고 남편의 영연靈筵에 사배四拜한 뒤 숨을 거두었음. 죽을 때 19세였음. 정려.

18. 『숙종』16·03·06 남원의 사인士人 신익룡申翼龍의 아내 이씨는 길에서 도둑을 만나 도둑이 남편을 칼로 찌르자 몸을 감싸 자신이 여러 차례 칼에 찔림. 도둑은 버려두고 갔고, 부부가 모두 살아남. 정려.

19. 『숙종』18·10·29 안변安邊의 정군正軍 김귀원金貴元이 밤에 범에게 물려가자, 아내 춘춘이 큰 소리 치며 범에게서 남편을 빼앗고자 하다가 물려서 죽음. 정려.

20. 『숙종』23·05·17 창녕현昌寧縣의 사노寺奴 김계우金戒右의 처 만진晩眞은 남편이 익사하자 "나에게 두 살이 된 어린아이가 있는데 지아비가 이미 죽었으니, 내 어찌 홀로 살겠는가?" 하고 물에 투신 자살함. 다음 날 남편의 다리를 안고 있는 시신을 발견함. 24세. 정려.

21. 『숙종』23·12·19 임경업林慶業의 처 이씨는 오랑캐에게 구금되었으나 임경업이 간 곳을 알려주지 않음. "남편이 대명大明의 충신이 되었으니, 나도 남편을 따라 죽어 대명의 귀신이 되는 것이 마땅하다" 하고, 자신의 목을 찔러 자살. 정표.

22. 『숙종』30·06·05 내비內婢 옥랑玉娘은 종성鍾城 사람의 서녀庶女인데, 친정 어머니가 사인士人 주수강朱壽康의 첩妾으로 약속함. 주수강이 전염병으로 사망하자 옥랑이 달려가 곡하려 함. 오빠가 "부부의 의가 없었다" 하자 "어머니가 시집가는 것을 허락해 날까지 잡았으니 이미 주씨의 첩인데 어찌 주씨가 죽었다 하여 마음을 바꾸겠는가?"라고 하고, 주수강의 어머니에게 편지를 보내어 자신의 마음을 털어놓음. 그리고 부상赴喪하여 장례를 극진히 치르고, 그 집에 머물러 시어머니를 효성스럽게 섬기면서 수절하고, 주수강의 자녀를 차별 없이 기름. 속량

贖良하고 복호.

23. 『숙종』 30 · 06 · 05   선산의 민간 여자 향랑香娘은 괴팍한 남편에게 구타당하고 쫓겨나 친정으로 돌아감. 아버지의 후처가 사나와 시집간 향랑을 먹여 살릴 수 없다고 하니, 다시 숙부에게 감. 숙부가 개가시키려 하므로 다시 시집으로 돌아갔으나 시아버지가 아들의 뜻을 돌릴 수 없다면서 개가를 허락하는 문서를 만들어주겠다고 함. 향랑은 갈 곳이 없게 되어 낙동강에 투신, 자살. 정문.

24. 『숙종』 32 · 11 · 16   해남海南의 여인 금상수尙은 과부로 수절하던 중 죽기를 맹세하고 강포强暴한 자를 물리침. 정려를 전라도 관찰사가 요청.

25. 『숙종』 36 · 10 · 19   경상도 삼가三嘉의 출신 홍방필洪邦弼이 어떤 사람에게 살해되자, 처 최씨와 그 딸 홍씨가 여러 해 동안 기회를 엿보다가, 손수 칼로 찔러 원수를 갚음. 관에 자수. 복호.

26. 『숙종』 36 · 10 · 20   전라도 진산군珍山郡의 사인士人 이국량李國亮이 범에게 물렸는데, 처 배씨가 낫을 들고 쫓아가서 범을 치니, 이국량을 버리고 배씨를 잡아먹음. 정려.

27. 『숙종』 36 · 11 · 20   절부節婦 오영업吳榮業에게 정문을 내림. 오씨는 17세에 보인保人 한창주韓昌周와 결혼. 한창주의 고질병에 힘을 다해 간호했으나 한창주가 사망하자, 물 한 방울 먹지 않고 극도로 슬퍼함. 남편의 어린 동생이 결혼을 하게 되자, "내가 자결을 결심한 지 오래지만 늙은 시어머니와 어린 시동생 때문에 결행하지 못 했는데, 이제 봉양할 사람이 있으니 죽을 수 있다" 하고 목을 매어 자살함. 죽을 때 남편의 신주를 두 손으로 굳게 잡은 채 놓지 않았음. 정려.

28. 『숙종』 37 · 09 · 25   서부西部 창동倉洞에 사는 전 현감 유박柳搏의 딸 유씨柳氏는 바로 고 학생學生 이사장李思章의 처인데, 남편이 사망하자 밥을 먹지 않았고, 몇 해를 슬퍼하다가 사망. 정려.

29. 『숙종』 38 · 09 · 20   이천利川의 양녀良女 영례英禮는 30세도 안되어 과부로 수절하다가 어느 날 남편의 제수를 마련하기 위해 시장에 갔다가 취한을 만나 겁탈을 당함. 저항하다가 귀를 잘리고 배도 찔림. 지나가는 이웃사람에게 연유를 호소하고 사망. 정표.

30. 『숙종』39·11·21   경외京外의 충신·열녀·효자에게 혹은 정려旌閭·증직贈職·제직除職·복호復戶·면천免賤으로 각기 차등을 두어 시상施賞. 400여 명.

31. 『숙종』42·12·12   평안도 절부節婦 김봉선金奉先의 아내 김씨는 행의行誼가 뛰어나다고 장계狀啓하여 정포旌褒하기를 청함. 정려 혹은 복호, 물품 하사 중 어느 것에 해당함.

32. 『숙종』43·08·08   옥례玉禮는 민가의 여자로 자색이 있었는데, 호민豪民 장업동張業同이 강간하려 하니, 저항하고 따르지 않다가 어린 딸과 함께 살해됨. 정려.

33. 『숙종』43·08·11   양천陽川의 사비私婢 예진禮眞은 절개를 잘 지키고 효도를 극진히 함. 복호.

34. 『숙종』44·10·13   고 유생 윤유尹愈의 처는 남편이 전염병으로 사망하자 임신 중임에도 불구하고 장례에 관한 일을 손수 처리하고 끝까지 관을 지키며 피접하지 않음. 몇 달 뒤 병으로 낙태하고, 염수鹽水를 마시고 자살. 정려.

35. 『숙종』44·12·19   평안도 함종咸從의 소근아지小斤阿只는 천인賤人인데, 같은 고을의 호강豪强한 자 임만규任萬規가 아름다운 용모를 보고 강간하려 하니, 극력 항거하다가 살해됨. 정려.

36. 『숙종』45·11·10   평택平澤의 사비私婢 천금千今, 면천沔川의 학생學生 이성일李性一, 청주淸州의 사인 이명환李命煥의 처 신씨申氏, 목천木川의 사인 김천규金天揆, 평택의 사비 천생賤生, 진천鎭川의 사인 이희李熺, 순천의 군인 김금선金今先의 처 김씨, 청양靑陽의 백성 한도동韓道東의 처 최씨, 보은의 유학幼學 구이극具爾極, 평산平山의 사인 홍만창洪萬昌의 처 김씨 등 10인을 효행과 정절로 정려함.
당진唐津의 사노私奴 동립同立, 사비私婢 막지莫芝, 부여扶餘의 금위군禁衛軍 오성안吳成安, 당진의 어영군御營軍 김두상金斗尙, 영변寧邊의 관노官奴 사군四軍, 순안順安의 사노寺奴 필주彌柱 등 6인을 효행으로 면역免役함.
평산平山의 진사 민채만閔采萬, 통덕랑通德郞 이시환李時煥 등 25인을 효행과 충의忠義로 증직贈職함.
송화松禾의 촌민村民 차성필車成弼, 금천衿川의 사비私婢 이정二貞 등 41인을 효행과 정절로 복호하고, 옥구沃溝의 촌동村童 김선문金善文, 개천价川의 촌녀村女 선향善香 등 37인을 효행과 정절로 물건을 차등 있게 내려줌.

『경종실록』

1. 『경종』 01·08·15   금성金城의 품관品官 박창덕朴昌德의 아내 임씨任氏는 남편이 호랑이에게 물려 사망하자 자기 몸을 호랑이에게 맡기고 남편의 시신을 빼앗음. 정표.

『영조실록』

1. 『영조』 07·01·06   황해도 해주 유학幼學 안민安敏의 처 강씨姜氏는 남편을 위해 불에 타 죽음. 정표.
2. 『영조』 09·07·05   칠원현漆原縣의 양인良人 최개야지崔介也之의 처 신양금辛良金은 남편이 범에게 물려가자 꼬리를 잡고 따라가면서 대신 자신을 잡아먹으라고 외침. 범이 남편을 팽개치고 신양금을 물어뜯어 남편은 살고 신양금은 죽음. 정문.
3. 『영조』 09·05·18   황해도 해주 교생校生 간철석簡哲碩의 처 이씨는 72세로 집에 불이 나자 남편의 신주를 안고 죽음. 정문.
4. 『영조』 09·08·20   (a) 황해도 평산平山 사람 신사협申思協의 처 홍씨는 남편이 목욕을 하다가 익사하자 자신도 몸을 던져 자살함. 정문.
   (b) 서흥瑞興사람 이진원李震元의 처 김씨는 이진원이 어머니를 위해 밤을 따러 가는 길에 급류에 휩쓸려 죽자, 김씨 역시 물에 몸을 던졌는데, 사람들이 건져내자 목을 매어 자살함. 정문.
5. 『영조』 12·11·05   (a) 고 판서 서문유徐文裕의 아내 이씨는 남편이 병으로 사

망하자, 자신이 병들어도 약을 복용하지 않고 사망함. 정려.

(b) 조상명趙尙命의 딸인 유씨柳氏의 며느리는 남편이 사망하자, 나무를 쌓아 놓고 분사焚死. 정려.

6. 『영조』12·12·07 고 판서 이언강李彦綱의 아내 권씨는 나이 70세의 명부命婦로서 남편의 상에 지나치게 슬퍼하다가 병을 얻어 사망. 정표旌表.

7. 『영조』13·06·14 고 판서 이정제李廷濟가 사망하자 아내 정씨鄭氏는 거적을 깔고 자고, 벽을 향해 앉아 식음食飮을 끊어 마침내 같은 무덤에 들어가는 소원을 이룸. 정려.

8. 『영조』13·09·23 창녕의 여자 문옥이文玉伊는 팔촌 문중갑文仲甲과 같이 나무를 하던 중 문중갑이 간음하려 하니, 동성同姓인 것을 들어 꾸짖고 돌아와 오빠에게 상황을 말하고 독약을 마시고 죽음. 정려.

9. 『영조』15·03·18 공홍도公洪道 대흥군大興郡 우씨禹氏, 박가의 며느리로서 수절하고 있던 중 남편의 종손이 간음하려 하였으나 굳게 거절하다가 살해됨. 정표.

10. 『영조』15·08·15 고 충신 홍익한洪翼漢의 종형종兄 홍휼洪鼐의 아내 윤씨는 병자호란 때 남편의 가족이 몰살되자, 홍익한 가족과 함께 순절. 정표.

11. 『영조』16·12·20 현령縣令 조헌주曹憲周의 아내 이씨는 남편이 죽자 자녀들의 만류에도 불구하고 독약을 조금씩 먹어서 자살. 정려.

12. 『영조』17·07·01 고 충신 부산 첨사 정발鄭撥의 첩의 순절에 대해 정표.

13. 『영조』17·07·11 중화中和의 사인士人 임필경林弼景의 처 이씨는 남편이 바다에 빠져 죽자, 가슴에 돌을 품고 물에 몸을 던져 자살. 정려.

14. 『영조』20·12·13 공주의 이씨 집에 정문. 강간에 저항하다가 죽은 사람임.

15. 『영조』21·05·15 문화文化 곽소사郭召史는 남편을 위해 절개를 세움. 정려.

16. 『영조』27·02·05 고 판서 이주진李周鎭의 처 민씨는 집상執喪하는 동안 지나치게 슬퍼하여 쇠약해져 죽음, 정려.

17. 『영조』28·05·23 고 판서 김진규金鎭圭의 처 정씨鄭氏는 과부가 되어 자살 결심. 미음도 마시지 않고 죽음. 정려.

18. 『영조』30·04·14 김제 사람 김상각金相珏은 과부 김씨를 겁탈하려고 군수 최

보흥崔普興을 부추겨 김씨의 아버지를 가두고 장차 도둑을 다스리는 형벌을 가하려 하였다. 이에 김씨가 자살함. 정려.

19. 『영조』 34·01·17   월성위月城尉 김한신金漢藎의 아내 화순옹주, 남편이 죽자 물 한 방울도 먹지 않고, 영조가 거듭하여 권해도 계속 거부하다가 절식한 지 14일만에 자진自盡함. 정려.

20. 『영조』 34·03·25   평양 권이형權以亨의 아내 홍소사洪召史는 남편이 인장 위조죄로 옥에 갇힌 지 10년 동안, 서울 궐문에서 부복. 영조가 보고, 권이형의 사형을 면죄, 홍소사는 정려.

21. 『영조』 34·11·11   합천의 염씨廉氏는 사인士人 조후창曹後昌의 아내인데, 같은 마을 윤후신尹後莘이 염씨의 방에 침입, 면포와 의복을 훔치다가 조후창을 만나자, 면포와 의복은 염씨가 자신과 통정하여 준 것이고, 조후창의 아들과 딸은 자신의 씨라고 말함. 이에 염씨는 관가에 고소하고 스스로 할복 자살함. 정문.

22. 『영조』 35·04·02   임씨林氏의 딸은 수상守喪하다가 목을 매어 자살. 정려.

23. 『영조』 36·11·19   고원군高原郡 전덕수田德守의 아내 윤소사尹召史는 남편이 출타 중에 중僧 간상簡相이 강간하려 하자, 윤소사는 칼을 들고 저항하였고 간상은 낫으로 윤소사를 찔러 살해함. 정려.

24. 『영조』 38·07·27   해흥군海興君의 처 고씨에게 절행節行이 있다 하여 정려.

25. 『영조』 39·02·29   파주의 문씨文氏는 천인인데, 강간을 당해 온몸이 난자되어 창자가 나올 지경이었으나 굴하지 않고 죽음. 정려.

26. 『영조』 39·08·01   (a) 전라도 장수현의 사인士人 서문배西門培의 아내 정씨鄭氏는 이웃 사람이 강간하고자 하여 치마를 찢자 소리를 질러 모면하고, 관에 고발하여 강간범을 장살杖殺케 하고는, "몸은 더렵혀지지 않았으나 한쪽 팔이 그 놈에게 비틀렸으니, 그대로 두면 온몸이 더러워진다" 하고 칼로 베고 목을 매어 죽음. 정려.
(b) 양인良人 임동삼林東三의 아내 오소사吳召史는 수절하고 있는데, 친정어머니가 개가시키려 하자 남편의 무덤에 가서 한번 곡한 다음 허락하겠다 하고 젖먹이 아이를 업고 가서 통곡하면서 "당신이 왜 먼저 죽어 내가 이런 말을 듣게 합니까?" 하고, 손으로 얼어붙은 무덤을 마구 파니 손가락에서 피가 흘렀다. 약을 먹

고 자살. 정려.

27. 『영조』40·04·16   전라도 장구동張九同의 처 김소사金召史는 남편을 위한 정성이 양향楊좁의 고사와 같다 하여 복호.

28. 『영조』40·12·24   북도의 관비官婢 송아宋兒는 남편이 서울에 20년 동안 있었는데도 절개를 지킴. 남편이 죽었다는 소식을 듣자 자살. 복호, 천역을 면해 줌.

29. 『영조』48·10·23   판부사 이창의李昌誼가 졸함. 아내 윤씨가 절식하여 자진함. 정문.

『정조실록』

1. 『정조』01·07·1   강세작康世爵의 후손 강좌요康佐堯의 자부子婦 김씨는 남편이 죽자 따라서 자살. 정려.

2. 『정조』03·01·28   ①열녀인 서부西部의 고 진사 김옥金鈺의 아내 이씨, ②사인士人 이의집李義緝의 아내 구씨具氏, ③군위의 공생貢生 서영득徐英得의 아내 권녀權女 등을 정려.

3. 『정조』03·03·27   열녀인 송재적宋載績의 아내 홍씨의 마을에 정표.

4. 『정조』03·06·14   ①이광조李光潮의 아내 고씨, ②영천永川의 사인士人 안서중安瑞重의 아내 이씨, ③동래의 하리下吏 허몽대許夢大의 아내 전씨全氏, ④상주尙州의 사인 조현기趙顯基의 자부 정씨鄭氏는 남편을 따라서 죽은 절개가 있음. 정표.

5. 『정조』05·05·23   ①열녀인 관서의 사령使令 곽금산郭金山의 아내 오씨, ②영리營吏 박문주朴文周의 아내 정씨鄭氏, ③호서의 사인 정최환鄭最煥의 아내 박씨朴氏, 정려旌閭. ④열녀인 영남의 사인 김종택金宗澤의 아내 조씨曹氏, ⑤관서의 향인鄕人 장봉익張鳳翼의 아내 김씨, ⑥최응철崔應哲의 아내 이씨, ⑦허부許溥의 아내 김씨, ⑧호서의 사인 박묵운朴默運의 아내 홍씨는 복호.

6. 『정조』06·01·14   ①정의현의 유학幼學 김정욱金精旭의 아내 김씨는 나이가

17세이고 ②대정현 유학 강응주姜應周의 아내 김씨는 나이 겨우 15세인데, 모두 남편을 위하여 순절. 정려.

7. 『정조』 06·04·10   순천에 사는 허녀許女의 남편 이양택李陽宅은 남에게 살해 당하였는데 정범正犯이 살아 있었으므로, 원수를 갚지 못한 것을 한스럽게 여겨 자살. 정려.

8. 『정조』 06·05·10   열녀인 양양襄陽 사람 김윤항金允恒의 아내 이녀李女를 정려.

9. 『정조』 07·01·23   대신과 예조 당상에게 서울과 지방의 효열孝烈의 행실이 있는 사람에게 차등 있게 정표旌表하게 하였다. 충신은 2명, 효자는 3명, 열녀는 60명, 효부는 3명, 효녀는 1명임.

10. 『정조』 07·06·09   ①성주星州 사인士人 이민성李敏省의 처 박씨와 ②대구 사인 도필상都必祥의 처 신씨申氏는 남편을 따라 죽음. 정려.

11. 『정조』 08·02·28   청흥군靑興君 이중로李重老의 아내 정씨鄭氏는 13일 동안 굶주림을 견디며, 쌓인 주검 가운데에서 지아비의 주검을 찾아 10년 동안 상복을 입고 아들에게 복수를 가르침. 정려.

12. 『정조』 08·03·27   부령富寧 사람 박천수朴天壽의 처 김씨는 남편이 죽자 3년상을 마치고 조용히 자살. 정려.

13. 『정조』 08·07·16   ①종성鍾城의 고 학생 김한득金漢得의 아내 오씨와 ②명천明川의 고 학생 김붕운金鵬運의 아내 이씨와 ③이성利城의 고 학생 주세원朱世元의 아내 최씨에게 정려旌閭.

14. 『정조』 10·11·11   장흥부長興府의 권씨가 37년 뒤 원수를 갚고 양자를 세우고 나서 음식을 먹지 않고 남편을 따라 죽음. 정문.

15. 『정조』 10·11·11   ①양인良人 최수환崔壽煥의 처 최씨, ②학생 임교상任敎常의 처 이씨, ③학생 유익엽劉益燁의 처 현씨, ④학생 오윤상吳允常의 처 김씨, ⑤파주坡州 사인士人 홍우주洪宇周의 처 이씨, ⑥흥양興陽 포인鮑人 김점산金占山의 처 남씨, ⑦남평南平 군역軍役 나소채羅小采의 처 황씨, ⑧장수長水 양녀良女 분대粉黛에게 정문.

16. 『정조』11·04·02　(a) 남원부南原府의 유학幼學 정조문鄭朝文의 처 이씨는 쑥을 캐고 있던 중 이웃의 상한 권만세權萬世가 강간하려 하므로 극도로 저항하니 권만세가 달아났다. 이씨는 돌아와 손도끼로 오른쪽 팔을 자른 뒤 목을 베려고 하다가 사람들이 때마침 말려서 살아남. 정려.

(b) 순천부順天府의 무부巫夫 추절창秋節昌의 병이 위독해지니 아내 무녀 안녀安女가 식도食刀로 할고하여 살을 삶아 남편의 입에 부어 넣고 하늘에 기도하자 이에 추절창이 살아남. 급복.

17. 『정조』11·04·16　(a) 평산平山의 사인士人 신각申恪의 아내 정씨鄭氏는 남편 사망 후, 조용히 자살. 정려.

(b) 안주安州 병영兵營의 노奴의 아내 김녀金女는 남편 사망 후, 약을 먹고 자살을 시도하였고, 마음으로 맹세하며 남편의 무덤을 지킴. 복호.

18. 『정조』11·05·04　고성固城의 한녀韓女에게 정려.

19. 『정조』12·09·15　각도의 효자·열부烈婦의 별단別單에 대해 판하判下하였던 바, 증직贈職이 8건, 정문旌門이 8건, 급복給復이 12건이고, 식물食物을 지급해 주도록 한 것이 7건이었다.

20. 『정조』13·01·10　강계江界 기생 소상매瀟湘梅는 천한 기생으로 한 남편을 섬기다 남편이 죽자 따라 죽음. 정문.

21. 『정조』13·07·14　(a) 북청北青에 유학 이정상李正相의 처 강씨姜氏는 남편의 병이 위독하자 하늘에 대신 죽게 해 달라고 기도함. 점장이가 "남편 대신 죽으면 길하다" 하자, 목을 매어 자살. 강씨가 죽자 남편의 병이 나음. 정려.

(b) 무산茂山의 역리驛吏 김덕화金德華의 처 강녀姜女는 남편이 병사하자, 염습과 장사에 드는 모든 도구를 마음을 다해 마련했고, 우제虞祭와 졸곡卒哭이 끝나자마자 물에 빠져 자살. 정려.

22. 『정조』17·02·21　안동 선비 유홍춘柳弘春의 처 김씨는 남편이 환곡을 갚지 못해 곤장을 맞고 사망하자, 원수를 갚지 못함을 이유로 음식을 끊고 자살. 정려.

23. 『정조』18·04·22　제주의 고 효자 박계곤朴繼昆 정려. 박계곤의 딸은 수절했음. 정려.

24. 『정조』20·03·26　심의지沈儀之의 처 조씨趙氏는 남편의 유배지가 옮겨지자, 8일 동안 절식하다가 사망함. 심의지가 도류안에 들어 있는 것을 삭제해 줌.

25. 『정조』20·07·08　괴산에 사는 문씨文氏는 상인의 아내인데, 남편이 외출해서 몇 해째 돌아오지 않자 같은 동리의 이파금李巴金이라는 자가 겁탈하려 함. 문씨는 단도를 품고 스스로를 방어하고자 함. 이파금이 음모를 그치지 않자 집을 팔아 이사할 계획을 세움. 이사 전 날, 괴한이 들이닥쳐 유린한 뒤 살해함. 정표.

26. 『정조』21·05·11　안동安東의 열녀 금씨는 수절하고 사는데 어느 날 괴한이 침입함. 이것은 이웃에 사는 족인族人인 이석李碩이 부추긴 짓이었다. 사실을 알고 혈서로 관아에 호소했으나 관원이 조사하지 않자 목을 매어 자살함. 정려.

27. 『정조』21·05·18　풍덕豊德 사람인 김택신金擇信의 딸 김씨는 과부로 수절하고 있던 중 이웃의 김유봉金有奉이 강간하려 하자 저항하고 도망쳐 10여 일 동안 절식 끝에 사망함. 정려.

28. 『정조』21·05·22　용인龍仁의 박씨 여인은 과부로 수절하고 있는데, 이웃의 박삼봉朴三奉이 밤중에 침입하여 강간하려 하자, 저항하고 도망가서 간수를 마시고 자살. 정려.

29. 『정조』22·2·06　고 승문원 부제조 조찬한趙纘韓의 아내 유씨柳氏는 정유재란 때 순절함. 현종, 숙종 때부터 많은 사람들이 정려를 요청하여, 이때에 와서 마침내 정려함.

30. 『정조』23·01·25　고 관찰사 이의준李義駿의 처 정경 부인 조씨趙氏는 남편의 상을 당한 날 아들에게 죽을 것을 예고하고 자살. 정표.

『순조실록』

1. 『순조』01·01·26　열녀인 음죽陰竹의 고 학생 이희성李希成의 처 정씨鄭氏에게 정려를 청함.

2. 『순조』01·03·16　박형춘朴亨春의 처 최씨와 덕원德源의 열녀 고 학생 남일명

南一明의 처 이씨에게 정려.

3. 『순조』03·02·10   문간공文簡公 김정金淨의 처 송씨에게 정려. 송씨는 늙은 시어머니 때문에 자살하지 못하고, 시어머니가 죽자 8일 동안 절식한 끝에 사망.

4. 『순조』03·05·26   ①열녀 죽산竹山의 사인士人 이중식李重植의 처 오씨吳氏와 ②청주淸州의 백성 김인정金仁鼎의 처 박씨에게 정려. ③안동安東의 사인 정한제鄭漢濟의 처 조씨趙氏의 열행烈行에 대해, 그리고 ④열녀 대구의 사인 도필해都必海의 처 최씨, ⑤경주慶州의 백성 최원태崔元泰의 처 박씨, ⑥울산의 백성 강일문姜日文의 처 김씨, ⑦청도의 사인 배상유裵尙維의 처 최씨, ⑧하동의 사인 정지서鄭之瑞의 처 김씨, ⑨장흥長興의 사인 정지학丁志學의 처 문씨에게 복호.

5. 『순조』03·12·18   충장공忠壯公 박영신朴榮臣의 처 이씨 및 그 두 아들 박지원朴之垣·박지번朴之藩을 정려. 박영신이 갑자년(1624년)에 순국한 후 이씨가 난리 중에 시신을 찾아 도보로 집으로 돌아왔는데, 원수를 갚지 못한 것을 통분스럽게 여겨 합장合葬하지 말도록 하였다. 두 아들이 10년 뒤 마침내 흉수를 찔러 죽여 그 머리를 베어 들고 궐문에 나아가 복법伏法되기를 원함.

6. 『순조』04·12·20   (a) ①여철영呂哲永의 처 송씨와 ②성국진成國鎭의 처 조씨趙氏, ③김달오金達五의 어머니 박씨, ④경기 사람 한진구韓鎭九의 처 윤씨의 열행에 대해 정려.

7. 『순조』05·06·09   옥과현玉果縣의 고 사인士人 박언배朴堰培와 그의 처 이씨에게 증직贈職하고 정표. 박언배가 의병장으로 안주에서 전사하자, 아내 이씨는 목을 매어 자살.

8. 『순조』06·03·23   ①서울에 살던 고 통덕랑通德郞 홍회원洪會源의 아내 송씨, ②광주廣州의 고 학생 임구任耉의 아내 이씨, ③태인의 학생 박태운朴泰運의 아내 허씨의 열행에 대해 모두 정려.

9. 『순조』06·09·21   ①평산의 사인 이정화李廷華는 복호, ②이정화의 처 윤씨의 열행烈行에 대하여 정려함.

10. 『순조』07·03·17   열녀인 통진通津의 고 통덕랑 권화언權華彦의 처 이씨에게 정려.

11. 『순조』07·09·19 ①열녀인 춘천春川의 고 원생院生 오재윤吳載胤의 처 김씨와 ②강화江華의 고 별장別將 박상엽朴尙曄의 처 김씨에게 정려, ③열녀인 괴산槐山의 고 주부主簿 신광섭申光燮의 처 이씨에게 급복.

12. 『순조』07·10·08 효자인 양주楊州의 고 동지同知 남순하南舜夏 및 그의 손자 남박南璞의 처 김씨를 정려.

13. 『순조』07·11·03 열녀인 봉산鳳山의 고 사인 변집중邊執中의 처 염씨廉氏에게 정려.

14. 『순조』07·11·11 ①열녀인 해미海美의 고 사인 김승주金昇柱의 처 정씨鄭氏, ②임천林川의 고 사인 조창운趙昌運의 처 이씨에게 정려旌閭.

15. 『순조』08·03·19 김해의 고 학생 조수문(曹秀文)의 처 이씨는 시어머니를 예禮로 봉양하다가, 남편이 죽자 따라 죽음. 정려.

16. 『순조』08·05·03 ①열녀인 광주廣州의 통덕랑 최창문崔昌門의 처 정씨鄭氏, ②정평定平의 사인 한용성韓龍成의 처 김씨, ③천안天安의 업유業儒 최운복崔運復의 처 김씨에게 정려.

17. 『순조』08·06·11 태안의 백성 최봉서崔鳳瑞의 처 김씨의 열행에 대해 정려.

18. 『순조』08·06·30 밀양의 사인 이정환李廷煥의 처 양씨梁氏의 열행에 대해 정려.

19. 『순조』08·07·04 ①천안의 사인 지응복池應福의 처 윤씨, ②청산靑山의 백성 전예돌全禮乭의 처 손씨, ③영동永同의 하리下吏 손백남孫百男의 처 조씨趙氏, ④서원西原의 백성 김은석金殷錫의 처 김씨 등의 열행에 대해 정려.

20. 『순조』08·08·16 서원西原의 고 학생 노면경盧勉敬의 아내 열녀 신씨申氏에게 정려.

21. 『순조』09·03·14 ①열녀인 양성陽城의 사인 권두용權斗容의 아내인 이씨, ②광주廣州의 사비私婢 천분荐分에게 정려旌閭. ③열녀인 해주의 고 학생 장종갑張宗甲의 아내 원씨에게 복호.

22. 『순조』12·03·13 열녀정려질烈女旌閭秩(서울의 고 사인 강언성姜彦成의 처 이씨, 고 학생 이원식李元植의 처 최씨·고 통덕랑 김노직金魯直의 처 송씨·고 교

관 홍석보洪碩普의 처 조씨曹氏·고 학생 이철운李轍運의 처 유씨柳氏·고 생원 홍헌모洪憲謨의 처 윤씨·고 사인 임우전林雨田의 처 정씨鄭氏·고 한량 김유항金有恒의 처 신씨辛氏와 고 학생 장후근張厚根의 처 이씨·고 군수 정문재鄭文在의 처 김씨·무의공武毅公 조심태趙心泰의 처 송씨, 고 생원 정우영鄭祐榮의 처 윤씨·고 헌납 정지원丁志元의 처 이씨·고 목사 홍술조洪述祖의 처 이씨·고 생원 조의철趙宜喆의 처 이씨·고 학생 서경보徐慶輔의 처 김씨·고 현령 남성로南省老의 처 조씨趙氏·양인 김세봉金世鳳의 처 박씨·고 학생 박종건朴宗騫의 처 김씨·고 동지 이사룡李思龍의 처 고씨·고 학생 이장철李章喆의 처 송씨, 개성부 고 학생 진득충秦得忠의 처 임씨林氏·고 사인 이영필李英弼의 처 김씨와 그의 종질從姪인 이응번李應蕃의 처 김씨, 영평永平 고 학생 김순인金順仁의 처 변씨邊氏, 안산安山 고 사인 이도용李道容의 처 김씨, 적성積城 고 학생 경육慶焴의 처 남씨, 파주 고 사인 김한규金漢奎의 처 조씨趙氏, 통진通津 고 주부 윤재익尹在益의 처 이씨, 과천 고 학생 홍유룡洪有龍의 처 전씨全氏, 양주楊州 고 사인 홍선영洪善泳의 처 조씨曹氏, 여주驪州 고 학생 이광모李光模의 처 박씨·고 사인 권순건權順健의 처 이씨, 연산連山 고 사인 백상준白尙準의 처 송씨, 서원西原 고 사인 오세환吳世煥의 처 김씨, 목천木川 고 사인 남섭南燮의 처 김씨, 공주 고 부사 유회원柳晦源의 처 김씨와 고 사인 이익선李翼善의 처 한씨, 회덕懷德 고 충목공忠穆公 이시직李時稷의 처 이씨, 홍산鴻山 고 처녀 윤씨, 익산益山 고 사인 권시하權時夏의 처 조씨趙氏, 창평昌平 고 사인 양학언梁學彦의 처 이씨, 남평南平 고 양인 박처준朴處俊의 처 김씨, 함평咸平 고 부장部將 윤해尹海의 처 강씨康氏와 고 사인 김석규金碩圭의 처 진씨陳氏, 무안務安 고 사인 서익천徐益天의 처 정씨鄭氏, 남원 고 사인 김익金釴의 처 이씨, 고부古阜 고 사인 김방수金芳洙의 처 정씨丁氏, 동복同福 고 양인 정쌍룡鄭雙龍의 처 이씨, 창녕昌寧 고 사인 성효열成孝悅의 처 손씨, 경주 관노官奴 현옥顯玉의 처 황아黃娥, 안의安義 고 사인 김세적金世績의 처 허씨, 영덕盈德 고 사인 신길환申吉煥의 처 권씨, 선산 사노私奴 복재卜才의 처 김녀金女, 밀양 고 사인 이석린李錫麟의 처 박씨, 통천通川 고 사인 임붕원林鵬遠의 처 고씨, 원주原州 고 사인 권유權愉의 처 원씨, 금성金城 고 사인 배정로裵廷

老의 처 진씨秦氏, 금화金化 고 사인 이한유李漢裕의 처 한씨, 횡성橫城 고 사인 김광한金光漢의 처 원씨元氏, 정선旌善 고 공생貢生 고지걸高志屹의 처 김씨, 삼척三陟 고 공생 김윤근金允瑾의 처 남씨, 재령載寧 고 업무業武 손언장孫彦章의 처 한씨, 장연長淵 고 사인 박한성朴漢成의 처 김씨, 서흥瑞興 고 사인 신재순申在舜의 처 유씨柳氏, 해주海州 고 영리營吏 지상함池相涵의 처 김씨, 의주義州 고 사인 백광련白光鍊의 처 최씨, 곽산郭山 고 학생 지덕룡池德龍의 처 김씨, 삼등三登 고 통덕랑 주평朱坪의 처 김씨, 강계江界 고 학생 김성삼金省三의 처 김씨, 평양平壤 고 사인 김이곤金理坤의 처 이씨, 개천价川 고 사인 이일초李日初의 처 김씨, 영흥永興 고 학생 김왕추金旺秋의 처 장씨張氏, 함흥咸興의 고 학생 이종눌李宗訥의 처 김씨·고 학생 한명갑韓命甲의 처 진씨秦氏·고 급제及第 유혜중柳惠重의 처 이씨, 삼수三水 전 권관權管 김성정金聖鼎의 처 박씨, 부령富寧 출신出身 이원배李元培의 자부子婦 장씨張氏·양씨楊氏, 이원利原 고 무인 연재협延再協의 처 엄씨嚴氏이다.)※ 열녀정려질 앞에 '충신정려질'忠臣旌閭秩과 '효자정려질' 孝子旌閭秩이 있음.

23. 『순조』12·08·12 ①열녀인 이원利原의 고 무인 박경춘朴景春의 아내 주씨朱氏와 ②영흥永興의 고 사과司果 정만덕鄭晩德의 아내 이씨李氏, ③단천端川의 백성 박팽극朴彭極의 아내 강성姜姓에게 정려.

24. 『순조』12·08·20 홍경래의 난에 증贈 통제사統制使 허항의 아내 김씨는 허항이 용감하게 죽었다는 말을 듣고 따라 죽을 것을 맹세. 관군이 개선해 오자, 아들 허집許楫이 아버지가 홍총각에게 살해당했는데 생포해서 서울로 오고 있다 하니, 처형을 기다려 배를 갈라 간을 꺼내 영전에 고하자고 함. 허집이 홍총각의 간을 가지고 돌아오자, 아버지 무덤에 고함. 그 뒤 김씨는 밥을 먹지 않고 8일만에 죽음. 정려.

25. 『순조』12·10·12 (a) ①열녀인 제주의 고 사인 김창언金昌彦의 처 오씨, ②성주의 고 학생 김종택金宗澤의 처 조씨曹氏에게 정려.

26. 『순조』13·08·28 ①열녀인 고성固城의 고 사인 이덕로李德老의 처 박씨, ②북청北青의 고 무인武人 박필동朴必東의 처 이씨, ③함흥咸興의 고 통덕랑 위건

철위건喆魏健喆의 처 한씨漢氏에게 정려. ④열녀인 안변安邊의 토민 이중빈李重彬의 처 한성韓姓에게 부역을 면제.

27. 『순조』14·04·08 ①열녀인 제주의 고 유생 전형원田衡元의 처 양씨梁氏, ②고 유생 오융복吳隆復의 처 김씨, ③대정의 고 유생 김창근金昌根의 처 김씨에게 표창을 건의함.

28. 『순조』14·08·24 ①열녀인 횡성橫城의 사인 박돈철朴敦哲의 처 원씨와 ②청주의 무신년 이인좌李麟佐의 난 때의 충신인 증 참판 홍임洪霖의 방기房妓 해월海月을 정려.

29. 『순조』14·09·05
열녀정려질烈女旌閭秩(서울의 고 사인 신석은申錫殷의 처 신씨愼氏·고 사인 심택모沈宅模의 처 이씨·고 장사랑 박경식朴敬植의 처 곽씨·고 학생 이명성李明誠의 처 한씨·고 학생 조욱영趙旭永의 처 홍씨·고 출신 서명준徐命俊의 처 김씨·고 학생 이희귀李羲龜의 처 유씨兪氏·고 학생 남병헌南秉憲의 처 서씨·고 통덕랑 정승환鄭昇煥의 처 이씨·사인 신사일愼師一의 처 원씨·고 학생 허만許晩의 처 이씨·사인 권인수權仁壽의 처 이씨·고 학생 윤좌열尹佐烈의 처 이씨, 개성부의 고 사인 임경립林景立의 처 박씨·고 부사과 유순룡劉順龍의 처 장씨張氏, 수원부의 고 하리 나계술羅繼述의 처 박씨·고 기패관旗牌官 박규연朴奎淵의 처 유씨兪氏, 시흥始興의 고 학생 유최인柳最寅의 처 김씨, 영평永平의 고 학생 김학례金學禮의 처 성씨, 양천陽川의 고 사인 권유權攸의 처 정씨丁氏, 공주의 증 참판 최상규崔相奎의 처 문씨, 청안淸安의 고 사인 홍재범洪在範의 처 김씨, 천안의 고 양인 백동제白東齊의 처 최씨, 임피臨陂의 고 사인 조익순趙益淳의 처 김씨, 김제金堤의 고 사인 이만득李晩得의 처 박씨, 광주光州의 고 한량 오차배吳次培의 처 백씨, 법성法聖의 고 한량 송윤지宋允之의 처 박씨, 고부古阜의 고 사인 이시채李始采의 처 유씨柳氏, 대구의 고 사인 이함후李咸厚의 처 윤씨, 영천永川의 고 양인 박천억朴千億의 처 최씨, 문경의 고 사인 정위鄭謂의 처 신씨申氏, 영양英陽의 고 사인 이수연李壽延의 처 이씨, 거창居昌의 고 사인 변동현卞東賢의 처 이씨, 영산靈山의 고 학생 배윤휘裵允徽의 처 권씨, 창원昌原의 고 업유 박경천朴擎天의 처

배씨, 경주의 고 사인 최종백崔宗白의 처 정씨鄭氏, 양구楊口의 고 학생 정운하鄭
檃厦의 처 박씨, 홍천洪川의 고 사인 민건수閔建洙의 첩 이씨, 안협의 고 학생 이
제李睼의 처 이씨, 춘천의 고 사인 최서崔瑞의 처 이씨, 해주의 고 사인 이상조李
尙祖의 처 양씨, 황주黃州의 고 사인 안득제安得濟의 처 김씨, 서흥瑞興의 고 한
량 엄동연嚴東延의 처 오씨, 의주의 고 사인 백윤희白允希의 처 조씨趙氏, 성천成
川의 고 학생 김대백金大白의 처 김씨·고 학생 홍상일洪尙一의 처 박씨, 순천의
고 학생 이창국李昌國의 처 김씨, 가산嘉山의 고 학생 김인식金仁識의 처 오씨,
안북安北의 병영리兵營吏 김석리金錫履의 처 김씨, 후주厚州의 향인 원광화元光
華의 처 강씨姜氏, 경성鏡城의 고 학생 현상설玄商椵의 처 정씨鄭氏이다.)※ 열녀
정려질 앞에 '충신정려질'忠臣旌閭秩과 '효자정려질'孝子旌閭秩, '효부정려질'
孝婦旌閭秩이 있음.

30. 『순조』16·06·08 예조에서 여러 도의 유생들이 올린 글로 인하여 도의 조사를
거친 뒤에, ……①파주 학생 이연희李演義의 아내 최씨, ②연일延日의 공생貢生
정일극鄭一極의 아내 박씨, ③청주의 양인 권한손權汗孫의 아내 장씨張氏, ④태
인泰仁의 사인 김재흠金載欽의 아내 나씨, ⑤제주의 유생 전형원田衡元의 아내 양
씨, ⑥유생 오융복吳隆復의 아내 김씨, ⑦아전 손처권孫處權의 아내 박씨, ⑧대정
大靜 유생 김창은金昌銀의 아내 김씨에 대해서 열행烈行으로 모두 정문旌門.

31. 『순조』16·07·02 예조에서 영남 어사의 별단에 따라 ……①진주 사인 성사
해成師海의 아내 정씨鄭氏, ②사천 사인 하용관河龍寬의 아내 김씨, ③동래 장교
將校 손중일孫重一의 아내 강씨姜氏의 열행烈行에 대해 모두 정문旌門.

32. 『순조』17·03·14 ①안동의 임진왜란 때 의병을 일으켜 사절死節한 배인길裵
寅吉의 처 이씨와 ②교하交河의 학생 윤제건尹濟健의 처 김씨와 ③괴산槐山의
사인 홍수정洪壽鼎의 처 노씨는 열행烈行으로 정려旌閭.

33. 『순조』17·09·26 ①고 호군 이소윤李紹胤 및 그의 처 박씨의 충렬忠烈과, ②
증 참판 권이길權頤吉의 처 임씨林氏 및 ③서울에 사는 액례掖隷 김창배金昌培의
처 조씨趙氏의 열행에 대하여 아울러 정려.

34. 『순조』18·09·14 부안扶安의 양인良人 윤추선尹秋先의 처 김씨의 열행에 대

해 정려.

35. 『순조』19·04·01 평산平山의 열녀인 사인士人 조중무趙重堥의 처 송씨에게 복호復戶를 시행.

36. 『순조』19·09·28 ①열녀인 충원忠原의 고 학생 김복인金復人의 처 이씨와 ② 신천信川의 고 사인 유덕신柳德新의 처 정씨鄭氏와 ③배천白川의 고 급제及第 유 광추柳光樞의 처 이씨에게 모두 정려.

37. 『순조』22·03·03 고 수사 이유수李儒秀의 처 변씨邊氏의 열행에 정려.

38. 『순조』22·03·11 예조에서 각 식년式年에 서울과 지방에서 충·효·열을 정부에 보고한 것을 분등分等하여 초계抄啓한 것.

열녀 정려질烈女旌閭秩(서울 사는 고 학생 윤치준尹致準 처 임씨林氏, 고 학생 황규유黃奎鈾 처 허씨·고 진사 권뇌權賚 처 이씨·고 첨정僉正 이병순李秉淳 처 김씨·고 학생 박제형朴齊衡 처 이씨·고 절충 피상일皮尙一 처 윤씨·고 학생 임일순林日淳 처 윤씨·고 학생 조한석趙漢錫 처 권씨·증 참의 이사규李士珪 처 이씨·고 장사랑將仕郎 안국균安國均 처 이씨·고 절충 김순손金順孫 처 김씨·고 서리 강관득姜寬得 처 방성方姓, 개성부 고 사인 김이서金履瑞 처 양씨梁氏·고 사인 현석기玄錫祺 처 김씨, 광주부廣州府 고 학생 김치언金致彦 처 조씨趙氏, 강화부江華府 고 유의태劉義泰 처 하씨, 목천木川 고 통덕랑 김의연金義淵 처 이씨, 청주 고 사인 이집황李集璜 처 이씨, 청양靑陽 고 양인良人 이중복李重馥 처 김씨, 직산稷山 고 양인良人 이사옥李士玉 처 백씨, 전주 고 사인 송규환宋規煥 처 안씨, 옥과玉果 고 양인 김몽애金夢愛 처 김씨, 금산 고 사인 박희묵朴希默 처 김씨, 광주光州 고 사인 최홍순崔弘淳 처 신씨, 청도淸道 고 사인 이택준李宅俊 처 곽씨, 울산 고 학생 허숙許塾 처 이씨, 산청山淸 고 사인 민백록閔百祿 처 노씨, 하동河東 고 사인 최호崔浩 처 김씨와 그의 여형女兄 고 사인 김상찬金尙讚 처 김씨, 영해寧海 양인 김문재金文在 처 사비私婢 일렬一烈, 양양襄陽 고 사인 정용관鄭用觀 처 신씨申氏, 삼척三陟 고 양인 최명륜崔明倫 처 박씨, 원주 고 통덕랑 박동조朴東肇 처 이씨, 홍주洪州 고 사인 허은수許殷洙 처 이씨, 장연長淵 고 사인 김재중金在重 처 이씨, 재령載寧 유학幼學 강이근康彜根 처 이씨, 평양 고 사인 장예유張禮維 처 이씨, 관군관軍 박윤건朴允建 처 주성朱姓, 은산殷山 고 사인 이재척李再倜 처 김씨, 성천成川 고 양인 이정옥李廷沃 처 조성趙姓, 덕원德源 고 무인武人 남윤복南允福 처 이씨, 함흥 고 사인 박상락朴尙駱 처 김씨이다.)※ 열녀정려질 앞에 '충신정려질' 忠臣旌閭秩, '효자정려질' 孝子旌閭秩, '효녀정려질' 孝女旌閭秩, '효부정려질' 孝婦旌閭秩이 있음.

39. 『순조』22·10·21 박씨는 사족의 청상과부인데, 본 고을 사람 김조술金祖述의 핍박을 받자 자결하여 몸을 깨끗이 함. 흉도들이 옥사를 질질 끌어 3년이 되도록 판결하지 않았는데, 노복 만석萬石이 호소하여 처결함. 정문.

40. 『순조』22·11·05 ①열녀인 여주驪州의 절충折衝 김재윤金載潤의 처 원성元姓, ②교동喬桐의 수군 황상빈黃尙彬의 어린 딸에게 정문. 효자인 양구楊口의 고 학생學生 방세규方世奎에게는 증직하고, ③그의 아내 열녀 송씨에게는 정문.

41. 『순조』24·03·19 진천鎭川의 병자년에 순절한 고 주부 김경세金景世의 처 안씨에게 정려.

42. 『순조』24·06·09 호랑이가 밤에 안변安邊의 장교 김광재金光才를 물고 갔다. 아내 조씨趙氏가 나이 60세가 넘었음에도 자신을 대신 물고 가라 하자, 남편을 버리고 아내를 물고 감. 정려.

43. 『순조』25·11·01 ①충원忠原의 사인 윤득성尹得聖의 처 김씨는 열행으로, ②양근楊根의 사인 강석영姜錫永의 처 정씨鄭氏에게는 효열孝烈로 정려旌閭.

44. 『순조』28·05·16 ①열녀인 지평砥平의 사인士人 양종운梁鍾運의 처 조씨曺氏와, ②남원의 사인 황돈철黃敦喆의 처 박씨를 정려.

45. 『순조』30·02·10 열녀인 보성寶城의 사인 소철근蘇哲根의 처 고씨를 정려.

46. 『순조』30·04·13 열녀인 북청의 유학幼學 이정록李正祿의 처 주씨를 정려.

47. 『순조』30·10·09 효자인 의성의 사인 박하륜朴河倫과 그의 처 열녀 이씨를 정려旌閭.

48. 『순조』31·07·14 ①부평富平의 사인 남익호南益祜의 처 김씨와 ②춘천의 사인 황기언黃基彥의 처 김씨와 ③연풍延豊의 사인 윤학렬尹鶴烈의 처 송씨와 ④보령保寧의 사인 이조원李朝源의 처 심씨에 대해서 열행으로 아울러 정려.

49.『순조』32·04·13 예조에서 각 식년式年에 서울과 외방에서 충·효·열에 대해 장계狀啓로 정부에 보고한 것을 분등分等하여 초계抄啓한 것.

열녀 정려질烈女旌閭秩(서울에 사는 고 통덕랑通德郞 허주許澍의 처 유씨柳氏와 고 급제 신필조申弼朝의 처 이씨·고 사인 이인형李寅衡의 처 임씨林氏·고 학생 유창柳昶의 처 이씨·고 학생 채동수蔡東秀의 처 권씨·고 보덕輔德 이경삼李敬參의 처 신씨申氏·고 학생 김이휴金履休의 처 이씨·고 진사 이종구李鍾九의 처 남씨, 수원부의 고 사인 송낙수宋洛秀의 처 정씨鄭氏, 강화부의 고 유성필劉聖弼의 처 이씨, 개성부의 고 사인 임정집林挺集의 처 임씨와 고 학생 고명암高命巖의 처 김씨·고 사인 장점수張漸秀의 처 이씨·아병牙兵 최중옥崔重玉의 처 배씨裵氏, 고양高陽의 고 사인 유익환兪益煥의 처 이씨와 고 사인 정수관鄭邃觀의 처 이씨, 용인龍仁의 양인良人 최재관崔在寬의 처 김씨金氏, 김포金浦의 고 학생 양종오梁鍾五의 처 안씨, 시흥始興의 고학생 장석태張錫泰의 처 이씨, 영평永平의 고 사인 김의효金義孝의 처 이씨, 남양南陽의 고 사인 윤유무尹惟懋의 처 홍씨, 안산安山의 고 사인 이애영李䀢永의 처 유씨柳氏, 장단長湍의 고 사인 박수홍朴壽泓의 처 황씨, 죽산竹山의 고 사인 최학주崔學周의 처 권씨, 공주의 고 사인 이정원李晶遠의 처 오씨와 고 생원生員 한득연韓得衍의 처 박씨, 서원西原의 고 사인 송일기宋一琦의 처 정씨鄭氏, 홍주洪州의 고 사인 이붕호李鵬浩의 처 김씨, 괴산의 고 사인 이헌규李獻圭의 처 박씨, 아산의 고 학생 김창한金昌漢의 처 강씨姜氏, 광주光州의 고 사인 박성립朴性立의 처 이씨, 고부의 고 사인 김윤문金允文의 처 이씨·고 사인 이문방李文邦의 처 노씨·고 사인 김찬영金瓚榮의 처 송씨, 동복同福의 고 공생貢生 오시현吳時炫의 처 김씨, 부안扶安의 고 사인 김풍하金豊夏의 처 박씨, 태인泰仁의 고 사인 김도익金道益의 처 권씨, 고산高山의 고 사인 국치권鞠致權의 처 임씨任氏, 남평南平의 고 사인 오주학吳柱學의 처 김씨, 나주羅州의 고 사인 정영유鄭榮裕의 처 염씨, 능주綾州의 고 사인 배순우裵舜祐의 처 오씨, 안의安義의 고 사인 임한신林翰臣의 처 박씨, 함양咸陽의 증 참판 권수룡權壽龍의 처 강씨, 경주의 고사인 김성극金聲極의 처 손씨, 진주의 고 사인 조윤曹玧의 처 이씨, 대구의 고 향리鄕吏 이항언李恒彦의 처 홍씨·고 사인 정광일鄭匡一

의 처 송씨, 선산善山의 고 업유業儒 박원택朴元澤의 처 박씨, 삼가三嘉의 고 사인 김시경金時卿의 처 정씨鄭氏, 예안禮安의 고 사인 이만휘李晩徽의 처 이씨, 안동의 고 향리 김창유金昌裕의 처 서씨, 낭천狼川의 고 한량 장풍훈張豊薰의 처 박성朴姓, 평해平海의 고 유학幼學 남태양南泰陽의 처 차씨, 홍천洪川의 고 사인 박윤형朴潤亨의 처 박씨·고 학생 이근봉李根鳳의 처 송씨, 횡성橫城의 고 사인 서계성徐繼聖의 처 노씨·증 참의 서예원徐禮元의 출가하지 않은 딸·고 사인 정준제鄭俊濟의 처 김씨, 원주의 고 사인 최윤제崔允濟의 처 이씨, 황강黃岡의 고 사인 홍태규洪泰奎의 처 조씨趙氏·고 사인 조석진趙錫瑨의 처 안씨安氏, 곡산谷山의 고 사인 김인석金璘錫의 처 손씨, 해주의 고 사인 신재일申在一의 처 김씨·고 사인 이시룡李時龍의 처 정씨·고 사인 전시윤全時潤의 처 김씨, 강계江界의 고 양인良人 이봉룡李奉龍의 처 박씨, 의주義州의 고 사인 이대흡李大洽의 처 한씨·고 사인 독고주獨孤籌의 처 최씨, 태천泰川의 고 사인 김규백金圭栢의 처 백씨, 개천价川의 고 사인 김이징金利徵의 처 김씨, 평양의 고 사인 박도상朴道常의 처 이씨, 성천成川의 고 사인 이암석李黯錫의 처 장씨, 덕원德源의 고 사인 강이호姜履琥의 처 정씨, 북청의 고 학생 정태방鄭泰邦의 처 안씨, 온성穩城의 고 양인良人 김경좌金景佐의 처 장씨張氏, 안변安邊의 한량 신익신申益愼의 처 이씨·고 사인 최진홍崔鎭弘의 처 정씨鄭氏, 함양의 고 사인 박창건朴昌建의 처 김씨, 후주厚州의 고 사인 허임許任의 처 최씨, 홍원洪原의 고 사인 김윤항金允恒의 처 강씨姜氏이다.)

절부 정려질節婦旌閭秩(익산益山의 고 사인 소전蘇全의 처 민씨, 자산慈山의 박씨朴氏의 딸이다.) ※ 열녀정려질 앞에 '효자정려질' 孝子旌閭秩, '효녀정려질' 孝女旌閭秩, '효부 정려질' 孝婦旌閭秩이 있음.

50. 『순조』 32·06·07 문천文川의 유학 원재승元再承의 집에 불이 나자 아내 김씨는 구삭九朔의 임부姙婦의 몸으로 피해 나왔다가 남편을 찾아 들어가 부둥켜안고 사망. 정려.

51. 『순조』 32·08·09 (a) 봉산군鳳山郡에 사는 이순천李順天의 처 문씨는 남편을 잃고 수절하던 중에 같은 마을 상천常賤 임채손林采孫이 자신과 관계했다는

소문을 퍼뜨리자, 목을 매어 자살. 정려.
(b) 연안延安의 김씨·신씨 두 여인은 해주의 노상에서 악한들이 갑자기 나타나 강간하려 하자, 죽기로 저항하다가 살해됨. 정려.

52.『순조』32·11·27 ①열녀인 강릉의 사인 장지현張志賢의 처 고씨와 ②광주廣州 군관軍官 이차득李次得의 처 한씨에게 정려.

53.『순조』34·09·27 ①열녀인 진천鎭川 고 선전관宣傳官 신의양申義養의 아내 한씨, ②김회규의 아내 열녀 최씨에게 정려.

『헌종실록』

1.『헌종』05·12·10   대왕대비의 명으로 금양군錦陽君 박제문朴齊聞의 처 임씨林氏에게 정절을 지켰다 하여 정려.

【부록 10】
『한국문집총간』韓國文集總刊 여성 관계 자료 목록

① 민족문화추진회에서 편집한『한국문집총간』1권에서 350권까지를 대상으로 하였다. 자료는『한국문집총간』의 집수별 순서를 따라 배열한다.
②『한국문집총간』은『문집총간』으로 줄여서 표기한다.
③ 여성에 관한 자료는 방대하지만, 주로 남편과 아내의 관계에 주목한 자료를 선발하였다.
④ 여성 교육에 관한 자료 역시 선발하였다.
⑤ 이 자료를 대상으로 삼아 뒤에 몇 가지 분류를 붙였다.

이곡李穀(1298~1351),「절부조씨전」節婦曺氏傳,『가정집』稼亭集:『문집총간』3, 104~105면

이숭인李崇仁(1347~1392),「배열부전」裵烈婦傳,『도은집』陶隱集:『문집총간』6, 606면

박흥생朴興生(1374~1446),「민씨(권극중처)여묘행실보장」閔氏(權克中妻)廬墓行實報狀,『국당유고』菊堂遺稿:『문집총간』8, 344면

최항崔恒(1409~1474),「후비명감서」后妃明鑑序,『태허정집』太虛亭集:『문집총간』9, 191면

신숙주申叔舟(1417~1475),「가훈」家訓,『보한재집』保閑齋集:『문집총간』10, 102~103면

서거정徐居正(1420~1488),「정열부시권차운」鄭烈婦詩卷次韻,『사가집』四佳集 Ⅰ:『문집총간』10, 288면

강희맹姜希孟(1424~1483),「홍절부전」洪節婦傳,『사숙재집』私淑齋集:『문집총간』12, 99~100면

홍귀달洪貴達(1438~1504),「기소녀자간」寄少女子簡,『허백정집』虛白亭集 3권:

『문집총간』 14, 114면

유희춘柳希春(1513~1577), 「정훈」庭訓, 『미암집』眉巖集 : 『문집총간』 34, 205~219면

송인宋寅(1516~1584), 「가령」家令, 『이암유고』頤庵遺稿 : 『문집총간』 36, 183~185면

구사맹具思孟(1531~1604), 「열녀(난후조망록)」烈女(亂後弔亡錄), 『팔곡집』八谷集 : 『문집총간』 40, 547면

권호문權好文(1532~1587), 「가잠」家箴, 『송암집』松巖集 : 『문집총간』 41, 176~184면

이산해李山海(1539~1609), 「언해소학발」諺解小學跋, 『아계집』鵝溪集 : 『문집총간』 47, 566~567면

이덕홍李德弘(1541~1596), 「오륜변」五倫辨, 『간재집』艮齋集 : 『문집총간』 51, 110면

이덕홍李德弘(1541~1596), 「부부유별도」夫婦有別圖, 『간재집』艮齋集 : 『문집총간』 51, 121~125면

유몽인柳夢寅(1559~1623), 「절부안씨전」節婦安氏傳, 『어우집』於于集 : 『문집총간』 63, 574면

유몽인柳夢寅(1559~1623), 「열녀정씨전」烈女鄭氏傳, 『어우집』於于集 : 『문집총간』 63, 575면

정경세鄭經世(1563~1633), 「단지자설」斷指者說, 『우복집』愚伏集 : 『문집총간』 68, 247면

이정귀李廷龜(1564~1635), 「호남송씨효열시권발」湖南宋氏孝烈詩卷跋, 『월사집』月沙集Ⅱ : 『문집총간』 70, 164면

이시발李時發(1569~1626), 「나열녀전」羅烈女傳, 『벽오유고』碧梧遺稿 : 『문집총간』 74, 481~483면

권득기權得己(1570~1622), 「연송잡록(이내금위……)」然松雜錄(李內禁衛……), 『만회집』晩悔集 : 『문집총간』 76, 116면

권득기權得己(1570~1622), 「연송잡록(성열녀전……)」然松雜錄(聖烈女傳……),
『만회집』晚悔集 : 『문집총간』 76, 116면

이안눌李安訥(1571~1637), 「제열녀동씨묘문」祭烈女童氏墓文, 『동악집』東岳集 :
『문집총간』 78, 521~522면

이안눌李安訥(1571~1637), 「제최열묘문」祭崔烈墓文, 『동악집』東岳集 : 『문집총
간』 78, 522면

이안눌李安訥(1571~1637), 「제열부양녀복대묘문」祭烈婦良女福代墓文, 『동악집』
東岳集 : 『문집총간』 78, 522면

이안눌李安訥(1571~1637), 「제효자이공형열녀이묘문」祭孝子李公蘅烈女李墓文,
『동악집』東岳集 : 『문집총간』 78, 523면

이안눌李安訥(1571~1637), 「제절부양씨묘문」祭節婦梁氏墓文, 『동악집』東岳集 :
『문집총간』 78, 523~524면

이안눌李安訥(1571~1637), 「제열녀박씨묘문」祭烈女朴氏墓文, 『동악집』東岳集 :
『문집총간』 78, 524면

이안눌李安訥(1571~1637), 「제열녀김씨묘문」祭烈女金氏墓文, 『동악집』東岳集 :
『문집총간』 78, 524면

이안눌李安訥(1571~1637), 「제송절부묘문」祭宋節婦墓文, 『동악집』東岳集 : 『문집
총간』 78, 524~525면

이안눌李安訥(1571~1637), 「제열녀송씨묘문」祭烈女宋氏墓文, 『동악집』東岳集 :
『문집총간』 78, 525면

고용후高用厚(1577~1652), 「투부진기」妬婦津記, 『청사집』晴沙集 : 『문집총간』
84, 180~181면

황종해黃宗海(1579~1642), 「예시」禮詩, 『후천집』朽淺集 : 『문집총간』 84, 428~
432면

이식李植(1584~1647), 「부부」夫婦, 『택당집』澤堂集 : 『문집총간』 88, 503면

이식李植(1584~1647), 「창기」娼妓, 『택당집』澤堂集 : 『문집총간』 88, 503~504면

이식李植(1584~1647), 「가계」家誡, 『택당집』澤堂集 : 『문집총간』 88, 536~542면

허목許穆(1595~1682), 「동래구」東萊嫗, 『기언』記言 I : 『문집총간』 98, 117면

허목許穆(1595~1682), 「금구유절부정문기」金溝柳節婦旌門記, 『기언』記言 I : 『문집총간』 98, 117~118면

허목許穆(1595~1682), 「적성백성이귀남처」積城百姓李貴男妻, 『기언』記言 I : 『문집총간』 98, 118면

김경여金慶餘(1596~1653), 「안인유씨열행정문」安人柳氏烈行呈文, 『송애집』宋崖集 : 『문집총간』 100, 163~164면

정양鄭瀁(1600~1668), 「절부김천명처전」節婦金天命妻傳, 『포옹집』抱翁集 : 『문집총간』 101, 432면

정양鄭瀁(1600~1668), 「강도피화기사」江都避禍記事, 『포옹집』抱翁集 : 『문집총간』 101, 434~441면

신익전申翊全(1605~1660), 「차녀영풍군부인훈사」次女永豊郡夫人訓辭, 『동강유집』東江遺集 : 『문집총간』 105, 79면

송준길宋浚吉(1606~1672), 「제상녀나씨부문」祭孀女羅氏婦文, 『동춘당집』同春堂集 II, 『문집총간』 107, 133~134면

송준길宋浚吉(1606~1672), 「선조비유씨정문비기」先祖妣柳氏旌門碑記, 『동춘당집』同春堂集 II, 『문집총간』 107, 135면

송시열宋時烈(1607~1689), 「오륜사실발」五倫事實跋, 『송자대전』宋子大全 VI : 『문집총간』 113, 181~182면

송시열宋時烈(1607~1689), 「열녀연옥정려비」烈女鍊玉旌閭碑, 『송자대전』宋子大全 VI : 『문집총간』 113, 599면

송시열宋時烈(1607~1689), 「고모숙인송씨전」姑母淑人宋氏傳, 『송자대전』宋子大全 VIII : 『문집총간』 115, 187~190면

이선李選(1632~1692), 「가계」家戒, 『지호집』芝湖集 : 『문집총간』 143, 424~431면

김만기金萬基(1633~1687), 「제유모소씨행록후」題柳母蘇氏行錄後, 『서석집』瑞石集 : 『문집총간』 144, 420~421면

류세명柳世鳴(1636~1690),「유인권씨행적기」孺人權氏行蹟記,『우헌집』寓軒集:『문집총간』147, 132~133면

권상하權尙夏(1641~1721),「의열도발」義烈圖跋,『한수재집』寒水齋集Ⅰ:『문집총간』150, 409~410면

권두인權斗寅(1643~1719),「유인이씨(권상근처)정려명」孺人李氏(權尙謹妻)旌閭銘,『하당집』荷塘集:『문집총간』151, 411~412면

최석정崔錫鼎(1646~1715),「계녀잠」戒女箴,『명곡집』明谷集Ⅱ:『문집총간』154, 49면

정제두鄭齊斗(1649~1736),「가법」家法,『하곡집』霞谷集:『문집총간』160, 221면

서종태徐宗泰(1652~1719),「환모기사」環姥紀事,『만정당집』晩靜堂集:『문집총간』163, 280~281면

이재李栽(1657~1730),「홍열부전」洪烈婦傳,『밀암집』密菴集:『문집총간』173, 314~316면(한열)

김진규金鎭圭(1658~1726),「열부김운빙처노분양묘표」烈婦金雲聘妻盧分陽墓表,『죽천집』竹泉集:『문집총간』174, 483면

김진규金鎭圭(1658~1726),「열부유관처지완예묘표」烈婦柳寬妻池完禮墓表,『죽천집』竹泉集:『문집총간』174, 483면

이만부李萬敷(1664~1732),「서규훈후증신부설」書閨訓後贈新婦說,『식산집』息山集Ⅰ:『문집총간』178, 257~259면

이만부李萬敷(1664~1732),「효자열녀충노열전」孝子烈女忠奴列傳,『식산집』息山集Ⅰ:『문집총간』178, 432~433면

이만부李萬敷(1664~1732),「송암처사정공(일)유인윤씨정문음기」松巖處士鄭公(鎰)孺人尹氏旌門陰記,『식산집』息山集Ⅰ:『문집총간』178, 454~455면

어유봉魚有鳳(1672~1744),「제여계칠장병풍서후」題女戒七章屏風書後,『기원집』杞園集Ⅱ:『문집총간』184, 239면

신익황申益愰(1672~1722),「가숙잡훈」家塾雜訓,『극재집』克齋集:『문집총간』185, 399~408면

신익황 申益愰(1672~1722),「가숙잡훈서」家塾雜訓序,『극재집』克齋集:『문집총간』185, 465~466면

신익황 申益愰(1672~1722),「절부정씨정려기」節婦鄭氏旌閭記,『극재집』克齋集:『문집총간』185, 466~467면

권구 權榘(1672~1749),「천유록-청풍의부」闡幽錄-淸風義婦,『병곡집』屛谷集:『문집총간』188, 129면

이하곤 李夏坤(1677~1724),「서정녀상랑사」書貞女尙娘事,『두타초』頭陀草:『문집총간』191, 511~512면

이재 李縡(1680~1746),「열부이씨전」烈婦李氏傳,『도암집』陶菴集:『문집총간』194, 534~535면

정래교 鄭來僑(1681~1757),「오효부전」吳孝婦傳,『완암집』浣巖集:『문집총간』197, 552~553면(전자4)

이익 李瀷(1681~1763),「열부권씨정문」烈婦權氏呈文,『성호전집』星湖全集Ⅱ:『문집총간』199, 370면

이익 李瀷(1681~1763),「취부의」娶婦儀,『성호전집』星湖全集Ⅱ:『문집총간』199, 373~374면

이익 李瀷(1681~1763),「가녀의」嫁女儀,『성호전집』星湖全集Ⅱ:『문집총간』199, 374~383면

이익 李瀷(1681~1763),「내범서」內範序,『성호전집』星湖全集Ⅱ:『문집총간』199, 407~408면

이익 李瀷(1681~1763),「우씨쌍절정려기」禹氏雙節旌閭記,『성호전집』星湖全集Ⅱ:『문집총간』199, 471면

신유한 申維翰(1681~1753),「서열부한씨전후」書烈婦韓氏傳後,『청천집』靑泉集:『문집총간』200, 355~356면

조관빈 趙觀彬(1691~1757),「열녀정부인전주이씨 효자부사유군선기 열녀숙인경주이씨정문찬」烈女貞夫人全州李氏 孝子府使柳君善基 烈女淑人慶州李氏旌門贊,『회헌집』晦軒集:『문집총간』211, 462~463면

조관빈趙觀彬(1691~1757), 「계자문」戒子文, 『회헌집』晦軒集:『문집총간』211, 463면

조관빈趙觀彬(1691~1757), 「계자부문」戒子婦文, 『회헌집』晦軒集:『문집총간』 211, 463~464면

조관빈趙觀彬(1691~1757), 「계서자영득문」戒庶子榮得文, 『회헌집』晦軒集:『문집총간』 211, 464면

조현명趙顯命(1691~1751), 「열녀병서」列女屛序, 『귀록집』歸鹿集Ⅱ:『문집총간』 213, 83~84면

이종성李宗城(1692~1759), 「선비남양홍씨언행록」先妣南陽洪氏言行錄, 『오천집』梧川集:『문집총간』 214, 290~292면

이종성李宗城(1692~1759), 「가범」家範, 『오천집』梧川集:『문집총간』 214, 342~356면

신경申暻(1696~1766), 「서사임당수적후」書師任堂手蹟後, 『직암집』直菴集:『문집총간』 216, 317~318면

신경申暻(1696~1766), 「서여자병훈후」書女子屛訓後, 『직암집』直菴集:『문집총간』 216, 316~317면

신경申暻(1696~1766), 「제여자김학사실문」題女子金學士室文, 『직암집』直菴集:『문집총간』 216, 356—359면.

남유용南有容(1698~1772), 「언해조대가녀계칠편서(기유)」諺解曹大家女誡七篇序(己酉), 『뇌연집』雷淵集Ⅰ 11권:『문집총간』 217, 257면

남유용南有容(1698~1772), 「이씨삼강묘비명병서」李氏三綱廟碑銘幷序, 『뇌연집』雷淵集Ⅰ:『문집총간』 217, 412~413면

윤형로尹衡老(1702~178?), 「가훈」家訓, 『계구암집』戒懼菴集:『문집총간』 219, 330~359면

유정원柳正源(1702~1761), 「이효자정문」李孝子呈文, 『삼산집』三山集:『문집총간』 219, 453~455면

김원행金元行(1702~1772), 「제조대가여계후」題曹大家女誡後, 『미호집』美湖集:

『문집총간』 220, 261면

김원행金元行(1702~1772), 「이안혼행시서증」履安婚行時書贈, 『미호집』美湖集 : 『문집총간』 220, 276~277면

김원행金元行(1702~1772), 「이안친영시서증」履安親迎時書贈, 『미호집』美湖集 : 『문집총간』 220, 277~278면

송명흠宋明欽(1705~1768), 「가의」家儀, 『역천집』櫟泉集 : 『문집총간』 221, 257~259면

송명흠宋明欽(1705~1768), 「규범서」閨範序, 『역천집』櫟泉集 : 『문집총간』 221, 272~273면

송명흠宋明欽(1705~1768), 「열부정씨정려기」烈婦鄭氏旌閭記, 『역천집』櫟泉集 : 『문집총간』 221, 261면

이광사李匡師(1705~1777), 「최열부찬」崔烈婦贊, 『원교집』圓嶠集 : 『문집총간』 221, 539~540면.

이광사李匡師(1705~1777), 「최열부애사」崔烈婦哀辭, 『원교집』圓嶠集 : 『문집총간』 221, 540면

이용휴李用休(1708~1783), 「경제신부인소서열녀전발」敬題申夫人所書列女傳跋, 『탄만집』歎歎集 : 『문집총간』 223, 39면

윤광소尹光紹(1708~1786), 「우곡효열록발」愚谷孝烈錄跋, 『소곡유고』素谷遺稿 : 『문집총간』 223, 106~107면

윤광소尹光紹(1708~1786), 「열녀향랑전」烈女香娘傳, 『소곡유고』素谷遺稿 : 『문집총간』 223, 116~117면

윤광소尹光紹(1708~1786), 「열녀이유인전」烈女李孺人傳, 『소곡유고』素谷遺稿 : 『문집총간』 223, 117면

황경원黃景源(1709~1787), 「열녀정씨묘기」烈女鄭氏墓記, 『강한집』江漢集Ⅰ : 『문집총간』 224, 193~194면

송문흠宋文欽(1710~1752), 「부인복식고」婦人服飾攷, 『한정당집』閒靜堂集 : 『문집총간』 225, 413~417면

송문흠宋文欽(1710~1752),「외자권유인술」外姊權孺人述,『한정당집』閒靜堂集:
『문집총간』225, 451면

이상정李象靖(1710~1752),「서임열부전후」書林烈婦傳後,『대산집』大山集:『문집
총간』227, 369면

안정복安鼎福(1712~1791),「열녀숙인조씨정문」烈女淑人趙氏呈文,『순암집』順菴
集Ⅱ:『문집총간』230, 154~155면

안정복安鼎福(1712~1791),「제정열부행록후(임오)」題鄭烈婦行錄後(壬午),『순암
집』順菴集Ⅱ:『문집총간』230, 179~180면

안정복安鼎福(1712~1791),「제열녀여흥이씨행록후(신축)」題烈女驪興李氏行錄後
(辛丑),『순암집』順菴集Ⅱ:『문집총간』230, 182~183면

한원진韓元震(1682~1751),「한씨부훈」韓氏婦訓,『남당집』南塘集Ⅱ:『문집총간』
202, 66~73면

윤봉구尹鳳九(1683~1767),「초녀포방팔첩병화명(임오)」醮女鋪房八帖屛畵銘(壬
午),『병계집』屛溪集Ⅱ:『문집총간』204, 393~394면

채지홍蔡之洪(1683~1741),「제한씨부훈후」題韓氏婦訓後,『봉암집』鳳巖集:『문집
총간』205, 450~451면

조귀명趙龜命(1693~1737),「매분구옥랑전」賣粉嫗玉娘傳,『동계집』東谿集:『문집
총간』215, 95~96면

조귀명趙龜命(1693~1737),「열녀병팔폭찬」烈女屛八幅贊,『동계집』東谿集:『문집
총간』215, 116~117면

남유용南有容(1698~1773),「언해조대가녀계칠편서」諺解趙大家女誡七篇序,『뇌연
집』雷淵集Ⅰ:『문집총간』217, 257면

신경준申景濬(1712~1781),「열녀김씨행록서」烈女金氏行錄序,『여암집』旅菴集:
『문집총간』231, 37~38면

신경준申景濬(1712~1781),「정훈록서」庭訓錄序,『여암집』旅菴集:『문집총간』
231, 35면

신경준申景濬(1712~1781),「열녀임씨정문음기」烈女林氏旌門陰記,『여암집』旅菴

집:『문집총간』231, 63면

신경준申景濬(1712~1781),「열녀최씨정려비명」烈女崔氏旌閭碑銘,『여암집』旅菴集:『문집총간』231, 147면

신경준申景濬(1712~1781),「강화최씨전」江華崔氏傳,『여암집』旅菴集:『문집총간』231, 166면

신광수申光洙(1712~1775),「정열부전」鄭烈婦傳,『석북집』石北集:『문집총간』231, 491~492면

이광정李光靖(1714~1789),「남열부신씨정려비음기」南烈婦申氏旌閭碑陰記,『소산집』小山集:『문집총간』232, 236~237면

이민보李敏輔(1717~1799),「안유인정려기」安孺人旌閭記,『풍서집』豊墅集Ⅰ:『문집총간』232, 415~416면

채제공蔡濟恭(1720~1799),「여사서서」女四書序,『번암집』樊巖集Ⅱ:『문집총간』236, 75면

채제공蔡濟恭(1720~1799),「청풍의부전」淸風義婦傳,『번암집』樊巖集Ⅱ:『문집총간』236, 534면

이복원李福源(1719~1792),「민녀이이의」閔女離異議,『쌍계유고』雙溪遺稿:『문집총간』237, 84면

이광려李匡呂(1720~1783),「임부인전」林夫人傳,『이참봉집』李參奉集:『문집총간』237, 294~295면

이광려李匡呂(1720~1783),「논동국여자불계」論東國女子不笄,『이참봉집』李參奉集:『문집총간』237, 301~302면

이광려李匡呂(1720~1783),「기이유인사」記李孺人事,『이참봉집』李參奉集:『문집총간』237, 302~303면

김종후金鍾厚(1721~1780),「종자부홍씨정문일차이복초운(을미)」從子婦洪氏旌門日次李夏初韻(乙未),『본암집』本菴集Ⅰ:『문집총간』237, 342면

유도원柳道源(1721~1791),「열부최씨정려기」烈婦崔氏旌閭記,『노애집』蘆厓集:『문집총간』238, 234면

정범조丁範朝(1723~1801), 「규감서」閨鑑序, 『해좌집』海左集Ⅰ: 『문집총간』 239, 415면

정범조丁範朝(1723~1801), 「서이씨정려사실」書李氏旌閭事實, 『해좌집』海左集Ⅱ: 『문집총간』 240, 193면

정범조丁範朝(1723~1801), 「절부강씨정려사실」節婦姜氏旌閭事實, 『해좌집』海左集Ⅱ: 『문집총간』 240, 193~194면

정범조丁範朝(1723~1801), 「정씨전」鄭氏傳, 『해좌집』海左集Ⅱ: 『문집총간』 240, 196면

정범조丁範朝(1723~1801), 「육씨부전」陸氏婦傳, 『해좌집』海左集Ⅱ: 『문집총간』 240, 197면

김익金熤(1723~1790), 「민녀당리의」閔女當離議, 『죽하집』竹下集: 『문집총간』 240, 403면

김익金熤(1723~1790), 「효열초계장계두사」孝烈抄啓狀啓頭辭, 『죽하집』竹下集: 『문집총간』 240, 463면

김익金熤(1723~1790), 「유인연안이씨정려정문」孺人延安李氏旌閭呈文, 『죽하집』竹下集: 『문집총간』 240, 590~592면

홍양호洪良浩(1724~1802), 「열부이씨정려기」烈婦李氏旌閭記, 『이계집』耳溪集Ⅰ: 『문집총간』 241, 239~240면

위백규魏伯珪(1727~1798), 「열녀김씨정문기」烈女金氏旌門記, 『존재집』存齋集: 『문집총간』 243, 454~455면

위백규魏伯珪(1727~1798), 「열녀임씨정려기」烈女任氏旌閭記, 『존재집』存齋集: 『문집총간』 243, 456~457면

위백규魏伯珪(1727~1798), 「열녀이씨정려비명서」烈女李氏旌閭碑銘序, 『존재집』存齋集: 『문집총간』 243, 479~480면

송환기宋煥箕(1728~1807), 「성장이열부정려기」成張二烈婦旌閭記, 『성담집』性潭集Ⅰ: 『문집총간』 244, 301~302면

송환기宋煥箕(1728~1807), 「열부윤씨전」烈婦尹氏傳, 『성담집』性潭集Ⅱ: 『문집총

간』 245, 170~171면

송환기宋煥箕(1728~1807), 「열부공인윤씨전」烈婦恭人尹氏傳, 『성담집』性潭集 Ⅱ : 『문집총간』 245, 171~172면

황윤석黃胤錫(1729~1791), 「열부유씨정문중수판기」烈婦柳氏旌門重修板記, 『이재유고』頤齋遺藁 : 『문집총간』 246, 253~254면

황윤석黃胤錫(1729~1791), 「열부고학생전공효녀유인이씨부부쌍정기」烈婦故學生田公孝女孺人李氏夫婦雙旌記, 『이재유고』頤齋遺藁 : 『문집총간』 246, 254~255면.

황윤석黃胤錫(1729~1791), 「발열부윤씨행록」跋烈婦尹氏行錄 『이재유고』頤齋遺藁 : 『문집총간』 246, 267~268면.

황윤석黃胤錫(1729~1791), 「제효자배공열부조씨가장록후」題孝子裵公烈婦曺氏家狀錄後, 『이재유고』頤齋遺藁 : 『문집총간』 246, 271~272면

황윤석黃胤錫(1729~1791), 「열부이씨전」烈婦李氏傳, 『이재유고』頤齋遺藁 : 『문집총간』 246, 488~490면

황윤석黃胤錫(1729~1791), 「부인증두제도설(무신)」婦人繒頭制度說(戊申), 『이재유고』頤齋遺藁 : 『문집총간』 246, 543~544면

유언호兪彥鎬(1730~1796), 「제주오절녀전(경술)」濟州五節女傳(庚戌), 『연석』燕石 : 『문집총간』 247, 267~268면

이종휘李種徽(1731~1797), 「서열부이유인장」徐烈婦李孺人狀, 『수산집』修山集 : 『문집총간』 247, 450~452면

이종휘李種徽(1731~1797), 「이절부김씨전」李節婦金氏傳, 『수산집』修山集 : 『문집총간』 247, 455~456면

이종휘李種徽(1731~1797), 「절의」節義, 『수산집』修山集 : 『문집총간』 247, 476~478면

박윤원朴胤源(1734~1799), 「염절부전」廉節婦傳, 『근재집』近齋集 : 『문집총간』 250, 437~438면

박윤원朴胤源(1734~1799), 「유열부전」劉烈婦傳, 『근재집』近齋集 : 『문집총간』 250, 439~441면

박윤원朴胤源(1734~1799),「가훈」家訓,『근재집』近齋集:『문집총간』250, 451~
456면

박지원朴趾源(1737~1805),「박열부사장」朴烈婦事狀,『연암집』燕巖集:『문집총
간』252, 141~142면

박지원朴趾源(1737~1805),「이열부사장」李烈婦事狀,『연암집』燕巖集:『문집총
간』252, 142~143면

정종노鄭宗魯(1738~1816),「서열부경주이씨전후」書烈婦慶州李氏傳後,『입재집』
立齋集Ⅰ:『문집총간』253, 518~519면

정종노鄭宗魯(1738~1816),「신씨효열록발」申氏孝烈錄跋,『입재집』立齋集Ⅱ:『문
집총간』254, 518~519면

이덕무李德懋(1741~1793),「양열녀전」兩烈女傳,『청장관전서』靑莊館全書Ⅰ:『문
집총간』257, 83~84면

이덕무李德懋(1741~1793),「매훈」妹訓,『청장관전서』靑莊館全書Ⅰ:『문집총간』
257, 105면

황덕길黃德吉(1750~1827),「서종자부허씨지가장서목」書從子婦許氏識家藏書目,
『하려집』下廬集:『문집총간』260, 448면

황덕길黃德吉(1750~1827),「서종자부허씨유묵후」書從子婦許氏遺墨後,『하려집』
下廬集:『문집총간』260, 448면

서형수徐瀅修(1749~1824),「열녀김씨정려기」烈女金氏旌閭記,『명고전집』明皐全
集:『문집총간』261, 168~169면

이만수李晩秀(1752~1820),「오륜행실도서」五倫行實圖序,『극원유고』屐園遺稿:
『문집총간』268, 252~253면

이만수李晩秀(1752~1820),「오륜행실서」五倫行實序,『극원유고』屐園遺稿:『문집
총간』268, 253~254면

이서구李書九(1754~1825),「모열녀전」某烈女傳,『척재집』惕齋集:『문집총간』
270, 211~212면

송치규宋穉圭(1759~1838),「오륜사실첩발」五倫事實帖跋,『강재집』剛齋集:『문집

총간』 271, 136면

조수삼趙秀三(1762~1848), 「최열부(사월)전」崔烈婦(四月)傳, 『추재집』秋齋集 : 『문집총간』271, 523~524면

성해응成海應(1760~1839), 「영조대가녀계」詠曹大家女誡, 『연경재전집』研經齋全集 I : 『문집총간』273, 7~8면

성해응成海應(1760~1839), 「위포천사인거조사렴처유씨열행서」爲抱川士人擧趙思廉妻柳氏烈行書, 『연경재전집』研經齋全集 I : 『문집총간』273, 182면

성해응成海應(1760~1839), 「구씨정려기」具氏旌閭記, 『연경재전집』研經齋全集 I : 『문집총간』273, 200면

성해응成海應(1760~1839), 「서열녀송씨사」書烈女宋氏事, 『연경재전집』研經齋全集 I : 『문집총간』273, 261면

성해응成海應(1760~1839), 「서조처녀사」書趙處女事, 『연경재전집』研經齋全集 I : 『문집총간』273, 263~264면

성해응成海應(1760~1839), 「서유인송씨사」書孺人宋氏事, 『연경재전집』研經齋全集 I : 『문집총간』273, 264~265면

성해응成海應(1760~1839), 「위효부이녀고향중인사서」爲孝婦李女告鄕中人士書, 『연경재전집』研經齋全集 I : 『문집총간』273, 291면

성해응成海應(1760~1839), 「영평이열부정려기」永平二烈婦旌閭記, 『연경재전집』研經齋全集 I : 『문집총간』273, 320~321면

성해응成海應(1760~1839), 「기여계총서」記女誡總敍, 『연경재전집』研經齋全集 I : 『문집총간』273, 330면

성해응成海應(1760~1839), 「위마전사인청포열부김씨장」爲麻田士人請褒烈婦金氏狀, 『연경재전집』研經齋全集 I : 『문집총간』273, 371~372면

성해응成海應(1760~1839), 「계랑광지」桂娘壙誌, 『연경재전집』研經齋全集 I : 『문집총간』273, 391면

성해응成海應(1760~1839), 「김은애전」金銀愛傳, 『연경재전집』研經齋全集 I : 『문집총간』273, 420~421면

성해응成海應(1760~1839), 「박열부전」朴烈婦傳, 『연경재전집』研經齋全集Ⅰ: 『문집총간』273, 421~422면

성해응成海應(1760~1839), 「절부변부인전」節婦邊夫人傳, 『연경재전집』研經齋全集Ⅰ: 『문집총간』273, 428~429면

성해응成海應(1760~1839), 「김열부전」金烈婦傳, 『연경재전집』研經齋全集Ⅰ: 『문집총간』273, 429면

성해응成海應(1760~1839), 「양절부전」楊節婦傳, 『연경재전집』研經齋全集Ⅰ: 『문집총간』273, 429~430면

성해응成海應(1760~1839), 「서유인이씨전」書孺人李氏傳, 『연경재전집』研經齋全集Ⅰ: 『문집총간』273, 430~431면

성해응成海應(1760~1839), 「서청안장처녀옥사」書淸安張處女獄事, 『연경재전집』研經齋全集Ⅰ: 『문집총간』273, 433~434면

성해응成海應(1760~1839), 「서영천박열부사」書榮川朴烈婦事, 『연경재전집』研經齋全集Ⅰ: 『문집총간』273, 435~437면.

성해응成海應(1760~1839), 「희제계랑축후」戲題桂娘軸後, 『연경재전집』研經齋全集Ⅰ: 『문집총간』273, 443~444면

성해응成海應(1760~1839), 「청성효열전(서문)」靑城孝烈傳(序文), 『연경재전집』研經齋全集Ⅲ: 『문집총간』275, 82면

성해응成海應(1760~1839), 「정기처최씨」鄭機妻崔氏, 『연경재전집』研經齋全集Ⅲ: 『문집총간』275, 86면

성해응成海應(1760~1839), 「홍의달처안동김씨」洪義達妻安東金氏, 『연경재전집』研經齋全集Ⅲ: 『문집총간』275, 87면

성해응成海應(1760~1839), 「오몽량처문화유씨」吳夢樑妻文化柳氏, 『연경재전집』研經齋全集Ⅲ: 『문집총간』275, 87면

성해응成海應(1760~1839), 「이시진처경주최씨」李時鎭妻慶州崔氏, 『연경재전집』研經齋全集Ⅲ: 『문집총간』275, 87면

성해응成海應(1760~1839), 「황효겸처전주이씨」黃孝謙妻全州李氏, 『연경재전집』

研經齋全集Ⅲ:『문집총간』275, 87면

성해응·成海應(1760~1839), 「정창국처창원유씨」鄭昌國妻昌原兪氏, 『연경재전집』 研經齋全集Ⅲ:『문집총간』275, 87면

성해응·成海應(1760~1839), 「이유정처초계정씨」李維楨妻草溪鄭氏, 『연경재전집』 研經齋全集Ⅲ:『문집총간』275, 87면

성해응·成海應(1760~1839), 「김세설처밀양박씨」金世說妻密陽朴氏, 『연경재전집』 研經齋全集Ⅲ:『문집총간』275, 88면

성해응·成海應(1760~1839), 「김응기처전주이씨」金應箕妻全州李氏, 『연경재전집』 研經齋全集Ⅲ:『문집총간』275, 88면

성해응·成海應(1760~1839), 「이재정처아성이씨」李載鼎妻牙城李氏, 『연경재전집』 研經齋全集Ⅲ:『문집총간』275, 88면

성해응·成海應(1760~1839), 「조억처청송심씨」趙億妻靑松沈氏, 『연경재전집』研經齋全集Ⅲ:『문집총간』275, 88면

성해응·成海應(1760~1839), 「염두찬처최성」廉斗纘妻崔姓, 『연경재전집』研經齋全集Ⅲ:『문집총간』275, 88면

성해응·成海應(1760~1839), 「독실」蘛實, 『연경재전집』研經齋全集Ⅲ:『문집총간』275, 88면.

성해응·成海應(1760~1839), 「장귀일처이임촌」張貴日妻李壬寸, 『연경재전집』研經齋全集Ⅲ:『문집총간』275, 88면

성해응·成海應(1760~1839), 「귀례」貴禮, 『연경재전집』研經齋全集Ⅲ:『문집총간』275, 88면

성해응·成海應(1760~1839), 「이부인(신순일처)」李夫人(申純一妻), 『연경재전집』研經齋全集Ⅲ:『문집총간』275, 174면.

성해응·成海應(1760~1839), 「곽부인(김철근처)」郭夫人(金鐵根妻), 『연경재전집』研經齋全集Ⅲ:『문집총간』275, 174면

성해응·成海應(1760~1839), 「임부인(신광유처)」任夫人(申光裕妻), 『연경재전집』研經齋全集Ⅲ:『문집총간』275, 174면

성해응成海應(1760~1839),「강상열효녀」江上烈孝女,『연경재전집』研經齋全集
Ⅲ:『문집총간』275, 175면

성해응成海應(1760~1839),「김은애」金銀愛,『연경재전집』研經齋全集Ⅲ:『문집총
간』275, 175면

성해응成海應(1760~1839),「매분구」賣粉嫗,『연경재전집』研經齋全集Ⅲ:『문집총
간』275, 176면

성해응成海應(1760~1839),「옥랑」玉娘,『연경재전집』研經齋全集Ⅲ:『문집총간』
275, 176면

성해응成海應(1760~1839),「유씨첩」柳氏妾,『연경재전집』研經齋全集Ⅲ:『문집총
간』275, 176면

성해응成海應(1760~1839),「유분」有分,『연경재전집』研經齋全集Ⅲ:『문집총간』
275, 177면

성해응成海應(1760~1839),「산남열부」山南烈婦,『연경재전집』研經齋全集Ⅲ:『문
집총간』275, 177면

오희상吳熙常(1763~1833),「서여교후」書女敎後,『노주집』老州集:『문집총간』
280, 328~329면

윤행임尹行恁(1762~1801),「제남원평정열녀가후」題南元平鄭烈女歌後,『석재고』
碩齋稿Ⅰ:『문집총간』287, 273면

김조순金祖淳(1765~1832),「서선씨삼강록후」書宣氏三綱錄後,『풍고집』楓皐集:
『문집총간』289, 377~378면

박윤묵朴允默(1771~1849),「규계」閨誡,『존재집』存齋集:『문집총간』292, 483~
485면

홍석주洪奭周(1774~1842),「웅산열효유허비사실기」雄山烈孝遺墟碑事實記,『연천
집』淵泉集Ⅰ:『문집총간』293, 432~433면

홍석주洪奭周(1774~1842),「호서절효기」湖西節孝記,『연천집』淵泉集Ⅰ:『문집총
간』293, 433~434면

유치명柳致明(1777~1861),「서박열부행적후」書朴烈婦行蹟後,『정재집』定齋集

Ⅰ:『문집총간』297, 468면

유치명柳致明(1777~1861), 「서강계개성김씨열효록후」書江界開城金氏烈孝錄後, 『정재집』定齋集Ⅱ:『문집총간』298, 412면

조인영趙寅永(1782~1850), 「광산김씨삼강문기」光山金氏三綱門記, 『운석유고』雲石遺稿:『문집총간』299, 195~196면

조인영趙寅永(1782~1850), 「서씨오정문기」徐氏五旌門記, 『운석유고』雲石遺稿:『문집총간』299, 196면

성근묵成近默(1784~1825), 「가훈」家訓, 『과재집』果齋集:『문집총간』299, 520~524면

이시원李是遠(1790~1866), 「녹김정녀사」錄金貞女事, 『사기집』沙磯集:『문집총간』302, 145~147면

이시원李是遠(1790~1866), 「김열부소갈」金烈婦小碣, 『사기집』沙磯集:『문집총간』302, 166면

송래희宋來熙(1791~1867), 「열부육씨정려중수기」烈婦陸氏旌閭重修記, 『금곡집』錦谷集:『문집총간』303, 323면

이항로李恒老(1792~1868), 「효열부문씨전」孝烈婦文氏傳, 『화서집』華西集Ⅱ:『문집총간』305, 247~248면

허전許傳(1797~1886), 「열녀광산김씨정려」烈女光山金氏旌閭, 『성재집』性齋集Ⅰ:『문집총간』308, 267면

허전許傳(1797~1886), 「나씨삼강문중수기」羅氏三綱門重修記, 『성재집』性齋集Ⅰ:『문집총간』308, 308~309면

허전許傳(1797~1886), 「완창군일문삼세효열정려증수기」完昌君一門三世孝烈旌閭增修記, 『성재집』性齋集Ⅰ:『문집총간』308, 315면

허전許傳(1797~1886), 「홍씨부인효열기」洪氏婦人孝烈記, 『성재집』性齋集Ⅰ:『문집총간』308, 315~316면

허전許傳(1797~1886), 「열녀허씨정려기」烈女許氏旌閭記, 『성재집』性齋集Ⅰ:『문집총간』308, 329면

허전許傳(1797~1886),「열부한씨정려기」烈婦韓氏旌閭記,『성재집』性齋集Ⅰ:『문집총간』308, 333~334면

허전許傳(1797~1886),「담유인완정복호도찬병서」談孺人完貞伏虎圖贊並序,『성재집』性齋集Ⅰ:『문집총간』308, 357~359면

허전許傳(1797~1886),「하양허씨삼세이효사열열전」河陽許氏三世二孝四烈列傳,『성재집』性齋集Ⅰ:『문집총간』308, 599~600면

허전許傳(1797~1886),「효열한부인전」孝烈韓婦人傳,『성재집』性齋集Ⅰ:『문집총간』308, 601~602면

기정진奇正鎭(1798~1879),「삼도정려중수기」三島旌閭重修記,『노사집』蘆沙集:『문집총간』310, 474~475면

기정진奇正鎭(1798~1879),「열녀송씨정려기」烈女宋氏旌閭記,『노사집』蘆沙集:『문집총간』310, 475~476면

기정진奇正鎭(1798~1879),「열녀유씨정려기」烈女柳氏旌閭記,『노사집』蘆沙集:『문집총간』310, 476~477면

기정진奇正鎭(1798~1879),「절부원씨정려중수기」節婦元氏旌閭重修記,『노사집』蘆沙集:『문집총간』310, 512~513면

기정진奇正鎭(1798~1879),「숙부인유씨정려중수기」淑夫人柳氏旌閭重修記,『노사집』蘆沙集:『문집총간』310, 513면

조병덕趙秉悳(1800~1870),「제신열부강효자사적기후」題申烈婦姜孝子事蹟記後,『숙재집』肅齋集:『문집총간』311, 411~412면

송달수宋達洙(1808~1858),「제유인김씨효열사적후」題孺人金氏孝烈事蹟後,『수종재집』守宗齋集:『문집총간』313, 132~133면

유주목柳疇睦(1813~1872),「열부채씨정려중건기」烈婦蔡氏旌閭重建記,『계당집』溪堂集:『문집총간』313, 393면

임헌회任憲晦(1811~1878),「열부신씨녀정려기」烈婦申氏女旌閭記,『고산집』鼓山集:『문집총간』314, 213~214면

임헌회任憲晦(1811~1878),「열녀홀개불관정려기」烈女忽介不關旌閭記,『고산집』

鼓山集:『문집총간』314, 215면

임헌회任憲晦(1811~1878),「이열부정려기」李烈婦旌閭記,『고산집』鼓山集:『문집총간』314, 216~217면

임헌회任憲晦(1811~1878),「방씨이열녀찬」方氏二烈女贊,『고산집』鼓山集:『문집총간』314, 230~231면

임헌회任憲晦(1811~1878),「계녀맹순」戒女孟順,『고산집』鼓山集:『문집총간』314, 314면

이유원李裕元(1814~1888),「장씨양세열효정려기」張氏兩世烈孝旌閭記,『가오고략』嘉梧藁略Ⅰ:『문집총간』315, 466면

이유원李裕元(1814~1888),「이씨정려기」李氏旌閭記,『가오고략』嘉梧藁略Ⅰ:『문집총간』315, 466면

장복추張福樞(1815~1900),「권씨표열비기」權氏表烈碑記,『사미헌집』四未軒集:『문집총간』316, 434면

장복추張福樞(1815~1900),「열부최씨정려기」烈婦崔氏旌閭記,『사미헌집』四未軒集:『문집총간』316, 434면

장복추張福樞(1815~1900),「훈가구잠」訓家九箴,『사미헌집』四未軒集:『문집총간』316, 437~439면

장복추張福樞(1815~1900),「열부평산신씨전」烈婦平山申氏傳,『사미헌집』四未軒集:『문집총간』316, 539~540면

이진상李震相(1818~1886),「서효부하씨행록후」書孝婦河氏行錄後,『한주집』寒洲集Ⅱ:『문집총간』319, 123~124면

김평묵金平默(1819~1891),「효부함평이씨정려기」孝婦咸平李氏旌閭記,『중암집』重菴集Ⅱ:『문집총간』320, 154면

김평묵金平默(1819~1891),「최효부사행기」崔孝婦事行記,『중암집』重菴集 Ⅱ:『문집총간』320, 157면

김평묵金平默(1819~1891),「열부이씨(정시립처)전」烈婦李氏(鄭時立妻)傳,『중암집』重菴集Ⅱ:『문집총간』320, 402~403면

김평묵金平默(1819~1891),「열부나씨전」烈婦羅氏傳,『중암집』重菴集Ⅱ:『문집총간』320, 403~404면

김흥락金興洛(1827~1899),「이효부정려각기」二孝婦旌閭閣記,『서산집』西山集:『문집총간』321, 530면

김영수金永壽(?~?),「최부인행록서」崔夫人行錄序,『하정집』荷亭集:『문집총간』322, 78면

한장석韓章錫(1832~1894),「기삼렬금사」記三烈禽事,『미산집』眉山集:『문집총간』322, 366면

한장석韓章錫(1832~1894),「김열부전」金烈婦傳,『미산집』眉山集:『문집총간』322, 372면

유중교柳重教(1821~1893),「제송효부행록후」題宋孝婦行錄後,『성재집』省齋集:『문집총간』324, 306면

최익현崔益鉉(1833~1906),「열부이씨정려기」烈婦李氏旌閭記,『면암집』勉庵集Ⅰ:『문집총간』325, 490면

최익현崔益鉉(1833~1906),「칠원윤씨효렬정려기」漆原尹氏孝烈旌閭記,『면암집』勉庵集Ⅰ:『문집총간』325, 496면

최익현崔益鉉(1833~1906),「변씨삼강정려기」卞氏三綱旌閭記,『면암집』勉庵集Ⅰ:『문집총간』325, 499면

최익현崔益鉉(1833~1906),「유씨이녀정려기」柳氏二女旌閭記,『면암집』勉庵集Ⅰ:『문집총간』325, 502면

최익현崔益鉉(1833~1906),「효열부전씨정려기」孝烈婦田氏旌閭記,『면암집』勉庵集Ⅰ:『문집총간』325, 503면

최익현崔益鉉(1833~1906),「열부하씨정려기」烈婦河氏旌閭記,『면암집』勉庵集Ⅰ:『문집총간』325, 503면

최익현崔益鉉(1833~1906),「문씨효열록발」文氏孝烈錄跋,『면암집』勉庵集Ⅰ:『문집총간』325, 551면

최익현崔益鉉(1833~1906),「발최효부행록」跋崔孝婦行錄,『면암집』勉庵集Ⅰ:『문

집총간』325, 556면

최익현崔益鉉(1833~1906),「발정씨일문육효열부사적」跋鄭氏一門六孝烈婦事蹟, 『면암집』勉庵集Ⅰ:『문집총간』325, 557면

최익현崔益鉉(1833~1906),「열부청주한씨(백낙순처)묘표」烈婦淸州韓氏(白樂舜妻)墓表,『면암집』勉庵集Ⅱ:『문집총간』326, 247면

최익현崔益鉉(1833~1906),「열부파산이씨(조문현처)전」烈婦巴山李氏(曺汶鉉妻)傳,『면암집』勉庵集Ⅱ:『문집총간』326, 394면

허유許愈(1833~1904),「제허씨행록후」題許氏行錄後,『후산집』后山集:『문집총간』327, 327면

허유許愈(1833~1904),「서열부서흥김씨유한서후」書烈婦瑞興金氏遺恨書後,『후산집』后山集:『문집총간』327, 327면

허유許愈(1833~1904),「최씨열행소지」崔氏烈行小識,『후산집』后山集:『문집총간』327, 328면

허유許愈(1833~1904),「열부박씨(송의용처)사실」烈婦朴氏(宋義用妻)事實,『후산집』后山集:『문집총간』327, 414면

허훈許薰(1836~1907),「열부영양남씨(김헌준처)행록」烈婦英陽南氏(金軒駿妻)行錄,『방산집』舫山集Ⅱ:『문집총간』328, 198면

허훈許薰(1836~1907),「절부배씨전」節婦裵氏傳,『방산집』舫山集Ⅱ:『문집총간』328, 210면

김윤식金允植(1835~1922),「이씨효열록서」李氏孝烈錄序,『운양집』雲養集:『문집총간』328, 403면

김윤식金允植(1835~1922),「청포열부밀양박씨정려단자 경오」請褒烈婦密陽朴氏旌閭單子 庚午,『운양집』雲養集:『문집총간』328, 513면

김윤식金允植(1835~1922),「진양강씨효열정려각기」晉陽姜氏孝烈旌閭閣記,『운양집』雲養集:『문집총간』328, 587면

김윤식金允植(1835~1922),「창녕조씨삼강유적기」昌寧曺氏三綱遺蹟記,『운양집』雲養集:『문집총간』328, 590면

김윤식金允植(1835~1922),「신안주씨효열기」新安朱氏孝烈記,『운양집』雲養集:
『문집총간』328, 591면

송병선宋秉璿(1836~1905),「열부김씨정려중수기」烈婦金氏旌閭重修記,『연재집』
淵齋集Ⅰ:『문집총간』329, 462면

송병선宋秉璿(1836~1905),「숙인윤씨통덕랑송공양세정려중수기」淑人尹氏通德郎
宋公兩世旌閭重修記,『연재집』淵齋集Ⅰ:『문집총간』329, 489면

송병선宋秉璿(1836~1905),「평산신씨정려기」平山申氏旌閭記,『연재집』淵齋集
Ⅰ:『문집총간』329, 503면

송병선宋秉璿(1836~1905),「서유인민씨행록후」書孺人閔氏行錄後,『연재집』淵齋
集Ⅱ:『문집총간』330, 14면

송병선宋秉璿(1836~1905),「서김씨돈행첩후」書金氏敦行帖後,『연재집』淵齋集
Ⅱ:『문집총간』330, 16면

송병선宋秉璿(1836~1905),「서손씨의효록후」書孫氏義孝錄後,『연재집』淵齋集
Ⅱ:『문집총간』330, 19면

송병선宋秉璿(1836~1905),「서진사조군용화처열부하씨행록후」書進士趙君鏞和妻
烈婦河氏行錄後,『연재집』淵齋集Ⅱ:『문집총간』330, 24면

송병선宋秉璿(1836~1905),「서상산이씨효열장후」書商山李氏孝烈狀後,『연재집』
淵齋集Ⅱ:『문집총간』330, 24면

송병선宋秉璿(1836~1905),「서문씨효열장후」書文氏孝烈狀後,『연재집』淵齋集
Ⅱ:『문집총간』330, 27면

송병선宋秉璿(1836~1905),「열부서씨(송교헌처)행장」烈婦徐氏(宋敎憲妻)行狀,
『연재집』淵齋集Ⅱ:『문집총간』330, 371면

전우田愚(1841~1922),「광산김씨효열정려기을사」光山金氏孝烈旌閭記乙巳,『간재
집』艮齋集Ⅱ:『문집총간』333, 477면

전우田愚(1841~1922),「열녀김씨정려중건기」烈女金氏旌閭重建記,『간재집』艮齋
集Ⅱ:『문집총간』333, 478면

전우田愚(1841~1922),「열녀진씨정려기을사」烈女陳氏旌閭記乙巳,『간재집』艮齋

전우田愚(1841~1922), 「열녀오씨정려기갑진」烈女吳氏旌閭記甲辰, 『간재집』艮齋集Ⅱ:『문집총간』333, 478면

전우田愚(1841~1922), 「제송씨행록무신」題宋氏行錄戊申, 『간재집』艮齋集Ⅱ:『문집총간』333, 500면

전우田愚(1841~1922), 「발유씨행실기유」跋柳氏行實己酉, 『간재집』艮齋集Ⅱ:『문집총간』333, 500면

전우田愚(1841~1922), 「제봉남오공태익유인심씨행록기유」題鳳南吳公泰翼孺人沈氏行錄己酉, 『간재집』艮齋集Ⅱ:『문집총간』333, 502면

전우田愚(1841~1922), 「발김절부모자유사기해」跋金節婦母子遺事己亥, 『간재집』艮齋集Ⅱ:『문집총간』333, 502면

전우田愚(1841~1922), 「제강씨행록기유」題姜氏行錄己酉, 『간재집』艮齋集Ⅱ:『문집총간』333, 503면

전우田愚(1841~1922), 「제반씨행술무신」題潘氏行述戊申, 『간재집』艮齋集Ⅱ:『문집총간』333, 503면

전우田愚(1841~1922), 「제조유인장기유」題曺孺人狀己酉, 『간재집』艮齋集Ⅱ:『문집총간』333, 503면

전우田愚(1841~1922), 「제열부하씨행록정미」題烈婦河氏行錄丁未, 『간재집』艮齋集Ⅱ:『문집총간』333, 503면

전우田愚(1841~1922), 「제유인문씨행록병오」題孺人文氏行錄丙午, 『간재집』艮齋集Ⅱ:『문집총간』333, 504면

전우田愚(1841~1922), 「발유인김씨행장」跋孺人金氏行狀, 『간재집』艮齋集Ⅱ:『문집총간』333, 504면

전우田愚(1841~1922), 「발유인윤씨행록」跋孺人尹氏行錄, 『간재집』艮齋集Ⅱ:『문집총간』333, 504면

전우田愚(1841~1922), 「남절부찬」南節婦贊, 『간재집』艮齋集Ⅱ:『문집총간』333, 507면

전우田愚(1841~1922),「김씨모자행록」金氏母子行錄,『간재집』艮齋集Ⅱ:『문집총간』333, 556면

전우田愚(1841~1922),「현원공씨행록」賢媛孔氏行錄,『간재집』艮齋集Ⅱ:『문집총간』333, 556면

전우田愚(1841~1922),「중자부김씨행록」仲子婦金氏行錄,『간재집』艮齋集Ⅱ:『문집총간』333, 557면

전우田愚(1841~1922),「절부김씨(최취달처)전갑신」節婦金氏(崔就達妻)傳甲申,『간재집』艮齋集Ⅱ:『문집총간』333, 562면

전우田愚(1841~1922),「김열부(송태호처)전을사」金烈婦(宋泰浩妻)傳乙巳,『간재집』艮齋集Ⅱ:『문집총간』333, 562면

전우田愚(1841~1922),「이유인(임경룡처)전무신」李孺人(林璟龍妻)傳戊申,『간재집』艮齋集Ⅱ:『문집총간』333, 563면

전우田愚(1841~1922),「김절부(서설보처)전병오」金節婦(徐說輔妻)傳丙午,『간재집』艮齋集Ⅱ:『문집총간』333, 563면

전우田愚(1841~1922),「이열녀(오장준처)전병오」李烈女(吳長俊妻)傳丙午,『간재집』艮齋集Ⅱ:『문집총간』333, 564면

전우田愚(1841~1922),「최유인전을사」崔孺人傳乙巳,『간재집』艮齋集Ⅱ:『문집총간』333, 564면

전우田愚(1841~1922),「현원황씨(정영선처)전」賢媛黃氏(鄭永善妻)傳,『간재집』艮齋集Ⅱ:『문집총간』333, 565면

전우田愚(1841~1922),「오문이절부전병오」吳門二節婦傳丙午,『간재집』艮齋集Ⅱ:『문집총간』333, 567면

전우田愚(1841~1922),「전불관전무술」田不關傳戊戌,『간재집』艮齋集Ⅱ:『문집총간』333, 567면

전우田愚(1841~1922),「발박씨행록」跋朴氏行錄,『간재집』艮齋集Ⅳ:『문집총간』335, 346면

전우田愚(1841~1922),「정절부(이익수처)소전을묘」鄭節婦(李益洙妻)小傳乙卯,

『간재집』艮齋集Ⅳ:『문집총간』335, 371면

전우田愚(1841~1922),「제국씨삼세행록」題鞠氏三世行錄,『간재집』艮齋集Ⅴ:『문집총간』336, 289면

전우田愚(1841~1922),「창원황유인가장발」昌原黃孺人家狀跋,『간재집』艮齋集Ⅴ:『문집총간』336, 296면

전우田愚(1841~1922),「제최유인행록정사」題崔孺人行錄丁巳,『간재집』艮齋集Ⅴ:『문집총간』336, 297면

전우田愚(1841~1922),「제안유인행록계축」題安孺人行錄癸丑,『간재집』艮齋集Ⅴ:『문집총간』336, 297면

전우田愚(1841~1922),「발이제두고비행록」跋李齊杜考妣行錄,『간재집』艮齋集Ⅴ:『문집총간』336, 297면

전우田愚(1841~1922),「제김씨언행록경신」題金氏言行錄庚申,『간재집』艮齋集Ⅴ:『문집총간』336, 298면

전우田愚(1841~1922),「발임유인행실정사」跋林孺人行實丁巳,『간재집』艮齋集Ⅴ:『문집총간』336, 298면

전우田愚(1841~1922),「제김유인행록계축」題金孺人行錄癸丑,『간재집』艮齋集Ⅴ:『문집총간』336, 298면

전우田愚(1841~1922),「김유인행록발정사」金孺人行錄跋丁巳,『간재집』艮齋集Ⅴ:『문집총간』336, 298면

전우田愚(1841~1922),「제이씨효열전경신」題李氏孝烈傳庚申,『간재집』艮齋集Ⅴ:『문집총간』336, 299면

전우田愚(1841~1922),「여범이현부찬」女範二賢婦贊,『간재집』艮齋集Ⅴ:『문집총간』336, 386면

유인석柳麟錫(1842~1915),「서열부정씨언서후」書烈婦鄭氏諺書後,『의암집』毅菴集Ⅲ:『문집총간』339, 177면

유인석柳麟錫(1842~1915),「서효열부유인이씨행장후」書孝烈婦孺人李氏行狀後,『의암집』毅菴集Ⅲ:『문집총간』339, 191면

유인석柳麟錫(1842~1915),「서김부인사실록후」書金婦人事實錄後,『의암집』毅菴集Ⅲ:『문집총간』339, 192면

유인석柳麟錫(1842~1915),「최열부(김경도처)표적비」崔烈婦(金敬燾妻)表蹟碑,『의암집』毅菴集Ⅲ:『문집총간』339, 245면

유인석柳麟錫(1842~1915),「열녀유인이씨(신종악처)묘지명병서」烈女孺人李氏(申宗岳妻)墓誌銘幷序,『의암집』毅菴集Ⅲ:『문집총간』339, 288면

유인석柳麟錫(1842~1915),「열부유인이씨(원하상처)전」烈婦孺人李氏(元夏常妻)傳,『의암집』毅菴集Ⅲ:『문집총간』339, 334면

유인석柳麟錫(1842~1915),「열부유씨(유영환처)전」烈婦兪氏(柳永煥妻)傳,『의암집』毅菴集Ⅲ:『문집총간』339, 334면

유인석柳麟錫(1842~1915),「열부김씨(서중현처)전」烈婦金氏(徐重鉉妻)傳,『의암집』毅菴集Ⅲ:『문집총간』339, 338면

유인석柳麟錫(1842~1915),「열부양씨(김희용처)전」烈婦楊氏(金羲鏞妻)傳,『의암집』毅菴集Ⅲ:『문집총간』339, 339면

유인석柳麟錫(1842~1915),「효부유인이씨(김상환처)전」孝婦孺人李氏(金祥煥妻)傳,『의암집』毅菴集Ⅲ:『문집총간』339, 341면

유인석柳麟錫(1842~1915),「열녀사비연덕전」烈女私婢緣德傳,『의암집』毅菴集Ⅲ:『문집총간』339, 342면

유인석柳麟錫(1842~1915),「유인장흥임씨(백동욱처)전」孺人長興任氏(白東郁妻)傳,『의암집』毅菴集Ⅲ:『문집총간』339, 344면

유인석柳麟錫(1842~1915),「효열부양씨(이기영처)전」孝烈婦梁氏(李基英妻)傳,『의암집』毅菴集Ⅲ:『문집총간』339, 344면

유인석柳麟錫(1842~1915),「김부인(신현구처)전」金婦人(申鉉九妻)傳,『의암집』毅菴集Ⅲ:『문집총간』339, 345면

곽종석郭鍾錫(1846~1919),「남씨효열록서을묘」南氏孝烈錄序乙卯,『면우집』勉宇集Ⅳ:『문집총간』343, 520면

곽종석郭鍾錫(1846~1919),「김씨삼강록서무오」金氏三綱錄序戊午,『면우집』勉宇

集Ⅳ:『문집총간』343, 521면

곽종석郭鍾錫(1846~1919),「이씨삼세효열정려기을사」李氏三世孝烈旌閭記乙巳,
『면우집』勉宇集Ⅳ:『문집총간』343, 539면

곽종석郭鍾錫(1846~1919),「효열부이씨정려기을사」孝烈婦李氏旌閭記乙巳,『면우
집』勉宇集Ⅳ:『문집총간』343, 539면

곽종석郭鍾錫(1846~1919),「열부정씨정려기을사」烈婦鄭氏旌閭記乙巳,『면우집』
勉宇集Ⅳ:『문집총간』343, 539면

곽종석郭鍾錫(1846~1919),「조씨열효각중수기신축」曺氏烈孝閣重修記辛丑,『면우
집』勉宇集Ⅴ:『문집총간』344, 27면

곽종석郭鍾錫(1846~1919),「서오씨부양세행적후갑인」書吳氏婦兩世行蹟後甲寅,
『면우집』勉宇集Ⅴ:『문집총간』344, 58면

곽종석郭鍾錫(1846~1919),「열부광주이씨찬」烈婦廣州李氏贊,『면우집』勉宇集
Ⅴ:『문집총간』344, 78면

곽종석郭鍾錫(1846~1919),「열부거창신씨찬」烈婦居昌愼氏贊,『면우집』勉宇集
Ⅴ:『문집총간』344, 79면

곽종석郭鍾錫(1846~1919),「열부곽씨찬」烈婦郭氏贊,『면우집』勉宇集Ⅴ:『문집총
간』344, 79면

곽종석郭鍾錫(1846~1919),「열부밀양박씨찬」烈婦密陽朴氏贊,『면우집』勉宇集
Ⅴ:『문집총간』344, 79면

곽종석郭鍾錫(1846~1919),「열부안동권씨찬」烈婦安東權氏贊,『면우집』勉宇集
Ⅴ:『문집총간』344, 79면

곽종석郭鍾錫(1846~1919),「열부전의이씨찬」烈婦全義李氏贊,『면우집』勉宇集
Ⅴ:『문집총간』344, 79면

기우만奇宇萬(1846~1916),「안동김씨삼강록서」安東金氏三綱錄序,『송사집』松沙
集Ⅰ:『문집총간』345, 319면

기우만奇宇萬(1846~1916),「함양박씨오효열전서」咸陽朴氏五孝烈傳序,『송사집』
松沙集Ⅰ:『문집총간』345, 322면

기우만奇宇萬(1846~1916),「탐진최씨삼강록서」耽津崔氏三綱錄序,『송사집』松沙集Ⅰ:『문집총간』345, 381면

기우만奇宇萬(1846~1916),「열부송씨정려추기」烈婦宋氏旌閭追記,『송사집』松沙集Ⅰ:『문집총간』345, 417면

기우만奇宇萬(1846~1916),「김씨효열정려기」金氏孝烈旌閭記,『송사집』松沙集Ⅰ:『문집총간』345, 417면

기우만奇宇萬(1846~1916),「열부배씨정려중수기」烈婦裵氏旌閭重修記,『송사집』松沙集Ⅰ:『문집총간』345, 419면

기우만奇宇萬(1846~1916),「열부김씨정려기」烈婦金氏旌閭記,『송사집』松沙集Ⅰ:『문집총간』345, 424면

기우만奇宇萬(1846~1916),「효열부신씨정려기」孝烈婦申氏旌閭記,『송사집』松沙集Ⅰ:『문집총간』345, 425면

기우만奇宇萬(1846~1916),「송씨효열정려기」宋氏孝烈旌閭記,『송사집』松沙集Ⅰ:『문집총간』345, 433면

기우만奇宇萬(1846~1916),「이씨양세정려기」李氏兩世旌閭記,『송사집』松沙集Ⅰ:『문집총간』345, 456면

기우만奇宇萬(1846~1916),「송씨양세정려중건기」宋氏兩世旌閭重建記,『송사집』松沙集Ⅰ:『문집총간』345, 456면

기우만奇宇萬(1846~1916),「효열부문씨정려이건기」孝烈婦文氏旌閭移建記,『송사집』松沙集Ⅰ:『문집총간』345, 463면

기우만奇宇萬(1846~1916),「열부윤씨정려기」烈婦尹氏旌閭記,『송사집』松沙集Ⅰ:『문집총간』345, 464면

기우만奇宇萬(1846~1916),「배씨양세효열정려기」裵氏兩世孝烈旌閭記,『송사집』松沙集Ⅰ:『문집총간』345, 466면

기우만奇宇萬(1846~1916),「정씨효열정려기」鄭氏孝烈旌閭記,『송사집』松沙集Ⅰ:『문집총간』345, 467면

기우만奇宇萬(1846~1916),「열부소씨정려기」烈婦蘇氏旌閭記,『송사집』松沙集

Ⅰ:『문집총간』345, 468면

기우만奇宇萬(1846~1916),「박씨효열정려기」朴氏孝烈旌閭記,『송사집』松沙集
Ⅰ:『문집총간』345, 468면

기우만奇宇萬(1846~1916),「효열부김씨정려기」孝烈婦金氏旌閭記,『송사집』松沙
集Ⅰ:『문집총간』345, 469면

기우만奇宇萬(1846~1916),「강씨삼강정려중수기」姜氏三綱旌閭重修記,『송사집』
松沙集Ⅰ:『문집총간』345, 476면

기우만奇宇萬(1846~1916),「조씨효열정려중수기」趙氏孝烈旌閭重修記,『송사집』
松沙集Ⅰ:『문집총간』345, 477면

기우만奇宇萬(1846~1916),「경주이씨삼강정려중건기」慶州李氏三綱旌閭重建記,
『송사집』松沙集Ⅰ:『문집총간』345, 478면

기우만奇宇萬(1846~1916),「송씨오효일열정려기」宋氏五孝一烈旌閭記,『송사집』
松沙集Ⅰ:『문집총간』345, 493면

기우만奇宇萬(1846~1916),「열부김씨정려기」烈婦金氏旌閭記,『송사집』松沙集
Ⅰ:『문집총간』345, 509면

기우만奇宇萬(1846~1916),「함평모씨삼강정려기」咸平牟氏三綱旌閭記,『송사집』
松沙集Ⅰ:『문집총간』345, 511면

기우만奇宇萬(1846~1916),「함평이씨효열정려기」咸平李氏孝烈旌閭記,『송사집』
松沙集Ⅰ:『문집총간』345, 512면

기우만奇宇萬(1846~1916),「조양임씨열효정려기」兆陽林氏烈孝旌閭記,『송사집』
松沙集Ⅰ:『문집총간』345, 515면

기우만奇宇萬(1846~1916),「서효열부전씨실적후」書孝烈婦全氏實蹟後,『송사집』
松沙集Ⅰ:『문집총간』345, 541면

기우만奇宇萬(1846~1916),「서김유인전후」書金孺人傳後,『송사집』松沙集Ⅰ:『문
집총간』345, 542면

기우만奇宇萬(1846~1916),「서강유인천상후」書姜孺人薦狀後,『송사집』松沙集
Ⅰ:『문집총간』345, 542면

기우만奇宇萬(1846~1916),「서성씨삼세사효열장후」書成氏三世四孝烈狀後,『송사집』松沙集Ⅰ:『문집총간』345, 543면

기우만奇宇萬(1846~1916),「서고씨효열천장후」書高氏孝烈薦狀後,『송사집』松沙集Ⅰ:『문집총간』345, 544면

기우만奇宇萬(1846~1916),「서박씨효열전후」書朴氏孝烈傳後,『송사집』松沙集Ⅰ:『문집총간』345, 544면

기우만奇宇萬(1846~1916),「효열부이씨(선태식처)사적비」孝烈婦李氏(宣台植妻)事蹟碑,『송사집』松沙集Ⅰ:『문집총간』345, 617면

기우만奇宇萬(1846~1916),「오류동열효비」五柳洞烈孝碑,『송사집』松沙集Ⅰ:『문집총간』345, 619면

기우만奇宇萬(1846~1916),「열부김씨(이병엽처)유적비」烈婦金氏(李秉燁妻)遺蹟碑,『송사집』松沙集Ⅰ:『문집총간』345, 621면

기우만奇宇萬(1846~1916),「열부양씨(박서진처)묘갈명병서」烈婦梁氏(朴瑞鎭妻)墓碣銘幷序,『송사집』松沙集Ⅱ:『문집총간』346, 193면

기우만奇宇萬(1846~1916),「열부최씨(구창석처)묘갈명병서」烈婦崔氏(具昌晳妻)墓碣銘幷序,『송사집』松沙集Ⅱ:『문집총간』346, 293면

기우만奇宇萬(1846~1916),「열부이씨(기도흥처)묘표」烈婦李氏(奇道興妻)墓表,『송사집』松沙集Ⅱ:『문집총간』346, 410면

기우만奇宇萬(1846~1916),「효열부박씨(최봉의처)전」孝烈婦朴氏(崔鳳儀妻)傳,『송사집』松沙集Ⅱ:『문집총간』346, 583면

기우만奇宇萬(1846~1916),「유인진씨(오규형처)전」孺人陳氏(吳圭炯妻)傳,『송사집』松沙集Ⅱ:『문집총간』346, 583면

기우만奇宇萬(1846~1916),「열부정씨(김이원처)전」烈婦鄭氏(金履元妻)傳,『송사집』松沙集Ⅱ:『문집총간』346, 584면

기우만奇宇萬(1846~1916),「열부이씨(박로첨처)전」烈婦李氏(朴魯瞻妻)傳,『송사집』松沙集Ⅱ:『문집총간』346, 584면

기우만奇宇萬(1846~1916),「효열부김씨(정창달처)전」孝烈婦金氏(丁昌達妻)傳,

『송사집』松沙集Ⅱ:『문집총간』346, 586면

기우만奇宇萬(1846~1916),「열부이씨(정방섭처)전」烈婦李氏(鄭邦燮妻)傳,『송사집』松沙集Ⅱ:『문집총간』346, 587면

기우만奇宇萬(1846~1916),「유인이씨(정희원처)전」孺人李氏(鄭禧源妻)傳,『송사집』松沙集Ⅱ:『문집총간』346, 588면

기우만奇宇萬(1846~1916),「효열부최씨(박천규처)전」孝烈婦崔氏(朴天圭妻)傳,『송사집』松沙集Ⅱ:『문집총간』346, 589면

기우만奇宇萬(1846~1916),「효열부문씨(강규환처)전」孝烈婦文氏(康奎煥妻)傳,『송사집』松沙集Ⅱ:『문집총간』346, 590면

기우만奇宇萬(1846~1916),「열부최씨(이구근처)전」烈婦崔氏(李龜根妻)傳,『송사집』松沙集Ⅱ:『문집총간』346, 591면

기우만奇宇萬(1846~1916),「효열부김씨(이희술처)전」孝烈婦金氏(李熙述妻)傳,『송사집』松沙集Ⅱ:『문집총간』346, 591면

기우만奇宇萬(1846~1916),「유인장씨(주정하처)전」孺人張氏(朱廷夏妻)傳,『송사집』松沙集Ⅱ:『문집총간』346, 594면

기우만奇宇萬(1846~1916),「유인정씨(박해일처)전」孺人鄭氏(朴海日妻)傳,『송사집』松沙集Ⅱ:『문집총간』346, 594면

기우만奇宇萬(1846~1916),「열부김유인(오관용처)전」烈婦金孺人(吳冠鎔妻)傳,『송사집』松沙集Ⅱ:『문집총간』346, 595면

기우만奇宇萬(1846~1916),「최씨열효정려기」崔氏烈孝旌閭記,『송사집』松沙集Ⅱ:『문집총간』346, 608면

기우만奇宇萬(1846~1916),「서광산김씨삼강편록후」書光山金氏三綱編錄後,『송사집』松沙集Ⅱ:『문집총간』346, 615면

기우만奇宇萬(1846~1916),「서김녕김씨삼강실적후」書金寧金氏三綱實蹟後,『송사집』松沙集Ⅱ:『문집총간』346, 616면

기우만奇宇萬(1846~1916),「서열부김씨천장후」書烈婦金氏薦狀後,『송사집』松沙集Ⅱ:『문집총간』346, 618면

김택영金澤榮(1850~1927),「절부설갑진」節婦說甲辰,『소호당집』韶濩堂集:『문집
총간』347, 312면

신기선申箕善(1851~1909),「열부장씨정려기계사」烈婦張氏旌閭記癸巳,『양원유
집』陽園遺集:『문집총간』348, 198면

신기선申箕善(1851~1909),「열녀최씨정려기」烈女崔氏旌閭記,『양원유집』陽園遺
集:『문집총간』348, 219면

신기선申箕善(1851~1909),「가훈, 내칙, 부부, 부인상계」家訓內則夫婦婦人常戒,
『양원유집』陽園遺集:『문집총간』348, 310면

이건창李建昌(1852~1898),「서이씨사」書李氏事,『명미당집』明美堂集:『문집총
간』349, 183면

이건창李建昌(1852~1898),「근서선충정공기김정녀사후」謹書先忠貞公記金貞女事
後,『명미당집』明美堂集:『문집총간』349, 186면

이건창李建昌(1852~1898),「열녀석씨정문명병서」烈女石氏旌門銘幷序,『명미당
집』明美堂集:『문집총간』349, 237면

이건창李建昌(1852~1898),「열부한씨정문명」烈婦韓氏旌門銘,『명미당집』明美堂
集:『문집총간』349, 237면

조긍섭曺兢燮(1873~1933),「김유인이씨효열록서」金孺人李氏孝烈錄序,『암서집』
巖棲集:『문집총간』350, 287면

조긍섭曺兢燮(1873~1933),「증정부인김씨정려중수기」贈貞夫人金氏旌閭重修記,
『암서집』巖棲集:『문집총간』350, 355면

조긍섭曺兢燮(1873~1933),「열부정씨정려상량문을사」烈婦鄭氏旌閭上樑文乙巳,
『암서집』巖棲集:『문집총간』350, 383면

조긍섭曺兢燮(1873~1933),「효열각상량문병오」孝烈閣上樑文丙午,『암서집』巖棲
集:『문집총간』350, 383면

조긍섭曺兢燮(1873~1933),「열부공인박씨(성대윤처)정려비기유」烈婦恭人朴氏(成
大潤妻)旌閭碑己酉,『암서집』巖棲集:『문집총간』350, 404면

조긍섭曺兢燮(1873~1933),「조열부정씨(조병인처)비」曺烈婦鄭氏(曺秉仁妻)碑,

『암서집』巖棲集:『문집총간』350, 406면

조긍섭曺兢燮(1873~1933),「열부이씨(강우경처)묘갈명경술」烈婦李氏(姜遇慶妻)墓碣銘庚戌,『암서집』巖棲集:『문집총간』350, 438면

조긍섭曺兢燮(1873~1933),「이절부강씨(이익영처)묘표」李節婦姜氏(李益榮妻)墓表,『암서집』巖棲集:『문집총간』350, 504면.

조긍섭曺兢燮(1873~1933),「조열부염씨(조후창처)전경술」曺烈婦廉氏(曺後昌妻)傳庚戌,『암서집』巖棲集:『문집총간』350, 526면

조긍섭曺兢燮(1873~1933),「이열부성씨(이우택처)전기미」李烈婦成氏(李佑澤妻)傳己未,『암서집』巖棲集:『문집총간』350, 527면

조긍섭曺兢燮(1873~1933),「손절부안씨열부이씨합전정묘」孫節婦安氏烈婦李氏合傳丁卯,『암서집』巖棲集:『문집총간』350, 528면

[부록 11]

열녀전 목록

* '열녀전'이라고 했지만, 실제로는 절부節婦를 포함한다.
* 수록 대상 자료는 다음과 같다.
① 민족문화추진회 편,『한국문집총간』1~350.『문집총간』으로 약칭한다.
② 경인문화사 편,『한국역대문집총서』韓國歷代文集叢書 1~3000.
③ 기타 개별 자료들은 자료에 직접 부기해 놓았다.
④ 이혜순·김경미,『한국의 열녀전』(월인, 2002)에 실린 것은 '한열' 韓烈로 약칭해 작품 끝에 밝혀 두었다.
⑤ 김균태,『문집소재전자료집』文集所載傳資料集 1~10(계명문화사, 1986)에 실린 열녀전은 '전자傳資 1'로 약칭해 작품 끝에 밝혀 두었다.『문집소재전자료집』1'이라는 뜻이다.

이곡李穀(1298~1351),「절부조씨전」節婦曹氏傳,『가정집』稼亭集 :『문집총간』3, 104~105면 한열, 전자1

정이오鄭以吾(1347~1434),「열부최씨전」烈婦崔氏傳,『동문선』東文選Ⅳ, 협성문화사, 1985, 51~52면 한열, 전자1

이숭인李崇仁(1347~1392),「배열부전」裵列婦傳,『도은집』陶隱集 :『문집총간』6, 606면 한열, 전자1

강희맹姜希孟(1424~1483),「홍절부전」洪節婦傳,『사숙재집』私淑齋集 :『문집총간』12, 99~100면 한열, 전자1

송익필宋翼弼(1534~1599),「은아전」銀娥傳,『구봉집』龜峯集 :『문집총간』42, 426~427면 한열, 전자1

성혼成渾(1535~1598),「은아전」銀娥傳,『우계집』牛溪集 :『문집총간』43, 147~148면 한열

이정암李廷馣(1541~1600),「삼절부전」三節婦傳,『사류재집』四留齋集 :『문집총

간』51, 310~311면 한열, 전자

김덕겸金德謙(1552~1633),「고오수재굉처윤씨전」故吳秀才竑妻尹氏傳,『청륙집』
青陸集:『문집총간(속)』7, 391~392면 한열

유몽인柳夢寅(1559~1623),「열녀정씨전」烈女鄭氏傳,『어우집』於于集:『문집총
간』63, 575면 한열, 전자1

유몽인柳夢寅(1559~1623),「절부안씨전」節婦安氏傳,『어우집』於于集:『문집총
간』69, 574면

이준李埈(1560~1635),「양열부전」楊烈婦傳,『창석집』蒼石集:『문집총간』64, 463
면 한열, 전자

이시발李時發(1569~1626),「나열녀전」羅烈女傳,『벽오유고』碧梧遺稿:『문집총
간』74, 481~483면

나해봉羅海鳳(1584~1638),「이열녀전」二烈女傳,「남간집선」南磵集選:『문집총간
(속)』, 363~364면 한열, 전자2

허목許穆(1595~1682),「절행전」節行傳,『기언』記言 1:『문집총간』98, 118면

정양鄭瀁(1600~1668),「절부김천명처전」節婦金天命妻傳,『포옹집』抱翁集:『문집
총간』101, 432면

이영인李榮仁(1611~1669),「최랑전」崔娘傳,『송담집』松潭集 1권(규장각 소장) 한
열

이영인李榮仁(1611~1669),「박랑전」朴娘傳,『송담집』松潭集 1권(규장각 소장) 한
열

이시선李時善(1625~1715),「열녀홍씨전」烈女洪氏傳,『송월재문집』松月齋文集:
『한국역대문집총서』2313, 257~272면 한열, 전자3

김기홍金起泓(1635~?),「절부허씨전」節婦許氏傳,『관곡선생집』寬谷先生集 1권
(규장각 소장) 한열, 전자3

김기홍金起泓(1635~?),「열녀허씨전」烈女許氏傳,『관곡선생집』寬谷先生集 1권
(규장각 소장) 한열, 전자3

김간金榦(1646~1732),「열녀송씨전」烈女宋氏傳,『후재집』厚齋集 2:『문집총간』

156, 212~213면 한열, 전자3

김간金榦(1646~1732),「고산삼열부전」高山三烈婦傳,『후재집』厚齋集 2 :『문집총간』156, 213~214면 한열, 전자3

이재李栽(1657~1729),「홍열부전」洪烈婦傳,『밀암집』密菴集:『문집총간』173, 314~316면 전자4

이만부李萬敷(1664~1732),「효자열녀충노열전」孝子烈女忠奴列傳,『식산집』息山集 1 :『문집총간』178, 432~433면 한열, 전자4

권이진權以鎭(1668~1734),「김씨전」金氏傳,『유회당선생문집』有懷堂先生文集:『한국역대문집총서』596, 44~49면

이광정李光庭(1674~1756),「임열부향랑전」林烈婦薌娘傳,『눌은집』訥隱集:『문집총간』187, 519~521면 한열, 전자4

김민택金民澤(1678~1722),「열부상랑전」烈婦尙娘傳,『죽헌선생문집』竹軒先生文集:『한국역대문집총서』2405, 177~180면 한열, 전자4

이재李縡(1680~1746),「열부이씨전」烈婦李氏傳,『도암집』陶菴集:『문집총간』194, 534~535면

신방申昉(1685~1736),「조절부전」趙節婦傳,『둔암선생문집』屯菴先生文集 7권(규장각 소장) 한열, 전자4

유의건柳宜健(1687~1760),「열부유인하씨전」烈婦孺人河氏傳,『화계선생문집』花溪先生文集 10권(규장각 소장) 한열, 전자4

신수이愼守彝(1688~1768),「열부유인서산정씨전」烈婦孺人瑞山鄭氏傳,『황고집』黃皐集 6권(규장각 소장) 전자4

조구명趙龜命(1693~1737),「매분구김옥랑전」賣粉嫗金玉娘傳,『동계집』東谿集:『문집총간』215, 95~96면 한열

윤광소尹光紹(1708~1786),「열녀이유인전」烈女李孺人傳,『소곡유고』素谷遺稿:『문집총간』223, 117면 한열, 전자5

윤광소尹光紹(1708~1786),「열녀향랑전」烈女香娘傳,『소곡유고』素谷遺稿:『문집총간』223, 116~117면 한열, 전자5

이용휴李用休(1708~1782), 「열부유인한씨전」烈婦孺人韓氏傳, 『혜환잡저』惠寰雜著 : 『근기실학연원제현전집』近畿實學淵源諸賢全集 2, 성균관대학교 대동문화연구원, 2002, 141~142면 한열

이용휴李用休(1708~1782), 「열부이유인전」烈婦李孺人傳, 『혜환잡저』惠寰雜著 : 『근기실학연원제현전집』近畿實學淵源諸賢全集 2, 성균관대학교 대동문화연구원, 2002, 150면 한열

신광수申光洙(1712~1775), 「정열부전」鄭烈婦傳, 『석북집』石北集 : 『문집총간』 231, 491~492면 한열, 전자5

임경주任敬周(1718~1745), 「하씨녀전」何氏女傳, 『청천자고』靑川子稿 3권(규장각 소장) 한열

채제공蔡濟恭(1720~1799), 「청풍의부전」淸風義婦傳, 『번암집』樊巖鏷Ⅱ : 『문집총간』 236, 534면 전자5

임윤지당任允摯堂(1721~1793), 「최홍이녀」崔洪二女, 『윤지당문집』允摯堂文集 : 『한국역대문집총서』 2549, 296~297면 한열

정범조丁範朝(1723~1801), 「정씨전」鄭氏傳, 『해좌집』海左集Ⅱ : 『문집총간』 240, 196면 한열, 전자5

조재도趙載道(1725~1749), 「열녀계월전」烈女桂月傳, 『인암유고』忍庵遺稿 3권(규장각 소장) 한열, 전자5

송환기宋煥箕(1728~1807), 「열부윤씨전」烈婦尹氏傳, 『성담집』性潭集Ⅱ : 『문집총간』 245, 170~171면

송환기宋煥箕(1728~1807), 「열부공인윤씨전」烈婦恭人尹氏傳, 『성담집』性潭集Ⅱ : 『문집총간』 245, 171~172면

황윤석黃胤錫(1729~1791), 「열부이씨전」烈婦李氏傳, 『이재유고』頤齋遺藁 : 『문집총간』 246, 488~490면 한열, 전자5

유언호兪彦鎬(1730~1796), 「제주오절녀전」濟州五節女傳, 『연석』燕石 : 『문집총간』 247, 267~268면

조유선趙有善(1731~1809), 「열녀박씨전」烈女朴氏傳, 『나산집』蘿山集 10권(규장

각 소장) 한열, 전자5

이종휘李種徽(1731~1797),「이절부김씨전」李節婦金氏傳,『수산집』修山集:『문집총간』247, 455~456면 한열, 전자5

박윤원朴胤源(1734~1799),「염절부전」廉節婦傳,『근재집』近齋集:『문집총간』250, 437~438면 한열, 전자5

박윤원朴胤源(1734~1799),「유열부전」劉烈婦傳,『근재집』近齋集:『문집총간』250, 439~441면 한열, 전자5

김양근金養根(1734~1799),「권효자서모전」權孝子庶母傳,『동야집』東埜集:『한국역대문집총서』1849, 394~397면 한열, 전자1, 전자5 ※ 이 작품은『문집소재전자료집』1에는「부, 열녀이씨전」附烈女李氏傳이라는 이름으로 권희인權希仁의『참암집』參巖集을 출처로 밝히고 있으나, 실제 작자는 김양근金養根이다. 즉『문집소재전자료집』5에 실린「권효자서모전」이 정식 명칭이다.

조호연趙虎然(1736~1807),「열부손유인전」烈婦孫孺人傳,『구당선생문집』舊堂先生文集:『한국역대문집총서』1764, 90~93면 한열, 전자6

조호연趙虎然(1736~1807),「효열부이유인전」孝烈婦李孺人傳,『구당선생문집』舊堂先生文集:『한국역대문집총서』1764, 94~96면 한열, 전자6

박지원朴趾源(1737~1805),「열녀함양박씨전」烈女咸陽朴氏傳,『연암집』燕巖集:『문집총간』252, 28~29면 한열, 전자6

이덕무李德懋(1741~1793),「양열녀전」兩烈女傳,『청장관전서』靑莊館全書Ⅰ:『문집총간』257, 83~84면 한열, 전자6

이덕무李德懋(1741~1793),「은애전」銀愛傳,『청장관전서』靑莊館全書Ⅰ:『문집총간』257, 281~284면 한열

이가환李家煥(1742~1802),「열녀임씨전」烈女林氏傳,『시문초』詩文艸 3권(국립중앙도서관 소장) 한열

응윤應允(1743~1804),「박열부전」朴烈婦傳,『경암집』(鏡巖集; 규장각 소장, 불분권 1책) 한열, 전자6

황용한黃龍漢(1744~1818),「열부함양박씨전」烈婦咸陽朴氏傳,『정와선생문집』貞

窩先生文集』:『한국역대문집총서』2524, 101~109면 한열, 전자6

박희전朴熙典(?~1820년 이전), 「상산박씨열녀전」商山朴氏烈女傳, 『유간선생문집』
酉澗先生文集 6권(규장각 소장) 전자6

한경소韓敬素(1754~1817), 「박열부전」朴烈婦傳, 『창연집』蒼淵集 5권(규장각 소장) 한열, 전자6

이서구李書九(1754~1825), 「모열녀전」某烈女傳, 『척재집』惕齋集:『문집총간』270, 211~212면

이야순李野淳(1755~1831), 「신열부이씨전」申烈婦李氏傳, 『광뢰문집』廣瀨文集 12권(규장각 소장) 한열, 전자6

이옥李鈺(1760~1812), 「상랑전」尙娘傳, 『역주 이옥전집』 2, 실시학사 고전문학연구회 역주, 소명출판, 2001, 207~210면(원문, 『전집』3, 194~195면) 한열, 전자6

이옥李鈺(1760~1812), 「생열녀전」生烈女傳, 『역주 이옥전집』 2, 실시학사 고전문학연구회 역주, 소명출판, 2001, 217~218면(원문, 『전집』3, 198~199면). 한열, 전자6

이옥李鈺(1760~1812), 「협효부전」峽孝婦傳, 『역주 이옥전집』 2, 실시학사 고전문학연구회 역주, 소명출판, 2001, 218~221면(원문, 『전집』3, 199~200면) 한열, 전자6

이옥李鈺(1760~1812), 「열녀이씨전」烈女李氏傳, 『역주 이옥전집』 2, 실시학사 고전문학연구회 역주, 소명출판, 2001, 210~212면(원문, 『전집』3, 195~196면) 한열, 전자6

성해응成海應(1760~1839), 「삼열부전」三烈婦傳, 『연경재전집』研經齋全集Ⅰ:『문집총간』273, 259~261면 한열

성해응成海應(1760~1839), 「김은애전」金銀愛傳, 『연경재전집』研經齋全集Ⅰ:『문집총간』273, 420~421면

성해응成海應(1760~1839), 「박열부전」朴烈婦傳, 『연경재전집』研經齋全集Ⅰ:『문집총간』273, 421~422면 한열

성해응成海應(1760~1839), 「절부변부인전」節婦邊夫人傳, 『연경재전집』研經齋全

集Ⅰ:『문집총간』273, 428~429면 한열

성해응成海應(1760~1839), 「김열부전」金烈婦傳, 『연경재전집』研經齋全集Ⅰ:『문집총간』273, 429면

성해응成海應(1760~1839), 「양절부전」楊節婦傳, 『연경재전집』研經齋全集Ⅰ:『문집총간』273, 429~430면

성해응成海應(1760~1839), 「청성효열전(서문)」靑城孝烈傳(序文), 『연경재전집』研經齋全集Ⅲ:『문집총간』275, 82면

성해응成海應(1760~1839), 「정기처최씨」鄭機妻崔氏, 『연경재전집』研經齋全集Ⅲ:『문집총간』275, 86면

성해응成海應(1760~1839), 「홍의달처안동김씨」洪義達妻安東金氏, 『연경재전집』研經齋全集Ⅲ:『문집총간』275, 87면

성해응成海應(1760~1839), 「오몽량처문화유씨」吳夢樑妻文化柳氏, 『연경재전집』研經齋全集Ⅲ:『문집총간』275, 87면

성해응成海應(1760~1839), 「이시진처경주최씨」李時鎭妻慶州崔氏, 『연경재전집』研經齋全集Ⅲ:『문집총간』275, 87면

성해응成海應(1760~1839), 「황효겸처전주이씨」黃孝謙妻全州李氏, 『연경재전집』研經齋全集Ⅲ:『문집총간』275, 87면

성해응成海應(1760~1839), 「정창국처창원유씨」鄭昌國妻昌原兪氏, 『연경재전집』研經齋全集Ⅲ:『문집총간』275, 87면

성해응成海應(1760~1839), 「이유정처초계정씨」李維楨妻草溪鄭氏, 『연경재전집』研經齋全集Ⅲ:『문집총간』275, 87면

성해응成海應(1760~1839), 「김세설처밀양박씨」金世說妻密陽朴氏, 『연경재전집』研經齋全集Ⅲ:『문집총간』275, 88면

성해응成海應(1760~1839), 「김응기처전주이씨」金應箕妻全州李氏, 『연경재전집』研經齋全集Ⅲ:『문집총간』275, 88면

성해응成海應(1760~1839), 「이재정처아성이씨」李載鼎妻牙城李氏, 『연경재전집』研經齋全集Ⅲ:『문집총간』275, 88면

성해응成海應(1760~1839), 「조억처청송심씨」趙億妻靑松沈氏, 『연경재전집』硏經齋全集Ⅲ:『문집총간』 275, 88면

성해응成海應(1760~1839), 「염두찬처최성」廉斗纘妻崔姓, 『연경재전집』硏經齋全集Ⅲ:『문집총간』 275, 88면

성해응成海應(1760~1839), 「독실」蠹實, 『연경재전집』硏經齋全集Ⅲ:『문집총간』 275, 88면

성해응成海應(1760~1839), 「장귀일처이임촌」張貴日妻李壬寸, 『연경재전집』硏經齋全集Ⅲ:『문집총간』 275, 88면

성해응成海應(1760~1839), 「귀례」貴禮, 『연경재전집』硏經齋全集Ⅲ:『문집총간』 275, 88면

조수삼趙秀三(1762~1848), 「최열부(사월)전」崔烈婦(四月)傳, 『추재집』秋齋集:『문집총간』 271, 523~524면

서유구徐有榘(1764~1845), 「김박이열부전」金朴二烈婦傳, 『풍석전집』楓石全集:『문집총간』 288, 257~259면 한열

한익상韓益相(1767~1846), 「오처자열행전」吳妻子烈行傳, 『자오』自娛 3권(규장각 소장본) 한열, 전자7

홍석주洪奭周(1774~1842), 「관북열녀전」關北烈女傳, 『연천집』淵泉集 1:『문집총간』 293, 448면 한열, 전자7

홍직필洪直弼(1776~1852), 「이열녀전」李烈女傳, 『매산집』梅山集Ⅱ:『문집총간』 296, 574~575면 한열, 전자7

홍직필洪直弼(1776~1852), 「조열녀전」趙烈女傳, 『매산집』梅山集Ⅱ:『문집총간』 296, 575면 한열, 전자7

홍직필洪直弼(1776~1852), 「기경춘전」妓瓊春傳, 『매산집』梅山集Ⅱ:『문집총간』 296, 575~576면 전자7

박치복朴致馥(1777~1861), 「열부이유인전」烈婦李孺人傳, 『만성집』晩醒集:『한국역대문집총서』 1045, 366~369면 전자7

박치복朴致馥(1777~1861), 「열부한씨전」烈婦韓氏傳, 『만성집』晩醒集:『한국역

대문집총서』1045, 371~372면 전자7

윤종섭尹鍾燮(1791~1870), 「완산이씨전」完山李氏傳, 『온유재집』溫裕齋集 3권(규장각 소장).

조희룡趙熙龍(1789~1866), 「엄열부전」嚴烈婦傳, 『호산외기』壺山外記 : 『여항문학총서』閭巷文學叢書 9, 여강출판사, 1991, 61면 한열, 전자7

서경창徐慶昌(18세기 말~19세기 초), 「영남효열부전」嶺南孝烈婦傳, 『학포헌집』學圃軒集 : 『여항문학총서』閭巷文學叢書 2, 782~783면 한열, 전자7

이의숙李義肅(?~1807), 「절부박씨전」節婦朴氏傳, 『이재집』頤齋集 7권(규장각 소장) 전자7

이항로李恒老(1792~1868), 「효열부문씨전」孝烈婦文氏傳, 『화서집』華西集Ⅱ : 『문집총간』305, 247~248면

허전許傳(1797~1886), 「하양허씨삼세이효사열전」河陽許氏三世二孝四烈列傳, 『성재집』性齋集Ⅰ : 『문집총간』308, 599~600면

허전許傳(1797~1886), 「효열한부인전」孝烈韓婦人傳, 『성재집』性齋集Ⅰ : 『문집총간』308, 601~602면

임헌회任憲晦(1811~1876), 「충효열윤씨삼세전」忠孝烈尹氏三世傳, 『고산집』鼓山集 : 『문집총간』314, 462~463면 전자8

임헌회任憲晦(1811~1876), 「열부주씨전」烈婦朱氏傳, 『고산집』鼓山集 : 『문집총간』314, 463면 전자8

임헌회任憲晦(1811~1876), 「열부유인이씨전」烈婦孺人李氏傳, 『고산집』鼓山集 : 『문집총간』314, 464~465면 한열, 전자8

임헌회任憲晦(1811~1876), 「열녀문성유씨전」烈女文城柳氏傳, 『고산집』鼓山集 : 『문집총간』314, 467~468면 한열, 전자8

임헌회任憲晦(1811~1876), 「효열부유인윤씨전」孝烈婦孺人尹氏傳, 『고산집』鼓山集 : 『문집총간』314, 468~469면 한열, 전자8

임헌회任憲晦(1811~1876), 「열부김씨전」烈婦金氏傳, 『고산집』鼓山集 : 『문집총간』314, 569~570면 전자8

박주종朴周鍾(1813~1817),「김열부정씨전」金烈婦丁氏傳,『산천선생문집』山泉先生文集:『한국역대문집총서』345, 137~144면

장복추張福樞(1815~1900),「열부평산신씨전」烈婦平山申氏傳,『사미헌집』四未軒集:『문집총간』316, 539~540면

전병순田秉淳(1816~1890),「열부상산박씨전」烈婦商山朴氏傳,『부계선생문집』扶溪先生文集:『한국역대문집총서』2977, 188~192면   한열, 전자8

김평묵金平默(1819~1891),「열부이씨(정시립처)전」烈婦李氏(鄭時立妻)傳,『중암집』重菴集Ⅱ:『문집총간』320, 402~403면

김평묵金平默(1819~1891),「열부나씨전」烈婦羅氏傳,『중암집』重菴集Ⅱ:『문집총간』320, 403~404면

이상수李象秀(1826~1882),「만향전」晚香傳,『어당선생문집』峿堂先生文集:『한국역대문집총서』2646, 450~452면

이상수李象秀(1826~1882),「강민녀전」姜愍女傳,『어당선생문집』峿堂先生文集:『한국역대문집총서』264, 452~454면

한장석韓章錫(1832~1894),「김열부전」金烈婦傳,『미산집』眉山集:『문집총간』322, 372면

허훈許薰(1836~1907),「절부배씨전」節婦裵氏傳,『방산집』舫山集Ⅱ:『문집총간』328, 210면

전우田愚(1841~1922),「절부김씨전」節婦金氏傳,『간재집』艮齋集Ⅱ:『문집총간』333, 562면

전우田愚(1841~1922),「김열부전」金烈婦傳,『간재집』艮齋集Ⅱ:『문집총간』333, 562면   한열

전우田愚(1841~1922),「이유인전」李孺人傳,『간재집』艮齋集Ⅱ:『문집총간』333, 563면

전우田愚(1841~1922),「김절부전」金節婦傳,『간재집』艮齋集Ⅱ:『문집총간』333, 563면   한열

전우田愚(1841~1922),「이열녀전」李烈女傳,『간재집』艮齋集Ⅱ:『문집총간』333,

564면

전우田愚(1841~1922),「최유인전」崔孺人傳,『간재집』艮齋集Ⅱ:『문집총간』333, 564면

전우田愚(1841~1922),「현원황씨전」賢媛黃氏傳,『간재집』艮齋集Ⅱ:『문집총간』333, 565면

전우田愚(1841~1922),「오문이절부전」吳門二節婦傳,『간재집』艮齋集Ⅱ:『문집총간』333, 567면 한열

전우田愚(1841~1922),「전불관전」田不關傳,『간재집』艮齋集Ⅱ:『문집총간』333, 567면 한열

전우田愚(1841~1922),「정절부(이익수처)소전」鄭節婦(李益洙妻)小傳,『간재집』艮齋集Ⅳ:『문집총간』335, 371면

유인석柳麟錫(1842~1915),「열부유인이씨전」烈婦孺人李氏傳,『의암집』毅菴集Ⅲ:『문집총간』339, 334면 한열

유인석柳麟錫(1842~1915),「열부유씨전」烈婦兪氏傳,『의암집』毅菴集Ⅲ:『문집총간』339, 334면 한열

유인석柳麟錫(1842~1915),「열부김씨(서중현처)전」烈婦金氏(徐重鉉妻)傳,『의암집』毅菴集Ⅲ:『문집총간』339, 338면

유인석柳麟錫(1842~1915),「열부양씨(김희용처)전」烈婦楊氏(金羲鏞妻)傳,『의암집』毅菴集Ⅲ:『문집총간』339, 339면 한열

유인석柳麟錫(1842~1915),「효부유인이씨(김상환처)전」孝婦孺人李氏(金祥煥妻)傳,『의암집』毅菴集Ⅲ:『문집총간』339, 341면

유인석柳麟錫(1842~1915),「열녀사비연덕전」烈女私婢緣德傳,『의암집』毅菴集Ⅲ:『문집총간』339, 342면 한열

유인석柳麟錫(1842~1915),「유인장흥임씨(백동욱처)전」孺人長興任氏(白東郁妻)傳,『의암집』毅菴集Ⅲ:『문집총간』339, 344면

유인석柳麟錫(1842~1915),「효열부양씨(이기영처)전」孝烈婦梁氏(李基英妻)傳,『의암집』毅菴集Ⅲ:『문집총간』339, 344면 한열

유인석柳麟錫(1842~1915),「김부인(신현구처)전」金婦人(申鉉九妻)傳,『의암집』毅菴集Ⅲ:『문집총간』339, 345면

곽종석郭鍾錫(1846~1919),「홍열부(조병윤처)전갑인」洪烈婦(趙炳允妻)傳甲寅,『면우집』勉宇集Ⅴ:『문집총간』344, 369면 한열, 전자8

곽종석郭鍾錫(1846~1919),「송열부(송의용처박씨)전을사」宋烈婦(宋義用妻朴氏)傳乙巳,『면우집』勉宇集Ⅴ:『문집총간』344, 370면 한열, 전자8

기우만奇宇萬(1846~1916),「효열부박씨(최봉의처)전」孝烈婦朴氏(崔鳳儀妻)傳,『송사집』松沙集Ⅱ:『문집총간』346, 583면

기우만奇宇萬(1846~1916),「유인진씨(오규형처)전」孺人陳氏(吳圭炯妻)傳,『송사집』松沙集Ⅱ:『문집총간』346, 583면

기우만奇宇萬(1846~1916),「열부정씨(김이원처)전」烈婦鄭氏(金履元妻)傳,『송사집』松沙集Ⅱ:『문집총간』346, 584면

기우만奇宇萬(1846~1916),「열부이씨(박노첨처)전」烈婦李氏(朴魯瞻妻)傳,『송사집』松沙集Ⅱ:『문집총간』346, 584면

기우만奇宇萬(1846~1916),「효열부김씨(정창달처)전」孝烈婦金氏(丁昌達妻)傳,『송사집』松沙集Ⅱ:『문집총간』346, 586면

기우만奇宇萬(1846~1916),「열부이씨(정방섭처)전」烈婦李氏(鄭邦燮妻)傳,『송사집』松沙集Ⅱ:『문집총간』346, 587면

기우만奇宇萬(1846~1916),「유인이씨(정희원처)전」孺人李氏(鄭禧源妻)傳,『송사집』松沙集Ⅱ:『문집총간』346, 588면

기우만奇宇萬(1846~1916),「효열부최씨(박천규처)전」孝烈婦崔氏(朴天圭妻)傳,『송사집』松沙集Ⅱ:『문집총간』346, 589면

기우만奇宇萬(1846~1916),「효열부문씨(강규환처)전」孝烈婦文氏(康奎煥妻)傳,『송사집』松沙集Ⅱ:『문집총간』346, 590면

기우만奇宇萬(1846~1916),「열부최씨(이구근처)전」烈婦崔氏(李龜根妻)傳,『송사집』松沙集Ⅱ:『문집총간』346, 591면

기우만奇宇萬(1846~1916),「효열부김씨(이희술처)전」孝烈婦金氏(李熙述妻)傳,

『송사집』松沙集Ⅱ:『문집총간』346, 591면

기우만奇宇萬(1846~1916),「유인장씨(주정하처)전」孺人張氏(朱廷夏妻)傳,『송사집』松沙集Ⅱ:『문집총간』346, 594면

기우만奇宇萬(1846~1916),「유인정씨(박해일처)전」孺人鄭氏(朴海日妻)傳,『송사집』松沙集Ⅱ:『문집총간』346, 594면

기우만奇宇萬(1846~1916),「열부김유인(오관용처)전」烈婦金孺人(吳冠鎔妻)傳,『송사집』松沙集Ⅱ:『문집총간』346, 595면

김택영金澤榮(1850~1927),「열녀김이익이씨전」烈女金以益李氏傳,『중편한대숭양기구전』重編韓代嵩陽耆舊傳:『김택영전집』金澤榮全集 5, 아세아문화사, 1978, 597면

김택영金澤榮(1850~1927),「열녀차상민처김씨·박석주처황씨·고준실처송씨전」烈女車尙敏妻金氏·朴碩柱妻黃氏·高俊實妻宋氏傳,『중편한대숭양기구전』重編韓代嵩陽耆舊傳:『김택영전집』金澤榮全集 5, 아세아문화사, 1978, 598~599면 한열

김택영金澤榮(1850~1927),「열녀현석기처김씨전」烈女玄錫祺妻金氏傳,『중편한대숭양기구전』重編韓代嵩陽耆舊傳:『김택영전집』金澤榮全集 5, 아세아문화사, 1978, 599~600면

황현黃玹(1855~1910),「벽열부전」甓烈婦傳,『매천전집』梅泉全集 4, 호남학연구소, 1984, 88~89면 한열

김재홍金在洪(1867~1939),「열부신씨전」烈婦申氏傳,『수오재선생문집』遂吾齋先生文集:『한국역대문집총서』360, 468~471면 한열

윤희구尹喜求(1867~1926),「전열부전」全烈婦傳,『우당문초』于堂文鈔 상上. 1992 영인 재간 전자8

조긍섭曺兢燮(1873~1933),「조열부염씨(조후창처)전경술」曺烈婦廉氏(曺後昌妻)傳庚戌,『암서집』巖棲集:『문집총간』350, 526면

조긍섭曺兢燮(1873~1933),「이열부성씨(이우택처)전기미」李烈婦成氏(李佑澤妻)傳己未,『암서집』巖棲集:『문집총간』350, 527면

조긍섭曺兢燮(1873~1933),「손절부안씨열부이씨합전정묘」孫節婦安氏烈婦李氏合

傳丁卯,『암서집』(巖棲集) :『문집총간』350, 528면

정재규鄭載圭(1890년 이후),「칠열부전」七烈婦傳,『노백헌선생문집』老柏軒先生文集 :『한국역대문집총서』513, 373~379면 전자8

정재규鄭載圭(1890년 이후),「절부강씨전」節婦姜氏傳,『노백헌선생문집』老柏軒先生文集 :『한국역대문집총서』513, 379~383면 전자8

정재필鄭在弼(19C 후반),「열부유인양씨전」烈婦孺人梁氏傳,『미재집』薇齋集 4권 (규장각 소장) 한열,전자8

정재필鄭在弼(19C 후반),「열부유인이씨전」烈婦孺人李氏傳,『미재집』薇齋集 4권 (규장각 소장) 전자8

정재필鄭在弼(19C 후반),「열부유인정씨전」烈婦孺人鄭氏傳,『미재집』薇齋集 4권 (규장각 소장) 한열,전자8

정재필鄭在弼(19C 후반),「열부나씨전」烈婦羅氏傳,『미재집』薇齋集 4권(규장각 소장) 전자8

송병화宋炳華(19C 말 20C 초),「열부유인윤씨전」烈婦孺人尹氏傳,『난곡선생문집』蘭谷先生文集 :『한국역대문집총서』2635, 172~175면 전자8

송호언宋鎬彦(?),「열부김씨전」烈婦金氏傳,『종용록』從容錄 3권(樂山精舍 刊, 1909) 한열

[부록 12]
『한국문집총간』 소재 열녀정려기烈女旌閭記 등 기타

열녀 정려기

허목許穆(1595~1682),「김구유절부정문기」金溝柳節婦旌門記,『기언』記言Ⅰ:『문집총간』98, 117~118면

송준길宋浚吉(1606~1672),「선조비유씨정문비기」先祖妣柳氏旌門碑記,『동춘당집』同春堂集Ⅱ,『문집총간』107, 135면

송시열宋時烈(1607~1689),「열녀련옥정려비」烈女鍊玉旌閭碑,『송자대전』宋子大全Ⅵ:『문집총간』113, 599면

권두인權斗寅(1643~1719),「유인이씨(권상근처)정려명」孺人李氏(權尙謹妻)旌閭銘,『하당집』荷塘集:『문집총간』151, 411~412

이만부李萬敷(1664~1732),「송암처사정공(일)유인윤씨정문음기」松巖處士鄭公(鎰)孺人尹氏旌門陰記,『식산집』息山集Ⅰ:『문집총간』178, 454~455면

신익황申益愰(1672~1722),「절부정씨정려기」節婦鄭氏旌閭記,『극재집』克齋集:『문집총간』185, 466~467면

이익李瀷(1681~1763),「우씨쌍절정려기」禹氏雙節旌閭記,『성호전집』星湖全集Ⅱ:『문집총간』199, 471면

조관빈趙觀彬(1691~1757),「열녀정부인전주이씨 효자부사유군선기 열녀숙인경주이씨정문찬」烈女貞夫人全州李氏 孝子府使柳君善基 烈女淑人慶州李氏旌門贊,『회헌집』晦軒集 15권:『문집총간』211, 462~463면

송명흠宋明欽(1705~1768),「열부정씨정려기」烈婦鄭氏旌閭記,『역천집』櫟泉集:『문집총간』221, 261면

신경준申景濬(1712~1781),「열녀임씨정문음기」烈女林氏旌門陰記,『여암집』旅菴
集:『문집총간』231, 63면

신경준申景濬(1712~1781),「열녀최씨정려비명」烈女崔氏旌閭碑銘,『여암집』旅菴
集:『문집총간』231, 147면

이광정李光靖(1714~1789),「남열부신씨정려비음기」南烈婦申氏旌閭碑陰記,『소산
집』小山集:『문집총간』232, 236~237면

이민보李敏輔(1717~1799),「안유인정려기」安孺人旌閭記,『풍서집』豊墅集Ⅰ:『문
집총간』232, 415~416면

유도원柳道源(1721~1791),「열부최씨정려기」烈婦崔氏旌閭記,『노애집』蘆厓集:
『문집총간』238, 234면

정범조丁範朝(1723~1801),「서이씨정려사실」書李氏旌閭事實,『해좌집』海左集
Ⅱ:『문집총간』240, 193면

정범조丁範朝(1723~1801),「절부강씨정려사실」節婦姜氏旌閭事實,『해좌집』海左
集Ⅱ:『문집총간』240, 193~194면

홍양호洪良浩(1724~1802),「열부이씨정려기」烈婦李氏旌閭記,『이계집』耳溪集
Ⅰ:『문집총간』241, 239~240면

위백규魏伯珪(1727~1798),「열녀김씨정문(옥과)기」烈女金氏旌門(玉果)記,『존재
집』存齋集:『문집총간』243, 454~455면

위백규魏伯珪(1727~1798),「열녀임씨정려기」烈女任氏旌閭記,『존재집』存齋集:
『문집총간』243, 456~457면

위백규魏伯珪(1727~1798),「열녀이씨정려비명서」烈女李氏旌閭碑銘序,『존재집』
存齋集:『문집총간』243, 479~480면

송환기宋煥箕(1728~1807),「성장이열부정려기」成張二烈婦旌閭記,『성담집』性潭
集Ⅰ:『문집총간』244, 301~302면

황윤석黃胤錫(1729~1791),「열부유씨정문중수판기」烈婦柳氏旌門重修板記,『이재
유고』頤齋遺藁:『문집총간』246, 253~254면

황윤석黃胤錫(1729~1791),「열부고학생유경복처울산김씨정문판기」烈婦故學生柳

慶復妻蔚山金氏旌門板記,『이재유고』頤齋遺藁:『문집총간』246, 254～255면

서형수徐瀅修(1749～1824),「열녀김씨정려기」烈女金氏旌閭記,『명고전집』明皐全集:『문집총간』261, 168～169면

성해응成海應(1760～1839),「영평이열부정려기」永平二烈婦旌閭記,『연경재전집』硏經齋全集Ⅰ:『문집총간』273, 320～321면

조인영趙寅永(1782～1850),「서씨오정문기」徐氏五旌門記,『운석유고』雲石遺稿:『문집총간』299, 196면

송래희宋來熙(1791～1867),「열부육씨정려중수기」烈婦陸氏旌閭重修記,『금곡집』錦谷集:『문집총간』303, 323면

허전許傳(1797～1886),「열녀광산김씨정려」烈女光山金氏旌閭,『성재집』性齋集Ⅰ:『문집총간』308, 276면

허전許傳(1797～1886),「나씨삼강문중수기」羅氏三綱門重修記,『성재집』性齋集Ⅰ:『문집총간』308, 308～309면

허전許傳(1797～1886),「완창군일문삼세효열정려증수기」完昌君一門三世孝烈旌閭增修記,『성재집』性齋集Ⅰ:『문집총간』308, 315면

허전許傳(1797～1886),「열녀허씨정려기」烈女許氏旌閭記,『성재집』性齋集Ⅰ:『문집총간』308, 329면

허전許傳(1797～1886),「열부한씨정려기」烈婦韓氏旌閭記,『성재집』性齋集Ⅰ:『문집총간』308, 333～334면

기정진奇正鎭(1798～1879),「삼도정려중수기」三島旌閭重修記,『노사집』蘆沙集:『문집총간』310, 474～475면

기정진奇正鎭(1798～1879),「열녀송씨정려기」烈女宋氏旌閭記,『노사집』蘆沙集:『문집총간』310, 475～476면

기정진奇正鎭(1798～1879),「열녀유씨정려기」烈女柳氏旌閭記,『노사집』蘆沙集:『문집총간』310, 476～477면

기정진奇正鎭(1798～1879),「절부원씨정려중수기」節婦元氏旌閭重修記,『노사집』蘆沙集:『문집총간』310, 512～513면

기정진奇正鎭(1798~1879),「숙부인유씨정려중수기」淑夫人柳氏旌閭重修記,『노사집』蘆沙集:『문집총간』310, 513면

유주목柳疇睦(1813~1872),「열부채씨정려중건기」烈婦蔡氏旌閭重建記,『계당집』溪堂集:『문집총간』313, 393면

임헌회任憲晦(1811~1878),「열부신씨녀정려기」烈婦申氏女旌閭記,『고산집』鼓山集:『문집총간』314, 213~214면

임헌회任憲晦(1811~1878),「열녀홀개·불관정려기」烈女忽介·佛寬旌閭記,『고산집』鼓山集:『문집총간』314, 215면

임헌회任憲晦(1811~1878),「이열부정려기」李烈婦旌閭記,『고산집』鼓山集:『문집총간』314, 216~217면

이유원李裕元(1814~1888),「장씨양세열효정려기」張氏兩世烈孝旌閭記,『가오고략』嘉梧藁略Ⅰ:『문집총간』315, 466면

이유원李裕元(1814~1888),「이씨정려기」李氏旌閭記,『가오고략』嘉梧藁略Ⅰ:『문집총간』315, 466면

장복추張福樞(1815~1900),「열부최씨정려기」烈婦崔氏旌閭記,『사미헌집』四未軒集:『문집총간』316, 434면

보고서, 정문程文

박흥생朴興生(1374~1446),「민씨(권극중처)여묘행실보장」閔氏(權克中妻)廬墓行實報狀,『국당유고』菊堂遺稿 2권:『문집총간』8, 344면

김경여金慶餘(1596~1653),「안인유씨열행정문」安人柳氏烈行呈文,『송애집』宋崖集:『문집총간』100, 163~164면

이익李瀷(1681~1763),「열부권씨정문」烈婦權氏呈文,『성호전집』星湖全集Ⅱ:『문집총간』199, 370면

안정복安鼎福(1712~1791),「열녀숙인조씨정문」烈女淑人趙氏呈文,『순암집』順菴

集Ⅱ』:『문집총간』 230, 154~155면

김익金熤(1723~1790), 「효열초계장계두사」孝烈抄啓狀啓頭辭, 『죽하집』竹下集: 『문집총간』 240, 463면

김익金熤(1723~1790), 「유인연안이씨정려정문」孺人延安李氏旌閭呈文, 『죽하집』 竹下:『문집총간』 240, 590~592면

이종휘李種徽(1731~1797), 「서열부이유인장」徐烈婦李孺人狀, 『수산집』修山集: 『문집총간』 247, 450~452면

박지원朴趾源(1737~1805), 「박열부사장(위정춘관래알, 고대구)」朴烈婦事狀(爲呈 春官來謁, 故代構), 『연암집』燕巖集:『문집총간』 252, 141~142면

박지원朴趾源(1737~1805), 「이열부사장」李烈婦事狀, 『연암집』燕巖集:『문집총 간』 252, 142~143면

성해응成海應(1760~1839), 「위포천사인거조사렴처유씨열행서」爲抱川士人擧趙思 廉妻柳氏烈行書, 『연경재전집』硏經齋全集Ⅰ:『문집총간』 273, 182면

성해응成海應(1760~1839), 「위마전사인청포열부김씨장」爲麻田士人請褒烈婦金氏 狀, 『연경재전집』硏經齋全集Ⅰ:『문집총간』 273, 371~372면

행록行錄

윤광소尹光紹(1708~1786), 「우곡효열록발」愚谷孝烈錄跋, 『소곡유고』素谷遺稿: 『문집총간』 223, 106~107면

안정복安鼎福(1712~1791), 「제정열부행록후(임오)」題鄭烈婦行錄後(壬午), 『순암 집』順菴集Ⅱ:『문집총간』 230, 179~180면

안정복安鼎福(1712~1791), 「제열녀여흥이씨행록후(신축)」題烈女驪興李氏行錄後 (辛丑), 『순암집』順菴集Ⅱ:『문집총간』 230, 182~183면

황윤석黃胤錫(1729~1791), 「발열부윤씨행록」跋烈婦尹氏行錄, 『이재유고』頤齋遺 藁:『문집총간』 246, 267~268면

황윤석黃胤錫(1729~1791),「제효자배공열부조씨가장록후」題孝子裵公烈婦曹氏家狀錄後,『이재유고』頤齋遺藁:『문집총간』246, 271~272면

신경준申景濬(1712~1781),「열녀김씨행록서」烈女金氏行錄序,『여암집』旅菴集:『문집총간』231, 37~38면

정종노鄭宗魯(1738~1816),「신씨효열록발」申氏孝烈錄跋,『입재집』立齋集Ⅱ:『문집총간』254, 518~519면

김조순金祖淳(1765~1832),「서선씨삼강록후」書宣氏三綱錄後,『풍고집』楓皐集:『문집총간』289, 377~378면

유치명柳致明(1777~1861),「서강계개성김씨열효록후」書江界開城金氏孝錄後,『정재집』定齋集Ⅱ:『문집총간』298, 412면

이정귀李廷龜(1564~1635),「호남송씨효열시권발」湖南宋氏孝烈詩卷跋,『월사집』月沙集Ⅱ:『문집총간』70, 164면

조인영趙寅永(1782~1850),「광산김씨삼강문기」光山金氏三綱門記,『운석유고』雲石遺稿:『문집총간』299, 195~196면

유세명柳世鳴(1636~1690),「유인권씨행적기」孺人權氏行蹟記,『우헌집』寓軒集:『문집총간』147, 132~133면

조병덕趙秉悳(1800~1870),「제신열부강효자사적기후」題申烈婦姜孝子事蹟記後,『숙재집』肅齋集:『문집총간』311, 411~412면

송달수宋達洙(1808~1858),「제유인김씨효열사적후」題孺人金氏孝烈事蹟後,『수종재집』守宗齋集:『문집총간』313, 132~133면

제문祭文

이안눌李安訥(1571~1637),「제열녀동씨묘문」祭烈女童氏墓文,『동악집』東岳集:『문집총간』78, 521~522면

이안눌李安訥(1571~1637),「제최열묘문」祭崔烈墓文,『동악집』東岳集:『문집총

간』78, 522면

이안눌 李安訥(1571~1637), 「제열부양녀복대묘문」祭烈婦良女福代墓文, 『동악집』東岳集 : 『문집총간』78, 522면

이안눌 李安訥(1571~1637), 「제효자이공형열녀이묘문」祭孝子李公衡烈女李墓文, 『동악집』東岳集 : 『문집총간』78, 523면

이안눌 李安訥(1571~1637), 「제절부양씨묘문」祭節婦梁氏墓文, 『동악집』東岳集 : 『문집총간』78, 523~524면

이안눌 李安訥(1571~1637), 「제열녀박씨묘문」祭烈女朴氏墓文, 『동악집』東岳集 : 『문집총간』78, 524면

이안눌 李安訥(1571~1637), 「제열녀김씨묘문」祭烈女金氏墓文, 『동악집』東岳集 : 『문집총간』78, 524면

이안눌 李安訥(1571~1637), 「제송절부묘문」祭宋節婦墓文, 『동악집』東岳集 : 『문집총간』78, 524~525면

이안눌 李安訥(1571~1637), 「제열녀송씨묘문」祭烈女宋氏墓文, 『동악집』東岳集 : 『문집총간』78, 525면

송준길 宋浚吉(1606~1672), 「제상녀나씨부문」祭孀女羅氏婦文, 『동춘당집』同春堂集 II 17권, 『문집총간』107, 133~134면

비문碑文, 묘표墓表 등

송시열 宋時烈(1607~1689), 「열녀연옥정려비」烈女鍊玉旌閭碑, 『송자대전』宋子大全 VI : 『문집총간』113, 599면

김진규 金鎭圭(1658~1726), 「열부김운빙처노분양묘표」烈婦金雲聘妻盧分陽墓表, 『죽천집』竹泉集 : 『문집총간』174, 483면

김진규 金鎭圭(1658~1726), 「열부유관처지완례묘표」烈婦柳寬妻池完禮墓表, 『죽천집』竹泉集 : 『문집총간』174, 483면

남유용南有容(1698~1772),「이씨삼강묘비명병서」李氏三綱廟碑銘幷序,『뇌연집』雷淵集Ⅰ:『문집총간』217, 412~413면

황경원黃景源(1709~1787),「열녀정씨묘기」烈女鄭氏墓記,『강한집』江漢集Ⅰ:『문집총간』224, 193~194면

홍석주洪奭周(1774~1842),「웅산열효유허비사실기」雄山烈孝遺墟碑事實記,『연천집』淵泉集Ⅰ:『문집총간』293, 432~433면

이시원李是遠(1790~1866), 묘갈명墓碣銘「김열부소갈」金烈婦小碣,『사기집』沙磯集:『문집총간』302, 166면

장복추張福樞(1815~1900),「권씨표열비기」權氏表烈碑記,『사미헌집』四未軒集:『문집총간』316, 434면

열녀전에 대한 독후감

신유한申維翰(1681~1753),「서열부한씨전후」書烈婦韓氏傳後,『청천집』青泉集:『문집총간』200, 355~356면

이상정李象靖(1710~1752),「서임열부전후」書林烈婦傳後,『대산집』大山集:『문집총간』227, 369면

정종노鄭宗魯(1738~1816),「서열부경주이씨전후」書烈婦慶州李氏傳後,『입재집』立齋集Ⅰ:『문집총간』253, 518~519면

유치명柳致明(1777~1861),「서박열부행적후」書朴烈婦行蹟後,『정재집』定齋集Ⅰ:『문집총간』297, 468면

조병덕趙秉悳(1800~1870),「제신열부강효자사적기후」題申烈婦姜孝子事蹟記後,『숙재집』肅齋集:『문집총간』311, 411~412면

송달수宋達洙(1808~1858),「제유인김씨효열사적후」題孺人金氏孝烈事蹟後,『수종재집』守宗齋集:『문집총간』313, 132~133면

서사書事, 기문

서종태徐宗泰(1652~1719), 「환모기사」環姥紀事, 『만정당집』晩靜堂集 : 『문집총간』 163, 280~281면

이하곤李夏坤(1677~1724), 「서정녀상랑사」書貞女尙娘事, 『두타초』頭陀草 : 『문집총간』 191, 511~512면

성해응成海應(1760~1839), 「서열녀송씨사」書烈女宋氏事, 『연경재전집』研經齋全集Ⅰ : 『문집총간』 273, 261면

성해응成海應(1760~1839), 「서조처자사」書趙處子事, 『연경재전집』研經齋全集Ⅰ : 『문집총간』 273, 263~264면

성해응成海應(1760~1839), 「서유인송씨사」書孺人宋氏事, 『연경재전집』研經齋全集Ⅰ : 『문집총간』 273, 264~265면

성해응成海應(1760~1839), 「서유인이씨전」書孺人李氏傳, 『연경재전집』研經齋全集Ⅰ : 『문집총간』 273, 430~431면

성해응成海應(1760~1839), 「서청안장처녀옥사」書淸安張處女獄事, 『연경재전집』研經齋全集Ⅰ : 『문집총간』 273, 433~434면

성해응成海應(1760~1839), 「서영천박열부사」書永川朴烈婦事, 『연경재전집』研經齋全集Ⅰ : 『문집총간』 273, 435~437면

홍석주洪奭周(1774~1842), 「호서절효기」湖西節孝記, 『연천집』淵泉集Ⅰ : 『문집총간』 293, 433~434면

이시원李是遠(1790~1866), 「녹김정녀사」錄金貞女事, 『사기집』沙磯集 : 『문집총간』 302, 145~147면

허전許傳(1797~1886), 「홍씨부인효열기」洪氏婦人孝烈記, 『성재집』性齋集Ⅰ : 『문집총간』 308, 315~316면

필기류 산문

권득기權得己(1570~1622), 「연송잡록(이내금위······)」然松雜錄(李內禁衛······),
　『만회집』晚悔集:『문집총간』76, 116면

권득기權得己(1570~1622), 「연송잡록(성열녀전······)」然松雜錄(聖烈女傳······),
　『만회집』晚悔集:『문집총간』76, 116면

그 외

서거정徐居正(1420~1488), 「정열부시권차운」鄭烈婦詩卷次韻,『사가집』四佳集
　Ⅰ:『문집총간』10, 288면

이종성李宗城(1692~1759), 「선비남양홍씨언행록」先妣南陽洪氏言行錄,『오천집』
　梧川集:『문집총간』214, 290~292면

신경申暻(1696~1766), 「제여자김학사실문」題女子金學士室文,『직암집』直菴集:
　『문집총간』216, 356~359면

이광사李匡師(1705~1777), 「최열부찬」崔烈婦贊,『역천집』櫟泉集:『문집총간』
　221, 539~540면

이광사李匡師(1705~1777), 「최열부애사」崔烈婦哀辭,『역천집』櫟泉集:『문집총
　간』221, 540면

허전許傳(1797~1886), 「담유인완정복호도찬병서」談孺人完貞伏虎圖贊並序,『성재
　집』性齋集Ⅰ:『문집총간』308, 357~359면

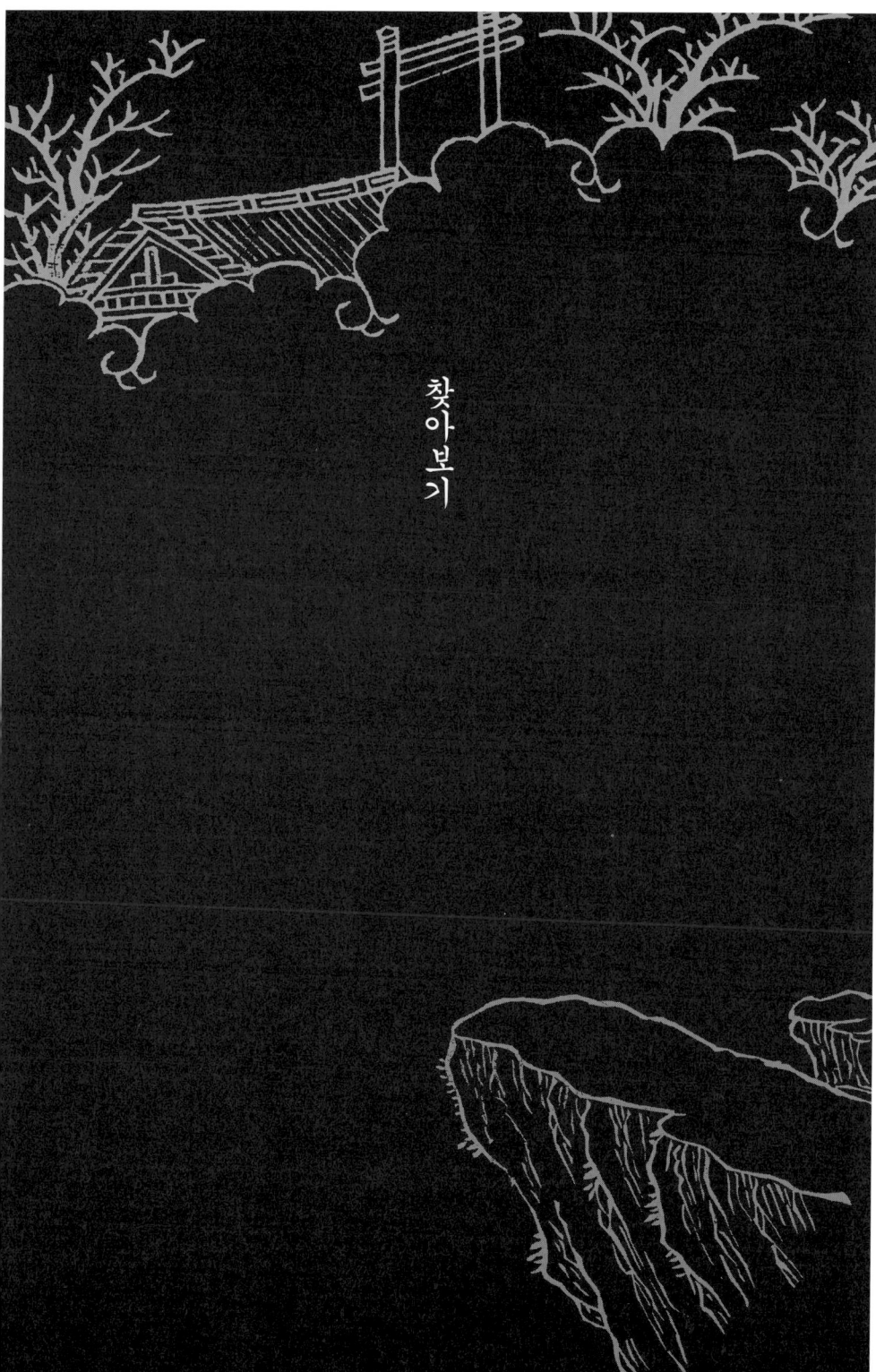

ㄱ

「가계」家誡 376, 377
「가령」家令 375
「가언」嘉言 94, 395
「가잠」家箴 375
「가혼 처 종씨」賈渾妻宗氏 146
「가훈」家訓 383, 385, 410
『가훈』家訓 372~374, 382, 383
갑자사화甲子士禍 204, 275
강맹경姜盟卿 213
강백아江伯兒 535
「강씨포시」姜氏抱屍 225
강인흠姜仁欽 467
「강호문康好文의 처 문씨」 243
「강화江華 아전의 세 딸」 242, 243
『강화지』江華志 336
「강후탈잠」姜后脫簪 138, 140, 152
강희맹姜希孟 461
「갱시부인」更始夫人 135
『격몽요결』 383
『격몽편』擊蒙篇 383
『경국대전』 39, 46, 49, 57, 58, 63, 65, 71, 75, 81, 82, 84, 85, 91, 92, 94, 113, 119, 124, 196, 197, 218, 344, 345, 488, 528, 541
「경문수정」景文守正 154
「경민편」警民編 356
「경사절녀」京師節女 134
「경성도지」京城圖志 231
「경순」敬順 183, 185, 190
『경제육전』經濟六典 66, 68, 81
「경처수절」慶妻守節 155

계녀가誡女歌 21, 22, 424, 425, 426, 429, 433, 454, 456, 457, 459
계녀가사 547
계녀교훈류誡女教訓流 423, 424
「계녀맹순」戒女孟順 381
「계녀서」戒女書 380
「계녀잠」戒女箴 381
「계모도산」啓母塗山 133
『고금열녀전』古今烈女傳 43, 121, 122, 127, 129, 130~133, 135, 136, 138~143, 151, 188, 189, 191, 192, 367, 542
『고려국사』高麗國史 243
『고려사』高麗史 35~37, 40, 41, 46, 52, 131, 242, 243~245, 248, 253, 268
『고려사전문』高麗史全文 243
「고부병명」姑婦幷命 155
「고사촬요」故事撮要 231, 234
『고열녀전』古列女傳 129, 132, 133, 135, 136, 138~145, 147, 148, 151, 192, 518
「고오수재굉처윤씨전」故吳秀才竑妻尹氏傳 461, 511
「고행할비」高行割鼻 139, 153, 177, 220, 221
「곡례」曲禮 114, 191, 365, 392
「곡종」曲從 183, 185, 190
「곤범」閫範 390
「공강수의」共姜守義 129, 132, 139, 153, 167
『공자가어』孔子家語 70
곽시징郭始徵 422
곽종석郭鍾錫 506, 527, 528

괴똥어미 433, 434, 448~452
「교특생」郊特牲 115, 171
『구당서』舊唐書 148
구수영具壽永 62
「구씨사진」仇氏寫眞 225
「구음방도야」仇音方逃野 225
구치곤丘致崑 62
『국어』國語 110
권구權榘 387
권근權近 117, 194, 195, 197
「권금權金의 처」 243
권두인權斗寅 463
「권씨부토」權氏負土 225
권영철 363, 422~425, 454, 455
권진權軫 269
권호문權好文 375, 376
「귀가액구」貴哥縊廐 155
『규감』閨鑑 384, 385
『규감셔』閨鑑書 386
「규계」閨誡 385, 399, 400
『규듕요람』閨中要覽 386
『규문궤범』閨門軌範 385, 386
『규문대훅』 363
『규문명감』閨門明鑑 385
규방가사 21, 363, 420~424, 431, 442, 452~454, 457, 458, 513
『규방가사』 426
『규방가사연구』 422
『규범』閨範 18, 371, 372~380, 384, 385, 388, 517
『규범선영』閨範選英 385, 387
『규범요감』閨範要鑑 385
『규법』閨法 386

『규의』閨義 386
『규즁요람』閨中要覽 385, 387
『규훈』閨訓 382, 384, 387, 399, 400
근검편勤儉篇 369
근려勤勵 368
『근사록』近思錄 199, 209, 355
근친覲親 66, 454
근행勤行 368
「금가정사」錦哥井死 155
「금구유절부정문기」金溝柳節婦旌門記 463, 506
『금사』金史 131, 148
기녀妓女 475, 540, 553
기대승奇大升 212
「기모강원」棄母姜嫄 133
기묘사림己卯士林 204, 206, 207, 209, 210, 212, 227~229, 235, 378
기묘사화己卯士禍 206, 208, 210, 211, 227, 230, 235, 263, 485
기자헌奇自獻 302
기정진奇正鎭 517
기준奇遵 205, 207
길재吉再 42, 272, 469
김간金榦 506, 516
김굉필金宏弼 203, 205, 211
김균태 462
김노진金魯鎭 488
김당金璫 207
김덕겸金德謙 461, 511
김두종金斗鍾 360
김민택金民澤 468
「김박이열부전」金朴二烈婦傳 492
김상용金尙容 421

「김씨동편」金氏同窆 156, 258
「김씨박호」金氏撲虎 156, 164, 175, 221, 258
「김씨사적」金氏死賊 155
「김씨의백」金氏衣白 225
「김씨자경」金氏自經 225
김안국 金安國 207, 210, 228, 231
「서운 정書雲正 김언경金彦卿의 처 김씨」 243
김욱 金煜 516
김원행 金元行 382
「김유신열전」 52
김일손 金馹孫 203~205
김자정 金自貞 59
김조순 金祖淳 465, 466
김종직 金宗直 203, 204, 247
『김해김씨효열사실』金海金氏孝烈事實 468

ㄴ

「나열부전」羅烈女傳 461
「난씨촉적」欒氏觸賊 154, 160
남곤 南袞 206, 227
남녀칠세부동석男女七歲不同席 108
남유용 南有容 382, 383
남재 南在 66
남효온 南孝溫 201~203
「낭장랑將 이득인李得仁의 처 이씨」 243
내방가사 21, 22
『내범』內範 18, 371, 372, 384, 386
『닉측』 363
「내칙」內則 100, 102, 108, 114, 115, 118, 365, 394, 458

『내칙』內則 390, 514
『내훈』內訓 19~21, 24, 91, 181, 186~189, 191~193, 229, 230, 235, 312, 361~363, 365~372, 379, 382, 386, 399, 407, 418, 419, 473, 542~544, 546
『닉훈』 363
『녀ᄌ수지』 385
「노검루처」魯黔婁妻 134
「노계경강」魯季敬姜 133
「노공승사」魯公乘姒 134
「노과도영」魯寡陶嬰 134, 141
노사신 盧思愼 215
노상직 盧相稷 386
「노선목강」魯宣穆姜 135
「노의고자」魯義姑姊 134, 137
「노장손모」魯臧孫母 134
「노장애강」魯莊哀姜 135
「노지모사」魯之母師 133
「노추결부」魯秋潔婦 134
「노칠실녀」魯漆室女 134, 140, 141
「노환문강」魯桓文姜 135
「노효의보」魯孝義保 134
「뇌란약마」挼蘭躍馬 154, 160
「누판고」鏤板考 360

ㄷ

『단종실록』 214, 246, 270, 288
단지斷指 44, 281~286, 290, 314, 315, 359, 476, 492, 493, 496, 497, 499~501, 526
『대대례』大戴禮 92, 107, 114, 115

『대전소학』大全小學 232
『대전통편』 488, 523
『대전회통』 526
「대조부인」代趙夫人 134
「대첩잉장」待妾媵章 399, 408
「도답자처」陶荅子妻 134
「독길액사」獨吉縊死 154
『동국삼강행실도』東國三綱行實圖 301, 302, 354
『동국신속삼강행실도』東國新續三綱行實圖 242, 244, 245, 250, 251, 277, 288, 292, 293, 298, 301~304, 307, 308, 313, 315, 316, 319, 320, 322, 323, 327, 330, 333, 335, 354, 460, 474, 476, 545
『동국여지승람』 221, 222, 242, 245, 247~249, 251
「동씨봉발」董氏封髮 154, 164
「동씨피면」童氏皮面 155, 172, 179
「동아자액」冬兒自縊 155, 172
「두씨수시」杜氏守尸 153

ㅁ

마르티나 도이힐러Martina Deuchler 15, 16
「마씨투정」馬氏投井 225
「마후의련」馬后衣練 139, 152
「매훈」妹訓 385
맹모 孟母 110
「맹희서유」孟姬舒帷 139, 153
『명감』明鑑 188, 189, 191
「명덕마후」明德馬后 135

명륜 明倫 42, 96, 97, 99, 104, 105, 107~112, 114, 115, 391, 407
『명사』明史 28, 131
「명수구관」明秀具棺 154
『명신언행록』 228
『명종실록』 246, 247, 289
「모시정의」毛詩正義 116
「모씨고장」毛氏剠腸 155, 179
「모씨만궁」毛氏彎弓 153
모의 母儀 188, 190~192, 366, 368, 399
모의전 母儀傳 133, 135, 136, 138~142
모의편 母儀篇 369
「목강무자」穆姜撫子 129, 144, 153, 220
「묘안쉬도」妙安淬刀 155
「묘진부정」妙眞赴井 154
무오사화 戊午士禍 204
「문덕체하」文德逮下 139, 152
『문종실록』 55, 246
『문집소재전자료집』文集所載傳資料集 462
「미처담초」彌妻啖草 131, 155, 221
민진원 閔鎭遠 368
「민회태자비 왕씨」愍懷太子妃王氏 146
「밀강공모」密康公母 134

ㅂ

박만환 朴晩煥 369
박선장 朴善長 421
박숭질 朴崇質 218~220
「박열부사장」朴烈婦事狀 469
「박열부전」 491
박윤묵 朴允默 385, 399, 400
박윤원 朴胤源 382, 383, 385, 410, 516

박인로朴仁老 421
박지원朴趾源 469, 505, 528~530, 536
반고班固 183
「반녀첩여」班女婕妤 135
반소班昭 183~185, 190, 230, 365, 367, 381
「반씨운명」潘氏隕命 155
반초班超 183
『방씨여교』方氏女教 190, 514, 543
「배열부전」裵烈婦傳 28, 31~34, 40, 78, 461
「백씨화고」白氏薵姑 225
「백영지도」伯嬴持刀 139, 153
『백호통』白虎通 93
「백희체화」伯姬逮火 137, 139, 153, 220
『번역소학』飜譯小學 211, 212, 383
『번역정속』飜譯正俗 233
변계량卞季良 120
변통전辨通傳 134~141, 145, 147
변형계녀가 425, 433
『병곡선조내정편』屏谷先祖內政篇 387
병례편秉禮篇 369
병자호란 244, 292, 304, 332, 333, 335, 337, 338, 345, 347~349, 353, 376, 460, 473, 475, 477, 482, 485, 490, 545, 547
「복선화음가」福善禍淫歌 21, 22, 425, 433, 437, 442, 448, 450~452, 454, 456, 547
복호復戶 17, 39, 76~82, 244, 252, 265, 269, 270, 284, 296, 334, 475, 477, 479, 482, 488, 523, 530, 532
「본명」本命 93

봉제사奉祭祀 30, 368, 375, 399, 415, 416, 424, 425, 431, 439, 440
부계친족제父系親族制 13, 14, 16, 265
부덕婦德 105, 120, 123, 400
부도婦道 52, 68, 143, 255, 394, 433
「부등 처 모씨」苻登妻毛氏 146
부례婦禮 384, 395
「부부」夫婦 183, 185, 190
부부지별夫婦之別 96, 99, 104, 108, 110
『부인언행록』婦人言行錄 386
『부인치가법』 386
「부처구사」傅妻俱死 155, 173
부처제夫處制 15, 19, 22, 229, 235, 349, 381, 403, 410, 412, 419, 435, 544, 546
부처제婦處制 15, 19, 22, 229, 235, 291, 349, 381, 412, 419, 544, 546
「부행」婦行 183, 190
『부훈』婦訓 546
「북사」北史 148
비녀婢女 540
「비약」卑弱 183

ㅅ

「사가장」事家長章 394
사구고事舅姑 368, 424, 425, 427, 429
사군자事君子 424, 425, 429, 435
『사기』史記 41, 42, 312, 517
사마광司馬光 395
사부모事父母 368
사부모구고장事父母舅姑章 399
사서오경대전四書五經大全 117

『사정전훈의자치통감강목』思政殿訓義資治通鑑綱目 42
「사혼례」士婚禮 114, 115
「산유화」山有花 468, 469
「산유화곡」 468
삼가三嫁 55, 57, 59, 541
삼가녀三嫁女 54, 55, 58, 63
『삼강행실도』三綱行實圖 6, 17~21, 24, 43, 45, 91, 119~133, 137~148, 151, 152, 157, 159, 161~163, 165, 168, 170, 175~177, 180~182, 188, 193, 200, 201, 211~231, 233~237, 247, 250, 252, 253, 258~260, 268, 273, 278, 279, 282~284, 286, 290, 293, 298, 300~302, 304, 312~316, 322, 323, 327, 328, 334, 335, 354~360, 363, 369~371, 460, 462, 473, 481, 495, 513, 515, 542~546
『삼강행실속록』三綱行實續錄 357
『삼국사기』三國史記 52, 131
『삼국지』三國志 130
「삼녀투연」三女投淵 155
「삼열부전」三烈婦傳 509
삼종지의三從之義 31, 51, 104, 494
「상관완절」上官完節 154, 158
「상랑전」尙娘傳 468
「상복전」喪服傳 92
「상자둔거」象子遁去 154, 172
「생열녀전」生烈女傳 497
서거정徐居正 73, 74
「서규훈후증신부설」書閨訓後贈新婦說 388
「서박열부행적후」書朴烈婦行蹟後 467
「서선씨삼강록후」書宣氏三綱錄後 465

「서씨매사」徐氏罵死 154
「서씨포죽」徐氏抱竹 225
「서열부경주이씨전후」書烈婦慶州李氏傳後 467
「서열부한씨전후」書烈婦韓氏傳後 466
서유구徐有榘 360, 491
「서유인송씨사」書孺人宋氏事 517
「서유인이씨전」書孺人李氏傳 515
「서임열부전후」書林烈婦傳後 467
『서전언해』書傳諺解 361
「서정녀상랑사」書貞女尙娘事 468
「서종자부허씨유묵후」書從子婦許氏遺墨後 388
서종태徐宗泰 514
「서책시준」書冊市准 234
서형수徐瀅修 491, 524, 525
「석금연생」石今捐生 225
「선부인규범」先夫人閨範 378
「선세효열사적」先世孝烈事蹟 468
「선조비유씨정문비기」先祖妣柳氏旌門碑記 463
『선조실록』 229, 244, 246, 247, 250, 292~295, 297, 299, 476
「설모간적」契母簡狄 133
「섭정지자」聶政之姊 135
성근묵成近默 383
「성도처」盛道妻 144
「성이패도」性伊佩刀 225
성적 종속성 6, 16, 18, 19, 23, 34, 35, 40~42, 46, 48, 49, 58, 72, 75, 76, 84~87, 91, 105, 113, 119, 120, 142, 151, 152, 157, 159, 161~164, 166, 173~178, 180, 181, 185, 217, 221,

235, 241, 252~255, 257, 258, 265, 267, 278, 282, 288, 290, 312, 317, 319, 322, 323, 325, 328, 330, 332, 353, 361, 370, 405, 408, 469, 473, 496, 528, 540~546, 548, 549

『성종실록』 57, 118, 246, 278, 286, 288, 290

성해응成海應 382, 385, 386, 389, 491, 494, 499, 509, 515, 517~519, 525

성현成俔 248

성혼成渾 343, 461, 514

『세조실록』 38, 39, 81, 246, 247

『세종실록』 43, 57, 58, 80, 120, 123, 196, 245, 246, 255, 259, 263, 269~271, 284, 288

「소남신녀」召南申女 134, 137, 141

「소사자서」召史自誓 225

「소의당웅」昭議當熊 138, 152

『소전소학』小全小學 232

『소학』小學 6, 19~21, 42, 62, 65, 70, 91, 94~100, 102~105, 108~110, 112~119, 122, 128, 132, 139, 157, 162, 171, 181, 182, 188, 189, 191~216, 221, 222, 227~230, 232~236, 263, 287, 290, 307, 327, 328, 342, 356, 358, 364, 365, 373, 374, 376, 379, 382, 383, 388, 389, 391, 395, 396, 406, 407, 414, 415, 418, 419, 436, 442, 450, 458, 513~517, 542~544, 546

소학계 202, 204

『소학대전』小學大全 232

『소학후록』小學後錄 232

『속동국삼강행실도』續東國三綱行實圖 301, 302

『속삼강행실도』續三綱行實圖 223, 225, 226, 233, 247, 250, 299~302, 304, 316, 354, 357

『속열녀전』續列女傳 135, 136, 138, 139

『속육전』續六典 53, 54, 58, 65, 72, 75, 196

「손숙오모」孫叔敖母 134

「손씨수지」孫氏守志 225

「송공백희」宋恭伯姬 134, 141

「송녀불개」宋女不改 139, 153, 157, 164, 167, 220

송달수宋達洙 467

송명흠宋明欽 384, 395

『송사』宋史 131, 148

송순宋純 421

송시열宋時烈 387, 392, 397, 401, 402, 406~408, 410, 411, 413~418, 424, 463, 473, 547

「송씨서사」宋氏誓死 131, 155, 225, 258

송약소宋若昭 367

「송열부전」宋烈婦傳 527

송익필宋翼弼 461, 513

송인宋寅 375

송인수宋麟壽 212

송준길宋浚吉 463

「송포녀종」宋鮑女宗 134

송호언宋鎬彦 517

『수서』隋書 130, 148

수신전守信田 50, 62, 63, 76, 541

수절守節 37, 46, 48~50, 52, 54, 59, 76, 77, 92, 145, 252, 254~258, 262,

267, 275, 280, 290, 291, 307, 313~
315, 368, 474~476, 478~480, 486,
493, 494, 499, 528, 529, 531, 541,
544, 547, 548
「숙안조면」淑安爪面　155, 178
「숙영단발」淑英斷髮　154, 158, 164, 178,
221
「숙정투하」淑靖投河　155, 160
순손順孫　36~39, 41, 45, 46, 76~81,
84, 200, 215, 227, 284, 524
「순숭 소녀 관」荀崧小女灌　147
『순조실록』　485, 486, 488, 490
숭성훈崇聖訓　368
『시전언해』詩傳諺解　361
「식군부인」息君夫人　134, 141
「식처곡부」殖妻哭夫　139, 158, 174
신개申槩　67~70
신경준申景濬　508, 516
『신당서』新唐書　130, 148
신상申商　269, 271
신성연申聖淵　465
신숙주申叔舟　372~374
「신씨취사」辛氏就死　153, 171
「신씨효열록발」申氏孝烈錄跋　467
「신열부이씨전」申烈婦李氏傳　509, 517
신용개申用漑　206
신유한申維翰　466, 467
신익전申翊全　380, 381
신익황申益愰　510
신정慎靜　366
『신증동국여지승람』　247
실절失節　49, 61, 93, 111, 329
『심경』心經　355

심의겸沈義謙　212
『심청전』　428
심한沈瀚　59
심회沈澮　58

○

「아곡처녀」阿谷處女　134
「악양자처」樂羊子妻　144
『안씨가훈』顔氏家訓　113
안정복安鼎福　384, 464, 465, 493, 508,
516, 518, 519
「안처구사」安妻俱死　155, 164
「안천검安天儉의 처」　242
『앙엽기』盎葉記　534
애첩愛妾　366
「약가정신」藥哥貞信　225
「양과고행」梁寡高行　134, 141
「양부인익」梁夫人㜷　135
양성지梁誠之　56, 214, 215
「양씨의열」楊氏義烈　153
「양씨포관」梁氏抱棺　225
「양씨피살」梁氏被殺　154
「양열녀전」兩烈女傳　491, 517
「양열부전」楊烈婦傳　461
「양위 처 신씨」梁緯妻辛氏　146
「양절고자」梁節姑姉　134
「양홍지처」梁鴻之妻　135
어득강魚得江　45, 84, 229
어숙권魚叔權　231, 232
『어제소학언해』御製小學諺解　383
『언토소학』諺吐小學　232
언행장　365

얼폐전蘖嬖傳 135, 136
「엄연년모」嚴延年母 135
『여계』女戒 182~186, 190, 192, 208, 230, 390, 365, 367, 373, 381~383, 399, 514
『여계총서』女誡總敍 385, 389
『여교』女敎 188~192, 385
「여귀액엽」黎貴縊葉 156, 173, 258
『여논어』女論語 367, 368
『여범』女範 367, 388
『여범첩록』女範捷錄 367, 369
『여사서』女四書 366~369, 371, 372, 382, 546
『여사수지』女士須知 386
여성가사 21
여성 교육서 18, 189, 230, 365, 367, 369, 371, 372, 380, 382, 386, 387, 388, 390, 395, 396, 398~402, 406~408, 410, 418~421, 423~426, 429, 433, 442, 456, 458, 473, 513, 515, 516
「여소처 장씨」呂紹妻張氏 146
「여영보구」呂榮報仇 130, 144, 153
여자유행女子有行 430, 435, 436
「여자탄식가」 430
「여자행신가」 428, 429, 431
「여장부인」黎莊夫人 134, 141
「여종지례」女宗知禮 139, 140, 153, 156, 158, 165, 220
『여칙』女則 182, 208, 230, 365
여칭呂稱 121
「여행록」 427, 428, 432
『여헌』女憲 230, 365

『여효경』女孝經 231
『여훈』女訓 182, 231, 364, 365, 372, 389, 513
『여훈언해』女訓諺解 363, 364, 366, 369, 371, 546
『연려실기술』 335, 336, 340
『연산군일기』 44, 204, 246
「열녀김씨정려기」烈女金氏旌閭記 524
「열녀김씨행록서」烈女金氏行錄序 508, 516
열녀담론 17, 23, 49, 292, 463~465, 502, 507, 511, 521
「열녀문성유씨전」烈女文城柳氏傳 507
열녀불경이부烈女不更二夫 44, 45
열녀불사이부烈女不事二夫 290
「열녀상랑전」烈女尙娘傳 468
「열녀송씨전」烈女宋氏傳 506, 516
「열녀연옥정려비」烈女鍊玉旌閭碑 463
「열녀유씨정려기」烈女柳氏旌閭記 517
「열녀유인이씨전」烈女孺人李氏傳 504
「열녀이씨전」烈女李氏傳 509
「열녀이씨정려비명서」烈女李氏旌閭碑銘序 463
『열녀전』烈女傳 93, 99, 100, 110, 115, 122, 140, 142, 158, 182, 183, 188, 191, 192, 230, 231, 234, 312, 328, 365, 382, 388, 389, 396, 436, 458, 513, 515, 516, 542, 543, 546
열녀정려기烈女旌閭記 24
「열녀최씨정려기」烈婦崔氏旌閭記 464
「열녀함양박씨전」 468, 505, 528, 529
열녀행록烈女行錄 24
「열녀향랑도기」烈女香娘圖記 468

846

열부烈婦 31~35, 37, 40, 41, 43, 45, 46, 78, 159, 173, 200, 215, 216, 224, 241, 244, 464, 465, 479, 491, 518, 527, 530, 531
「열부경주이씨전」烈婦慶州李氏傳 467
「열부론」烈婦論 508, 530, 533
「열부상랑전」烈婦尙娘傳 468
「열부상산박씨전」烈婦商山朴氏傳 499, 517
「열부손유인전」烈婦孫孺人傳 517
「열부유씨정문중수판기」烈婦柳氏旌門重修板記 463
「열부유인이씨전」烈婦孺人李氏傳 498
「열부유인정씨전」烈婦孺人鄭氏傳 499
「열부유인하씨전」烈婦孺人河氏傳 510
「열부유인한씨전」烈婦孺人韓氏傳 467, 503
「열부이씨전」烈婦李氏傳 505
「열부이씨정려기」烈婦李氏旌閭記 497
「열부이유인전」烈婦李孺人傳 503, 505, 507
「열부입강」烈婦入江 155
「열부전」烈婦傳 510
「열부정씨전」烈婦鄭氏傳 465
「열부중도」烈婦中刀 154, 164, 175
「열부최씨전」烈婦崔氏傳 28, 31~34, 40, 43, 78, 461
열행烈行 16~18, 20, 23, 24, 46, 48, 76, 78, 149, 152, 162, 165, 166, 169, 170, 175, 176, 221, 225, 226, 245, 250, 252~254, 256, 257, 259, 260, 262, 263, 265, 270, 272, 273, 278, 281, 283, 291, 292, 303, 305, 307, 308, 312~315, 317, 322, 323, 332, 463~466, 468, 469, 473, 478, 482, 485~487, 490, 491, 494, 496, 500, 513~517, 523, 527, 528, 533, 543, 547~550
「염설효사」閻薛效死 153, 164, 282
「영녀절이」令女截耳 130, 153, 178, 220, 221
「영녀정절」甯女貞節 155
『예기』禮記 52, 62, 70, 85, 95, 100, 108, 114~119, 141, 157, 161, 171, 175, 183, 191, 192, 200, 234, 329, 365, 373, 383, 388, 391, 395, 396, 406, 414, 415, 436, 458, 513, 542
『예기대문』禮記大文 117
『예기대문언독』禮記大文諺讀 117
『예기정의』禮記正義 116
『예기집설』禮記集說 117
『예기천견록』禮記淺見錄 117
「예시」禮詩 376
「예종매탁」禮宗罵卓 129, 144, 153, 163, 165, 170, 172
『예종실록』 246, 247
「오륜가」五倫歌 355, 421, 422
『오륜록』五倫錄 215
『오륜행실도』 355, 357~360, 460, 546
오염 33, 160, 161, 290, 329, 336, 339~343, 345, 347, 473, 546, 550, 553
오재소吳載紹 385
「옥금불오」玉今不汚 225
「옥금자액」玉今自縊 225
「옥영침해」玉英沈海 154
「옹씨동사」雍氏同死 154

「왕릉지모」王陵之母　135
「왕비거호」王妃距胡　153
왕상王相　367
「왕손씨모」王孫氏母　135
「왕씨경사」王氏經死　155, 180
「왕씨사묘」王氏死墓　155
「왕씨호통」王氏號慟　155
「왕장처녀」王章妻女　135
왕절부王節婦　367
「왕후투화」王后投火　138, 152, 172
『요사』遼史　130, 148
『용비어천가』　361
「우곡효열록발」愚谷孝烈錄跋　464
「우씨부고」禹氏負姑　225
『우암선생계녀사』　387, 397~400, 405,
　　410, 413, 416, 419~421, 424, 473
우행언禹行言　222, 223
「원강해곡」媛姜解梏　130, 144, 153, 165,
　　175
『원사』元史　131, 148~151, 169
「원씨심시」袁氏尋屍　225
「원씨훼면」元氏毀面　154, 178
『원육전』　72, 75
「위고정강」衛姑定姜　133
「위곡옥부」魏曲沃婦　134
「위령부인」衛靈夫人　134
「위망자모」魏芒慈母　133, 144
위백규魏伯珪　463
『위서』魏書　130, 148
「위선공강」衛宣公姜　135
「위선부인」衛宣夫人　134, 141
『위선음즐』爲善陰騭　228
「위씨참지」魏氏斬指　154, 179, 282

「위이난녀」衛二亂女　135
「위절유모」魏節乳母　134
「위종이순」衛宗二順　134, 141
「위포천사인거조사겸처유씨열행서」爲抱川
　　士人擧趙思廉妻柳氏烈行書　509
「유모자서」兪母自誓　155, 159, 173, 178
유몽인柳夢寅　301, 462, 514
유봉지柳鳳之　384, 385
「유분」有分　519
『유선록』儒先錄　361
유수柳洙　60
「유씨단설」劉氏斷舌　155
「유씨동혈」柳氏同穴　173
「유씨분사」劉氏憤死　153
「유씨악수」劉氏握手　164
「유씨종사」兪氏從死　225
「유씨투정」柳氏投井　171
「유씨투지」劉氏投地　225
「유열부전」劉烈婦傳　516
「유우이비」有虞二妃　133, 142
유의건柳宜健　510
유인석柳麟錫　286, 501, 504, 527
「유인연안이씨정려정문」孺人延安李氏旌閭
　　呈文　516
「유인이씨(권상근 처)정려명」孺人李氏(權尙
　　謹妻)旌閭銘　463
유자광柳子光　60
유치명柳致明　467
「유하혜처」柳下惠妻　134
유향劉向　129, 132, 133, 141, 143, 145,
　　147, 148, 151, 516
유희춘柳希春　374, 375
「육부성어」六部成語　37, 40

848

윤광소尹光紹 464, 468
윤사흔尹士昕 58
윤순尹珣 206
윤원형尹元衡 211
윤인경尹仁鏡 211
윤자운尹子雲 58
「은아전」銀娥傳 461, 513, 514
「은주달기」殷紂妲己 135
『의례』儀禮 92, 93, 114
의부義夫 36~39, 46, 77~81, 84, 162, 264, 543
「의부와빙」義婦臥冰 155, 221
이경동李瓊仝 61, 93
이곡李穀 28~31, 35, 92, 93, 461
이광사李匡師 506
이광정李光庭 468
「이군진李君進 처」 149, 150
이극감李克堪 182, 231
이극기李克基 63
이극돈李克墩 59
이덕무李德懋 158, 385, 401, 491, 517, 534
이덕수李德壽 367
「이동교李東郊의 처 배씨」 242
「이두투애」二竇投崖 154, 171
『이륜행실도』二倫行實圖 212, 228, 233, 298, 354~360, 546
이만부李萬敷 382, 384, 387, 388, 390, 391, 399, 400, 510
이빈李彬 43
이상정李象靖 467
이색李穡 117
이숙량李淑梁 421

이숭인李崇仁 28, 31, 33, 35, 40, 78, 461
이승소李承召 118
이시발李時發 297, 461
이시진李時珍 533, 534
이식李植 376~379
「이씨감연」李氏感燕 153, 172, 178, 180, 220
「이씨부해」李氏負骸 154, 160, 179, 221
「이씨수신」李氏守信 225
「이씨액옥」李氏縊獄 154, 171
『이씨여계』李氏女戒 190, 543
이안중李安中 468
이야순李野淳 509, 517
「이열부사장」李烈婦事狀 469
이옥李鈺 468, 493, 497, 509
이용휴李用休 389, 467, 503, 505
이원주 454, 456~458
이이첨李爾瞻 302, 303
이익李瀷 390~392
이자화李自華 221, 222
「이절부김씨전」李節婦金氏傳 511
이점李坫 206
이정귀李廷龜 296, 335
『이정유서』二程遺書 94
이제신李濟臣 378
이제현李齊賢 121
이종휘李種徽 499, 511, 524
이준李埈 461
이탁오李卓吾 6
이하곤李夏坤 468
이항복李恒福 343, 378, 379
이형상李衡祥 387

849

이황李滉　211, 212, 387, 475
이후원李厚源　362
인지전仁智傳　134~137, 139~141, 145, 147
인효문황후仁孝文皇后　367
일부종사一夫從事　59, 85, 86, 111, 115, 141, 159, 173, 174, 185, 479, 481, 528, 542
일초불개一醋不改　140, 157, 158
임경주任敬周　511
임병양란　244, 292, 354, 376, 382, 473, 481, 482, 490, 513, 527, 547
임사홍任士洪　202, 247
임상열林商說　468
「임씨단족」林氏斷足　156
「임열부향랑전」林烈婦薌娘傳　468
임원준任元濬　60, 62, 93, 94
임진왜란　6, 117, 190, 215, 231, 232, 234, 241, 244, 246, 250, 251, 267, 292, 293, 298, 301, 303~308, 315~319, 322~325, 327~330, 332~334, 337, 339, 347~349, 353, 354, 361, 366, 383, 460~463, 473, 477, 482, 485, 490, 514, 544, 545, 547
임헌회任憲晦　381, 498, 507

ㅈ

「자객열전」刺客列傳　41
자녀恣女　52, 53, 55~57
자녀안恣女案　52~57, 63
자애편慈愛篇　369
『자치통감강목』資治通鑑綱目　42

「작편」爵篇　93
「장결돈좌」莊潔頓坐　154
「장녀투수」張女投水　155
「장무처 육씨」張茂妻陸氏　146
장복추張福樞　464, 495
장성자인황태후章聖慈仁皇太后　364
장순손張順孫　207
「장씨부시」張氏負屍　225
「장씨자도」張氏自刀　155
「장씨타루」張氏墮樓　153, 159
장지연張志淵　468
「장천석 첩 염씨와 설씨」張天錫二妾(閻氏薛氏)　146
「장탕지모」張湯之母　135
장횡거張橫渠　62, 93
재가再嫁　46, 49, 51, 55, 57~65, 76, 85~87, 92~94, 150, 263, 278, 344, 345, 376, 493, 541
재가녀再嫁女　58, 92
재덕편才德篇　369
적선積善　368
「전단열전」田單列傳　42
전병순田秉淳　498, 517
「전심」專心　183, 185, 190, 399
전우田愚　369
「전의 정전의정 경덕의의 처 안씨」243, 248
『전한서』前漢書　183
전형계녀가　425, 426, 428~430, 433, 452, 453, 456
「절녀대사」節女代死　139, 153, 164, 174
절부節婦　6, 27, 31, 34~46, 51, 77~81, 83, 84, 162, 216, 241, 244, 252, 253,

258, 264, 284, 334, 335, 462, 475, 543
「절부변부인전」節婦邊夫人傳 499
「절부안씨전」節婦安氏傳 514
「절부정씨정려기」節婦鄭氏旌閭記 510
「절부조씨전」節婦曹氏傳 28, 29, 31, 35, 40, 92, 461
「절부투강」節婦投江 155
절의 節義 43, 59, 60, 63, 81, 111, 137, 224, 303, 333, 341, 342, 477, 516, 517
절의전 節義傳 134~137, 139
절행 節行 59, 82, 218, 219, 296, 299, 335, 475, 477, 491, 494, 515
접빈객 接賓客 30, 399, 414~416, 424, 425, 431, 439. 440
「정강류대」貞姜留臺 139
「정강유대」貞姜劉臺 137, 153, 220
정경세 鄭經世 380
정녀 貞女 42, 63, 468
정려기 旌閭記 24, 463, 497, 548
정려법 旌閭法 50
「정렬분사」貞烈焚死 155
정렬편 貞烈篇 369
「정만鄭滿의 처 최씨崔氏」 242, 248, 253
정문 旌門 17, 39, 45, 50, 76~84, 218, 244, 250, 251, 269, 270, 296, 299, 300, 312, 318~320, 323~327, 330, 332, 334, 463, 469, 475, 488, 499, 520, 523, 524, 526, 527, 530, 532, 541
정범조 丁範朝 384, 529, 530
「정부청풍」貞婦淸風 154

정석견 鄭錫堅 220
『정속』正俗 233, 234
정순전 貞順傳 134~141
「정씨불식」鄭氏不食 225
정약용 508, 530~536
『정열부행록』鄭烈婦行錄 464, 465
「정의문사」貞義刎死 130, 144, 153
정이오 鄭以吾 28, 31, 33, 35, 40, 43, 78, 458, 461
정자 程子 62, 63, 93, 111~113, 205, 342, 344
정재규 鄭載圭 492
정재필 鄭在弼 499
정종 鄭悰 45, 66, 116, 214, 247
정종로 鄭宗魯 467
『정종실록』 42, 245, 247, 253
정창손 鄭昌孫 58, 127, 279
정창신 鄭昌新 465, 518
「정처해침」鄭妻偕沈 155
정철 鄭澈 421
정초 鄭招 80, 123
정표 旌表 30, 36, 37, 41, 44, 45, 49, 77~79, 83, 216, 224, 242~244, 271, 293, 295, 296, 298, 475, 477, 481, 482, 494, 535
「정훈」庭訓 374
「정훈내편」庭訓內篇 374
「정훈외편」庭訓外篇 374
「제고축녀」齊孤逐女 135
「제관첩천」齊管妾倩 134
「제기량처」齊杞梁妻 134, 141
「제녀부모」齊女傅母 133
「제녀서오」齊女徐吾 135

「제동곽희」齊東郭姬 135
「제령성희」齊靈聲姬 135
「제상괴녀」齊傷槐女 134
「제상어처」齊相御妻 134
「제숙류녀」齊宿瘤女 135
「제신부인소서열녀전발」題申夫人所書列女傳跋 389
「제신열부강효자사적기후」題申烈婦姜孝子事蹟記後 467
「제열녀여홍이씨행록후」題烈女驪興李氏行錄後 508, 516
「제영중자」齊靈仲子 134
『제왕명감』帝王明鑑 186
「제위우희」齊威虞姬 135
「제유인김씨효열사적후」題孺人金氏孝烈事蹟後 467
「제의계모」齊義繼母 134
「제전직모」齊田稷母 133
「제정열부행록후」題鄭烈婦行錄後 464, 518, 519
「제종리춘」齊鍾離春 135
「제태창녀」齊太倉女 135, 138
「제환위희」齊桓衛姬 133
「제효맹희」齊孝孟姬 134, 141
조광조趙光祖 205, 206, 208, 209, 212, 378
조귀상趙龜祥 468
조기부起 368
조대가曹大家 389
「조도창녀」趙悼倡女 135
「조령오녀」趙靈吳女 135
조병덕趙秉悳 467
「조불힐모」趙佛肹母 134

조사위趙士威 467
「조씨액여」趙氏縊輿 154
「조씨우해」趙氏遇害 154
『조야첨재』朝野僉載 336
「조의제문」弔義帝文 204
「조장괄모」趙將括母 134
조준趙浚 50, 79, 243
「조진녀」趙津女娟 134
조호연趙虎然 507, 517
「조후친잠」曹后親蠶 139, 152
조희민趙希閔 122
「조희씨처」曹僖氏妻 134
종법제宗法制 13, 14, 16, 24, 86, 348
종신불개終身不改 85
「종씨매희」宗氏罵晞 153
「종자부從子婦 이씨의 침병寢屛에 쓴 8조목의 여계女誡」 382
「주교부인」周郊婦人 135
「주남지처」周南之妻 134
『주례』周禮 85, 126
「주선강후」周宣姜后 133, 140
주세붕周世鵬 421
「주실삼모」周室三母 133
「주씨구욕」朱氏懼辱 155
「주애이의」珠崖二義 134
「주욱처」周郁妻 145
「주유포사」周幽褒姒 135
『주자가례』 264~268, 271, 272, 287, 313, 377, 544
「주주사애」住住死崖 154, 172
「주주충첩」周主忠妾 134
「주처견매」周妻見賣 154, 166, 175, 176
주희朱熹 42, 366

「준불의모」雋不疑母 135
『중종실록』 209, 230, 246, 285, 288, 290
증삼曾參 195
지혜편智慧篇 369
『직해소학』直解小學 199
「진과효부」陳寡孝婦 134, 141
「진국변녀」陳國辯女 135
「진궁공녀」晉弓工女 134
「진녀하희」陳女夏姬 135
「진목공희」秦穆公姬 133
「진문구처」陳文矩妻 144
「진문제강」晉文齊姜 133
「진백종처」晉伯宗妻 134
「진범씨모」晉范氏母 134
『진서』晉書 130, 146~148, 151
「진씨명목」秦氏瞑目 154
「진씨전발」陳氏剪髮 225
「진양숙희」晉羊叔姬 134
「진어회영」晉圉懷嬴 134
「진영지모」陳嬰之母 135
「진조쇠처」晉趙衰妻 134
「진헌여희」晉獻驪姬 135
『집성소학』集成小學 198, 199
『집주소학』集註小學 232

ㅊ

「차녀영풍군부인훈사」次女永豊郡夫人訓辭 380
창녀娼女 53, 541
「채란심청」彩鸞心淸 155
「채인지처」蔡人之妻 134, 141
채제공蔡濟恭 388

천선천善 368
「첩여사연」婕妤辭輦 138, 152
체하逮下 368
「초강을모」楚江乙母 134
「초고이후」楚考李后 135
「초노래처」楚老萊妻 134
「초무등만」楚武鄧曼 134
「초백정희」楚白貞姬 134, 141
「초성정무」楚成鄭瞀 134
「초소월희」楚昭越姬 134
「초소정강」楚昭貞姜 134, 141
「초야변녀」楚野辯女 134
「초오릉처」楚於陵妻 134
「초자발모」楚子發母 133
「초장번희」楚莊樊姬 134
「초접여처」楚接輿妻 134
「초처장질」楚處莊姪 135
「초평백영」楚平伯嬴 134, 141
최만리崔萬理 127
최석정崔錫鼎 381
최세진崔世珍 231, 364
「최씨견사」崔氏見射 154
「최씨분매」崔氏奮罵 155, 258
「최씨수절」崔氏守節 225
「최열부찬」崔烈婦贊 506
최영년崔永年 468
「추맹가모」鄒孟軻母 93, 133, 140
축첩 제도 540
『충경』忠經 364, 365
충의편忠義篇 369
「취가취팽」翠哥就烹 155, 166, 175~177
칠거지악七去之惡 105, 106, 115, 140, 141, 157, 158, 192, 376, 407

853

「칠열부전」七烈婦傳 492

ㅌ

탁광무 卓光茂 195
탁신 卓愼 195, 196
「탕비유신」湯妃有㜪 133
「태임태교」太任胎教 138, 152
태임 太妊 110, 140
『태조실록』 245, 247, 252, 257, 268
『태종실록』 43, 121, 245, 246, 251, 253, 254, 256~259, 283
『통감절요』 199
통론편 通論篇 369
『통문관지』通文館志 336

ㅍ

「팔도책판목록」 231~234
피로 被虜 여성 339, 346, 347

ㅎ

「하걸말희」夏桀末姬 135
「하무기 모 유씨」何無忌母劉氏 147
「하씨여전」何氏女傳 511
「한곽부인」漢霍夫人 135
『한국 사회의 유교적 전환』 15
『한국의 열녀전』 462
한명회 韓明澮 58
한상경 韓尙敬 80
『한서』漢書 129
『한씨부훈』韓氏婦訓 382, 384, 385, 387, 389, 394, 399, 400, 408, 409, 411, 428
「한씨절립」韓氏絶粒 156, 258
「한양부인」漢楊夫人 135
한원진 韓元震 382, 384, 385, 387, 389, 392~394, 396, 399, 400, 403, 404, 405, 408, 410~413, 415, 417, 418, 428, 546
「한조비연」漢趙飛燕 135
한치형 韓致亨 200, 215
「한풍소의」漢馮昭儀 135
할육 割肉 44
「합양우제」郃陽友娣 134
「합장지처」蓋將之妻 134
해진 解縉 129, 130, 367
향랑 468, 469, 480, 481
「향랑」 468
「향랑요」 468
「향랑전」薌娘傳 468
『향례합편』鄉禮合編 360
『향약』 210, 229, 358
향약조례 鄉約條例 358
향음의식 鄉飮儀式 358
「허매익수」許梅溺水 225
「허목부인」許穆夫人 134
허목 許穆 462, 463, 506
허봉 許篈 232, 234
「허승처」許升妻 144
「허씨부지」許氏仆地 155
「허연 처 두씨」許延妻杜氏 146
허응 許應 51~54, 93
허전 許傳 494
허조 許稠 198, 199, 269

허종許琮 60
허침許琛 220
허형許衡 204, 492
허후許詡 71, 72
『헌종실록』 474
현명 전賢明傳 133, 135~141, 145, 147
「현문혁玄文奕의 처」 242, 243
현석규玄碩圭 72, 75
『현종개수실록』 362
「현처사수」玄妻死水 155
『현토소학』懸吐小學 232
「호수胡壽의 처 유씨兪氏」 243
「혼의」昏義 191
홍귀달洪貴達 44, 118, 201, 204
홍양호洪良浩 497
홍여강洪汝剛 42
「홍열부전」洪烈婦傳 506
홍윤성洪允成 278
홍응洪應 182, 231
「홍의洪義의 처」 242
홍인우洪仁祐 205
「홍절부전」洪節婦傳 461
홍춘경洪春卿 222
「화류쌍절」華劉雙節 155
「화숙매」和叔妹 183, 185, 382, 399
화유和柔 368
「화전가」 430
「화전조롱가」 430
황덕길黃德吉 388
「황보규처」皇甫規妻 144
「황영사상」皇英死湘 142, 143, 152, 167, 173, 220
황윤석黃胤錫 463, 505

황종해黃宗海 376
『효경』孝經 194, 199, 211, 228, 231, 356, 364, 365, 384, 389, 436
효구고孝舅姑 365
『효순사실』孝順事實 121
「효열부이유인전」孝烈婦李孺人傳 507, 508
「효자봉선」孝慈奉先 139, 152, 167
『효종실록』 362, 474, 547
「효평왕후」孝平王后 135
『효행록』孝行錄 120, 121, 214
효행편孝行篇 369
후덕편后德篇 369
『후비명감』后妃明鑑 186
『후청쇄어』鯸鯖瑣語 378
『후한서』後漢書 28, 129~131, 142, 145, 146, 148, 151
「희맹부수」希孟赴水 154